二〇一二年度国家社科基金项目
江苏高校优势学科建设工程资助项目
二〇一八年度国家出版基金资助项目

国家出版基金项目
NATIONAL PUBLICATION FOUNDATION

《四库全书荟要》研究

江庆柏 著

凤凰出版社

图书在版编目（CIP）数据

《四库全书荟要》研究 / 江庆柏著. -- 南京 : 凤凰出版社, 2018.8
ISBN 978-7-5506-2843-4

Ⅰ. ①四… Ⅱ. ①江… Ⅲ. ①《四库全书》 Ⅳ. ①Z121.5

中国版本图书馆CIP数据核字(2018)第229968号

书　　名	《四库全书荟要》研究
著　　者	江庆柏
责任编辑	崔广洲
装帧设计	徐　慧
出版发行	凤凰出版社(原江苏古籍出版社) 发行部电话025-83223462
出版社地址	南京市中央路165号,邮编:210009
出版社网址	http://www.fhcbs.com
照　　排	南京凯建图文制作有限公司
印　　刷	苏州市越洋印刷有限公司 苏州市吴中区南官渡路20号,邮编:215104
开　　本	718×1005毫米　1/16
印　　张	46.25
字　　数	711千字
版　　次	2018年8月第1版　2018年8月第1次印刷
标准书号	ISBN 978-7-5506-2843-4
定　　价	180.00元

(本书凡印装错误可向承印厂调换,电话:0512-68180638)

目 录

导 论 …… 001

第一节 四库学文献的基本类型 …… 001

第二节 《荟要》研究概述及本书的写作思路 …… 017

第一章 《荟要》概说 …… 029

第一节 《荟要》的一般情况 …… 029

一、《荟要》纂修完成的时间 …… 029

二、摛藻堂与味腴书室 …… 033

三、《荟要》收录图书的种数、册数 …… 035

四、《荟要》的进送 …… 039

五、《荟要》的缮写与装潢 …… 041

第二节 《荟要》的覆校 …… 046

第三节 《荟要》与《全书》的一般关系 …… 050

一、《荟要》的卷次标注及与《全书》的差异 …… 051

二、《荟要》和《全书》的抄写用纸 …… 054

三、《荟要总目》与《全书》的参照问题 …… 057

第二章 《荟要》纂修机构与办理人员 …… 059

第一节 《荟要》办理机构的设置 …… 059

第二节 于敏中与《荟要》纂修 …… 066

一、《于文襄手札》基本内容 …… 067

二、《于文襄手札》与《荟要》纂修 …… 071

三、于敏中与办理《荟要》纂修 …… 074

第三节　陆费墀与《荟要》纂修 …… 082
一、陆费墀与《荟要》缮录 …… 082
二、陆费墀与《四库全书辨正通俗文字》 …… 086
三、陆费墀与《荟要总目》 …… 093
第四节　《荟要联句》研究 …… 095
一、《荟要联句》的参加人员 …… 095
二、《荟要联句》的基本内容 …… 097
三、《荟要联句》与《荟要》内容的脱节问题 …… 103

第三章　乾隆帝与《荟要》纂修 …… 108
第一节　乾隆帝谕旨与《荟要》纂修 …… 108
第二节　乾隆帝题书诗文与《荟要提要》的撰写 …… 112
一、乾隆帝题书诗文与《荟要提要》的撰写时间 …… 113
二、乾隆帝题书诗文对《荟要提要》的影响 …… 117
三、乾隆帝题书诗文对《荟要提要》的吸纳与批评 …… 120
第三节　《荟要》与《全书》敕撰本的类目改易 …… 131
第四节　《荟要》本《铁崖古乐府》作者姓名的书写问题 …… 140

第四章　《荟要》的图书来源及版本著录 …… 145
第一节　《荟要》的图书来源 …… 145
一、《荟要总目》的图书来源著录 …… 145
二、《荟要》的图书来源分析 …… 147
三、《荟要总目》著录图书来源存在的问题 …… 152
第二节　《荟要总目》与《总目》著录图书来源比较 …… 153
一、《荟要总目》与《总目》著录来源不同但实际无差异 …… 153
二、《荟要总目》与《总目》著录差异分析 …… 155
三、《荟要总目》与《总目》著录差异例证 …… 159
第三节　《荟要》缮录依据的版本 …… 168
第四节　《荟要》本《明诗综》考略 …… 173
一、《明诗综》版本考 …… 173

二、《荟要》本与原刻本《明诗综》的差异 …… 183

第五章 《荟要》的图书选录 …… 188
第一节 《荟要》图书选录的基本标准 …… 188
一、《荟要》各类目收录图书的品种 …… 188
二、《荟要》收录图书的标准 …… 190
三、《荟要》图书选录的缺陷 …… 196
四、《荟要》图书选录的几个问题 …… 198
第二节 《荟要》与《通志堂经解》 …… 203
一、《荟要》与《通志堂经解》的采用 …… 203
二、《全书》与《通志堂经解》 …… 207
三、《荟要》未采用《通志堂经解》本之图书 …… 214
第三节 《荟要》史部图书的选录 …… 215
一、正史类图书的选录 …… 215
二、史部其他类别图书的选录 …… 222
三、《荟要》与《全书》史部图书选录的差异 …… 223
第四节 《荟要》集部图书的选录 …… 226

第六章 《荟要》的图书分类 …… 233
第一节 从《初目》到《荟要》的图书分类 …… 233
一、《初目》建立了最早的《四库全书》图书分类体系 …… 233
二、《荟要》图书分类概述 …… 236
三、《荟要》与《全书》的类目改易 …… 238
第二节 《荟要》经部图书分类 …… 242
一、类目设置的差异 …… 242
二、类目名称的差异 …… 246
三、类目顺序的差异 …… 249
第三节 《荟要》史部图书分类 …… 251
一、类目设置的差异 …… 251
二、类目名称的差异 …… 253

三、类目顺序的差异 …… 260
第四节 《荟要》子部图书分类 …… 262
一、类目设置的差异 …… 262
二、类目名称的差异 …… 266
三、类目顺序的差异 …… 268
第五节 《荟要》集部图书分类 …… 271

第七章 《四库全书荟要总目》研究 …… 274
第一节 《四库全书荟要总目》概述 …… 274
一、上谕、联句、职名、凡例 …… 275
二、《荟要总目》 …… 281
三、《荟要总目》与《荟要》参校本 …… 286
四、《四库全书荟要分架图》 …… 289
第二节 《荟要总目》与图书版本著录 …… 290
一、古代书目的版本著录 …… 291
二、《荟要总目》与《荟要提要》的版本著录 …… 294
三、《荟要总目》《荟要提要》与《总目》的版本著录 …… 295
四、《荟要总目》版本著录存在的问题 …… 299
第三节 《荟要总目》与《荟要提要》的著录差异 …… 302
一、图书著录形式上的差异 …… 302
二、《老学庵笔记》的图书著录差异 …… 310

第八章 《荟要提要》研究(上)
——《荟要提要》的文献来源 …… 314
第一节 四库提要研究概述 …… 314
一、四库提要研究 …… 314
二、四库提要比较研究 …… 317
第二节 分纂稿与《荟要提要》 …… 324
一、翁方纲分纂稿与《荟要提要》 …… 325
二、姚鼐分纂稿与《荟要提要》 …… 334

三、余集、邵晋涵分纂稿与《荟要提要》 …… 336
第三节 《初目》与《荟要提要》 …… 340
一、从《荟要提要》看《初目》的成书时间 …… 340
二、《初目》与《荟要提要》之关系比较 …… 346
三、《初目》与《荟要》的篇卷分合 …… 354
第四节 《武英殿聚珍版》提要与《荟要提要》 …… 361
第五节 文渊阁提要与《荟要提要》 …… 366

第九章 《荟要提要》研究(下)
——《荟要提要》对四库提要的影响 …… 374
第一节 分纂稿与四库提要 …… 374
一、从分纂稿到《总目》提要比较 …… 375
二、关于四库提要的选择性录用问题 …… 386
三、提要内容与部类的不相一致 …… 388
四、提要差异与政治干预 …… 389
第二节 《初目》与四库提要 …… 394
一、四库提要关系考察 …… 395
二、从《初目》到《总目》提要比较 …… 401
三、《初目》与《荟要提要》在提要文献系统中的作用 …… 414
第三节 《荟要提要》与四库提要 …… 420
一、《荟要提要》与文渊阁提要 …… 420
二、《荟要提要》与文溯阁、文津阁提要 …… 427
三、《荟要提要》与《武英殿聚珍版》提要 …… 431
四、《荟要提要》与文澜阁提要 …… 434
五、朱鹤龄《李义山诗集注》提要的分析 …… 438
第四节 《荟要提要》和《总目》 …… 440
一、《荟要提要》与《总目》异同比较 …… 441
二、《荟要提要》与《总目》所见改动情况 …… 445
三、四库提要与纪昀的修改界线 …… 454

第十章　《荟要》本研究 …… 457
第一节　《荟要》本与四库底本 …… 457
一、四库底本及所依缮录本 …… 457
二、底本的编辑记录与《荟要》本的改正 …… 462
三、《荟要》对底本的删改 …… 463
四、《荟要》与《全书》的文本差异与底本问题 …… 468
五、《荟要》本《经义考》与底本问题 …… 478
第二节　《荟要》本与《全书》本比较 …… 485
一、书名、卷数、注释、绘图 …… 486
二、序跋、篇目 …… 489
三、《荟要》本与《全书》本乾隆帝题书诗文比较 …… 505
四、《荟要》本优于文渊阁本例证 …… 511
第三节　图书的改动与四库本的差异 …… 515
一、改字与四库本的差异 …… 515
二、从"按语"看《荟要》与《全书》的关系 …… 518
三、四库本《明史》赞语的差异 …… 523
第四节　《明诗综》赵迪、张翚条文与四库本的差异 …… 533

第十一章　《荟要总目提要》学术观念研究 …… 541
第一节　《荟要提要》的目录学成就 …… 541
一、《荟要提要》概述 …… 541
二、《荟要提要》的崇实观念 …… 544
三、《荟要提要》体现的"史"的观念 …… 549
四、《荟要提要》存在的问题 …… 554
第二节　《荟要提要》与《总目》学术观念的差异 …… 557
一、《荟要提要》与《总目》异同的总体比较 …… 558
二、《荟要提要》与《总目》基本观点相同性比较 …… 559
三、《荟要提要》与《总目》观念差异的一般分析 …… 563
四、《荟要提要》与《初目》、文渊阁提要学术观念的比较 …… 568

第三节 关于正统、汉宋、朱熹评判问题 …… 570
一、宋辽金元“正统”问题 …… 570
二、汉学、宋学评判问题 …… 574
三、朱熹评判问题 …… 579
四、四库提要关于理学、朱熹态度转变的分析 …… 591
第四节 四库提要对清朝皇帝态度的差异 …… 599
一、《荟要提要》、文渊阁提要与《总目》相异 …… 600
二、《荟要提要》与文渊阁提要、《总目》相异 …… 603
三、四库提要对清朝历代皇帝的差异性表述 …… 611
第五节 《荟要总目提要》的经学观念 …… 613
第六节 《荟要总目提要》的史学观念 …… 620
第七节 《荟要总目》子部序言与《总目》的比较 …… 630
第八节 《荟要总目提要》的文学观念 …… 646
一、《荟要总目》集部序言的文学观念 …… 646
二、《荟要提要》对文学演化过程的分析 …… 653
三、《荟要提要》对作品的文学性分析 …… 655
四、《荟要提要》与《总目》文学观念比较 …… 658

第十二章 《荟要》的文字校勘 …… 664
第一节 《荟要》文字校勘的基本情况 …… 664
一、有关《荟要》本校勘的基本规条 …… 664
二、《荟要》的校改形式 …… 671
三、《荟要》本“按语”与校勘 …… 675
四、荟要处对图书校勘情况的处理 …… 676
第二节 《荟要》本的文字优点 …… 683
一、《荟要提要》的文字优点 …… 683
二、《荟要》本文字优点简述 …… 686
三、《荟要》与“二十四史”的校勘 …… 689
第三节 《荟要》本的文字错误 …… 695
一、《荟要总目》的错字 …… 695

二、《荟要提要》的错字 …… 695
三、《荟要》本的错字 …… 700
第四节 《荟要》的阙文问题 …… 710
一、《荟要》的“阙文”现象 …… 710
二、《荟要》对“阙文”的处理 …… 712
三、四库本“阙文”的人为因素 …… 718

主要参考文献 …… 721
后记 …… 729

导 论

清代乾隆年间纂修的《四库全书》是我国古代规模最大的一部综合性丛书。《四库全书》对我国历代典籍进行了系统的整理，几乎囊括了清代中期以前所有传世的重要文献，是我国古代所存文献的最大集结。《四库全书》的编纂是由清朝皇帝亲自组织满汉官员及士人共同完成的，是全国政治力量、社会力量、文化力量共同努力的结果。《四库全书荟要》（本书以下简称《荟要》）的编纂是《四库全书》编纂的一个组成部分，为更好研究《荟要》，先对四库学文献作一综合研究。

第一节　四库学文献的基本类型

四库学文献是指在《四库全书》的编纂过程中形成的文献，也包括《四库全书》产生后研究《四库全书》的文献。我们这里主要是指前者，即在乾隆三十七年以后至乾隆末年这一段时间里形成的与《四库全书》有关的文献，部分还可以包括嘉庆初年形成的文献。

根据文献的内容与形式特点，我们将四库学文献划分为五种基本类型：进呈文献、提要文献、库本文献、禁毁文献、档案文献。

一、进呈文献

进呈文献是指地方政权机关、相关机构、个人向四库全书馆呈送图书时开具的图书登记清册。这类文献，具有原始记录性质的有《四库馆进呈书籍底簿》《各省进呈书目》等，经过了一定整理的有《四库采进书目》等。它们的基本文献特征是，首先注明图书的呈送者（即注明进呈图书的来源），并标注数量。正文著录书名、卷数、作者、册数等，也有仅著录书名、册数的。

《四库馆进呈书籍底簿》为抄本，共10册，现藏台北“中央研究院”历史语言研究所傅斯年图书馆。据该馆介绍，原抄本封面既无册次，内页亦无页码。民国年间，张政烺到北平东方文化事业委员会接收，挑出当时南京没有的藏书给当时的中研院史语所使用，《四库馆进呈书籍底簿》即在其中。该书各册之顺序，系根据当时入库之登录号而定。但登录号是东方文化事业委员会藏书时就已编定，或为挑书的张政烺所加上的，已很难考究。

《各省进呈书目》原为抄本4册，题涵秋阁钞，不著撰人名氏，记录乾隆时京内外进呈四库馆的书名。孙毓修认为即四库馆人所纂集(《各省进呈书目》跋)。民国年间由商务印书馆刊入《涵芬楼祕笈》。

《四库采进书目》是上个世纪50年代由吴慰祖根据各省及私人的进献书目等校订整理的，1960年商务印书馆出版。

以上三种书目是我们了解纂修《四库全书》时进献图书情况的最重要的、也是比较完整的文献。

此外采辑图书提要也可归之于这一类型。采辑图书提要，是指各地图书呈送者为进呈图书撰写的提要。乾隆帝在向各直省督抚学政发出的购访遗书的第一道上谕中，就明确提出了要编写目录的问题，并大致规定了目录的基本内容。上谕说:“着该督抚等先将各书叙列目录，注系某朝某人所著，书中要指何在，简明开载，具折奏闻。”(《纂修四库全书档案》一)在我国古代的目录学概念中，“目录”包括“目”和“录”两方面的内容，即既包括图书的书名，也包括对图书内容所作的提要。从乾隆帝的这道谕旨看，显然他要求各地不仅仅是提供一份书名清单，还要求写提要，说明“书中要指何在”。只是各省大多未能做到这一点。目前我们能看到的这类文献编集成书的仅有两部，即江苏省编的《江苏采辑遗书目录》和浙江省编的《浙江采集遗书总录》。

进呈文献是四库学文献中最早形成的文献。虽然这一类型的文献从形成到完成的时间并不长，而且文献内容极为简单，但在四库学研究中，却有着不可替代的重要价值。

进呈文献对考察《荟要》与《全书》的图书来源有重要作用。在《荟要总目》与《总目》中，每一部图书都著录来源，但两部书目所著录的来源往往不一致。这里面有些只是说法不一而已，如《说苑》《新序》，《荟要总目》作江苏巡抚萨载所上本,《总目》作江苏巡抚采进本,实际上并没有区别。但有些图书的著录来源确实不一样,如《小畜集》,《荟要总目》作两淮盐政李质颖所上马裕家藏本,《总目》作鸿胪寺少卿曹学闵家藏本。哪个著录是准确的,或者当时是否同时有二个或以上的进呈本呢?显然单靠书目本身是无法解决这个问题的,这就必须依靠进呈书目的著录。查《四库采进书目》,《小畜集》见于《直隶省呈送书目》《浙江第四次鲍士恭呈送书目》。此书因与鲍士恭家有关系,所以也见于《浙江采集遗书总录》。然而无论是《四库采进书目》还是《浙江采集遗书总录》,都与《荟要总目》及《总目》的著录不相符合。再查《四库馆进呈书籍底簿》,所载《两淮商人马裕家一次呈送书目》著录有宋王禹偁《黄州集》,即是此书。因此集绍兴丁卯沈虞卿尝刻之黄州,故一名《黄州集》。由此可知《荟要总目》的著录是有依据的。而"曹学闵"其人则不见于现存任何一部进呈书目。所以《总目》的著录,不知其依据何在。

总之,进呈文献还有好多问题可以探讨。进呈文献与《荟要》的比较研究,也将导致《荟要》研究的更为深入。

二、提要文献

提要文献是指《四库全书》纂修官为《四库全书》有关图书撰写的内容介绍。根据《四库全书》的编纂流程及现存文献的实际情况,并考虑到文献形成的大致时间,我们将提要文献分为分纂提要、汇总提要、刊本提要、库本提要、总目提要五种类型。

长期以来,四库学研究者通常认为《四库全书》只存在三种类型的提要,即分纂提要、库本提要、总目提要。例如林申清《四库书目家族》说:"《四库全书》中各书之提要有'提要分纂稿'、'书前提要'、'四库全书总目提要'之别。"[①]熊伟华、张其凡指出:"纂修官初纂的各书提要被称为'分纂提要',其中经总纂官修改或撤换,并收入《四库全书》各书之前的提要被称为'书前提要',书前提要与未收入《四库全书》的存目书的提要一起,又经总纂官综合修订,最后汇编成《四库全书总目》。"[②]台湾大学文学院图书资讯学系研究生段又瑄的硕士学位论文《四库分纂稿、阁书提要和〈总目〉提要之内容比较分

① 林申清《四库书目家族》,《华东师范大学学报》(哲学社会科学版)2000年第5期,第36页。
② 熊伟华、张其凡《〈惜抱轩书录〉与姚鼐的学术倾向》,《史学月刊》2007年第5期,第98页。

析——以集部为例》认为:《总目》经历分纂稿的撰写、阁书提要的修改,最后才成为定稿①。这些实际上也都是认为《四库全书》只存在三种提要。

然而我们在研究《四库全书》这三种提要稿的关系时,会发现一个问题,即现存的由各分纂官撰写的图书提要,与《四库全书》所收各书书前的提要及《总目》提要之间,除少数相同,或可以看到相互之间的承袭关系外,大部分并不相同,有些甚至是毫无关系。分纂提要与库本提要、总目提要之间,缺乏明显的过渡。这样,人们势必会产生一个疑问:书前提要、总目提要的原始根据是什么呢?它们据以誊录的底本又是什么样子呢?我们认为,在分纂提要和库本提要、总目提要之间,必有一个汇总的过程,即将各分纂稿汇集而成,经过一定的整理,然后交付誊录人员誊写。誊录人员誊清的这份稿子,一部分放在《四库全书》所抄录的各书前,即成为库本提要②;而全部誊清的稿子,经过总纂官不断润色、修改,即成为《总目》③。正因为如此,我们将汇总稿作为一种独立的提要类型。

刊本提要以前一般也不作为一种独立的四库提要类型,我们认为不妥。所以我们认为四库提要存在五种提要类型。

分纂提要即各纂修官分工撰写的提要。这是四库全书馆自行撰写的最初的提要,对后来的四库提要有重要影响。目前所见的这部分提要只是一小部分,收录在《四库提要分纂稿》中,《翁方纲纂四库提要稿》及《〈四库全书〉提要稿辑存》中的部分内容也属于这类文献。

汇总提要是指将分纂稿汇总以后形成的文献。这类文献目前所见到的有《四库全书初次进呈存目》。此书为清乾隆间敕撰,旧抄本,48 册,乾隆年间浙江藏书家卢址(1725—1794)“抱经楼”旧藏。今存 1 878 篇提要,包括 1 869 篇完整提要和 9 篇残篇提要。内有 8 篇提要书名相同,但内容不同,属于一书两篇提要。全书有经部 365 篇,史部 425 篇,子部 467 篇,集部 621 篇。涉及图书 1 870 部。约 30 万字。我们将此书简称为《初目》,既为简便起见,

① 段又瑄《四库分纂稿、阁书提要和〈总目〉提要之内容比较分析——以集部为例》,硕士学位论文,台湾大学,2008 年。

② 书前提要与所在图书的正文不是同时,也不是同一个人抄写的。书前提要是事先另外抄好,然后放置于相应的图书前面的。

③ 《四库全书简明目录》虽然也属于总目提要,但该书不是《四库全书总目》的简单缩写,而是重新编写的,它与汇总提要的关系没有如《总目》那样密切,故一般不予讨论。

也还含有与《总目》相对而言之意。此书今藏台北"国家图书馆",看过的人不多。实际上这是一部非常值得重视的书。《初目》是一部独立类型的四库提要文献,它最早建立了《四库全书》的图书分类体系,确立了四库提要的基本范式。在《四库全书》诸提要稿中,《初目》处于承前启后的地位。承前,即上承分纂稿,它是经过修改、整理过的分纂稿的汇总;启后,即它又是构成各库本提要以及《总目》的基础。《初目》存世虽然只有1 800余篇,仅及《总目》的五分之一还不到,但作为一种类型是客观存在的,这和存世数量多少没有关系。《初目》与其它提要一起构成了一个完整的四库学提要文献系统。正因为如此,所以《初目》具有和分纂稿及各阁书前提要、《总目》的可比性,而且只有通过这种比较,才可以更清楚地看到《四库全书》提要不断修改、演化的过程,并因此考察乾隆年间学人思想的差异情况及学术思想的变迁过程。

刊本提要,即收入《武英殿聚珍版》丛书①中各书的书前提要。《武英殿聚珍版》丛书所收图书仅138种(其中11种没有提要),对于整个四库学提要文献来说数量甚少,不过在提要文献研究中仍有着重要价值。从《武英殿聚珍版》丛书提要与其他提要的比较中可以看到四库提要之间的许多相承关系,同时还可以据以了解提要的纂修者。除分纂提要外,四库提要都不具纂修者姓名。《武英殿聚珍版》丛书提要则大多有纂修者姓名,这就为研究《四库全书》的纂修、提要纂修者与提要学术倾向的关系等问题,提供了相应依据。

库本提要,也称为书前提要或阁本提要、阁书提要,即《四库全书》各书前的提要。这类提要目前所存的有《摛藻堂四库全书荟要》和文渊阁、文溯阁、文津阁、文澜阁《四库全书》书前的提要。目前已经单行出版的库本提要有《四库全书荟要总目提要》《金毓黻手定本文溯阁四库全书提要》《文津阁四库全书提要汇编》。文渊阁、文澜阁书前提要②虽未单独汇总出版,但因为文渊阁、文澜阁《四库全书》已经影印出版,所以也可以使用,特别是前者使用很方便。遗憾的是文溯阁提要虽有《金毓黻手定本文溯阁四库全书提要》出版,但这是一个排印本,里面有不少文字错误。由于难以与文溯阁《四库全书》原书

---

① 此丛书书名一般题作《武英殿聚珍版书》(如《中国丛书综录》)或《武英殿聚珍版》丛书,(《中国古籍总目》题作《武英殿聚珍版书》,又括注作《武英殿聚珍版》丛书)。但该丛书收录各书卷端均只题"武英殿聚珍版"字样,故本书也以此作为该丛书的正式书名。

② 今存《文澜阁提要》有原抄、补抄之别。原抄提要即当年编纂文澜阁《四库全书》时抄录的提要,补抄提要即晚清民国时期丁丙等人组织补抄的提要。本书所用均为原抄提要。

加以比较，所以无法判断这些错误是原书的错误，还是排印本的错误。

此外，天津图书馆藏有内府写本《四库全书》书前提要 1433 篇，此前不见著录，亦无研究成果。从版式、形制、用纸等方面分析，可知其属于《四库全书》"北四阁"系统，但与现存文渊阁、文溯阁、文津阁本提要都有差异，其校上时间也各不相同。经本人研究，并与现存的文源阁本《四库全书》比较，初步确定这部提要就是被认为早已遭到毁灭的文源阁提要。2015 年，大象出版社影印出版了李国庆辑《四库全书卷前提要四种》，书中收录了现存的文渊阁、文津阁、文溯阁提要及天津图书馆所藏内府写本提要。关于这部提要，笔者将另行研究。

库本提要之间，文字上存在许多差异。这些差异有些关系到编纂态度、学术观点等方面的问题，因此很值得将五部书前提要作综合比较研究。

总目提要，即汇总为《四库全书总目》和《四库全书简明目录》的提要。总目提要是四库馆臣的最后成果，也是四库提要文献的最后结集。它在此前形成的提要文献的基础上，经过反复推敲、修改，最后形成定稿。总目提要对历史发展过程作有完整、系统的叙述，注重于从"史"的角度对事物的本质特点作出高度概括。总目提要反映了作者深厚的学术涵养及广博的学术视野，也反映了四库馆臣对事物本质的深度把握。《总目》成为我国古典目录学的经典著作，充分显示出"剖析条流，斟酌古今，辨章学术，高挹群言"(余嘉锡《四库提要辨证·序》)的盛大气象。

上面提到的采辑图书提要虽然也是为《四库全书》有关图书撰写的提要稿，但因为提要撰写者是地方有关人员，而不是四库全书纂修官，而且这部分提要本质上也还是为本地呈送的图书而写的，不是为《四库全书》写的，所以我们将其归之于进呈文献这一类型中。

三、库本文献

库本文献是指四库各馆所藏《四库全书》原书，或者说指收录在《四库全书》里面的那些著作。经过战乱，库本文献现存《摛藻堂四库全书荟要》、文渊阁《四库全书》等五部。这一类型的文献还包括《四库全书》底本。

库本文献的研究包括文本分析、文本评价、文本校勘、文本比较等内容。

就本质上说，四库学能够成立，基础在于四库库本的存在。但长期以来，四库库本的研究恰恰是四库学研究中最薄弱的环节。乾嘉以后到晚清时期，因为四库库本阅读不易，几乎没有研究四库库本文献的，并由此产生了所谓的“后四库全书现象”:《四库全书总目》得到了社会广泛的肯定、重视，而同一时期的四库库本却几乎没有什么社会影响。民国年间虽然部分库本有了影印本，社会可以看到库本文献的真貌，但由于种种原因，这一时期的库本研究仍然可以说毫无进展。周积明《“四库学”:历史与思考》列举了民国年间四库学的三部“典范”著作，即陈垣《四库全书考异》、余嘉锡《四库提要辨证》、胡玉缙《四库全书总目提要补正》①。这些著作都不是专门研究四库库本的。

上个世纪 80 年代文渊阁《四库全书》的影印出版，以及不久以后《四库全书存目丛书》《四库全书荟要》及文津阁《四库全书》的相继影印出版，使得大家可以十分方便地使用库本文献。但这一时期四库库本的研究仍然可以说没有多少成绩。汪受宽、刘凤强《〈四库全书〉研究的回顾与思考》一文将有关《四库全书》的研究概括为六个方面:纂修与流传的研究，档案辑录与整理，《总目》得失、纠谬及各《提要》异同的研究，目录、索引和版本研究，文化价值及意义的研究，《四库全书》的续修与影印、电子版的开发②。这个回顾虽然也回溯了 1949 年之前的研究情况，但主要是介绍在此之后的研究情况。高远、汪受宽《近三十年来〈四库全书〉研究现状与思考》一文在分析 1980 年至 2003 年间《四库全书》研究论文的选题时指出，其内容多分布于以下九个方面:《四库全书》纂修与流传，《总目》的考订与补正，《四库全书》及《总目》的文化价值，《四库全书荟要》研究，四库禁毁书研究，《四库全书简明目录》研究，七阁与《四库全书》关系研究，纂修官与《总目》关系研究，档案辑录与整理、影印与电子版的开发等③。张传峰在《〈四库全书总目〉学术思想研究》一书的“绪论”中，也介绍了从《四库全书》《四库全书总目》编纂完成至今的四库学研究内容，概括为以下五个方面:《四库全书》的纂修研究，《四库全书总目》提要的补正、辨证，《四库全书》的目录版本研究，《四库全书》的文化研究，《四库全书总目》的学术研究④。王颖、杜鹃《文津阁〈四库全书〉研究综述》一文从文献整

---

① 周积明《“四库学”:历史与思考》,《清史研究》2000 年第 3 期，第 52—54 页。

② 汪受宽、刘凤强《〈四库全书〉研究的回顾与思考》,《史学史研究》2005 年第 1 期，第 62—64 页。

③ 高远、汪受宽《近三十年来〈四库全书〉研究现状与思考》,《图书与情报》2008 年第 3 期，第 121 页。

④ 张传峰《〈四库全书总目〉学术思想研究》，学林出版社，2007 年，第 27—34 页。

理、文献研究两个方面介绍了文津阁《四库全书》的研究概况，内容包括书目整理、对其他阁本的补辑、阁本之间的比较、书目研究、书史研究、文化价值研究、文献价值研究等方面①。可见无论是《四库全书》编纂完成之后，还是《四库全书》全文影印之后，四库学的研究领域基本都集中在《四库全书》的纂修研究、文化研究及提要（主要是《总目》，也包括《简明目录》等）研究方面，很少有研究四库库本的。近年来对库本的研究才有所重视。

正因为如此，一些文章会出现高度雷同的现象。如关于四库本“违碍”字句的删改问题，笔者所看到的几篇文章，其所用例句、例句数量、例句顺序、想要说明的问题、得出的结论，甚至所说语言，差不多都一致。这都是没有认真阅读四库库本产生的问题。如果我们能够读一下四库库本，就不会出现这类问题了。

而在四库库本研究方面，文本的比较研究更显得薄弱。吴哲夫任总主编的《四库全书补正经部》《四库全书补正史部》《四库全书补正子部》分别于1995年、1998年、1999年由台湾商务印书馆出版。“补正”对文渊阁《四库全书》本的脱漏讹误、资料失真、版本差异等问题，作了仔细考订。当时校勘的重点放在以下几个方面：收录《全书》删汰的原书序跋及目录，补足《全书》中的脱文，补全《全书》中的阙文，更正《全书》中的错简或误抄，补正违碍文字，据各种版本补足四库本。吴哲夫在《〈四库全书〉补正工作之回顾与前瞻》一文中，对“补正”工作作了详细的介绍②。此书纠正了文渊阁《四库全书》的不少讹误，补充了大量资料。遗憾的是由于受当时条件所限，无法使用文津阁《四库全书》，也没有使用《四库全书荟要》本，所以有些缺漏没能发现或改正。

四库文本的比较研究，我们认为起码包含三方面的内容：四库各本的比较、四库内同篇异文的比较、四库系列本的比较。这三个方面又是相互有联系的。

1. 四库各本的比较

四库各本的比较，是指将现存《四库全书》各库本进行比较。由于种种原因，《四库全书》各库本之间在篇目、文字方面，都存在着许多差异。四库各本

① 王颖、杜鹃《文津阁〈四库全书〉研究综述》，《河北民族师范学院学报》2012年第1期。

② 吴哲夫《〈四库全书〉补正工作之回顾与前瞻》，全国高等院校古籍整理研究工作委员会秘书处编，曹亦冰主编《两岸古籍整理学术研讨会论文集》，江苏古籍出版社，1998年，第425—441页。

的比较，就是比较这些差异，从而更好地看到不同时间四库本的不同形态，并准确地评价四库本。

例如宋真德秀《大学衍义》卷三"尧发乎诸侯舜兴乎深山非一日而显也章"云："安得有极意奢淫之失，穷兵黩武之祸。"台湾"故宫博物院"主编《四库全书补正》子部云："明刊本'黩武'作'夷狄'。"[①]这是指出四库本改动了明刊本，将原文具有明显忌讳性质的"夷狄"改成了中性的"黩武"一词。《四库全书补正》是依据文渊阁本所作的补正，所以这个校语是准确的。但我们查《荟要》本，可以看到此处依然作"夷狄"未改。此外文津阁本也作"夷狄"。这个事例说明在作文本校勘时，如果能够注意将《荟要》本、文津阁本与文渊阁本作比较，得出的结论可以更为全面。

实际上四库本中类似情况很多。例如《明史》卷五《成祖本纪》记诛杀方孝孺等事，《荟要》本记道："丁丑，杀齐泰、黄子澄、方孝孺，并夷其族。坐奸党死者甚众。"文渊阁本记道："丁丑，召方孝孺草登极诏。孝孺投笔，哭且骂。帝大怒，泰、子澄亦抗辩不屈。遂与孝孺同磔于市，皆夷其族。坐党死者数百人。"《荟要》本所记很平实，文渊阁本则多了许多描述，突出了方氏等人的坚贞，也更显示了明帝的暴虐。两者所达到的效果显然不一样。据《荟要总目》及《总目》所记，可知《荟要》本与文渊阁本都是依据武英殿本誊录的。而武英殿本原文与《荟要》本完全一致，这说明《荟要》本没有改动，那些描述之语是文渊阁本随意添加的。如果我们根据《荟要》本与文渊阁本的不同记载来分析此事，将会得出不同的结论。

但一些研究者似乎没有注意到库本之间的这些差异。由于文渊阁本使用方便，流传较广，人们往往是以文渊阁本为依据来研究四库学的，所以文渊阁本的文字往往被认为就是四库本的文字，人们通常仅仅根据文渊阁本来讨论问题，因此就使得一些论述不够全面。如有文章以《皇明文衡》为例指出《谕中原檄》《拟祭元幼主文》《大明铙歌鼓吹曲》《正纪》等篇，四库本都已将其刊落[②]。《谕中原檄》等三篇确实在四库本中已删去，但《正纪》篇在《荟要》本、文津阁本中均有收录。因此不能简单说四库本都没有收录这些篇目。

---

① 《四库全书补正》子部，第 18 页。

② 张佳《元明之际"夷夏"论说举隅——兼说清代官修书籍对明初史事的隐没与改篡》，《中国典籍与文化》2013 年第 4 期，第 46 页。

2. 同篇异文的比较

我们进行四库库本的比较研究，还应注意四库本内同一作者的相关文本的比较。一个人的作品，除了收录在自己的文集中，有时候还会被收入其他类型的文献中。如苏轼的《赤壁赋》，除了收在个人文集中外，还见于《宋文鉴》《文章轨范》《古赋辩体》《唐宋八大家文钞》等各类总集中。同样一首诗、一首词也是如此。当这些著作都被收录进《四库全书》时，因底本、誊录或改动等原因，这些作品的文字往往会出现差异。我们姑且把这一现象称之为《四库全书》中的同篇异文现象。这种现象，尤其是在遇到文章或诗词中出现了需要处理的“违碍”文字时最为突出。研究四库文本文献，也要充分注意这一现象。

如以张孝祥词作为例。张孝祥词在《荟要》中，既见于其《于湖集》，也见于康熙帝《御选历代诗余》、朱彝尊编《词综》等。文渊阁、文津阁四库本还另收录有《于湖词》。其作品在不同的著作中，文字有不少差异。

如以其代表作《六州歌头・长淮望断》为例。这是南宋初期爱国词中的名篇，被广为传诵。此词上阙描写山东孔子家乡被金人占领，敌人及金人骄纵横行的情景。据《四部丛刊》影宋本、《中华再造善本》影宋抄本《于湖居士文集》卷第三十一，原词作：“洙泗上，弦歌地，亦膻腥。”膻，指羊肉的气味，亦泛指臊气。“膻腥”常用作对北方少数民族的风习或其所建立的政权等的蔑称，这是忌讳词语，这在馆臣来看自然非得改动不可。于是《荟要》本作“血风腥”，文渊阁本作“亦纷争”、文津阁本作“亦荆榛”。这是对其个人文集的改动。个人文集以外的改动也很大。如以文渊阁本为例，张孝祥《于湖词》作“洙泗上，弦歌地，亦凋零”，宋黄升《花庵词选续集》卷二作“洙泗上，弦歌地，亦荆榛”，明陈耀文《花草稡编》卷二十四作“洙泗上，弦歌地，亦榛荆”。

再如张孝祥此词以下又写道：“隔水毡乡，落日牛羊下，区脱纵横。”“毡乡”指我国古代北方游牧民族所居之地，也多少含有蔑视之义，所以《荟要》也作了改动。《于湖集》改作“苍茫”，《词综》改作“村落”。此处用“苍茫”“村落”等泛指性词语来替代具有一定特指性的“毡乡”一词。

再如张孝祥《于湖集》卷三十一《念奴娇・张仲钦提刑行边》下阕，宋本原文作：“虏马秋肥雕力健。”“虏”为“违碍”字，故四库本也多作了改动。《荟要》本、文津阁本作“塞马秋肥雕力健”，文渊阁本作“敌马秋肥雕力健”。

上面的这些改动，“凋零”也好，“荆棘”也好，或是“塞马”也好，“敌马”也好，实际都无版本根据，都是馆臣想当然所作的改动，目的只是为避免出现“违碍”字眼。四库本中这种改动不一的情况非常多见。我们认为像这类常见的需要改动的文字可能无需再加讨论，也无需纂修官在底本上一一标注，因为工作量实在太大了。当时馆里可能会有一些基本规定，遇到这类情况可由纂修官甚至誊录人员凭借自己的抄写、校改经验直接改动。这样可以简化程序，但也因此带来了改动不统一的现象。四库本的差异，有些是因为版本不同的关系，也有不少确实是人为改动的结果，也有些是因为馆臣处理标准的不相统一。库本的差异在一定程度上显示了乾隆年间最高统治者思想掌控的情况，也体现了四库馆臣对此的应对措施。

在关注同篇异文的情况时，还要注意另一种情况，即部分改、部分不改这种情况。例如关于张孝祥词，人们比较熟悉的是文渊阁本的句子："洙泗上，弦歌地，亦凋零。"这一句子常被研究者用作四库馆臣任意删改原文的经典例子，并据此来研究四库全书的纂修思想。然而就是在文渊阁本《四库全书》中，宋祝穆撰《古今事文类聚续集》卷二十四、明陈霆撰《渚山堂词话》卷一、康熙帝《御选历代诗余》卷九十九、万树撰《词律》卷二十、朱彝尊编《词综》卷十三等所录张孝祥此词，“膻腥”二字都没有改动。如果说这类句子的改动反映了“《四库》的编纂者对于反映民族矛盾、民族压迫和民族战斗精神的作品尽量摒弃和抽毁，对于不能不收录的名家名作则篡改”[①]，那么对《古今事文类聚续集》这些同样是收录在四库本中而未作任何改动的著作，又该怎样解释呢？然而在这种情况下，人们往往会多着意于馆臣的改动，而少留意于馆臣的未改。这也同样是忽略了同篇异文的问题。

这种情况在四库本中常能看到。如宋刘时举编《续宋编年资治通鉴》卷十三所录开禧二年北伐诏书，元刻本“蠢兹丑虏”句，文渊阁本改“丑虏”为“勍敌”；“属胡运之将倾”句，文渊阁本改“胡运”为“敌运”。但同样收录在文渊阁本中的明冯琦、冯瑗撰《经济类编》卷五十所录这道诏书，“丑虏”“胡运”均保留未改。再如明冯琦撰、陈邦瞻补《宋史纪事本末》卷二十《陈亮恢复之议》，万历本云："契丹遂得以猖狂恣睢，与中国抗衡。"文渊阁本《宋史纪事本末》作

① 王学泰《不要盲目崇拜〈四库全书〉》，《南方周末》2005 年 3 月 10 日。

"契丹遂得以渐积之势，与中国抗衡"，显然作了改动。而陈亮《龙川集》卷一作"然敌遂得与中国抗衡"，改动更大。但同是文渊阁本，《宋史·陈亮传》、元吴师道辑《敬乡录》等都没有改。

我们强调研究四库本的同篇异文问题，既要关注其改动之处，也要关注未改之处。与同篇异文类似的还有一些特殊内容的删改问题，同样值得注意。如《三国志·蜀志·关羽传》记关羽谥号，原书作"追谥羽曰壮缪侯"，乾隆帝要求将其改作"追谥羽曰忠义侯"。今见文渊阁、文津阁本已改，但《荟要》本未予改动。

由此可见，四库本的同篇异文情况是很复杂的。就我们看到的情况而言，这类改动多在作者本人的文集中，其他收录这些文章的著作则改动较少，甚至不改。而我们在研究作家作品时，往往只关注其个人的文集，而会忽略其他相关著作。这是我们在研究同篇异文时要注意的。

为什么要研究四库本的同篇异文问题？因为有时候这种差异影响到对四库本的评价是否全面的问题，也会影响到四库学研究是否准确的问题。

3. 四库系列本的比较

四库系列本的比较，即四库底本（包括与四库底本版本相同的本子）—四库本—后四库本的比较。"四库底本"是指书上有四库纂修官编辑记录、四库誊录直接据以抄写的本子；"与四库底本版本相同的本子"是指不是四库底本，即书上没有四库馆臣的编辑记录，但其版本与"四库底本"相同的本子。两者有联系也有区别。"后四库本"是指《四库全书》编纂以后刊刻或抄写的本子。只有通过这种比较才能发现四库馆臣在纂修《四库全书》的过程中对原书所作的改动以及后来的还原情况，并由此可以更好地研究《四库全书》的编纂思想。

兹以社会影响很大的《宋史纪事本末》《元史纪事本末》两书为例。

《宋史纪事本末》，明冯琦撰，陈邦瞻补，有明万历三十三年刘曰梧、徐申刻本。此书记述宋朝历史，自然不能回避与辽金的关系。明人编纂此书有明人的立场，然也因此与清廷的观念多有冲突。因其中多处地方涉及宋朝与金朝的关系，在收入《四库全书》时作了许多删改，从而形成了与原本的许多差异。此以陈亮为例。

万历本卷二十有《陈亮恢复之议》一篇，记陈亮的相关议论。陈亮，字同甫，号龙川，生于南宋初年。《宋史·陈亮传》说他“为人才气超迈，喜谈兵，论议风生，下笔数千言立就”。陈亮一生力主抗金，反对“偏安定命”。陈亮痛斥秦桧奸邪，倡言恢复，主张完成国家统一大业。《陈亮恢复之议》一篇，即集中记载了他中兴图强的政治和军事主张。要实现自己的主张，势必要涉及金人，也正因为如此，所以此篇多涉及忌讳之处，也成为四库馆臣重点改动之篇，我们今天能够看到的《荟要》本、文渊阁本、文津阁本都有改动。如：

万历本	《荟要》本	文渊阁本	文津阁本
今虏酋庸懦，政令日弛，舍戎狄鞍马之长，而从事中州浮靡之习。	今敌人庸懦，政令日弛，舍去其鞍马之长，而从事中州浮靡之习。	今敌人庸懦，政令日弛，舍弓矢鞍马之长，而从事中州浮靡之习。	今敌人庸懦，政令日弛，舍塞外鞍马之长，而从事中州浮靡之习。
自古夷狄之强，未有四五十年而无变者。	自古外敌之强，未有四五十年而无变者。	自古强弱之势，未有四五十年而无变者。	自古远裔之强，未有四五十年而无变者。
万一虏人惩创，更立令主。	万一敌人惩创，更立令主。	与《荟要》本同	与《荟要》本同
生长于戎，岂知有我。	与万历本同	生长于他，岂知有我。	生长于北，岂知有我。
精间谍以得虏人之情。	与万历本同	精间谍以得敌人之情。	与文渊阁本同
齐秦诚天下之两臂也，奈虏人以为天设之险而固守之乎。	齐秦诚天下之两臂也，奈敌人以为天设之险而固守之乎。	与《荟要》本同	与《荟要》本同
一旦狂虏玩故习，常来犯江淮。	一旦金人玩故习，常来犯江淮。	与《荟要》本同	一旦敌人玩故习，常来犯江淮。

从以上比较中可以看到，原文用以称呼金人的带有鲜明鄙视色彩的词语如虏酋、戎狄、虏人、狂虏等，都被换成了带有中性色彩的词语如敌人、塞外等，或客观地称之为金人、远裔等。这些改动和我们看到的四库本其他著作的改动情况基本相同。

明陈邦瞻撰《元史纪事本末》有明末刻本，与四库本也多有差异。此书各卷之末原来都有张溥评说，内容多涉及夷夏之辨一类问题，对金人同样有鄙薄之意，评说中多用蔑称。如卷一《江南群盗之平》卷末张溥曰：“王莽篡汉而州郡兵起，金虏虐宋而山东兵起。”卷十一《律令之定》卷末张溥曰：“元循金律，胡法参夷。”再如卷十八《佛教之崇》卷末张溥曰：“孔子作《春秋》，中国而夷则退之，夷而中国则进之。元之奉佛，盖夷俗也。混一既成，则当进而中国矣。帝师佛子，何纷纷为。秦不变刑，元不变佛。彼皆守夷狄之教，以御中国之人，是以不能久也。”像这些地方，都不是简单将“违碍”词语删除就能解决问题的，所以四库本干脆全部作了删除。此外正文中涉及的一些“违碍”语词，也同样作了改动。如卷十三《治河》：“汉唐之时，外夷未尽臣服。”《荟要》本、文津阁本未改，文渊阁本改作“汉唐之时，地方未尽臣服”，避免了出现“夷”字。

查乾隆年间以后出现的《宋史纪事本末》《元史纪事本末》本子，如同治七年朝宗书室木活字本、同治十三年江西书局刻本、光绪二十四年湖南思贤书局刻本等，所有避忌文字都没有改动，文字与明刻本完全相同，可见没有受到四库本的影响。

所以我们主张四库本文献的比较研究，除了应注重《四库全书》各库本的比较外，还应注意和库本之前的底本及和库本之后产生的版本作比较。这种“瞻前”“顾后”式的比较研究，可以更好地看到思想演化的过程，也更有助于清代学术研究的深入。

四库本的比较还应该注意各库本与录副本的比较。此可参见张升《四库全书馆研究》第八章《四库馆的私家录副现象》[①]，此处不再一一细述。

《四库提要著录丛书》收录了相当一部分四库底本或四库馆据以誊录的本子，还有不少是版本早于四库本的图书。此书的出版，为四库文本研究提供了重要的版本资料。

清廷编纂《四库全书》的意图，既是通过图书提要的撰写体现出来的，也是通过图书的选择、篇目的调整、文字的改动等体现出来的。而文本的变易与回归，也在一定程度上显示了思想掌控的严密与松弛程度。因此，从分纂稿、汇总稿、刊本提要、书前提要，到《总目》的四库提要文献比较研究，从四库底本（包括与四库底本版本相同的本子）、四库各本、四库本内的同篇异文，到后四库本的四库文本文献比较研究，都是研究乾嘉时期乃至有清时期学术形

① 张升《四库全书馆研究》第八章《四库馆的私家录副现象》，北京师范大学出版社，2012 年，第 280—307 页。

态、学术思想不可忽略的课题。

四、禁毁文献

禁毁文献是指因编纂《四库全书》引发的禁毁图书而形成的文献。这类文献有的见于《纂修四库全书档案》，此外还包括有关的禁毁书目如《清代禁毁书目四种及补遗》等。

禁毁文献显示，伴随着《四库全书》编纂的，是清廷严厉的图书禁毁行动。根据不完全的禁书目录统计，共有全毁书 2 400 多种，抽毁书 400 多种，加起来将近 3 000 种。焚毁的书籍在 15 万部以上[①]。在查禁图书的过程中，发生了大量的文字狱。不少"案犯"被处以极刑。

由于成书时间较早，禁毁文献与《荟要》的关系不是很大。例如《荟要总目》个别地方还保持着后来被认作"违碍"的字样。其《滏水集》条下说："今依前浙江巡抚臣三宝所上范懋柱家藏国朝李清抄本缮录恭校。"乾隆五十二年，因在收入《四库全书》的李清著作中查出有"妄诞不经"之处，乾隆帝"阅之殊堪骇异"，遂将李清著作从《四库全书》中全部撤出。乾隆帝对李清著作的查处非常严厉，下令将"所有四阁陈设之本及续办三分书内俱着掣出销毁，其《总目提要》亦着一体查删"（《纂修四库全书档案》一一九一）。在如此严密的查处下，《荟要总目》仍能保留李清之名，虽说可能纯属偶然，也说明图书禁毁对《荟要》的影响相对较小。当然作为一种文化大环境，这类图书禁毁活动对《荟要》的编纂，尤其是对图书选择、提要撰写等多少也会有一定影响的。

李常庆在《四库全书出版研究》中讨论《四库全书荟要》的刊印与编纂时指出："《荟要》与《四库全书》一样，也受到禁书政策的影响。负责编纂的馆员为了少担风险，尽量挑选钦定、敕撰、御批或乾隆帝喜欢看的书籍，几乎没有收明代后期含有攻击清朝言论的书籍。但与《四库全书》不同，《荟要》专供御览，不对外公开，抽毁或删改的地方相对较少。所以基本保留原选文面貌，最为真实齐全。"[②]作者在这里注意到了禁书政策对《荟要》纂修的影响。不过由于《荟要》编纂年代较早，也因为专供御览这一特点，使得禁书政策的影响在

---

① 黄爱平《四库全书纂修研究》，中国人民大学出版社，1989 年，第 71—73 页。

② 李常庆《四库全书出版研究》第一章第三节《〈武英殿聚珍版〉和〈四库全书荟要〉的刊印与编纂》，中州古籍出版社，2008 年，第 30 页。

《荟要》这部书上体现的不是特别明显。同时因缺乏更多的参照，这种影响往往也不易觉察。

五、档案文献

档案文献是指围绕《四库全书》纂修而形成的档案资料。这类文献大都收入《纂修四库全书档案》一书中。其内容包括乾隆帝为纂修《四库全书》及禁毁书籍所颁发的谕旨，军机大臣、总裁、总纂等官员关于编纂、审阅、覆校全书情形及对各级纂校人员考核的奏折、信函、清单，各地督抚及学政、盐政等有关征缴、查禁书籍的奏折、咨呈、书目清单等。《四库全书》档案文献真实地反映了《四库全书》的纂修全过程，是研究《四库全书》纂修人员、纂修制度、纂修过程、纂修评价、纂修奖惩等方面内容最重要的资料。

档案文献中有相当一部分内容是有关四库全书馆运行制度的。制度是人们的行为准则，也是完成任务的保证。为保证《四库全书》的顺利编纂，清廷制定了一系列规章制度。大凡从乾隆帝议修《四库全书》、诏开四库全书馆开始，到《四库全书》纂修完毕、四库全书馆闭馆，整个过程中有关机构设置、运作管理、人员配置、奖惩制度等各个方面，都有章可循。相关制度贯穿于整个纂修过程中，因此制度文献也是档案文献的重要内容。我国历史上任何一部图书的编纂，都没有留下如此丰富的档案资料。《四库全书》档案不仅是了解《四库全书》纂修的最重要的资料，对了解围绕着《四库全书》的纂修而体现出来的乾隆时期的社会状况、政治生态、君臣关系等，也都是非常重要的资料。

关于《荟要》纂修的资料，完整地保留在《纂修四库全书档案》一书中。

《荟要》与《全书》有关联，也有相应的区别，《纂修四库全书档案》里面有关《荟要》的档案，对我们了解、研究《荟要》的编纂制度，同样有很重要的作用。例如乾隆三十八年五月初一日，上谕《荟要》“着总裁于敏中、王际华专司其事”，并谓“书成，即以此旨冠于荟要首部，以代弁言”（据军机处上谕档，《纂修四库全书档案》六六）。然而我们今天看到的《摛藻堂四库全书荟要》卷首上谕，这一句变成了“着武英殿总裁王际华专司其事”。在《荟要》卷首开载诸臣职名中，总裁官也无于敏中其人。《纂修四库全书档案》的这些记载，对研究《荟要》是极为重要的。

在四库馆臣的日记、文集及有关传记中，也有不少有关四库学的记载。这部分资料姑且附录在档案一类文献中。

以上分类是否恰当、全面，还望专家指教。此外以上的区分只是为方便说明而已，其实各种类型的文献之间，是存在着多方面的交叉关系的。

我们对四库学文献作适当的分类，是为了更好地了解各类文献自身的特点，了解相关文献形成的时间，明了相关文献在纂修《四库全书荟要》与《四库全书》中的作用，从而更好地研究《荟要》及《全书》的编纂过程，并更好地研究乾嘉时期学术思想的演化情况。

第二节 《荟要》研究概述及本书的写作思路[①]

目前国内对《四库全书》的研究十分重视，而因《摛藻堂四库全书荟要》收录图书种类仅有《全书》的七分之一多一点，且仅存的一部《荟要》自 1949 年后一直藏在台湾"故宫博物院"，一般人难以见到，后来虽有影印本，但印数很少，所以单独对此书进行研究的不多。通常只是在一些《四库全书》研究著作中，列出部分章节对《荟要》的情况作一些说明。虽然如此，对《荟要》的研究也取得了不少成绩，现作一概括介绍。

陈垣被称为"系统研究《四库全书》的第一人"，"四库学的奠基人"[②]。1920 年，陈垣受教育部委托，主持清点藏于京师图书馆的文津阁《四库全书》。1924 年 11 月 20 日，"办理清室善后委员会"（后去"办理"二字）正式成立，负责清理清室公产私产及处理一切善后事务。国务院聘请李煜瀛为委员长，陈垣被聘为委员。12 月 3 日，李煜瀛函请陈垣代理清室善后委员会常务委员之职，后又委托陈垣主持清室善后委员会工作。1925 年 1 月，陈垣带人清点文渊阁《四库全书》。4 月 28 日，他在带领助手清点故宫摛藻堂时，发现了《四库全书荟要》。陈垣在清点武英殿刻书处时，又在其中发现了自《四库全书》中撤出的李清《诸史同异录》、周亮工《读画录》等[③]。在此基础上陈垣撰

① "概述"部分由课题组成员王婷撰写。

② 陈垣著，陈智超编《陈垣四库学论著》"编者前言"，商务印书馆，2012 年。

③ 参见刘乃和等《陈垣年谱配图长编》，辽海出版社，2000 年。

写了一系列论文。后论文整理成《陈垣四库学论著》[①]一书，其中《四库全书荟要述略》一文对《荟要》编纂经过、收藏、规模等作了概括的介绍[②]。刘乃和后来撰写《陈垣对研究〈四库全书〉的贡献》一文，专门介绍陈垣在《四库全书》研究方面的贡献，文中称其清查《荟要》，"说不定就是乾隆时抄成入贮近二百年后的第一次清理"[③]。

郭伯恭著《四库全书纂修考》，其第十章题"《四库全书荟要》"，包括编纂、藏庋两节，介绍了有关《荟要》的编纂、著录、数量、装潢、收藏等情况。书后附有《四库全书荟要卷册函数表》。本书首次对《荟要》作了较为全面的介绍。

黄爱平著《四库全书纂修研究》，是一部对《四库全书》编纂的过程及其影响作全面研究的著作，在四库学研究领域具有重要影响，被称为1980年代以后四库学研究的代表作。该书第十一章题"《四库全书荟要》"，内容包括《四库丛书荟要》编纂、《四库全书荟要总目》和《四库全书荟要》的历史变迁三节，对《荟要》的编纂起因、组织机构与办理人员、采择编选、缮录校订及书目编纂方式、书籍分类编次等情况作了研究。论述细致、全面。

李常庆著《四库全书出版研究》，在其第一章《〈四库全书〉的编纂》第三节中，介绍了《四库全书荟要》的编纂情况。该书注意到了乾隆帝的禁书政策对《荟要》编纂的影响，指出因《荟要》专供御览，不对外公开，抽毁或删改的地方相对较少。

张升《四库全书馆研究》是一部研究四库全书馆制度的专著，对四库馆开闭馆时间、机构设置与职能、四库馆的运作、四库馆臣的工作、《四库全书》的修纂等问题，有全面的考订。其中也多涉及对《荟要》的论述。书中对王际华有专门的论述。因王际华曾为《荟要》总裁官，所以其中所论多与《荟要》有关。

赵蕾《中国古代规模最大的丛书——〈四库全书〉》[④]全书五节，专门设立了《四库全书荟要》一节，讨论修书的原因和经过、《四库全书荟要》的校订与

---

① 这一节中提到的论著凡已经列入本书参考文献的，不再一一列出其版本。此处仅列出引用文献的出处。

② 《陈垣四库学论著》，第398—399页。

③ 刘乃和《陈垣对研究〈四库全书〉的贡献》，《中国典籍与文化》1994年第2期，第13页。

④ 赵蕾《中国古代规模最大的丛书——〈四库全书〉》，吉林文史出版社，2011年。

缮录。因为此书只是文化知识读本，所以论述比较通俗简单。

目前研究《荟要》的专著只有台湾“故宫博物院”研究员吴哲夫撰《四库全书荟要纂修考》，1976 年作为“‘故宫’丛刊甲种之三”由台湾“故宫博物院”出版。该书七章，内容依次为：四库全书荟要纂修缘起、参与荟要工作的人员、荟要图书依据的版本、荟要的分目、荟要书中的提要、荟要的完成、荟要的庋藏。对《荟要》的编纂过程及全书外在形制作了细致的考察，书中并有一系列统计数据。吴哲夫长期任职台湾“故宫博物院”文献处，直接参与了文渊阁《四库全书》、《摛藻堂四库全书荟要》等书的接收和清点工作，后来又参与了两书影印的相关前期工作，对两书俱有最为直观、深入的了解，本书即为其心得之作，筚路蓝缕之功，实不可没。

1990 年，吴哲夫出版了《四库全书纂修之研究》一书，其第七章题“四库全书荟要”，包括三节内容：修纂四库全书荟要缘起、四库全书荟要之今昔、荟要与四库全书之比较。其“荟要与四库全书之比较”一节指出《荟要》与《四库全书》的四点差异：据以誊录之版本不同，校勘详略互殊，图书目录及归类有别，书前提要内容繁简不一[①]。这些论述有助于研究者对《荟要》的深入研究。

再看《四库全书荟要》研究论文方面的情况。

1986 年，吴哲夫指导中国文化大学中国文学系研究所石惠美完成了硕士论文《〈四库荟要〉与〈四库全书〉集部著录书版本比较研究》。论文分为六章。第一章绪论，略述版本校勘的重要性，指出《全书》本与《荟要》本不同的主要原因有馆臣态度、公开阅览、版本选择、政治因素等四项。第二章略述《荟要》和《全书》之纂修缘起。第三章将《荟要》集部著录之书和《全书》一一作比较，以见其版本同异之情形。第四、五章讨论版本异同、文字校勘等相关问题。第六章总结。论文对《荟要》和《全书》的版本比较做得十分细致。

林庆彰主编《乾嘉学术研究论著目录（1900—1993）》[②]在第三部分《四库学》中，专门设立《四库全书荟要》一节，著录与此书有关的条目共 37 条。不过其中并非都是研究性论文，大量的只是一般性的介绍文章，有些还只是对《四库全书荟要》里面部分内容如《四库全书荟要总目》等的介绍。

---

① 吴哲夫《四库全书纂修之研究》，台湾“故宫博物院”，1990 年，第 190—211 页。

② 林庆彰主编《乾嘉学术研究论著目录（1900—1993）》，台湾“中央研究院”文哲研究所筹备处，1995 年，第 84—87 页。

2009年，曹鑫在《文教资料》2009年1月号上旬刊上发表《〈四库全书荟要〉研究综述》[①]一文，从报纸、杂志和论著等方面对当前《荟要》的研究情况作了综合介绍。本文作者统计分析了大陆地区发行（发表）的文献20余篇（部），并检查了台湾地区的研究文献10余篇（部）。《综述》概括这些文献的研究方法和研究内容主要是：通过和《四库》及《总目》的比较分析，归纳出《荟要》在编纂分类、编选采择、缮录校订、提要内容等方面的特色。其中代表作有刘乃和的《〈四库全书荟要〉的编修》（《史学史研究》1985年第3期）、吴哲夫的《影印摛藻堂四库全书荟要的学术价值》（《出版界》1986年1月特刊）等。《综述》做得很细，这一时期的《荟要》研究成果基本得到了反映。

值得注意的是，2005年吉林出版集团重新影印出版了《四库全书荟要》。为配合、宣传此书的出版，当时的报刊上发表了好几篇与《四库全书荟要》影印出版有关的文章。《"第一版本"与一流精神》（中国新闻出版报2005年4月21日第2版）是吉林出版集团影印出版《四库全书荟要》的纪实性报道。文章从《荟要》和《四库》的比较、影印的缘起、出版的过程、影印的配套工程（成立四库全书研究院、主办"四库全书"网站）等方面较为全面和详细地介绍了大陆版《四库全书荟要》影印本，对了解《荟要》的影印出版情况有一定价值。戴逸的《摛藻堂〈钦定四库全书荟要〉影印序》（《光明日报》2005年7月25日第6版）从《荟要》的编纂背景、缮写流传、编写目的、版本校订等方面介绍了《荟要》的有关情况。这几篇文章都是为配合大陆影印出版《荟要》而发表的，新闻价值远胜于研究价值，但客观上也引起了人们对《荟要》一书的关注，并注意从四库学的角度来研究此书。

2013年，王婷在《图书馆研究与工作》第3期上发表了《〈四库全书〉提要比较研究的回顾与考略》[②]一文，其中对《荟要》当前的研究情况也有概括的说明。

吴婷的硕士学位论文《〈四库全书荟要总目提要〉研究》（南京师范大学2013）主要通过《荟要总目提要》与《总目》的比较，试图探讨其性质及特点。

---

① 曹鑫《〈四库全书荟要〉研究综述》，南京师范大学《文教资料》2009年1月号上旬刊，第4—6页。

② 王婷《〈四库全书〉提要比较研究的回顾与考略》，《图书馆研究与工作》2013年第3期，第65—69页。

论文还讨论了《荟要》的图书选书、《荟要》本与《通志堂经解》本的关系等问题。论文希望能够通过对《荟要总目提要》的研究，更好地认识四库修纂初期的目录学成就，为《荟要》以及四库学研究提供线索。

何灿的博士学位论文《〈四库全书〉纂修中的校勘成就》（山东大学 2014）研究了四库学研究中的一个薄弱环节即关于《四库全书》纂修过程中的校勘问题。论文指出《四库全书》的纂修是中国历史上规模最大的一次图书校理活动，校勘在纂修过程中占有重要地位。《全书》及《荟要》中很多书都附有考证或案语，是四库馆臣校勘成果较为集中的体现，对清代校勘学史、乾嘉考据学的研究大有帮助，有助于我们正确地评价《四库全书》的版本价值。论文对《全书》及《荟要》所附考证案语概况、内容、考证案语在正文中的校改情况、考证案语与《四库全书考证》的关系等问题作了仔细说明。

近年发表的一些论文，开始比较注意对《荟要》中的具体图书的研究。例如传统的看法认为四库本和荟要本《经典释文》没有版本价值，讨论《经典释文》的论著基本不参考上述两种版本。毕谦琦《四库本与荟要本〈经典释文〉的差异及其价值》（《语言研究集刊》，2014 年第 1 期）通过比勘发现：二者对底本做了大量的校勘，绝不是简单誊录；荟要本和四库本有不少差异，荟要本更忠实于底本。文章认为二者的校勘有较高的参考价值。

裴亚兵《〈嵩山文集〉校勘札记》（《琼州学院学报》2014 年第 6 期）对宋人晁说之《嵩山文集》作了校勘。文章指出，《四部丛刊续编》所收《嵩山文集》系影印曹溶藏本，因是抄本，难免有讹误之处。而《四库全书荟要》所收晁说之集《景迂生集》虽同为抄本，但因有馆臣校勘，故抄写较精。文章以《四部丛刊续编》本《嵩山文集》为底本，参校《四库全书荟要》本、《四库全书》本《景迂生集》，发现《嵩山文集》讹误之处 34 条，遂加考订，议其是非。

邵妍《论〈四库全书荟要〉的特殊文献价值——以〈尚书注疏〉为例》（《图书馆工作与研究》2015 年第 10 期），以《荟要》中的《尚书注疏》为例，探讨其特殊价值。文章通过对《尚书注疏》的研究发现，与库本相比，《荟要》本的校勘更加精细，不仅更正了殿本一些明显的错误，而且校出的讹误也比库本多。作者认为《荟要》的特殊文献价值应当给予充分重视，这也是全面认识《四库全书》纂修工程学术贡献不可或缺的一个环节。

孙莹莹《黄节旧藏〈汉隶字原校勘记〉考》（《文献》2015 年第 4 期）一文研

究了香港大学冯平山图书馆藏乾嘉学者丁杰校勘《汉隶字源》的稿本《汉隶字原校勘记》与《四库全书荟要》的关系。丁杰稿本曾经四库馆臣翁方纲、任大椿、侍朝等人之手，被《四库全书》馆臣援以为校勘之助。经翁方纲检视过的丁氏校勘文字，已下定论者都被《荟要》本《汉隶字源》采纳。1921 年黄节购得此稿，与好友陈垣同商此书与《四库全书荟要》之渊源，并在此基础上撰成《四库全书荟要述略》①一文。这篇论文为《荟要》研究提供了新的资料，值得关注。

这些文章所研究的虽然大多是《荟要》中的具体图书，但对《荟要》研究也具有一定的普遍意义。

李祚唐《〈文渊阁四库全书〉某些卷首首行误出“荟要”考》(《四川师范大学学报(社会科学版)》2012 年第 1 期)指出《文渊阁四库全书》中 6 种书籍 33 处卷首首叶首行出现“荟要”字样，是全书抄缮格式与《摛藻堂四库全书荟要》混淆的讹误。文章分析产生讹误的原因是:《全书》与《荟要》的编纂抄缮在长达四五年的时间里齐头并进;编纂抄缮人员是两套班子、一套人马;抄缮稿纸完全相同、抄缮格式基本相同;工程巨大、任务紧迫;抄缮、校对核查人员的疏忽。文章特别指出，台湾“商务印书馆”张子文在影印文渊阁《四库全书》时，根据整理书稿人员开具的“检核影印稿疑义单”加注按语，指明这种讹误，从而启发影印本读者就此细节思考探索，理当铭记。这一发现对研究文渊阁本《四库全书》与《荟要》的关系有重要意义。

长期以来，人们对四库全书办理人员的研究，多注意纂修诸臣，对总裁官、总校官的研究则显得十分薄弱。史志龙在《陆费墀与〈四库全书〉》(《档案》2012 年第 3 期)一文专门研究了长期被研究者忽略的总校官陆费墀在编纂四库全书方面的贡献。文章指出当时陆费墀与总纂官纪昀、陆锡熊并驾齐驱。作为总校官，陆费墀之于《四库全书荟要》与《四库全书》，均为举足轻重之功臣。他协同总裁酌定条款章程，掌管底本收发，总校誊录各本，专办《四库全书》及《四库全书荟要》一切事宜。

《荟要》是清修《四库全书》这一文化工程的重要组成部分，但是长久以来并没有被学界所重视。在一些综述性的文章中，多少存在忽视《荟要》的倾

① 《四库全书荟要述略》亦见《陈垣四库学论著》，第 398—400 页，文字与孙莹莹此文所录黄节《四库全书荟要述略》略有差异。

向。例如汪受宽、刘凤强《〈四库全书〉研究的回顾与思考》说:“在纂修《四库全书》的过程中,还产生了《四库全书荟要》《四库全书总目》《四库全书考证》《武英殿聚珍版丛书》《禁毁书目》等纂修《四库全书》的副产品。”[①]将《荟要》看作是纂修《四库全书》过程中产生的副产品显然是不妥的。一些研究论著因未使用《荟要》,致使其论述产生不少疏失。例如有人说“四库系列丛书是指按《四库全书》体例编纂,并且均以‘四库’冠名的几部大型古籍丛书,目前主要有《四库全书》《四库全书存目丛书》《四库禁毁书丛刊》《四库未收书辑刊》《续修四库全书》五部。”[②]就缺漏了《四库全书荟要》。

倒是周积明的《“四库学”:历史与思考》一文,多次提到了《荟要》的问题。其文指出:“《四库全书》与《四库全书总目》的珠联璧合,旁加《四库全书荟要》《四库全书荟要总目》《四库全书荟要提要》《四库全书简明目录》,构成了一个巨大的研究空间,提供了丰富的研究论题,潜藏着重大的学术价值,正是如上内容,奠定了‘四库学’的根基。”[③]充分认识到了《荟要》研究在整个四库学研究中的应有地位。

而就研究论文看,大致上早期的一些研究性文章普遍存在两个问题,一是知识性的介绍、一般性的评述多,深入文本研究的少;二是结论相似性、重复性的多,提出自己独特见解的少,前人的一个简单结论,会在许多论文中反复出现。而近年来发表的一些论文,在研究方面大多具有独到的眼光,有许多新的发现。

本书拟将在前人研究的基础上,再作更进一步的研究。

本书的写作,将充分注意以下问题。

对四库学文献作适当的分类。

分类即根据一定的特征、本质,将同一事物分成若干类别,以使说明更有条理,也可以更好地看到事物之间的联系。本书将四库学文献划分为进呈文献、提要文献、库本文献、禁毁文献、档案文献五种类型。同时将其中的提要文献又划分为分纂提要、汇总提要、刊本提要、库本提要、总目提要五种类型。四库文献的合理分类有助于更好地把握各类文献的特点及内容,更好地发现

① 汪受宽、刘凤强《〈四库全书〉研究的回顾与思考》,《史学史研究》2005年第1期,第62页。

② 崔建利、杨雅君《文献渊薮,学术津梁》,《兰台世界》2010年第7期,第72页。

③ 周积明《“四库学”:历史与思考》,《清史研究》2000年第3期,第51页。

各类文献之间的逻辑联系，从而使四库学的研究建立在一个更科学、更容易把握的基础上。

在四库学体系中研究《荟要》的编纂。

《荟要》的编纂不是一种孤立的行为，而是整个四库学文化系统中的有机一环，因此本书的研究将把《荟要》研究和四库系统紧密结合。通过《荟要》和四库系统的比较研究，加深对《荟要》的理解，更好地发现《荟要》的价值，也更好地发现四库文化系统内在的各种联系。

在四库学体系中研究《荟要》的编纂，并不是否认《荟要》编纂的自身特点。《荟要》编纂自身的特点是很明显的。《荟要》编纂设立了相对独立的编纂机构"四库全书荟要处"，有相对独立的属于武英殿系统的职官系统。《荟要》办理人员和纂修机构与《全书》的差异，对《荟要》的编纂有一定影响。因此本书在研究中，特别注意了总裁官于敏中、总校兼编纂官陆费墀的研究。长期以来，人们对四库全书办理人员的研究，多注意于纂修诸臣，而对总裁、总校官的研究注意不够，对他们在四库全书纂修过程中的作用认识不足。

注意四库本的研究。

本书所说的四库本是指四库各馆所藏《四库全书》原书。就本质上说，四库学能够成立，基础在于四库本的存在。但长期以来，四库本的研究恰恰是四库学研究中最薄弱的环节。在本书"导论"里，我们提出库本文献的研究包括文本分析、文本评价、文本校勘、文本比较等内容。而对四库本的比较研究，本书指出起码包含三方面的内容：四库各本的比较、四库内同篇异文的比较、四库系列本的比较。本书将特别注意这方面的研究。

在四库本的研究中，本书还注意到了文澜阁《四库全书》本的使用。因为借阅困难，以前很少有人使用这一个本子。本书查阅了这个本子的部分图书，与其他四库本作了比较，发现了一些以前没有注意到的问题。

注意四库提要文献的综合比较研究。

本书主张重视四库提要文献的综合比较研究。四库提要文献，即四库全书纂修官为《四库全书》有关图书撰写的内容介绍。我们将现存四库提要文献分为五种类型，具体说包括十种文献，即分纂稿（翁方纲、姚鼐、邵晋涵、余集等撰）、《四库全书初次进呈存目》、《武英殿聚珍版》丛书提要、《摛藻堂四库全书荟要总目提要》、《文渊阁四库全书提要》、《文溯阁四库全书提要》、《文津阁四库全书提要》、《文澜阁四库全书提要》、《四库全书总目》(包括殿本、浙本、粤本等)、《四库全书简明目录》(包括殿本、浙本、粤本等)[①]。由于各自的缮录背景并不一样,从分纂稿到最终形成的《总目》《简明目录》,在文字、内容、观念上有许多联系,也有许多差异。这些联系和差异关系到编纂态度、学术观点等方面的问题。本书认为必须将所有的提要类型结合在一起考察,才能更清楚地说明纂修《四库全书》的实质及清廷文化政策对纂修者的影响。

本书强调四库提要研究与四库本研究结合的重要性。本书认为四库提要是以四库本为基础的,因此四库提要的研究除了注意于提要自身的研究外,还应特别注意和文本的结合。只有将四库提要与四库本结合的研究,才能领悟四库提要的精髓,同时也最能够发现四库提要存在的问题。

注意通过《荟要》研究乾隆时期的学术思想。

本书强调以文献学为基础,以《荟要》为载体,来研究乾隆时期学术、思想变化的轨迹。

四库提要概述了各类图书的基本内容,描述了中国学术的基本面貌,对传统学术作出了自己的评判。四库提要是纂修官思想观念的体现。但是由于提要的内容经过多次修改,从最初的分纂稿到最后形成的《四库全书总目》之间,内容有不少差异。《四库全书荟要提要》编纂时间较早,因此较少遭到总纂官纪昀的删削修改,较多地保留了四库馆臣自己的原始观点,较好地显现了提要纂修者的学术个性。这对研究四库提要的思想倾向具有重要价值。

《四库全书荟要提要》与经纪昀修改的《四库全书总目》在学术立场上存在许多差异。例如对汉学与宋学的态度及评价,是分析学术立场是否存在差异的重要标准。目前比较一致的看法是,《四库全书》及《总目》"攻驳程朱、讥诋理学",在《四库全书总目》的经世价值观念下程朱理学成为被批判的对象。然而《四库全书荟要提要》对宋代理学及朱熹的学术思想和学术实践则多有肯定。可见《四库全书》及《四库全书总目》对汉学的过度颂扬及对宋学的相应贬抑,是逐步发展、强化起来的。《总目》尊汉排宋的门户之见不是一开始就形成的。乾嘉学术史不纯是"汉学家"的一统天下。《四库全书荟要提要》

---

① 文渊阁、文溯阁、文津阁、文澜阁提要因收录在不同的库本前,且有些提要内容差异较大,所以将其作为四种文献看待。《四库全书总目》与《四库全书简明目录》虽然也有殿本、浙本、粤本等版本,但各版本之间差异不大,所以分别作为一种文献看待。

的编纂体现了乾嘉学术的多元化形态。以前我们研究四库提要的价值,多从提要自身入手,这有其合理性。但如果能从不同提要的比较入手,则提要的价值可以认识得更为清楚。

《四库全书》中无论是正文还是提要,都有许多改动。在许多情况下,四库馆臣这些煞费苦心的改动往往是为了服从于一定的政治需要,并不是由于文献修改的需要。如果没有提要的比较,这些改动情况就难以发现,而改动后面隐含的政治原因也无从知晓。这也是我们特别强调要对提要作综合研究的原因。

清廷编纂《四库全书》的意图,主要是通过图书提要、图书文本体现出来的。本书认为四库提要文献的比较研究与四库文本文献的比较研究,是研究乾嘉乃至有清时期学术形态、学术思想不可忽略的课题。

注意四库学研究与文献学学科研究的结合。

四库提要内容博大精深,涉及图书分类学、目录学、版本学、辨伪学、辑佚学、校勘学等文献学的各个方面。如就图书分类来看,《四库全书总目》是我国古代图书分类法的集大成之作,其分类是我国古代最为完善的图书分类体系之一,代表了古代图书分类法的最高成就。但人们在研究《四库全书》的图书分类法成就时,多注意其与历史上的图书分类法作比较研究,而忽略了在四库馆内有关图书的分类,也有一个演化过程。这个过程主要是通过《四库全书初次进呈存目》《四库全书荟要总目》《四库全书总目》这三部相关书目体现出来的。本书通过类目名称、类目设置、类目顺序等,分析了四库分类的演化过程。

《四库全书荟要总目》的一个重要特点是著录了《荟要》所收每一部图书的版本和校对所参照的版本,但由于看到《荟要》的人不多,使用《荟要》的人更少,同时《荟要总目》收录在《荟要》一书中,不是一部独立的著作,所以了解这部书目的人并不多。本书指出《四库全书荟要总目》是清代一部被忽略了的版本目录,对此书的版本学价值必须重新予以认识。

校勘也是传统文献学的重要内容。一部著作的质量取决于多个方面,其中文字的准确与否,是一个重要的衡量标准。本书肯定了《荟要》的校勘成绩,同时也指出了《荟要》校勘中存在的问题,对文字错讹的原因作了分析。本书特别分析了四库全书荟要处对图书校勘情况的处理。荟要处对《荟要》

缮录的文字错误有专门的统计，并形成奏折上报，其中包括不少所谓的“俗字”。我国古代文字的使用情况是很复杂的，文献中使用了不同的字体，未必就是错字。而在荟要处开具的清单中，所指出的这些“俗字”其实并非误字，或没有必要指出。由于荟要处指出的问题是在给皇帝的奏折上说的，并且指出的这些文字讹误最终导致了对相关人员的处罚。这就已经不是一个简单的文字校勘的问题了。本书还特别注意到《荟要》中的“阙文”问题，并对这一现象作了专门的讨论。这个问题在以往的研究中通常是被忽略的。

注意新的文献资源的使用。

所谓新的文献资源，就本书来说主要是指《四库馆进呈书籍底簿》以及《四库全书初次进呈存目》。《四库馆进呈书籍底簿》是各地向四库全书馆呈送图书时开具的具有原始记录性质的图书登记清册。抄本 10 册，现藏台北“中央研究院”历史语言研究所傅斯年图书馆。该书与已经整理出版的《四库采进书目》等有一定差异，因为不容易看到，除姜雨婷的硕士论文及已发表的单篇论文外，以前尚未有人将其用之于四库学研究。

《四库全书初次进呈存目》在此之前也是以抄本形式存世的，在本书撰写期间，所发表的论文仅有为数不多的几篇。受文献掌握的限制，已有的研究对四库提要类型认识不全，对提要的探究一般集中在分纂提要、库本提要、总目提要这三种类型的提要方面，没有注意到这部书目的存在及在四库提要研究中的价值。实际上在《四库全书》诸提要稿中，这部提要处于承前启后的地位。它上承分纂稿，同时又是构成《四库全书》各库本书前提要及《总目》的基础。本书注意将这部书目和分纂稿及《荟要提要》等各阁书前提要、总目提要的比较，从而更清楚地显示四库提要不断修改、演化的过程，并因此考察乾隆年间学人思想的差异情况及学术思想的变迁过程。

几个问题的说明。

《荟要总目》在四库学文献中有重要地位，但该书的作者从未有人注意。本书考订其作者为《荟要》总校兼编纂官陆费墀。本书在“陆费墀与《荟要》纂修”一节中专门讨论了这一问题。

《荟要》和《全书》非常注重校勘，但对陆费墀的《辨正通俗文字》一书在四库本缮写中的作用未有专门研究。本书也在“陆费墀与《荟要》纂修”一节中专门讨论了这个问题。

《四库全书总目》是我国古代最重要的目录学著作。《总目》的基本思想是通过凡例、各部总叙、各类小序及各书提要等体现出来的。《四库全书》是分类编排的，在四库学文献中，给所收录的每一类图书作一个概括说明的，《总目》之外只有《荟要总目》各部类的序言。这是唯一可以和《总目》各部总叙、各类小序相类比的。由于编写人员、编写时间、编写观念等的不同，《四库全书荟要总目》的序言和《四库全书总目》的小序也存在许多差异。研究这些差异，有助于更完整地研究四库全书，也有助于更好地了解四库全书编纂思想的演化情况。但这种类比至今没有论著注意到。张舜徽的《四库提要叙讲疏》，对《总目》各部总叙、各类小序作了研究，但因没有看到《荟要总目》，所以缺漏了对这一部分文献的研究。本书注意到相互之间的差异，在"《荟要总目提要》学术观念研究"等章节中对此作了专门的比较研究。

这些问题都是已有研究成果所忽略的。

第一章 《荟要》概说

这一章介绍《四库全书荟要》纂修的一般情况。《荟要》抄写了两部，第一部摛藻堂《荟要》告成于乾隆四十四年，收录图书 464 种。经、史、子、集各部图书，采用分色装潢。因为《荟要》是在《四库全书》已经开始编纂之后编纂的，所以本章还专门讨论了《荟要》与《全书》的关系问题。最后对《荟要》的研究情况作一综合介绍。

第一节 《荟要》的一般情况

一、《荟要》纂修完成的时间

《四库全书荟要》于乾隆三十八年夏天开始编纂，原计划至乾隆四十一年完竣。乾隆四十年十二月初九日大学士于敏中等奏折称："臣等承办《四库全书荟要》，原拟二年半缮竣，续因书有增添，较初定几加一倍，是以展限一年。今以誊录二百人计日程功，自可如限于四十一年冬底毕工。"后来因校勘跟不上，时间作了调整，"统于乾隆四十二年春季，将第一分《荟要》全行告竣"（《纂修四库全书档案》三一三）。但实际时间比原先预计的要长。

《荟要》完成的时间，说法并不一致，就是乾隆帝自己也有两种说法。《御制诗四集》卷五十四《题摛藻堂》诗云："工今戊戌成。"下有注："《荟要》录于癸巳夏，至今戊戌始蒇工。"戊戌为乾隆四十三年，乾隆帝说这年《荟要》竣工，当然说的是摛藻堂《荟要》。而《御制诗四集》卷六十五《重华宫茶宴内廷大臣翰林等题四库全书荟要联句并成二律》诗"摛藻先陈真是速，味腴继贮亦非迟"句下原注则云："《荟要》粹全书之精，每部凡万二千册。一贮摛藻堂，于己亥年告成；一贮味腴书屋，于庚子年告成。”此谓《荟要》分别完成于乾隆四十四年、四十五年。

吴哲夫在《四库全书荟要纂修考》第六章第一节《荟要完成的时间》中，认为《荟要》第一分之完成大略可说应在乾隆四十三年，第二分书稍迟，在次年完成[①]。吴哲夫的依据是乾隆帝的《御制诗集》及当时正总裁的奏折。吴哲夫引用《御制诗四集》卷五十四《题摛藻堂》诗云："工今戊戌成。"戊戌为乾隆四十三年，《荟要》竣工。又引用乾隆四十三年五月廿六日永瑢等奏称："查《四库全书》自乾隆三十八年闰三月开馆，扣至本年三月，《荟要》自三十八年五月扣至本年五月，均届五年期满。《全书》办得已经呈进一万三千余卷，现在写成校办书三万九千八百余卷，又写得第二分书一万四百余卷。《荟要》第一分书一万九千余卷，业经写毕呈进，又写得第二分书九千二百余卷。总共两处写得九万一千余卷。该誊录等俱属黾勉勤奋，相应请旨加恩议叙。"[②]这里也说到乾隆四十三年五月，《荟要》第一分书一万九千余卷业经写毕呈进。

另外可以补充的是，乾隆四十五年三月初九日，武英殿总裁王杰奏参提调陆费墀等遗失底本并请另选翰林充补折也说："窃臣上年十二月内蒙恩派充武英殿总裁，随向原总裁臣董诰详问馆中一切事宜。据称近年赶办《荟要》，未及清查底本，今《荟要》告竣，此为最要之事。"（《纂修四库全书档案》六八一）王杰于乾隆四十四年十二月初九日派充武英殿总裁，原总裁董诰已说《荟要》告竣，可见此时《荟要》已经完成。

如果仔细分析，可以看到两种说法并不矛盾。所说的乾隆四十三年"蒇工"，准确说只是第一分《荟要》誊录完成，乾隆四十三年五月廿六日永瑢等奏折说得最清楚："《荟要》第一分书一万九千余卷，业经写毕呈进。"誊录完成后，到最后成书，还有如装潢、装匣、上架等许多事要做。所以说乾隆四十四年"告成"，是说真正成书。笔者以前根据吴哲夫的研究认为乾隆四十三年第一分《荟要》修成，四十四年第二分《荟要》修成[③]。这一说法要作修正。

此外我们还可以从《荟要提要》校上的时间来看《荟要》的完成时间。

---

① 吴哲夫《四库全书荟要纂修考》第六章第一节《荟要完成的时间》，台湾"故宫博物院"，1976年，第74页。

② 这道奏折转引自吴哲夫《四库全书荟要纂修考》第六章第一节《荟要完成的时间》，第74页。中国第一历史档案馆编《纂修四库全书档案》未收录。

③ 《四库全书荟要总目提要》概述，见《四库全书荟要总目提要》，第22页。

《荟要》收录的每一部图书前面，都有一篇提要，每篇提要都署有校上时间，如宋蔡节撰《论语集说》提要作“乾隆三十九年九月恭校上”。

《荟要》收录图书 464 种。其中《钦定明史》原无提要，《春秋权衡》提要遭水渍无法辨识，故现存实际有提要 462 篇。《荟要》各书提要校上时间如下：

<table>
<tr><th>年份合计</th><th>月份</th><th>数量</th><th>年份合计</th><th>月份</th><th>数量</th></tr>
<tr><td>三十八年 4 篇</td><td>十二月</td><td>4</td><td rowspan="11">四十二年 126 篇</td><td>正月</td><td>6</td></tr>
<tr><td rowspan="4">三十九年 24 篇</td><td>四月</td><td>3</td><td>二月</td><td>16</td></tr>
<tr><td>九月</td><td>12</td><td>三月</td><td>10</td></tr>
<tr><td>十月</td><td>2</td><td>四月</td><td>8</td></tr>
<tr><td>十一月</td><td>7</td><td>五月</td><td>15</td></tr>
<tr><td rowspan="5">四十年 108 篇</td><td>二月</td><td>29</td><td>六月</td><td>9</td></tr>
<tr><td>四月</td><td>8</td><td>八月</td><td>14</td></tr>
<tr><td>五月</td><td>31</td><td>九月</td><td>15</td></tr>
<tr><td>十月</td><td>25</td><td>十月</td><td>10</td></tr>
<tr><td>十二月</td><td>15</td><td>十一月</td><td>18</td></tr>
<tr><td rowspan="12">四十一年 101 篇</td><td>正月</td><td>4</td><td>十二月</td><td>5</td></tr>
<tr><td>二月</td><td>12</td><td rowspan="4">四十三年 87 篇</td><td>正月</td><td>19</td></tr>
<tr><td>三月</td><td>20</td><td>二月</td><td>44</td></tr>
<tr><td>四月</td><td>14</td><td>四月</td><td>22</td></tr>
<tr><td>五月</td><td>9</td><td>七月</td><td>2</td></tr>
<tr><td>六月</td><td>8</td><td>四十四年 1 篇</td><td>三月</td><td>1</td></tr>
<tr><td>七月</td><td>13</td><td>四十七年 1 篇</td><td>九月</td><td>1</td></tr>
<tr><td>八月</td><td>3</td><td rowspan="2">四十九年 9 篇</td><td>九月</td><td>1</td></tr>
<tr><td>九月</td><td>4</td><td>十一月</td><td>8</td></tr>
<tr><td>十月</td><td>11</td><td>五十五年 1 篇</td><td>十二月</td><td>1</td></tr>
<tr><td>十一月</td><td>2</td><td></td><td></td><td></td></tr>
<tr><td>月份原缺</td><td>1</td><td>合　计</td><td></td><td>462</td></tr>
</table>

乾隆帝是在三十八年五月一日下谕要求编纂《荟要》的。《荟要提要》最早校上的时间是乾隆三十八年十二月，四部图书分别是《周易玩辞》《春秋左氏传

注疏》《春秋本义》《春秋王霸列国世纪编》，均为经部图书，部类相对集中。这多少带有试验性质。同一时期，文渊阁《全书》只有三部图书的提要校上于乾隆三十八年，分别是《易纬八种》（四月）、王祯《农书》（七月）、《帝范》（四月）。说明这一时期四库馆主要精力放在《荟要》的编纂方面。当然这里要考虑到一个问题，即文渊阁提要有些可能后来重写了，其校上时间可能会用后来的时间。

乾隆三十九年校上提要 24 篇，数量上比上年大为增加。不过可以注意的是其中四月份一次只校上 3 篇，而且和上一次之间相隔了 3 个月，这说明当时提要基本上也还是属于试验性质，处于准备、调整阶段。所以其后到九月份校上提要，中间又相隔了 4 个月。从这一年十月份以后，提要校上时间基本比较有规律。

提要大规模校上时间集中在乾隆四十年至四十三年这四年间，校上提要分别为 108 篇、101 篇、126 篇、87 篇。这说明《荟要》缮录图书主要完成在这四年中。乾隆四十一年、四十二年几乎是每月进呈一次。乾隆四十三年进呈间隔时间稍长，但总体数量不少。七月以后结束，说明已经接近完成。乾隆四十四年以后，基本结束提要的校上，偶尔有一些都是零星品种，应该属于拾遗补阙，而且是断断续续补录的。

上面提到的乾隆帝《御制诗四集》卷五十四收录《题摛藻堂》诗之前有《微雪》（原注：十月廿七日）、《冬至南郊礼成述事》之事，说明《题摛藻堂》一诗作于乾隆四十三年岁末。此与《荟要提要》校上于七月相吻合。所以可以说乾隆四十三年第一分《荟要》基本誊录完成，四十四年基本“告成”。乾隆四十四年以后又陆续有增补。这部分增补的图书是：

增补图书的时间	书　　名
乾隆四十四年三月	钦定大清会典
乾隆四十七年九月	御定资政要览
乾隆四十九年九月	御批续资治通鉴纲目
乾隆四十九年十一月	御定资治通鉴纲目三编
	御批历代通鉴辑览
	宋史纪事本末
	元史纪事本末

续表

增补图书的时间	书　　名
	元文类
	旧五代史
	辽史
	金史
乾隆五十五年十二月	元史

从书目中可以看到，这部分图书基本是敕撰书或史部图书。有些增补图书提要的校上时间与文渊阁提要相同。《荟要提要》的校上时间为我们研究《荟要》的成书过程提供了很好的依据。

二、摛藻堂与味腴书室

《荟要》当年抄录了两部。第一分修成后贮宫中摛藻堂，第二分修成后贮圆明园味腴书室。

摛藻堂在紫禁城神武门内御花园东。《日下旧闻考》卷十四《国朝宫室》记道："摛藻堂向为藏弆秘籍之所，以经史子集四部分置。乾隆三十八年命汇辑《四库全书》，复命择其尤精者录为《荟要》，计一万二千册。于堂内东西增置书架庋弆，仍依四库之序。恭悬御书额曰'摛藻抒华'。联曰'庭饶芳毯铺生意，座有芸编结古欢'。西室门外联曰'左右图书静中涵道妙，春秋风月佳处得天和'。门内额曰'宿凤'，联曰'从来多古意，可以赋新诗'。皆御书。"摛藻堂的资料留存较多，乾隆帝也有多首题咏诗，此处不烦一一列举。以下看味腴书室的情况。

味腴书室也称味腴书屋，在圆明园东之长春园含经堂内东厢。吴长元《宸垣识略》记载道："长春园本圆明园东垣隙地，旧名水磨村，依长春仙馆命名。园内诸河之水，东出七空闸，灌溉稻田。宫门内正殿为淡怀堂，后为众乐亭，后河北敞宇为云容水态，西稍南为长桥。云容水态西北宫门内为含经堂，后为淳化轩，东西庑嵌御定淳化阁帖石刻。后为蕴真斋，额曰礼园书圃。含经堂东为霞翥楼，额曰'味腴书屋'，为渊映斋。"[①]第一分《四库全

① 吴长元《宸垣识略》卷十一，清乾隆池北草堂刻本，第22页。

书荟要》即藏于此。乾隆帝《节后含经堂》诗云："四库藏东壁。"原注云："堂之东厢曰味腴书室，即贮《四库全书荟要》之所。"①咸丰十年，英法联军进攻北京火烧圆明园时，《味腴书室四库全书荟要》与文源阁《四库全书》一起毁于大火。关于《味腴书室四库全书荟要》，我们现在只能从一些记载中大致了解一些情况。

在现存有关味腴书室的文献记载中，最多的是乾隆帝所写的一些诗篇。乾隆四十六年，作《味腴书室八韵》（《御制诗四集》卷七十八）。四十七年，作《味腴书室》（《御制诗四集》卷八十六）。四十八年，作《味腴书屋》（《御制诗四集》卷九十四）。五十年，作《味腴书室口号》（《御制诗五集》卷十二）。五十二年，作《味腴书室》（《御制诗五集》卷二十八）。五十三年，作《味腴书室即事》（《御制诗五集》卷三十七）。五十六年，作《味腴书室》（《御制诗五集》卷六十二）。五十七年，作《味腴书室迭去岁韵》（《御制诗五集》卷七十）。在《历代职官表》卷二十五、《八旬万寿盛典》卷十四、《钦定日下旧闻考》卷八十三等书中，乾隆帝《御制诗集》以及《钦定千叟宴诗》卷首二《千叟宴联句用柏梁体》的一些注释中，也有一些记载。不过这些诗文都只是一般性的记载或一些颂扬之词，而且内容基本雷同，对了解这部书的实际情况并无多少作用。兹录乾隆五十七年作《味腴书室叠去岁韵》诗，以见其一般情形：

> 四库本如渊海富，用成《荟要》易研穷。味腴枕萉恒园内，摛藻琳琅贮禁中。三校虽云蒇其役，（此味腴书室及大内摛藻堂二处所贮《四库荟要》之书，乃就《全书》中择其尤精者，亦分四库，各得一万二千卷，以备几暇研穷。当缮写《四库全书》之始，既设分校、覆校、总校人员，意谓经此三次详校，庶几可称善本。乃丁未岁驻跸山庄，偶阅文津阁之书，见其讹错者连篇累牍，不一而足。因令在京之皇子、大臣等，率大小臣工二百余员，先将文渊、文源二阁之书详加雠校。其校对二阁疏漏之员，罚令详校文津阁之书。其文津阁校对疏漏之员，即罚令详校盛京文渊阁②之书。至文溯阁校对疏漏之员，亦不可令其脱然事外。因念四阁之书既不免于讹错，此二分《荟要》之书，亦岂能信其无舛？随即罚令覆校摛藻堂、味腴

① 乾隆帝《御制诗五集》卷八十六。

② 原文如此，当是"文溯阁"之误。下文云"至文溯阁校对疏漏之员"不误。

书室二处之书。盖内府珍储，原当雠校详审。况前此分校、覆校、总校各员，俱已优加议叙。既不能详审于始，此番又经派令详校，俾赎前愆，亦不为过。诸臣果皆敬慎从事，何虑不能尽善，而徒藉词扫叶也。）再番那可阙斯工。（此味腴书室之书，自前岁冬校起，至去岁秋亦均校蒇工，弆之列阁矣。）由来事事期详审，一字钦哉铭以衷。（《御制诗五集》卷七十）

据《四库全书荟要联句》原注，第二分《荟要》即味腴书室本"架函较摛藻堂稍多"。由于这部《荟要》已毁，故其所说"稍多"的具体意思是什么，已无从考知。但从中也说明，即使是同一部书，例如同是《荟要》，相互之间还是会有一些差异的。法式善《陶庐杂录》卷一记道："摛藻堂、味腴书屋各藏《四库全书荟要》一分，四百七十三种，一千九百八十函。分二十四架。经部六架，其架墨边绿格；史部十架，墨边红格；子部六架，墨边蓝格；集部十架，墨边淡墨格。一在大内，一在圆明园。"[①]法式善生活于乾嘉之际，距《荟要》抄成时间不远，所说应有一定根据。其说摛藻堂、味腴书屋所藏《荟要》相同，应该是就大体而言。

三、《荟要》收录图书的种数、册数

《荟要》收录图书的种数，所见文献的著录并不一致。大致有以下几种情况：

庆桂《国朝宫史续编》卷八十二《书籍八·钦定摛藻堂四库全书荟要》云："臣等谨案：《荟要》萃《全书》之精。自乾隆癸巳特诏编录，阅七载告成，命于乾清宫北摛藻堂排贮，'摛藻堂印'识之，以别于御园味腴书室所藏者也。经部列架六，史部列架十，陈于左；子部列架六，集部列架十，陈于右。函以木椟。其二三种同函者，中用格别之。凡万一千二百六十六册，四百六十四部。每书前皆有提要，括书中大指，而考证附册尾焉。首列总目一函，次经部百七十三种，厘三百八十四函；史部七十种，六百四十函；子部八十二种，三百八十四函；集部百三十九种，五百九十二函。总二千函。锦赙环罗，左宜右有，信足苞艺林之奥要，光秘府之珍储也。"[②]其文录有《荟要》收录图书的全部目录。

① 法式善《陶庐杂录》卷一，清嘉庆二十二年陈预刻本，第 4 页。

② 庆桂《国朝宫史续编》卷八十二，清嘉庆十一年内府钞本，第 1—28 页。

此记明确说明《荟要》收录图书464部。清刘凤诰《存悔斋集》卷七《经进文·书籍七》所记与这段文字全同①。陈垣《编纂四库全书始末》《四库全书荟要述略》引《国朝宫史续编》卷八十二所记也是464种②。

陈垣1924年补抄完讫的《四库全书纪事诗》中，在《四库全书荟要联句》(庚子)英廉诗“用六编韦取诸水”句下注道：“四六四种。”③

杨家骆在《四库全书概述》一《文献》三《钞印·〈四库全书〉副本及〈荟要〉》中记道：“凡万一千二百六十六册，四百六十四部。每书前皆有提要，括书中大指。首列《总目》一函。次经部百七十三种，厘三百八十四函；史部七十种，六百四十函；子部八十二种，三百八十三函；集部百三十九种，五百九十二函。”④

郭伯恭在《四库全书纂修考》第十章《四库全书荟要》中，统计的种数是，经部173种，史部70种，子部81种，集部148种。合计总数472种⑤。该书附录三《四库全书荟要卷册函数表》，详细列出了收录图书的全部目录⑥。

吴哲夫《四库全书荟要纂修考》一书有三处地方与《荟要》收录图书的种数有关，不过这三处地方显示的种数都不一样。第六章第三节《荟要概况》统计的种数是，经部173种，史部70种，子部81种，集部134种。合计总数458种⑦。该书第三章《荟要图书依据的版本》第一节《依据图书的来源》中，提及的数字是465种⑧。该书在附录三《四库全书荟要简略目录》分经史子集四部列出了收录图书的名称，各部著录的种数分别是经部173种，史部70种，子部81种，集部139种。总数是463⑨。吴哲夫在其后所著《四库全书纂修之研究》中所记与此相同⑩。

台湾世界书局《景印摛藻堂四库全书荟要》卷首秦孝仪《序》统计的种数

---

① 刘凤诰《存悔斋集》卷七，清道光十七年刻本，第20页。
② 《陈垣四库学论著》，第9、400页。
③ 《陈垣四库学论著·四库全书纪事诗》，第335页。
④ 杨家骆《四库全书概述》一《文献》三《钞印·〈四库全书〉副本及〈荟要〉》，第106页。
⑤ 郭伯恭《四库全书纂修考》，岳麓书社，2010年，第203页。
⑥ 郭伯恭《四库全书纂修考》，第267—295页。
⑦ 该书作“统计荟要收书五十八种”，当是漏去“四百”二字。《四库全书荟要纂修考》，第77页。
⑧ 吴哲夫《四库全书荟要纂修考》，第45页。
⑨ 吴哲夫《四库全书荟要纂修考》，第131—213页。
⑩ 吴哲夫《四库全书纂修之研究》第七章第一节《修纂四库全书荟要缘起》，第193页。

是，经部 173 种，史部 70 种，子部 81 种，集部 139 种。合计总数 463 种[①]。黄爱平《四库全书纂修研究》第十一章第二节《四库全书荟要总目》所列“《四库全书荟要总目》分类表”，根据台湾世界书局《景印摛藻堂四库全书荟要》所载《四库全书荟要总目》统计，其各部种数和全书的种数，与秦孝仪《序》统计的种数相同[②]。

《荟要总目》经史子集各部总叙所记为，经部 173 种，史部 70 种，子部 82 种，集部 139 种。合计总数是 464 种。《联句》嵇璜诗“函三集腋撷其菁”注所记种数同。

《中国古籍总目》著录《摛藻堂四库全书荟要》468 种[③]。但据我们实际统计是 467 种。

今本人据《荟要》统计，经部 173 种，史部 70 种，子部 81 种，集部 140 种。总数亦是 464 种。

现将以上各家所说种数列表如下（其中吴哲夫的总数据其附录三著录）：

数据来源	总数	经部	史部	子部	集部
庆　桂	464	173	70	82	139
陈　垣	464				
杨家骆	464	173	70	82	139
郭伯恭	472	173	70	81	148
吴哲夫	463	173	70	81	139
秦孝仪	463	173	70	81	139
荟要总目	464	173	70	82	139
中国古籍总目	467	173	70	81	143
本人统计	464	173	70	81	140

在对以上各家数据分析时，先要看一下郭伯恭统计的种数。郭伯恭统计的种数中差异最大的是集部。吴哲夫在《四库全书荟要纂修考》中已经指出

① 台湾世界书局《景印摛藻堂四库全书荟要》，第 1 册，第 2 页。

② 黄爱平《四库全书纂修研究》，第 291、290 页。

③ 中国古籍总目编纂委员会《中国古籍总目 · 丛书部》，中华书局、上海古籍出版社，2012 年，第 357 页。

了这一点:“集部郭伯恭《四库全书纂修考》将《圣祖御制文》四集、《高宗御制诗》三集、《道园学古录》及《遗稿》《御选宋金元明诗》各分开计算。”①在郭伯恭书中,《圣祖御制文集》分为4种,《高宗御制诗集》分为3种,《道园学古录》及《道园遗稿》分为2种,《御选宋金元明诗》分为4种。如果按照吴哲夫的计算方法,郭伯恭统计的集部应该是139种。

这样,以上各家统计的种数差异实际可以归纳为这三个方面:子部种数是81种还是82种,集部种数是139种还是140种,《荟要》总数是463种还是464种。

子部种数的差异,秦孝仪《序》没有列出具体书目,所以无法加以比较。可资比较的是庆桂《国朝宫史续编》、郭伯恭《四库全书纂修考》、吴哲夫《四库全书荟要纂修考》和《荟要总目》。我们将这几种图书列出的书目一一比对,发现《国朝宫史续编》和《荟要总目》著录的82种,实际收录图书都只有81种,且所列书目与郭伯恭在《四库全书纂修考》所列书目完全相同。所以实际上82种只是一种误记。可以作为旁证的是,《荟要联句》原注对收入《荟要》的每一种书都有简要的说明,而子部提及的图书只有80种,与《荟要》收录的图书核对,发现没有陆游《老学庵笔记》一种。这是《荟要联句》的疏漏,但由此也说明《荟要》子部图书确实是81种。

《荟要》集部收录图书的种数之所以会有一种之差,主要在于虞集的《道园学古录》与《道园遗稿》作一种还是两种的问题。

在《荟要总目》中,虞集的《道园学古录》五十卷与《遗稿》六卷被合为一种,排序为“别集七十八”。而在《荟要》和《荟要提要》中,两书均分别著录,《道园学古录》五十卷与《道园遗稿》六卷各自独立,分别撰有提要。在《荟要》“分架图”中,也可以清楚地看到,《道园学古录》与《道园遗稿》分别装在集部第四架不同的书匣中,分别题写有书名。显然将其看作是两种书名。可以与此对照的是,《荟要》将黄庭坚撰《山谷集》三十卷《别集》二十卷《外集》十四卷《词》一卷及《年谱》三十卷,和其父亲黄庶的著作《伐檀集》二卷合编在一起。因《伐檀集》是附在《山谷集》后面的,所以《荟要》没有单独算作一种。在“分架图”上,可以看到,这些书分装六匣,但书名只题“山谷集”,也就是只算一

① 吴哲夫《四库全书荟要纂修考》第六章第三节《荟要概况》,第77页。

种。其父亲的著作未单独计算种数。而陆游的《渭南文集》五十卷、《剑南诗稿》八十五卷、《放翁逸稿》二卷,《荟要总目》分作三种,"分架图"也分别题写为三个书名。在《全书》和《总目》中,《道园学古录》及《道园遗稿》也都是作为两部书来著录的。陈垣《四库书目考异》卷四①,杨家骆《四库全书概述》二《表计》三《四库全书荟要书目表》②,也都是将《道园学古录》与《道园遗稿》作为两部书分开著录的。因此我们认为集部图书应该是140种。

按照《中国古籍总目》著录的子目统计,其集部为143种。但该书目将《御选宋金元明四朝诗》分作《御选宋诗》《御选金诗》《御选元诗》《御选明诗》四种,加上《道园学古录》《道园遗稿》作为两种,所以实际上仍是140种。与本人统计的相同。

这样,《荟要》收录的图书总数是464种。

《荟要》最后抄成的册数,总共是11 266册。《荟要联句》英廉诗"用六编韦取诸水"句下有注云:"兹《荟要》卷帙精约,计万一千二百六十六册,零数皆六。"陈垣对此有具体说明:"经三八四函,史六四〇函,子三八四函,集五九二函,共二〇〇〇函,四六四种,一一二六六册。"③

四、《荟要》的进送

抄写好的图书要分批进送军机处,并由皇帝审核。其起因是已经抄写的图书中,讹误甚多。乾隆帝遂要求将已经抄写好的图书进送军机处的谕旨,其目的是为了处罚未发现抄写讹误的相关官员。

乾隆四十二年三月二十四日,乾隆帝晓谕内阁,所有进过书籍讹错之处着军机大臣每三月查核一次,奏请交部议处。谕旨云:"《四库全书》誊写,屡有错误,经朕指出更正者不少,若不定以处分,将来鲁鱼亥豕,累牍连篇,成何事体!但若将奏请处分之人交部,其未经奏请者转得置身局外,何以得情理之平?着自今年正月起,所有进过书籍讹错之处,交军机大臣通行查核。经朕看出错讹者,其分校、覆校名下错至两次,总裁名下所校错至三次者,均着查明,奏请交部议处。此议处处分原轻,不过示以知愧。既已分阅,可不悉心

① 《陈垣四库学论著·四库书目考异》,第256页。

② 杨家骆《四库全书概述》二《表计》三《四库全书荟要书目表》,第166页。

③ 《陈垣四库学论著·四库全书纪事诗》,第322页,又第335页。

乎？此后着交军机大臣照此每三月一次，查办奏闻。”（《纂修四库全书档案》三七〇）

乾隆四十七年三月初四日，满票签为发报进呈全书之期另添马匹负送事致典籍厅移付也说到进送图书事：“本日奉旨：此次巡幸盘山，随报进呈之四库书，每报呈进一百五十本。将来巡幸热河，每报呈进二百本。”（《纂修四库全书档案》八六〇）可见乾隆帝对四库书的呈送一直是抓得很紧的。

在进送图书时，通常是《全书》《荟要》同时进送。《纂修四库全书档案》中可以看到的记载如下：

乾隆四十二年七月初四日：“除本年正月至三月所进各书错误次数业于四月内查办外，兹自四月起至六月止，四库馆进过《全书》散片及武英殿进过《荟要》各二次。”（《纂修四库全书档案》三九九）

乾隆四十二年十月初七日：“除本年正月至六月所进书籍错误次数业经按季查办外，兹自七月起至九月止，四库馆进过《全书》数片各二次，武英殿进过《荟要》三次。”（《纂修四库全书档案》四三四）

乾隆四十三年正月十一日：“查乾隆四十二年九月以前所进书籍错误次数业经按季查办外，自十月至十二月止，四库馆进过《全书》散片各二次、武英殿进过《荟要》一次。”（《纂修四库全书档案》四六七）

乾隆四十三年四月初九日：“乾隆四十二年十二月以前所进书籍错误次数业经按季查核外，自本年正月至三月止，四库馆进过《全书》二次，散片一次，武英殿进过《荟要》二次。”（《纂修四库全书档案》四九三）

乾隆四十三年七月初四日：“本年三月以前所进书籍错误次数业经按季查核。自四月起至闰六月止，四库馆进过《全书》二次、散片三次，武英殿进过《荟要》三次。”（《纂修四库全书档案》五二二）

乾隆四十三年十月初七日：“本年闰六月以前所进书籍错误次数业经按季查核。自七月起至九月止，四库馆进过《全书》十六次、《荟要》五次。”（《纂修四库全书档案》五五一）

乾隆四十四年正月十六日：“上年九月以前所进书籍错误次数业经按季查校。自十月起至十二月止，四库馆进过《全书》二次、《荟要》二次。”（《纂修四库全书档案》五八四）

乾隆四十四年四月初五日：“上年十二月以前所进书籍错误次数业经按

季查核。兹自本年正月起至三月止，四库馆进过《全书》二次、《荟要》二次。”（《纂修四库全书档案》六一二）

乾隆四十四年七月初五日：“本年三月以前所进书籍错误次数业经按季查校。自四月起至六月止，四库馆进过《全书》七次、《荟要》五次。”（《纂修四库全书档案》六三一）

乾隆四十四年十月初十日：“本年六月以前所进书籍错误次数业经按季查核。自七月起至九月止，四库馆进过《全书》六次、《荟要》二次。”（《纂修四库全书档案》六四八）

乾隆四十五年正月初三日：“上年九月以前所进书籍错误次数业经按季查核，自十月起至十二月止，四库馆进过《全书》二次、《荟要》三次。”（《纂修四库全书档案》六七六）

乾隆四十五年正月以后，《纂修四库全书档案》中还见有多次进送《全书》的记录，但进送《荟要》的记录则不再见到。

乾隆四十二年五月二十一日，四库全书馆总裁英廉等奏请派王太岳等编校《明史·本纪》折云：“至其书仍请一并交方略馆誊写收发，俟辨成卷数，即与各书轮进，以归画一。”（《纂修四库全书档案》三八八）以上所记，即所谓“各书轮进”的意思。

以上记录统计的是按季查找错误次数的问题，但也统计了每季进书的次数。每一季度次数不等，但每一季度都保持了图书的进呈，中间没有缺漏，很有规律。可见这个进书的规定执行得是很严格的。这保证了整个《荟要》纂修的进度，也保证《荟要》的纂修始终处于乾隆帝的严密监督之下。

五、《荟要》的缮写与装潢

1.《荟要》书签的缮写

《荟要》的书签、匣签各有专人缮写。乾隆五十年二月二十四日，永璇、金简、曹文埴等奏，《四库全书》四分书签、匣签，共计二万四千五百余函，十四万四千余册[①]，为数浩繁，先后派内阁中书费振勋、进士平远、举人汪人宪等33

① 陈垣清点文津阁《四库全书》，共36277册。又据文渊阁《四库全书》排架图，统计共分装6144函。见《陈垣四库学论著》，第23、300页。四分《四库全书》，共计二万四千五百余函，十四万四千余册。

员，每日至武英殿专缮各签。其中提到《荟要》书签的缮写："从前缮写《荟要》书签各员，专系进士一项。"(《纂修四库全书档案》一〇九一)可见和《全书》一样，《荟要》书签也是由专人缮写的。《荟要》共11 266册，2 000函，书签、匣签缮写的工作量还是很大的。

嘉庆八年四月初七日，朝廷拟将在《四库全书》中增加以前没有收入的一些御撰书等，纪昀奏拟续缮《四库全书》事宜十条折，其中说："誊录每一分酌用八名，再择书法最好填字兼写面页者四名。"(《纂修四库全书档案》一五一二)可见书签题写不仅有专人负责，而且选择的是书法最好的。

2.《荟要》誊录字数的清查

乾隆五十年十二月初二日，掌浙江道监察御史左周奏请清查全书缮字总数折，其文道："钦定《四库全书》及《荟要》各部，现在俱已全行告竣，诚千载一时之盛典也。"因此有必要清查字数。奏折"仰恳皇上另行派员，会同馆臣详细清厘，以归核实"(《纂修四库全书档案》一一三二)。这道奏折得到了乾隆帝的赞同，当日即下谕道："御史左周奏请清查《四库全书》缮字总数，并各省采进捐交书籍分别办理一折，所奏是。着派刘墉、福长安、王杰、胡季堂、苏凌阿、勒保，将该馆字数、书籍，逐细详查办理具奏。"(《纂修四库全书档案》一一三三)

乾隆五十一年二月十六日，吏部尚书刘墉等奏遵旨清查四库全书字数书籍完竣缘由折(《纂修四库全书档案》一一四〇)。里面有许多关于《四库全书》的统计数据，是一道非常重要的奏折。刘墉记道："据续办处覆称：办理三分全书，每分计字七万万三千零八十一万九千字。"这个数字应该是每部《四库全书》的基本字数，即7.308 190亿字。1920年，陈垣对文津阁《四库全书》进行清查，统计全书共229.11万页[①]。《四库全书》每半页8行，每行21字，每页336字[②]。如果按此计算，《四库全书》一部共7.698 096亿字。这个数字比刘墉所记多出将近四千万字。相对而言，刘墉所记可能更为准确一点。因为据左周奏折所说，皇帝所颁帑金是"按字核算"的。而对誊录监生来说，必须"查核足数，方予议叙"。刘墉也说："臣等查该馆原定章程内开：每誊录一名，缮字二百万者，列为一等；一百六十五万者，列为二等。"可见由于字数

① 《陈垣四库学论著》，第23页。

② 《陈垣四库学论著》，第25页。

统计既关系到誊录出身问题，也和酬金有关，统计需要精确。左周并说："且现在之三分书已有字数可稽，则办过之全书及《荟要》，以人核字，更可按数而得。"所以四库馆的统计是比较准确的。而陈垣是按每页固定的行数及每行的字数统计的，实际上有时候每页的字数并不相同，有的一页上的字数很少，而每行的字数也不都充足，如有的标题一行只有三四个字。也有一些著作因体例的关系，每行抄写不足 21 字。所以按照陈垣的统计计算会有一定虚数在内。

刘墉又记道："《荟要》二分，计六万万字。"据此，《荟要》一部为 3 亿字。这样，《荟要》字数为文津阁《全书》的 40%左右，即五分之二。

此外刘墉还提到："《全书》《荟要》中各种提要，计一千三百二万字。"从上下文来看，这部分提要的数字不包括在上述数字内，是另外计算的。

3.《荟要》的抄写、装潢等费用

《荟要》的编纂费用包括抄写费用，也包括纸张、装潢等费用。

《纂修四库全书档案》没有直接说到《荟要》的抄写费用问题，但说到了《全书》的抄写费用，可以作一简单比较。乾隆四十七年八月二十日，永瑢等奏遵旨酌定雇觅书手缮写全书章程折中说道，近年办理南三阁《四库全书》，"《全书》三分，计十万八千册，每册约以三万字为率，以每人每日写至一千余字计算，必须多雇写手，方不至蒇事过迟。查武英殿定例，缮写刻样软字，每一千字给工食银四钱。但查缮写刻样，必须字字精工，通部一律端楷，所以定价较优，今逐册分缮，比之上板字样差易为力，拟照定例酌减，每一千字给银二钱五分，并须先收字数后给工值，以杜弊混。"(《纂修四库全书档案》九〇八)这里说到每千字给银二钱五分。下文所引纪昀奏折云"以每册二三万字计算，写价已六七两"，折算起来也是每千字合银二钱五分左右。按此计算，一部《荟要》3 亿字，需要银 75 000 两。还要外加提要等抄写的费用。

《荟要》的装潢费用等，也可以用《全书》的资料作一比较。因查出明胡广等奉敕所撰《性理大全》一书缮写体例有误，乾隆五十六年十二月初九日，纪昀奏换写分赔折，云："但查此书十函五十六册……以每册二三万字计算，写价已六七两，加以纸价、装潢，须八九两方换一册，四五十两方换一函。统计四阁四十函二百二十四册，约估需银二千两，工费浩繁，岂可重糜帑项。"(《纂修四库全书档案》一四二二)纪昀这里说到一册费用(包括写价在内)须银八九两。一部《荟要》最后抄成的册数总共是 11 266 册，按此推算需银 9 万至 10 万两。如果按照函数算，40 函约估需银 2 000 两，每函需银 50 两。一部《荟要》分装 2 000 函，所需费用也在 10 万两左右。

4.《荟要》的空函

空函问题《全书》比较突出[①]，《荟要》这一问题并不严重。乾隆五十六年十月初十日，军机大臣阿桂等在奏酌议纪昀请筹办新添空函诸书情形折中曾提到此事。文云："又查摛藻堂、味腴书室所藏《荟要》二分，亦有留空函书，卷册较少，业于上年经臣等议将详校文溯阁书内之应议总校、分校各员陆续校竣。但恐尚有舛误，亦应请俟四阁书籍详校全竣后，交与纪昀、陆锡熊二人就近抽查，如有驳换，并交武英殿查明，分别赔写。"(《纂修四库全书档案》一三九九)

5.《荟要》的分色装潢

为了美观与便于识别，经、史、子、集各部图书，采用分色装潢，分别用四种颜色的绢作书皮。

在《四库全书》之前，没有看到丛书有分色装潢的，但在文献中可以看到有用不同的颜色来区分不同等级、类别图籍的记载。

《隋书·经籍志》云：

炀帝即位，秘阁之书，限写五十副本，分为三品。上品红瑠璃轴，中品绀瑠璃轴，下品漆轴。于东都观文殿东西厢构屋以贮之。

《旧唐书》卷四十七《经籍志下》云：

开元时甲乙丙丁四部书各为一部，置知书官八人分掌之。凡四部库书，两京各一本，共一十二万五千九百六十卷，皆以益州麻纸写。其集贤院御书，经库皆钿白牙轴，黄缥带，红牙签；史书库钿青牙轴，缥带，绿牙签；子库皆雕紫檀轴，紫带，碧牙签；集库皆绿牙轴，朱带，白牙签，以分别之。

① 参见黄爱平《四库全书纂修研究》第九章第一节《空函书籍的办理》，第 232—244 页。

《新唐书·艺文志序》云：

两都各聚书四部，以甲、乙、丙、丁为次，列经、史、子、集四库。其本有正有副，轴带帙签，皆异色以别之。

《四库全书荟要》以及《四库全书》的分色装潢或受到类似的启发。

《四库全书》分别用四种颜色的绢作书皮，代表四个季节。乾隆五十年，乾隆帝《文津阁作歌》说到《四库全书》封面分色时说："浩如虑其迷五色，挈领提纲分四季。经诚元矣标以青，史则亨哉赤之类，子肖秋收白也宜，集乃冬藏黑其位。如乾四德岁四时，各以方色标同异。"其下原注云："全书经史子集，浩如渊海，捡阅非易，因饬装册面页，分为四色。经部用青色绢，史部用赤色绢，子部用月白色绢，集部用灰黑色绢。提纲挈领，俾各按方色，阅时一目了然。"[①]乾隆五十三年作《题文源阁》也说到封面分色问题："缥缃四色弆虽葳。"原注云："缮写文渊、文源、文津、文溯四阁《全书》告蒇，因以青、赤、白、黑四色，分别装潢经史子集。"[②]不过从现存的四阁《全书》看，封面分色至少有两种格式。一种即如上述《御制诗五集》所言，是绿、红、白、黑，文澜阁本《四库全书》用这种样式。孙树礼、孙峻撰《文澜阁志》卷上《建置》云："经部葵绿绢面，史部红绢面，子部月白绢面，集部黑灰绢面。"[③]一种是绿、红、蓝、灰，经部为绿色，史部为红色，子部为蓝色，集部为灰色。文渊阁本、文津阁本、文溯阁《四库全书》用这种样式。

摛藻堂《荟要》采用的也是绿、红、蓝、灰的样式。上述法式善《陶庐杂录》卷一记道，摛藻堂、味腴书屋各藏《四库全书荟要》一分："经部六架，其架墨边绿格；史部十架，墨边红格；子部六架，墨边蓝格；集部十架，墨边淡墨格。"所谓集部淡墨格，也就是灰色。法式善所记与实际情况是一致的。

然而令人费解的是，《荟要凡例》所说的封面装帧颜色与此实际情况并不符合。"凡例"云：

---

① 《御制诗五集》卷十七。

② 《御制诗五集》卷三十五。

③ 孙树礼、孙峻撰《文澜阁志》卷上《建置》，《武林掌故丛编》本，第8页。

面页分色用绢，并蒙钦定。经部以绿色，春也；史部以红色，夏也；子部以月白色，秋也；集部以灰黑色，冬也。《总目》以香色，用寓中央之义。匣面字色亦如之。不独胪列灿烂，足资观览，而寓义精深，迥非前代所及。

这个颜色与《御制诗五集》所说是一致的，但与摛藻堂《荟要》的实际情况不符合。不知“凡例”所说的这个颜色与已经焚毁的味腴书室《荟要》有没有关系。实际上《荟要》中所收录的《联句诗》等，所记也还有许多与摛藻堂《荟要》实际情况不相符合的情形。

第二节 《荟要》的覆校

乾隆五十二年五月，乾隆帝翻阅热河文津阁所贮《四库全书》，发现“其中讹谬甚多”，遂谕令永瑢等派员校阅文渊阁、文源阁所贮《全书》[1]。这就开始了内廷四阁的覆校工作。

两年后，乾隆帝又谕令覆校《荟要》。乾隆五十四年十一月初九日，谕《荟要》二分着派懋勤殿翰林会同纪昀悉心勘校。谕旨云：

文渊、文源、文津三阁四库全书，前已派员逐分校阅，将错误处所详晰签改。至文溯阁全书一分，现在应往盛京原勘之陆锡熊等业已差满，俟到齐即行前往校办。其《荟要》二分，尚未重加校正，着派懋勤殿翰林，会同纪昀悉心勘校，以期并臻完善。（《纂修四库全书档案》一三四一）

据纪昀后来的说明，最初奉旨覆校《荟要》，准备采用“分股详校”、各人“匀摊一股”的方法。纪昀说道：“摛藻堂、味腴书室《荟要》二分，于乾隆五十五年奉旨交南书房翰林分股详校，我亦奉旨匀摊一股。于时摛藻堂之书尚未领完，即奉旨撤回，与味腴书室之书一并改交文溯阁校书舛漏各员，共加详

① 乾隆五十二年五月十九日，寄谕六阿哥永瑢等文渊文源所贮全书着派科甲出身尚书等校阅。（《纂修四库全书档案》一二〇三）

校。”（乾隆五十七年二月二十一日，军机大臣奏遵旨询问纪昀二分《荟要》详校情形片，《纂修四库全书档案》一四三七）这个意思是说将两分《荟要》按参加覆校的人员平均分配，每人分一分。

但图书尚未分配完毕，即“奉旨撤回”，由文溯阁《四库全书》原办理人员负责覆校。其原因在乾隆五十五年九月十七日谕旨中有说明：“文溯阁全书讹谬甚多，且有脱写全卷者，皆原办各员校办草率所致，自应将《四库全书荟要》二分及各馆应纂、应缮各书罚令校勘纂缮，以赎前愆。”（《纂修四库全书档案》一三五五）在乾隆帝，这带有惩罚文溯阁办理人员的意思，但从文献的角度看，《荟要》的复校显然会与文溯阁本有更多的联系。原办理人员会自觉不自觉地将办理文溯阁《全书》的经验，带到《荟要》的覆校过程中。可惜文溯阁《全书》难以看到，如果能将《荟要》与文溯阁《全书》本加以比较，一定可以有新的发现。

为了使《荟要》覆校工作顺利进行，乾隆帝还令八阿哥、彭元瑞、金简总管其事，并规定了覆校完成的具体时间。谕旨道：“但各书卷帙浩繁，若无总办之人，仍恐未能画一。着派八阿哥、彭元瑞、金简总司其事。俟朕进宫后，今冬三月将摛藻堂《荟要》先行校勘完竣，明春驻跸圆明园时，再将味腴书屋《荟要》校勘，以便就近稽核，俾臻完善。”（《纂修四库全书档案》一三五五）

因为如此，所以纪昀实际未参加《荟要》的覆校，后来纪昀对此还有一段说明：“是以（《荟要》）我未经看过。昨于召见时因震惧失措，奏对未能明晰，实深愧悚。”（《纂修四库全书档案》一四三七）

乾隆五十五年九月十六日，军机大臣阿桂等奏遵议陆锡熊详校文溯阁书籍折说：“查摛藻堂、味腴书屋所贮之《四库全书荟要》二分，尚需校勘，饬令仿照三阁厘定章程，尽心雠校，逐加刊正。所有应行换写篇页、改刻匣面及装订挖改各工价，即令自出己资办理。查两分《荟要》，共计二万四千册，较之全书尚少一万二千册，该员等人数较多，并请将纂办未竣之《八旗通志》等书，及各馆应缮空函书籍，开列清单，一并交与纪昀等，率同各该员纂办缮写，以补前数而赎前愆。”（《纂修四库全书档案》一三五四）根据这道奏折，陆锡熊不仅要校对文字，还要办理改刻匣面、装订挖改等事务，而且所有费用都由自己出资。这当然是朝廷对陆锡熊的惩罚。不过这将牵制陆锡熊很大一部分精力，使其难以全身心投入到对《荟要》本的复校中。这多少会影响到《荟要》覆校的质量。

乾隆五十七年,《荟要》二份覆校完成,军机大臣抽阅认可。二月二十一日,军机大臣上奏片云:"查《荟要》书二分,业经详校各员覆勘完竣,臣等奉旨抽阅,舛误之处尚少。"军机大臣在奏片中同时又指出,《荟要》内留空书函从前未经详校,因此要求在四阁书籍覆校全竣后,交与纪昀、陆锡熊二人就近抽查在案,并在文津、文溯二阁覆勘完竣后再将留空书籍交纪昀等阅看(《纂修四库全书档案》一四三七)。

因第一次覆校后还存在不少问题,内廷四阁《四库全书》后来又被要求再次覆校,而二部《荟要》则一次性通过了覆校。

不过要指望覆校能解决全部问题,并不现实。这一方面是校勘确实存在难以校净的问题,另一方面也和馆臣的态度有关。乾隆五十七年四月十五日,乾隆帝寄左都御史纪昀传旨申饬令将覆校各书务臻完善毋再舛误谕旨云:"文津阁书籍,上次纪昀带同详校官员前赴热河,业已校勘完竣,分别改正,何以扬雄《法言》一书空白未填?上年既经朕看出,此次复又有签出空白、舛误一千余条之多,可见校勘一事,全属有名无实。"(《纂修四库全书档案》一四四四)可见馆臣态度之情形。这说的是文津阁《全书》,《荟要》等其他四库本也多少会存在这些问题。

此外也和覆校的双重目的有关。

乾隆帝谕令覆校《四库全书》在乾隆五十二年,五月十九日寄谕永瑢、大学士阿桂派科甲出身尚书等校阅文渊、文源所贮《全书》。谕旨云:"除校出一二错字即随时挖改,毋庸零星进呈,如有语句违碍,错乱简编,及误写庙讳,并缮写荒谬,错乱过多,应行换五页以上者,再随报进呈。"(《纂修四库全书档案》一二〇三)乾隆五十五年九月十六日,军机大臣阿桂等奏遵议陆锡熊详校文溯阁书籍折云:"今文渊(溯)阁全书,经陆锡熊等覆加详校,书内遗漏错谬之处,不一而足,甚至有脱写全卷者,办理殊属草率。业经陆锡熊将错落偏谬各书及匣面错落各处,缮改添刻,其漏写、错写等书,并经陆锡熊奏明同纪昀查明,与应行另缮之本,自请赔写完妥,赍送盛京,按函抽换,均应如所奏办理。至原办之提调、总校、分校等并不详加校订,总纂官又不将书内偏驳字句及征引钱谦益之话删除净尽,以至讹谬丛生,脱遗卷页,疏漏之咎,均属难辞。"(《纂修四库全书档案》一三五四)

这说明,覆校《四库全书》,既要查找漏写、错写等文字讹误之处,还要查找偏驳字句及征引钱谦益之话等"违碍"之处,即既要查形式方面的错误,也要查内容方面的错误。这种双重目的使得覆校问题更为复杂,在覆校时要同时解决这两个问题,难免顾此失彼,实际上更不容易查找清楚。

此外虽然《荟要》和北四阁都经过了覆校,但由于数量过于庞大,所以校改无法做到一致。有人认为经过覆校以后,"北四阁本都应修正统一,而不会出现文渊阁本和文津阁本不一样的情形"①。实际上这是不可能的。而各库本覆校的不统一,又使得四库本的差异更为扩大。

不仅是各库之间无法做到一致,就是同一部书内,也很难完全做到体例一致。例如按照《四库全书》体例,一个人有多部著作收入其中,则第二部著作的作者小传通常用互见法,不再列出。但《荟要提要》作者小传就有重复的。如宋范祖禹著作,《荟要》史部收录《唐鉴》二十四卷,提要云:"宋范祖禹撰。祖禹字纯甫,华阳人。嘉祐八年进士。历官龙图阁学士,出知陕州。"子部收录《帝学》八卷,提要云:"宋范祖禹撰。祖禹字淳父,华阳人。嘉祐八年进士。历官翰林学士,出知陕州,寻谪宾化而卒。建炎二年,追复龙图阁学士。事迹具《宋史》。"前者校上于乾隆四十年四月,后者校上于乾隆四十年十二月。两篇提要有详略之分,但小传主要内容重复。

由于没有特别的标志,《荟要》中的文字改动,哪些是缮录之初校改的,哪些是覆校时校改的,已不容易分辨,我们只能借助于推测。例如以唐李延寿撰《北史》为例。卷四《魏本纪第四》永平二年,《荟要》本作:"含孕以为永制己丑帝于式乾殿为诸僧朝臣讲维摩/诘经十二月诏五等诸侯其同姓者出身公正六下侯从。"上一行 21 字,下一行 22 字。《荟要》每行抄写 21 字,这里下一行多出了一个字。《荟要总目》云:"今依内府刊本缮录,据明南北雍本、毛晋汲古阁本恭校。"所谓内府刊本,此处即武英殿《二十四史》本。查武英殿本,此处作:"含孕以为永制己丑帝于式乾殿为诸僧朝臣讲维诘/经十二月诏五等诸侯其同姓者出身公正六下侯从。"每行都是 21 字。通过比较可知,《荟要》本多出的是一个"摩"字。武英殿本"维诘经",《荟要》本作"维摩诘经"。四库文献无"维诘经"这一说法。查百衲本影元大德刻本《北史》,此处作"维摩诘经"②。中华书局点校

① 傅刚《四库全书所收〈玉台新咏〉底本非宋本考》,《中国典籍与文化》2013 年第 2 期,第 88 页。

② 唐李延寿撰《北史》卷四,百衲本影元大德刻本,第 7 页。

本以百衲本影元大德刻本为工作本，此处也作“维摩诘经”①。《魏书》卷八《世宗纪》作“维摩诘经”也可证。是武英殿本漏去一“摩”字。

《荟要》有这个“摩”字，但显然是后来补上去的，所以才会有一行多了一个字。与武英殿本相比，在《荟要》页面上可以看到，在上一行“维”字下写了“摩”字，原在上一行最后一个的“诘”字，移到了下一行行首。为了不影响其他文字，《荟要》在原来下一行的“经十二月诏”这五个字的位置中加上一个字，变成“诘经十二月诏”六个字。我们从《荟要》书页中可以清楚地看到，上一行的“摩”字与下一行的“诘经十二月诏”六个字与原誊录字迹明显不同。《荟要》开始缮录时可能未注意到武英殿本有误，后来发现了这个讹误，但因为仅漏了一个字，为了省便，没有将全页换掉重抄，只是采用了部分挖改的方式，也就是将原来的五个字挖去，重新衬上一纸，并在这一位置上多抄写一个字成六个字。只是什么时候改的，已无从知晓了。从改动的字迹与原来抄本的字迹差异明显这一点来看，很有可能是后来《荟要》覆校时改动的。乾隆五十二年五月十九日，乾隆帝在给永瑢等人的谕旨中，要求派员校阅文渊、文源所贮全书。谕旨说“除校出一二错字即随时挖改”（《纂修四库全书档案》一二〇三），即和这里的情况类似。

文渊阁《四库全书》此处作“维诘经”，也无“摩”字。《总目》著录《北史》，标注此书来源是“内府刊本”，可见也是据武英殿本缮录的，所以漏字相同。然而无论初校还是覆校，都没有发现有漏字这个问题。文津阁本在上一行的“维诘”中间补出了这个“摩”字，由此这一行多出了一个字变成了 22 字。下一行则仍以“经”字开头与原刊本相同。从页面看，这里不像是后来挖改添写的，而是抄写时即补上的。但因为未见文津阁原本，这里只能是猜测。

第三节　《荟要》与《全书》的一般关系

乾隆三十八年二月，乾隆帝诏开四库全书馆，编纂《四库全书》。稍后，乾隆帝又下谕要求先行编纂《四库全书荟要》。乾隆三十八年五月初一日，乾隆

① 唐李延寿撰《北史》，中华书局，1974 年，第 139 页。

帝下谕：

> 朕几余懋学，典册时披，念当文治修明之会，而古今载籍，未能搜罗大备，其何以裨艺林而光策府？爰命四方大吏，加意采访，汇上于朝。又以翰林院署旧藏明代《永乐大典》，其中坠简逸篇，往往而在，并敕开局编校，芟芜取腴，每多世不经见之本。而外省奏进书目，名山秘笈，亦颇裒括无遗。合之大内所储，朝绅所献，计不下万余种。自昔图书之富，于斯为盛。特诏词臣，详为勘核，厘其应刊、应钞、应存者，系以提要，辑成总目，依经史子集部分类聚，命为《四库全书》。
>
> ……
>
> 第《全书》卷帙浩如烟海，将来庋弆宫廷，不啻连楹充栋，检玩为难。惟摛藻堂，向为宫中陈设书籍之所。牙签插架，原按四库编排。朕每憩此观书，取携最便。著于《全书》中，撷其菁华，缮为《荟要》。其篇式一如《全书》之例。盖彼极其博，此取其精，不相妨而适相助。庶缥缃罗列，得以随时浏览，更足资好古敏求之益。着总裁于敏中、王际华专司其事。书成，即以此旨冠于《荟要》首部，以代弁言。（《纂修四库全书档案》六六）

这一段清楚地说明了《全书》与《荟要》的关系。

乾隆帝有时会将《全书》与《荟要》并提。乾隆四十三年五月二十六日上谕道："朕博搜载籍，特命诸臣纂辑《四库全书》，弆藏三阁，又择其尤精者为《荟要》，分储大内及御园，用昭美备。……惟是进呈各书，朕信手抽阅，即有讹舛。"（《纂修四库全书档案》五〇六）更多的时候是只提《全书》。乾隆四十一年六月二十六日上谕道："方今搜罗遗籍，汇为《四库全书》。每辑录奏进，朕亲披阅厘正。"（《纂修四库全书档案》三三一）需要说明的是，乾隆帝有时说到《四库全书》，往往也包含《荟要》在内。

一、《荟要》的卷次标注及与《全书》的差异

从形式上看，《荟要》本与《全书》本在抄写形式上也有一些明显的区别。关于四库本的编排抄写事宜，办理四库全书处的一道奏折讲得很清楚。

这道奏折上于乾隆三十八年闰三月十一日，其时尚无编纂《荟要》的计划，所以这是对《全书》说的。但《荟要》的编排抄写，实际上也是参照了这道奏折的。这道奏折共四款，其中第二款写道：

遵旨将官刻各种书籍及旧有诸书，先行陆续缮写。其卷帙甚为浩繁，臣等酌议，凡应写各书，俱于每卷首行写"钦定四库全书卷几万几千几百几十"，下注"经部""史部"字样；次行方写本书名目卷次。但首行卷数，此时难以预定，誊写时暂空数目字样，统俟编辑告成后再行补填，于排纂体制方能井然不紊。谨将篇式缮样进呈。（《纂修四库全书档案》四九）

按照这个说法，《四库全书》最终是要标注连续卷次的，即从卷一一直编到最后一卷。当时的"篇式缮样"今未看到，但其所说的样式，被《荟要》所遵用，我们今天看到的《荟要》正是这样的。《荟要总目》从收录的第一部书《周易经传注疏》到最后一部书《词综》，从头到尾编出连续卷次，由"钦定四库全书荟要卷一"开始，一直编到"钦定四库全书荟要卷二万八百二十八"①。不过台湾世界书局在影印《荟要》时，经过清点，发现总卷数为 20833 卷，比《荟要总目》所标注的卷数多出 5 卷。其原因在于有些图书的卷次发生了变化②。

标注连续卷次本来是对《全书》的规定，而《全书》却没有标注，这与《全书》卷帙过于庞大有关。同时《全书》中有许多图书编纂完成的时间很迟，也有一些图书是后来临时决定收录的，《全书》收录的图书没有确定，《全书》的顺序卷次自然也就无法标注。全书处也意识到了这个问题，所以上述奏折说："首行卷数，此时难以预定，誊写时暂空数目字样，统俟编辑告成后再行补填。"我们看《荟要》卷端，"钦定四库全书荟要"和以下的卷次数目，明显是两种笔迹。书名"钦定四库全书荟要"这几个字因为是固定的，所以誊录正文时即可以同时写好，而卷次数目因为开始时无法确定，所以是在全书抄写已经

---

① 《荟要》的卷次是从每部书的正文开始标注的，正文之前的序、目录以及有些图书卷首抄录的乾隆帝御制诗文等，都不标卷次。

② 参见《景印摛藻堂四库全书荟要·目录凡例》，台湾世界书局影印本《四库全书荟要》第一册，第 28 页。

完毕，卷数已经确定下来以后再统一编上的。从原书可以看到，“钦定四库全书荟要”和“卷××”，两者之间字体、大小上会有一些差异，而且相对来说，卷次部分书写较为草率。而《全书》则始终未能补上全书连续卷次。

《荟要》每卷首行除了题写“钦定四库全书荟要”书名并标注全书的连续卷次外，卷次下还标注部别名称，如“钦定四库全书荟要卷一万一千一百十四子部”，次一行写书名“抱朴子外篇卷三”；又如“钦定四库全书荟要卷一万五千四百九十二集部”，次一行写书名“剑南诗稿卷二”，等等。《全书》则在每部书的开头卷端题“钦定四库全书”，其下写部别名称，次行写本书书名及类别名称。如宋苏辙撰《诗集传》，首行题“钦定四库全书　经部三”，次行题“苏氏诗集传　诗类”。但各卷卷端只题“钦定四库全书”字样，不再标注部类名称。

上述全书处的奏折写道：“凡应写各书，俱于每卷首行写‘钦定四库全书卷几万几千几百几十’，下注‘经部’‘史部’字样；次行方写本书名目卷次。”《荟要》是严格按照这个要求做的。但《全书》并未遵照执行。部类的标注看上去只是一个细节问题，实际上非常重要。纪昀为此专门上过一道奏折。乾隆五十二年十二月十一日，纪昀为办理《四库全书》誊录款式问题上奏道：“伏查钦定《四库全书》，虽以经史子集为大纲，实分为四十四类，中又分六十二子目，皆区别甚明。原应于提要前二行下逐类注写，以清条理。因缮本系陆续进呈，《总目》尚未排定，未及注明。迨合架之时，又未照《总目》补注，遂至《总目》分类、书不分类，未免界限混淆。现在文津阁书子部内杂家、类书二门颠倒互换者，已经查出九部二十一函，是即门类未分之所致，似应逐部添写，方为清楚。但事关全书体例，非修补篇页者可比，未经奏明，不敢擅增。（朱批：不增，书终于错误，可乎？）臣谨敬拟款式，粘贴黄签，恭呈御览。如蒙俞允，臣即照式填写，不过需数日之力，即可完竣。”（《纂修四库全书档案》一二八五）

这说明《荟要》与《全书》原来并不是按照顺序依次誊录的，因为如此，所以《荟要》收录各书卷首的部次只能后来再填写。其次因当初《总目》尚未编定，有些图书的部类难以确定，所以誊录各书卷首未标明部别和类别。所谓“《总目》分类”，是说《四库全书总目》已按分类编排，而“书不分类”当指《四库全书》未标注部类。纪昀认为“书不分类”，图书次序会造成混乱，“颠倒互换”，而且事实上已经造成了混乱，文津阁图书子部杂家、类书二门已经出现这个问题。因此纪昀提议在书上添写部类。但因为此事关系到整部图书的体例问题，其事甚大，纪昀不敢自作主张，故专门请示乾隆帝。乾隆帝当即朱批道："不增，书终于错误，可乎？"意思也是说需要加上部类，否则会产生错误。但由于《全书》卷帙过于浩大，最终未能在各书正文前标注，而仅仅是在书前提要前面作了标注。

《荟要》全书依次编制统一的连续卷次。按照《荟要》题注所说，附录部分不计入总卷次。如《御批历代通鉴辑览》一百十六卷，附《明唐桂二王本末》四卷，全书实际为一百二十卷。在此书卷一百十七之下，有题注云："按：《唐桂二王本末》四卷，系续入之书。谨照附录之例，未入大卷。"所谓大卷，即《荟要》全书的总卷次。所以《御批历代通鉴辑览》卷一百十七、一百十八、一百十九、一百二十这四卷，卷首仅标"钦定四库全书荟要"字样，未标卷次。《御批历代通鉴辑览》卷一百十六卷首，编次作"钦定四库全书荟要卷七千五百六十九"，以下即接着下一部书《御定月令辑要》编次。

不过《荟要》的说法可能并不完全准确。例如欧阳修等撰《唐书》二百二十五卷附《释音》二十五卷。《唐书》卷二百二十五下，卷首标注"钦定四库全书荟要卷五千三百七十五"。以下即所附《唐书释音》卷一，卷首标注作"钦定四库全书荟要卷五千三百七十六"，可见附录也编入了全书统一卷次。

其次《荟要》编次也有误。如《御批历代通鉴辑览》一百十六卷编次为"钦定四库全书荟要卷七千五百六十九"，而下一部书《御定月令辑要》首卷也作"钦定四库全书荟要卷七千五百六十九"，卷次出现了重复。

二、《荟要》和《全书》的抄写用纸

《荟要》和《全书》都是抄写在事先印好的专用红格纸张上的。乾隆五十二年五月十九日，军机大臣和珅等为校勘文津阁《全书》匠役不敷事致武英殿总裁函中提到这种用纸，云："所有应用换页红格纸，亦酌量令其备带，听候备用。"(《纂修四库全书档案》一二〇四)

《荟要》用纸卷端首行顶格写"钦定四库全书荟要"字样，书口写"钦定四库全书"字样。《全书》用纸卷端首行顶格写"钦定四库全书"字样，书口也写"钦定四库全书"字样。因为《荟要》和《全书》书口相同，所以有时候会误用。

现在可以看到《全书》使用《荟要》用稿纸的。如宋岳珂《金佗续编》卷二

十八、宋真德秀《西山读书记》卷十五至卷四十、宋吕祖谦《历代制度详说》卷十、宋严羽《沧浪集》目录页及卷一、宋张尧同《嘉禾百咏》正文前、康熙帝《御选宋诗》卷五十四，卷端都作“钦定四库全书荟要”字样，这是误用了《荟要》抄写用纸[①]。

此外《荟要》与《全书》的内容有时候也有可能会互用。

在文渊阁《四库全书》中的正史类图书，卷末常常附有“考证跋语”，如《前汉书考证跋语》（齐召南撰）、《后汉书考证跋语》（陈浩撰）、《晋书考证跋语》（孙人龙撰）、《宋书考证跋语》（万承荟撰）、《南齐书考证跋语》（王祖庚撰）、《魏书考证跋语》（孙人龙撰）、《周书考证跋语》（文淳撰）、《隋书考证跋语》（张映斗撰）、《五代史考证跋语》（孙人龙撰）、《宋史考证跋语》（林蒲封撰）。这些“考证跋语”只见于《全书》，《荟要》卷末没有这类跋语。然而在《荟要》本《旧唐书》卷末有一篇沈德潜撰《旧唐书考证跋语》，文渊阁本《旧唐书》反而没有这篇“跋语”，这一点与其他正史不同。因此我们认为这可能是本应放置在文渊阁本卷末的《旧唐书考证跋语》，误置到了《荟要》本卷末。

另一方面，也有可能是《荟要》的内容放置到了文渊阁《全书》中。如我们在文渊阁本《全书》的《隋书》与《南史》中，都发现有“按语”。如《隋书》卷六十七，在《考证》后另起一页有“按语”，其文为卷六十四至卷六十七的考订文字。《隋书》卷八十后也有“按语”，校正当卷文字。

又如《隋书》卷八十五《考证》后，有一篇“按语”，分作三段。分别是：

“谨案：卷八十一第二页前二行，汤复遣使诣阙，刊本‘复’讹‘后’，据监本、毛本改。〇第十一页后四行，其七曰白山部，刊本‘山’讹‘水’，据监本改。”

“卷八十二第七页后六行，王著朝霞吉贝，刊本‘吉’讹‘古’，据毛本改。〇第十页前三行，自交址浮南海过赤土丹丹，刊本‘南海’讹‘海南’，据监本改。”

“卷八十三第三页前二行，其主吕夸，按《魏书》‘吕夸’作‘夸吕’，后同。〇第十一页前八行，黄金、硇沙，刊本‘硇’讹‘镜’，据魏书改。〇第二十页后六行，东去劫国六百里，刊本‘东’下衍‘北’字，据监本、毛本删。”

---

① 这一现象是李祚唐发现的，见《〈文渊阁四库全书〉某些卷首首行误出“荟要”考》，《四川师范大学学报》（社会科学版）2012 年第 1 期，第 137—143 页。

这些“按语”形式与文渊阁《四库全书》史部正史类中常见《考证》完全不同，而与《荟要》“按语”相同。

不过将这些“按语”与《荟要》“按语”相比，也还有一些差异。从形式上看，文渊阁的“按语”将同一卷的几条校记合并在一段中，中间用空格隔开(此处为醒目，用圆圈代替空格)。而《荟要》“按语”则每一条都独立成行。其次从校记内容看，也有一些差异。如《隋书》卷八十三“按语”，文渊阁本作：“第十一页前八行，黄金、硇沙，刊本‘硇’讹‘镜’，据魏书改。”而《荟要》“按语”作：“第十一页前八行，黄金、铙沙，明南监本、毛本俱同，《魏书》作‘硇沙’。”此记康国之出产，文渊阁本作“黄金、硇沙”。今查武英殿本(如光绪同文局石印本)，此处作“黄金、铙沙”，不知文渊阁本说“刊本‘硇’讹‘镜’”依据何在。毛氏汲古阁本、中华书局点校本也均作“黄金、铙沙”。又如《隋书》卷八十“按语”，文渊阁本是二条，《荟要》本是三条，多出了一条。

在文渊阁本《南史》卷五正文之后，也有二条“按语”，内容如下为“谨案：卷四第十页后七行，公忠诚慷慨，刊本‘诚’讹‘议’，据监本改。○第十六页前四行，遣兼太保司空褚彦回，刊本‘遣’讹‘遗’，今”。《荟要》本此处“按语”有八条，为卷四、卷五校记。其中卷四的“按语”有四条，三条未被文渊阁本收录。而文渊阁本的第二条“按语”(遣兼太保司空褚彦回)也不见于《荟要》，且这一条“按语”不完整，句末有缺文。何以有此差异，还待研究。

《荟要》“按语”是荟要处馆臣撰写的校勘记，见于《荟要》收录的史部正史类图书中，不应出现在文渊阁本中。我们看文渊阁本中出现的这类“按语”，也就仅有几处，因此可以说这是《荟要》本“按语”偶然混进了《全书》中的缘故，并不是《全书》本原来就有这些“按语”的。而且《隋书》共八十五卷，文渊阁本在卷八十五后，有《隋书卷八十五考证》《隋书考证跋语》，是其书已经完整。所以这里收录的这篇“按语”，显然是将《荟要》“按语”误收在了文渊阁本书中的。

可以与之佐证的是，上面所说的《隋书》《南史》中的“按语”，在文津阁本中都不存在。这充分说明“按语”并不是《全书》的内容，同时因为文津阁《四库全书》抄写时间较迟，所以和《荟要》也就不存在如同《荟要》与文渊阁本那样的关系。

这些从另一个角度说明了《荟要》与文渊阁《全书》的紧密联系。

三、《荟要总目》与《全书》的参照问题

《荟要总目》还常提及与《全书》的参照问题。例如《荟要总目·孝经》云："兹于注疏外恭录圣制三种，而于诸家训释，皆别著于《全书》之录焉。"所录圣制三种，即顺治十三年清世祖《御注孝经》一卷，雍正五年清世宗《御纂孝经集注》一卷，清世祖特诏儒臣修纂、清圣祖复命编辑颁行《御定孝经衍义》一百卷。所称"注疏"，即唐玄宗御注、陆德明音义、宋邢昺正义之《孝经注疏》九卷。《荟要》选录《孝经》类著作即此四种，其余则见《全书》。

《荟要总目》编年类小序云："晁公武有言：'论一人之事，编年不如纪传。论一时之事，纪传不如编年。'此史家著述二者所由并重也。荀悦、袁宏之作，一程《春秋》，编年之体于是乎始。洎乎涑水、紫阳，执义益闳，所谓统群哲之归趣，总百代之雄词者，洵乎无愧已。逮我皇上《辑览》之作，褒贬予夺一本大公，尤足以缵媲麟经，圭臬群史。综而纪之，彬彬乎大备矣。他若《稽古》《大事》《长编》《举要》诸书，或意存挈要，或务在博综，皆别著于《全书》之录，兹不具列云。"这也体现了四库馆臣对图书的统筹安排。

《荟要总目》集部别集类小序云："我朝列圣相承，敷辞为经，因文阐道，悉非往古占毕孺生清词丽制所得比拟，谨缮录为别集冠。而六朝以下迄于胜国文人之作，以时次之。至于本朝儒臣，应文明之运，承陶淑之风，其所著述，亦多可观。采则别著于《全书》之录，兹《荟要》之编，务在简约，故阙之云。"说明《荟要》别集类不收录清人文集的原因，因为在《全书》里会收录。

在编纂《荟要》时，已考虑到《荟要》篇幅较小，无法容纳更多的内容，因而考虑到与《全书》的相互照应问题。《荟要凡例》说：

> 梵文释典，别有全藏，兹纂录四库书，遵旨概不阑入。至宗门、故实、流派，如《传灯录》等书，《全书》自应著录。兹《荟要》篇帙简约，亦姑从省。其道家符箓、炼养之说，并从此例，无取与老庄同列云。

可见在开始《荟要》编纂时，即已考虑到这个问题。

在《荟要提要》中，也经常可以看到这类说明。如校上于乾隆四十四年三月的《钦定大清会典》提要云："《大清会典》一百卷，乾隆二十九年钦定。盖朝

廷所颁官司、所守大经大法，悉备于《会典》。我朝自康熙三十三年始诏厘定，越雍正五年重修，至是而三经考订。法制愈备，条目弥详，又区‘典’与‘例’为二部。分之则各自成编，合之则详略条贯，洵乎制作之大备矣。兹《荟要》卷帙较约，故祇录《会典》，以彰我圣朝典章作述之盛，为万世法程。而《则例》全帙则兼著于《全书》之录云。”很明确地说明了《荟要》没有收录《大清会典则例》的原因。《会典》记制度，《则例》则记具体的程序形式，两书互相配合。因《荟要》无法容纳《则例》，所以就只收录《会典》，同时说明在《全书》中收录了《则例》。

《荟要》本《御定咏物诗选》提要云：“原刻不编卷次，但分为六十四册，而篇页颇多。今依类分析为四百八十六卷，以合于《全书》体例云。”这是按照《全书》的标准来重新进行编排。

《荟要总目》歌词类小序云：“兹用振孙例（江按：此指陈振孙著《直斋书录解题》之例），取‘歌词’为一门，于以羽翼乐府，涵泳性情，良足畅辞人之极致矣。至于旗亭歌板，选声入律，假古事以寓今情，近耳目以资讽劝者，于《全书》裁而择之，兹姑从略云。”这是说到图书选录方面与《全书》的联系和区别。

《荟要》编纂时，还考虑到了与“存目”的关系问题，有时候在提要中也会专门提到。如《荟要》收录元杨载撰《仲弘集》八卷，提要云：“今惟录载集，而《诗法家数》则别存其目，庶几不溷其真焉。”杨载《诗法家数》见于《总目》卷一百九十七诗文评类存目。《初目》著录有《杨仲宏集》八卷，提要也提到了杨载论诗的问题，如谓：“载与虞集、范梈齐名，而集亦载酒诣载问诗法，切磋甚至。”是说虞集带着酒到杨载那里请教作诗方法。但《初目》并没有提到《诗法家数》一书的存目问题。《荟要》出于统筹考虑的关系，特别提到了这一点。

因为《荟要》与《全书》联系紧密，所以将两者加以比较，有助于更准确地研究《荟要》和《全书》。

第二章 《荟要》纂修机构与办理人员

本章讨论与《荟要》纂修有直接关系的机构和人员，重点讨论于敏中、陆费墀与《荟要》纂修的关系。同时对《四库全书荟要联句》的价值作一分析。

第一节 《荟要》办理机构的设置

办理《荟要》纂修事项的机构称“四库全书荟要处”，文献中也常省称为“荟要处”。

办理《四库全书》的机构分为翰林院四库馆与武英殿四库馆两大系统。翰林院系统主要是纂办图书，即负责勘阅、校勘；武英殿系统主要是缮写图书，即负责缮写、校正。翰林院系统包括总办处、提调处、校办处、总目处、收掌处等机构；武英殿系统包括缮书处、收掌处、监造处、聚珍处、荟要处等机构。两者有相对独立的关系，也有统属关系。所以四库全书处有时可以包括武英殿四库馆[①]。荟要处属于武英殿系统，同样有一定的附属性，也有一定的独立性。

按照《荟要》卷首所载乾隆四十四年十二月二十五日奉旨开载诸臣职名，荟要处设置包括总裁官 3 名，总校兼编纂官 1 名，提调官 2 名，承办官 2 名，校对官 66 名，收掌官 7 名。这里面最重要的当然是总裁官、总校兼编纂官、校对官。总裁官 3 人即王际华、金简、董诰，总校兼编纂官 1 人即陆费墀，校对官有张书勋等。当然这仅仅是武英殿系统的人员，而且不完整，例如为《荟要》编纂做了大量事务的于敏中没有列入总裁官之中。此外就执掌来看，《荟

① 张升《四库全书馆研究》第二章《四库馆的机构》，第 38—63 页。

要》卷首开载诸臣职名也主要是在校对方面，这和上面所说的武英殿系统主要是缮写图书的，即缮写、校正是一致的。例如乾隆四十年十二月十二日，“武英殿修书处为充补纂修事致内阁典籍厅移会”所附武英殿修书处总裁王嵩奏折云：“查武英殿纂修翰林员缺例由臣等楝选，奏请充补。兹纂修兼《荟要》分校编修许兆椿、郭寅先后丁忧出缺，谨拟以庶吉士翟槐、何思钧充补，仍各兼《荟要》分校事务。再，查武英殿纂修内有编修茅元铭、检讨王福清二员，现因抱疾，精神不能周到，恐致贻误。理合奏明将茅元铭、王福清二员仍回原衙门供职，所遗员缺，臣等谨拟以庶吉士戴心亨、缪晋充补。为此谨奏请旨。”(《纂修四库全书档案》三一四)此谓纂修兼《荟要》分校的编修许兆椿、郭寅先后丁忧出缺，武英殿纂修内有编修茅元铭、检讨王福清因病精神不能周到，所以奏请以翟槐、何思钧、戴心亨、缪晋四人充补纂修，仍各兼《荟要》分校事务。今查《荟要》卷首乾隆四十四年十二月二十五日奉旨开载诸臣职名，许兆椿等原纂修四名及翟槐等充补四名，均列名“校对官”名单中。

关于《荟要》誊录，军机大臣有专门上奏。如乾隆四十二年七月二十五日奏道：“查甲午科顺天乡试，曾奉旨于落卷内挑取誊录六百名，以备缺出挨补。上届需用人数无多，是以止于皿字号卷内挑六百名备用。今查各誊录，至明年即届五年期满议叙，通计《全书》《荟要》需用誊录计六百名，似应宽为预备。是以并令于贝字卷内拣选。”(《纂修四库全书档案》四〇八)所说甲午科，即乾隆三十九年一科，为《全书》《荟要》刚刚开始誊录之时。距此将近五年，原誊录即将期满议叙，所以要重新挑选誊录人员。乾隆帝当日回复道：“着于发榜后，将未经取中之南北中皿及贝字号墨卷弥封，详慎翻阅，择其字画匀净可供抄录者，皿字号挑取八百卷、贝字号取六百卷，交与吏部，按照名次拆卷填注。此内如有本系誊录，即行扣除，余俱出榜晓示，注册挨补。其有本生告假，或不愿充当者，亦听其便。”(《纂修四库全书档案》四〇九)乾隆帝的谕旨对誊录挑选的程序、数量、要求(主要是文字书写水平)、任职等都有具体说明。《荟要》誊录人数太多无法在职名表中列出，但《荟要》各书在每册之后，都记有誊录人员姓名，吴哲夫统计共有 754 人。加上绘图监生 27 人，篆书监生 2 人，总计 783 人[1]。

① 吴哲夫《四库全书荟要纂修考》第二章《参与荟要工作的人员》，第 21 页。

不过实际上纂修《荟要》人员并不仅限于“职名”之所载，列名四库全书处的纂修人员，也参与《荟要》的编纂。例如《荟要提要》每篇均有“总纂官臣纪昀、臣陆锡熊、臣孙士毅”一行题名，此三人即不在上述职名中。再如乾隆三十八年十月初九日乾隆帝谕旨称信手翻阅呈进已经缮成之《荟要》各卷内，发现有错字，因要求妥立章程，保证校勘质量。十八日大臣奏上添派覆校官及功过处分条例折，即有纂修《四库全书》正总裁永瑢、舒赫德、刘统勋、于敏中、福隆安、王际华、蔡新、英廉，副总裁张若溎、曹秀先、李友棠 11 人联名（《纂修四库全书档案》一二五）。乾隆四十一年三月二十日，董诰充四库全书馆副总裁，并接办所有《荟要》事务（《纂修四库全书档案》三二一“谕内阁着董诰充四库全书馆副总裁，接办《荟要》事务”）。可见全书处、荟要处两边事务往往是兼办的。

因此，在《荟要》编纂期间，许多与图书誊录、校对相关的指令往往是同时下达至全书处与荟要处的。如乾隆三十九年八月十九日，乾隆帝谕内阁着考官曹秀先等于乡试落卷内挑取誊录备用，云：“办理四库全书处并荟要二处，所用誊录计六百余名，而应行缮录之书籍甚多，誊录中颇有遵例报捐陆续开缺者，即须随时预补，不可不预为筹备。因思现在京闱乡试，各省贡监生应试者千有余人，莫若发榜后落卷内择其字画匀净可供抄录者，酌取备用，较为省便。着交曹秀先、嵩贵同派出之同考官窦光鼐、吴玉纶、周于礼、赵佑、戈源、善聪，留住贡院，将未经取中南北中皿弥封墨卷，公同翻阅，挑取五六百卷，交与吏部，按照名次拆卷填注。此内如有本系誊录，即行扣除，余俱出榜晓示，注册俟补。其有本生告假或不愿充当者，亦听其便。”（《纂修四库全书档案》一八一）

再如乾隆三十九年十月十九日，永瑢等奏请准候补誊录额外效力并添篆字绘图誊录折云：“查四库全书并荟要二处，需用誊录人员，前经遵照谕旨，于乡试落卷内挑取备用。现在赴部投纳履历，情愿充当者，已有二百余名，业经臣等按照空缺额数，咨取五十名到馆，挨次充补。而此外名次在后挨补需时之人，连日颇有具呈情愿额外效力者。臣等伏思此项誊录，虽经设有六百名之数，然均系自备资斧效力行走，与各馆之定有公费者不同。今该誊录等因补期尚远，多愿额外效力，似未便阻其急公向上之心，而本处应缮书籍纷繁，多得一人，即可多收一人之用，于公事亦有裨益。理合奏明，于此次挑取候补誊录人员内，有情愿效力者，俱准其具呈报明，先在额外行走，俟挨次应补时顶补起限，扣足五年议叙。其未补缺以前缮写之书，统计字数若干，入于赢余项下，照奏明之例，分别议叙。庶该誊录等各得遂其踊跃奉公之情，而缮录事宜亦可更期迅速。”(《纂修四库全书档案》二〇〇)

这都是说要求添补誊录人员，同时还要求添补专门的篆字誊录和绘图誊录，以便缮录《说文》《汗简》及天文算法等专门图书。所以这些指令同时下达到全书处与荟要处。

四库馆、武英殿在进送图书时，通常是《荟要》《全书》同时进送。与此相同，对馆臣的处罚，也往往是《荟要》《全书》同时进行的。如乾隆四十二年十月初七日，军机大臣奏查明七至九月所进书籍错误次数请将总裁等交部察议片云：“兹自七月起至九月止，四库馆进过《全书》数片各二次，武英殿进过《荟要》三次。臣等详加查核，总校张能照记过四次，已在三次以上；覆校汪师曾、方大川，分校裴谦、王家宾各记过二次。应请旨将张能照、汪师曾、方大川、裴谦、王家宾交部察议。其余总裁程景伊、蔡新，覆阅姚颐名下，或记过二次，或记过一次，覆校庄通敏、吕云栋，分校范来宗、罗万选、杨素楠、蒋宽、吴甸华、李荃名下，错误俱各止一次，应毋庸议。至总裁董诰，总纂陆锡熊、纪昀，总校陆费墀曾经奉旨免其议处，是以臣等未经查核。合并声明。”(《纂修四库全书档案》四三四)这里提到的总校张能照、分校裴谦等见于《荟要》职名表，分校范来宗等则见于《全书》职名。

乾隆三十九年十二月初四日，多罗质郡王永瑢等奏明募选额外供事情形折，提及“四库全书处供事”之事，其中包括荟要处供事。其文云：“查四库全书处供事一项，上年初办时，翰林院设供事二十名，武英殿缮写处设供事十二名，荟要处设供事四名，聚珍版处设供事十二名，俱以次奏请荷蒙允准在案。但设立之初，止就当时应用酌量定额，未及通盘筹计，迨行之既久，实有未敷。如翰林院办书，自总裁以下官至七十余员，各有所司之事，皆需供事供役。又《永乐大典》而外，各省送到遗书甚多，一切登记、搬贮、收发等件，分派承管，头绪纷繁，实非二十人所能了事，是以臣等于上年七月内，募选额外供事二十七名，帮助办理。又武英殿及荟要处共誊录六百余名，校阅各官七十余员，所有收发书籍，综核字数，登记各种档案，日久益繁。近又添有额外誊录，人数愈多，前设供事十六名仍不敷分办，臣王际华亦节次募选额外供事十三名应役。又聚珍版处刊刻木字数十万，检查排版，换篇归类，头绪更繁，现有供事亦不敷使用，臣金简亦募选额外供事十二名协同帮办。以上各供事等俱在额设之外，自备资斧饭食效力。其逐日到各该处供役，与额设供事无异。现在既不可少，但无实缺可补，将来即行走多年，亦例不议叙，同一办事，未免向隅。臣等酌议，将此等额外供事三处，共五十二名，一并奏明，咨行吏部，于奉旨之日，一体着役注册，仍毋庸给与公费饭食。俟行走五年之后，如果勤慎得力，与役满额缺供事一同议叙，庶各供事更加鼓励，于办书亦有裨益。”这一奏折得到了乾隆帝的同意，当时批云：“依议。”（《纂修四库全书档案》二一六）

这道奏折主要说四库全书处各募选额外供事的处置问题，也说到了相关供事的额数及职责问题。供事为清代吏胥之一种。《清会典·吏部·验封清吏司》云：“凡京吏之别三：一曰供事，二曰儒士，三曰经承。”注：“宗人府、内阁、上谕馆、文渊阁、翰林院、詹事府、中书科、内廷三馆及修书各馆，各衙门则例馆，皆曰供事。”“荟要处供事”即在荟要处掌办公牍文案的书吏。从永瑢奏折中可知，荟要处供事与武英殿供事一起，负责有关誊录600余名、校阅各官70余员，并新添额外誊录人员的“所有收发书籍，综核字数，登记各种档案”。因事务繁忙，原“额设”供事“不敷分办”，所以总裁官王际华又募选额外供事13名应役。

乾隆四十三年四月初九日，军机大臣奏遵旨查明一至三月所进书籍错误次数请将阿哥总裁等交部察议片云：“乾隆四十二年十二月以前，所进书籍错误次数，业经按季查核外，自本年正月至三月止，四库馆进过《全书》二次，散片一次，武英殿进过《荟要》二次。”（《纂修四库全书档案》四九三）这一条说得非常清楚，四库馆进《四库全书》，武英殿进《四库全书荟要》。可见四库馆与武英殿的分工是明确的。

上面说到《荟要》卷首“职名”所载仅仅是武英殿系统的人员，而且这份“职名”也不完整。例如吴绍澯（1744—1798）也曾充四库全书荟要处总校官，但不见于《荟要》“职名”。

吴锡麒《家苏泉编修传》云：“君名绍灿[①]，字澄野，一字苏泉，安徽歙县

① 吴锡麒《传》作“绍灿”，非是。其有胞弟吴绍浣（乾隆四十三年进士），据兄弟排名，可知其兄作绍澯，不作绍灿。其玄孙吴保琳编有《吴苏泉公讳绍澯年谱》，稿本，收入《北京图书馆藏珍本年谱丛刊》。

人。""乾隆三十五年恩科举于乡，四十年成进士。以内阁中书奏留武英殿行走。""四十二年，复举充四库全书荟要处总校官。钦赐翰林院庶吉士。刘向之登天禄，称为秘书；荀勖之校中经，益之新簿。蓬池研鲙，郢水分醪。身之荣也，恩之渥也。四十三年以父嵩堂公忧去官。"[①]是吴绍澯在武英殿行走，后任职荟要处。四库档案也有明证。乾隆四十二年七月十一日，大学士于敏中、董诰联名上奏，要求再添设总校办理《四库全书荟要》，就提议将进士吴绍澯、胡荣二员充为总校。其折云："查有进士候补中书吴绍澯、进士候选知县胡荣，均系乾隆四十年朝考钦取归班，在武英殿效力行走之员。两年以来，臣等留心察看，该二员学问尚优，行走亦能勤慎，可否仰恳天恩，将此二员充为总校，先将写得之书三千二百余册分给办理。"（《纂修四库全书档案》四〇二）乾隆四十三年七月初四日军机大臣奏，自四月起至闰六月止，四库馆进过《全书》二次、散片三次，武英殿进过《荟要》三次，遵旨查明所进书籍错误次数，将总裁等交部察议，其中也提到总校吴绍澯记过二次（《纂修四库全书档案》五二二）。但吴绍澯不见于《荟要》"职名"，也不见于《总目》"职名"。

其次，《荟要》"职名"表中的分工，与我们在《荟要》书上看到的实际题名不完全相同。

例如查莹，《荟要》"职名"表作"提调官"，在《周易注疏》各卷末页题名中作"覆校官"。又如张秉愚、季学锦，《荟要》"职名"表作"校对官"，而两人分别在《横渠易说》及《周易口义》各卷末页题名中作"覆校官"。

这是因为后来的职责作了调整。《荟要》的校对原来分为分校、覆校、总校三个层级。但分校、覆校多互相依赖、推诿，于敏中等遂奏请将覆校改为分校，并添设总校。这批人在《荟要》"职名"中，均称为"校对官"。

荟要处机构设置相对简单。《荟要》的主要办理人员，都属于武英殿系统。关于武英殿在纂修《四库全书》中的作用，文献有一些专门的说明。

乾隆三十八年闰三月十一日办理四库全书处奏遵旨酌议排纂《四库全书》应行事宜折云："至应写《全书》，现贮武英殿者居多，所有分写、收发各事宜，应即就武英殿办理。其未经发写之前，有旧刻显然讹误，应行随处改正，及每卷缮竣后并须精加校对。"（《纂修四库全书档案》四九）

① 吴锡麒《有正味斋骈体文》卷二十四，清嘉庆十三年刻有正味斋全集增修本，第3页。

乾隆五十二年五月十九日，军机大臣和珅等为校勘文津阁《全书》匠役不敷事致武英殿总裁函道："启者：现奉旨将文津阁所贮《四库全书》详加校勘，所有应行挖补讹字及改换篇页之处甚多，卷页浩繁，此间匠役不敷，祈大人遴派武英殿妥熟匠役四名、供事一名，速来热河，以备应行挖补换页等事，并委该管库掌一员，带领前来。所有应用换页红格纸，亦酌量令其备带，听候备用。"(《纂修四库全书档案》一二〇四)这里提到了武英殿的具体执掌，说得非常清楚、具体。嘉庆八年四月初七日，纪昀奏拟续缮《四库全书》事宜十条折中说："抽换之书匣，应改刻书名，挪动之书匣，须改刻号数。新书须用装潢，旧书抽换分析，亦不免有换写页面之处，其间行款、式样俱有一定规制，即做法亦与外间不同。此次卷帙繁多，改造之处不少，断非外间生手之工匠所能仿学办理。向来此项工程原系武英殿办理，应与纸张界画等事，一体归武英殿修书处承造开销。"(《纂修四库全书档案》一五一二)这虽然是十多年后说的，但对武英殿修书处的执掌说得也非常具体。

这样的机构设置及人员配置，对提要的纂修质量有一定的影响。以下以元柳贯撰《待制集》提要为例。为说明方便，先看一下《初目》这篇提要，原文如下：

> 元柳贯撰。贯，字道传，浦江人。大德间为江山教谕，官至翰林待制。贯少受经于金履祥，复从方凤、吴思齐诸人游。为文原本经术，择而后语，故精湛闳肆，卓然成为大家。程钜夫尝许以文章正印，陈旅亦称其庞巍隆凝，为天历以来海内所宗。所著有《西雍》《容台》《钟陵》《蜀山》诸稿。其殁后，门人宋濂、戴良择其尤雅者次为是集，凡古今体诗五百六十七首，杂文二百九十四首。余阙为之序，濂为后记云。

《初目》这篇提要比较简单，全文仅 152 个字。《荟要提要》与之完全相同，未作改动。而文渊阁提要则长达 471 个字，内容很丰富。不过尽管文渊阁提要篇幅有《初目》三倍之多，还是可以看到其整体结构和《初目》相同，其内容是以《初目》为依据加以补充的。两者之间存在着紧密联系。

如关于作者柳贯的师承授受情况，《初目》云："贯少受经于金履祥，复从方凤、吴思齐诸人游。"文渊阁提要云："贯虽受经于金履祥，其文章轨度则出于方凤、谢翱、吴思齐、方回、龚开、仇远、戴表元、胡长孺，其史学及掌故旧闻则出于牟应龙，具见宋濂所作行状中。"就十分具体明了。因为柳贯广从名儒硕学游，其人"学问渊源悉有所授""卓然成为大家"之说才有根据。

又如说到作者著作情况，《初目》仅云："所著有《西雍》《容台》《钟陵》《蜀山》诸稿。"文渊阁提要作："早年不自存稿，年四十余北游燕，始集为游稿。其后有《西雍稿》《容台稿》《钟陵稿》《静俭斋稿》《西游稿》《蜀山稿》。"这里所说柳贯的著作情况都取自于宋濂撰《待制集后记》，《初目》未能一一列出，致有遗漏，文渊阁提要则列举完备。

再如说到《待制集》一书的序跋情况，《初目》只是说："余阙为之序。"而文渊阁提要则说："阙及危素、苏天爵各为之序。"查《荟要》本卷首，确实有余阙、危素、苏天爵三篇序，不仅是余阙一篇序。

值得注意的是，《荟要提要》校上于乾隆四十三年正月，文渊阁提要校上于乾隆四十三年四月，时间相差无几，何以内容有如此的区别呢？我们认为这和《荟要》与《全书》的办理人员分属于武英殿与翰林院系统有关。如上所说，武英殿系统主要负责图书缮写、校正，所以有时对提要问题注意不够。翰林院系统主要负责纂办图书，撰写提要是其重要职责，所以对提要问题比较专注。对《初目》原稿，《荟要提要》未作修改，同时也没有去核对原书，所以尽管《荟要》本《待制集》卷首也抄录了余阙、危素、苏天爵三篇序言，但《荟要提要》依然只是照录了《初目》原文，没有加以适当的补充。其所说作者柳贯的著作情况也是如此。文渊阁提要则对《初目》原稿作了精心的修改。因为文渊阁提要内容丰富，后来《总目》就采用了这一条，没有再作改动或增删。文溯阁、文津阁提要①也都与文渊阁提要相同。

第二节　于敏中与《荟要》纂修

在《四库全书荟要》的纂修中，起了很大作用的是总裁官于敏中。长期以来，人们对四库全书办理人员的研究，多注意于纂修诸臣，如分纂官周永年、

① 《金毓黻手定本文溯阁四库全书提要》，第 845 页；《文津阁四库全书提要汇编》集部，第 553 页。

戴震、邵晋涵、翁方纲等，对总纂官纪昀的研究尤多。相比之下，对总裁官的研究，就显得十分薄弱。这可能与对总裁官在四库全书纂修过程中的作用认识不足有关。实际上于敏中在《全书》和《荟要》的纂修中，起了很大作用。曾任四库馆纂修官的姚鼐说，刘统勋卒后，于敏中“总裁馆事”[①]。章学诚也说，“最后荟萃《四库全书》，公并董正其事”[②]。

一、《于文襄手札》基本内容

于敏中(1714—1780)，字叔子，一字重常，号耐圃，江苏金坛人。乾隆二年，中一甲一名进士。二十五年，命为军机大臣。三十六年，协办大学士。三十八年，晋文华殿大学士，兼户部尚书。时下诏征遗书，安徽学政朱筠请开局搜辑《永乐大典》中古书。大学士刘统勋谓非政要，反对其议。于敏中赞同朱筠奏议，与刘统勋力争。四库全书馆开，于敏中被命为正总裁，主其事。又充国史馆、三通馆正总裁。乾隆四十四年十二月去世，祀贤良祠，谥文襄。著《素余堂集》。《清史稿》有传。

乾隆三十八年闰三月十一日，因“办理《四库全书》，卷册浩繁，必须多派大臣董司其事”，于敏中与刘统勋、刘纶、福隆安、王际华、裘曰修同着为《四库全书》正总裁(《纂修四库全书档案》四八)。四十一年七月，充文渊阁领阁事。

研究于敏中和《全书》《荟要》纂修的关系，《于文襄手札》以及《纂修四库全书档案》是最重要的资料。

《于文襄手札》是于敏中就《四库全书》及《荟要》纂修事，写给当时的总纂官陆锡熊等人的信函。这批信函共56通，后结集为《于文襄手札》，1933年国立北平图书馆影印出版，亦收录在台北文海出版社出版的《近代中国史料丛刊》中。

这批信函仅记月日，也有月日缺者，均无年份。1933年，陈垣撰《书于文襄论四库全书手札后》一文[③]，对手札的来源、性质、内容、书写时间等，都作了

---

① 姚鼐《惜抱轩文集》卷十《朱竹君先生传》，第1页。

② 章学诚《章学诚遗书》卷十六《为座主梁尚书撰于文襄墓志铭》，文物出版社影印刘氏嘉业堂刻本，1985年，第149页。

③ 陈垣《书于文襄论四库全书手札后》，原载1933年国立北平图书馆《于文襄手札》影印本之后，亦收入《陈垣四库学论著》，第30—32页。

仔细的考证，概括的分析（以下凡引陈垣语不著出处者，均见于此文）。据陈垣研究，于敏中的这批信函，写于乾隆三十八年至四十一年前后四年中每年的五月至九月之间。这正是每年随銮木兰的时间。部分手札写作时间不能确定。陈垣大致按日期排定了前后顺序。《于文襄手札》影印本即据此编排。2005年，北京师范大学研究生徐庆丰的硕士学位论文《〈于文襄手札〉考释——并论于敏中与〈四库全书〉纂修》，对《于文襄手札》作了考释，并探讨了于敏中与《四库全书》编写、于敏中在四库馆中的地位和作用等问题。论文给每篇信函标注了书写时间，时间不能确定的标注"年月日不详"字样①。

《于文襄手札》书写的时间，正是于敏中任职繁忙之时，乾隆帝曾说："伊在军机处办理军务，兼有内廷笔墨之事，暇时实少。"（《纂修四库全书档案》一四七）《手札》中也有多处地方说到"因无暇也"之类的话。然而在这种情况下，于敏中对《全书》《荟要》的纂修事宜仍然作了许多指示，可见他对此事的重视。

《纂修四库全书档案》记载于敏中的有关活动，最后一次是乾隆四十四年十一月二十四日，在于敏中去世前一个月不到。这次是用大学士于敏中的名义将乾隆帝谕旨"字寄"各省督抚，要各地将志乘所载应禁诗文及著者事实、书目概行删节（《纂修四库全书档案》六六〇）。其下为十二月十六日军机大臣奏遵查于敏中原办各书情形并进呈现办各书及总裁名单片。奏片请示皇帝，于敏中原办各书是否需要另外添派人员。这是于敏中去世后与其有关的人事安排。可见自于敏中进入四库馆后，就一直与该馆有着紧密关系。

关于《于文襄手札》的性质，陈垣认为是"于文襄敏中致陆耳山锡熊论《四库全书》事"。但实际上收信人并非仅陆锡熊一人。如五月廿四日后一未署日期信函（五月廿四日为信札日期。下同）作："示之晓岚先生、耳山年兄同览。"七月初一日函作："晓岚先生、耳山年兄八座。"五月廿二日函作："纪、陆两学士同览。"此函还有"日前两学士酌议章程"等语。这都说明这几件信函是同时写给纪昀（晓岚）、陆锡熊（耳山）两人的。六月十七日函作："习庵、耳山两年兄同照。"习庵即曹仁虎。可见不是每件收信人都是陆锡熊一人。道光二十八年何士祁跋说："《于文襄手札》两册，扈从木兰时，四库局诸公商酌

① 徐庆丰《〈于文襄手札〉考释——并论于敏中与〈四库全书〉纂修》，硕士学位论文，北京师范大学，2005年。

考订，此耳山先生所留存者也。”不过收信人主要是陆锡熊。

这批信函涉及的问题很多，包括有关《四库全书》的馆务问题、人事问题、具体图书的处理问题等。

其中有不少内容讨论了图书的分类问题。其中有的还进行过反复讨论，有一个调整的过程。如六月初三日函在谈到《吴中旧事》一书时说，自己查阅了该书，认为“并非嘉言懿行，不过诗话说部之类，拟不应附于史部。应请再酌”①。而在初九日函说：“《吴中旧事》改入子部小说家，极为妥合。”②两函之间有一个间隔，显然于敏中收到了总纂官的意见，因而改变了自己的看法。但最后本书收入了史部地理类，《四库》提要对此也有褒有贬，不过基本还是肯定了此书。从《吴中旧事》分类的调整一事中，还可以看到总裁官与以总纂官为代表的纂修官之间的关系问题。总的来说，两者之间是协商、配合的。于敏中使用的是“拟”“酌”等商讨性的字眼，并非将自己的意见强加给纂修官。

关于纂修官之间的分配、分工问题，也是一个值得注意的问题。这个问题，简单说就是哪些图书的提要由何人撰写的问题。就纂修官来说，有一个学术水准不平衡的问题，也有一个个人研究领域的问题。《四库全书》纂修官都是精心挑选出来的，但同时一个人也不可能对所有图书都非常熟悉、非常精通。就提要来说，确实也存在容易撰写和不容易撰写的问题。因此如何做到合理分工，尽可能发挥个人的长处，同时又大致公平、不致产生矛盾，这就涉及一个管理问题。

《于文襄手札》的一些内容，就涉及这个问题。于敏中初五日函道：“王征君所分五种书甚好，将来进呈时，或有续蒙评赏，亦未可知也。余归各纂修阄分亦妥。”③可见，一部分图书是采用的指定分配的方式，如王征君（此当是指王念孙）所分五种即是。也有一部分图书则采用抓阄这种方式。抓阄这种方式虽然原始，且实际效果也不一定最好，但起码是机会均等的，可以为大家所接受。我们看到，现存纂修官所撰提要稿，如翁方纲、姚鼐、邵晋涵等，经史子集四部都有，但相对又有一定的重点，应该就是这种指定与抓阄方式相结合

① 于敏中《于文襄手札》，北平图书馆 1933 年影印本，第 9 页。
② 《于文襄手札》，第 11 页。
③ 《于文襄手札》，第 57 页。

的结果。

例如邵晋涵现存提要稿共37篇，包括经部4篇，史部28篇，子部1篇，集部4篇，史部提要占了绝对优势。而在28篇史部提要中，正史提要又有24篇，包括了从《史记》到《明史》二十四史中除《三国志》《旧五代史》以外的全部正史。邵晋涵在史学研究方面成就突出，因此篇目如此集中整齐，显然是指定的结果。其次是经、子、集三部邵晋涵也都撰有提要，但数量又很少，特别是子部一种《续名医类案》，这与邵晋涵的研究领域毫无关系。虽说邵晋涵"于四部七录，无不研究"[①]，但经、子、集类典籍毕竟不是他的专长，正如钱大昕所说："自四库馆开而士大夫始重经史之学，言经学则推戴吉士震，言史学则推君。"（《邵君墓志铭》）因此这些图书被归之于其名下，可能就是抓阄的结果。其他人的情况大致类似。

还有一些具体问题，如避讳问题，《于文襄手札》也有提及。乾隆三十八年七月二十日函中说："御名字样奉旨止令缺笔，人名、地名大略相同。惟随常行文或作'宏'字即可。但已写'宀'头，另是一字，不宜复缺笔。"[②]乾隆三十八年六月十五日一函也说到："昨见《鹖冠子》内夹签'宏治'二字。此曾奉有谕旨，止须缺笔而不必改避。"[③]这涉及回避当今皇上名讳的问题，所以于敏中交代得很细。

如我们上面所说，四库全书处有时可以包括武英殿四库馆，也包括荟要处，因此上面所说的于敏中的相关论述，不单单是针对《四库全书》纂修说的，往往也包括《荟要》在内。《荟要》编纂者也往往能听从于敏中的意见。例如于敏中说到明帝年号"弘治"只需要将"弘"字缺末笔处理，不需要改字作"宏治"。今查《初目》，确实没有抄作"宏治"的，都作"弘"字缺末笔。只有《佛国记》提要有一处抄作"宏治"，但此为后秦姚兴年号，应作"宏始"，是馆臣误抄。可见《初目》是接受了于敏中的意见的。《荟要》全部图书难以一一核查，但在《荟要提要》中，也没有出现"宏治"年号，可见也是接受了于敏中的意见的。

除此以外，于敏中还有不少指令是直接对《荟要》说的。

---

① 钱大昕《潜研堂文集》卷四十三《日讲起居注官翰林院侍讲学士邵君墓志铭》，清嘉庆十一年刻本，第20页。

② 《于文襄手札》，第42页。

③ 《于文襄手札》，第20页。

二、《于文襄手札》与《荟要》纂修

作为正总裁之一，于敏中在关注《四库全书》纂修的同时，也关注着《荟要》的纂修。在《于文襄手札》中，就多次直接提到《荟要》的问题。如在认为是写于乾隆三十八年六月既望的一封信中写道：

昨送到马裕家书十种，内《鹖冠子》已奉御题，先行寄回，即派纂修详细校勘。其书计一百三十余页，约须校勘几日，似宜酌定章程，将来虽诸书坌集，办之自有条理。其期不可太缓，致有耽延，亦不可太速，而失之草率（书内讹舛甚多，顷随手翻阅，记有三四条，将来纂修校勘后，可将校出误处录一草单寄来，不必楷书，以便印证愚见是否相合）。校勘成，即一面缮写红格《四库》正本及《荟要》本，一面酌定刻样。查原书篇数流水，甚不画一，卷上、卷中则并序同编，卷下则另编，无此体例。现办写刻篇数，自应各卷各编。卷前首冠御题（御制诗合注再行录寄，以便恭载）。次及原序，附以提要（此二页不必编篇数流水，即刻本亦须写此两页作标题）。其余止须卷上写数行（刻本样）。首行写“鹖冠子卷上”，次行作宋（此字旧无，应增）陆佃解，三行作“博选第一”（标题似止须低二格写），四行“王铁”云云（顶格写），五行“王铁法制也”云云（低一格写）。板心：鹖冠子【卷上（流水处签明各卷各编）】。大略如此，回明中堂各位大人酌定，此字。六月望日，中顿首。[①]

在于敏中写给陆锡熊等人的信函中，这封属于字数比较多的。信函涉及好几个方面的问题，这些问题对《全书》及《荟要》的纂修，都有着重要影响。

信札首先以《鹖冠子》为例，提到了乾隆帝为四库私人进呈书题咏的问题。乾隆三十七年修《四库全书》，为表彰各地的私人藏书家和在京官员进呈图书在百种以上者，乾隆帝特下谕旨，要在一部分进呈的图书上题诗。乾隆三十九年五月十四日谕曰：“其进书百种以上者，并命择其中精醇之本，进呈乙览，朕几余亲为评咏，题识简端。”又云：“其已经题咏诸本，并令书馆先行录

① 《于文襄手札》，第15、16页。

副，即将原书发还，俾收藏之人，益增荣幸。"(《纂修四库全书档案》一五七)乾隆帝为表彰四库私人进呈书而作的题咏共有十八篇[①]。《鹖冠子》由两淮商人马裕家呈送。马裕家呈送图书数量达七八百种，为私人进献图书第一人。乾隆帝在征集图书的过程中，十分关注马裕家藏书，谕旨中多次提及，所以乾隆帝要为其所献图书题诗。这是乾隆帝为表彰进献图书者而题咏的第一部书。

其次，于敏中说到了校勘工作量的计算问题。于敏中没有说到具体的抄写工作量，但他提出的抄写"不可太缓，亦不可太速"的观点，实际上被全书处及荟要处遵守。四库馆规定每名誊录"每日写一千字"，应该既不是太缓，也不是太速，比较符合实际。

第三，于敏中说到了校勘定本的刊刻与抄写问题。其文云："校勘成，即一面缮写红格《四库》正本及《荟要》本，一面酌定刻样。"这里提到了三部书，即《四库全书》《四库全书荟要》《武英殿聚珍版》丛书。《全书》及《荟要》统一抄写在红线竖格的书页上，于敏中说"缮写红格本"即指此。四库馆臣对各书的处理要提出应刊、应抄、存目、销毁具体意见。其中凡"实在流传已少，其书足资启牖后学、广益多闻者"当刊，即刊入《武英殿聚珍版》丛书。于敏中这里提到的"刻样"，应该就是刊刻《武英殿聚珍版》的样式。这一段话说明于敏中与这三部书都有关系，这也为我们探讨这三部书之间的关系提供了依据。

第四，具体指出了图书抄写和刊刻的格式问题。不过就现行《全书》《荟要》以及《武英殿聚珍版》丛书看，并没有完全遵用于敏中所提议的格式，《全书》《荟要》两者之间格式也不完全相同。

在认为是写于乾隆三十八年八月初八的一封信中，于敏中写道：

> 此次进呈各书，一日之间，承上指出两错，书签之错，尤其显而易见。此后务须留心。而《折狱龟鉴》内错处当切告承办《永乐大典》诸公，各宜加意。若再经指斥，即削色矣。至承办《全书》及《荟要》分校诸公，当请其到署，以此切致之。各宜经意，勿留错误之迹，日后取咎，总祈慎之又慎为嘱，并与丹叔言之。[②]

① 参见江庆柏《清高宗与四库私人进呈书题咏》，《古文献研究集刊》(第三辑)，凤凰出版社，2009年，第271—279页。

② 《于文襄手札》，第48、49页。

这一封信函主要讲《全书》和《荟要》的校勘问题。校勘一直是《全书》和《荟要》的紧要问题，所以于敏中一再要求有关编纂人员务须留心。但从实际情况看，两部图书都存在校勘问题。

陈垣认为《于文襄手札》都是乾隆三十八年至四十一年于敏中随乾隆往热河避暑期间所写的。笔者认为其中也有不是避暑热河期间所写的。如被认为年月日不详的一函中写道：

> 《二宋集》顷蒙御制合题一诗，谕于两集前并书之，自当将此意并入提要，或将后一段竟改作兄弟齐名，其遗集同时并出，且均邀题赏，似更亲切耳。荟要处经史子三种，俱已足数。惟集部所缺尚多，散片内办出之集，以陆续付钞为妙，庶可如期蒇工也。①

信函末作“六月廿七日”，这一篇月日可知，惟年份不明。查信函云：“《二宋集》顷蒙御制合题一诗，谕于两集前并书之。”此处所说的《二宋集》指宋朝宋庠、宋祁兄弟两人所作的《元宪集》《景文集》。乾隆帝撰有《题元宪、景文集并各书其卷首》之诗，收入《御制诗四集》卷四十一。《御制诗四集》卷四十一、卷四十二之诗，均作于乾隆四十二年丁酉新正，即新年正月，如《丁酉元旦》《正月二日重华宫侍皇太后宴》《新正万寿山清漪园作》《上元灯词》等，可知《题元宪、景文集并各书其卷首》亦作于正月。于敏中信函有“顷蒙御制合题一诗”之语，则离乾隆帝题诗时间不远，故此信当作于乾隆四十二年六月廿七日。查《清高宗实录》等，这年六月乾隆帝并无出行之事，是于敏中信函当作于宫中②。

于敏中此函说明两个问题，即《荟要》经史子集不是同时编纂的，而是有时间先后的。其次说明到乾隆四十二年左右，《荟要》已经完成一半左右。第

---

① 《于文襄手札》，第121页。陈垣在《书于文襄论四库全书手札后》一文中没有讨论这封信的写作时间，徐庆丰在《〈于文襄手札〉考释——并论于敏中与〈四库全书〉纂修》中将此信定于“年月日不详者”，第19页。

② 徐庆丰认为，乾隆四十二年以后至乾隆四十四年十二月于敏中逝世，不曾再随乾隆前往承德，《手札》各函自不应有作于乾隆四十二年以后的，而详细检查各封书函，也确未发现可以确认为是作于四十二年以后的。陈垣的判断可信。见《〈于文襄手札〉考释——并论于敏中与〈四库全书〉纂修》，第22页。从我们的分析可知，此说并不确切。

一部《荟要》完成于乾隆四十三、四十四年间，这个时间与于敏中信函所说也是完全吻合的。

于敏中所说的“散片”，也写作“散篇”，“指《永乐大典》辑佚书中从各部韵下辑抄缀合而成者，略别于存于《大典》中之成部书”[①]。这些记载说明，作为正总裁之一，于敏中对《荟要》纂修事宜极为关注，尽心作出妥善安排。

当然于敏中的有些意见亦未被《荟要》接受。如于敏中乾隆三十九年六月廿三日一函关于《文选》一书说道：“《文选》照汲古阁本抄录最妥，以上所常阅及前此命翰林所编写本即系汲古阁刻，若专录李注，不及五臣，而别用明人六臣注本删去李注，是并写既多费功夫，又与御览之本不能相洽，似未悉妥，希再酌。”于敏中明确希望《文选》照汲古阁本抄录。而今《荟要》所用为内府所藏明吴勉学刻本。可见《荟要》并未接受于敏中的意见。

三、于敏中与办理《荟要》纂修

在《纂修四库全书档案》中，于敏中与《荟要》纂修的记载更多。

如上所述，早在乾隆三十八年五月初一日，内阁即奉上谕，着总裁于敏中、王际华专门经办《荟要》之事。这是乾隆帝决定纂修《荟要》的第一道谕旨。

乾隆三十八年十月十八日，于敏中与总裁永瑢、舒赫德、刘统勋等，奏议添派覆校官及功过处分条例折，并附条例。奏折道：“此次恭进缮写《荟要》各种书内，经我皇上几余偶阅，即指出错字二处。臣等承办之总裁及分校、誊录，疏漏之咎，实无可辞。”因《全书》每日可得四十余万字，《荟要》每日可得二十余万字，现有的 44 员分校官不敷使用，因此要求添设覆校，拟议《全书》缮本添派覆校官 16 员，《荟要》缮本添派覆校官 6 员（《纂修四库全书档案》一二五）。

乾隆三十九年二月二十三日，于敏中与永瑢、舒赫德等奏令郭长发在四库全书分校上行走折，云：“臣等办理四库全书，内有天文算法等书，必须专门之人分校。查有算学馆助教郭长发，留心算法，堪司校阅。理合奏明，令其在四库全书分校上行走。”（《纂修四库全书档案》一四九）今查《荟要》卷首诸臣

① 徐庆丰《〈于文襄手札〉考释——并论于敏中与〈四库全书〉纂修》，第 8 页。

职名，郭长发也列名校对官名单中，职衔为“原任钦天监中官正”。这一例证也说明，有时在办理《四库全书》事时，实际上也常常包含《荟要》在内。

乾隆四十年五月十六日，于敏中、王际华奏请添派《荟要》校对折。因校对《荟要》及《武英殿聚珍版》丛书，原派校对之员人手不够，拟添派校对 8 员。于敏中等公同选得原充全书校对今授翰林修撰之吴锡龄，庶吉士严福、于鼎，候补监丞侍朝，并新授庶吉士陈崇本、陈文枢、吴锡麟、徐如澍八人充补（《纂修四库全书档案》二六六）。

乾隆四十年十二月初九日，于敏中等指出，《荟要》誊录 200 人，计日程功，可以保证抄写数量，但校对无法按期完成。自开办《荟要》以来，荟要处向皇帝呈送已抄好的图书不过 2 000 册，而没有进呈的图书倒有一万册。荟要处额设分校官 22 员，覆校官 12 员。原来安排是分校收校誊录之书，覆校稽核分校之书。这样做的本来目的是希望增加一个校对的过程，可以保证不出差错。但实际情况并非如此，反而带来了两个问题。一是多了一层转折，即多了几天的迟延。另外分校、覆校彼此互相倚恃，反而多有挂漏。为此于敏中等提请“将《荟要》覆校通改为分校”。于敏中等又提出“添设总校二员，专司其事”，推荐候补国子监监丞侍朝（原充本处覆校）、候选内阁中书张能照二人充任。于敏中等说，如同意侍朝、张能照二人补《荟要》处总校官，即将《荟要》一万册，每人各派给五千，令其陆续上紧赶办。规定以开年为始，每季办成书二千册，在乾隆四十二年春季，将第一分《荟要》全行告竣。于敏中等认为如此“则事有专责，不致散漫难稽，而书得速成”，亦可以接着办理第二分《荟要》（《纂修四库全书档案》三一三）。

事实证明于敏中等的选择是对的。侍朝、张能照二人自承办《荟要》总校事，办事干练，至乾隆四十二年七月十一日于敏中上奏时，“节次办出已进之书，几及八千册”，其余未进之书也在上紧赶办。这解决了一直困扰于敏中的一个严重问题，即已经誊录好的本子来不及校对以致无法及时进呈乾隆帝审阅这个问题。于敏中乐观地认为本年年底第一分《荟要》一万二千册可期全部完成。当时第二分《荟要》也已经发交誊录缮写，陆续交到已有三千二百余册，存贮武英殿（《纂修四库全书档案》四〇二）。虽然最终《荟要》未能如于敏中预料的那样在乾隆四十二年底完工，但于敏中等的安排确实为《荟要》最后的完工打下了良好的基础。后来军机大臣等也多次肯定侍朝、张能照的校书:“荟要处……总覆校、庶吉士侍朝、张能照二员,校阅书籍颇多。”“《荟要》总校张能照等较(校)阅书籍颇多。”乾隆四十三年四月二十九日,乾隆帝谕内阁着张能照等由庶吉士授为编修(《纂修四库全书档案》四九六)。

在乾隆四十年十二月初九日的这道奏折中,于敏中等还具体指出了已誊录图书的交转过程:各分校已校之书,汇交提调登册,由提调分发两总校,登列黄签并各书衔于上。等积得数百册,仍汇交提调呈送,于敏中等再加详核,然后进呈御览(《纂修四库全书档案》三一三)。于敏中等的奏折得到了乾隆帝的同意,批示“依议”。可见于敏中对《荟要》纂修不仅有宏观规划,而且对实施的具体细节也考虑得很周到。

乾隆四十二年四月初七日,舒赫德、于敏中奉上谕,字寄浙江巡抚三宝,查询朱彝尊《经义考》藏板之家。谕旨云:“朕阅四库全书馆所进抄本朱彝尊《经义考》,于历代说经诸书广搜博考,存佚可征,实有裨于经学,朕因亲制诗篇,题识卷首。此书现已刊行于世,闻书板尚在浙江。着将御制诗录寄三宝,就便询问藏板之家,如愿将朕此诗,添冠卷端,听其刊刻,亦使士林咸知朕阐崇经学之意。”(《纂修四库全书档案》三七六)

乾隆帝《御制题朱彝尊经义考》收入《御制诗四集》卷四十三,这一卷的诗都作于乾隆四十二年。其诗前一首《雨》题注“十月十六日”,后一首《微雨》题注“十一月朔日”,则《御制题朱彝尊经义考》当作于乾隆四十二年十月中下旬。《荟要提要》校上于乾隆四十二年三月,文渊阁提要校上于乾隆四十六年五月,显然乾隆帝所说“朕阅四库全书馆所进抄本朱彝尊《经义考》”,是指阅读的《荟要》本,其时文渊阁本还没有誊录。这也说明于敏中与《荟要》的关系体现在各个方面。

乾隆四十二年七月十一日,于敏中、董诰奏请添设供事额缺折。办理四库全书处原设供事 12 名,《荟要》处供事 4 名。供事也称书办,即在官府中具体办理各项公事之人员。全书处供事办理核计字数、登记档案、搬贮收发等事务。全书处供事本已不敷差遣,又办理《荟要》,次分头绪益多,尤难兼顾。于敏中等分批募选效力供事十数名,自备资斧,协同帮办,逐日供役,与额内无异。但这批供事无实缺可补,即行走多年,亦例不议叙,于敏中认为这样难以鼓励他们勤勉公事。于敏中等因此提出:“请旨添设额缺十名,即将现在效力年久者充补,咨明吏部,于奉旨之日着役注册。仍毋庸给与工费饭食,俟五年之后，如果勤慎，一体议叙，庶各加鼓励，于办书更为有益。”(《纂修四库全书档案》四〇一)于敏中这一做法，也就是鼓励供事等办事人员等能有一个前途，从而安心做事，把《全书》和《荟要》之事办好。

乾隆四十二年七月十一日，大学士于敏中、董诰还联名上奏，要求再添设总校办理《四库全书荟要》。当时第一分《荟要》已陆续交到三千二百余册，于敏中等认为等到第一分《荟要》全部办成之后再安排第二分《荟要》校对之事，势必拖延时日，会耽误时间，不如先行分派稳妥之人校办。于敏中等提出，由进士候补中书吴绍澯、进士候选知县胡荣二员充为总校。先将已经誊录完毕的图书 3 200 余册分给办理。其余 8 000 余册，以誊录 200 人写书，日课计之，约至乾隆四十四年可以缮写完毕。随写随校，也可以保证在乾隆四十四年全行告竣。同时侍朝、张能照二员等第一分《荟要》办完后，仍令协同校勘，可以保证进度(《纂修四库全书档案》四〇二)。可见于敏中一直在具体办理《荟要》相关事宜，不仅办理第一分《荟要》，还同时在办理第二分《荟要》。《荟要》两部能顺利编纂完成，与于敏中等的妥善安排是分不开的。

于敏中等不仅妥善安排《荟要》的校勘问题，还妥善考虑有关人员的出路问题。例如早在推荐侍朝、张能照出任《荟要》总校之时，于敏中等就提出，二人俱系应补七品京官，自备资斧效力，可否照《四库全书》纂修邵晋涵等之例，赏给庶吉士衔，毋庸给与俸禄。等一年之后，如果奋勉得力，依限完工，再请旨实授，与乙未科庶吉士一体散馆，以示鼓励。后来在推荐吴绍澯、胡荣任第二份《荟要》总校的那道奏折中，于敏中等又提到，二人均在候补、候选时期，自备资斧在武英殿效力。于敏中等奏请察看一年之后，如果办理妥速，著有成效，希望也能照侍朝、张能照之例，给庶吉士衔，再俟一年期满，题请实授，准与下科庶吉士一体散馆，以示鼓励。这些做法可以有效调动相关人员的积极性，保证《荟要》的准时完竣。

与于敏中同任《荟要》总裁的王际华，也提到自己和于敏中一起办理《荟要》的情况。乾隆三十九年七月十四日，誊录姚岐谟旷课数月，分校郑爔等不查报请交部议处，王际华奏折称：“窃臣遵旨同大学士于敏中办理《四库全书荟要》，所有誊录应缴每日功课，先经酌定，责令各该分校官催收，校毕送覆校官覆阅，由覆校官汇交提调验明，装订成书，登记档册，俟臣稽核进呈。”(《纂修四库全书档案》一六八)

乾隆四十二年前后，于敏中主要在查办“违碍”书籍，对《荟要》纂修之事不如之前那样多下指令。这也可能与《荟要》誊录即将完竣，事务相对简单有关。但即便如此，于敏中还是在乾隆四十四年四月初五日的奏折中指出，在查核本年正月起至三月止四库馆所进《全书》及《荟要》中发现了错误，议处总校仓圣脉、胡荣应各记过五次等（《纂修四库全书档案》六一二）。以上事实说明，于敏中实际上一直在办理《荟要》事务，而且是尽心尽力的。

在讨论于敏中和《荟要》纂修关系的时候，有两个问题需要注意。一是乾隆帝有关谕旨的改动问题，还有一个是于敏中列名《荟要》职名表的问题。

乾隆三十八年闰三月十一日，于敏中与刘统勋、王际华等被任命为《四库全书》正总裁。同年三十八年五月初一日，乾隆帝又下谕要求先行编纂《四库全书荟要》，以于敏中任《荟要》总裁：“着总裁于敏中、王际华专司其事。”（《纂修四库全书档案》六六）

这道谕旨见于《高宗实录》卷九百三十四、《钦定大清会典事例》卷一千零五十《翰林院》及军机处上谕档（《纂修四库全书档案》所据录）。不过与《四库全书荟要》卷首所录，文字略有出入。其中最重要的区别是本书总裁，《高宗实录》等均作“着总裁于敏中、王际华专司其事”，而《四库全书荟要》作“着武英殿总裁王际华专司其事”，删除了于敏中的名字。在本书卷首所载“诸臣职名”中，总裁官分别是王际华、金简、董诰，也没有于敏中。《四库全书荟要联句》乾隆帝所撰诗句云：“际华（王）命以逾年辍（原注：乾隆癸巳命武英殿总裁、尚书王际华特管编纂《四库全书荟要》。未两载际华物故，乃以侍郎董诰代之。）。”也不再提起于敏中。于敏中卒于乾隆四十四年十二月二十日，《荟要》卷首所载“诸臣职名”是乾隆四十四年十二月二十五日奉旨开载的，仅在于敏中卒后五天。既是“奉旨”，这份名单自然是按照乾隆帝之意列出的，不知为何删除于敏中之名。后人因此有不知《荟要》纂修与于敏中相关的，例如有人就说：“（高宗）乃命择其尤精者先为《荟要》，期速蒇事，以王际华特管其事。”①

于敏中素为乾隆帝看重，《清史稿》本传称“敏中敏捷过人，承旨得上意”。《清史列传》卷二十一本传亦引乾隆帝有“夙夜殚心，且能巨细无遗”之誉。但《清史稿》谓敏中为军机大臣久，颇接外吏，通声气。乾隆三十九年，因涉嫌向内

① 陈仲益《孤本四库全书荟要之发见》，《中华图书馆协会会报》第 1 卷第 2 期。转引自孙彦等选编《民国期刊资料分类汇编·四库全书研究》，第 857 页。

监探询消息等事，于敏中被乾隆帝责问，并谓："自川省用兵以来，敏中承旨有劳。大功告竣，朕欲如张廷玉例，领以世职。今事垂成，敏中乃有此事，是其福泽有限，不能受朕深恩，宁不痛自愧悔？免其治罪，严加议处。"部议革职，诏从宽留任。四十一年，金川平，乾隆帝嘉其劳勩，过失可原，仍列功臣，给一等轻车都尉，世袭罔替。由此可见于敏中身前虽未被查处，乾隆帝对其也还照常任用，但实际上已心存疑虑。于敏中最后从乾隆帝谕旨中除名，与此不知是否有关系。于敏中查办是在卒后，最后"着撤出贤良祠，以昭儆戒"(《清史稿》)。

清帝实录的编纂，"选辟儒臣，发秘府之藏，检诸司之牍，捃摭较订，萃为一代成书"(康熙帝《世祖章皇帝实录序》)，具有很高的可信度。而且素尔讷《学政全书》卷三所记乾隆帝这道谕旨也有于敏中之名。素尔讷时任礼部尚书，此书卷首有其乾隆三十九年十二月二十日所上奏折，所记应是当初的实际情况①。实际上在乾隆三十九年，乾隆帝所写《重华宫茶宴廷臣及内廷翰林用四库全书联句复得诗二首》中也说到于敏中负责《荟要》纂修之事。其"稗官杂识概搜罗，要拈摛藻先誊缮"诗下有注云："兹命于敏中、王际华于《全书》中择其尤精者，别为《荟要》，与《全书》一体缮录，仍按四库，陈弆堂中。"(《御制诗四集》卷十七)所以最初的谕旨是命于敏中、王际华同时主持《荟要》编纂的。但是这道谕旨在抄入《荟要》时作了删改，而且删改得很彻底。就在上述那道任命于敏中为《荟要》总裁的谕旨中，最后还有这么一句话："书成，即以此旨冠于《荟要》首部，以代弁言。"然《荟要》书成，且乾隆帝谕旨也确实冠于此书卷首，但内容却有了变化。这也说明，即使是《荟要》这样通常被认为编纂严谨的图书，照样受到种种来自政治上的干预而产生许多问题。

其次是于敏中列名《荟要》职名表的问题。

于敏中、王际华同为乾隆帝最初任命的《荟要》总裁，但后来的遭遇大不相同。王际华于乾隆四十一年去世，乾隆帝甚为痛惜。三月二十日上谕道："户部尚书王际华，才品端谨，学问优长，久直内廷，简任部务，懋著勤劳。迩年承办《四库全书》及《荟要》事，尤为殚心经理，且年甫六旬，正资倚畀。今闻其因痰涌暴厥，医治无及，遽尔溘逝，深为悼惜。着加恩晋赠太子太保，并派散秩大臣一员、侍卫十员，前往奠醊。其各任内革职革任之案，俱准开复。所

① 素尔讷编《学政全书》卷三，清乾隆三十九年武英殿刻本，第 8 页。

有应得恤典，仍着该部察例具奏。”（《纂修四库全书档案》三二二）所以王际华虽然在《荟要》开始编纂不久后即去世，但本书卷首职名表仍列其为“总纂官”之一。

而于敏中去世后，则不但无此荣耀，反而多有指责。早在乾隆四十五年三月十六日，乾隆帝谕旨在斥责陆费墀对遗失底本一事“拖延掩饰”“瞻顾私情”时就说：“陆费墀专司提调，前后数年，事出一手，其从前倚恃大学士于敏中优待，假藉声势，朕非不知之。是以总司书局三员内，纪昀、陆锡熊均经升用，而陆费墀则久未迁擢。”（《纂修四库全书档案》六八四）实际已经表达了对于敏中的不满，而其时距于敏中去世仅仅三个月。

乾隆五十二年六月十三日，乾隆帝在传令陆费墀赔办江浙三阁书籍工价的谕旨中，又一次连带于敏中、陆费墀一起痛斥：“昨因文津等阁所贮《四库全书》草率讹谬，已明降谕旨，令纪昀、陆锡熊将文渊、文源、文津三阁书籍应换篇页及装订挖改工价一体令赔，并令陆费墀将文澜、文汇、文宗三阁书籍所有面页、装订、木匣、刻字等项，俱着自出己赀，仿照文渊等三阁罚赔，妥协办理。因思此事发端于于敏中，而承办于陆费墀，虽朕旨有办大事不能无小弊，亦不应为之已甚也。其条款章程俱系伊二人酌定，今所缮书籍，荒谬至此，使于敏中尚在，必当重治其罪，因业已身故，不加追究，以示始终保全。至陆费墀从而附和，是以于敏中奏充武英殿提调，令专办《四库全书》一切事宜，众人之进退，皆出其手。朕以办理《四库全书》，右文典学，美富兼赅，事甚宏巨，尝谕军机大臣等，若纂校诸臣果能办理完善，即侥幸数人，成此巨典，亦所不究，是以陆费墀不数年间洊升侍郎，受恩尤重，该员既邀不次超迁，自应倍加感奋，即所缮书籍不能免些微鲁鱼亥豕之讹，亦应大局完整，足备披览。今竟舛谬丛生，应删不删，且空白未填者竟至连篇累页，荒唐若此，该员所司何事？是陆费墀实有应得之咎。”（《纂修四库全书档案》一二一八）

时隔四月，乾隆五十二年十月十五日再下谕旨道：“从前办理《四库全书》时，朕因卷帙浩繁，编纂不易，原曾谕于敏中凡兴作大事，不能不徼幸数人。但朕此旨原指纂修详核雠校无讹而言，是以不靳恩施，优加录叙。今文渊等阁所贮《四库全书》，偶经披阅，草率讹谬，比比皆是，因令诸皇子及在廷诸臣覆加详校，签出错误之处，累牍连篇，不可枚举。是办理此书并不实心校阅，竟以稽古右文之举为若辈邀恩牟利之捷径，大负朕意。此事发端于于敏中，承办于陆费墀，其条款章程俱系伊二人酌定。今所缮书籍荒谬至此，使于敏中尚在，必当重治其罪。因伊业经身故，是以从宽，止撤出贤良祠，不复追论，保全终始。陆费墀现已革职，亦不深究。所有业经议叙纂校各员，其已经升用应行议罚廉俸，及未经升用将议叙注销之处，着该部核议具奏。”（《纂修四库全书档案》一二五五）这一道谕旨则是明白斥责于敏中。《四库全书》的缮录、校对确实存在不少问题，但把问题全部推到于敏中身上，也有失公允。而且此处还连带到陆费墀，就不仅仅是文字校勘这些问题了。

这些都可能是于敏中最后被从《荟要》办理职名中删去的原因。不仅如此，就《摛藻堂四库全书荟要》来看，除了《荟要总目》在乾隆帝《御制文初集》中说到“今依大学士臣于敏中校刊本缮录恭校”，在《御制诗初集》《二集》《三集》中说到“今依大学士臣蒋溥、大学士臣于敏中等校刊各本缮录恭校”，并在此书提要中提到“《三集》，今大学士臣于敏中等校录”等数处外，已看不到于敏中与《荟要》有任何关系，更看不到主持纂修此书的任何痕迹。

令人费解的是，于敏中最后未能列入实质花费了自己更多心血的《四库全书荟要》办理职名，但却列入《四库全书》办理职名，其原因不得而知。

在研究于敏中与《四库全书》及《荟要》的纂修时，还有一个问题值得注意，即于敏中的书法艺术与四库本缮写的关系。《四库全书》及《荟要》的誊录规范、工整，突出书写的共性，使用的是典型的馆阁体。于敏中书写的特点是“浓墨饱笔，毋论大字小楷，皆以润泽为主”，是馆阁体的典型代表。“而士子之为殿试者，必奉公为模楷”。于敏中书法通过科举考试的倡导，在当时形成了很大的影响，“一时有‘于派’之目”[①]。这种字体正好能体现《四库全书》所要体现的盛世气象[②]。

字画端正，是四库誊录人员的最基本、也是最重要的条件。乾隆三十八年闰三月十一日，办理四库全书处奏遵旨酌议排纂《四库全书》应行事宜折关于誊录一项说道：“其字画均须端楷。”（《纂修四库全书档案》四九）乾隆三十八年十月十八日，永瑢等奏议添派覆校官及功过处分条例折，所附《功过处分条例》说：“其有过无功者，除字画潦草之员，臣等随时甄别沙汰外，如字画尚属端楷，惟错字不能尽免者，尚可留供抄录。”（《纂修四库全书档案》一二五）

① 梁章钜《吉安室书录》卷九，上海人民美术出版社，2003年，第107页。

② 参见陈佳《〈四库全书〉的誊录》，《中国书法》2013年第4期，第191—193页。

这一条值得注意的是，在“字画潦草”和“字画尚属端楷”者之间，首先淘汰的是前者。即使后者“错字不能尽免”，但仍可留供抄录。可见在四库馆中，对字迹端正与否看得是很重的，有时候甚至超过了对抄写正误的要求。乾隆四十四年二月，吏部尚书德保等奏将四库馆年满议叙人员严加考试折说，在四库馆效力年满人员议叙时，“其有考试正途出身者，必须文理通顺，即由贡监捐纳出身，亦须字画端楷方准入选。”(《纂修四库全书档案》六〇五)可见“字画端楷”仍是一个条件。

今见《荟要》本《御纂春秋直解》等书，确实十分饱满丰润，为誊录的精心之作。这也从另一个角度显示了于敏中和《荟要》的关系。

第三节 陆费墀与《荟要》纂修

陆费墀曾承办四库全书并荟要处缮录之事，对《荟要》与《全书》的纂修作出了重要贡献。但长期以来，学术界很少关注陆费墀在纂修《四库全书荟要》和《四库全书》中的作用，有关研究也极少，此处将就陆费墀与《荟要》的纂修作一探讨。

一、陆费墀与《荟要》缮录

陆费墀(1731—1790)，字丹叔，号颐斋。浙江桐乡人。乾隆三十一年进士。授编修，充《四库全书》总校官。乾隆五十二年，因《四库全书》讹谬甚多，受罚独重，乾隆五十五年郁郁而卒。

陆费墀“生平笃志好学，淹贯百氏，旁及医卜杂技之书，靡不通晓。尤精鉴赏，凡历代彝鼎、图书、碑文、缣素，一见即辨其真赝，书画篆刻无不擅长”[①]。四库馆开，陆费墀任武英殿提调，同时兼任总校官，承办四库全书处缮录之事。乾隆三十八年闰三月十一日，办理四库全书处奏遵旨酌议排纂《四库全书》应行事宜折云：“其应行酌改字样，必须折衷画一，应令武英殿提调、翰林陆费墀董司其成。”(《纂修四库全书档案》四九)是陆费墀专办《四库全书》一

① 《光绪桐乡县志》卷十五《人物·宦绩》，光绪十三年刻本，第61页。

切事宜。后承办荟要处缮录之事。乾隆三十九年十一月十三日，谕内阁道："编修陆费墀承办四库全书并荟要处缮录之事。"(《纂修四库全书档案》二〇六)于敏中、陆费墀一为总裁，一为提调，承办了《四库全书》纂修的实际事务。这一点乾隆帝后来也多次提到过。乾隆五十二年六月十三日上谕道："此事发端于于敏中，而承办于陆费墀，虽朕旨有办大事不能无小弊，亦不应为之已甚也。其条款章程俱系伊二人酌定。"(《纂修四库全书档案》一二一八)可见两人在《全书》和《荟要》纂修中的重要地位。乾隆五十二年十月十五日上谕还再次提到这一点(《纂修四库全书档案》一二五五)。

陆费墀办事认真。他在逐一分析核计各誊录名下应交功课时，查出誊录姚岐谟旷课数月之事(乾隆三十九年七月十四日户部尚书王际华奏折，《纂修四库全书档案》一六八)。因为此事，一批官员受到了处罚。陆费墀虽是经过自行查出的问题，但因不及早详查，亦应议处，亦照不行详查罚俸六个月例，罚俸六个月。好在陆费墀有纪录二次，这次应销去纪录一次，抵罚俸六个月，免其罚俸(《纂修四库全书档案》一八二)。这个处罚与《四库全书》正总裁王际华的罚俸三个月比较，相对还是轻的。

因陆费墀办事勤勉，不久乾隆帝即着以翰林院侍读升用。乾隆三十九年十一月十三日，谕内阁道："编修陆费墀承办四库全书并荟要处缮录之事，一切综核稽查，颇能实心勤勉，思其学问亦优，着加恩以翰林院侍读升用，遇缺即补，以示鼓励。"(《纂修四库全书档案》二〇六)这一次升用距上一次处罚仅仅只有四个月。说明乾隆帝对陆费墀还是很信任的。

乾隆四十一年七月初六日，奉旨：大学士舒赫德、于敏中着以原衔充文渊阁领阁事。署内阁学士刘墉、詹事金士松，侍读学士陆费墀、陆锡熊，侍讲学士纪昀、朱珪，俱着以原衔充文渊阁直阁事(《纂修四库全书档案》三三二)。文渊阁直阁事，为文渊阁属官，掌典守、整理、晾晒《四库全书》。据《皇朝通典》卷二十三《职官》所记，文渊阁直阁事六人。以科甲出身之满洲、汉人内阁学士，内班出身之满洲詹事、少詹事读讲学士，汉人詹事、少詹事读讲学士兼充。典司厘辑之事，以时与校理轮番入直，凡春秋曝书，则董率而经理之。

乾隆四十三年二月二十九日奉旨，因纂办各书均为出力，陆费墀、陆锡熊、纪昀虽均已加恩擢用，但仍着赏给缎疋、荷包、笔、墨、纸、砚，以示奖励(《纂修四库全书档案》四七六)。

就以上资料看，陆费墀在办理《四库全书》过程中，总的情况还是顺利的。但自乾隆四十三年以后，随着誊录图书的增多，发现的问题也越来越多，所受处分也越来越重。乾隆四十三年四月起至闰六月止，四库馆进过《全书》二次，散片三次，武英殿进过《荟要》三次。大学士阿桂等奏称，经详加查核，发现《御撰春秋直解》卷前所录御制文脱写一行。这一疏漏非寻常错误可比，于是奏明将总裁董诰、总校陆费墀各记过三次，即照三次议处（《纂修四库全书档案》五三三）。这一次受处分的人员非常多。

乾隆四十四年七月，在检查四月起至六月止四库馆所进《全书》七次、《荟要》五次的图书中，查出《汉魏六朝百三家集》内错误之处甚多。军机大臣认为应该将董诰、陆费墀交都察院、吏部分别察议。这和简单的记过罚俸性质就不一样了（《纂修四库全书档案》六三一）。好在乾隆帝最后还是宽容了陆费墀，“奉旨免其议处”，最后仅以记过处分，“总裁董诰、总校官陆费墀及总校吴绍澯、分校官王彝宪奉旨各记过十次”（《纂修四库全书档案》六三三）。

乾隆四十五年，陆费墀受到了严厉处分，因四库底本遗失而导致降级留任。事情是新任武英殿总裁王杰发现的。乾隆四十五年三月初九日，王杰奏参提调陆费墀等遗失底本并请另选翰林充补折。在这道奏折中，王杰详细说明了底本遗失的情形：“窃臣上年十二月内蒙恩派充武英殿总裁，随向原总裁臣董诰详问馆中一切事宜。据称近年赶办《荟要》，未及清查底本，今《荟要》告竣，此为最要之事。复即商同于纂修，分校中派出翰林王尔烈、项家达、戴均元、谷际岐四员，分占经、史、子、集，一面查点，一面暂管发书收书事件。臣又闻近来发写底本，多系誊录买捐，以致人言藉藉。询之该提调、少詹事陆费墀，据称底本不敷发缮，是以令其捐书。问其原送底本有无短少，该提调亦无切实之语。及问底本如何分交供事经管，亦无档册可稽。臣随即以发书数目，询问总纂、内阁学士臣纪昀，侍读学士臣陆锡熊等，据交出送书印档及历年各种册籍。查所开书目共一百三十次，计送三千一百余种，今再三整理，其有印而成部者止一千四百余种。虽据称尚有存在誊录及校对处者三百余种，又陆续可凑全者二百余种，又有各项例不用印，如库本及丛书所分等类七百余种，约共一千余种等语。但是否原经校正之本，已难尽信，即使将来查对如数，亦尚短少四五百种。”王杰在奏折中要求对陆费墀严厉处分：“该提调陆费墀系开馆以来经手之人，乃办理毫无章程，贻误至此，若不严加根究，勒限追

缴，功课必致迟误。”（《纂修四库全书档案》六八一）

王杰的这段话不仅指出了四库馆中底本遗失的严重情形，其所提到的“发写底本，多系誊录买捐”这一点，也可以使我们了解为什么有时候会出现底本与四库抄本不相符合的问题。我们发现一些四库抄本，与提要提到的版本往往有一些差异。四库提要通常是依据各地进呈的图书版本著录的，如果中途底本遗失，用他本替代，就有可能出现版本不同这种情况①。

如上所说，乾隆帝实际上对陆费墀一直有回护之意，因此以前所受的处分并不严厉。但这一次因为遗失底本四五百种，事情过于严重，所以乾隆四十五年三月十六日，乾隆帝下旨，谕内阁陆费墀着解任交英廉等审讯。谕旨道：“王杰参奏武英殿提调陆费墀遗失各书底本四五百种，令誊录捐书缮写，以为拖延掩饰之计，请勒限追缴等语。所办甚是。办理《四库全书》一事，卷帙浩繁，人员冗杂，瞻顾私情，在所难免。然以国家办此大事，岂能彻底澄清，毫无瞻徇。至陆费墀专司提调，前后数年，事出一手。其从前倚恃大学士于敏中优待，假借声势，朕非不知之。是以总司书局三员内，纪昀、陆锡熊均经升用，而陆费墀则久未迁擢。现据王杰查出伊短少底本拖延掩饰缘由，则不可不严行查办。陆费墀着解任，交与英廉、胡季堂、金简、曹文埴秉公审讯。”（《纂修四库全书档案》六八四）

在这道谕旨里，除了提到陆费墀遗失底本，难以宽容外，还提到了另一件事，即所谓的假借于敏中声势的问题。这样事情就变得复杂了。于敏中已于上年底去世，乾隆帝在这时候翻出旧账，大有深意。

于敏中与陆费墀关系确实较深。据记载，陆费墀早年曾在于敏中家坐馆。乾隆五十五年十月二十一日谕旨曰：“陆费墀本系寒士，家无担石，向在于敏中处藉馆为业。”（《纂修四库全书档案》一三六三）即说此事。四库馆开，于敏中为正总裁，陆费墀为总校官，两人也就有了更多交往。据《于文襄手札》所记，于敏中给陆锡熊、纪昀写信，屡屡提及要“令丹叔知之”。于敏中遇有疑问，曾托陆费墀转向陆锡熊等请教过。于敏中还曾请陆费墀抄过《王子安集》一书。但就这些资料看，两人之间也就一般的事务性关系，看不出有什么另外的意图存在。

① 当然四库抄本与底本不相符合的问题，原因是多方面的，不全是“誊录买捐”的问题。

英廉等经过查审，统计遗失及残缺之书实止38种，并非是王杰所说的有四五百种。王杰所指出的其他问题也都可以得到解释。但英廉等认为陆费墀不能悉心妥办，随时清查，其咎实无可辞，所以最后提请将陆费墀交与吏部严加议处（《纂修四库全书档案》六九三，乾隆四十五年五月二十七日）。

乾隆帝看到英廉等的奏折后，认为陆费墀情有可原，"今既据查明，实因书卷浩繁，收发不清，以致遗失书籍三十余种，尚无别项情弊"。乾隆四十五年五月二十八日谕旨："陆费墀着从宽开复，仍交部议处，所失各书勒令购觅赔补。"（《纂修四库全书档案》六九四）乾隆帝最后的处理结果是："陆费墀着销去加一级，免其降调。"（《纂修四库全书档案》七〇〇，乾隆四十五年六月二十二日）

其后，陆费墀依然在馆中从事校对。乾隆四十九年二月十九日，内阁奉上谕，陆费墀仍充四库全书馆副总裁（《纂修四库全书档案》一〇一五）。但其时与《荟要》基本没有了关系。

二、陆费墀与《四库全书辨正通俗文字》

在四库馆中，陆费墀一直任总校官。作为总校官，陆费墀不仅要负责图书缮录以后的校勘，还要事先估计到抄写中将会出现的问题。就誊录来说，除了必须使用端庄雅正的馆阁体作为誊录的标准字体外，还要注意的有两个地方，一是抄写中的错别字问题，还有就是所谓的"俗字"问题。这里看俗字问题。

"俗字"，即俗体字，指通俗流行而字形不合规范的汉字。俗字是相对于"正字"而言的。北齐颜之推在《颜氏家训》中已说到俗字问题，其《杂艺》篇说，晋宋以来，多有擅长书法之人，均用楷书正体。当时虽然也有用俗字书写的，但还没有造成大的危害。到了梁大同末年，风气就改变了，"讹替滋生"，产生了大量不规范的字体。颜之推对此持反对意见。唐颜元孙撰《干禄字书》，每字分为俗、通、正三体。其解释俗体、正体的使用场合道："所谓俗者，例皆浅近，唯籍帐、文案、券契、药方，非涉雅言，用亦无爽。""所谓正者，并有凭据，可以施著述文章、对策碑碣，将为允当。"也就是说，古代字体的使用有一定的制度规范，正字、俗字的使用有场合、身份、内容等的差别。《四库全书荟要》及《四库全书》，乃"钦定"丛书，为体现盛世景象和皇家威严，全书一律用端庄雅正的馆阁体抄写。与此相配合，全书誊录文字也不准使用俗字。

不过俗字的使用，从书写者个人的角度来说，很多情况下不过是个习惯问题，有时候也是有意变异，使得字体有所变化，并没有过多考虑到是否恰当的问题。然而作为官修图书，则必须重视这个问题，陆费墀注意的正是这一点。

我们在现存全书处汇核缮写全书讹错清单中，可以看到凡用俗体抄写的，都算缮写讹错。如校官未能校出俗体，要被记过处分。在《纂修四库全书档案》里，有许多相关的记载。如：

乾隆四十五年七月，全书处汇核四至六月缮写全书讹错及总裁等记过清单所记道：

> 一、《稼村类藁》内又“其谁有意于憐才”句，“憐”讹从俗体作“怜”……总校官朱钤记过七次、分校官秦泉记过十四次。
>
> 一、《焦氏易林》内“既癡且狂”句，“癡”讹从俗体作“痴”。总校官王燕绪记过一次、分校官鲍之锺记过二次。
>
> 一、《徂徕集》内“合州太守鬢将丝”句，“鬢”讹从俗体作“鬓”。总校官王燕绪记过一次、分校官卢遂记过二次。此册系总裁董诰阅。
>
> 一、《鹿皮子集》内“鐵钵生色”句，“鐵”讹从俗体作“鉄”。总校官王燕绪记过一次、分校官王家宾记过二次。（《纂修四库全书档案》七〇六）

乾隆四十六年四月，全书处汇核正月至三月缮写全书讹错及总裁等记过清单记道：

> 一、《古今事文类聚后集》内“憐”字讹从俗写作“怜”。总校官王燕绪记过一次，分校官赵秉渊记过二次。此册系总裁董诰阅。
>
> 一、《群书考索后集》内，“鐵”字讹从俗写作“鉄”；又“李白一斗诗百篇”句，“斗”字讹从俗写作“蚪”……总校官杨懋珩记过九次，分校官徐步云记过十八次。
>
> 一、《文章辨体汇选》内“输肝膽”字（句），“膽”字讹从俗写作“胆”。总校官何思钧记过一次，分校官励守谦记过二次。此册系总裁董诰阅。

《御选历代诗余》内，“坐赃”，“赃”字讹从俗写作“赃”；又“披鹤氅”句，“鹤”字讹从俗写作“隺”。总校官朱钤记过二次，分校官沈清藻记过四次。

一、《于清端政书》内“赃私累累”句，“赃”讹从俗写作“赃”；……总校官仓圣脉记过二次，分校官陈文枢记过四次。此册系总裁董诰阅。

一、《于清端政书》内“在麻属望花山鋪”句，“鋪”讹从俗写作“舖”。总校官仓圣脉记过一次，分校官高中记过二次。

一、《经典稽疑》内……又“盐鐵论”句，“鐵”字讹从俗写作“鉄”。总校官缪琪记过二次，分校官卢遂记过四次。此册系总阅周煌阅。（《纂修四库全书档案》七七九）

乾隆四十七年二月，全书处汇核上年十至十二月全书内缮写讹错并总裁等记过次数清单记道：

一、《诚斋集》内“高卧啮氈之类”句，“氈”讹从俗写作“氊”……总校官何思钧记过二次，分校官陆湘记过四次。（《纂修四库全书档案》八五一）

乾隆四十七年四月，办理四库全书处进呈《永乐大典》各书错字并总裁等记过清单记道：

《续资治通鉴长编》，“蠶”作“蚕”，系俗体，分校吴典记过一次；“麻”作“蔴”，系俗体，分校俞大猷记过三次；“斤”作“觔”，系俗体，分校邵晋涵记过三次；“獻”作“献”，系俗体，分校陈昌齐记过二次。

《周易详解》内“兩”作“両”，系俗体，分校庄通敏记过二次。（《纂修四库全书档案》八七五）

作为四库总校官的陆费墀，对誊录的俗体问题极为关注，为此特地编写了《四库全书辨正通俗文字》一书。王朝梧谓“阁学陆老前辈丹叔先生向有‘四库全书辨正通俗文字’之刻”（《重刻四库全书辨正通俗文字》序），即指此事。此书采用《干禄字书》之例，辨别正、通、俗三体书法，全书分“辨似”“正讹”“正帖通用”三门。陆氏此书极为四库誊录重视，“恭缮馆书者倚为司南”（王朝梧序）。《续修四库全书总目提要》关于本书的提要云：“此乾隆朝诏修《四库全书》，用备缮录之人取法者也。”[①]可见陆费墀编写此书之目的在于为四库誊录者立出一个书写的参照标准。这也是主管四库全书并荟要处缮录之事的陆费墀应办之事。笔者曾从“孔夫子旧书网”拍卖区上看到有《大总裁辨正通俗文字》一书，题“四库全书馆颁行”[②]，应该就是陆费墀此书。该书卷首有小序，云：“字典颁行，点画无舛，临文恪守者尚已。间趋省便，帖法通行之字，或可择从。若点画小异，音义俱别者，区分□□。而鄙俚太甚，沿蹈多讹，概宜屏绝。略举数条，取其易晓。凡所未备，□可类推。”从这段小序看，四库馆对“俗字”也还是较为宽容的。可惜陆费墀此书原本未能看到。

陆费墀此书在当时社会上有相当影响。

其后在四库馆续抄南三阁《四库全书》时，王朝梧对陆费墀此书作有增补。王朝梧，字疏林，浙江钱塘人。《清文献通考》卷五十二《选举考》记道，乾隆四十四年谕云：“原任尚书王际华之子王朝梧，昨岁已降旨赏给内阁中书，着加恩准其一体会试。”四十六年成进士。后官至山东按察使。王朝梧曾以翰林院庶吉士身份充任四库全书分校官（见《总目》卷首《四库全书勘阅缮校诸臣职名》）。王朝梧增补本名《重刻四库全书辨正通俗文字》。从网上所见王氏重刻本，在序言后面有“乾隆乙卯新增”一行文字[③]，乾隆乙卯为乾隆六十年。但收入在《续修四库全书》第 239 册中的此书则无这一行文字。王朝梧增补本亦名《字体辨正》，收录在清管受之编《同文考证六种》中，有清嘉庆、道光等刻本。

《重刻四库全书辨正通俗文字》卷首有王朝梧序。这篇序言一开始即提到了陆费墀所著之书，然后说明了正字、俗字的概念，云：“盖正者斯字之本体也，通者古今繁简不同、凡隶省及前代碑拓可从者也。俗者承袭鄙俚，《后汉·儒林传》所谓别字，今转音谓之白字，断不可从者也。”序言又说到重刻此书的原因：“近奉谕旨续办《四库全书》三分，颁贮东南。佣书者既众，凡鄙俗

---

① 中国科学院图书馆整理《续修四库全书总目提要（稿本）》，齐鲁书社，1996 年，第 5 册，第 410 页。

② 孔夫子旧书网 http://www.kongfz.cn/11464385。

③ 孔夫子旧书网 http://www.kongfz.cn/18092755。

字体以讹传讹，诚虑愈歧而愈甚。必待校阅诸公纠正，甫行改补，则每页已不免百衲之诮矣。用是参订陆本，重为刊布。”

其后，著名经学家、文字学家臧庸也很看重此书。其撰写于嘉庆四年秋九月的《四库全书通俗文字跋》道：“兹于友人所得《四库全书辨正通俗文字》一册，校勘细致，为武英殿原本。恭译斯编，凡鄙俚太甚，沿袭多讹者，辨疑正失，极为精确。既足以订世俗之谬，而笔画简当，无繁重穿凿之病，而悉遵夫汉唐遗迹，又足以通泥古之过。”对这部书评价很高。序文又写道：“简括得其体要，洵足为同文之圭臬，正字之模范矣。年来此书流传渐少，熟见者或未之贵，因悉仍原本，敬为重刊，庶家置一编，俾童蒙习之，耄而知守。”[①]可见同时还刊刻了此书。臧庸在嘉庆二年阮元督浙江学政时，曾参与《经籍籑诂》的编纂，后又佐校《十三经注疏》。故其特别注重文字的规范。可惜其刊本今已不可见。

陆费墀此书，一度还成为地方官训导士子的教本。嘉庆十二年，叶世倬任陕西兴安知府，即刊刻此书。其撰《重刻四库全书辨正通俗文字示兴安诸生序》云：“昔陆少宰丹叔先生提调四库全书馆，刻《辨正通俗文字》一册，其原叙云：‘正者，斯字之本体也；通者，古今繁简不同，凡隶省及前代碑碣可从者也；俗者，承袭谬俚，《后汉儒林传》所谓别字，今转音谓之白字，断不可从者也。’学者眼前，音画往往辗转离宗而不自知，良由以俗与通混，遂并妄其正耳。此册卷帙无多，检阅甚易，爰付剞劂，以示兴安诸士，庶由此读《说文解字系传》诸书，以求古人造字之所以然，则此册正可为先路之道云。”[②]

叶世倬（1752—1823），字子云，号健庵。清上元人。乾隆三十九年举人，历官四川长宁知县，浙江嘉兴、湖北德安、陕西西安等地同知，福建延建邵道，山西布政使，福建巡抚，闽浙总督等。所至兴办学校，整肃纪纲，政绩颇著。尝修复关中、养正、关南、海东诸书院。叶氏非常关注地方教化，刻有《山中律例须知》等书，所以在兴安任上，专门重刻了陆费墀此书。叶世倬作为一地长官，希望通过用字的规范，达到端正学风的目的。惜叶世倬所刻书今已不可见。

在博宝拍卖网上，还见有清黄培芳订《四库全书辨正通俗文字》。此书钤

① 臧庸《拜经堂文集》卷二，民国十九年宗氏石印本，第58页。

② 叶世倬《退思堂文集》卷二，清道光十四年刻本，第7页。

印“道光御用”(白文)。线装一函二册,清道光六年芸香堂重校刻本[①]。此书内封题《四库全书辨正通俗文字》,卷端题《四库全书字体辨正》。黄培芳,广东香山人,字子实,又字香石,自号粤岳山人。嘉庆时副贡生,曾官内阁中书。著有《岭海楼诗文钞》《浮山小志》等。

这些都说明社会对正字的重视,也说明陆费墀此书的社会影响。

不过俗体字很难避免。只要是手写本,就不可能完全避免俗体字的出现。《四库全书》的誊录同样如此。例如《辨正通俗文字》“番”字下写道:“俗作‘畨’,非。〇凡‘翻’‘蟠’‘審’等字准此。”[②]但实际上四库本中多有写作“畨”字的。例如文渊阁本《词综》卷七毛滂《七娘子·舟中早秋》:“这畨一日凉一日。”即写作“畨”。《荟要》本写作“番”,但并不表明这就是遵照了《辨正通俗文字》的规定。

对俗体的书写,《荟要》本和文渊阁本还出现“交叉”现象。比如《辨正通俗文字》云:“牀:作‘床’非。”[③]宋方闻一《大易粹言》卷二十三剥卦“初六:剥牀以足,蔑,贞凶”,引龟山杨氏言曰:“足,牀所恃以为安者也。”“牀”,《荟要》本作“床”。而同一条引白云郭氏言曰:“故处床为求安之道。”文渊阁本作“床”,《荟要》此处则作“牀”。检索文渊阁《四库全书》电子版,“床”字有 13 369 个。这还只是正文中用字,如检索注释文字还有 2 735 个匹配。可见《四库全书》中有 16 000 多个字写作“床”。

《辨正通俗文字》云:“蠶:作‘蚕’非。蚕,他典切,寒蚓也。”[④]“蠶”即能吐丝、结茧的昆虫,“蚕”为寒蚓,即蚯蚓。所以蠶、蚕完全是两种动物,所以《辨正通俗文字》将此字专门列出。我们上面引文已经指出,全书处查出《续资治通鉴长编》“蠶”作“蚕”,因系俗体,分校吴典记过一次。然而在《四库全书》中,就连抄写正史时,该用“蠶”字的地方依然作“蚕”。如《宋史》卷六十五《五行志三》记道:绍兴五年三月,霖雨,伤蚕麦。八年四月,伤蚕麦,害稼。三十年五月,久雨,伤蚕麦,害稼。又乾道元年二月,寒,败首种,损蚕麦。二年四月,夏寒,江、浙诸郡损稼,蚕麦不登。这几处的“蚕”字与农业生产相关,都应

① 见博宝拍卖网 http://auction.artxun.com/paimai-5684-28418038.shtml,编号 * 0174。
② 陆费墀撰、王朝梧增补《重刻四库全书辨正通俗文字》,清乾隆六十年王朝梧重刻本,第 16 页。
③ 陆费墀撰、王朝梧增补《重刻四库全书辨正通俗文字》,第 14 页。
④ 陆费墀撰、王朝梧增补《重刻四库全书辨正通俗文字》,第 16 页。

作“蠶”。然而《荟要》本、文渊阁本都写作“蚕”。今查中华书局点校本《宋史》，这几处地方都作“蠶”[①]，可见四库本作“蚕”确实有误。这种所谓的正俗体，是很难完全区分的。

又如上文提到的全书处查出誊录将“贓”字讹从俗写作“賍”、“鐵”字讹从俗写作“鉄”等，在《辨正通俗文字》里都列出有正俗之辨，但这些俗体字依然被全书处大量检查出来，《荟要》本、《全书》本都发现有这种俗写现象。

我们曾经比较过同一部书的抄本和木活字本的用字差异。比较结果是抄本中异体字最多，木活字本异体字很少甚至没有。如以《老子道德经》王弼注为例。其五十八章云：“正复为奇。”王弼注：“以正治国，则便复以奇用兵矣，故曰：正复为奇。”这里正文与注释共有三个“奇”字。文渊阁《全书》本三个字均写作“竒”字；《荟要》本正文作“奇”，注释中的两个字作“竒”；而《武英殿聚珍版》本三个字均作“奇”。《全书》本三个都用的是异体字，《荟要》有正字也有异体字，《武英殿聚珍版》都是用的正字。这种情况不难理解，因为这个区别和文字显现的技术手段有关系。活字印刷因为首先要制成单字字模，如果使用俗体字的话，不仅增加字模数量，而且存放、取用、归回都要增加不少空间和工作量，需要增加更多的成本。因此如果没有特殊的需要，在正字、俗字实际并无意义及用法区别的情况下，就没有必要再去制造俗字字模了。抄本则没有这个约束，可以任意书写，所以俗体字最多。《荟要》和《全书》都是抄本，因此陆费墀尽管作了种种努力，但要让几千名誊录监生完全避用俗体字，是不可能做到的。陆费墀也只是尽可能尽到自己的责任而已。

除《辨正通俗文字》之外，陆费墀还有《帝王庙谥年讳谱》《经典同文》等著作，也都和文字校对有关。

《帝王庙谥年讳谱》附刻于齐召南编、阮福续编《历代帝王年表》后，有清道光四年小琅嬛仙馆刻本。陆费墀此书自跋云：“避讳兴而经籍淆。汉唐以来指不胜屈，宋人尤甚。……叙述帝王，或称其庙号，或陵或谥，或其纪年。而纪年之字‘大安’‘太安’所殊一点，‘兴元’‘元兴’不过互文，转写易讹，辄滋疑问。”陆费墀因将历代帝王庙讳、年讳等辑为一书，“校理之余，用便检省焉”。此跋作于乾隆四十年初冬，而且明确说是“校理之余”，可见也正是在办

① 《宋史》，中华书局点校本，第1423、1424页。

理《四库全书》之时。从其所举例证来看，其编撰此书的目的之一也是为了防止字形相近之字书写讹误。可见校对一事，始终是陆费墀关注之事。

三、陆费墀与《荟要总目》

《荟要总目》[①]是谁编的？一直未见有人说明。我们认为是陆费墀编的。这从两个方面可以说明。第一，从《荟要总目》的署名看。《荟要总目》分为六册，每一册最后都有“总校官少詹事臣陆费墀恭编”一行文字。第二，从《荟要总目》部、类序言看。《荟要》按照经、史、子、集四部编排，每一部又分为若干类，共 42 类。《荟要总目》在每一部、每一类下都有一篇序言，概括这一部或这一类的内容要旨。例如经部总叙云：“臣谨案：《博物志》曰：‘圣人制作曰经，贤人著述曰传。’于是有训诂之学，有章句之学。上以窥天人性命之大，下以考形名、度数、品物之详。……”又如子部儒家类小序云：“臣谨案：史志子部并首儒家。《荀子·儒效篇》曰：‘商德而定次，量能而授官，使贤不肖得其位，能不能得其官。万物得其宜，万事得其应，言必当理，事必当务。’是则文武周孔之道不越乎此矣，此岂小道曲学仅仅自名者所得托哉？兹于洙泗遗言而外，略取先秦、两汉以来数家，皆求其大醇者。而恭载列圣所以阐明理学治道之书，及我皇上《日知荟说》一编，以明夫通天地人之道，而合君师之统，诚足炳焕万祀云。”

值得注意的是这里用了“臣谨案”这样的引语，而不是《四库全书》书前提要所见的“臣等谨案”这样的引语。《四库全书》书前提要每篇篇末署名均作“总纂官臣纪昀、臣陆锡熊、臣孙士毅，总校官臣陆费墀”，所以每篇开头的引语要说“臣等谨案”。《荟要总目》不用“等”字，说明《荟要总目》中的部类总叙、小序都是一个人写的，不是馆臣集体所作。结合《荟要总目》每册最后的署名，可以肯定地说《荟要总目》就是陆费墀所编。指出这一点，对研究陆费墀在《荟要》编纂中的作用很重要。

再比较《荟要》与《总目》所列职名，也可以看到相互之间的区别。《荟要》卷首“乾隆四十四年十二月二十五日奉旨开载诸臣职名”所载陆费墀的职名是“总校兼编纂官”，其时所列职衔为“日讲起居注官、文渊阁直阁事、詹事府

① 关于《荟要总目》的情况，参见本书第七章。

少詹事兼翰林院侍讲学士”。而在浙本《总目》卷首“乾隆四十七年七月十九日奉旨开列办理四库全书在事诸臣职名”中，陆费墀的职名仅是“总校官”。在殿本《总目》中，“翰林院勘阅编辑四库全书官员职名”与“武英殿缮写校正四库全书官员职名”是分列的，陆费墀列名“武英殿缮写校正四库全书官员职名”中，职名是“总校兼提调官”。其时所列职衔均为“日讲起居注官、文渊阁直阁事、詹事府少詹事”。

两者之间的区别是非常明显的。在《全书》中，陆费墀只担任总校官兼提调。总校官的职责，乾隆三十八年十月十八日永瑢等奏议添派覆校官折所附功过处分条例折说：“其各书款式、卷篇、次叙，如有舛误，责在总校。”（《纂修四库全书档案》一二五）主要负责检查誊录图书的款式形制等。提调的职责在“专司收发文移及稽查誊录功课之事”（《纂修四库全书档案》一一五一）。武英殿总裁王杰对提调执掌也有说明，即既专司进呈书籍并查点装潢诸事，又经管各项补缺、议叙、定稿、行文事件（《纂修四库全书档案》六八二）。这说明提调主要从事于收发图书文移、查点图书装潢、稽查誊录功课等事务性工作。可见在《四库全书》中，陆费墀并没有从事编纂工作。

而在《荟要》中，陆费墀除总校官一职外还有“兼编纂官”一职。编纂官的职责应该是撰写提要、目录。《荟要提要》均由翰林院纂修官如翁方纲、姚鼐等撰写，陆费墀并不参与其中。因此陆费墀的“兼编纂官”应该即指编纂《荟要总目》之事。《荟要总目》所署“总校官少詹事臣陆费墀恭编”一行文字，充分说明了这一点。

因为《荟要总目》是由陆费墀编纂的，由此也可以理解下面一个问题。我们在比较《荟要提要》与《总目》时，可以看到许多提要是一致的，或者是《总目》在《荟要提要》的基础上进行修改的，有时尽管两者之间差异很大，或完全不同，但仍多少可以看到相互间的一些联系。但我们比较《荟要总目》与《总目》，看到无论是四部总叙、还是四部之下所分各类子目小序，基本看不到两者之间有何关联之处，而且有一些序言观点还是相反的。因此我们可以合理地推测，因为《荟要提要》出于翰林院纂修官之手，《总目》总纂官纪昀等与之关系密切，所以两者之间有较多的关联。而《荟要总目》成于陆费墀一人之手，陆费墀又为武英殿属官，与纪昀等关系较疏。《荟要》卷首开载诸臣职名中，未列入翰林院职官，也说明了这一点。也许是这一原因，使得纪昀很难直接使用陆费墀所撰《荟要总目》部类总叙、小序中的文字。

由于人们看到《荟要》的机会很少，其书影印时间又较迟，所以陆费墀对《四库全书》纂修的贡献很少被人关注，其与《荟要总目》的关系更未被人揭示。就笔者所见有关研究陆费墀的论著，都没有提到其与《荟要总目》的关系，所以此处特别提出这一点。关于《荟要总目》的价值，《荟要总目》部类总叙、小序与《总目》的异同，我们将在其他章节中加以讨论。

今人任松如对陆费墀评价极高，所著《四库全书答问》专门有一题评价陆费墀的成绩。其文云："先后十有七年，辰入酉出，寒暑未尝稍懈。职员中与《四库全书》相终始，而实际任事最力，经理出自一手者，殆陆费氏一人也。"而对陆氏的遭际深为叹息："关于四库书之著作有《四库全书辨正通俗文字》，已刊行。陆氏因性不喜标榜，著述又什九毁于火，故至今谭《四库全书》史者，鲜知陆氏之勤劬于馆务。"[①]我们在研究《荟要》和《四库全书》时，需要给陆费墀以应有的评价。

第四节　《荟要联句》研究

在《四库全书荟要》卷首，收录了一首《四库全书荟要联句》。这是乾隆帝与办理《四库全书》诸大臣，为庆贺《四库全书荟要》编纂完成而一起所作的诗。《荟要联句》第一次对《荟要》作了全面介绍。这是研究《荟要》的重要资料，也是《四库全书》纂修史上一篇重要文献。

一、《荟要联句》的参加人员

《荟要联句》作于乾隆四十五年庚子。其序云："况兼泰运方昌，值长庚之纪岁。"注云："今年庚子，适当七旬万寿。"《荟要联句》也收录在乾隆帝《御制诗四集》卷六十五，这一卷的诗都作于乾隆四十五年。《荟要》本《联句》，与清乾隆四十八年内府刻本、文渊阁《全书》本《御制诗四集》卷六十五之《联句》，在文字上也有若干差异。本文所引均为《荟要》本卷首所载《联句》。

---

① 任松如《四库全书答问》十八《陆费墀尽力于四库全书馆之事实如何》，天津市古籍书店，1991年，第26—28页。

在《御制诗四集》中之《四库全书荟要联句》前，另有一首与此相关的诗，即《重华宫茶宴内廷大臣翰林等题四库全书荟要联句并成二律》，其诗云："《荟要》书成庋摛藻，联吟文宴启重华。酌经炊史儒风僾，鼓瑟吹笙淑气嘉。卜以昼而弗卜夜，行非酒也乃行茶。亦知临乐应不叹，未免思前暗自嗟。""全成《四库》尚需时，要帙粹钞今蒇斯。摛藻先陈真是速，味腴继贮亦非迟(原注:《荟要》粹全书之精，每部凡万二千册。一贮摛藻堂，于己亥年告成。一贮味腴书屋，于庚子年告成)。有如尝鼎一脔美，足傲储编二酉奇。稽古右文缅祖训(原注:皇祖御宝有"稽古右文"小玺)，牖民迪世有深资。"诗篇主要写了乾隆帝在两部《荟要》先后抄成情况下的欣喜心情。最后还谈到了编纂《荟要》的目的:一是"稽古右文"，即考察总结古代的历史经验，重视古代文化。二是"牖民迪世"，即承担起对民众进行教化的作用。诗中还谈了《荟要》的庋藏，但对《荟要》自身的内容、特点没有多作介绍。

对《荟要》作介绍的，是紧跟在这首诗后面的《四库全书荟要联句》。

参与联句的大臣，按照咏诗的先后顺序，有福隆安、英廉、嵇璜、永贵、梁国治、德保、曹秀先、蔡新、周煌、巴延三、和珅、王杰、董诰、金简、阿肃、谢墉、达椿、曹文埴、胡高望、钱载、纪昀、窦光鼐、倪承宽、陆费墀、李汪度、朱珪、陆锡熊、吉梦熊28人。

将这份名单与《荟要》卷首乾隆四十四年十二月二十五日奉旨开载诸臣职名相比较，只有董诰、金简、陆费墀3人在名单中，分别担任总裁官(董诰、金简)和总校兼编纂官(陆费墀)。其余人员与浙本《总目》卷首"办理《四库全书》在事诸臣职名"、殿本《总目》卷首"《四库全书》勘阅缮校诸臣职名"(两份名单互有若干出入)及《纂修四库全书档案》等相比较，除永贵、巴延三两人外，有:正总裁福隆安、英廉、嵇璜、蔡新、和珅，副总裁梁国治、曹秀先、王杰、曹文埴，总纂官纪昀、陆锡熊，总阅官德保、周煌、阿肃、谢墉、达椿、胡高望、钱载、窦光鼐、倪承宽、李汪度、朱珪、吉梦熊。

永贵虽不见于《四库全书》题名，但乾隆四十二年十二月十七日大学士阿桂等题请将武英殿修书处额外供事从优议叙本，永贵列名其中，仅次于阿桂之后。时阿桂职衔为太子太保、议政大臣、武英殿大学士、文渊阁领阁事等，永贵职衔为经筵讲官、吏部尚书、暂兼管礼部事务等(《纂修四库全书档案》四六一)。可见与《四库全书》纂修也有一定关系。巴延三虽未在四库馆中任事，但在多部御纂类图书中，如《御纂周易述义》《御纂春秋直解》《御批历代通鉴辑览》《钦定大清会典》等，任提调官等职。

从这份名单中可知，参与《荟要联句》的主要是来自四库全书馆的人员。虽然统称的话四库全书馆也可以包括荟要处在内，事实上也参与了《荟要》的编纂，但四库全书馆属于翰林院系统，荟要处属于武英殿系统，两者之间究竟存在一定的差异。翰林院系统负责纂办《四库全书》，武英殿系统负责《四库全书》的缮写、分校、刊印、装潢等①。这样分工明确，职责分明，但也存在一定的脱节现象。翰林院系统的人员参与《荟要》的编纂属于间接的参与，并非直接在荟要处从事具体编纂工作。我们看到《荟要联句》中不少说法与《荟要》实际不相符合，可能就是出于这一原因。

二、《荟要联句》的基本内容

《荟要联句》由序言、诗句、注释三部分内容构成。诗句和注释是合在一起的，所以实际上也可以说《荟要联句》包括序言和正文两部分。全部共8 650字左右，这是乾隆帝《御制诗集》中少见的长篇。《荟要联句》不是一般的应景文字，而是对《荟要》的编纂思想、编纂体例等所作的概括性的总结，对《荟要》的底本选择、文字校勘、图书分类、编排顺序、收书原则等，有很好的说明，对学术流变有精要的分析，对所收录的图书也有简要的介绍，同时还一一列举了《荟要》所收图书的名称。《荟要联句》可以和《荟要总目》《荟要提要》结合起来看，对《荟要》研究具有重要价值。

《荟要联句》序言由乾隆帝亲撰。序言宣示了《荟要》（当然也包括《全书》）编纂取得的成就："经史以逮乎子集，折衷于列圣之谟；周秦以及乎元明，大备于本朝之典。"这一成就超迈历代："陋《太平》之千卷，疏略未详；笑《永乐》之两编，因循弗竟。"最后归之于"持盈保泰"之意："戒之在得，余方切瞻仰而惟凛持盈。"其下有注道："皇祖于康熙末年曾命南书房翰林拟宝文以进，众皆拟'延龄永庆'诸吉祥语。因指示'戒之在得'四字镌成大小宝，御笔每押用之。今偶一瞻仰，深悟斯言所该甚大，帝王持盈保泰之意亦不外是，我子孙所当奕世钦承耳。"

① 张升《四库全书馆研究》，第63页。

《荟要联句》正文从内容看可以分为三部分。从开头御制诗"《全书》四库考藏情"至永贵诗句，为第一部分，主要说明《荟要》的缮写、装潢、排架、数量、基本体例，以及校勘、分类原则、编排原则等问题。从梁国治诗句"首崇彝训式胶黉"以下为第二部分，对《荟要》收录的图书内容加以概括的介绍。这是《荟要联句》的主体部分，按照内容又可以分为经、史、子、集四部分。每一部分均有"御制"诗领起。从御制诗"务捐萧艾撷荃蘅"以下为第三部分，概括说明《荟要》与《全书》的区别、《荟要》的总裁人选、《荟要》的形制、乾隆帝题咏、辽金元人地名改译、《荟要》考证等问题，也都与《荟要》的编纂、全书体例等有关。

《荟要联句》诗由乾隆帝领起，其诗共三句。"《全书》四库考藏情，《荟要》重教撮至精"两句，所说也就是乾隆三十八年五月初一日下谕所说《全书》"极其博"、《荟要》"取其精"的意思。"稽古右文惟是亟"一句，强调了编纂《荟要》的意义，在于考察、稽核古代典籍，崇尚文治，看重文化教育。"稽古右文"是乾隆帝一再强调的思想。在乾隆三十七年正月初四所下、通常被认为是纂修《四库全书》的第一道谕旨中，乾隆帝开篇即说："朕稽古右文，聿资治理，几余典学，日有孜孜。"乾隆帝为此要求各地征访图书，"及时采集，汇送京师，以彰稽古右文之盛"①。《总目》非常重视这一点，提要中多次说到《四库全书》的编纂与"稽古右文"的问题，如卷四十七宋李焘撰《续资治通鉴长编》提要云："今恭逢我皇上稽古右文，编摩四库。"《荟要提要》也多次说到这一点，如《水经注》提要云："是皆我皇上稽古右文，经籍道盛，嫏嬛宛委之秘，响然并臻。"《直斋书录解题》提要云："方今圣天子稽古右文，搜罗遗籍，列于四库之中者，浩如烟海。"《经义考》提要云："恭逢我皇上稽古右文，搜罗遗逸，嫏嬛异笈，宛委珍函，莫不乘时毕集。图书之富，旷古所无。"所以《荟要联句》乾隆帝诗，特地写了这一句，重申编纂《荟要》的目的。

乾隆帝诗之后，是诸大臣之诗，对《荟要》的编纂原则、全书体例等，多有概括的说明。

如福隆安诗云："垣依北斗芸签列。"注："《荟要》凡二分。其一贮大内摛藻堂，地在乾清宫北。"诗："圃积东堂玉检赢。"注："其一贮御园含经堂东偏味

① "以彰稽古右文之盛"，此见《纂修四库全书档案》—引军机处上谕档。《四库全书总目》卷首一圣谕作"以彰千古同文之盛"。

腴书室，架函较摛藻堂稍多，但仍不离六一之数耳。”诗：“别色舻分仍踵例。”注：“自刘向始创《七略》，荀勖《中经簿》以下，门目递有增损。至唐列经、史、子、集四库，最称赅当。今《全书》实用其例而别色装潢，取法四序。《荟要》悉仍之。”分别说明了《荟要》的收藏、分类、装潢等情况。

嵇璜诗云：“善本传钞衷一是。”注：“内府所藏旧椠极博，而外省应诏采进及诸臣所上者重本不一，择其最善者依以缮录。”这是说图书采用的问题。我们比较过《荟要》和《全书》（根据《总目》）所用图书的来源，可以看到有一个明显的差异，即《荟要》多用内府本，而《全书》则多用各地采进本。所以尽管《联句》注云“择其最善者依以缮录”，但从《荟要》版本使用的实际情况看，主要采用的还是就近的内府所藏本，包括内府所藏的大量内府刊本（主要是武英殿刊本）。《总目凡例》说：“诸书刊写之本不一，谨择其善本录之。增删之本亦不一，谨择其足本录之。”相比较而言，《总目》的说法更为融通。《总目》着眼于版本自身，而《荟要凡例》还较多地关注图书的来源。

永贵诗云：“异文互勘息群争。”原注：“以别本参校，间有异同，悉加考证，并经睿裁训定。”这是说《荟要》的校勘问题。无论是《荟要》还是《全书》，校勘始终是个大问题，所以《联句》特别提到了这个问题。《荟要联句》“凡例”云：“原书内有脱漏讹误之字，并博考善本，其确有可据或文意明显者，详为校正。其疑而难定者阙之，仍每条加案，恭呈睿览训定，附识册尾。至呈进各书时荷蒙指示，随时改正加案者，并按册恭载。”意思与此相近。这里特别提到考证文字要经皇帝裁定这一点。从《纂修四库全书档案》所记来看，乾隆帝对《荟要》和《全书》的校对确实很关注，并提出过不少意见。

永贵诗又云：“渊源《七略》区流别。”原注：“诸书分别门类，自向、歆而后，各有不同，或间相纠正。今悉为参考，择其区别精当者从之，不泥一家之说。”这是说《荟要》的分类问题。分类问题是四库馆臣特别关注的事。按照通例，“凡例”一般是一条说明一个问题，我们看《总目》卷首的“凡例”，共 20 条，其中就有 4 条直接和分类有关。如第二条，“是书以经、史、子、集提纲列目。经部分十类，史部分十五类，子部分十四类，集部分五类”云云。第四条，“自《隋志》以下，门目大同小异，互有出入，亦各具得失，今择善而从”云云。第五条，“焦竑《国史经籍志》多分子目，颇以饾饤为嫌”云云。第六条，“古来诸家著录，往往循名失实，配隶乖宜”云云。都是为分类制定的凡例。在其他条里面,也有说到分类的。所以在《荟要联句》里也特别提到分类问题。《联句》注云:"今悉为参考,择其区别精当者从之,不泥一家之说。"从《荟要》的分类来看,确实也是如此,它参照了历史上的图书分类法,同时根据实际收录的图书作了相应的调整。在《四库全书》分类体系中,《荟要》的分类是《初目》之后具有过渡性质的分类。

永贵诗又云:"上下千年次姓名。"原注:"诸书次第,于各门类中皆以撰人先后时代为序。"这是说《荟要》收录图书的编排原则。这与《荟要凡例》第一条所说相同:"是书依历代史志著录之例,以经史子集为部,部各有类。一类之中又以撰人时代为先后。惟集部则恭载圣祖仁皇帝、世宗宪皇帝及我皇上御制纂定诸书为冠,以志载道之文,君师统合,非古今著述家所能比拟也。"《荟要联句》中乾隆帝诗云:"冠首自应列功德。"注:"《汉志》以高帝、文帝著作杂列诸臣之中,徐陵《玉台新咏》亦以梁武帝诗置诸臣之间,殊乖尊尊之义。徐坚《初学记》始以唐太宗诗冠于前代之首,最为得体。今从其例,恭录圣祖仁皇帝、世宗宪皇帝御制文集,冠集部之首。"说得更为具体,可以补充看。

从梁国治诗句"首崇彝训式胶黉"以下,为《荟要联句》第二部分。这一部分概括介绍了《荟要》收录的图书,同时对图书收录的原则、标准等也有精要的说明。

梁国治诗介绍了经部图书的一般情况,同时主要说明了《易》类图书的收录情况。诗云:"邵图根窟通王注,宋学畦町竞汉京。"注:"《易》派别最繁,大旨不出理、数二家。"又云:"《易》家言数一派,始于汉儒,至宋歧而为二,于互体、飞伏、纳甲、六日七分诸法外,又别为先天一派,推衍图书。""言理一派,始于王弼,至宋歧而为三,程朱二家外,如《易小传》之类多言史事,《童溪易传》之类多言性天。今兼收以尽《易》之变。至其中别出新义、自成一家者,如《周易玩辞》《东谷易翼传》之类,亦间采录。"对历代《易》学的流派及其演化过程作了概括,十分简练。值得注意的是梁国治在这里用了"兼收"这一词汇,"言数""言理"相容,"宋学""汉京"相竞,说明《荟要》选录图书的包容性。

曹秀先诗概括介绍了经部《诗》类图书的收录情况。其诗云:"徽(朱子)婺(吕祖谦)齐驱狎主盟。"注:"朱子与吕祖谦论《诗》,虽始同终异,然存朱子《诗集传》之义,可以通旧说之拘墟;存吕祖谦《读诗记》之义,可以杜后来之妄撰。故宋以后,独取二家为宗。如《毛诗李黄集解》《诗传遗说》《诗经疑问》

《毛诗解颐》之类，皆朱氏之门径。严粲《诗缉》，则吕氏之支流也。”关于朱熹与吕祖谦论《诗》之“异”，明顾起元归之于四点。其第一点即是否应尊用《诗序》解《诗》的问题，其文云：“文公取夹漈郑氏诋諆《小序》之说，多斥毛、郑，而以己意为之序。成公则尊用《小序》，且谓《毛诗》率与经传合，为独得其真。其异一也。”①《荟要》采用持平的态度，对两家著作都有收录。这种态度无疑是值得肯定的，这和上文说到的梁国治的情形相同，说明《荟要》的编纂观念总体上比较开明。

我们还可以蔡新的诗注加以比较。其诗“飞潜动植万形呈”下注道：“鸟兽草木，悉资多识，其间音训同异，尤于经义攸关。如《诗集传名物钞》《陆氏诗疏广要》之类，皆择其精核者录之。”而《总目》卷十五《诗类小序》则写道：“至于鸟兽草木之名，训诂声音之学，皆事须考证，非可空谈。今所采辑，则尊汉学者居多焉。”《总目》突出多采辑尊汉学者，这是总纂官纪昀的一贯思想，相比之下《联句》诗注所说的“择其精核者录之”更为通达。

以下各家大抵如此，既介绍各类目收录的图书，也在此基础上作出某些概括，力图总结图书收录的规律，并对图书选录的意义作出说明。如乾隆帝诗“诸集别源世可评”注云：“今古诗文，汇于集部。自汉以来，体裁屡变，源流风会，一一可稽。今所甄录，虽代不数家，而升降盛衰之故，亦略可睹矣。”寥寥数语即说明了《荟要》集部选录图书的价值。

《荟要联句》还提供了《荟要》与《全书》比较的内容。

《荟要联句》有一些看法与《荟要》《全书》是一致的。例如李汪度诗云：“羽士嗽词芟踳驳。”注：“青词疏语乃道家祈禳所用致语，亦教坊鄙亵之词。宋人每阑入文集，殊乖正轨。谨仰遵圣训，删其尤浅陋者。即间有录入，亦加驳正。”关于“青词”，乾隆帝曾有谕旨。乾隆四十年十一月十七日针对馆臣要求刊刻宋刘跂《学易集》十二卷的请求，下谕旨道：“其中有青词一体，乃道流祈祷之章，非斯文正轨。前因题《胡宿集》，见其有道院青词、教坊致语之类，命删去刊行，而抄本仍存其旧。今刘跂所作，则因已身服药交年琐事，用青词致告，尤为不经。虽抄本不妨姑存，刊刻必不可也。盖青词迹涉异端。”对王质《雪山集》，乾隆帝也指出，“其中亦有青词一种，并当一律从删”（《纂修四库

① 顾起元《吕氏家塾读诗记序》，转引自朱彝尊《经义考》卷一百七。

全书档案》三〇六)。提出抄本姑存、刊本从删的处理意见。《总目凡例》亦云:“宋人朱表青词,亦概从删削。”总的思想是对青词要从严处理。书中青词即使不能尽行删除,也要尽量低调处理。《荟要提要》也遵照了这一要求。例如其介绍元马祖常撰《石田集》一书的内容时说:“后十卷则制诏(按:应为“制诰”之误)、表笺、箴、赞、章疏、序、记、铭、志诸体。”查本书目录,卷六为制诰、表笺、青词祝文。这清楚表明“青词祝文”是本书“诸体”之一。书中卷六“青词祝文”也抄录了《寿宁宫设醮青词》《祭星祝文》两篇。这说明《荟要》在这里作了模糊处理,在列举本书体裁时有意将其忽略不提,但书中(包括卷首目录)依然保留其内容。这样既体现了乾隆帝的思想,也保证了马祖常著作的完整。文渊阁提要中没有列举此书体裁,但正文保留有“青词祝文”两篇。其处理手法与《荟要》基本相同。

当然由于各自的纂修背景并不完全相同,《荟要》和《全书》也有许多不一致的地方,例如关于图书的分类,两者就有许多差别[①]。

这种差别在《荟要联句》中也有一定反映。例如《联句》“地拓鳌舆八柱撑”原注云:“方域广轮之数,已见各史地志。兹录《西域同文志》《职贡图》以彰皇朝声教之广。若志荒远如《山海经》,志水道如《水经注》,志都邑如《春明梦余录》,略取一二,以备门类。”这里将《山海经》归之于地理类。而《总目》史部地理类叙云:“若夫《山海经》《十洲记》之属,体杂小说,则各从其本类,兹不录焉。”明确表示反对将此书列入地理类。在《四库全书》中,《山海经》被列为子部小说家类。

实际上《荟要》将《山海经》列入地理类,就《四库全书》的编纂来说,是有根据的。例如姚鼐分纂稿就将其列入“史录”(《惜抱轩书录》卷二),《初目》也将其列入史部地理类。《初目》与姚鼐分纂稿有一定联系,而《荟要提要》又与《初目》相同。可见在较早的四库提要中,《山海经》列入史部,其图书性质与分类是很明确的。列入子部是后来的事。《荟要提要》校上于乾隆四十一年七月,《文渊阁提要》校上于乾隆四十六年正月。前后相差不过五年多时间,一些问题的看法就有了修改。像这类差异之处,若细细梳理,可为研究《四库全书》纂修思想的演化提供许多有价值的文献依据[②]。

① 参见《四库全书荟要总目提要》附录五“《荟要总目》与《总目》图书分类相异一览表”。

② 关于《山海经》四库提要异同的分析,见本书第九章第一节《分纂稿与四库提要》。

《荟要联句》还多次说到《荟要》与《全书》收录图书的差异问题。如德保诗云："序原赝鼎空珍袭。"注："《书序》虽称孔子所撰，实出汉儒依托。仰蒙圣制抉摘，允为千古定评，故拘守小序如钱时《融堂书解》之类，只入《全书》以存古义，而《荟要》不多采入。"又乾隆帝诗云："佛乘任阏补罗城。"注："佛书自有全藏，不宜与经史并列，故《荟要》及《全书》中俱置弗录。其有关涉释门典故，如《法苑珠林》之类，以其可助词章，《全书》中间采取之。而《荟要》别择较精，亦未暇及也。"又云："百家近正言方取。"注："子家流别极繁，大半庞杂无稽。《荟要》所录八十二种，虽其间亦不尽完粹无疵，然大旨皆不诡于正。若其余义理未纯而词采可观者，则但录入《全书》，兹无取焉。"

这些都说明了《荟要》和《全书》收录图书的差异问题。《荟要联句》也为我们分析《荟要》和《全书》的关系提供了依据。

三、《荟要联句》与《荟要》内容的脱节问题

《荟要联句》的最大问题是，其注释常常有与《荟要》的实际情况不一致的地方。《荟要联句》撰写于乾隆四十五年，其时两分《荟要》都已抄录完毕，照理说《荟要联句》所记应该与《荟要》的情况完全一致。然而实际情况并非如此。例如：

所说图书形制不一致。御制诗云："摛藻、味腴各分置。"注："两部书，每册首页并用'乾隆御览之宝'。末页贮大内者用'摛藻堂'印，贮御园者用'味腴书室'印，分别识之。"而据台湾世界书局影印《摛藻堂四库全书荟要》所见，首页钤"摛藻堂"椭圆朱文印，末页钤"乾隆御览之宝"椭圆朱文印及"摛藻堂全书荟要宝"朱文大方印。此与《荟要联句》诗注所说正好相反。我们看到的《荟要》钤印是准确的。卷首钤印主要是为了区别图书的馆藏地。《荟要》抄录了二部，《四库全书》抄录了七部，如果各卷卷首不钤盖各馆印章，则在抄录之时就有可能产生混乱，以后更容易相互混淆。乾隆四十七年八月二十日，永瑢等奏遵旨酌定雇觅书手缮写全书章程折说："现办《四库全书》，俱用金线榜纸，若添写三分，仍照前项纸色，恐致牵混。"（《纂修四库全书档案》九〇八）这说的是如果抄写用纸一样，北四阁与南三阁就会混淆。可见防止各库本混淆，也是馆臣非常关注的问题。《荟要》在卷首钤盖"摛藻堂"椭圆朱文印，就如同在《四库全书》北四阁卷首分别钤盖"文渊阁宝""文溯阁宝"等朱文大方

印一样。《荟要》是在各卷卷末钤盖的“乾隆御览之宝”，这也和《全书》本相同，不过《荟要》本是椭圆形，而《全书》是方印。此诗句为乾隆帝所作，注释不知作于何人，显然对《荟要》本完全不熟，甚至可能连《荟要》都没有看到过。因为钤印开卷即见，只要看一下，就不会出现这个问题。

著录图书数量不一致。御制诗云：“百家近正言方取。”注：“子家流别极繁，大半庞杂无稽。《荟要》所录八十二种。”今查原注中列举书名，实为八十种，与所说八十二种不符。《荟要提要》小说家类宋陆游撰《老学庵笔记》一种，《荟要联句》原注未提及，实际为八十一种，然与“所录八十二种”也不符。

注释与《荟要》收录的实际情况不符合。例如李汪度诗云：“自天发咏尊题品，耀日摛文寓瘅旌。”上一句注释云：“经部内如《周易辑闻》《易纬乾凿度》《尚书详解》《禹贡指南》《禹贡说断》《春秋辨疑》等书，史部内如《旧五代史》《水经注》《贞观政要》《通鉴纪事本末》《帝王经世图谱》《经义考》等书，子部内如《家语》《新仪象法要》《鹖冠子》《曲洧旧闻》《墨法集要》等书，集部内如《五百家注昌黎集》、白居易集、杜牧之集、耶律楚材集、高启集等书，并有御制诗。或统论全篇，或摘论一则，均恭录冠于书首。”下一句注释云：“如《春秋直解》《困学纪闻》《铁崖古乐府》、归有光集等书，并有御制文，亦恭录卷首。”这是说《荟要》收录乾隆帝题书诗文的问题。乾隆帝给一部分收进《荟要》的图书写有题诗题文，《荟要》也收录了一部分乾隆帝在《荟要》编纂之前写作的题诗题文。李汪度诗句说的就是这个问题。上一句说题诗，下一句说题文。李汪度诗句注释一共提到了乾隆帝为 26 部图书题写了诗或文。据我们统计，乾隆帝题书诗文收入《荟要》中的实际为 32 篇。李汪度诗句注释提到的图书中有 5 部在《荟要》中并没有乾隆帝题辞。这 5 部图书是宋赵汝楳撰《周易辑闻》、宋胡士行撰《尚书详解》、乾隆帝《御纂春秋直解》、宋薛居正等撰《旧五代史》、唐吴兢撰《贞观政要》。不过收录在《全书》里的这 5 部书卷首都有乾隆帝题辞，如《周易辑闻》卷首有《御题影宋钞周易辑闻》，《尚书详解》卷首有《御制题宋版尚书详解》，《御纂春秋直解》卷首有《御制书春秋元年春王正月事》，《旧五代史》卷首有《御制题旧五代史八韵》。有的还不止一篇，如《贞观政要》卷首有《读贞观政要》诗一首，又有《读贞观政要》诗二首、《题金版贞观政要》诗一首、《题贞观政要魏征王珪请送葬二王事》诗一首。

李汪度诗句注释显然是将《全书》卷首收录的乾隆帝题书诗文误记作《荟

要》所收录的了。从上下诗句看李汪度这里所说均为《荟要》事，与《全书》并无关系。如李汪度所作诗前面是乾隆帝御制诗，云："务捐萧艾撷荃蘅(原注："《全书》义取赅备，所录或有节取。兹《荟要》宁严无滥，不以挂漏为嫌。")。际华(王)命以逾年辍(原注："乾隆癸巳命武英殿总裁、尚书王际华特管编纂《四库全书荟要》。未两载际华物故，乃以侍郎董诰代之。继又命如式缮第二部，今并告竣矣。")，董诰继之两部成。"御制诗又云："摛藻、味腴各分置。"原注："两部书每册首页并用'乾隆御览之宝'。末页贮大内者用'摛藻堂'印，贮御园者用'味腴书室'印，分别识之。"李汪度诗云："黄扉紫綍记恭擎。"原注："初命编辑《荟要》时所奉谕旨，今恭录卷端。"可见无论是乾隆帝，还是李汪度，所说都是《荟要》事，与《全书》无关。所以李汪度诗注列举乾隆帝题书诗文时提到《周易辑闻》等书是误记了。李汪度在"办理《四库全书》在事诸臣职名"中为总阅官，属于武英殿系统，所以对《全书》更为熟悉。

《荟要联句》各诗所述部类与《荟要》有差异。《联句》收录各大臣咏诗，按照《荟要》部类先后顺序述说收录的图书，但其部类顺序与《荟要》常有差异。这个差异包括两方面内容。一是指部类有缺失。如集部图书部类，《联句》诗与《荟要》相比，缺少了奏议类。

《荟要》奏议类收录图书两种，即乾隆十四年大学士蒋溥等奉敕编录《御览经史讲义》、唐陆贽撰《翰苑集》。这两部书，在《荟要联句》中，都收录在其他类目中。《御览经史讲义》收录在集部总集类。陆费墀诗云："圣裁律吕会謦茎。"注云："本朝崇文稽古，圣祖仁皇帝暨我皇上屡命选辑诗文，垂示矩矱。"又举例云："至《皇清文颖》《经史讲义》，虽俱臣下所作，而仰蒙睿鉴，裁择惟精。"《皇清文颖》收录在总集类，显然陆费墀把《经史讲义》也一起作为总集看了。

陆贽《翰苑集》收录在别集类中，纪昀诗云："仪配祥鹓音自雅。"注："诸集中端亮如张九龄，清介如赵抃，忠直如陆贽，学品纯正如司马光，奉使不辱如郝经，虽其著作本有可取，而文以人重，亟录之，尤足以矜式士林。"《荟要》别集类收录张九龄《曲江集》、赵抃《清献集》、司马光《传家集》、郝经《陵川集》，陆贽厕身其间，显然是指其《翰苑集》。

由此可见，《荟要联句》虽然没有列出奏议类，但这一类目中收录的两部图书在咏诗注释中都是提到的。问题是提到这两部书的大臣分别是陆费墀、纪昀，都是《荟要》纂修的实际主持人、操办者，何以会连这两部书属于单独的一个类目这一点都疏忽了呢？《荟要总目》云："臣谨案：汉时人臣言事者，有章奏表议四品，其流一也。前世称左雄、胡广，奏议第一，文举、孔明，辞畅志美。谟猷入告，蔚为国华，不綦重哉？圣朝兼听博采，凡臣下章奏，有合于事理者，悉见诸施行，固已备于有司之掌矣。独《经史讲义》一书，广揽众说，裒然成编，实足以征大圣人察迩之盛。谨录之为'奏议'门。而唐臣陆贽集，则前人所称'论深切于事情，言不离于道德'者，因亦类及之云。"这里提到的就是这两部书。纪昀、陆费墀是否误记，也未可知。

《荟要联句》各诗所述部类与《荟要》的第二个差异是类目顺序有不同。如《联句》正史类后是诏令类，而《荟要》正史类后面是编年类，诏令类在地理类后面。再如阿肃、谢墉诗所咏均为史部图书。所咏依次为故事类、别史类、目录类、器用类（以上阿肃）、谱录类、史评类（以上谢墉）。今天所见《荟要》这几类的顺序依次为别史类、故事类、史评类、目录类、器用类、谱录类。

再如子部图书，乾隆帝咏诗首列儒家类，这与《荟要》相同。但以下达椿、曹文埴、胡高望、钱载诸诗所咏则为农家类、兵家类、数术类、医家类、法家类、小说家类、杂家类、杂艺类、考证类、类书类、纵横家类、道家类、墨家类。《荟要提要》儒家以下，依次是法家类、纵横家类、兵家类、医家类、农家类、数术类、墨家类、道家类、杂家类、小说家类、考证类、杂艺类、类书类。《荟要联句》类目数量与《荟要》相同，但顺序与《荟要》则完全不同。

为什么会出现这种类目顺序不一致的情形？《荟要》与《全书》不同的一个地方是，《荟要》收录的全部图书统一编制了卷次，即从卷一顺序编到卷二万零八百二十八，因此在全部图书抄好之后，类目顺序、图书顺序都是不可能调动的。那么这是大臣咏诗时未按照《荟要》的顺序呢？还是另有其他原因，不得而知。

由于《荟要联句》诗句比较概括简约，难以看出问题，所以上面指出的问题都是注释中的。从上述例证看，有一些注释似乎并不了解或熟悉已经抄成的《荟要》一书的情况。考虑到注释内容的广泛，文字的繁缛，我们认为很可能并非当场所作，是后来补撰的。但注释撰写者是参加联句的大臣自己，还是另有其人，目前尚无确切证据说明。

与这种《荟要联句》与《荟要》内容的脱节问题相类似的是，军机大臣有时候并不了解《荟要》的情况，比如《荟要提要》的署名情况。

乾隆四十九年七月初九日，军机大臣奏顺治御撰《内则衍义》《孝经注》《道德经注》等，无编纂臣工衔名。只有《资政要览》一书"后序"有诸臣衔名。军机大臣推测即系诸臣编纂(《纂修四库全书档案》一〇三三)。乾隆四十九年十月初二日，军机大臣奏遵旨查《内则衍义》等书编纂臣工衔名情形片云，查顺治年间《诸臣列传·大学士吕宫传》内，开载"奉旨同额色赫、金之俊充《资政要览》总裁"等语，是吕宫等系编撰是书之人。现于卷首添注"大学士吕宫等恭纂"字样。而《御制道德经注》《孝经注》《人臣儆心录》三书，遍查诸臣列传，内并无编纂三书字样。遂于《资政要览》后序诸臣内，酌拟历官年月符合及居官尚无事故之成克巩、蒋赫德、王永吉三人，分列于《道德经注》《孝经注》《人臣儆心录》三书每卷之首，注明"恭纂"字样，一并黏签呈览。所有各书提要，均经添入恭纂诸臣姓名(《纂修四库全书档案》一〇四五)。

上述《资政要览》《孝经注》《道德经注》三书，均收入了《荟要》。校上于乾隆四十七年九月的《资政要览》提要明确说："《资政要览》三卷，顺治十二年敕大学士吕宫、额色赫、金之俊恭纂。"校上于乾隆四十一年三月的《御定孝经注》提要说："《孝经注》一卷，顺治十三年大学士蒋赫德恭纂。"校上于乾隆四十二年八月的《御定道德经注》提要则说："《道德经注》二卷，顺治十三年大学士成克巩恭纂。"同时卷端也分别题大学士吕宫等、大学士蒋赫德、大学士成克巩恭纂。在《全书》中，虽然乾隆四十六年九月校上《资政要览》文渊阁提要确实未提编纂大臣名氏，但乾隆四十六年八月校上《御定孝经注》书前提要云"顺治十三年大学士蒋赫德恭纂"，乾隆四十六年八月校上《御定道德经注》提要也说"顺治十三年大学士成克巩恭纂"，且《全书》这三部图书卷端亦都已标注纂修大臣名氏。未知为什么乾隆四十九年十月军机大臣的上奏仍不清楚这三部图书的编纂人员，而要根据顺治年间的《诸臣列传·大学士吕宫传》及《资政要览》后序所列诸臣名氏进行推测。这表明可能是军机大臣并不了解《荟要》《全书》本的署名情况，也没有去查看，所以才有上述推测。那么有没有可能是《荟要提要》或《荟要》卷端根据后来的军机大臣奏折补上了编纂臣工的姓名呢？从《荟要》的实际情况看，并无这种可能。

这也说明，《荟要》也好，《全书》也好，其纂修与人们对这些图书的认识与使用之间，往往存在许多脱节现象。

第三章　乾隆帝与《荟要》纂修

乾隆帝在《荟要》纂修中起到了极为重要的作用,《荟要》的纂修受到了乾隆帝多方面的影响。纪昀《恭和御制春仲经筵元韵》诗云:"七帙犹勤搜壁府。"自注道:"建文渊阁于文华殿后,以贮《四库全书》。巨目鸿纲,皆由钦定。每乙夜亲观,厘订鱼鲁,典学之勤,实为自古帝王所未有。"①此虽是臣子对皇上的吹捧之词,但也道出了部分事实,说明乾隆帝对《四库全书》的编纂确实非常用心。因此我们将乾隆帝与《荟要》的纂修单独作为一章加以探讨。

第一节　乾隆帝谕旨与《荟要》纂修

乾隆三十八年十月初九日谕旨道:

> 现在纂办《四库全书》,以广石渠金匮之藏,自应悉心校缮,俾免鲁鱼亥豕之讹。今呈进已经缮成之《荟要》各卷内,信手翻阅,即有错字二处,则其余书写舛误者,谅复不少。若不定以考成,难期善本。其如何妥立章程,俾各尽心校录无讹之处,着总裁大臣详议具奏。(《纂修四库全书档案》一二一)

这一谕旨说明了两个问题。一是乾隆帝非常重视文字校勘。同时也说明乾隆帝非常注意相关制度的制订。乾隆帝认为要杜绝抄写的讹误,重要的是要订立校录章程,使各人能尽心校录。再次可以看到乾隆帝确实是想把

① 纪昀《纪文达公诗集》卷二,清嘉庆十七年纪树馨刻本,第5页。

《荟要》做成善本，说明对此书有明确的质量要求。还可以注意的是，这道谕旨离乾隆帝五月初一日发布下令编纂《荟要》的谕旨仅五个月，说明乾隆帝对《荟要》编纂的关注。

档案中，有多次乾隆帝披阅《荟要》的记载。乾隆四十一年六月初一日，内阁奉上谕："方今搜罗遗籍，汇为《四库全书》，每辑录奏进，朕亲披阅厘正。"(《纂修四库全书档案》三三一)同年九月三十日，内阁又奉上谕道："昨四库全书荟要处呈进抄录各种书籍。朕于几余披阅，见黏签考订之处，颇为详细。"(《纂修四库全书档案》三四三)这说明乾隆帝对送上的图书，能亲自披阅。在文献中，可以看到不少这类记载。

《皇朝文献通考》卷二百四十六《封建考》录四十一年十月初四日，为诸王袭爵事，乾隆帝谕阁臣曰："昨四库全书荟要处呈进缮本《宋史》，朕几余披阅，见《宗室世系表》内其燕王、楚王之子即降为公，公之后降为三班奉职，是其再传而后即已下同齐庶，视现今所定恩封之亲王、郡王以次递降者仍得世膺公爵，其厚薄为何如耶。"乾隆帝这是说清代皇室的分封问题。但由此也可以看到乾隆帝对《荟要》图书的使用。乾隆帝正是从阅读《荟要》本《宋史》得到了历史的依据。《荟要》本《宋史》书前提要校上于乾隆四十一年九月，此上谕作于十月，也即是《荟要》本缮校完毕刚刚呈上审阅之时，乾隆帝就阅读了有关内容。

乾隆四十三年五月二十六日上谕道："朕博搜载籍，特命诸臣纂辑《四库全书》，弆藏三阁，又择其尤精者为《荟要》，分储大内及御园，用昭美备。……惟是进呈各书，朕信手抽阅，即有讹舛。"(《纂修四库全书档案》五〇六)这说明了乾隆帝对《荟要》等抄录文字的关切。

乾隆帝有时候管得很具体，很细致。例如乾隆五十年六月初八日，军机大臣和珅等为奉旨《全书》内书写错误事致武英殿四库馆函，云："本日面奉谕旨：凡清汉合璧诸书，汉字应照清字，自左而右，方合体制。今《四库全书》内《御制三合切音清文鉴提要》，仍照汉字，自右而左书写，则开首第一页转系提要末篇，从来无此写法，殊属错误。着交武英殿、四库馆改正，并查明文津阁内似此者一体更正。其《荟要》二分及文渊、文源、文溯三阁所贮四库并现办三分书，亦着一体更改，以归画一。"(《纂修四库全书档案》一一〇三)

在研究《荟要》的图书选录时，也不能不考虑乾隆帝的影响。《荟要》是

"钦定"的，所以在图书的选择方面，乾隆帝也会提出相应的意见，有时候还关系到具体图书的选录与否。

如《四库全书荟要联句》所录蔡新诗云："大义千秋排谳义。"注道："《春秋》予夺至公，无专用深文之理。自宋儒倡有贬无褒之说，多方锻炼，遂至叶梦得、王元杰等各以'谳'名书，事同治狱，殊乖笔削大旨。元杰《春秋谳义》仰奉御题驳正，今悉遵圣训，概不录入《荟要》。"这是说王元杰的《春秋谳义》之所以不录入《荟要》，是因为"遵圣训"的缘故。

所谓"圣训"，即乾隆帝作《题王元杰春秋谳义》一诗所表达的旨意。乾隆帝诗云："《春秋》经世书，道德齐礼谨。尊王而贱霸，赖是以示准。人心与天理，藉斯以不泯。谳有评狱义，狱实刑之引。《春秋》岂其然，求精失之远。"又说："梦得(叶)已一误。"在这一句下有一条注释，云："宋叶梦得尝作《春秋谳》，不揆经世之意，而专以评狱解经，已失《春秋》本旨。至元王元杰复撰《谳义》，盖未见梦得原本，而名与相复。其书编辑程朱绪言，复删掇胡安国传分缀经文之下，而于三家末别标己意曰'谳'。其于朱子一无异词，盖墨守前说，一字不敢芟削，实难免重儓之诮云。"乾隆帝认为《春秋》是一部有微言大义的著作，而不是判决案件的依据。叶梦得作《春秋谳》，"谳"有审判定罪之意，所以乾隆帝批评说其不揆经世之意，而专以评狱解经，"已失《春秋》本旨"。王元杰复撰《春秋谳义》一书，其意与叶梦得同。乾隆帝认为这有违孔子作《春秋》之本意，所以叶梦得、王元杰两书均不可收入《荟要》。皇帝有此"圣训"，馆臣自然不能不遵守，所以《荟要》未收录这两部书。这里反映了乾隆帝对《荟要》图书选录的影响。

又如《四库全书荟要联句》曹秀先诗云："棼丝经纬陋纵横。"原注云："《洪范》本治世之大训。自刘歆妄加推测，创为河图洛书相为经纬之说，逮宋儒益穿凿附会，至论《洪范》错简者，纷纭变乱，尤为晦蚀经义。今敬禀圣训，悉删斥不录。"说明《荟要》中不收录《洪范》类著作，也是出于乾隆帝的"圣训"。又如《联句》德保诗云："序原赝鼎空珍袭。"原注云："《书序》虽称孔子所撰，实出汉儒依托。仰蒙圣制抉摘，允为千古定评，故拘守小序如钱时《融堂书解》之类，只入《全书》以存古义，而《荟要》不多采入。"说明这些图书的取舍，最终决定于乾隆帝。

不过乾隆帝的有关谕旨，并非都得到了严格执行。有时乾隆帝要求改动，但实际并未修改。乾隆四十二年十月初七日，乾隆帝谕内阁，汉武帝不得直书其名，着将《北史》等书内“汉彻”改为“汉武”。谕旨云：“四库全书馆进呈李廌《济南集》，其咏凤凰台一首，有‘汉彻方秦政，何乃误至斯’之语，于理不顺。因检查《北史·文苑传叙》，亦有‘颉颃汉彻，跨蹑曹丕’之句，《韵府》因而录入，均属未协。秦始皇焚书坑儒，其酷虐不可枚举，号为无道，秦后之人，深恶痛绝，因而显斥其名，尚无不可。若曹丕躬为篡逆，称名亦宜。至汉武帝在汉室尚为振作有为之主，且兴贤用能，独持纲纪，虽黩武惑溺神仙，乃其失之小疵，岂得直书其名，与秦政、曹丕并论乎？且自古无道之君，至桀纣而止，故有指为独夫受者。若汉之桓、灵，昏庸狂暴，遂致灭亡，亦未闻称名指斥，何于武帝转从贬抑乎？又如南北朝，彼此互相诋毁，南朝臣子称北朝主之名，北朝臣子亦称南朝主之名。宋之于金、元，金、元之于宋，亦然。此皆局于其地之私心，虽非天下之公，尚无伤于正理。若李延寿乃唐臣，李廌乃宋臣，其于中国正统之汉武帝，伊祖未常（尝）不曾为其臣，岂应率逞笔端，罔顾名义，轻妄若此？且朕御制诗文内，如周、程、张、朱，皆称为子，而不斥其名。又如韩昌黎、苏东坡诸人，或有用入诗文者，亦止称其号而不名。朕于异代之臣，尚不欲直呼其名，乃千古以下之臣，转将千古以上之君称名不讳，有是理乎？朕命诸臣办理《四库全书》，亲加披览，见有不协于理者，如关帝旧谥之类，即降旨随时厘正。惟准以大中至正之道，为万世严褒贬，即以此衡是非，此等背理称名之谬，岂可不为改正，以昭示方来。着交武英殿将《北史·文苑传叙》改为汉武，《韵府》删去此条，酌为改刊。所有陈设之书悉行改补。其李廌集亦一体更正。并谕四库全书馆臣等，于校刊书籍内，遇有似此者，俱加签拟改，声明进呈，毋稍忽略。将此通谕知之。”（《纂修四库全书档案》四三三）

这道谕旨将为什么不能在书中直呼汉武帝刘彻名讳的原因说得非常清楚。然而无论是《荟要》、还是文渊阁本，依然可以看到“汉彻”这样的说法。例如乾隆帝提到的《北史·文苑传叙》，今《荟要》本、文渊阁本均作：“及太和在运，锐情文学，固以颉颃汉彻，跨蹑曹丕，气韵高远，艳藻独构。”没有作改动。在《荟要》本、文渊阁本收录的图书中，《魏书·文苑传叙》云：“颉颃汉彻，掩踔曹丕。”《御定骈字类编》卷四十九“汉”字头下，列有“汉彻”条，引《北史·文苑传叙》“太和在运，锐情文学，固以颉颃汉彻，跨蹑曹丕”之例。《御定历代赋汇》卷十五收录唐杨敬之《华山赋》云“若秦政、汉彻，则率海内以奉祭祀，图福其身”。可见“汉彻”一名并不少见。

《北史》《魏书》文渊阁提要校上于乾隆四十年九月，《荟要提要》校上于乾隆四十年十二月，是其书均抄写于乾隆帝上述谕旨之前。《御定历代赋汇》之《荟要提要》校上于乾隆四十二年八月，文渊阁提要校上于乾隆四十六年三月，是其书均抄写于乾隆帝上述谕旨之后。《御定骈字类编》之《荟要提要》校上于乾隆四十一年九月，是其书抄录在乾隆帝谕旨之前，而文渊阁本校上于乾隆四十三年十月，是其书已抄录在乾隆帝谕旨之后。可见这些图书不管是抄录在乾隆帝谕旨之前还是之后，对乾隆帝要求改动的旨意均未执行，要改动的地方也没有改动。

《御定佩文韵府》的情况有点特殊。乾隆帝谕旨有《韵府》删去汉彻此条之语，文渊阁本《御定佩文韵府》卷九十八之五“彻”字头下，依次有“朗彻、汉彻、通彻”等条，《荟要》本删去了“汉彻”条，“朗彻”条下即为“通彻”条。文渊阁提要校上于乾隆四十五年十二月，《荟要提要》校上于乾隆四十三年四月，均在乾隆帝谕旨之后，而其处理情况并不一样。

以上情况说明，尽管乾隆帝明确要求晓谕四库全书馆臣等在所校刊书籍内，对有关内容全部要“加签拟改”，并特别强调“毋稍忽略”，但实际上馆臣并不是都按照乾隆帝谕旨加以改正的。即使像《韵府》这样有明确改动要求的图书，各本的处理也并不相同。这也是我们研究四库本时应该注意到的问题①。

乾隆帝对已经誊录完毕的图书要抽查，于是规定已经缮录完毕的图书一定要进送。有关图书进送的情况在本书“《荟要》的一般情况”一节中已有说明。

第二节　乾隆帝题书诗文与《荟要提要》的撰写

乾隆帝通常会给自己认为重要的或有特点的图书题写诗文，我们将其称之为题书诗文。这些题书诗文概括了图书的内容，对图书的价值作了评价，

① 即使是乾隆帝点名的李廌《济南集》，文渊阁本也依然未改。乾隆帝看到四库本中有“汉彻”之名，就是从李廌《济南集》中看到的，并且明确指出“其李廌集亦一体更正”。但今见《济南集》卷一依然作“汉彻方秦政”（《凤凰台》）未改。

有些还涉及对作者的评价，一些题书诗文对图书流传、版本著录也作了相应的说明。在《荟要》收录的图书中，有一些卷首就抄录有乾隆帝题写的诗文。《四库全书荟要联句》李汪度诗云："自天发咏尊题品[①]，耀日摛文寓瘅旌[②]。"说的就是这种情形。乾隆帝题书诗文与《荟要提要》有密切关系。由于有些题书诗文也收录在《全书》卷首，所以也与《全书》提要有密切关系。研究乾隆帝题书诗文与《荟要提要》和《全书》提要之间的关系，可以更好地看到乾隆帝对编纂《四库全书》这一重大文化事件的关注程度，也可以更好地看到乾隆帝对《荟要》纂修的重要影响。

一、乾隆帝题书诗文与《荟要提要》的撰写时间

《荟要》卷首抄录乾隆帝题书诗文的图书有 32 部。如以《荟要》卷首的书前提要校上时间为界，这些题书诗文可以分为在此之前撰写的和在《荟要》编纂期间撰写的两部分。前者 25 篇，后者 7 篇。我们要了解乾隆帝题书诗文与《荟要提要》的关系，则撰写题书诗文的时间问题很重要。《荟要》将乾隆帝所作题书诗文一一收集起来，放置各书卷首，说明了馆臣对乾隆帝题书诗文的极度重视。乾隆帝有些题书诗文是写在《荟要》相关图书缮写完成以后的，馆臣同样会将其补抄到已经缮录完成的各书卷首。馆臣通过乾隆帝的题书诗文来彰显《荟要》重要性的意图是很明显的。

《荟要提要》中多次提到乾隆帝的题书诗文。《皇清职贡图》提要云："及伏诵御题长律，尤殷殷于保泰承庥之道。"《钦定天禄琳琅书目》提要云："卷首冠以丁卯岁《御制题昭仁殿诗》，及乙未重华宫茶宴用'天禄琳琅'联句诗。"《荟要提要》并对乾隆帝的题书诗文作了极度颂扬。如《易纬乾坤凿度》提要云："伏读《御制题乾坤凿度》诗，定作者为后于庄子，而举《应帝王篇》所云儵忽、混沌，分配乾坤、太始，以推求'凿'字所以命名之义。援据审核，折衷至

---

① 此句下原注云："经部内如《周易辑闻》《易纬乾凿度》《尚书详解》《禹贡指南》《禹贡说断》《春秋辨疑》等书，史部内如《旧五代史》《水经注》《贞观政要》《通鉴纪事本末》《帝王经世图谱》《经义考》等书，子部内如《家语》《新仪象法要》《鹖冠子》《曲洧旧闻》《墨法集要》等书，集部内如《五百家注昌黎集》、白居易集、杜牧之集、耶律楚材集、高启集等书，并有御制诗。或统论全篇，或摘论一则，均恭录冠于书首。"

② 此句下原注云："如《春秋直解》《困学纪闻》《铁崖古乐府》、归有光集等书，并有御制文，亦恭录卷首。"

当。”又谓:“臣等因考《列子》《白虎通》《博雅》诸书,皆以太易、太初、太始、太素为气、形、质之始,与《凿度》所言相合。”“仰蒙圣明剖示,精确不刊,洵永为是书定论矣。”提要极力称颂乾隆帝题诗的价值,并表明乾隆帝题诗的评判即是关于本书的定论。由此也为《荟要提要》袭用题书诗文提供了依据。

馆臣在提要中非常注意突出皇帝题书诗文的意义。如乾隆帝所撰《题帝王经世图谱》诗前小序对宋唐仲友撰《帝王经世图谱》一书评价极高。《荟要提要》也特别提到了皇帝的题诗,说:“伏蒙皇上亲洒奎章,特加褒许,并付剞劂,以广流传。以数百载湮没之陈编,获邀大圣人之品题,遂得与日星同炳。臣等编次之余,既仰钦宸训,且以庆是书之遭云。”说明馆臣在编纂《荟要》时时注意着乾隆帝的题书诗文,并在提要中努力阐发题诗的思想意蕴。

《荟要》在《武英殿聚珍版程式》提要中也提到了乾隆帝题辞。提要先概述了本书的内容体例,然后说:“盖聚珍版之制,实仿宋时毕升活板之法而益精之。始事于乾隆三十八年十月,皇上既锡以嘉名,复冠以藻咏。于是司其事者,罔敢不恪行之。三年,事省而工速。”说明了乾隆帝题辞对《武英殿聚珍版》丛书刊印的影响。

一方面《荟要》编者非常重视乾隆帝的题书诗文,另一方面乾隆帝也同样非常关注《荟要》的编纂。杨维祯《铁崖古乐府》提要校上于乾隆四十三年四月,乾隆帝有《御制题杨维桢铁崖古乐府》,署作“乾隆戊戌孟夏月”。戊戌即乾隆四十三年,孟夏月亦即农历四月。由此可见,《铁崖古乐府》这篇提要刚刚送上,乾隆帝即作了批注。当然这种情况属于少数,但由此也可以看到,一些提要送上后,乾隆帝会有相应的反应,有时这种反应还极为迅速。《荟要》卷首收录的乾隆帝作于乾隆三十八年至四十三年之间的题书诗文,可能是在审核《荟要》时有感而发题写的。为说明这一问题,先将这部分题书诗文撰写的时间与《荟要提要》校上的时间作一比较。

乾隆帝《御制题朱彝尊经义考》作于乾隆四十二年,收入《御制诗四集》卷四十三。其诗前一首《雨》题注“十月十六日”,后一首《微雨》题注“十一月朔日”。则《御制题朱彝尊经义考》当作于十月中下旬。《荟要提要》校上于乾隆四十二年三月,文渊阁提要校上于乾隆四十六年五月。显然乾隆帝题诗作于《荟要提要》校上之后。

乾隆帝《御制读王应麟困学纪闻》一文,收录在《荟要》本《困学纪闻》卷首时标注作“乾隆戊戌仲春日”，即乾隆四十三年农历二月，与《荟要提要》校上时间相同(文渊阁提要校上于乾隆四十六年五月，且乾隆帝题文未标注时间)。这个时间不可能是偶然巧合，不可能是乾隆帝恰好在此时看了《困学纪闻》此书。从情理上推测，当是乾隆帝看到《荟要提要》，有所感发而作。

乾隆帝《御制题杨维桢铁崖古乐府》一文作于乾隆四十三年孟夏，即四月，与《荟要提要》校上时间相同(文渊阁提要校上于乾隆四十六年正月)。这种情况与《困学纪闻》应该是相同的。还有一个有力的证据是，乾隆帝作《宋端石绶带砚歌》诗中自注云：“昨岁因阅《四库全书》，见所录维桢集，曾为文揭其卷首以斥之。”(《御制诗四集》卷七十七)乾隆帝此诗作于乾隆四十六年一月，文渊阁提要亦校上于乾隆四十六年一月，因此所说“昨岁”所阅《四库全书》，绝不会是指文渊阁本，只能是《荟要》本。其所说的“曾为文揭其卷首”，即指《荟要》卷首所录的《御制题杨维桢铁崖古乐府》一文。

《荟要》本归有光《震川文集》卷首有乾隆帝《御制读归有光易图论》，撰写时间不详。今查此文亦收入《御制文二集》卷三十五，其后即乾隆帝《读王应麟困学纪闻》《读王充论衡》。这两篇文章分别撰于乾隆四十三年二月、七月，则《御制读归有光易图论》也应作于此年。《荟要提要》校上于乾隆四十三年正月(文渊阁、文津阁《全书》卷首均未录此文)，可见也是乾隆帝在读了《荟要提要》后撰写的。

《荟要》本《论衡》卷首所录乾隆帝《御制读王充论衡》一文云：“向偶翻阅诸书，见有王充《论衡》，喜其识博而言辩，颇具出俗之识，其全书则未之览也。兹因校《四库全书》，始得其全卷而读之。”就说得很清楚。乾隆帝这篇题辞写于乾隆四十三年孟秋，即农历七月。《荟要提要》校上于乾隆四十一年四月(文渊阁提要校上于乾隆四十三年十一月)。就乾隆帝此文题写的时间看，应该是看了《荟要》以后所题。

乾隆帝《御制书扬雄法言》一篇撰写时间比较难以确定。该文又收入《御制文三集》卷十三。在此文之前，是《福康安奏报生擒庄大田纪事语》一篇，其文开头即写道：“昨生擒林爽文。”其事在乾隆五十三年初。此文之后，有《兹之征廓尔喀七战七胜致其畏威降顺》之文，称：“兹之征廓尔喀，七战七胜，致其畏威降顺。”其事则在乾隆五十六年。可以作为佐证的是，乾隆五十六年七月十八日，乾隆帝谕内阁，责怪纪昀未将这篇题辞抄入《法言》卷首，其文云：

“朕曾有《御制书扬雄法言》一篇，虽系近年之作，亦应缮录，弁于是书之首。”既然说是“近作”，自然离所下谕旨时间不会太远。如果文集收录的文章在时间上有一定关联性的话，那么结合谕旨，可知《御制书扬雄法言》一篇撰写时间应在乾隆五十四年、五十五年左右。因此尽管《扬雄法言》题辞撰写时间不能准确确定，我们说此文作于乾隆四十一年三月《荟要提要》校上之后，应该是没有问题的。

元耶律楚材《湛然居士集》卷首所录乾隆帝《御制读耶律楚材扈从羽猎因有咏》诗见于《御制诗四集》卷五十，作于四十三年。这首诗前面一首是《阵雨》，题“四月十三日”；在其后有《诣西顶广仁宫瞻礼有作》一诗，其“碧霞自昔号天仙，圣母当时每致虔”下有注云：“四月十八日，俗传为天仙诞辰。”由此可知《御制读耶律楚材扈从羽猎因有咏》诗应写于四月十五日左右。《荟要提要》校上于乾隆四十三年三月。考虑到四库图书呈交皇帝审阅有一个过程，因此说乾隆帝就是看了《荟要》本后题写这首诗的，也不为无据。

以上共 7 篇题书诗文，基本可以认定是乾隆帝看了《荟要》缮录相关图书后所撰写的。

乾隆帝曾明确谕令四库馆臣要将自己题写的诗文列于《四库全书》中相应图书卷首。乾隆四十二年四月初七日谕旨云：“朕阅四库全书馆所进抄本朱彝尊《经义考》，于历代说经诸书广搜博考，存佚可征，实有裨于经学，朕因亲制诗篇，题识卷首。”（《纂修四库全书档案》三七六）乾隆四十六年二月十三日乾隆帝谕旨云：“四库书内朕所题各书诗文，列在本集首卷。”（《纂修四库全书档案》七五七）即说明了这个问题。这里所说的《四库全书》，往往也包含《荟要》在内。

乾隆帝对四库本卷首是否抄录自己的题书诗文非常在意。乾隆帝在阅读文津阁本《扬子法言》一书时，发现卷首未录自己的题辞，再加上发现其他一些问题，十分恼火。乾隆五十六年七月十八日，专门为此下了一道谕旨：“朕曾有《御制书扬雄法言》一篇，虽系近年之作，亦应缮录，弁于是书之首。纪昀并未留心补入，更属疏忽。纪昀及详校官庄通敏，俱着交部分别议处。除将文津阁《四库全书》内《扬子法言》一书，就近交军机大臣将空行填补，并缮录御制文于篇首外，着纪昀亲赴文渊、文源二阁，将《扬子法言》一书检出，缮录御制文冠于简端，并带同详校各官，抽查此书卷首是否亦有空白之处，及

此外各书有似此脱误者，一体抽阅填改。”（《纂修四库全书档案》一三九一）

从这道谕旨中可以看到乾隆帝题书诗文与所题各书的紧密关系。这些题书诗文反映了乾隆帝对《四库全书》的重视，也反映了乾隆帝对《四库全书》编纂的重视。正因为如此，所以研究乾隆帝题书诗文，可以更好地研究《荟要》乃至《四库全书》的编纂。

二、乾隆帝题书诗文对《荟要提要》的影响

《荟要提要》对乾隆帝题书诗文非常重视，一些提要可以明显看到是吸收了乾隆帝题书诗文的内容，一些提要的文句也可以看到和题书诗文的联系。试举例说明。

宋傅寅《禹贡说断》卷首有乾隆帝《御题禹贡说断六韵》诗一首，诗注云：

> 朱彝尊《经义考》载宋傅寅《禹贡详解》二卷，《通志堂九经解》亦尝刊入，称原缺四十余简。今《永乐大典》所载则题曰《说断》，并无“详解”之名。且《经解》所称缺简具在，并有多至数倍者。又卷前四图《经解》误入程大昌论中，兹亦从乔行简原序校定，并为之正讹补缺，粹然复为完书矣。

这一段话也被《荟要提要》引用：

> 朱彝尊《经义考》有寅所著《禹贡详解》二卷，通志堂尝刊入《九经解》中，而《永乐大典》载其书则题曰《禹贡说断》，并无“详解”之名。又《经解》所刊本称原缺四十余简，今检《永乐大典》本，不独所缺咸在，且其《五服辨》三千余言、《九州岛辨》千数百言，较原缺目更多至数倍。又乔行简序称寅著《群书百考》，事为之图，《禹贡说》特其一种。是编当先以《山川总会》及《九河》《三江》《九江》四图而次及诸家之说，今《经解》四图俱误编入程大昌《禹贡论》中，与其书绝不相比附，而《永乐大典》独系之《说断》篇内。盖当时所见实宋时原本，足以依据。而《经解》刊行之本，则已为后人传写错漏，致并书名而窜易之，非其旧矣。书中博引众说，断以己意，具有特解，不肯蹈袭前人。其论《孟子》“决汝汉排淮泗而注之江”为

古沟洫之法，尤为诸儒所未及。洵卓然能自抒所见者。吕祖俭谓其集先儒之大成，唐仲友谓职方舆地尽在腹中，深为名流所推重，信不虚也。今取《经解》刊本，谨依《永乐大典》本详加校定，讹者正之，阙者补之，析为四卷，仍题《说断》旧名，而于补缺之起讫，各加注语以别之，庶几承学之士得以复见完书焉。

这一段文字与乾隆帝题诗基本内容完全相同，有的文字也完全一样，不过增补了一些例证，增加了较多的解释性文字而已。可以看到《荟要提要》就是根据乾隆帝题诗注解写的。

其中一个细节也值得注意。乾隆帝诗注云"朱彝尊《经义考》载宋傅寅《禹贡详解》二卷"，又云"今《永乐大典》所载则题曰《说断》，并无'详解'之名"。《荟要提要》也称傅寅此书名《禹贡详解》。《禹贡详解》，查《经义考》卷九十四著录，实作"《禹贡集解》"，是乾隆帝诗注有误。而《荟要提要》照录，不知是疏忽未改，还是未敢轻易改动，但由此也可以见到两者的关系。乾隆帝此诗亦见于《御制诗四集》卷十九，为乾隆三十九年作。《荟要提要》校上于乾隆四十三年正月，所以可以移用乾隆之言。

文渊阁提要校上于乾隆四十六年四月，内容与《荟要提要》相同，连《禹贡详解》这一书名也一样，可见就是据《荟要提要》抄录的。《总目》已将书名改作《禹贡集解》，显然是发现了这一错误。但《总目》内容与《荟要提要》基本相同，可见也是以《荟要提要》为基础的。

其他一些图书的提要，也和乾隆帝题书诗文有一定联系。如《帝学》是宋代范祖禹纂辑自古贤君迨宋代帝王务学事迹以劝讲的一部著作。乾隆帝为此书专门题诗一首，诗有"欣兹祖禹芸编在，不异九龄金鉴看。务学求师著仪轨，修身莅政示倪端"等句。乾隆帝还命众皇子作和，可见对此书的重视。《荟要》卷首收录了乾隆帝题诗，提要于此书则极力表彰之，云："祖禹初侍哲宗经幄，因夏暑罢讲，即上书论今日之学与不学，系他日治乱，而力陈宜以进学为急。又历举人主正心修身之要，言甚切至。"这段文字指出范祖禹强调帝王务学与修身的重要，与乾隆帝题诗主旨完全一致。《荟要提要》又云："史称其在迩英时，守经据正，献纳尤多。又称其长于劝讲，平生论谏数十万言。其开陈治道，区别邪正，辨释事宜，平易明白，洞见底蕴，虽贾谊、陆贽不是过。

今观此书，言简义明，敷陈剀切，信有不愧史臣所言者。惜哲宗昧于省察，不知学古有获之义，终致更张初政，国是混淆。而祖禹忠爱之忱，惓惓以防微杜渐为念，其立论可谓深切著明，于帝王典学之旨，实能有所裨益焉。”对此书的颂扬可谓无以复加。乾隆帝诗作于四十年乙未孟春，《荟要提要》作于这年十二月，可见提要显然是受到乾隆帝题诗表彰的影响。

唐韩愈撰、宋魏仲举辑《五百家注昌黎文集》一书也可以看到两者的关系。乾隆帝在诗注中主要批评了此书书名与实际情况的名实不符。此书书名题作“五百家注昌黎文集”，而实际注解并没有达到这一数量，其注因此说：“名为五百家注，其实姓名可考者仅一百四十八家，余二百三十家逸其姓氏，合计亦不能足数。而所采用之注更不能适及。又《柳宗元集》亦有五百家注，所载姓名更少于此耳。”乾隆帝对此很不满意。《荟要提要》注意到了这个批评，提要作了更具体的说明，其文云：“首列《评论诂训音释诸儒名氏》一篇，自唐燕山刘氏迄颍人王氏，共一百四十八家。又附以新添集注五十家，补注五十家，广注五十家，释事二十家，补音二十家，协音十家，正误二十家，考异十家，皆逸姓名。总计只三百七十八家，不足五百之数。而所云新添诸家，实皆虚构名目，以矜多炫博，并非实有其书。”又说：“此本与《五百家注柳先生集》均属仲举刊行，盖当时书肆习尚如此。”可见文字虽然增多，但基本内容还是与乾隆帝题诗注一致的。

从以上的比较中可以看到《荟要提要》在自觉吸收乾隆帝题书诗文的内容，努力使提要的内容与之相一致。而在《荟要提要》之后校上的四库提要，又与《荟要提要》基本相同。

当然也有一些图书，看不出《荟要提要》与乾隆帝题书诗文有任何关系。如《李太白集分类补注》（乾隆七年，此为撰写时间，以下几例同）、白居易《白氏长庆集》（乾隆九年）、唐杜牧撰《樊川集》（乾隆三十三年）、苏轼《东坡全集》（乾隆十年）、高启《大全集》（乾隆早年）等。只要稍微留意一下就可以看到，这些题诗都作于乾隆帝即位初年，有的还更早，乾隆帝自己也认为并不成熟。乾隆二十三年六月十五日上谕道：“其中多有不甚惬心之句。”（《乐善堂全集定本》卷首）所以《荟要提要》对这些题书诗文内容也就没有怎么采用。

能说明问题的还有李白、杜甫集卷首的题诗。《李太白集分类补注》卷首有《御制读李白诗》一首，作于乾隆七年。文渊阁、文津阁本收录李白集有多部，但卷首都未录此诗。再如《集千家注杜工部诗集》，《荟要》卷首有乾隆帝作《御制读杜子美集》《读杜诗率题》《读杜诗》《杜诗》诗四首，分别作于乾隆六年、十二年。这几首诗均未被文渊阁本、文津阁本采用。文渊阁本收录杜甫集共五部（包括后人注释本），《九家集注杜诗》卷首收录《御制题郭知达集九家注杜诗》《再题宋版九家注杜诗》（均乾隆四十年）；《集千家注杜工部诗集》卷首录《御制题宋版千家注杜工部诗史》（乾隆四十八年）、《御制读杜甫北征诗因题》（乾隆三十八年）。文津阁《全书》收录杜甫集也是五部，但只有《九家集注杜诗》卷首收录《御制题郭知达集九家注杜诗》《再题宋版九家注杜诗》两首诗。这说明即使是如乾隆帝的题书诗文，馆臣也还是有自己的选择性的。较早编成的《荟要》因选择余地较少，所以多采用乾隆早年之作，文渊阁本、文津阁本编成时间较迟，选择余地更大，就多采用了乾隆帝后来撰写的更为成熟的题诗。

三、乾隆帝题书诗文对《荟要提要》的吸纳与批评

毋庸置疑，乾隆帝的题书诗文影响了《荟要提要》的撰写，另一方面，在一些《荟要提要》校上之后撰写的题书诗文中，也可以看到乾隆帝对《荟要提要》意见的吸纳，当然乾隆帝并不是完全认同《荟要提要》的意见，乾隆帝在一些题书诗文中也表现了对《荟要提要》的批评，这种批评显示了乾隆帝题书诗文与《荟要提要》观念上的差异，而这又影响到在其之后撰写的四库提要。

1. 乾隆帝题书诗文对《荟要提要》的吸纳

乾隆帝在《荟要》有关图书编纂后题写的题书诗文共 7 篇，其中有好几篇可以看到和《荟要提要》的联系。以下简单作一分析。

如以朱彝尊《经义考》为例。为说明问题，现将《荟要提要》全文列出如下：

> 臣等谨案：《经义考》三百卷，国朝朱彝尊撰。彝尊字锡鬯，号竹垞，秀水人。康熙己未荐举博学鸿词，召试授检讨，入直内廷。彝尊文章淹雅，为布衣时，已与王士禛声价相齐。博识多闻，学有根柢，复与顾炎武、阎若璩颉颃上下。凡所撰述，具有本原。是编统考历朝经义之目，初名《经义存亡考》，惟列存、亡二例。后分例曰存，曰阙，曰佚，曰未见，因改

今名。每一书前列撰人姓氏、书名、卷数。其卷数有异同者，次列某书作几卷。次列存、佚、阙、未见字。次列原书序跋、诸儒论说，及其人之爵里。彝尊有所考正者，即附列案语于末。惟所注佚、阙、未见者，今以四库所录校之，往往其书具存。彝尊所言，不尽可据。然册府储藏之秘，非人间所得尽窥。又恭逢我皇上稽古右文，搜罗遗逸，嫏嬛异笈，宛委珍函，莫不乘时毕集。图书之富，旷古所无。儒生株守残编，目营掌录，穷一生之力，不能测学海之津涯，其势然也。至其编次先后，或以本朝人所著列于历代人之前，于体例未免稍疏，然亦不足为彝尊病。今其书久已刊行，故缮录并仍其旧云。乾隆四十二年三月恭校上。

乾隆帝《御制题朱彝尊经义考》诗其中的一段注解如下：

彝尊号竹垞，秀水人。康熙己未以博学鸿词，授检讨，入直内廷。博闻淹贯。是书通考历代诸儒说经书目。每书先列撰人姓氏、书名、卷数，次列题注，曰存、曰阙、曰佚、曰未见。次列原书序跋、诸儒论断，及其人爵里。彝尊考正按语载于末，而附以逸经、毖纬、拟经诸目，凡三百卷。自汉迄今，说经诸书，存亡可考，文献足征，编辑之勤，考据之审，网罗之富，实有裨于经学。惟所注阙、佚、未见者，今四库所录，往往其书尚存。盖册府储藏，外间难覯，不足为彝尊病。至卷首冠以我朝世祖《御注孝经》、圣祖《日讲解义》，自属体制应尔。若臣工著述，则当按时代先后。彝尊于编次时亦未及详订，即如本朝成德所著之《大易集义粹言合订》列于前，而朱子《元亨利贞说》列于后，殊为参错。第已刊布成书，难以改刻，惟令于《四库全书》提要内声明，以正体例。至其义在尊经，不惟汲古之助，并将昭示来兹矣。

比较以上两段文字，可以看到有很多相似之处。如关于本书作者及本书编纂体例的介绍，关于作者看书有所疏漏的说明等，文字相差不多。又如《荟要提要》批评了《经义考》的“体例”问题，云：“至其编次先后，或以本朝人所著列于历代人之前，于体例未免稍疏，然亦不足为彝尊病。”乾隆帝诗注也注意到了这个问题，其文云：“臣工著述，则当按时代先后。彝尊于编次时亦未及详订，即如本朝成德所著之《大易集义粹言合订》列于前，而朱子《元亨利贞说》列于后，殊为参错。第已刊布成书，难以改刻，惟令于《四库全书》提要内声明，以正体例。”朱熹是宋朝人，其《元亨利贞说》收在卷六十九，纳兰成德是清朝人，其《大易集义粹言合订》一书却收在卷六十八，所以乾隆帝批评“时代先后”“殊为参错”，并要求在《四库全书》提要内声明，“以正体例”。根据我们在前面的分析，乾隆帝题诗撰写在后，由此可以看到这段诗注显然受到了《荟要提要》的影响。

不过同是对《经义考》体例的批评，《荟要提要》显然比较宽容，特意指出“不足为彝尊病”。而乾隆帝“殊为参错”一语则显得极为严厉，显示了与《荟要提要》不同的态度。乾隆帝之所以持这种态度，并且特意以成德为例，很难说没有夹杂着对成德的厌恶情绪在内。这也是两者之间的差异。

为更好地看到乾隆帝题书诗文在四库编纂中的作用，我们还需要和其他提要结合起来看。

校上于乾隆四十六年五月的文渊阁提要文字比《荟要提要》稍多，但整篇结构相同，其中如作者、本书体例等的介绍，几乎一字不差。可以看到文渊阁提要就是在《荟要提要》基础上加以增补而成的。其增补的内容中，重要的有以下一段：

> 至其编次，首以御注、御纂诸经冠于卷首，其义允矣。乃一经之中多析门类，又未显为标识，致使朱子所撰《元亨利贞说》，转列于本朝成德所辑《大易集义粹言合订》之后，一展卷而时代先后多有舛错。

这一段显然完全是根据乾隆帝诗注内容写的。两者都提到了将御注御纂诸经冠于卷首和编次先后错乱的问题。《经义考》编次先后错乱的问题，《荟要提要》已经提到，但没有举例。乾隆帝诗注有举例，文渊阁提要的例证与诗注完全一样。乾隆帝诗注说：“第（《经义考》）已刊布成书，难以改刻，惟令于《四库全书》提要内声明，以正体例。”文渊阁提要就是按照乾隆帝的要求，在提要内特别作了声明。

从这一条提要的比较中可以看到，乾隆帝诗注吸收了《荟要提要》的内容，文渊阁提要在《荟要提要》基础上作了增补，同时特别注意到了将乾隆帝诗注的内容写进了自己的提要中。校上于乾隆四十九年三月的文津阁提要和文渊阁提要相同,可知就是照录了文渊阁提要。

校上于乾隆四十七年二月的文溯阁提要以及《总目》则又是另一种情形。通过文字比较可知,这两篇提要都是依据文渊阁提要誊录的,不过略有变动。其间最关键的是,两篇提要都删去了有关《经义考》编次错乱,即《大易集义粹言合订》排在《元亨利贞说》之前这一例证。这一例证是乾隆帝提出的,为什么不见于这两篇提要呢?如果说文溯阁提要因常有随意删节提要原文之事,故而这里的缺失也可能带有一定随意性的话,那么作为总纂官纪昀精心编定的《总目》,何以也不见录有此语呢?

其实即使是文溯阁提要,在这里也不是随意删弃此语,而是出于无奈。原因在于乾隆帝所列出的这一例证并不恰当。《经义考》体例,卷六十八是总论《周易》,卷六十九是分论《周易》。成德所著《大易集义粹言合订》属于总论,所以列在前,朱熹《元亨利贞说》属于分论,所以列在后。朱彝尊所隶并没有错。就各卷中看,其年代顺序是很严格的。但馆臣即使觉察到乾隆帝诗注的问题,又岂敢辩驳?稳妥的做法就是回避这一问题。所以文溯阁提要、《总目》同时也都删去了"至其编次"一段话。

我们之所以强调文溯阁提要、《总目》是以文渊阁提要为基础誊录的,是要指出这些提要对乾隆帝的评判意见,作了有意识的回避。乾隆帝的意见没有在后来产生的提要中全部得到响应,从一定程度上反映了四库馆臣的自主裁量权问题。

《荟要》本王充《论衡》卷首所录乾隆帝《御制读王充论衡》一文,也可以看到所受《荟要提要》的影响。如《荟要提要》称王充:"盖内伤时命之坎坷,外疾世俗之虚伪,故发愤著书。"指出其坎坷命运与著述之间的关系。乾隆帝御制文也首先指出王充之人为"背经离道、好奇立异之人","时命坎坷"。《荟要提要》又特别指斥道:"其言多激,《刺孟》《问孔》二篇至于奋其笔端以与圣贤相轧,可谓悖矣。"指出其书的"离经叛道"之处。御制文也说:"孔孟为千古圣贤,孟或可问而不可刺。充则'刺孟'而且'问孔'矣,此与明末李贽之邪说何异?"

御制文也有与《荟要提要》差异之处。如《荟要提要》对《论衡》"其文反复诘难,颇伤词费"的文风多有批评。而乾隆帝则说:"读《论衡》者效其博辩,取其轶材则可，效其非圣灭道、以为正人笃论则不可。”此说认为不可仿效《论衡》问孔、刺孟的评判精神，但对该书“博辩”的语言风格则颇为认可。显然与《荟要提要》的态度并不一致。

文渊阁提要校上时间在《荟要提要》之后，内容基本相同，部分语句有差异。如《荟要提要》原文最后写道：“自蔡邕以来即重之云。”只是泛泛而谈，没有具体分析。文渊阁提要则作：“高似孙《子略》曰：‘袁崧《后汉书》载充作《论衡》，中土未有传者。蔡邕入吴，始见之，以为谈助。谈助之言，可以了此书矣。’其论可云允惬。此所以攻之者众，而好之者终不绝欤。”通过引用《子略》之语，指出此书的主要价值在于可资“谈助”。并指出这正是此书长期以来被人攻击但始终能流传于世的原因。其说明比《荟要提要》要明白得多。而仔细分析，这里所强调的也正是乾隆帝题辞所说的“取其轶材则可”这一意思的具体化。文渊阁提要加上这一段文字，有响应乾隆帝题辞之意。

文津阁提要、《总目》与《荟要提要》完全相同。但文溯阁提要与文渊阁提要不同，虽然内容上有删节，但可以看到也是根据《荟要提要》誊录的。这种差异既说明了提要来源的差异，也同样说明了四库馆臣的自主裁量权问题。

2. 乾隆帝题书诗文对《荟要提要》的否定

乾隆帝题书诗文也有对《荟要提要》基本否定的，如扬雄《法言》即为一个例证。

《荟要提要》云：“雄作此书，以拟《论语》，僭经之失，颇为后人所讥。”以下列举了历代作家刘知几、胡宏、晁公武对此书的指摘之言，但同时也指出宋咸、司马光、曾巩、唐仲友、赵秉文辈对此书甚为推尊。提要虽然认为两者“俱不免于过当”，但从其所说“盖其于学虽无所得，而掇拾圣贤绪余，称述仁义，要不失为儒家者流。且其文辞奇古，亦可以沾丐后学，固未可以其造诣之未纯，而概斥之也”一段来看，对扬雄其人及其书仍然是肯定的。而且尽管《荟要提要》也列出了各种批评之言，但我们看到全篇都只是就书而言，讲此书的流传之本、前人及作者对此书的评价、此书的注释，而不涉及作者其人。

乾隆帝所写《御制书扬雄法言》一文，则与《荟要提要》角度完全不同。乾隆此文重点在批评扬雄的品德问题，所谓“生而有投阁之惊，死而蒙莽大夫之谥”，即谓扬雄趋奉王莽之窘境。乾隆帝此文对扬雄语多讥讽，如谓扬雄能言而不能行，说话时不考虑自己能不能做到，做事时也不顾及与自己所说是否一致。乾隆帝此文名为《御制书扬雄法言》，但对《法言》一书反而没有什么评论。《荟要提要》没有提及《剧秦美新》这类容易引发对扬雄负面评价的话题，乾隆帝着眼的正是《荟要提要》回避了对作者的道德评判问题。乾隆帝显然很注意作者的人品问题，并且希望在提要中对此有评判。

与《荟要提要》相比，文渊阁提要刻意增加了对扬雄人品的批评，如其文云："自程子始谓其蔓衍而无断，优柔而不决，苏轼始谓其以艰深之词，文浅易之说，至朱子作《通鉴纲目》，始书'莽大夫扬雄死'。雄之人品、著作遂皆为儒者所轻。"这里不仅指出了扬雄著作的问题，也指出了其人品的问题。其次《荟要提要》的一段评论即"盖其于学虽无所得"云云一段，也完全不见于文渊阁提要。因为很明显这段话的意思与御制文是不相一致的。文津阁提要、《总目》与文渊阁提要相同。文溯阁提要虽然内容有删减，但基本思想与文渊阁提要相同。如上所说，乾隆帝撰御制文写的时间比较难以确定，但我们可以看到《全书》书前提要显然和御制文的主旨是相合的。《荟要提要》与《全书》提要的差异，仍然可以看到乾隆帝题书诗文的因素。

乾隆帝的题书诗文对《荟要提要》的不满，从《御制题杨维桢铁崖古乐府》一文中看得更清楚。

杨维祯[①](1296—1370)，元末明初文学家。元泰定四年进士，历官天台县尹、建德路总管推官等。元末兵乱，避地寓富春江等。《明史·文苑传》本传记道，入明，洪武二年太祖召诸儒纂礼乐书，遣翰林詹同奉币登门。杨维祯以"岂有老妇将就木而再理嫁者耶"为答，以明不仕两朝之意。洪武三年，再被有司敦促。杨维祯赋《老客妇谣》一章进御，曰："皇帝竭吾之能，不强吾所不能则可，否则有蹈海死耳。"后留京百有一十日，待所纂叙例略定，即乞归家。朱元璋允之。杨维祯不仕明朝，体现了他的遗民情结。然而为人所诟病的是，他还写了《大明铙歌鼓吹曲》，一般认为这首曲子即作于此时。诗中谓："驾生圣人应天祥。""圣人生，六合一统天下昌。""大兴问罪师，天戈剪妖狂。妖狂溃崩，赫烈我武扬。""皇皇万国宾，日出日入土，普为大明臣。"其颂扬大明王朝、大明皇帝，贬抑前朝的意思非常明显，即所谓"乃多非刺故国，颂美新朝"。这与《老客妇谣》中"劝我再嫁我力辞"那种不事新朝的态度截然不同，

① 文献中杨维祯、杨维桢两种写法并存，杨氏自己也互用这两个名字，本书随文引用，未作统一。一般性叙述作"杨维祯"。

所以《荟要提要》说“判然若出两手”。如何看待这事，《荟要提要》和其它提要观点有明显的区别。

《荟要提要》长达465字，是《荟要提要》中较为少见的长篇。提要充分肯定了杨维祯转变时代风气、引领文学潮流的作用，肯定了杨维祯的文学成就，对其文学影响也作了极高的评价。馆臣意识到《大明铙歌鼓吹曲》是杨维祯一生中绕不过去的话题，因此在提要中专门谈到了这首诗：

> 至维祯于明初被召不肯受禄，赋《老客妇谣》以自况，其志操颇有可取。而《乐府补》内有所作《大明铙歌鼓吹曲》，乃多非刺故国，颂美新朝，判然若出两手。据危素《跋》，《铙歌》即聘至金陵时所作。或者惧明祖之强留，而故为此逊词，自全之计，亦未可知。然终不免于白圭之玷也。

提要肯定了杨维祯入明后保持节操的行为，并因此认为写作《大明铙歌鼓吹曲》不过是自全之计，并非出于真心。为了更好地说明这一点，提要还特地提到了杨维祯作《老客妇谣》的事。诗中有“南山阿妹北山姨，劝我再嫁我力辞”之句（顾嗣立编《元诗选初集》卷五十六），此借“老客妇”之口，表明自己不仕二朝的心志。提要先提及此诗，其为杨维祯开脱的意图十分明显。

乾隆帝《御制题杨维桢铁崖古乐府》一文，则对杨维桢作了严厉批评。全文如下：

> 杨维桢于元仕不显，而不肯仕于明，似为全人矣。而其补集中有《大明铙歌鼓吹曲》，非刺故国，颂美新朝，非真全人之所为，与《剧秦美新》何以异耶？予命为《贰臣传》，于钱谦益之既仕本朝，阴为诗文诋毁，常恶其进退无据。然谦益之所毁者本朝，犹稍有怀故国之心。若维桢则直毁故国，较谦益为甚。夫文章者所以明天理叙人伦而已，舍是二者，虽逞其才华，适足为害，不如不识字之为愈也。若曰惧明祖之强留而故为此逊词以自全，乃明哲保身之计。予谓明祖直未强留耳，若与之官，将亦必受之，何也？以其忘故国而知之。危素跋而赞之，盖亦同病相怜，曲为之解耳。因著此论并命录其集前，亦所以教万世之为人臣者。

这篇题文，不涉及其他，只谈杨维祯的出处问题，可见乾隆帝对此极为在意。文章认为《大明铙歌鼓吹曲》一篇，与扬雄《剧秦美新》相同，即“非刺故国，颂美新朝”。乾隆帝对身仕两朝之人极为厌恶，他甚至认为杨维祯“忘故国”“直毁故国”的行为比自己极为厌恶的钱谦益的行为还要不齿。

乾隆帝还直接指出了危素《跋》的问题。危素在元朝历任大司农丞、礼部尚书等职，拜参知政事。入明，深得朱元璋信用，被任为翰林侍讲，与宋濂同修《元史》，令撰《皇陵碑文》。乾隆帝指出因为危素自己也是身经两朝、并任大臣之人，所以才对杨维祯的行为表示同情，并不顾事实为杨维祯辩解。乾隆帝的这些看法与《荟要提要》完全不同，明显有批驳《荟要提要》的意思。

其后，乾隆帝还多次提到杨维祯《大明铙歌鼓吹曲》这首诗。乾隆四十六年一月作《宋端石绶带砚歌》“大明铙歌鼓吹曲，亦曾用此摛词否”下自注（《御制诗四集》卷七十七）、同年六月作《再题杨维桢铁笛图》按语（《御制诗四集》卷八十三）、同年十月十五日乾隆帝在命馆臣录存杨维祯《正统辨》时所下谕旨（《高宗实录》卷一千一百四十二），都一再提到《大明铙歌鼓吹曲》，其内容基本与《御制题杨维桢铁崖古乐府》一文相同。如《再题杨维桢铁笛图》按语云：“其《大明铙歌鼓吹曲》，非刺故国，颂美新朝，几于《剧秦美新》。其进退无据，实足鄙斥，不可谓之明哲保身，出于不得已也。”可见乾隆帝非常在意此篇。

《总目凡例》指出，所撰提要，于“人品学术之醇疵，国纪朝章之法戒，亦未尝不各昭彰瘅，用著劝惩”。《凡例》又紧接着说：“其体例悉承圣断。”可见这完全是乾隆帝的旨意。乾隆帝一再提及《大明铙歌鼓吹曲》一篇，其用意亦在以杨维祯为例，惩戒同类之人，以保证对清朝的忠诚。

乾隆帝对之前出现的《荟要提要》的批评，在后来缮抄的其他四库本（如文渊阁本、文津阁本）提要中得到了反映。例如校上于乾隆四十六年正月的文渊阁提要最后一段写道：

> 惟维桢于明初被召不肯受官，赋《老客妇谣》以自况，其志操颇有可取。而《乐府补》内有所作《大明铙歌鼓吹曲》，乃多非刺故国，颂美新朝，判然若出两手。据危素《跋》，亦即聘至金陵时所作。不知何以乖谬至是。核以大义，殆不止于白璧之微瑕矣。

这一段文字与以上所引《荟要提要》相比,可以看到前面部分没有什么差异,区别在最后作者的评判方面。《荟要提要》为杨维祯开脱的意思很明显,而文渊阁提要则对杨维祯作了严厉批评,指出其极为荒谬背理。《荟要提要》最后所说"终不免于白圭之玷也"一句充满了惋惜之意,而文渊阁提要"殆不止于白璧之微瑕矣",则是严厉指斥,明显也是针对《荟要提要》这一句说的。《荟要提要》纯从个人出处、品格着眼,而文渊阁提要等则上升到"大义"的程度,指斥其违背故国、屈从新朝。《荟要提要》推测说,杨维祯作此曲,"或者惧明祖之强留,而故为此逊词,自全之计,亦未可知",这明显是为其开脱,意在说明此乃是迫不得已,而非其有意去迎合新帝。文渊阁提要、殿本《总目》删去这几句,也就意味着毫无为杨维祯维护的余地。"白圭之玷"亦即"白璧之瑕",《荟要提要》对此不必再刻意发挥。《总目》则认为"不止"于此,认为绝不只是一般个人的瑕疵,也就是说要核以"大义"。所以尽管文渊阁提要对杨维祯的风格也给予了正面评价,也肯定了杨维祯在文学史上的地位,但最终还是对其人品给予了严厉批评。其原因显然与乾隆帝相关。其后,校上于乾隆四十七年九月的文溯阁提要[①]、校上于乾隆四十九年八月的文津阁提要[②],乃至后来的《总目》,也都和文渊阁提要相同[③]。于此更可以看到乾隆帝题书诗文对《四库全书》纂修的重要影响。

鲁迅曾说:"《四库全书简明目录》其实是现有的较好的书籍之批评,但须注意其批评是'钦定'的。"[④]所谓"钦定",就是皇帝审定、裁定的意思,说明了皇帝意旨对四库提要的影响。鲁迅说的是《四库全书简明目录》,其实书前提要的情况也一样,杨维祯《铁崖古乐府》提要前后的差异就说明了这一点。

3. 乾隆帝题书诗文对《武英殿聚珍版》提要的吸纳

可以肯定地说,乾隆帝题书诗文除了吸纳了《荟要提要》的内容外,还吸纳了更早撰写的《武英殿聚珍版》提要的内容。

如《武英殿聚珍版》丛书收录明苏州沈继孙撰《墨法集要》一书,乾隆帝很

---

① 《金毓黻手定本文溯阁四库全书提要》,第 864 页。

② 《文津阁四库全书提要汇编》集部,第 615 页。

③ 殿本《总目》云:"据危素《跋》,盖聘至金陵时所作。核以大义,不止于白璧之微瑕矣。"浙本《总目》云:"据危素《跋》,盖聘至金陵时所作。或者惧明祖之羁留,故以逊词脱祸欤。然核以大义,不止于白璧之微瑕矣。"

④ 鲁迅《开给许世瑛的书单》,《鲁迅全集》第 8 卷,人民文学出版社,2005 年,第 497 页。

重视这部书，撰有《题墨法集要图记》一诗。《武英殿聚珍版》提要云："继孙，洪武时人。自言初受教于三衢墨师，后又从一僧得《墨诀》，遂并录成书。凡为图二十，附载图一，每图各为之说。"乾隆帝诗序云："明洪武间吴郡沈继孙撰。自言初受法于三衢墨师，后又从一僧得《墨诀》，遂并录成书。缕析制法，绘图二十有一，各为之说。"聚珍版提要又谓此书"切于实用"，乾隆帝序亦云"颇切于用"。可见内容相同。聚珍版提要又说："原本诸图皆以施功先后为序，惟'样制图'后附以'印脱'之式，未免参错不伦，其形制亦颇未合。今以二十图列于前，而以'印脱'之式重加订正，退置卷末，庶端绪秩然而体例尤为尽善云。"乾隆帝序云："原本诸图间有参错者，重加厘正。"显然是对聚珍版提要的概括说明。

乾隆帝题诗收在《御制诗四集》卷三十三中，这一卷的诗作于乾隆四十一年正月。《武英殿聚珍版》此书提要校上于乾隆四十年四月。按照这个时间，乾隆帝当是看到了《武英殿聚珍版》书后，写下了这首诗，并在其序言中采纳了聚珍版提要的内容。

再如宋毛晃《禹贡指南》卷首载乾隆帝《御题毛晃禹贡指南六韵》一诗并有注。《武英殿聚珍版》提要校上于乾隆三十八年六月，乾隆帝此诗见《御制诗四集》卷十七，作于乾隆三十九年。经过比较可知乾隆帝此诗注释也使用了聚珍版提要。

乾隆帝"毛晃《指南》因有述，文渊阙氏乃无端"诗句下有注云："《宋史·艺文志》不载是书，明焦竑《经籍志》载《禹贡指南》一卷，宋毛晃撰。自为可据。而朱彝尊《经义考》则云'未见'，又云《文渊阁书目》有之，不著撰人，《书目》成于杨士奇，与焦竑为同时，不应书成而佚其姓名，岂未加深考耶?"这一条注释说到了毛晃《禹贡指南》一书的著录情况。《武英殿聚珍版》提要云："明焦竑《经籍志》载《禹贡指南》一卷，宋毛晃撰。《宋史·艺文志》无之，朱彝尊《经义考》亦云'未见'，又云：'《文渊阁书目》有之，不著撰人，疑即晃作。'"乾隆帝诗注意思与此相同。

《武英殿聚珍版》提要又云："是书……旁引他说，以证古今山水之原委，颇为简明。虽生于南渡偏安之后，僻处一隅，无由睹中原、西北之古迹，一一亲核其真，而援据考证，独不泥诸儒附会之说。故后来朱子《书说》及蔡氏《集传》多用之，亦言地理者所当考也。"乾隆帝诗注云："晃是编于山水原委，考证明当，不泥诸儒附会之说，故朱子《书说》、蔡氏《集传》多用之。”也可以看到乾隆帝诗注袭用聚珍版提要的痕迹。

除此以外，《易纬乾坤凿度》《春秋辨疑》《水经注》《鹖冠子》等书，乾隆帝题诗也都使用了《武英殿聚珍版》提要的内容。而这几部书，《荟要提要》与《武英殿聚珍版》提要完全相同，由此也可以看到相互之间的关系。

也有一些图书，看不出乾隆帝题书诗文与《荟要提要》有任何关系。这主要在于《荟要提要》是就整部图书说的，而题书诗文只是就其中某些内容说的。如《荟要提要》之归有光《震川文集》提要，主要说明了归有光文集的版本流传情况，并肯定了归有光在倡导唐宋古文方面的功绩。卷首所录乾隆帝《御制读归有光易图论》，主要评论归有光《易图论》的观点，与《震川文集》提要关注的问题不同，所以看不出两者的联系。文渊阁本、文津阁本卷首都没有收录乾隆帝此文。宋王应麟撰《困学纪闻》一书也是如此，主要在于乾隆帝题辞不是就全书进行评论，而只是谈论了其中的说《易》一卷。《御制读耶律楚材扈从羽猎因有咏》诗一首也属于这种情况。

以上从几个不同的角度分析了乾隆帝题书诗文和《荟要提要》，包括《武英殿聚珍版》提要的关系。一般情况来说，如题书诗文撰写在前，《荟要》则在提要中尽可能吸收题书诗文的内容。如果是《荟要提要》撰写在前，乾隆帝题书诗文有的会采用其内容，也有的则表示了不同的看法。这表明了乾隆帝与四库馆臣之间有相通性，有互为影响的一面，但也表明乾隆帝有自己的立场，并不完全照用他人的说法，由此也可以看到乾隆帝的这些题书诗文并不是通常的应景文章。《荟要提要》以外的其他四库提要的态度则颇为耐人寻味。如果《荟要提要》与乾隆帝题书诗文内容一致，其他四库提要也基本没有差异。但如果题书诗文对《荟要提要》的观点有异议，则其他四库提要基本保持与题书诗文观点的一致。这使我们可以清楚地看到四库馆臣在重大文化事件中立场的变化过程及对皇帝旨意的契合状态。编纂《四库全书》是乾隆年间一桩重大的文化事件，我们从《荟要》的编纂中可以看到乾隆帝和这一重大文化事件的基本联系，这有助于更好地研究乾隆帝，也可以更好地研究乾嘉学术的内涵及与政治的关系。

第三节 《荟要》与《全书》敕撰本的类目改易

本文所说的类目改易，是指收入《四库全书荟要》的图书，在收入《四库全书》时，类目发生了改变。图书类目改易的原因主要有：类目取消、类目归并、类目调整等。据本人统计，从《荟要》到《全书》，类目改易的图书共90部[①]，其中有清帝敕撰本33部。清帝敕撰本是指自清初至乾隆年间，以清朝皇帝之名撰著或清臣奉皇帝之令编纂的图书，包括御纂、御批、御制、御注、御选等类。和一般图书相比，敕撰书由于作者身份的特殊性，所以其类目的改易，更能反映《四库全书》纂修中的问题。本文即考察这类图书类目的改易问题。

在古代的图书分类体系中，经史子集四部之间，存在着一个各有等差而不并列的情形。钱基博《文史通义解题及其读法》开篇立言即说："中国之书，总以四部。四部之学，经史为大。"[②]乾隆帝和馆臣都特别强调过这个问题，如乾隆帝《文源阁记》云："文之时义大矣哉。……以水喻之，则经者文之源也，史者文之流也，子者文之支也，集者文之派也。派也、支也、流也，皆自源而分；集也、子也、史也，皆自经而出。故吾于贮四库之书，首重者经。"(《御制文二集》卷十三)即是说明了这一点。

实际上不仅四部之间存在等差问题，就是同一部中的不同类目之间，也存在一个等差问题。如《四库全书》史部分为15类，史部总叙云："首曰正史，大纲也。"即是。其中地理类又分为宫殿疏[③]、总志、都会郡县、河防、边防、山川、古迹、杂记、游记、外纪等10个细目。地理类小序说到所分细目的关系道："首宫殿疏，尊宸居也；次总志，大一统也；次都会郡县，辨方域也。"就这三个细目来看，等差分明，不容逾越。当然部类之间也不都是等差关系，也有并列关系，如史部地理类的细目河防、边防，就基本是并列关系。但河防、边防与宫殿疏等比，又确实存在等差关系。

---

① 参见《四库全书荟要总目提要》附录五《〈荟要总目〉与〈总目〉图书分类相异一览表》，第502—504页。

② 钱基博《文史通义解题及其读法》，龙虎书店增定版，1935年。转引自张京华《〈汉书·艺文志〉"考镜源流"义例申论》，《中国图书评论》2009年第7期，第27页。

③ 这一细目名称，《总目》作"宫殿疏"，四库本相应图书卷端题作"宫殿簿"。

再如《全书》子部分为 14 类，子部总叙谓“儒家尚矣。有文事者有武备，故次之以兵家”云云，等差关系非常明显。纪昀也说过类似的话，其《济众新编序》云：“余校录《四库全书》，子部凡分十四家。儒家第一，兵家第二，法家第三。所谓礼乐兵刑，国之大柄也。农家、医家、旧史多退之于末简，余独以农家居四，而其五为医家。农者民命之所关，医虽一技亦民命之所关，故升诸他艺术上也。”[①]所谓“升”，就是将原位列在后而纪昀认为重要的类目调整到前面来。《四库全书》子部分为 14 类，子部总叙依据重要程度又依次将其分为治世者所有事、小道之可观者、旁资参考者、外学四大类。在“治世者所有事”的六家中，次序是儒家、兵家、法家、农家、医家、天文算法。这个顺序与纪昀所说完全一致。

《总目》子部艺术类小序云：“古言六书，后明八法，于是字学、书品为二事。左图右史，画亦古义，丹青金碧，渐别为赏鉴一途。衣裳制而纂组巧，饮食造而陆海陈，踵事增华，势有驯致。然均与文史相出入，要为艺事之首也。琴本雅音，旧列乐部，后世俗工拨捩，率造新声，非复清庙生民之奏，是特一技耳。摹印本六体之一，自汉白元朱，务矜镌刻，与小学远矣。射义投壶，载于《戴记》，诸家所述，亦事异礼经。均退列艺术，于义差允。”所谓“退列”，也就是将这类纯与技艺有关的著作从经部的小学、礼经等类中移易到子部艺术类中。可见四库类目的顺序及其“升”和“退”的调整都是馆臣认真思考的结果。

傅荣贤曾指出，中国古代文献分类，在类目次序的安排上普遍遵循这样一个原则，即意义和功能大的类名（或文献）排在意义和功能小的类名（或文献）之前，这种安排体现了一种规律性：文献按照其内涵的意义和功能递减序列排序[②]。四库图书类目的排序也遵循着这个基本原则。

按照这样的说法，我们将 32 部敕撰图书类目改易的情况分为“降”“升”、同类“位移”三种类型。从《荟要》到《全书》，敕撰图书类目的升、降变易，除了有学术观念发生变化，并使图书内容与图书类目更为契合这一原因外，还有着其他因素，这其中最主要的是作者的因素。

以下先看第一种情形。这一种情形是类目的“降”，属于这种情况的有以下 9 部图书：

① 纪昀《纪文达公文集》卷八《济众新编序》，清嘉庆十七年纪村馨刻本，第 42 页。

② 傅荣贤《中国古代图书分类学研究》，台北学生书局，1999 年，第 110 页。

书　名	作　者	《荟要》分类	《全书》分类
御定孝经衍义	顺治帝	经部孝经类	子部儒家类
圣祖仁皇帝庭训格言	雍正帝	史部诏令类	子部儒家类
圣谕广训	雍正帝	史部诏令类	子部儒家类
西清古鉴	乾隆帝	史部器用类	子部谱录类
钱录	乾隆帝	史部器用类	子部谱录类
御批通鉴纲目前编	康熙帝	史部编年类	史部史评类
御批通鉴纲目	康熙帝	史部编年类	史部史评类
御批续资治通鉴纲目	康熙帝	史部编年类	史部史评类
附:御定资治通鉴纲目三编	乾隆帝	史部编年类	史部编年类
御定广群芳谱	康熙帝	子部农家类	子部谱录类

前 5 部是跨部类降,后 4 部属于在同一部类中降。乾隆帝《御定资治通鉴纲目三编》部类未改变,为说明问题,本文姑附录于此。

《御定孝经衍义》《圣祖仁皇帝庭训格言》《圣谕广训》这三部顺治帝、康熙帝、雍正帝的敕撰书分别从经部、史部调整到了子部儒家类。这三部书的作者,都为乾隆帝的祖、父甚至曾祖父辈。就内容看,收录在《荟要》中各书的提要,与《四库全书》书前提要及《总目》都有一定差异。

《御定孝经衍义》一书,《荟要总目》强调了清初三代皇帝对此书的重视:"我国家列圣相承,阐明孝治。世祖章皇帝,既亲为之注,复诏儒臣纂为《衍义》,而圣祖仁皇帝成之,世宗宪皇帝又为之《集注》,所以表章阐绎之者,尤不与他经等。"由此强调了此书在经书中的重要地位。此书提要处处将《御定孝经衍义》与"经"相联系。由此可以看到,《荟要》认为将此书列入经部是符合实际的。而文渊阁提要与《总目》则都指出本书体例仿照了真德秀的《大学衍义》一书。之所以强调这一点,完全是出于将本书从经部孝经类调整到子部儒家类的需要。因为《四库全书》将真德秀《大学衍义》一书列在子部儒家类中,因此文渊阁提要与《总目》指出《孝经衍义》体例"悉仿"(或称"全仿")《大学衍义》,就为部类调整找到了充分的理由。

《圣祖仁皇帝庭训格言》一书,《荟要提要》与文渊阁提要及《总目》之间最大的区别是对此书的定位不同。《荟要》将此书收录在史部诏令类中。诏令是皇帝所发命令、文告的总称，是对整个国家所说的。《荟要》因定位于此，故其提要也强调其言对国家的作用，强调此书的性质是，“真以家法为治法者”。文渊阁提要与《总目》因将此书列入子部儒家类，所以提要也多从教化这一角度阐述。但其表述似乎颇为矛盾。其文云：“是编以圣人之笔记圣人之言，传述既得精微，又以圣人亲闻于圣人，授受尤为亲切。垂诸万世，固当与典谟训诰共昭法守矣。”这段话的前一部分强调的是此书的教化功能，后一部分又强调了此书的治国功能。也即是说，《四库全书》与《总目》虽将《圣祖仁皇帝庭训格言》列入子部儒家类，并因此注意在提要中突出这一点，但又于不经意间透露出此书原本隶属于史部诏令类的痕迹。

相对来说，《圣谕广训》的提要内容比较明了。《荟要提要》云：“《圣谕》十六条，圣祖仁皇帝所颁。以晓谕薄海臣民，垂教万世。”又谓：“凡童子应试初入学者，并令默写无遗，乃为合格。盖所以陶成民俗，祗服训言者。法良意美，洵无以复加云。”要旨在突出该书的教化作用。《总目》云：“迄今朔望宣读，士民肃听，人人易知易从，而皓首不能罄其蕴。诚所谓言而世为天下则矣。”尽管文字不同，但主旨并无差别。因此《四库全书》调整入子部儒家类，也似乎是顺理成章。

从以上提要分析中可以看到，这三部书由经部或史部调整到子部，与馆臣的主观意图很有关系。如第一种，《总目》等避开了与经书的关系，第二种，《总目》则主要突出该书的教化功能，第三种情况更使我们看到，图书置于何部，馆臣起着重要作用。

再看有关《通鉴纲目》的三部书。这三部书均由史部编年类调整到史评类。为说明问题，我们必须结合《荟要》中还有一部未改变部类的图书，即《御定资治通鉴纲目三编》来看。此书乾隆四十年奉敕撰。从图书性质看，这四部书体例都是先后相承，并没有什么差别。然而在《四库全书》中，康熙帝御批的三部书被调整到史部史评类，而乾隆帝的《御定资治通鉴纲目三编》则仍留在编年类。

编年类是《荟要》《全书》共有的类目，为什么馆臣要作这样的调整呢？这也与部类的等差有关。《总目》卷四十七史部编年类小序云：“司马迁改编年为纪传，荀悦又改纪传为编年。刘知几深通史法，而《史通》分叙六家，统归二体。则编年、纪传，均正史也。……今仍搜罗遗帙，次于正史，俾得相辅而行。”《全书》史部分为15类，正史类为第一类，其次即为编年类。可见编年体在馆臣心目中的重要地位。我国上古时期的史书如《春秋》《左传》，多采用编年体。两汉时期，司马迁、班固用纪传体写《史记》《汉书》，自此以后，纪传体遂成为史书撰写的主要形式，并取代了编年体的地位。

《隋书·经籍志》在史部图书中首列“正史”类目，其所收之书，如《史记》《汉书》《东观汉记》等，都为纪传体。“自是世有著述，皆拟班马，以为正史。”（《隋书·经籍志》正史类叙）“正史体尊，义与经配”（《总目》史部正史类小序），纪传体遂为史部第一类。不过编年体在史部中的地位仍高于其他体裁，唐代史学家刘知几因此说古代史书，不出编年、纪传二种体裁。历代正史艺文志，自《新唐书》以下，都将编年类列为史部第二类。正因为如此，所以《四库全书总目》亦将编年类列为史部第二类，可见其在史部中的地位极其重要。

史评类在目录书中不常设置。现在可见到的是，晁公武《郡斋读书志》卷二史部有史评类，收录刘知几《史通》等书。但稍后的陈振孙《直斋书录解题》却将《史通》收录在集部的“章奏类”中。可见对史评类这一类目的看法很不稳定。在《总目》史部中，史评类为最后一类。史部总叙云：“今总括群书，分十五类。首曰正史，大纲也。”以下分别说道，编年等类“皆参考纪传者也”，时令等类“皆参考诸志者也”。最后说：“曰史评，参考论赞者也。”所谓“论赞”，即古代史书中作者的评论性文字，表达作者对人物、事件的看法。它通常附在史篇的结尾部分。由此来看，论赞虽然是研究史家思想的重要材料，但就历史著作的主体来说，似乎处于附庸地位。

《总目》史部史评类小序写道：“其中考辨史体，如刘知几、倪思诸书，非博览精思，不能成帙故，作者差稀。至于品骘旧闻，抨弹往迹，则才翻史略，即可成文。此是彼非，互滋簧鼓，故其书动至汗牛。又文士立言，务求相胜。或至凿空生义，僻谬不情。如胡寅《读史管见》讥晋元帝不复牛姓者，更往往而有。故瑕颣丛生，亦惟此一类为甚。我皇上综括古今，折衷众论，钦定《评鉴阐要》及《全韵诗》，昭示来兹。日月著明，爝火可息；百家谰语，原可无存。以古来著录旧有此门，择其笃实近理者酌录数家，用备体裁云尔。”就这段文字看，除了《史通》及钦定《评鉴阐要》等几部著作外，馆臣对史评类著作评介是很低的。而且看其“瑕颣丛生，亦惟此一类为甚”之语，可知馆臣对史评类总体评价不佳，而不仅是对其中的某些图书而言。从其“原可无存”，“酌录数家，用备体裁”等语可以看到，馆臣甚至认为连这一类目都可以取消。

因为在史部类目中史评类的地位、重要性要远远低于编年类，所以《四库全书》中康熙帝御批的《资治通鉴纲目前编》等三部书被移到史评类，虽然仍在史部，但其重要性实际被大大降低了。乾隆帝《御定资治通鉴纲目三编》则仍留在编年类，其地位显然高于康熙帝钦定的同类图书。

在史评类图书中，得到极高评价的是《评鉴阐要》，这是因为这部书是当今皇上“钦定”的。这一时期的馆臣，重视的只是乾隆帝的著作。馆臣突出乾隆帝的著作，不是就书论书，而是采用了比较的方式。馆臣通过刻意贬抑其他同类著作，从而突出了乾隆帝钦定书的价值，《总目》因有所谓“日月著明，爝火可息，百家谰语，原可无存”之说。然而馆臣似乎无视这么一个事实，即在史评类中，收录有康熙帝御批之书，即从史部编年类调整过来的《御批通鉴纲目前编》等。《总目》谓除乾隆帝御批之书外，“百家谰语，原可无存”，说得极为干脆。这些评语是不是针对康熙帝御批之书说的，我们无从知晓。但康熙帝御批之书就在乾隆帝御批之书前面，即便是馆臣无意之言，也不可避免会让人产生种种联想。

乾隆四十九年五月，军机大臣奏谨将四库全书分架图册夹签呈览片云：“查四库全书排架，系依照编目体例，每部以类为次。史部内《御批通鉴辑览》一书，不但各卷评语均出圣制，其中纲目大书分注，亦一本睿裁，是以敬谨列入史部编年第七、第八架。至圣祖仁皇帝《御批纲目》，系就原书冠以评语，是以与《评鉴阐要》一体录入史评类中，令列史部第三十三架。”(《纂修四库全书档案》一〇二五)馆臣对乾隆帝《御批通鉴辑览》一书用了“敬谨列入”这样的敬词，对康熙帝《御批纲目》则用“令列”这种普通语言。可见连用语都有区别，部类的调整也就不足为奇了。

再看《御定广群芳谱》一书。此书由圣祖仁皇帝诏儒臣取明王象晋元本删增成编。该书由《荟要》的子部农家类调整到《全书》的子部谱录类，也多少含有部类下降的因素。

《全书》子部 14 类，分为四个等级。农家类在《全书》中的地位极高。《总目》子部总小序中，农家以“谷，民之本也”，被列为子部第一等级的第四类。谱录类则与杂家类等 4 家同属于第三等级，子部总叙称之为“皆旁资参考者也”。

而在农家类小序中,《总目》更有一段关于农家类图书选择的论述:"今逐类汰除,惟存本业,用以见重农贵粟其道至大,其义至深,庶几不失《豳风》《无逸》之初旨。茶事一类与农家稍近。然龙团凤饼之制,银匙玉盌之华,终非耕织者所事,今亦别入谱录类,明不以末先本也。"由此可知在子部中,农家类图书与谱录类图书确实存在着重要性的差异。馆臣在编纂《全书》时,将《广群芳谱》由子部农家类调整入谱录类,以使有本、末之别,实际也含有贬抑之意。

可见以上将图书作降级处理的,都是与顺治帝等有关的著作,而与乾隆帝无关。这和以下要说的第二种情形恰好相反。

例外的是乾隆帝敕撰的《西清古鉴》与《钱录》这两部与金石有关的著作,从史部器用类调整到了子部的谱录类,从部类关系上看也在"降"的行列。不过这两部书的类目比较特殊。《全书》中没有"器用"这一类目,所以肯定要重做调整。金石类的图书,《总目》一分为三,分别收入经部小学类、史部目录类、子部谱录类。其中"因器具而及款识者"入谱录类。《西清古鉴》与《钱录》两书都与"器具"有关,且《荟要》也属于"器用"类,所以《全书》将其收入子部谱录类。由此可见这两部书的类目归属,主要是根据图书的性质、同时按照《总目》整体构想安排的,与图书类目的升降并无关系。

第二种情形的图书有 6 部,如加上比较特殊的一部《武英殿聚珍版程式》[①]则是 7 部。其基本情形是史部、子部、集部图书调到经部、史部、子部。这也就是所谓的"升"。这类图书有:

书　名	作　者	《荟要》分类	《全书》分类
钦定西域同文志	乾隆帝	史部地理类	经部小学类
御制律吕正义	康熙帝	子部数术类	经部乐类
御制律吕正义后编	乾隆帝	子部数术类	经部乐类
钦定淳化阁帖释文	乾隆帝	子部杂艺类	史部目录类

① 《武英殿聚珍版程式》一书,《荟要总目》及《荟要》本卷端、书前提要著录书名、书口等处,均无"钦定"二字,而文渊阁《四库全书》本均题作《钦定武英殿聚珍版程式》。如书前提要著录本书书名,《荟要》本云:"臣等谨案:《武英殿聚珍版程式》一卷,首列诸臣奏议……"文渊阁本书前提要则云:"臣等谨案:《钦定武英殿聚珍板程式》一卷,乾隆四十一年户部侍郎金简恭撰进呈。"可见文渊阁本将此书看作是钦定本。所以我们也将《武英殿聚珍版程式》作为御纂书。

续表

书　名	作　者	《荟要》分类	《全书》分类
钦定叶韵汇辑	乾隆帝	子部类书类	经部小学类
武英殿聚珍版程式	金简汇辑成编	子部杂艺类	史部政书类
御览经史讲义	乾隆帝	集部奏议类	子部儒家类

这 7 部图书的调整，有的考虑到内容的因素。如《西域同文志》，乃“考校诸番文字，定著是编”（《总目》），《荟要提要》也说此为“以备西域诸部之字书”。这是一部满、汉等 6 种文字的人名、地名对译辞书，所以在小学类显然比置于地理类更合适。也有的因部类调整，需要重新归隶，如《荟要》的子部杂艺类、集部奏议类，在《四库全书》中都已撤销或归并入其他部类，所以《四库全书》也需要将相关图书重新安排部类。

不过这些敕撰书类目的改隶，主要的是由于各书作者的原因。这七部图书中，有 5 种是乾隆帝钦定的。这才是《四库全书》将这几部图书由排序在后的类目调整到排序在前的类目的真正原因。我们从和第一种情况的比较中，不难看到四库馆臣对这类敕撰书的基本做法，即在《四库全书》中，尽可能将与清代其他帝王有关的著作的部类调低，而将与乾隆帝有关的著作的部类调高。

这几部图书，唯一例外的是《律吕正义》，这是由康熙帝御制的著作，《四库全书》也将其从《荟要》的子部数术类调整到了经部乐类。然而这部书之所以成为特例，完全是因为乾隆帝有御制《律吕正义后编》的缘故。乾隆帝此书既是继康熙帝之书而作，要将两部图书分隶两处，显然不合情理。同时又不可能随着将康熙帝之书降类处理，亦将乾隆帝之“后编”也降类处理，所以就只好将康熙帝之书也随乾隆帝之书的升级而升级了。因此如果没有乾隆帝的“后编”，康熙帝的这部御制书能否也会升级到经部，是很难说的。

此外有一部书也值得注意，即《武英殿聚珍版程式》。这部书在《荟要》中没有将其作为敕撰书，但在《全书》中书名加上了“钦定”字样，成了敕撰本。这部书与乾隆帝渊源颇深，所以在类目调整时，也将此书从《荟要》的子部杂艺类，调整到了《全书》的史部政书类，实现了部类的升级。其实从图书分类的角度看，《荟要》的分类更为贴切。

第三种情形是所在“部”不变，但“类”有差异。这类图书有 17 部，在《荟要》中分别属于史部的诏令类、法制类，子部的数术类、杂艺类，集部歌词类。《荟要》的这几个类目在《四库全书》里都没有设置，所以需要重新归类。这种类目的移易没有多少人为的因素在内，所以其中既有康熙帝的敕撰书，也有乾隆帝的敕撰书。

这里想说一下康熙帝的《御定书画谱》。该部书收录在《荟要》子部杂艺类，因《全书》无杂艺类，所以归入了子部艺术类。单就此书本身来说并无不妥。不过我们如果结合《荟要》子部杂艺类的整个情况看，就会感觉事情并非如此简单。杂艺类共收录 4 部图书，其他 3 部是乾隆钦定的《淳化阁帖释文》、明苏州沈继孙撰《墨法集要》、《武英殿聚珍版程式》（也与乾隆帝有关）。这 3 部书在收入《四库全书》时，类目同样需要移易。《墨法集要》移到了子部谱录类，这属于同一部中的平行移动。《淳化阁帖释文》《武英殿聚珍版程式》分别移到了史部目录类、政书类，这属于类目的升级。类目平移的这部书与皇帝没有关系，类目升级的两部书则都是乾隆帝钦定书，只有康熙帝的这部敕撰书降了级。类目的移易与作者的身份之间究竟有没有必然的联系，不好随意猜测，但移易的结果不能不让人作这方面的联想。

需要补充的一种情形是同一部类中的敕撰本，有的改易，有的不改。这以类书类中的几种敕撰本最为典型，其情形如下：

书　名	作　者	《荟要》分类	《全书》分类
御定渊鉴类函	康熙帝	子部类书类	子部类书类
御定骈字类编	康熙帝	子部类书类	子部类书类
御定分类字锦	康熙帝	子部类书类	子部类书类
御定子史精华	康熙帝	子部类书类	子部类书类
御定佩文韵府	康熙帝	子部类书类	子部类书类
御定韵府拾遗	康熙帝	子部类书类	子部类书类
钦定叶韵汇辑	乾隆帝	子部类书类	经部小学类

《荟要》子部类书类收录 7 种书，全是敕撰本。除一种为乾隆帝御定外，其余均为康熙帝所御定。而从《荟要》与《全书》的分类看，康熙帝御定的图书部类一种也没有变动，唯一变动且是部类上升的是乾隆帝御定之书。

就图书性质和内容看，《钦定叶韵汇辑》放在经部小学类更为合适。然而经过如此移动，在《全书》的类书类中就不再有乾隆帝御定之书。《总目》类书类小序对类书有非常严厉的批评："此体一兴，而操觚者易于检寻，注书者利于剽窃。辗转稗贩，实学颇荒。"《总目》的批评是否因为类书类中没有了乾隆帝的御定书，因而可以较少顾忌，不得而知。但类书类中如果仍然有乾隆帝御定类书的话，四库馆臣肯定不会对这一类图书有如此尖锐的批评。

以上我们分析了敕撰书类目改动的几种情况。从前两种类目的移易中可以看到，通常情况下，顺治、康熙、雍正皇帝御撰的图书被降级调整了，而乾隆帝御撰的图书则几乎都得到了升格。《荟要》和《全书》的编纂时间部分交叉，后者因收录数量多故完成时间稍后，不过也就在几年间。修纂人员差不多也是同一班人，但三朝老皇帝和今上的敕撰本待遇已有显著差异。馆臣在部类的升降调整上没有丝毫同情和犹豫。现在尚无文字材料说明是谁决定作这种调整的。然而这正是问题所在：没有人指出要怎么做，但却都懂得怎么去做。敕撰本类目的改易固然有学术观念变化的因素在内，此外图书分类的模糊性也确实给类目的调整留下了伸缩的空间，但《荟要》和《全书》的调整更多的则是四库馆臣出于逢迎当今皇上的需要。实际上敕撰本类目的调整只是这种需要的一个方面，我们从馆臣对类目的评价、对敕撰本的评价中，依然可以感觉到这一点。

第四节　《荟要》本《铁崖古乐府》作者姓名的书写问题

《铁崖古乐府》是杨维祯所著的一部乐府诗集，收录在《荟要》集部。

杨维祯(1296—1370)是元末明初著名诗人、文学家，也是一位重要的书画家和戏曲家。《荟要》收录了他的《铁崖古乐府》十卷《乐府补》六卷，还收录了他的《复古诗集》六卷、《丽则遗音》四卷这两部著作。除了敕撰本，《荟要》中一个人的著作收录有三种的极为罕见，可见《荟要》对杨维祯的看重。就《荟要提要》看，《铁崖古乐府》提要云："元季风气日变，诗家竞以奇丽新颖相尚，而维祯实为之雄长。其所作乐府才力横轶，震荡凌厉，自以为前无古人，直欲笼罩一世。"又云："其笔力豪健，思致窈眇，洵纵横不羁之才，足以自成一格。”《复古诗集》提要评其《香奁》诸作云：“为他本所无，独附见于是集，其清丽俊逸，尤维祯所擅长云。”《丽则遗音》云：“维祯才力豪放，乃一出而振起之，大抵兴会淋漓，气韵渊雅，颇能不失汉魏以来矩获。虽一时揣摩场屋之作，其体格正未易及也。”可见评价极高。

然而就是这样一位重要作者，《荟要》中其名字，或作杨维祯，或作杨维桢，写法却并不一致。

其《铁崖古乐府》卷首提要云：“臣等谨案：《铁崖古乐府》十卷《乐府补》六卷，元杨维祯撰。维桢字廉夫，山阴人。”颇令人费解的是，人名前面写作“祯”，后面却写作了“桢”。前后相隔仅两个字，同一个人名却用了两种写法。再此集各卷卷端，也都写作“杨维桢”。

如果我们仔细看《荟要提要》中的这两个字，可以发现最初都是写的“祯”，作“桢”是后来描画改动的，修描痕迹非常明显。该书各卷卷端的署名，改动的痕迹也非常清楚。所作改动，就是将“礻”字旁上面的一点与下面一横中间的空隙竖着连起来，使得看上去好像是“木”字旁一样。由于作为偏旁，“礻”与“木”外形相近，“祯”“桢”二字差异不多，所以改动以后看起来几乎一样。但仔细分辨，仍可以看到改动描画的痕迹。如修改后的“木”字旁一竖的起笔特别突出，可以看出原来作为“礻”字旁上面一点的痕迹。再如修改后的“木”字旁其第二笔的一横和第三笔的一撇有连接痕迹，呈现着折笔的样子。这是因为“礻”字旁的第二笔就是横折，折笔痕迹无法去掉。经过了修改的“杨维桢”三个字中，未经修描和经过了修描的“木”旁有一定的差异。

让人意外的是，在《荟要》收录的作者其他两部书《复古诗集》《丽则遗音》中，无论是书前提要，还是各卷卷端，都是写的“杨维祯”，“祯”字没有作任何改动。

杨维桢还是杨维祯？对其姓名的写法历来有争论。实际上“杨维桢”“杨维祯”两种写法并存，杨氏自己也互用这两个名字，并没有严格的取舍[1]。因此《荟要》誊录作“杨维祯”，还是“杨维桢”都没错。乾隆三十九年联桂堂刻清楼卜濂《铁崖乐府注》本，卷端就都作“杨维祯”。此本刊刻时间与《荟要》抄写此书时间十分接近，可见其时写作“杨维祯”是很普遍的现象。在文渊阁本

① 参见梁潇《杨维桢还是杨维祯?》，《松江报》2012年5月31日第6版。

《四库全书》中，虽然多写作“杨维桢”，但也有写作“杨维祯”的。

问题是既然写作“杨维祯”也可以，那为什么在《铁崖古乐府》中要将已经抄好的“祯”字改掉呢？我们认为这与乾隆帝《御制题杨维桢铁崖古乐府》有关。

乾隆帝《御制题杨维桢铁崖古乐府》收录在《铁崖古乐府》卷首，也收录在《御制文二集》卷十八、文渊阁《四库全书》本《铁崖古乐府》卷首。乾隆帝题词的手迹今天已无从看到，但乾隆年间武英殿刻本及《四库全书》本《御制文二集》，都作“杨维桢”，“桢”字用“木”字旁。文渊阁《四库全书》本《铁崖古乐府》卷首题词也作“杨维桢”。不仅如此，文渊阁本《铁崖古乐府》及《复古诗集》《丽则遗音》各卷卷首署名，也都作“杨维桢”，不作“杨维祯”。

乾隆帝《御制题杨维桢铁崖古乐府》作于乾隆戊戌孟夏，即作于乾隆四十三年四月。《荟要提要》也校上于乾隆四十三年四月。从时间上看，应该是乾隆帝在看到了进呈的《荟要》本《铁崖古乐府》后写下这篇题辞的。乾隆帝题辞有曰：“因著此论，并命录其集前，亦所以教万世之为人臣者。”既然乾隆帝有此令，馆臣自然不敢怠慢，于是在《荟要》本《铁崖古乐府》卷首，也补抄了这篇题辞。

然而问题是《荟要》本作者姓名写的是“杨维祯”，而乾隆帝写的却是“杨维桢”。馆臣应该是发现了这个问题，所以只能将已经抄写的“杨维祯”改成“杨维桢”。这是为了与乾隆帝的写法保持一致。《荟要》本《铁崖古乐府》卷首的乾隆帝《御制题杨维桢铁崖古乐府》，其“桢”字也是由“祯”改过来的。

这实际上说明了几个问题。一是乾隆帝对《荟要》编纂的重要影响。《铁崖古乐府》因为抄写较早所以就都抄作“杨维祯”了，而且按照习惯将乾隆帝题词也抄作“祯”字。但应该是后来发现了乾隆帝题词写的实际是“桢”字，于是馆臣亦改作了“桢”字。至于《铁崖古乐府》提要中作者小传“元杨维祯撰。维桢字廉夫”，人名前面写作“祯”，后面却写作了“桢”，这显然是因为改动匆忙有所疏忽了。因为是后来补改的，遗漏在所难免。

这个“杨维祯”的描改不是通常我们所说的改错，因为写作“杨维祯”并没有错，而且《荟要》中杨氏其他著作的署名确实也写的就是这三个字。实际上《荟要》的这种描改行为完全是跟着皇帝的书写改的，这就关系到《四库全书》纂修的一些问题了。现在看不到乾隆帝及相关文献要将“杨维祯”改写作“杨维桢”的记载，不过既然乾隆帝已经如此写了，其他自然也得照样写。由此可见君权的影响无处不在，哪怕是在极为细小的方面。

在全书处汇核的缮写全书讹错记过次数清单中，有将“祯”字的误写列为记过依据的记载。如乾隆四十六年四月记过清单云：“《清閟阁全集》内‘杨维桢’，‘桢’字讹‘祯’；又‘谢朓’，‘朓’字讹‘眺’。总校官朱钤记过二次，分校官钱世锡记过四次。”（《纂修四库全书档案》七七九）乾隆四十七年二月记过清单云：“《元音》内‘谁有勋名记太常’句，‘太’讹‘大’；又‘杨维桢’，‘桢’字讹写作‘祯’。总校官仓圣脉记过二次，分校官吴锡龄记过四次。”“《江村销夏录》内‘会稽杨维桢也’句，‘桢’讹‘祯’。总校官仓圣脉记过一次，分校官孙球记过二次。此系总裁董诰阅。”（《纂修四库全书档案》八五一）可见四库馆对杨维桢姓名的写法是很注意的，而且明确指出写作“杨维祯”是错误的。

其次，如上所说，《荟要》中同一作者的三部书，作者姓名却有两种不同的写法，为什么一部书的作者姓名作了改动，另外两部书的作者不作改动呢？现在同样找不到确切的说明，唯一能够解释的是《铁崖古乐府》这部书卷首有乾隆帝的御制题词，而其余两部书没有这篇题词。如果这个解释能够成立，那么也说明作为我国古代最大的一项文化工程，在编纂过程中尽管处处受到君权的影响，但还是存在着不少漏洞的，或者说往往彼此之间会出现缺乏相互照应这种情况。我们看《荟要》卷首的《荟要总目》，《铁崖古乐府》《复古诗集》《丽则遗音》三部书的作者也都是写的“杨维祯”。这说明《荟要》全书是缺乏照应的。《荟要总目》和《荟要》正文是分开的，所以馆臣无法顾及作者的照应问题，或者是根本没有考虑到作者的照应问题。这同样说明了《荟要》内部缺乏相互照应。当然这也说明了《荟要》本《铁崖古乐府》最初抄写的就是“杨维祯”。

可以用以比较的是，《四库全书》中还收有杨维桢的《东维子集》三十一卷，卷首录有乾隆帝《命馆臣录存杨维桢正统辨谕》。文渊阁本各卷卷首署名作“杨维桢”，未加改动。而文津阁本各卷卷首署名虽也作“杨维桢”，但看出来“桢”字也是由“祯”字描改过的，且描改痕迹非常清楚。唯卷七卷首署名作“杨维祯”，这也是疏忽未改的缘故。但由此也说明文津阁本原来也确实是写作“杨维祯”的，后来描改也是因为卷首所录乾隆帝上谕作“杨维桢”的缘故。当然文津阁本写作“杨维祯”也是有依据的，今存明刻本《东维子文集》卷端所署即作"杨维祯"。此书已收入《四库提要著录丛书》集部第33册①,卷首目次排印作"杨维桢撰",与底本不符,似以从原书不改为好。

《荟要》本中"杨维祯"的"祯"字是什么时候改的?我们认为很有可能是《荟要》覆校时改的。《四库全书》缮写完毕后,乾隆帝在书中查出许多"妄诞不经"之处,遂下令将各书重新"详加校阅改正"。这称之为覆校。《荟要》覆校开始于乾隆五十四年。此年十一月初九日乾隆帝谕旨道:"其《荟要》二分,尚未重加校正,着派懋勤殿翰林,会同纪昀悉心勘校,以期并臻完善。"(《纂修四库全书档案》一三四一)其时文渊、文源、文津三阁《四库全书》已派员覆校完毕,乾隆帝因下令覆校摛藻堂、味腴书室两部《荟要》。

由于《荟要》的覆校是在文渊阁本等已覆校完成之后进行的,所以已有的覆校经验和覆校成果可以部分用在《荟要》本上。我们上面指出,文津阁本《东维子集》各卷卷首署名"杨维桢",也是由"杨维祯"描改而成的,我们认为这也很可能是覆校时的改动。《荟要》本《铁崖古乐府》作者姓名的改动可能也受其影响,并由此也影响到其书卷首所录乾隆帝《御制题杨维桢铁崖古乐府》中杨维祯名字的改动。

为什么要讨论《荟要》本《铁崖古乐府》作者"杨维祯"的改字问题?这个字不是错字,而且也并不是非改不可。所以我们认为改字原因仅仅是因为"皇帝是那样写"的。改字反映了皇帝威权对《四库全书》的无处不在的影响,也反映了纂修官对圣意的契合。

《荟要》(也包括《四库全书》)是抄本,描改较容易,一些形近字描改后也不容易察觉。这个例子还告诉我们,在《四库全书》研究中,除了应该关注内容外,如能适当注意文字的抄写。同时相关文本的比较研究,也应该成为《四库全书》研究的重要内容。如此一定可以有所发现。

① 《四库提要著录丛书》,北京出版社,2010年。

第四章 《荟要》的图书来源及版本著录

《荟要》收录的图书，其来源与《全书》有联系，也有不少区别。《荟要》差不多有三分之二的图书来自朝廷，来自地方的只有三分之一。朝廷和地方的比例严重失衡。这在一定程度上挫伤了地方的积极性，《全书》对此作了重要调整，突出了地方的比重。《荟要总目》著录的图书来源为图书的使用提供了方便，但也有不少图书找不到依据。《总目》没有著录图书版本，《荟要》的著录可以提供一定的参考。

第一节 《荟要》的图书来源

一、《荟要总目》的图书来源著录

《荟要总目》的一个重要特点是著录了《荟要》缮录各书所依据的底本及其来源。

《荟要》的图书来源，与《全书》的图书来源基本一样。《总目》著录的《四库全书》的底本有以下六种：

（1）敕撰本，即清初至乾隆年间清臣奉皇帝之令编纂的图书。包括御定、御纂、御批、御制、御注、御选、御编几类。

（2）内府本，即内府藏书。清宫内廷各处如武英殿、懋勤殿、摛藻堂、味腴书屋等地，都收藏不少前代流传旧书。《四库全书》开馆后，这些内府藏书被集中到翰林院，由总裁指定纂修官专职办理。

（3）各省采进本，即各省总督、巡抚、学政等从各地征集的图书。

（4）私人进献本，即私人进献的图书，简称“进献本”。主要是各地的藏书家，也包括部分在京官员。

(5) 通行本，即社会上流行的书籍。在《总目》中，则有多部图书著录了来自通行本，如《四书集注》《四书大全》之类。

(6) 永乐大典本，即从《永乐大典》中辑出的佚书。

在以上六种来源中，《荟要总目》没有著录通行本，其余五种都有。

关于图书来源的著录，乾隆帝在三十九年七月二十五日谕内阁着四库全书处总裁等将藏书人姓名附载于各书提要末并另编《简明书目》中有明确说明。谕旨云：

> 今进到之书，于纂辑后，仍须发还本家，而所撰总目，若不载明系何人所藏，则阅者不能知其书所自来，亦无以彰各家珍弆资益之善。着通查各省进到之书，其一人而收藏百种以上者，可称为藏古之家，应即将其姓名附载于各书提要末；其在百种以下者，亦应将由某省督抚某人采访所得，附载于后。其官板刊刻及各处陈设库贮者，俱载内府所藏。使其眉目分明，更为详备。(《纂修四库全书档案》一七一)

乾隆帝明确指出要在提要里著录献书者的姓名，其目的一是可以使读者知道图书的来源，同时也可以借以表彰图书进献者。乾隆帝还指出根据进献图书数量的多少，采用不同的著录方式。百种以上者将献书者姓名附载于各书提要末，百种以下者著明采访督抚姓名。对官板刊刻及宫内等各处陈设库贮者，统称"内府所藏"。

这道谕旨不是专门针对《荟要》说的，所以和《荟要总目》的著录有许多差异。同时因为谕旨所下时间较早，和后来《总目》的实际著录也有许多出入。但《荟要总目》对图书来源的著录，无疑受到了其一定的影响。

《荟要》收录的图书，不少来自私人进献本。私人进献者主要是各地的藏书家，也包括部分在京官员。例如《荟要总目》著录：

《五经文字》："今依前两淮盐政臣李质颖所上马裕家藏国朝马曰璐刊本缮录。"

《十国春秋》："今依前浙江巡抚臣三宝所上孙仰曾家藏魏禧刊本缮录恭校。"

《管子》:“今依侍读学士臣陆锡熊所上明赵用贤刊本缮录。”

《怀麓堂集》:“今依内阁学士臣纪昀所上国朝廖方达刊本缮录。”

比较《荟要总目》的以上著录,可以发现这两种来源的私人进献本,标注形式是不同的。凡各地藏书家的进呈本都加上了地方行政长官的姓名,而凡京官进呈图书则直接用进呈者的姓名。这可以与《总目》的著录作比较:

《五经文字》:“两淮马裕家藏本。”

《十国春秋》:“浙江孙仰曾家藏本。”

《管子》:“大理寺卿陆锡熊家藏本。”

《怀麓堂集》:“兵部侍郎纪昀家藏本。”

可见《总目》中对私人进呈本的著录是一样的,没有形式上的差异。

二、《荟要》的图书来源分析

《荟要》的图书来源,可分为朝廷和地方两大部分。

来自朝廷的图书包括内府图书与京官图书两部分。内府图书包括内府刊本与内府藏本两个方面。内府刊本、通志堂刊本、武英殿聚珍版都属于内府刊本系统。

内府刊本136种。内府刊本实际上就是武英殿刊本,清帝的大量敕撰本,以及作为古代社会最重要的文献十三经、二十四史,都由武英殿刊刻。《荟要》收录的清帝敕撰本91种的大部分著作,加上十三经、二十四史,都是“内府刊本”。这是清代最重要的文献。

通志堂刊本96种。通志堂刊本即《通志堂经解》中的图书,均为解经之作。《荟要总目》著录“内府所藏通志堂刊本”者共96种。不过实际为95种。《诗缉》一书并未收录进《通志堂经解》。查吴慰祖校订《四库采进书目》,此书由直隶、江苏、安徽、浙江等省呈送,而唯独不见于武英殿书目,所以可以肯定此书不是内府刊本。《总目》著录此书为“直隶总督采进本”,是有根据的,《荟要总目》作“今依内府所藏通志堂刊本缮录”显然有误。今姑依据《荟要总目》著录,仍列入通志堂刊本中。

武英殿聚珍版17种。乾隆年间用木活字排印的《武英殿聚珍版》丛书共134种,连同在此之前刻印的四种,共收录图书138种。这138种图书中,收录到《荟要》中的有20种。在《荟要总目》中,著录为“武英殿聚珍版本”的共

17 种。另有三种《武英殿聚珍版》书,《禹贡说断》作“依明《永乐大典》本缮录”、《诗总闻》作“依前山东巡抚臣徐绩所上元韩国正刊本缮录恭校”、《周髀算经》作“依前江苏巡抚臣萨载所上明赵开美刊本缮录”。

以上所列通志堂刊本 95 种,武英殿聚珍版 17 种,这也应该算入内府刊本,所以内府刊本实际应该是 246 种。

内府藏本是指内府收藏的图书。《荟要》收录的大致包括内府藏本、天禄琳琅藏本、《永乐大典》本三个方面。

内府藏本 33 种。这些图书《荟要总目》明确著录“内府所藏”,如《晏子春秋》作“今依内府所藏明李茹更刊本缮录”,《山海经》作“今依内府所藏明吴中珩刊本缮录”等。其中洪兴祖《楚辞补注》十七卷,《荟要总目》作:“今依明毛表刊本缮录。”未注明此书来源。查四库进呈书目,此书见于《武英殿第二次书目》[①],《四库全书总目》著录此书为“内府藏本”。由此可见此书也为内府藏本。

天禄琳琅藏本 5 种。天禄琳琅为清代皇室藏书处,在乾清宫昭仁殿,自乾隆九年开始收藏图书,所收均为内府藏书精华。《荟要》收录图书,从中选择了 5 种,包括宋韩醇刻本《柳河东集》四十五卷《外集》二卷《外集补遗》一卷,毛晋影宋抄本《三礼图》二十卷、《孟子传》二十九卷、《盘洲文集》八十卷,钱曾影宋抄本《新仪象法要》三卷,均可称精善本。

《永乐大典》本 3 种。《永乐大典》副本清藏翰林院。乾隆年间编纂《四库全书》,从中辑录稀见图书多种。《荟要总目》著录大典本 3 种,包括《禹贡山川地理图》二卷、《禹贡说断》四卷、《帝王经世图谱》十六卷。《禹贡说断》有《武英殿聚珍版》丛书本,但《荟要总目》著录作《永乐大典》本。

以上为内府图书,合计 287 种。

《荟要》收录京官呈送 17 种。包括:

户部尚书王际华上《吴越春秋》《明史纪事本末》《家语》《国语》《元氏长庆集》《白氏长庆集》《大学衍义补》7 种。

内阁学士纪昀上清廖方达刊本《怀麓堂集》一百卷 1 种。

侍读学士陆锡熊上明陈仁锡刊本《资治通鉴》二百九十四卷、明赵用贤刊

① 吴慰祖校订《四库采进书目》,商务印书馆,1960 年,第 208 页。

本《管子》二十四卷 2 种。

户部左侍郎金简上元刘世常刊本《白虎通义》二卷 1 种。

前都察院右副都御史黄登贤上宋张寔刊本《太玄经》十二卷、清宋宾王抄本《唐摭言》十五卷、明宋濂刊本《渊颖集》十二卷 3 种。

编修励守谦上江南刊本《李义山文集笺注》、清顾有孝刊本《李义山诗集注》六卷 2 种。

编修查莹上明李栻刊本《通鉴纪事本末》九十二卷 1 种。

《荟要》所收录的京官献书者多为《荟要》经办人员，如王际华、金简为总裁官，查莹为提调官，纪昀、陆锡熊为总纂官，励守谦为翰林院编修、《四库全书》纂修官(见《四库全书总目》卷首“勘阅缮校诸臣职名”)。都察院右副都御史黄登贤虽未入四库馆，但向四库馆进呈书籍 299 种①，是京官中进书最多之人。乾隆帝为表彰向四库馆进书之人，以奖书为奖励措施之一。乾隆三十九年五月十四日上谕道:“进呈一百种以上之……朝绅中黄登贤、纪昀、励守谦、汪如藻等，亦俱藏书旧家，并着每人赏给内府初印《佩文韵府》各一部。俾亦珍为世宝，以示嘉奖。”黄登贤、励守谦及纪昀，都在其列。

其中王际华所上家藏本 7 种，远远多于纪昀所上的 1 种。这与王际华实际主持《荟要》纂修有关。《总目》著录纪昀家藏本 105 种，王际华家藏本 37 种②。这与纪昀实际主持了《总目》的编纂相关。

吴哲夫《四库全书荟要纂修考》统计《荟要》中各书依据版本之来源时，谓“《荟要》中依各纂修官员进献藏本缮录的共有十九种”，在所列简表中包括大学士于敏中、大学士蒋溥呈进本各一种③。简表中未列举具体书名，此或是指乾隆帝《御制文初集》《御制诗初集》。按《荟要总目》著录，前者云“今依大学士臣于敏中校刊本缮录恭校”，后者云“今依大学士臣蒋溥、大学士臣于敏中等校刊各本缮录恭校”。此谓于敏中、蒋溥等校刊，并非由两人进呈，所以两人不应该列入京官献书者之中。

以上是来自朝廷的图书，内府图书和京官所呈送的图书合计为 304 种。

---

① 吴慰祖校订《四库采进书目》，第 175 页。

② 郑伟章《书林丛考》(增补本)，岳麓书社，2008 年，第 486、565 页。

③ 吴哲夫《四库全书荟要纂修考》第三章第一节《依据图书的来源》，第 42、45 页。

地方进书共161种[①]，全部是以各省督抚名义进呈的，如《王子安集》十六卷，《荟要总目》云："今依前山东巡抚臣徐绩所上明张燮刊本缮录恭校。"《武溪集》二十卷，《荟要总目》云："今依前江西巡抚臣海成所上明唐胄刊本缮录。"《荟要总目》著录各省督抚进呈图书数量如下：

陕西巡抚臣毕沅所上1种。

广东巡抚臣德保所上1种。

直隶总督臣周元理所上3种[②]。

河南巡抚臣何煟所上2种。

福建巡抚臣余文仪所上2种。

山西巡抚臣巴延三所上4种。

两江总督臣高晋所上5种。

安徽巡抚臣裴宗锡所上6种。

山东巡抚臣徐绩所上7种。

江西巡抚臣海成所上7种[③]。

两淮盐政臣李质颖所上28种。

江苏巡抚臣萨载所上43种。

浙江巡抚臣三宝所上52种。

个人进献的图书没有单独著录，而是都附在以督抚的名义进呈的图书中，如元陈旅《安雅堂集》十三卷，《荟要总目》作："今依前两淮盐政臣李质颖所上马裕家藏抄本缮录恭校。"明高叔嗣《苏门集》八卷，《荟要总目》作："今依前浙江巡抚臣三宝所上孙仰曾家藏明马之骏刊本缮录。"这和《总目》直接著录作"两淮马裕家藏本""浙江孙仰曾家藏本"不同。

以上我们将《荟要》的图书来源作了简要的分析。有几个问题值得重视。

---

① 内府图书和京官所呈送的图书304种，地方进书161种，合计共465种，比《荟要》收录图书464种多出一种。这是因为唐刘禹锡撰《刘宾客文集》三十卷，《外集》十卷，由两家呈送。《荟要总目》云："今依前安徽巡抚臣裴宗锡所上明椠本及前两淮盐政臣李质颖所上马裕家藏《外集》钞本缮录。"今分别统计，故多出了一种。

② 《荟要总目》著录前直隶总督周元理所上图书为宋罗愿撰《尔雅翼》三十二卷、宋韩琦撰《安阳集》五十卷两种。《诗缉》一书姑且依据《总目》著录亦作周元理采进本。

③ 吴哲夫《四库全书荟要纂修考》谓江西巡抚海成所上图书6种，是将元虞集撰《道园学古录》五十卷、《遗稿》六卷作为一种书，见第44页。本书将其作为两种书。

首先是来自朝廷的图书和来自地方的图书比例，与《总目》所示比例完全不同。《荟要》收录图书 464 种，来自朝廷的图书就有 304 种，占 65%，也就是差不多有三分之二的图书来自朝廷。来自地方的图书只有三分之一。朝廷和地方的比例严重失衡。

我们可以粗略比较一下。浙本《总目》"著目"著录图书 3 400 余种，其中地方督抚采进本 1 400 余种，家藏本 1 000 余种。两项相加，约占著录图书的 73%，也就是说三分之二以上的图书来自地方。《总目》中来自朝廷的图书包括敕撰本、内府刊本、内府藏本、永乐大典本，总共 1 000 种不到，约占 30%[①]。这种情况和我们在《荟要》里看到的正好相反。

《荟要》与《总目》之所以呈现如此差异，我们想主要原因有如下一些。一是《荟要》中收录有敕撰本、十三经注疏、二十四史，为示郑重，这些图书都用了朝廷图书。还有《武英殿聚珍版》丛书、《通志堂经解》本、《永乐大典》本等，这些也都属于朝廷图书。由于《荟要》收录的图书数量不是很多，所以同样数量的朝廷图书，其所占比例就显得很高了。

其次是《总目》后来将《荟要》著录的图书来源作了调整，调整幅度还很大。我们曾作过统计，将《荟要总目》著录的图书来源和《总目》著录的图书来源作一比较，两者相同的有 230 种，占《荟要》所收全部图书的 49.6%。两者不同的有 234 种，占《荟要》所收全部图书的 50.4%。图书来源不同的图书要多于图书来源相同的图书[②]。这种调整具有一定的主观意味。

《四库全书》的编纂是一次全国性的政治动员、文化动员，为了调动地方的积极性，也为了表彰图书进呈者，乾隆帝要求在书上记名，即在提要中注明采进者或藏书家姓名。乾隆帝上谕道："所撰总目，若不载明系何人所藏，则阅者不能知其书所自来，亦无以彰各家珍弆资益之善。"(《纂修四库全书档案》一七一)《荟要》将三分之二的图书著录为来自朝廷的图书，就起不到这种表彰地方的作用。

《荟要》的这种选择，可能与抄写初期未能很好考虑这个问题有关，也可

① 为更具可比性，《总目》"存目"著录图书未统计在内。《总目》统计数据未能精确到个位，但所占比例不存在问题。另外《总目》中有 100 种左右"通行本"，不能肯定是朝廷藏书还是地方进书，此处也未计算入内。

② 《四库全书荟要总目提要》附录四《〈荟要总目〉与〈总目〉著录图书来源比较表》，第 486—501 页。

能与《荟要》藏之宫廷、实际社会影响不大有关。但《总目》是需要面向整个社会的，而在《全书》的图书来源中，最重要的是各省总督、巡抚、学政等从地方征集到的图书即各省采进本和主要是各地私人藏书家进献的图书即私人进献本。如果这两部分图书在《总目》中得不到明确的展示，则《总目》的社会意义必然受到影响。《总目》改变图书来源的做法，是明智的。

三、《荟要总目》著录图书来源存在的问题

《荟要总目》所著录的图书来源的最大问题是好多找不到依据。要查考四库著录图书的来源，最重要的依据是四库进呈书目。这类文献，具有原始记录性质的有《四库馆进呈书籍底簿》《各省进呈书目》等，经过了一定整理的有《四库采进书目》等。我们将《荟要总目》著录的图书来源与这些进呈书目核对，会发现许多时候并不一致。

例如明程敏政辑《明文衡》，《荟要总目》说“依前浙江巡抚臣三宝所上明范震刊本缮录恭校”，但查浙江省进呈书目，并没有著录这部书。著录这部书的是《两江第一次书目》，《四库馆进呈书籍底簿》及《四库采进书目》都是如此。《总目》作“两江总督采进本”，和进呈书目是相一致的。再如宋许洞撰《虎钤经》，《荟要总目》作“前浙江巡抚三宝所上范懋柱家藏明椠本”，《总目》作“安徽巡抚采进本”。查《各省进呈书目》，此书见于《浙江省第四次鲍士恭呈送书目》和《安徽省呈送书目》。可见《总目》作安徽巡抚采进本是有进呈书目依据的，而《荟要总目》作范懋柱家藏本则找不到根据，因为此书不见于进呈书目，而且也不见于范氏所编《进呈书书目》（范邦甸编《天一阁书目》卷首）。

我们也发现，凡是《荟要总目》与《总目》著录图书来源相同的，一般都是准确的。例如明何景明《大复集》，《荟要总目》称：“今依前两淮盐政臣李质颖所上马裕家藏国朝何辉少刊本缮录。”《总目》亦作“两淮马裕家藏本”。今查《四库馆进呈书籍底簿》中《两淮商人马裕家四次呈送书目》，著录有此书，是此书当年确实由马裕家进呈。又如明沈周《石田诗选》，《荟要总目》《总目》都称有两江总督高晋进呈，此书也确实见于《两江第二次书目》。

这种情况在《荟要总目》中很多。究竟是什么原因造成的，尚不得而知。目前我们看到的进呈书目著录的进呈图书是不完全的，不能完全反映当时各

省及各私人进书的情况，但图书著录的真实性无可怀疑。因此《荟要总目》著录的大量图书不见于这些进呈书目，如不是有其他原因，则《荟要总目》著录的真实性值得怀疑。

第二节 《荟要总目》与《总目》著录图书来源比较

《荟要总目》记录了每一部图书的进呈者，《四库全书总目》在每一部图书下也著录有图书的进呈者，或者标注有图书的来源。这为我们考察图书来源，考查各地进呈书的品种、数量等提供了依据，也为我们比较图书来源提供了依据。

一、《荟要总目》与《总目》著录来源不同但实际无差异

要注意的是，有时候《荟要总目》与《总目》著录的图书来源不同，但实际是相同的本子，而且在进呈书目中也都可以找到依据。

例如宋余靖撰《武溪集》，《荟要总目》作："今依前江西巡抚臣海成所上明唐胄刊本缮录，据明邱浚本恭校。"又《荟要提要》云："明成化中邱浚抄自内阁，始刊行之。今所传则嘉靖甲午都御史唐胄重刊本也。"《总目》著录《武溪集》，为浙江汪启淑家藏本。提要云："成化中邱浚抄自内阁，始传于世。今所行本为嘉靖甲午都御史唐胄所重刊云。"《荟要》和《总目》著录图书来源不同，但使用的都是明嘉靖十三年甲午唐胄重刻本。查《四库采进书目》，此书分别见于《江西巡抚海第一次呈送书目》与《浙江省第四次汪启淑家呈送书目》[①]。

各地呈送到四库馆的图书往往不止一本。如《武溪集》，除上述两种来源外，在《四库采进书目》中，还见于《两淮盐政李呈送书目》《山东巡抚第二次呈送书目》《广东省呈送书目》[②]。这为四库馆臣在誊录时使用不同的底本提供了基础。

《荟要总目》著录刘禹锡撰《刘宾客文集》三十卷《外集》十卷，其文云："今依前安徽巡抚臣裴宗锡所上明椠本及前两淮盐政臣李质颖所上马裕家藏外

① 吴慰祖校订《四库采进书目》，第102、158页。

② 吴慰祖校订《四库采进书目》，第57、152、171页。

集钞本缮录，据明毛晋影宋钞本恭校。”《荟要提要》也说：“其书在宋已佚，惟正集文二十卷，诗十卷，明时曾有刊本，颇行于世。而独无《外集》，故亦罕流传。近时藏书家所传抄本，盖犹从宋刊本录存者。谨合为一编，著之于录，用还《文献通考》卷目之旧焉。”这两段文字对刘禹锡文集的版本情况说得很清楚：安徽巡抚裴宗锡所上即明槧本《刘宾客文集》三十卷，两淮盐政李质颖所上马裕家藏本即抄本《外集》十卷。《荟要》本即将这两种版本合在一起誊录。

《总目》卷一百五十集部别集类著录此书作《刘宾客文集》三十卷《外集》十卷，图书来源是“江苏巡抚采进本”。提要云：“其杂文二十卷诗十卷，明时曾有刊板。独外集世罕流传，藏书家珍为秘笈，今扬州所进抄本乃毛晋汲古阁所藏，纸墨精好，犹从宋刻影写。谨合为一编，著之于录，用还其卷目之旧焉。”从这段话看，《总目》著录此书也是两个本子合起来的。《刘宾客文集》三十卷用的是明刊本，《外集》十卷用的是毛晋汲古阁影宋抄本。所以《荟要总目》与《总目》著录的图书版本实际并没有区别，《总目》与《荟要总目》著录的本子完全相同。

《荟要总目》与《总目》的差异在于前者以《刘宾客文集》为安徽巡抚臣裴宗锡所上，后者则以此书为江苏巡抚所上。我们从上面的分析中看到，《荟要总目》与《总目》著录的版本实际上是相同的。不仅版本实际相同，而且从提要内容看，《总目》的一段文字和《荟要提要》所说意思大体相同，而且用语也相差无几。可见《总目》是很清楚《荟要》的情况的。那么在这种情况下，《总目》为什么还要改变图书来源呢？图书来源的改变除了有我们所说的出于政治考虑这一原因外，还可能因为《总目》认为《荟要总目》的著录并不准确。

查《四库馆进呈书籍底簿》《各省进呈书目》等，刘禹锡文集进呈的有三家：《两江第一次书目》著录有《刘宾客集》，《两淮商人马裕家呈送书目》著录有《中山集》三十卷，《浙江第四次鲍士恭呈送书目》著录有《中山集》三十卷、《刘宾客外集》十卷，而《荟要总目》著录的安徽巡抚臣裴宗锡所上明槧本不在进呈书目中。这说明此书的进呈与安徽巡抚臣裴宗锡没有关系。虽然现存进呈书目并不完整，可能有所遗漏，但就《刘宾客文集》这部书来说，《总目》著录的江苏巡抚采进本是有依据的，《荟要总目》的著录则找不到根据。这应该是图书来源改变的主要原因。

如同这种《荟要总目》的著录查不到依据、《总目》因而改变图书来源的情况，在《荟要总目》和《总目》中很常见。

金元好问编《中州集》，《荟要总目》云："今依前山西巡抚臣巴延三所上明毛晋汲古阁刊本缮录。"《总目》著录《中州集》十卷附《中州乐府》一卷，提要云："后附《中州乐府》一卷，与此集（指《中州集》）皆毛晋所刊。"其图书来源则是内府藏本。

汉荀悦撰《前汉纪》三十卷，《荟要总目》云："今依江苏巡抚臣萨载所上明黄姬水刊本缮录，据国朝蒋国祥本恭校。"《荟要提要》云："此本为明黄姬水所刊，亦多舛讹。近时蒋国祥校本间有厘正，不无袭谬。今详加参考，具录如左。"《总目》云："明黄姬水所刊亦间有舛讹，康熙中襄平蒋国祥、蒋国祚与袁宏《后汉纪》合刻。今用以参校，较旧本稍完善焉。"是《荟要》本与《全书》本所用版本同，均以明黄姬水刻本为底本，参校以清蒋国祥校本。惟《荟要》本为江苏巡抚采进本，而《总目》著录则为安徽巡抚采进本。

这些都说明，《荟要总目》与《总目》本来源不同，但实际是相同的本子。

实际上这种情况在《四库全书》的纂修过程中并不少见。例如沈津在校理上海图书馆藏《四库全书总目》残稿时就发现所用采进本及藏本，在残稿《总目》和通行本《总目》中有所不同。如明范理撰《读史备忘》八卷，残稿为"编修励守谦家藏本"，通行本则改为"浙江范懋柱家天一阁藏本"；明邵宝撰《慧山记》三卷，稿本为"两淮马裕家藏本"，通行本则为"浙江范懋柱家天一阁藏本"①。这是后来作了改换。

二、《荟要总目》与《总目》著录差异分析

《荟要总目》与《总目》著录的图书来源，有的完全相同，如明刘基撰《诚意伯文集》二十卷，《荟要总目》作"今依前浙江巡抚臣三宝所上明林富刊本缮录"，《总目》作"浙江巡抚采进本"。来源是一样的，不过《荟要总目》更详尽而已。也有的图书来源不同，如宋胡方平撰《易学启蒙通释》二卷，《荟要总目》作"今依内府所藏通志堂刊本缮录"，《总目》作"内府藏本"。又如明张溥编《汉魏六朝百三家集》，《荟要总目》作"今依前浙江巡抚臣三宝所上溥刊本缮录恭校"，《总目》作"两江总督采进本"。

① 沈津《校理〈四库全书总目提要〉残稿的一点新发现》，《中华文史论丛》1982年第1辑，第135页。

如上所述,《荟要总目》与《总目》著录的同一部图书,来源相同的有230种,不同的有234种,来源不同的图书要略高于来源相同的图书。

而来源相同的230种图书,其中还有91种敕撰本,并有传统的《十三经注疏》中的13种经书,二十四史中除《钦定明史》(算作敕撰本)以外的其他23种正史。这些图书在清代具有相当的权威性,统治者不容许异本流传,所以《荟要》与《全书》所用底本相同。如将这一部分图书再除去的话,实际上图书来源真正相同的只有103种。

图书来源相同自然无需讨论,要讨论的是图书来源不同的问题。同样依据进呈到四库馆的图书进行誊录,为什么两部书目著录的图书来源会有差异?从《荟要总目》到《总目》,四库馆臣将一半图书的来源进行更换,这是出于什么原因?

吴哲夫在《四库全书荟要纂修考》注意到了这个问题,他说:《荟要》"与四库全书依据书本来源不同的达二百一十种之多,约可推断四库荟要修书时四库全书第一分书修纂工作也在进行,为求迅速蒇事,而依据书本有限,遂在缮录时,便将各地采辑而来的相同书一起发下誊缮了事"①。吴哲夫认为著录差异的原因在于誊录时使用了不同的底本。今从《荟要总目》和《总目》著录的实际情况来看,这个结论恐怕过于简单。

四库馆中确实有同一部书用不同底本的问题,不过这个问题在纂修《荟要》时并不突出。我们还可以从另一个角度看。有时候《荟要提要》与文渊阁提要、《总目》相同,但图书来源依然不同。如宋许洞撰《虎钤经》二十卷,《荟要提要》与文渊阁提要、《总目》相同,但《荟要总目》作"今依前浙江巡抚臣三宝所上范懋柱家藏明椠本缮录恭校",《总目》作"安徽巡抚采进本"。因此我们认为《四库全书》之所以要将大量的图书来源进行改换,可能有政治上的考虑。

乾隆三十九年七月二十五日,乾隆帝谕内阁要四库全书处总裁等将藏书人姓名附载于各书提要末。这就是通常所说的"记名"。记名,即在提要中注明图书采进者或私人藏书家的姓名。记名和奖书(凡进书500种以上者,赐《古今图书集成》一部;进书100种以上者,赐《佩文韵府》一部)、题咏(凡进书

① 吴哲夫《四库全书荟要纂修考》第三章第一节《依据图书的来源》,第45页。

百种以上者，择一精醇之本，由乾隆皇帝题咏简端）一样，都是为了表彰进书者。据此谕旨所记，记名开始时还有进书数量的要求，但后来取消了，凡进书者都得以在书目中署名。《荟要总目》与《总目》记名的方式不一样，但其表彰的功能是一样的。

乾隆帝编纂《四库全书》，需要各地主政官员的支持。乾隆三十七年正月初四日，乾隆帝在为编纂《四库全书》而正式向全国征集图书的第一道谕旨中，即要求直省督抚会同学政等各地主政官员“通饬所属，加意购访”。一地的主政官员，特别是总督、巡抚，是乾隆帝征集图书所依靠的主要文化力量，也是乾隆帝维持统治所必须依靠的政治力量。对这股势力，乾隆帝自然不敢轻视，同时需要根据实际情况给以平衡。记名表彰就是其所采取的重要措施之一。对各地藏书家，同样如此。《四库全书》与《四库全书荟要》的情况不一样。《荟要》是为皇帝御览而编纂的，在记名问题上无需太多顾忌。而《四库全书》则是面向国家的图书，具有显示国家文化力量、政治力量的目的。因此在记名问题上会有多方考虑，如果处理不好，会引起负面影响。笔者认为，这才是在《四库全书总目》中，要将大量图书来源重新改易的原因。由于同一部书只能著录一个进书者，在《荟要总目》和《总目》中分别标注不同的进书者，实际上也就扩大了表彰对象。四库馆臣将一半图书的来源进行更换，体现了平衡各地方政治力量的需要。

关于江广达家藏本的著录也可以说明一下这个问题。

在《荟要总目》中，唐陈子昂撰《陈拾遗集》、唐独孤及撰《毗陵集》、宋徐铉撰《骑省集》这三部书均标注“依前两淮盐政臣李质颖所上江广达家藏抄本缮录”。这三部书在《总目》中则分别作内府藏本、江苏巡抚采进本、两淮马裕家藏本。

江广达，即扬州著名盐商江春。江春（1721—1789），字颖长，号鹤亭，安徽旌德江村人。江春出身盐商世家，祖父徙居扬州，父亲为两淮盐务总商之一。其父死后，江春继为总商，行盐旗号“广达”，他人因称“江广达”。乾隆帝南巡，江春等盐商参与迎驾，耗费白银达数千万两。江春“以布衣上交天子”，乾隆帝也很看重江春。六次南巡，驻跸扬州，曾两次驾临江春别墅“康山草堂”，并在乾隆四十五年、四十九年写有《游康山即事二首》《游康山》的诗篇（见《御制诗四集》卷六十八、《御制诗五集》卷四）。因此在乾隆帝下诏搜访各地私家藏书时,扬州地区首先就想到了江春。

乾隆三十八年闰三月初三日,谕军机大臣着李质颖查访淮阳马姓等家藏书借抄呈进。谕旨云:"李质颖系翰林出身,于典籍气味尚近,且现为盐政,查办尤易为力。止须派总商内晓事之人,如江广达等,令其因亲及友,广为访借,不必假手吏胥,更可不致滋扰。"(《纂修四库全书档案》四七)这是明白指令要江春寻访图书。闰三月二十日,两淮盐政李质颖奏解送马裕家书籍折云:"奴才钦遵圣训,当即选派晓事总商江广达等八人,令其因亲及友,广为访借,务期必得,以多为贵。"(《纂修四库全书档案》五二)四月初六日,李质颖奏续呈马裕家藏及总商等访得书籍折云:"于商人马裕家内暨江广达等购觅共得书二百九十一种。"(《纂修四库全书档案》五六)此距乾隆帝上谕仅一月时间,即购觅得书 291 种,可见江春等人办事极为干练,也极为上心。以后上谕、两淮盐政奏章还多次提到江广达购觅图书之事。

江春工诗善画,同时也好藏书。陈徵芝《带经堂书目》卷一著录江春藏元元统刊本《周易会通》十四卷。天头有周星诒批注云:"江见《扬州画舫录》,扬州巨商也。收藏极富。《湖海诗传》《随园诗话》俱载其诗。"[①]又著录其藏有日本物茂卿撰《七经孟子考文补遗》等[②]。

现存四库进呈书目没有著录江春进呈图书,但《总目》著录有江春家藏本一种,即子部医家类著录宋唐慎微撰《证类本草》三十卷,作"两淮江广达家藏本"。查四库进呈书目,此书见于《两淮商人马裕家呈送书目》《浙江第七次呈送书目》《安徽省呈送书目》等。如上所说,江广达与扬州马裕家进呈图书有密切关系。

再看《荟要总目》著录的三部与江广达有关的图书。《陈拾遗集》见于《江苏第一次书目》《两淮商人马裕家呈送书目》《浙江省第四次吴玉墀家呈送书目》《武英殿第一次书目》;《毗陵集》见于《江苏第一次书目》《两淮商人马裕家呈送书目》《浙江省第四次汪启淑家呈送书目》;《骑省集》见于《两淮商人马裕家呈送书目》。三部书在《总目》中则分别作内府藏本(即《武英殿第一次书目》著录)、江苏巡抚采进本、两淮马裕家藏本。这说明《总目》的著录是与现存的四库进呈书目的著录完全一致的。

---

① 陈徵芝《带经堂书目》卷一,清宣统间神州国光社出版《风雨楼丛书》本,第 4 页。

② 参见郑伟章《书林丛考》(增补本)第二部分《〈四库全书总目〉著录献书人丛考》,第 494—497 页。

我们发现，虽然《陈拾遗集》《毗陵集》《骑省集》这三部书在进呈书目中都和江广达没有直接关系，但巧的是这三部书都同时见于《两淮商人马裕家呈送书目》。如上所说，马裕家的图书就是由江广达访借的。由此可见，《荟要总目》将《陈拾遗集》这三部书都著录作“依前两淮盐政臣李质颖所上江广达家藏抄本缮录”，如果不是因进呈书目有缺漏的话，就是《荟要总目》有意为之，其目的是为了借以表彰江春在访借购觅图书方面的功绩。当然也有可能借以表彰江春接驾有功、办事有力。考虑到乾隆帝在江春经营资金困难时，曾专门拨付国库银两给其周转[①]，这种情况也不是没有可能。我们还可以看到，之所以选择这三部书而不是选择从其他地方采进的图书，就是因为这三部书都来自扬州，比较容易处理。

《荟要总目》与《总目》著录《通志堂经解》本的差异则属于另一种情形。

三、《荟要总目》与《总目》著录差异例证

1. 以《通志堂经解》为例

《荟要总目》中著录通志堂刊本96种，在《总目》中全部改变了图书来源。兹列出“《荟要总目》与《总目》著录图书来源比较表”如下：

书　名	《荟要总目》	《总目》
横渠易说	内府所藏通志堂刊本	内府藏本
易璇玑	内府所藏通志堂刊本	两江总督采进本
紫岩易传	内府所藏通志堂刊本	两江总督采进本
汉上易传	内府所藏通志堂刊本	两江总督采进本
周易义海撮要	内府所藏通志堂刊本	两淮马裕家藏本
易小传	内府所藏通志堂刊本	直隶总督采进本
周易玩辞	内府所藏通志堂刊本	两江总督采进本
复斋易说	内府所藏通志堂刊本	两江总督采进本
朱文公易说	内府所藏通志堂刊本	编修励守谦家藏本

① 阮元《淮海英灵集》戊集卷四江春传：“力绌，上赏借帑金三十万两。”清嘉庆三年小琅嬛仙馆刻本，第19页。

续表

书　名	《荟要总目》	《总目》
童溪易传	内府所藏通志堂刊本	直隶总督采进本
周易辑闻	内府所藏通志堂刊本	内府藏本
易裨传	内府所藏通志堂刊本	两江总督采进本
东谷易翼传	内府所藏通志堂刊本	两江总督采进本
周易传义附录	内府所藏通志堂刊本	两江总督采进本
丙子学易编	内府所藏通志堂刊本	两江总督采进本
易学启蒙通释	内府所藏通志堂刊本	内府藏本
三易备遗	内府所藏通志堂刊本	内府藏本
俞氏易集说	内府所藏通志堂刊本	内府藏本
学易记	内府所藏通志堂刊本	两江总督采进本
易纂言	内府所藏通志堂刊本	内府藏本
周易本义通释	内府所藏通志堂刊本	编修励守谦家藏本
周易本义附录纂注	内府所藏通志堂刊本	内府藏本
周易启蒙翼传	内府所藏通志堂刊本	内府藏本
大易辑说	内府所藏通志堂刊本	内府藏本
周易本义集成	内府所藏通志堂刊本	两江总督采进本
周易会通	内府所藏通志堂刊本	内府藏本
易数钩隐图	内府所藏通志堂刊本	浙江吴玉墀家藏本
易象图说	内府所藏通志堂刊本	两江总督采进本
大易象数钩深图	内府所藏通志堂刊本	内府藏本
易图通变	内府所藏通志堂刊本	直隶总督采进本
尚书全解	内府所藏通志堂刊本	内府藏本
增修东莱书说	内府所藏通志堂刊本	内府藏本
尚书说	内府所藏通志堂刊本	内府藏本
尚书详解	内府所藏通志堂刊本	内府藏本
尚书句解	内府所藏通志堂刊本	两江总督采进本
书集传纂疏	内府所藏通志堂刊本	两江总督采进本

续表

书　名	《荟要总目》	《总目》
书纂言	内府所藏通志堂刊本	内府藏本
书传辑录纂注	内府所藏通志堂刊本	两江总督采进本
尚书纂传	内府所藏通志堂刊本	两江总督采进本
毛诗指说	内府所藏通志堂刊本	两江总督采进本
毛诗本义	内府所藏通志堂刊本	两江总督采进本
毛诗李黄集解	内府所藏通志堂刊本	内府藏本
诗补传	内府所藏通志堂刊本	浙江范懋柱家天一阁藏本
诗传遗说	内府所藏通志堂刊本	两江总督采进本
诗缉	内府所藏通志堂刊本	直隶总督采进本
诗经疑问	内府所藏通志堂刊本	内府藏本
诗解颐	内府所藏通志堂刊本	两江总督采进本
诗集传名物钞	内府所藏通志堂刊本	内府藏本
春秋左氏传说	内府所藏通志堂刊本	两江总督采进本
春秋左氏传事类始末	内府所藏通志堂刊本	江苏巡抚采进本
春秋尊王发微	内府所藏通志堂刊本	内府藏本
春秋刘氏传	内府所藏通志堂刊本	内府藏本
春秋权衡	内府所藏通志堂刊本	内府藏本
叶氏春秋传	内府所藏通志堂刊本	浙江朱彝尊家曝书亭藏本
春秋本例	内府所藏通志堂刊本	内府藏本
春秋臣传	内府所藏通志堂刊本	两江总督采进本
春秋集解	内府所藏通志堂刊本	内府藏本
陈氏春秋后传	内府所藏通志堂刊本	两江总督采进本
春秋提纲	内府所藏通志堂刊本	两江总督采进本
春秋张氏集注	内府所藏通志堂刊本	江西巡抚采进本
春秋通说	内府所藏通志堂刊本	两江总督采进本
春秋经筌	内府所藏通志堂刊本	湖北巡抚采进本
春秋或问	内府所藏通志堂刊本	两江总督采进本

续表

书　名	《荟要总目》	《总目》
春秋详说	内府所藏通志堂刊本	两江总督采进本
读春秋编	内府所藏通志堂刊本	内府藏本
春秋本义	内府所藏通志堂刊本	两江总督采进本
春秋集传释义大成	内府所藏通志堂刊本	内府藏本
春秋诸传会通	内府所藏通志堂刊本	浙江范懋柱家天一阁藏本
春秋属辞	内府所藏通志堂刊本	两江总督采进本
赵氏春秋集传	内府所藏通志堂刊本	两江总督采进本
春秋王霸列国世纪编	内府所藏通志堂刊本	浙江范懋柱家天一阁藏本
春秋春王正月考	内府所藏通志堂刊本	两江总督采进本
周礼订义	内府所藏通志堂刊本	内府藏本
礼经会元	内府所藏通志堂刊本	内府藏本
太平经国之书	内府所藏通志堂刊本	内府藏本
考工记解	内府所藏通志堂刊本	江苏巡抚采进本
仪礼集说	内府所藏通志堂刊本	两江总督采进本
经礼补逸	内府所藏通志堂刊本	两淮马裕家藏本
礼记集说	内府所藏通志堂刊本	两江总督采进本
论语解	内府所藏通志堂刊本	浙江汪启淑家藏本
论语集说	内府所藏通志堂刊本	内府藏本
孟子说	内府所藏通志堂刊本	浙江汪启淑家藏本
孟子集疏	内府所藏通志堂刊本	两江总督采进本
四书集编	内府所藏通志堂刊本	两江总督采进本
四书纂疏	内府所藏通志堂刊本	两江总督采进本
四书通	内府所藏通志堂刊本	两江总督采进本
四书通证	内府所藏通志堂刊本	两江总督采进本
四书通旨	内府所藏通志堂刊本	内府藏本
四书纂笺	内府所藏通志堂刊本	内府藏本
四书辨疑	内府所藏通志堂刊本	内府藏本

续表

书　名	《荟要总目》	《总目》
经典释文	内府所藏通志堂刊本	内府藏本
六经奥论	内府所藏通志堂刊本	浙闽总督采进本
六经正误	内府所藏通志堂刊本	两淮马裕家藏本
经说	内府所藏通志堂刊本	江苏巡抚采进本
十一经问对	内府所藏通志堂刊本	两江总督采进本
五经蠡测	内府所藏通志堂刊本	两江总督采进本

将《总目》的著录归纳一下，可以看到这96种图书分别来自以下各处：

内府藏本34种，江西巡抚采进本、浙闽总督采进本、湖北巡抚采进本各1种，江苏巡抚采进本3种，直隶总督采进本4种，两江总督采进本40种。私人藏书中，浙江朱彝尊家曝书亭藏本、浙江吴玉墀家藏本各1种，浙江汪启淑家藏本、编修励守谦家藏本各2种，两淮马裕家藏本、浙江范懋柱家天一阁藏本各3种。可见还是较为分散的。

《总目》将《荟要总目》著录的图书来源为《通志堂经解》本的全部换掉，一部不留，可能是出于以下原因。一是著录体例问题。《总目》在各书书名下著录的都是图书来源，而不是图书版本，如浙闽总督采进本、浙江范懋柱家天一阁藏本等，只有著录的"永乐大典本"可以说是图书版本。但《永乐大典》本比较特殊，它虽然也收藏在内府，但与一般的内府本有所区别，所以《总目》依据其真实性质著录作"永乐大典本"。

二是与乾隆帝对《通志堂经解》抱有成见有关。乾隆五十年，四库全书馆进呈补刊《通志堂经解》，乾隆帝在二月二十九日的上谕中，痛斥明珠结党营私、明珠之子成德弄虚作假、徐乾学阿附权门的丑陋行径："朕阅成德所作序文，系康熙十二年，计其时成德年方幼稚，何以即能淹通经术？向即闻徐乾学有代成德刊刻《通志堂经解》之事，兹令军机大臣详查成德出身本末，乃知成德于康熙十一年壬子科中式举人，十二年癸丑科中式进士，年甫十六岁。徐乾学系壬子科顺天乡试副考官，成德由其取中。夫明珠在康熙年间，柄用有年，势焰熏灼，招致一时名流，如徐乾学等互相交结，植党营私。是以伊子成德年未弱冠，即夤缘得取科名，自由关节，乃刊刻《通志堂经解》，以见其学问渊博。"上谕并完全否定了成德与此书的编纂关系："而成德以幼年薄植，即能广收博采，集经学之大成，有是理乎？更可证为徐乾学所裒辑，令成德出名刊刻，俾藉此市名邀誉、为逢迎权要之具耳。”[①]关于成德与《通志堂经解》的关系，是许多研究者关心的问题[②]。从实际情况看，成德与徐乾学合作辑刻此书可能比较合理。双方各自发挥了自己的作用。乾隆帝最后虽未以人废言，以“是书荟萃诸家，典赡赅博，实足以表章六经”之故，仍命以重刊，但馆臣自此尽量避免提及“通志堂”之名，所以《总目》需要将《通志堂经解》从图书来源中换掉，以尽量减少该书的影响。

三是由此将一种图书来源变成了多种图书来源，也扩大了《四库全书》的影响面。

2. *以纪昀为例*

在《荟要总目》和《总目》著录的图书来源中，有 9 部图书与总纂官纪昀有关，其中 8 部图书的来源，《荟要总目》和《总目》存在差异。这些图书的情况如下：

作　者	书　名	《荟要总目》	《总目》
宋真德秀	大学衍义	内府刊本	兵部侍郎纪昀家藏本
明邱浚	大学衍义补	户部尚书王际华家藏本	兵部侍郎纪昀家藏本
梁顾野王	玉篇	两江总督高晋所上本	兵部侍郎纪昀家藏本
汉赵晔	吴越春秋	户部尚书王际华所上本	兵部侍郎纪昀家藏本
魏王弼	老子道德经	武英殿聚珍版本	兵部侍郎纪昀家藏本
宋王十朋	梅溪集	浙江巡抚三宝所上本	兵部侍郎纪昀家藏本
元耶律楚材	湛然居士集	两淮盐政李质颖所上马裕家藏本	兵部侍郎纪昀家藏本
明李东阳	怀麓堂集	内阁学士纪昀所上本	兵部侍郎纪昀家藏本
陈徐陵	玉台新咏	江苏巡抚萨载所上本	兵部侍郎纪昀家藏本

进呈书目是查考《四库全书》图书来源的主要依据。现存《四库馆进呈书籍底簿》《各省进呈书目》《四库采进书目》有“侍读纪交出书目”，即著录纪昀

① 纳兰成德辑《通志堂经解》卷首乾隆五十年二月二十九日上谕，第 1 页。

② 参见林庆彰、蒋秋华主编，黄智明编辑《通志堂经解研究论集》，台湾“中央研究院”中国文哲研究所，2005 年。

进呈的图书，共22种[1]。

在以上9部与纪昀有关的图书中，只有一部书在《荟要总目》与《总目》中都著录为纪昀所藏，这就是明李东阳的《怀麓堂集》。但这部书并不见于现存进呈书目。

另外现存进呈书目中，《老子道德经》《湛然居士集》《玉台新咏》这三部书，《总目》都作“兵部侍郎纪昀家藏本”，进呈书目与《总目》是一致的。然而在《荟要总目》中，却分别作武英殿聚珍版本、两淮盐政李质颖所上马裕家藏本、江苏巡抚萨载所上本，进呈书目与《荟要总目》是不一致的。

这就带来两个问题，第一是《荟要总目》和《总目》的著录是否准确的问题，第二是《荟要总目》与《总目》著录的差异问题。

先看第一个问题。《荟要总目》与《总目》都著录李东阳的《怀麓堂集》为纪昀所进呈，但“侍读纪交出书目”中并无此书，那么这部书究竟是不是纪昀进呈的呢？现在除了进呈书目的记载，还找不到其他的依据。这和宋孙觉《春秋经解》的著录有类似之处。《总目》记载宋孙觉《春秋经解》为纪昀家藏本，但在“侍读纪交出书目”中也不见有此书。

这个问题说明我们今天看到的进呈书目都是不完整的，所以《总目》记载的图书来源和进呈书目的记载不一致。就孙觉《春秋经解》（十三卷）而言，进呈书目记载是浙江省第五次范懋柱家呈送本（十五卷），也见于《浙江采集遗书总录》。但也有文献记载说明纪昀也进呈过此书。乾隆三十八年十一月十五日，多罗质郡王永瑢等奏代纪昀等恭谢恩赐题诗折谈到此事：“本年十一月初五日，四库全书处总裁官钦遵谕旨，将在京官员所进之书数在一百部以上者，分别拣取进呈。所有在馆纂修各员内，蒙恩赐题纪昀所进孙觉《春秋经解》七言排律六韵、励守谦所进赵蕤《长短经》七言绝句四首、汪如藻所进陈经《尚书详解》七言排律六韵。昀等俱各叩首跪领讫。”（《纂修四库全书档案》一三一）在四库本《春秋经解》卷首，有乾隆帝《题孙觉春秋经解六韵》，此诗亦见《御制诗四集》卷十七。乾隆帝诗云：“邵张珍弃今归纪。”下有自注：“此书于宋绍兴间阳羡邵辑任高邮时镂版郡斋，檇李张颜又因其移书以周麟之跋语附益卷末，识而弃之。今为翰林纪昀所藏，仅有钞本耳。”永瑢奏折、乾隆题咏都

[1] 《各省进呈书目》，第65页；《四库采进书目》，第184页。

说此书为纪昀进呈，应该也有依据。这也是《总目》著录此书来源为“兵部侍郎纪昀家藏本”的根据。

此外纪昀自己也有记载。《纪文达公文集》卷十《御制题孙觉春秋经解六韵恭跋》云：“乾隆癸巳诏求海内遗书，以充四库。中外献书及格者凡十三家，皆择其珍秘之本，御制诗章弁于首，俾世守以示褒异。臣昀幸与其数，赐题孙觉《春秋经解》七言律诗六韵。宝墨辉煌，垂光奕世。既而命以是书付武英殿剞劂，户部尚书臣王际华宣示定本，第四句下有御注‘周麟之跋云：初王荆公欲释《春秋》以行于天下，而莘老之传已出，一见而有惎心，自知不能复出其右，遂诋圣经而废之曰，此断烂朝报也。不列于学宫，不用于贡举者，积有年矣。其说虽未必尽然，而是书为当时所重亦可见矣’八十七字；第十一句下有御注‘此书于绍兴间阳羡邵辑任高邮时镂版郡斋，樵李张颜又因其移书以周麟之跋语附益卷末，识而弆之。今为翰林纪昀所藏，仅有抄本耳’五十四字。盖限于卷端尺幅，未及备书，而其详则载御集。跽读之余，弥增忭幸。伏念臣学殖荒芜，谬蒙简擢，得总司编录，遍窥石渠金匮之藏，已为望外。乃复以家传旧笈，土尘睿览，邀锡奎章。稽古之荣，尤逾常格，实不胜凫藻之至。谨恭摹宸翰，镌勒贞珉，以昭恩遇。并敬述始末，传示子孙，俾无忘焉。”[①]此跋撰写于乾隆四十一年，所述与《四库全书》所载实际相符。如纪昀自己未进呈此书，他绝不敢乱说。由此可见《总目》著录此书来源于纪昀，是有根据的。而且纪昀文章中也提到了是书付武英殿剞劂之事。

乾隆三十七年修《四库全书》，乾隆帝向全国征集图书。为表彰各地的私人藏书家和在京官员，清廷还制定了奖书、题咏、记名等奖励办法。“题咏”，即凡进书百种以上者，择一精醇之本，由乾隆皇帝题咏简端，以示恩宠。乾隆三十九年五月十四日谕曰：“其进书百种以上者，并命择其中精醇之本，进呈乙览，朕几余亲为评咏，题识简端。”（《纂修四库全书档案》一五七）纪昀所进呈《春秋经解》上有乾隆帝题诗，即属于这种情况。

值得注意的是，能够获得乾隆帝题诗，必须是进书百种以上者。而据进呈书目所记，纪昀所交之书仅 22 种。显然如果纪昀进呈图书只有这么多的话，是绝对不会获得乾隆帝在其所进书上“亲为评咏”的。所以说纪昀所进图

① 纪昀《纪文达公文集》卷十，第 1—2 页。

书有不少是不见于进呈书目。进呈书目可以是我们查考图书进呈的一个重要依据,但不是唯一的依据。

我们还找不到纪昀进呈《怀麓堂集》的直接依据,但根据《春秋经解》的例子,可以说明《荟要总目》与《总目》均著录纪昀进呈,是有一定依据的。

至于《荟要总目》作内阁学士纪昀所上本,《总目》作兵部侍郎纪昀家藏本,则反映了纪昀不同时期的任职差异。纪昀乾隆四十四年四月提升为内阁学士,四十七年四月授兵部右侍郎。纪昀《铁冶亭、玉阆峰两学士联床对雨图》诗注云:"余己亥(乾隆四十四年)自詹事擢内阁学士,始出翰林。"[①]朱珪《知足斋文集》卷五《经筵讲官太子少保协办大学士礼部尚书管国子监事谥文达纪公墓志铭》云:"壬寅(四十七年),授兵部右侍郎,仍兼直阁事。"[②]《怀麓堂集》誊录在乾隆四十三年左右(书前提要校上于乾隆四十三年正月),其时纪昀正在内阁学士任上。《总目》初稿完成于乾隆四十六年,后历经修改,所以纪昀改用了后来的职衔。这也从另一个方面说明了《荟要总目》等著录的可靠性。

第二个问题,《荟要总目》与《总目》的著录何以会有差异。这三部书中间,《老子道德经》有《武英殿聚珍版》本,《湛然居士集》见于"两淮商人马裕家呈送书目",《玉台新咏》见于"江苏省第一次书目"。可见《荟要总目》的著录是有根据的。但在《总目》中,都作"兵部侍郎纪昀家藏本"。我们查"侍读纪交出书目",可以看到这三部书确实也在其中。《荟要总目》与《总目》著录都有依据。那么何以会出现有人进呈了同样的图书,作为图书的进呈者,纪昀不写别人的名字,而要写上自己的名字呢?我们认为这一定程度上与乾隆帝对进书者的奖励即"记名"有关。记名,即在提要中注明采进者或藏书家姓名。在《总目》上记名是一件十分荣耀的事。因此一个比较合理的推测是,当别人和纪昀自己都进献了同一部书的时候,纪昀往往会著录自己的藏书。纪昀是《总目》的最后修订和定稿者,要在书目中记上自己的名字并不困难。而且纪昀也确实进呈了这些图书。

为说明问题,还可以《四库全书》私人呈送本中的家族本为例。在《四库全书》私人呈送本中,有一部分在京官员,利用朝廷向全国征集图书的机会,

① 纪昀《纪文达公诗集》卷十,第 32 页。

② 朱珪《知足斋文集》卷五,清嘉庆刻增修本,第 27 页。

把自己家族的著作呈送朝廷。河间献县纪氏家族著书收入《四库全书总目》的共有四人七种，是一个家族中数量最多的。其中纪昀呈送家族著书共三种，分别是七世祖纪廷相《友于小传》、高祖纪坤《花王阁剩稿》、父亲纪容舒《唐韵考》。大理寺卿陆锡熊呈送纪容舒《玉台新咏考异》，洗马刘权之呈送纪容舒《杜律疏》，编修曹锡龄呈送纪昭（纪昀堂兄）《毛诗广义》《养知录》。陆锡熊与纪昀同为《四库全书》总纂官，刘权之、曹锡龄为纪昀弟子。纪容舒并不是特别重要的作家，而其著作能被《总目》收入三种，如果不是纪昀的关系，是绝对不可能的[①]。这从一个侧面反映了纪昀与《总目》的深切关系。

《荟要总目》因成书较早，“记名”的意识不是很突出，或者说纪昀在四库馆中的影响还未充分显现[②]，所以就记录了纪昀以外的图书来源。

除了以上4部书外，宋真德秀《大学衍义》、明邱浚《大学衍义补》、梁顾野王《玉篇》、汉赵晔《吴越春秋》、宋王十朋《梅溪集》这5部书都不见于“侍读纪交出书目”，也找不到其他可以证明是纪昀藏书的证据，《荟要总目》和《总目》著录的进呈者也都不一样。其和纪昀的关系尚待考查。

第三节　《荟要》缮录依据的版本

根据《荟要总目》的著录，《荟要》誊录依据的图书版本主要有以下几种情况。

1.《武英殿聚珍版》丛书本

清廷刻书主要由武英殿承担，武英殿刻书则成为清代中央官刻书的主要代表。清修《四库全书》，乾隆帝谕旨，有实在流传已少，其书足资启牖后学、广益多闻者，即汇付剞劂。其书即汇成《武英殿聚珍版》丛书。《武英殿聚珍版》丛书收录在《荟要》中的共20种，其中17种在《荟要总目》中明确著录作“依武英殿聚珍版本缮录”。这些图书是：蔡渊撰《易象意言》，郭雍撰《郭氏传家易说》，郑康成注《易纬八种》，毛晃撰《禹贡指南》，萧楚撰《春秋辨疑》，郦道

① 参见江庆柏《四库全书私人呈送本中的家族本》，《图书馆杂志》2007年第1期，第57—62页。

② 于敏中就《四库全书》及《荟要》纂修事所作信札，收信人多为陆锡熊而非纪昀，也说明了这一点。见《于文襄手札》。

元注《水经注》，陈振孙撰《直斋书录解题》，董仲舒撰《春秋繁露》，傅玄撰《傅子》，唐太宗御撰《帝范》，元司农司撰《农桑辑要》，甄鸾撰、李淳风注《五经算术》，王弼注《老子道德经》，陆佃注《鹖冠子》，《钦定淳化阁帖释文》，沈继孙撰《墨法集要》，金简撰《武英殿聚珍版程式》。

2.《永乐大典》本

《永乐大典》本，即从《永乐大典》中辑出的佚书。《荟要总目》著录依《永乐大典》本缮录的共 3 种，即程大昌撰《禹贡山川地理图》、傅寅撰《禹贡说断》、唐仲友撰《帝王经世图谱》。此外在其他一些图书中，有以《永乐大典》本作参校本的，如《尚书全解》《周髀算经》等。《永乐大典》本属于广泛意义上的"官板"。

3. 内府刊本

内府，即皇帝起居游憩之地，称为大内，也称为内廷。清代内府刊本，实际上主要是武英殿刊本。武英殿刻书的范围很广，《荟要》收录的统称为"内府刊本"的图书，主要有敕撰本，历代重要的典籍、字书、类书、丛书、诗文集等。

敕撰本。敕撰本即自清初至乾隆年间，清朝皇帝撰写的，或清臣奉皇帝之令编纂的图书。书名前通常有御定、御纂、御批、御制、御注、御选、御编等冠词。《荟要》收录敕撰本 91 种，全部由内府刊刻。其中 85 种(包括《钦定明史》)，《荟要总目》作"内府刊本"。另有 3 种，《圣祖仁皇帝御制文初集》四十卷《二集》五十卷《三集》五十卷《四集》三十六卷，乾隆帝《御制文初集》三十卷、《御制诗初集》四十四卷《二集》九十卷《三集》一百卷，分别题内府所藏山东巡抚臣蒋陈锡、侍讲学士臣方苞校刊本，大学士臣于敏中校刊本，大学士臣蒋溥、大学士臣于敏中等校刊各本。实际也都是内府刊本，可以合并一起计算。此外还有二部《钦定淳化阁帖释文》《武英殿聚珍版程式》，因已算在《武英殿聚珍版》丛书中，此处不再计入。

二十四史。《荟要》收录的重要的内府刊本还有二十四史。从《史记》到《钦定明史》，全部使用了"内府刊本"，实际也就是武英殿刻本。因《明史》已算在敕撰本中，所以这里实际是 23 种。

除此以外，标注作"内府刊本"的还有 25 种。其中主要是经解著作，有 20 种。其余有史部著作 4 种，包括《春明梦余录》及《通典》《通志》《文献通考》

"三通"。子部、集部都只有1种，即别集类的《施注苏诗》。

凡仅是内府所藏、而非内府所刊刻的图书，如陈彭年等修定《广韵》五卷，《荟要》依内府所藏国朝张士俊刊本缮录等，未统计在内。但《国朝宫史》为御撰本，情况比较特殊(《荟要总目》作"今依内府藏本缮录恭校")，所以仍统计在"内府刊本"之内。

以上内府刊本共136种。由此可以看到《荟要》使用的内府刊本的基本情况，也可以看到馆臣在版本使用上的基本态度。

乾隆帝说："其官板刊刻及各处陈设库贮者，俱载内府所藏。"(《纂修四库全书档案》一七一)官板，即通常所说的官刻本(官刊本)，即官府刊印的图书。以上所说的《武英殿聚珍版》丛书本及内府刊本都属于官板。

4. 汲古阁本

在《荟要》依据的版本中，汲古阁本是一种重要的版本。其中19种书即直接依据毛晋汲古阁刊本缮录。这19种书是：王应麟编《周易郑注》、王应麟撰《诗地理考》、毛晋《陆氏诗疏广要》、许慎撰《说文解字》、娄机撰《汉隶字源》、陆绩注《京氏易传》、段成式撰《酉阳杂俎》、陆游撰《老学庵笔记》《渭南文集》《剑南诗稿》《放翁逸稿》、杨载撰《仲弘集》、萨都剌撰《雁门集》四卷、纳新撰《金台集》、杨维祯撰《铁崖古乐府》《复古诗集》《丽则遗音》、郭茂倩编《乐府诗集》、元好问编《中州集》。聂崇义撰《三礼图》二十卷、张九成撰《孟子传》二十九卷、洪适撰《盘洲文集》八十卷《附录》一卷三种，均依据天禄琳琅藏明毛晋影宋抄本缮录，可见也与毛晋汲古阁有关。

此外，《荟要》收录各书，还大量使用了汲古阁本作为参校本。例如在经部图书中，有14种图书将汲古阁本作为参校本之一。其中13种书所依据的即汲古阁刻《十三经》本。另有一部蔡节撰《论语集说》十卷，据毛晋影宋抄本校勘。

二十四史中，《史记》《汉书》《后汉书》《三国志》《晋书》《宋书》《南齐书》《梁书》《陈书》《魏书》《北齐书》《周书》《隋书》《南史》《北史》《新唐书》《新五代史》等17种史书，也都将汲古阁本作为参校本之一。不过《荟要总目》说刘昫撰《旧唐书》也据明毛晋汲古阁本恭校，则有误。汲古阁所刻的《十七史》，即上面所说的17种正史，其中并没有《旧唐书》。

此外还有《家语》、倪瓒《清闷阁全集》，也都用汲古阁本作了参校。

5.《通志堂经解》本

《通志堂经解》是清代最早刊刻的一部儒家经义丛书，后人对其评价很高，如桂文灿《经学博采录》云："国朝纳兰氏成德《通志堂经解》之刻，所以辅微扶衰、引诱来学者甚厚。"[①]此书收录历代经解著作138种，另有成德自撰2种。《荟要》收入了95种，超过了三分之二。《通志堂经解》是《荟要》经部图书的重要来源。

6. 其他版本

据统计，以上各类版本图书共273种，占《荟要》收录全部图书的百分之六十左右。从内容看，包括清帝敕撰书，还有十三经、二十四史等，可以说是《荟要》中最重要的图书，都是由内府这样的官府及汲古阁这样有影响的出版家刊刻的。

除此以外，还有其他版本的图书189种。这些图书中，经部22种，史部15种，子部43种，集部109种。据本人统计，《荟要》收录经部图书173种，集部图书140种，经部图书要远远多于集部图书，而我们这里统计的其他版本中，集部图书要远远多于经部图书，由此可见在版本的选择上，《荟要》也是特别重视经部图书。

在我们这里所说的其他版本中，有宋刻本5种，即宋蘗本《家语》十卷、宋张寔刊本《太玄经》十二卷、宋杨文昌刊本《论衡》三十卷、内府所藏宋婺州州学刊本《嘉祐集》十六卷、宋詹太和刊本《临川集》一百卷。另有影宋抄本2种，即天禄琳琅藏明钱曾影宋抄本苏颂《新仪象法要》三卷、汪汝瑮家藏影宋抄本《曲洧旧闻》十卷。

元刻本有8种，即元韩国正刊本王质《诗总闻》二十卷、元余谦刊本《古今韵会举要》三十卷《韵母》一卷、元留圣刊本《吴越春秋》六卷、元刘世常刊本《白虎通义》二卷、元丁思敬刊本[②]曾巩《元丰类稿》五十卷、元苏天爵刊本马祖常《石田集》十五卷、元乌克章刊本虞集《道园学古录》五十卷、元王守诚刊本苏天爵编《元文类》七十卷。

版本不详者1种。此即宋严粲撰《诗缉》三十六卷《图说》一卷，《荟要总

① 清桂文灿《经学博采录》卷二，民国刻敬跻堂丛书本，第19页。

② 元丁思敬刊本，《荟要总目》原作"明丁思敬刊本"。丁本刻于大德甲辰，见其《元丰类稿后序》，文渊阁《全书》本《元丰类稿》附。大德为元成宗年号，大德甲辰即大德八年，今因据改。

目》云:“今依内府所藏通志堂刊本缮录,据明朱厚熇本恭校。”但《通志堂经解》未收录此书。《总目》卷十五著录此书,作直隶总督采进本,但未著录版本。

其余175种为明清刊本,也有部分抄本。值得注意的是其中还有一部李清抄本。金赵秉文撰《滏水集》二十卷《附录》一卷,即依前浙江巡抚三宝所上范懋柱家藏李清缮录校勘。李清著作多种原已收入《四库全书》,五十二年,乾隆帝因发现其书中有“违碍”文句,而令将其书全部从《四库全书》中撤除。《荟要》中还有李清抄本,当是改而未尽。

为清面目,兹将《荟要》的版本情况列表如下[1]:

版本类型	种　数
《武英殿聚珍版》丛书本	17
《永乐大典》本	3
内府刊本	136
汲古阁本	22
《通志堂经解》本	95
宋刻本	5
影宋抄本	2
元刻本	8
明清刊本、抄本	175
版本不详	1
合计	464

《总目》没有著录图书版本,《荟要》的著录可以提供一定的参考。

① 吴哲夫《四库全书荟要纂修考》第三章第二节《图书依据的版本》也有《荟要》依据之版本的统计数字,统计数字与此有差异。见该书第46页。

第四节 《荟要》本《明诗综》考略[①]

《明诗综》一百卷，是清代学者朱彝尊辑录的一部明代诗歌总集，录存明代诗人3400余人的诗作。在《荟要》集部总集类中，《明诗综》是明代诗歌选本的代表，它承《宋诗钞》《元诗选》之后，构成宋元明三代前后相续的完整的断代诗歌选本序列。在《四库全书》中，《明诗综》同样是唯一的一部完整的明人诗歌总集。由此可以看到此书的价值及《四库全书》对此书的重视。这一节讨论《明诗综》的版本，并以《荟要》本为中心讨论四库本与原刻本《明诗综》的差异问题，借以考查四库本对底本的利用情形。

一、《明诗综》版本考

《中国古籍总目》著录此书有五种版本：(1) 清康熙间刻本，(2) 清康熙间刻白莲泾印本，(3) 清康熙间刻雍正间朱氏六峰阁印本，(4) 清康熙间刻乾隆间西泠吴氏清来堂印本，(5) 四库全书本（乾隆写）[②]。其他书目包括《中国古籍善本书目》[③]、"高校古文献资源库"（学苑汲古）[④]及一些图书馆书目检索系统的著录，大致不出以上范围。笔者认为，第一、第二种实际是同一个本子，第四种西泠吴氏清来堂印本应该是同治印本，第五种四库全书本应该在清来堂印本之前。还可以补上南图藏清印本、稿本（残）各一种。以下分别加以说明。

1. 康熙四十四年刻白莲泾印本

《中国古籍总目》著录的第一种版本为康熙间刻本，第二种版本为康熙间刻白莲泾印本。我们认为这实际上是同一个本子，不应该分开著录作两种。

朱彝尊《明诗综》的雕刻年份及地点，清杨谦《朱竹垞先生年谱》有具体记

---

① 这一节写作，得到津图、南图、中科院、复旦、浙大、华东师大、南师大、潮州师院等图书馆的支持，赵彦梅、胡露、薛惠媛、韩进、王静、曹鑫、李冬阳、马一方诸位先生、女士代为查核有关图书，在此谨表谢忱。

② 《中国古籍总目》集部6，第3034页。

③ 《中国古籍善本书目》集部，第1720页。

④ 本文所用高校图书馆书目，均来源于"高校古文献资源库"（学苑汲古），以下不再一一注明。

载:康熙四十一年壬午七十四岁,"辑《明诗综》,开雕于吴门白莲泾之慧庆寺"。"先生辑明诗有年矣,初名《明诗观》,以八卦分编,至是定名曰'综',以《静志居诗话》附焉"。四十三年,"《明诗综》一百卷雕刻竣工"。四十四年,"《明诗综序》"。[①] 按照杨谦的记载,《明诗综》于康熙四十一年于苏州白莲泾之慧庆寺开雕,康熙四十三年竣工。第二年朱彝尊写了本书序言。

《明诗综》雕刻竣工时间,杨谦作康熙四十三年。但朱彝尊自序写于康熙四十四年。《明诗综》卷首朱彝尊自序题作"康熙四十有四年月正人日小长芦朱彝尊序"。月正即正月,是朱彝尊作序的年份与《明诗综》刻成的时间实际相差无几。《明诗综》每半页 11 行,第一册为目录。朱彝尊序共 8 行,当页余下的 3 行紧接着刻本书目录。可见朱彝尊自序并不是在全书完成后补刻进去的,而是与全书、起码也是和目录一起刻成的,所以将《明诗综》的最初刻本著录作康熙四十四年刻本是没问题的。

吴门白莲泾,正德《姑苏志》卷十"水"记道:"自横塘北流直入运河曰洞泾,自彩云港北折出洞泾之西曰白莲泾,又西出江村桥曰枫桥湾。"同治《苏州府志》卷一百十二《人物志·流寓》记休宁人曹锐道:"侨居阊门外白莲泾。"可知其地大约在今苏州城阊门西面。

白莲泾之慧庆寺,乾隆《江南通志》卷四十四《舆地志·寺观》苏州府有记载:"慧庆寺在府阊门外西五里,元延祐间建。至元间兵火废仅存,退居于泾西。明成化弘治间僧达俊如珪即退居修葺。"朱彝尊在自己的诗文中,也记有在白莲泾慧庆寺的踪迹。《曝书亭集》卷四十八有《跋吴宝鼎砖字》一篇,题作"岁在壬午又六月寓慧庆寺书"。壬午为康熙四十一年。其集卷二十一有康熙四十二年作《夏日病足留慧庆寺,张顾二孝廉、孙范二上舍、徐陈范汪顾五文学载酒至,席上谭艺,率赋一首》。

朱彝尊在白莲泾慧庆寺编《明诗综》,文献多有记载。汪文柏《赠朱竹垞太史》诗注云:"时依宋中丞寓慧庆僧房镌选《明诗综》。"[②]乾隆《江南通志》卷一百七十二《人物志·流寓》记道:"朱彝尊……尝寓慧庆寺,选《明诗综》百卷。"李富孙《校经庼文稿》卷十八《书鷗舫老人手札卷后》也记道:"康熙辛巳,先生游吴门,从子袭远(甫田)偕行。集中有初二夜月同联句。壬午,以所辑

① 《北京图书馆藏珍本年谱丛刊》,中华书局,1999 年,第 547、554、556 页。
② 汪文柏《柯庭余习》卷七,《四库未收书辑刊》第七辑第 21 册,第 74 页。

《明诗综》开雕于白莲泾之慧庆寺，甲申岁竣工。”[①]隰舫老人即朱彝尊。康熙辛巳、壬午、甲申岁，分别为康熙四十年、四十一年、四十三年。

从以上记载中可以说，朱彝尊《明诗综》初刻是在白莲泾慧庆寺，是可以肯定的。《明诗综》第一个本子的刻印时间、地点记载得非常明确。所以《中国古籍总目》应该将第一、第二种版本合并作一种著录，可以作：康熙四十四年刻白莲泾印本。

白莲泾本南京图书馆有藏。里封三行，分别题“朱竹垞太史选本/明诗综/白莲泾印行”。首行下方钤“竹垞”朱文大方印。三行上方钤“老不晓事/强箸一书”长方朱文印，亦当是朱彝尊之闲章。辽宁大学图书馆藏本首行下方钤“竹垞著书之式”印章。白莲泾印本以外的，都没有在里封钤朱氏印章的。

南图所藏这个本子目录卷二十四作“杨荣■首”，卷七十一作“■原一首”，■为缺字墨钉。前者缺的是数字，后者缺的是姓氏。笔者所见白莲泾印本以后的本子，都不再有这两个墨钉，因此这几个墨钉成为判断版本时间的重要标志。

白莲泾本不仅避康熙帝名讳，还避康熙帝儿子名讳“胤”字。

现存康熙刻本对“胤”字，有避讳有不避讳的。康熙刻本从什么时候开始避“胤”字，具体时间已难以探究，但可以从现存刻本中寻找到一定的线索。早期的康熙刻本是不避“胤”字讳的。例如康熙十七年刻傅维鳞《四思堂文集》，卷二《李坦园诗序》、卷二《序蒋母节寿诗卷（代）》、卷三《先君子行状》、卷七《送人回南省亲》等所出现的“胤”字均未避。康熙刻本毕振姬《西北文集》出现的“胤”字也未避。毕振姬卒于康熙二十年。此集卷首有傅山序。傅山卒于康熙二十九年，则《西北文集》也当刻于其时前后。康熙三十四年本诚堂刻本傅维鳞《明书》卷五《太宗文皇帝本纪》云“太祖之嫡胤缵绪”，卷二十一《宫闱纪二》云“参天胤圣”[②]，都未避讳。康熙四十年刻本清王钺《世德堂集》文集卷一《代序窦石卿小令》云：“其遗胤承庵氏又二十年，乃始搜葺其遗稿。”《日余草叙》云：“父逸仙为立嗣以存铁霞之血胤。”卷二《先兄方伯公

① 李富孙《校经庼文稿》卷十八，清道光刻本，第又 16 页。

② 傅维鳞《明书》卷五《太宗文皇帝本纪》、卷二十一《宫闱纪二》，康熙三十四年本诚堂刻本，第 26 页，第 18 页。

行略》云："甲闻之曰，先人血胤也，招而归之宗。"康熙四十年恪素堂刻清李铠《读书杂述》卷九："《伊训》曰臣下不匡其刑墨，与《胤征》刑不恭同旨。"均未避"胤"字。

我们注意到康熙四十一年以后的刻本已开始避"胤"字讳。如康熙四十一年万松书院刻本清张行言《圣门礼乐统》卷一《祀典通考》一引《通典注》云："陆纳、车胤谓宣尼庙宜依亭侯之爵。"卷十列传《先儒后子》明山东巡抚陈应元赞曰："胶东之封，永锡祚胤。"康熙四十三年刻清释宗渭《芋香诗钞》卷一《赠徐西崖》："翩翩浊世称佳胤。""胤"字均缺末笔。

因此我们估计在康熙四十年前后，开始避"胤"字讳。

《明诗综》开雕于康熙四十一年，所以已经注意到"胤"字的避讳。而在曹寅刻《全唐诗》中"胤"字已全部避讳，朱彝尊《曝书亭集》"胤"字也缺末笔。朱彝尊与曹寅关系非常密切，曹寅开局刻书，朱彝尊也在扬州。《全唐诗》刊刻恰好在《明诗综》之后，《曝书亭集》刻成于康熙五十三年。这几部书之间都有着密切联系，而且都是康熙四十年以后刊刻的，刊刻时间也先后相继，所以其避讳用字有相同之处。

不过康熙四十二年胡恒升刻明胡忻《欲焚草》卷一《参铺商滥免罪珰妄渎疏》："陈光胤径以锦衣卫副千户陈纪子免。"卷二《参税使敕逮降两县疏》："指挥刘应聘县丞郑思颜生员王守胤等。"卷三《三请东宫讲学疏》："则丕承堂构之基，匪贤胤曷藉乎。"这里出现的几个"胤"字均未避。甚至康熙四十五年叶士行三当轩刻清叶良仪《余年闲话》卷三所记："许胤宗以黄蓍防风煎汤置床下。""唐许胤宗善医。""胤"字也未避。这说明"胤"字的避讳似乎并未被严格执行。"胤"字避讳年份的考订，不仅对《明诗综》版本的考订，即对康熙刻本年份的考订也有一定意义。

《明诗综》用软体书写，精工刊刻，秀丽天成，与《全唐诗》风格一致，可以互相媲美，均可见典型"康版"风貌。南图所藏白莲泾印本字迹清朗，书品极好，当为早年刷印本。

2. 六峰阁印本

六峰阁印本即上述《中国古籍总目》所列第三种版本。

六峰阁为朱彝尊书斋名，在文献中也多有记载。如姜宸英《湛园集》卷八

《又题黄庭兰亭宋搨》记道："壬申岁获见于朱竹垞之六峰阁。"[1]壬申为康熙三十一年。清胡敬《崇雅堂诗钞》卷九《竹垞遗印为宋秋田作》题注云："钢印，广径寸，厚三分，六面刻。正面上下文曰朱彝尊印，曰竹垞居士。四侧面文曰竹垞读本，曰六峰阁，曰桂之树轩，曰式饮庶几。江君石如为补图，钤印其上。"[2]

沈叔埏认为朱彝尊六峰阁没有建成，其《颐彩堂文集》卷十二《书竹垞图后》说："初先生买宅长水，曰竹垞（见先生《看竹图记》），因以自号。垞西有罗浮蝴蝶局、橙子冈，冈上拟构六峰阁未成。"[3]不过从姜宸英所记看，六峰阁应是落成的。六峰阁后来成为朱彝尊孙子朱稻孙的书斋，其诗稿即以"六峰阁"命名。

《明诗综》六峰阁印本里封三行，分别题"朱竹垞太史选本/明诗综/六峰阁藏版"。这个本子的里封与白莲泾印本大致相似，但将"白莲泾印行"改成了"六峰阁藏版"，同时也无朱氏两印章。白莲泾印本目录卷二十四、卷七十一的两个墨钉"■"，也都补上了。这是六峰阁印本年代在白莲泾印本之后的证据。

六峰阁在浙江嘉兴，印本署以此名，可见《明诗综》板片已从苏州运回了朱氏家里。

这个本子最令人费解的是，其书目录卷一下沈宪王胤栘的"胤"字未改。笔者所见各种版本的《明诗综》，这一处地方都避了讳，唯独这一个本子未避。六峰阁本时代明显在白莲泾本之后，为什么白莲泾本此字作了缺笔处理，而后出的六峰阁本反而不避呢？这个问题尚需继续探讨。

3. 四库本

有关四库本的情形将在下面专门讨论。

4. 南图藏清印本

清代各种版本的《明诗综》都是用白莲泾刻本的板片重印的，终清一代，《明诗综》都没有重新刊刻过。那么康熙印本、雍正印本与在此之后的印本如何区别呢？

南京图书馆藏有一部《明诗综》，卷首钤"木樨皂馆范氏臧书""石湖诗孙"

---

① 姜宸英《湛园集》卷八，《四库全书》本，第1323册，第34页。

② 胡敬《崇雅堂诗钞》卷九，清道光二十六年刻本，第7页。

③ 沈叔埏《颐彩堂文集》卷十二，清嘉庆二十三沈维鐈武昌刻本，第6页。

章，此为范志熙藏书。南图题乾隆刻本（“刻本”不确，准确说是“印本”）。这个版本《中国古籍总目》没有著录。实际上这是《明诗综》的系列版本之一，应单独列出。正是这个本子，显示了和在此之前的版本进行区分的四个方面的依据：一是看里封，二是看卷首有没有《钦定四库全书提要》，三是看书中有没有剜除钱谦益（或钱受之）等人名，四是看有没有抽毁诗篇。

这个本子的第一个明显特征是里封。其里封也分为三行，但前后无编纂者、印行者之名，只有中间一行题写“明诗综”三字。此系重新刻写，与其他印本、包括下面我们要提到的清来堂印本都不同，所以我们将其称之为南图藏清印本。

这个本子的第二个明显特征是卷首增加了一篇《钦定四库全书提要》。提要是根据《四库全书总目》刻写的。“提要”云“永乐以迄宏治”，又云“万歷以后公安倡纤诡之音”，“宏”字不作“弘”，“歷”字不作“曆”，都是避乾隆帝名讳之例证。

除提要外，书中还有几处避讳值得关注。如目录卷三十六曹弘，卷五十二周弘禴，卷九十二弘灏、弘句等，这几个“弘”字都已剜除。但目录卷十五上李弘名字未改，正文中曹弘等人的名字及其他大量涉及乾隆帝名讳的文字也都没有改。这说明南图藏清印本的避讳改字只是在目录中，正文没有改过。即使目录改字也有疏漏。

这个本子对乾隆帝名讳有回避，则说明此本至少印行于乾隆年间。不过《四库全书总目》刊刻于乾隆六十年①，在此之前，社会上一般难以见到《总目》。《明诗综》卷首能收录“提要”，则其书印行时间不会早于《四库全书总目》的刊刻时间，如果考虑到《总目》的流传也需要一定时间的话，我们甚至认为这个本子的印行时间可能还要更往后推。由于书中避讳只到乾隆朝，且卷首有“四库提要”，因此南图将本书题作乾隆刻本。实际上这个本子的印行时间是难以确定的。

这个本子的第三个明显特征是书中已经剜除了“钱谦益”或“钱受之”的姓名。

我们比较以下要说明的四库本，可以看到在四库本中，“钱谦益”之名或

---

① 崔富章《〈四库全书总目〉武英殿本刊竣年月考实》，《浙江大学学报》（人文社会科学版），2006年第1期，第104页。

被用他人替代，或者干脆用其他词语替代，都作了删削或改动，而这时的单行本《明诗综》则遇到了很大的麻烦。书中自然不能依旧保留钱谦益其名及其评论，但将其删除有很多困难。书中引用钱谦益之语甚多，如仅将有关评论铲去，势必留下大片空白，如要不留痕迹，就只有重新刊刻。在既不能重新刊刻、又要尽可能消除钱谦益痕迹的情况下，《明诗综》能做的就是将“钱谦益”（包括“钱受之”）的姓名剜去，而将评论内容保留不动。这样，我们在南图藏清印本中经常会看到一段文字中有三四个字的空白，这是将“钱谦益”或“钱受之”等名连带“曰”“云”等字样一并剜除的结果。

如原本卷八十下“许友”条下，朱彝尊诗话云：“虞山蒙叟最爱其诗，录之入《吾炙集》。”蒙叟即钱谦益，《吾炙集》为钱谦益诗集书名。印本此处仅仅剜除“蒙叟”二字，而像《吾炙集》这样明显的书名并未删除。同一卷中“毛晋”条，原本朱彝尊诗话云：“隐君问业于钱尚书受之、魏孝廉叔子。”此原本挖去“钱尚书受之”五字。四库本是抄本，誊录时可任意改动。而《明诗综》是刻本，改动不易，所以剜除是最简易的方法。而凡是这样做的则一定是乾隆年间或乾隆以后的印本。

此外正因为改动不易，所以除了非改不可的地方，其他一般不改动。如“高启”条中引文“季迪去隐吴淞江之青丘，自号青丘子”，两个“丘”字都没有按照当时的避讳要求改作“邱”字。

这个本子的第四个明显特征是删除了有关诗篇。

乾隆年间纂修《四库全书》，明令禁止收录钱谦益、金堡、屈大均、陈恭尹等人著作。《明诗综》中收录的诸人诗篇，在此印本中都作了删除。

今查南图藏清印本，卷六十九上目录剜除了金堡的姓名，正文铲除了金堡的小传及其诗作三首。由于金堡前后作者的诗作仍在，所以铲除后留下了11 行空白。

卷八十二目录剜除了陈恭尹、屈大均的姓名；正文铲除了两人的全部诗篇 39 首。从该卷第 9 页前第 7 行起，至第 16 页后 5 行止，全部铲除了。第 16 页前 9、10 行上栏栏线下有几点墨痕，核查原本，当是“嘆”“没”二字未铲干净所留痕迹。此本将已经铲除全部文字的空白页留下，是为了保持总页数不变。

就所铲除的诗作看，如金堡《戴庵》诗：“落叶平坡外，骑牛古寺还。一回风雨过，几幅米家山。”并无违碍之处（实际上朱彝尊在选录时应该已经考虑到这些问题）。所以金堡等的铲除主要还是由于作者的原因。这也是在此之前的本子没有的现象。

不过此印本虽然目录中剜除了金堡等人的名字，正文也铲除了相关诗篇，但各卷中其他人的诗篇都还在，没有收到牵连。不像四库本，将整卷都删除了，陈恭尹、屈大均、金堡等人以外的诗篇都受到了牵连。

还有颇为疑惑的是，《荟要》本、《全书》本将卷六十九下等卷全部删除了，但此佚名印本全部作了保留，除了剜除个别和钱谦益有关的人名外，其余并未作任何改动，不知《荟要》本等何以要删除。现将有关篇卷的删改情况列出下表：

康熙本	《荟要》本	南图藏清印本
卷第六十八	卷七十三	
卷第六十九上	此卷全删	部分删除
卷第六十九下	此卷全删	与康熙本同
卷第七十	此卷全删	与康熙本同
卷第七十一	卷七十四	
……	……	
卷第七十五	卷七十八	
卷第七十六	此卷全删	与康熙本同
卷第七十七	此卷全删	与康熙本同
卷第七十八	此卷全删	与康熙本同
卷第七十九	此卷全删	与康熙本同
卷第八十上	此卷全删	与康熙本同
卷第八十下	此卷全删	与康熙本同
卷第八十一上	卷七十九	
卷第八十一下	卷八十	
卷第八十二	此卷全删	部分删除
卷第八十三	卷八十一	

此佚名印本“提要”版心比正文略小，可知这是后来补刻的。但正文包括

目录与其他版本无异。这说明，这个刻本只是重刻了里封与卷首“提要”，其正文包括目录都是用原板刷印的。也正因为如此，所以正文版面已不如上面提及的白莲泾印本等清朗，尤其是文字已略有模糊，已经没有那种劲瘦感。但基本字形相同。这正是原板多次刷印后的现象。

5. 西泠吴氏清来堂印本

此本著录的依据在印本的里封。里封题“朱竹垞太史选本/明诗综/西泠清来堂吴氏藏版”。里封将出版者著录得非常清楚，但可惜未注明年代，书中其他地方也没有任何时间线索可寻。于是对这一版本的著录，就有了多种说法。上海图书馆作清乾隆西泠清来堂吴氏刻本，复旦大学图书馆作清康熙四十四年秀水朱氏六峰阁刻乾隆间吴清来堂印本，似乎都将这一印本的年代定在乾隆年间。当然也有不著印行年代的，如吉林大学图书馆作清康熙西泠清来堂吴氏刻本(后印)，四川大学、河南大学图书馆作西泠清来堂吴氏刻本等。这些说法归纳起来，实际上涉及两个问题：一是这个本子的年代问题，即是否乾隆年间刊印；二是这个本子的类型问题，即是刻本还是印本(重印本)。

要判断这个本子的时间，必须首先明了印书者的身份。西泠为今杭州别称。经查，乾隆年间杭州吴氏藏书家、刻书家没有以清来堂为名的。西泠吴氏清来堂为世所知者，乃因吴煦。吴煦生于嘉庆十四年，卒于同治十一年，字晓帆，号春池，晚号荔影，别号秦望山民、秦望山樵，浙江钱塘(今杭州)人。吴煦家有清来堂，藏书甚富。丁申《武林藏书录》记其藏书云：“家有清来堂，广储书籍，扫劫灰之薪火，萃四部之菁华。”[①]有《清来堂书目》四卷。藏书之外，吴煦同时也喜刊刻图书，今所见武林吴氏清来堂刻书有同治十年刻《南北史识小录》、同治十年重校补刊《新旧唐书合钞》、同治年间刻《二十一史四谱》等。吴煦收藏有大量太平天国等方面的资料，因整理成《吴煦档案选编》而广为人所知。光绪年间，杭州地方官吏及士绅发起补抄因太平天国战乱而残缺的文澜阁《四库全书》，广搜当地藏书家藏书，吴氏清来堂亦为其中之一[②]。

张钧衡《适园藏书志》卷五著录《清来堂书目》一册，提要云：“杭州吴氏藏

① 丁申《武林藏书录》卷下“吴煦”条，清光绪二十六年嘉惠堂刻《武林掌故丛编》本，第39页。

② 王同《文澜阁补书记》，载孙树礼、孙峻撰《文澜阁志》卷下，清光绪二十四年刻《武林掌故丛编》本，第46页。

书，此书分四库著录、存目、未著录三项，眉目极清晰。”①吴煦藏书后散佚，其宋本多归张钧衡适园。《清来堂书目》有中国科学院图书馆藏抄本。今特请古籍部薛惠媛女士帮助查找，告知《书目》“总集·四库著录”中著录有“《明诗综》一百卷，国朝朱彝尊”。由此可知《明诗综》内封所题“西泠清来堂吴氏藏”，必定是吴煦印本。吴煦为嘉庆以后人，显然这部书不可能印行于乾隆时期。而各地书目之所以题作乾隆刻本，我们认为也是受到了书前有“四库提要”、且提要避乾隆帝名讳的缘故。根据吴煦的生活年代及吴煦刻本存世的情况看，这个《明诗综》也应是同治年间印本。

此外这个本子也是用原板片重印的，不是新刻本。所以有些图书馆书目称其为刻本是不确切的。

这个本子与上述南图藏清印本实际属于同一个系统，所有的剜改、删除，这个本子也一样。当然两者也存在着细微的区别，如里封的款式不同，书名“明诗综”三个字的写将法也略有差异，所以这是属于两个不同时期的印本。但印刷年份孰先孰后已难判断，今姑且将清来堂印本排在南图藏清印本之后。

6. 稿本（残）

《明诗综》稿本不见于《中国古籍善本书目》《中国古籍总目》等著录，也未见国内其他图书馆有藏。今唯见于上海朵云轩拍卖有限公司2005年春季艺术品拍卖会“古籍版本暨瓷杂专场”拍卖，存《明诗综》卷五十八稿本一册②。钤“云伯审定”“铭心绝品”章。与传世刻本略有差异。如稿本此卷题魏塘朱岸登缉评，刻本作休阳程岳缉评。

民国以后出版的《明诗综》版本此处姑且从略。

以上将《明诗综》的版本大致分为五种（未计入稿本）。需要说明的是，《明诗综》的版本情况远比我们想象的要复杂，即使同一系统的本子，有时也会有差异。白莲泾刻本是所有《明诗综》印本的祖本，以后的各种本子都只是用白莲泾板片重印的，没有重刻本，究其原因在于卷帙过于庞大。重刻一遍，费用将十分可观。此外，《明诗综》具有典型的“康版”风格，后代写刻本很难

① 张钧衡《适园藏书志》卷五，1916年南林张氏家塾刻本，第11页。

② 见“盛世收藏”网页：http://yz.sssc.cn/item/view/855501。

达到这一水平。这也可能是尽管字迹已逐渐模糊，但后人仍然一再用《明诗综》原板重印而不重刻的原因。我们可以看到，乾隆时期的刻本字迹明显比早年的白莲泾印本要臃肿，文字不再秀丽干净，而是带有些许毛刺。这正是板片多次刷印后的现象。

然而由于各印本都没有标注重印的时间，单凭版面的整洁与否也无法确切判断各本的印行时间，使得我们并不清楚此书在清代究竟重印了多少次，也很难说明各印本之间的相互关系。这给《明诗综》的版本研究与著录都带来了一定的困难。因此，如同河南大学图书馆著录作清雍正年间朱氏六峰阁刻本、上海图书馆著录作清乾隆西泠清来堂吴氏刻本等说法，就不准确。而《中国古籍总目》除第一种版本外，其余几种著录作"××印本"，是准确的。

二、《荟要》本与原刻本《明诗综》的差异

《中国古籍总目》著录《明诗综》的最后一种版本是四库本。而从版本出现的时间顺序看，四库本应该是在南图藏清印本之前。

四库本包括现存的《荟要》本以及文渊阁、文溯阁、文津阁、文澜阁抄本。这里以《荟要》本为中心讨论四库本与原刻本《明诗综》的差异问题。这个差异问题有两个方面值得注意：一是以《荟要》本为中心的四库本与康熙原刻本的差异问题，二是四库各本之间的差异问题。

1.《荟要》本与原刻本的差异

原刻本卷首有序，题"康熙四十有四年月正人日小长芦朱彝尊序"，四库本均无此序。这种差异是四库本常见的。除了这一点外，包括《荟要》在内的四库本和原刻本的差异主要有以下几个方面：一是皇帝名讳的避用问题，二是文句的删改问题，三是诗篇的删除问题。

《荟要》本抄写于乾隆年间，对乾隆帝的名讳"弘历(曆)"自然格外小心加以回避。如"弘"避讳缺末笔。"历(曆)"写作"歷(歴)"。这属于形式上的改动，和《明诗综》内容没有实质性的关系，不过对考查版本有一定帮助。

所谓"违碍"文句的删改，主要是删除改动了"钱谦益"等人的名字。在《明诗综》原刻本中，引用了大量钱谦益的评论。钱谦益字受之，所以书中也常用"钱受之"之名。在编纂《四库全书》之前，钱谦益的著作并不遭禁，所以

天津图书馆藏清乾隆四年江湑抄本《明诗综诗话》[①]中，钱谦益的姓名及评论都还保留着。清修《四库全书》时，乾隆帝明令要求在书中禁止录用钱谦益的著作，《明诗综》中有关钱谦益的评语始全部被删除，所以在这一时期抄写的《荟要》本和《全书》本《明诗综》中已看不到钱谦益的评语。

如卷六(四库本卷七)"贝琼"下各家评论，原本所引为钱谦益之语。其文曰："钱受之云：郡志载有贝琼，无贝阙。(下略)"其后为朱彝尊诗话"姚文公燧为承旨时"云云。钱谦益之语见《列朝诗集小传》甲集"贝助教琼"[②]，《荟要》及《全书》本删除了钱谦益的评论，"贝琼"这一条在作者小传后面即直接朱彝尊所作诗话。

再如卷八(四库本卷九)"高启"条各家评论中，原本也引用了钱谦益之语："钱受之云：张氏开藩，季迪去隐吴淞江之青丘，自号青丘子。魏观守苏，为徙居城中夏侯里。观改修府治，季迪作《上梁文》。连坐腰斩，洪武七年事也。"[③]以下接"陈卧子云"。《荟要》及《全书》本都删除了钱谦益评论。

不仅如此，在他人文字中提及钱谦益的，也作了删除或改换，被小心回避了。"钱谦益"的人名或被改成"钱湘灵""钱陆灿"等，或代之以其他词语。如卷五(四库本卷六)"徐尊生"条下朱彝尊诗话，原文引用钱谦益之语，谓："钱受之引《睦州志》，谓曾授翰林待制不就，误矣。""钱受之"三字，《荟要》本作"钱遵王"，文渊阁本作"或者又"，文津阁本《全书》改作"或有据"。这种改动不仅违背原文，而且误导读者。

《荟要》本与刻本相比，还删除了清廷认为是有害人物的诗篇。乾隆年间纂修《四库全书》，对钱谦益、金堡、屈大均、陈恭尹等人诗文有明确禁令。乾隆四十年闰十月十八日谕旨道："金堡，明末进士，曾任知县。复为桂王朱由榔给事中，当时称为五虎之一。后乃托迹缁流，藉以苟活。其人本不足齿，而所著诗文中多悖谬字句，自应销毁。"(《纂修四库全书档案》二九五)乾隆四十一年十一月十六日谕旨云："若汇选各家诗文，内有钱谦益、屈大均辈所作，自当削去，其余原可留存，不必因一二匪人，至累及众。"(《纂修四库全书档案》

---

① 《明诗综诗话》，《天津图书馆孤本秘籍丛书》第16册，中华全国图书馆文献缩微复制中心影印本，1999年。

② 钱谦益《列朝诗集小传》甲集，上海古籍出版社，1983年，第93页。

③ 钱谦益《列朝诗集小传》甲集，上海古籍出版社，1983年，第74页。

三五二)乾隆三十九年十月初四日两广总督李侍尧等奏折云:“梁佩兰、陈恭尹诗文,语多悖逆,实属不应留存。”(《纂修四库全书档案》一九四)因为有此禁令,所以在《明诗综》中自然不宜保留。今查《荟要》本删除了康熙原刻本中的十卷。《荟要》本卷次也作了相应调整。陈惠美《从文渊阁四库全书本〈明诗综〉看四库馆臣之删改典籍》一文,列出了《明诗综》康熙刻本与文渊阁《四库全书》本有关篇卷对照表[①]。《荟要》本与《全书》本同。今移录如下:

康熙本	《荟要》本	康熙本	《荟要》本
卷第六十七	卷七十二	卷第七十七	此卷全删
卷第六十八	卷七十三	卷第七十八	此卷全删
卷第六十九上	此卷全删	卷第七十九	此卷全删
卷第六十九下	此卷全删	卷第八十上	此卷全删
卷第七十	此卷全删	卷第八十下	此卷全删
卷第七十一	卷七十四	卷第八十一上	卷七十九
……	……	卷第八十一下	卷八十
卷第七十五	卷七十八	卷第八十二	此卷全删
卷第七十六	此卷全删	卷第八十三	卷八十一

如上介绍南图藏清印本时所说,《荟要》本除了将卷六十九上、卷八十二全部删除外,还将卷六十九下等八卷全部删除了,但这些篇卷的内容在佚名印本中全部作了保留,未知《荟要》本何以要加以删除。

2.《明诗综》四库各本之间的差异

由于四库本各本抄写时间有前后,又经过多次复校改动,还有誊录疏误等问题,各本文字存在许多差异。就收录的人物看,《荟要》本卷七十三第一人“张采”,卷七十四第一人“陈继儒”,文渊阁本均未收录。但文津阁本收录了这两人。

陈惠美在《从文渊阁四库全书本〈明诗综〉看四库馆臣之删改典籍》一文中,列出了“文渊阁《四库全书》本《明诗综》删除之人数与作品数对照表”,将

① 陈惠美《从文渊阁四库全书本〈明诗综〉看四库馆臣之删改典籍》,2006 年台湾东海大学图书馆馆讯,http://www.lib.thu.edu.tw/newsletter/52-200601/lib52-4.htm。

文渊阁本《明诗综》与世界书局影印康熙本《明诗综》收录作家、作品的情况，作了一个对照表。今移录如下：

康熙本卷次	作家被删数量	作品被删数量	诗话被删数量	康熙本卷次	作家被删数量	作品被删数量	诗话被删数量
三	0	0	1	六十八	12	20	6
十一	0	0	1	六十九上	28	79	8
四十二	1	1	0	六十九下	26	65	7
四十四	2	4	1	七十	36	79	21
四十五	2	6	1	七十一	2	6	2
五十	3	3	0	七十三	2	7	1
五十一	13	6	1	七十四	12	72	6
五十二	4	13	1	七十五	5	42	3
五十三	3	5	1	七十六	42	97	20
五十四	4	17	3	七十七	35	92	13
五十五	12	25	4	七十八	4	83	4
五十六	0	0	1	七十九	14	84	12
五十七	6	15	1	八十上	55	99	19
五十八	13	25	3	八十下	52	105	18
五十九	8	17	3	八十一上	1	10	1
六十	6	10	5	八十一下	4	31	2
六十一	5	10	1	八十二	8	97	9
六十四	3	3	0	九十二	7	26	3
六十五	4	24	2	九十七	0	0	0
六十六	5	8	3				

根据以上情况，作者指出三点：

(1) 就作家数而言，《文渊阁四库全书》本删去 437 人。这些遭删去的作家，时间由嘉靖戊戌（十七年，1538）进士查秉彝，至与朱彝尊同时期的屈大均、陈恭尹、缪永谋等人。时代较早者，一卷偶有删去一二人；而至著录崇祯年间（1628—1643）作家诸卷，则有全卷五十多人均予删除。

(2) 就作品数而言,《文渊阁四库全书》本删去 1 266 首诗。除上述遭删去的作者,其作品一并删去;又选择有些作家删去若干首,如卷四十四穆文熙,四首删二首;卷五十五陶望龄,六首删二首等。

(3) 就朱彝尊所撰诗话而言,《文渊阁四库全书》本删去 185 则。此处所指乃诗话全删或删改者,其中有少数是小传、作品未删,诗话却遭删除者,如危素、叶颙等人。又缉评中,语涉钱谦益、屈大均等而删去的部分甚多,此处则未详记之。

这是康熙本与文渊阁本的差异,如果比较《荟要》本与文渊阁本,会发现也有差异。如以康熙本卷五十五(四库本卷六十)收录作家为例。《荟要》本何乔远、全天叙、丁元荐、刘黄裳、周献臣、袁黄、焦竑、吴道南、董其昌、孙羽侯 10 人,文渊阁《全书》本都未收录。另外一些人物的排列顺序也不一样。如《荟要》本顺序是:李鼎、焦竑、吴道南、陶望龄、董其昌、高攀龙、冯从吾。文渊阁本顺序则为:李鼎、高攀龙、陶望龄、冯从吾。高攀龙、陶望龄两人的顺序相反。《荟要》本收录的人物及人物顺序,与康熙原刻本相同,文津阁《全书》本与《荟要》相同。可见这些缺漏或顺序颠倒都是文渊阁本才有的。

对康熙本的删改,四库各本之间也都有差异。如上文指出的卷五(四库本卷六)"徐尊生"条下朱彝尊诗话引钱谦益之语,或作"钱遵王""或者又""或有据",即是一例。

因篇幅有限,这些差异此处无法展开讨论,但我们在使用四库本时应注意这些问题,《明诗综》原刻本与四库本的差异等也可作专门讨论。

第五章 《荟要》的图书选录

《荟要》的图书选录，指的是哪些图书入选《荟要》的问题。这与《四库全书》的图书选录略有不同。《全书》因为收录数量较大，所以其收录图书的选录，多少受到图书来源如地方进呈本、私人进献本等的影响。而《荟要》因为收录图书较少，且多为各类代表性著作，而这些著作一般传世较多，所以图书选录比较从容。

《荟要》为供皇帝一人御览而编，旨在于精而不在于多，且自《全书》中选取，"着于《全书》中，撷其菁华，缮为《荟要》"（乾隆三十八年五月初一日谕旨）。《全书》收录图书 3 400 到 3 500 余种（现存各部《四库全书》收录图书数量不同），《荟要》仅收录 464 种，约相当于《全书》的七分之一多。经过"浓缩"，《荟要》收录的图书大部分确实是具有相当影响的著作。《荟要联句》英廉诗"择流综汇特提衡"注释云"所载皆命于《全书》中择其尤醇者"，所说即指此。

第一节 《荟要》图书选录的基本标准[①]

一、《荟要》各类目收录图书的品种

《荟要》分为 42 类，其中一些类别又分为若干子目，全书共分为 33 子目。各类目收录图书品种如下：

① 本节由课题组成员吴婷撰写。

部	类	子　目	种数
经部	易	统论全经	37
		专论易图	4
		易纬	1
	书	统论全经	14
		专论禹贡	3
	诗	统论全经	14
		专论地理	1
		专论名物	2
	春秋	专论左传	3
		专论公羊传	1
		专论谷梁传	1
		统论经传	27
		专论世纪	1
		专论春王正月	1
	礼	专论周礼	5
		专论仪礼	4
		专论礼记	4
		义疏	3
		礼图	1
		专论大学	2
	孝经	经注	3
		衍文	1
	论语		3
	孟子		4
	四书		9
	经解		9
	小学	尔雅	2
		名物	3
		字学	4
		论国书	1
		韵学	4
		论译音	1

部	类	子　目	种数
史部	正史		24
	编年		8
	时令		1
	地理		5
	诏令		8
	法制		4
	别史	专论一朝政事	5
		纪事本末	4
		通史	1
	故事		2
	史评		2
	目录		3
	器用		2
	谱录		1
子部	儒家		21
	法家		2
	纵横家		1
	兵家		1
	医家		4
	农家		4
	数术	易数	2
		律历	10
	墨家		2
	道家		8
	杂家		6
	小说家		7
	考证		2
	杂艺		4
	类书		7
集部	别集		111
	总集		23
	奏议		2

续表

部	类	子　目	种数	部	类	子　目	种数
	诗文评		1	合计	42	33	464
	歌词		3				

《荟要》共收录图书 464 种，经部收录 173 种，史部收录 70 种，子部收录 81 种，集部收录 140 种。经部是四部中收录最多的一部，可见《荟要》的编纂倾向。此外还可注意的是《荟要》中收录清朝皇帝的敕撰书即有 91 部，这个数量也是非常惊人的。

《荟要凡例》指出："每门不必多种。"从《荟要》的实际选录来看，除少数类目外，基本是按照这一原则来安排全书的图书品种的。这少数类目中，二十四史因为难以分割，所以整体收入。别集数量多是因为从南北朝到明朝各个朝代都有，所以数量也较多。其次是经部中的易、书、诗、春秋几类及子部儒家类，其数量较多显示了经部图书和儒家类图书的特殊地位。而经部图书与儒家类图书又有着天然的紧密关系，这些著作多与治道教化有关，如《荟要总目》儒家类小序云："兹于洙泗遗言而外，略取先秦、两汉以来数家，皆求其大醇者。而恭载列圣所以阐明理学治道之书，及我皇上《日知荟说》一编，以明夫通天地人之道，而合君师之统，诚足炳焕万祀云。"

二、《荟要》收录图书的标准

"《全书》收四库，《荟要》粹其精。"（乾隆帝《御制诗四集》卷五十四《题摛藻堂》）《荟要》系从《全书》中撷取的菁华，作为专供皇帝阅读的图本，其编选势必慎之又慎。研究《荟要》的图书选录标准，可以从一个方面了解朝廷的文化政策倾向。

在《四库全书荟要联句》的诗注中，有许多涉及《荟要》图书的选录问题。《荟要联句》诗注用相当篇幅介绍了《荟要》对各类图书的比较，对选录图书的理由有概括的说明。这些注释不仅对研究《荟要》很有价值，对研究学术史也很有价值。例如以金简所作诗及其注释为例。金简诗云："丹纶宣答度维贞。"注："世宗宪皇帝，敕几宥密，乙夜披章，躬亲批答。《朱批谕旨》一书，训行奕祀，敬著于录，仰见都俞吁咈之盛。"诗云："天占凤纪双丸运。"注："时令为王政所重。古来著录者，如《岁华纪丽》《荆楚岁时纪》之类，体制不一。惟

《御定月令辑要》总其纲领，谨专录是书，余皆从略。”诗云：“地拓鳌舆八柱撑。”注：“方域广轮之数，已见各史地志。兹录《西域同文志》《职贡图》以彰皇朝声教之广。若志荒远如《山海经》，志水道如《水经注》，志都邑如《春明梦余录》，略取一二，以备门类。”诗云：“令典迈陶妫姒子。”注：“皇朝制度，备于《大清会典》。其中节文仪数，则《大清通礼》《礼器图式》所载尤详。而《宫史》一书，实昭宫廷典式。今并列为法制门。”《荟要联句》中金简所作诗就此四句，每一句都和《荟要》的图书选录有关系，注释则具体说明了选录这些图书的原因。

综合《荟要提要》所说，《荟要》图书选录的基本标准大概有如下一些。

1. 选取能反映学术流派及其演化过程的著作

《荟要》选录能反映学术流派及其演化过程的图书，以起到辨章学术，考镜源流的作用。

试以经部易类为例。《易》之派别不出象数、义理二家。《荟要》收录图书，亦按照这一特点。象数类选录有《易纬》八种，《周易郑注》《易璇玑》《易裨传》等书。象数一派又歧出先天图书派，于是《荟要》选录了《易数钩隐图》《汉上易传》《大易象数钩深图》《易象图说》《易图通变》《易学启蒙通释》《周易启蒙翼传》《三易备遗》《周易集说》等数种。义理类选录有《周易注疏》《周易口义》《横渠易说》等书。宋歧而为三，程、朱二家外，收《易小传》言史事，收《童溪易传》多言性天；兼言理数的如《周易本义》《朱文公易说》《易象意言》《丙子学易编》，皆收录以括其全。《易》又有古本、今本之分，朱熹《周易本义》复古本经、传，用之者如《易纂言》《周易本义通释》《易附录纂注》《大易辑说》《周易本义集成》等并录，而《周易会通》体例稍变亦载；今本王弼注，孔颖达疏，诸家用者如《东坡易传》《紫岩易传》《周易义海撮要》《大易粹言》《复斋易说》《周易辑闻》《周易传义附录》《郭氏传家易说》《学易记》并录其中。《荟要》易类选录图书 42 种，除《日讲易经解义》《御纂周易折中》《御纂周易述义》三部御撰书外，其余都是宋元以前著作，由此可以看到宋元之前易学研究的大势。

又如四书类图书，《四库全书荟要联句》巴延三诗云：“四子苞涵水会瀛。”以下的注释则一一具体说明了选取这些图书的原因：“四书古无是名，定于朱子。今《集注章句》用为取士章程，故首录之。其疏通朱义者，取《四书集编》《四书纂疏》《四书通》。考证名物典故者，取《四书通证》《四书纂笺》。贯通字义者，取《四书通旨》。至陈天祥《四书辨疑》，虽好立异同，而拾遗补阙，亦不无可取，并附录以资博考。”“四书”定名于朱熹，且元代采用朱熹所注《四书》为考试内容，所以《荟要》首录朱熹《四书集注章句》。以下又从疏通朱义、考证名物典故、贯通字义等三个方面说明选录各书的理由。条例非常清晰。

在《荟要》四书类之前，还有论语、孟子两个类目，论语类收录魏何晏集解、宋邢昺疏《论语注疏》等三种，孟子类收录汉赵岐注、宋孙奭音义并疏《孟子注疏》等四种。

《荟要》这一安排有一定的道理。从图书产生的顺序看，是先有《论语》，再有《孟子》，在此基础上再有朱熹的《四书章句集注》，文献形成的逻辑性很强。当然这种分类安排也会有明显的类目交叉问题。

《全书》取消了论语类与孟子类，将相关著作合并入四书类。从图书分类的角度看有其合理性，但在图书选录上却产生了一个问题。这一类收入的第一部书是汉赵岐注、宋孙奭音义并疏《孟子正义》，第二部是魏何晏注、梁皇侃疏《论语义疏》十卷。馆臣是按照注释者的时代先后来安排图书顺序的，但就被注释的图书产生的顺序看却是颠倒了，即将后起的图书放到了前面。因此从学术源流演化的角度看，《全书》的图书安排不如《荟要》清楚。

对于有影响的学术流派，《荟要》往往会围绕其中心人物的著作，收录能反映其授受、传承情况和流派特点的系列图书，起到辨章学术，考镜源流的作用。如围绕朱熹《周易本义》，收有笃志朱熹之学者胡炳文的《周易本义通释》，“炳文复取朱子之书，折衷是正，参以诸家《易》解，以互相发明”（《荟要提要》）；又收有朱熹再传弟子胡一桂的《周易本义附录纂注》，“一桂承其家学，取朱熹《文集》《语录》之及于《易》者附之，谓之《附录》，取诸儒《易》说之发明《本义》者纂之，谓之《纂注》，务以阐明《本义》未尽之旨”，“言朱子之《易》者，其必于是问津矣”（《荟要提要》）。

《荟要》在注意突出流派特点的同时，也充分考虑到门类、内容完备的问题，注意反映学术整体面貌的问题。“四库全书荟要”这个题目，在注意“荟要”的同时，也得体现“全书”的特点，为此，《四库全书荟要·凡例》提出了“简而能赅”的要求。

《荟要》中的春秋类、礼类、小学类门类的设置，图书的选录都能注意到这一点。以春秋类为例，大类下又分为五个子目。《春秋》三传都有图书入选，专论《公羊传》《谷梁传》者各取一家，专论《左传》者取三家，相对平衡而又突出《左传》。统论经传者取27家。由此较好地体现了“简”与“赅”的关系。

2. 选取具有一定学术创新性的著作

具有一定学术创新性的著作，是指那些不囿于旧说、能反映研究者新的独到的见解，并对后来的学术研究产生过一定影响的著作。《荟要》注意选择这类著作，并对其有很高评价。

如宋吴澄撰《书纂言》，《荟要提要》云：“然言性、言心、言学之语，宋人据以立教者，其端皆发于古文，故亦无敢轻议者。其毅然专释今文，则实自澄始。”充分肯定了吴澄此书的开创价值。并对时人的怀疑进行了辩护，称“澄之专释今文，未可概以蔑古讥也”。尽管《荟要提要》也承认此书有删改经文、随意解经之陋习，“其颠倒错简而不明言窜易之故，于阙疑之义有所未安”，但仍照收入《荟要》。

宋沈该撰《易小传》，《荟要提要》称：“该之说《易》，既以正体发明爻象之旨，又以变体拟议变动之意，以求合于观象玩辞、观变玩占之义。其占则纯用《春秋左氏传》之法，虽亦时有得失，要非无稽而臆说也。自王弼以后，论《易》者多以谈理为宗。然圣人缘理以示象，后人因象以穷理，象之不明，理于何见？该独发明爻象之正变，力追三代以上占筮之指，而又不杂糅于飞伏纳甲一切谶纬术数之说，愈于空谈者远矣。”也是因为此书有自己的独创性，而又不杂于怪异。

3. 选取注重考证、崇尚征实学风的著作

《荟要》注意选取注重考证、崇尚征实学风的著作，反对虚妄凿空、妄下结论之著作。宋陈深撰《读春秋编》，《荟要提要》称：“是书虽无新异之说，而独能考据事实，不为虚憍恃气之高论，可谓笃实君子矣，未可以平近忽之也。”

对于一些乱改经文的著作，《荟要》虽也有所录取，但在提要里给予了严厉批评。如《荟要提要》批评吴澄《易纂言》说：“独删改经文，不足为训。而《系辞》中十有八卦之释指为错简，移之《文言传》末，尤不免勇于师心。夫史不阙文，圣人所喟。汉以来经师授受，遇有疑误，但云某当作某，皆不敢轻改经文。沿及宋人，此风始变。自俞庭椿窜乱《周官》，以后儒者视改经为固然。”《荟要提要》也批评吴澄《书纂言》道：“惟其颠倒错简而不明言窜易之故，于阙疑之义有所未安。澄所注诸经皆然，亦一瑕也。”

《荟要》在选录图书时，注重于图书内容。有些书尽管作者有疑问，或为他人假托之书，但如内容精审，《荟要》也照常予以收录。如《六经奥论》一书即是。《六经奥论》六卷，原题宋郑樵撰。《荟要总目》认为"实后人假托为之"，《荟要提要》对此作了仔细考辨，基本肯定"或即邦辅所托名"，即明成化中盱江人危邦辅所作①。但《荟要》仍收录了此书，因"相传既久，所论亦颇有可采者，疑以传疑，毋宁过而存之"。《荟要》的观点后来也被文渊阁提要、《总目》接受。

与此有关的是内容不纯的著作多不收录。《荟要总目》别史类小序云："臣谨案：古者列国各有史，而后世纪言纪事者，或依纪传之体，分国以述事；或变编年之体，因事以类言。事可征信，言多殷鉴，故其体不当与稗史等。至若上下数千年中，综甄胪列，虽前有所因，而其勤足传，今并列之为'别史'。向来史志条目，曰霸史，曰杂史，曰伪史。于是当时之士，私相纂述，体制不纯，根据疏浅，甚有收摭鄙琐、近于小说者，概从登录，贻讥芜杂。谨删而择之，宁从要约云。"

4. 选取版本精善的著作

《荟要》图书之精亦表现在版本之精上。曾任《四库全书》正总裁的嵇璜在《四库全书荟要联句》中写道："善本传抄衷一是。"注释云："内府所藏旧椠极博，而外省应诏采进及诸臣所上者重本不一，择其最善者依以缮录。"可见四库馆臣在誊录底本的选择上，是有一定标准的，即尽可能选择善本，并不是随便拿一种本子来抄写了事。四库馆臣在《荟要》版本的选择上还是很认真的。

《荟要》版本的来源多样，据统计，《荟要》著录的内府图书共计 287 种，占《荟要》总数的 61%。这些书籍或为内府刊刻，或为内府所藏专供御览所用，均为内府精刊精校本。其中如内府所藏通志堂刻本，多以宋元秘本为底本，保存了大量珍贵典籍，实为清代诸儒治经的重要依据。又如《武英殿聚珍版》本，系乾隆帝亲自下令编修，大部分从《永乐大典》中辑得，保留了大量的珍本秘笈。在诸内府书籍中，更选其最善者，如《禹贡说断》选《永乐大典》本，弃通志堂本，因其为宋时原本，"不独所缺咸在"，且"其《五服辨》三千余言、《九州

① 杨新勋《〈六经奥论〉作者与成书考辨》云："《六经奥论》夹行小注中标注出处和所指部分元初已有，其阐明原因和意义的部分盖出于明初危邦辅祖父之手。"见《淮北煤炭师范学院学报》（哲学社会科学版）2006 年第 4 期，第 35—39 页。

岛辨》千数百言,较原缺目更多至数倍"(《荟要提要》)。《三礼图》舍通志堂本选钱曾也是园影宋抄本,也是因世所行通志堂刊本,或一页一图,或一页数图,而以说附载图之四隙,行款参差,寻览未便。而内府所藏钱曾也是园影宋抄本,每页自为一图,而说附于后,较为清整易观,所以《荟要》"依仿缮录焉"(《荟要提要》)。

对各地进呈本也是如此,尽量依据最善者缮录。如《家语》,依据户部尚书王际华所上宋椠本缮录,《荟要提要》说明其理由道:"今徐本不知存佚,此即毛晋所藏宋本,较之坊刻尤为近古者矣。"宋苏颂撰《新仪象法要》,《荟要》依天禄琳琅明钱曾影宋钞本缮录,《荟要提要》说明其理由是:钱曾"其撰《读书敏求记》载入是书,自称'图样界画,不爽毫发,凡数月而后成。楮墨精妙绝伦,不数宋本',良非夸语,洵影宋中最佳之本也"。都可以看到《荟要》在精心选择最佳版本。

《荟要》选录图书,"足本"与否,也是图书是否精善的标准之一。《荟要》所录,尽可能采用足本,如所录元许有壬所撰文集即是如此。许有壬,字可用,汤阴人。宋延祐二年进士。官至中书左丞。卒,谥文忠。有壬诗文其门人编次者为《至正集》,又别自辑为《圭塘小稿》,有壬弟有孚录而序之。有壬卒后,《至正集》亡佚,有孚所携此本独存。因重加编次,厘为十三卷。又辑所寄有孚诗文八十五篇,缑献可所收《文过集》及林虑记游诗文九十三篇为《别集》二卷。又辑其残编断简为《外集》一卷。子孙世藏其书。宣德间,复失其《外集》。至明成化五年,许有壬五世孙南康知府颙始校正刊行。许颙以家乘所载志文、祭文及有孚等唱和之作编为《续集》一卷,附之于末。后来《至正集》复出于世,而阙佚未全。四库馆臣在编纂《荟要》时,将《圭塘小稿》与《至正集》这两种本子作了校核。虽大略相同,亦互有出入。通过比较发现,《圭塘小稿》所收录作品要多于《至正集》。《荟要提要》最后说明采用许颙刻本的理由道:"此稿为有壬手订原本,又经有孚排定,视集本之晚出者较为精详,故特著于录,以备参证焉。"由此可见,馆臣在编纂《荟要》时,对版本有过比较,选择了较好的本子。《荟要》的选择也得到了《全书》的认同,文渊阁提要、《总目》提要,著录的都是《荟要》所用的这个版本。

5. 选取作者人品可为典范的著作

《四库全书》选录图书,特别注重作者人品,《凡例》云"人品学术之醇疵",

"亦未尝不各昭彰瘅,用著劝惩"。《荟要凡例》没有专门提到作者人品问题,但其选录图书同样非常重视作者人品,各书提要也反复强调了这一点。如称《诗经疑问》作者元人朱倬道:"明初歙人汪叡作《七哀辞》,录元季守节服义者七人,倬其一也。其称倬为遂安县尹,兴学诵诗,民熙化洽。壬辰秋,寇由开化趋遂安,吏卒逃散,倬独坐公所以待尽。及寇焚廨舍,乃赴水死。其人盖与城存亡,能不失守土之职者。"《荟要提要》虽也认为其书"义蕴未深",尚有欠缺,但因"其人立身有本,不愧通经,而遗文厪厪有此",所以强调"尤宜宝而录之者也"。《春秋或问》的作者宋人吕大圭誓不降元而遇害,《荟要提要》认为"其大节亦能不负所学者"。《读春秋编》作者陈深"入元不仕,天历间,奎章阁臣以能书荐,匿不肯出。是书标题以'清全斋'名冠其端,著夙志也",《荟要提要》故标注其为宋人,以表彰其气节。

《荟要提要》注意突出作者的"大节"。如宋韩琦,《荟要提要》也认为其人"生平不以文章名世",所撰《安阳集》在文学史上并无突出地位,但《荟要提要》认为其所作如《论减省冗费》《论西夏请和》《论时事》《论青苗》诸篇,"皆闳议正论凛然,足觇其大节",所以《荟要》照旧收录了其文集。《荟要》收录宋陈傅良撰《止斋文集》五十二卷,重要原因也在于"傅良研精经史,贯穿百家,立朝多大节","其诗文密栗坚峭,自有高逸之气,亦如其为人"。《荟要提要》评元郝经《陵川集》,亦谓"经大节凛然,炳耀一代"。

《荟要提要》谓《春秋详说》一书作者家铉翁道:"其立身本末,亦宋季之铮铮者,因其人而重其言,则是书不可不亟录矣。""因其人而重其言",成为《荟要》选录图书的一个重要标准。

当然,这里所说的是一般性的选录原则,具体到各部图书,也还各有自己的选择标准。

三、《荟要》图书选录的缺陷

《荟要》图书选录也有缺陷,主要表现在如下方面。

敕撰书选录过多。《荟要》收录图书 464 部,其中以清朝皇帝之名撰著或清臣奉皇帝之令编纂的图书即敕撰书就有 91 部,差不多有五分之一。《荟要》分为 42 类,在重要的类目都可以看到敕撰书。这个数量是十分惊人的。凡当时已经编纂成集的图书几乎都被收录其中,且类目分布极为广泛,表现了清代帝王全面掌控文化话语权的强烈愿望。在古代图书分类中，经部图书最为重要，乾隆帝自己也说："吾于贮四库之书，首重者经。"(《文源阁记》)《荟要》经部图书收录敕撰本 22 种。在经部各类中，除论语类、孟子类、经解类外，其他各类都有敕撰本。很显然，这种收录意图显示清朝皇帝具有全面研究中国经典的学术能力。

各类图书的代表性上还有可商量的余地，有些可以选入的图书，《荟要》未能选入。如子部未能入选《梦溪笔谈》。实际上《总目》对此书评价很高，云："括在北宋学问最为博洽，于当代掌故及天文、算法、钟律尤所究心。"又云："汤修年跋称其目见耳闻，皆有补于世，非他杂志之比。勘验斯编，知非溢美矣。"

兵家类未收《孙子》。医家类的《伤寒论》《本草纲目》(《总目》称："集本草之大成者，无过于此矣。")也未能收入。农家类收录《齐民要术》《农桑辑要》《御定广群芳谱》《钦定授时通考》四部。《齐民要术》《农桑辑要》为我国古代最为重要的农学著作，入选《荟要》甚为恰当。但王祯《农书》、徐光启《农政全书》也是重要的农学著作，其地位应在《广群芳谱》之上。未被选入，甚为遗憾。

当然在研究《荟要》的图书选录的时候，也还要考虑到一个因素，《荟要》选录的图书都是从已收入《全书》的图书中选择的。这当然有《荟要》编纂者选择的眼光问题，但也有《全书》是否已经收录的问题。因民族和本朝忌讳、修书与学者眼光、管理疏漏及馆臣舞弊等，乾隆时四库修书所收录本身就并不全面。有该收而未收者，有故意摒弃删毁者，这给四库修书著录带来了缺载[①]。而这会给《荟要》的图书选录带来一定的困难。

此外，对选录的图书未能作更多的加工。《荟要》(也包括《全书》)所录都是成书，这些图书有不少版本精良，可称善本，但其中也不乏一般性的图书。由于收录图书数量过多，编纂人员人手紧张，且时间也有限，所以《荟要》及《全书》对收录其中的图书只能就书录书，至多作一些文字上的校勘，无法作更多的订误正谬、辑佚补缺等工作。因此《荟要》中不少图书还是存在各种缺陷的。

① 陈晓华《论乾隆朝四库修书的失载》，《史学月刊》2008 年第 12 期，第 97—104 页。

不过这个责任不全在馆臣方面,因为馆臣对图书版本的选择余地很有限。四库馆所有的图书都是由各地进呈上来,或内府所有的。如果地方或内府没有更好的版本,馆臣就只能是手边有什么本子就用什么本子。我们从现存的进呈书目中可以看到,同一种图书的进呈本数量是极为有限的,通常只有一个地方呈送,同一种图书有三四个地方呈送的极为少见。而且即使有三四处地方呈送,其版本也往往可能相同。在当时这种情况下,馆臣很难去主动寻找更好的版本,更不可能搜罗众本、相互比勘,勒为善本。这是馆臣的缺陷,也是纂修《荟要》及《四库全书》这类大型工程无法避免的缺陷。《荟要凡例》说:"原书内有脱漏讹误之字,并博考善本,其确有可据或文意明显者,详为校正。"但实际上很难做到。

四、《荟要》图书选录的几个问题

1. 图书编排的顺序问题

《荟要总目》和《总目》在图书编排的顺序上有一些差异。

有些区别,与《荟要》和《总目》编纂体例的调整有关。如以御撰书的排序为例,《荟要凡例》云:"一类之中又以撰人时代为先后。惟集部则恭载圣祖仁皇帝、世宗宪皇帝及我皇上御制纂定诸书为冠。"《总目凡例》云:"其历代帝王著作,从《隋书·经籍志》例,冠各代之首。至于列朝圣制、皇上御撰,揆以古例,当弁冕全书。而我皇上道秉大公,义求至当,以四库所录包括古今,义在衡鉴千秋,非徒取尊崇昭代。特命各从门目,弁于国朝著述之前。"

《总目》这一条《凡例》,与《荟要凡例》所说正好完全相反。按照《荟要凡例》所说,在一般部类中著作排列以作者年代前后为次,只有在集部例外,将清朝历代皇帝的文集排在这一部的最前面。而《总目凡例》则说,在所有部类中,帝王著作都在同一朝代的同一类著作之首,包括清朝皇帝的文集也是如此。《荟要》《总目》大致也是这么编排的。

例如史部目录类,《荟要》将《钦定天禄琳琅书目》排在朱彝尊《经义考》之后,而在《全书》及《总目》中,《钦定天禄琳琅书目》排在《经义考》之前。前者是按照作者年代顺序先后编排的,后者则将御撰书调整到了同一朝代著作的前面。再如集部别集类,《荟要》中《圣祖仁皇帝御制文集》《世宗宪皇帝御制文集》《御制乐善堂全集定本》《御制文初集》《御制诗集》这五部清朝皇帝的著作排在了整个集部的最前面，而在《全书》《总目》中，则只是排在清人文集之首。

有些排序差异与作者年代的认定有关。如宋王应麟辑《周易郑注》，《荟要提要》按照辑录者王应麟的年代，将其排在宋代，《全书》则将其按《郑注》作者郑玄的年代，排在汉代。《总目》并专门加按语道："谨按：前代遗书后人重编者，如有所窜改增益，则从重编之时代，《曾子》《子思子》之类是也。如全辑旧文，则仍从原书之时代，故此书虽宋人所辑，而列于汉代之次。后皆仿此。"这个图书编排顺序的调整与馆臣编纂思想的转换有一定关系。

有些图书排列顺序的不同，与对图书性质的认定有关。如《荟要》"易类"，又分为统论全经、专论易图、易纬三个子目。雷思齐撰《易图通变》，收入"专论易图"这一子目中，其顺序在所收"统论全经"的易类著作之后。而在《总目》中"易类"不再分子目，所有著作均按照作者年代顺序编排。这样两书的顺序也就不一样了。

考察图书编排顺序对探讨阁本图书之间的关系有一定价值。

《荟要提要》中《说苑》在前，《新序》在后，文渊阁本次序与此同。《总目》则与此相反，《新序》在前，《说苑》在后。文献中《说苑》《新序》两部书的前后位置并不一定，有称《说苑》《新序》的，也有称《新序》《说苑》的。宋王应麟《玉海》卷二百一《辞学指南·编题》，说到"本朝题目须是盛德大业、礼乐文物、崇儒右文等事方可出"，其称子书则有《说苑》《新序》。《汉书》卷三十六《楚元王传》附《刘向传》云："及采传记行事，著《新序》《说苑》凡五十篇奏之。"《隋书·经籍志》著录《新序》三十卷《说苑》二十卷。陈振孙《直斋书录解题》卷九著录也是《新序》十卷在前，《说苑》二十卷在后。《总目》或以最早著录刘向书名的《汉书》是按照《新序》《说苑》的次序排列的，因而也改变了《荟要》的顺序。其实在《总目》中，两书的顺序也不相同，例如《总目》卷六十六《晋史乘》提要作《说苑》《新序》，卷五十一《国语》提要即作《新序》《说苑》。

《说苑》《新序》何者在前、何者在后，并没有实质性的差异，但对了解四库本之间的关系，却有一定作用。例如文津阁提要顺序同《荟要提要》、文渊阁提要，文溯阁提要顺序则同《总目》。那么作为后抄的两部《四库全书》，其所依据的底本应该也是有差异的，就这两本书来说，文溯阁本、文津阁本与文渊阁本的关系是不相同的。此外我们都知道《总目》的内容与文渊阁本多接近，但这里《说苑》《新序》两部书的前后位置恰好相反，也说明《总目》与文渊阁本之间存在着更为复杂的关系。

2.《荟要提要》与《总目》图书评价的歧异问题

在一部分提要中，可以看到《荟要提要》与《总目》的评价有不同，即对《荟要》肯定的图书，《总目》提出了更多批评。这种歧异有时候可能与图书的选录有关。

如宋叶时撰《礼经会元》，《荟要提要》对此书评价很好，虽对此书也提出过批评，如认为其书“皆过于非议古人，未免自立门户之习”，但最后仍给予了充分肯定：“其它臆断之处，虽时有之，然亦颇有深切著明，可以施于实用者。盖时于经世之具，尝究心焉，未可概以经生常业例也。”而对此书的总体评价是“盖取镕经义，以自成一家言者”。文渊阁提要与《荟要提要》相同。

而《总目》对此书的看法与《荟要提要》相反。就一些结论性的意见看，《总目》批评此书“颇迂阔尔”“其说凿空无据”“无烦时之剿说”“亦俞庭椿之琐说”“偵又甚矣”。这都是对叶时此书的实质性的批评。《总目》的结论是“时之得于《礼》者浅也”。因此《总目》虽也称其书“大体无疵”，相对于批评之语而言，这不过只是虚说而已。针对《荟要提要》所说的“亦颇有深切著明，可以施于实用者”，《总目》显得极有分寸，只是说“以其大旨醇正，多能阐发‘体国经野’之深意，故数百年来，讲礼者犹有取焉”。《总目》用了大概一半的篇幅，在指出此书的问题。

如果此书真如《总目》所说，或者按照《总目》的评价，此书很可能不够收入《四库全书》的条件。但现在的问题是此书先已收入了《荟要》，《总目》无法改变这个结果，无法将此书剔除，于是就只能在提要中加重对此书的批评，以引起读者的注意。

我们认为，这一问题的存在，与《四库全书》及《荟要》图书选录的问题有关。

按照正常的工作程序，编纂丛书，尤其是大型丛书，首先应该列出一个基本书目，哪些收，哪些不收，要有一个统筹计划。在书目基本确定下来后，再根据书目去收集图书。而《四库全书》的编纂开始时并没有这么一个书目。《四库全书》收录的图书，不是根据经过反复推敲然后编制的书目来确定的，而只是从已经进呈到四库馆的以及内府所藏的图书中进行选择的。这就难免带来许多局限，例如会有一些重要的著作被遗漏。

《荟要》由于收录的图书较少，所以图书选录的问题没有《全书》突出。但《荟要》会遇到另外一个问题，即它收录的图书只能够在《全书》里面选，这也同样会受到许多限制。虽然就总体上看，《荟要》选录的图书很具代表性，比较精当，但对部分图书的入选也难免会有不同看法。一部大型丛书，是否将真正有代表性的著作选出来，涉及许多方面，如选录的基本标准、对图书的评价，等等。就对图书的评价看，也会有一个变化的过程，刚开始时的看法，到后来也会有改变。同时也和可以被选录的图书数量有关，可选的图书数量越多，选录的质量也就越可以得到保证。

其实这个问题《荟要》编者自己似乎也已意识到，但限于选书体例，所以只能在提要中尽量说得圆通一些。如宋王宗传撰《童溪易传》，《荟要提要》云："今考宗传之说，大概祧梁、孟以来之学，而阐王弼之余绪，故其书遗象数而谈义理，颇出入于程、朱二家。然二家之义理醇乎其醇，而宗传平生乃有性本无说、圣人本无言之论，其旨不免涉于元虚。盖拘泥象数之失，其弊必流于禨祥，而敷衍义理之失，其弊必流于释老。自非大儒，罕免出入。要其说亦时有可取，不能尽废也，存之以备采择焉。"这段提要对《童溪易传》一书及其作者，多为批评之语，几乎找不到可以肯定的地方。然而既被选入《荟要》，自然不能不找到入选的依据，于是就以其书"时有可取""不能尽废"为理由入选其中。以此作为入选的理由，恐怕纂修官自己都不能信服。"时有可取"，与"凡例"所说的"取其尤醇者"，相距何远。在《总目》中，对此书的批评还要严厉。不过既然此书已收入《荟要》，同样也要找到入选的理由，最后《总目》从学术发展史的角度，总算找到了根据："录存是编，俾学者知明万历以后动以心学说《易》，流别于此二人（指沈作哲、王宗传）。"然而以心学说《易》，正是《总目》极力批评的。

关于《四库全书》收录之书存在并非精粹的问题，纪昀后来也有说明。乾隆五十三年，需要在已经合架的图书中插入必需添入的图书，纪昀感到很难办，说如果少量图书插入还可以办到，大量图书插入就很困难了。为此，纪昀奏请撤去部分次等之书以空出位置，云："臣窃思编辑之时，虽采掇群言，全收精粹，亦间有意求赅备，以稍次之书节取备考者。如择次等之书，量撤数部为插入空匣之地，则全书去取益精，亦可省多行拆动，似乎两得。"（《纂修四库全书档案》一三二四）纪昀的意思很明白，就是开始编纂《四库全书》时，由于种种原因，收入了一些并非“精粹”的图书，所以现在需要撤除部分“次等”之书，以空出位置。这说明四库馆臣也承认收入《四库全书》中的图书并非尽善尽美。纪昀说的是《全书》，其实《荟要》也多少存在这种情形，所以上面提到的《总目》对《礼经会元》以及《荟要提要》《总目》对《童溪易传》的批评实际上都反映了这种情形。

3.《荟要》与文渊阁本版本与图书的换用

《荟要》与《全书》本有更换版本的情况。如骆宾王撰《骆丞集》，文渊阁本是依据明颜文选注本抄录的。书前提要云：“其集新、旧《唐书》皆作十卷，《宋史・艺文志》又载有《百道判》三卷，今并散佚。此本四卷，盖后人所裒辑。其注则明给事中颜文选所作，援引疏舛，殆无可取。以文选之外别无注本，而其中亦尚有一二可采者，故姑并录之，以备参考焉。”可见馆臣对颜文选本并不满意，但无他本可以选择，不得已而用之。此提要校上于乾隆四十一年五月。

《荟要》本改用了明张燮刊本，《荟要总目》云：“今依前江苏巡抚臣萨载所上明张燮刊本缮录，据明颜文选注本恭校。”校上于乾隆四十二年十月的《荟要提要》与文渊阁提要相同，区别在最后对使用版本的说明：“明给事中颜文选尝为之注，援引疏舛，殊无可取，今不录。”说得很清楚，因为颜注错误太多，没有可取之处，所以没有抄录，改用了不同的版本。《荟要》本只有白文，无颜文选注。

《荟要》与文渊阁本也有换用图书的，王维集就是如此。《荟要》本用明顾起经注《王右丞诗集》十卷《文集》四卷本，文渊阁本用清赵殿成撰《王右丞集笺注》二十八卷《附录》一卷。之所以换用不同的图书，与《荟要》和《全书》对图书选择的不同观念有关。

《荟要提要》本说明使用顾起经本的理由是：“特自起经以前无笺注维诗者，后来赵殿成注实以是编为蓝本。层冰为积水所成，大辂自椎轮而始，起经创造之功，亦未可尽没矣。”注重的是明顾起经的创始性。文渊阁本换用了清赵殿成本，提要云：“于顾注多所订正。又维本精于佛典，顾注多未及详，殿成以王琦熟于三藏，属其助成，亦颇补所未备。固可与顾注相辅而行也。”赵殿成是本“排比有绪，终较他本为精审”。其笺注虽也存在不少问题，“然于顾注多所订正”“颇补所未备”。文渊阁提要认为“固可与顾注相辅而行也”，因采用了这一个本子。注重的是赵殿成本更为成熟。《总目》卷一百四十九著录王维集一种,即文渊阁本所用的赵殿成注本,顾起经本则收入了《总目》之存目。

第二节 《荟要》与《通志堂经解》[①]

《通志堂经解》是纳兰成德(性德)与徐乾学合作辑刻的清代最早出现的一部经解著作总汇。书中收录先秦、唐、宋、元、明经解多至140种,而以宋元著作为最多。该书多以宋元秘本作底本,并收录了一些罕传、濒临亡佚的书籍,是有清一代学者治经的重要依据,对清代经学的发展有着重要的影响。《荟要》经部所收173种图书,采用《通志堂经解》本的达96种(按:实际为95种。《诗缉》一书并未收录进《通志堂经解》,《荟要总目》作"今依内府所藏通志堂刊本缮录"有误),还有部分图书以《通志堂经解》本为参校本。可见《荟要》经部对《通志堂经解》非常重视,且受其影响很深。

一、《荟要》与《通志堂经解》的采用

1.《荟要》对《通志堂经解》本形式上的采用

《荟要》据《通志堂经解》本定书名。《荟要》采自通志堂版本的书95种中,《荟要总目》书名著录与《通志堂经解》本完全相同者达68种。如宋朱震《汉上易传》,《荟要》同,《总目》作《汉上易集传》之类。

《荟要》据《通志堂经解》本定卷数。在遇到卷数著录不同时,《通志堂经解》本往往能起到甄别的作用。如元代张理撰《大易象数钩深图》,其书初少传本,诸家著录卷帙亦复不同,《荟要提要》云:"朱睦㮮《授经图》载理之书有《周易图》三卷,《易象数钩深图》六卷,《易象图说》六卷。焦竑《经籍志》书目与《授经图》同,而《钩深图》则作三卷。朱彝尊《经义考》止载《易象图说》六卷,而不载此书之名。盖由未见其本,但据书目传钞,故辗转歧误。"《荟要》作三卷,提要说明其理由道:"徐氏刻本定著三卷,并详考舛异之故,以祛来者之

① 这一节初稿由课题组成员吴婷撰写。

疑。”徐氏刻本即《通志堂经解》本。

《荟要》据《通志堂经解》本定作者朝代。《俞氏易集说》作者俞琰，《荟要》作“元俞琰”，殿本《总目》作“宋俞琰”。今检《通志堂经解》，其亦作“元俞琰”，《荟要》盖因其而作。

《荟要》据《通志堂经解》本定作者姓名。《毛诗指说》作者，《荟要提要》《荟要》、余集分纂稿及《通志堂经解》均作“成伯瑜”，《全书》《总目》作“成伯玙”，虽然“瑜”“玙”互见，但由此亦可见《荟要》本采自《通志堂经解》的痕迹。

《荟要》据《通志堂经解》本设置类目。这一点在本书第六章第二节《〈荟要〉经部图书分类》中已经说明，此不赘述。

2.《荟要》在收录《通志堂经解》时的改动

《荟要》在收录《通志堂经解》各书时也时有改动。这些改动包括如下几个方面：

序跋变动。纳兰成德在《通志堂经解》所收各书前大多撰有序言。卷首载成德总序云：“略叙作者大意于各卷之首。”[①]今检《通志堂经解》所收各书前冠以成德小序多达 62 篇，又有书后两篇。然在《荟要》的缮写过程中，成德之序均被删省。

至于各书所冠其他各序或所附之跋，《荟要》在缮录过程中也多有删削，或存或不存，随意性较大。如《太平经国之书》，《通志堂经解》本书前有二序，《荟要》阙书前高叔嗣之序（文渊阁《四库全书》二序俱全）。《汉上易传》，《通志堂经解》前附有成德《朱氏汉上易传并易图丛说序》、朱震《周易集传序》、朱震《进周易表》三篇，书末附有《汉上先生履历》一篇。《荟要》本只有书前冠《周易集传序》一篇，《全书》冠《周易集传序》《进书表》二篇，《荟要》《全书》各有所省。《论语集说》，《总目》云：“惟书首淳祐五年《进表》结衔称朝散郎、试太府卿、兼枢密右承旨，末有淳祐丙午文学掾姜文龙《跋》，即进书之次年也。”今《荟要》《全书》中均未见《进表》《跋》，而《通志堂经解》本确有此二篇，《荟要》及《全书》删省之。可见抄录者删省任意。

书名改动。《荟要》采自《通志堂经解》的图书，其书名基本沿袭底本，然亦略有变化，如：《通志堂经解》本《横渠先生易说》《紫岩居士易传》《童溪王先

① 纳兰成德辑《通志堂经解·原序》，第 1 页。

生易传》《东谷郑先生易翼传》《晦庵先生朱文公易说》《周易发明启蒙翼传》《三山拙斋林先生尚书全解》《书蔡氏传辑录纂注》《李迂仲黄实夫毛诗集解》《逸斋诗补传》《西畴居士春秋本例》《木讷先生春秋经筌》《则堂先生春秋集传详说》《清全斋读春秋编》《东岩周礼订义》《鬳斋考工记解》《南轩先生论语解》《南轩先生孟子说》《熊先生经说》,《荟要总目》或省著者名号,或省其住所,或省其他信息,分别简作《横渠易说》《紫岩易传》《童溪易传》《东谷易翼传》《朱文公易说》《周易启蒙翼传》《尚书全解》《书传辑录纂注》《毛诗李黄集解》《诗补传》《春秋本例》《春秋经筌》《春秋详说》《读春秋编》《周礼订义》《考工记解》《论语解》《孟子说》《经说》。

亦有增补相关信息的,如《通志堂经解》本《春秋集传》《诗本义》《左氏传说》《春秋集注》,《荟要总目》分别作《赵氏春秋集传》《毛诗本义》《春秋左氏传说》《春秋张氏集注》,或增著者信息以与他人同名著作相区别,或将书名信息补充完整。

亦有书名中所称著者标准不一,如《通志堂经解》本《石林先生春秋传》《止斋先生春秋后传》,《荟要总目》分别作《叶氏春秋传》《陈氏春秋后传》,一以其号,一以其姓称。或有称其初名,如《通志堂经解》本《周易经传集程朱解附录纂注》,《荟要总目》作其后所定之名曰《周易会通》,一以体例编次定名,一以内容定之。亦有疏漏,如《通志堂经解》本《大易缉说》,《荟要总目》作《大易辑说》,今检《全书》《荟要》及《大易缉说原序》,均作“大易缉说”,是《荟要总目》误。

以上所说《荟要总目》与《通志堂经解》本书名著录虽然有所差异,但都是在《通志堂经解》本基础上所作的变动。此外各书书名虽有改动,然在正文的缮录中,卷端书名仍因其旧,如《周易启蒙翼传》仍作《周易发明启蒙翼传》,《春秋左氏传说》仍作《左氏传说》,《赵氏春秋集传》仍作《春秋集传》,等等,其因袭痕迹清晰可见。

卷数变动。《荟要》在据《通志堂经解》底本缮录过程中,有时会对卷数进行再次调整。如《通志堂经解》本《书纂言》四卷,《荟要》本卷四又析为卷四之一、二、三、四部分,文渊阁《全书》卷四分为上、下两部分。《礼经会元》,《通志堂经解》本各卷未析开,《荟要》《全书》本均分别又析作上下。

图书的内容分布有所调整。《四书集编》,《通志堂经解》本书内四书顺序排列依次为《大学集编》《中庸集编》《论语集编》《孟子集编》,《全书》同。《荟要》本调整为《大学集编》《论语集编》《孟子集编》《中庸集编》。《四书纂疏》亦是。

3.《荟要》对《通志堂经解》本的订正

通过考订,《荟要》对《通志堂经解》的错误也作了必要的订正。

宋胡方平撰《易学启蒙通释》,通志堂本首有《易学启蒙通释序》一篇,署为"淳熙丙午莫春既望云台真逸手记"。"云台真逸"乃朱熹之号,按《通志堂经解》所刊,这篇《易学启蒙通释序》为朱熹所作。《荟要提要》纠正了《通志堂经解》这一说法。朱熹撰有《易学启蒙》一书[①]。《荟要提要》认为这篇序言是朱熹为自己所作《易学启蒙》所撰写的《序》,而不是为胡方平《易学启蒙通释》撰写的序,所以说:"徐氏通志堂刻本,于此《序》之末题'淳熙丙午暮春既望云台真逸手记',是显著朱子之别号矣,而其标目乃称《易学启蒙通释》。淳熙丙午,下距至元己丑凡一百一十三年,朱子安知有《通释》乎?"《荟要提要》认为《通志堂经解》本题《易学启蒙通释序》不准确,所以提要最后说:"今刊正之,俾无滋后来之疑焉。"今查《通志堂经解》本卷首《易学启蒙通释序》,《荟要》本已经改作《易学启蒙原序》。

《荟要提要》的说法得到了文渊阁提要及《总目》的认可,都照录了《荟要提要》之说。文渊阁《全书》这篇序也改题为《易学启蒙原序》。

《春秋集解》的作者,《通志堂经解》本作"宋吕祖谦",《荟要提要》改作"宋吕本中",提要云:"旧刻题吕祖谦,误也。……学者称为东莱先生,故赵希弁《读书附志》称是书为东莱先生撰。后人因祖谦与朱子游,其名最著,亦称曰东莱先生。而本中以诗擅名,诗家多称吕紫微,东莱之号稍隐,遂移是书于祖谦。不知陈振孙《书录解题》载是书,固明云本中撰也。……知旧刻误题审矣。"文渊阁提要、《总目》与《荟要提要》同。

《诗补传》作者,《通志堂经解》本题曰"逸斋",不著名姓。《荟要总目》作宋范处义撰,《荟要提要》考订说:"《诗补传》三十卷,旧本但题逸斋,而不著名氏。朱彝尊云:'《宋史·艺文志》有范处义《诗补传》三十卷,与此本卷数相符。明朱睦㮮《书目》直书'处义'名,当有所考也。处义,金华人,绍兴中进

① 宋李幼武纂集《宋名臣言行录外集》卷十二"朱熹"条记道:淳熙十三年,《易学启蒙》成。《宋史》卷二百二《艺文志》著录朱熹《易学启蒙》三卷。

士。'"虽然《荟要》本各卷卷端仍题"逸斋",但其作者名实际已肯定。后文渊阁提要及《总目》也都肯定此书为范处义撰,文渊阁本各卷卷端还都改题作"范处义"。

《六经奥论》作者,《通志堂经解》本作"郑樵",《荟要提要》《总目》均作了纠正。《荟要总目》云:"旧本题宋郑樵撰,实后人假托为之。"《荟要提要》首先引朱彝尊《经义考》之说,谓"其书议论与《通志略》不合……则非樵之所著审矣",又考辨说:"今检其六卷《天文辨》中引及樵说,称郑夹漈先生。虽《谷梁传》中有谷梁子之文,《公羊传》中有公羊子之文,盖后来经师之所述,未有自为书而称姓称先生者,其非樵书益足明证。"《荟要提要》认为此书虽然不是郑樵所著,但"所论亦颇有可采者",最后仍收录了此书,但删去作者之名。文渊阁提要与《总目》内容尽管与《荟要提要》不相同,但基本意思无异,也都认为此书"不出樵手",认为不是郑樵所著。其提要最后说"第相传既久,所论亦颇有可采,故仍录存之,缀诸宋人之末,而樵之名则从删焉",与《荟要提要》最后所说"相传既久,所论亦颇有可采者,疑以传疑,毋宁过而存之,樵姓名则削而弗书焉",也极相近。只是今《荟要》卷端已不署作者之名,而文渊阁《全书》各卷卷端仍署"宋郑樵撰"。文渊阁提要既然说"樵之名则从删焉",未知何以卷端仍署其名。这也是四库本提要与正文相互脱节的例证。

以上几个例子说明,尽管《荟要》本是以《通志堂经解》本为底本抄录的,但并不是完全照抄,也经过了一定的整理。其整理成果主要体现在《荟要提要》中。

4.《荟要》本的疏失

《荟要》著录的图书版本亦有错失,如《诗缉》,《荟要总目》著录为"内府所藏通志堂刊本",但《通志堂经解》中并没有收录此书。

又如《毛诗本义》,《荟要总目》云:"今依内府所藏通志堂刊本缮录恭校。"然《通志堂经解》本缺《诗图总序》篇,《荟要》本有。《荟要总目》既然说是依据《通志堂经解》本缮录的,且没有说另有参校本,何以会多出《通志堂经解》本没有的篇目呢?可见《荟要总目》表述有疏失。

二、《全书》与《通志堂经解》

《荟要》《全书》是乾隆年间四库全书馆编纂的两部互相关联的丛书,我们研究《荟要》的图书选录,也需要同时研究《全书》的选录,这样才能更好地研究《荟要》。《荟要总目》标注的来源于《通志堂经解》的 95 种图书(未将《诗缉》计算在内),《总目》或题作"内府藏本",或题作地方采进本或私人藏书家进献本,没有一本作"通志堂刊本"。那么《全书》著录的这些图书,与《通志堂经解》有没有关系?还需要仔细分析。下面从几个方面加以说明。

1. 从《总目》提供的信息判断为《通志堂经解》本

《总目》在著录文献来源时,未明确说明是来自于《通志堂经解》,但提要中提供了与《通志堂经解》有关联的某些信息。这类图书可以判断所使用的就是《通志堂经解》本。

宋林至撰《易裨传》,《总目》著录为"两江总督采进本"。按《荟要总目》云:"今依内府所藏通志堂刊本缮录,据元陈泰本恭校。"《荟要提要》及《总目》均称:"是本为元至正间陈泰所刊,总为二卷,盖泰所并也。"版本所述一致,则《全书》与《荟要》所据底本当均为《通志堂经解》本。

宋胡方平撰《易学启蒙通释》,《总目》著录为"内府藏本",提要中纠正了通志堂版本的错误,并据以改正:"徐氏通志堂刻本,于此《序》之末题'淳熙丙午暮春既望云台真逸手记',是显著朱子之别号矣,而其标目乃称《易学启蒙通释》。淳熙丙午,下距至元己丑凡一百一十三年,朱子安知有《通释》乎?今刊正之,俾无滋后来之疑焉。"今核以《通志堂经解》本,与其所述相同。则《全书》本与《荟要》本同据通志堂刊本缮录。

元吴澄撰《易纂言》,《总目》著录为"内府藏本",提要在注释中具体指出过通志堂刊本的细节:"徐氏通志堂本乃劖补刊板增入'贰'字,是顾湄等校正之时以不误为误也,谨附订于此。"《总目·易纂言外翼》一书提要中亦云"《纂言》有通志堂刻本,久行于世"。可见通志堂刊本实为当时四库馆通行之本。今核《全书》及《荟要》此书内容,均与《通志堂经解》本同,可以判定均为《通志堂经解》本。

元张理撰《大易象数钩深图》,《总目》著录为"内府藏本",提要提及《通志堂经解》本云:"其书初少传本,《通志堂经解》刻本与刘牧之书均从道藏录出,诸家著录卷帙亦复不同。"《总目》并以徐氏刻本定卷数:"今以徐氏刻本定著三卷,并详考舛异之故,以祛来者之疑焉。"核以《通志堂经解》,《荟要》《全书》内容均与其同,可见二书底本均为《通志堂经解》本。

宋刘牧撰《易数钩隐图》,《总目》明言之曰:“此本为通志堂所刊,何焯以为自《道藏》录出。”《总目》书名下注曰“浙江吴玉墀家藏本”。吴玉墀,吴焯之子。吴焯家曾藏有宋刻本,其《绣谷亭熏习录·易数钩隐图》条下云:“是本为宋椠,通志堂据此翻刻者。”[①]该宋本踪迹不可寻,但其与《通志堂经解》有如此密切的联系,则其藏有此书《通志堂经解》本并上呈之,亦不足为奇。且核以《全书》内容,均同于《通志堂经解》本及《荟要》本。

宋林之奇撰《尚书全解》,《总目》著录为“内府藏本”,但其提要明言:“自宋迨明,流传既久,又佚其三十四卷《多方》一篇。通志堂刊《九经解》竭力购之,弗能补也。惟《永乐大典》修自明初,其时犹见旧刻,故所载之奇书解此篇独存,今录而补之,乃得复还旧观。”交待了其底本为通志堂刊本,校本为《永乐大典》本。提要与《荟要提要》相同。核其书内容,亦均与《通志堂经解》本同。

宋刘敞撰《春秋刘氏传》,《总目》作“内府藏本”。《荟要提要》及《总目》均对通志堂本作出了肯定,《荟要提要》云:“《传》(指《春秋刘氏传》)则惟写本传抄,至近时刻《通志堂经解》,始以付梓,故颇有疑其伪者。然议论文笔与敞他书吻合,非后人赝作也。”《总目》云:“此《传》则诸家藏弆,皆写本相传。近时通志堂刻入《经解》,始有板本。故论者或疑其伪。然核其议论体裁,与敞所著他书,一一吻合,非后人所能赝作也。”其书内容与《通志堂经解》本相同,则其底本均为通志堂刊本。

元朱公迁撰《四书通旨》,《总目》作“内府藏本”。《荟要提要》、文渊阁提要、《总目》均言“顾明以来说《四书》者罕见征引,近《通志堂经解》始刊行之,盖久微而复出也”,则其底本为通志堂本无疑。核以《通志堂经解》,其内容与之同。又《荟要总目》此书作“今依内府所藏通志堂刊本缮录”,《荟要提要》与此《全书》本书前提要全同,亦可以说明《全书》此书据抄底本也为《通志堂经解》本。

唐陆元朗撰《经典释文》,《总目》作“内府藏本”,其提要明言之曰:“此为通志堂刻本,犹其原帙。何焯《点校经解目录》颇嗤顾湄校勘之疏,然字句偶讹,规模自在,研经之士终以是为考证之根柢焉。”指出版本所据,且肯定了此

① 吴焯《绣谷亭熏习录》,中华书局,1995年,第529页。

书的版本价值。

2. 从《全书》前冠有纳兰成德序判断为《通志堂经解》本

《通志堂经解》所收录的不少图书前面有纳兰成德所作序,《全书》有时照录了这些序,也有一些《全书》本抄录了序言,但将"成德"之名删去了。因此凡是《全书》书前抄录有这类序言的,可以肯定是来源于《通志堂经解》。如宋刘敞撰《春秋刘氏传》,《荟要提要》及《总目》均对《通志堂经解》本作出了肯定,已见上述。又《全书》本前冠《春秋传原序》一篇,虽未署名,其内容与《通志堂经解》本书前所冠康熙丙辰成德序相同,其为《通志堂经解》本无疑。

宋吕本中撰《春秋集解》,《总目》作"内府藏本"。但《全书》本前冠以康熙丙辰二月成德《春秋集解》原序一篇,则其为《通志堂经解》本无疑。

元王天与撰《尚书纂传》,《总目》作"两江总督采进本"。按:《全书》本前冠以《尚书纂传原序》一篇,虽未署名,但与《通志堂经解》本书前所冠康熙丁巳纳兰成德《梅浦王氏天与尚书纂传序》相同,且该书正文内容亦同于《通志堂经解》本,则其为《通志堂经解》本无疑。

宋赵顺孙撰《四书纂疏》,《总目》作"两江总督采进本"。今查《全书》本前冠以康熙丁巳纳兰成德《序》一篇,与《通志堂经解》本所冠相同,且其序、正文内容亦同。又《荟要总目》此书作"今依内府所藏通志堂刊本缮录",书前提要与此《全书》本书前提要全同,亦可以说明《全书》此书据抄底本也为《通志堂经解》本。

3. 从所存四库底本判断为《通志堂经解》本

"四库底本"是指书上有四库馆臣编辑记录、四库誊录直接据以抄录的本子。这是和四库本关系最近的一种本子,也是我们据以判断四库收录版本的重要依据。如宋项安世撰《周易玩辞》,《总目》作"两江总督采进本"。其底本今藏于国家图书馆,《四库提要著录丛书》据以影印的国家图书馆藏本《周易玩辞》,明确著录"清康熙十九年通志堂刻通志堂经解本(四库底本)"[①],版心下端多有"通志堂"字样,卷末注明"后学成德校订",系《通志堂经解》本。书中卷三上端空白处有纂官所拟抄写格式草稿,右下钤有"两江总督采购备选书籍"之印,卷六下页亦有此印,卷九下页空白处有誊录贾肇瑞所记其所交付

① 《四库提要著录丛书》第1辑第1册,第537页。

的眷录字数并两江之印，则两江总督采进之本即为《通志堂经解》本无疑。

元胡一桂撰《周易本义附录纂注》，《总目》作"内府藏本"。《全书》正文内容同《通志堂经解》本，崔富章《四库提要补正》云："《故宫所藏殿版书目》载《易本义附录纂注》十五卷，元胡一桂撰，二册，纳兰性德刊《通志堂经解》本，即库书所据之本也。"又谓《善本书室藏书志》所载原刊本《周易本义附录纂注》十五卷，即《通志堂经解》此书之底本，且康熙间无别本可补，流传稀少，颇为珍贵[1]。则库本底本为《通志堂经解》本无疑。

4．从书前提要判断为《通志堂经解》本

《荟要》《全书》收录各书各有一篇书前提要，如果两篇书前提要文字相同或基本相同，则可以认为所据底本也相同。如宋张载撰《横渠易说》、元胡炳文撰《周易本义通释》、元王申子撰《大易辑说》、元董真卿撰《周易会通》、宋黄度撰《尚书说》、宋胡士行撰《尚书详解》、宋范处义撰《诗补传》、宋黄仲炎撰《春秋通说》、宋家铉翁撰《春秋详说》、元李廉撰《春秋诸传会通》、宋李琪撰《春秋王霸列国世纪编》、元张存中撰《四书通证》、元詹道传撰《四书纂笺》、元佚名撰《四书辨疑》等篇均是。

如宋叶时撰《礼经会元》，《荟要总目》著录作"内府所藏通志堂刊本"，《总目》作"内府藏本"。今查文渊阁书前提要校上于乾隆四十六年二月，与校上于乾隆四十年十二月的《荟要提要》完全相同，可见就是照录了《荟要提要》，由此也可以确定《全书》本也是以《通志堂经解》本为底本的。

当然也有《荟要》《全书》书前提要相同，但未必底本相同这种情况。如元俞琰撰《俞氏易集说》，《荟要总目》作"内府所藏通志堂刊本"，《总目》作"内府藏本"。《荟要提要》云："《周易集说》十三卷，元宋俞琰撰。"《全书》书前提要云："《周易集说》四十卷，宋俞琰撰。"两篇书前提要除此书卷数、作者朝代有异外，其他内容相同。但两书实际内容差异很大。俞琰《自序》云："集诸说之善而为之说，凡四十卷，因名之曰《周易集说》云。"是其书原作四十卷。《通志堂经解》本卷首成德序则云："合一十三卷。"是《荟要》据《通志堂经解》本缮录，故其分卷亦从成德之序。《全书》则据俞琰自序所说分为四十卷。分卷不同，其书缮录形式上也有不少差异，《全书》本并没有照《通志堂经解》缮录。

① 崔富章《四库提要补正》，杭州大学出版社，1990年，第22页。

宋朱鉴撰《诗传遗说》,《荟要》《全书》书前提要相同。但《全书》本卷首有马鉴序,显然也不是《通志堂经解》本。

5. 从分纂稿判断为《通志堂经解》本

有时《总目》未说明是什么版本,但分纂稿有注明,则也可据以考察《全书》抄录所据底本来源。如宋王与之撰《周礼订义》,《总目》著为"内府藏本",今检翁方纲分纂稿曰:"《周礼订义》八十卷,宋永嘉王与之集,是《通志堂经解》中所刻之板,而坊贾去其中缝'通志堂'字,并去卷首纳兰成德序,盖欲冒为宋刻耳。此书宜归于《通志堂经解》中校办之,毋庸另为专校。"①可见经纂修官认定此本即《通志堂经解》本。

6. 余论

由于《荟要》《全书》均为抄本,一些底本内容在抄写时或被删除,或作了改变,因而使得许多图书版本难以考实。同时也由于《荟要》《全书》对底本处理的情况不完全一样,或者使用的不是同一个底本,使得这两部书之间的比较也增加了许多困难。因此关于《总目》与《通志堂经解》的关系问题,在许多情况下,还必须经过多方求证。

如宋吴沆撰《易璇玑》一书,传本甚少,通志堂本外惟《全书》及《荟要》收录。《荟要总目》著录此书为《通志堂经解》本,则《全书》亦应从《通志堂经解》本录出。后世所藏此书,也多为《通志堂经解》本,如清丁仁《八千卷楼书目》卷一经部著录:"《易璇玑》三卷,宋吴沆撰,通志堂本。"②这虽属推测,但应该符合事实。

元汪克宽撰《经礼补逸》一书,《总目》云采自两淮马裕家藏本,又云:"程敏政《篁墩集》有书是书后曰'环谷汪先生著书凡十余种,先生既没,悉被一人窃去,攘为己书。《经礼补逸》一编,尤号精确,乃百计购得之。其原本虽被改窜,然有附丽而无刓补。真赝之迹,皦然甚明。先生元孙文汇等力图刊布。因为手校,且摹先生之像于编首,别为附录一卷'云云。此本有附录、关文、行状之类,而无其像,亦无敏政此跋。或后人别得改窜之本刻之欤?以其元人旧帙,议论尚不失醇正,姑存以备一家焉。"今核以文渊阁《全书》皆一一相合。且《全书》本与《通志堂经解》本同,前有洪武二年曾鲁序、汪克宽自序及附录。

① 清翁方纲等著,吴格、乐怡标校整理《四库提要分纂稿》,上海书店出版社,2006年,第44页。

② 清丁仁《八千卷楼书目》卷一,民国刻本,第2页。

考该书明时凡有两刻，一为弘治十年汪璋等人刻本，后有附录一卷，程敏政跋附于此后。一为嘉靖十七年姚漶刻本，无附录。则《通志堂经解》本当据弘治十年本刊刻，但未录程跋；《荟要》《全书》当同据《通志堂经解》本缮录亦缺程跋。

从以上分析中我们看到，《荟要》中标明采自《通志堂经解》的图书，在《总目》中有不少著录为"内府藏本"。当然也不是《总目》著录为"内府藏本"的这类图书都和《通志堂经解》有关。如《周易辑闻》，《荟要总目》著录为"今依内府所藏通志堂刊本缮录，据元天泽本、明毛晋影宋钞本恭校"，《总目》云"内府藏本"。今查《全书》书前冠乾隆甲午（三十九年）仲冬乾隆《御题影宋钞周易辑闻》诗一首，《荟要》阙。很显然，《全书》所收版本为影宋钞本。《天禄琳琅书目》记道："及时代既更，渐至散佚，明之琴川毛晋藏书富有，所贮宋本最多。其有世所罕见而藏诸他氏不能购得者，则选善手以佳纸墨影钞之，与刊本无异，名曰'影宋钞'。于是一时好事家皆争仿效以资鉴赏，而宋椠之无存者赖以传之不朽。"①《天禄琳琅书目》还抄录了乾隆御题诗。因此，此本收入《全书》，则《总目》所言"内府藏本"即是内府天禄琳琅所藏本无疑，与《荟要》所收"通志堂本"不同。虽有这些例外，但可以看到《总目》经部图书标注的"内府藏本"，有不少确实就是《通志堂经解》本。崔富章《四库提要补正》中，大凡《荟要总目》著录为《通志堂经解》本的书，均认为《全书》底本亦是《通志堂经解》本。这个看法虽有欠妥之处，但大致上可以这么说。

那么是什么原因使得《总目》的著录与《荟要总目》的著录以及实际的图书收录情况有这么大的差异呢？《荟要》誊录《通志堂经解》时间在乾隆四十年前后，所以对来源于《通志堂经解》的图书无需回避。同样，《全书》中收录的一些图书，卷首也有直接署名纳兰成德的序言，如宋吕本中撰《春秋集解》卷首即是，也有一些图书卷首序言虽无纳兰成德之名但实际上也是成德所撰。原因在于《全书》收录的这些图书誊录时间虽后于《荟要》誊录的时间，但也都在乾隆五十年之前，也不存在回避成德的问题。我们看到的《全书》以及《荟要》与《通志堂经解》原本的差异，基本上并不是后来删改的结果，而是在誊录时就作了删节或改动。这是四库本经常遇到的事情。

① 于敏中《钦定天禄琳琅书目》卷四，中华书局，1995 年，第 69 页。

《总目》虽然在乾隆四十六年已经纂办完竣，但其后一直在修改。由于留存文献有限，《总目》各书名下著录的文献来源是原来就是如此著录，还是后来修改的，已经无从知晓。但经部收录的几十种抄录于《通志堂经解》的图书，其来源无一标注《通志堂经解》，这确实是令人注意的。

三、《荟要》未采用《通志堂经解》本之图书

《通志堂经解》的版本价值已为众人认可，“此本仍德明之旧文，殊可宝也”[①]。四库采录诸书均用之，亦是一明证。甚至在同书的诸本中，亦认为其最佳。查《四库采进书目》，《荟要》所收通志堂本各书均有各地采进异本，内府所藏《通志堂经解》本实为最佳选择。当然《通志堂经解》亦有缺陷，底本选择亦有不精。《荟要提要》对《通志堂经解》本亦有批评，如上文所提及的《易学启蒙通释》的错误等。此外，《荟要》版本的遴选依据“善本传钞衷一是”的原则，择其最善者据以缮录，因此有优于《通志堂经解》的本子，《荟要》亦会舍而他取。

如宋傅寅撰《禹贡说断》，《荟要总目》著明“依明《永乐大典》本缮录，据通志堂本恭校”。《荟要提要》指出《通志堂经解》本不及《永乐大典》本的原因道：“朱彝尊《经义考》有寅所著《禹贡详解》[②]二卷，通志堂尝刊入《九经解》中，而《永乐大典》载其书则题曰《禹贡说断》，并无《详解》之名。又《经解》所刊本称原阙四十余简，今检《永乐大典》，不独所缺咸在，且其《五服辨》三千余言、《九州辨》千数百言，较原缺目多至数倍。又乔行简序称寅著《群书百考》，事为之图，《禹贡说》特其一种。是编当先以《山川总会》及《九河》《三江》《九江》四图而次及诸家之说，今《经解》四图俱误编入程大昌《禹贡论》中，与其书绝不相比附，而《永乐大典》独系之《说断》篇内。盖当时所见，实宋时原本，足以依据。而《经解》刊行之本，则已为后人传写错漏，致并书名而窜易之，非其旧矣。”因此选取底本时依《永乐大典》。

又如宋聂崇义撰《三礼图》，《荟要提要》指出：“此书世所行者为通志堂刊本。或一页一图，或一页数图，而以说附载图四隙。行款参差，寻览未便。惟内府所藏钱曾也是园影宋钞本，每页自为一图，而说附于后，较为清整易观。

① 《四库全书荟要总目提要·经典释文》，第204页。

② 《荟要提要》作“禹贡详解”，查《经义考》，当以“集解”为是，《总目》作“集解”。

今依仿缮录焉。”认为《通志堂经解》本行款参差，寻览未便，而影宋钞本清整易观，于是舍弃了通志堂本。《荟要总目》著录说：“今依天禄琳琅明毛晋影宋钞本缮录，据通志堂本恭校。”由此可见《荟要》对图书的版本是经过一定的选择的。

《通志堂经解》对有清一代经学的发展影响深远。《荟要》及《全书》收录各书时，虽对其书有舍弃，但数量很少，大量的著作是被收录了，这也从一个角度说明了《通志堂经解》的价值。

第三节 《荟要》史部图书的选录

《荟要》史部分为正史类、编年类、时令类、地理类、诏令类、法制类、别史类、故事类、史评类、目录类、器用类、谱录类12类，收录图书70种。就收录图书的品种而言，史部是《荟要》四部书中最少的，但实际篇幅却是四部中最大的，例如台湾世界书局影印本《荟要》装订为500册，史部即有159册，约相当于三分之一。史部图书篇幅大，主要是因为其中的正史类图书所占篇幅大。

一、正史类图书的选录

《荟要》史部图书中，最重要的是正史类图书。《荟要》正史类收录了二十四部，占到史部图书的三分之一，颇为引人注目。正史，是指《史记》《汉书》等以帝王本纪为纲的纪传体史书。二十四史总共约有4 000万字。从第一部《史记》到最后一部《明史》，记叙了从传说中的黄帝到明崇祯十七年止，前后4 000多年的历史。二十四史记载了我国历代经济、政治、文化艺术和科学技术等各方面的事迹，是我国重要的史料宝库。

关于“二十四史”的形成与“二十四史”名称的确立问题，有不同看法。

1.《荟要》与“二十四史”的形成

《学术月刊》2013年第1期发表的李伟国、尹小林《重审〈文渊阁四库全书〉中“二十四史”之价值》一文（以下简称“李文”）[①]，认为“‘二十四史’形成于

① 李伟国、尹小林《重审〈文渊阁四库全书〉中“二十四史”之价值》，《学术月刊》2013年第1期，第142—148页。

《文渊阁四库全书》","《文渊阁四库全书》之史部正史类小序正式宣布了'二十四史'的确立",这个结论值得商讨。我们认为:"二十四史"作为一个图书的集合体,最早成立于在文渊阁《四库全书》之前抄写完成的《四库全书荟要》;"二十四史"作为一个专有名词,最早见于《四库全书荟要联句》的注释。《荟要》和文渊阁《四库全书》是有联系也有区别的两部书。《荟要》虽迟于文渊阁《四库全书》的编纂,但因其收录图书数量较少,所以早于文渊阁《四库全书》编成。目前的一些论著,都有意无意忽略了《荟要》本,即使是专门讨论四库本二十四史的论著,也不提这部《荟要》。所以这个问题也还有探讨的必要。

"二十四史"是在编纂《四库全书》时形成的,这点毫无问题。那么"二十四史"作为一个整体概念,首先是在《荟要》中形成的,还是在文渊阁《四库全书》中形成的?这需要根据抄写时间的先后进行分析。由于《四库全书》没有明确记录各书的抄写时间,所以我们只能依据各书书前提要的校上时间来判断各书抄写时间的先后。书前提要的校上时间与各书抄写时间有紧密联系。乾隆四十九年五月初六日,军机大臣奏遵查发下《四库全书提要》填写年月缘由片云:"遵查发下《四库全书提要》末行有本年闰三月恭校上者。查向来缮校各书,所写年份均系按照各呈进年份填写,从前进过一、二、三分书均系如此办理。惟月份有填写在前、进呈在后者,因无甚关碍,是以进呈时即用原填月份,以省挖补痕迹。"(《纂修四库全书档案》一〇二三)这说明书前提要的校上时间与各书抄写完成时间并无多少差别。而且即使有一些差别,也都是在同一年中,所以馆臣说"无甚关碍"。

在《荟要》和文渊阁本收录的 24 部正史中,《荟要》本《明史》没有书前提要,排除不计,其余 23 部,按照书前提要校上时间的先后,可分为三种情况。

(1)文渊阁提要校上时间在先。

书　名	荟要提要校上时间	文渊阁提要校上时间
史记	乾隆四十一年二月	乾隆三十九年二月
晋书	乾隆四十一年二月	乾隆四十年九月①

① 《晋书》有两篇提要,一篇校上于乾隆四十年九月,一篇校上于乾隆四十二年八月。后一篇当为替换前一篇所作的新写提要,但未将旧提要删除。今取前一篇提要校上的时间。

续表

书　名	荟要提要校上时间	文渊阁提要校上时间
宋书	乾隆四十一年二月	乾隆四十年九月
魏书	乾隆四十年十二月	乾隆四十年九月
北史	乾隆四十年十二月	乾隆四十年九月
唐书	乾隆四十二年正月	乾隆四十一年五月
旧五代史	乾隆四十九年十一月	乾隆四十九年十月
元史	乾隆五十五年十二月	乾隆五十四年正月

文渊阁提要校上在先的有 8 部。其中校上时间最早的是《史记》，为乾隆三十九年二月。这几部史书《荟要提要》校上的时间都要迟于文渊阁本。

（2）《荟要提要》校上时间在先。

书　名	荟要提要校上时间	文渊阁提要校上时间
前汉书	乾隆四十一年二月	乾隆四十九年六月
后汉书	乾隆四十一年四月	乾隆四十一年九月
三国志	乾隆四十年十月	乾隆四十一年九月
南齐书	乾隆四十年十月	乾隆四十六年五月
梁书	乾隆四十年十月	乾隆四十一年九月
陈书	乾隆四十年五月	乾隆四十一年九月
北齐书	乾隆四十年五月	乾隆四十一年九月
周书	乾隆四十一年三月	乾隆四十一年五月
隋书	乾隆四十年十月	乾隆四十一年十月
南史	乾隆四十一年正月	乾隆四十一年九月
旧唐书	乾隆四十一年五月	乾隆四十一年十月
五代史	乾隆四十年二月	乾隆四十年九月
宋史	乾隆四十一年九月	乾隆四十一年十月

《荟要提要》校上时间在先的有 13 部。虽然正史提要校上时间最早的是文渊阁本《史记》，但其后校上的则是《荟要》本的《五代史》，时间是乾隆四十年二月，《陈书》《北齐书》校上于乾隆四十年五月，这些都要早于文渊阁本《宋

书》等校上的时间。我们甚至可以作出这样的推测：在《史记》抄录完毕以后，文渊阁一度停止了正史的抄录，而荟要处则一直在抄录正史。所以继《陈书》等之后，又连续抄录了《三国志》《南齐书》《梁书》《隋书》四部书。这样，在乾隆四十年底之前，文渊阁仅完成五部正史的抄写，而荟要处已完成了九部正史的抄写。紧接着下来的一年，荟要处在正月份完成了《南史》的抄写，二月完成了《史记》等四部书的抄写。文渊阁在这一年最早完成抄写的是在五月份。由此可见，在同一时间内，荟要处抄写完成的正史要远远多于文渊阁抄写完成的正史。

《旧五代史》抄写于乾隆四十九年，因为是后来补抄的，情况比较特殊，但《荟要》本比文渊阁本也就仅晚一个月，说明两者几乎是同时开始抄写的。而正常抄写于乾隆四十一年的《旧唐书》，《荟要》本则比文渊阁本整整早了五个月。为说明问题，李文引用了乾隆四十一年十月校上的《旧唐书》书前提要。其实这篇提要与《荟要提要》完全相同，除了校上时间不同，其余一字不易。而《荟要提要》校上时间是乾隆四十一年五月，提要中已经明确说："今与《新唐书》并刊列正史，可以互考矣。"李文使用时间要晚得多的文渊阁提要，是因为没有看到《荟要提要》。

（3）提要校上时间相同。

这一种情况只有《辽史》《金史》两部书，书前提要均校上于乾隆四十九年十一月。因为存在有关蒙古人名、地名等的改译问题，情况比较特殊，可以不予讨论。

从以上的比较中可以看到，就大部分正史的抄写时间看，《荟要》本都要早于文渊阁本。就整套书来看，摛藻堂《四库全书荟要》完成于乾隆四十四年，文渊阁《四库全书》告成于乾隆四十六年十二月，《荟要》也在文渊阁《四库全书》之前。正因为如此，所以我们说"二十四史"最早成立于《四库全书荟要》。

但是这里有一个问题无法回避，即《荟要》本《元史》抄写的时间已经是乾隆五十五年十二月，是所有正史中抄写时间最晚的。那么能否就此认为《荟要》本"二十四史"形成的时间要晚于文渊阁本呢？我们认为不能这么看。我们从下面要说到的《四库全书荟要联句》中看到，在乾隆四十五年前，《荟要》收录的图书品种、整套书的规模都已经确定。《荟要联句》中英廉诗云："架联一一同屏曲。”原注云：“经部列架六，史部列架十，并在左。子部列架六，集部列架十，并在右。”嵇璜诗云：“函三集腋撷其菁。”原注云：“经部一百七十三种，史部七十种，子部八十二种，集部一百三十九种。”这里明确说到了“史部七十种”，这也正是今天所见《荟要》正史类的数目。

《荟要联句》是《荟要》抄录完毕后，乾隆帝在重华宫茶宴内廷大臣、翰林等人时各人即席吟咏而成的诗章。《荟要联句》有序、诗句、注释三部分构成。《联句》收录在乾隆帝《御制诗四集》卷六十五，作于乾隆四十五年。这说明《荟要》作为一个整体，其收录范围早在乾隆四十五年之前就已经明确下来。“二十四史”也是如此。由于《元史》情况特殊，所以在最后补抄了。《元史》抄写时间在最后不能否认作为一个图书集合体的“二十四史”在前已经出现、“二十四史”这个概念已经形成这个事实。就如同文渊阁《四库全书》中最迟收录有嘉庆五年撰写的乾隆帝《御制诗文余集》跋，但不能因此说《四库全书》编成于嘉庆年间一样。

此外，《荟要》本、文渊阁本正史都是依据武英殿刻本抄写的，能否据此认为“二十四史”最早成立于武英殿本呢？确实有一些文章是这么认为的，如陆枫《试论武英殿刻二十四史版本源流及其历史作用》一文在说到武英殿本的历史作用时就说“第一是首次编成《二十四史》”[①]。这种说法同样不确切。武英殿确实在乾隆四年至十一年间完成了“二十四史”中除《旧五代史》以外的二十三史的刊刻，但首先武英殿刻书时并无“二十四史”这个概念，也没有确定所要刊刻的正史的数量，其时更无“二十四史”这个名称。武英殿决定刊刻《旧五代史》，是在“二十四史”的名称以及具体包括的图书都已确定之后的事。因此可以这样说实际是武英殿根据“二十四史”的范围，补刻了一部正史而已。后人为说明方便，常常使用“武英殿刻二十四史”这个名称。如姚范《援鹑堂笔记》卷十六史部“杀田儋于临济下”一条引有齐次风（召南）之语，方东树按语云：“此引齐语，据乾隆四年武英殿校刊《二十四史》，本臣召南按语也。”又卷二十史部“敬市侯阎泽赤”一条引“臣召南云”等语，方东树按语云：“乾隆四年武英殿校刊二十四史，一时校刊诸臣各题名卷末，先生此校汲古本据何氏焯本，而亦间引齐氏之说据殿版也。”[②]这只是后人的一种习惯性说法，

① 陆枫《试论武英殿刻二十四史版本源流及其历史作用》，《江海学刊》1992年第1期，第133页。
② 姚范《援鹑堂笔记》卷十六，清道光姚莹刻本，第11页；卷二十，第9页。

不能用来说明武英殿刻书时二十四史已经成立。

2.《荟要》与"二十四史"名称的确立

关于"二十四史"这一名称的来源，李文是这样说的："《文渊阁四库全书》之史部正史类小序正式宣布了'二十四史'的确立。"其依据的是这么一段话："正史之名，见于《隋志》，至宋而定著十有七，明刊监板，合宋、辽、金、元四史为二十有一，皇上钦定《明史》，又诏增《旧唐书》，为二十有三，近搜罗四库，薛居正《旧五代史》得裒集成编，钦禀睿裁，与欧阳修书并列，共为二十有四。"在此之前，程喜霖《论四库全书对研究历史的意义——四库全书史部研究之一》也有此说法，并用"盖定"一词揭示了这件事①。

这个说法是不对的。首先，文渊阁《四库全书》史部正史类并没有小序。李文所引文字，是《四库全书总目》史部正史类的小序。《四库全书》分为经、史、子、集四部，四部下又分为四十四类。《总目》在四部之首各有总叙一篇，每类之首各有小序一篇。"正史之名"云云，就是史部正史类的小序。而《四库全书》虽然编排分类和《总目》一致，且每一书都标注部、类名称，但部与类之前都没有序言。从我们所做的比较看，《总目》中有不少提要确实是以文渊阁提要为基础改写(也有完全相同的)，或以文渊阁《四库全书》为依据撰写的，但也并不都是如此。因此《总目》的说法，不等于就是文渊阁《四库全书》的说法。

其次，《四库全书总目》尽管提到了"二十有四"这个数字，但并不是最早提出的。从我们的研究看，最早明确提出"二十四史"这个名称的是《四库全书荟要联句》的注释。《荟要联句》与"二十四史"有关的是乾隆帝与《荟要》总裁官董诰所写的诗句及其相关注释。

乾隆帝诗云："体成纪传《尚书》法。"其下注释道：

> 纪传之体，创自《史记》，说者谓其源出《尚书》。继之者，前、后《汉书》，《三国志》，《晋》《宋》《南齐》《梁》《陈》《魏》《北齐》《周》《隋》各书，《南》《北》二史，新旧《唐书》《五代史》，《宋》《辽》《金》《元》四史，皆为列代正史。今为史部之冠，而以《明史》殿之。

① 程喜霖《论四库全书对研究历史的意义——四库全书史部研究之一》，《湖北大学学报》(哲学社会科学版)，1994年第5期，第62页。

前面说到的英廉、嵇璜诗句及其注释只是说到了《荟要》的总体规模，乾隆帝这条注释的重要性在于完整地列出了“二十四史”的名称，而且与公认的“二十四史”顺序完全一致。由此可知，“二十四史”收录的图书确实是有乾隆帝决定的。

董诰诗云：“廿四编书象汇征。”其下注释道：

> 薛居正等《旧五代史》久佚不传，今从《永乐大典》采辑成书，列为二十四史。

这条注释的重要价值在于出现了“二十四史”这个名称。《四库全书》中只有一次用到了“二十四史”这个名称，这就是董诰诗句的这一注释。

《荟要联句》的撰写时间与《荟要》的完成时间是联系在一起的，《荟要》完成后[①]乾隆帝即设茶宴和大臣等联句吟诗。《四库全书荟要联句》作于乾隆四十五年，《总目》的撰写完成一般认为在乾隆四十六年二月。二月十六日内阁奉上谕道：“《四库全书总目提要》现已办竣呈览，颇为详核。所有总纂官纪昀、陆锡熊着交部从优议叙，其协勘查校各员，俱着照例议叙。”（《纂修四库全书档案》七六〇）纪昀《恭和御制经筵毕文渊阁赐茶作元韵》诗云：“七录幸排名籍定。”自注道：“《四库全书总目》共编为二百卷，现已缮竣，拟于月望之前装潢奏进。”[②]此为和乾隆帝《经筵毕文渊阁赐茶作》而作。乾隆帝此诗收入《御制诗四集》卷七十九，为乾隆四十六年所作，则纪昀和诗也作于此时。从其注中可知《总目》在乾隆四十六年完成。这个时间通常也被认为是《总目》初步纂办完竣的时间[③]。《荟要联句》的时间要早于《总目》的时间。

此外将董诰诗句的注释与《总目》相比，也可以看到《总目》仅仅只是提到了“二十有四”这个数字，充其量只是具备了“二十四史”这个专名的要素而已。所以规范的“二十四史”这个名称，是在《四库全书荟要联句》注释中出现的。根据我们的检索，这是“二十四史”名称的第一次出现。

---

① 这里说的《荟要》完成，是就《荟要》的总体情况而说的。无论是《荟要》，还是《四库全书》，都有后来补抄的图书。

② 纪昀《纪文达公诗集》卷二，第 6 页。

③ 黄爱平《四库全书纂修研究》第十二章《四库全书总目（上）》，第 307 页。

“二十四史”的形成意义重大，这是中国文化史上的一件大事。唯其如此，更需将有关问题探讨清楚。

《荟要提要》对“正史”很重视。元张存中《四书通证》提要批评说：“历代史事乃置正史而引《通鉴》，亦非根本之学。”《宋史》提要云：“历年愈远，文献难征，虽曰修明，徒知刊落。此正史所以终不可废也。”《荟要》收录“二十四史”，显示了清王朝无可非议的正统地位。但对于《荟要》来说，“二十四史”颇难措置。“二十四史”如全部收入，字数将十分庞大。然而“正史体尊，义与经配”（《总目》史部正史类叙），就重要性而言，史部图书尚无出其右者。在一部对中国传统典籍“取其精”的图书中，“二十四史”又不可不收。不收“二十四史”，整个史部文献会显得十分单薄。而且“二十四史”作为一个知识整体、思想整体，如只选录其中数种，将会破坏其完整性，更主要的是无法完成清王朝正统性的确认。馆臣或许权衡再三，最后决定还是全部予以收录。

二、史部其他类别图书的选录

《荟要》史部正史以外收录的图书，其中也有不少重要典籍。如编年类的《前汉纪》《后汉纪》《资治通鉴》，地理类的《山海经》《水经注》，别史类的《国语》《吴越春秋》《十六国春秋》《十国春秋》《贞观政要》《通鉴纪事本末》及宋元明史《纪事本末》《通志》，故事类的《通典》《文献通考》，史评类的《唐鉴》，目录类的《直斋书录解题》《经义考》《钦定天禄琳琅书目》等。这些著作都可称为经典之作。

《荟要》史部图书选录的最大问题在几个方面。一是一些重要的著作还有遗漏，二是一些类目的设置及名称不够合适，三是敕撰书过多。

就第一个问题看，例如史评类未能收录刘知几《史通》，是史部图书选录的一个重要缺陷。《四库全书荟要联句》中，陆费墀撰诗“金针巧度机中绣”句下注道：“诗文评作者最众，黄庭坚独以刘勰《文心雕龙》、刘知几《史通》为学者要书。然《史通》议论虽精，而惑古疑经，实多偏驳。今惟以《文心雕龙》著录。”可见馆臣对此书评价不高，所以最终未能收入《荟要》。但实际上《荟要提要》中曾多次引用《史通》作为例证，如《前汉纪》《后汉纪》《十六国春秋》《通鉴纪事本末》《白虎通义》《晏子春秋》《世说新语》等篇。虽然《荟要提要》对《史通》的观点也有否定之处，如《世说新语提要》就不同意刘知几用史家之法来评判小说家言《世说新语》，认为《史通》之说“似不于伦，未为通论”，但总体上来说对《史通》也还是客观引述。这起码说明四库纂修官对《史通》是非常熟悉的，也说明《史通》在当时有相当的影响，所以纂修官会以其书作为判断依据。

此外如《逸周书》《华阳国志》《三辅黄图》《太平寰宇记》《吴中水利书》《洛阳伽蓝记》《东京梦华录》《徐霞客游记》《营造法式》，等等，都是某一类别的重要著作，也值得择要收录。

就第二个问题看，《荟要》将《钦定大清会典》《钦定大清通礼》《皇朝礼器图式》《国朝宫史》收入法制类，将《通典》《文献通考》收入故事类，总给人分类不当的感觉。而将《国语》《吴越春秋》《十六国春秋》《十国春秋》与《贞观政要》及《通鉴纪事本末》《宋史纪事本末》《元史纪事本末》《明史纪事本末》同列于别史类，就更令人费解了。

就第三个问题看，正史收录的敕撰书共25种。《荟要》史部分为12类，除别史、故事、谱录这三类外，每一类都有敕撰书。而在这12类收录敕撰书的类目中，每一类目差不多也都有乾隆帝的敕撰书。这从一个角度显示了清廷对历史阐释权力的全面掌控。

三、《荟要》与《全书》史部图书选录的差异

在史部图书中，有时《荟要》与《全书》的选择有差异。图书选录的差异，与图书分类观念的差异有关系。例如地理类图书即为一例。

《荟要》地理类共收录《山海经》《水经注》《春明梦余录》《钦定西域同文志》《皇清职贡图》5部图书。这5部图书中收入《全书》史部的只有《水经注》《皇清职贡图》两部。

《水经注》为经典地理类著作，《皇清职贡图》是清代乾隆年间编绘的有关藩属国、海外交往诸国及国内各地少数民族人物样貌、服饰、生活等状况的大型图志，《荟要》地理类收录此书，是实至名归。对此《全书》也无异议。但其余三部书《全书》均未收录在地理类。

《山海经》的性质则有争论，文渊阁本、《总目》并未否认“诸家并以为地理书之冠”这一点，所以《荟要》收之于地理类，也还有据。但文渊阁提要、《总目》最后收录在了子部小说家类，提要谓“书中序述山水，多参以神怪”，

“核实定名，实则小说之最古者”，明显可以看到就是针对《荟要提要》所说的。

对《春明梦余录》一书，《荟要提要》与文渊阁提要及《总目》的差异尤为明显。《荟要提要》云：“记有明一代都城掌故。”“因地以纪人，因人以征事。”类似于宋敏求《春明退朝录》、孟元老《东京梦华录》。因此书所记与地理有一定关系，所以将其收录在地理类。《荟要提要》对此书评价很高，称其书“于天启、崇祯间建言诸臣，章疏召对，尤语焉而详”。又谓“昔宋敏求有《春明退朝录》，孟元老有《东京梦华录》，承泽盖兼仿其体，而所记载差为有关文献，是其长也”。

然而文渊阁提要对此书评价则极低。提要批评其书体例，“似乎地志”“似乎职志”“又似乎故事”，“体例颇为庞杂”。又批评说，所记内容“或有或无，绝不画一”。其所论述“沿门户余波，持论皆存偏党”。其所评论“有意抑扬，不为平允”，“益乖是非之公”。最后的结论是“其好恶性情往往如是，盖不足尽据为典要”。最后仅仅因为此书于明代旧闻采摭颇悉，一朝掌故实多赖是书以存，并且其书多取自实录、邸报，与稗官野史据传闻而著书者不同，“考胜国之轶事者，多取资于是编焉”这一原因，才得以收录。然部类已调整到子部杂家类。《总目》与文渊阁提要相同。

《荟要》和《全书》史部图书的另一个重要差异是《荟要》别史类收录的一部分图书，在《全书》里转到了载记类。《荟要》别史类收录《国语》《吴越春秋》《十六国春秋》《十国春秋》《贞观政要》《通鉴纪事本末》《宋史纪事本末》《元史纪事本末》《明史纪事本末》《通志》等图书十部，其中《吴越春秋》《十六国春秋》《十国春秋》三部史书在《全书》里转到了载记类。

从目录设置的角度看，别史类与载记类有等差，即虽然这两类图书都在史部，但别史的地位要高于载记。从提要内容看，也清楚地有这种区分，简单地说别史与载记的区别，也就是中央政权与割据势力的区别。《总目》卷六十六史部载记类小序说：“五马南浮，中原云扰，偏方割据，各设史官，其事迹亦不容泯灭。”《总目》肯定了记载“偏方割据”政权历史的著作的价值，并指出载记的性质即“述偏方僭乱遗迹者”。在历史上，载记又有“伪史”“霸史”之名称。《总目》认为这些名称都不合适，最后根据《后汉书·班固传》《东观汉记》《晋书》等书曾用“载记”这一名称，决定将这一类图书称作“载记类”。关于

“伪史”“霸史”与“载记”的区别,《总目》也说得很清楚。地方割据势力自己记载的史书称为“伪史”或“霸史”,站在中央政权的立场上所撰写的关于地方割据者的历史称为“载记”。《总目》将《吴越春秋》《十六国春秋》《十国春秋》三部史书列入载记,也就是认为这三部书所记载的政权都属于地方割据势力。这三部史书记载的是不属于正统王朝的割据政权的事迹。

不过“载记”这一名称虽然已见于《后汉书·班固传》等,但作为目录中一个类目的名称,却是在《总目》中第一次出现的。按照《总目》所说,“载记”是“实立乎中朝,以叙述列国之名”的,所以《总目》明确说:“今采录《吴越春秋》以下,述偏方僭乱遗迹者。”载记是记载不属于正统王朝的割据政权历史的史书,《总目》将《吴越春秋》等列入载记类,就是要强调政权的“正统性”。《总目》卷五十史部别史类小序云:“命曰‘别史’,犹大宗之有别子云尔。”这虽是一个比喻,但也说明《总目》认为别史与正史(所谓的“大宗”)有着“亲缘”关系,本质上也还在“正统史书”之列,是稍次于正史的史书,如《总目凡例》所说:“不可入正史而亦不可入杂史者,从《宋史》例立‘别史’一门。”或如《总目》别史类小序所云:“陈振孙《书录解题》创立‘别史’一门,以处上不至于正史,下不至于杂史者。义例独善,今特从之。”因此“载记”和“别史”是完全不同性质的两类史书。而这一切的区别,都是为了“正统性”服务的。

《荟要》并未区分这一点。《荟要总目》别史类小序云:“古者列国各有史,而后世纪言纪事者,或依纪传之体,分国以述事;或变编年之体,因事以类言。”这一段话是对整个别史类而说的,显然并没有将《吴越春秋》《十六国春秋》等另外看待。《荟要》别史类又分为专论一朝政事、纪事本末、通史三个子目,这只是根据图书的性质作形式上的归类而已,相互之间并无主次之分。其为王恽《秋涧集》所作提要还说:“(《玉堂嘉话》)所论辽金不当为载记之说,尤为平允。”是《荟要》知道“载记”之事,但并不同意“载记”之说,不认为应有所谓的“载记”之区别。

所以《荟要》和《总目》收录图书部类的差异不是偶然的现象,是《荟要》和《总目》思考角度不同的反映,体现了史学观念上的差异。

第四节 《荟要》集部图书的选录

《荟要》集部收录图书140种,《荟要》分为五类。各类图书收录数量分别是别集类111种,总集类23种,奏议类2种,诗文评类1种,歌词类3种。可见其中历代作家的个人文集占了极为重要的地位。

我国古代文学有着源远流长、灿烂辉煌的历史。明代以前,我国古代最重要的文学家如屈原、陈子昂、王勃、杨炯、卢照邻、骆宾王、王维、李白、杜甫、柳宗元、韩愈、刘禹锡、元稹、白居易、杜牧、李商隐、范仲淹、欧阳修、梅尧臣、苏洵、曾巩、王安石、苏轼、苏辙、黄庭坚、秦观、范成大、陆游、杨万里、张孝祥、王若虚、元好问等,文学史上最有影响的著作如《楚辞》《文选》《乐府诗集》《全唐诗》《文心雕龙》等,最脍炙人口的名篇如《桃花源记》《滕王阁序》《春江花月夜》《长恨歌》《琵琶记》《陋室铭》《醉翁亭记》《岳阳楼记》《赤壁赋》等,我国古代的主要文学样式如诗词赋等,都可以在《荟要》中读到。

上面没有提到明人作品,这里单独说明一下。《荟要》明代选了17人的文集,分别是:刘基《诚意伯文集》、宋濂《文宪集》、高启《大全集》、李东阳《怀麓堂集》、吴宽《家藏集》、沈周《石田诗选》、王鏊《震泽集》、王守仁《王文成全书》、李梦阳《空同集》、何景明《大复集》、徐祯卿《迪功集》、高叔嗣《苏门集》、文征明《甫田集》、唐顺之《荆川集》、王慎中《遵岩集》、归有光《震川集》、李攀龙《沧溟集》。

这一选录从总体上看还是比较客观的,是能够代表明代诗文创作的水平的。为说明这一问题,我们可以将其与有代表性的《中国文学史》《中国历代文学作品选》等作为参照系进行比较。

游国恩等主编的《中国文学史》第七编《明代文学》第三章《明前期诗文》第一节介绍了宋濂、刘基、高启,第二节提到了台阁体的三杨,但未作专门介绍,另外专门介绍了于谦及茶陵诗派领袖李东阳。在第十章《明中叶后的诗文》中,介绍了前后七子、归有光等唐宋派、李贽、公安派和竟陵派等,最后介绍了张溥、陈子龙、夏完淳等人[①]。在介绍前七子时提到了何景明,称前七子"以李、何为最著名"。在介绍后七子时主要提及了李攀龙、王世贞,同时提到了谢榛、宗臣等。在"归有光等唐宋派"一节中,介绍的作家还有王慎中、唐顺之、茅坤。袁行霈主编的《中国文学史》(第二版)第七编《明代文学》所选录的作家大致与游国恩等著《中国文学史》同。

章培恒、骆玉明著《中国文学史》第七编《明代文学》选录的角度与游著有所不同。其第一章《明代前期文学》选析了高启、宋濂、刘基、台阁体等人作品。第二章《明代中期诗文》选析了前七子、吴中四才子、唐宋派及归有光、后七子、徐渭等人作品。其中"吴中四才子"即祝允明、唐寅、文征明、徐祯卿。"唐宋派及归有光"介绍了王慎中、唐顺之、茅坤、归有光四人。在介绍后七子时主要提及了李攀龙、王世贞,同时提到了谢榛。第四章《明代后期诗文》选析了公安派、竟陵派的诗歌,在这一章的明后期其他诗人中,选析了屠隆、陈子龙与夏完淳、柳如是等人的作品,并选析了"晚明小品散文"作品。

我们比较《荟要》与《中国文学史》对明代作家著作收录与介绍,可以看到有许多重复。在《荟要》明代所选 17 人中,刘基、宋濂、高启、李东阳、李梦阳、何景明、徐祯卿、文征明、唐顺之、王慎中、归有光、李攀龙 12 人均见于《荟要》与《中国文学史》。《荟要》所收作家中,仅吴宽、沈周、王鏊、王守仁、高叔嗣 5 人不见于《中国文学史》。

在《中国文学史》里有介绍而不见于《荟要》的,有台阁体"三杨"、于谦、祝允明、唐寅、茅坤、谢榛、宗臣、公安派、竟陵派、张溥、屠隆、陈子龙、夏完淳、柳如是等。这些作家中,三杨"台阁体"一向被认为文学价值并不高,《总目》卷一百六十九高启撰《凫藻集》提要云:古文自"洪宣以后,渐流为肤廓冗沓,号台阁体"。《中国文学史》选录的作家中,于谦的入选更多的是出于作品的内容,具有一定的政治原因。"吴中四才子"中,就文学成就看,祝允明、唐寅自然难以超过文征明、徐祯卿。公安、竟陵之作,今天人们能够给以足够的重视,但在古代评价并不高,清陈僖《燕山草堂集》卷二《田髴渊诗序》云:"诗盛于唐,衰于宋元。北地、信阳诸君子起而救之,倡于前,历下、娄东诸君子起而和之,继于后。明虽不以诗取士,其盛亦不减焉。自公安、竟陵倡其说以乱风

① 游国恩等主编的《中国文学史》四,人民文学出版社,1983 年,第 50—59 页,第 134—151 页。

雅,天下惑迷,载胥及溺。”[1]认为正是公安、竟陵导致了明代诗歌的衰败。四库馆臣对此流派也多有微词,《荟要》《明诗综》提要云:“万历以后,公安倡纤诡之音,竟陵标幽冷之趣。”《总目》卷一百八十明吕时撰《甬东山人稿》提要云:“万历以后,公安、竟陵交煽伪体,么弦侧调,无复正声。”《荟要》不收录此流派的作品,也反映了当时人的基本看法。李贽情况与此类似。至于陈子龙、夏完淳其人实际已入清,且都参与过抗清斗争,从《荟要》的角度看自然不可能选收其著作。事实上,《全书》中也没有收录公安、竟陵派作家袁宏道、钟惺、谭元春及李贽、陈子龙、夏完淳等人的文集,有的只是在《总目》的存目里作了介绍。以上诸人之入选《中国文学史》,多少反映了当代人的观念。

再以文学选本而言。朱东润主编的《中国历代文学作品选》明代部分诗歌部分选录了高启、于谦、李梦阳、何景明、李攀龙、王世贞、戚继光、陈子龙、张煌言、夏完淳等 10 人作品,散文部分选录了宋濂、刘基、方孝孺、马中锡、唐顺之、归有光、宗臣、李贽、袁宏道、钟惺、艾南英、徐弘租、魏学洢、张岱、张溥、夏完淳等 16 人作品。由于作品选重视的只是某个作家的代表性作品,所以其选择与一部丛书对作者著作的选择不完全一样,不能简单加以比较,但即从这一份名单来看,与《荟要》也都有重合。因此可以说,《荟要》选录的明人著作,确实代表了明代文学(主要是指诗文创作)的成就,达到了乾隆帝“取其精”的要求。

《荟要》集部别集类图书的选录也有一定的局限。如就古代文学发展的基本面貌看,唐宋两代选录较为丰富,重要的代表性作家的作品都录选了。但汉魏六朝文学家仅有徐陵、庾信二家入选,其他重要作家没有一家单独入选。当然没有单独入选,不等于《荟要》没有收入汉魏六朝作家的作品。这一时期的重要作家如贾谊、司马相如、扬雄、三曹、建安七子、陆机、刘琨、郭璞、陶渊明、谢灵运、鲍照、谢朓等,其作品都收入了张溥编选的《汉魏六朝百三家集》中。《荟要》在总集类中收录了《汉魏六朝百三家集》一书,所以这一时期的重要作家作品也就相应收入了《荟要》。不过选入总集,与单独入选别集类,其程度还是有所区别的。所以单从集部别集类的选录图书看,《荟要》在唐代之前,差不多形成了一个巨大的空白。

① 陈僖《燕山草堂集》卷二,清康熙刻本,第 19 页。

尽管汉魏六朝文学作品的选录不够理想，但从总体上看《荟要》对中国古代文学发展的面貌是了解得比较全面的，所选择的著作是有代表性的。

《荟要》总集类收录图书23部。这23部图书，可以分为两部分。第一部分是10部敕撰书：《御选古文渊鉴》《御定历代赋汇》《御定全唐诗》《御选宋金元明四朝诗》《御定咏物诗选》《御定历代题画诗类》《御选唐诗》《御选唐宋文醇》《御选唐宋诗醇》《皇清文颖》，这些著作分别从文、赋、诗等文体角度，咏物、题画等特殊内容的角度，以及断代的角度，收录了由皇帝敕撰的图书。

更值得重视的是《荟要》总集类第二部分收录的13部图书。这些图书分别是《楚辞补注》《文选》《玉台新咏》《汉魏六朝百三家集》《乐府诗集》《唐文粹》《宋文鉴》《中州集》《元文类》《明文衡》《宋诗钞》《元诗选》《明诗综》。从《楚辞补注》到《明诗综》，这个排序非常规整。《荟要》按年代顺序依次收录了能代表一代文学作品精华的著作，完整展现了从先秦到明代的文学作品的成就。13部图书从时代上看先后相承，《荟要》的这种编排使得我国古代文学发展的过程显得十分清晰。

《荟要》按照作品所反映的时代顺次来编排这些著作，相比之下，《全书》有时候按照作者的生活年代来编排这些著作，在时序上会显得混乱。如《汉魏六朝一百三家集》，这是张溥汇集汉魏六朝之遗集，然《全书》排在明梅鼎祚编《隋文纪》、明陆时雍编《唐诗镜》诸书之后。再如宋吕祖谦编《宋文鉴》，排在《万首唐人绝句诗》之后，以下排《成都文类》《赤城集》等地域性总集，随后又是选唐代释子之诗的《唐僧宏秀集》。感觉时序上很混乱，读者难以通过类别或时间顺序来阅读这些著作。

就内容看，这些著作也大都能代表一个时代的文学精华。如明代张溥编选的《汉魏六朝百三家集》，收入汉代贾谊到隋代薛道衡的作品103家，一人一集，填补了这一时期文章总集的空缺。每集卷首各有编者题辞，对作家和作品作出自己的评价。对《乐府诗集》，《总目》有“诚乐府中第一善本”之誉，可见馆臣对收录图书评价甚高。《初目》关于《元文类》的提要写道：“自元初以迄延祐，英华采撷，略备于斯，论者以媲姚铉《文粹》、吕祖谦《文鉴》。有明一代，撰述如林，皆拟追配三书，而论定之余，终无能比肩而四也。”可见对此评价很高。《荟要提要》称《元诗钞》道：“之振于遗集散佚之余，创意搜罗，使学者得见两宋诗人之崖略，不可谓之无功。”这基本是前人定论，例如梁章钜也说:"苏天爵所编《元文类》七十卷,自元初迄延祐,正元文极盛之日,而天爵又妙解文章,精于鉴别,故所选具有体要,论者谓可与《唐文粹》《宋文鉴》鼎立而三。厥后程敏政之《明文衡》虽极力追之,终莫能及也。"①

在《荟要》总集类收录的图书中,略显不足的是《明文衡》的入选。程敏政编选的《明文衡》(原名《皇明文衡》)是《荟要》所收唯一的一部明人编明代文章总集,但所选仅仅是明代中期之前的文章。实际上从更全面反映明代文章整体面貌的角度看,更适合的应该是清人黄宗羲编选的《明文海》。《总目》卷一百九十云:"可谓一代文章之渊薮,考明人著作者,当必以是编为极备矣。"可见馆臣也认为此书是一代明人文章的代表。和《明文衡》一样,书中都有大量涉及民族等问题的"违碍"文字。但不同的是,《明文衡》因收录的都是明代早期的文章,所以涉及的大都是与元蒙民族的问题,而《明文海》收录的是整个明代的文章,里面有不少文章,尤其是晚明时期的文章,涉及与清人的关系问题。尽管四库馆臣对《明文衡》也有不少忌讳,也作了不少删改,但《明文衡》所论及的问题,对清人来说毕竟比较遥远,是一些"过时"的问题。清人与之的关系较为间接。《明文海》则不同,其所收录的大量晚明时期的文章,都直接与清人有关,有时也不是简单删改就能消除其不利于清人统治的印记的。梁章钜虽然认为与《唐文粹》等比,《明文衡》略嫌不足,但对此书也还基本是肯定的。他将此书与《明文海》相提并论,谓:"《明文衡》所录在成化以前,终有典型,尚无七子伪体。黄宗羲《明文海》则兼及嘉隆以后,何、李盛行之余,意在扫除摹拟,空所倚傍,以情至为宗。又欲使一代典章人物俱藉以考见大凡。故采择颇严,搜罗极富,二书亦当相辅而行也。"②不过由于《荟要》收录图书种数有限,在这种情况下,简单的选择就是选用《明文衡》,以保持从先秦以来各个朝代文章总集选录的完整性。

《荟要》总集类所收图书还有奏议类的《御览经史讲义》《翰苑集》,诗文评类的《文心雕龙》,歌词类的《御定词谱》《御选历代诗余》《词综》。

《御览经史讲义》是乾隆二年,皇帝诏令翰林詹事六科十三道诸臣讨论经义之作,与通常认为的诏令奏议内容多为讨论"治乱得失"、匡救规切之语不同。大概是《荟要》编者见此书乃诸臣"轮奏讲义",因置于奏议类中。《荟要

① 梁章钜《退庵随笔》卷十九《学文》,道光刻本,第10页。
② 梁章钜《退庵随笔》卷十九《学文》,道光刻本,第11页。

总目》奏议类小序云："圣朝兼听博采，凡臣下章奏，有合于事理者，悉见诸施行，固已备于有司之掌矣。独《经史讲义》一书，广揽众说，裒然成编，实足以征大圣人察迩之盛。谨录之为'奏议'门。"实际上《荟要》将此书收入奏议类，十分勉强。《全书》改入子部儒家类，较为恰当。

陆贽撰《翰苑集》二十二卷，包括两部分内容，前十卷为代皇帝所撰制诰，后十二卷为自己所上奏草。尽管前十卷为陆氏代言，但毕竟是题皇帝之名，所以此书放在奏议类也不贴切。《全书》将奏议类与诏令类合并为诏令奏议类，但此《翰苑集》并没有随之移入该类中，而是移到了集部别集类。其原因大概是其集难以安置。《全书》诏令奏议类分为诏令之属与奏议之属两部分，《翰苑集》既有制诰（由陆贽代言），又有奏草，很难简单地放在哪一类中。现移入集部，就可以解决这个难题了。

诗文评类中，《荟要》选录了《文心雕龙》，这确实是不二之选。无论就内容的博大精深，还是在古代文化中的地位、影响来看，这一类图书中确实没有能超过此书的。

《荟要》集部的最后一类是歌词类。这一类选录了三部图书，一部词谱、两部词选。所选词谱即康熙帝御定的《御定词谱》四十卷。《御定词谱》由詹事王奕清等在万树《词律》基础上编纂而成。全书收录唐五代、宋、元词826调，2 306体。全书按照词调字数多少为序，每调各注其源流，每字各图其平仄，每句各注其韵叶。《御定词谱》为词学发展史上重要的词谱之一，《总目》称为"分刌节度，穷极窈眇，倚声家可永守法程"。

两部词选即康熙帝御定、侍读学士臣沈辰垣等编纂的《御选历代诗余》一百二十卷及朱彝尊编选的《词综》三十卷。《历代诗余》辑录自唐及明词1 540调、9 000余首。正文100卷，另有词人姓氏10卷，词话10卷。《词综》辑录唐、宋、金、元词545家，1 867首。虽然两部词选都有自己的选录标准，如《历代诗余》称"是选录其风华典丽而不失于正者为准式，其沉郁排宕、寄托深远、不涉绮靡、卓然名家者尤多收录"（《钦定凡例》），《词综》选词强调"醇雅"，所谓"宋人选词多以雅为目"（《词综发凡》），但由于选录面较广，所以从总体看，内容丰富，风格也多样，代表作家作品也多入选其中。两部词选，尤其是《词综》，后人给予很好评价，如晚清著名词家、也是词评家的陈廷焯《白雨斋词话》卷一云："国初诸老多究心于倚声。取材宏富则朱氏彝尊《词综》，持法精严则万氏树《词律》。”[1]乃至丁绍仪有言:“自竹垞太史《词综》出而各选皆废,各家选词亦未有善于《词综》者。”[2]郭麐《灵芬馆词话》也有“《词综》一书,鉴别精审,殆无遗憾”之言[3]。

从图书选录的角度看,《荟要》一书四部之中做得最好的是集部,尤其是别集、总集两大类。尽管有一些不尽人意之处,但集部选录的图书,基本上代表了我国古代各个时期文学创作的最高成就。这和这些作家作品在历史上获得的比较稳定的评价有关,应该也和纂修官对这些作品比较熟悉有关。

---

① 陈廷焯《白雨斋词话》卷一,清光绪二十年刻本,第1页。

② 丁绍仪《听秋声馆词话》卷十三,清同治八年刻本,第1页。

③ 郭麐《灵芬馆词话》卷一,民国《词话丛编》本,第1页。

第六章 《荟要》的图书分类

一部大型丛书，它的分类非常重要。图书分类，不仅是为了将性质相同或相类的图书集中编排在一起，而且还可以由此看到编者对历史文化现象的基本看法。《荟要》收录图书虽只有《全书》的七分之一多，但类目设置数量相差并不多，这显示了《荟要》全面反映中国古代文化精神的意图。同时比较同类图书的不同分类法，也可以更好地看到编者学术思想演变的情况。

第一节 从《初目》到《荟要》的图书分类

一、《初目》建立了最早的《四库全书》图书分类体系

图书分类就是依照一定的体系，根据图书的知识内容、形式特征进行划分，将相同的图书予以序化，以建立一定的知识体系的方法。我国古代的图书分类开始于西汉刘向。《汉书·叙传》云："刘向司籍，九流以别。"颜师古注引应劭曰："儒、道、阴阳、法、名、墨、从横、杂、农，凡九家。"这是刘向将自己负责管理的图书按照不同的学术流派加以分类。后其子刘歆在此基础上编制了《七略》，这是我国现存的第一部综合性的图书分类目录。《四库全书总目》则是我国古代图书分类法的集大成之作，代表了古代图书分类法的最高成就。

《四库全书》是我国古代最大的一部综合性丛书，其分类法总结了历代分类法的经验，吸收了历代分类法的优点，又根据收录图书的实际情况作了适当调整，在类目设置、类目名称、类目顺序等方面，都有不少改变，使图书分类能更好反映图书的实际情况，起到提示各家学术特点、揭示各家学术发展源流演化过程的作用，同时也起到了更好地指引读者阅读、研究的作用。《四库全书》分类是我国古代最为完善的图书分类体系之一，其分类法历来被人重视。

但人们在研究《四库全书》的图书分类成就时，多注意其与历史上的图书分类法作比较，而忽略了四库馆内部有关图书分类的发展演化过程。实际上在馆内，有关图书的分类也有一个演化过程。这个过程主要是通过《四库全书初次进呈存目》《荟要总目》《四库全书总目》这三部相关书目体现出来的。《四库全书初次进呈存目》为乾隆年间抄本，这是最早给四库图书进行完整系统分类的一部目录。《四库全书荟要总目》是编纂《四库全书荟要》时所形成的一部目录，其形成时间在《初目》之后，《总目》之前。《总目》是最后完成的一部《四库全书》目录。

乾隆帝最早提出所要编的这部荟萃古今图籍的图书采用四部分类法，并将其命名为《四库全书》，但乾隆帝没有提出更具体的分类细目。在《初目》之前完成的各家分纂稿，也都没有对图书作具体分类。《初目》是最早给提要稿进行完整系统分类的。它将类别相同的提要集中编排在一起，并通过书口标注的方式，显示了本书的图书分类情况。

《初目》《荟要总目》《总目》图书分类对照表如下[①]：

	初　目	荟要总目	总　目		初目	荟要总目	总　目
经部	易类	易类	易类	史部	别史类	时令类	纪事本末类
	书类	书类	书类		杂史类	地理类	别史类
	诗类	诗类	诗类		诏令类	诏令类	杂史类
	礼类	春秋类	礼类		传记类	法制类	诏令奏议类
	春秋类	礼类	春秋类		史抄类	别史类	传记类
	孝经类	孝经类	孝经类		时令类	故事类	史钞类
	总经解类	论语类	五经总义类		法令类	史评类	载记类
	四书类	孟子类	四书类		地理类	目录类	时令类
	乐类	四书类	乐类		职官类	器用类	地理类
	小学类	经解类	小学类		目录类	谱录类	职官类
		小学类			金石类		政书类
	10类	11类	10类		史评类		目录类
史部	正史类	正史类	正史类		故事类		史评类
	编年类	编年类	编年类		谱牒类		

① 《四库全书荟要》《四库全书》的分类分别与《荟要总目》《四库全书总目》相同。

续表

	初　目	荟要总目	总　目		初目	荟要总目	总　目
	起居注类				类书类	杂艺类	释家类
	17 类	12 类	15 类		小说家类	类书类	道家类
子部	儒家类	儒家类	儒家类		道家类		
	兵家类	法家类	兵家类		释家类		
	纵横家类	纵横家类	法家类		16 类	14 类	14 类
	法家类	兵家类	农家类	集部	别集类	别集类	楚辞类
	农家类	医家类	医家类		奏议类	总集类	别集类
	医家类	农家类	天文算法类		总集类	奏议类	总集类
	术数类	数术类	术数类		诗文评类	诗文评类	诗文评类
	杂艺类	墨家类	艺术类		词曲类	歌词类	词曲类
	考证类	道家类	谱录类		5 类	5 类	5 类
	墨家类	杂家类	杂家类	合计	48 类	42 类	44 类
	名家类	小说家类	类书类				
	杂家类	考证类	小说家类				

尽管《初目》现存提要仅有二千篇不到，只有《总目》所收图书的五分之一左右，但类别和《总目》几乎完全相同，《总目》改动的并不多。这说明《初目》的分类体系是一个相当成熟的分类体系①。

《荟要》分为 42 类，少于《初目》(这可能与《荟要》收录图书数量较少有关)，类目名称与《初目》也有一些差异，但从分类体系上看仍与《初目》相近。一些类目的设置也与《初目》相同，如《初目》未设立“纪事本末类”“政书类”，设有“纵横家类”，《荟要》也是如此。《荟要》的“目录类”只收录书目著作，不收录金石著作，也与《初目》一致。考虑到《荟要提要》有不少与《初目》相同，或基本相同，因此可以说《荟要》的分类体系也受到了《初目》分类体系的影响。关于《荟要》的分类，《荟要凡例》有说明：“门类不必皆备。”不过从实际分类情况看，《荟要》的类目与《总目》相比相差并不多，所以还是较为完备的。

① 参见江庆柏等整理《四库全书初次进呈存目·概述》，第 4—8 页。

二、《荟要》图书分类概述

《初目》虽然建立了最早的四库分类体系，但这种分类体系还只是通过具体篇目的归类体现出来的，《初目》对各个类别的内涵并没有作出说明。《荟要》的分类是在《初目》基础上发展起来的，它比《初目》更进一步的地方是，不仅对部类作了适当的调整，而且还通过《荟要总目》的部类总叙、小序对每个部类的性质、内涵作了具体的说明。

《荟要》分为经、史、子、集四部，再分为 42 类。《荟要总目》在四部之首各有一篇总叙，每一类下也各有一篇小序，我们可以统称之为部类序言。《荟要》的图书分类观念，主要体现在《荟要总目》的部类序言中，有时候在《荟要提要》中也会提到分类的理由。《荟要总目》部类总叙、小序和《荟要提要》是我们了解《荟要》分类思想、分类方法最直接的依据。

《荟要总目》部类序言解释了类目设置的原因。如法制类小序云："旧史簿录多以'刑法'为一目，'仪注'为一目，而礼节制度则附于'礼经'。臣窃以为因革损益，定一代之章程者，莫大于会典。其中礼制纲要，虽已略备，而仪节度数，或未详晰，则别为通礼。故二者常相辅也。兹特立'法制'一目，恭载钦颁二书，而图式类次之。至于《宫史》一编，首载训谕及诸典礼官制，因亦同编于此，未敢用旧史《汉宫阁簿》《洛阳宫殿簿》之例，入'地理类'也。"

部类序言说明了类目形成、类目设立的经过。如四书类小序云："《四书》定于朱子，从而推衍之，为纂言释义者，宋元以来，指不胜屈。焦竑《经籍志》著录者数十家，并列'经解类'中，无所甄别。自钦定《明史・艺文志》始，特标《四书》为一类，良以圣贤之阃奥，具在于是。而功令所悬，士子进身之阶梯，亦在于是。"

部类序言说明了图书类别转化的过程。如孟子类小序云："《孟子》一书，自《略》《录》以来，皆入子部。至唐韩愈极推尊之，而其时濠州刺史张镒招经术之士，讲训生徒，为《孟子音义》，与《三礼图》《五经微旨》并事纂述，是隐然以是书由子而升之经者。宋代设科，《语》《孟》并列，张、程、朱子复力为阐扬，于是列于十三经。万古定论，莫之能易矣。"这一条小序说明了《孟子》一书由子部升入经部的经过。

部类序言说明了和前代书目类目设置的关系。如诏令类小序云："大矣哉诏令之为用也！夫端拱黼扆，响达四表，一言而天下应之，一令而万世守之，所谓志以成道，言以宣志，其重尤不与他文等。自来史家编录，并与法律同条，罔所区别。今依陈振孙《书录解题》例，专为一门，用以识列圣贻谟，比隆典诰，非独以彰法令而已也。”小序充分肯定了诏令的价值，认为天子之文与法律具有同等威权，“罔所区别”。这是古代社会法权思想的体现。正因为如此，《荟要总目》依照陈振孙《直斋书录解题》的体例，也专门设立了“诏令”一类。

《荟要》的分类观念还体现在图书的归隶上，这主要是在《荟要提要》中加以说明的。图书的归隶，其基础是对内容的分析，看最适合哪个部类。《荟要》有不少图书改变了原来的类目，对此《荟要提要》一般会有特别的说明。例如宋朱弁《曲洧旧闻》提要云：“今观其书，虽有神怪谐谑数条，然所记多为当时祖宗盛德及诸名臣言行，而于王安石之变法、蔡京之绍述、分朋角立之故，言之尤详。盖意在申明北宋一代兴衰治乱之由，深于史事有补，实非小说家流也。惟其中间及诗话文评，并诸考证，不名一格，不可目以杂史，今改入杂家类焉。”所谓“实非小说家流”者，是对宋元书目的著录而言。宋尤袤《遂初堂书目》、宋陈振孙《直斋书录解题》卷十一、元马端临《文献通考》卷二百十七《经籍考》均著录此书在“小说家类”。《荟要提要》认为此书多记载诸名臣言行，且重在探究北宋一代兴衰治乱之原因，均与史事有关，所以不属于小说家之言。然因其中间有诗话文评等，又并非完全讨论史事，故最后将其列入了杂家。就这段论述看，可知作者对图书内容有深入地了解，所以言之凿凿，很有说服力。此后文渊阁提要全同《荟要提要》，《总目》也只是极个别文字略有差异，部类也调整到了子部杂家类，与《荟要》相同。关于《曲洧旧闻》的部类，明初国家藏书目录《文渊阁书目》已将其列为“子杂”（卷二），但该书目对部类的调整没有作任何说明，所以有理由认为将此书由“小说家类”调整到“杂家类”，完全是《荟要》出于自己思考的结果。而文渊阁提要、《总目》又是根据了《荟要》的著录。

有些收入《荟要》的图书，在收入《全书》时部类也会作调整。如《晏子春秋》即是。《荟要总目》收入子部墨家类，小序说明理由道：“《晏子春秋》旧列儒家，然其尚同兼爱之旨，无一不出于墨氏。柳宗元以为墨子之徒尊著其事以增高为己术者，非无见也，近并列于编。”这主要是根据本书的思想特征来归类的。《全书》则收入史部传记类名人之属。《总目》卷五十七《晏子春秋》提要后"按语"说明改变此书分类的理由说:"按《晏子》一书由后人摭其轶事为之,虽无传记之名,实传记之祖也。旧列子部,今移入于此。"则主要根据此书著作体例,并参照本书所记内容来归类。

再如《春秋繁露》,《荟要》在子部儒家类,《全书》在经部春秋类。《总目》卷二十九经部春秋类四附录著录此书,《总目》按语云:"《春秋繁露》虽颇本《春秋》以立论,而无关《经》义者多,实《尚书大传》《诗外传》之类。向来列之经解中,非其实也。今亦置之于《附录》。"

考察《荟要提要》和《全书》提要(主要是文渊阁提要)及《总目》,可以看到不同的图书分类思想,也可以看到对图书性质的不同理解。虽然和《总目》相比,《荟要总目》的一些说明还显得单薄,没有《总目》的系统性强,但从四库图书分类这个角度看确实又是很大的进步。

三、《荟要》与《全书》的类目改易

类目改易,是指收入《四库全书荟要》的图书,在收入《四库全书》时,类目发生了改变。这类图书共 90 部[①]。其中清帝敕撰本 33 部类目改易的问题我们已在前面"《荟要》与《全书》敕撰本的类目改易"一节中加以分析,此处不再赘述。其余图书类目改易的原因主要有:类目取消、类目归并、类目调整。

1. 类目取消

《荟要》设置的一些类目,在《全书》里被取消了,这样《荟要》原类目中的一些图书,势必转入相应的类目。如《通典》,原在《荟要》史部故事类,后改入史部政书类;《困学纪闻》,由子部考证类,改入子部杂家类。这类图书有 16 部:

书　名	《荟要》类目	《全书》类目
通典	史部故事类	史部政书类
文献通考	史部故事类	史部政书类
帝王经世图谱	史部谱录类	子部类书类

① 参见《四库全书荟要总目提要》,第 502—504 页。

续表

书　名	《荟要》类目	《全书》类目
战国策	子部纵横家类	史部杂史类
京氏易传	子部数术类	子部术数类
周易参同契通真义	子部数术类	子部道家类
周髀算经	子部数术类	子部天文算法类
五经算术	子部数术类	子部天文算法类
新仪象法要	子部数术类	子部天文算法类
测圆海镜分类释术	子部数术类	子部天文算法类
墨子	子部墨家类	子部杂家类
晏子春秋	子部墨家类	史部传记类
新唐书纠谬	子部考证类	史部正史类
困学纪闻	子部考证类	子部杂家类
墨法集要	子部杂艺类	子部谱录类
翰苑集	集部奏议类	集部别集类

2. 类目归并

《荟要》设置的一些类目，后来被归并到了《全书》的其他类目中，这样图书也要作相应的归并。如《荟要》的经部论语类、经部孟子类，在《全书》中都归并到了经部四书类。这类图书有 7 部：

书　名	《荟要》类目	《全书》类目
论语注疏	经部论语类	经部四书类
论语解	经部论语类	经部四书类
论语集说	经部论语类	经部四书类
孟子注疏	经部孟子类	经部四书类
孟子说	经部孟子类	经部四书类
孟子集疏	经部孟子类	经部四书类
孟子传	经部孟子类	经部四书类

类目名称改变。《荟要》中的一些类目，到《全书》中名称有了变动，这样

相关图书的类目也会有一定变化。如《荟要》经部经解类,《全书》改为经部五经总义类;集部歌词类,改为集部词曲类等。这类图书有 7 部:

书　名	《荟要》类目	《全书》类目
经典释文	经部经解类	经部五经总义类
六经奥论	经部经解类	经部五经总义类
六经正误	经部经解类	经部五经总义类
经说	经部经解类	经部五经总义类
十一经问对	经部经解类	经部五经总义类
五经蠡测	经部经解类	经部五经总义类
词综	集部歌词类	集部词曲类

这类图书仅仅是类目名称不同,类目实质没有改变。

3. 类目调整

类目调整就是《荟要》的类目,在《全书》中仍存在,但同一部图书,在《荟要》与《四库全书》中,所归隶的类目有差异。如《国语》,《荟要》在史部别史类,《全书》移易到了史部杂史类。这类图书有 27 部:

书　名	《荟要》类目	《全书》类目
易象图说	经部易类	子部术数类
春秋左氏传事类始末	经部春秋类	史部纪事本末类
春秋臣传	经部春秋类	史部传记类
大学衍义	经部礼类	子部儒家类
大学衍义补	经部礼类	子部儒家类
五经文字	经部经解类	经部小学类
九经字样	经部经解类	经部小学类
群经音辨	经部经解类	经部小学类
山海经	史部地理类	子部小说家类
春明梦余录	史部地理类	子部杂家类
国语	史部别史类	史部杂史类
吴越春秋	史部别史类	史部载记类

续表

书　名	《荟要》类目	《全书》类目
十六国春秋	史部别史类	史部载记类
十国春秋	史部别史类	史部载记类
贞观政要	史部别史类	史部杂史类
通鉴纪事本末	史部别史类	史部纪事本末类
宋史纪事本末	史部别史类	史部纪事本末类
元史纪事本末	史部别史类	史部纪事本末类
明史纪事本末	史部别史类	史部纪事本末类
春秋繁露	子部儒家类	经部春秋类附录
太玄经	子部儒家类	子部术数类
白虎通义	子部儒家类	子部杂家类
鹖冠子	子部道家类	子部杂家类
潜夫论	子部杂家类	子部儒家类
博物志	子部杂家类	子部小说家类
老学庵笔记	子部小说家类	子部杂家类
楚辞补注	集部总集类	集部楚辞类

类目调整的现象不仅反映在《荟要》和《全书》中，就是在《总目》中也存在这种情况。沈津在校理上海图书馆藏《四库全书总目》残稿时就发现，残稿《总目》和通行本《总目》在分类上有所改动。如明杨慎撰《奇字韵》五卷，残稿在经部小学类三，而通行本却为小学类二[①]。

《全书》和《荟要》在一些图书的分类上不一致，导致《总目》对一部分《荟要提要》明确作出了修改。

如宋章冲撰《春秋左氏传事类始末》，《荟要》在经部春秋类，文渊阁《全书》在史部纪事本末类。《总目》对此书部类的调整，有专门的说明。其文云："冲但以事类裒集，遂变经义为史裁，于笔削之文，渺不相涉。旧列经部，未见其然。今与枢书同隶史类，庶称其实焉。"说明了章冲此书的性质及改换部类的理由。其实看《荟要提要》所说："史家记事之例，初别六家，后归二体，编

① 沈津《校理〈四库全书总目提要〉残稿的一点新发现》，《中华文史论丛》1982 年第 1 辑，第 135 页。

年、纪传，相辅而行。至宋孝宗时，袁枢创纪事本末，使一事自具首尾，循览易明，遂于二体之外，别为门径。《左传》随经隶事，体本编年，又加以先经、后经、错经诸例，端绪弥为纷繁，读者猝难融贯。冲作是书，一如袁枢《通鉴纪事本末》之体，联贯排比，使一事自为起讫。虽于传文多有刊削，而芟繁就简，于每事首尾，较便检寻。"也都是从史书类别的角度来评说该书的，实际上已经将其看作为史书。《荟要》在分类上，虽然没有列入纪事本末体，但将袁枢《通鉴纪事本末》列入史部别史类，而"一如袁枢《通鉴纪事本末》之体"的《春秋左氏传事类始末》仍归之于经部，则主要是《荟要》纂修者囿于书名，未能根据图书的实际内容来确定其分类。这或是当时认识不清。

第二节 《荟要》经部图书分类

经部也称甲部，著录儒家经书及为其作注释的著作和文字学著作。《初目》等三部目录的分类情况如下：

《初目》分为10类：易类、书类、诗类、礼类、春秋类、孝经类、总经解类、四书类、乐类、小学类。

《荟要总目》分为11类：易类、书类、诗类、春秋类、礼类、孝经类、论语类、孟子类、四书类、经解类、小学类。

《总目》分为10类：易类、书类、诗类、礼类、春秋类、孝经类、五经总义类、四书类、乐类、小学类。

比较以上的类目，可以看到类目之间有一些明显的差异。概括说，这些差异表现在三个方面，一是类目设置有差异，二是类目名称有差异，三是类目顺序有差异。以下分别加以比较研究。

一、类目设置的差异

经部类目设置的差异主要体现在四书类的设置这方面。《初目》《总目》均只设置了四书类一个类目，而《荟要总目》则设置了论语类、孟子类、四书类三个相关类目。

一般所说的"四书"，是指《论语》《孟子》《大学》《中庸》这四部儒家经典的合称。四书之名起源于宋代朱熹对这四部书的解释。朱熹作《大学章句》《中庸章句》《论语章句》《孟子章句》,合称《四书章句集注》。自此之后,《四书》备受社会推重,相关著作也大量产生,如《荟要总目》四书类小序所说:"《四书》定于朱子,从而推衍之,为纂言释义者,宋元以来,指不胜屈。"

随着四书类图书的增加,在图书目录的编纂上,就产生了相应的部类四书类。四书类始见于《明史·艺文志》,《荟要总目》四书类小序云:"自钦定《明史·艺文志》始,特标《四书》为一类,良以圣贤之阃奥,具在于是。"但由于在此之前,《论语》《孟子》都已独立成类,《大学》《中庸》虽未独立成类,但也有单独的著作,如《旧唐书·经籍志》著录戴颙《礼记中庸传》一卷(《新唐书·艺文志》作《中庸传》二卷)之类。因此就有一个如何处理类目设置之间关系的问题。

关于四书类与论、孟类的关系,张宗友《〈经义考〉研究》有具体的分析。概括而言,大致可分为四种情况:甲、以四书类统括《大学》《中庸》《论语》《孟子》及《四书》凡五类之书;乙、分立大学、中庸、论语、孟子四类,而无四书类;丙、既设大学、中庸、论语、孟子四类,又设四书类;丁、以四书类与经类、史类等并列,并在四书类下,再分大学、中庸、论语、孟子、四书总编五个子类。[①]

《初目》使用的是上述甲类的方式,即以四书类统括《大学》《中庸》《论语》《孟子》及《四书》总类之书,其所收之书有《论语全解》《孟子集疏》《论孟精义》《中庸衍义》《大学衍义通略》《学庸启蒙》《四书通义》《四书集义精要》等。《总目》使用的也是这一方式。

《荟要总目》基本采用的是上述丙类的方式,即既设论语类、孟子类,又设四书类。如论语类收录《论语注疏》等书,孟子类收录《孟子说》等书,四书类收录《四书集注章句》《四书集编》等书。这种方式与《初目》相比,有一个明显的问题,即类目收录图书的交叉问题。如四书类收录的朱熹《四书集注章句》,即既与论语类交叉,也和孟子类交叉。其他四书类图书无不如此。

张舜徽在《四库提要叙讲疏》之《四书类叙讲疏》中说:"《四书》之名,虽行已久,然学者亦有专治其一书者。或解《论语》,或释《孟子》;《大学》《中庸》复

① 张宗友《〈经义考〉研究》,中华书局,2008年,第119页。

分为撰述，畅发其旨；自不必统归《四书》门内。”[①]此说不无道理。但如《荟要》论语类所收宋蔡节撰《论语集说》，《荟要提要》云：“其书博采旧说，而附以已意。然大旨本之于程、朱，亦间有与《集注》不合者。”又如孟子类所收宋蔡模撰《孟子集疏》，《荟要提要》云：“先是朱子《集注》于先儒旧说多所改定，论者或有异同。蔡氏三世皆传朱子之学，至模信之益笃。其为是书，则因其先人（蔡）沉之志而成。沉尝谓模‘欲学《论》《孟》，求诸《集注》而已足。但《集注》气象涵蓄，语言精密，尤未易读。当取《集义》《或问》及张、吕诸贤门人高弟往复问答之语，搜辑疏注，乃可祈于语脉分明，宗旨端的’。模承其训，因与弟抗互相商榷，以成是书。”“抗以为观《集注》者，当先观是书，然后《集注》之说可明。则是书诚《集注》之羽翼矣。”可见两部书都和朱熹《四书章句集注》相关。四书类类目的设置本缘于朱熹此书，而《论语集说》《孟子集疏》又皆因朱熹此书而作，故无论就图书内容，还是就学术发展、承继的角度来看，这两部书都当归之于四书类之内为妥。所以《荟要》经部类目的设置确实存在考虑不周的问题。

既然这种分类有明显的类目交叉问题，那么《荟要总目》为什么还要采用这种方式呢？我们认为这里有多方面的原因。首先可能是受到了“十三经”名称的影响。《荟要总目》孟子类按语云：“宋代设科，《语》《孟》并列，张、程、朱子复力为阐扬，于是列于十三经。”十三经中，《论语》《孟子》并列，使得《荟要总目》在图书分类时也单独设置了论语类、孟子类。其次也可能受到书目分类的影响，《千顷堂书目》分别设立了论语类、孟子类、四书类，这对《荟要总目》的分类会有一定影响。但我们认为最主要的是受到了《通志堂经解》的影响。当然《通志堂经解》的分类法也有可能是沿袭了《千顷堂书目》的分类法。

《荟要总目》的图书分类是与《荟要》的图书选择联系在一起的。从乾隆帝的谕旨看，《荟要》是临时决定编纂的，而蒇工时间又很紧。四库馆臣既要考虑图书的分类，也要考虑图书的选择，还要考虑图书提要的撰写问题。在这种情况下，如能有一个现成的样例参照，则可以收到事半功倍的效果。《通志堂经解》是清初规模最大、且社会影响最广的经义总集，既对经部图书作了

① 张舜徽《四库提要叙讲疏》，云南人民出版社，2005 年，第 34 页。

分类编排，又选择了有一定代表性的经学著作，而且所收录的许多书前都有成德撰写的序言，这正好符合四库馆臣的要求。所以《荟要》经部图书即以《通志堂经解》为蓝本，其分类自然也依照了《通志堂经解》，遂将论语类、孟子类与四书类并列设置。上面指出的《论语集说》《孟子集疏》，《通志堂经解》分别收录在论语类、孟子类中，就是一个明证。

《初目》内容较为简单，未见有对分别设立论语类、孟子类、四书类的批评。《总目》则明确表示不同意这种分为三类的做法，其四书类小序云："今从《明史·艺文志》例，别立'四书'一门。"又云："朱彝尊《经义考》于《四书》之前仍立《论语》《孟子》二类，黄虞稷《千顷堂书目》凡说《大学》《中庸》者皆附于礼类，盖欲以不去饩羊，略存古义。然朱子书行五百载矣，赵岐、何晏以下古籍存者寥寥，元明以来之所解，则皆自四书分出者耳。《明史》并入《四书》，盖循其实，今亦不复强析其名焉。"这里虽未点明《荟要总目》，但实际上也同时否定了《荟要总目》的类目设置。

类目设置的另一个差异是，《初目》《总目》都设置有乐类，而《荟要总目》则未设此类。

乐为六艺之一，是古代教育学生的科目。《史记·孔子世家》云："孔子以诗书礼乐教，弟子盖三千焉，身通六艺者七十有二人。"乐书被立为儒家经典六经之一。《汉书·武帝纪赞》云："孝武初立，卓然罢黜百家，表章六经。"颜师古注："六经，谓《易》《诗》《书》《春秋》《礼》《乐》也。"

因为乐在社会生活中的重要地位，所以"乐"作为目录学著作中的一个类目，设置甚早。早在《汉书·艺文志》中，就有了专门的乐类，著录凡六家百六十五篇。班固云："孔子曰：'安上治民莫善于礼，移风易俗莫善于乐。'二者相与并行。"简明扼要地说明了乐的功用。自此以后的目录书，几乎都设有这一类。《初目》承袭传统，也设置了这一类目，收录有《皇祐新乐图记》《律吕正声》《雅乐发微》《乐经内编》等著作。但《荟要总目》无此类。

《荟要总目》未设乐类，可能有多种原因。《荟要》收录图书品种较少，自然各种类目难以面面俱到。也有人认为"乐经"本无其书的。张舜徽在《四库提要叙讲疏》之《乐类叙讲疏》中说：古人虽有"六经"之名，而体用各有不同。《易》《书》《诗》《礼》《春秋》，皆可用文字笔之简策。"惟乐发之自然，以音律为节，不可具于书。故汉武立五经博士，刘向校秘阁图书，并无《乐经》。"又谓：

“《汉书·艺文志》叙列六艺,但论乐之源流,而不云有《乐经》,要自有其故矣。”[①]凡此,均可能是《荟要总目》未设乐类的原因。

但我们认为《荟要总目》未设乐类,最可能的原因是因为《通志堂经解》也没有这一类。《荟要总目》经部图书以《通志堂经解》为基础,自然也就缺了这一类。我们将《四库全书》乐类所收图书与《荟要》相比较,发现除《御定律吕正义》一种(《荟要》作《御制律吕正义》)外,其他各书《荟要》均未收。而《御制律吕正义》被《荟要》收录在数术类中,与《御制历象考成》《御制数理精蕴》并列,可见《荟要》对此书的理解与《四库全书》并不相同。

二、类目名称的差异

就《初目》《荟要总目》《总目》这三种书目来看,史部、子部的部类名称都有不少差异,而经部中只有总解群经这一类目的名称不同,《初目》称“总经解类”,《荟要总目》称“经解类”,《总目》称“五经总义类”。

《初目》总经解类这一名目显然来源于成德辑《通志堂经解》。《通志堂经解》分为易、书、诗、春秋、三礼、孝经、论语、孟子、四书、总经解十类。总经解收录唐陆德明《经典释文》三十卷、宋刘敞《公是先生七经小传》三卷、宋郑樵《六经奥论》六卷、元何异孙《十一经问对》五卷、明蒋悌生《五经蠡测》六卷等著作。

不过“总经解”的名称遭到了许多批评。阎若璩《与戴唐器书》云:“新刊经解复阅一过……至‘总经解’三字,不通之至。”(《潜邱札记》卷六)何焯也斥其不通[②]。

《荟要总目》显然注意到了阎若璩、何焯等人的批评,所以尽管《荟要总目》的分类即参照了《通志堂经解》的分类,但“总经解”的名称被改换成了“经解”。《荟要总目》经解类小序写道:“‘经解’之称见于《戴记》,而经之有解自汉儒始。顾其时,分门讲授,各有专家,务穷一经。其兼通诸籍者,马、郑诸儒而外,盖不数数觏,故其遗说并附本经以行。《汉·艺文志》《隋·经籍志》所著录者,可覆按也。唐宋以后,始多博涉诸经者。于是各以其学,荟萃为一家言,而贯串旁通、难于离析者,《旧唐书·志》为别出‘经解’一类。《新唐书》及

① 张舜徽《四库提要叙讲疏》,第 35 页。

② 见《总目·五经总义类叙》,原注云:“语见沈廷芳所刻何焯点校《经解目录》中。”

《宋史》《志》并因之，其体裁当矣。兹亦类其精要，次于诸经后焉。”

经解类小序首先说明了“经解”一词最早的出处。其谓“经解”之称见于《戴记》者，即指《小戴礼记》，也就是通常所说的《礼记》。《经解》为《礼记》中的一篇。孔颖达《礼记正义》卷首《原目》引郑玄《三礼目录》云：“名曰《经解》者，以其记六艺政教之得失也。此于别录属通论。”又在卷五十《经解》篇正文疏中说：“《经解》一篇，总是孔子之言，记者录之以为经解者。皇氏云：‘解’者，分析之名。此篇分析六经体教不同，故名曰‘经解’也。”简单而说，“经解”就是对六经的分析解说。这是就“经解”的内容而言的。

从《旧唐书·经籍志》开始，“经解”成为部类名称，具有了目录学意义。其后《新唐书·艺文志》《崇文总目》《郡斋读书志》《直斋书录解题》《宋史·艺文志》《文献通考·经籍考》等，均在经部设有经解类。所以经解类小序说：“《旧唐书·志》为别出‘经解’一类。《新唐书》及《宋史》《志》并因之，其体裁当矣。兹亦类其精要，次于诸经后焉。”

《荟要总目》说明了“经解”一词从篇目名称、到泛指对经书的解说、到成为图书类目的演化情况，由此说明自己将类目名称亦定为“经解”，既有文献学依据，也符合“名实相称”的命名规则。

《总目》既没有沿用《初目》的名称，也没有沿用《荟要总目》的名称。实际上《总目》对这两个名称都有批评。其卷首“凡例”云：“兼诂群经者，《唐志》题曰‘经解’，则不见其为群经。朱彝尊《经义考》题曰‘群经’，又不见其为经解。徐乾学通志堂所刻改名曰‘总经解’，何焯又讥其杜撰。”其五经总义类小序也说：“徐乾学刻《九经解》，顾湄兼采总集经解之义，名曰‘总经解’。何焯复斥其不通（原注：语见沈廷芳所刻何焯点校《经解目录》中）。”可见《总目》取“五经总义类”这个名称，是经过反复比较的。

然而“五经总义类”这个名称也存在问题，最主要的是“五经”这一名称能不能包涵“群经”的内容。晚清徐时栋《烟屿楼读书志》卷十一《群经总义》批评《总目》以群经解立“五经总义”这一类目时说：“古人总解群经之书，寥寥数部，不能创立专门，故或置《孝经》中，或附《论语》后。至乎后来著作既夥，自不能不别立一类。而此类中所载各书，往往论解多经，断非‘五经’二字可该。即由诸书命名观之，如刘敞《七经小传》、毛居正《六经正误》、岳珂《刊正九经三传沿革例》、钱时《融堂四书管见》、何异孙《十一经问对》之属，各自明标数目，此岂能以‘五经’二字统之者乎？”[①]徐时栋的批评实际上用的是一个很简单的方法，即根据六经、七经、九经、十一经等书名，即足以说明无法用“五经”二字“统之”。张舜徽十分赞同徐时栋的观点，认为“徐氏所言，足以匡《四库总目》立名之失”[②]。然而余嘉锡并不认同徐时栋的看法，认为徐氏所说经有十三部，五经二字不足统该，“则未免刻舟而求剑矣”。“今日群经，虽枚数之至于十三，而立名求其近古，以‘五经’二字统该之，何为不可乎！”[③]

本人认为立名应从其实，并考虑立名时的实际情况。既然《四库全书》编纂之时，九经、十三经等名目已不少见，且社会也普遍认可这些名称，就没有必要再从五经古称，以免产生混乱。所以就《初目》《荟要总目》《总目》三书所列这一类目的名称看，我们认为还是“经解类”这一名称较为妥帖。

不过虽然就名称来说，我们认为《荟要》的更为合理，但《荟要》这一类收录的图书，则未必完全合理。《荟要》这一类目收录图书九种：《经典释文》《五经文字》《九经字样》《群经音辨》《六经奥论》《六经正误》《经说》《十一经问对》《五经蠡测》。其中《五经文字》《九经字样》《群经音辨》三种，查《荟要提要》，《五经文字》云：“凡三千二百三十五字，依偏旁为百六十部。”《九经字样》云：“凡四百二十一字，依仿《五经文字》为七十六部。”《群经音辨》云：“凡群经之中一字异训、音从而异者集为五门。”可知其书虽涉及群经，但其内容均与文字、音韵相关，故置于经部小学类更为合适。

此外还有疑问。吴长元《宸垣识略》卷五云：乾隆三十八年开四库全书馆，诏征天下遗书，“分存书、存目二项，纂辑提要，以该一书大旨。按期轮进书之佳者，皆蒙御制题词，以冠简首。其四部条目，与前代稍异。经部十类，曰易，曰书，曰诗，曰礼，曰春秋，曰乐，曰孝经，曰四书，曰总经解，曰小学。”[④]清余金《熙朝新语》卷十三（清嘉庆二十三年刻本）、清沈兆澐《篷窗附录》卷上（清咸丰刻本）所记与《宸垣识略》同，其文即录自该书。

吴长元生卒年不详。其书为清乾隆池北草堂刻本，卷首有邵晋涵序。书中记事最迟者为乾隆五十年，如卷二云：“乾隆五十年，皇上复举行旷典与宴

---

① 徐时栋《烟屿楼读书志》卷十一，民国十七年铅印本，第1页。

② 张舜徽《四库提要叙讲疏》，第32页。

③ 余嘉锡《四库提要辨证》，中华书局，1980年，第55、56页。

④ 吴长元《宸垣识略》卷五，清乾隆池北草堂刻本，第14页。

人数视昔加倍。”又卷六云：“乾隆五十年，建璧雍宫于集贤门内。”是成书当在此前后。以上这段文字不知作于什么时候，而从其所说经部类别名“总经解”来看，似乎并不知道在《四库全书》及《总目》中，都已不再用这个名称。

三、类目顺序的差异

我们从以上列表中可以看到，《初目》与《总目》的类目顺序完全一致，而《荟要总目》则与之有所不同。这种差异体现在两个方面，一是礼类与春秋类的顺序不同，一是经解类与四书类的顺序不同。

在我国古代的主流图书分类体系中，经部图书通常分为六经、总经解、孝经、小学等类目。六经的顺序，自《汉书·艺文志》以下，如《七录》《隋书·经籍志》、新旧《唐志》《郡斋读书志》《宋史·艺文志》《明史·艺文志》等，都是按易、书、诗、礼、乐、春秋这个顺序排列的。《直斋书录解题》虽然将“经总类”作为经部第一类目，但其下列六经，其顺序仍与传统的顺序相一致。所以《初目》《总目》中，易、书、诗、礼、春秋的这个顺序，是与传统顺序完全一致的。

六经中《初目》《总目》与传统的顺序不相一致的，只有乐类。在《汉书·艺文志》以下的传统的经部类目顺序中，乐类通常排在第五位，即在礼类之后、春秋类之前。《初目》《总目》改变了这一顺序，排在小学类之前，其原因可能如上所说，是四库馆臣认为“乐经”本无其书，而现存乐类图书其地位无法与易、书、诗、礼、春秋“五经”相提并论。《总目》卷三十八经部乐类小序云：“他书均不云有乐经。”又云：“大抵乐之纲目具于礼，其歌词具于诗，其铿锵鼓舞则传在伶官。汉初制氏所记，盖其遗谱，非别有一经为圣人手定也。特以宣豫导和，感神人而通天地，厥用至大，厥义至精，故尊其教，得配于经。”是直将乐书看作是五经的附庸。所以《初目》《总目》均直降其位次在经部倒数第二位，仅在小学类之前。

《荟要总目》未设乐类，可置而勿论，而在五经的排序中，将春秋类与礼类互换，则与传统不同，也与《初目》《总目》不同。关于春秋类与礼类顺序先后的问题，总纂官陆锡熊在《初拟办理四库全书体例》中有专门说明：“《汉书》以三礼先春秋，隋唐以来仍之。唯焦氏《经籍志》春秋先礼经。案，《周官》《仪礼》皆在《春秋》前数百年，《礼记》虽杂汉儒之说，亦多邹鲁旧闻。先圣垂训，不在'麟经'之后。今仍以三礼居前云。"[1]而《荟要总目》先春秋、后礼类这种排序方法，与上述自《汉书・艺文志》以下的传统的目录著作顺序迥异，是一种非常少见的顺序。就笔者所见，仅是《通志堂经解》为这种排列。这也再次说明《荟要》经部就是依据《通志堂经解》编排的。

《荟要总目》与《初目》《总目》类目顺序差异的另一个地方是总经解类（经解类、五经总义类）与四书类（包括《荟要总目》中的论语类、孟子类）排列顺序的差异。《汉书・艺文志》未设"总经解类"这样类似的名目，而将具有"经总论"[2]性质的《五经杂议》等著作附置于孝经类之后。《隋书・经籍志》则把类似的著作附置于论语类之后。

《汉书・艺文志》《隋书・经籍志》中，解说群经的图书虽未能独立设置成类，但有一个共同之处，即都附置于经部除小学类之外的最后一类中。《汉书・艺文志》"六艺略"共分九类，《五经杂议》等著作附置于第八类孝经类之后（第九类是小学）。《隋书・经籍志》经部共分十类，五经总义等著作附置于第八类论语类之后（第九类是谶纬、第十类是小学）。谶纬是依附于经书的著作，小学是通经的工具，本身都不是经书（小学类中的《尔雅》除外）。所以《汉书・艺文志》《隋书・经籍志》都将总解群经的著作置于各类经书之最后。

其后《旧唐书・经籍志》经部始设经解一类，位置在六经、孝经、论语、谶纬之后，名列第十位。其后为诂训、小学两类。《新唐书・艺文志》以下的史志书目，也都设有这一类。尽管名称有不同，但位置大多在小学类，或谶纬、小学类之前。

这说明，总解群经的著作在经部著作中的位置基本是稳定的。这也符合这类著作的实际内容。所以《荟要总目》将经解类立于经部图书最后，仅在小学类之前，虽是受了《通志堂经解》的影响，但也反映了经部类目设置的历史状况。而《初目》《总目》将其前置于四书类之前，虽有自己的考虑，但与传统的顺序不相符合，而且从图书内容看，也未必恰当。今天所编古籍总目，如《中国丛书综录》《中国古籍善本书目》《中国古籍总目》等，都将其排列在经部图书最后、小学类之前，这也说明就部类顺序而言，《荟要总目》的做法更符合实际。

① 陆锡熊《颐斋文稿・初拟办理四库全书体例》，《清代诗文集汇编》本，第 375 册，第 341 页。
② 王先谦《汉书补注》艺文志第十，清光绪刻本，第 21 页。

以上比较了三种四库书目经部类目的差异。不过尽管有这些差异，我们仍然可以看到，《初目》与《总目》十分接近，类目中除有“总经解类”与“五经总义类”这个名称上的区别外，其余完全相同。《荟要总目》与《初目》及《总目》则差异较大。这反映了四库图书分类在不断进行调整的情况。此外《初目》《总目》与《荟要总目》在类目设置等方面各有自己的长处，作为古代最重要的目录学著作、且编纂完成时间也最后的《四库全书总目》，未能充分吸收《荟要总目》的成果，是令人费解的。

第三节 《荟要》史部图书分类

史部也称乙部，收各种体裁的历史著作。为说明问题，先将三部目录的分类情况列举如下：

《初目》分为 17 类：正史类、编年类、别史类、杂史类、诏令类、传记类、史抄类、时令类、法令类、地理类、职官类、目录类、金石类、史评类、故事类、谱牒类、起居注类。

《荟要总目》分为 12 类：正史类、编年类、时令类、地理类、诏令类、法制类、别史类、故事类、史评类、目录类、器用类、谱录类。

《总目》分为 15 类：正史类、编年类、纪事本末类、别史类、杂史类、诏令奏议类、传记类、史钞类、载记类、时令类、地理类、职官类、政书类、目录类、史评类。

我们仍然从类目设置、类目名称、类目顺序三个方面，来考察《荟要总目》与《初目》及《总目》史部图书分类的异同。

一、类目设置的差异

从类目数量上看，《初目》分为 17 类，数量最多，《总目》其次，《荟要总目》最少。《荟要总目》类目数量少，与其收录图书数量较少有一定关系。

《荟要总目》与《初目》《总目》共有的类目有正史类、编年类、别史类、时令类、地理类、史评类、目录类 7 类（暂不考虑类目名称相同而内容或存有差异这种情况）。这是我国古代史部著作的基本类型，也都是我国古代史部目录的基本类目，所以《荟要总目》等都有此设置。

部分相同的有一种，即《初目》《荟要总目》的诏令类，《总目》作诏令奏议类。《初目》和《荟要总目》在史部设置了诏令类，在集部另有奏议类。《总目》则将两类合并为一类。《总目凡例》说："诏令奏议，《文献通考》入集部。今以其事关国政，诏令从《唐志》例入史部，奏议从《汉志》例亦入史部。"其卷五十五诏令奏议类小序又谓："记言、记动，二史分司，起居注右史事也，左史所录蔑闻焉。王言所敷，惟诏令耳。《唐志》史部初立此门，黄虞稷《千顷堂书目》则移制诰于集部，次于别集。夫涣号明堂，义无虚发，治乱得失，于是可稽。此政事之枢机，非仅文章类也。抑居词赋，于理为亵。《尚书》誓诰，经有明征，今仍载史部，从古义也。《文献通考》始以奏议自为一门，亦居集末。考《汉志》载奏事十八篇，列《战国策》《史记》之间，附《春秋》末，则论事之文当归史部，其证昭然。今亦并改隶，俾易与纪传互考焉。"不过《总目》虽然将诏令、奏议合并为一个类目，而实际上其下面还是分立为诏令、奏议两个三级类目的。《总目》的这个合并有一定道理。

如果将这 8 类去掉，《荟要总目》还有法制类、故事类、器用类、谱录类 4 类。这 4 个类目，故事类与《初目》名称相同，谱录类与《总目》子部类目名称相同，法制类、器用类这两个类目的名称则是《荟要总目》独有的。但不管是与《初目》或《总目》相同，还是《荟要总目》独有，其类目实质上没有什么区别。这与《荟要总目》经部类目的设置有一定差异这种情况不一样。

再看传记类的设置。传记类是史部的一个大类，如《总目》传记类小序所言："魏、晋以来，作者弥夥。"在历代史志书目中，都设有这一类目。这一类目的名称，最初称之为杂传。杂传是相对于正史列传而言的，"指正史列传以外的与列传相类的作品"[①]。梁代阮孝绪在《七录》中设有"纪传录"一门，其"杂传部"著录正史以外的传类作品 241 种(《广弘明集》卷三)。因《七录》已佚，所以无法看到"杂传部"收录图书的具体内容。但随之而后的《隋书·经籍志》对此有具体说明："自公卿诸侯，至于群士，善恶之迹，毕集史职。""穷居侧陋之士，言行必达，皆有史传。"也就是记载各类人物的事迹。其后杂传成为史志目录的必有类目。《崇文总目》《宋史·艺文志》等改名"传记"，自此以后

① 熊明《略论杂传之渊源及其流变》，《辽宁大学学报》(哲学社会科学版)，2003 年第 4 期，第 46 页。

传记也就成为这一类目的基本名称。《明书·艺文志》著录传记类图书有 144 部。在《四库全书》中,收录圣贤、名人、总录、杂录类传记合计 60 部。《初目》也设有这一类目。《荟要》未设此类,可能因为《荟要》收录图书量少,类目设置不可能面面俱到,因此就将内容与正史、编年、别史类多少会有一些重复的传记类文献删去了。

再看纪事本末类,这是《总目》的创设。纪事本末类是我国古代史书编纂的基本体裁之一。《初目》收录有《宋史纪事本末》《左传纪事本末》诸书,但未能设立"纪事本末"这一类目。《荟要》同样收录《通鉴纪事本末》《宋史纪事本末》《元史纪事本末》《明史纪事本末》等书。《荟要提要》已经注意到了这类著作的特点,经部春秋类所收《春秋左氏传事类始末》提要云:"史家记事之例,初别六家,后归二体,编年、纪传,相辅而行。至宋孝宗时,袁枢创纪事本末,使一事自具首尾,循览易明,遂于二体之外,别为门径。"可见《荟要》非常清楚地认识到纪事本末这一体裁"自具首尾"这个特点,并认为这一体裁的出现是在传统的编年、纪传体史书外另立了一个"门径"。但《荟要》只是将"纪事本末"作为别史类下面的一个子目,未能使之成为史部下面的一个二级类目。这是很遗憾的。《全书》注意到了这类著作的特点,并根据图书性质与书名标注,设立了"纪事本末类"这一类目,使我国图书分类更为精密,也使得我国古代历史著作的体式得到更完善的概括。

比较《初目》《荟要总目》《总目》三者的类目设置,《荟要总目》与《总目》之间没有只有两者才有的类目,而《初目》及《总目》之间则有杂史类、传记类、史钞类、职官类 4 类设置完全相同(个别类目内容有差异),且《荟要总目》没有的类目。而《荟要总目》与《初目》相同的这些类目,或不见于《总目》,如故事类,或虽也见于《总目》,但内容已有变化,如诏令类、金石类(器用类)。由此可见,《初目》与《总目》的关系更为切近,《荟要总目》与《初目》及《总目》的差异甚大。《荟要总目》实际上处于《初目》与《总目》之间的过渡阶段。

由于《荟要》收录图书数量较少,在类目设置上就受到了很多限制。其类目的设置情况与《初目》《全书》不可简单类比,但比较其间的差异,也可以更好地看到古籍图书分类的发展演化情况。

二、类目名称的差异

如上所说,《荟要总目》史部类目中,法制、故事、器用、谱录这 4 类名称,与《初目》《总目》或同或不同，但类目内容没有实质性的区别。以下依次讨论。

《荟要》法制类收录《钦定大清会典》《钦定大清通礼》《皇朝礼器图式》《国朝宫史》四部书，都与典礼等有关。《荟要总目》法制类小序云："臣谨案：旧史簿录多以'刑法'为一目，'仪注'为一目，而礼节制度则附于'礼经'。臣窃以为因革损益，定一代之章程者，莫大于会典。其中礼制纲要，虽已略备，而仪节度数，或未详晰，则别为通礼。故二者常相辅也。兹特立'法制'一目，恭载钦颁二书，而图式类次之。至于《宫史》一编，首载训谕及诸典礼官制，因亦同编于此，未敢用旧史《汉宫阁簿》《洛阳宫殿簿》之例，入地理类也。"

作为图书分类类目名称，法制类最早见于《七录》记传录，名为"法制部"。由于《七录》已佚，故无法知道法制部的实际情况。但自此以后，目录书似未再用这一名称，如《隋书·经籍志》《旧唐志·经籍志》《新唐书·艺文志》，直至《明史·艺文志》等都是如此。所以《荟要总目》在提及历史上有关这类图书的著录时，也只是提及"仪注"这一名称，而没有提及"法制"这一名称。

"仪注"这一名称，最早也见于《七录》，作"仪典部"，《隋书·经籍志》改称"仪注"，其后自《旧唐书·经籍志》以下史志书目亦都用这一名称，至《明史·艺文志》亦是如此。《隋书·经籍志》著录有《汉旧仪》四卷、《晋新定仪注》四十卷等，是所说仪注即指制度、仪节，《隋书·经籍志》《仪注篇叙》所说进止威仪之数、朝仪、节文等都指此。

《荟要总目》认为所谓的"礼"既包括仪节度数，即具体的程序形式，也包括礼制纲要，即制度问题。不过奇怪的是《荟要总目》在设立这个类目时并没有使用在我们看来更为明确合理、且也是历代书目都采用的"仪注"这个名称，而是用了一个相比起来并不十分恰当、而且后来的书目也都不再使用的"法制"这个名称。也许在《荟要总目》看来，"仪注"这个名称过于偏重于仪式、程序这些方面，与自己所收录的主要是有关礼的制度方面的图书距离过远。但"法制"这个名称同样是模糊的。而且就《荟要》收录的四部图书看，《钦定大清会典》固然多论及清朝制度，而《钦定大清通礼》等，实际也多是记述相关仪式。《四库全书荟要联句》诗"令典迈陶妫姒子"注云："皇朝制度，备于《大清会典》。其中节文仪数，则《大清通礼》《礼器图式》所载尤详。而《宫史》一书，实昭宫廷典式。今并列为。"说得非常清楚。

或许仪注、法制这些名称都不够恰当，所以在《总目》里都没有保留。《总目》将这类图书都收录在了“政书”这一类中，并在政书类下再次细分为通制、典礼、法令等目。《钦定大清会典》被收入通制之属，《钦定大清通礼》《皇朝礼器图式》《国朝宫史》被收入典礼之属。

《荟要总目》使用的这个“法制类”名称，在《初目》中比较接近的类目是“法令类”，收录《疑狱集》《补疑狱集》及《科场条贯》两种。法令类，在《七录》中称之为“法制部”，其后通常称为刑法类，只有陈振孙《直斋书录解题》称之为法令类。《总目》中，“法令”这个类目被列为政书类下面的一个类目。

《初目》与《荟要总目》类目名称相同且所收录图书内容也相类的有故事类。

“故事”作为图书分类的类目名称，最初称之为“旧事”，也见于阮孝绪《七录》记传录。其后《隋书·经籍志》沿用了这一名称，并对这一类目的性质作了说明：“古者朝廷之政，发号施令，百司奉之，藏于官府，各修其职，守而弗忘。《春秋传》曰‘吾视诸故府’，则其事也。周官御史掌治朝之法，太史掌万民之约契与质剂，以逆邦国之治。然则百司庶府，各藏其事，太史之职，又总而掌之。汉时，萧何定律令，张苍制章程，叔孙通定仪法。条流派别，制度渐广。晋初，甲令已下，至九百余卷。晋武帝命车骑将军贾充，博引群儒，删采其要，增律十篇。其余不足经远者为法令，施行制度者为令，品式章程者为故事，各还其官府。缙绅之士，撰而录之，遂成篇卷，然亦随代遗失。今据其见存，谓之旧事篇。”其文所说“旧事”，简单地说，就是指记载以前的典章制度以及政治、经济等状况的著作。

《隋书》以后，《旧唐书·经籍志》设有同一名称的类目，《新唐书》《宋史》《明史》艺文志及《遂初堂书目》《文献通考经籍考》等称为“故事类”，《直斋书录解题》则称之为“典故类”。名称不同，实质无异。

《初目》史部故事类收录图书 31 种，大多见于上述各史志书目的故事类（或典故类）。《荟要》故事类收录有唐杜佑《通典》、元马端临《文献通考》两种。其《通典》即见于《文献通考经籍考》故事类、《直斋书录解题》典故类。《明史·艺文志》只收录明人著作，收录有明人王圻所撰与《文献通考》性质类似的《续文献通考》，也在故事类。由此可以说《初目》《荟要总目》的故事类，当是沿用了历史上这一类目的名称。

《总目》取消了“故事”这一名目，而将收录有关典章制度的图书归之于政书类。《总目》卷八十一政书类小序批评了以往书目将这类图书称之为“故事”的不当，认为“循名误列，义例殊乖”。然后指出命名为政书类的理由：“今总核遗文，惟以国政朝章、六官所职者入于斯类，以符《周官》故府之遗。至仪注条格，旧皆别出，然均为成宪，义可同归。惟我皇上制作日新，垂模册府，业已恭登新笈，未可仍袭旧名。考钱溥《秘阁书目》有‘政书’一类，谨据以标目，见综括古今之义焉。”“政书”一词作为一类文献的类名，源于明钱溥《秘阁书目》。虽说“政书”一名并非《总目》新创，但这一名称确实能够更好地反映这一类文献的性质，名实相符。而且政书类作为后来使用极为普遍的一个部类名称，也应归功于《总目》的使用。政书类这一名称的确立，是四库馆臣认真思考的结果。这一名称比《初目》《荟要总目》都要贴切。

不过《荟要总目》所列名称虽不贴切，但其对这类图书的认识还是很明确的，其谓“考鉴制度，宪章旧闻”，“览其因革之故，亦可以参验得失”，也都说出了这类图书的性质及其功用。《荟要联句》诗“旧章备礼乐刑兵”注云：“志故事者，代有成编，不啻充栋。《通典》《通考》二书，其职志也。”此谓《通典》《通考》两书，为史部故事类图书的代表，也都是符合实际的。

在我国古代的目录书中，使用“器用”这个类目名称的不多。就四库馆臣编纂《四库全书》时常用的目录书来看，也未有专门列出“器用”这一类目的。《荟要》所收录器用类著作共两部，即《西清古鉴》与《钱录》。由此可见，所谓器用类，收录的图书实际就是金石类著作。

在编纂四库书之前，目录书没有专门设立金石一类的，有关金石类的著作都收录在目录类中。目录类这一名称，在《隋书·经籍志》中称为簿录，在《旧唐书·经籍志》《新唐书·艺文志》《郡斋读书志》中称为目录类（或目录）。其时著录的都是书目类著作。从《遂初堂书目》《直斋书录解题》开始，目录类著录的图书，除了传统的书目类著作，如《七录》《崇文总目》之类外，还开始著录金石类著作，如《遂初堂书目》著录有《赵氏金石录》《川郡金石录》《诸道碑目》《欧阳氏集古录》《晋阳王氏碑目》《秘阁书画器物目》等，《直斋书录解题》著录有田概《京兆金石录》、欧阳修《集古录跋尾》、棐叔弼《集古目录》、赵明诚《金石录》等。《京兆尹金石录》、赵明诚《金石录》在《宋史》中，也是著录在目录类中的。《千顷堂书目》卷十簿录类，既著录杨士奇《文渊阁书目》、钱溥《内阁书目》,也著录《欣赏斋金石刻目》、孙克宏《古今碑目》、顾起元《金陵古金石考目》等,也都是书目著作、金石目录著作一起著录。

在《荟要》编纂之前,只有《初目》将“书目”与“金石”分作两类。《初目》既设有“目录类”,也设有“金石类”。《荟要总目》承袭了这一点,也将书目与金石著作,分别设立为目录类、器用类两个类目。就这一点来说,《荟要总目》及《初目》确实有独到之处。但《荟要总目》使用了“器用类”这个名称,而未能使用在此之前已经出现的“金石类”这个名称。就类目的设置这方面看,金石类这个名称无疑比器用类这个名称具有更大的容量,也具有更多的通适性。器用可以是金石的一个部分,它不能等同、涵盖金石学的全部内容。就这一点来说,《荟要总目》的类目名称不如《初目》精确。

需要说明的是,《总目》同样只设立了目录类,而将金石学著作系于该类之下。金石学自宋代开始逐步成为一种独立的学科,王国维说:“自宋人始为金石学,欧(阳修)、赵(明诚)、黄(伯思)、洪(适)各据古代遗文以证经考史,咸有创获。”[①]金石研究发展到清代,已蔚为显学。据《四库全书》统计,其收入的目录著作为 11 部,而金石著作则多达 36 部。金石著作数量远远高于目录著作数量。在这种情况下,《总目》非但没有将目录、金石分开设置,反而将金石并合于目录中,就很不合理。如果说没有《初目》《荟要总目》的分类在前,《总目》将金石合于目录成一编,尚可说是继承了历代编目的传统,有历史的根据,如《总目》卷八十五目录类小序所说:“金石之文,隋唐《志》附小学,《宋志》乃附目录。今用《宋志》之例,并列此门。而别为子目,不使与经籍相淆焉。”那么在《初目》《荟要总目》已将金石独立成类的情况下,《总目》仍将金石并入书目,就显得在图书分类的观念上落后了。

因此尽管《初目》的分类总体上说不如《总目》精细、合理,但如金石类的设置,比《总目》要合理。同时尽管《荟要总目》设立的“器用类”这个名称不尽妥当,但从分类的角度看,也要优于《总目》。

《荟要总目》的谱录类与《初目》的谱牒类,看上去名称接近,但实际上内容有差异。从《初目》谱牒类所收录的四部图书《宋绍兴十八年同年小录》《吴越顺存集》《顾氏谱系考》《希姓补》来看,这一类收录的都是与记载宗族成员

① 王国维《观堂集林》卷十八《齐鲁封泥集存序》,中华书局,1959 年,第 920 页。

世系或人物事迹有关的图书。而《荟要总目》的谱录类所收录的则是用图谱这一形式编著的图书。这两类图书实际上会有某种交叉，但就《荟要总目》的说明及实际收录的图书看，与谱牒类毫无关系。与《荟要总目》谱录类名称相同的是《总目》子部的谱录类。不过这两个类目也是名称略为相同而已，实际上对这个类目的理解《荟要总目》与《总目》并不相同。

"谱录类"作为部类名称，最初见于尤袤《遂初堂书目》。在此之前，目录书并无这一名称。当然没有这一名称，并不等于没有这类图书，不过目录书将其附录在其他部类之后而已。如《总目》卷一百十五谱录类小序所说："《隋志》谱系，本陈族姓，而末载《竹谱》《钱谱》《钱图》；《唐志》农家，本言种植，而杂列《钱谱》《相鹤经》《相马经》《鸷击录》《相贝经》。《文献通考》亦以《香谱》入农家。"其后《遂初堂书目》在子部创立了"谱录"一门，将附记于其他部类的图书单独归为一类，所著录的图书有《宣和博古图》《钱谱》《锦谱》《茶谱》《小名录》《笋谱》《竹谱》《禽经》等。《总目》对这一类目的设置评价极高，云："其子部别立'谱录'一门，以收《香谱》《石谱》《蟹录》之属无类可附者，为例最善。"但《遂初堂书目》新设的这一类目没有被其后的目录书采用，宋元史艺文志都没有这一类目，《宋史·艺文志》中，《笋谱》等类著作依然被收录在农家类，甚至《钱谱》也收录在农家类中。《宣和博古图》则被收在经部小学类。

在图书分类中，重新设立谱录类的，是四库馆臣。现在一般论著，都将在《遂初堂书目》之后谱录类的重新设置归之于《总目》。如耿素丽《浅析古籍目录中子部农家类与谱录类之关系》说："《遂目》在子部设立谱录类的做法，得到《四库全书总目》的肯定。""在子部之下，踵尤袤《遂初堂书目》，别立谱录一门。"[①]2011 年台湾淡江大学中国文学系硕士班廖冠琪的硕士学位论文《〈四库全书〉著录谱录类图书之研究》也指出："宋代尤袤首先于《遂初堂书目》设立'谱录类'，但并未被其它官、私修目录所应用，迟至清代纂修《四库全书》，谱录类才首次出现于官修书中，此类别也才被定型，可见其发展历经了相当漫长的一段时间。"[②]

---

① 耿素丽《浅析古籍目录中子部农家类与谱录类之关系》，《文献》2002 年第 1 期，第 162、164 页。

② 见台湾淡江大学电子学位论文服务，http://etds.lib.tku.edu.tw/etdservice/view_metadata?etdun=U0002-2007201100440200。

而实际上,《遂初堂书目》之后最早重新设立谱录类的,应该是《荟要》。《荟要》在史部设立了谱录类,收录宋唐仲友《帝王经世图谱》一书。《帝王经世图谱》书前提要校上于乾隆四十二年八月,而《四库全书》谱录类中收录的图书都在这一时间之后。所以准确地说,《遂初堂书目》之后最早重新设立谱录类的并不是《总目》。

《荟要》在其"总目"及书前提要中,对谱录类的相关情况作了具体说明。《荟要总目》云:"谱录之书,体裁不一,或以程器用,或以志艺术,或以纪动植。盖小说者流,非史家所重也。若夫禀经酌雅,纲举条晰,成一家之言,为有用之学,则唐仲友之作,洵为创格,而后亦罕继之者。兹于尘埋蠹蚀中,得大圣人表章而出之,抑亦幸矣。昔人著录,多入子部,今以其有关于经世之事,而并记往古之说者,故特为标曰'谱录',用殿史部云。"在《帝王经世图谱》书前提要中又写道:"其书缀图列谱,分类纂言。"

《荟要总目》首先指出了谱录类图书的内容,即程器用、志艺术、纪动植。然后指出由于这类图书的性质同于小说者流,因而不被史家看重。《荟要总目》认为《帝王经世图谱》这部图书,形式上采用了谱录的方法,"缀图列谱,分类纂言",内容上则是"禀经酌雅",依据经书阐说帝王治国的道理,为有用之学。这属于谱录类的"创格",所以《荟要》史部收录了这部图书。《荟要总目》最后特别说明了将谱录类图书由子部提升入史部的理由。

不过《荟要总目》的做法没有得到《总目》的认可。《总目》将谱录类列入子部,分为器物、食谱、草木鸟兽虫鱼三类。《四库全书》则按照所分三类收录有关图书 55 部。

《总目》卷一百十五谱录类小序云:"《隋志》谱系,本陈族姓,而末载《竹谱》《钱谱》《钱图》;《唐志》农家,本言种植,而杂列《钱谱》《相鹤经》《相马经》《鸷击录》《相贝经》。《文献通考》亦以《香谱》入农家。是皆明知其不安而限于无类可归,又复穷而不变,故支离颠舛,遂至于斯。惟尤袤《遂初堂书目》创立'谱录'一门,于是别类殊名,咸归统摄。此亦变而能通矣。今用其例,以收诸杂书之无可系属者。门目既繁,检寻颇病于琐碎,故诸物以类相从,不更以时代次焉。"按照《总目》的这一看法,所谓谱录类,收录的是较为系统记载事物类别的图书。《总目》批评的是以往的书目随意放置这类图书的情况,但对谱录类的性质,与传统的看法并无二致。所以在《四库全书》中,《帝王经世图谱》被收入子部类书类，而不是谱录类。

《荟要总目》的观点之所以未被《总目》采纳，我想可能在于《荟要总目》的观点既不符合这类图书历史上的归属情况，也不符合这类图书的实际内容。《荟要总目》与《总目》对历代书目的著录都有批评。但《总目》不满的是关于这类图书归类的混乱状况，对谱录类图书的性质并没有提出不同意见。而《荟要总目》则还根本否定了这类图书的原本属性，且任意从子部提升至史部。

谱录类收录的图书其所反映的应该是具体的事物，即《总目》所说的“专明一事一物”（《总目》卷一百二十三子部杂家类杂品之属按语），而不是抽象的观念、思想，等等。所以单就这一点看，将《帝王经世图谱》收入谱录类也显得不合情理。

《荟要提要》云：“兹于尘埋蠹蚀中，得大圣人表章而出之，抑亦幸矣。昔人著录，多入子部。今以其有关于经世之事，而并记往古之说者，故特为标曰‘谱录’，用殿史部云。”所谓“大圣人”，即乾隆帝，所谓“于尘埋蠹蚀中”“表章而出之”，即从《永乐大典》中辑出。《荟要联句》诗“图居史左赏经营”注云：“《永乐大典》内所采辑《帝王经世图谱》一书，仰蒙御题褒赏，谨载入谱录类，固非花谱、茶录所可拟也。”其书前提要也说：“伏蒙皇上亲洒奎章，特加褒许，并付剞劂，以广流传。以数百载湮没之陈编，获邀大圣人之品题，遂得与日星同炳。臣等编次之余，既仰钦宸训，且以庆是书之遭云。”可见此书获得《荟要》重视，很大程度上与乾隆帝对此书的表彰有关。虽说我们今天来研究《四库全书》及《荟要》的编纂，必须充分考虑到政治因素在其中所起的作用，但如《荟要》对《帝王经世图谱》一书的处理那样，完全根据乾隆帝的态度来决定此书的归属及评价，就与图书的学术性相距过远了。

因此我们认为《荟要总目》关于谱录类性质的阐述及在四部分类法中的归隶，都是非常不恰当的，是违背我国古籍分类的基本规律的。《四库全书》与《总目》未采纳《荟要》的意见，是完全合理的。

三、类目顺序的差异

由于史部文献类目名称及各类目之间的顺序差异较大，这里无法一一比较，兹就其大者略加分析。

就《荟要总目》与《初目》《总目》史部顺序看，其最大的差别在地理类的位置。《荟要总目》共 12 类，地理类在第 4 位，仅在正史类、编年类、时令类之后，这个位置是非常靠前的。尽管在《初目》《总目》史部类目中，地理类的位置也不一致，但都较靠后。《初目》17 类，地理类在第 10 位；《总目》15 类，地理类在第 11 位。

在我国传统目录著作中，地理类的位置在史部中通常都是靠后的。如《七录》记传录 12 部，土地部在第 10 部；《隋书·经籍志》13 类，地理在第 11 类；《新唐书·艺文志》13 类，地理类在第 13 类，即最后一类；《明史·艺文志》10 类，地理类在第 9 类，等等。地理类在史部中的这个位置是符合类目性质特点的。

按照现代人的观点，历史和地理是两门平行发展的学科。现代人将世界看作是由时间和空间两轴线构成的。历史记载时间一轴，地理记载空间一轴。事实上，古人并非不明白这个道理。古代有"宇宙"一词，《淮南子·齐俗训》说："四方上下谓之宇，往古来今谓之宙。"意思是说宇即空间，宙即时间。但在我国古代的观念中，"治史"是为了通古今之变，作"治世"之鉴，所以通常把地理看作是历史发展的空间舞台。这样，在图书四部分类法中，地理类即从属于史部。

地理类虽列入史部，但与那些以人物、事件、时间为中心的历史著作相比，毕竟也还有一些差别，所以历代书目将其在史部中的位置安排在后面，通常仅仅在目录等这些没有多少明显的人物、事件、时间或地理因素的类目之前，是可以理解的。在《总目》中，地理类之前有正史、编年、纪事本末、别史、杂史、诏令奏议、传记、史钞、载记、时令类等 10 类。这些类目所记内容大都与人物、事件、时间相关，所以《总目》对地理类的安排是合理的。而在《荟要总目》中，地理类前面的 3 类固然与人物、事件、时间有一定关系，而在其之后，如诏令类、别史类、故事类，也都与上述内容有关，所以从这个史部分类这个层面看，地理类排在第 4 类并不恰当，也不符合已经形成的关于地理类性质的基本看法。

再如《荟要总目》史部将时令类排在第三，也非常不恰当。时令类的时间因素固然很突出，但其中人的因素却极为淡薄，与主要记载过去的人类活动的著作如传记类、载记类著作相比，仍然应处于从属地位，所以《初目》将其置于第8类，是恰当的。《初目》置于第8类，虽然不如《总目》恰当，也要优于《荟要总目》。

这些也都是《荟要总目》史部类目的不足之处。

所以虽然由于《荟要》收录图书较少，其分类情况不能和《总目》作完全比较，但就现有情况看，《荟要》分类虽有优于《总目》之处，但总体上不如《总目》合理。《总目》吸取了在其之前的《初目》《荟要总目》的分类成果，就史部图书的分类情况来看，确实代表了当时图书分类方面的最高成就。

第四节　《荟要》子部图书分类

子部也称丙部。《荟要》子部收先秦以来诸子百家、释道宗教著作及科技著作。这些著作记录了我国历史上最重要的思想成果，记录了古代社会的生产、生活知识，也记录了我国古代最为重要的科学技术成果。子部图书内容庞杂，其类别也相对复杂。为说明问题，仍先将三部目录的分类情况列举如下：

《初目》分为16类：儒家类、兵家类、纵横家类、法家类、农家类、医家类、术数类、杂艺类、考证类、墨家类、名家类、杂家类、类书类、小说家类、道家类、释家类。

《荟要总目》分为14类：儒家类、法家类、纵横家类、兵家类、医家类、农家类、数术类、墨家类、道家类、杂家类、小说家类、考证类、杂艺类、类书类。

《总目》分为14类：儒家类、兵家类、法家类、农家类、医家类、天文算法类、术数类、艺术类、谱录类、杂家类、类书类、小说家类、释家类、道家类。

以下我们仍然从类目设置、类目名称、类目顺序三个方面，来考察《荟要总目》与《初目》及《总目》子部图书分类的异同。

一、类目设置的差异

从数量上看，《初目》分为16类，《荟要总目》分为14类。《荟要总目》所缺少的两类是名家类、释家类。其中名家类在《总目》中也没有设置。在《初目》与《荟要总目》相同的类目中，纵横家类、杂艺类、考证类、墨家类这4类是只有这两部书目才有，而《总目》没有的。

《荟要总目》与《总目》均设为14类，但相互差异颇多。除去类目名称相同的如儒家类、法家类等9种外，《荟要总目》尚有纵横家类、数术类、墨家类、考证类、杂艺类5种，与《总目》天文算法类、术数类、艺术类、谱录类、释家类5种相比，或类目名称略有差异，或互不相见。类目名称有差异这种情况在以下分析，此处讨论互不相见的类目。

《荟要总目》设有纵横家类、墨家类、考证类3类，《初目》也有此三类，而《总目》均无此类。《总目》不设置纵横家类、墨家类，在《总目凡例》中有专门的说明："名家、墨家、纵横家，历代著录各不过一二种，难以成帙。今从黄虞稷《千顷堂书目》例，并入'杂家'为一门。"在《总目》子部杂家类小序中，再一次重申了这一观点，其文云："衰周之季，百氏争鸣，立说著书，各为流品，《汉志》所列备矣。或其学不传，后无所述；或其名不美，人不肯居。故绝续不同，不能一概。后人著录，株守旧文[①]，于是墨家仅《墨子》《晏子》二书，名家仅《公孙龙子》《尹文子》《人物志》三书，纵横家仅《鬼谷子》一书。亦别立标题，自为支派，此拘泥门目之过也。黄虞稷《千顷堂书目》于寥寥不能成类者并入'杂家'。杂之义广，无所不包，班固所谓'合儒、墨，兼名、法'也。变而得宜，于例为善。"这一点说得很清楚，《总目》（实际也就是《四库全书》）不设纵横家类、墨家类等类，原因在后世这类著作数量极少。著作数量极少，也就意味着这一学术流派不再具有社会影响。书目的编制，既是已有学术成果的总结，对未来的学术发展也将起到一定的昭示。在流派已经、或差不多已经断裂、且不再具备相应的社会发展条件的情况下，将存世数量甚少的著作合并归类，是可以的。《总目》正是出于这一做法。

从图书分类的历史看，纵横家、墨家类两类，从刘歆《七略》开始，一直到《宋史·艺文志》都有设置，直到《明史·艺文志》，才将这两类并入杂家类。不过类目虽有设置，这两类收入的图书并不多。《七略》已佚，《汉书·艺文志》著录墨家有《尹佚》《田俅子》《我子》《随巢子》《胡非子》《墨子》六家，纵横家有《苏子》《张子》等十二家。到了《隋书·经籍志》，著录墨家仅《墨子》十五卷、《随巢子》一卷、《胡非子》一卷三部，纵横家则仅有皇甫谧注《鬼谷子》三

① "不能一概。后人著录，株守旧文"，此从殿本《总目》。浙本《总目》作"不能一概著录。后人株守旧文"。

卷、乐一注《鬼谷子》三卷二部。到《宋史·艺文志》，墨家类著录《墨子》十五卷一部，纵横家类著录《鬼谷子》三卷、高诱注《战国策》三十三卷、鲍彪注《国策》十卷三部。而在《明史·艺文志》里，已经找不到有关墨家、纵横家的著作。张廷玉等修《明史》卷一百三十七《赵俶传》云："洪武六年，征授国子博士。帝尝御奉天殿，召俶及钱宰、贝琼等曰：'汝等一以孔子所定经书为教，慎勿杂苏秦、张仪纵横之言。'诸臣顿首受命。俶因请颁正定十三经于天下，屏《战国策》及阴阳谶卜诸书，勿列学宫。"这种政策的制定，对纵横家的打击是致命的。由此可见，墨家、纵横家不是日益发展，而是日渐萎缩。流派的萎缩，意味着其学说在社会上的影响越来越小，以致逐渐被社会淘汰。墨家、纵横家学说正是如此。而就实际情况看，《初目》著录纵横家类仅《战国策谈椒》一部，墨家类亦仅《晏子春秋》一部。《荟要总目》情况也相差无几，纵横家类著录《战国策》一部，墨家类著录也不过《墨子》《晏子春秋》两部而已。所以《初目》《荟要总目》仍然著录有这两家，虽然有历史依据，但终究不能反映学术发展的真正面貌，所以《总目》将这两类合并入杂家类，是合理的。

考证类也是《初目》《荟要总目》所有，而《总目》未设置的。

考证类在《初目》中是一个大类，著录图书有 27 部之多。但《初目》对这一类目没有具体说明。《荟要》这一类收录的图书仅有《新唐书纠谬》《困学纪闻》两部，数量不多，但在《荟要总目》中有一段小序，对这一类目的性质特点作了说明。《荟要总目》首先指出，《通志》二十略，其中之一即《校雠》，由此说明郑樵对此的重视。这是从历史渊源上说明设立这一类目的依据。但《通志》虽设有《校雠略》，对这一类目的性质未作说明。所以《荟要总目》以下着重说明了这一类目的特征。其文云："儒者综贯百家，上下千载，详识其同异得失之故，而断之于心、笔之于书，使心目昭然，不为前人所揜，则可谓善学者矣。"由于种种原因，人们对事物的认识有可能产生错误，对一些事物、知识的记载也不可能全部准确。这样，后人对这些前人的认识、记载，首先有一个判断的问题。考证，即根据资料来考核、证实和说明。《荟要总目》认为一个学者需要通过考证，对历史事物、学术异同得失等加以判断，这样方能不被前人之说迷惑。"详识其同异得失之故"，即考核、证实文献同异得失的原因。《新唐书纠谬》《困学纪闻》就是符合这类性质的著作。

《总目》未设考证类，但在杂家类六细目中，有一类名"杂考"，《总目》称以

“辨证者谓之杂考”。这一细目应该是和《初目》《荟要总目》的“考证类”比较接近的。《初目》《荟要总目》收入的《困学纪闻》，也收在《总目》杂家类“杂考”中。

《初目》从考证的角度对《困学纪闻》的价值作了说明：“应麟好学强识，而约以儒者之义，故博雅多闻，理轨于正。其间有辨正朱子语误数条，如《论语》注‘不舍昼夜’‘舍’字之音，《孟子》注‘曹交、曹君之弟’，及谓《大戴礼》为郑康成注等语，虽考证是非，不相阿附，而辞气谦谨质实，得后学于先师之体。非妄人陋学，恃其杂博，敢诋大儒者可比。”这段评论紧扣此书所在类目“考证”而言。论述明确，后来的《荟要提要》乃至《全书》书前提要、《总目》也都采用了这段文字。

宋吴缜撰《新唐书纠谬》一书《初目》未收，《四库全书》收录在史部正史类中。虽然和《荟要总目》部类不同，但《四库全书》及《总目》，其提要文字全同《荟要提要》。《荟要提要》称此书：“其著此书，专以驳正《新唐书》之讹误，凡二十门，四百余事。初名《纠谬》，后改为《辨证》。”又谓：“欧、宋之作新书，欧主褒贬，宋主文章，而于故事考证颇疏，抵牾踳驳，本自不少。缜《自序》中所举八失，原亦深中其病，不可谓无裨史学也。”均系从考证的角度评价该书的内容，《四库全书》等虽移入史部，也还是完全认可了《荟要提要》对此书的基本评价。所以尽管《荟要》著录的这两部书，在《全书》及《总目》中，部类名称、所属部类都作了改换，但基本内容仍与《荟要》相同。

《总目》未设考证类，或许因历史上的主流分类法并无这一类目名称，或许“考证类”这一名称包容性不大，所以最后归并到“杂家类”这一大类之下了。但从内容上看，四库提要从《初目》《荟要总目》到《总目》是相互联系的。分类名称虽有差异，但实质是相同的。因此我们在注意到《荟要》与《全书》的差异时，也应注意相互之间的联系。

此外《荟要》有道家类，没有释家类，这可以理解为《荟要》受收书数量限制的缘故，但更主要的是反映了四库纂修官当时对《四库全书》性质的认定问题。关于道家类著作，下面还要具体论述。关于释家类著作，《荟要联句》诗“佛乘任阏补罗城”下原注云：“佛书自有全藏，不宜与经史并列，故《荟要》及《全书》中俱置弗录。其有关涉释门典故，如《法苑珠林》之类，以其可助词章，《全书》中间采取之。而《荟要》别择较精，亦未暇及也。”可见说得很清楚。四库馆臣的初衷是并不准备收入道(宗教化了的道家)、释二家图书的。后来《总目》设立了释家类,也是"惟录诸家之书为二氏作者,而不录二氏之经典",与一般类目的收录有一定的区别。

在研究四库子部的类目设置时,我们还可以和《汉书·艺文志》的《诸子略》相比较。《诸子略》分为儒家、道家、阴阳家、法家、名家、墨家、纵横家、杂家、农家、小说家十家。除阴阳家外,其余九家均见于《初目》,见于《荟要总目》的有八家(缺名家),而见于《总目》的只有六家(又缺墨家、纵横家)。可见《初目》与《诸子略》最为接近。这是因为《初目》是这几种书目中最早编成的,对类目的设置考虑尚未周密,所以更多地使用了传统的类目设置方法。《总目》是最后完成的,类目就更多地根据《四库全书》实际收录的图书来设置,而不完全受传统的影响。

二、类目名称的差异

类目名称的差异是指那些名称有差异,但内容相互有关系的类目。以《荟要》与《初目》《总目》相比,这类类目有两类:一是数术类,一是杂艺类。

《荟要》数术类,《初目》《总目》均作术数类。

关于数术类,《荟要总目》数术类小序有一段概括的说明:"数术之学,其用至博,测五行之理,考吉凶之用,与《易》筮相表里,此《周官》分著于卜师、筮人、视祲之掌者也。察日月星辰之次舍,辨其叙事,以会天位,此掌于冯相者也。揆天察地,以齐七政,以辨三统,以定四时成岁,以颁庶事,以同律度量衡,此则掌于太史者也。前志或分系为天文历算、五行阴阳诸家,今综而类之曰'数术'。而略于旧说,详于圣制,虽著录无多,而于凡测候之精,制作之准,包蕴靡遗矣。"据此可知这一类图书大致包括天文历算、五行阴阳类著作。

《荟要》收录此类图书 12 部,分为易数(《京氏易传》《周易参同契通真义》)、律历(《周髀算经》《五经算术》《新仪象法要》《测圆海镜分类释术》《御制历象考成》《御制律吕正义》《御制数理精蕴》《御制历象考成后编》《钦定仪象考成》《御制律吕正义后编》)两大类。

《全书》与之的区别在于将其分为天文算法类和术数类两大类。这是一种更精细的分类。

实际上,我国的图书分类法,天文历算、五行阴阳类著作自古就是分开的。《汉书·艺文志》分六艺、数术等六略，数术略内包括天文、历谱、五行、蓍龟、杂占、形法六类。数学著作如许商《算术》、杜忠《算术》包含在历谱中。阮孝绪《七录》在术技录下著录历算部，与五行、卜筮等并列。这说明天文历算与五行阴阳类著作自古就是两类。虽然同属一个较大的部中，但两者之间的界线是明确的。《荟要》将两类性质有异的图书置于同一类目中，是不恰当的。虽然在数术类下还分列易数、律历两类，总难免类目混淆之嫌。

不过在《初目》中，术数类也是将《易林》《梦占类考》与《算法统宗》《星经》等合为一类的。《初目》没有设立天文算法类。不知《初目》《荟要》当时是出于何种考虑。

《荟要》杂艺类，收录图书 4 部，包括《御定书画谱》《钦定淳化阁帖释文》《墨法集要》《武英殿聚珍版程式》。《荟要》这一类目名称与《初目》同，《总目》改称之为艺术类。

《隋书·经籍志》未设有关艺术的类目，所著录的《书品》二卷、《名手画录》一卷，是收在史部簿录篇中的。《旧唐书·经籍志》子部设有“杂艺术”一类，但收录的图书如《投壶经》《大小博法》《碁势》等书，都是有关各种游艺的图书，与书画无关。《名手画录》一卷、《法书目录》六卷，收录在史部杂传四部书目中。正史艺文志将游艺、书画著作专门合为一类，始于《新唐书·艺文志》。《新唐书·艺文志》中，虽也名之“杂艺术”，但除收录《皇博经》《杂博戏》《周武帝象经》这类游艺类著作的同时，还收录了大量画作及画学著作，如范长寿《画风俗图》、张彦远《历代名画记》、姚最《续画品》等。这里已经将游艺和艺术类图书结合在了一起。其后，艺术类著作都著录于子部，其类目名称则艺术类、杂艺类并存，而即使是标明为艺术类的，其中收录的也非单纯是书画类著作，也有不少是游艺类著作，如《崇文总目》卷六艺术类共 54 部，就包括《射法》《弓诀》《益州名画录》《历代名画记》等，还有《金谷园九局图》等。《明史·艺文志》也是如此，其子部艺术类收录图书 116 部，有朱凯《图画要略》、唐寅《画谱》、杨慎《墨池琐录》、徐献忠《金石文》、杨表正卷《琴谱》、叶良贵《歙砚志》、方于鲁《墨谱》、周应愿《印说》等。所以就历史上看，杂艺类与艺术类并无多少本质上的区别。

《初目》设杂艺类，收录图书 68 部，数量相当可观。除了收录《古画品录》《续画品》《法书要录》等书画作品外，还收录《丸经》(记古代球类竞技游戏)、

《奕史》《壶谱》(以投壶之法图之为谱)等书。可见游艺与书画仍是糅合一编的。

《荟要总目》其类虽仍名之为“杂艺”,但对这一类目的解释显然与在此之前的已有区别。《荟要总目》批评之前的分类情况说:“前史志艺术者条目猥繁,至于博弈杂戏,罔不备载,抑亦鲜所别择矣。”认为“杂艺类”中不应有游艺类著作。为此,它提出自己的录取标准道:“惟夫涉略文艺,可以怡神悦目,涤除俗虑,为益良厚,故曰艺也而进乎道。”在《荟要总目》看来,只有与“文艺”,即与书画有关的著作才能收录,这样才能保证这一类目内容的“纯正”。这一解释带有正统卫道者的味道,但其将博弈杂戏之类著作与“文艺”即书画著作等分开的意图是明确的。由于《荟要》收录图书甚少,那些游艺类著作在《荟要》中未能收录,所以不清楚这些著作将收录在什么类目中,但《荟要》将这两类著作的类目分开,这种观点无疑是值得肯定的。

而在此之后的《全书》,艺术类既包括书画著作,也包括琴谱、篆刻、杂技等类著作,显然并没有注意吸收《荟要》的分类思想,其观念仍然是传统的。

这种观念在我国影响至深,即使今天的古籍目录著作,仍然将书画著作与游艺著作合为一个大类。例如《中国古籍总目》子部艺术类即包括书画、篆刻、音乐、游艺(棋、诗钟、射书、投壶、博戏、酒令、谜语、杂艺)之属。

三、类目顺序的差异

《荟要总目》与《初目》《总目》的顺序有许多差异。

《初目》与《总目》,如果去掉相互均没有的类目,则其顺序除道家、释家外,完全一致。同样去掉相互均没有的类目,《荟要》与之则有较多的差异。

儒家因为在传统文化中,居有特殊地位,所以图书分类始终居于第一位。《荟要》等也同样如此。儒家以下,各家的顺序,则相差较多。如《荟要》以法家居前,兵家居后,《初目》与《全书》则以兵家居前。

关于法家与兵家,《荟要总目》有两段概括的说明。其谓法家道:“法者,帝王所以纪纲人伦,齐壹不轨,而适于治者也。”又谓兵家道:“兵者,所以禁暴靖乱者也。”法家、兵家都是维护统治的工具,但两者的功用不相同。按照《荟要总目》的解释,君主依靠法来处理人与人之间的关系,统一不合法度的行为。而兵家则在镇压暴动,平定叛乱。法家在前、兵家在后,体现《荟要》编纂者治理国家的一种理念,即注重教化在前,惩暴在后。

《总目》对兵家的功用没有正面的叙述,只是说“有文事者有武备,故次之以兵家”,主要着眼点在其军事性方面,即注重于国家的防务。对法家,则突出了其查禁寇贼奸宄这方面的功能。和《荟要总目》论述的重点并不一致。

农家和医家,都是《荟要》和《全书》重视的两家。《荟要总目》医家类小序云:“医药之方,所以除疾疢、保性命之术也。”农家类小序云:“天下之本务,莫重于农桑。”《总目》子部总叙则云:“谷,民之本也,故次以农家。本草经方,技术之事也,而生死系焉。神农黄帝以圣人为天子,尚亲治之,故次以医家。”可见对两家都同样重视。《荟要》和《全书》对这两类顺序的前后应该并无特殊的意味。

在子部顺序中,一个突出的差异在道家类的位置。《荟要》将道家类排在第九。《初目》排在子部16类中的倒数第二类,《总目》排在子部14类的最末一类。之所以会有如此的区别,原因在于对这一类目的理解及图书的著录有差异。《荟要》收录的只是道家类著作,不杂道教类著作。《全书》则两类著作均有。道家是产生于先秦时期的一个学术流派,道教是产生于东汉时期的一种宗教。道家和道教有联系,也有区别。

《荟要总目》道家类小序云:“九流之言,惟道家其传最远,而其指趣亦最杂。黄、老、庄、列之书,在于清净无为,尊其性、啬其内而已。其后或变而言炼养,又变而言服食,再变而言符箓,其末也至变而言经典科教。其说愈粗,其识愈陋,而皆托于老氏,老氏岂任受哉?《汉书·经籍志》[1]即于‘道家’外别出‘神仙’家,使后世黄冠悠谬之谈,不与宁一冲虚之旨杂厕,其意良是。今删彼存此,以备一家云。”这段论述将道家的思想要点、道家演化为道教的情形说得非常清楚。道教抛弃了先秦道家“清净无为”的思想基础,而将炼养、服食、符箓等糅合在一起,逐步发展为一种宗教。《荟要》对此持相当的排斥态度,称之为“其说愈粗,其识愈陋”。清代对道教实行贬抑与打击政策,以18世纪中期的乾隆初年间最为明显[2]。《荟要》主要为乾隆帝御览而编,所以其对道教的论述,无不注意乾隆帝的喜尚。其对图书的选择也体现了这一点。

① 《汉书·经籍志》,原文如此。《汉书》只有《艺文志》,无《经籍志》。此谓《汉书·艺文志》的《诸子略》中有“道家”,《方技略》中有“神仙”。

② 郑永华《清代乾隆初年道教史事两则考订》,《宗教学研究》2009年第3期,第43—48页。

《荟要》道家类共收录著作八部，即《老子道德经》《御定道德经注》《庄子》《列子》《关尹子》《文子》《鹖冠子》《抱朴子》。虽然其中如《文子》等的性质有不同看法，但基本都是先秦道家的经典著作。《抱朴子》虽然后起，一般也仍将其看作道家经典著作。可见《荟要》完全排除了后来的所谓“神仙”家即道教类的著作。《荟要联句》中钱载诗“但录聃经斥彼彭”注云：“《汉志》于道家外，别出神仙家。后世混而为一，殊失其本。今恭录《御注道德经》及王弼《老子注》《庄子》《列子》《关尹子》《文子》《鹖冠子》《抱朴子》，以存道家之旧。其神仙家言荒忽无稽，概从删汰。”这里明确表示了将道家旧籍与神仙家言相区分的态度，可见关于道家哲学著作与道教著作这两类图书之间的界限，四库馆一开始就是区分得很清楚的。

在排除了宗教性的道教著作后，道家类这一类目只能是具有哲学性质的部类，而不能是具有宗教性质的部类，自然不能再作为“方外”处理而排在子部各类图书之后与“释家”并列了。所以《荟要》就将其排在杂家类之前。

而《全书》则不同。其道家类不仅悉数收录了除《鹖冠子》外《荟要》所收录的其余七部书，还收录了大量道教类的图书，如《神仙传》《周易参同契通真义》等讲神仙、炼养、丹诀等内容的著作。这样的类目仍要排在前面，显然不太合适，所以就与“释家”排在子部最后。《初目》的情况与此相类似。

其实在我国古代的目录中，道家和神仙等原本是分开的。如《汉书・艺文志》，道家在“诸子略”第二类，神仙在“方技略”。阮孝绪《七录》，在《子兵录》中设立道部，又将符图、房中等另立为“仙道录”。《隋书・经籍志》也是在子部设“道”一类，又附设道经部。道经部虽有类无书，但从这一部又分为经戒、饵服、房中、符箓四类中，可以看到其内容。大概从《宋史・艺文志》开始，作为哲学派别的道家，与宗教派别道教开始合为一编，其道家类附释氏及神仙。《明史・艺文志》将“释家类”单独列为一类，置于子部最后，而“道家类”则与“道书”合为一编，《老子通义》《庄子通义》《列子通义》与《神仙传》、张紫阳《金丹四百字测疏》、曹学佺《蜀中神仙记》等合在一起。但道家类在子部中的位置则甚靠前，为子部第二类，仅次于儒家类。而真正将道家类移到子部最后，使与释家类并列，作为“外学”(《四库全书总目》子部总叙)的则是《初目》，这得到了《总目》的认可。

因此《荟要》道家类与《初目》《总目》道家类顺序的差异，与各自对道家性质的理解差异有关，理解的差异直接导致了收录图书的差异，并由此决定了对这一类目的评价，又因此决定了这一类目在子部图书分类体系中的位置。

再看小说家类、类书类的顺序。《荟要》小说家类在前，类书类在后，与《初目》《总目》相反。

《荟要总目》对小说家类、类书类评价都很高。两类的前后顺序实际并不重要。《初目》《总目》将小说家类、类书类位置调换，也不能说明多少新的问题。而在我看来，关于小说家类、类书类，重要的倒不是顺序前后的问题，而是评价问题。《荟要总目》对两类评价都很高，如称颂类书道："或类以事，或类以字，或类以韵，莫不包含今古，纪纲群籍，所以导斯世以宏达之学者，亘古为昭矣。"而《总目》对这两类，尤其是类书则批评甚多，如谓："此体一兴，而操觚者易于检寻，注书者利于剽窃，辗转稗贩，实学颇荒。"可见对类书的评价大相径庭。

以上分析了《荟要》与《初目》《总目》类目顺序的差异。即就《荟要》自身看，《荟要联句》所述子部各家类目顺序与《荟要》实际收录的图书类目顺序，也多有不同。

《联句》依次是：儒家、农家、兵家、数术、医家、法家、小说家、杂家、杂艺、考证、类书、纵横家、道家、墨家。

《荟要》依次是：儒家、法家、纵横家、兵家、医家、农家、数术、墨家、道家、杂家、小说家、考证、杂艺、类书。

其间的差异颇大。《荟要联句》也收录在《御制诗四集》卷六十五，此集诗均作于乾隆四十五年。是作《四库全书荟要联句》时，摛藻堂本《荟要》已经抄成，不知大臣们所述何以与《荟要》的实际文本，会有如此大的差异。一个可能的情况是，大臣们所咏不是严格按照《荟要》的类目顺序；或者大臣们原先知道的《荟要》，与实际排架的《荟要》内容有差异。

第五节 《荟要》集部图书分类

《荟要》集部收录的图书数量虽然不少，在四部分类中仅次于经部，但分类较为简单。《初目》《荟要总目》《总目》这三部书目的分类情况如下：

《初目》:别集类、奏议类、总集类、诗文评类、词曲类。

《荟要总目》:别集类、总集类、奏议类、诗文评类、歌词类。

《总目》:楚辞类、别集类、总集类、诗文评类、词曲类。

三部目录均各分为 5 类。

从类目设置看,最大的差异是《总目》增加了楚辞类。楚辞类收录屈原、宋玉等人的作品。《汉书·艺文志》无楚辞类这一名称,但在"诗赋略"中设立"屈原赋之属",收录屈原、宋玉、枚乘、司马相如等人的赋作。其后史志书目,如《隋书·经籍志》等,大多设有这一类。

《初目》未设楚辞类,其书收录朱熹《楚辞集注》八卷《后语》六卷《辨证》二卷,列于别集类。可能因为该类图书过少,所以未专门设立这一类。

《荟要》也未设楚辞类,其书收录宋洪兴祖撰《楚辞补注》十七卷一种。可能也是因为该类图书过少,所以未专门设立楚辞类。和《初目》不同,《荟要》收录在总集类中。《荟要总目》总集类小序云:"至《楚辞》一书,萃屈、宋诸人之赋,又间附后世仿作,前史多入总集部,兹亦用其例云。"说明了收在总集类的理由。这里所说的"前史"不是很明确,不知具体指哪一部史书。就笔者查检,正史书目中,《明史·艺文志》著录汪瑗《楚辞集解》十五卷,是收录在集部总集类中的。但其余各史,如《隋书·经籍志》、新旧《唐志》、《宋史·艺文志》等,都是楚辞类与别集类、总集类并列设置的。正史以外公私藏书目录,如《郡斋读书志》《直斋书录解题》等,也是楚辞类与总集类并列,所以说《荟要总目》所说不是很明确。

就类目设置的情况看,楚辞类作为集部的单独一类,是有传统依据的。《荟要总目》将其列入总集类,并不妥当。况且在《荟要》中,一个类目只收录一部图书的情况并非没有,如时令类只收录《御定月令辑要》,谱录类只收录《帝王经世图谱》,集部的诗文评类也只收录《文心雕龙》一书。

奏议类在《总目》中,已和史部的"诏令类"合并,此处可以不论。

从类目名称看,《荟要》的歌词类和《初目》《总目》的词曲类有差异。

《荟要总目》歌词类小序云:"诗之有长短句,歌词之权舆也。唐宋以来,作者每别为一编,不入集中。陈振孙著《书录解题》,特标'歌词'为一类,而马端临采之,其义当已。金元而后,盛行歌曲,其体与歌词相类而微有不同。兹用振孙例,取'歌词'为一门,于以羽翼乐府,涵泳性情,良足畅辞人之极致矣。

至于旗亭歌板，选声入律，假古事以寓今情，近耳目以资讽劝者，于《全书》裁而择之，兹姑从略云。”从这段论述可以看到，《荟要》所录仅限于“词”，“歌曲”即后世通称为“曲”的作品未收。今《荟要》歌词类收录图书三部，为《御定词谱》《御选历代诗余》《词综》，确实都与“词”有关。《荟要》既然收录的都是“词”作品，那么作为类目名称，自然要和收录的图书相一致。所以类目名称就用了“歌词”这一名称。

从类目顺序看，如果不计《初目》《荟要总目》有而被《总目》移除的奏议类，以及《总目》新设的楚辞类，则《荟要》与《初目》《总目》的部类顺序并没有区别。

第七章 《四库全书荟要总目》研究

《四库全书荟要总目》有两个基本概念。一是指《四库全书荟要》卷首六册图书的总称，它包括上谕、联句、职名、凡例及“总目”等内容。二是指《四库全书荟要总目》中的“总目”，它包括著录每一部图书所在卷次、书名卷数、作者年代爵里、缮录所据的底本与来源、校对所参照图书版本等内容的一部分文字，还包括各部总叙、各类小序。这一部分文字即包含在第一个内容中。为方便说明，在本章中，将第一个概念称之为《四库全书荟要总目》，第二个概念称之为《荟要总目》。《荟要总目》是《四库全书荟要总目》的主体部分。在这一章中，我们主要讨论《荟要总目》的内容，也简要讨论《四库全书荟要总目》的内容。《四库全书荟要总目》虽然文字简单，但内容实际很丰富，而且有些内容是《荟要》独有的，可以补充《全书》的不足。

第一节 《四库全书荟要总目》概述

《四库全书荟要总目》原本独立成册。从“四库全书荟要排书分架图”上可以清楚看到，第一函位置上标注“总目”二字，即安放《四库全书荟要总目》。《四库全书荟要总目》共六册，第一册书签标注“四库全书荟要　上谕　联句诗　职名　凡例”。第二至第六册分别作“四库全书荟要　总目一”至“四库全书荟要　总目五”。

《四库全书荟要联句》“细目咸张网顿纮”下注云：“有《凡例》《总目》，列为首函。”《四库全书荟要联句》“用六编韦取诸水”下注云：“文渊、文源、文津三阁储书，并仿四明范氏天一阁之法，用水之成数，以六为率。兹《荟要》卷帙精约，计万一千二百六十六册，零数皆六。其卷首《总目》亦分六册。”又《四库全书荟要凡例》云:“面页分色用绢,并蒙钦定。经部以绿色,春也;史部以红色,夏也;子部以月白色,秋也;集部以灰黑色,冬也。《总目》以香色,用寓中央之义。”对《四库全书荟要总目》的内容、册数、封面颜色,都作了概括说明。

一、上谕、联句、职名、凡例

1. 上谕

上谕,即乾隆三十八年五月初一日乾隆帝所下谕旨,全文如下:

> 朕几余懋学,典册时披,念当文治修明之会,而古今载籍,未能搜罗大备,其何以裨艺林而光策府?爰命四方大吏,加意采访,汇上于朝。又以翰林院署旧藏明代《永乐大典》,其中坠简逸篇,往往而在,并敕开局编校,芟芜取腴,每多世不经见之本。而外省奏进书目,名山秘笈,亦颇裒括无遗。合之大内所储,朝绅所献,计不下万余种。自昔图书之富,于斯为盛。特诏词臣,详为勘核,厘其应刊、应抄、应存者,系以提要,辑成《总目》,依经史子集部分类聚,命为《四库全书》。
>
> 第《全书》卷帙浩如烟海,将来庋弆宫庭,不啻连楹充栋,检玩为难。惟摛藻堂,向为宫中陈设书籍之所。牙签插架,原按四库编排。朕每憩此观书,取携最便。著于《全书》中,撷其菁华,缮为《荟要》。其篇式一如《全书》之例。盖彼极其博,此取其精,不相妨而适相助。庶缥缃罗列,得以随时浏览,更取资好古敏求之益。着武英殿总裁王际华专司其事。书成,即以此旨冠于《荟要》首部,以代弁言。钦此。

在这道谕旨中乾隆帝阐述了纂修《四库全书》的意义,也说明了另行编纂《四库全书荟要》的原因,说明了《荟要》与《全书》两者之间的关系,还指定了具体的主持者。这道谕旨标志着《四库全书荟要》纂修工作的正式开始。

这道谕旨也见于《高宗实录》卷九百三十四、《钦定大清会典事例》卷一千五十《翰林院》及军机处上谕档(《纂修四库全书档案》所据录)。与《四库全书荟要》卷首所录,文字略有出入。其中最重要的区别是,关于本书的主持者,《高宗实录》等均作“着总裁于敏中、王际华专司其事”,而《四库全书荟要》所录谕旨作“着武英殿总裁王际华专司其事”,缺少了于敏中之名。在本书卷首所载“诸臣职名”中，总裁官分别是王际华、金简、董诰，也没有于敏中。实际上于敏中作为纂修《四库全书荟要》总裁官，一直在具体办理《荟要》相关事宜，不仅办理第一分《荟要》，还同时在办理第二分《荟要》。关于于敏中在《荟要》纂修中的作用，参见第二章“于敏中与《荟要》纂修”一节。

2. 联句、职名

《四库全书荟要联句》是乾隆帝与办理《四库全书》诸大臣，为庆贺《四库全书荟要》编纂完成而一起所作的诗，作于乾隆四十五年。《联句》是对《荟要》的编纂思想、编纂体例等所作的概括性的总结，对《荟要》的底本选择、文字校勘、图书分类、编排顺序、收书原则等，有很好的说明，对学术流变有精要的分析。《联句》第一次对《荟要》作了全面介绍。这是研究《荟要》的重要资料，也是《四库全书》纂修史上一篇重要的文献。具体参见第二章“《荟要联句》研究”一节。

职名，即乾隆四十四年十二月二十五日开载诸臣职名，是我们了解《荟要》办理人员和纂修机构的主要依据。

《荟要》职名包括总裁官、总校兼编纂官、提调官、承办官、校对官、收掌官。所列名单，总裁官除外，主要办理人员如总校兼编纂官、校对官，都属于武英殿系统。这是因为荟要处设在武英殿的缘故。

3. 凡例

凡例是对本书的编纂宗旨、基本内容、编纂体例、结构特点以及有关编纂中一些基本问题的规定或说明。《荟要凡例》讨论了《荟要》纂修的诸多问题，如：分卷的原则、关于敬录御题诗文的问题、删节原书的理由及原则、关于文本的校勘问题、关于作者的考定问题、关于同名异书的著录问题、关于原书序跋题词及附录的处理问题、辽金元人地官名的翻译问题等。

《荟要凡例》共二十条，《总目凡例》也是二十条。数量相同，内容上既有共同点，也有差异。

《荟要凡例》中，有些内容是与《总目凡例》相同的，当然在具体表述上有差异。

例如关于图书的分类与编次问题，这是《荟要凡例》的第一条。《荟要凡例》云：“是书依历代史志著录之例，以经史子集为部，部各有类。一类之中又以撰人时代为先后。惟集部则恭载圣祖仁皇帝、世宗宪皇帝及我皇上御制纂定诸书为冠，以志载道之文，君师统合，非古今著述家所能比拟也。”

《总目凡例》第二条也说：“是书以经、史、子、集提纲列目。经部分十类，史部分十五类，子部分十四类，集部分五类。或流别繁碎者，又分析子目，使条理分明。所录诸书各以时代为次。其历代帝王著作从《隋书·经籍志》例，冠各代之首。至于列朝圣制，皇上御撰，揆以古例，当弁冕全书。而我皇上道秉大公，义求至当，以四库所录包括古今，义在衡鉴千秋，非徒取尊崇昭代。特命各从门目，弁于国朝著述之前。此尤圣裁独断，义惬理精，非馆臣所能仰赞一词者矣。”其第七条也说到：“《隋书·经籍志》以帝王各冠其本代，于义为允，今从其例。其余概以登第之年、生卒之岁为之排比，或据所往来倡和之人为次，无可考者则附本代之末。”

这条凡例实际上说明了两个问题。一是说整部书的分类问题，即这部书以经、史、子、集分类。其次是说每一部类中间图书的序次问题，并特别提到了御制图书的编排问题。《荟要凡例》与《总目凡例》内容基本相同，差异在清代帝王著作的位置方面。

再如说到图书分类的门目问题，《荟要凡例》第三条说：“分门别类，如历代史志、郑樵《通志·略》《崇文总目》、晁公武《读书志》、陈振孙《书录解题》、马端临《文献通考》、焦竑《经籍志》及诸藏书家编目，各有不同，或间相纠正。今悉为参考，择其区别精当者从之，未敢泥于一家之说也。”图书分类是大型综合性丛书首先要解决的问题。《荟要凡例》参考了历代图书分类的优点，同时根据《荟要》的特点，在《初目》分类的基础上，建立了自己的图书分类系统。《总目凡例》则在第四、第五、第六条凡例中说明了《全书》的分类原则，更为具体详尽。两家凡例有详略之分，但基本内容是相同的。

《荟要凡例》第二条是提要撰写的基本要求。《荟要凡例》云：“编纂《四库全书》，悉仿刘向、曾巩等序录之例，每书标叙撰人姓氏、爵里、仕履及著作大旨，列于简端。兹《荟要》亦如其例。”这里说明了撰写提要的相关要求和具体内容，并明确表示这是根据了《全书》的体例。《总目凡例》第九条说到了同样的问题。

《荟要凡例》第五条说到释道二家著作的著录问题，其文云：“梵文释典，别有全藏，兹纂录四库书，遵旨概不阑入。至宗门、故实、流派，如《传灯录》等书，《全书》自应著录。兹《荟要》篇帙简约，亦姑从省。其道家符箓、炼养之说，并从此例，无取与老庄同列云。”第九条说到青词等的收录问题，其文云：“诸家集内所载青词疏语及教坊致语等作，皆非文章正轨。但止于抄录，尚可存之，以备前人体格，仍于每书加案纠正。”

《总目凡例》将这两条的意思合并作了一条，云：“文章流别，历代增新，古来有是一家，即应立是一类作者，有是一体，即应备是一格，斯协于全书之名。故释道外教词曲末技，咸登简牍，不废搜罗。然二氏之书，必择其可资考证者，其经忏章咒，并凛遵谕旨，一字不收。宋人朱表青词，亦概从删削。”关于释道类著作录用的问题，《荟要凡例》与《总目凡例》基本相同，都认为应该有所选择。但对青词的态度有所差异，见下面的分析。

《荟要凡例》第四条说到对图书的选择问题，云：“是书编辑，于《四库全书》中取其尤醇者，务在简而能赅，宁严勿滥。故门类不必皆备，每门不必多种。撷著述之精华，作艺林之珍秘，洵为千古盛事。”《总目凡例》第三条也有类似说法，如谓“今诏求古籍，特创新规，一一辨厥妍媸，严为去取”等。

以上大致是《荟要凡例》与《总目凡例》基本类似的地方。《荟要凡例》中也有些条目是《荟要》特有的，如关于《荟要》图书选择的基本原则，即要求“简而能赅，宁严勿滥”等。《四库全书》不存在这一问题，故在凡例中无须交待。

又如《荟要》所说的册数问题（第十八条：“文渊、文源、文津三阁储书并仿四明范氏天一阁之法，用水之成数，以六为率。兹《荟要》卷帙精约，计万一千二百六十六册，其零数亦六。又卷首总目共六册，亦并用其数云。”）、列架问题（第二十条：“经部列架凡六，史部列架凡十，并在左。子部列架凡六，集部列架凡十，并在右。其书函并遵圣训，以木为之，俾无蠹蚀之虞，允为藏书良法。”）等，也是《总目凡例》没有提到的。

当然《总目凡例》也有许多内容不见于《荟要凡例》。

比如《总目凡例》第一条，“是书卷帙浩博，为亘古所无。然每进一编，必经亲览，宏纲巨目，悉禀天裁。定千载之是非，决百家之疑似，权衡独运，衮钺斯昭。睿鉴高深，迥非诸臣管蠡之所及”云云，即为《荟要凡例》所无。这一条突出了乾隆帝在纂修《四库全书》和《四库全书总目》中的重要作用，并突出歌颂了乾隆帝。这和《总目》强化了对皇帝，尤其是对当今皇帝的颂扬的立场，是完全一致的。第九条讲提要撰写的问题，还特别提到：“其体例悉承圣断，亦古来之所未有也。”这一意思也是《荟要凡例》没有的，其目的与凡例第一条相类似。当然《荟要凡例》没有提到这些，并不等于《荟要》没有注意到这些问题。

此外两份凡例还有其他一些差异。《荟要凡例》有一些条目是《总目凡例》没有的。如第七条云："各书奉有御题诗文者，或统论全部，或摘论一则，要皆于阐发之中寓衮钺之用。并敬录冠于各书卷端，以为论古准的。"《总目凡例》没有提到这个问题。御题诗文，主要是指乾隆帝御题诗文，对提要撰写有重要影响，所以《荟要凡例》专门列为一条。

又如凡例第十五条有关辽金元译名规范的问题，《荟要》也专门有一条凡例："辽金元人、地、官名向来译音舛讹者，谨遵《钦定同文韵统》改正，仍逐一加案，附于各书每册之末。"我们在《荟要》相关图书卷末，可以看到有不少"按语"，内容大多是译名的厘正。《全书》即很少见到这类"按语"，所以《总目凡例》也没有列出这条。

此外《荟要凡例》还有关于卷次分合、撰人姓氏、异书同名标注问题等，《总目凡例》都未列出。

由于《荟要》与《全书》存在一定的差异，所以有些凡例是《总目》有而《荟要》没有的。如第八条说："诸书次序虽从其时代，至于笺释旧文，则仍从所注之书，而不论作注之人。"又说："他如史记疑问，附史记后，班马异同附汉书后之类，亦同此例，以便参考。"这多少有些以类相从的意思。《荟要》因为收录图书数量较少，这个问题并不突出，所以无需作为一条凡例。

再如《总目凡例》第十条说："四部之首各冠以总序，撮述其源流正变，以挈纲领。四十三类之首亦各冠以小序，详述其分并改隶，以析条目。如其义有未尽，例有未该，则或于子目之末，或于本条之下，附注案语，以明通变之由。"《总目》通过总序、小序、按语，构筑了一个对我国古代典籍系统而完善的批评框架。《荟要总目》在经史子集四部之首各有一篇总叙，在每一类下各有一篇小序，体例与《总目》略有差异，所以这条凡例不见于《荟要凡例》。

然而也有好几条非常重要的凡例只见于《总目凡例》，是《荟要凡例》没有的。

如《总目凡例》第十二条说："刘勰有言意翻空而易奇词，征实而难巧儒者，说经论史其理亦然。故说经主于明义理，然不得其文字之训诂，则义理何自而推。论史主于示褒贬，然不得其事迹之本末，则褒贬何据而定。"又说：

“今所录者率以考证精核论辨明确为主,庶几可谢彼虚谈,敦兹实学。”第十四条说:“圣贤之学主于明体以达用,凡不可见诸实事者,皆属卮言。……辟其异说,黜彼空言,庶读者知致远经方,务求为有用之学。”这些凡例表明了《总目》对“实学”的推崇。“实学”既是指治学方法的笃实,亦当指内容切于实用,有补于世,所以在《总目》提要中,经常可以看到“其学征实不诬”“崇实用也”“盖务切实用”之类的评语。可见《总目》确实以此作为一种评判的标准。

第十五条说:后世学者“说经讲学论文,皆各立门户”,“而仇隙相寻,操戈不已,名为争是非,实则争胜负也。人心世道之害,莫甚于斯”。凡例严厉批评学术界标榜声名、矜夸人物等种种弊端,告诫学界要杜绝门户、破除藩篱。《总目凡例》专立这一条,就是要使“论者知所劝戒”。第十七条则强调《四库全书》编纂,要做到“不名一格,兼收并蓄”。这一条与第十五条凡例正好可以互为补充。

《总目凡例》对作者、作品的道德要求更为突出。例如第九条说到提要撰写的问题,特别指出:“人品学术之醇疵,国纪朝章之法戒,亦未尝不各昭彰瘅,用著劝惩。”第十六条分析了文章、德行两者的关系。凡例指出列这一条的目的是为了彰善瘅恶,悉准千秋公论。

这些凡例的重要性不言而喻,在《荟要凡例》中则都没有提及。

值得注意的是,《荟要凡例》也有与《总目凡例》不一致的地方。如《荟要凡例》第九条说到青词等的著录问题,其文云:“诸家集内所载青词疏语及教坊致语等作,皆非文章正轨。但止于抄录,尚可存之,以备前人体格,仍于每书加案纠正。”凡例认为青词等虽非“正轨”,但如果只限于书本抄录,不在实际中实行的话,仍可以保留,以使前人文章体式的完备。而《总目凡例》第十三则明确说:“宋人朱表青词,亦概从删削。”可见两者的态度并不一样。不过在《全书》中,宋人青词多还保留,并未“概从删削”,如宋周必大《文忠集》卷三十七《潭州祈雨设醮青词》《佑圣观夫人设醮青词》,宋杨万里《诚斋集》卷九十八《代宰执开启皇后三月六日生辰青词》《代宰执八月二十一日寿圣太上皇后生辰祝寿青词》等。

从总体上看,《荟要凡例》较多地注意于编排体例等问题,《总目凡例》则特别关注于图书收录的标准、图书著录的目的意义等。这与《荟要》收录图书数量较少、因而有些论述无法展开有关,可能也与凡例形成的时代背景有一定关系。

二、《荟要总目》

这里所说的《荟要总目》，是专指《四库全书荟要总目》中除上述上谕、联句、职名、凡例等内容以外的文字。它包括两个部分：一是图书著录，二是各部总叙、各类小序。这是《四库全书荟要总目》的主体部分。以下本书把这一部分文字称之为《荟要总目》，以与前面所说的作为整体概念的《四库全书荟要总目》有所区别。

1.《荟要总目》的图书著录

《荟要总目》的图书著录，即记录该书在《荟要》中的位次，以及所收图书名称卷数、作者年代爵里、该书缮录所依据的底本与来源、校对所参照版本的这一部分文字。其基本形式如下：

卷二百六十七至卷二百七十

易二十

东谷易翼传四卷

宋吏部侍郎处州郑汝谐撰。今依内府所藏通志堂刊本缮录，据元郑陶孙本恭校。

卷二千七百八十三

孝经二

御注孝经一卷

顺治十三年世祖章皇帝御注。今依内府刊本缮录恭校。

卷一万六千五百十至卷一万六千五百二十一

别集八十九

玩斋集十卷拾遗一卷卷首一卷

元礼部尚书宣城贡师泰撰。今依前两淮盐政臣李质颖所上马裕家藏抄本缮录，据明沈性、徐万璧诸本恭校。

《荟要总目》的编写，最初目的是为了便于查找《荟要》中的图书。乾隆帝没有专门对《荟要总目》编纂所下的谕旨，但其关于编纂《四库全书总目》和《四库全书简明目录》的谕旨可以作为参照。乾隆三十九年七月二十五日，乾隆帝谕内阁着四库全书处总裁等，要求将藏书人姓名附载于各书提要末，并另编《简明书目》。谕旨云："办理四库全书处进呈总目，于经史子集内，分晰应刻、应抄及应存书名三项。各条下俱经撰有提要，将一书原委，撮举大凡，并详著书人世次爵里，可以一览了然。较之《崇文总目》，搜罗既广，体例加详，自应如此办理。"

又云："第此次各省搜访书籍，有多至百种以上，至六七里(百)种者。如浙江范懋柱等家，其裒集收藏，深可嘉尚。前已降旨，分别颁赏《古今图书集成》及初印《佩文韵府》，并择其书尤雅者，制诗亲题卷端，俾其子孙世守，以为稽古藏书者劝。今进到之书，于纂辑后，仍须发还本家，而所撰总目，若不载明系何人所藏，则阅者不能知其书所自来，亦无以彰各家珍弆资益之善。着通查各省进到之书，其一人而收藏百种以上者，可称为藏书之家，应即将其姓名附载于各书提要末；其在百种以下者，亦应将由某省督抚某人采访所得，附载于后。其官板刊刻及各处陈设库贮者，俱载内府所藏。使其眉目分明，更为详备。"

又云："至现办《四库全书总目提要》，多至万余种，卷帙甚繁，将其抄刻成书，翻阅已颇为不易，自应于提要之外，另列《简明书目》一编，只载某书若干卷，注某朝某人撰，则篇目不烦而检查较易。俾学者由书目而寻提要，由提要而得全书，嘉与海内之士，考镜源流，用彰我朝文治之盛。着四库全书处总裁等遵照，悉心妥办，并着通谕知之。"(《纂修四库全书档案》一七一)

这道谕旨主要讲了三个问题。首先指出了《四库全书提要》的基本内容，即在提要中说明撰写本书的缘由，概括本书要旨，同时还要著录人物小传。其次要求在提要中注明图书的来源，并根据进献数量的多少使用不同的著录方式。第三指出为方便使用，要求另编《简明目录》。乾隆帝明确指出了书目、提要、全书这三者之间的关系："俾学者由书目而寻提要，由提要而得全书。"

这道谕旨是对《四库全书总目》和《简明目录》的编纂而说的，但我们在《总目》及《简明目录》中看到与之有很多不一致之处，反而是《荟要总目》与之更为相近。

例如谕旨说道："着通查各省进到之书，其一人而收藏百种以上者，可称为藏古之家，应即将其姓名附载于各书提要末；其在百种以下者，亦应将由某省督抚某人采访所得，附载于后。其官板刊刻及各处陈设库贮者，俱载内府所藏。"这里要求分三种类型在提要中记上献书者之名。献书百种以上的，直接记其姓名。献书百种以下的，记录地方采访者之名。官板图书及内廷藏书，统一题作内府藏本。

这里提到在各书提要末记载献书者姓名，而在现存四库提要（书前提要、《总目》提要）中都没有记载献书者之名，献书者姓名记载在《总目》的书名下面。而在《荟要总目》中，每部书下都记载有图书来源。由此可见《荟要总目》虽然不是"提要"，但其记载是符合乾隆帝谕旨要求的。

谕旨说："另列《简明书目》一编，只载某书若干卷，注某朝某人撰，则篇目不烦而检查较易。"在乾隆帝的设想中，《简明书目》是很简单的一部目录，只有书名、卷数、朝代、作者这几项。因为项目不多，所以查看一目了然，可以真正起到检索图书的作用。然而今天我们看到的《简明目录》，尽管和《总目》相比，已大为简省，但可以看到目录的基本部分仍然是内容提要。如："《玩斋集》十卷《拾遗》一卷，元贡师泰撰。师泰虽以政事著，而承其父奎家学，又受业于吴澄，故文章具有轨度，诗格尤为高雅。虞、杨、范、揭之后，亦可云晚秀矣。"

而《荟要总目》则基本与乾隆帝谕旨所说相符。例如仍以《玩斋集》一条为例，《荟要总目》云："卷一万六千五百十至卷一万六千五百二十一，别集八十九，《玩斋集》十卷《拾遗》一卷《卷首》一卷，元礼部尚书宣城贡师泰撰。今依前两淮盐政臣李质颖所上马裕家藏抄本缮录，据明沈性、徐万璧诸本恭校。"其内容分为四项。第一项是在《荟要》中的卷次，第二项是部类名称及序次，第三项是书名卷数，第四项是作者及版本。这是《荟要总目》的完整形式。第一项卷次是指本书在全部《荟要》中所在的卷次。《荟要》正文同样标注了与此对应的卷次。《荟要》全书一共有二万零八百二十八卷，单凭一个卷次，要从中找出一部书仍然有困难，所以《荟要总目》第二项标注了图书所在的类目序次。这对熟悉四部分类法的人来说，很方便使用。显然，《荟要总目》的第一、第二项就是专门为方便查找图书而设计的。我国古代不重视索引的编制，《荟要总目》也没有类似的检索项目，现在标注了图书的卷次及部类序次，再配合使用《荟要》的"排书分架图"，就很容易找到需要的图书了。所以从这个角度看，《荟要总目》真正实现了谕旨提出的"篇目不烦而检查较易"这个要求。

《四库全书简明目录》的提要写得很精要，不是一般人能做到的，《简明目录》不是如一般人所说的只是《四库全书总目》的简单压缩，它实际上已经成为又一部具有一定独立功能的四库提要文献。但并不符合乾隆帝的最初的设想，它的检索功能没有很好体现。在这方面《荟要总目》做得比较突出。

2.《荟要总目》的部类总叙、小序

《荟要总目》中还有一部分内容是各部类序言。《荟要总目》分为经、史、子、集四部，每一部又分为若干类，共42类。四部之首各有一篇总叙，每一类下也各有一篇小序。如集部总叙云：

> 臣谨案：文者，所以明言，亦所有载道。唐歌、虞咏、商颂、周雅以来，文质递迁，互相师述。其著作根乎理，极其盛衰，关乎运会，固非徒流连景物、雕刻词藻而已也。班固有《诗赋略》，凡五门，后史沿之。今略为之损益，曰"别集"，曰"总集"，曰"奏议"，曰"诗文评"，曰"歌词"，其门亦五。而或专以文，或专以诗，或以诗文合编者，皆不复分别云。

再如史部史评类小序云：

> 臣谨案：史家纪传后例附论赞，以抑扬当时，垂鉴后世。而逐事评论勒为成书者，六朝以前盖鲜有之，则范祖禹《唐鉴》之作可首录矣。他若宋尹起莘为《纲目发明》，以阐发紫阳笔削之旨，而刘友益亦有《书法》之作，并已附本书，著录于前，不复载。谨载我皇上《评鉴阐要》之书，以折衷群言，为评史者准的云。

《荟要总目》部类总叙、小序扼要介绍了《荟要》收录各类图书的基本内容，勾勒了中国学术的大致面貌，对传统学术作出了自己的评判，对各类图书的总体特点进行了一定的概括。总叙、小序对图书的分类理论也作了相应的探讨，揭示了《荟要》类目设立的来源，说明了《荟要》的分类依据。《荟要总目》部类总叙、小序是研究《四库全书荟要》和《四库全书》的重要文献资料。

《荟要总目》部类总叙、小序也在不少地方显示了和《总目》的差异。《四库全书总目》是我国古代最重要的目录学著作。《总目》的基本思想是通过凡例、各部总叙、各类小序及各书提要等体现出来的。《四库全书》是分类编排的，在四库学文献中，给所收录的每一类图书作一个概括说明的，《总目》之外只有《荟要总目》各类的总叙、小序。这是唯一可以和《总目》小序相类比的，但这种类比至今没有论著注意到，所以值得重视。关于这一部分内容我们将主要在"《荟要总目提要》学术观念研究"一章中加以讨论。

3.《荟要总目》的文字错讹

《荟要总目》由于内容较少，在文字誊录上的错讹之处相对较少，不过也还有一些问题。笔者在整理本《四库全书荟要总目提要》的"概述"中已有说明。因文字不长，特移录于此，并加若干补充，以见《荟要总目》文字誊录的一般情形。

《荟要总目》记《增修东莱书说》卷数"卷六百至六百三十四"，依例"六百三十四"其上脱一"卷"字。又如记《旧五代史》卷数"卷五千四百一至卷五千五百五百五十一"，应是"卷五千五百五十一"，误衍"五百"二字。

子部数术二《周易参同契通真义》著录其进呈者云"今依前浙江巡抚三宝所上明槧本缮录恭校"，依例"三宝"前应有一"臣"字，作"前浙江巡抚臣三宝"。子部道家八《抱朴子》云："《汉书·经籍志》即于'道家'外别出'神仙'家，使后世黄冠悠谬之谈，不与宁一冲虚之旨杂厕，其意良是。"《汉书》只有《艺文志》，无《经籍志》。此谓《汉书·艺文志》《诸子略》中有"道家"，《方技略》中有"神仙"。子部杂家《淮南鸿烈解》二十一卷，"杂家"，依例当作"杂家一"。

《荟要总目》著录李东阳《怀麓堂集》，云："明华盖殿大学士荼陵李东阳撰。""荼陵"为"茶陵"之误。《荟要提要》不误。著录《明诗综》作者作"国朝翰林院校讨秀水朱彝尊编"，"校讨"，当作"检讨"。《清史稿》卷四八四《文苑传》一《朱彝尊传》："康熙十八年，试鸿博，除检讨。"是其证。

《荟要总目》著录《淮南鸿烈解》进呈者云："今依前江苏巡抚臣萨载所上周厚焴家藏明茅一桂刊本缮录。""周厚焴"，当作"周厚堉"。周厚堉，字仲育，上海娄县人。乾隆间县诸生。家富藏书。四库馆开，乾隆三十八年九月初四日，江苏巡抚萨载奏周厚堉呈献家藏书籍折，云："兹据娄县学生周厚堉赴县呈称：家有旧藏书籍，因住居县境之天马山地方，离城稍远，罔知外事，今闻圣主念典勤求，搜罗散佚，愿将家藏书目呈送选择等情。由县禀报到臣。当即饬令书局委员查明部分卷帙，除去重复及残缺不全外，计共得书三百六十六种。理合另缮目录清单，恭呈御览，仰恳皇上敕下四库全书总裁大臣核定，饬取到日，一并委员解送。"(《纂修四库全书档案》一〇三)乾隆三十九年五月十四日，上谕内阁赏进书一百种以上之周厚堉等《佩文韵府》各一部，"以示嘉奖"(《纂修四库全书档案》一五七)。《总目》著录周厚堉家藏本 162 种。《荟要总目》著录家藏本两种，另一种为明高启撰《大全集》十八卷，以周厚堉家藏明徐庸刊本缮录，《荟要总目》著录不误。

又如曾巩《元丰类稿》五十卷，《荟要总目》云："今依前江苏巡抚臣萨载所上明丁思敬刊本缮录，据明邵濂、杨参、陈克昌诸本及国朝顾嵩龄校本恭校。"此处著录缮录本、参校本均有误。"明丁思敬刊本"，当为"元丁思敬刊本"。丁本刊于大德甲辰，见其所刻《元丰类稿后序》，文渊阁本《元丰类稿》附有此序，《荟要》本未收。大德为元成宗年号，大德甲辰即大德八年，公元 1304 年。此距公元 1368 年元亡尚有 65 年，因此不得称其为"明本"。又"顾嵩龄"，为"顾崧龄"之误。顾崧龄，字东岩，清长洲人。康熙五十年副贡生。著有《东岩诗稿》。《荟要提要》云："近时顾崧龄始依宋本补入。今并据以校正焉。"文渊阁提要云："国朝康熙中长洲顾崧龄所刊以宋本参校。"均作"顾崧龄"不误。

三、《荟要总目》与《荟要》参校本

《荟要总目》的一个重要特点是著录了《荟要》所收每一部图书的版本和校对所参照的版本。这些参校本的校勘成果有一些反映到了《荟要》中。

如《荟要总目》子部考证一著录吴缜《新唐书纠缪》二十卷云："今依前山东巡抚臣徐绩所上明椠本缮录，据宋宇文时中本、明陶宗仪本恭校。"结合《荟要提要》，可以对其参校本情况看得更清楚。提要云："今世所行刊本，第二十卷《柳宗元传》至《苏定方传》凡六条，皆全脱，而错入第六卷'郭潜曜姓不同'以下四条之文。重复舛误，已非完书。独两淮所进本尚属南宋旧椠，其《柳宗元传》六条，原文具在，仅据以订正焉。"所说"两淮所进本"，即扬州盐商马裕家所进图书。《两淮商人马裕家呈送书目》著录宋吴缜《新唐书纠谬》二十卷，六本[①]。这对考查四库馆臣对图书的校改提供了重要依据。

再如苏轼撰《东坡全集》，《荟要总目》云："今依前江苏巡抚臣萨载所上国朝蔡士英刊本缮录，据元明诸椠本及明项煜本并宋施元之诗集注本恭校。"今见卷一"按语"云："卷一第三页后四行，'以近山地美'，刊本'山'讹'曲'，据施本改。"卷二"按语"云："卷二第一页后一行，'慎勿嗟岁晚'，刊本'岁晚'讹'晚岁'，据施本改。""施本"，即《荟要总目》所说的施元之诗集注本。

和《荟要总目》文字简单、版本情况无法展开、在《荟要提要》中有许多对版本的具体描述一样，《荟要总目》著录的参校本的情况有时也会在《荟要提要》中作一些补充说明。如荀悦《前汉纪》，《荟要总目》说："今依前江苏巡抚臣萨载所上明黄姬水刊本缮录，据国朝蒋国祥本恭校。"《荟要提要》这一篇与《初目》相同，只是在最后作了一点补充。《初目》云："此本为明黄姬水所刊，亦间有舛讹。"《荟要提要》说："此本为明黄姬水所刊，亦多舛讹。近时蒋国祥校本间有厘正，不无袭谬。"可见对蒋国祥参校本的说明是《荟要提要》依据《荟要》收录图书的实际情况在《初目》的基础上增加的。后来文渊阁提要云："康熙中襄平蒋国祥、蒋国祚与袁宏《后汉纪》合刻，后附《两汉纪字句异同考》一卷。今用以参校，较旧本稍完善焉。"《总目》提要与文渊阁提要相同。这又是作了更进一步的说明。

不过就我们核查的情况看，《荟要》"按语"中提到的本子与《荟要总目》中提到的用以校勘的本子相同这种情况并不多见，很多时候就用"别本"来替代。如仍以《东坡全集》为例，卷六十"按语"云："卷六十第十五页后八行，'或已起税为永业'，刊本'税'讹'移'，据别本改。"又："第二十一页前七行，'其势必夺八丈沟水'，刊本'丈'讹'尺'，据别本改。""别本"这个说法是极其含糊的，馆臣用以校勘苏轼文集的本子有元明诸椠本及明项煜本等多种，"别本"这个说法混淆了各种本子的特点，读者并不清楚馆臣究竟是用的哪个本子。

更多的还是这一种情形，即在《荟要》"按语"中用以校勘的图书版本与在《荟要总目》中所著录的并不一致。如曾巩《元丰类稿》，《荟要总目》说："今依前江苏巡抚臣萨载所上明丁思敬刊本缮录，据明邵濂、杨参、陈克昌诸本及国

① 吴慰祖校订《四库采进书目》，第 69 页。

朝顾嵩龄校本恭校。”[①]这里说到的参校本共4种,前三种为明本,后一种为清本。而我们在《荟要》本《元丰类稿》中看到的校记,除了一处地方用到了顾崧龄校本外,其余均没有采用这四个本子,而是采用了另外的文献。

如卷一有三条“按语”,所用校本都是“曹能始本”。其第一、第二条云:“卷一第二页后三行,‘鸣风木间起,枯槁吹欲僵’,按:曹能始本作‘雄风树间吼,枯槁簸欲僵’。”“第五页后一行,‘力能怀畏未足忧’,按:曹本作‘谁为肉食不知忧’。”曹能始即曹学佺(字能始),曹能始本即曹学佺编《石仓历代诗选》。《荟要》校勘记所引的这两条均见《石仓历代诗选》卷一百四十四《宋诗》二十一曾巩卷。其第三条也是引的曹学佺本。

卷二有四条“按语”,均引“彭本”为证。如第一条云:“卷二第二页后二行,‘子龙独幽远’,按:彭本云‘子龙’疑作‘子陵’。”第二条云:“第三页前二行,‘舣舟吴门栅’,刊本‘舣’作‘拟’,据彭本改。”彭本,即康熙三十二年南丰彭期七业堂刻《曾文定公全集》本。可见《荟要总目》提到的四个本子一个也没用。

其他各卷与此情况类似。如卷九“按语”云:“卷九第二页前五行,‘而治之体相承’,刊本‘体’讹‘休’,据《唐宋文醇》改。”又:“第十七页后六行,‘万一或出于无俚之计’,按:《宋文钞》‘俚’作‘聊’。”卷十七“按语”云:“卷十七第十页前一行,‘菜园院佛殿记’,按:茅麓门本‘菜’作‘莱’。”茅麓门本即明茅坤编《唐宋八大家文钞》,所说《莱园院佛殿记》见该书卷一百五《南丰文钞》九。这几处校记,也都没有用《荟要总目》提到的参校本。除此之外,还有据《唐六典》《文献通考》《宋文鉴》等校改的。

卷四十七“按语”:“卷四十七第三页后七行,‘日使家人诵书’,刊本‘日’下注‘脱’字。今据顾松龄校本补入自‘日使’下,至五页前六行‘乃谢而去’,共四百六十八字。”这是《荟要》本唯一一次用到顾崧龄校本的地方,还把人名写错了,将崧龄写作了松龄。可见校对之粗疏。

在“乃谢而去”之下,《荟要》本正文有一条注释,其文云:“按:‘日使家人’‘日’字下,旧本有‘有脕’二字。‘脕’盖‘脱’字之讹。其下接‘乃尚书省’句。自‘使’字至‘去’字,凡四百六十八字俱佚,今依顾松龄从宋椠校正本补入。”

① “明丁思敬刊本”当为“元丁思敬刊本”。“顾嵩龄校本”当作“顾崧龄校本”。

这条注释与“按语”意思相同，但比“按语”更具体。有些内容也有差异。如“按语”说“日”下注“脱”字，而注释说“日”字下旧本有“有腕”二字。“腕”盖“脱”字之讹。两者所说就不一样。这条正文中的注释在文渊阁本中没有，由此也形成了两种本子的差异。

不过这条注释依然有错误。如谓“其下接‘乃尚书省’句”，“尚书省”，《荟要》与文渊阁本都作“长书省”。同时“顾崧龄”的姓名依然错写作“顾松龄”。

为什么大部分“按语”所用的校勘版本与《荟要总目》所著录的参校本版本不一样呢？这个问题还无法准确回答。有可能是《荟要总目》虚列版本，也有可能与《荟要总目》《荟要提要》及《荟要》正文、《荟要》“按语”原本都是各自分开抄写有关。例如就《元丰类稿》所说的“顾本”而言，《荟要总目》作顾嵩龄校本，《荟要提要》作顾崧龄校本，《荟要》正文中注释及卷后“按语”作顾松龄。同一个人有三种写法，只有《荟要提要》是对的。顾本是当时极为通行的版本，文渊阁本就是以顾本为底本誊录的，而四库馆臣居然一错再错，既说明当时工作的粗疏，也说明在使用各类文献时缺乏必要的照应。

总之，如同《荟要总目》所著录的图书来源好多找不到依据一样，其所著录的各书参校本也存在许多问题。尽管如此，《荟要总目》对参校本的著录仍然是非常值得重视的。

《荟要》文字虽然也有不少问题，但相比其他四库类图书，其优点也是明显的。这与《荟要》特别注意文字校勘有关，同时也与《荟要总目》列出了据以缮录及用以参校的图书的版本有一定关系。因为版本明确，便于具体操作。

《四库全书总目》非常注意文本的校勘，所订《凡例》说：“文字增删、篇帙分合，皆详为订辨，巨细不遗。”在《总目》提要中，确实有许多文字校勘内容。然而《总目》虽然校勘成果很丰富，但对具体的参校本则几乎没有提及。这未免给后人带来许多疑惑。《荟要总目》对参校本的著录可以部分弥补这个缺陷。

四、《四库全书荟要分架图》

《四库全书荟要分架图》不在《四库全书荟要总目》之中，是单独装订成一册的图书。因其内容不多，姑且附在此处介绍。

《分架图》即记载每种书籍在书架上位置的陈列图。全图按经、史、子、集四部排架顺序绘制。每架四列，每列四层，每层又分为四格，每格装一个楠木匣。书籍经过装帧，每若干册装进一个楠木匣贮放。木匣的一端可以开闭，上面写有函次、书名。函内衬有樟木夹板，收储时用夹板把书册上下夹起来，再用与书皮同色的取书带（绸带）束住。可以保护图书不受磨损，并且取书方便。

图书篇幅大的一种书放置在几个格子中。篇幅小的也有几种书同放置于一格中的，如经部孝经类，即将唐明皇御注《孝经注疏》、世祖章皇帝《御注孝经》、世宗宪皇帝《御纂孝经集注》三部书放在同一个格子里。图书自右至左，自上而下，依次摆放。全图共三十二架[①]。《四库全书荟要联句》中福隆安诗句"架联一一同屏曲"注云："经部列架六，史部列架十，并在左。子部列架六，集部列架十，并在右。"即说此《分架图》。但据《景印摛藻堂四库全书荟要目录》所示分架图，其集部第七架实际只有一格四层，放置《御选元诗》第八册至第十一册、《御选明诗》第一册至第十二册。架子总高度与其它架子相同，所以该架子下面全部是空的。未知何以有此差别。

故宫博物院藏有《钦定四库全书荟要分架图》，此书不分卷，不著编者，清嘉庆内府写本。版框 36.7cm×22.6cm。1 册 1 函。硬面折装，浅黄绫装裱。故宫博物院网站对此书有介绍[②]。

第二节 《荟要总目》与图书版本著录

《荟要总目》的一个重要特点是著录了《荟要》所收每一部图书的版本和校对所参照的版本，因此这是一部重要的版本书目。由于看到《荟要》的人不多，使用《荟要》的人更少，同时《荟要总目》虽然独立成册，但收录在《荟要》一书中，未单独行世，所以了解这部书目的人并不多。我们认为《四库全书荟要总目》是清代一部被忽略了的版本目录，对其版本学价值需要给以充分肯定。

---

① 参见故宫博物院编《天禄珍藏——清宫内府本三百年》，紫禁城出版社，2007 年，第 254 页。

② 参见故宫博物院网站 http://www.dpm.org.cn/shtml/117/@/4325.html，介绍由朱赛虹撰稿。

一、古代书目的版本著录

《荟要总目》的基本体例上一节已有说明，此处再举数例：

> 汉赵君卿注《周髀算经》二卷《音义》一卷云："汉赵君卿注，周司隶校尉汉中郡尉甄鸾重述，唐李淳风注，李籍音义。今依前江苏巡抚臣萨载所上明赵开美刊本缮录，据明《永乐大典》本恭校。"
>
> 清张尔岐撰《仪礼郑注句读》十七卷云："国朝济阳张尔岐撰。今依前浙江巡抚臣三宝所上范懋柱家藏钞本缮录，据高廷枢本恭校。"
>
> 明高启撰《大全集》十八卷云："明户部侍郎长洲高启撰。今依前江苏巡抚臣萨载所上周厚堉家藏明徐庸刊本缮录，据启侄立本恭校。"
>
> 明李东阳撰《怀麓堂集》一百卷云："明华盖殿大学士茶陵李东阳撰。今依内阁学士臣纪昀所上国朝廖方达刊本缮录，据明熊桂本恭校。"
>
> 北齐颜之推撰《颜氏家训》二卷云："北齐黄门侍郎琅琊颜之推撰。今依前江苏巡抚臣萨载所上明程荣《汉魏丛书》本缮录，据明颜志邦、陶宗仪、国朝何允中、朱轼诸本恭校。"
>
> 汉淮南王刘安撰、高诱注《淮南鸿烈解》二十一卷云："今依前江苏巡抚臣萨载所上周厚焴（按：当作周厚堉）家藏明茅一桂刊本缮录，据明叶近山、吴勉学、程荣及国朝何允中诸本恭校。"

这一著录形式的版本学价值何在？要准确认识这个问题，需要对在此之前的书目著录版本的情况作一简单回顾。

版本著录是书目的重要内容，但我国古代书目多不注意著录图书版本。一般认为，最早著录图书版本的书目是南宋尤袤编撰的《遂初堂书目》。此书第一次记录了图书的不同版本，开创了在书目中著录版本信息的先例，也是第一部反映图书有了印刷版本之后的藏书记录。不过该书的著录十分简单，例如作：成都石刻《九经》、杭本《易》、旧监本《尚书》等。而且即使这种简略的著录，在这部书目中也很少见到，大部分图书都仍然只有一个书名。其后元明的一些书目，也多是不著录版本的。例如明初杨士奇编的具有国家藏书目录性质的《文渊阁书目》，仅仅著录图书书名、册数，如尹起莘《纲目发明》一部八册、《小学史断》一部二册、《剡源集》一部一册、《严沧浪集》一部二册、韩性《五云漫稿》一部一册、范石湖《三英杂吟》一部一册，等等。

即使有些书目著录有版本，也还是非常简略。如晁瑮《宝文堂书目》在一些图书下也注有刻本，可用来考查图书的刊刻情形。不过著录很简单，如：《易经大全》，内府刻一部，闽刻一部；《海市诗》，旧刻；《分门集注杜诗》，宋刻不全；《李杜白文》，无锡刻等。这和尤袤《遂初堂书目》的著录相差无几。而且《宝文堂书目》中著录版本的图书数量也极为有限，这也和《遂初堂书目》相类似。该书标点本"出版说明"称该书目"另有一个特点，就是书名下边多注明板刻"[①]，这个说法是不符合此书实际情形的。

周弘祖撰《古今书刻》是一部著录明代各公私机构所刻印书籍名称的书目。该书在每一机构下面，列出了所刻图书目录，这对考查明刻本的版本提供了重要依据。例如其在"徽州府"下著录有《天原发微》《瀛奎律髓》《家礼会编》《文公年谱》等等。但这部书目的著录也还是简单，缺乏版本目录的基本要素。单凭这一著录，还是无法考查一部图书版本的具体情况。

下面以《荟要》收录的《明文衡》（书名原作《皇明文衡》）为例，看一下明代书目的著录情况。明代书目中不著录版本与著录版本这两种情况都存在。如明高儒《百川书志》作："《皇明文衡》一百卷，新安程敏政编选我朝名公著作。其间载有圣道治度，诏诰表章，书诗礼乐，词赋碑铭，序文形物，议论诸事，可以备史氏收录，清庙咏歌，著述考证也。成一代之言。"[②]明焦竑《国史经籍志》著录作："《皇明文衡》九十卷，程敏政。"[③]都是不著录版本的。徐𤊹《红雨楼书目》卷四著录也仅只有《皇明文衡》一个书名。

《古今书刻》这部书目在南京国子监、徽州府、书坊名下，均著录了《皇明文衡》一书[④]，可以看到《皇明文衡》在当时的社会影响。不过如上所说，但一个"徽州府"名称等等也还是难以说明《皇明文衡》这部书的版本情况的。

入清以来，书目对版本的著录有所重视，产生了一批有影响的版本书目。重要的如徐乾学编的家藏善本书目《传是楼宋元本书目》，在每一部图书的书

---

① 晁瑮《宝文堂书目》"出版说明"，古典文献出版社，1957年，第1页。

② 高儒《百川书志》卷十九，古典文献出版社，1957年，第288页。

③ 焦竑《国史经籍志》卷五，明徐象橒校刻本，第97页。

④ 周弘祖《古今书刻》，古典文献出版社，1957年，第329、341、366页。

名、卷册数前面著录了版本，有的附注有作者等，例如“宋本周易释文句解三十五卷，一本”，“元本周易传义十八卷(董楷)，十本”[①]。

《荟要总目》之前，著录版本较为完善的书目是清代钱曾的《读书敏求记》。这部书目对收入的每一部图书都撰写有提要，提要中有不少著录了详细的版本信息。如韦昭注《国语》二十一卷云：“吾家所藏《国语》有二。一从明道二年刻本影钞，一是宋公序补音南宋椠本。”[②]陆森《玉灵聚义》五卷云：“此书泰定己丑翰林待制赵孟暄序于简端，平江路阴阳教授骆天祐校正。天历二年申奉总管府指挥锓梓行。”[③]可以看到对版本的著录已非常具体。四库馆臣对《读书敏求记》极为看重，利用、吸收了《读书敏求记》的不少成果。《读书敏求记》的版本著录成为馆臣进行版本著录、版本判断、版本考订的重要依据[④]。

与《荟要总目》差不多是同一时期编纂的《钦定天禄琳琅书目》著录了清代皇室收藏图书的版本，也是一部版本书目。这部书目详细描述了各种版本形态，记载了版本特点[⑤]。

从以上的说明可以看到，虽然同是版本书目，其间的差异也还是明显的。《荟要总目》之前编纂的版本书目，一部分如《传是楼宋元本书目》等，内容过于简单，不能说明版本的基本内容。另一部分如《读书敏求记》等，其版本著录属于描述性的，它们只是对图书版本作说明性的叙述，而不是作固定的格式化著录。从体制上看，这些书目与《荟要总目》属于不同类型的版本书目。《读书敏求记》等对《荟要提要》的影响更大，《荟要总目》则几乎没有受到这些书目的影响。

与此前的其他书目相比，《荟要总目》的著录内容整齐统一，语言更为规范，形式更为规整，同类型的版本其表述格式基本相同。这是目录著录规范化必须要做到的。《荟要总目》的这种形式完全是自己首创的，是在此之前的版本书目没有出现过的形式。正是根据这一点，我们说《荟要总目》是一部重

① 徐乾学《传是楼宋元本书目》，清宣统二年上虞罗振玉刻《玉简斋丛书》本，第 1 页。

② 钱曾《读书敏求记》卷一，清雍正四年松雪斋刻本，第 14 页。

③ 钱曾《读书敏求记》卷三，清雍正四年松雪斋刻本，第 40 页。

④ 参见江庆柏《〈四库全书总目〉与〈读书敏求记〉》，《图书馆杂志》2012 年第 3 期。

⑤ 刘蔷《天禄琳琅研究》第五章《〈天禄琳琅书目〉之版本学成就》，北京大学出版社，2012 年，第 326 页。

要的具有创置性并且具有独立性质的版本书目。

为更好说明《荟要总目》版本著录的成绩，我们还可以与《荟要总目》同期稍前编纂的四库书目作一比较。这里所说的四库书目是指与《四库全书》编纂有关系的书目，具体包括进呈书目、《四库全书初次进呈存目》、《荟要提要》等。

四库进呈书目是四库书目中最早形成的文献，《四库全书》的图书采集和著录就是以进呈书目为依据的。但我们今天看到的各省进呈书目，一般都只著录书名、册数，有些还著录卷数、作者等，都不著录版本。只有在《江苏采辑遗书目录》和《浙江采集遗书总录》这两部采辑图书提要中才有版本著录，但也都十分简单。如《江苏采辑遗书目录》在《匡谬正俗》下注"刊本"、《钝吟杂录》下注"抄本"。而且即使是这样简单的著录，在《江苏采辑遗书目录》中，也还是很少见到的。《浙江采集遗书总录》差不多每部图书下面都有版本，但大多数书名下只是著录"刊本""写本"等简单字样，像《云林集》下注"林氏朴学斋写本"这样较为具体的版本信息的并不多。这种简单著录也是无法说明版本情况的。

在《荟要总目》之前还有一部值得关注的四库书目是《四库全书初次进呈存目》。《初目》在部分提要里著录了版本。如宋余靖撰《武溪集》云："明成化中邱浚抄自内阁，始刊行之。今所传则嘉靖甲午都御史唐胄重刊本也。"《初目》的版本著录对《荟要总目》及《荟要提要》都有一定影响。如《荟要总目》作："今依前江西巡抚臣海成所上明唐胄刊本缮录，据明邱浚本恭校。"《荟要提要》作："明成化中邱浚抄自内阁，始刊行之。今所传则嘉靖甲午都御史唐胄重刊本也。"但《初目》的版本著录还是随意性的，并不是每篇提要都有，说明版本著录并没有成为必要的内容。因此只能说《初目》中的部分图书注意到了版本的著录，但《初目》这部书还不能说是版本书目。

二、《荟要总目》与《荟要提要》的版本著录

《荟要总目》的版本著录为《荟要提要》的版本说明提供了依据。《荟要提要》即《荟要》收录图书的提要。《荟要总目》是独立成册的，《荟要提要》在每部图书的卷首。虽然《荟要总目》和《荟要提要》的内容、形式不相同，但《荟要总目》的版本著录与《荟要提要》的版本说明往往是相一致的。

例如宋范仲淹撰《文正集》,《荟要总目》云:"今依前两淮盐政臣李质颖所上马裕家藏国朝范时崇刊本缮录,据明时兆文本恭校。"《荟要提要》云:"其集元明屡有刊本,久而不存。康熙乙酉,其二十一世孙时崇为广西巡抚,属族人校正,与《奏议》《尺牍》等合刻行之焉。"又如宋苏洵撰《嘉祐集》,《荟要总目》云:"今依内府所藏宋婺州州学刊本缮录,据明椠本、国朝邵仁泓本恭校。"《荟要提要》云:"是本为徐乾学家传是楼所藏,卷末题绍兴十七年四月晦日婺州州学雕。纸墨颇为精好。又有康熙间苏州邵仁泓所刊,亦称从宋本校正。然二本并十六卷,均与宋人所记不同。徐本名《嘉祐新集》,邵本则名《老泉先生集》,亦复互异,未喻其故。或当时二本之外,又有此一本欤?今以二本互相参订,正其讹脱,亦有此存而彼逸者,并为补入。"

宋苏轼撰《东坡全集》,《荟要总目》云:"今依前江苏巡抚臣萨载所上国朝蔡士英刊本缮录,据元明诸椠本及明项煜本并宋施元之诗集注本恭校。"《荟要提要》云:"此本乃国朝蔡士英所刊,盖亦据旧刻重订而辨讹正谬,较为完善。今故用其本著之录焉。"宋陈师道撰《后山集》,《荟要总目》云:"今依前浙江巡抚臣三宝所上范懋柱家藏国朝赵鸿烈刊本缮录,据明马暾本及宋任渊注本恭校。"《荟要提要》云:"此本为明马暾所传,而松江赵鸿烈所重刊。"由此可见,《荟要提要》提及的版本,都是《荟要总目》已经著录的。所以就版本著录而言,《荟要总目》与《荟要提要》是紧密联系的。《荟要总目》的版本著录直接或间接地影响了《荟要提要》的版本说明。这也从另一个角度说明了《荟要总目》版本著录的价值。

《荟要总目》,尤其是《荟要提要》的版本著录,又为《四库全书总目》的版本著录提供了重要依据。

三、《荟要总目》《荟要提要》与《总目》的版本著录

《四库全书总目》是四库书目中最重要的一部书目,也是我国古代规模最宏大、体例最严密的一部书目。但《总目》也存在一些问题,其中"不著版本"这一点,招致许多人的批评。如余嘉锡《四库提要辨证序录》说:"《总目》之例,仅记某书由某官采进,而不著明板刻。"[①]程千帆、徐有富《校雠广义·目录

① 余嘉锡《四库提要辨证》,第 50 页。

编》也说:《总目》"只记载某书所从来,而不记载其究属何本。这就给后来学者使用此书时增加了不少麻烦"①。

当然《总目》不是完全没有著录图书版本,我们在《总目》中还是可以看到不少版本情况的说明的。如宋张栻撰《南轩易说》提要云:"此本乃嘉兴曹溶从至元壬辰赣州路儒学学正胡顺父刊本传写。"宋吕祖谦撰《大事记》提要云:"此本乃宋嘉定壬申吴郡学舍所刻。"晋葛洪撰《肘后备急方》提要云:"此本为明嘉靖中襄阳知府吕颙所刊。"宋徐鹿卿撰《清正存稿》提要云:"此本乃明万历中其十二世孙鉴巡按福建于家乘中搜辑刊行者也。"

有些提要还会对版本有一些较为具体的说明。如宋陈瓘撰《了翁易说》提要云:"此本为绍兴中其孙正同所刊。冯椅谓尝从其孙大应见了翁有《易全解》,不止一卷,多本卦变,与朱子发之说相类。胡一桂则谓尚见其初刊本,题云《了翁易说》,并未分卷。此本盖即一桂所见也。"宋王炎撰《双溪集》二十七卷提要云:"惟诗文集仅存,世所行者凡二本。一本为康熙中其族孙祺等所刊,凡十二卷。一即此本,乃明万历丙申尚宝司丞王镈得沈一贯家旧本为校正开雕者也。"元吴当撰《学言诗稿》六卷提要云:"原本九卷,明崇仁知县新安叶良贵所刊。此本六卷,则国朝临川李绂重刊所并也。"明郑文康撰《平桥稿》提要云:"初刊于天顺辛巳,叶盛为之序。旧板久佚,康熙癸酉,其裔孙起泓又为重刻。"

然而只要仔细比较一下,就可以知道,这些版本著录大多是因为在其之前的四库书目已经著录了版本信息,《总目》只是照抄了现成的文字而已。其中《荟要总目》和《荟要提要》对《总目》的影响尤其重要(也有部分是来自于《初目》已有的著录)。就版本著录这一点看,大多数情况是,《总目》在版本著录上和《荟要总目》有联系,而版本说明更多地是与《荟要提要》有关。如宋陆游撰《渭南文集》五十卷《逸稿》二卷,《总目》云:"此本为毛氏汲古阁以无锡华氏活字板本重刊。"实际上《荟要总目》在此之前已有著录:"今依前江苏巡抚臣萨载所上明毛晋汲古阁刊本缮录恭校。"这一条《荟要提要》没有提到版本问题,因此《总目》的版本显然与《荟要总目》的版本著录有联系。

《荟要总目》虽然对收入其中的每一部图书都著录了相应版本,但因文字

① 程千帆、徐有富《校雠广义·目录编》第七章《特种目录》第五节《版本目录》,齐鲁书社,1998年,第315页。

简单，且有体例限制，所以对版本情况无法展开作细致的说明。而在《荟要提要》中，则有许多对版本情况的具体细致的描述。因此就版本著录这一点看，大多数情况是，《总目》在版本著录上和《荟要总目》有联系，而版本说明更多地是与《荟要提要》有关。

比如宋方闻一编《大易粹言》，《总目》著录其书来源是苏州蒋曾莹家藏本，提要云："（曾）穜初刻板置郡斋，后摹印漫漶，张嗣古、陈造先后修之。此本出苏州蒋曾莹家，即嗣古嘉定癸酉所补刻，佚穜《自序》一篇，而移嗣古之《跋》冠其首。今从《经义考》补录穜《序》，仍移其《跋》于卷末焉。"这段话对《大易粹言》的版本流传情况说得非常清楚。实际上《总目》著录的版本在《荟要总目》《荟要提要》中已有明确说明。《荟要总目》云："今依前江苏巡抚臣萨载所上蒋曾莹家藏明张嗣古刊本缮录，据宋曾穜本、明陈造本恭校。"《荟要提要》说："（曾）穜初刊板置郡斋，后摹印漫漶，张嗣古、陈造先后修之。此本出苏州蒋曾莹家，即嗣古嘉定癸酉所补刻，佚穜《自序》一篇，而移嗣古之《跋》冠其首。今从《经义考》补穜《序》，仍移其《跋》于卷末焉。"可知《总目》所说的版本情况在《荟要总目》中已有说明，而《总目》提要只是移录了《荟要提要》的内容。

再如宋洪适撰《盘洲集》，《总目》云："此本为毛氏汲古阁所藏，犹从宋刻影写。"查《荟要总目》云："今依天禄琳琅明毛晋影宋钞本缮录恭校。"《荟要提要》云："此为明毛晋汲古阁影宋钞本。"可见《总目》也还是依据《荟要总目》《荟要提要》来写的。

宋王应麟撰《四明文献集》，《总目》云："此本乃明鄞县郑真、陈朝辅所辑四明文献之一种。"查《荟要总目》云："今依前浙江巡抚臣三宝所上范懋柱家藏明陈朝辅抄本缮录恭校。"《荟要提要》云："明同郡郑真采辑，陈朝辅又增益之。"可见《总目》的著录也是有依凭的。

《总目》在宋贾昌朝撰《群经音辨》提要中说："此本为康熙中苏州张士俊从宋椠翻雕。"这句话与《荟要提要》完全一样，就是照录了《荟要提要》之语。而《荟要总目》说："今依前浙江巡抚臣三宝所上国朝张士俊刊本缮录，据宋椠本恭校。"可见《总目》的版本著录实际依据的是《荟要总目》和《荟要提要》。

再如归有光撰《震川文集》，《荟要总目》作："今依前江苏巡抚臣萨载所上国朝归庄刊本缮录，据明常熟本、昆山本恭校。”《荟要提要》写道：“文集旧本有二，一为其族弟道传所刻，凡二十卷，为常熟本；一为其子子祜、子宁所刻，凡三十二卷，为昆山本。去取多不同，而常熟本尤为舛漏。庄以家藏钞本互相校勘，又补入未刻之文，汇为全集，刻于国朝康熙辛亥。未竣而庄殁，其侄玠为续成之。庄尝极言旧刻本之讹，诋斥不遗余力。然考汪琬《尧峰文集》有与庄书二篇，又反复论其改窜之非，至著为《归文辨诬》以攻之。是庄所辑亦未为尽善也。然旧本文多漏略，得庄掇拾散佚，差为完备。既别无善本，今亦从而录之。”提要中提到的“庄”即归有光曾孙归庄。这段提要将《震川文集》的版本说明得非常清楚，与《荟要总目》著录的版本是一致的。《总目》也不过是在《荟要提要》这段叙述的基础上略有增加而已。

再如《总目》卷一百五十三《嘉祐集》提要写道：“是本为徐乾学家传是楼所藏，卷末题绍兴十七年四月晦日婺州州学雕。纸墨颇为精好。又有康熙间苏州邵仁泓所刊，亦称从宋本校正。然二本并十六卷，均与宋人所记不同。徐本名《嘉祐新集》，邵本则名《老泉先生集》，亦复互异，未喻其故。或当时二本之外，更有此一本欤。”又写道：“今以徐本为主，以邵本互相参订，正其讹脱，亦有此存而彼逸者，并为补入。又《附录》二卷，为奏议郎充婺州学教授沈斐所辑。较邵本少《国史本传》一篇，而多挽词十余首，亦并录以备考焉。”这两段话对《嘉祐集》的版本交代得很清楚。其文字完全来自于《荟要提要》。

《荟要总目》的版本著录为我们考订《荟要》乃至《四库全书》的版本情况提供了重要依据。根据这部书目，我们可以分析《荟要》和《四库全书》使用的版本。这是《荟要总目》的重要功能。可惜的是《荟要总目》《荟要提要》著录的版本信息不是都被《总目》接受。如果《总目》能更多地注意吸收《荟要总目》《荟要提要》的版本内容，则人们对《总目》有关版本著录的看法当可得到改变。

以前人们没有注意到将《总目》与《初目》及《荟要总目》（包括《荟要提要》）作比较，所以对《总目》的情况难以说明清楚。例如王重民《中国善本书提要》集部别集类著录《唐元次山文集》十二卷，有明启、祯间刻本。其提要云：“原题：‘元结次山著，陈继儒眉公鉴定，吴震元长卿、王时敏逊之仝较。’‘校’字作‘较’，启、祯间刻本也。《四库全书》著录本十二卷，《提要》不言所据为何本，以卷数推之，似即此本。”[①]王重民推测《总目》所据即吴震元、王时敏刻本，这是不错的。其实在《荟要总目》里对此书版本已有明确说明：“今依前山东巡抚臣徐绩所上明吴震元刊本缮录恭校。”明吴震元刻本，即明天启、崇祯年间吴震元、王时敏刻本。万曼《唐集叙录・元子文编》提到《四库全书》著录元结《次山集》的版本时说：“系内府藏本，十二卷，未审何本。”[②]我们比较《荟要提要》与《总目》，可以看到《总目》差不多与《荟要提要》完全相同，因此可以说《总目》著录此本，也即吴震元、王时敏刻本，与《荟要》是同一版本。至于《总目》提到的内府藏本，也有依据。吴慰祖校订《四库采进书目》补遗《武英殿第一次书目》即有此书[③]。武英殿书目著录的即内府藏本。如果知道了《荟要总目》著录的版本，这些疑问将不复存在。

《荟要总目》的版本著录还可以与今天的版本目录作比较。如《荟要总目》著录明顾应祥撰《测圆海镜分类释术》十卷云：“今依前浙江巡抚臣三宝所上范懋柱家藏明沐朝弼刊本缮录恭校。”查《中国古籍善本书目》，版本著录作“明嘉靖刻本”[④]。《中国古籍总目》著录一种作“明嘉靖间刻本”，另一种作“影抄明嘉靖二十九年沐朝聘刻本”[⑤]。《荟要总目》未著录出版时间，显得不如其他两部书目具体。但《中国古籍善本书目》及《中国古籍总目》之一种未列出出版者，而《荟要总目》有。这可以互为补充。《中国古籍总目》著录另一种版本作“影抄明嘉靖二十九年沐朝聘刻本”，虽然很完整，但出版者将“沐朝聘”写错了。据此书卷首序言署名，出版者为“沐朝弼”。沐朝弼为黔宁王沐英八世孙，时任镇守云南总兵官、征南将军、右军都督府都督佥事。是《荟要总目》准确，而《中国古籍总目》有误。这说明《荟要总目》的版本著录在今天仍然有一定的学术价值。

四、《荟要总目》版本著录存在的问题

《荟要总目》的版本著录也存在一些问题。

首先，在内容上也还不够具体。完整的版本著录，应该包括出版时间、出

① 王重民《中国善本书提要》，上海古籍出版社，1983 年，第 501 页。
② 万曼《唐集叙录》，中华书局，1980 年，第 142 页。
③ 吴慰祖校订《四库采进书目》，第 191 页。
④ 《中国古籍善本书目》子部，第 321 页。
⑤ 《中国古籍总目》子部，第 1102 页。

版者、出版形式等内容，如有可能还应包括出版地点。如《中国古籍善本书目》著录李东阳《怀麓堂集》的版本作明正德十一年熊桂刻本，清康熙二十年廖方达刻本[①]；著录《皇明文衡》版本作明嘉靖六年范震、李文会刻本[②]。我们以今天这种规范、标准化的著录来对照《荟要总目》的著录，就会发现缺项还是很明显的。当然这种缺项可以理解，就《荟要总目》编纂的时代来看，这部书目的版本著录已经是非常完善了。

其次，有些版本的说明，《荟要总目》未作仔细考辨，可能并不准确。

如明程敏政编《明文衡》（明刻本作《皇明文衡》），《荟要总目》云："依前浙江巡抚臣三宝所上明范震刊本缮录恭校。"其实本书题作卢焕刻本更为准确。此书卷末嘉靖六年卢焕《叙重刻文衡后》云："岁乙酉，予总学政，按徽郡，取视篁墩先生《文衡》，版刻半脱落，肤质平漫不可读。携至京，属应天府学教授范震校正，重入梓。越五月，震去代，今教授李文会来，校督又三月，梓人工完。"由此可知此书先由卢焕请范震校正，后又请李文会续校，而自始至终主持刊刻的则是卢焕，范震、李文会都只是参加了一个阶段的工作。所以按照惯例、并且按照实际的校刻情况看，题作"卢焕刻本"更为确切。笔者未能查到《荟要总目》之前对《明文衡》版本的著录。查四库进呈书目，《明文衡》见于《两江第一次书目》，只是著录作"《明文衡》，明程敏政辑，三十本"[③]，并未著录版本。因此很有可能这个版本的说明是馆臣自己定名的。今天，这个本子通常著录作范震、李文会刻本，如《中国古籍善本书目》《中国古籍总目》都是如此著录的[④]。这种著录也是有问题的。倒是民国年间《四部丛刊》影印《皇明文衡》，牌记作"上海涵芬楼借印无锡孙氏小绿天藏明嘉靖间卢焕刊本"，这个版本说明是准确的。

也有些图书的版本，《荟要总目》说法含糊。如《荟要总目》著录朱彝尊《经义考》云："今依前浙江巡抚臣三宝所上浙江刊本缮录恭校。"此说不明确。《经义考》确实由浙江巡抚三宝所上，此书在各省采进本中，仅见于《浙江省第二次书目》。但称此书为"浙江刊本"，则不确切。此书在朱彝尊生前已开始

① 《中国古籍善本书目》集部，第 588 页。
② 《中国古籍善本书目》集部，第 1722 页。
③ 吴慰祖校订《四库采进书目》，第 47 页。
④ 《中国古籍善本书目》集部，第 1722 页；《中国古籍总目》集部，第 3039 页。

刊印，但断断续续一直没有完全刻成，直到乾隆二十年才由当时的两淮盐运使卢见曾首次全部刻齐。此书乾隆年间只有两种刻本，一种是乾隆二十年卢见曾刻本。这是《经义考》首次完整的刻本。刊刻地点在扬州。这一点，朱彝尊孙朱稻孙的后序说得非常清楚。其文云："岁甲戌（乾隆十九年），德州卢公重掌江南鹾政，稻孙谒公邗上。公一见即询及《经义考》。因具陈颠末，公为叹息者久之。遂首捐清俸，为同志倡。"又云："既逾年，而剞劂乃竣。"另一种是乾隆四十二年汪汝瑮补刻本。所谓补刻，就是在乾隆二十年卢见曾刻本的基础上，增加了乾隆帝《御制题朱彝尊〈经义考〉》、乾隆四十二年四月初六日著浙江巡抚三宝查询朱彝尊《经义考》藏板之家的上谕及浙江巡抚三宝"恭记"。据三宝所记，《经义考》板片由朱彝尊后裔归于杭州汪汝瑮家。因乾隆帝谕旨有"就便询问藏板之家，如愿将朕此诗（按：指《御制题朱彝尊经义考》）添冠卷端，听其刊刻，亦使士林咸知朕阐崇经学之意"等语，于是汪汝瑮遂将此书重新刊印。不过汪汝瑮并未重新雕板，只是利用家藏的卢刻本原板片补刻了上述内容后重新刷印而已。笔者曾将卢氏原刻本和汪汝瑮后印本作过比较，可以看到后印本墨色明显暗淡，原刻本则十分清朗。汪汝瑮补刻本是在浙江出版的，可以说成"浙江刊本"。但这当然不可能是《荟要》所依据的底本。作为进呈书，《经义考》见于《浙江省第二次书目》。据护理浙江巡抚王亶望所上奏折，浙江省第二次图书征集完成时间在乾隆三十八年二月二十五日之前（《纂修四库全书档案》三八），其时汪汝瑮尚未补刻此书。《荟要提要》此篇校上于乾隆四十二年三月，时间还在《经义考》卷首汪氏补刻乾隆帝《御制题朱彝尊经义考》诗之前。所以《荟要》所依据的只能是乾隆二十年卢见曾写刻本，但此书并非"浙江刊本"。今就本书而言，可以看到，《荟要总目》著录的版本有不够明确的地方。

虽然存在这些问题，根据以上分析，我们仍然可以说《荟要总目》是清代一部非常重要的版本目录，某种意义上还可以说是一部具有创制性质的版本目录。现在一些版本目录学著作，都没有注意到《荟要总目》著录版本的价值。如姚名达著《中国目录学史》的《版本目录》《善本目录》两节，只介绍了尤袤《遂初堂书目》、钱曾《读书敏求记》、《天禄琳琅书目》等[1]。余嘉锡《目录学

① 姚名达《中国目录学史》，上海古籍出版社，2005年，第297、298页。

发微》所列举的版本书目与之大致相同①。上面所说的《校雠广义·目录编》注意到了《总目》没有著录版本这个问题，但也没有注意到同属于四库系列书目的《荟要总目》实际上是不存在这个问题的。这些看法都是不全面的。《荟要总目》在我国的版本书目的发展演化过程中，具有重要地位，应给予充分重视。

第三节 《荟要总目》与《荟要提要》的著录差异

《荟要总目》的情况已在前面加以说明。这里所说的《荟要提要》，是指《荟要》所收录各书前关于本书的内容介绍。为省便起见，本书把这一部分内容称之为《荟要提要》。

同一部书的《荟要总目》和《荟要提要》，照理说对一些基本情况的说明应该是一致的，但事实上存在着不少差异。以下作一比较。

一、图书著录形式上的差异

《荟要总目》与《荟要提要》在图书著录的基本要素，如书名、卷数、作者等方面，均存在一定的差异，其中又以卷数的差异为多。

1. 书名

《荟要总目》与《荟要提要》书名的差异不是太大，有的时候还是因为详略的关系，如《滹南集》与《滹南遗老集》，《震川集》与《震川文集》等。少量书名的著录有明显差异，如《荟要总目》著录元临邛王申子撰《周易辑说》十卷，谓"今依内府所藏通志堂刊本缮录恭校"。《荟要提要》作《大易缉说》。按：此书有《通志堂经解》本，书名即作《大易缉说》。《荟要》书签、卷端，文渊阁本书名及《总目》亦均作《大易缉说》。《荟要总目》作"周易辑说"，可能是误抄。

吴缜撰《新唐书纠缪》也有这个问题。《荟要总目》子部考证一著录书名作《新唐书纠缪》，《荟要提要》作《新唐书纠谬》。"缪"，通"谬"，纠正谬误的意思。两字可以相通，文献中《新唐书纠缪》与《新唐书纠谬》互见，如《宋史·艺

① 余嘉锡《目录学发微》卷二《目录书体制四：板本序跋》，巴蜀书社，1991年，第73页。

文志》作《新唐书纠缪》，顾炎武《日知录》卷二十七作《新唐书纠谬》等。四库进呈书目，如《两淮商人马裕家呈送书目》《浙江省第四次汪启淑加呈送书目》《山东巡抚呈送第一次书目》《武英殿第一次书目》等都作《新唐书纠缪》，《荟要总目》或受此影响。但作为同一部图书的书名，《荟要总目》《荟要提要》应该统一。考本书卷首吴缜上表、卷末吴元美跋后及《荟要》本、《全书》各卷卷端，均作"新唐书纠谬"，《荟要总目》也应作《新唐书纠谬》为是。

2. 卷数

古代图书在流传过程中，经过多次合并、分拆，卷数经常会有变化，此外对卷数的认定各人也不一致。即以《荟要总目》与《荟要提要》，《荟要总目》《荟要提要》与文渊阁提要、《总目》等的著录来看，对同一部书的卷数的著录，也经常会出现差异。

仍以吴缜撰《新唐书纠谬》为例。《荟要总目》作二十卷，《荟要提要》作十八卷。而《荟要》本图书收录实际为二十卷。其在《荟要》中的卷次，从卷一万一千二百九十二至卷一万一千三百十一，也正是二十卷。其书卷首吴缜《进新唐书纠谬原表》云："撰成《新唐书正谬》，分二十门。"又云："遂改为《新唐书纠谬》，凡二十门为二十卷。"其书卷末吴元美跋后云："《新唐书纠谬》二十卷。"《宋史·艺文志》作二十卷。均可证。本书提要抄录在目录后面。目录自"第一卷"至"第二十卷"。以下紧接着抄写提要，却写作"《新唐书纠谬》十八卷"云云，而提要又云："今世所行刊本，第二十卷《柳宗元传》至《苏定方传》凡六条，皆全脱。"是《荟要提要》卷数作十八卷有误，但未知何以会出现这类简单的错误。

再如宋方闻一编《大易粹言》，《荟要总目》作七十三卷，而《荟要提要》作十卷。然而《荟要提要》云："其书《宋志》作十卷，《经义考》作七十卷，又《总论》五卷。盖原本每卦每传各为一篇，刊本不相联属，故从其分篇之数，称七十有五。……今检原本所分十卷，篇页未免过繁，谨重加厘订，析为七十三卷，著之于录。"是已明确说明本书作七十三卷，而且说明就是因为篇页过繁而重现编订的，同时《荟要》原书也作七十三卷，未知《荟要提要》开始提及本书卷数时何以说十卷。查文渊阁《全书》也作七十三卷，其书前提要开头云："臣等谨案：《大易粹言》七十三卷，宋方闻一编。"即在提要中已经作了统一。

有时候一卷之中再分上下或上中下子卷的，这种情况下是按一卷计，还是算作二卷、三卷等，四库本著录并不完全一致。如果是仅有一卷，《荟要》本、《全书》本的卷数通常会按照子卷著录，如汉徐幹撰《中论》，《荟要》本、文渊阁本作卷上、卷下，提要则均作二卷。再如宋胡方平撰《易学启蒙通释》，《荟要》本、文渊阁本作卷上、卷下，提要也均作二卷。但如果图书卷数超过一卷，则《荟要》和《全书》的计算方法就会有差异。通常《荟要总目》会连子卷一起算，而《全书》则不算子卷。如元黄溍《文献集》，其卷七、八、九、十这四卷各分上下，《荟要总目》作十四卷，但文渊阁提要、《总目》都作十卷。再如宋沈该撰《易小传》，本书六卷，卷各分为上下，《荟要总目》著录作十二卷，文渊阁提要、《总目》均作六卷。《荟要提要》著录的卷数通常也是不计入子卷的。就我们对《荟要总目》与《荟要提要》的卷数核查的结果看，其卷数之所以会有差异，主要就在于《荟要总目》计入了子卷，而《荟要提要》未计入子卷。

例如《荟要总目》著录宋宗室赵汝楳撰《周易辑闻》八卷，《荟要提要》作《周易辑闻》六卷。按：各家书目，著录《周易辑闻》均作六卷，没有作八卷的。《天禄琳琅书目》卷四影宋钞经部著录，亦作一函六册。但《荟要》收录此书，卷一、卷五均各分作上下，故《荟要总目》作八卷。

再如元敖继公撰《仪礼集说》，《荟要总目》作二十卷，《荟要提要》作十七卷。《仪礼集说》为习见之书，通行版本甚多，都为十七卷本，文献著录也多为十七卷。间有作十三卷的，如柯劭忞《新元史》卷二百三十五本传云："著《仪礼集说》十三卷。"[①]但从未有作二十卷的。《荟要总目》云："今依内府所藏通志堂刊本缮录恭校。"然《通志堂经解》本正作十七卷。不过《荟要》本卷五、卷八、卷十一各分上下，这样就有了二十卷，《荟要总目》因此作二十卷。

乾隆帝御撰《春秋直解》，《荟要总目》作十六卷，《荟要提要》作十二卷。今考其书，卷三庄公、卷五僖公、卷九襄公、卷十昭公又各分为上下卷。据此，则合其子卷计之为十二卷，析其子卷计之则为十六卷，其实一也。然《荟要总目》与《荟要提要》的说法则不同。

上面说到的《文献集》，《荟要提要》作十卷；《易小传》，《荟要提要》作六卷，均与文渊阁提要相同。

① 柯劭忞《新元史》卷二百三十五，民国九年天津退耕堂刻本，第14页。

那么为什么在《荟要》中会有这种卷数差异呢？我认为这与《荟要》将全书编制了统一的卷数有关。《荟要总目》和《荟要》收录各书卷端，有统一编次的卷数，这两处地方的卷数必须保持一致。例如《荟要总目》记道："卷一万一百四十二至卷一万一百五十八　儒家三　春秋繁露十七卷。"而《荟要》本《春秋繁露》卷一卷端题作"《钦定四库全书荟要》卷一万一百四十二"。此书卷十七卷端题作"《钦定四库全书荟要》卷一万一百五十八"。这两者卷次能保持一致，主要是所收录的图书卷数相同。《荟要总目》与《荟要》卷端的卷次确实有不一致的情况，但大多数情况下是保持一致的。

由于《荟要总目》《荟要提要》及《荟要》不可能同步编制和誊录，一些图书的卷数难免会出现差异，这样势必要在可能的范围内对有些图书的卷数作一些调整。如宋真德秀撰《四书集编》，《荟要总目》作二十八卷，《荟要提要》作二十六卷。之所以会有二卷差异，就在于《荟要》将其中《中庸集编》一卷再分为上中下，这样一卷就变成了三卷，多出了二卷，与《荟要总目》所记卷数一致了。实际上《四书集编》通行版本及文献著录，都为二十六卷，从未有作二十八卷的。《荟要总目》云："今依内府所藏通志堂刊本缮录。"《通志堂经解》本正作二十六卷。文渊阁本也作二十六卷。《荟要总目》和《荟要提要》卷数的差异，好多都是由于这一原因。不过《荟要》中，即使是卷数不一的图书，其内容基本上也都是相同的。

3. 作者

作者写法不一样。如《吴越春秋》作者，《荟要总目》作赵煜撰，《荟要提要》作赵晔撰，《荟要》本书卷端亦作赵晔。本书作者为赵晔，作赵煜，系因避康熙帝玄烨讳改。所以虽然是同一人，但表现在文字上，则有区别。《荟要》未能注意到统一。

再如《经典释文》，《荟要总目》作"唐陆德明撰"。《荟要提要》作"唐陆元朗撰"。元朗，字德明，以字行。此处一用字，一用名，虽是同一人，也未能统一。不过这种情况很少见到。

4. 著录图书

《荟要总目》与《荟要提要》著录的图书有时候也会有差异。

如《荟要总目》正史五著录："《晋书》一百三十卷，《目录》一卷，《音义》三卷，唐太宗御撰，东京何超《音义》。"《荟要提要》作："《晋书》一百三十卷，唐太宗命房乔等撰。"《目录》一卷在书目中或著录或不著录，所以这一点差异不大。重要的差异是《荟要总目》著录有何超著《音义》三卷，但《荟要提要》没有著录。《荟要提要》不仅没有著录何超《音义》三卷，还说此书已不传。提要云："高希峤有《晋书注》，何超有《晋书音义》，其书不传。"《荟要提要》此说含糊。高希峤《晋书注》今天确实已不可见，但何超《晋书音义》就收录在《荟要》中。《荟要提要》所说"其书不传"，或指高氏之书，但从行文上看，也包括何超《晋书音义》。查《荟要》本与文渊阁本《晋书》，均附有何超《音义》三卷，未知《荟要提要》何以说"未见"。

5. 版本

《荟要总目》与《荟要提要》著录版本可资比较的不多，但也有一些著录可以看到之间的差异。

宋傅寅撰《禹贡说断》，《荟要总目》云："今依明《永乐大典》本缮录，据通志堂本恭校。"《荟要提要》云："今取《经解》刊本，谨依《永乐大典》本详加校定，讹者正之，阙者补之，析为四卷，仍题《说断》旧名。"《荟要总目》谓此书依据《永乐大典》本缮录，据通志堂本校勘。《荟要提要》所说则相反。

再如宋蔡渊撰《易象意言》，《荟要提要》云："世无传本，故朱彝尊《经义考》以为已佚。《永乐大典》所载首尾完具，犹当时秘府旧本。谨录而传之。"清楚地说明，《荟要》所用即永乐大典本。《总目》注明图书来源，也作永乐大典本。然而《荟要总目》说："今依武英殿聚珍版本缮录，据明永乐大典本恭校。"虽然武英殿聚珍版就是根据永乐大典本排印的，来源一样，但从版本的角度看，这毕竟是两种版本，是不能等同的。这就使本书的版本产生了混乱。按照《荟要总目》的说法，《荟要》和文渊阁《全书》据以缮录的本子，应该是武英殿聚珍版，如用《总目》著录的统一说法，就是"内府刊本"，而不是永乐大典抄录本。

再如宋林至撰《易裨传》，《荟要提要》云："是本为元至正间陈泰所刊。"而《荟要总目》说："今依内府所藏通志堂刊本缮录，据元陈泰本恭校。"说法也不一样。《总目》著录图书来源是两江总督采进本，提要云："此本为元至正间陈泰所刊。"

再以《周易郑注》为例。《荟要总目》著录《周易郑注》三卷，并云："汉大司农北海郑康成注，宋礼部尚书鄞县王应麟编。"据此，其所用为王应麟辑本。

《荟要》本是惠栋补辑本,《荟要提要》云:"《郑氏周易》三卷,宋王应麟旧本,国朝惠栋补辑。"所言甚明。其书卷端亦题作"宋王应麟辑、长洲惠栋考补"。显然《荟要总目》与《荟要提要》所用并不是同一个版本。然《荟要总目》称:"今依内府所藏明毛晋汲古阁刊本缮录,据《玉海》附刻本及国朝惠栋辑注本恭校。"既然是依明毛晋汲古阁刊本缮录,则自然不可能是惠栋编本。由此可见《荟要总目》的说法与《荟要提要》的实际并不一致。《荟要总目》似乎并不清楚《荟要提要》版本使用的情况,或者反过来说《荟要提要》也不清楚《荟要总目》著录的版本。

此外,对同一种书的说明,《荟要总目》与《荟要提要》有时也会有差异。例如关于《十一经问对》的作者何异孙的时代问题,《荟要总目》云:"明杨士奇称其在元、明间。"《荟要提要》云:"明杨士奇尝称之,意其人在元明间也。"它们都认为何异孙是元明间人,而且都与杨士奇所说有关。但仔细考察,这两种说法有一定区别。《荟要总目》指出这是杨士奇所说,《荟要提要》则指出是因为杨士奇曾称说过其人,所以自己推测出其生活年代。

杨士奇之语见《东里续集》卷十七"跋"《十一经问对》,云:"此书为小学设。所谓十一经者,《书》《诗》《春秋》《仪礼》《周礼》《礼记》《论语》《孝经》《大学》《中庸》《孟子》。不及于《易》者,非小学所及也。"杨氏并未明确指出何异孙是什么时候的人,所以《荟要总目》说"明杨士奇称其在元、明间"的说法不准确。《荟要提要》的说法虽也是推测,但相对较为准确。

关于王肃注《家语》十卷使用的版本,《荟要总目》与《荟要提要》也不相一致。

《荟要总目》云:"今依前户部尚书臣王际华所上宋椠本缮录,据明毛晋汲古阁本、钱孙保影宋钞本恭校。"《荟要提要》则云:"此即毛晋所藏宋本,较之坊刻犹为近古者矣。"依据《荟要总目》所说,其所用为王际华所上宋椠本。《荟要总目》所说不知何所依据。《四库采进书目》著录"总裁王交出书目"计共 14 种[①],并无《家语》一书。《总目》著录本书来源为"内府藏本",与王际华也毫无关系。

《荟要提要》称毛晋所藏宋本,此说或有依据。所说"宋本",与《荟要总

① 吴慰祖校订《四库采进书目》"总裁王交出书目",第 172 页。

目》所说"宋椠本"相合。此外毛晋所藏确实有宋本《孔子家语》。毛扆《汲古阁珍藏秘本书目》著录:"北宋板《孔氏家语》五本,有东坡居士折角玉印,系蜀本大字,旧为东坡所藏。南宋本作'良药苦口利于病',此本作'药酒苦口利于病'。及读《盐铁论》,亦作'药酒苦口利于病',方知北宋本之善。意欲每本十两,惟高明酌行之。"①此为毛扆因经济困难被迫出售家藏图书时的清单,故每书下都标有书价。这部《孔子家语》每本售价十两。可以作比较的是,书目所记如:宋板《龙龛手鉴》六本一套,每本六两,实价三十六两;《词源》一本,竹纸旧抄,三钱;陈刚中《诗集》一本,旧抄,三钱;揭曼硕《文粹》一本,旧抄,三钱;元板《唐诗鼓吹》四本,二两,等等。可知这部《孔子家语》确为宋版,所以每本要十两,整部书五本,即需50两。此亦与《荟要提要》所说相合。

文渊阁提要与《荟要提要》大致相同,但最后对版本的说明则有区别。《荟要提要》说:"此即毛晋所藏宋本,较之坊刻犹为近古者矣。"文渊阁提要作:"此本则毛晋所校刊,较之坊刻犹为近古者矣。"两者的区别显而易见。按照文渊阁提要的说法,这部《家语》并非真正的宋本,而是毛晋校刊本。《总目》关于本书采用的版本说明和文渊阁提要的说法一样。

这样关于这部《孔子家语》的底本实际上有三种说法:王际华所上宋椠本、毛晋所藏宋本、毛晋校刊本。第一种说法基本可以排除,但由此可以看出《荟要总目》与《荟要提要》之间,确实存在着差异。

《荟要提要》与文渊阁提要及《总目》的说法孰是孰非因无确证,只能存疑。但有一点似乎能提供一点线索。《荟要》与文渊阁本卷首都抄录了乾隆帝题《孔子家语》的一首诗。这首诗见于《天禄琳琅书目》卷四《影宋钞子部》,题"乾隆甲午仲秋月御笔"。乾隆甲午为乾隆三十九年。也收录在《御制诗四集》卷二十五,诗题作《题影宋钞家语》,这一卷诗作于乾隆四十年。这首题诗收入文渊阁本《家语》卷首时,题作《御题影宋钞家语》。这与《天禄琳琅书目》及《御制诗四集》一致。但在收入《荟要》本《家语》卷首时,诗题改作了《御制题宋版家语》。《荟要提要》校上于乾隆四十三年二月,时间在乾隆帝题诗之后,所以《荟要》卷首的这首诗是馆臣所辑,诗题也是馆臣改动的。之所以要改动,完全是为了和提要中所说的"此即毛晋所藏宋本"相一致。

① 毛扆《汲古阁珍藏秘本书目》,嘉庆五年《士礼居丛书》景明钞本,第26页。

宋蔡襄撰《端明集》一书版本的著录,《荟要总目》与《荟要提要》也有差异。

《荟要总目》别集三十九著录《端明集》四十卷,著录版本和参校本云:"今依前福建巡抚臣余文仪所上国朝蔡廷魁刊本缮录,据明陈一元、蔡善继诸本并明宋珏所刊诗集本恭校。"《荟要提要》云:"万历中,莆田卢廷选始得抄本于豫章喻氏,于是御史陈一元刻于南昌,即此本也。"据此所说这个本子为明万历间陈一元南昌刻本。

《荟要总目》所说蔡廷魁刻本,即清雍正十二年蔡廷魁逊敏斋刻本,三十六卷。其书卷一为"赋",收录《士伸知己赋》等。《荟要提要》所说陈一元刻本,即明万历间陈一元刻本,四十卷。其书卷一为"古诗",收录《亲祀南郊诗》等。蔡廷魁刻本卷一的《士伸知己赋》,见陈一元刻本的卷三十二。可见这确实是两个本子。

不过《荟要总目》著录的本子与我们在进呈书目中看到的不一样。《荟要总目》云:"今依前福建巡抚臣余文仪所上国朝蔡廷魁刊本缮录。"查四库进呈书目,此书当时有多家进呈,《荟要总目》所言见《福建省呈送第四次书目》著录,但其书作"《蔡忠惠集》三十六卷"[①],并非四十卷。我们曾说《荟要总目》著录缮写图书来源多有错误,这也是一个例证。

再从文字看。以《士伸知己赋》为例,陈一元刻本云:"故我气浩集义,游于天真。""气浩",《荟要》本同,蔡廷魁刻本作"浩气"。再如陈一元刻本云:"身享崇高之贵,瞻咫尺之仪。"《荟要》本也同,蔡廷魁刻本作"身享崇高之贵,目瞻咫尺之仪","瞻"上有"目"字。就这一句看,"身享崇高之贵",与"目瞻咫尺之仪",上下对文,十分工整。陈一元刻本缺"目"字,其文则难以讲通。如果此书是依据蔡廷魁刻本缮录的话,则不可能删去这一"目"字,以致使文句有明显的缺漏。由此看到,《荟要》本缮录所据确实是明万历间陈一元刻本,而非《荟要总目》所说的"依前福建巡抚臣余文仪所上国朝蔡廷魁刊本缮录"。《荟要提要》所言是实。

从《荟要总目》与《荟要提要》版本著录的差异问题,还可以看到另外的问题。如文渊阁提要说:"万历中,莆田卢廷选始得钞本于豫章俞氏,于是御史

① 吴慰祖校订《四库采进书目》,第 169 页。

陈一元刻于南昌，析为四十卷。兴化府知府蔡善继复刻于郡署，仍为三十六卷，而附以徐㶿所辑《别记》十卷。然卢本错杂少绪，陈、蔡二本均未及铨次。后其里人宋珏重为编定，而不及全刻，仅刻其诗集以行。雍正甲寅，裔孙廷魁又裒次重刻，是为今本。"《总目》与文渊阁提要同。就这段文字看，可以理解为文渊阁本所录即蔡廷魁刻本。但比较其缮录文字，与《荟要》本完全相同，所以实际上用的也是陈一元刻本。文渊阁提要所说版本有误。

二、《老学庵笔记》的图书著录差异

以下以陆游《老学庵笔记》为例，分析《荟要总目》与《荟要提要》著录图书的差异。

《荟要总目》著录道："《老学庵笔记》十卷。宋宝章阁待制山阴陆游撰。今依内府所藏明毛晋汲古阁刊本缮录，据明陶宗仪、商浚本恭校。"《荟要提要》作"《老学庵笔记》十卷，《续笔记》二卷"。

《荟要总目》与《荟要提要》著录的差异在于，前者只有《老学庵笔记》十卷，后者还有《续笔记》二卷。我们查看《荟要》，确实只收录了《老学庵笔记》十卷。正文明明只有《老学庵笔记》十卷，书前提要却著录还有《续笔记》二卷，这显然是书前提要与正文的严重脱节，也是馆臣失检本书的缘故。

实际上宋元书目，如陈振孙《直斋书录解题》卷十一《小说家类》、马端临《文献通考》卷二百十七《经籍考》四十四，著录陆游此书都作《老学庵笔记》十卷。据《荟要总目》所说，此书是依据内府所藏明毛晋汲古阁刊本缮录，并据明陶宗仪、商浚本校勘的。而无论是明万历年间商浚刻《稗海》本，还是明崇祯年间汲古阁刻《津逮秘书》本，以及《荟要总目》没有提到的明天启三年周应仪等刻本、明抄本等，也只有《老学庵笔记》十卷，不带有《续笔记》的。

最早题称《老学庵续笔记》的应该是《说郛》。其书卷四十一下收录《老学庵笔记》32 则，又收录《老学庵续笔记》17 则(《四库全书》本)[①]。前者见于今本《老学庵笔记》，后者的 17 则都不明出处。然而《说郛》本并没有单独将《续笔记》独立设卷，而是和其他著作合为一卷的，因此这个《说郛》本最多也只能是作一卷。事实上许多书目也都是这样来著录的。此外《永乐大典》中载有

① 《四库全书》本"太史公作张耳陈余传"与"王元之诗云"连抄作一则，是为 17 则；1927 年上海商务印书馆排印本《说郛》分作二则，是为 18 则。

三条，被收入中华书局点校本[①]。又《宋会要》礼一九之一六辑有“崇宁五年长星见”一条[②]。今人李裕民认为这一条不见于今本《老学庵笔记》，因“疑为《续笔记》文”[③]。这个说法并无根据，这一条已见于宋方勺《泊宅编》卷上。方勺曾游苏轼之门，时代要早于陆游。而且《宋会要》注明是自《老学庵笔记》中辑出的，不能轻易加上“续”字。由此无论是根据《说郛》还是《永乐大典》，都不可能得出《续笔记》有二卷这个结论。

自从《说郛》本称引《老学庵续笔记》后，后人即亦用了这一书名，如明胡震亨《唐音癸签》卷十九“退红”，著录出处即作《老学庵续笔记》。清人著作如梁履绳《左通补释》、梁章钜《文选旁证》等，也多有引《老学庵续笔记》的。不过我怀疑这些实际上都是从《说郛》转引的，并非真见有此书。

《总目》著录《老学庵笔记》十卷《续笔记》二卷，标注此书来源为“江苏巡抚采进本”。查当时的采进书目，此书只见于《江苏省第一次书目》及《江苏采辑遗书目录》。当时江苏进呈图书，分设三局。两江总督高晋设局江宁，两淮盐政李质颖设局扬州，江苏巡抚萨载设局苏州。《江苏省第一次书目》及《江苏采辑遗书目录》著录的图书都是江苏巡抚进呈的图书，这与《总目》的著录完全一致。但是《江苏省第一次书目》及《江苏采辑遗书目录》都仅著录“老学庵笔记”五个字，后者有提要云：“宋宝章阁待制山阴陆游著。按：此书杂记宋事，间及论诗之语。共十卷。刊本。”[④]由此可见，江苏进呈书目中并没有《老学庵续笔记》。《总目》标注此书为“江苏巡抚采进本”没错，但书名作《老学庵笔记》十卷《续笔记》二卷则是没有根据的。李裕民《四库提要订误（增订本）》说《江苏采辑遗书目录简目》“有此（按：指《老学庵笔记》《续笔记》）二书”[⑤]，这是误信了吴慰祖的《四库采进书目》。《四库采进书目》在《江苏第一次书目》著录的《老学庵笔记》下加了括注，变成“老学庵笔记〔十卷.续笔记二卷.陆游著〕”[⑥]。按照该书的“出版说明”，方括号〔〕中的文字是“新补的字”，这是本书校订者吴慰祖根据《总目》等补加的，并非《江苏省第一次书目》原书所有。这

① 陆游撰，李剑雄等点校《老学庵笔记》，中华书局，1979年，第142页。
② 徐松辑《宋会要辑稿》，中华书局，1957年影印本，第1册，第760页。
③ 李裕民《四库提要订误（增订本）》，中华书局，2005年，第252页。
④ 张升编《〈四库全书〉提要稿辑存》第4册，北京图书馆出版社，2006年影印本，第226页。
⑤ 李裕民《四库提要订误（增订本）》，第252页。
⑥ 吴慰祖校订《四库采进书目》，第25页。

显然是错误的。吴慰祖又在《江苏采辑遗书目录》原来著录的“老学庵笔记”后面添加了卷数及书名，成了“老学庵笔记十卷续笔记二卷”[①]。这同样是错误的。

既然如此，为什么《荟要提要》会有这种讹误呢？我们认为这是受了《初目》的影响。据我们考证，最早将《笔记》和《续笔记》合在一起、并且注明各自卷数的，是《初目》。《初目》“杂家类”著录有“《老学庵笔记》十卷，《续笔记》二卷”。

《初目》将《笔记》与《续笔记》合在了一起，但为什么多出了《续笔记》，这个《续笔记》二卷是从什么地方来的，提要未加说明，对这部书的版本也没有交代。《初目》提要很简短，但却成为在此之后产生的《荟要提要》的蓝本。《荟要提要》就是在《初目》的基础上扩充而成的。

上面说到《初目》未交代《续笔记》的来源，《荟要提要》注意到了这个问题，特别作了说明：“《续笔记》两卷，陈氏不著于录，疑当时偶未见也。”陈氏即指陈振孙《直斋书录解题》。宋代及宋代之前的图书陈振孙未加著录的确实有不少，但以“偶未见”来说明何以《书录解题》未著录《续笔记》，并没有说服力。一个明显的证据是宋元这一时期的文献中都不见陆游《续笔记》二卷的记载。可见《荟要提要》同样缺乏足够的例证。

然而以后出现的几篇提要都和这一篇《荟要提要》有关。《初目》不够清楚的地方，《荟要提要》作了补充。如《初目》云：“又谓‘蔚蓝’为隐语天名，以韩驹诗语为误。考《度人经》所载，实帝名郁鑑，非天名蔚蓝。”《荟要提要》作：“杜甫诗有‘蔚蓝天’字，本言天色，故韩驹承用其语，有‘水色天光共蔚蓝’句。游乃称‘“蔚”为隐语天名’。今考‘蔚蓝天’名别无所出，惟杜田注谓见《度人经》。然《度人经》所载三十二天有东方太黄皇曾天，其帝曰郁鑑玉明，则是帝名郁鑑，非天名蔚蓝。游说反误。”《初目》很简单，《荟要提要》对《初目》作了仔细解说。又如《初目》云：“又谓宋初人尚《文选》，‘草必称王孙，梅必称驿史，月必称望舒，山水必称清晖’。考昭明所录，实无陆凯之诗。”《初目》上文并未出现“陆凯”之名，此处说昭明《文选》所录，“实无陆凯之诗”，就显得很突兀。《荟要提要》修改作：“今考‘驿使寄梅’出陆凯诗，昭明所录，实无此作。”

① 吴慰祖校订《四库采进书目》，第212页。

意思就很明白了。其后的提要都与《荟要提要》所说同。校上于乾隆四十三年六月的文渊阁提要，即与《荟要提要》完全相同，就是《荟要提要》关于《续笔记》二卷那些似是而非的说法也被一字不差全部照抄。《总目》与《荟要提要》略有差异，不过是又再增添了一些例证而已，但基本内容仍然与《荟要提要》相同。而且仍然保留了关于《续笔记》二卷的说明。四库提要的这些著录也影响到其他一些书目的著录，例如《中国丛书综录》就著录有《老学庵续笔记》二卷，版本为《四库全书·子部杂家类》[①]。

《初目》《荟要提要》等著录的这个错误，直到文溯阁提要才得以纠正。通过文字比较可知，校上于乾隆四十七年十月的文溯阁提要不过就是《荟要提要》的删节本而已，文溯阁提要只是删去了《荟要提要》列出的例证，保留了《荟要提要》的论述部分，但文溯阁提要对《荟要提要》有一个重要修改，即本书的著录。文溯阁提要明确说道："臣等谨案：《老学庵笔记》十卷，宋陆游撰。"同时将《荟要提要》那几句关于《续笔记》二卷的书名文字删去了[②]。这说明文溯阁提要是有意思地纠正此前著录的讹误。校上于乾隆四十九年八月的文津阁提要与文溯阁提要相同，因此同样不再提及《续笔记》二卷[③]。

一个从四库提要开始撰写就产生了的讹误（从《初目》撰写时算起），直到大约十年以后才被纠正，而且还不是彻底被纠正（如在乾隆六十年刊刻的《总目》中依然还保留着《续笔记》二卷）。在这一期间，《荟要总目》的著录，《荟要》和《四库全书》的文本，似乎从未被人关注。由此也可以看到《四库全书》编纂的疏失。

① 上海图书馆编《中国丛书综录》，第 2 册，第 985 页。不过在《中国古籍总目》中，已作了改正，《文渊阁四库全书》《摛藻堂四库全书荟要》都只著录《老学庵笔记》十卷，见《中国古籍总目·丛书部》，第 324、364 页。这是准确的。

② 《金毓黻手定本文溯阁四库全书提要》，第 571 页。

③ 《文津阁四库全书提要汇编》子部，第 537 页。

第八章　《荟要提要》研究（上）

——《荟要提要》的文献来源

四库纂修官在纂修《四库全书》的同时，还给收入《四库全书》的图书及一部分没有收入《四库全书》但已经进呈到四库馆、且有一定价值的图书各撰一篇提要。这些提要统称为“四库提要”。同样，在纂修《荟要》时，也给所收的每一部图书撰写了一篇提要，我们称之为《荟要提要》。《四库全书荟要联句》嵇璜诗“大端首挈裘先领”注云：“每书前皆有提要，以括书中大指。”即说此事。我们仔细比较四库各提要文献之间的关系，可以看到任何一种类型之间的提要都不是孤立的，相互之间都存在着种种联系。同时，提要之间的关系又是多变的，不存在一种固定的模式。比较各提要之间的相同与差异问题，可以发现各提要前后的衍化、修改过程，也有助于探讨提要纂修官与总纂官之间的思想观念的差异性。这种相互关系的分析，可以为四库馆的管理、运作研究提供切实的依据。这一章讨论《荟要提要》的来源问题。

第一节　四库提要研究概述

《荟要提要》是四库提要的一个重要组成部分。四库提要有各种类型，最后编成为《四库全书总目》一书。《四库全书》的编纂和《四库全书总目》的产生，是我国 18 世纪最重要的文化事件。

一、四库提要研究

关于《四库全书》及其提要的研究最早可以追溯到清乾嘉时期，在清人的藏书志、读书记、笔记、日记、文集等文献中都有一些涉及到四库的内容。而严格意义上的四库提要研究是从民国时期开始的。从民国时期开始的四库提要研究取得了很大的成绩，这些成绩主要表现在以下方面：

第一，对四库提要本身存在的问题作了仔细的考辨，纠正了四库提要的许多讹误。这方面的成果以胡玉缙《四库全书总目提要补正》、余嘉锡《四库提要辨证》等为代表。尤其是余嘉锡的著作，成为中国现代学术史上最有影响的著作之一。此外不少学者还发表了大量论文，考订四库提要的问题，纠正四库提要的讹误。

第二，从学术批评史、学术发展史的角度梳理了以《四库全书总目》为代表的四库提要的学术价值，剖析了四库提要与"四库学"暨整个学术潮流发展的关系。陈晓华的《"四库总目学"史研究》[①]一书提出了"四库总目学"这个概念，作者认为深入研究"四库总目学"各类代表性成果的学术价值，可以为学术界提供一个具有整体性、多层次和可操作性的研究体系。张传锋《〈四库全书总目〉学术思想研究》对《四库全书总目》的分类与学术体系、18世纪学术思潮与《四库全书总目》的学术思想等问题作了深入的研究。周积明《文化视野下的〈四库全书总目〉》在文化视野的角度下对《四库全书总目》作了研究，本书内容全面，条理清晰，具有较高的科学性、系统性、思辨性。

台湾辅仁大学中国文学研究所博士生曾纪纲在《同声与异响：翁方纲四库提要稿与〈四库全书总目〉集部提要较论》中，选择"论人"与"论学"两方面的材料与《总目》集部提要进行比较阅读，将文献比勘提升至专题对话的归纳讨论，一则体察翁稿与《总目》大致相近的批评趋向，一则略窥二者异帜径庭的论学旨归。作者认为翁稿与《总目》的比较阅读，是两个自成体系且立场明确的学术对话甚至理念的交锋[②]。

第三，随着《四库全书》及四库提要文献的不断出版及公布，一些研究论著开始关注对根据同一部书撰写的几篇不同的提要进行比较研究。这一点我们将在下面专门讨论。

第四，以前被忽略的提要文献受到了关注。例如《四库全书总目》包括

① 这一节中提到的论著凡已经列入本书参考文献的，不再一一列出其版本。此处仅列出引用文献的出处。

② 曾纪纲《同声与异响：翁方纲四库提要稿与〈四库全书总目〉集部提要较论》，台湾《辅大中研所学刊》第19期，2008年4月，第1—28页。

"著目"与"存目"两大部分。以往的研究者大多注重"著目"的研究,而极少关注"存目"。杜泽逊《四库存目标注》一书,于每一书目下逐一注明进呈本所录,知见本版本形式、现状、藏所,并录有关序跋题识、印记、写刻工,间加按语,弥补了《四库全书总目》研究长期留下的一大空白。再如《四库全书简明目录》,以前也很少有人关注,周录祥、胡露在学术界较早关注到此书各版本之间的异同,尤其是文渊阁钞本及文津阁钞本的异同优劣,注意到此书文字与提要内容讹误等问题,并进行了系统的订正。

第五,出现了一批研究《四库全书总目》稿本的文章。这批文章从各个角度介绍了《总目》稿本的情况,有助于学者去继续探讨《总目》的修改、演化的过程。上海图书馆藏《四库全书总目》残稿的许多篇提要都有四库纂修官改动的字样,在有的提要上大书"删""去""毁""烧毁""此条删"等字样,可以帮助我们了解馆臣对《总目》的删削、修改情形。沈津《校理〈四库全书总目提要〉残稿的一点新发现》(《中华文史论丛》1982 年第 1 辑),对这批残稿作了全面研究,并整理出不见《总目》的未收提要 66 篇。国家图书馆出版社还影印出版了天津图书馆藏《纪晓岚删定四库全书总目稿本》。稿本《总目》之所以值得重视,是因为在稿本上可以看到纪昀等人的改动删削情形,正如王菡在《国家图书馆所藏〈四库全书总目〉稿本述略》中所说的,"对《总目》成书过程、对撤毁删改具有重大研究意义者,当推稿本"①。

第六,提要文献的整理、出版有了不少新的成果。自 80 年代影印出版文渊阁《四库全书》后,又陆续影印出版了《文溯阁四库全书提要》《文津阁四库全书提要汇编》《四库全书初次进呈存目》《〈四库全书〉提要稿辑存》《翁方纲纂四库提要稿(稿本)》《纪晓岚删定四库全书总目稿本》等,整理出版了《四库提要分纂稿》《四库全书初次进呈存目》《四库全书荟要总目提要》等。

在四库学研究中,提要文献的研究成绩是最大的。当然以往的四库提要研究也存在一些问题,如:

第一,对四库提要类型认识不全。受文献掌握的限制,以往的研究一般都认为只存在分纂提要、库本提要、总目提要这三种类型的提要,没有注意到汇总提要、刊本提要的存在及在四库提要研究中的价值。

① 王菡《国家图书馆所藏〈四库全书总目〉稿本述略》,《文学遗产》2006 年第 2 期,第 121 页。

第二，对提要相互之间关系的分析注意不够。以往的研究对四库提要自身的价值及存在的问题研究较为充分，但对提要相互之间关系的分析注意不够。同时，传统的提要研究注重于史实考辨与文字正误，较少注意从学术史、思想史等角度作分析。

第三，研究成果不平衡。以往主要偏重于对文渊阁提要及《总目》的研究，对文溯阁、文津阁提要等关注不够。文澜阁提要因为以前看不到，所以有关研究成果几乎空缺。

第四，四库提要的研究与四库本的结合注意不够。这可能与以前四库本阅读不易有关。在上个世纪 80 年代文渊阁《四库全书》影印之前，社会上很少有人能看到此书。在文渊阁本影印之后，其他如《四库全书荟要》、文津阁《四库全书》、文澜阁《四库全书》一般也都难以看到，四库本使用的困难依然存在。这导致四库提要与四库本的比较难以进行。

可喜的现象是，随着有关四库提要文献的不断出版，上述问题正在得到改变。

二、四库提要比较研究[①]

关于四库提要之间的差异，早在民国初期就已经有人注意到了。1915 年，刘承幹在为林鹤年撰《四库全书表文笺释》所作“序”中写道：“予爱读提要，常欲求分纂提要诸人之书，以考校其论议之同异。癸丑，得翁苏斋学士所纂提要书稿一百五十册，则与今本提要殊异者甚多。苏斋之学故与河间不同也。”[②]刘承幹指出他看到的翁方纲（苏斋）分纂稿与由总纂官纪昀（河间）最后定稿的《总目》差异很大，并认为这是因翁方纲与《四库全书》总纂官纪昀学术观念不同的缘故。

民国时期，国内曾有多次影印《四库全书》的计划，但均因工程浩大，未能实现。1927 年，陈垣与阚铎、陶湘、尹炎武共同倡议先印《四库全书》书前提要（陈垣等称之为“原本提要”）。在其所列举的七点理由中，第一点即是因为《总目》与书前提要之间存在有许多差异，其文云：“现行《四库全书总目》，本撷取各书提要而成，后经文达笔削以归一贯，其间排列次第，与阁中所

① 本节由课题组成员鲁秀梅撰写。

② 林鹤年《四库全书表文笺释》卷首，民国吴兴刘承幹刻《求恕斋丛书》本，第 1 页。

庋,出入固多,而尤以提要原文相差太甚。(原本提要与现行《总目》相对,无有一编无异同者,其通编不同,各类皆有;与《总目》互校异同详略,亦不胜其列举也。)"[①]文中提出通过书前提要与《总目》的比较,可以使得"文达笔削之权衡,与诸儒专精之所在,皆跃然纸上"。

刘承幹、陈垣等人的发现、呼吁,使一些研究者把目光投向了各提要差异的研究上。1931年,杨家骆在所撰《四库全书概述》中写道:"余曾赴杭就读文澜阁书,求一验其说(江按:指上述陈垣之说)。原本提要则较《总目》为简略。闻各阁本亦互有不同。邵晋涵《四库全书提要分纂稿》一名《南江书录》,姚鼐《惜抱轩书录》亦当时分纂之稿,与原本提要及《总目》更多异同。近人刘承幹《四库全书表文笺释序》曰:'癸巳[②],得翁苏斋学士所纂提要书稿一百五十册,则与今本提要殊异者甚多云。'余拟将现存四阁书及邵、姚、翁等人分纂稿与《总目》详校一过,以求先后增删之迹,而窥其用意之所在也。(详拙作《四库全书总目别编编纂计划书》中)"[③]可见其比较的范围更广泛,其分析也更细密。不过他们都只是注意到了这个问题,而未能作具体研究。

郭伯恭《四库全书纂修考》中,通过对文津阁《四库全书》书前提要与《总目》及邵晋涵《分纂稿》的比较,得出"书前提要亦经纪氏整齐划一,可窥分纂诸儒之精神者极鲜,缘书前提要乃供皇帝乙览之便,故文体简洁;而《总目提要》乃专详于学术考证之材料,故文体繁琐"之结论[④]。但也仅对提要繁简的差异作简要判断,并未就内容之差异作出论述。

其后,余嘉锡的《四库提要辩证》,多次运用文津阁《四库全书》书前提要来说明《总目》的谬误,但未对此问题作专门性研究。

1979年,刘汉屏发表《略论〈四库提要〉与四库分纂稿的异同和清代汉宋学之争》一文,文中从二者篇目、文字、思想进行比较,并从《提要》的思想看清代汉、宋学之争[⑤]。这在当时的"四库学"研究中角度较新颖,内容也比较

---

① 《景印四库全书原本提要缘起》,《中华图书馆协会会报》第3卷第3期,1927年。转引自孙彦等选编《民国期刊资料分类汇编·四库全书研究》,第1342页。

② 刘承幹原文作"癸丑",即民国二年,见上所引。此作"癸巳"有误。

③ 杨家骆《四库全书概述》—《文献》—《编纂·〈四库全书总目提要〉及〈四库全书简明目录〉》,第27页。

④ 郭伯恭《四库全书纂修考》第十一章《四库全书总目提要》,第216页。

⑤ 刘汉屏《略论〈四库提要〉与四库分纂稿的异同和清代汉宋学之争》,《历史教学》1979年第7期,第40—44页。

丰富。

罗琳意识到比较分纂提要、原本提要以及《总目》可领略到清代乾嘉时期诸儒的不同学术风格和专精所在，在《〈四库全书〉的“分纂提要”“原本提要”“总目提要”之间的差异》一文中把三种提要的差异归纳为版本、分类、内容考证的不同，并指出从中可以窥见到当时不同学派对历史上人物的不同评价①。

黄爱平《四库全书纂修研究》从三个方面对四库提要的异同情况作了研究。一是《总目》与纂修官原撰提要的比较，通过举例论述，认为分纂稿与《总目》几乎无一相同，从观点看法、篇目内容到风格体例、语言文字等方面，都有改动，而经过修改之后的《总目》更趋向于当时学术发展的潮流，也更符合统治者的意愿，《总目》基本上成为了“钦定”的官修目录。二是《总目》与阁本提要的比较，与《总目》相比较，阁本提要还不成熟，在文字、体例、内容等方面都存在一些问题，反映了纂修官原撰提要向《总目》定稿进行过渡的情况。而《总目》则体例整齐，思想统一，注重指示学术门径，详于内容介绍、文字考订、得失评论乃至源流叙述，在阁本提要的基础上有了进一步提高。三是阁本提要的相互比较，由于《总目》本身的不断改动以及钞手的任意删节等诸种因素，阁本提要之间颇有一些异同详略之处。这不仅反映了《总目》在修改成书过程中的一些情况，也揭示了全书纂修成书工作中的一些弊端②。

陈晓华的《“四库总目学”史研究》在《〈四库全书总目〉之编撰及流传》一章中，也专门研究了《四库全书》提要之间的关系问题。作者将分纂提要、书前提要与《总目》分别作了细致的比较，指出分纂提要因其在三类提要中雏形的地位，故对于见知撰写提要的各学者的学术观点，辨证《四库全书总目》，辨章学术，考镜源流，是第一手资料，可很好地起到存史证史的功效。书前提要在揭示《四库全书总目》庐山真面目等方面也有重要的价值。《四库全书总目》略去的各提要告成的时间，书前提要均有，各提要成书的时间差，为我们比勘各提要，揭示四库修书的真相提供了便利。《总目》的一些错误也可以依靠书前提要作订正③。

① 罗琳《〈四库全书〉的“分纂提要”“原本提要”“总目提要”之间的差异》，《古籍整理与研究》1991年第6期，第229—234页。

② 黄爱平《四库全书纂修研究》第十二章，第311—341页。

③ 陈晓华《“四库总目学”史研究》第一章《〈四库全书总目〉之编撰及流传》，第59—89页。

刘玉珺《四库唐人文集研究》不同意以往那种只是对四库提要作概括略举比较的研究方式，指出在研究的客观条件完全具备的情况下，如果仅作这样的研究是难以得出令人信服的结论的。作者提倡对诸种提要作一一比较，因此本书专门用一章篇幅对四库唐集提要作了比较研究①。

张传峰、司马朝军、熊伟华、张其凡、乐怡等也都对各提要的差异作了研究，探讨了形成差异的原因。

荣国庆《纳兰容若与〈四库全书荟要〉提要》(《图书馆工作与研究》2015年第9期)，以纳兰容若《通志堂集·经解序》与《荟要提要》相校，认为四库馆臣提要分纂稿以纳兰容若书序略加增删而撰写提要3种，截取其说以为提要内容16种。《荟要》经部图书的选录深受《通志堂经解》的影响，这点无容置疑，但《荟要提要》与《通志堂集·经解序》之间是否存在荣文所说的这种情况，还可以再讨论。

王婷《〈四库全书荟要〉史部提要考订》(《新世纪图书馆》2014年第10期)以史部提要为例，将《荟要提要》与它本《四库全书》提要作一综合比对，以《荟要提要》证《四库全书》提要之误，也以《四库全书》提要证《荟要提要》之误。

随着新的提要文献的发现与整理，同时也有了一些相应的研究论文。台湾大学中文系教授夏长朴《〈四库全书总目〉研究的新资料——台北"国图"所藏〈四库全书初次进呈存目〉》一文，是最早对《四库全书初次进呈存目》进行研究的论文②。论文重点在讨论《四库全书初次进呈存目》的编纂时代，以确定这部书稿在研究《四库全书总目》编纂上的定位，附带也讨论其文献价值。论文指出其文献价值在于：现存分纂稿过少，《初次存目》编纂较早，也较接近分纂稿原貌，对探讨《四库全书总目》逐步形成的过程，可以提供更多的资讯；《存目》一书二提要的现象，可以作为讨论分纂稿、《四库全书》书前提要与《总目》提要差异的参考；比对《初次存目》与阁本《四库全书》书前提要、《总目》提要，可以看出四库馆臣在编辑《四库全书》的过程中存有刻意加入某些学术观点的现象。因为要通过比较来研究，所以论文中有许多内容涉及对《荟要》的

---

① 刘玉珺《四库唐人文集研究》第四章《四库唐集提要研究》，巴蜀书社，2010年，第236—318页。

② 夏长朴《〈四库全书总目〉研究的新资料——台北"国图"所藏〈四库全书初次进呈存目〉》，北京师范大学古籍与传统文化研究院主办《第二届中国古文献与传统文化国际学术研讨会会议论文集》，该校"学术活动"网页，http://www.bnu.edu.cn/xzhd/39088.htm。

研究。例如论文指出要判定《初目》的编纂时间,可以用分纂稿与《总目》作为基准,三部《四库全书》、摛藻堂《四库全书荟要》等提要的编辑时间为辅,加以比对参考。

刘浦江《四库提要源流管窥——以陈思〈小字录〉为例》(《文献》2014 年第 5 期)一文,以陈思《小字录》为例,仔细比较了《四库全书初次进呈存目》,上海图书馆、天津图书馆藏《四库全书总目》残稿,文渊阁本、文溯阁、文津阁和文澜阁本书前提要,殿本和浙本《总目》各种提要的差异,对四库提要之源流作一个案研究,以深入认识四库提要各种文本的复杂衍变过程。

纂修官撰写的分纂稿,是四库全书馆自行撰写的最初的提要,对后来产生的其他类型的四库提要有重要影响,所以分纂稿与其他四库提要的比较研究,也为许多研究者关注。

徐雁平《〈惜抱轩书录〉与〈四库全书总目〉之比较》(《文献》2006 年第 1 期)以姚鼐《惜抱轩书录》为例,将其与《四库全书总目》中对应提要作较全面的比较,进一步明晰"分纂提要"与"总目提要"之异同,其意一方面在了解《总目》编纂的具体过程,另一方面在证示"提要"作为一种应用文字其"体制"上的独特性。

熊伟华、张其凡《〈惜抱轩书录〉与姚鼐的学术倾向》(《史学月刊》2007 年第 5 期)指出从姚鼐所撰的四库提要初稿集被《总目》采弃的情况中能充分地看出姚鼐与当时的《四库全书总目》总纂官在学术观点上的分歧,使后人得以了解当时的汉宋之争,了解《总目》是如何损益姚稿,以达到一统思想、规范文字之目的的。

苏虹《关于邵氏〈四库全书提要分纂稿〉》(《图书馆学刊》2005 年第 5 期)通过对邵晋涵撰分纂稿和《总目》的比较,概括分析了分纂稿和《总目》的关系以及分纂稿的应用与价值。

翁方纲所作《四库全书》提要底稿近千篇,是现存最多的。乐怡《翁方纲纂〈提要稿〉与〈四库提要〉之比较研究》(《图书馆杂志》2006 年第 4 期)一文,通过翁稿与《四库全书》对图书著录、图书取舍及分类、图书编排,以及内容异同等对比研究,说明了《四库提要》编纂过程中对书籍之处理标准、分纂官与总纂官之责任关系、提要之修改等问题的基本情况。

余集撰写的分纂稿留存不多,故对其所作的研究的也不多。李祚唐《余集〈四库全书〉提要稿研究价值浅论》(《学术月刊》2001年第1期)对余集所撰分纂稿作了专门研究。指出其撰写体制、内容与总目、阁本提要有诸多明显的不同,诸如卷数、作者生平和叙述内容与方式,以及粘贴处的书种卷目等,为邵晋涵、姚鼐、翁方纲等撰提要所未见。所以,余集提要对于研究四库提要原始面貌及其演变,具有不可替代的特殊价值。

崔晓新《〈四库提要〉是怎样借鉴朱彝尊序跋的》(《图书馆工作与研究》2011年第7期)指出清乾隆年间编纂的《四库提要》继承吸收了前人大量的目录学成果。本文讨论了《提要》对朱彝尊序跋的借鉴吸收情况,其中《荟要》收录的图书有《六经奥论》《重刊玉篇》等。这为研究《荟要提要》的文献来源提供了新的视角。

四库纂修官撰写的分纂稿,其中有许多与《荟要提要》有关系,比较相互的联系和差异,有助于更好地研究《荟要》,也可以更好地研究《四库全书》。

近年来还出现了一批以四库提要或四库提要比较为研究对象的博硕士论文。四库提要研究主要是对《四库全书总目》的研究,这方面的成果有《〈四库全书总目〉集部研究》(华中师范大学柳燕博士论文2008年)、《个体性与公共性之间:〈四库全书总目〉阐释思想之精神》(湖南大学郭胜男硕士论文2010年)等。柳燕的论文综合《四库全书总目》集部总叙、部类小序以及众多独立的解题文字,分别对《总目》集部中的楚辞类、别集类、总集类、诗文评类和词曲类、集部存目进行研究,总结了《四库全书总目》对各个部类总体的批评和认识。2015年由湖北人民出版社出版。

以四库提要比较为研究对象的论文有:

赵涛的博士学位论文《〈四库全书总目提要〉学术思想与方法论研究》(西北大学2007年)试图通过对翁方纲、姚鼐、邵晋涵、余集四家分纂稿与《四库全书总目提要》的比勘和分析,从学术史、思想史高度深入研讨影响《四库全书总目提要》学术思想和方法论的各种因素,揭示和诠释《四库全书总目提要》的学术思想及方法论的内涵和实质,理解并把握其学术思想和方法论的真正意义和价值。

段又瑄的硕士学位论文《四库分纂稿、阁书提要和〈总目〉提要之内容比较分析——以集部为例》(台湾大学文学院图书资讯学系2008年)着力于三种提要的比较分析,希望藉三种提要内容撰写的差异与改变,更进一步了解四库提要的内涵与撰写方法。论文对提要目录的流变，分纂稿、阁书提要和《四库全书总目》提要之特色，三种提要内容之更改等都有分析。

鲁秀梅的硕士学位论文《〈四库全书〉子部儒家类提要考论》（南京师范大学 2014 年）对子部儒家类有关提要体现的思想特征作了综合考察，并比较分纂稿、《初目》、《荟要提要》、阁本提要、《总目》及《简明目录》之间的差异。内容涉及王学及王学批评、“门户”及朋党问题、朱熹及其著作的评价、吕祖谦及其著作的评价、敕撰本提要对皇帝颂扬程度的差异等。

赵喜娟的硕士学位论文《文渊阁、文津阁〈四库全书〉提要考校——以集部别集类（汉魏至宋代中期）为例》（南京师范大学 2013 年）以文渊阁提要与文津阁提要为研究对象，以分纂稿、《初目》《荟要总目提要》、文溯阁提要、《总目》《简明目录》等为参校本，研究阁本提要的差异。

刘志勇的硕士学位论文《〈四库全书总目提要〉唐诗批评渊源考述》（广西师范大学 2010 年）以《总目》的唐诗批评作为研究对象，考证其批评渊源，论述其学术意义，评估《总目》在唐诗批评史上的地位。论文附录一《文渊阁、文津阁、文溯阁、四库荟要、分纂提要与〈总目〉唐诗集异同例示表》，专门比较各本四库提要的异同。

张春国的博士学位论文《四库明人别集研究》（南京师范大学 2015 年）第四章对四库明集诸种提要关系进行了比较与研究。论文指出对各提要进行比较是研究各提要之源流关系之基础，可据此反观四库全书纂修及提要撰写之复杂状况，并可从中窥见各提要修改之轨迹；各提要文字差异有些系抄手笔误，有些则为底本不同所致，通过对诸版本比较，可判断哪些为抄者笔误，哪些系所据底本不同；对诸提要的比较，可以校勘各提要及相关材料之误；比较研究可以客观评价各提要之独特价值与不足之处。

陈恒舒的博士学位论文《四库全书清人别集纂修研究》（北京大学 2013 年）以抄入《四库全书》的清人别集为主要研究对象，第六章讨论清代别集提要的改定。笔者通过多种提要版本的比对，勾勒出了某些别集提要面貌的变化轨迹，同时还对馆臣改定提要的手法进行了分析。从提要分纂稿到最终的殿本《总目》，内容不断丰富，言辞不断修缮，撰写体例、评价体系都渐趋一致，而其中的官方色彩与政教意图也通过借题发挥的形式得到强化。

这些论文涉及的大多是以前学者没有注意到的问题。论文反映了一批青年学子对四库提要文献的关注，也说明“四库学”成为高校教师注意的一个领域。

综上所述，研究者对于各提要差异的问题都比较关注，分别从不同的角度对此作出了相关研究。这些研究成果为以后进一步的研究打下了良好的基础。

第二节　分纂稿与《荟要提要》

《荟要凡例》规定：“编纂《四库全书》，悉仿刘向、曾巩等序录之例，每书标叙撰人姓氏、爵里、仕履及著作大旨，列于简端。兹《荟要》亦如其例。”这里具体规定了《荟要提要》的基本内容。《荟要》收录图书共 464 种。其中《春秋权衡》提要遭水渍无法考辨，《钦定明史》原无提要。所以实际有提要 462 篇。又《荟要》中《王右丞诗集》一种《总目》未收，《总目》所收为清赵殿成撰《王右丞集笺注》；陆游《放翁逸稿》一种，在《总目》中，《放翁逸稿》与《渭南文集》合一种，未对《逸稿》作专门说明，故无法进行比较。这样《荟要提要》可资与《总目》比较的提要共 460 篇。

《荟要提要》是根据什么撰写的？或者说《荟要提要》的文献来源是什么？现存《荟要提要》的文献来源不是都能说明清楚，但有一些提要的来源是清楚的。就这部分提要来看，主要来源于以下几个方面：分纂提要、《初目》、《武英殿聚珍版》提要、文渊阁提要。此外有些提要可能还借鉴、吸收了其他文献如《通志堂经解》成德撰“序”、朱彝尊《经义考》有关序跋、收录各书原有序跋等的内容。以下依次讨论，先看分纂稿和《荟要提要》的关系。

分纂稿即分纂提要，是各纂修官分工撰写的提要。这是四库全书馆自行撰写的最初的提要。现存分纂稿有翁方纲、姚鼐、邵晋涵、陈昌图、余集、邹奕孝、郑际唐、程晋芳、庄通敏等家。这些分纂稿大多收入《四库提要分纂稿》一书中。这些分纂稿涉及的图书，《荟要》也收入且可用以比较的有翁方纲、姚鼐、邵晋涵、余集几家。

现存分纂稿数量不多，可与《荟要》相比较的尤少，所以这方面的分析不容易进行。就可以比较的分纂稿来看，它们和《总目》之间往往有很多差异，而与《荟要提要》更为接近。从某种意义上也可以说《荟要提要》起到了分纂稿与《总目》之间的过渡作用。

一、翁方纲分纂稿与《荟要提要》

翁方纲(1733—1818),字正三,号覃溪,晚号苏斋,顺天大兴(今属北京)人。文学家、金石学家。乾隆十七年进士。授编修。官至内阁学士。三十八年,清廷开设四库全书馆,翁方纲被荐为纂修官。在馆任职期间,常与其他纂修官切磋商讨。

翁方纲分纂稿现存982篇[①],是现存《四库全书》分纂稿最多的。2000年上海科学技术文献出版社影印出版了《翁方纲纂四库提要稿》,又于2005年上海科学技术出版社出版了吴格的整理本《翁方纲纂四库提要稿》。翁稿并收入了2006年上海书店出版社出版的吴格、乐怡标校整理的《四库提要分纂稿》。

由于翁方纲提要稿存世较多,所以引起了许多研究者的关注。在一些四库学研究论著或翁方纲研究论著中,都有对翁方纲提要稿的研究。不过这些研究大多关注于翁稿和《总目》的比较,很少有将翁稿与《荟要提要》作比较研究的。本文将主要探讨翁稿与《荟要提要》的关系。

1.《荟要提要》来自于翁稿而评价不同

有些《荟要提要》与翁稿几乎完全相同,仅有几处差异,可以看到与翁稿的密切关系。当然尽管两篇提要许多地方相同,但并不是说《荟要提要》就完全照抄翁稿,实际上《荟要提要》往往也有自己的见解。

如元虞集著《道园遗稿》一条,《荟要提要》与翁稿基本文字相同,但在评价上有一些明显的差异。翁稿云:

> 后人又编其诗文曰《道园类稿》,与《学古录》互有出入。此《遗稿》一编则其从孙堪所补编也。凡古、律诗七百四十一篇,附以乐府,刻于至正十四年。而其中有《类稿》所已载者百余篇,其《类稿》所无者五百余篇而已。集之诗文为有元一代冠冕,当时门人李本编《学古录》时,已有"泰山

① 吴格、乐怡标校整理《四库提要分纂稿》"前言",第3页。

一豪芒”之叹。其续加搜访者，或犹有未尽焉①。

《荟要提要》云：

后又编其诗文曰《道园类稿》，与《学古录》互有出入。此遗稿一编，则其从孙堪补辑也。凡古、律诗七百四十一篇，附以乐府，刻于至正十四年。其中有《类稿》已载者百余篇，而《类稿》所无者尚五百余篇。集之诗文为有元一代冠冕，而稿多散佚。当李本编《学古录》时，已有“泰山一豪芒”之叹。堪续加搜访，用心甚勤，虽不能搜括无遗，然挂漏者亦已少矣。

经过比较可以看到，尽管《荟要提要》的基本内容即来自于翁稿，但评价却有两点不同。第一，翁稿认为虞集从孙虞堪所编《道园遗稿》，尽管有741篇，但其中《道园类稿》中已有百余篇，所以认为《道园遗稿》所录为《道园类稿》所无者，仅有五百余篇。似乎对《道园遗稿》所辑颇不满意。而《荟要提要》认为《道园遗稿》所辑尽管有已见于《道园类稿》的，但其书所无的还有五百余篇，对虞堪所辑颇为赞许。第二，翁稿指出“其续加搜访者，或犹有未尽焉”，认为还有继续搜辑的余地，言下之意也是对虞堪之辑佚不甚满意。而《荟要提要》则认为虞堪“用心甚勤”，已尽心力。《荟要提要》还特别强调，虞集诗文尽管数量很多，但“而稿多散佚”。这增加了搜辑的难度。因此尽管虞堪所辑也存在遗漏的可能，“不能搜括无遗”，但认为挂漏者并不多。由此看到，翁稿对虞堪所辑多有保留之意，而《荟要提要》对虞堪则多有表彰之意。平心而论，在所辑741篇诗篇中，有百余篇重复，其重复率并不高，况且这些重复的诗篇中有些可能还存在着文字差异。所以虞堪的搜辑还是很尽心的，《荟要提要》的评价更为中肯。后来《总目》云：“此编《类稿》所已载者仅百余篇，《类稿》所未载者尚五百余篇。集著作虽富，而散佚亦多，当李本编《学古录》时已有‘泰山一豪芒’之叹，则云烟变灭者不知凡几。堪续加搜访，辑缀成编，纵未能片楮不遗，要其名篇隽制，挂漏者亦已少矣。”也是肯定了虞堪搜辑之功，与《荟要提要》评价相同。

① 吴格整理《翁方纲纂四库提要稿》，上海科学技术出版社，2005年，第801页。

翁稿与《荟要提要》对李东阳《怀麓堂集》的不同评价，反映了两者之间对明代诗派的不同看法。不过这篇提要，虽然翁稿与《荟要提要》文字差异甚大，但介绍其文集篇卷一段文字大致相同，由此仍可以看到两者之间的某种联系。

2.《荟要提要》脱胎于翁稿而提出新见

有些收入《荟要》的图书，翁方纲已写有提要，但或由于过于简略，或由于观点不同，难以在原有基础上改写，所以《荟要》重新撰写了提要。

《圭斋文集》此书有翁方纲分纂稿，但《荟要提要》未采用，而是重新写了。后来文渊阁提要即在《荟要提要》基础上再加补充而成。

明王守仁撰《王文成全书》提要重写，主要在对作者及此书性质的认定有差异。翁方纲分纂稿主要从学问、事功的角度来认识并评价的，其文云："守仁之学，世或有议之者，顾其处武宗之世，危疑日积，而神明湛然，卒能定乱靖邦，实见施行，学人之能事，如是足矣。而编其集者仍以《朱子全书》之例类之，冠以《传习录》，附以《朱子晚年定论》，则以全书皆为讲学之书矣。然学问、事功皆有不可没其实者。"《荟要提要》虽也承认了作者的气节、事功，但重点在评述其文章的成就，也就是说主要是从文学的角度来评述作者及此书的，其文云："守仁勋业气节，卓然见诸施行，而为文博大昌达，诗亦秀逸有致。不独事功可称，其文章自足传世也。"两者难以统一，于是重新撰写了提要。

也有的时候既有观点不同，也因存有顾忌，因而《荟要》所收录图书有部分改写、甚至重新撰写提要的问题。金元好问辑《中州集》提要，就可以看到这种情况。兹就这篇提要中的评论部分列举如下。翁稿云：

> 好问于金源君臣遗言往行，采摭著述，葺野史之亭，述壬辰之编，不特意在搜考遗文，而且于叙略小传，兼寓史家微意。其自题集后句云"百年遗稿天留在，抱向空山掩泪看"，可以见其心矣。应重校刊之。

《荟要提要》云：

> 其例每人各为小传，详其始末，兼评其诗。或一传而附见数人，或附

载他文，或兼及他事。大致主于借诗以存史，故旁见侧出，不主一格。王士祯《池北偶谈》尝论其记蔡松年事，不免曲笔，盖亦白璧之瑕，不足以累全体矣。惟大书刘豫国号、年号，颇乖史法。然豫之立国，实金朝所命。好问，金之臣子，宜有内词，固不得而擅削之，亦未足以是为咎也。

两篇提要，重要的区别有两点。首先看第一点。两篇提要都认为《中州集》不是一般的诗词选本，而是有着鲜明的"史"的意识的，这一点前人已经指出。钱谦益编《列朝诗集》，在序中引程嘉燧语就云："中州之诗，亦金源之史。"[①]这一点两篇提要并无歧义。确实，元好问一直在收集史料，准备纂修《金史》。《金史》卷一百二十六《文艺传·元好问传》云："晚年尤以著作自任，以金源氏有天下，典章法度，几及汉唐。国亡史作，己所当任。"又谓："好问曰：不可令一代之迹泯而不传。乃构亭于家，著述其上，因名曰野史。凡金源君臣遗言往行，采摭所闻。有所得，辄以寸纸细字为记录，至百余万言。今所传者有《中州集》及《壬辰杂编》若干卷。年六十八卒。纂修《金史》多本其所著云。"可见元好问不仅有强烈的"史"的意念，而且还在为此作积极准备。《中州集》的编选，也体现这一思想。两篇提要的区别在于，这种浓厚的史学思想是通过什么方式体现出来的。

翁稿认为主要是通过作者传记的撰写体现出来的，"不特意在搜考遗文，于叙略小传，兼寓史家微意"。而《荟要提要》则认为主要是通过所选录的诗篇体现出来的。这也就是"借诗以存史"，还是"借传以存史"的分歧。今也有人指出，《中州集》"存史"主要靠其中的作家小传，实为"借传以存史"[②]。元好问借选诗的方式来达到为金源文人士大夫立传之目的，编选《中州集》可以看作是元氏修史存史的一种特殊形式。因此《中州集》不仅是一部诗词选集，也是一部别开生面的史学著作。其文学价值自然是体现在其中所选的诗词作品中，而其史学价值则主要体现在作家小传部分。论文证据充分，论证严密，可谓很好地解释了上述争论的问题。

---

① 清钱谦益《列朝诗集》卷首，清顺治九年毛氏汲古阁刻本，《四库禁毁书丛刊》集部第95册，第2页。

② 裴兴荣、张晶《"借传以存史"——〈中州集〉史学价值新论》，《北方论丛》2007年第1期，第110页。

再看第二点。翁稿引用了元好问《自题中州集后五首》中"百年遗稿天留在,抱向空山掩泪看"的诗句,并指出"可以见其心矣"。翁方纲在这里揭出了一个编选者的"心"的问题。这个所谓的"心"的具体内涵是什么?根据翁稿所引诗句、编选者元好问的遭际及《中州集》的实际内容,我们认为所指即一种"遗民"心志。正如胡传志在其博士学位论文《〈中州集〉研究》中讨论"《中州集》的编纂动机"时所指出的那样,"这一动机根源于效忠故国的遗民思想"①。翁稿揭示了这一点。不过在当时特殊的背景下,翁方纲无法清楚地加以说明元好问这一心志,只好含糊其辞。但其独引"百年遗稿天留在,抱向空山掩泪看"这一诗句,多少也说明了一些问题。这个问题相对于上一个问题更为敏感,以致《荟要提要》有意无意完全忽略了这一点。

以上两个问题又是相互有联系的。虽然对诗篇的选择也体现着编选者的意图,但不如对小传的撰写能更加直接显示作者的意图。《荟要提要》有意引导读者注意诗篇,而不是去注意本书的人物小传,也就是要读者忽略此书的历史意识。《荟要提要》完全废弃翁稿,在提要中已看不到对元好问编选《中州集》这一思想意蕴的任何揭示。这说明以总纂官为代表的四库馆核心馆臣更能领会皇帝的意图。《荟要提要》的修改后来也全部被《四库全书》书前提要及《总目》采纳。

翁稿虽然文字不多,但颇能揭示元好问编辑《中州集》之意蕴。而且翁氏对此书评价极高,最后还建议要"校刊之"。按照乾隆帝的旨意,纂修《四库全书》时,只有最重要的图书方予以刊刻。可惜现今好多研究者都没有注意到翁稿的观点。此外现今的研究者也都没有很好地注意到《总目》的一些观念,其实早就存在于《荟要提要》中。翁稿与《荟要提要》差异的比较,可以更好地说明《四库全书》纂修思想的演化情况,也有助于我们更好地认识翁稿的价值。

除上述各篇外,其余如唐元结撰《元次山集》、杜牧撰《樊川文集》、宋黄庭坚撰《山谷集》、揭傒斯撰《文安集》等书,也可以看到《荟要提要》与翁稿之间的密切关系,可以看到《荟要提要》脱胎分纂稿的痕迹。当然也有分纂稿未被采用的,如明沈周撰《石田诗选》、李梦阳撰《空同集》、何景明撰《大复集》等,

① 胡传志博士学位论文《〈中州集〉研究》提要,《文献》1995年第1期,第57页。

《荟要提要》均未采用翁稿。

3.《郭氏传家易说》提要的分析

以上分析了翁方纲分纂稿与《荟要提要》的关系。这些分纂稿均见于《翁方纲纂四库提要稿》，一般人都能注意到。翁方纲还有一类提要稿，则通常容易被人忽略，这就是收录在《武英殿聚珍版》中的书前提要。此处以与《荟要提要》有关系的《郭氏传家易说》提要为例。

《郭氏传家易说》一书的提要，现有分纂稿、《武英殿聚珍版》提要、《荟要提要》、《四库全书》书前提要、《总目》等多篇。这篇提要非常值得关注。

首先是此书有翁方纲、姚鼐两篇分纂稿。这种情况就现存分纂稿来看极为少见。其次就几篇提要之间的内容看，翁方纲分纂稿虽说撰写时间较早，但后来并未被采用，四库提要采用的是姚鼐分纂稿。翁方纲分纂稿文繁不录，现将姚鼐分纂稿与《武英殿聚珍版》提要对照如下：

姚鼐分纂稿云：

《郭氏传家易说》十一卷，宋郭雍著。雍字子和，洛阳人。父忠孝，受学程子，尝著《兼山易解》矣。靖康中忠孝以提刑死难于关西，其书散逸。雍遭乱后隐居峡州长杨山谷，著此书述其父志。乾道中，守臣荐于朝，旌召不起。遣官受所欲言，乃以《传家易说》进。雍是书虽云原本父说，而实多出于自得者。朱子云《兼山易》"溺于象数之学"，今观雍书，大抵剖晰义理，与程子《传》相似。雍之言曰："《易》之书，其道其辞，皆由象出，未有忘象而知《易》者。然如首腹马牛之类，或可忘，此象之末也。"其说如是，殆非溺象数者。宋人辑《易》说，往往摈忠孝父子。谓程子之葬也忠孝不会，以为背师。夫士能抗节死难，宜其生平笃于义矣。当葬程子之时，忠孝容有他故不及赴邪，抑诚不免趋舍形势而卒乃晚盖者邪，然奈何遂以罪及其子哉。雍又以孔子《彖传》为《彖辞》，故为世所非。然自汉扬雄、刘歆之伦谓孔子作《彖》《象》，沿及魏高贵乡公之告诸儒亦然。以孔子之传为《彖》《象》其来久矣，岂必雍始误邪。夫汉晋以来言《易》之书尤众于他经，溺象数者其说支而近诬。宋、元之间以义理言《易》者，率阐程子之绪余，而所见之理或非精密果足补程《传》之阙，而祗益为繁芜，所谓"中无所得而喜著书为名"者与。是书虽若未见大越于其伦者，要其学为程子支流，而雍之生平亦有合“履道坦坦，幽人之吉”。言《易》者虽多，如雍终可谓无愧立言者已[①]。

《武英殿聚珍版》提要云：

臣等谨案：《易说》十一卷，宋郭雍撰。雍字子和，洛阳人。父忠孝，受学于程子，著《兼山易解》。靖康中为永兴军路提刑，死难，其书散逸。雍遭乱后隐居峡州长杨山谷，著为此书。乾道中，守臣荐于朝，旌召不起，赐号冲晦处士，后更赐称颐正先生。遣官受所欲言，乃以《传家易说》进。雍是书虽云本其父说，而实多出于自得。朱子云《兼山易》“溺于象数之学”，今观雍书，大抵剖析义理，与程《传》相似，非溺象数者也。雍之言曰：“《易》之为书，其道其辞，皆由象出，未有忘象而知《易》者。如首腹马牛之类，或时可忘，此象之末也。”其说如此，殆与其父意不必尽同。雍又不以卦辞为《彖》，而谓观乎《彖辞》者，即孔子自谓其《彖传》。是说为世所非，盖循王弼本之误，不识古本，故至于此。要其学为程子之支流，而其平生自处，亦有合“幽人坦坦，履道之吉”，可谓无愧于立言者已。乾隆四十年正月恭校上。总纂官侍读臣纪昀、侍读臣陆锡熊，纂修官臣翁方纲。

这两篇提要虽说有差异，但仍可以看到两者之间的联系。《武英殿聚珍版》提要大致以“其说如此，殆与其父意不必尽同”为界，分为前后两部分。之前两者内容基本相同，仅个别词语有差别，语句顺序也有一些调整。后一部分两者文字上有出入。姚稿针对“宋人辑《易》说，往往摈忠孝父子”这种现象，一一作了辨析。一是辨明郭忠孝为何未参加其师程颐葬仪之事，二是辨明郭雍以孔子《彖传》为《彖辞》的讹误问题。最后对此书的学术价值、对郭雍传承程颐的易学思想乃至作者的品格，都作了充分的肯定。《武英殿聚珍版》提要删去了关于郭忠孝的记载，可能考虑到《郭氏传家易说》为郭雍所著之书，在提要中辨析其父之事并无必要，且使行文拖沓。但就关于此书的评价等方面看，其观点与姚鼐并无二致。而且姚鼐稿最后谓“要其学为程子支流，

① 姚鼐《惜抱轩书录》卷一，第1页。

而雍之生平亦有合'履道坦坦，幽人之吉'。言《易》者虽多，如雍终可谓无愧立言者已"这些结论性的文字，也被《武英殿聚珍版》提要采用。从《武英殿聚珍版》整篇提要看，实际上只是对姚稿作了适当的删节，并无增添新的内容。

然而令人意外的是，《武英殿聚珍版》提要采用的虽然是姚鼐的分纂稿，但纂修官署名却是翁方纲。这颇令人费解。翁方纲撰有本书分纂稿，这一点没有疑问，《翁方纲纂四库提要稿》中不仅收有其所撰提要，还有其札记，那为什么《武英殿聚珍版》提要的内容与署名不一致呢？出现这种情况的原因目前没有直接的文字记载，我们只能加以推测。

出现两篇分纂稿，可能与同书异名有关。例如翁方纲分纂稿有《汉旧仪》提要，陈昌图分纂稿有《汉官旧仪》提要，实际上《汉旧仪》与《汉官旧仪》即同一部书。又如陈昌图分纂稿有《城南记》提要，翁方纲分纂稿有《游城南记》提要，这也是同一部书。但仅从书名看，《汉旧仪》与《汉官旧仪》、《城南记》与《游城南记》，确实容易使人认为是不同的著作。在四库馆中分配图书撰写提要时，如果没有一一核对原书，可能就会把书名不同而实际是同一部著作的图书分给不同的纂修官。郭雍此书翁方纲分纂稿书名题作《传家易说》，姚鼐分纂稿书名题作《郭氏传家易说》，就书名看也容易认为是两部书。四库馆可能误认并分别分到了翁方纲、姚鼐名下，两人因此各自撰写了一篇提要。我们看翁方纲与姚鼐都撰有易学著作分纂稿，可以知道当初分配图书时有一定的随机性。在刊印《武英殿聚珍版》时，可能馆臣认为姚鼐分纂稿更为成熟，所以未用翁稿。

但《武英殿聚珍版》既然将姚稿用作书前提要，为什么又署名翁方纲呢？这可能与姚鼐在四库馆的经历有关。

《武英殿聚珍版》提要校上于乾隆四十年正月，但此时姚鼐已离开四库馆。姚鼐是与翁方纲一起最早进入四库馆的纂修官之一。乾隆三十八年闰三月十一日"办理四库全书处奏遵旨酌议排纂四库全书应行事宜折"云："查有郎中姚鼐，主事程晋芳、任大椿，学政汪如藻，原任学士降调候补之翁方纲，亦皆留心典籍，见闻颇广，应请添派为纂修官，令其在馆一同校阅，悉心考核。"（《纂修四库全书档案》四九）其后翁方纲一直在四库馆办事，直到乾隆四十三年供事四库馆五年期满，充殿试弥封官才离开[①]。而姚鼐在乾隆三十九

① 翁方纲《翁氏家事略记》，见《乾嘉名儒年谱》，北京图书馆出版社，2006年，第70、76页。

年秋即“乞病解官”，离开了四库馆。梁启超说：“四库馆就是汉学家大本营，《四库提要》就是汉学思想的结晶体。”[①]而姚鼐的思想基本倾向于宋学，所以姚鼐离开四库馆，主要的原因在于和馆内其他纂修官的学术观念的差异。

在这种情况下，直接用姚鼐分纂稿作《武英殿聚珍版》书前提要，且署上纂修官姚鼐之名，显然不太合适。比较可行的是将姚稿作适当修改。这样一来可以使提要更为完善，同时也可避免在书中署上姚鼐之名。提要修改者之所以选择翁方纲，可能有两方面原因。一是翁方纲也撰写过此书提要，对该书比较熟悉，所以修改较为方便。而且翁稿虽然与姚稿论述的重点有所不同，但说郭雍“其书言理，不言象数”“大旨尊程〈传〉”，对此书的评价与姚鼐是一致的。其次是翁方纲与姚鼐关系较好。在四库馆，姚鼐的“尊宋”同道极少，而翁方纲则被认为其同道之一[②]。并且翁方纲对姚鼐辞职四库馆充满着同情[③]。姚鼐辞职后，翁方纲作有《送姚姬传郎中归桐城序》[④]。因此从公道私谊来看，由翁方纲来修改都是最合适的。《武英殿聚珍版》书前提要经过了翁方纲的修改，所以就署上了翁氏之名。这些虽属推测之词，应该是比较符合实际的。

翁方纲与姚鼐学术观念接近，所以其提要虽未全部采用姚稿，但所补充基本观点仍与姚鼐一致。翁方纲的修改稿当时得到了总纂官纪昀等的认同，《武英殿聚珍版》书前提要即采用了翁氏修改稿。

虽然《武英殿聚珍版》提要为何用姚稿却署翁氏之名存有疑问，但这篇提要却有相当影响，《荟要提要》、文渊阁提要都与翁氏修改稿相同。我们比较过这三种提要，一字不差。《荟要提要》、文渊阁提要分别校上于乾隆四十一年五月、四十五年七月，可见都是直接依据《武英殿聚珍版》书前提要抄录的。而且后来校上于乾隆四十七年三月的文溯阁提要[⑤]也是依据的翁稿。

《总目》对这篇提要又作了修改，主要是在“朱子云《兼山易》溺于‘象数之

① 梁启超《中国近三百年学术史》三《清代学术变迁与政治的影响（中）》，山西古籍出版社，2001年，第22页。

② 王达敏《姚鼐与乾嘉学派》第二章《四库馆内：不称的颉颃》，学苑出版社，2007年，第39、40页。

③ 刘仲华《汉宋之间——翁方纲学术思想研究》第一章《生平、交游与著述》，中国人民大学出版社，2010年，第54页。

④ 翁方纲《复初斋文集》卷十二。

⑤ 《金毓黻手定本文溯阁四库全书提要》，第23页。

学’”一句下，增补了陆游《跋兼山易说》所说“程氏《易》学，立之(郭忠孝字立之)父子实传之”一段话，从而使得郭雍之书“大抵剖析义理，与程《传》相似”这个结论更为充实。之所以说《总目》是在翁方纲修改稿基础上、而不是在姚鼐原稿基础上进行修改的，是因为在《总目》中亦丝毫没有提及郭忠孝未参加其师程颐葬仪之事。文津阁提要①与《总目》同。《总目》初稿完成于乾隆四十六年二月②，文津阁提要上于乾隆四十九年三月，显然文津阁提要是依据《总目》誊录的。所以在《郭氏传家易说》这篇提要的定型上，翁方纲起了很大作用。

但现在的一些研究姚鼐的论著，都只是将此篇提要归之于姚鼐，而忽略了翁方纲的作用，而研究翁方纲的论著，也往往会忽略了这篇提要。这些不利于准确研究姚稿、翁稿，也不利于研究四库提要的修改情况。

二、姚鼐分纂稿与《荟要提要》

姚鼐(1732—1815)，字姬传，一字梦谷，别号惜抱，安徽桐城人。清代文学家，与方苞、刘大櫆并称为“桐城三祖”。乾隆二十八年进士。任礼部主事。三十八年，刘统勋、朱筠荐为四库纂修官。但第二年秋即“乞病解官”，离开了四库馆。姚鼐离开原因，在于与馆中同人学术观念有差异。姚鼐以宋儒之学为治学之本，而馆中其他纂修者，“竞尚新奇，厌薄宋元以来儒者，以为空疏，掊击讪笑，不遗余力。先生往复辨论，诸公虽无以难，而莫能助也”③。

姚鼐分纂稿现存89篇。《荟要提要》有以其为主要基础而撰写的，如宋郑汝谐撰《郑东谷易翼传》提要、宋郭雍撰《易说》提要、宋张栻撰《南轩孟子说》提要等篇。也有部分吸收了姚鼐分纂稿的内容。如元王恽撰《秋涧集》，姚鼐分纂稿云：“《承华事略》进于裕宗在东宫时，裕宗甚喜其书，令诸皇孙传观焉。”又云：“其《玉堂嘉话》中论辽、金不当为载记之说，尤为平允，当时所取以作《辽》《金》史者也。”《荟要提要》云：“《承华事略》二卷，乃裕宗在东宫时所撰以进者。裕宗甚喜其书，令诸皇孙传观焉。”又云：“《玉堂嘉话》……所论辽、金不当为载记之说，尤为平允，后托克托等以《宋》《辽》《金》三史并修，实

① 《文津阁四库全书提要汇编》经部，第32页。

② 黄爱平《四库全书纂修研究》第十二章《四库全书总目》(上)，第307页。

③ 郑福照编《姚惜抱先生年谱》，清同治七年桐城姚浚昌刻本，第6页。

本其说。”可见此书,《荟要提要》有些内容即取自姚鼐分纂稿。也有因姚鼐分纂稿与《荟要提要》差距很大,无法加以简单比较的,如《墨子》《丽则遗音》两部图书的提要。

以下比较唐独孤及撰《毗陵集》一书的提要。

姚鼐分纂稿云:

独孤及,字至之,仕唐代宗时,终常州刺史。有《毗陵集》二十卷。唐自贞观以来,文士沿六朝之体,开元后稍稍厌之,而未能尽返于朴。及兴于永泰、大历之间,为文尤能远藻丽之习。其后韩愈以振古之才继之,唐文遂轶东汉而复乎西京。然推其初,斫雕为朴,及盖与有功焉。及所为《景皇帝配天议》及郭知运、吕諲《谥议》,人颇推以为允。集有《马退山茅亭记》,又载柳宗元集,何焯以《记》云“岁在辛卯”,断其非及文,非也。及没于大历十三年,年五十三,上推之至天宝十年辛卯,及已二十六岁矣。《文苑英华》有《代独孤将军让魏州》《代崔使君让润州》及《贺赦》等表,今集所无。《贺赦表》云“诛翦大憝,清复阙廷,接踵之祸,又起近郊,归过罪己,降去鸿名”,此似言德宗兴元时事,及所不逮见也,疑《文苑英华》误谓及文耳①。

《荟要提要》云:

臣等谨案:《毗陵集》二十卷,唐独孤及撰。及字至之,洛阳人。官至司封郎中,常州刺史。《唐书》有传。唐自贞观以后,文士皆沿六朝之体。经开元、天宝,诗道大兴,而文则未能复古。及起于永泰、大历间,所为文乃力趋朴直,尽扫藻饰靡丽之习,其后韩柳继之,而唐之古文遂大盛。然推其始,斫雕为朴,则及最有功。是集为其门人安定梁肃所编,李舟为之序。凡诗三卷,文十七卷。其中如《景皇帝配天议》,郭知运、吕諲等《谥议》,皆粹然儒者之言,不徒以文格胜也。宋元间其集久晦,明吴宽始从内阁秘书中抄出,于是世乃有传本。又集中《马退山茅亭记》一篇,乃柳

① 姚鼐《惜抱轩书录》卷四集录,第5页。

宗元作，盖后人误入。又《文苑英华》载有及《贺赦》二表，《代独孤将军让魏州刺史表》《为崔使君让润州表》《代于京兆请停官侍亲表》，《唐文粹》有《招北客文》，凡六篇，集内并无之。按《贺赦表》所云“诛剪大憝，清复阙廷”及“归过罪己，降出鸿名”，此并切德宗兴元时事。及没于大历十二年，去兴元之事甚远，殆《英华》误题。《招北客文》，《英华》又题为岑参作，与《文粹》彼此错互，亦疑莫能详。今姑依旧本阙载焉。乾隆四十一年十月恭校上。

以上两篇提要，可以看到明显的承袭关系。如提要均充分肯定独孤及在唐代古文运动中承前启后的重要作用，“斫雕为朴”，独孤及“最有功”。提要也均肯定了独孤及《景皇帝配天议》及郭知运、吕諲《谥议》等文章的价值。同时两篇提要也都对《代独孤将军让魏州刺史表》等文章的作者提出了怀疑。由此可以看到两篇提要的相同性。其后文渊阁提要、《总目》提要文字又有所增加，但基本意思与此相同。

两篇提要也有一些差异之处，如《马退山茅亭记》一篇作者的认定问题。姚稿认为此篇为独孤及作，而《荟要提要》（也包括后来的文渊阁提要、《总目》）认为是柳宗元作品误入独孤及文集中的。这一篇文章的作者问题到今天仍存在争论①。这篇提要也从一个角度说明了分纂稿与《荟要提要》之间承袭、改动的情况。

三、余集、邵晋涵分纂稿与《荟要提要》

余集（1739—1823），字蓉裳，号秋室，浙江仁和（今杭州）人。乾隆三十一年进士。三十八年，与邵晋涵、周永年、戴震、杨昌霖同荐修《四库全书》，时称“五征君”。潜研经学，尤长于《诗》。著有《秋室学古录》六卷。

余集分纂稿现存七篇，见道光刻本《秋室学古录》卷一、卷二。余集分纂稿与《荟要提要》均收入的图书有《毛诗指说》《诗传遗说》两种。《诗传遗说》

---

① 黄权才《试论独孤及的美学思想，兼考证其〈马退山茅亭记〉的著作权》（《广西师院学报》（哲学社会科学版）1995 年第 4 期）、徐翠先《〈马退山茅亭记〉的作者是独孤及》（《山西大学学报》（哲学社会科学版）2003 年第 6 期）、刘鹏《也论〈马退山茅亭记〉的归属权问题》（南京大学古典文献研究所编《古典文献研究》2007 年第 10 期）、刘鹏《再论〈马退山茅亭记〉非柳宗元作》（《湖南科技学院学报》2012 年第 3 期）等均认为《马退山茅亭记》的作者是独孤及。

提要，余集分纂稿与《荟要提要》差距很大，无法加以简单比较，所以以下看唐成伯瑜撰《毛诗指说》一书的提要。

《毛诗指说》提要，余集分纂稿与《荟要提要》关系极深。纂修官撰写的《毛诗指说》分纂稿现有两篇，除余集的这篇外，翁方纲还撰有一篇，收入稿本《复初斋文集》中[①]。但翁稿极为简略，与《荟要提要》内容不同，可见未被采纳。《荟要提要》使用的是余集的分纂稿。

余集分纂稿云：

> 右唐成伯瑜撰。书凡四篇：一《兴述》，首明先王陈诗观风之旨、孔子删诗正雅之由。二《解说》，先释《诗》义，而风、雅、颂次之，周又次之，诂、传、序又次之，篇章又次之，后妃又次之，终之以《鹊巢》《驺虞》。大略即举《周南》一篇，檃栝论列，以引申及其余篇也。三曰《传受》，详鲁、韩、毛、齐四家之世次，后儒之训释源流亦备着焉。四《文体》，三百篇中句法之长短、篇章之多寡、措辞之异同、用字之变化，皆胪举而详之，类刘勰《文心雕龙》之作。伯瑜尚有《毛诗断章》二卷，见《崇文总目》。（下略）[②]

《荟要提要》云：

> 臣等谨案：《毛诗指说》一卷，唐成伯瑜撰。伯瑜爵里无考。书凡四篇：一曰《兴述》，首明先王陈《诗》观风之旨、孔子删《诗》正雅之由。二曰《解说》，先释《诗》义，而风、雅、颂次之，周又次之，诂、传、序又次之，篇章又次之，后妃又次之，终之以《鹊巢》《驺虞》。大略即举《周南》一篇，檃栝论列，引申以及其余。三曰《传受》，备详齐、鲁、毛、韩四家授受世次，及后儒训释源流。四曰《文体》，凡三百篇中句法之长短，篇章之多寡，措辞之异同，用字之体例，皆胪举而详之，颇类刘勰《文心雕龙》之体。盖说经之余论也。伯瑜尚有《毛诗断章》二卷，见《崇文总目》。（下略）[③]

---

① 张升编《〈四库全书〉提要稿辑存》，第 5 册，第 319 页。

② 清余集《秋室学古录》卷一，清道光刻本，第 22 页。

③ 《四库全书荟要总目提要》，第 143 页。“下略”部分因余集分纂稿与《荟要提要》文字有差异，此处未征引。

就所引文字看，两篇提要几乎完全相同，可知《荟要提要》就是来自余集分纂稿。值得注意的是，“周又次之”一语，《总目》作“周南又次之”。按提要此为叙述《毛诗指说》第二部分《解说》的内容。这一部分在解说完风、雅、颂的意思后，又解说“周”的意思。其文云：“周者，地名。”又云，文王“将岐周故地赐周公、召公为食采邑，使施先君之教。其诗系之周、召二公”。“得圣人之化谓之《周南》，得贤人之化谓之《召南》”。可见这一节主要是解说“周”的意思，并非专门解说“周南”，所以周、召二公，《周南》《召南》两篇并提。查文渊阁、文津阁《全书》提要，均作“周又次之”，与《荟要提要》同。《总目》作“《周南》又次之”，是后来修改产生的错误。《总目》之所以改为“周南”，或因看到下文云“大略即举《周南》一篇，檃栝论列，引申以及其余”，遂以后准前，而又未能检核原书的缘故。余集分纂稿，亦作“周又次之”，证实《荟要提要》使用分纂稿未误。要之，此应作“周”不作“周南”甚明。

邵晋涵(1743—1796)，字与桐，一字二云，号南江，浙江余姚人。乾隆三十六年进士。三十八年，与余集等同荐修《四库全书》。

邵晋涵是著名史学家，其分纂稿现有 37 篇，但影响最大、且可与《荟要提要》相比较的主要是正史提要。在《荟要》收录的 24 部正史中，邵晋涵参与撰写提要有 22 部，未撰写提要的只有《三国志》《旧五代史》两部。但邵晋涵撰写的正史类提要，与《荟要提要》差距甚大。邵晋涵分纂稿写得十分详尽，而《荟要提要》这几篇都十分简略，甚至可以说是草率，几乎看不出邵晋涵分纂稿与《荟要提要》两者之间有什么联系，无从进行比较。

其原因可能是《荟要提要》中这几部图书的校上时间都比较早。《荟要提要》中的《史记》至《五代史记》这几篇提要校上时间都在乾隆四十年、四十一年这两年中，其时邵晋涵分纂稿可能还没有撰写。我们注意到在《初目》中也没有收录任何一部正史提要。而《初目》的完成时间，据考证是在乾隆四十年五月至四十一年正月之间①。这似乎可以作为旁证。

邵晋涵分纂稿中和《荟要提要》比较接近的是正史提要中的《辽史》《金史》《元史》三史提要。《荟要提要》中，《辽史》《金史》提要均校上于乾隆四十九年十一月，《元史》提要校上时间更在乾隆五十五年十二月。可见这三部史

① 夏长朴《〈四库全书总目〉研究的新资料——台北“国图”所藏〈四库全书初次进呈存目〉》，第 17 页。

书提要的校上时间都很迟。就这三部史书来看,《荟要提要》的错讹之处非常多。这些错误有的是《荟要提要》在依据邵晋涵分纂稿誊录时产生的问题,但也有邵晋涵分纂稿本身即有错误而《荟要提要》未能发现的。

如《荟要辽史提要》云:"《辽史》一百十六卷,元托克托等撰。至正三年四月,诏儒臣分撰《辽史》,四年三月书成。为《本纪》三十卷,《志》三十一卷,《列传》四十六卷,《国语解》一卷。"①提要称《辽史》116 卷,但据下面的记载,《本纪》等相加只有 108 卷,少了 8 卷。查《总目》,在《志》三十一卷下有"《表》八卷"。

又如《荟要辽史提要》云:"《文献通考》称辽道宗改元寿昌。洪遵《泉志》引李季兴《东北诸蕃枢要》云:'契丹主天祐,年号寿昌。'"②辽朝无天祐皇帝。《辽史》卷二十七《天祚皇帝本纪》云:"寿隆七年正月甲戌,道宗崩,奉遗诏即皇帝位于柩前。群臣上尊号曰天祚皇帝。"查《总目》,已改作"天祚"。

再如《荟要元史提要》云:"若顺帝二十六年之事,既无实录可据,又无参稽之书,惟凭采访以足成之。"③此说元顺帝在位时间。《元史・顺帝本纪》明确记载说:"在位三十六年。"邵晋涵提要作二十六年是错误的。

这几处地方《荟要提要》的错误也都和邵晋涵分纂稿相同,纂修官、誊录监生都未能发现问题。那能不能说是邵晋涵文集刻本的错误呢?我们认为不是刻本的问题。因为如是邵晋涵原稿正确而刻本错误的话,《荟要提要》不应该也抄错。收录邵晋涵分纂稿的《南江文钞》始刻于乾隆五十九年,四库馆臣是不可能使用该刻本的。所以这是邵晋涵原撰提要稿就错了。

以上几篇提要稿的问题关系到对邵晋涵分纂稿的评价问题。邵晋涵是纂修《四库全书》的主要功臣,钱大昕称"及被召入四库馆,总裁倚为左右手"④。在史部提要撰写方面,邵晋涵所起作用尤为重要。人们对邵晋涵的史部成就评价很高,而评价其史学成就主要依据的就是其所撰四库提要。如有人将其视为邵晋涵的史学评论专著,反映了他丰富的史学理论⑤。也有人将

① 邵晋涵《南江文钞》卷三,清道光十二年刻本,第 50 页。

② 邵晋涵《南江文钞》卷三,清道光十二年刻本,第 51 页。

③ 邵晋涵《南江文钞》卷三,清道光十二年刻本,第 55 页。

④ 钱大昕《潜研堂文集》卷四十三《日讲起居注官翰林院侍讲学士邵君墓志铭》,清嘉庆十一年刻本,第 21 页。

⑤ 仓修良《邵晋涵史学概述》,《史学史研究》1982 年第 3 期,第 35 页。

邵晋涵史部分纂稿与《总目》史部提要进行对比，并结合邵晋涵的生平和交游来归纳他的史学思想[①]。但就辽金元三史提要来看，源于邵晋涵分纂稿的错误，还是不少。这些错误影响到其他提要稿的质量，也使我们必须以更审慎的态度来看待邵晋涵分纂稿的质量。这既说明纂修官在撰写提要时的粗心，也说明分纂稿对《荟要提要》有直接的影响[②]。

第三节 《初目》与《荟要提要》

前面我们考察了分纂稿与《荟要提要》的关系，这一节考察《四库全书初次进呈存目》与《荟要提要》的关系。《荟要提要》实际存 462 篇，与《初目》篇名相同的有 169 篇。其中包括在《荟要》中为一篇而《初目》分作几篇的，也有在《荟要》中分作几篇而在《初目》中合为一篇的。前者如《初目》著录的《范文正公尺牍》三卷、《文正集》二十卷《别集》四卷《补编》五卷两种在《荟要》中合为《范文正集》二十卷《别集》四卷《补编》一卷《奏议》二卷《尺牍》三卷一篇。后者如《初目》中，陆游《渭南文集》五十卷《剑南诗》八十五卷《逸稿》二卷本为一篇，《荟要提要》则作《渭南文集》五十卷、《剑南诗稿》八十五卷、《放翁逸稿》二卷三篇。不管是前者还是后者，在此均作一篇看。

《初目》是《荟要提要》的又一主要来源。《荟要提要》有完全移录《初目》的，也有在《初目》的基础上删改增补的。

一、从《荟要提要》看《初目》的成书时间

由于《初目》没有具体的撰写时间，所以在讨论其与《荟要提要》的关系时首先要对《初目》的编纂时间作一分析。这个时间很重要，它关系到《初目》在四库学提要文献中的地位与作用问题，也关系到《初目》与《荟要提要》的承袭问题。夏长朴认为应在分纂稿编写完成之后，《四库全书荟要》等编纂之前，

① 叶云霞《从〈四库全书总目〉的正史看邵晋涵的史学思想》，《华中人文论丛》2013 年第 2 期，第 124—126 页。

② 江庆柏《〈四库全书荟要〉辽金元三史提要校议》，《南京师范大学文学院学报》2009 年第 2 期，第 154—158 页。

具体在乾隆四十年五月至四十一年正月之间[①]。刘浦江认为这是截至乾隆三十九年七月为止已进呈提要的汇编本[②]。虽然其间也有一二年之差，但这个时间基本是符合实际的。《荟要提要》每一篇都有校上时间，且总体上早于文渊阁提要，故以下即根据《荟要提要》来考察、判断《初目》形成的时间。

1. 根据文字的增补判断

从文字的增补中可以看到《初目》成书在《荟要提要》之前。兹以宋李琪撰《春秋王霸列国世纪编》三卷提要为例。《荟要提要》与《初目》两篇提要内容相同，不同之处仅仅是《荟要提要》文字上略有增补。《初目》全文 222 字，《荟要提要》全文 263 字，可见《荟要提要》虽有增加数量也不多。从比较中可以看出《荟要提要》就是在《初目》基础上增补的。如："三卷皆周异姓之国，而列秦、楚、吴、越于诸小国后。其位置皆非无故。至于讥晋文之借秦抗楚而秦兴，晋悼之结吴困楚而吴炽，则为徽宗之通金灭辽而言。讥纪侯邻于雠敌而不能自强，则为高宗之和议而发。称鲁于已灭之后至秦、汉犹为礼义之国，则自解南渡之文弱，亦属显然。盖借《春秋》以发议，非必于经义一一吻合也。然胡安国《传》亦借《春秋》以发议者，安国书今既不废，则是书亦可并存矣。"

上述划线部分，除最后一句外，都是《荟要提要》增加的。所增加的文字不过起到补充说明的作用而已，和原文在意义上没有相异之处。如将这几处文字删去，就完全和《初目》原文一样了。这最后一句，《初目》原文作"然亦能自成一家之言者也"，《荟要提要》与其也没有实质性的差异。所以说《荟要提要》这一篇就是以《初目》为基础而略微增加一些文字而已。《荟要提要》校上于乾隆三十八年十二月，可见《初目》中至少有部分提要在此之前已经撰写完成。

《荟要提要》最早所校上的提要共四篇，均在乾隆三十八年十二月，其中元程端学撰《春秋本义》的提要，《荟要提要》也略详于《初目》，可知即根据《初目》而补。

宋王与之撰《周礼订义》一篇提要，也可以作为一个例证。《初目》云：

① 夏长朴《〈四库全书总目〉研究的新资料——台北"国图"所藏〈四库全书初次进呈存目〉》，第 17 页。

② 刘浦江《〈四库全书初次进呈存目〉再探》，《中华文史论丛》2014 年第 3 期，第 304 页。

宋绍定中乐清王与之次点撰。其书纂辑汉唐注疏及宋儒刘敞以下四十五家之说，断以己见。真德秀为之序。淳祐初直焕章阁赵汝腾奏上之，敕付秘书省。始淳熙间，俞庭椿作《复古编》，谓《冬官》不亡，特散见五官之中，乃割裂缀合，以足其数。古经于是乎始乱。与之是书亦以为《冬官》不亡，尚不出俞氏之锢见。又五篇之中，官属、官职，旧本分序，是书乃引而合之，亦为窜改古经，不可以训。特搜罗颇广，有资采择，而诸家注本不传于今者，亦颇赖是书以存云。

《荟要提要》云：

宋绍定中乐清王与之撰。与之，字次点。纂辑汉唐注疏及宋儒刘敞以下四十五家之说，断以己见，真德秀为之序。淳祐初直焕章阁赵汝腾奏上之，敕付秘书省。自《周礼·冬官》亡于汉，河间献王以《考工记》补之，越魏晋迄唐无异议。至宋淳熙间，俞庭椿作《复古编》，始谓《冬官》不亡，特散见五官之中。乃割裂缀合，以足其数，古经于是乎始乱。庭椿而后，承其学者凡十余家，以凭臆窜改者为古，而指自汉以来授受有本者为今。凿空造作，人各为书，流弊不可胜诘。与之是书亦以为《冬官》不亡，仍不出俞氏之锢见。又五篇之中，官属、官职，旧本分序，是书乃引而合之，亦窜改古经之一端，皆不可训。特搜罗颇广，有资采择，而诸家注本不传于今者，亦颇赖是书以存，固说经者所不废耳。乾隆四十年十月恭校上。

划线部分为《荟要提要》所增补，其余内容与《初目》基本相同，可以看到就是在《初目》基础上增加了一些内容，使表述更完整。

2. 根据文字的修改判断

从一些提要的修改中，可以看到《荟要提要》或是补充了《初目》的不足，或是纠正了《初目》的错误，由此可以看到《初目》在前，《荟要提要》在后。如《荀子杨倞注》提要篇末，《初目》云："《唐书·艺文志》以倞为杨汝士子，而《宰相世系表》则杨汝士三子，一名知温，一名知远，一名知至，无名倞者，何以互异也。"《荟要提要》云："《唐书·艺文志》以倞为杨汝士子，而《宰相世系表》则载杨汝士三子，一名知温，一名知远，一名知至，无名倞者。表志同出欧阳修手，不知何以互异，意者倞或改名，若温庭筠之一名岐欤？是不可考矣。”可见对《唐书》记载互异的问题，《初目》只是提出了自己的疑问，而《荟要提要》还作了一定的分析。“表志同出欧阳修手”以下，即是《荟要提要》的增补，是对《初目》疑问的进一步说明。

《初目》与《荟要提要》还有一些细微差别，也可以看到两篇提要撰写时间的先后。如元程端学撰《春秋本义》提要，《初目》云：“端学与兄端礼同师四明史蒙卿，传朱子之学。尝发明朱子读书法，作《读书工程》。”《荟要提要》则云：“端学有兄端礼，与端学同师其乡史蒙卿，实传朱子之学，《元史》有传。尝发明朱子读书之法，作《读书功程》。”《初目》的说法容易使人理解为《读书工程》一书是程端学与兄端礼同著。《荟要提要》的说法则非常明确，说明此书为端学兄端礼独著。考《元史·儒林传》云：“端礼独从史蒙卿游，以传朱氏明体适用之指，学者及门甚众。所著有《读书日程》，国子监以颁示郡邑校官，为学者式。”是著《读书日程》者为程端礼，其书被国子监取之以式学者亦指端礼。《读书日程》，《钦定续通志》卷五百五十三《儒林传》作“读书工程”。欧阳玄撰《积斋程君墓志铭》亦云：“敬叔发明朱子之法，有《读书工程》若干卷，国子监取其书颁示四方郡县教官，以式学者。”[①]敬叔，程端礼之表字，亦谓《读书工程》为程端礼撰。《读书工程》《读书功程》《读书日程》，当为一书之异名。《初目》此处所说易产生歧义，《荟要提要》纠正了《初目》的模糊说法。

我们还可以根据文渊阁提要的改动来判断《初目》撰写的时间。仍以程端学撰《春秋本义》提要为例。《初目》《荟要提要》均谓程端学撰作此书，“取前代百三十家”。文渊阁提要云：“所采自三《传》而下凡一百七十六家，卷首具列其目。《宁波府志》及《千顷堂书目》均称所采一百三十家，未喻其故也。”文渊阁提要已经明确指出“称所采一百三十家，未喻其故也”，如果《初目》撰写在后，绝不可能再作“百三十家”。文渊阁提要校上于乾隆四十二年二月，据此也可以考定《初目》撰写时间是在此之前。

3. 根据《荟要提要》对《初目》疑问的回应判断

《初目》在有些提要中，提出了一些疑问，而《荟要提要》对此作了说明。

① 明程敏政《新安文献志》卷七十一，《四库全书》本，第1376册，第21页。

我们根据《荟要提要》的回应，可以判断《初目》撰写的时间。

兹以刘向撰《新序》十卷提要为例。《初目》这一条很简单，不过 143 个字，全文如下："汉刘向撰。班固《艺文志》称向所序六十七篇，《新序》《说苑》《世说》《列女传颂图》也。《隋志》：'《新序》三十卷《录》一卷。'《唐志》亦同。而曾巩《校书序》乃云：'今可见者十篇。'巩与欧阳修同时，所言卷帙，何以悬殊？岂修等袭《隋志》之旧未及改定耶。今本存《杂事》五卷，《刺奢》一卷，《节士》二卷，《善谋》二卷，盖犹曾巩校定之旧。《崇文总目》云，所载皆战国、秦汉间事。以今考之，春秋时事尤多，汉事不过数条也。"

《初目》看到《新序》的篇卷，欧阳修等《新唐书・艺文志》所记与曾巩《元丰类稿》卷十一《新序目录序》中所记相差悬殊，因有"岂修等袭《隋志》之旧未及改定耶"的疑问。《荟要提要》前一部分与《初目》相同，其下写道："巩与欧阳修同时，而所言卷帙悬殊若是，盖修《志》皆述开元著录之目，故据唐时全本为言。逮巩校书时，而仅存十篇，则宋初所亡佚。"这一段明显就是针对《初目》疑问的回应，具体解释了《初目》的疑问。从形式上看，这一段文字与《初目》正相对应。

《初目》又记道："《崇文总目》云，所载皆战国、秦汉间事。以今考之，春秋时事尤多，汉事不过数条也。"《荟要提要》也引用了《崇文总目》这段话，其下又补充说明："盖采百家传记之言，撮其可为法戒者，以类相从，故颇与《春秋内外传》《战国策》《太史公书》互相出入。高似孙《子略》谓：'先秦古书，甫脱烬劫，一入向笔，采撷不遗。至其正纪纲，迪教化，辨邪正，黜异端，以为汉规监者，尽在此书。'其言虽尊崇已甚，要其推明古训，以衷之于道德仁义，在诸子中犹不失为儒者之言。或以其徇物者多，自为者少而病之，亦不免苛求过当矣。"这一段既是对《崇文总目》的补充说明，也是对《初目》的补充说明，并对《新序》一书作了评价。增加了这一部分内容，这篇提要内容也就更具体、更完善了。

由此可以看到，《荟要提要》明确回答了《初目》的疑问，且作了新的补充，这一篇肯定在《初目》之后。《荟要提要》校上于乾隆四十一年四月，则《初目》也不会迟于此时。

校上于乾隆四十六年九月的文渊阁提要，则在《荟要提要》的基础上又增加了新的内容。其文云："叶大庆《考古质疑》摘其昭奚恤对秦使者一条，所称司马子反在奚恤前二百二十年，叶公子高、令尹子西在奚恤前一百三十年，均非同时之人。又摘其误以孟子论好色好勇为对梁惠王，皆切中其失。至大庆谓《黍离》乃周诗，《新序》误云卫宣公之子寿闵其兄且见害而作，则殊不然。向本学鲁诗，而大庆以毛诗绳之，其不合也固宜，是则未考汉儒专门授受之学矣。”(《总目》内容与文渊阁提要同)由此可见从《初目》到《荟要提要》、文渊阁提要的逐步演化发展过程。

4.《初目》或有撰写在《荟要提要》之后的

根据以上的分析，我们可以说大部分《初目》提要是撰写在《荟要提要》及文渊阁提要之前的。但我们也应该看到，《初目》不是在一个时间内撰写成的，有一些提要应该是撰写在《荟要提要》之后的。从《春秋臣传》提要稿的比较中可以看到这一点。

《荟要》经部收有宋王当撰《春秋臣传》一书，书前提要上于乾隆三十九年九月。这篇提要与《初目》与《荟要提要》基本内容相同，但有两个重要的区别。一是《初目》书名不用《春秋臣传》，而改成了《春秋列国诸臣传》，二是《初目》最后增加了一段话。这两方面又是有联系的。

《初目》增加的这段话是：“《玉海》又载当同时有长乐郑昂字尚明者，亦作《春秋臣传》三十卷，以人类事，凡二百十五人，而附名者又三十九人。《宋志》亦著于录，与此书同名，但无‘列国’字耳。后人传录此书，或省文亦题《春秋臣传》，混昂书矣。今仍以旧名标题，俾有别焉。”在《荟要提要》中，并没有提到郑昂著作之事，《初目》提到郑昂，是因为郑昂的著作也叫作《春秋臣传》，与王当这部著作书名相同。《初目》认为这会造成混淆，所以特意指出这一点，在提要最后加上了这一段。王当此书书名，历代书目如《郡斋读书志》《遂初堂书目》《直斋书录解题》《通志·艺文略》《宋史·艺文志》等，均作《春秋列国诸臣传》。所以《初目》也要以“旧名标题”。当时在《四库全书》中将王当此书题作《春秋臣传》、以致和郑昂之书相混淆的只有《荟要》。由此可见，《初目》这段话就是针对《荟要》这部书说的。如果《荟要》抄录在《初目》之后的话，相信不会再用《春秋臣传》这一容易混淆的书名。由此也使我们看到，就《初目》这篇提要来说，其撰写时间起码应该是在《荟要提要》之后。提要已经指出《春秋臣传》这个书名容易混淆，所以其提要也就使用了《春秋列国诸臣传》这个名称。不过《荟要提要》作《春秋臣传》，而在《荟要总目》中却作《春秋列国臣传》，这是因为《荟要总目》与《荟要提要》在图书著录的书名等方面，有时会存在一定的差异。《荟要》本此书封面即作"春秋臣传"，与《荟要提要》相同。《荟要》之所以用这个书名，是因为此书依内府所藏通志堂刊本缮录，《通志堂经解》此书书名正作《春秋臣传》。

《初目》的增补直接影响到文渊阁《全书》。文渊阁提要与《初目》除了开头作者小传有一些差异外，主体内容基本相同，书名也同样作《春秋列国诸臣传》，也有《初目》最后增补的关于本书书名的一段话，且与《初目》完全相同。提要作"乾隆四十二年八月恭校上"，则可以说明《初目》这篇提要撰写于乾隆三十九年九月之后，四十二年八月之前。

不过文渊阁《全书》虽然书前提要著录书名作《春秋列国诸臣传》，但正文各卷卷端却都题作《春秋臣传》。尽管提要中已经特别指出书名的问题，说："今仍以旧名标题，俾有别焉。"所谓"旧名"，即《春秋列国诸臣传》这个名称，但各卷卷端并没有使用这个名称，而且封面题签、书口题名也都作《春秋臣传》。这可能与《荟要》的缮录有一定联系。

以上比较了《初目》与《荟要提要》的撰写时间问题。正因为大部分《初目》提要撰写在《荟要提要》之前，我们才可以说《初目》是《荟要提要》的文献来源之一，并比较相互之间的关系。

二、《初目》与《荟要提要》之关系比较

1.《荟要提要》完全移录《初目》

有些提要，《初目》与《荟要提要》完全相同，可以看到就是后者移录了前者的文字。如宋文同撰《丹渊集》提要，《初目》云：

> 《丹渊集》四十卷，宋文同撰。同，字与可，梓潼人。汉文翁之后，故人以石室先生称之。皇祐元年进士。解褐为邛州军事判官，后历知陵州、洋州，改湖州，未至而卒。至今画家称文湖州，从其终而言之也。遗文五十卷，其曾孙鹭编为四十卷。庆元中，曲沃家诚之守邛州，以同尝三仕于邛，多遗迹，因取其集，重加厘正，而卷帙则仍其旧。所增《拾遗》二卷及卷首《年谱》，卷末附录司马光、苏轼等往来诗文一卷，则诚之所辑也。同未第时即以文章受知文彦博。其诗如"美人却扇坐，羞落庭下花"

诸篇，亦盛为苏轼所推。特以墨竹流传，遂为画掩，故世人不甚称之。然驰骤于黄、陈、晁、张之间，未尝不颉颃上下也。集中称苏轼为胡侯，或曰苏子平，见诚之跋中。盖其家避忌蜀党而改之，今亦姑仍其旧云。

《荟要提要》云：

臣等谨按：《丹渊集》四十卷，宋文同撰。同，字与可，梓潼人。汉文翁之后，故人以石室先生称之。皇祐元年进士。解褐为邛州军事判官，后历知陵州、洋州，改湖州，未至而卒。至今画家称文湖州，从其终而言之也。遗文五十卷，其曾孙鹫编为四十卷。庆元中，曲沃家诚之守邛州，以同尝三仕于邛，多遗迹，因取其集，重加厘正，而卷帙则仍其旧。所增《拾遗》二卷及卷首《年谱》，卷末附录司马光、苏轼等往来诗文一卷，则诚之所辑也。同未第时即以文章受知文彦博。其诗如"美人却扇坐，羞落庭下花"诸篇，亦盛为苏轼所推。特以墨竹流传，遂为画掩，故世人不甚称之。然驰骤于黄、陈、晁、张之间，未尝不足颉颃上下也。集中称苏轼为胡侯，或曰苏子平，见诚之跋中。盖其家避忌蜀党而改之，今亦姑仍其旧云。乾隆四十二年十月恭校上。

除去开头部分因各自体例不同而提要也有所差异外，其余文字完全一样，只不过《初目》"未尝不颉颃上下也"，《荟要提要》作"未尝不足颉颃上下也"，意思并无差别。不仅如此，《总目》与《初目》也完全相同。

宋孙光宪撰《北梦琐言》一书提要，《初目》与《荟要提要》也完全相同，就是几处异文也一样。例如《初目》云作者所著有《玩笔佣集》《续通历纪事》等部，《荟要提要》同。考《玩笔佣集》一书，宋明文献著录孙光宪著作均作"《笔佣集》"。如宋王尧臣等编《崇文总目》卷十二："孙光宪《笔佣集》十卷。"宋郑樵《通志》卷七十《艺文略》："又《笔佣集》十卷。"《宋史》卷二百八《艺文志》："孙光宪《荆台集》四十卷，又《笔佣集》十卷，《纪遇诗》十卷，《巩湖编玩》三卷，《橘斋集》二卷。"又《宋史》卷四百八十三《孙光宪传》："所著《荆台集》三十卷，《巩湖编玩》三卷，《笔佣集》三卷，《橘斋集》二卷，《北梦琐言》三十卷，《蚕书》二卷。"明曹学佺《蜀中广记》卷九十七《著作记》也称："孙光宪《巩湖编玩》三卷、《荆台集》四十卷、《笔佣集》十卷。"惟清吴任臣《十国春秋》卷一百二作"《玩笔佣集》",其文云:"著有《荆台集》《橘斋集》《玩笔佣集》《巩湖编玩》《北梦琐言》《蚕书》若干卷。"要之,仍应以宋明文献著录为准。考《宋史》卷四百八十三《孙光宪传》云:"所著……《巩湖编玩》三卷《笔佣集》三卷。"作"《玩笔佣集》"者,或系涉上文所记而误。文渊阁提要、殿本《总目》也作《玩笔佣集》,或因《荟要提要》而误。唯有浙本《总目》作"《笔佣集》",当是改正之文。

又《续通历纪事》,文渊阁提要、《总目》均作"《续通历》",是也。《宋史》卷四百八十三《孙光宪传》云:"又撰《续通历》,纪事颇失实,太平兴国初诏毁之。"是孙光宪所撰著作书名中并无"纪事"二字,《初目》作"《续通历纪事》",乃误以叙述文字入书名。袁本晁公武《郡斋读书志》卷二上著录孙光宪著作即《续通历》十卷。

两处比较可知,《初目》有误之处,《荟要提要》也照样抄录,未作改动,由此更可以看到两者的联系。《荟要提要》就是完全按照《初目》抄录的。文溯阁、文津阁提要均作《玩笔佣集》,又作《续通历纪事》,是照录了《荟要提要》之文[①]。

此外如《重修玉篇》提要,长达538字,《荟要提要》与《初目》除一处地方可能因漏字而略有差异外[②],其余一字不差,包括《初目》的讹误《荟要提要》也照样相同。

2.《荟要提要》在《初目》基础上删改增补

《荟要提要》完全移录《初目》的不多,更多的是在《初目》的基础上加以删改增补。如宋王禹偁撰《小畜集》,比较《初目》与《荟要提要》两篇提要。

《初目》云:

> 《小畜集》三十卷,宋王禹偁撰。禹偁,字元之,钜野人。太平兴国八年进士。官至翰林学士、知制诰。屡以事谪守郡,终于知蕲州。尝自次其文,以《易》筮之,得《乾》之《小畜》,因以名集。晁公武《读书志》、陈振

---

① 《初目》云本书作者孙光宪,"旧以为五代人",《荟要提要》作"旧以为五代人者"。文溯阁、文津阁提要也作"旧以为五代人者",说明是照《荟要提要》誊录的。

② 《初目》"而不收野王书旧本遂不可考"句,《荟要提要》作"而不收野王书梁代旧本遂不可考"。《初目》可能有漏字。

孙《书录解题》皆作三十卷，与今本目次正同。《宋志》云二十卷者，字有脱误也。宋承五代之后，文体纤俪，禹偁始为古雅简淡之作，其奏疏尤极醇茂。《宋史》采入本传者，议论皆英伟可观。在词垣时所为应制骈偶之文，亦多闳丽典赡，洵一时作手，正不独史所称"直躬行道"为足重也。集凡赋二卷，诗十一卷，文十七卷。绍兴丁卯，历阳沈虞卿尝序而刊之黄州。明代未有刊本，故世多钞传其诗，而全集罕睹。近有赵熟典者，始求得宋椠本刻于平阳，而中亦颇有阙字。陈振孙又谓禹偁尚有《外集》三百余首，《承明集》十卷，《奏议集》三卷，今皆不传矣。

《荟要提要》云：

臣等谨案：《小畜集》三十卷，宋王禹偁撰。禹偁，字元之，钜野人。太平兴国八年进士。官至翰林学士、知制诰。屡以事谪守郡，终于知蕲州。尝自次其文，以《易》筮之，得《乾》之《小畜》，因以名集。晁公武《读书志》、陈振孙《书录解题》皆作三十卷，与今本目次正同。《宋志》云二十卷者，字有脱误也。宋承五代之后，文体纤俪，禹偁始为古雅简淡之作，其奏疏尤极醇茂。《宋史》采入本传者，议论皆英伟可观。在词垣时所为应制骈偶之文，亦多闳丽典赡，洵一时作手，正不独史所称"直躬行道"为足重也。集凡赋二卷，诗十一卷，文十七卷。绍兴丁卯，历阳沈虞卿尝序而刻之黄州。明代未有刊本，故世多钞传其诗，而全集罕觏。近有赵熟典者，始求得宋椠本刻于平阳，而中亦间有阙字，无可校补，今姑仍之。陈振孙又谓禹偁尚有《承明集》十卷，《奏议集》三卷，则今皆不传矣。乾隆四十一年五月恭校上。

两篇提要相比，前面部分完全没有差异，只是在最后部分有若干不同。如《初目》说"全集罕睹"，《荟要提要》说"全集罕觏"。又说到赵熟典刻本的阙字，《荟要提要》有"无可校补，今姑仍之"一句，为《初目》所无。《初目》是一部目录，所以对图书的缺字相对而言不是特别关注。《荟要》因为要用赵熟典本作参校，对其中的缺字就特别关注，所以特别作了说明。

其间比较重要的差异是有关王禹偁的著作情况。《初目》说："陈振孙又谓禹偁尚有《外集》三百余首。"《荟要提要》无"《外集》三百余首"。陈振孙所说见《直斋书录解题》卷十七，著录《小畜集》三十卷《外集》二十卷，《解题》云："《外集》者其曾孙汾裒辑遗文得三百四十首。"但在此之前，晁公武《郡斋读书志》著录王禹偁著作只有《小畜集》三十卷，并未提及《外集》。《荟要提要》不提王禹偁有《小畜外集》，估计与《郡斋读书志》也未著录此书有关。

值得注意的是文渊阁《全书》。文渊阁提要著录《小畜集》三十卷《小畜外集》七卷，其谓《外集》云："陈振孙《书录解题》所载《外集》三百四十首，其曾孙汾所裒辑者，则久佚不传。此残本为河间纪氏阅微草堂所藏，仅存第七卷至第十三卷，而又七卷前缺数页，十三卷末《集贤钱侍郎知大名府序》惟有篇首二行，计亦当缺一两页。原帙签题即曰《小畜外集残本》上下二册，知所传止此矣。其中《次韵和朗公见赠》诗及题下自注，'朗'字皆缺笔，知犹从宋本影抄也。凡诗四十四篇，杂文八篇，论议五篇，传三篇，箴赞颂九篇，代拟二篇，篇序十二篇，共一百一篇，较原帙仅三之一。然北宋遗集流传渐少，我皇上稽古右文，凡零篇断简，散见《永乐大典》中者，苟可编排，咸命儒臣辑录成帙，以示表章。此集原书七卷，岿然得存，是亦可宝之秘笈，不容以残缺废矣。"这一段提要将《小畜外集》的情况说得非常清楚，可见是按照所见图书写的。《总目》卷一百五十二亦著录《小畜集》三十卷（鸿胪寺少卿曹学闵家藏本）《小畜外集》七卷（兵部侍郎纪昀家藏本），提要也与文渊阁提要相同。但令人疑惑的是文渊阁本只抄录了《小畜集》三十卷，并未抄录《外集》七卷。按照提要所说"此集原书七卷，岿然得存，是亦可宝之秘笈，不容以残缺废矣"，《外集》七卷完全应该抄录的。这里再一次显示了四库提要与四库本的脱节，而且还误导了后人。今人撰《宋人别集叙录》卷一著录《小畜外集》写道："纪氏本除录入《四库全书》外，又刊入武英殿聚珍版《小畜集》之后。"[①]实际上纪昀藏本《小畜外集》是没有抄入《四库全书》的；所刊入的武英殿聚珍版《小畜集》也只是后来福建等地刊印的《武英殿聚珍版》，即所谓的"外聚珍"，武英殿原刻本（即"内聚珍"）并《小畜集》都没有收录。这可能是仅据《总目》所说而未核对《四库全书》原书、同时未能仔细区分"内聚珍""外聚珍"的缘故。

今查文溯阁、文津阁提要[②]，与《荟要提要》完全相同。这说明它们也都是

① 祝尚书《宋人别集叙录》卷一，中华书局，1999 年，第 37 页。

② 《金毓黻手定本文溯阁四库全书提要》，第 698 页；《文津阁四库全书提要汇编》集部，第 111 页。

依据《荟要提要》抄录的，同时也说明四库本中都未收录王禹偁《小畜外集》。

就《初目》和《荟要提要》的关系看，后者在前者基础上作某些增删这种情况比较多见。孙鲋撰《孔丛子》、宋余靖撰《武溪集》等提要，都属于这种情况。这种情况下，两者之间的承袭关系是非常清楚的。

还有一种情况是，提要的前半部分《荟要提要》与《初目》完全相同，《荟要提要》另外增加了后半部分。如宋王质撰《诗总闻》提要即是如此。

《初目》云：

《诗总闻》二十卷，宋王质撰。质，字景文，兴国人。博通经史，善属文。绍兴三十年进士，官至枢密院编修，出通判荆南府，改吉州，皆不行。此书取《诗》三百篇，每章说其大义，复有《闻音》《闻训》《闻章》《闻句》《闻字》《闻物》《闻用》《闻迹》《闻事》《闻人》，凡十门。每篇为《总闻》，又有《闻风》《闻雅》《闻颂》，冠于"四始"之首。自汉以来，说《诗》者多依《小序》，苏辙《诗传》始去取相半，其废《序》言《诗》，则郑樵唱而质和之也。质自谓覃精研思几三十年始成是书。吴兴陈日强序而锓之富川，称其"以意逆志，自成一家"。虽间涉穿凿，亦可谓苦心立言者矣。

《荟要提要》云：

臣等谨案：《诗总闻》二十卷，宋王质撰。质，字景文，兴国人。博通经史，善属文。绍兴三十年进士。官至枢密院编修，出通判荆南府，改吉州，皆不行。此书取《诗》三百篇，每章说其大义，复有《闻音》《闻训》《闻章》《闻句》《闻字》《闻物》《闻用》《闻迹》《闻事》《闻人》，凡十门。每篇为《总闻》，又有《闻风》《闻雅》《闻颂》冠于"四始"之首。自汉以来，说《诗》者多依《小序》，苏辙《诗传》始去取相半。其废《序》言《诗》，则郑樵唱而质和之也。质自谓覃精研思几三十年始成是书。吴兴陈日强跋而锓之富川，称其"以意逆志，自成一家"。虽间涉穿凿，亦可谓苦心立言者矣。日强跋又曰："其删除《小序》，实与文公朱先生合。"今考其书，虽废《序》说《诗》与朱子同，而其为说则各异。跋作于淳祐癸卯，朱子之学方盛，故日强假之以重质耳，究非确论也。乾隆四十年五月恭校上。

这篇提要前面部分没有差异,《荟要提要》只是在引用陈日强跋文之后,再次引用了其跋文,并增加了一段说明。《文心雕龙》提要等也都是如此,即提要前半部分《荟要提要》与《初目》相同,《荟要提要》增加了后半部分。从内容上看,《荟要提要》显得更为充实。

《集千家注杜诗》提要,《荟要提要》也与《初目》相同,不过《荟要提要》增加了最后一段文字:"至编中所集诸家之注,真赝错杂,亦多为后来所抨弹。然宋以来,注杜诗者已鲜有专本传世,遗文绪论,颇赖此书以存,其荜路蓝缕之功,亦未可尽废也。"《全书》书前提要、《总目》也有这几句。

也有些《荟要提要》与《初目》基本没有关系。这种情况无需多说,如宋李衡撰《周易义海撮要》十二卷,可以看到《荟要提要》基本是重新撰写的。之所以说"基本",是因为部分文字还可以看到两者的联系。

有些《荟要提要》引文更为精细。如宋项安世《周易玩辞》,《荟要提要》引陈振孙语云:"诸书皆有论说,而《易》为全书。"(《直斋书录解题》卷一)"诸书",《初目》《总目》等引陈振孙此语,则作"诸经"。查《直斋书录解题》原文,正作"诸书皆有论说"。此虽无关宏旨,但也说明对原文的引用,《荟要》更为注意。同时就这细节之处,也可看到《初目》与《总目》的相承关系。

3.《初目》与《荟要提要》之比较

《荟要提要》有些篇目是依据《初目》抄录的,因此《初目》《荟要提要》的有些文字可以互相印证。

《初目》有助于纠正《荟要提要》之误。

如宋吕祖谦撰《春秋左氏传说》一书,《荟要提要》引陈振孙语云:"多所发明不为文饰,似一时讲说。""不为文饰",《初目》《总目》均作"不为文",是也。陈振孙《直斋书录解题》卷三《左氏说》解题云:"于《左氏》一书多所发明而不为文,似一时讲说,门人所钞录者。"是陈氏原文并无"饰"字。此处所说"文",乃成文之意,"不为文",即仅为口头讲解,自己没有形成文稿,故下文有"似一时讲说"之语。如作"文饰",其义反晦而不明。《荟要提要》与《初目》文字基本相同,是《荟要提要》即据《初目》抄录,也可见这条提要最早的文稿上并没有"饰"字。《总目》与《初目》《荟要提要》都有差异,其引陈振孙之语亦无"饰"字,更加可见《荟要提要》引文有误。

再如这一条提要又云:"《通考》以是书为三十卷,明张萱曰:'今内阁藏本

《传说》四册，《续说》四册。’以《通考》之言合之，疑三十卷实有《续说》在内。”“合之”，《初目》作“核之”，甚是。“核之”即查核之，“合之”则谓合并计算，意思并不相同。提要此处当以“核之”为是。

再如《九经字样》，《荟要提要》引开成二年八月牒云：“准太和七年十二月敕覆《九经》字字体者。”又云：“纂录《新加九经字样》一卷，请附于《五经文字》之中。”据宋王溥撰《唐会要》卷六十六、卷七十七著录此牒，均作“《九经》字体”，可证《荟要提要》上一句衍一“字”字。下一句“之中”，《唐会要》引作“句末”。“之中”“句末”，意义有别。据图书实际情况考察，应作“句末”为是。《荟要提要》与《初目》相同。今查《初目》，分别作“准太和七年十二月敕覆《九经》字体者”“纂录《新加九经字样》一卷，请附于《五经字样》之末”，其文不误，是《荟要提要》抄录有误。《初目》为我们考订《荟要提要》提供了依据。《总目》上句不衍“字”字，下句作“句末”不误。

《初目》的讹误造成《荟要提要》的讹误。

元临川道士雷思齐撰《易图通变》五卷《易筮通变》三卷，《初目》云：“自序谓《河图》之本数四十，以当八卦，而五十为用，以会通于中。”《初目》作“五十”非是，当是“十五”之误。其书原序云：“图之数以八卦成列，相荡相错，参天两地，参伍以变，皆自然而然。后世不本其数实惟四十，而以其十五会通于中。”所言甚明。《荟要提要》亦误作“五十”。

《分类补注李太白集》三十卷，《初目》云：“康熙中，吴县缪曰芑翻刻宋本《李翰林集》，前二十卷为歌诗，后十卷为杂著。”《荟要提要》同，文渊阁提要、《总目》作“前二十三卷为歌诗，后六卷为杂著”。按：此处所说缪刻本情形均有误。缪刻本第一卷为有关李白集的序文及李白墓志文，如李阳冰《草堂集序》、魏颢《李翰林集序》、李华《故翰林学士李君墓志》等，并非李白之作。第二卷至第二十四卷为歌诗，第二十五卷至三十卷为杂著。

晋袁宏撰《后汉纪》三十卷提要，《荟要提要》与《初目》完全相同，《初目》的误记也影响到《荟要提要》。如《初目》云：“宏《自序》称：‘见张璠所撰书，言后汉事差详，故复探而益之。’”“言后汉事”，袁宏《自序》作“言汉末之事”。此处既然引袁宏《自序》，自然应该与其文一致。《初目》有误，《荟要提要》也照录未改。今查各《全书》书前提要及《总目》，所引袁宏《自序》，均作“言汉末之事”，是已经改正。

《荟要提要》的有些错误比较隐蔽，一般不易察觉。如《重修玉篇》提要有一段说："考《永乐大典》每字之下皆引顾野王《玉篇》云云，又引宋《重修玉篇》云云，二书并列，是明初上元本犹在。而其'篇'字韵中所载《玉篇》全部乃仍收大广益会本而不收野王书梁代旧本遂不可考。"这最后一句颇为费解。此谓《永乐大典》"篇"字韵中所收录《玉篇》文字，将大广益会本收录进去了，这好理解，但说"不收野王书"则难以理解，《永乐大典》既然收录了大广益会本，即收录了顾野王的《玉篇》，怎能又说"不收"呢？查文渊阁提要、《总目》，"而不收"下为"上元旧本"，这一意思就很明确了。这是说《永乐大典》只收录后刻的宋大广益会本《玉篇》，而不收录更早的、更接近原本《玉篇》的唐上元本《玉篇》，所以下文遂有"野王书梁代旧本遂不可考"之语。《荟要提要》"而不收"下有缺文。如依据文渊阁提要等，此处应作："而其'篇'字韵中所载《玉篇》全部乃仍收大广益会本，而不收〔上元旧本〕。野王书梁代旧本遂不可考。"此系批评《永乐大典》只收录后出的大广益会本，而不收在此之前的上元旧本。查《初目》，此处即有缺文，是《荟要提要》依据《初目》而未能发现其间的疏漏。

三、《初目》与《荟要》的篇卷分合

从《初目》与《荟要提要》的篇卷分合来看，有《初目》原来分别著录而《荟要提要》作为一篇的，也有《初目》作为一篇而《荟要提要》分为多篇的。《初目》与《荟要》篇卷的分合直接影响到《荟要》与《全书》图书收录的差异问题。

1.《初目》分为多篇，《荟要提要》合为一篇

先看第一种情况，有《初目》原来分别著录而《荟要提要》作为一篇的。这种情况如范仲淹的著作，其《范文正公尺牍》与《文正集》，《初目》是作为两种书分别著录的，各撰有提要：

《范文正公尺牍》三卷，宋范仲淹撰。皆平生所作手简，为家书三十六首、交游八十一首。盖其家子孙所辑，宋时已于集外别行。后有张栻及朱子所作《文正书帖跋语》二则，当亦后人所附入。原本五卷，今止三卷，则陈振孙所改编也。

《文正集》二十卷《别集》四卷《补编》五卷，宋范仲淹撰。仲淹，字希文，其先邠人，徙苏州。官至枢密副使、参知政事。事迹详载《宋史》。所著诗文本名《丹阳集》，凡诗赋五卷，二百六十八首；杂文十五卷，一百六十五首。元祐四年苏轼为之序。淳熙丙午鄱阳从事綦焕校定旧刻，又得诗文三十七篇，为《遗集》附于后，即今《别集》。其《补编》五卷，则国朝康熙中裔孙能浚所搜辑也。仲淹贯通经术，平生以传道自任。集中所载《易义》二十余条，皆深得经旨。其它议论政治之文，类皆明白切当，可起而行。苏轼称其天圣中所上执政万言书，"天下传诵"，"考其平生所为，无出此者"，可谓有本之言矣。其集元明累有刊本，久而不存。康熙乙酉，二十一世孙时崇为广西巡抚，属族人校正，与《奏议》《尺牍》等合刻行之。

《荟要》则将范仲淹的几种著作合并为一种著作，提要云：

臣等谨案：《文正集》二十卷《别集》四卷《补编》一卷《奏议》二卷《尺牍》三卷，宋范仲淹撰。仲淹，字希文。其先邠人，徙苏州。官至枢密副使、参知政事，谥文正。事迹具《宋史》本传。所著诗文本名《丹阳集》，凡诗赋五卷，杂文十五卷。元祐四年苏轼为之序。淳熙丙午鄱阳从事綦焕校定旧刻，又得诗十七篇，为《遗集》附于后，即今《别集》。其《补编》五卷，则国朝康熙中裔孙能浚所搜辑也。仲淹贯通经术，平生以传道自任。集中所载《易义》二十余条，皆深得经旨。其它议论政治之文，类皆明白切当，可起而行。苏轼称其天圣中所上执政万言书，"天下传诵"，"考其平生所为，无出此者"，可谓有本之言矣。其集元明屡有刊本，久而不存。康熙乙酉，其二十一世孙时崇为广西巡抚，属族人校正，与《奏议》《尺牍》等合刻行之焉。乾隆四十三年二月恭校上。

《荟要总目》云："今依前两淮盐政臣李质颖所上马裕家藏国朝范时崇刊本缮录。"范时崇刊本，即清康熙四十六年范时崇岁寒堂刻本。这个本子由范能浚改编整理。《初目》依据的也是这个本子，其提要说："《补编》五卷，则国朝康熙中裔孙能浚所搜辑也。"可证。

康熙岁寒堂本是清代流传最广、也是编刻质量较好的本子，所以《初目》《荟要提要》都使用了这个本子。可是这个本子已经将《文正集》《别集》《补编》《奏议》《尺牍》合刻为一部书了，而且《初目》提要也说："康熙乙酉，二十一世孙时崇为广西巡抚，属族人校正，与《奏议》《尺牍》等合刻行之。"那么《初目》为什么还要分开作两部书著录呢？这个问题已难以明了，但这个拆分对《全书》的影响很大。这一点下面还要说明。

就《荟要提要》来看，有几点值得注意。首先，通过比较可知，尽管《荟要提要》著录的图书，差不多相当于《初目》两篇提要著录的图书的总和（少《奏议》一种），但《荟要提要》实际上只是使用了《初目》的《文正集》提要，而完全没有使用另一篇《范文正公尺牍》提要。因此尽管《荟要》收有《范文正公尺牍》三卷，但《初目》中的《范文正公尺牍》提要在《荟要提要》中完全没有提及。这个问题同样难以明了。就现存《初目》看，《文正集》和《范文正公尺牍》并没有排在一起。《荟要提要》没有提及《范文正公尺牍》，或是出于疏忽，或是认为康熙刻本《文正集》中已包含了《尺牍》，提要无需再增加内容；或是认为提要中已有"与《奏议》《尺牍》等合刻行之"等语，无需再另加说明。因此我们考察《荟要提要》与《初目》的关系，只能就《文正集》而言。

其次，就文字内容来看，《荟要提要》就是完全照录了《初目》的《文正集》提要，内容基本相同，文句少有改动。这说明《荟要》的这篇提要就是来自于《初目》。不过也还有一些问题值得注意。

一是《荟要提要》忽略了自己和《初目》的一些区别。如《初目》著录此书《补编》五卷，《荟要提要》作《补编》一卷。这个《补编》五卷，是范时崇刻本新增加的。卷一收录范仲淹佚文，其余四卷还包括制词、朝廷优崇、传、范仲淹真迹手卷上之题跋、碑记等与范仲淹有关的文献，作者从宋代到清代都有。作一卷的就是只收录范仲淹自己的文章。《荟要》使用的和《初目》是一个版本，但《荟要提要》照录了《初目》提要之文，而没有注意到其书收录的只是《补编》一卷，由此出现了提要与正文的矛盾。

之所以会出现这种情况，原因在于《荟要提要》与《荟要》正文是有不同的誊录监生分开抄录的。《荟要提要》誊录者照抄《初目》，没有注意到《荟要》收录图书的情况。《荟要》纂修官在将提要放置于正文之前时，也没有去仔细核对提要的内容，没有注意到正文和提要之间的差异。

二是《初目》说:“淳熙丙午鄱阳从事綦焕校定旧刻,又得诗文三十七篇,为《遗集》附于后,即今《别集》。”“又得诗文三十七篇”,《荟要提要》作“又得诗十七篇”。《初目》所说根据的是淳熙丙午十二月綦焕的识语。綦焕识语今存,《初目》所引不误。《荟要提要》作“诗十七篇”则有误,是抄录《初目》时有漏字。《别集》今存,有诗有文,并非是仅有诗。

不过尽管《初目》引用綦焕识语不误,但认为綦焕所补《遗集》即今本之《别集》,则不确。查今本《别集》,《荟要》本收录卷一古诗 11 篇、今体诗 14 篇,卷二、卷三赋 23 篇,卷四杂著 12 篇,合计收录诗文有 60 篇。显然不是 37 篇。《全书》与《荟要》同。《初目》与《荟要提要》,都与《荟要》收录的《别集》实际数量不符。《初目》仅仅依据綦焕识语写提要,没有和所使用的康熙本作比较,所以有误。《荟要总目》照抄《初目》,不仅数字抄漏了,内容同样也有误。这说明在已有《初目》、且《初目》内容也比较具体的情况下,《荟要提要》就是照着《初目》誊抄,一般不会再去核对原书。这除了有誊抄者疏懒的原因外,也还因为底本主要要用于四库本的誊抄和校对,难以抽出来再和《荟要提要》校核。

在比较了《初目》与《荟要提要》的关系后,再来看与文渊阁提要的关系。

在《四库全书》中,与范仲淹有关系的著作共二种。分别是收录在史部诏令奏议类的《范文正奏议》二卷[①],收录在集部别集类的《范文正集》(包括《文正集》二十卷《别集》四卷《补编》五卷)。

将《全书》和《荟要》作比较,可以发现一个明显的差异,就是在《荟要》中范仲淹的《奏议》是和文集合在一起的,而在《全书》中《奏议》二卷和《文正集》分列为不同部类的两种书。从《初目》和《荟要提要》的著录中可以看到使用的都是康熙岁寒堂本,毫无疑问《全书》使用的也是这个本子。那么如何解释这个现象呢?我认为这和《初目》的著录有关。《初目》著录的是《文正集》二十卷《别集》四卷《补编》五卷,我们看到《四库》本别集类收录的也恰好是这三种,其中《补编》用的也是五卷本而不是《荟要》的一卷本。

比较文渊阁提要与《初目》的《文正集》提要,可以看到文渊阁这篇提要实际上分为两部分。自开头至“其《补编》五卷,则国朝康熙中裔孙能浚所搜辑

---

① 范仲淹奏议,文渊阁本作《范文正奏议》,文溯阁、文津阁本和《总目》均名之为《政府奏议》。康熙岁寒堂本卷端作“范文正公政府奏议”。

也"一句止,文渊阁提要与《初目》几乎完全一样。上面已经说到这篇《荟要提要》就是按照《初目》抄录的,而文渊阁提要有些地方抄得比《荟要提要》还要仔细。如《初目》说:"本名《丹阳集》,凡诗赋五卷,二百六十八首;杂文十五卷,一百六十五首。""二百六十八首""一百六十五首"这两个数据是《荟要提要》没有的,但文渊阁提要有。正是这两个数据,使得我们可以说文渊阁提要就是直接根据《初目》抄录的,而不是我们在其他许多地方看到的那样是按照《荟要提要》抄录的。文渊阁提要的后一部分虽然不像前一部分一样与《初目》差不多完全相同,但原《初目》的一些文句也往往在提要中可以看到。所以说这篇文渊阁提要也是按照《初目》抄录并有所改动的。提要的照录直接导致《全书》按照《初目》的著录来安排范仲淹著作在四库中的位置。

令人费解的还有另一个问题,即文渊阁《全书》中《奏议》和《文正集》各有一篇作者小传。《奏议》提要小传云:"臣等谨案:《范文正奏议》二卷,宋范仲淹撰。仲淹,字希文,其先邠州人,后徙家江南,遂为吴县人。大中祥符八年进士,历官资政殿学士、户部侍郎,知青州。卒赠兵部尚书,谥文正。事迹具《宋史》本传。"《文正集》提要小传云:"臣等谨案:《文正集》二十卷《别集》四卷《补编》五卷,宋范仲淹撰。仲淹,字希文,其先邠人,徙苏州。官至枢密副使、参知政事。事迹具《宋史》本传。"

这两篇小传虽有详略之分,但文字也有相当的重复性。按照《全书》凡例,同一作者有多部著作收入《全书》,只在第一部著作下列出小传,后来的著作均用参见法。《全书》中小传重复出现的情况并不是没有,但凡出现这种情况,多半是因为出现了某种问题。按照《四库全书》的图书分类法,史部诏令奏议类在集部别集类之前,所以《文正集》小传应该用参见法。然而现在却出现了两篇小传,问题又在什么地方呢?

我认为,这也是因为照录《初目》的缘故。诚然现存《初目》中,没有《范文正奏议》这部书的提要。但《初目》是部不完整的书目,它收录提要仅1878篇,涉及图书1870部,实际上只有《总目》的六分之一左右。所以遗漏甚多。遗漏不等于当年没有撰写。我们从现存《初目》中看到,凡是同一个作家有两种以上著作的,其小传往往会有两篇。如明高攀龙撰《春秋孔义》提要云:"攀龙,字存之,无锡人。万历十七年进士。官至左都御史。事迹具《明史》。”其《高子遗书》提要又云：“攀龙，字存之，号景逸，无锡人。万历己丑进士。官至左都御史，谥忠宪。事迹具《明史》。”清孔尚任撰《湖海集》提要云：“尚任，字季重，号东塘，又号岸堂，自称云亭山人。官至户部员外郎。”其《人瑞录》提要又云：“尚任，字东塘，曲阜人。官户部郎中。”明杨士奇撰《东里文集》提要云：“士奇名寓，以字行，泰和人。建文时以辟召入翰林。永乐初改编修，入直文渊阁，累官少师、华盖殿大学士，赠太师。谥文贞。”其《东里全集》九十七卷《别集》四卷提要又云：“士奇名寓，以字行，泰和人。事迹具《明史》。”都是例证。更有意思的是，明郑仲夔撰《耳新》提要，与其撰《兰畹居清言》提要，中间仅仅相隔明项真撰《无事编》提要一种，也有两篇传记，前者云：“仲夔，字龙如，信州人。”后者云：“仲夔，字龙如，江西人。”

我们没有在《初目》中看到在《四库全书》书前提要和《总目》中常见的“已著录”三个字，说明《初目》当时还没有参见的概念。这是因为《初目》中的图书顺序和图书品种都没有最后定下来，无法采用参见法，只好将各人小传先写出，到最后才调整。所以我们认为书前提要和《总目》中范仲淹《奏议》和《文正集》小传重出，和《初目》原先有两篇小传有一定关系。

《初目》既然将《文正集》二十卷《别集》四卷《补编》五卷和《范文正公尺牍》都各自单独列为一种了，那么显然在当时撰写提要时，馆臣就已经将《范文正奏议》也单独列出了。馆臣这样做也并非没有根据。在宋代，范仲淹的文集和《奏议》《尺牍》就都是分别单行的，并未合刻过[①]。而从文献学的角度看，“别裁”将合刻书中的某些著作从一种类目中剪裁出来列入另一更合适的类目，也是一种常见的现象。所以我们认为《全书》中《奏议》和《文正集》各撰有提要，是因为在《初目》中已经都单独分开来。

以上所列范仲淹著作中，还有一部书没有提到，即《范文正公尺牍》三卷。此书在《初目》中有一篇提要，但《全书》没有收录，因为被列入了存目。今见《总目》集部别集类存目一著录有《范文正公尺牍》三卷（浙江巡抚采进本）。提要云：“宋范仲淹撰。仲淹有《范文正集》，已著录。是编皆其平生手简，为家书三十六首、交游八十一首。盖其家子孙所辑，宋时已于集外别行。后有

① 方健《〈范仲淹全集〉前言》，见李勇先、王贵蓉校点《范仲淹全集》，四川大学出版社，2007 年，第 27 页。

张栻及朱子所作《文正书帖跋语》二则，当亦后人所附入。原本五卷，今止三卷，则陈振孙所改编也。”这段提要和《初目》也完全相同。可见《总目》也多采用过《初目》。

《荟要》本有《尺牍》，这是因为和《文正集》等是一起抄录的。《全书》因为是单独列出的，当时不知出于什么原因没有收录。《尺牍》中有些内容涉及当时的社会问题，都很重要。范氏作为一代政治家、文学家，其片言只语都应该得到重视，其《尺牍》三卷，《荟要》既已收录，《全书》不收，《总目》列为存目，显然是个失误。

我们通过以上的分析，意欲说明《初目》是如何影响四库本的，并以《初目》为线索说明《荟要》本与四库本差异的原因①。

夏长朴《〈四库全书总目〉研究的新资料——台北“国图”所藏〈四库全书初次进呈存目〉》的论文注意到这一种现象，谓：“就上述著录方式的调整而言，《初次存目》本各自为书，也各有提要。《总目》改变了原本各自独立成书的状况，将同一作者的著作汇整为一，就编辑方式来说，是较妥善的安排，也可以避免各自成书，寻觅不易的困扰，有利于收藏保存，这是比较合理的作法。《初次存目》原有的编辑方式，自然不如《总目》。”②论文分析的虽然是《初目》与《总目》的关系问题，其实也可以用来说明《荟要》的情况。

2.《初目》合为一篇，《荟要提要》分为多篇

《初目》作一篇而《荟要提要》分为多篇这种情况，可以陆游文集为例。《初目》中，陆游《渭南文集》五十卷《剑南诗》八十五卷《逸稿》二卷本为一篇，撰写了一篇提要。《荟要》则将其作为《渭南文集》五十集、《剑南诗稿》八十五卷、《放翁逸稿》二卷三篇，分别撰写有提要。从仔细比较，可知《荟要》的三篇提要实际上就是以《初目》的一篇提要为基础写成的。

---

① 《总目》著录范仲淹著作三种。诏令奏议类著录《政府奏议》二卷，有小传。集部别集类著录《文正集》，小传用了参见法，云：“仲淹有《奏议》，已著录。”集部别集类存目著录《范文正公尺牍》三卷，小传也是采用了参见法，云：“仲淹有《范文正集》，已著录。”但实际上《范文正集》并没有范仲淹小传，小传是在《奏议》这篇提要中。由此也可以见到《全书》的疏略。

② 夏长朴《〈四库全书总目〉研究的新资料——台北“国图”所藏〈四库全书初次进呈存目〉》，第8页。

第四节 《武英殿聚珍版》提要与《荟要提要》

乾隆三十八年五月十七日奉上谕:将各地进到之书,“择其中罕见之书,有益于世道人心者,寿之梨枣,以广流传”(《纂修四库全书档案》七四)。乾隆三十九年四月二十五日奉上谕:“武英殿现办《四库全书》之活字版,著名为武英殿聚珍版。”(《纂修四库全书档案》一五二)乾隆帝作《文津阁记》也写道:“辑《四库全书》,分为三类:一刊刻,一抄录,一只存书目。其刊刻者,以便于行世,用武英殿聚珍版刷印。”(《御制文二集》卷十三)这些由清内府刻书机构武英殿用木活字排印的图书,名之为《武英殿聚珍版》丛书①。

乾隆年间用木活字排印的《武英殿聚珍版》丛书共 134 种,连同在此之前刻印的四种,共收录图书 138 种。这 138 种图书中,收入到《荟要》中的有 20 种(《易纬八种》算作一种)。现将有关情况列表如下:

	书　名	作　者	《聚珍》校上时间	《荟要》校上时间
1	易纬八种*	汉郑玄注	乾隆三十八年四月	乾隆四十一年八月 乾隆四十二年八月
2	帝范	唐太宗	乾隆三十八年四月	乾隆四十二年十一月
3	郭氏传家易说	宋郭雍	乾隆四十年正月	乾隆四十一年五月
4	易象意言	宋蔡渊	乾隆三十八年六月	乾隆四十二年正月
5	禹贡指南	宋毛晃	乾隆三十八年六月	乾隆四十一年五月
6	禹贡说断	宋傅寅	未著录校上时间	乾隆四十六年四月
7	诗总闻	宋王质	乾隆四十六年七月	乾隆四十年五月
8	春秋辨疑	宋萧楚	乾隆三十八年四月	乾隆四十二年四月
9	春秋繁露	汉董仲舒	乾隆三十八年十月	乾隆四十一年二月

① 乾隆年间,将《武英殿聚珍版》丛书颁行东南各省,并准翻印。苏州、浙江、福建、江西书局,广东广雅书局先后照本开雕。通常将乾隆年间武英殿刻书处活字印本称作“内聚珍”,东南五省据武英殿本翻刻者称作“外聚珍”。本书用以与《荟要提要》比较的,是 2012 年故宫出版社影印武英殿本,即均为“内聚珍”本书前提要。

续表

	书　名	作　者	《聚珍》校上时间	《荟要》校上时间
10	水经注	后魏郦道元	乾隆三十九年十月	乾隆四十二年五月
11	武英殿聚珍版程式	清金简	无书前提要	无书前提要
12	直斋书录解题	宋陈振孙	乾隆三十八年七月	乾隆四十一年七月
13	重刻淳化阁帖释文	乾隆三十四年敕撰	无书前提要	无书前提要
14	傅子	晋傅玄	乾隆三十九年十月	乾隆四十二年八月
15	农桑辑要	元至元十年官撰	乾隆三十八年六月	乾隆四十一年三月
16	周髀算经附唐李籍音义	北周甄鸾述，汉赵君卿注，唐李淳风释	未著录校上时间	乾隆四十三年四月
17	五经算术	北周甄鸾述，唐李淳风注	乾隆三十九年十月	乾隆四十二年五月
18	墨法集要	明沈继孙	乾隆四十年四月	乾隆四十三年二月
19	鹖冠子	宋陆佃解	乾隆三十八年六月	乾隆四十年十二月
20	老子道德经	魏王弼注	乾隆四十年正月	乾隆四十一年三月

*《易纬八种》包括《乾坤凿度》《周易乾凿度》《易纬稽揽图》《易纬通卦验》《易纬辨终备》《易纬是类谋》《易纬乾元序制记》《易纬坤灵图》等八种，《武英殿聚珍版》提要均校上于乾隆三十八年四月。《荟要提要》中《乾坤凿度》《周易乾凿度》两种校上于乾隆四十一年八月，其余六种校上于乾隆四十二年八月。

这20种图书中，《武英殿聚珍版》有两种无书前提要，所以实际可供比较的有18种。这18种图书，按照校上时间，又可分为三种情况。《易纬》等15种图书《武英殿聚珍版》提要校上时间早于《荟要提要》；《诗总闻》1种《武英殿聚珍版》提要校上时间迟于《荟要提要》。《禹贡说断》《周髀算经》2种《武英殿聚珍版》提要未著录校上时间，但据考证，可知校上时间也要迟于《荟要提要》（说见后）。所以这18种图书，按照提要校上时间，可分为早于《荟要提要》与迟于《荟要提要》两种情况。

先看早于《荟要提要》的情况。《武英殿聚珍版》提要校上时间早于《荟要提要》的15种图书中，《易纬八种》《帝范》《郭氏传家易说》《易象意言》《禹贡指南》《春秋辨疑》《直斋书录解题》《傅子》《农桑辑要》《五经算术》《墨法集要》《老子道德经》12 种图书,《荟要总目》均云:“今依武英殿聚珍版本缮录,据明《永乐大典》本恭校。”

《春秋繁露》,《荟要总目》云:“今依武英殿聚珍版本缮录,据明《永乐大典》本,陶宗仪、程荣及国朝何允中本恭校。”

《水经注》,《荟要总目》云:“今依武英殿聚珍版本缮录,据明《永乐大典》本,朱谋玮、黄省曾诸本恭校。”

《鹖冠子》,《荟要总目》云:“今依武英殿聚珍版本缮录,据明《永乐大典》本、欧阳清本恭校。”

《荟要》这 15 种图书都是依据武英殿聚珍版本缮录的,因此《荟要提要》虽然没有明确说也是据《武英殿聚珍版》提要抄录的,但可以认为提要也是一并据以抄录的。正因为如此,我们都可以将《荟要提要》与《武英殿聚珍版》提要相比较①。以下择要分析之间的关系。

经过仔细比较可知,早于《荟要提要》撰成的《武英殿聚珍版》提要,除了一些因体例不同而形成的一些形式上的区别,如校上时间、提要所署职衔(《武英殿聚珍版》提要署职衔分别为总纂官、纂修官,《荟要提要》署总纂官、总校官)之类有所差异外,其余文字两种提要完全相同。

如《农桑辑要》,《武英殿聚珍版》提要云:

> 臣等谨案:《农桑辑要》七卷,元世祖朝司农司撰以颁行。司农司设于至元七年,专掌农桑水利,分布劝农官巡行郡邑,察举农事成否,达于户部,以殿最牧民长官。《元史》谓世祖即位之初,首诏天下“崇本抑末”,“于是颁《农桑辑要》之书于民”。《永乐大典》载是书,有至元十年王磐《序》,及至顺三年印行万部官牒。合之苏天爵《元文类》所载蔡文渊《序》,则延祐元年仁宗特命刊版于江浙行省。迨英宗、明宗、文宗,一再申命颁布焉。焦竑《经籍志》与钱曾《读书敏求记》皆云七卷,《永乐大典》作二卷,非有残缺,盖修书时并合之。今仍分作七卷。观其博采经史及

① 《武英殿聚珍版程式》《重刻淳化阁帖释文》两种,《荟要总目》云:“今依武英殿聚珍版本缮录恭校。”是这两部图书也都与《武英殿聚珍版》丛书有关系。所以《荟要》据《武英殿聚珍版》丛书抄录的实际是 17 种。但因这两部书无书前提要,无法与《荟要提要》相比较,所以此处不再讨论。

诸子杂家，益以试验之法，考核详赡，而一一切于实用。当时绝贵重之，不虚也。乾隆三十八年六月恭校上。总纂官编修臣纪昀、郎中臣陆锡熊，纂修官侍讲臣邹奕孝。

《荟要提要》云：

臣等谨案：《农桑辑要》七卷，元世祖朝司农司撰以颁行。司农司设于至元七年，专掌农桑水利，分布劝农官巡行郡邑，察举农事成否，达于户部，以殿最牧民长官。《元史》谓世祖即位之初，首诏天下"崇本抑末"，"于是颁《农桑辑要》之书于民"。《永乐大典》载是书，有至元十年王磐《序》，及至顺三年印行万部官牒。合之苏天爵《元文类》所载蔡文渊《序》，则延祐元年仁宗特命刊版于江浙行省。迨英宗、明宗、文宗，一再申命颁布焉。焦竑《经籍志》与钱曾《读书敏求记》皆云七卷，《永乐大典》作二卷，非有残缺，盖修书时并合之。今仍分作七卷。观其博采经史及诸子杂家，益以试验之法，考核详赡，而一一切于实用。当时绝贵重之，不虚也。乾隆四十一年三月恭校上。总纂官臣纪昀、臣陆锡熊、臣孙士毅，总校官臣陆费墀。

可见两篇提要文字完全相同。

这种相同之处，有时还体现在一些细微之处甚至讹误中。

如《易纬八种》提要中《易纬是类谋》提要，《荟要提要》云："盖视诸纬略称完备。其间多言禨祥推验，并及于姓辅名号之说。"《武英殿聚珍版》提要亦与此同。《总目》无"之说"二字。此差异虽无关宏旨，但亦可见到《荟要提要》即源于《武英殿聚珍版》提要。

再如《墨法集要》一书书上有不少图，我们将《荟要》之图与文渊阁《四库全书》之图比较，可以看到两者之间并不相同，有好多差异。《荟要》之图与《武英殿聚珍版》之图也有一些差异，但总体上看，《荟要》与《武英殿聚珍版》的图更为接近。又图上的说明，《武英殿聚珍版》本、《荟要》本均作"浸油图""水盆图"等，但文渊阁本无"图"字，即标作"浸油""水盆"等。又插图数量也有一些差异，如文渊阁本"印脱"篇说明文字后有"印脱"图，《武英殿聚珍版》没有此图,《荟要》本也没有此图。文津阁本因为也是依据《武英殿聚珍版》缮写的,所以该书正文与《荟要》本完全相同,而与文渊阁本有差异。

又如《易纬稽览图》提要,《荟要提要》云:“独陈振孙《书录解题》别出《稽览图》三卷,称‘与上《易纬》相出入,而详备不同’。”“详备不同”,文渊阁《全书》提要同,《总目》作“详略不同”,是也。此见陈振孙《直斋书录解题》卷三,原文作“详略不同”。《武英殿聚珍版》提要亦误作“详备不同”。

由此可见,这 15 种图书,《荟要提要》都是照录《武英殿聚珍版》提要的。

上述 15 种图书以外的三种图书,据《荟要总目》著录,都不是依据《武英殿聚珍版》本缮录,如:《禹贡说断》,《荟要总目》云:“今依明《永乐大典》本缮录,据通志堂本恭校。”《周髀算经》,《荟要总目》云:“今依前江苏巡抚臣萨载所上明赵开美刊本缮录,据明《永乐大典》本恭校。”《诗总闻》,《荟要总目》云:“今依前山东巡抚臣徐绩所上元韩国正刊本缮录恭校。”《禹贡说断》《周髀算经》2 种《武英殿聚珍版》提要未著录校上时间,但根据分析可知其校上时间均要迟于《荟要提要》。《诗总闻》1 种《武英殿聚珍版》提要有校上时间,已显示要迟于《荟要提要》。对这三部图书的提要,我们将在以后讨论。

《武英殿聚珍版》提要与《荟要提要》的比较不仅可以看到两者提要之间的相承关系,而且还可以据以了解提要的纂修者。《荟要》与《四库全书》一样,提要都不具纂修者姓名。《武英殿聚珍版》提要则大多有纂修者姓名(部分未署),这就为研究《四库全书》的纂修、提要纂修者与提要学术倾向的关系等问题,提供了重要依据。

同时研究《武英殿聚珍版》提要和《荟要提要》的关系,还可以更好地研究四库提要的来源及其相互之间的关系。通过分析比较可知,凡是《武英殿聚珍版》提要、《荟要提要》相同的,其他四库提要(这里指文渊阁、文溯阁、文津阁提要)也多与之相同,可见《武英殿聚珍版》提要是后来相同图书提要的底本。其中一些四库提要依据的是《荟要提要》,也有一些提要似乎直接依据的是《武英殿聚珍版》提要。如《水经注》一篇,《武英殿聚珍版》提要与《荟要提要》全同,但有一处差异值得注意。《荟要提要》云:“御制《热河考》《滦源考证》诸篇,为之抉摘舛谬,条分缕擘,足以订千秋耳食沿讹。”“足以订千秋耳食沿讹”,《武英殿聚珍版》提要作“足永订千秋耳食沿讹”。文渊阁提要、文溯阁提要[①]均与《武英殿聚珍版》同，文津阁提要作“永订千秋耳食沿讹”[②]，亦与之为近。此或是《荟要提要》在抄录《武英殿聚珍版》提要时无意中作了改动，但由此也可以看到文渊阁提要等似乎都是依据《武英殿聚珍版》提要抄录，而不是依据《荟要提要》抄录的。

这说明《武英殿聚珍版》提要篇目虽然不多，但在四库提要研究中依然有着重要作用。

第五节　文渊阁提要与《荟要提要》

《荟要提要》中的一部分提要来源于文渊阁提要。

《荟要提要》与文渊阁提要，如果两篇提要内容相同或基本相同，就有可能存在承袭关系。由于文渊阁提要与《荟要提要》的校上时间都有一个过程，因此这种关系，可能是《荟要提要》承袭了文渊阁提要，也可能是相反。目前判定这种关系的主要依据是提要的校上时间[③]。本节主要讨论《荟要提要》承袭文渊阁提要这种情况。《荟要提要》校上时间在文渊阁提要之后的数量不多，据本人统计共30篇，其中包括3篇校上时间相同的提要。以下将这30篇提要的异同情况分作两部分予以讨论。

文渊阁提要与《荟要提要》校上时间及异同比较表(一)：

书　名	文渊阁提要	荟要提要	提要异同
日讲易经解义	乾隆四十年九月	乾隆四十一年三月	相同
易纬乾坤凿度八种	乾隆三十八年四月	乾隆四十一年八月 乾隆四十二年八月	相同
群经音辨	乾隆四十一年十月	乾隆四十二年八月	相同

① 《金毓黻手定本文溯阁四库全书提要》，第324页。

② 《文津阁四库全书提要汇编》史部，第319页。

③ 当然有时候也需要考虑到有些提要是后来撤换的，这些提要的校上时间已不是原来的校上时间。如果依据这个时间来分析提要之间的关系，有时候得出的结论可能正好相反。不过这个问题对本节的讨论关系不大。

续表

书　名	文渊阁提要	荟要提要	提要异同
宋史纪事本末	乾隆四十六年十一月	乾隆四十九年十一月	不同
元史纪事本末	乾隆四十六年四月	乾隆四十九年十一月	相同
文献通考	乾隆四十年九月	乾隆四十一年五月	相同
荀子	乾隆四十一年五月	乾隆四十三年二月	不同
帝范	乾隆三十八年四月	乾隆四十二年十一月	相同
御定资政要览	乾隆四十六年九月	乾隆四十七年九月	不同
圣祖仁皇帝御制文集	乾隆三十九年二月	乾隆四十一年五月	相同
世宗宪皇帝御制文集	乾隆三十九年二月	乾隆四十二年二月	不同
御制乐善堂全集定本	乾隆四十年九月	乾隆四十一年六月	相同
骆丞集	乾隆四十一年五月	乾隆四十二年十月	相同
宛陵集	乾隆四十一年十二月	乾隆四十二年五月	相同
淮海集	乾隆四十一年十月	乾隆四十三年二月	相同
竹友集	乾隆四十一年十月	乾隆四十三年正月	相同
滹南集	乾隆四十一年五月	乾隆四十三年四月	相同
静修集	乾隆四十二年二月	乾隆四十三年一月	相同
沧溟集	乾隆四十一年十月	乾隆四十二年二月	相同
元文类	乾隆四十三年十月	乾隆四十九年十一月	相同
御批续资治通鉴纲目	乾隆四十九年九月	乾隆四十九年九月	相同

其中《御批续资治通鉴纲目》一书，《荟要提要》与文渊阁提要撰于同一时间。从以上比较表中可以看到，除少数几篇外，绝大多数提要都相同，这说明凡是《荟要提要》校上时间在后的，绝大多数照用了文渊阁提要。例如以《御制乐善堂文集定本》为例，文渊阁提要云：

臣等谨案：《御制乐善堂文集定本》三十卷，乾隆二十三年协办大学士尚书臣蒋溥等奉敕重编。我皇上诗文总萃，富有日新。雍正庚戌之秋，始订为《文钞》十四卷。乾隆丁巳，取《文钞》所载十之三，益以乙卯以前续著十之七，汇为《文集》，颁行宇内。至是复以初刻卷帙较繁，特诏内廷诸臣校阅删订，省去制义一卷，得旨刊布。愈有以见日进无疆之学，与圣不自圣之心，并昭示无极矣。乾隆四十年九月恭校上。

《荟要提要》云：

臣等谨案：《御制乐善堂全集定本》三十卷，乾隆二十三年协办大学士尚书臣蒋溥等奉敕重编。我皇上诗文总萃，富有日新。雍正庚戌之秋，始订为《文钞》十四卷。乾隆丁巳，取《文钞》所载十之三，益以乙卯以前续著十之七，汇为《全集》，颁行宇内。至是复以初刻卷帙较繁，特诏内廷诸臣校阅删订，省去制义一卷，得旨刊布。愈有以见日进无疆之学，与圣不自圣之心，并昭示无极矣。乾隆四十一年六月恭校上。

除了有"汇为《文集》"与"汇为《全集》"一处差异外，两篇提要完全相同。可见文渊阁提要是《荟要提要》的誊录的依据之一。

就以上几篇内容不同的提要看，有的相互之间确实看不出有什么关系，如《御定资政要览》《世宗宪皇帝御制文集》。但也有的实际上可以看到相互之间有许多联系，有的《荟要提要》仅仅只是对文渊阁提要作了删节、或在其基础上作了删改而已。

例如《宋史纪事本末》提要，《荟要提要》与文渊阁提要前半部分相同(个别文字誊录错误等忽略不计)，区别在结束部分。文渊阁提要原文云：

……其书虽亚于(袁)枢，其寻绎之功，乃视枢为倍矣。惟是书中纪事既兼及辽、金两朝，当时南北分疆，不能统一，自当称《宋辽金三史纪事》方于体例无乖，乃专用宋史标名，殊涉偏见。至《元史纪事本末》，邦瞻已别有成书。此内如蒙古诸帝之立、蒙古立国之制诸篇，皆专纪元初事实，即应析归元纪之中，使其首尾相接。乃以临安未破，一概列在宋编，尤失于限断。此外因仍《宋史》之旧，舛讹疏漏，未及订正者，亦所不免。然于记载冗杂之内，实有披榛得路之功。读《通鉴》者可无袁枢之书，读《宋史》者不可无此一编也。

《荟要提要》作：

> ……其书虽亚于（袁）枢，其寻绎之功，乃视枢为倍矣。然于记载冗杂之内，实有披榛得路之功。读《通鉴》者不可无袁枢之书，读《宋史》者亦不可无此一编也。

比较提要可知，《荟要提要》只是删去了文渊阁提要中批评《宋史纪事本末》的一段文字，前后文自然相接（文中划线部分）。所以《荟要提要》依据的就是文渊阁提要。

当然两篇提要相比较，也还有一定区别，就是最后的一句。文渊阁提要作"读《通鉴》者可无袁枢之书，读《宋史》者不可无此一编也"，《荟要提要》将"可无袁枢之书"改为"不可无袁枢之书"，一字之差，意思就不完全一样了。文渊阁提要采用的是比较法，从与袁枢之书的比较中突出了本书即《宋史纪事本末》的重要价值。《荟要提要》则采用并列法，将袁枢的《通鉴纪事本末》与此《宋史纪事本末》相提并论，认为具有同样重要的价值。文渊阁提要多少有褒贬之分，《荟要提要》则认为两部书不分轩轾。相比较而言，《荟要提要》的说法更客观，所以《总目》虽然采用了文渊阁这篇提要，其中被《荟要提要》删去的部分也一字不易完全保留了，但最后说："读《通鉴》者不可无袁枢之书，读《宋史》者亦不可无此一编也。"这正是《荟要提要》的观点，文字与《荟要提要》完全一样。

意外的倒是文溯阁、文津阁提要。校上于乾隆四十七年十月的文溯阁提要[①]和校上于乾隆四十九年八月的文津阁提要[②]也都保留了文渊阁提要中对《宋史纪事本末》进行批评的一段文字，但文溯阁提要最后的结论和《荟要提要》相同，而文津阁提要最后的结论却与文渊阁提要相同。由此也可看到四库提要之间的关系是错综复杂的。

再如《荀子》提要，文渊阁提要全文 749 字，《荟要提要》全文 431 字，可见差异很大。然《荟要提要》云："况之著书，主于明周孔之教，崇礼而劝学。惟其恐人恃质不学，遂创为'性恶'之说。又疾诸儒之横议，故《非十二子》一篇，

① 《金毓黻手定本文溯阁四库全书提要》，第 249 页。

② 《文津阁四库全书提要汇编》史部，第 86 页。

并子思、孟子而排之，遂为后人口实。寔则大旨不悖于圣人，未可尽非也。韩愈谓其大醇而小疵，其论当矣。杨倞为注亦多详洽。”与文渊阁提要所说：“况之著书，主于明周孔之教，崇礼而勤学。其中最为口寔者，莫过于《非十二子》及《性恶》两篇。”“平心而论，卿之学源出孔门，在诸子之中最为近正，是其所长。”“韩愈大醇小疵之说，要为定论。余皆好恶之词也。杨倞所注亦颇详洽。”意思亦基本相近，文字也大致不差。可见《荟要提要》也是以文渊阁提要为基础删改而成的。

以下对《荟要提要》与文渊阁提要所收录的二十四史提要作比较。文渊阁《四库全书》与《荟要》均收入从《史记》到《明史》的二十四部正史，其中《荟要》本《明史》原无提要，所以可用以比较的是 23 部书的提要。这些提要，从校上时间看，可分为文渊阁提要在《荟要提要》之前、与《荟要提要》同时、在《荟要提要》之后这三种情况；从提要内容看，可分为相同（或基本相同）、不同（或基本不同）两种情况。校上时间与提要内容又有一定的联系。一般说，文渊阁提要校上时间在《荟要提要》之前或同时的时候，《荟要提要》多与文渊阁提要相同（或基本相同）。如文渊阁提要校上时间在《荟要提要》之后，则两者的提要多不相同。这里讨论《荟要提要》与文渊阁提要相同（或基本相同）这类情况。

文渊阁提要与《荟要提要》校上时间及异同比较表（二）：

书　名	文渊阁提要	《荟要提要》	异同比较
史记	乾隆三十九年二月	乾隆四十一年二月	相同
晋书	乾隆四十年九月	乾隆四十一年二月	相同
宋书	乾隆四十年九月	乾隆四十一年二月	相同
魏书	乾隆四十年九月	乾隆四十年十二月	相同
北史	乾隆四十年九月	乾隆四十年十二月	相同
旧五代史	乾隆四十九年十月	乾隆四十九年十一月	相同
元史	乾隆五十四年正月	乾隆五十五年十二月	相同
辽史	乾隆四十九年十一月	乾隆四十九年十一月	相同
金史	乾隆四十九年十一月	乾隆四十九年十一月	相同

在上述 9 部《荟要提要》与文渊阁提要相同的正史中，《史记》等 7 部是文

渊阁提要校上时间在前，《辽史》《金史》二部校上时间相同。其中《史记》《宋书》《魏书》《北史》《旧五代史》未见有与分纂稿相同的，所以这五部书的提要由何人撰写，已无从知晓。这几部图书的提要总的来说都比较简单。

《晋书》提要的情况较为特殊。文渊阁《四库全书》本《晋书》有两篇提要。一篇在《晋书》目录之前，题"乾隆四十二年八月恭校上"，一篇在《晋书》目录之后，题"乾隆四十年九月恭校上"。校上时间较早的提要，比校上时间稍迟的提要内容要简略。《荟要提要》与目录之后的提要、即乾隆四十年九月校上的那篇相同。《晋书》之所以会有两篇提要，当是后来重新撰写了一篇提要，以替代原来的提要，但原提要因疏忽而未被撤除①。《荟要提要》据以抄录的是文渊阁《四库全书》原书前提要，所以两篇提要基本相同②。

现在文渊阁本《晋书》目录之前题"乾隆四十二年八月恭校上"的这篇提要，与邵晋涵分纂稿基本相同，用的是邵晋涵分纂稿。这或许是后来感觉邵晋涵稿更为全面，所以采用了其稿。《总目》与乾隆四十二年校上提要相同，没有作什么修改。

《晋书》这篇提要说明，文渊阁《四库全书》正史提要中，一部分原来所写的内容比较简单的提要，后来被内容更丰富的提要替换了。只是原来撰写的提要在书中被完全撤掉了，而且原提要的撰写者也未留下其他印记，遂使我们往往难以查考哪些提要是被撤换的。《晋书》因为保留着两篇提要，所以给我们提供了查考这种撤换的依据。

《旧五代史》提要则是一篇较特殊的提要。提要长达 800 余字，是《荟要提要》中极为少见的长篇。此篇《荟要提要》、文渊阁提要、《总目》除个别文字上有差异外，基本内容相同。这在二十四史提要中是不多见的。文渊阁提要校上于乾隆四十九年十月，《荟要提要》著录的校上时间为十一月，仅在其后一个月，所以两篇提要使用底本相同，或者就是《荟要提要》完全移用了文渊阁提要。而《总目》则因这篇提要本身写得十分详尽，对新旧《五代史》的长处缺陷分析十分具体，无需改动，所以也照用未改。由此出现了三篇提要相同

---

① 参见刘远游《〈四库全书〉卷首提要的原文和撤换》，《复旦学报》(社会科学版)1991 年第 2 期，第 94—101 页。

② 经查，文津阁《四库全书》提要题"乾隆四十九年八月恭校上"，实际上和文渊阁本"乾隆四十年九月恭校上"的提要完全相同，也就是照录了第一篇提要，而未注意到这篇提要实际已经修改。这也是《四库全书》纂修过程中有时疏于照应的问题。

的情形。此虽为三篇提要，实际等同于一篇提要。

《旧五代史》分纂稿的作者是谁，已无从知晓。但《旧五代史》是由邵晋涵从《永乐大典》中辑出的，深得学界好评，乾隆帝也甚为赞赏，且从现存文献看，二十四部正史提要，几乎都由邵晋涵撰写，因此推测《旧五代史》提要也应是出自其手。

说《旧五代史》提要为邵晋涵撰，也还可以找到其他佐证。例如据邵晋涵分纂稿可知，辽金元三史提要均为邵晋涵撰，三史提要均为长篇大论。而在文渊阁《四库全书》中，其书前提要的校上时间均比较迟，在乾隆四十九年、五十四年。《荟要提要》与邵晋涵稿大体相同，也可以看出就是采用了邵晋涵分纂稿。《荟要提要》校上时间也在乾隆四十九年、乾隆五十五年。《旧五代史》校上时间也在这个时候。从这些非常近似的情况中，我们判断认为《旧五代史》也是出于邵晋涵之手。

不过三篇提要虽然基本相同，但仔细比较，也还可以看到《荟要提要》与文渊阁提要更为接近，而《总目》则带有后来修改的痕迹。如文渊阁提要云："至金章宗泰和七年，诏学官止用欧阳史，于是薛史遂微。""欧阳史"，《荟要提要》同，《总目》作"欧阳修史"。又如文渊阁提要云：《旧五代史》久佚，现自《永乐大典》辑出，"晦而复彰，散而复聚，殆实有神物呵护，以待时而出"。《荟要提要》亦同。《总目》其下尚有"遭逢之幸，洵非偶然也"一句，以颂当今皇上。这显然是后来增补的。又如文渊阁提要云："至居正等奉诏撰述，在宋初，其时秉笔之臣尚多逮事五代，见闻较近，纪传皆首尾完具，可以征信。故异同所在，较核事迹，往往以此书为长。虽其文体卑弱，不免叙次烦冗之病，而遗文琐事反藉以获传，实足为考古者参稽之助。""以此书为长""文体卑弱"，《荟要提要》同，《总目》分别作"以此书为证""文体平弱"。可以看到文渊阁提要与《荟要提要》的相近关系。

当然和大部分提要一样，《荟要提要》与文渊阁提要之间也并不是一字不易。如文渊阁提要云："居正等所修，笔削体例，亦特谨严。然自宋时论二史者即互有所主。"《荟要提要》作"欧阳修文章出居正等上，体例谨严，然自宋时论二史者即互有所主"。按：这里所论角度明显不同。文渊阁提要所论是就薛居正之《旧五代史》而言，《荟要提要》所论则是指欧阳修之《新五代史》而言。后《总目》云："欧阳修文章远出居正等上，其笔削体例，亦特谨严。然自宋时论二史者即互有所主。”也是就欧阳修之书而言。

再就少量文字改动的提要看，有一些属于理解不同。如《魏书》，《荟要提要》作“《魏书》一百三十卷”。“一百三十卷”，文渊阁提要作“一百十四卷”。原因在本书标次作一百十四卷，其中一些篇卷又分作上下。文渊阁《全书》本《魏书》卷前《目录》下标注道：“帝纪一十二”，下注“十四卷”；“列传九十二”，下注“九十六卷”；“志十”，下注“二十卷”。又合计道：“共一百三十卷”。是《荟要提要》析其子卷计之，文渊阁提要合其子卷计之，其内容没有多寡之别。

不过这种改动情况并不多，因此说，一部分文渊阁提要是《荟要提要》的来源之一。

第九章　《荟要提要》研究(下)

——《荟要提要》对四库提要的影响

四库提要文献之间,存在着各种各样的联系,《荟要提要》接受了在此之前撰写完成的四库提要的影响,同时由于《荟要提要》成书较早,它对后于其书成立的其他库本提要,也有深刻的影响,不少提要即与之完全相同,也有些提要只是在《荟要提要》的基础上略作修改而成。同时四库提要文献之间的联系又是错综复杂的,各种提要之间不存在固定的关系。这一章将从整个提要文献系统中来考察《荟要提要》对其他四库提要的影响这一问题,重点考察各提要之间的相互关系。

第一节　分纂稿与四库提要

四库提要文献是指四库全书纂修官为《四库全书》有关图书撰写的提要稿,这类文献反映了四库纂修官的政治立场、思想意识、学术观念,同时也直接显示了朝廷态度与皇帝旨意,所以历来被人重视。四库学的研究,有相当一部分内容就是四库提要的研究。

近年来的四库提要研究,比较多地注意到了几种不同类型提要之间的比较研究,这是一种很好的学术现象。然而长期以来,四库学研究者通常认为《四库全书》只存在分纂提要、库本提要、总目提要三种类型的提要(名称各家略有不同),所以在进行四库提要比较研究时也多只是在这三种提要之间作比较,没有注意到《初目》的存在。

实际上我们将现存的所有类型的提要放在一起作综合性考察,可以比只将三种提要放在一起考察更能发现这些提要之间所存在着的紧密联系,并能更好地发现从最初形成的分纂提要到最终定稿的总目提要之间的演化过程。而《荟要提要》因一般成文较早，其在四库提要中的承续作用更为明显，因而在四库提要研究中有着特殊的价值。

四库提要文献中，最初形成的是分纂稿，最晚成立的是《总目》。下面即按照这样的顺序，通过四库提要文献的综合分析，研究《荟要提要》对四库提要的影响。四库提要相互关系的探讨，离不开提要之间的细密比较，这需要通过大量引文的对比才能看到提要之间的承袭、修正、删节、增补等种种关系。但大量使用引文，也会显得非常繁琐。在以下的探讨中，我们将尽量减少引文的使用。

一、从分纂稿到《总目》提要比较

首先以唐杜牧《樊川文集》提要为例。这一篇四种提要都存在，所以可以更好地看到从分纂稿到最后的《总目》之间的演化情况。

翁方纲分纂稿云：

> 谨按：唐杜牧《樊川文集》二十卷，《新唐书·艺文志》同。新城王士正云旧藏杜牧之《樊川集》二十卷，后见昆山徐氏所藏宋版本，雕刻甚精，而多数卷。考《后村诗话》云，樊川有《续别集》三卷，十八九皆许浑诗。牧仕宦不至南海，而《别集》乃有"南海府罢"之作云云。然今此刻本《别集》内无之。盖牧之《前集》二十卷，是其甥裴延翰所编，其《外集》一卷、《别集》一卷附于后。《别集》有宋熙宁六年田概序者也。应博取善本，校定字句，去其圈评及后人诸序而重刊之①。

《初目》：

> 唐杜牧撰。其甥裴延翰所编。《唐·艺文志》作二十卷。而晁氏《读书志》又载《外集》一卷。新城王士祯谓旧藏杜集止二十卷，后见宋版本，雕刻甚精，而多数卷。考刘克庄《后村诗话》云："樊川有《续别集》三卷，

① 吴格整理《翁方纲纂四库提要稿》，第672页。

十八九皆许浑诗。牧仕官不至南海，而别集乃有《南海府罢》之作。"则宋本《外集》之外，又有《续别集》三卷。此本仅附《外集》《别集》各一卷，有宋熙宁六年田概序，较之后村所见《别集》尚少二卷，而"南海府罢"之作不收焉。则又经后人删定，非克庄所见本矣。牧尝称元、白歌诗传播，使子父女母交口诲淫，恨吾无位，不得以法绳之，其持论甚峻。《后村诗话》则谓"牧风情不浅，如杜秋娘、张好好诸诗，青楼薄幸之句，街吏（按：街吏，《初目》原作"卫吏"，非是。今据《后村诗话》及《荟要提要》《总目》等改。）平安之报，未知去元、白几何"，比之"以燕伐燕"。是亦公论。然牧诗风骨寔出元、白之上。其古文纵横奥衍，《罪言》一篇，宋祁作《新唐书·蕃镇传论》，实全录之，亦非元、白所可及也。

《初目》与翁方纲分纂稿差异甚大，但仔细分析，仍可看到两者的联系。如翁方纲分纂稿引用的王士正、《后村诗话》之言，在《初目》中都有保留。《初目》对翁稿的补充主要在两个方面。一是说明了刘克庄所见本以后的版本情况。第二个方面最重要的是增加了对杜牧诗集的评价问题。前一部分指出了杜牧对元白的批评与自己作品的矛盾之处。杜牧严厉批评元白之作是"使子父女母交口诲淫"，而《初目》指出杜牧自己的诗篇实际也是"风情不浅"，多"青楼薄幸之句"。故《初目》有"以燕伐燕"之讥，认为杜牧对元白的批评，犹如《孟子·公孙丑下》所说的国政败坏的齐国去讨伐同样国政败坏的燕国一样。后一部分肯定了杜牧作品的成就，认为牧诗风骨在元白之上，其古文亦是纵横奥衍。

《荟要提要》如下：

臣等谨案：《樊川文集》二十卷《外集》一卷《别集》一卷，唐杜牧撰。牧，字牧之，京兆万年人。官至中书舍人。事迹具《唐书》本传。是集为其甥裴延翰所编。《唐·艺文志》作二十卷，而晁氏《读书志》又载《外集》一卷。新城王士祯谓旧藏杜集止二十卷，后见宋版本，雕刻甚精，而多数卷。考刘克庄《后村诗话》云："樊川有《续别集》三卷，十八九皆许浑诗。牧仕宦不至南海，而《别集》乃有《南海府罢》之作。"则宋本《外集》之外，又有《续别集》三卷。此本仅附《外集》《别集》各一卷，较之后村所见《别集》尚少二卷，而"南海府罢"之作不收焉。则又经后人删定，非克庄所见之本矣。牧尝称元白歌诗传播，使子父女母交口诲淫，恨吾无位，不得以法绳之，其持论甚峻。《后村诗话》则谓“牧风情不浅，如杜秋娘、张好好诸诗，青楼薄幸之句，街吏平安之报，未知去元白几何”，比之“以燕伐燕”。是亦公论。然牧诗风骨实出元白之上，其古文纵横奥衍。《罪言》一篇，宋祁作《新唐书·藩镇传论》，实全录之，亦非元白所可及也。乾隆四十二年二月恭校上。

《荟要提要》与《初目》相比，基本相同，只是在著录本书篇卷时，增加了“《外集》一卷《别集》一卷”的内容，同时增补了杜牧的小传。《初目》的讹误，《荟要提要》也照常抄录。如《初目》谓“其甥裴廷翰所编”，“裴廷翰”为“裴延翰”之误，《樊川文集》卷首原序、陈振孙《直斋书录解题》等均作“裴延翰”可证。《荟要提要》亦误作“裴廷翰”，是未知其误而照录。

文渊阁提要内容极为充实（文繁不录），但与之前提要的相比基本框架并无区别，许多文辞也多相同，可以清楚地看到之间的联系。通过比较可知，校上于乾隆四十三年七月的文渊阁提要在乾隆四十二年二月校上的《荟要提要》的基础上，补充了大量例证，使论述更为充分，也更为合理而已。如其在《后村诗话》谓杜牧风情不浅这段话之前，增补了范据（按：当作“范摅”）《云溪友议》中的一段话，然后再引《后村诗话》之语，就显得顺理成章。文渊阁提要又引杜牧撰《平卢军节度使官李戡墓志》，说明上述杜牧之言并非出于杜牧之口，而是李戡之说，或是杜牧的借题发挥。这段话在澄清误会，辩证详实，有为杜牧辩白之意，也显示了文渊阁提要的考据之精。文渊阁提要最后仍然使用了此前提要所论杜牧作品成就的文句，但增加了一段欧阳修的感叹，使杜牧的文学成就更为突出。因此我们说，文渊阁提要依然是以《初目》等为基础的。不过经过增补，该书提要显得更为充实，所以后来《总目》就同文渊阁提要，未再作修改。《四库全书简明目录》语言凝炼，但其基本意思与文渊阁提要没有差异，可见也是以文渊阁提要为基础撰写的。

值得关注的是分别校上于乾隆四十七年五月、乾隆四十九年八月的文溯阁提要、文津阁提要[①]。这两篇提要相同，从文字上看，与《初目》《荟要提要》

① 《金毓黻手定本文溯阁四库全书提要》，第688页；《文津阁四库全书提要汇编》集部，第81页。

都有一定联系，很难认为就是照哪一篇提要抄录的。如提要开头有本书作者杜牧小传，《初目》无，《荟要提要》有。又文溯阁、文津阁提要都有其书"有宋熙宁六年田概序"一句，《初目》有，但《荟要提要》没有这一句。可见这两篇提要与《初目》《荟要提要》都有一定联系。不过有一点可以肯定的是，这两篇提要虽然校上时间都在文渊阁提要之后，但与之差异甚大，它们既不是照文渊阁提要抄录的，也不是文渊阁提要的删节版。通常以为文溯阁、文津阁提要较为简单，是因为两篇提要在誊录时自行作了删节。确实有一些文溯阁、文津阁提要比较简单，这其中不排除有自行删节的情况，但也有许多是所据誊录底本原来就简略的缘故，并非文溯阁、文津阁提要随意所作的删节。《樊川文集》提要即属于这种情况。这可以纠正四库提要研究中的一些误解。

这一条提要使我们可以比较完整地看到四库提要从最初的分纂稿到最终的《总目》之间逐渐演化的经过，也可以看到四库提要之间相互影响的情况。

再看陈子昂文集提要。姚鼐分纂稿题《陈子昂文集》，提要云：

陈子昂，字伯玉，仕武后时，终右拾遗。其文集十卷。韩愈诗云"国朝盛文章，子昂始高蹈"，柳宗元谓"张燕公工著述，张曲江善比兴，兼备者子昂而已"。其后马贵与谓子昂惟诗语高妙耳，韩、柳并称其他文，何哉。盖以其小变齐梁之陋，韩、柳论本朝人文，或稍假借之，亦其宜也。子昂上书武后，请兴明堂、太学。宋祁嗤之，谓："荐圭璧于房闼。"《文苑英华》别有《大崇福观记》，记所云"太祖孝明皇帝"者，武士彟也。集无此篇，今增入之。当时文士之谄于武氏而不之耻者，风俗使然，盖无足怪也。①

《初目》题《陈拾遗集》，提要云：

唐陈子昂撰。子昂，字伯玉，梓州射洪人。武后时官至右拾遗，事具《唐书》本传及卢藏用所为《别传》。唐初文章，不脱陈、隋旧习，子昂始奋

① 姚鼐《惜抱轩书录》卷四集录，第2页。

发自为，追古作者。韩愈诗云“国朝盛文章，子昂始高蹈”，柳宗元亦谓“张说工著述，张九龄善比兴，兼备者子昂而已”。马端临乃谓子昂惟“诗语高妙，其它文则不脱偶俪卑弱之体”。韩、柳之论不专称其诗，皆所未喻。今观其集，惟诸表序犹沿排俪之习，若论事书疏之类，寔疏朴近古，韩、柳之论未为非也。子昂尝上书武后，请兴明堂、太学。宋祁以为“荐圭璧于房闼，以脂泽污漫之”。其文今载集中。《文苑英华》八百二十二卷别有《大崇福观记》一篇，称武士彟为“太祖孝明皇帝”。集中不载，疑自削也。今特补入，以为文士贡谀之戒。又此本传写多讹脱，第七卷阙两叶，据目录寻之，《祃牙文》《禜海文》在《文苑英华》九百九十五卷，《吊塞上翁文》在九百九十九卷，《祭孙府君文》在九百七十九卷，又《送崔融等序》之后据目录尚有《饯陈少府序》一篇，此本亦佚。今《文苑英华》七百十九卷有此文，亦并葺补，俾成完本焉。

《初目》与姚稿的差异是显而易见的。但仔细分析，仍可看到两者之间的联系。除去小传不计，姚稿大致包括三个方面的内容。第一是引用韩愈、柳宗元、马端临的评论，指出陈子昂在变革齐梁文风方面的重要作用。其次写陈子昂上书武后请兴明堂、太学而遭宋祁所嗤事。第三写陈子昂撰《大崇福观记》称武后父亲武士彟为“太祖孝明皇帝”事。可以看到姚稿这三方面的内容都反映在《初目》这篇提要中了，不过更为周详而已。如说到陈子昂在变革齐梁文风方面的重要作用时，还特别提到了“唐初文章，不脱陈、隋旧习”的时代背景，并赞颂了陈子昂“始奋发自为，追古作者”的努力。又姚鼐当时所见之本无《大崇福观记》一篇，姚鼐乃据《文苑英华》增入。今《荟要》本及《四库全书》本《陈拾遗集》已收录此篇。

两者也有一些区别。一是对陈子昂撰《大崇福观记》的评价问题。姚鼐对此比较宽容，认为“当时文士之谄于武氏而不之耻者，风俗使然，盖无足怪也”，将其归之于社会风尚问题。《初目》则对此极为严厉，称收录此篇“以为文士贡谀之戒”，将其归之于作者道德问题。《总目凡例》道：“人品学术之醇疵”，“亦未尝不各昭彰瘅，用著劝惩”。姚鼐分纂稿体现了自己个人的理解，而《初目》代表着朝廷的态度，所以记陈子昂此事，正是为了表达对阿谀权贵之人的惩戒。这是各自立场的不同导致评价的差异。此外《初目》最后增加了有关本书篇卷方面的内容。四库提要的编写有这方面的要求，如《总目凡例》道："文字增删，篇帙分合，皆详为订辨，巨细不遗。"所以《初目》作了考订。

《荟要提要》与《初目》相近，差异在以下一些地方。《初目》引宋祁语未注明出处，《荟要提要》补了"《新唐书》传赞"五字，标明出处，显得具体。第二《荟要提要》增加了王士祯对陈子昂的批评，并表明了馆臣自己的态度。王士祯以陈子昂《大周受命颂》等篇为例，认为比扬雄阿谀王莽的《剧秦美新》还要不知节义廉耻。《荟要提要》对此比较宽容，认为陈子昂集以词采见珍，不必以礼法绳之。第三是《荟要提要》将《初目》原在篇末的有关本书篇卷的一段文字移到了前面。第四是关于《大崇福观记》的问题。姚稿仅说"集无此篇"，但没有说明原因。《初目》谓"集中不载，疑自削也"，也不确切。陈集非陈子昂自编，是其去世后由友人卢藏用所编，其撰《陈氏别传》谓"集其遗文"即是。故"自削"之说无证据。《荟要提要》改作"偶佚脱"，较为合理。又关于这一篇，《初目》已有极为严厉的批评，而《荟要提要》又作了更为具体的发挥："俾操觚挥翰之士知立身一败，遗诟万年，有求其不传而不能者焉。"也正是为了突出这一点，所以《荟要提要》将此放在提要最后，而将有关篇卷的一段文字移到了前面，对《初目》的结构作了调整，使得本篇"各昭彰瘅，用著劝惩"(《四库全书总目·凡例》)的主旨更为突出。

这篇提要结构调整、内容增补的过程，就是四库提要不断完善、也是思想逐渐强化的过程。自《荟要提要》以后，分别上于乾隆四十六年八月、乾隆四十九年三月的文渊阁提要、文津阁提要[①]，以及《总目》，都未作任何改动。

令人感到意外的是校上于乾隆四十七年四月的文溯阁提要[②]所依据的却是《初目》，但与之相比文字略为减少。一是少了"今特补入以为文士贡谀之戒又"这段文字；又"《祭孙府君文》在九百七十九卷"之下，漏抄"又送崔融等序之后据目录尚有饯陈少府序一篇此本亦佚今文苑英华七百十九卷有此文"共 37 字。后者未知是有意删除，还是抄写时跳去二行(《初目》每行实抄 19 字)，但前者从上下文的联贯情况看，可以看到明显是文溯阁提要的有意删节。文溯阁的这篇提要可以和上面所说的《樊川文集》的那篇提要比较看，说明有些库本提要比较简略，既有依据底本不同的原因，也有人为删节的原因。

① 《文津阁四库全书提要汇编》集部，第 25 页。

② 《金毓黻手定本文溯阁四库全书提要》，第 670 页。

这也说明各篇提要之间的关系是复杂的，不存在一种统一的样式。

值得注意的还有《简明目录》。《简明目录》基本内容与之前各篇提要无异，如称子昂文章"散体皆疏朴近古"，即沿用《荟要提要》之语。而谓"子昂始变文格"，则之前诸篇提要均未有说明，此为《简明目录》独到之见。

比较宋张栻撰《南轩孟子说》(也作《孟子说》)提要的结尾部分，可以清楚地看到这几者之间承袭、修改的情况。姚鼐分纂稿云：

……其辞感慨激昂，皆为南渡而发。王应麟尝论朱子《诗传》至《秦风》诸章，辞气愤发，有异常体，若栻之心，盖亦犹之朱子之志而已。

《荟要提要》云：

……其辞感愤，似为南渡而发。然皆推阐经义之所有，与胡寅《读史管见》务于借事抒议者，固有殊焉。乾隆三十九年十一月恭校上。

文渊阁提要云：

……其辞感愤，亦为南渡而发。然皆推阐经义之所有，与胡安国《春秋传》务于借事抒义而多失笔削之旨者，固有殊焉。乾隆四十四年正月恭校上。

《总目》云：

……其辞感愤，亦为南渡而发。然皆推阐经义之所有，与胡安国《春秋传》务于借事抒义而多失笔削之旨者，固有殊焉。

姚鼐是著名的古文家，清代散文流派桐城派的代表人物之一。论学主张义理、考据、文章三者合一；论文重视文章构成中的神、理、气、味、格、律、声、色八要素，并主张通过格、律、声、色来实现文章的神、理、气、味。姚鼐的文章雅洁、明晰，富于韵味。就这一段提要看，所谓"辞气愤发，有异常体"，所谓张栻之心亦犹朱子之志等等，就多带有情感色彩，有不少自己的发挥。《荟要提要》等统统予以撤换，无论是《荟要提要》的换成胡寅《读史管见》也好，或是文渊阁提要等的换成胡安国《春秋传》也好，都特别强调“皆推阐经义之所有”，具有纯粹的学术意味，而与提要原有的情感因素完全切割了。“借事抒义”强调的是事物的作用和价值，而非情感。《荟要提要》等还将姚鼐原文的“感慨激昂”一语简化为“感愤”一语，个人的情感色彩愈益淡化。

此外几篇提要的另一改动也值得注意。《荟要提要》将姚鼐稿用以与《孟子说》进行比较的朱熹《诗集传》改为胡寅的《读史管见》，是为了突出《孟子说》一书的学术性，而文渊阁提要又改为胡安国《春秋传》，则又是为了突出“笔削之旨”这一点。

从以上四篇提要的相似及改动情况可以看到：姚鼐分纂稿是这篇提要的基础，在此基础上形成了修改过的《荟要提要》，又在《荟要提要》的基础上形成了文渊阁提要，并成为定稿。

不过还有一点值得注意，《荟要提要》虽然后来又被作了改动，但《荟要提要》的影响在四库馆中并没有随之消失。一个事实是校上于乾隆四十七年四月的文溯阁提要、四十九年四月的文津阁提要[①]，都和《荟要提要》相同，未作改动。这说明四库馆内往往缺乏沟通，但也可以看到《荟要提要》在四库馆中的影响。

以上是分纂稿和其他提要的关系比较直接的，也有一些分纂稿和其他提要关系不是很直接，但依然可以看到相互间的联系。《山海经》提要即属于这种情况。

《山海经》提要中最早的是姚鼐分纂稿[②]。这篇提要未被四库书前提要及《总目》采用，书前提要和《总目》采用的是《初目》。

《初目》与姚稿差异极大，但某些地方仍可看到之间的联系。如姚稿云：“隋、唐两《经籍志》皆云‘郭璞注《山海经》二十三卷’，今少五卷，疑后人因世传‘刘秀奏中十八篇’语合并之，非有缺失也。”《初目》云：“隋、唐二《志》皆云郭璞注《山海经》二十三卷，今本乃少五卷，疑后人并其卷帙，以就刘秀奏中一

① 《金毓黻手定本文溯阁四库全书提要》，第171页；《文津阁四库全书提要汇编》经部，第495页。

② 姚鼐《惜抱轩书录》卷二史录，第10页。

十八篇之数，非阙佚也。”此说史志的著录及本书的篇卷分合问题，《初目》用语与姚稿相差无几。

姚稿又云：“朱子谓是书出于《楚辞》之后，所记乃附会《楚辞》，非《楚辞》用《山海经》也。”《初目》也云：“朱子谓出于《楚辞》之后，所记乃附会《楚辞》，非《楚辞》用《山海经》，得其实矣。”这是说《山海经》与《楚辞》的关系，两篇提要用语也基本相同。

姚稿又云：“当时司马迁称为好奇，然尚云：‘《禹本纪》《山海经》所言怪物，余不敢道也。’”《初目》作：“《山海经》之名始见《史记·大宛传》，司马迁但云‘所言怪物，余不敢道’，而未言为何人作。”这里两篇提要语句不同，但意思是相同的，即谓《山海经》书名虽已见于《史记》，但司马迁很谨慎，并没有说明作者是谁。姚稿提到的此书不可能出于伯益之手的一条例证，如谓：“以歆之博识，宁有此书明载夏后启、文王，及长沙、象郡、余暨、下巂秦汉郡县诸名，而妄谓伯益著者?”也被《初目》使用，谓：“书中明载夏后启、周文王及秦汉长沙、象郡、余暨、下巂诸地名，断不作于三代以上。”文句不一样，但观点是一致的。此外姚稿收在姚鼐《惜抱轩书录》卷二《史录》，《初目》收录在史部地理类。在图书分类的大类上也相同。

姚稿为《初目》的撰写提供了基本思路。所以姚稿与《初目》尽管差异很大，但仍可以看到两种之间的许多联系。

《初目》原文如下：

《山海经》十八卷。晋郭璞注。《山海经》之名始见《史记·大宛传》，司马迁但云“所言怪物，余不敢道”，而未言为何人作。《列子》称：“大禹行而见之，伯益知而名之，夷坚闻而志之。”似乎即指是书，而不言其名《山海经》。《隋书·经籍志》云：“萧何得秦图书，后又得《山海经》，相传夏禹所记。”而刘秀校上《山海经》奏，直断以为伯益作，赵晔《吴越春秋》所说亦同。疑皆因《列子》附会也。书中明载夏后启、周文王及秦汉长沙、象郡、余暨、下巂诸地名，断不作于三代以上。朱子谓出于《楚词》之后，所记乃附会《楚词》，非《楚词》用《山海经》，得其实矣。隋、唐二《志》皆云郭璞注《山海经》二十三卷，今本乃少五卷，疑后人并其卷帙，以就刘秀奏中一十八篇之数，非阙佚也。隋、唐《志》又有郭璞《山海经图赞》二卷。今其《赞》犹载璞集中,其《图》则《宋志》已不著录,知久佚矣。旧本前列刘秀奏,所言一十八篇,与《汉志》称十三篇不合。《七略》即歆所定,不应自相抵牾,疑其赝托。然璞《序》已引其文,相传既久,今仍并录焉。

《初目》是一篇相当完整的提要,所以《荟要提要》以后直到《总目》,都是根据《初目》抄写的,或者以《初目》为依据而略作修改。

《荟要提要》中,《山海经》也收录在史部地理类。和《初目》相比,仅有几处地方有差异。如《初目》云:"《七略》即歆所定,不应自相抵牾,疑其赝托。"《荟要提要》作:"《七略》即刘歆所定,不应自相抵牾。且歆于王莽时始更名秀,此亦不应题所改之名,疑其赝托。"加了一句,实际是以更充分的理由来说明旧本《山海经》卷首所载刘秀校上《山海经》奏为后人赝托。当然也有些差异难以理解,如《初目》云:"隋、唐《志》又有郭璞《山海经图赞》二卷。"《荟要提要》作:"《隋书·志》又有郭璞《山海经图赞》二卷。"《山海经图赞》在隋、唐《志》中都有著录,不知《荟要提要》为何只提《隋书·志》,而不提旧、新《唐志》。就书目著录的一般情形看,凡是隋、唐《志》都著录的图书,通常都会同时提及这两部书目,而不可能只提其中的一种。《荟要提要》的著录虽不能说错,但不合习惯,因颇疑所说"隋书"之"书"字乃"唐"字之形误。姚鼐撰《山海经》提要云:"隋、唐两《志》别有郭璞《山海经图赞》二卷。"是最早的提要稿亦是隋、唐两《志》并提的。虽然文字有异,说《荟要提要》就是照《初目》抄录的这是没有疑问的。

文渊阁提要也是依据《初目》抄写的。文渊阁提要前半部分可以看到就是在《初目》基础上修改而成的,许多语句都基本相同。如《初目》云"旧本前列刘秀奏,所言一十八篇,与《汉志》称十三篇不合。《七略》即歆所定,不应自相抵牾,疑其赝托"。文渊阁提要作:"旧本所载刘秀奏中,称其书凡十八篇,与《汉志》称十三篇者不合。《七略》即秀所定,不应自相抵牿(江按:"抵牿",当是"抵牾"之误),疑其赝托。"可见文字基本相同。上面比较《荟要提要》与《初目》的关系时,指出《荟要提要》多出"且歆于王莽时始更名秀,此亦不应题所改之名"一句,这一句文渊阁提要也没有。可见就这一篇提要来看,文渊阁提要和《荟要提要》没有关系,它直接依据的是《初目》。

但文渊阁提要与《初目》相比有两处大的改动。一是最后增加了这一段文字："书中序述山水多参以神怪，故《道藏》收入太元部竞字号中。究其本旨，实非黄老之言。然道理山川，率难考据。按以耳目所及，百不一真。诸家并以为地理书之冠，亦为未允。核实定名，实则小说之最古者尔。"二是将其书由史部地理类调整到子部小说家类。文渊阁提要增加的一段文字认为《山海经》所言都是怪诞不实之词，难以考实，所以不能作地理书。这恰好就是部类调整的理由。而第二个差异不仅成为四库提要著录此书部类的重要转折，也成为书目中著录此书部类的重要转折。

在文渊阁提要之前，《山海经》的部类，除《汉书·艺文志》将其列入数术略的形法类中，与《宫宅地形》《相人》等书并列外，凡采用四部分类法的书目，如《隋书·经籍志》《旧唐书·经籍志》《新唐书·艺文志》，南宋王尧臣《崇文总目》、清黄虞稷《千顷堂书目》、清徐乾学《传是楼书目》等，都将它列入史部地理类。即使没有采用四部分类法的书目，如宋尤袤《遂初堂书目》、明祁承㸁《淡生堂藏书目》、清钱谦益《绛云楼书目》等，也都收录在史部地理类、或与史部地理类相关的类目如"地志""别志""风土"等类中。可见在文渊阁提要之前，人们一般都将《山海经》看作是一部地理著作。

但文渊阁提要根据自己的判断，将其书由史部地理类调整到子部小说家类。自此之后，不仅四库提要中的文溯阁、文津阁、文澜阁提要以及《总目》《简明目录》，就是一般书目也都将其列入子部。如瞿镛《铁琴铜剑楼藏书目录》将其收入子部小说类。《中国丛书综录》列入子部周秦诸子类小说家之属，《中国古籍总目》列入子部小说类。《四库全书》之后，当然也还有著录在史部的，如范邦甸《天一阁书目》著录其书于史部地理类，张之洞《书目答问》著录其书于史部古史类。不过这种情况比较少见。由此可见四库提要的影响。

就四库提要看，文渊阁提要的那个理由很充分，而且可以说是将《山海经》由史部地理类调整到子部小说家类的唯一理由。《总目》因为与文渊阁提要相同，也有最后几句话，所以也收入了子部小说家类。《简明目录》说得更直接："《隋志》以来皆列地理之首，然侈谈神怪，百无一真，是直小说之祖耳，入之史部未允也。"

我们查一下文溯阁提要与文津阁提要，就发现了问题。两篇提要内容和《初目》相同，说明就是按照《初目》抄写的，但部类却按照文渊阁提要作子部小说家类。《初目》是根据历史上的图书分类及本书的内容将其收录在史部地理类中的，文渊阁提要因为最后指出了此书的怪诞不实性质，因而将其调整到了子部小说家类中。而文溯阁、文津阁本提要内容依据的是《初目》，但分类却依据了文渊阁提要，其间没有任何说明，也没有抄录文渊阁提要那一段改变部类的说明性文字。这样实际上造成了提要与分类的脱节。这种脱节如果没有将整个四库提要系统综合起来看，是很难发现的。

二、关于四库提要的选择性录用问题

四库提要之间还有选择性录用的问题，即后面出现的提要，选择性地采用之前出现的提要的内容。旧题王通撰《中说》一书的提要，就属于这种情形。

为说明问题，先将文渊阁提要的部分内容移录如下：

> 臣等谨案：《中说》十卷，旧本题隋王通撰。《唐志》："文中子《中说》五卷。"《通考》及《玉海》则作十卷，与今本合。凡十篇，末附《序文》一篇及杜淹所撰《文中子世家》一篇，通子福畤《录唐太宗与房魏论礼乐事》一篇，通弟绩《与陈叔达书》一篇，又《录关子明事》一篇。末又有其子福畤所撰《王氏家书杂录》一篇。晁公武《郡斋读书志》尝辨通以开皇四年生，李德林以开皇十一年卒，通方八岁，而有"德林请见，归援琴鼓《荡之什》，门人皆沾襟"事；关朗以太和丁巳见魏孝文帝，至开皇四年通生已相隔一百七年，而有"问礼于朗"事；薛道衡以仁寿二年出为襄州总管，至炀帝即位始召还，又《隋书》载道衡子收，初生即出继族父儒，及长不识本生，而有"仁寿四年通在长安见道衡，道衡语其子收"事；洪迈《容斋随笔》又辨《唐书》载薛收以大业十三年归唐，而《世家》有"江都难作，通有疾，召薛收共语"事。王应麟《困学纪闻》亦辨《唐会要》载武德元年五月始改隋太兴殿为太极殿，而书中有"隋文帝召见太极殿"事。皆证以史传，抵牾显然。（其下373字略去）然大旨要不甚悖于理。且摹拟圣人之语言自扬雄始，犹未敢冒其名。摹拟圣人之事迹则自通始，乃并其名而僭之。后来聚徒讲学，酿为朋党，以至祸延宗社者，通实为之先驱。《坤》之初六"履霜坚冰"，《姤》之初六"系于金柅"，录而存之，亦足见儒风变古，其所

由来者渐也。乾隆四十六年九月恭校上。

文渊阁这篇提要很长，共832字，从与其他提要相比较的情况看，大致可以分为四部分。《中说》提要今不见有分纂稿及《初目》提要，现存最早的提要是校上于乾隆四十二年九月的《荟要提要》。文渊阁提要开头第一部分（划单线部分）即采自《荟要提要》。自“末又有其子福畤所撰《王氏家书杂录》一篇”以下，文渊阁提要与《荟要提要》已全然不同，是纂修官重新写的。

《总目》与文渊阁提要，除去一句文字有异外，其余相同，说明《总目》根据的就是以文渊阁提要。相异的一句是，文渊阁提要作“末又有其子福畤所撰王氏家书杂录一篇”，《总目》作“卷末有阮逸序又有福畤贞观二十三年序”。字数都是17字，但来源却不同。文渊阁提要这一句是纂修官自己写的，而《总目》这一句实际来自于《荟要提要》而有变化。《荟要提要》云：“卷首有阮逸序，末有福畤贞观二十三年序。”但可以看到《总目》的开头部分至此与《荟要提要》是相同的。

校上于乾隆四十七年五月的文溯阁提要与校上于乾隆四十九年闰三月的文津阁提要[①]相同，均为375字（未算入篇末的校上时间），不到文渊阁提要字数的一半。字数之所以相差这么多，是因为文溯阁、文津阁提要作了大量删节。两篇提要开头云：“《中说》十卷，旧本题隋王通撰。《唐志》：‘文中子《中说》五卷。’《通考》及《玉海》则作十卷，与今本合。”就是截取了文渊阁提要的开头部分。两篇提要以下内容即与上述文渊阁提要划双线部分同，而省略了中间的373字。

这部书的提要使我们看到了四库提要之间的错综复杂的关系。文渊阁提要采用了在此之前完成的《荟要提要》开头部分的内容，然后作了大量改写。《总目》与文渊阁提要相同，但也可以隐约看到与《荟要提要》的某些联系。最后校上的文溯阁、文津阁提要选录了文渊阁提要的开头、中间、结尾部分，删去了文渊阁提要有关考证的内容。由于原书的结论基本保留了，所以提要主旨没有改变，而且文字通顺，可见是作过精心剪裁的。文溯阁、文津阁《全书》不是同一时间开始抄写的，且提要校上时间也相隔二年，但文字裁剪

① 《金毓黻手定本文溯阁四库全书提要》，第403页；《文津阁四库全书提要汇编》子部，第12页。

完全一致,可见是经过统一编辑的。

三、提要内容与部类的不相一致

所谓提要内容与部类的不相一致,是说用的提要内容不能反映本部类特点,反而与其他部类相吻合。《春明梦余录》提要即是典型的一例。

《荟要》本《春明梦余录》收录在史部地理类,文渊阁《全书》收录在子部杂家类,《总目》也收录在杂家类。这是因为《荟要》与《全书》对《春明梦余录》一书性质认定的差异,这个不奇怪。奇怪的是文溯阁、文津阁提要。

文溯阁《全书》和文津阁《全书》也将此书收录在子部杂家类,可以看到是受了《总目》的影响。但文溯阁、文津阁两篇提要[①]依据的都是《荟要提要》,甚至《荟要提要》的错讹也被抄录。如《荟要提要》云:"首以建置、形胜,次及城郊。""城郊"有误,应作"城坊"。此见《春明梦余录》卷五《城坊》,其文称"京师虽设顺天府两县,而地方分属五城,每城有坊。中城曰南熏坊、澄清坊、仁寿坊"云云。《日下旧闻考》卷三十八《京城总纪》引此书同。城坊,系指城市居民聚居地,作"城郊"非是。而文溯阁、文津阁提要均照抄作"城郊"。可见相互之间的关系。只不过因为《荟要提要》没有作者小传,文溯阁提要根据体例要求补录了作者小传而已。文津阁提要则连小传都没有补,除个别地方外所录与《荟要提要》相同。

然而问题是,因《荟要》是收录在地理类,所以提要完全是从地理文献的角度来写的。如谓:"以记有明一代都城掌故。首以建置、形胜,次及城郊、宫殿、坛庙、公署,而终之以名迹、寺观之属。因地以纪人,因人以征事。"《总目》将其调整到子部杂家类,原提要已不合适,所以整篇提要重新撰写了。提要说其书"似乎地志""似乎职志""又似乎故事","体例颇为庞杂";又谓"于明代旧闻采摭颇悉,一朝掌故实多赖是书以存。且多取自实录、邸报,与稗官野史据传闻而著书者究为不同。故考胜国之轶事者,多取资于是编焉",主要是从杂学这个角度来写的。差别很明显。文溯阁、文津阁提要只是注意了部类的改换,没有注意到原来的《荟要提要》与新的部类并不吻合这一点。

这种情况在文溯阁、文津阁《全书》中常可见到,即部类与《荟要》已不相

① 《金毓黻手定本文溯阁四库全书提要》,第 508 页;《文津阁四库全书提要汇编》子部,第 564 页。

同，但提要仍与《荟要提要》一样未作改动。乾隆帝《御览经史讲义》也属于这种情况。

此书实际上是一部讲义，《荟要》收录在集部奏议类。提要归纳本书内容有三个方面："于诸经，先标经文，下注先儒疏义。于诸史，节略史文，下注先儒论断。于往代名臣奏议，择其有裨实用，删繁存要，仍各抒所见于后。"这里提到了诸经、诸史、名臣奏议三类内容。奏议是用来解经说史的。

文渊阁《全书》改为子部儒家类。为了与主要部类相契合，提要内容也作了相应改动。其文云："考讲义之作，莫盛于南宋。其解经者如袁燮《毛诗讲义》之类，其论史者如曹彦约《经幄管见》之类，皆经筵所陈也。其更番奏御者谓之故事，李曾伯《可斋杂稿》、孙梦观《雪窗集》中皆有之。"这一段说到历代相关讲义的内容，包括解经者、论史者及说故事者。故事在这里也是用来解经说史的。和《荟要提要》相比，文渊阁提要用"故事"代替了"奏议"。《荟要》因将此书收录在奏议类，所以在述说其内容时特别指出"奏议"这一内容。文渊阁本此书已不在奏议类，所以提要无需特别指出这一点。实际上整篇提要都没有说到此书和奏议的关系。

《御览经史讲义》之书正如其名，实际上是一部讲义，即宣讲儒家思想之书，《荟要》将其收录在集部奏议类，确实有些勉强，文渊阁《全书》将其调整到子部儒家类更为恰当。因为部类调换了，所以提要同时也将"奏议"这类内容改成了"故事"。

文溯阁、文津阁《全书》与文渊阁本相同，也收录在子部儒家类，然而提要用的仍然是《荟要》的，这样带有奏议类特点的《荟要提要》也就原封不动地移植到了儒家类中，从而使得提要内容与部类不相匹配。

四、提要差异与政治干预

造成提要文献差异的原因中，有些与政治干预有重要关系。

乾隆五十二年，因乾隆帝意外发现四库本有"荒诞不经"之处，于是已收入《四库全书》中的周亮工著作被撤除，四库提要中提及周亮工的文句也被删改。这一事件也因此造成了各提要内容的差异。如以康熙帝御定《骈字类编》为例。

《荟要提要》云：

> 臣等谨案:《骈字类编》二百四十卷,圣祖仁皇帝特敕儒臣创例编纂。逮雍正四年告成,世宗宪皇帝制序颁行。其书以事分类,以类统字。标首概以二字,皆取其的实可属对者,而虚字不与焉。又以上字统下字,为向来纂辑类书未有之格。若网在纲,有条不紊。为门十有二,曰天地,曰时令,曰山水,曰居处,曰珍宝,曰数目,曰方隅,曰采色,曰器物,曰草木,曰鸟兽,曰虫鱼,补遗一门曰人事。为类一千六百有四。一类之中,多者至百十余条,并从字义排次。而每条所引之书,则以经、史、子、集、杂文、诗赋为次。搜罗殚博,义例井然,且字必典核,文贵雅驯。于以嘉惠承学,用为选辞征事之秘,真可云豪发无遗憾矣。乾隆四十一年九月恭校上。

这一篇提要只是客观地介绍了本书的体例、内容,并作了简要评价。提要除了开头介绍作者时提到清圣祖及雍正帝外,其他地方都没有特别提到皇帝和此书的关系。

校上于乾隆四十三年十月的文渊阁提要则增加了清圣祖与此书的关系,其文云:

> 谨案:故江南督粮道周亮工《书影》有曰:《韵府群玉》《五车韵瑞》皆取落脚字为类,尝欲为一书,皆取起头字,依韵编次。而取事之稍僻,《韵府》不载者,以便检阅。因拈一白字,历举白者、白徒、白士……二十六条为例。然亮工竟未成书,特空存此论而已。至我圣祖仁皇帝,诏辑是编,乃俯采其例。俾与《佩文韵府》一齐尾字,一齐首字,互为经纬,相辅而行。凡分十有二门。……

比较以上两篇提要,可知文渊阁提要增加的是周亮工原先对编纂此书的构想,以及清圣祖对其体例的采纳。文渊阁提要校上于乾隆四十三年十月,其时尚未禁毁周亮工著作,所以提要可以明白说明周亮工的构想。然而在乾隆帝发布对周亮工图书的禁令后,显然不可能再如原文所写,于是《总目》作了改动。其中与此有关的一段写道:

唐以来隶事之书，以韵为纲者，自颜真卿《韵海镜源》而下，所采诸书，皆齐句尾之一字，而不齐句首之一字。……我圣祖仁皇帝天裁独运，始创造是编。俾与《佩文韵府》一齐尾字，一齐首字，互为经纬，相辅而行。凡分十有二门。……

这一条提要改动非常大，且删改后两种提要意思就完全相反了。按照渊本提要，清圣祖敕撰《骈字类编》，是采用了周亮工的体例，所谓"乃俯采其例"即是。文渊阁提要承认了周亮工的创意，并承认康熙《御定骈字类编》实际上是袭用了周亮工的体例。而在周亮工"事发"以后，自然决不能再这样写，于是在《总目》提要中，就变成了"始创造是编"，然而意思就完全相反了。《总目》很巧妙地将这部书完全变成了清圣祖自己的原创性著作了。

渊本提要为了说明周亮工的创新，引用了《书影》的大段原文，同时不厌其烦地列出周亮工所举出的例子，来显示其具体模样。由于《总目》提要与渊本提要的论述完全相反，因此渊本提要原文不仅不能使用，而且也不是简单地将周亮工姓名拿掉就能解决问题的，于是作了大段的删改。

《四库全书简明目录》云："所采诸书词藻，并括以二字，而以上一字类从，凡一千六百有四字，分隶为十有三门。周亮工《书影》谓《韵府》惟齐句尾一字，欲创一书齐句首一字以便检核，举一'白'字为例，然其书未成，至是乃为类书补此一体云。"相比较而言，《简目》基本上还是保持了原来的面貌。指出了周亮工的创新设想，并举出以"白"字为例的事实。当然周亮工的设想没有能够实现，最后编制出来的是《骈字类编》。《简目》虽未说"俯采其例"之类的话，但人们也还是可以想象得到此书体例，实际上是沿袭了周亮工的设想。由于体例的关系，《简目》的叙述较为简略，但可以看到其实质与文渊阁提要是一致的。

令人费解的是文溯阁、文津阁提要。校上于乾隆四十七年四月的文溯阁提要基本以《荟要提要》为基础，但部分也使用了文渊阁提要中的文句。如谓：

臣等谨案：《骈字类编》二百四十卷，圣祖仁皇帝敕撰，雍正四年告成，世宗宪皇帝制序颁行。其书与《佩文韵府》一齐尾字，一齐首字，互为经纬，相辅而行，实纂辑类书未有之格。若网在纲，有条不紊。为门十有二，曰天地，曰时令……搜罗殚博，义例井然，且字必典核，文贵雅驯。于以嘉惠承学，用为选辞征事之秘，真可云豪发无遗憾矣[①]。

这段提要均照《荟要提要》抄录，但其中"与《佩文韵府》一齐尾字，一齐首字，互为经纬，相辅而行"几句，显然抄自文渊阁提要。文溯阁提要有与《初目》相同的，也有与《荟要提要》或文渊阁提要相同的，但通常都是与某一种提要相同，像这种综合两种提要内容的情形，则非常罕见。问题还在于，既然引用了文渊阁提要之文，为什么没有更多录用其内容，尤其是所说"至我圣祖仁皇帝，诏辑是编，乃俯采其例"等语呢？其原因今天已无法考查。

校上于乾隆四十九年闰三月的文津阁提要[②]则与《荟要提要》完全相同。《骈字类编》提要再一次显示了各四库提要之间错综复杂的关系。

四库提要会删除一些敏感性内容，从而造成提要之间的差异。

如《初目》著录元临川道士雷思齐撰《易图通变》五卷《易筮通变》三卷，其小传云："思齐，字齐贤，别号空山。宋遗民之不仕者也。"《荟要提要》与之相同。文渊阁提要作："思齐，字齐贤，临川人。宋亡之后弃儒服为道士。"《总目》与之同。两相比较，很明显，文渊阁提要、《总目》避开了作者"宋遗民"这个敏感身份，连带"不仕"也一起避开不谈了。《荟要提要》校上于乾隆三十九年十月，年代较早，所以不太重视这个问题。

再如元陈深撰《读春秋编》一书，可以看到个提要间微妙的变化。《初目》小传云："深，字子微，吴人。自以宋之遗民，终身不仕。天历间奎章阁臣以能书荐，匿不肯出。是书标题以'清全斋'冠之，著其志也。"《初目》成书时间最早，所以一些问题未及仔细考虑，这条提要中，"遗民""不仕"这样的字眼相继出现，特别引人注目。提要有意突出了作者的遗民身份，并对此志气作了一定的肯定。

《荟要提要》云："深，字子微，吴人。入元不仕。天历间，奎章阁臣以能书荐，匿不肯出。是书标题以'清全斋'名冠其端，著夙志也。"提要避用了"遗民"一词，删去了"自以宋之遗民"一句，淡化了作者的遗民身份。但"不仕"照

① 《金毓黻手定本文溯阁四库全书提要》，第605页。
② 《文津阁四库全书提要汇编》子部，第642页。

用，而且还称“入元不仕”，对其遗民气质多少还有所显现。

文渊阁提要云：“深，字子微，平江人。尝题所居曰清全斋，因以为号。朱彝尊《经义考》载卢熊《苏州志》，称深生于宋。宋亡，笃志古学，闭门著书。天历间奎章阁臣以能书荐，潜匿不出。”《总目》与此同。提要不用“遗民”“不仕”这样的字眼，不仅完全回避了陈深的遗民身份，对其所题“清全斋”这一斋名的含义也未作任何说明。可见文渊阁提要、《总目》都在尽量避免作更多的解读，尽量在淡化“清全斋”的遗民意义。

元刘一清撰《钱塘遗事》十卷，《初目》云：“盖宋之遗民，目击其偾败之故，追述而成，故刺贾似道者居多。”文渊阁提要作：“盖革代之际，目击偾败，较传闻者为悉故，书中大旨刺贾似道居多。”文渊阁提要用“革代之际”取代了《初目》“宋之遗民”。《总目》与文渊阁提要同。

王松年撰《仙苑编珠》，《初目》云：“松年，天台道士。《通考》以为唐人，书中乃道及梁开平二年事，其唐之遗民欤?”《总目》作：“旧本题唐王松年撰。松年，天台道士。《文献通考》作唐人，然书中有梁开成二年事[1]，则已入五代矣。”《总目》用“已入五代矣”，替代了《初目》的“唐之遗民”。一般来说，四库馆臣最留意的是宋末遗民和明末遗民，对宋以前诸事不太特别关注，此处将“唐之遗民”也改掉，显然是过于敏感了。

文渊阁提要、《总目》等并不是一概不用这些词汇，不过有时候会刻意避用。

四库提要文献相互之间的差异，也有些与政治干预无关，且也不清楚造成差异的原因。

例如苏轼《东坡书传》提要，《荟要提要》与文渊阁提要，经逐字核对，除最后标署的时间不同外（《荟要提要》作“乾隆四十一年二月恭校上”，文渊阁提要作“乾隆四十三年五月恭校上”），其余一字不差。但《总目》与此则有很大不同。同时《荟要提要》与文渊阁提要均称“《书传》二十卷，宋苏轼撰”，而《总目》著录作十三卷，并说：“是书《宋志》作十三卷，与今本同。《万卷堂书目》作

---

① 《总目》作“开成二年事”，误。孙猛谓此书《道藏八种》本有叙梁开平三年事，《四库总目》“开成”当“开平”之误（《郡斋读书志校证》卷第十四《仙苑编珠》，上海古籍出版社，1990 年，第 674 页）。所说甚是。《仙苑编珠》卷下“冲寂焚香”条，即记华岳道士谢冲寂梁开平三年（909）二月清晨乘云升天事。又记天台县人厉归真天祐三年（906）十一月白日冲天事，亦在开成二年（837）之后。惟《初目》谓“书中乃道及梁开平二年事”，稍有舛讹。

二十卷，疑其传写误也。”从《总目》的语气来看，其怀疑二十卷传写有误，并不是针对《全书》说的。可见《总目》的撰写者全然不知收录在《荟要》和《全书》中的《东坡书传》均作二十卷，《总目》与《全书》本完全脱节。查文溯阁提要[①]与《荟要》和《全书》全同，文津阁提要[②]则与《总目》全同，但这两种提要都称本书为二十卷。由于两种提要均为书前提要，所以与正文内容相一致。

《评鉴阐要》提要也是如此，即《荟要提要》与文渊阁提要完全相同，一字不差，但与《总目》完全不同。其中有一个细节值得注意。关于《评鉴阐要》中所录“御批”数量，《荟要提要》与文渊阁提要都说“凡八百余则”，《总目》则说是“七百九十八则”。此书在每一卷的目录下，都注有条数。据笔者统计，确实是七百九十八则。可见《总目》是精确统计过的。

第二节　《初目》与四库提要

我们在上一章中讨论了《初目》与《荟要提要》的关系问题，在这一节中，我们将讨论《初目》在整个提要文献系统中的作用。虽然分纂稿是现存最早的四库提要稿，但分纂稿基本还只能算是提供了一种提要素材，《初目》则确立了四库提要的基本范式。《初目》吸收了各分纂稿的成果，又在其基础上进行了整饬，使得体例更为统一、内容更为明晰、格式更为规范，并使得《初目》最终成为各库本提要、《总目》提要的基础文本。正因为如此，所以《初目》具有和各阁书前提要、总目提要直接的可比性[③]。就整个四库提要文献系统看，分纂稿和其他提要的关系远没有《初目》和其他提要的关系密切。例如只要比较一下郭茂倩《乐府诗集》提要，对这种关系就看得很清楚。这一部书的提要从翁方纲分纂稿、《初目》一直到《总目》恰好都有。通过比较可知，翁方纲分纂稿与其他四库提要没有任何关系，而《初目》和其他几篇提要之间尽管也有文字差异，但可以看到其他提要都是以《初目》为依据，是在《初目》的基础上改动的。《初目》的许多内容在其他提要里一字未改，甚至《初目》的错字也

① 《金毓黻手定本文溯阁四库全书提要》，第 61 页。
② 《文津阁四库全书提要汇编》经部，第 146 页。
③ 参见《四库全书初次进呈存目》整理本《概述》，第 8—17 页。

影响到了其他提要。如《初目》记作者道:“宋郭茂倩撰。《建炎以来系年要录》载茂倩为侍读学士郭褒之孙、郭源中之子,其爵位未详。”“郭褒”,陈振孙《直斋书录解题》卷十五《乐府诗集》解题云:“茂倩,侍读学士劝仲褒之孙,昭陵名臣也。本郓州须城人。有子曰源中、源明。茂倩,源中之子也。”马端临《文献通考》卷二百四十八《经籍考》引《直斋书录解题》同。《宋史》卷二百九十七《郭劝传》云:“郭劝,字仲褒,郓州须城人。举进士。”又云:“召为翰林侍读学士。”是“郭褒”本名劝,字仲褒,作“郭褒”者非。但《荟要提要》,文渊阁、文溯阁、文津阁提要以及《总目》均作“郭褒”,可见《初目》的这个错误均被其他提要照抄而无人加以改正。

在四库各种提要中,《荟要提要》与《初目》的差异最小,所以这一节中我们对《初目》的考察实际上也就是对《荟要提要》的考察。

一、四库提要关系考察

在四库提要之间存在着什么样的关系呢?以下将以《初目》《荟要提要》为中心作一比较。当然这样的比较只是就总体情形而言,例如我们说到提要之间的“相同”,也不是完全一字不差,事实上这样的提要是极为少见的,大体上略有文字出入但不影响内容表达的,属于文字誊录错误的,或者有时仅仅是出于体例的需要,将少量内容(主要指小传)前后移易的,也可看作是“相同”。这样提要稿之间的关系问题,大约有以下几种情形:

*《初目》与《荟要提要》、文渊阁提要相同,但个别字词有改动。*宋陆佃撰《埤雅》提要,《初目》《荟要提要》、文渊阁提要内容相同,但有一个地方显示了彼此的差异。《初目》云:“盖佃以不附新法,故复入元祐党籍,其学问则未尝异安石。”陆佃少从学于王安石,为王安石弟子,故其学问多从王安石,但政治上与王安石见解不一,所以被列入元祐党籍。《初目》作“复入元祐党籍”,用词不准,因陆佃并无初入、再入之事。《荟要提要》或考虑及此,故改为“得入元祐党籍”,文渊阁提要又改为“后入元祐党籍”。从字形上看,复(復)、得、后(後)三字相近,但意义则有所区别。从这一例的修改中,也可以看到各篇提要在抄录时作过一定的推敲。可惜的是不是每篇提要都能做到这样。

*《初目》与《荟要提要》、文渊阁提要、《总目》相同。*这种情况比较少见。唐元结撰《次山集》提要即属于这种情形。《次山集》提要除卷首作者小传,因

体例问题略有差异外，正文内容文字都相同。《荟要提要》校上于乾隆四十一年七月，可见其时提要已基本定稿。

《九经字样》，《初目》与《荟要提要》、文渊阁提要、《总目》完全相同（少量文字的差讹属于抄写问题）。《十六国春秋》也是《初目》与《荟要提要》、文渊阁提要、《总目》完全相同，不过纠正了最初的一些错误。《曲洧旧闻》十卷，也基本相同。

《初目》与《荟要提要》《四库全书》书前提要、《总目》基本相同，后者在前者基础上略有增补。如《集千家注杜诗》，《荟要提要》增加了最后一部分文字："至编中所集诸家之注，真赝错杂，亦多为后来所抨弹。然宋以来，注杜诗者已鲜有专本传世，遗文绪论，颇赖此书以存，其荜路蓝缕之功，亦未可尽废也。"《四库全书》书前提要、《总目》也有这几句。

《初目》与《荟要提要》、文渊阁提要相同，与《总目》有不同。如唐王冰注《黄帝素问》提要。几篇提要基本相同，不同之处在提要的最后部分《总目》稍有改动。《初目》原文道："冰名见《新唐书·宰相世系表》，称为京兆府参军，林亿等引《人物志》，谓冰为太仆令。未知孰是。然医家皆称王太仆。晁氏《读书志》独作王砅，《杜甫集》亦有此名。然《唐》《宋志》皆作冰，而世传宋椠本亦作冰字，或公武因杜诗而悮欤。"《总目》作："冰名见《新唐书·宰相世系表》，称为京兆府参军。林亿等引《人物志》，谓冰为太仆令。未知孰是。然医家皆称王太仆，习读亿书也。其名晁公武《读书志》作王砅，《杜甫集》有《赠重表侄王砅》诗，亦复相合。然《唐》《宋志》皆作冰，而世传宋椠本亦作冰字，或公武因杜甫诗而误欤。"划线部分为《总目》所加，主要是对原文作了解释性的说明，使之更为明白。

《初目》经《荟要提要》修改（文渊阁提要同），与《总目》完全不同。如宋黄仲炎撰《春秋通说》提要，《初目》云："端平初，尚书李鸣复进其书于朝。仲炎，字若晦，温州布衣。其书大意谓《春秋》有教有戒，其教存乎书法，其戒存乎事实，而无褒贬。盖一扫言例之拘，而毅然直摅胸臆者。其中如论'子同生'一条，谓：'《左氏》因记太子生之礼并问名等语，故起此事，恐非经文，录经者误以传文加之。'又如'宋伯姬卒'一条，谓书卿送葬故书卒，与上书宋灾为两节。此类非一，皆不免于好为异说。至于以后代史事评断得失，亦非释经正体。然其文辞条畅，议论严正不苟，亦有足取者。"

《荟要提要》前半部分与《初目》同，在“亦有足取者”以下，补充了这么一段：“况《春秋》因史以成经，故凡言史者，必以《春秋》为权度。仲炎引史以证《春秋》，而即执《春秋》以断史，其理亦本相通。言各有当，未可概以泛滥讥也。”这一段放在此地，可以明显感到与上文的隔阂。《初目》作者批评黄仲炎此书“以后代史事评断得失，亦非释经正体”，按照正常的逻辑顺序，这里应该是说明为何不可用后代发生的历史事件来解释《春秋》经文的意义这种解经方式。而《荟要提要》却是在为这种解经方式作辩护。由此可见，《荟要提要》这段话明显是针对《初目》说的，是对《初目》的批评。文渊阁提要与《荟要提要》完全相同，未作改动。这一条《总目》与此都不同，已经属于重新撰写的情况。

元王申子撰《大易辑说》等也属于这种情况。

《初目》与《荟要提要》相同，与文渊阁提要、《总目》部分相同。唐张参撰《五经文字》、宋吕祖谦撰《春秋左氏传说》提要等，都属于这种情况。《初目》与《荟要提要》相同，文渊阁提要、《总目》与《初目》部分相同，部分在《初目》基础上作了修改、增补。

《初目》与《荟要提要》相同，与文渊阁提要、《总目》不同。元临川道士雷思齐撰《易图通变》、宋真德秀撰《四书集编》、《孔丛子》提要等都属于这种情况。

《荟要提要》与《初目》文字基本相同，或在《初目》基础上略有改动，文渊阁提要、《总目》的文字及对此书的评价均不同。

这种情况可以元程端学撰《春秋本义》提要为例。这条提要《荟要提要》对《初目》有若干改动，但可以看到是在《初目》基础上作的修改。《初目》原提要中有两处错误，《荟要提要》也完全相同。《初目》谓作者程端学“至治六年举进士”，《总目》作“至治元年举进士”。按：至治为元英宗年号，前后共三年，即自至治元年至至治三年，故《初目》作至治六年显然有误。明程敏政撰《新安文献志》卷七十一载元欧阳玄《积斋程君（端学）墓志铭》云：“至治癸亥，予以鸠兹宰浙省，聘为秋闱试官。”“明年君会试中高等。”至治癸亥即至治三年，明年即泰定元年。元宋褧《燕石集》卷三有《同年程时叔内翰还浙东》诗。《四库全书总目·燕石集》提要云：“元宋褧撰。褧字显夫，大都人。泰定元年进士。”宋褧既称程端学为同年，则程端学自亦与宋褧为同一年进士。据此，程端学当是泰定元年进士。《新安文献志》卷首《先贤事略上》称程端学为"至治四年进士",则非是。如上所说,至治共三年,故至治四年进士实即为泰定元年进士。《初目》著录有误,《荟要提要》未能察觉,照录《初目》也误。《总目》作"至治元年"者也非是。其依据或为《元史》卷一百九十《儒学传》所记:"端学,登至治辛酉进士第。"《明一统志》卷四十六亦称程端学为"至治中进士"。然《元史》《明一统志》均为明人所撰,自应以元人所记为是。

再如谓程端学撰作此书,《初目》云"取前代百三十家",《荟要提要》同。《总目》云:"所采自三《传》而下凡一百七十六家,卷首具列其目。《宁波府志》及《千顷堂书目》均称所采一百三十家,未喻其故也。"按:《千顷堂书目》自注云:"端学慨《春秋》一经,未有归一之说,遍索前代说《春秋》集,凡百三十家,折衷异同,湛思二十余年,作《本义》,以发圣人之经旨。"《总目》以《千顷堂书目》所采一百三十家,未喻其故,实则持此说者甚多。如明程敏政撰《新安文献志》卷七十一欧阳玄《积斋程君端学墓志铭》云:"遍索前代说《春秋》者凡百三十家,折衷异同,续作《春秋记》,由是沈潜细绎二十余年,乃作《春秋本义》三十卷。"清朱彝尊《经义考》卷一百九十五云:"乃取前代百三十家,折衷异同,著《春秋本义》三十卷,《三传辨疑》二十卷,《或问》十卷。用经筵官请命有司取其书板行天下。"《钦定续文献通考》卷一百五十三著录云:"程端学《春秋本义》二十卷、《春秋或问》十卷、《三传辨疑》二十卷。因遍索前代说春秋者凡百三十家,折衷异同,湛思二十余年,作《本义》,以发圣人之经旨。"可见程端学取前代百三十家著作撰成《春秋本义》一书,是当时许多人的看法。《千顷堂书目》著录或有所依据。然细数本书卷首所列"春秋传名氏",确为176家。不过《初目》《荟要提要》所著录虽然有依据,但究属数字与实际不符。

文渊阁提要、《总目》两篇提要相同。将其与《初目》《荟要提要》相比较,可以看到两点,一是对《初目》《荟要提要》的著录作了纠正,二是对本书的评价与《初目》《荟要提要》完全不同。

先看第一点。《初目》《荟要提要》称作者是"至治六年举进士",文渊阁提要、《总目》明确作"至治元年举进士"。虽然文渊阁提要、《总目》未必正确(考证见上),但纠正了《初目》《荟要提要》的内容则是肯定的。

文渊阁提要、《总目》又谓:"所采自三《传》而下凡一百七十六家,卷首具列其目。《宁波府志》及《千顷堂书目》均称所采一百三十家,未喻其故也。"这一段虽然是对《宁波府志》及《千顷堂书目》所说的，但实际上是对《初目》或《荟要提要》说的，只不过不好明确点名而已。“未喻其故也”显然是表示不满。

再看第二点，对本书的评价完全相反。《初目》《荟要提要》对本书评价甚高，称其“沈潜紬绎者二十余年，会成而卒”，并说“其学有渊源，故立说具有本末”。而文渊阁提要、《总目》对本书则评价甚差，批评很多，谓此书“体例颇为糅杂”，“其大旨仍主常事不书，有贬无褒之义。故所征引，大抵孙复以后之说法。往往缴绕支离，横加推衍，事事求其所以贬”，又评定说法：“斯已刻矣。”又嘲讽道：“端学乃事事皆云未知信否，则天下无可据之古书矣。”最后还特地说明，之所以收录此书，并不在于本书的价值，而在于此书“尚颇能纠正胡《传》；又所采一百七十六家，其书佚者十之九，此书犹略见其梗概，姑录之以备参考焉”。可见收入《四库全书》的原因还是本书以外的价值。在元郑玉撰《春秋阙疑》提要中，《总目》还将程端学此书与郑玉《春秋阙疑》一比高低：“昔程端学作《春秋本义》等三书，至正中官为刊行，而日久论定，人终重（郑）玉此书。岂非以玉之著书主于明《经》以立教，端学之著书主于诋《传》以邀名，用心之公私迥不同哉？”可见《总目》的立场是一贯的。

《荟要提要》在《初目》基础上稍作修改而成，文渊阁、文溯阁、文津阁提要同《荟要提要》，《总目》又作了修改。

元张存中撰《四书通证》一条提要，可以看到相互之间的这种关系。这一条提要，《荟要提要》、文渊阁提要与《初目》基本相同，但有几处改动很重要，可以据此看出各本之间的承继关系。

如《初目》云：“初胡炳文作四书通释详义理而略名物。”这一句，《荟要提要》作“初胡炳文作四书通释义理而略名物”，文渊阁提要同。《总目》作“初胡炳文作四书通详义理而略名物”。这一句几篇提要的差异在“释”“详”二字上。胡炳文作有《四书通》一书。按照《初目》原文，意为起初胡炳文作《四书通》，其书对四书的诠释（“释”）“详义理而略名物”。《荟要提要》或以“释”字入书名，但又认为胡炳文所作并无《四书通释》一书，或以“释详”二字与下“略”字不相照应，因改作“释义理而略名物”。然《初目》原文“释详义理而略名物”其意清楚，《荟要提要》作“释义理而略名物”虽也可说得通，但“释”“略”对文，究竟不若“详”“略”对文顺妥，且《初目》原意应该也并非以“释”“略”相对。《荟要提要》似乎并未真正理解《初目》其意。《总目》删去“释”字，也不妥当。文渊阁提要与《荟要提要》同，说明只是照抄而已，自己并未加以思考。

再如《初目》云：“炳文为之《序》，称：‘北方杜缑山有《语孟旁通》，平水薛寿之有《四书引证》，皆失之太繁。’存中能‘删冗从简，去非取是’。”《荟要提要》作：“炳文为之《序》，称：‘北方杜缑山有《语孟旁通》，平水薛寿之有《四书引证》，皆失之太繁，且各有未完。’存中能‘删冗从简，去非取是’。”这是引用胡炳文序文中的评价。《荟要提要》多了“且各有未完”五字。

查胡炳文序原文，是这样的：“北方杜缑山有《语孟旁通》，平水薛寿之有《四书引证》，皆失之太繁，且其中各有未完处。观者病焉。”可见“失之太繁”与“各有未完处”是对《语孟旁通》《四书引证》这两部书的完整评价。《初目》只提到了其中的一点，《荟要提要》予以补充完整。可见《荟要提要》更为完整。查文渊阁提要，也作“皆失之太繁，且各有未完”。就《荟要提要》所引这一句来看，与胡炳文序原文“皆失之太繁，且其中各有未完处”也还略有出入。而文渊阁提要与《荟要提要》完全相同，足以说明不是直接使用了胡炳文序的原文，而是使用了《荟要提要》的文字。但《总目》此处与《初目》同，未根据《荟要提要》补。

再如《初目》云：“推之甚至。”《荟要提要》作：“推之可谓至矣。”程度更深。

再如《初目》云：“朱子之学在明圣道之正传，区区训诂之间，固不必为之讳也。”这一句，《荟要提要》作：“朱子之学在明圣道之正传，区区训诂之间，不足为之累，亦不必为之讳也。”增加了“不足为之累”一句，显然也是在《初目》基础上增加的。增加的这几个字，显示了作者对朱子的推崇。

再如，《初目》最后一句云：“于学者不为无补也。”《荟要提要》作：“于学者亦不为无补也。”多了一个“亦”字。

凡以上《荟要提要》与《初目》相异之处，文渊阁、文溯阁、文津阁提要[①]与《荟要提要》都完全相同，说明这些提要都是根据《荟要提要》抄录的。

《总目》的情况则甚为特殊。通过比较可知，《总目》既使用了《初目》文字，也使用了《荟要提要》（或者更准确说法是文渊阁提要）的文字，同时也改正了《初目》的文字。

① 《金毓黻手定本文溯阁四库全书提要》，第175页；《文津阁四库全书提要汇编》经部，第504页。

例如《总目》引胡炳文序，谓《语孟旁通》《四书引证》这两部书“皆失之太繁”，而并无“且各有未完”几字，可见这与《初目》一致。再如《总目》说“推之甚至”“朱子之学在明圣道之正传，区区训诂之间，固不必为之讳也”，也都是《初目》原文。由此可见《总目》与《初目》的关系。另一方面，《总目》又与文渊阁提要有关系。如《总目》最后一句“于学者亦不为无补矣”，也多了一个“亦”字，可见与《荟要提要》及文渊阁提要的关系。

当然《总目》对原提要也有修订，增加了许多新的例证。说明《总目》对《初目》《荟要提要》《文渊阁提要》都有使用。

*《初目》与《荟要提要》不同，与文渊阁提要、《总目》相同。*如宋李衡撰《周易义海撮要》，《总目》与《初目》相比，除了增加了一个传记资料出处(称作者李衡“事迹具《宋史》本传”)，及改动了《初目》两处明显的误写(将《初目》误写的“周易解集”改为“周易集解”，“青华”改为“精华”)外，其余文字完全相同。文渊阁提要与《总目》文字完全相同。文渊阁提要、《总目》使用了《初目》。《荟要提要》则与《初目》完全不同，是各自独立撰写的，提要相互之间没有任何的参照。文溯阁、文津阁提要[①]均与《荟要提要》同。

二、从《初目》到《总目》提要比较

上述《樊川文集》《陈拾遗集》提要等例，显示了从分纂稿、《初目》《荟要提要》《四库全书》书前提要到《总目》之间的修改过程。由于文献的残缺，不是四库中的图书都能看到从分纂稿到《总目》的完整的提要。以下看一下从《初目》到最后的《总目》之间的提要情况。

1. 以杨万里《诚斋集》提要为例

先看杨万里《诚斋集》提要。《初目》云：

> 杨诚斋集一百二十卷。宋杨万里撰。万里，字廷秀，吉州吉水人。官终宝谟阁学士。当韩侂胄北伐时，忧恚不食卒。赠光禄大夫，谥文节。事具《宋史·儒林传》。此集则嘉定元年，其子长儒所编也。万里立朝多大节，若乞留张栻、力争吕颐浩等配飨及灾变、应诏诸奏，今具载集中，丰

① 《金毓黻手定本文溯阁四库全书提要》，第24页；《文津阁四库全书提要汇编》经部，第33页。

采犹可想见。生平以诗擅名，有《江湖集》七卷、《荆溪集》五卷、《西归集》二卷、《南海集》四卷、《朝天集》六卷、《江西道院集》二卷、《朝天续集》四卷、《江东集》五卷、《退休集》七卷。今并在集中。方回称其“一官一集，每集必变一格，虽沿江西诗派之末流，不免有颓唐粗俚之处，而才思健拔，包孕宏富，自为南宋一作手，非后来四灵、江湖诸派可得而并称也”。万里别有《易传》二十卷，元陈栎诋其因学文以求道，于经学终非本色。胡一桂作《易本义附录纂注》，博收诸家之说，独不采万里一字。然万里《易传》实本程子之〔说，而引伸之以通于人事，未尝无可取者。诸儒以其门户之见排之，亦未为笃论矣。〕①

校上于乾隆四十三年二月的《荟要提要》与《初目》相同，包括小传文字也完全一致。不同的地方只有两处，一是著录本书卷数不同，《初目》作 120 卷，《荟要提要》则作 133 卷。二是《初目》说此书“其子长儒所编也”，《荟要提要》作“其子长孺所编次也”，文字略有差异。

《诚斋集》卷数，《初目》作 120 卷，未知所据。查陈振孙《直斋书录解题》、马端临《文献通考》等，都作 133 卷。《荟要总目》云：《诚斋集》“今依前浙江巡抚臣三宝所上鲍士恭家藏抄本缮录”。查四库进呈书目，《浙江第四次鲍士恭呈送书目》所记即 133 卷，《浙江采集遗书总录》壬集亦记道：“《诚斋集》一百三十三卷，知不足斋写本。”《荟要》本依据鲍廷博知不足斋抄本缮录，所以卷数与《初目》不同。杨万里子名长孺，《诚斋集》二十二有诗题《大儿长孺同罗时清寻凉监桥》等可证，《四部丛刊》影宋刻本卷末题记亦写道：“嘉定元年春三月男长孺编定”。《初目》作“长儒”误。《荟要提要》于此已经改过。

校上于乾隆四十六年十二月的文渊阁提要，其前半部分与《初目》《荟要提要》几乎完全相同，只有几处地方有差异。如“生平以诗擅名”，文渊阁提要作“其生平乃特以诗擅名”；“方回称其”，文渊阁提要作“方回《瀛奎律髓》称其”；“四灵、江湖诸派”，文渊阁提要作“四灵诸派”。除此以外其余文字没有差异。而这些有差异的文句又是我们判断文渊阁提要与其他阁本提要和《总目》提要相互关系的重要依据。

① 《初目》“程子之”以下缺文。因《荟要提要》及文溯阁、文津阁《四库全书》书前提要与《初目》同，兹据以补出。

那么文渊阁提要是依据《初目》，还是《荟要提要》抄录的呢？我们认为依据的是《初目》。理由是，如文渊阁提要云："此集则嘉定元年，其子长儒所编也。"作"长儒"不作"长孺"、作"编"不作"编定"，与《初目》完全相同，而与《荟要提要》不同。这与我们看到的如果文渊阁提要校上时间在《荟要提要》校上时间之后，则大多根据《荟要提要》抄录这种情况不一样。

文渊阁提要的后半部分是重新写的。这一部分评价了杨万里的诗歌成就，并比较了南宋诗作数量最多的两个作家杨万里和陆游的人品。提要指出，陆游晚年"隳节"为韩侂胄作《南园记》，并因此得除朝官。杨万里曾寄诗予以规劝。提要因说："以诗品论，万里不及游之锻炼工细；以人品论，则万里倜乎远矣。"这是提要撰写对有关人品学术醇疵各昭彰瘅，用著劝惩(《总目凡例》)要求的体现。

值得注意的是，《初目》还有"万里别有《易传》二十卷"以下一段论述，不见于文渊阁提要。这是因为《易传》已另收入《全书》经部，提要中已用"万里有《诚斋易传》，已著录"的参见方式作了介绍，因此无需再多加说明。《荟要》本因为没有收录《易传》，所以照录《初目》，未作改动。

由此可以看到，文渊阁提要是依据《初目》抄录而又加以增补的。

再比较分别校上于乾隆四十七年五月、四十九年三月的文溯阁和文津阁提要。这两篇提要虽然校上时间不同，但文字却完全相同，可以来源是一样的。提要谓"其子长孺所编次也""生平以诗擅名""方回称其""四灵、江湖诸派"，都和《荟要提要》相同，而与《初目》有些微区别。而两篇提要最后有"万里别有《易传》二十卷"以下一段论述，则是和文渊阁提要最大的区别。可见文溯阁、文津阁提要完全就是依据《荟要提要》抄录的。

这里要注意的是文溯阁、文津阁提要最后都有的一段文字："万里别有《易传》二十卷，元陈栎诋其因学文以求道，于经学终非本色。胡一桂作《易本义附录纂注》，博收诸家之说，独不采万里一字。然万里《易传》实本程子之说，而引伸之以通于人事，未尝无可取者。诸儒以其门户之见排之，亦未为笃论矣。"这段文字是评说杨万里《易传》一书的，最早见于《初目》。《初目》收录有《诚斋易传》一书，提要最后一段云："元胡一桂作《易本义附录纂疏》，博采诸家，乃独不录此书一字，盖以其文士轻之。然万里文章气节自足千古，此书亦不可磨灭，至今犹在人间。区区门户之见，亦何足为万里轻重哉？"与《诚斋集》提要相差无几。

《初目》是分纂稿的汇总，各篇提要缺乏一定的照应，内容有重复，是可以理解的。《荟要》未收录《易传》，所以在其根据《初目》抄录的《诚斋集》提要中提及《易传》，也可以理解。问题是文溯阁、文津阁《全书》已另外收录了《易传》，而在《诚斋集》提要中依然都有与《易传》提要差不多相同的文字，造成了前后两篇提要内容的重复，就显得很不合理了。更可怪的是，文渊阁提要已经作了合理的修改，文溯阁、文津阁提要却没有采用，而用了一篇更早形成的提要，并由此带来了某些问题。考其原因，就在于文溯阁、文津阁提要只是完全照抄《荟要提要》而已，未作必要的查检。

这也说明，四库提要之间的关系是很复杂的，提要与提要之间不存在一个固定的关系。

《总目》几处文字都和文渊阁提要相同，其间的承袭关系很清楚。

以下把有关杨万里《诚斋集》各篇提要之间的关系列表如下：

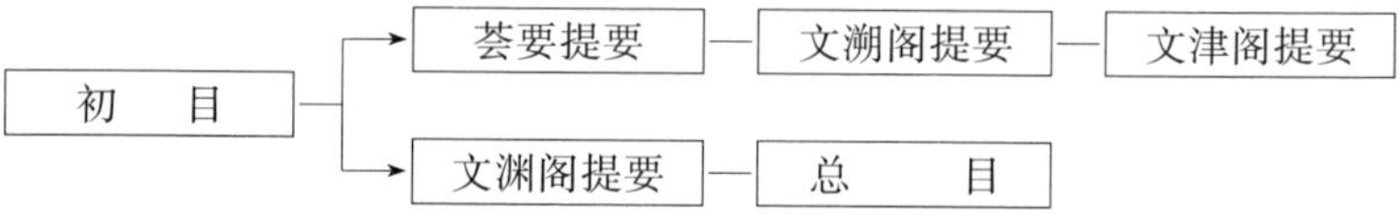

这个关系，简单地说，就是四库提要中最早形成的《初目》成为以后各种提要的蓝本。除了个别文字外，《荟要提要》与《初目》完全相同。文溯阁和文津阁两篇提要依据《荟要提要》抄录。文渊阁提要，其前半部分与《初目》几乎完全相同，其后半部分是重新写的。《总目》和文渊阁提要相同。

2. 以宋赵抃《清献集》提要为例

关于四库各本书前提要的来源问题，往往很难说清楚。现存《四库全书》各库本提要相互之间并没有一个统一的来源，需要根据每一提要作具体分析。比如比较宋赵抃《清献集》各本提要，又可以看到另外一种关系，这为我们考察书前提要的来源及相互承袭问题提供了另一个很好的例子。我们先将《初目》和《清献集》的库本提要中最早形成的《荟要提要》作一比较。《初目》云：

> 宋赵抃撰。抃，字阅道，衢州西安人。神宗时参知政事，以争新法去位。此本诗、文各五卷，所载多关时事。其所论陈执中、王拱辰疏，皆七

八上，可以知其抗直，而宋庠、范镇亦皆见之弹章。古所称群而不党，抃庶几焉。其诗皆婉多姿，乃不类其为人。王士祯《居易录》称其《暖风》《芳草》《杜鹃》《寒食》《观水》五言律诗五首，以文彦博拟之，故非过论，殆亦渊明《闲情》之比也。此本乃仿宋嘉定本重刊，前有陈仁玉《序》。仁玉，字碧栖，台州仙居人。第进士。开庆中，官礼部郎中，历浙东提刑，入直敷文阁。

《荟要提要》与《初目》两篇提要完全相同，不同之处仅仅在于，《初目》"可以知其抗直"之"抗直"一词，《荟要提要》作"伉直"。"抗直"与"伉直"书写形式有区别，但词义相同，均有刚直之意。此外《荟要提要》在提要最后加了"亦知名之士云"六个字，这是对为《清献集》作序的陈仁玉的赞扬。

在《荟要提要》之后出现的文渊阁提要与以上两篇相比，文字有较多的差异，但仍然可以看到是以上述提要为基础的，并不是自己的原创。从所用"抗直"一词，且最后没有"亦知名之士云"六个字来看，其所依据的原本应是《初目》。

在此以后出现的文溯阁、文津阁提要，却分别是根据了《荟要提要》与文渊阁提要来抄写的。校上于乾隆四十七年五月的文溯阁提要与《荟要提要》完全相同，而且也用了"伉直"一词，提要最后有"亦知名之士云"六个字①。

在说明文津阁提要的来源时，有必要先看一下《四库全书总目》（浙本）的这条提要：

宋赵抃撰。抃事迹具《宋史》本传。是集诗、文各五卷，前有天台陈仁玉序，乃从宋嘉定中旧本重刊。所载多关时事。其劾陈执中、王拱辰疏，皆七八上，可以知其伉直，而宋庠、范镇亦皆见之弹章（按：殿本《总目》无"亦"字）。古所称群而不党，抃庶几焉。其诗谐婉多姿，乃不类其为人。王士祯《居易录》称其五言律中《暖风》一首、《芳草》一首、《杜鹃》一首、《寒食》一首、《观水》一首，谓数诗掩卷读之，岂复知铁面者所为。案：皮日休《桃花赋序》称宋广平铁心石肠，而所作《梅花赋》轻便富艳，得

① 《金毓黻手定本文溯阁四库全书提要》，第707页。

南朝徐庾体。抃之诗情殆亦是类矣。

这篇提要和上面的提要相比较，可以发现又有一些不同之处。一是没有具体介绍作者小传，仅用"抃事迹具《宋史》本传"一笔带过。二是在"是集诗、文各五卷"下面，加上了"前有天台陈仁玉序，乃从宋嘉定中旧本重刊"一句，以下再接"所载多有关时事"。但其余部分（写作"伉直"除外），与文渊阁提要相同。可见《总目》基本是以文渊阁提要为基础而又作了些微改动的。

最后看校上于乾隆四十九年八月的文津阁提要：

臣等谨案：《清献集》十卷，宋赵抃撰。抃，字阅道，衢州西安人。进士及第，历官龙图阁直学士，知成都。神宗时参知政事。争新法不合，以资政殿大学士出镇越中，再移蜀郡。加太子少保致仕，卒。谥清献。事迹具《宋史》本传。是集诗、文各五卷。前有天台陈仁玉序，乃从宋嘉定中旧本重刊。所载多有关时事。其劾陈执中、王拱辰疏，皆七八上，可以知其伉直，而宋庠、范镇亦皆见之弹章。古所称群而不党，抃庶几焉。其诗谐婉多姿，乃不类其为人。王士祯《居易录》称其五言律中《暖风》一首、《芳草》一首、《杜鹃》一首、《寒食》一首、《观水》一首，谓数诗掩卷读之，岂复知铁面者所为。案皮日休《桃花赋序》称宋广平铁心石肠，而所作《梅花赋》轻便富艳，得南朝徐庾体。抃之诗情殆亦是类矣。乾隆四十九年八月恭校上①。

这篇提要内容与《荟要提要》、文溯阁提要显然没有任何关系。从小传看，与文渊阁提要相同，而从"是集诗、文各五卷"下面有"前有天台陈仁玉序，乃从宋嘉定中旧本重刊"一句来看，又与《总目》相同。我们从整篇提要综合分析看，它应该是以《总目》为基础，同时吸纳了文渊阁提要的小传而写成的。乾隆四十六年二月十六日内阁奉上谕道："《四库全书总目提要》现已办竣呈览，颇为详核。"（《纂修四库全书档案》七六〇）这说明《总目》当时已经"办竣"，且"颇为详核"。虽然这不是最后定本，但两年多以后文津阁提要以此为

① 《文津阁四库全书提要汇编》集部，第139页。

蓝本抄录，是完全有可能的。

这样，《清献集》几篇提要呈现如下关系：

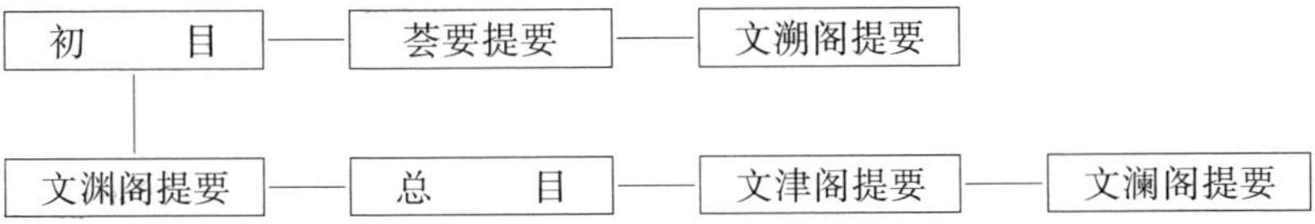

这个关系，简单地说也就是，《荟要提要》除少数文字外与《初目》相同，文溯阁提要与《荟要提要》一字不差。文渊阁提要以《初目》为基础而作了改动增补。《总目》基本以文渊阁提要为基础而又作了些微改动。文津阁提要则以《总目》为基础，同时吸纳了文渊阁提要的小传而写成。

3. 以宋谢薖《竹友集》提要为例

再以宋谢薖《竹友集》提要为例。通过从《初目》《四库全书》书前提要、《荟要提要》《总目》之间关系的比较，可以看到提要的另一个修改途径。兹先将各提要列举如下，然后加以分析。

《初目》云：

> 《竹友集》四卷。宋谢薖撰。薖，字幼盘，临川人。逸之从弟。江西诗派二十五人之一也，与逸齐名，号曰二谢。逸所撰《溪堂集》，世久不传，仅散见《永乐大典》中，惟薖集犹存。然王士祯《居易录》载《竹友集》十卷，诗七卷、杂文三卷。此本乃止诗四卷，则又佚其六卷矣。士祯评其诗曰："在江西派中，亦清逸可喜。然涪翁沉雄豪健之气，则去之远矣。"又称《颜鲁公祠堂》《十八学士图》诸长歌及"寻山红叶半旬雨，过我黄花三径秋"句，"靡靡江蓠只唤愁"一诗，持论皆允。至所称"挼娑蕉叶展新绿，从臾榴花开晚红"，"瘦藤拄下万峰顶，老鹤归来千岁巢"，则殊不尽薖所长。盖一时兴到之言，非笃论也。

文渊阁提要云：

> 臣等谨按：《竹友集》十卷，宋谢薖撰。薖，字幼盘，临川人。江西诗派二十五人之一也，与从兄逸齐名，号曰二谢。逸所撰《溪堂集》久佚不

传，仅散见《永乐大典》中，惟薖集犹存于世。然王士祯《居易录》载《竹友集》十卷，诗七卷、杂文三卷。此本乃止诗四卷，则佚者又过半矣。士祯评其诗曰："在江西派中，亦清逸可喜。然涪翁沈雄豪健之气，则去之远矣。"又称其《颜鲁公祠堂》《十八学士图》诸长歌及"寻山红叶半旬雨，过我黄花三径秋"二句，"靡靡江蓠只唤愁"一诗，持论皆允。至所称"挼挲蕉叶展新绿，从臾榴花开晚红""瘦藤拄下万峰顶，老鹤来归千岁巢"，则殊不尽薖所长。盖一时兴到之言，非笃论也。乾隆四十一年十月恭校上。

《荟要提要》云：

臣等谨案：《竹友集》十卷，宋谢薖撰。薖，字幼盘，临川人。江西诗派二十五人之一也，与从兄逸齐名，号曰二谢。逸所撰《溪堂集》久佚不传，仅散见《永乐大典》中，惟薖集犹存于世。考王士祯《居易录》载《竹友集》十卷，诗七卷、杂文三卷。此本卷数相同，盖即其所见之本也。士祯评其诗曰："在江西派中，亦清逸可喜。然涪翁沉雄豪健之气，则去之远矣。"又称其《颜鲁公祠堂》《十八学士图》诸长歌，及"寻山红叶半旬雨，过我黄花三径秋"二句、"靡靡江蓠只唤愁"一诗，持论皆允至。所称"挼挲蕉叶展新绿，怂恿榴花开晚红""瘦藤拄下万峰顶，老鹤来归千岁巢"，则殊不尽薖所长。盖一时兴到之言，非笃论也。乾隆四十三年正月恭校上。

以上三篇提要，从整体上看内容相同。个别字句上存在差异。文渊阁提要与《初目》的差异如，《初目》谓："薖，字幼盘，临川人。逸之从弟。江西诗派二十五人之一也，与逸齐名，号曰二谢。"文渊阁提要作："薖，字幼盘，临川人。江西诗派二十五人之一也，与从兄逸齐名，号曰二谢。"《初目》中谓"逸之从弟"，又称"与逸齐名"，略嫌累赘，文渊阁提要作"与从兄逸齐名"，语言显得更为精炼。又《初目》"世久不传"，文渊阁提要作"久佚不传"；《初目》"惟薖集犹存"，文渊阁提要作"惟薖集犹存于世"；《初目》"挼娑蕉叶"，文渊阁提要作"挼挲蕉叶"。《初目》引作者诗"老鹤归来千岁巢"一句，文渊阁提要将"归来"改作“来归”，这是因为《竹友集》卷五《喜董彦速自仙崗归》原诗，或王士祯《居易录》卷十一所引，均作“来归”，《初目》作“归来”显然有误，文渊阁提要作了纠正。除此数处地方，文渊阁提要都和《初目》相同。

令人不解的是，文渊阁提要一开始即称“《竹友集》十卷”，且这篇提要就抄录在卷首十卷目录之后，《四库全书》书中所抄录也是十卷，其中诗有七卷（古诗四卷，律诗三卷），但其提要中却说此书只有诗四卷：“王士祯《居易录》载《竹友集》十卷，诗七卷、杂文三卷。此本乃止诗四卷，则佚者又过半矣。”这是一个十分简单的错误。而之所以产生这种错误，原因就在于文渊阁提要只是简单照抄了《初目》，没有仔细核对。而《初目》所记恰好是四卷。这个“四卷”，要么是馆臣所记有误，要么是所见即如此。四库馆臣在将这篇提要放置于文渊阁本《竹友集》书前时，没有认真核对提要与所录正文，遂有提要与正文不相符合的错误。然而正是这种错误，以及我们上面说到的文字基本相同这种现象，更充分说明了文渊阁提要与《初目》的承袭关系。

再比较《荟要提要》与以上两篇提要的关系。从《荟要提要》的文字内容、基本格局来看，毫无疑问，《荟要提要》也是承袭了以上提要。从提要中介绍作者谢薖传记“薖，字幼盘，临川人。江西诗派二十五人之一也，与从兄逸齐名，号曰二谢”这句来看，可知《荟要提要》袭用了文渊阁提要，而非直接袭用《初目》。另外上面提到的其他差异，《荟要提要》都和文渊阁提要相同，由此可见《荟要提要》是直接来自文渊阁提要。

但《荟要提要》又不是简单抄录文渊阁提要，而是纠正了文渊阁提要的错误。如上所说，文渊阁提要云：“王士祯《居易录》载《竹友集》十卷，诗七卷、杂文三卷。此本乃止诗四卷，则又佚其六卷矣。”著录的是与全书不相符合的四卷本，《荟要提要》发现了这个问题，所以这句改为：“王士祯《居易录》载《竹友集》十卷，诗七卷、杂文三卷。此本卷数相同，盖即其所见之本也。”这样提要与全书正文就一致了。这是和文渊阁提要相比，一个重要的差异。

文渊阁提要校上于乾隆四十一年十月，《荟要提要》校上于乾隆四十三年正月，时间在后。从这条提要中可以看到《荟要提要》对文渊阁提要既有吸收又有修改的情形。因此似乎可以这样说，如果《荟要提要》校上时间在文渊阁提要之前，则《荟要提要》通常会以《初目》为基础；如果《荟要提要》校上时间在文渊阁提要之后，则通常是以文渊阁提要为抄录依据。当然这也是就一般情况而言,并非绝对如此。

校上于乾隆四十七年四月的文溯阁提要[①]基本内容与上述三篇提要相同。就上述列出的差异来看,也多和文渊阁提要、《荟要提要》一致。然如谓:“逸之从弟。江西诗派二十五人之一也,与逸齐名,号曰二谢。”则与《初目》同。这是一个非常明显的差异,未知文溯阁提要何以与《初目》相同。

校上于乾隆四十九年闰三月的文津阁提要[②]基本内容与上述三篇提要相同,但也有一些明显的差异。如文渊阁提要中“然王士祯居易录载竹友集十卷诗七卷杂文三卷此本乃止诗四卷则佚者又过半矣”34 字,文津阁提要全缺。文津阁提要每行实抄 17 字,此处所缺正好是两行,且下文即谓“士祯评其诗曰”云云。未知文津阁提要是因上下文内容相近而跳行,还是有意识漏抄。其余差异,如谓“逸之从弟。江西诗派二十五人之一也,与逸齐名,号曰二谢”,与《初目》同。“老鹤来归”等则又同文渊阁提要、《荟要提要》。

《总目》文繁不录,但从词语的比较上可知是以文渊阁提要为基础修改的,但其说此本“凡古诗四卷、律诗三卷、杂文三卷,与宋时卷数相合,盖犹旧本”,显示出也注意到了纠正文渊阁提要的错误。只是这一纠正是《总目》编者自己的发现,还是参照了《荟要提要》对文渊阁提要所记卷数差错的纠正,就不得而知了。不过从这一例子中可知,四库提要的比较如果不参照《荟要提要》的话,有些过程往往不能得到很好的说明。

4. *以荀悦《前汉纪》提要为例*

以下再以荀悦《前汉纪》提要为例。这部书的提要,现存最早的见于《初目》。其文云:

> 《汉纪》三十卷,汉颍川荀悦撰。《后汉书·荀淑传》曰:孙悦,字仲豫,献帝时官秘书监。“帝以班固《汉书》文繁难省,乃令悦依《左氏传》体为《汉纪》三十卷,文约事详”。唐刘知几《史通·六家篇》以悦书为《左传》家之首,其《二体》篇又称其“历代宝之,有逾本传。班、荀二体,角力争先”。其推之甚至。故唐人试士,以悦《纪》与《史》《汉》为一科。宋李焘《跋》曰:“悦为此《纪》,固不出班《书》,亦时有所删润,而谏大夫王仁、

① 《金毓黻手定本文溯阁四库全书提要》,第 731 页。
② 《文津阁四库全书提要汇编》集部,第 210 页。

侍中王闳谏疏，班《书》皆无之。”又称司马光编集《资治通鉴》，书太上皇事及五凤郊泰畤之月，“皆舍班而从荀，盖以悦修《纪》时，固《书》犹未舛讹。而‘君兰’、‘君简’，‘端’、‘瑞’，‘与’、‘誉’，‘宽’、‘竟’，皆两存之”。是宋人亦甚重其书也。其中所附诸论亦皆纯正。他若壶关三老茂，《汉书》无姓，悦书云“姓令狐”。朱云诸上方剑，《汉书》作“斩马”，悦书乃作“断马”。证以唐诗，知《汉书》字误。资考证者亦不一而足。顾炎武作《日知录》，始排诋之，亦好高之过矣。是书考李焘《跋》，自天圣中已无善本。此本为明黄姬水所刊，亦间有舛讹。

《初目》这篇有几处文字讹误。“‘与’、‘誉’”之“与”字，据《文献通考》卷一百九十三《经籍考》二十引李焘语当作“兴”字。《荟要提要》等不误。“朱云诸上方剑”之“诸”字，《荟要提要》等作“请”，是也。《汉书》卷六十七《朱云传》云：“臣愿赐尚方斩马剑，断佞臣一人，以厉其余。”朱云谓“愿赐”，即“请”之意，作“诸”则于义无解。

《荟要提要》全文如下：

臣等谨案：《前汉纪》三十卷，汉颍川荀悦撰。《后汉书·荀淑传》曰：孙悦，字仲豫。献帝时官秘书监。“帝以班固《汉书》文繁难省，乃令悦依《左氏传》体为《汉纪》三十卷，文约事详”。唐刘知几《史通·六家》篇以悦书为《左传》家之首，其《二体》篇又称其“历代宝之，有逾本传。班、荀二体，角力争先”。其推之甚至。故唐人试士，以悦《纪》与《史》《汉》为一科。宋李焘《跋》曰：“悦为此《纪》，固不出班《书》，亦时有删润，而谏大夫王仁、侍中王闳谏疏，班《书》皆无之。”又称司马光编集《资治通鉴》，书太上皇事及五凤郊泰畤之月，“皆舍班而从荀，盖以悦修《纪》时，固《书》犹未舛讹，而‘君兰’、‘君简’，‘端’、‘瑞’，‘兴’、‘誉’，‘宽’、‘竟’，皆两存之”。是宋人亦甚重其书也。其中所附诸论亦皆纯正。他若壶关三老茂，《汉书》无姓，悦书云“姓令狐”。朱云请尚方剑，《汉书》作“斩马”，悦书乃作“断马”。证以唐诗，知《汉书》字误。资考证者亦不一而足。顾炎武作《日知录》，始排诋之，亦好高之过矣。是书考李焘《跋》，自天圣中已无善本。此本为明黄姬水所刊，亦多舛讹。近时蒋国祥校本间有厘正，不无袭谬。今详加参考,具录如左。

从比较中可知,除书名一作《汉纪》、一作《后汉纪》以及提要的最后一句有些许差异外(误写的错字不计),《荟要提要》与《初目》一字不差。提要的最后一句,《初目》作:“此本为明黄姬水所刊,亦间有舛讹。”《荟要提要》作:“此本为明黄姬水所刊,亦多舛讹。近时蒋国祥校本间有厘正,不无袭谬。今详加参考,具录如左。”从两篇提要的比较中,可以看到,《荟要提要》就是在《初目》的基础上增加了最后关于蒋国祥校本的叙述。《初目》一般比较简单,所以后来的提要多有增补,但这一篇提要内容较为详赡,说理也甚明白,所以《荟要提要》即全文照录。

《初目》的这篇提要不仅被《荟要提要》全部录用,而且也被《全书》书前提要及《总目》接受,文渊阁提要就是在《荟要提要》的基础上逐处增补而成的,本书提要提供了这样的典型。

《荟要提要》校上于乾隆四十年五月,文渊阁提要校上于乾隆四十四年正月。比较两条提要,可以看到后者是如何在前者基础上补充完善的。如《荟要提要》云:“宋李焘《跋》曰。”文渊阁提要改作:“《文献通考》载宋李焘《跋》曰。”增加了李焘跋文的来源。《荟要提要》云:“是宋人亦甚重其书也。”文渊阁提要在此句之上又引用了王铚作《两汉纪后序》之语,云:“王铚作《两汉纪后序》,亦称:‘荀、袁二《纪》,于朝廷纪纲、礼乐刑政、治乱成败、忠邪是非之际,指陈论著,每致意焉。反复辨达,明白条畅,启告当代而垂训无穷。’是宋人亦甚重其书也。”这样使得宋人甚重其书的说法更为充实。《荟要提要》又云:“朱云请尚方剑,《汉书》作‘斩马’,悦书乃作‘断马’。证以唐诗,知《汉书》字误。”文渊阁提要后一句作:“证以唐张渭诗‘愿得上方断马剑,斩取朱门公子头’句,知《汉书》字误。”这就将“唐诗”例证具体化了。

《荟要提要》又云:“顾炎武作《日知录》,始排诋之,亦好高之过矣。”但对顾炎武是如何排诋此书的未有具体说明。文渊阁提要对此则有非常具体的说明,其文云:“近时顾炎武《日知录》乃惟取其‘宣帝赐陈遂玺书’一条及‘元康三年封海昏侯诏’一条,能改正《汉书》三四字,其余则病其叙事索然无意味,间或首尾不备,其小有不同,皆以班书为长,未免抑扬过当。又曰:‘纪王莽事自始建国元年以后,则云其二年、其三年,以至其十五年,以别于正统。

而尽没天凤、地皇之号'云云，其语不置可否。然不曰'尽削'而曰'尽没'，似反病其疏略者。不知班书莽自为传，自可载其伪号。荀书以汉系编年，岂可以莽纪元哉？是亦非确论，不足为悦病也。"说明得非常具体。

《总目》提要内容与文渊阁提要完全相同，且目前可知的是仅与文渊阁提要相同，而与其他提要都不同。可知《总目》是完全依据文渊阁提要抄录的。

5. 余论

从以上比较中可以看到，整个提要的基本内容、基本观点，包括叙述的前后顺序，都是以《初目》为基础的，并没有重新撰写，不过在依次完善而已。可见《初目》建立了一个很好的基础。

不仅如此，《初目》的一些问题也影响了后来的提要。如《初目》云："《汉书》作'斩马'，悦书乃作'断马'。"《初目》此说有误。《汉书》作"斩马"，即上引《朱云传》所说"臣愿赐尚方斩马剑"之语，而《汉纪》所记朱云语，也是作"斩马"。《荟要总目》云："今依前江苏巡抚臣萨载所上明黄姬水刊本缮录，据国朝蒋国祥本恭校。"是《荟要》即据黄姬水本誊录。明嘉靖黄姬水翻宋刻本有《四部丛刊》影印本，查《前汉纪》卷二十七，其文即作："愿赐臣上方斩马剑，断佞臣一人头，以励其余。"文字虽与《汉书》略异，但作"斩马"不作"断马"则相同。《荟要》本、文渊阁《四库全书》本《汉纪》正文，也均作"斩马"。是四库馆据以誊录的本子及四库本均不误。《初目》说"悦书乃作'断马'"未知根据何在，或是错看了下面"断佞臣一人头"之文。《初目》所说有误，而后来的提要对此都照录，没有加以改正的。

此外文渊阁提要的一处增补也有问题。提要云"愿得上方断马剑，斩取朱门公子头"，称这是唐代张渭诗。但明曹学佺编《石仓历代诗选》卷三十、《全唐诗》卷一百五十六及《御定骈字类编》卷一百二十二，均作王翰《飞燕篇》诗句，并非张渭所作。《总目》于此并没有提出疑问。

又《初目》、文渊阁提要等以唐人诗句用"断马"，以此来证《汉书》《汉纪》亦应作"断马"，也未必尽然。

可见《初目》等提要固然为后来的提要提供了很好的基础，但也为后来的提要提供了错误的知识。而从这些错误的沿袭未改中，更可以看到各提要相互之间的联系。

此外还应该比较一下文溯阁提要与文津阁提要。经核查，这两篇提要与

《荟要提要》完全相同(极个别误抄的字如"及"抄作"乃"等不算),提要最后均作:"此本为明黄姬水所刊,亦多舛讹。近时蒋国祥校本间有厘正,不无袭谬。今详加参考,具录如左。"[①]可见均系依据《荟要提要》抄录。两篇提要分别上于乾隆四十七年五月、四十九年八月,都在文渊阁提要校上之后,然而与人们通常认为的文溯阁、文津阁本提要多据文渊阁提要抄录这一看法不同。假如没有《荟要提要》,则难以解释这两篇提要的来源,而容易使人误认为这是文溯阁、文津阁誊录任意删节文渊阁提要的缘故。

从分纂稿到《总目》,相互之间的关系不是一成不变的,没有必然的规律可寻。例如通常排在《前汉纪》后面的《后汉纪》,各提要的关系就和上面所说的《前汉纪》提要的关系完全不同。我们所见《后汉纪》提要,《初目》与《荟要提要》完全相同,连错误也一样,但各《全书》书前提要及《总目》与《初目》及《荟要提要》都不同。

三、《初目》与《荟要提要》在提要文献系统中的作用

从分纂稿到《总目》之间的关系是很复杂的,而《初目》与《荟要提要》往往在其中起到某种重要的关键作用。兹以王恽《秋涧集》一百卷为例。姚鼐分纂稿云:

> 王恽字仲谋。元世祖时官翰林学士。事详《元史》本传。其文自谓学于元好问。传称恽有材干。此集不独文章,亦颇详吏事。内诗文七十七卷、《承华事略》二卷、《中堂事纪》三卷、《乌台笔补》十卷、《玉堂嘉话》八卷,共一百卷。《承华事略》进于裕宗在东宫时,裕宗甚喜其书,令诸皇孙传观焉。其《玉堂嘉话》中论辽、金不当为载记之说,尤为平允,当时所取以作《辽》《金史》者也[②]。

《初目》云:

> 元王恽撰。恽字仲谋,汲县人。元世祖时官翰林学士承旨。事迹具

① 《金毓黻手定本文溯阁四库全书提要》,第235页;《文津阁四库全书提要汇编》史部,第44页。

② 姚鼐《惜抱轩书录》卷四集录,第16页。

载《元史》。恽文章自谓学于元好问，故其波澜意度皆不失前人矩矱。诗篇笔力坚浑，亦能嗣响遗山。史称恽有才干，集中关系政治诸作尤为疏达详明，了如指掌。凡诗文七十七卷。又《承华事略》二卷，乃裕宗在东宫时所撰以进者。裕宗甚喜其书，令诸皇孙传观焉。《中堂事纪》三卷，载中统元年九月在燕京随中书省官赴开平议事，至明年九月复回燕京之事。于时政缀录极详，可补史阙。《乌台笔补》十卷，乃为监察御史时所辑御史台故事。《玉堂嘉话》八卷，则于至元戊子所作，乃追记在翰林日所闻见者。凡文章得失，典制沿革，皆汇而录之，甚称精核。所论辽、金不当为载记之说，尤为平允，即当时所取以作《辽》《金》史者也。

《荟要提要》云：

臣等谨案：《秋涧集》一百卷，元王恽撰。恽字仲谋，汲县人。世祖时官翰林学士承旨。事迹具《元史》本传。恽文章自谓学于元好问，故其波澜意度皆不失前人矩矱。诗篇笔力坚浑，亦能嗣响遗山。史称恽有材干，集中关系政治诸作尤为疏达详明，了如指掌。其集凡诗文七十七卷。又《承华事略》二卷，乃裕宗在东宫时所撰以进者。裕宗甚喜其书，令诸皇孙传观焉。《中堂事纪》三卷，载中统元年九月在燕京随中书省官赴开平议事，至明年九月复回燕京之事。于时政缀录极详，可补史阙。《乌台笔补》十卷，乃为监察御史时所辑御史台故事。《玉堂嘉话》八卷，则至元戊子所作，乃追记在翰林日所闻见者。凡文章得失，典制沿革，皆汇而录之，甚称精核。所论辽、金不当为载记之说，尤为平允，后托克托等以《宋》《辽》《金》三史并修，实本其说。其明于史法，亦非杨维祯诸人固执偏见者所及也。乾隆四十三年四月恭校上。

从以上三篇提要看，《初目》无疑是以姚稿为基础的，不仅提要结构与姚稿相同，而且也录用了姚稿的文句。如姚稿谓："此集不独文章，亦颇详吏事。""《承华事略》进于裕宗在东宫时，裕宗甚喜其书，令诸皇孙传观焉。""其《玉堂嘉话》中论辽、金不当为载记之说，尤为平允，当时所取以作《辽》《金史》者也。"这些构成姚稿基本内容的文句，都被《初目》吸收，有的还一字不差。

因姚稿较为简单，《初目》在其基础上又作了展开。如姚稿述王恽文学成就仅云："其文自谓学于元好问。"《初目》云："恽文章自谓学于元好问，故其波澜意度皆不失前人矩矱。诗篇笔力坚浑，亦能嗣响遗山。"对其文章特点、师承关系，有具体的述说。又姚稿仅列举其著作名称，《初目》对各书内容都有概括的说明。如对《中堂事纪》《乌台笔补》的介绍，就是《初目》补充的。《初目》成为后来成立的提要的基础，其疏误也被照录未予考辨改正。如谓此书"于至元戊子所作"，此说依据的是《玉堂嘉话》卷首至元戊子王恽自序，而未细查书中记事实际终于元贞元年乙未①。

由于《初目》较为具体，且对王恽几部著作的内容介绍十分精当，几部主要的著作都包括在里面了，所以《荟要提要》就完全采用了《初目》的文字。我们比较过"《承华事略》"至"尤为平允"这段文字，除了《玉堂嘉话》"则于至元戊子所作"这句话《初目》多了一个"于"字外，其余一字不差。以前我们由于没有看到《初目》，认为《荟要提要》中有些提要是以姚鼐分纂稿为基础撰写的，有些内容即取自姚鼐分纂稿。现在可知《荟要提要》并不是直接取自于分纂稿，而是取自于《初目》。这对我们准确了解《荟要提要》的来源以及准确了解四库提要之间的关系，提供了重要资料。

不过《荟要提要》对《初目》也有改动。《荟要提要》与《初目》最重要的区别在王恽关于辽、金是否属于载记的论述对史书纂修的影响方面。这个问题我们将在其他地方讨论。

校上于乾隆四十六年十月的文渊阁提要与《荟要提要》全同，甚至一些体例方面的问题也未注意作相应的修改。按照《总目凡例》，凡是同一人有多部著作收入《四库全书》的，则后面收录的著作不再列出作者传记。文渊阁《四库全书》子部杂家类已收录王恽《玉堂嘉话》，按照通例，此在其后出现的集部《秋涧集》提要应作"恽有《玉堂嘉话》，已著录"，文溯阁提要即是这样写的。而文渊阁提要此处仍列出王恽小传，就是因为照抄《荟要提要》，而未加必要改动的缘故。

乾隆四十九年八月校上的文津阁提要②也是依据《荟要提要》抄录的，包

① 《初目》谓《玉堂嘉话》八卷于至元戊子所作，至元戊子即元至元二十五年(1288)。杨武泉《四库全书总目辨误》93《玉堂嘉话》条谓书中记事实际终于元贞元年乙未(1295)，第160页。

② 《文津阁四库全书提要汇编》集部，第518页。

括开头部分所记王恽小传，也和文渊阁提要一样。不过乾隆四十七年八月校上的文溯阁提要[①]所依据的应该是《总目》。《总目》办竣于乾隆四十六年二月，故文溯阁提要可据以抄录。

《总目》与《初目》《荟要提要》都基本相同，但从“其论辽、金不当为载记，尤为平允。即当时所取以作《辽》《金》史者也”等句可以看出，《总目》是据《初目》为基础而有所改动的。

王恽《秋涧集》提要显示了《初目》与《荟要提要》在四库提要中的重要地位。《初目》是现知最早的汇总提要，《荟要提要》中有许多是最早的正式誊录进库书的提要，它们在四库提要的编纂过程中具有重要的阶段性作用。如果缺少了对这两部书目的比较研究，许多书前提要乃至《总目》就找不到文献来源。但这种作用往往不容易被人看到。

这说明从一些提要的特殊体例上，可以发现这些提要之间的承袭关系，从中也更可以看到《初目》与《荟要提要》的特殊作用。此再以元郑玉撰《春秋阙疑》为例。

文渊阁提要开头著录本书作者及介绍本书要旨道：“臣等谨案：《春秋阙疑》四十五卷，元郑玉撰。其书采《左氏传》列于前，《公》《穀》二家以下合于理者则取之。其或《经》有脱误无从质证则阙之。间附己论。”以下举出例证。提要最后道：“玉，字子美，歙县人。元末除翰林待制，以疾辞。明兵入徽州，守将要致之，玉不屈死。学者称‘师山先生’，所著有《师山集》。今亦别著于录云。”

《总目》著录本书书名作《春秋经传阙疑》，提要开头云：“元郑玉撰。玉事迹详《元史·忠义传》。”以下说明本书体例，并对此书作出评价，最后写道：“玉，字子美，歙县人。元末除翰林待制，以疾辞。明兵入徽州，守将迫之降，玉不屈死。与宋吕大圭及同时李廉均可谓能明大义，不愧于治《春秋》矣。”

这两篇提要的特别之处在于作者的小传不是出现在开头，而是出现在提要的结尾。在四库提要中，最初的提要如分纂稿、《初目》，作者小传的位置是不固定的，有的在开头，也有的在提要最后。从《荟要提要》开始，小传就固定在提要开头了，在提要著录著作名、作者名后面，即写作者小传。而且就《总

① 《金毓黻手定本文溯阁四库全书提要》，第834页。

目》来说，其小传说"某某事迹详《某史》"，一般在前面也会有小传的部分内容，如《古今纪要》提要云："宋黄震撰。震，字东发，慈溪人，官至浙东提举。事迹具《宋史·儒林传》。"《经世要谈》提要云："明郑善夫撰。善夫，字继之，闽县人。宏治乙丑进士。官至南京吏部验封司郎中。事迹具《明史·文苑传》。"因此《春秋阙疑》这一篇，文渊阁提要及《总目》的做法，显然不符合已经成为规定格式的提要体例。那么这两篇提要的作者小传为什么这么写呢？实际上这和《初目》有关。

《初目》云："《春秋阙疑》四十五卷，元郑玉撰。其书采《左氏传》列于前，《公》《穀》二家以下合于理者取之。其或《经》有脱误无从质证则缺之。间附己论。……玉，字子美，歙县人。元末除翰林待制，以疾辞。明兵入徽州，守将要致之，玉不屈死。与宋吕大圭及同时李廉均可谓能明大义，不愧于治《春秋》矣。"这里节取了《初目》提要的开头与结尾两部分内容，从提要中可以看到，文渊阁提要开头与《初目》完全相同（其下未列出节略部分也完全相同），最后一部分基本相同，略有差异。《总目》提要主体部分和《初目》不一样，但结尾部分则与《初目》完全相同。

《初目》之所以将小传放在提要最后，除了这也是《初目》的惯常写法外，还和这篇提要的具体内容有关。这篇提要先介绍本书内容，然后说到作者事迹，而所记事迹又突出了作者的气节，并得出"不愧于治《春秋》矣"这个结论。提要作者由此强调了治学与做人的因果关系。从提要内容看，显然将人物小传放在最后，通过治学以显示其做人的根本，比较自然。所以尽管文渊阁提要等在以《初目》为依据时，都会将作者小传从末尾调整到开头，但这篇提要却从未调整过，就是因为这样的顺序更适合内容的表达。当然由此也可以清楚地看到这几篇提要相互承袭的关系。

不过如果仔细比较以上三篇提要，还是会发现问题。《初目》最后"与宋吕大圭及同时李廉均可谓能明大义，不愧于治《春秋》矣"一句，《总目》与之相同，但文渊阁提要作："学者称'师山先生'，所著有《师山集》。今亦别著于录云。"文渊阁提要抄写的依据又是什么呢？实际这和《荟要提要》相关。

《荟要提要》与《初目》完全相同，但将最后"与宋吕大圭"一句改作了"学者称'师山先生'，所著有《师山集》。今亦别著于录云"。《荟要提要》这样改动的原因不得而知，但就这篇提要来说，由此形成了两个文本系统。

《荟要提要》校上于乾隆四十年五月,文渊阁提要校上于乾隆四十二年九月,显然是直接依据《荟要提要》抄录的。分别校上于乾隆四十七年五月、乾隆四十二年九月的文溯阁提要、文津阁提要书名作《春秋经传阙疑》[①],但提要也都与《荟要提要》相同。

《总目》与其他几篇提要都不同,是后来改写过的,并不是直接依据已有的提要抄写的。但《总目》最后的作者小传却是直接取之于《初目》。为什么《总目》这次没有如通常那样以文渊阁提要为主要依据,而要以《初目》为依据呢?这是因为《初目》所说更契合乾隆帝旨意。纂修《四库全书》,乾隆帝特别注重作者人品。乾隆四十一年十一月十七日所下谕旨明令要逐细查明图书作者情形,"以励臣节而正人心"(《总目》卷首一《圣谕》)。《初目》提要所说"玉不屈死""能明大义"等语,能更好地彰显乾隆帝的意旨。我们认为这正是《总目》取《初目》文句的原因,尽管就整篇提要看,《总目》和《初目》并无多少相同之处。

《初目》与《荟要总目》,是四库提要撰写过程中的两个重要阶段,提要之间的承袭与改动,反映了四库馆臣不断调整思路的过程。就这篇提要来看,《初目》与《荟要提要》依然起到了某种关键作用。

《初目》《荟要提要》、文渊阁提要的比较,也有助于了解文渊阁提要抄录所依据的底本。如宋罗愿撰、元洪焱祖音释《尔雅翼》,《荟要提要》、文渊阁提要与《初目》相同。《初目》云:"是书卷端有愿自序、王应麟序。"《荟要提要》作:"是书卷端有愿自序及王应麟序。"文渊阁提要这一句亦有"及"字。正是这一细微之处,显示了三者之间的关系。《荟要提要》据《初目》抄录,而文渊阁提要又据《荟要提要》抄录。

《十六国春秋》提要,《初目》云"今考刘知几《史通·探颐》篇曰"云云。"探颐"应作"探赜",《初目》抄录有误。《荟要提要》已改作《史通·探赜》,而文渊阁提要仍作《史通·探颐》,这也说明文渊阁提要是依据《初目》抄录的。

① 《金毓黻手定本文溯阁四库全书提要》,第137页;《文津阁四库全书提要汇编》经部,第385页。

第三节 《荟要提要》与四库提要

一、《荟要提要》与文渊阁提要

《荟要提要》对后来提要影响最深的是文渊阁提要，两者之间的关系体现在许多方面。

1. 文渊阁提要依据《荟要提要》抄录

先看正史提要。上文以二十四史提要作比较，讨论了文渊阁提要与《荟要》的关系。文渊阁本正史提要大多校上于《荟要提要》之前或同时，也有几种校上时间在《荟要提要》之后的。若文渊阁提要校上时间迟于《荟要提要》，则两者的提要多不相同。但《周书》《旧唐书》《五代史》三种与《荟要提要》基本相同，可以认为是承袭了《荟要提要》。这三部史书的文渊阁提要与《荟要提要》校上时间及异同情况如下：

书　名	《荟要提要》	文渊阁提要	异同比较
周书	乾隆四十一年三月	乾隆四十一年五月	不同
旧唐书	乾隆四十一年五月	乾隆四十一年十月	不同
五代史	乾隆四十年二月	乾隆四十年九月	不同

以《旧唐书》提要为例。《荟要提要》云：

臣等谨按：《旧唐书》二百卷，石晋宰相刘昫等撰。因韦述旧史增损而成，林駉、晁公武皆讥其失。盖其书不出一手，或一事两见，一文两载，一人两传，复乱之失，在所不免。又顺宗以前其事较详，宣宗以后其事多略。宋嘉祐中乃命重修。然叙事条畅，有胜于《新书》者，杨慎、顾炎武皆谓不可偏废是也。向少传本，学者罕见，今与《新唐书》并刊列正史，可以互考矣。乾隆四十一年五月恭校上。

文渊阁提要云：

臣等谨案:《旧唐书》二百卷,石晋宰相刘昫等撰。因韦述旧史增损而成,林骃、晁公武皆讥其失。盖其书不出一手,或一事两见,一文两载,一人两传,复乱之失,在所不免。又顺宗以前其事较详,宣宗以后其事多略。宋嘉祐中乃命重修。然叙事条畅,有胜于《新书》者,杨慎、顾炎武皆谓不可偏废是也。向少传本,学者罕见,今与《新唐书》并刊列正史,可以互考矣。乾隆四十一年十月恭校上。

两篇提要除了最后所署时间有"五月""十月"之别外,其余一字不差。宋朱弁《曲洧旧闻》提要,文渊阁提要也是全同《荟要提要》,《总目》也只是极个别文字略有差异。

当然这种承袭是就总体上说的,不排除个别地方会存在差异。如《五代史》提要,《荟要提要》作"《五代史》七十五卷"。"七十五卷",文渊阁提要作"七十四卷"。查《荟要》本、《全书》本,均包括本纪十二卷、列传四十五卷、考三卷、世家年谱十一卷、附录三卷,实共七十四卷。各卷中并无分卷,且《荟要总目》也作"七十四卷",未知《荟要提要》何以著录卷数有一卷之差,且《荟要总目》与《荟要提要》著录卷数也不相同。后《总目》作"七十五卷",亦有误。不过整个来说两篇提要并无多少差别。

从提要比较可知,文渊阁提要中的不少篇目来自于《荟要提要》,而非直接来自于分纂稿。分纂稿是四库提要文献中最早形成的,是其他四库提要的基础。但我们从比较中可以看到,一部分《全书》的书前提要不是直接来自于分纂稿,而是来自于《荟要提要》。如以《道园学古录》提要为例。这篇在前面我们分析分纂稿与《荟要提要》的关系时已经全文录出。

从提要中可以看到,文渊阁提要与《荟要提要》前半部分几乎完全相同。《荟要提要》校上于乾隆四十三年三月,文渊阁提要校上时间在其后。上文指出,《荟要提要》本篇与翁方纲分纂稿几乎完全相同,现在文渊阁提要与《荟要提要》也相差无几。那么文渊阁提要依据的是翁方纲分纂稿,还是《荟要提要》呢?我们认为依据的是《荟要提要》,这可从细节上看。如翁稿谓:"集为文万篇,存者十之二三耳。"《荟要提要》作:"集著作为有元一代冠冕,平生为文万篇,存者十之一二。"文渊阁提要与《荟要提要》同。这些正是后出的文渊阁提要依据《荟要提要》的证据。

文渊阁提要与《荟要提要》最大的差异在文渊阁提要略去了《荟要提要》最后的考证，补了“考伯宗为李本字，则是编当为李本所定也”一句。但这一结论与《荟要提要》并无差异。

《圭斋集》提要也是如此。此书今存翁方纲提要稿，但《荟要提要》未采用，重新写了提要，文渊阁提要即据《荟要提要》补充而成。文渊阁提要前面部分除少数文字外，与《荟要提要》完全相同，其后又补充了以下文字：“虞集《道园学古录》有送《元谒告还浏阳诗》，曰：‘忆昔先君早识贤，手封制作动成编。交游有道真三益，翰墨同朝又十年。’盖集父教授于潭州，见元文大惊，手封一帙寄集曰：‘他日当与汝并驾齐驱。’故集诗云然。然则元发轫之初，声价已与集相亚矣。”

这一节是针对时人所谓欧阳玄文章格调不及虞集、揭傒斯、黄溍之说而写的。《荟要提要》已经引用宋濂之说，对这种看法提出来不同意见，文渊阁提要在此基础上又列举了虞集父亲之言，说明欧阳玄才情不在虞集之下，使得《荟要提要》所说“其文格矫健，实亦未减于三人”这一结论更为充分。

《墨子》提要，《荟要提要》和文渊阁、文溯阁、文津阁提要同，而与《总目》有差异。其中值得注意的是对陈振孙《直斋书录解题》关于《墨子》篇目数的引用。《荟要提要》云：“陈振孙《书录解题》所称又有一本止存五十三篇。”《总目》作：“陈振孙《书录解题》又称有一本止存十三篇。”两者所说差距甚大。陈振孙此语见《直斋书录解题》卷十《墨子》，确实是作十三篇，原文云：“又二本，止存十三篇者。”各家于此均未出校。从历代著录来看，《墨子》篇目从未有作十三篇者。所以陈振孙著录的这个篇数是非常特殊的。《荟要提要》的五十三篇，同样不见于其它书目著录，是《荟要提要》根据其它书目的著录统计出来的。其提要略云：“考《汉书・艺文志》《墨子》七十一篇。宋《馆阁书目》称十五卷六十一篇。此本所列篇数终于第七十一，与《汉志》合。而按其目次，缺者十篇，正得六十一篇，与《馆阁书目》亦合。惟六十一篇之中其八篇有录无书，则陈振孙《书录解题》所称又有一本止存五十三篇者，殆即此本欤？”《荟要提要》根据本书实存篇数计算得五十三篇是确实的，但称即《直斋书录解题》所称之本则是不确实的。所以《荟要提要》著录的这个篇数同样是非常特殊的。正因为两篇提要著录的篇数特殊，所以其相同关系才格外引人注目。《荟要提要》上于乾隆四十二年八月，文渊阁提要上于乾隆四十三年九月，仅隔一年时间。文渊阁提要与《荟要提要》同，更说明了作为第一分抄成的《全书》，与《荟要提要》两者之间的渊源关系。文溯阁、文津阁提要[①]与文渊阁提要同，又说明了这三部《全书》之间的渊源关系。

文渊阁提要依据《荟要提要》抄录的还有一种情形，即将一篇《荟要提要》予以分拆。《庾子山集》即是一例。

《荟要》收录周庾信撰、清倪璠注《庾子山集》十六卷一种，提要详细介绍了庾信的仕宦经历。对庾信在文学发展史上的独到地位作出了评价，如说："其骈偶之文，则集六朝之大成而导四杰之先路。自古迄今，屹然为四六宗匠。"介绍了历代作家对庾信的评价。提要对庾信的文章给予了很高评价，如谓："(庾)信北迁以后，阅历既久，学问弥深，所作皆华实相扶，情文兼至。抽黄对白之中，灏气舒卷，变化自如，则非(徐)陵之所能及矣。"提要介绍了其著作的流传与著录情况。最后评价了吴兆宜、倪璠注的得失。全文有 700 多字，是一篇内容极为详赡的提要。

《全书》收录清吴兆宜注《庾开府集笺注》十卷、清倪璠撰《庾子山集注》十六卷两种，按照注释者的生活年代，倪璠略后于吴兆宜，故其书也排在后面。《荟要提要》介绍庾信的生平事迹及其著作情况相当完备，但它是为倪璠之书写的，按照顺序只能排在吴兆宜之书后面。文渊阁提要根据实际情况，将《荟要提要》作了分拆，将一般性的有关庾信生平与著作情况的介绍移到吴兆宜之书中，同时增补了与吴兆宜注释有关的内容。原《荟要提要》中剩下的与倪璠有关的资料仍保留在倪璠之书中，同时也适当增加了有关内容。后来《总目》与文渊阁提要相同。

宋司马光撰，胡三省音注《资治通鉴》，几篇提要的关系也很有意思。从提要奏上时间看，《荟要提要》在乾隆四十一年九月，文渊阁《全书》提要在乾隆四十五年十二月。从篇幅看，《荟要提要》和《总目》字数大致相近，均有八百余字，而文渊阁《全书》提要仅三百余字。从内容看，文渊阁《全书》提要只是《荟要提要》的删节，除压缩了文字外，没有任何差异。而《荟要提要》与《总目》主题内容也相同。这一例说明有许多《荟要提要》成为文渊阁《全书》提要和《总目》的基础。

① 《金毓黻手定本文溯阁四库全书提要》，第 535 页；《文津阁四库全书提要汇编》子部，第 424 页。

2. 文渊阁提要与《荟要提要》的差异

这里所说的差异，不是一般性的文字差异，是指内容上的差异。

有时文渊阁提要由于未能了解《荟要提要》所使用文献的来源，所以有些改动未能真正改到根本上。例如《文子》一书，《荟要提要》说："蔡谟曰：'计然'者，范蠡所著书为名，非人也。""范蠡所著书为名"在此显然难通。文渊阁提要意识到了这个问题，但又不知问题在何处，于是就改作了"范蠡所著书之名"。《荟要提要》所引文句，实际出自《汉书·货殖传》颜师古注，原文作"范蠡所著书篇名"。显然《荟要提要》的"为名"，应是"篇名"，此因"为(爲)""篇"二字形近而误。文渊阁提要所改虽然可以讲通，但毕竟不是《荟要提要》原意。

有时文渊阁提要照录《荟要提要》，而文渊阁本正文与《荟要》正文有差异，并不完全相同，四库馆臣未加考辨，就会出现书前提要与正文脱节的情况。如《禹贡说断》，文渊阁提要与《荟要提要》完全相同，可知文渊阁提要即是依据《荟要提要》抄录的。

《荟要》本此书正文依次是：《御题禹贡说断六韵》、提要(即《荟要提要》)、乔行简《禹贡说断原序》、《禹贡山川总会之图》《九河既播同为逆河之图》《三江既入震泽底定之图》《九江东陵彭蠡江北之图》四图。四图前冠有"禹贡说断图"总名并有四图目录，四图并有诸家之说。其下乃为正文。文渊阁本无御制诗、乔行简序及四图，直接从正文开始。但文渊阁提要云："乔行简序称寅著《群书百考》，事为之图，《禹贡说》特其一种。是编当先以《山川总会》及《九河》《三江》《九江》四图，而次及诸家之说。今《经解》四图俱误编入程大昌《禹贡论》中，与其书绝不相比附。而《永乐大典》独系之《说断》篇内，盖当时所见实宋时原本，足以依据。而《经解》刊行之本，则已为后人传写错漏，致并书名而窜易之，非其旧矣。"这段提要是说《禹贡说断》此书先有《山川总会》等四图，然其书并未绘制四图。按照提要的说法，有四图的才是宋时原本。可见文渊阁本并未遵从原本，《荟要》本则保持了原本的样子。文渊阁提要与正文严重脱节，提要所说与正文不相符合。而《荟要提要》所说与收录之书是一致的。

文渊阁提要与《荟要提要》的有些差异，是因为所收图书内容的变化而改变的。

宋陈师道撰《后山集》,《荟要提要》云:“师道集为其门人彭城魏衍所编,前有衍记。”《总目》同,文渊阁提要作“后有衍记”。《荟要》本《后山集》魏衍记在卷前,称《后山集原序》,末署“政和五年十月六日门人彭城魏衍谨记”。文渊阁《全书》本《后山集》魏衍记在卷末,称《后山集记跋》,末署“政和五年十月六日门人彭城魏衍谨记跋”。《荟要提要》与文渊阁提要的差异,是因为《全书》本作了改动。

元郝经撰《陵川集》,《荟要》本有《附录》一卷,其提要也说:“乾隆戊午,凤台王镠始校刊之,而摭诸书之有涉于经者别为《附录》一卷,附于末云。”文渊阁《全书》未收王镠所辑之《附录》,在书前提要中,就无此文字。

文渊阁提要还存在对《荟要提要》不当删改的问题。例如元许有壬撰《圭塘小稿》提要,文渊阁提要指出,作者存世的著作能看到的有两种,“今以两书校核,虽大略相同,亦互有出入。其他异同详略甚多。”这里明显存在上下文脱节的问题。上文仅说“互有出入”,但没有具体的说明,则下文的“其他异同”也就没有着落。今查《荟要提要》,原文是这样的:“今以两书校核,虽大略相同,亦互有出入。如《忍经》《春秋经说》《成中丞诗》诸序,《雪斋书院》《龙德宫》《上清储祥宫》《河南省左右赞治堂》《辽山县儒学》诸记,《武昌万寿崇宁宫》《林州同知孙承事》《克呼公神道》诸碑,皆《至正集》所无,而独见于此本。又《别集》中长短句为《至正集》未载者亦有二十三阕。其它异同详略甚多。”提要以大量具体例证说明两书的出入,然后指出尚有其他异同。如此方上下顺畅。再看《总目》,这段文字与《荟要提要》相同。这说明所举例证是原始提要就有的,是文渊阁提要将其删去了。《总目》则又将其恢复了。这一例证对我们研究同一篇提要的演化过程有一定意义。

研究者已经发现文渊阁《全书》誊录者存在对提要任意删节、改易的问题[①]。如果通过《荟要提要》与文渊阁提要、《总目》的比较,这个问题可以看得更清楚。

3. 文渊阁提要的失误

一些文渊阁提要的失误是因为承袭《荟要提要》的结果。如明刘基撰《诚意伯文集》二十卷,校上于乾隆四十二年十二月的《荟要提要》与校上于乾隆

① 参见黄爱平《四库全书纂修研究》第十二章第四节《阁书提要的相互比较》,第338—341页。

四十六年四月的文渊阁提要虽有差异，但也有不少因袭之处。如《荟要提要》云："基被任明祖，参预帷幄，奇谋秘计，多所裨赞。世遂谓为前知，凡谶纬堪舆之说，一切归之于基，大抵附会不可信。惟其诗文沈郁顿挫，自成一家。"文渊阁提要与此相同，可见两者的关系。但文渊阁提要也有讹误。《荟要提要》云："所著凡《覆瓿集》十卷，《写情集》二卷，《春秋明经》二卷，《犁眉公集》二卷，《郁离子》三卷。本各自单行。成化间，巡按浙江御史戴用等始合为一集，而冠以基孙廌等所编《翊运录》。"文渊阁提要云："其诗文杂著，凡《郁离子》四卷，《覆瓿集》十卷，《写情集》二卷，《春秋明经》二卷，《犁眉集》二卷。本各自为书，成化中浙江察院重为刊板，始合为一帙，而冠以基孙廌等所撰《翊运录》。"《荟要提要》著录"《郁离子》三卷"，文渊阁提要作"《郁离子》四卷"。《郁离子》卷数文献著录不一，《总目》卷一百二十四杂家类存目一作二卷，黄虞稷《千顷堂书目》卷十一作三卷，文渊阁《全书》本《诚意伯文集》卷首杨守陈《诚意伯文集序》作五卷，明徐纮撰《明名臣琬琰录》卷七作十卷。而文渊阁《全书》本《诚意伯文集》收录在卷十七至卷十九，共三卷。文渊阁提要既为文渊阁《全书》本《诚意伯文集》而作，其所说卷数自然应该和《全书》所录一致。文渊阁提要此处是疏忽，也从一个方面说明了书前提要的撰写与图书内容往往是脱节的。

一些文渊阁提要在抄录《荟要提要》时，只是一味照录，未能考虑实际情况的变化，因而造成了失误。例如元虞集撰《道园遗稿》，由其从孙虞堪搜访编集。《荟要提要》《道园遗稿》条因介绍说："虞堪……好学有文，所著有《鼓枻稿》，已别著录云。"文渊阁《全书》本《道园遗稿》提要照录了《荟要提要》，包括介绍虞堪的一段文字。但收录在文渊阁《全书》中的虞堪文集，并不是这部《鼓枻稿》，而是另一部《希澹园诗》。《总目》卷一百六十九《希澹园诗》提要云："堪诗别本题曰《鼓枻稿》者，与此集互相检勘，其诗篇数多寡并同，惟前后编次稍异。或即堪之原本，或后人别题以行，均未可定。今附存其目于此，不复录焉。"这说明《鼓枻稿》并没有收入《全书》及《总目》，这样《全书》《道园遗稿》提要所说，就失去了照应。如果说《荟要》纂修者对《全书》了解不多，且成书较早，所说尚可理解的话，那么《全书》提要如此说，就说明它只是照抄了《荟要提要》，而没有去考虑实际情况的变化。《总目》未说"《鼓枻稿》已别著录"这类的话，是根据实际情况作了改动。

二、《荟要提要》与文溯阁、文津阁提要

文溯阁、文津阁提要因抄录时间较迟，所受《荟要提要》的影响更为明显，许多提要就是完全依据《荟要提要》抄录的。文溯阁、文津阁提要与《荟要提要》的关系问题，我们将在后面详细讨论，这里先作一简要的分析。这种相互关系影响大致有这几种情况：

1.《荟要提要》与文溯阁、文津阁提要完全相同

这可以《后汉书》提要为例。这篇提要，文溯阁、文津阁本[①]与《荟要》本完全相同，甚至错误也一样。如《荟要提要》说："隋、唐《志》作九十七卷。"这一句文渊阁提要、《总目》作："《隋志》载范书九十七卷，新、旧《唐书》则作九十二卷，互有不同。"所说甚是。《荟要提要》说《隋书·经籍志》《旧唐书·经籍志》《新唐书·艺文志》著录《后汉书》都作九十七卷，这是不准确的，实际上各自著录卷数有别，不可统而言之。文渊阁提要、《总目》分开著录，就很清楚。查文溯阁、文津阁提要，也笼统说成"九十七卷"，与《荟要提要》讹误相同，这是两篇提要依据《荟要提要》抄录的依据。

再如《孔丛子》提要也很典型。这篇提要，《荟要提要》与文溯阁、文津阁提要相同，但有一处差异值得注意。《荟要提要》引晁公武语云："《汉志》无《孔丛子》，儒家有《孔臧》十篇，集家有孔甲《盘盂书》二十六篇。"集家，《总目》作"杂家"，是也。王应麟《玉海》卷五十三《艺文》、马端临《文献通考》卷二百九《经籍考》三十六引晁公武文均作"杂家"。此盖"杂"字常写作"襍"，《荟要提要》因误脱去"衤"旁而写作"集"。《总目》此处正写作"襍"字。文津阁提要此处也作"集家"[②]，当时依据《荟要提要》而未注意校改。文溯阁提要此处作"杂家"[③]，其余文字全同《荟要提要》，是在依据《荟要提要》抄写时发现了错误而作了改正。其实这个错误不难发现。古代图书分类无"集家"之名，且《孔丛子》一书与集部图书也毫无关系，所以可以判断此处作"集家"有误。文津阁提要根据《荟要提要》誊录时未加注意，所以错误未作改正。

---

① 《金毓黻手定本文溯阁四库全书提要》，第 224 页；《文津阁四库全书提要汇编》史部，第 12 页。

② 《文津阁四库全书提要汇编》子部，第 3 页。

③ 《金毓黻手定本文溯阁四库全书提要》，第 399 页。

2.《荟要提要》和文溯阁提要完全相同，而和文津阁提要有差异

宋赵抃《清献集》即是如此。文溯阁提要[①]与《荟要提要》一字不差。文津阁提要[②]则以《总目》为基础，同时吸纳了文渊阁提要的内容。

《管子》提要也是如此。文溯阁提要[③]与《荟要提要》相同，文津阁提要[④]所依据的应该是文渊阁提要，不过作了大量删节。这一篇文渊阁提要有710字，文津阁提要仅310字，不到原来的一半。文津阁提要采用整段删除的方式，使上下文连缀成篇。

3.《荟要提要》和文津阁提要完全相同，而和文溯阁提要有差异

这可以王充《论衡》提要为例。这一篇文津阁提要与《荟要提要》完全一致，文溯阁提要也与《荟要提要》相同，但删去了一部分内容。如下面一段：

> ……充书大旨详于《自纪》一篇。盖内伤时命之坎坷，外疾世俗之虚伪，故发愤著书。其言多激，《刺孟》《问孔》二篇至于奋其笔端以与圣贤相轧，可谓悖矣。又露才扬己，好为物先，至于述其祖父顽狠，以自表所长，傎亦甚焉。其它论说，如日月不圆诸说，虽为葛洪所驳，载在《晋志》，然大抵订讹砭俗，中理者多，亦殊有裨于风教，不可废也。至其文反复诘难，颇伤词费。……

文溯阁提要保留了前后划线部分的内容，删去了中间具有相对独立性的内容共115字。删掉后，文溯阁提要前后能连接得上，并无隔阂，所以看出是有意识删除的。

宋苏颂撰《新仪象法要》提要也是如此。文津阁提要[⑤]与《荟要提要》完全相同，而文溯阁提要[⑥]也作了许多删节。如《荟要提要》原文如下：

> ……知宋时固甚重之矣。书首列《进状》一首，上卷自《浑仪》至《水

① 《金毓黻手定本文溯阁四库全书提要》，第707页。
② 《文津阁四库全书提要汇编》集部，第139页。
③ 《金毓黻手定本文溯阁四库全书提要》，第436页。
④ 《文津阁四库全书提要汇编》子部，第113页。
⑤ 《文津阁四库全书提要汇编》子部，第210页。
⑥ 《金毓黻手定本文溯阁四库全书提要》，第466页。

趺》共十七图，中卷自《浑象》至《冬至晓中星图》共十八图，下卷自《仪象台》至《浑仪圭表》共二十五图，图后各有说。盖当时奉敕撰进者。其列巩衡制度、候视法式甚为详晰。南宋以后流传甚稀。此本为明钱曾所藏，后有“乾道壬辰九月九日吴兴施元之刻本于三衢坐啸斋”字两行，盖从宋椠影摹者。元之字德初，官至司谏，尝注苏诗行世。此书卷末《天运轮》等四图及各条所附“一本云云”，皆元之据别本补入。校核殊见精审，而曾所抄尤极工妙。其撰《读书敏求记》载入是书，自称“图样界画，不爽毫发，凡数月而后成。楮墨精妙绝伦，不数宋本”，良非夸语，洵影宋中最佳之本也。我朝仪器精密，夐绝千古，颂所创造，宜无足取法。而一时讲求制作之意，颇有可嘉尚者。且流传秘册，阅数百年而摹绘如新，是固宜为宝贵矣。

文溯阁提要作：

……知宋时固甚重之矣。此本为明钱曾所藏，盖从宋椠影摹者。我朝仪器精密，夐绝千古，颂所创造，亦无足取法。而一时讲求制作之意，亦颇可嘉尚云。

通过比较可知，文溯阁提要只是截取了上述《荟要提要》的划线部分，一些具体说明的、例证性的文字全部删去了。

再如子部儒家类顺序，《荟要》本是《说苑》在前，《新序》在后，文津阁本同。文溯阁本正相反，是《新序》在前，《说苑》在后。不过有意思的是，文溯阁提要却与《荟要提要》相同。《说苑》提要，《荟要》本作“汉中垒校尉刘向撰”，文津阁提要仅作“汉刘向撰”，文溯阁提要作“汉中垒校尉刘向撰”，与《荟要》同。如上所说，文溯阁本是《新序》在前，《说苑》在后，其两篇提要分别作“汉刘向撰”，“汉中垒校尉刘向撰”。按照一般惯例，作者职衔如果要出现的话也应该是在先出的一部书下，这里应该是在《新序》之下。而文溯阁提要是放在后出的《说苑》一书之下的，这是不合常理的。文渊阁、文津阁提要及《总目》两篇都作“汉刘向撰”，可见文溯阁提要的写法就是按照《荟要》的，但在抄录《荟要提要》时没有注意到《说苑》《新序》两部书的位置实际上是和《荟要》不一样的。

4.《荟要提要》与文溯阁、文津阁本提要基本相同，但部分地方有差异

这种情况可以《论语注疏》为例。《荟要提要》云：

臣等谨案：《论语注疏》二十卷，魏何晏集解，宋邢昺疏。昺初擢九经及第。咸平二年，始置翰林侍讲学士，以昺为之。受诏与杜镐、舒雅等校定群经义疏。盖唐人止为五经疏，而不及《孝经》《论语》，至是始成之。晏所采孔安国而下凡若干家，皆古训。昺复因皇侃所采诸儒之说为之疏，于章句训诂、名器事物之际详矣。朱子《集注》出，义理更为精深，亦实始基于此，自谓凡见于《注疏》者，不复更详是也。旧刻不载陆氏《释文》，今本补入。乾隆四十年十月恭校上。

文渊阁提要与《荟要提要》完全相同。文溯阁提要所记本书作者小传如下：

臣等谨案：《论语注疏》二十卷，魏何晏集解，宋邢昺疏。晏，字平叔，南阳宛人。汉大将军进之孙。以才秀知名。后以附曹爽伏诛。昺，字叔明，曹州济阴人。初擢九经及第。咸平二年始置翰林侍讲学士，以昺为之。受诏与杜镐、舒雅等校定群经义疏[1]。

以下与《荟要提要》相同。文津阁提要除校上时间不同外，其余文字都与文溯阁提要没有差异。从比较中可以看到，文溯阁提要（也包括文津阁提要）只是对《荟要提要》作者之一何晏的小传作了一些补充，对另一作者邢昺补充了字号、籍贯，其余与《荟要提要》相同。

当然四库提要之间的关系是很复杂的，文溯阁、文津阁提要不仅依据《荟要提要》抄录，也有不少是依据文渊阁提要，甚至是《总目》抄录的。

由于条件的限制，目前我们只能将《荟要提要》与文渊阁、文溯阁、文津阁提要作比较，而与现存的文澜阁提要无法作仔细的比较。不过就我们看到的

① 《金毓黻手定本文溯阁四库全书提要》，第167页。

几种文澜阁提要来看，它和《荟要提要》之间也还是既有联系也有差异的。

5. 文溯阁、文津阁提要的删节问题

人们早已注意到，文溯阁、文津阁提要与文渊阁提要和《总目》相比较，往往有许多任意删节、改易的地方①。当然这些删节、改易，有的是提要缮录依据的原本就比较简略的缘故，并非后来所删改，但也确实有一些是后来缮录时任意删改的，有的还比较严重。由于《荟要提要》是四库系列提要中较早形成的，因此可以为以后提要的删改与否提供新的依据。

个别严重的，提要经删改后，已经无法正常阅读。文津阁提要就有这种任意删节者。如《春秋繁露》，《荟要提要》云："其立名之义不可解。《中兴馆阁书目》谓繁露、冕之所垂，有联贯之象。《春秋》比事属辞，立名或取诸此。亦以意为说也。其书发挥《春秋》之旨多主《公羊》，而往往及阴阳五行。考仲舒本传，《蕃露》《玉杯》《竹林》皆所著书名，而今本《玉杯》《竹林》乃在此书之中，故《崇文总目》颇疑之，而程大昌攻之尤力。今观其文，虽未必全出仲舒，然中多根极理要之言，非后人所能依托也。是书宋代已有四本，多寡不同。至楼钥所校，乃为定本。钥本原阙三篇，明人重刻，又阙第五十五篇……"文津阁提要缺少了划线部分的一大段文字②，计 136 字。如此删节，已使提要无法阅读。

三、《荟要提要》与《武英殿聚珍版》提要

上文指出一些《荟要提要》即根据《武英殿聚珍版》提要抄录的，另一方面《武英殿聚珍版》中有些印行较迟的图书，其书前提要也受到了《荟要提要》的影响。这是指收入《武英殿聚珍版》的《禹贡说断》、《周髀算经》附唐李籍《音义》、《诗总闻》这三部书。

《荟要总目》在说明这三部书所据抄录的版本及参校本时说：

《禹贡说断》："今依明《永乐大典》本缮录，据通志堂本恭校。"

《周髀算经》附唐李籍《音义》："今依前江苏巡抚臣萨载所上明赵开美刊本缮录，据明《永乐大典》本恭校。"

《诗总闻》："今依前山东巡抚臣徐绩所上元韩国正刊本缮录恭校。"

① 参见黄爱平《四库全书纂修研究》第十二章第四节《阁书提要的相互比较》，第 338—341 页。
② 《文津阁四库全书提要汇编》经部，第 434 页。

《荟要》本《诗总闻》提要校上于乾隆四十年五月,《武英殿聚珍版》本书前提要校上于乾隆四十六年七月,时间后于《荟要提要》。从提要内容看,《武英殿聚珍版》是在《荟要提要》等的基础上,又有所增加而成的。

《禹贡说断》与《周髀算经》附唐李籍《音义》两部书未著录校上时间。张升根据《翁方纲纂四库提要稿》别录"武英殿聚珍版书目"记录其购买聚珍本之书单没有这两部书等情况,认为《禹贡说断》《周髀算经》"这些书可能均为闭馆后校印的"。其理由是因为"其时已有定本提要,所以就直接用《总目》提要,没有必要署校上年月及纂修官"[①]。而四库全书馆闭馆时间在乾隆五十年正月[②]。张升说法可从。两书在《荟要提要》中标注的校上时间分别为乾隆四十三年正月、乾隆四十三年四月,所以《武英殿聚珍版》本《禹贡说断》《周髀算经》附唐李籍《音义》提要校上于《荟要提要》之后。我们从《荟要总目》的版本说明中也可以看到这一点。《荟要总目》说明这两部书的版本及参校本时,都没有提及《武英殿聚珍版》,由此可见,在《荟要》成书时,《禹贡说断》《周髀算经》尚未刊入《武英殿聚珍版》中。不过说《武英殿聚珍版》提要是"直接用《总目》提要",这一点还可以再商量。

先看《禹贡说断》提要。《荟要提要》云:"又乔行简序称寅著《群书百考》,事为之图,《禹贡说》特其一种。"《武英殿聚珍版》提要作:"考乔行简集有此书序,称寅著述群经,《禹贡说断》特其一种。"尽管两篇提要文字上有一些差异,但可以看出两者之间是有联系的。《总目》中没有这一句,相同位置的这一段文字作"又《山川总会》及《九河》《三江》《九江》四图,《经解》俱误编入程大昌《禹贡论》中"云云,《荟要提要》与《武英殿聚珍版》提要都没有这段话。由此可见《武英殿聚珍版》提要和《荟要提要》与《总目》都没有关系,《武英殿聚珍版》提要是依据《荟要提要》抄录的。

不过《武英殿聚珍版》提要在根据《荟要提要》抄录时也有一些改动。就以上这段差异文字看,乔行简序原文为:"遂取其书事为之图,条列诸说,而断以己意,名曰《群书百考》,《禹贡说》盖其一也。"从比较可见《荟要提要》比《武英殿聚珍版》提要更接近原文。乔行简序只说傅寅著有《禹贡说》,《荟要提要》也用了这一书名。而《武英殿聚珍版》本则说有《禹贡说

① 张升《四库全书馆研究》,第 313 页。

② 张升《四库全书馆研究》,第 25 页。

断》,这是使用了现在的书名。其实乔行简序所说的书名并非如此,但由此可以看到《武英殿聚珍版》本引用乔行简序时,可能看到了与传世图书的名称不合,遂据实作了改动。《荟要提要》与乔行简序更相一致,但与现存图书名称却不相符合。

我们将校上于乾隆四十六年四月的文渊阁提要与《荟要提要》比较,可以看到两者完全相同,而同样与《武英殿聚珍版》提要有上面提到的那些差异。所以说文渊阁提要是依据《荟要提要》抄录的,但未作改动。《武英殿聚珍版》提要也是依据《荟要提要》抄录的,但根据所存图书的实际情况作了一些改动。

再看《周髀算经》附唐李籍《音义》。《武英殿聚珍版》提要与《荟要提要》相同,也是照《荟要提要》抄录的,不过并未完全照录,对其中的一些讹误作了纠正。如《荟要提要》云:"旧有李藉《音義》,别自为卷,今仍其旧。"文渊阁提要同。李藉,《武英殿聚珍版》提要改作"李籍",是也。《周髀算经音义》卷端作李籍,是《荟要提要》有误。《总目》与《武英殿聚珍版》提要相同。

又如《荟要提要》云:"昼夜易处,加四时相及,是为节气合朔,加时早晚,随东西不同之故也。"前一"加"字、"及"字、后一"加"字,《荟要提要》均误抄,《武英殿聚珍版》提要作了仔细的改正,作:"昼夜易处,如四时相反,是为节气合朔,如时早晚,随东西不同之故也。"文渊阁提要、《总目》与《武英殿聚珍版》提要同。

不过虽然这几处地方《武英殿聚珍版》与《总目》相同,但并不表明《武英殿聚珍版》就是依据《总目》抄录的。这几处地方不过是《荟要提要》有误,《武英殿聚珍版》提要作了纠正而已。更重要的证据在以下几处。

如《荟要提要》云:"《唐书・艺文志》李淳风《释周髀》二卷,与赵婴、甄鸾之注列之天文类,而复列李淳风注《周髀算经》二卷于历算类,盖一书重出也。"《武英殿聚珍版》提要与此同。而《总目》此处作:"《唐书・艺文志》李淳风《释周髀》二卷,与赵婴、甄鸾之注列之天文类,而历算类中复列李淳风注《周髀算经》二卷,盖一书重出也。"

《荟要提要》其下又云:"是书首章记周公问于商高而得勾股互求之术,故称《周髀》。髀者,股也。立八尺之表以为股,其影为勾。书内以璇玑名黄道之极,一昼夜环绕北极一周而过一度。"《武英殿聚珍版》提要与之同。《总目》

则云:"是书内称周髀长八尺,夏至之日,晷一尺六寸。盖髀者股也。于周地立八尺之表以为股,其影为勾,故曰周髀。其首章周公与商高问答,实勾股之鼻祖。"可见这两段《武英殿聚珍版》提要与《总目》并不相同。

文渊阁提要与各篇提要的关系比较特殊。例如说:"《唐书·艺文志》李淳风《释周髀》二卷,与赵婴、甄鸾之注列之天文类,而复列李淳风注《周髀算经》二卷于历算类,盖一书重出也。"这一段与《荟要提要》相同。但其下紧接着说:"是书内称周髀长八尺,夏至之日,晷一尺六寸。盖髀者股也。于周地立八尺之表以为股,其影为勾,故曰周髀。其首章周公与商高相问答,实勾股之鼻祖。"这一段又与《总目》相同。可见《武英殿聚珍版》与文渊阁提要也没有关系。就本篇提要来说,《武英殿聚珍版》就是依据《荟要提要》、而不是依据《总目》抄录的。

四、《荟要提要》与文澜阁提要

在文澜阁《四库全书》影印出版之前,人们只能零零碎碎地了解一些这部书前提要的情况,现有的四库学研究论著极少提及这部提要。实际上这部提要也有许多值得注意的地方,这里以明程敏政编《明文衡》提要为例看一下各篇提要之间的关系。

先看《荟要提要》:

> 臣等谨案:《明文衡》一百卷,明程敏政编。敏政,字克勤,号篁墩,休宁人。成化丙戌进士第二人,官至礼部左侍郎。是编为类凡三十有八。悉从《玉台新咏》之例,题作者姓名。惟方孝孺则书字,盖是时靖难文禁稍弛而尚未全解,故存其文而隐其名也。所录如吴讷《文章辨体序》《题刘定之杂志》之类,皆非文体。而袁忠彻《瀛国公事实》之类,事既诬妄,文尤鄙俚,皆不免芜杂之讥。然敏政本淹通赅博,以文章名一时,故鉴别持择,较明代他家选本终为有法。又其时在北地、信阳之前,文格未变,虽尚沿质实之风,而亦无七子末流摹拟诘屈之伪体。稽明初之文者,固当以是编为渊海矣。乾隆四十三年二月恭校上。

《明文衡》现无分纂稿存世,《初目》亦无此篇,因此《荟要提要》是现存最早的四库提要。但这篇提要有一些问题，如说本书所分类目的数量即是。《荟要提要》云“是编为类凡三十有八”。提要没有列出具体类目，但《荟要》本《明文衡》卷首有目录。目录卷一包括诏、制、诰、册 4 类，卷二以下包括赋、骚等 34 类。总共为 38 类。然而《明文衡》(明刻本名为《皇明文衡》)最早的本子明正德五年张鹏刻本卷首所列目录，卷之一“代言”下，包括檄、诏、制、诰、册、遣祭文 6 类。因此本书实际是分为檄、诏并赋、骚等 40 类。《荟要》本《明文衡》未收“檄”文[①]，而在卷前目录中又漏列了“遣祭文”(正文收录有“遣祭文”3 篇)，于是 6 类就变成了 4 类。加上赋、骚等 34 类，遂成了 38 类。类目数量比明刻本少了 2 类，也比《荟要》本实际所收少了 1 类。《荟要提要》的这个疏误，也影响到其他提要。

文渊阁提要与《荟要提要》大段文字完全相同，说明文渊阁提要就是根据《荟要提要》抄录的。另外文渊阁提要与《荟要提要》相比，有一处差异，并有两处增补。

差异之处是著录本书卷数，《荟要提要》作一百卷，而文渊阁提要作九十八卷。所缺的即后来补缺的二卷。明刻本明确标注有一百卷，且《四库全书》本实际所收也相同，则著录本书卷数仍以一百卷为是。

文渊阁提要另有两处增补。《荟要提要》云：“是编为类凡三十有八。”文渊阁提要在“是编”以下，具体列出了各类的名目，又在《荟要提要》“皆不免芜杂之讥”以下，文渊阁提要增补了一个例证，云：“朱右《撄宁生传》，杂述医案，至以一篇占一卷，亦乖体例。”

文渊阁提要的两处增补都有问题。其所增补的类目略云：“是编首代言，为词臣奉敕撰拟之文。次赋，次骚，……次奏议，次论，次说，次解，次辨，……次墓碣，次墓志，……为类凡三十有八。”“奏议”下面缺了“议”；“辨”字误，应是“辩”字；“墓碣”，类目名称原作“墓碑”，文渊阁本《四库全书》卷首类目题名亦作“墓碑”。这些都是文渊阁提要著录有误。而所称“为类凡三十有八”，是沿袭了《荟要提要》的疏误，由此也可以看到四库提要之间多是相互沿用，对于一些隐蔽的问题很难改正。

文渊阁提要增补的一个例证谓“朱右《撄宁生传》，杂述医案，至以一篇占

① 明刻本《皇明文衡》檄文只有一篇，即宋濂撰《谕中原檄》，但《荟要》本未收录。

一卷，亦乖体例”，以此来说明《明文衡》存在的问题。《撄宁生传》见《明文衡》卷五十九，但并非“以一篇占一卷”，在这一卷中，还有张孟兼《唐珏传》、宋濂《郑烈妇传》、唐肃《丰本传》。可见这一处增补也不准确。

文渊阁提要的这些疏误，又影响到其后产生的提要。例如《总目》，著录本书卷数也作九十八卷，与文渊阁提要同。上面所列举文渊阁提要的疏误，在《总目》中也完全一样。

不过《总目》与文渊阁提要也还有一些差异。《总目》在“存其文而隐其名也”与“所录如吴讷《文章辨体序》《题刘定之杂志》之类”之间，增加了这么一段：“内《琴操》缺一首，《表》缺四首，《奏议》缺十首，《辨》缺一首，《颂》缺一首，《赞》缺二首，《记》缺十一首，《序》缺十五首，《题跋》缺四首，《杂著》缺一首，《传》缺一首，《神道碑》缺十一首，《墓碣》缺四首，《墓志》缺八首，《墓表》缺二首，《祭文》缺二首，皆有录无书，各注‘阙’字于目中，未谕其故。”这段文字不仅《荟要提要》没有，文渊阁提要也没有。这应该是后来增补的。

《总目》还将文渊阁提要“稽明初之文者，固终以是编为渊海矣”（《荟要提要》同）中的“渊海”改为“正轨”。这个改动体现了提要作者对此书价值的认识差异。“渊海”多比喻事物的包容深广或荟萃之处，主要还是就该书保存文献丰富这一点而说的。而“正轨”则突出了《明文衡》在明代文学发展中的指导性地位，对本书的评价更高。

《总目》的增补有一处地方也有疏误，即关于本书阙文的说明。明刻本《明文衡》在卷首目录所列的文章篇名下面，有一些地方标注了一个“阙”字，《总目》说：“各注‘阙’字于目中，未谕其故。”其实明正德五年张鹏刻本《皇明文衡》卷首目录后休宁程曾识语已说得非常清楚，谓：“公理刑余暇，手自校其鲁鱼亥豕之谬，于目录中未有文者朱注‘缺’字于下以别之。”说明这些所缺的文章是当时程敏政编纂此书时未能收集到。《总目》提要撰写者或未能使用明刻本，或是未能注意到这段识语，遂有如上疑问。

文溯阁提要校上于乾隆四十七年八月，文津阁提要校上于乾隆四十九年三月[①]，与其他几篇提要相比，都有一定的联系。上面所列举的文渊阁提要产生的并同样出现在《总目》中的疏误，在文溯阁、文津阁提要中也完全一样。

① 《金毓黻手定本文溯阁四库全书提要》，第 968 页；《文津阁四库全书提要汇编》集部，第 937 页。

此外还需要指出几点。例如本书卷数，两篇提要都作一百卷，与《荟要提要》同，与本书实际卷数也相符，而文渊阁提要、《总目》都作九十八卷。又如两篇提要最后说："固终以是编为渊海矣。""终以"二字，与文渊阁提要同，《荟要提要》《总目》作"当以"。而"渊海"二字，则又与《荟要提要》、文渊阁提要相同。《总目》此句作"固当以是编为正轨矣"，与两篇提要差异较大，"正轨"与"渊海"的区别上面已作说明。

可见文溯阁、文津阁提要与各篇提要都有一定关系，但也有一些差异，但从总体上看与《总目》的关系更直接。《总目》增补的关于本书缺文的一段文字，两篇提要完全相同，这不是偶然巧合，也不是随意能做到的。那么是文溯阁、文津阁提要根据《总目》缮录，还是相反呢？由于没有明确证据，这个问题不好判断。但根据四库提要编撰的一般情况看，应该是文溯阁、文津阁提要根据《总目》缮录的。《总目》初稿完成于乾隆四十六年二月，从时间看也完全有可能。当然两篇提要应该也使用了其他提要。

再看文澜阁提要。这篇提要校上于乾隆五十一年五月，著录卷数为一百卷。提要也有《总目》增补的关于本书缺文的一段文字，即所补"内《琴操》缺一首"至"各注'阙'字于目中，未谕其故"一段。根据比较可知，文澜阁提要不是直接根据《荟要提要》与文渊阁提要缮录的。从现在的情况看，这篇提要应该也不是直接根据《总目》缮录，而是根据文溯阁提要或文津阁提要缮录的。例如最后一句，文澜阁提要云："固终以是编为渊海矣。"与文溯阁、文津阁提要同，而《总目》作"固当以是编为正轨矣"。所以我们认为这篇提要或许是根据文溯阁或文津阁提要缮录的，或许是出于同一来源。

文澜阁提要也有自己的改动，如说《明文衡》这一选本"无七子末流摹拟诘屈之体"，"之体"，其他各篇提要及《总目》原文均作"伪体"。显然文澜阁提要的说法更为平易。

以上分析了有关《明文衡》的几篇提要相互之间的联系与区别。尽管文澜阁提要并非直接依据《荟要提要》缮录，但就现有情况看，这篇提要的基础还是《荟要提要》最早形成的，后来的提要不过是在《荟要提要》的基础上加以扩充而已。而且《荟要提要》的疏误，如谓此书分为 38 类这一说法一直未能得到改正。

文澜阁提要为我们提供了一个和《荟要提要》作比较的例证，从《明文衡》

这一例中可以看到《荟要提要》对其他提要的影响是很深的。

以上分析了《荟要提要》对其他四库提要的影响。需要说明的是，这种影响，仅是就现存提要的实际情况所说的。事实上《荟要提要》并不是最早的四库提要，它只是我们现在看到的最早的提要而已，《荟要提要》都是在分纂稿、《初目》这样的提要文献基础上形成的。只是由于许多在《荟要提要》之前产生的提要现在已经无法看到，所以有时候《荟要提要》就成了最早的提要。但即使是在《荟要提要》之前还有更早的提要，我们仍不能否认《荟要提要》对后来的四库提要的影响。因为就我们上述比较可知，许多提要实际上依据的是《荟要提要》，是在《荟要提要》的基础上作修改的，而不是直接在分纂稿或《初目》的基础上修改的。

五、朱鹤龄《李义山诗集注》提要的分析

朱鹤龄《李义山诗集注》提要不见于分纂稿和《初目》，《荟要提要》是此书现存最早的提要。这一篇提要，文渊阁提要与《荟要提要》完全相同，但有一处有差异，即《荟要提要》称“所作《诗谱》”，文渊阁提要作“所作《年谱》”，《总目》此处也作“年谱”，由此说明《总目》可能依据的是文渊阁提要。但如上所说，文渊阁提要与《荟要提要》完全相同，因此《总目》即使是按照文渊阁提要抄录的，其基本观点仍然是《荟要提要》的，所以此处仍以《荟要提要》和《总目》相比。这两篇提要有四处地方不一样。

第一，《荟要提要》云：“元好问《论诗绝句》有‘诗家总爱西昆好，只恨无人作郑笺’之语。”《总目》在此下有一条注：“案：西昆体乃宋杨亿等摹拟商隐之诗，好问竟以商隐为西昆，殊为谬误，谨附订于此。”第二，《荟要提要》云：“后来注商隐集者，如程梦星、姚培谦诸家，大抵以鹤龄为蓝本。”《总目》云：“后来注商隐集者，如程梦星、姚培谦、冯浩诸家，大抵以鹤龄为蓝本，而补正其阙误。”第三，《荟要提要》云：“所作《诗谱》，排比时事，与其诗互相参证，亦颇有条理。”《总目》云：“所作《年谱》，于商隐出处及时事颇有疏漏，故多为冯浩注本所纠。”第四，《荟要提要》云：“《有感》二首咏文宗甘露之变者，引钱龙惕笺，以李训、郑注为奉天讨，死国难，则触于明末党祸，有激而言。”“党祸”，《总目》作“珰祸”。以下逐条分析。

第一条，《总目》的这条注是后来所加。元好问《论诗绝句》倒因为果，所

以《总目》加了一条注予以指出。《荟要提要》未加注，或是没有注意到其中的问题，或是因为提要关注的是“李商隐诗旧无注本”的问题，而不是李商隐与西昆体的关系问题，所以认为没有必要指出。但不管如何，《总目》的这条注确实把问题说得更清楚了。

第二条，《总目》比《荟要提要》多了冯浩一家，并且多了“而补正其阙误”一句。《荟要提要》最初可能没有看到冯浩注本，所以未提及此书。冯浩撰《玉溪生诗详注》有乾隆三十二年桐乡冯氏刻本，又有乾隆四十五年重刻本，《总目》纂修官应该是后来看到了，所以补加了一家。并且因为冯浩注本对朱鹤龄注纠正较多，使得《总目》纂修官改变了对朱鹤龄著作的评价。所以《总目》又加了原来没有的“补正其阙误”一句。加上这一句，就使得原先对朱鹤龄注的完全的肯定，变得有所保留了，并且还影响到下文对朱鹤龄《李义山诗谱》的评价问题。

第三条，《荟要提要》云《诗谱》，文渊阁提要及《总目》作“《年谱》”，非是。朱鹤龄所作为《李义山诗谱》，见本书附录，非《李义山年谱》。《李义山诗谱》为表谱，分纪年、时事、本传、诗四格记事。虽人们亦都将其作年谱看，但毕竟未以年谱命名。此既云“所作”，自应以朱鹤龄自题之名为准。这一条对朱鹤龄《李义山诗谱》的评价，两种提要完全不同。《荟要提要》予以充分肯定，《总目》则指出此书颇多存在的问题。从实际情况看，朱鹤龄此谱确实疏漏较多，《总目》所说不无道理。《荟要提要》因朱鹤龄此书在李商隐诗集注本中是最好的，“一扫诸家穿凿附会之说，繁简颇为得当”，对其评价极高，因此也就认为其所作《诗谱》也具有同样的学术水平。《总目》后出，看到的文献资料更多，所以有些评价就会和原来不完全一致。冯浩撰《玉溪生年谱》纠正朱鹤龄疏漏讹误不少。《总目》指出朱鹤龄《诗谱》有疏漏，也明确说是依据冯浩注本来说的。正是冯浩注本对《总目》纂修官的影响很大。

第四条，关于“党祸”还是“珰祸”的问题。党祸指因党争而引发的祸难，珰祸则指因宦官而引发的祸难。所谓“甘露之变”，是指唐朝文宗时期以宰相为首的朝廷机关与宦官集团之间为争夺国家军政大权所发生的事变。事变最终以宦官的胜利而结束。朱鹤龄引钱龙惕笺为解，是有感于明末同样存在更为严酷的宦官专权问题。虽然文宗时期，官僚集团内部的派系斗争，即牛李党争同样十分惨烈，但就甘露之变这次事件来说，体现的是南衙北司的对立，即官僚集团与宦官势力的对立，而非官僚集团内部的对立。由此可见，此事触发朱鹤龄感慨的是明末的宦官祸难，而非党争祸难。所以《总目》将《荟要提要》的“党祸”改作“珰祸”，是准确的。《荟要提要》之所以作“党祸”，或因李商隐曾被卷入牛李党争有关。虽然《荟要提要》对李商隐与牛李之党的关系问题有所澄清，但无意中，或误写作“党祸”，都是有可能的。

以上四条相异的内容中间，除了第三条的“年谱”可能是《总目》无意写错以外，其余几条，都可以看到是《总目》有意识的修改，而且修改的痕迹十分明显。经修改以后，提要内容更为全面，表述也更为严谨了。

如将《全书》提要与《荟要提要》和《总目》比较一下，还可以看到另一种情形，即文渊阁、文津阁提要①与《荟要提要》完全相同，文溯阁提要②、文澜阁提要与《总目》完全相同。这有两种可能。一种可能是文渊阁、文津阁提要是照《荟要提要》抄写的。另一种可能是《总目》最早的样子就是如此，和《荟要提要》完全相同，文渊阁、文津阁提要照此誊录，所以和修改后的《总目》不一样。文渊阁、文津阁提要与《荟要提要》的唯一不同之处是将“诗谱”也写作“年谱”。这可能是笔误，或者誊录人员因习见“年谱”少见“诗谱”而妄改，当然也有可能是最初的《总目》写的就是这两个字。但这不会改变这两种提要和《荟要提要》的渊源关系。文溯阁、文澜阁提要与今天所见到的《总目》相同，说明是按照修改后的《总目》誊录的。它们属于同一个系统。

第四节　《荟要提要》和《总目》

四库提要文献中最重要的是《四库全书总目》，我们研究《荟要提要》的影响，最重要的也就是要研究和《总目》的关系。我们在上面所作的四库提要比较中，实际上已经比较了两者的联系，以下再专门作一分析。为使两者的关系看得更清楚，我们在分析中尽量省略了其他四库提要，在有必要的情况下才和其他四库提要一起作比较。

---

① 《文津阁四库全书提要汇编》集部，第 83 页。

② 《金毓黻手定本文溯阁四库全书提要》，第 689 页。

一、《荟要提要》与《总目》异同比较

1.《荟要提要》与《总目》体例差异

一般来说，《荟要提要》的篇幅比较短小，如《柳河东集》仅有 110 字左右，和《总目》相比，字数上有一些差距。有的差距还很大，如《春秋公羊传注疏》《春秋穀梁传注疏》，《荟要提要》都仅 100 多字，而《总目》则将近 700 字。宋朱熹《周易本义》，《荟要提要》约 300 字，《总目》则长达 870 余字。《周礼注疏》，《荟要提要》的实际内容也不过 120 字左右，《总目》则长达一千余字。宋马端临撰《文献通考》，《荟要提要》仅 170 余字，《总目》竟至 1 400 字。《荟要提要》也有一些篇幅较大的，如子部数术类的《周髀算经》《五经算术》《新仪象法要》等著作的提要，字数差不多都要接近一千字。就是在《总目》中，这样的篇幅也是不多见的。个别也有例外，即《荟要提要》内容要详于《总目》。如元王天与《尚书纂传》，《荟要提要》有 270 余字，《总目》则仅有 231 字。元李简《学易记》的篇幅，《荟要提要》也要大于《总目》。

再看作者小传的问题。《荟要凡例》指出，编纂《荟要》要仿《四库全书》之例，"每书标叙撰人姓氏爵里仕履"。这是说小传所要著录的内容。《荟要提要》的作者小传有些比较规范，能按照《凡例》的要求去做，因而也多被《总目》沿用。但《荟要》小传往往未能按《凡例》要求去做。许多小传比较简略，而且体例也不统一，作者小传究竟有哪些内容，全书并不明确。《总目》提要则整齐划一，并且对《荟要提要》常有补充。

《荟要提要》还有一些作者的小传，事迹颇为分散，《总目》则予以了调整。也有一些看似不经意的补充，也显示出《总目》的细心。如元俞琰撰《周易集说》，《荟要提要》云："吴人。"《总目》作："吴县人。"虽仅加一"县"字，但使得《总目》著录人物籍贯更规范。按照通例，人物籍贯应注到县级行政单位。"吴"通常是一个地域名词，泛指吴地，即以苏州为中心的江南地区，有时特指苏州地区。"吴"有时也可用作"吴县"的省称，但单独用一"吴"字，易产生误解。"吴县"则是一个规范的政区名称。乾隆《江南通志》卷一百六十三《人物志》云："俞琰，字玉吾，吴县人。"所说非常清楚。

在提要编写体例上，《荟要》因原书大多列出了本书的目录，所以在提要中就没必要将本书的篇目一一开列，许多情况下就不再提及本书的篇

目,或者只是很概括地说一说。《总目》往往由于在卷首不抄写本书篇目,所以有时会在提要中将本书的篇目全部列出。一些篇幅大的著作如《经义考》,会列出其大类的名目。

在提要撰写风格上,《荟要提要》较为平实,《总目》有更详尽的发挥。此外《总目》多评判语,体现了《总目》纂修者建立学术规范的努力。如《钦定诗经传说汇纂》提要,《荟要提要》作:"是书之作,博采传注,兼用汉宋之说,而取其精,数千年来,言《诗》者可别白而定一尊矣。"《总目》作:"是编之作,恭逢圣祖仁皇帝天亶聪明,道光经籍,研思六义,综贯四家。于众说之异同,既别白瑕瑜,独操衡鉴。而编校诸臣,亦克承训示,考证详明,一字一句,务深溯诗人之本旨。故虽以《集传》为纲,而古义之不可磨灭者,必一一附录以补阙遗。于学术持其至平,于经义乃协其至当。《风》《雅》运昌,千载一遇,岂前代官书任儒臣拘守门户者所可比拟万一乎!"可见《总目》作了大量发挥,而这些发挥,实际上已经脱离了原书的内容,成为一种"普适性"的议论,可以用之于任何钦定、御纂图书。

元吴澄《书纂言》,《荟要提要》云:"惟其颠倒错简而不明言窜易之故,于阙疑之义有所未安。澄所注诸经皆然,亦一瑕也。"《总目》云:"惟其颠倒错简,皆以意自为,且不明言所以改窜之故,与所作《易纂言》体例迥殊。是则不可以为训,读者取所长而无效所短可矣。"类似"是则不可以为训,读者取所长而无效所短可矣"之语,是《总目》习见之语,体现了《总目》纂修者建立学术规范的努力。

2.《荟要提要》与《总目》的异同

《荟要提要》和《总目》有一部分是相同的。如不计因体例而形成的一些差异,《总目》与《荟要提要》完全相同的有 25 篇[①]。这个数字只占整个《荟要提要》的百分之五左右。大部分提要《总目》与《荟要提要》是不相同的,当然差异的程度有不同。

《荟要提要》和《总目》的差异,有些与《荟要》与《全书》使用的图书不同有关。

如有一篇《荟要提要》被收入《总目》两篇相关篇目中的情况。由于体例

① 参见《四库全书荟要总目提要》附录三《〈荟要提要〉与文渊阁〈全书〉提要及〈总目〉同异比较表》,第 469—485 页。

所限，同一个人的著作，在《荟要》中往往只收一种，而在《全书》中，则不受这一限制。这样有时就会出现一篇《荟要提要》，被分散收入两篇《总目》提要中这种情况。如庾信集，《荟要提要》收录清倪璠注《庾子山集》一种，《总目》收录清吴兆宜《庾开府集笺注》与清倪璠《庾子山集注》两种。《荟要提要》大致分为两部分。前一部分除了介绍庾信的仕历外，主要介绍了庾信集的流传情况及历代作家对庾信文章的评价，后一部分主要介绍了倪璠注本的不足及长处。这篇提要，在《总目》中，前一部分被收入了吴兆宜《庾开府集笺注》提要中，后一部分被收入了倪璠《庾子山集注》提要中。《总目》的两篇提要和《荟要提要》的一篇提要相比，只是文字上略有增加，基本内容没有什么变化。

也有些提要，《荟要提要》详于《总目》，是因为在《总目》中，有时一个人的著作会收入多部，所以一些介绍性的文字，可以分散在不同的提要中，而《荟要提要》则无法做到这一点，就只能集中在一起说。例如宋刘敞撰《春秋传》，《荟要提要》有一段详细考察其著作情况的文字，将刘敞的著作情况作了具体的介绍。而在《总目》中，这一段就省略了。这是因为这段文字在刘敞的另一部著作《春秋权衡》的提要中已经作过介绍，而《春秋权衡》收录在《春秋传》之前，所以在《春秋传》提要中，《总目》就没必要再对刘敞的著作情况作介绍了。《总目》可以互见，而在《荟要提要》中，因无法做到这一点，因此这些介绍就是必须的了。由此，也使得《荟要提要》与《总目》文字上存在若干差异。

《荟要提要》与《总目》的差异，有些是由于所用的版本不同。

例如《小学集注》，《总目》作《小学集注》，云："宋朱子撰，明陈选注。"《荟要提要》与文渊阁《全书》作《御定小学集注》，云："《御定小学集注》六卷，雍正五年世宗宪皇帝诏廷臣因明臣陈选《集注》而订正刊行之者。"《荟要总目》也说："《御定小学集注》六卷，雍正五年世宗宪皇帝诏儒臣取明陈选《集注》重加修辑而成。今依内府刊本缮录，据陈选原本恭校。"可见，《总目》用的是"陈选原本"，《荟要提要》与文渊阁《全书》用的是雍正"御定"本。"陈选原本"与"御定"本的区别在"御定"本卷首增加了雍正五年十二月初三日撰《御制小学序》。因为版本不同，所以《总目》没有一字提及清世宗。只是不知《总目》何以只是根据"陈选原本"撰写提要，而不是根据文渊阁《全书》实际采用的"御定"本撰写提要。《荟要提要》(包括文渊阁提要)与《总目》完全是根据不同的图书写的。

文溯阁提要、文津阁提要①与《荟要提要》和文渊阁提要相同。不过文津阁、文溯阁提要并非是照《荟要提要》缮录的，而是按照文渊阁提要缮录的。这里有一个细小的区别可以注意。《荟要提要》云："雍正五年世宗宪皇帝诏廷臣因明臣陈选《集注》而订正刊行之者。""廷臣"二字，文渊阁本《全书》提要作"儒臣"，文津阁、文溯阁提要也并作"儒臣"。

此外此书的排序问题也值得注意。《御定小学集注》因是清世宗诏儒臣重加修辑而成的，故《荟要》本排在清圣祖命大臣纂辑的《御纂朱子全书》之后，将此书认作是清代著作。而《总目》排在宋朱熹撰《杂学辨》之后、《朱子语类》之前，将此书认作是宋代著作。

宋娄机撰《汉隶字源》，《荟要提要》云："其书前列《纲目》，分考碑、分韵、辨字三例。次《碑目》一卷。"《总目》云："前列考碑、分韵、辨字三例，次《碑目》一卷。"之所以有此区别，是因为《荟要》本首列《汉隶字源纲目》，下分考碑、分韵、辨字三例。此附于洪景卢《汉隶字源原序》后，未列入正文。正文从《汉隶字源》卷一《碑目》开始。而文渊阁《全书》本未列《汉隶字源纲目》一题，正文《汉隶字源》卷一下直接列出考碑、分韵、辨字三例，又次《碑目》，此合为一卷。由此提要也相应地作了调整。

《荟要提要》与《总目》引用的文献版本有不同，也会造成两种提要的差异。如晁公武《郡斋读书志》，有衢本与袁本之别。简单地说，衢本即二十卷本，袁本即七卷本。《荟要》没有收录《郡斋读书志》，但对此书非常看重，《荟要提要》在《凡例》中专门提到过此书。《凡例》在说到本书的分类时说："分门别类，如历代史志、郑樵《通志・略》《崇文总目》、晁公武《读书志》、陈振孙《书录解题》、马端临《文献通考》、焦竑《经籍志》及诸藏书家编目，各有不同，或间相纠正。今悉为参考，择其区别精当者从之，未敢泥于一家之说也。"在《荟要提要》中也多次引用此书的例证。

袁本收入了《四库全书》，依据的是袁本。从对此书的征引情况来看，《荟要提要》多用衢本，《总目》则多用袁本。由此造成了两种提要的差异。如葛洪《抱朴子》，《荟要提要》云："晁公武谓洪书内外有一百一十六篇，今世所传者四十篇。"此见衢本卷十二杂家类。《总目》云："晁公武《读书志》作内篇二

① 《金毓黻手定本文溯阁四库全书提要》，第 411 页；《文津阁四库全书提要汇编》子部，第 37 页。

十卷，外篇十卷。”此见袁本卷三上道家类。

因使用的图书不同而形成的差异，这种情况一般不涉及提要的思想内容，所以这是一种非观念性的差异。不过这种情况并不多见，大部分差异都是由于《总目》后来作了改动。这种差异不仅形成文字上的差异，也形成观念上的差异。这种情况我们将在下面述说。

二、《荟要提要》与《总目》所见改动情况

1.《总目》在《荟要提要》的基础上有增补或改动

所谓增补，主要是原文过于简略，《总目》增加了一些内容，使得提要内容更为详尽。但可以看到，在这种情况下，主体文字仍然是相同的。经过增补后的提要显得更充实具体，对相关问题有较为充分的解说和相应的展开，也使读者能够更好地加以理解。这一般是《荟要提要》较为成熟，且其观点能被《总目》接受的。

《困学纪闻》即属于这种情况。《荟要提要》云：“应麟博洽多闻，而理轨于正，其学问渊源，出于朱子。然书中辨正朱子语误数条，如《论语》注‘不舍昼夜’‘舍’字之音，《孟子》注‘曹交、曹君之弟’，及谓《大戴礼》为郑康成注之类，皆考证是非，无所迁就，不肯如元胡炳文诸人坚持门户，亦不至如明杨慎、陈耀文，国朝毛奇龄诸人肆相攻击。盖学问既深，意气自平，故绝无党同伐异之私，其所考核率切实可据，良有由也。”《荟要提要》认为王应麟的突出之点不仅在于“博洽多闻”，更在于“理轨于正”。王应麟学问源于朱熹，但他并未回避朱熹的问题，对自己认为的朱熹注书中的讹误照样指出，这是出于学术公心。其次王应麟能兼收汉宋之学，没有如同元胡炳文诸人那样的门户之见。

《总目》与《荟要提要》文字基本相同，并在“学问既深，意气自平”之下增加了“能知汉、唐诸儒本本原原，具有根柢，未可妄诋以空言，又能知洛、闽诸儒亦非全无心得，未可概视为弇陋，故能兼收并取”一句，下接“绝无党同伐异之私”。这说明《总目》完全认可《荟要提要》的观点，同时增加的一句还使得《荟要提要》的观念更为突出。

一般认为四库全书馆是汉学家的大本营，其实在《总目》中，对汉宋的态度往往是复杂的，很难简单加以概括。起码就《总目》所加的这句话来看，对汉学、宋学还是抱着公平态度的。而这个观点又是以《荟要提要》的论述为基

础的，不过更为强调而已。

通常情况下《总目》与文渊阁提要最为接近，《总目》这篇提要则直接来自《荟要提要》。理由是《荟要提要》“元时尝有刻本，牟应龙、袁桷各为之序，卷端题语尚钩摹应麟手书，藏弆之家以为珍笈”一句，亦见于《总目》，而文渊阁等三阁本提要都缺了这句。由此也可以看到四库提要之见的关系是很复杂的。

再如明何景明撰《大复集》。《总目》此篇提要可分为前后两部分。前一部分分析了何景明与李梦阳在明代文坛上的地位，着重分析了各自的风格特点，并对此作了自己的评价。这一部分也就是《荟要提要》的内容，《总目》与其相同。《荟要提要》最后说，何、李两人，“亦各有所长，正不妨离之双美也”。《总目》提要的第二部分开头即承此而言：“不必更分左右袒也。”然后着重分析何景明七言古体的成就，并对王士祯的责难作了辨析。《总目》的前后两部分承接很自然。《总目》中，明徐祯卿撰《迪功集》提要也属于这种情况。前半部分全同《荟要提要》，然后补充了后一部分。

《总目》在《荟要提要》的基础上作了发挥。如以宋萧楚《春秋辨疑》为例。《荟要提要》云：“书之大旨主于宗经，而不肯如注疏之迁就传文。如讥杜预之信野史而疑《尚书》，从《公》《穀》之论输平而驳《左氏》，辨地不系国以明统制必归于王，辨伐沈救郑以明威福不可移于下。皆持论正大，有足取者。注皆楚自作，间有胡铨及他弟子所附入。谨以原注、原附注及胡铨附注别题。”

《总目》云：“书之大旨主于以统制归天王，而深戒威福之移于下。虽多为权奸柄国而发，而持论正大，实有合尼山笔削之义，与胡安国之牵合时事，动乖经义者有殊。与孙复之名为尊王，而务为深文巧诋者用心亦别。陈振孙《书录解题》称胡铨以《春秋》登第，归拜床下。楚告之曰：‘学者非但拾一第，身可杀，学不可辱，毋祸我《春秋》乃佳。’厥后铨以孤忠谠论震耀千秋，则其师弟之于《春秋》，非徒以口讲耳受者矣。每篇各有注文，皆楚自作，亦间有胡铨及他弟子所附入。谨以原注及胡铨附注别题之，而以今所校正附其下，俾各不相淆焉。”

这两篇提要，内容上既有联系也有区别。就提要所概括的大旨来看，《总目》实际是约取了《荟要提要》的文字。《总目》肯定了《荟要提要》所说的《春秋辨疑》一书“持论正大”这一评价。但《总目》又有很大的发挥。《总目》详细诠释了“持论正大”的内涵。这既是指本书内容堂堂正正,体现了孔子修《春秋》笔则笔、削则削,使乱臣贼子惧的精神,同时也指本书作者萧楚的人格力量。萧楚于绍圣中游太学,贡礼部不第。于时蔡京方专国,楚愤疾其奸,谓蔡京且将成为宋朝的王莽,遂发誓不再出仕,退而著书。胡铨曾师事萧楚,其后“以孤忠说论震耀千秋”。可见老师弟子均体现了孤傲正直的人品,真正继承了《春秋》的精髓。这些都是《总目》的发挥。《总目》和《荟要提要》提要的不同,也主要体现在这一方面。而《总目》的发挥,又是在《荟要提要》基础上的发挥。

《荟要提要》与《总目》也有互有详略的。如元赵孟頫《松雪斋集》,《荟要提要》云:“盖其清邃俊逸,妙近自然,实能苞孕古人,动得天趣。”《总目》删去了这段文字,或许是认为所说言过其实。《荟要提要》又云:“集前有戴表元序。”但对此序未加说明。《总目》加以补充道:“表元不妄许与,而此《序》推挹甚至,其有所以取之矣。后人编录全集,仍录此序以为冠,非无意也。”增加了对戴表元《序》的含义的分析。赵孟頫以宋朝皇族之后事元,并为元帝所重,曾“深为物论所讥”(《总目》作“故不谐于物论”),自己也颇有自悔之意。戴表元《序》避开了这一点,只谈赵孟頫的诗文,实际上也表明了平静看待其出仕元朝的问题。《总目》对此深为赞赏,故于此特为表出。

《总目》和《荟要提要》的许多差异,没有证据说明一定是出于《总目》针对《荟要提要》所作的修改。同样,《总目》和《荟要提要》的相同之处,也没有多少证据说明就一定是《总目》对《荟要提要》的直接承袭。这是就基本情况而言。不过其间的修改增补或承袭关系,也不是完全没有踪迹可寻。例如宋欧阳修撰《毛诗本义》提要,就可以看到《荟要提要》和《总目》之间的这种关系。《荟要提要》云:

> 臣等谨案:《毛诗本义》十六卷,宋欧阳修撰。修事迹具《宋史》。是书凡为《说》一百十有四篇,《统解》十篇,《时世》《本末》二论,《豳》《鲁》《序》三问,而《补亡郑谱》及《诗图总序》附于卷末。
>
> 自唐以来,说诗者莫敢议毛郑,虽老师宿儒,亦谨守《小序》之文。至宋而新义日增,旧说几废。推原所始,实发于修。然修之言曰:“察其美刺,知其善恶,以为劝戒。所谓圣人之志者,本也。因其失传而妄自为说

者，经师之末也。学者得其本而通其末，斯善矣。否则，阙其所疑，焉可也？”

又曰：“先儒于经，不能无失，而所得固已多矣。尽其说而理有不通，然后以论正之。”是修作是书，本出于和气平心，以意逆志，故其立论，未尝轻议二家之短长，而亦不曲徇二家之疏谬，其所训释，往往得诗人之本志。后之学者，或务立新奇，自矜神解，至于王柏之流，乃并圣经而亦疑之，遂使《周南》《召南》俱遭删窜，则变本加厉之过，固不得以滥觞之始归咎于修矣。

《总目》云：

宋欧阳修撰。是书凡为《说》一百十有四篇，《统解》十篇，《时世》《本末》二论，《豳、鲁、序三问》，而《补亡郑谱》及《诗图总序》附于卷末。修文章名一世，而经术亦复湛深。王宏撰《山志》，记嘉靖时欲以修从祀孔子庙，众论靡定。世宗谕大学士杨一清曰：“朕阅《书·武成篇》，有引用欧阳修语，岂得谓修于《六经》无羽翼，于圣门无功乎？”一清对以“修之论说见于《武成》，盖仅有者耳。其从祀一节，未敢轻议”云云。盖均不知修有此书也。

自唐以来，说《诗》者莫敢议毛、郑，虽老师宿儒，亦谨守《小序》。至宋而新义日增，旧说几废。推原所始，实发于修。然修之言曰：“后之学者，因迹先世之所传而较得失，或有之矣。使徒抱焚余残脱之经，伥伥于去圣人千百年后，不见先儒中间之说，而欲特立一家之学者，果有能哉？吾未之信也。”

又曰：“先儒于经，不能无失，而所得固已多矣。尽其说而理有不通，然后以论正之。”是修作是书，本出于和气平心，以意逆志，故其立论，未尝轻议二家，而亦不曲徇二家。其所训释，往往得诗人之本志。后之学者，或务立新奇，自矜神解。至于王柏之流，乃并疑及圣经，使《周南》《召南》俱遭删窜。则变本加厉之过，固不得以滥觞之始归咎于修矣。林光朝《艾轩集》有《与赵子直书》曰：“《诗本义》初得之如洗肠，读之三岁，觉有未稳处。大率欧阳、二苏及刘贡父谈经多如此。”又一书驳《本义》《关睢》《樛木》《兔罝》《麟趾》诸解，辨难甚力。盖文士之说《诗》，多求其意；讲学者之说《诗》，则务绳以理。互相掊击，其势则然，然不必尽为定论也。

可以看到，以上《总目》的三段划线文字，第一、三段是增加的，第二段是对《荟要提要》的修改。经过如此的改动，提要的内容更为丰富、准确。但两篇提要中划线以外的其他文字基本是相同的，提要的基本观点也没有什么改变。可以看到《总目》的增改就是在原有的提要的基础上进行的。

《总目》有时略改动数字，也使提要意思有很大区别。宋司马光撰《传家集》，《荟要提要》云："光大儒名臣，固不以文重。然即以文论，亦所谓辞有体要者。"《总目》作："光大儒名臣，固不以词章为重。然即以文论，其气象亦包括诸家，凌跨一代。"《荟要提要》对司马光的评价还是极为一般，而《总目》就显得极有气势。

清顾嗣立编《元诗选》，《荟要提要》云："方今诏采遗书，海内秘藏，无不辐辏。"《总目》作："方今诏采遗书，海内秘藏，大都辐辏。""无不辐辏"与"大都辐辏"，其程度上有区别。《总目》纂修者意识到天下图书事实上是不可能收罗齐全的。虽然所谓"无不辐辏"的说法其实也就是收录较为齐备的意思，不是说就没有遗漏，但"大都辐辏"的说法还是更为严谨。

这些改动使提要表达的意思更为准确严谨，但观念上也同样没有什么差异。

2.《荟要提要》有些不够妥贴，《总目》作了补充说明，使之更为严谨

如宋陈振孙撰《直斋书录解题》，《荟要提要》称此书："第当时编辑草率，讹脱颇多。"然后又说："然古书之不传于今者，得藉是以资征信。而其校核精详，议论醇正，于考古亦有助焉。"说《直斋书录解题》的著录为古籍考订提供了依据，这一点好理解。但又称赞此书"校核精详"，就和前面所说的"编辑草率，讹脱颇多"矛盾了。《总目》显然注意到了这一点，所以它虽然同样认为此书"编辑潦草，讹脱宏多，又卷帙割裂，全失其旧"，但它又是这样来评价此书的："古书之不传于今者，得藉是以求其崖略。其传于今者，得藉是以辨其真伪，核其异同。"认为可以依据本书，了解古书的大致内容，也可以作为考订古书真伪的依据。《总目》没有从本书的编辑这个角度来评说此书，因为这很容

易导致对此书的批评，而从文献著录的角度来看待此书，就可以更多地看到本书的价值。虽然本书在编次上存在一些问题，但此书的内容却是值得重视的。相对于编次方面的问题，显然内容更为重要。所以《总目》尽量从内容这一方面来评述。《直斋书录解题》在目录学上的地位是不能否认的。因此不谈编次问题，就可以避免对此书的过多的指斥，从而不影响该书的地位。和《荟要提要》相比，《总目》的这段文字显然是经过精心推敲的。

《荟要提要》在《周易参同契通真义》中指出，魏伯阳撰《周易参同契》，“后来讲修炼者皆以是书为鼻祖”。这一句，《总目》改作“后来言炉火者皆以是书为鼻祖”。此处改动虽然也只有二三个字，但表达的意思却不完全一样。“修炼”是一个宽泛的概念，它包括以气功修炼人体精、气、神的“内丹”和以炉火烧炼药石的“外丹”。而从通常的理解来看，人们对修炼的理解更偏主于内丹。《总目》则明确认定《周易参同契》一书与后来的“外丹”术有联系。

在元詹道传《四书纂笺》提要中，《总目》对《荟要提要》作了多处纠正。如《荟要提要》云“此书略仿陆德明《经典释文》之例”，《总目》作“略仿古经笺疏之体”。事实上《四书纂笺》与《经典释文》的体例毫无共同之处，《总目》将其改为略仿一般性的笺疏体例，就比较准确。再如《荟要提要》说其书“取朱子《章句》《或问》《集注》”云云，《总目》改为“取朱子《四书章句集注》《或问》”，所改甚是。《四书章句集注》是一个完整的书名，不可任意拆开。《荟要提要》将其拆为两种，中间还加进朱熹的《四书或问》，就显得十分零乱了。《荟要提要》又称“胡一中序称其‘羽翼朱子’，良不诬也”，《总目》删去了此句，则可能是《总目》认为《荟要提要》说得过分了。

再如关于真德秀《四书集编》中《论语集编》《孟子集编》的作者问题，《荟要提要》和《总目》也不同。真德秀《四书集编》中，《大学集编》《中庸集编》为德秀所手定。而《论语集编》《孟子集编》两种，《荟要提要》说：“则德秀之子志道因其点校之本，而杂采《读书记》及文集、《衍义》诸书以续成之者也。”也就是说两书出于真志道之手。《总目》则谓两种“皆刘承以德秀遗书补辑成之者也”。《总目》的依据是《四书集编》刘才之《序》，其文云：“惟《论》《孟》二书阙焉。扣之庭闻，则云已经点校，但未编集。是《论》《孟》固未尝无成书也。一旦论诸堂上，学正刘朴溪承谓《读书记》中所载《论》《孟》处，与今所刊《中庸》《大学》‘凡例’同，其他如《文集》《衍义》等书亦有可采摭者。因勉其汇集成书，凡五阅月而帙就，又五阅月而刊毕。至是西山所编之四书为大全。”说得非常清楚。《论语集编》《孟子集编》两书是刘才之请刘承（朴溪）在真德秀原未成书稿的基础上，又取《文集》《衍义》等书内容编辑而成的，而不是真志道续成的。《荟要提要》显然未能认真阅读刘才之《序》等。

《总目》认为《荟要提要》不妥的，予以纠正。如子部医家类《难经本义》提要即是。《荟要提要》云：“《难经本义》二卷，明滑寿撰。寿字伯仁，许州人，寄居鄞县，事迹具《明史·方技传》。”又云：“卷首有张翥序，称寿家去东垣近。早传李杲之学，其授受本有所自。”这里涉及到三个问题：一时代，二籍贯，三师承。对第一个问题，《总目》说：“寿卒于明洪武中，故《明史》列之《方技传》。然戴良《九灵山房集》有《怀滑撄宁》诗，曰：‘海日苍凉两鬓丝，异乡飘泊已多时。欲为散木居官道，故托长桑说上池。蜀客著书人岂识，韩公卖药世偏知。道涂同是伤心者，只合相从赋《黍离》。’则寿亦抱节之遗老，托于医以自逃耳。”是认为滑寿为元遗民，故虽然《明史》有传，仍不得将其作明人看，所以《荟要提要》作明滑寿撰，而《总目》作元滑寿撰。关于第二个问题，《总目》说：“《明史·方技传》称为许州人，寄居鄞县。案朱右《撄宁生传》曰：‘世为许州襄城大家，元初，祖父官江南，自许徙仪真，而寿生焉。’又曰：‘在淮南曰滑寿，在吴曰伯仁氏，在鄞越曰撄宁生。’然则许乃祖贯，鄞乃寄居，实则仪真人也。”将其籍贯问题解释得非常清楚。籍贯认定与籍贯著录，一直是人物研究中的一个难题。问题所在，就因为前人对原籍、寄籍等的认定标准不一，而所涉当事人自己的著录也往往不一致。《总目》关于滑寿籍贯的说法比起《荟要提要》来，更精密。关于第三个问题，《总目》说：“是书首有张翥序，称寿家去东垣近，早传李杲之学。（朱右）《撄宁生传》则称学医于京口王居中，学针法于东平高洞阳。考李杲足迹未至江南，与寿时代亦不相及。翥所云云，殆因许近东明（按：“明”字当作“垣”），附会其说欤？”这一条根据《撄宁生传》的记载，指出滑寿学医于京口王居中，学针法于东平高洞阳，说明其自有传授。又根据李杲未到过江南这一事实以及李杲生活年代与滑寿不相同等证据，说明滑寿不可能传李杲之学。这三条每一条都有很强的针对性。《总目》和《荟要提要》提要相比较，除此三方面内容外，其余均同，由此更可以看到这三条都是针对《荟要提要》而说的。

3.《荟要提要》与《总目》的评价差异

对同一部图书，《总目》与《荟要提要》有时的评价不同。如元吴澄撰《易纂言》,《初目》云:“其书从古本,分《经》《传》。《经》每卦每爻俱详著其变动,分其象占。每《传》各分其章数,释其义于句下,而注其字数、音释、考正于末。大抵词简而义明,所谓少引圣籍、多发天然者,殆于近之。独删改经文,不足为训。而《系辞》中十有八卦之释指为错简,移之《文言传》末,不免勇于师心矣。”对吴澄此书批评很多,尤其是对其删改、移易文字,认为是勇于师心,即自以为是。

《荟要提要》与《初目》相比,内容有了许多增补。其文云:“《易纂言》十二卷,元吴澄撰。澄于诸经皆有论撰,而于《易》尤所究心,自称吾于《书》有功于世,视《易》为尤小。于《易》有功,于世为甚大,亦高自位置矣。其书从古本,分《经》《传》。《经》每卦每爻俱详著其变动,分其象占。每《传》各分章数,皆释其义于句下,而注其字数、音释、考正于末。大抵词简而义明,所谓少引圣籍、多发天然者,殆于近之。诚沉潜心得之言,非浮猎者比也。独删改经文,不足为训。而《系辞》中十有八卦之释指为错简,移之《文言传》末,尤不免勇于师心。夫史不阙文,圣人所喟。汉以来经师授受,遇有疑误,但云某当作某,皆不敢轻改经文。沿及宋人,此风始变。自俞庭椿窜乱《周官》,以后儒者视改经为固然。习俗移人,其来有渐,不能尽以为澄咎。然自澄言之,则为不善用长矣。”从总体上看,《荟要提要》对《易纂言》同样否定较多,这一点两者是一样的。

文渊阁提要与《总目》相同。与《初目》及《荟要提要》相比,文渊阁提要与《总目》有两个显著的特点。一是文字增加很多,二是评价与《初目》及《荟要提要》不同。所谓评价不同,是说《初目》与《荟要提要》对《易纂言》批评甚多,而文渊阁提要与《总目》则对此极为赞赏。《初目》批评此书“不免勇于师心矣”,《荟要提要》亦称“尤不免勇于师心”。而文渊阁提要与《总目》则谓是书“澄于诸经,好臆为点窜。惟此书所改则有根据者为多”,又谓“皆援引古义,具有源流,不比师心变乱”。这是直接对《初目》与《荟要提要》的否定。《初目》与《荟要提要》最后指出此书的缺陷,而文渊阁提要与《总目》最后落在对此书的高度评价上:“皆援引古义,具有源流,不比师心变乱。其余亦多依傍胡瑗、程子、朱子诸说,澄所自为改正者,不过数条而已。惟以《系辞传》中说《上、下经》十六卦十八爻之文定为错简,移置于《文言传》中,则悍然臆断,不可以为训矣。然其解释经义,词简理明,融贯旧闻,亦颇赅洽,在元人说《易》

诸家，固终为巨擘焉。"而文渊阁提要所增加的大量文字都是为了充分说明《易纂言》此书的优点。

文溯阁提要、文津阁提要[①]基本观点与文渊阁提要与《总目》相同，不过删除了大量的具体例证，剩下的是一些结论性的东西。

宋李琪《春秋王霸列国世纪编》，《荟要提要》和《总目》前半部分大致相同，不同的是后一部分。两篇提要均指出作者李琪为宋人，在书中讥讽晋文借秦抗楚而秦兴、晋悼结吴困楚而吴炽等事，实为宋朝皇帝通金灭辽等事而言。但对此的评价却不一样。《荟要提要》云："盖借《春秋》以发议，非必于经义一一吻合也。然胡安国《传》亦借《春秋》以发议者，安国书今既不废，则是书亦可并存矣。"十分平淡。而且以胡安国《传》已收入《荟要》，因此与其类似的书也应收入，这一理由也甚为勉强。《总目》则指出："盖借《春秋》以寓时事，略与胡安国《传》同。而安国犹坚主复雠之义，琪则徒饰以空言矣。流传已久，姑录以备一家。且以见南宋积削之后，士大夫犹依经托传，务持浮议以自文。国势日颓，其来渐矣。存之亦足示炯戒也。"讥讽了作者的"弱民"心态。《总目》不是从积极的一面来看此书，而将其作为"示戒"的反面典型。其中不无嘲讽之意。

明唐顺之撰《荆川集》，《荟要提要》与《初目》完全相同，显然《荟要提要》就是照《初目》抄录的，没有改动。就文字看，《总目》与《初目》《荟要提要》差异很大，有些论述观点完全不同。如《初目》《荟要提要》云："顺之学问渊博，自天文、地理、乐律、兵法，以至勾股、壬奇之术，无所不通。晚而受任御倭，勤事以死，可谓有志于功业者。"《总目》则云："顺之学问渊博，留心经济，自天文、地理、乐律、兵法，以至勾股、壬奇之术，无不精研，深欲以功名见于世。迨晚年再出，当御倭之任，不能大有所树立，其究也仍以文章传。"

《荟要提要》等对唐顺之抗倭等事功评价极高，而文渊阁提要、《总目》则对此多有保留，只认为他仅是一个以文章传世的作家。实际上唐顺之积极参与了明代中期的抗倭斗争，在历史上也很有影响，不能说他"究也仍以文章传"。

《荟要提要》有些结论持或然态度，《总目》作了肯定。《春秋公羊传注疏》

① 《金毓黻手定本文溯阁四库全书提要》，第 34 页；《文津阁四库全书提要汇编》经部，第 65 页。

一书疏的作者,《荟要提要》未能肯定,其文云:"《春秋公羊传注疏》二十八卷,汉何休注,为之疏者姓名失考。《崇文总目》亦云不著撰人名氏,或云徐彦撰。"《总目》则明确著录道:"汉公羊寿传,何休解诂,唐徐彦疏。"

在五代王定保撰《唐摭言》提要中,《荟要提要》曾对作者八十五岁撰写此书持怀疑态度:"不审何以尚能著书也。"《总目》则明确肯定其年八十五著书之说:"是书盖其暮年所作也。"虽说年八十五著书绝少见到,但并非没有可能。其《散序》等篇对自己的一生行踪有非常清楚的叙述,故其年岁不必怀疑。正因为如此,所以《总目》将《荟要提要》的疑似之言,改成了肯定之词。这类改动是有依据的。

从以上比较中可以看到《总目》确实比《荟要提要》内容更为丰富。当然《荟要提要》的论述也有比《总目》更有学术深度的。如元李简撰《学易记》,《荟要提要》云:"夫《易》本卜筮之书,而自晋以来,往往遗数而言理。故赵紫芝谓辅嗣《易》行无汉学也。然自北宋以后,起而矫为数学者,又往往遗弃龟蓍,盛谈《河》《洛》,方圆、奇耦、图象日增,使后人如读谶纬之文,而披律筭之谱。其说愈精而愈无益人事,是又别为一家,而非所谓汉儒之《易》者。似又不如是书之因象明理、因理示教于学者,尚为有裨矣。"《总目》云:"大抵仿李鼎祚《集解》、房审权《义海》之例。《自序》称:'在东平时与张中庸、刘佚庵、王仲徽聚诸家《易》解节取之。张与王意在省文,刘之设心务归一说,仆之所取,宁失之多,以俟后来观者去取。'又称:'己未岁取向所集重加去取。'则始博终约,盖非苟作,故所言多淳实不支。"《荟要提要》概括了魏晋以来《易》学的发展特点,并对其作了批判。《总目》则仅是引用作者的自序,以简要说明本书特点。《学易记》的篇幅,《荟要提要》也要大于《总目》。

不过从总体上看,经过改动的《总目》更为完善,达到了很高的成就。

三、四库提要与纪昀的修改界线

考查四库提要的衍化、修改情况,有助于分析、研究纂修官与总纂官纪昀在提要撰写、修改过程中的界线。纪昀"一生精力备注于四库提要及《目录》之中"[①]。纪昀作为《四库全书》总纂官,其在四库馆中的重要作用之一就是修

① 李元度《国朝先正事略》卷二十《纪文达公事略》,清同治刻本,第8页。

改四库提要稿，使之最后成为定本。把《总目》认定为纪昀的私人著述固然有失稳妥，但纪昀的润色、修改作用也是不容否定的。事实上纪昀也常把《总目》看作自己的著作。其《诗序补义序》："余于癸巳受诏校秘书，殚十年之力，始勒为《总目》二百卷进呈乙览。以圣人之志藉经以存，儒者之学研经为本，故经部尤纤毫不敢苟。"①又说："太素脉至北宋始出，其授受渊源皆支离附会，依托显然，余于《四库全书总目》已详论之。"②"余作《四库全书总目》，明代集部以练子宁至金川门卒龚诩八人列解缙、胡广诸人前，并附案语。"③从这些表述中可以看到，纪昀常常有意无意地把《总目》等同于自己个人的著作。

纪昀还为因自己误读文献的原因而造成的《总目》的讹误作过"检讨"。《阅微草堂笔记》卷十二记道："余撰《四库全书总目》，亦谓虚中推命不用时，尚沿旧说。今附著于此，以志余过。"④纪昀所说的提要，即《总目》卷一百二十一子部杂家类著录宋陈郁撰《藏一话腴》提要。提要批评陈氏此书道："谓李虚中以年月日时推命，而不知韩愈作虚中墓志，其推命实不用时，尤失考证。"所谓八字推命，就是用人出生时所值的年月日时之干支来推算人的穷通休咎。纪昀后读《永乐大典》所载虚中《命书》三卷，始明白虚中推命实兼论八字，并非不用"时"。纪昀对《总目》的讹误作了纠正。

有时纪昀还借助《总目》来解释所遭到的误解。其《二樟诗钞序》云："余初学诗从玉溪集入，后颇涉猎于苏黄，于江西宗派亦略窥涯涘。尝有场屋为余驳放者，谓余诋諆江西派，意在煽构。闻者或惑焉。及余所编《四库书总目》出，始知所传为蜚语，群疑乃释。今因先生是集为著其诗格之所自，且明余于江西一派未有异同也。"⑤这篇序言说明，是《总目》"洗刷"了纪昀的"冤屈"。而《总目》之所以能为纪昀洗冤，就是人们都把《总目》看作纪昀自己的著作，把《总目》的观点看作纪昀的观点。

凡此都可以看到纪昀和《总目》的深切关系。然而四库提要包括最后作为定本的《总目》，哪些是纂修官的文字，哪些是纪昀的修改、润色，只有根据《总目》稿本上的修改笔迹才可判断。但现存《总目》稿本并不完整，且所存批

① 纪昀《纪文达公文集》卷八《诗序补义序》，第13页。
② 纪昀《阅微草堂笔记》卷十九，清嘉庆五年望益书屋刻本，第1页。
③ 纪昀《阅微草堂笔记》卷十八，第24页。
④ 纪昀《阅微草堂笔记》卷十二，第42页。
⑤ 纪昀《纪文达公文集》卷九《二樟诗钞序》，第25页。

改痕迹也不是很多，所以单纯依靠《总目》稿本还是不能解决问题。而从分纂稿经《初目》《荟要提要》到《总目》所存在的差异，为我们提供了重要的分析资料，虽不能说其中的修改都出自于纪昀之手，但毕竟为我们提供了一个可以依据的参照系。

第十章 《荟要》本研究

这里所说的《荟要》本，是指《荟要》收录的著作。一部完整的《四库全书荟要》，由总目、提要及收录的著作等几部分内容构成。这里主要分析收录的著作的情况。这是《荟要》最基本的“文字实体”。《全书》本的内涵与此相同。

第一节 《荟要》本与四库底本

一、四库底本及所依缮录本

《四库全书》前后抄录了七份，再加上《荟要》两份，它们都是依据一定的进呈本抄录的。乾隆五十一年十月二十六日，正总裁永瑢等奏请将《四库全书》底本汇交翰林院收贮折中说到：“伏查各省藏书家送到各书，内奉有御题者，业经臣馆随时录副，将原本敬谨发还本人，祗领珍藏；其余选入抄录项下者，俱即将送到之书充作底本，次第发写。其中有列入《荟要》者，已经缮校各九次，即专入《全书》者，亦已缮校各七次，磨擦污损之处，势所难免，似未便再行给还。”（《纂修四库全书档案》一一五八）永瑢之所以反对将各省藏书家送到各书原本发还本人，主要的理由是这些图书已经作为誊录底本，被多次抄录。其中凡列入《荟要》的，已经被抄了九次，即使仅仅抄入《全书》的也已被用过七次了。经过多次传抄，底本已经磨擦污损，已非原貌。永瑢的这段话同时说明四库各本都是按照同一个底本抄录的。当然我们不必简单地认为四库本中的每一部书都是如此，但主体部分如其所说是可以肯定的。这个本子通常称之为“四库底本”。

“四库底本”是指书上有四库纂修官编辑记录、四库誊录监生直接据以抄写的本子。四库底本钤"翰林院印"满汉大方印，也有的钤"翰林院典簿厅关防"满汉文长方印[①]。如《四库提要著录丛书》集部收录《新刊诂训唐柳先生文集》即钤有"翰林院典簿厅关防"满汉文长方印。"典簿厅"即"典簿厅"。四库馆臣对底本相当重视。王杰于乾隆四十四年十二月派充武英殿总裁，上任伊始，向原总裁臣董诰详问馆中一切事宜，即提到了《荟要》底本的问题。乾隆四十五年三月初九日，就《荟要》底本一事上奏道："近年赶办《荟要》，未及清查底本，今《荟要》告竣，此为最要之事。复即商同于纂修，分校中派出翰林王尔烈、项家达、戴均元、谷际岐四员，分占经、史、子、集，一面查点，一面暂管发书收书事件。"(《纂修四库全书档案》六八一）王杰所说的《荟要》底本就是荟要处誊录监生据以缮录的有纂修官编辑记录的本子。但《荟要》底本并不是一个单独的概念，《荟要》底本并不仅限于编纂《荟要》时使用，也作为其他四库本缮录时的底本，其间并没有明确的界限。所以《荟要》底本实际上可以统称为四库底本。

现存四库底本不多，而《荟要》底本更是不可多见。据刘小琴 1982 年的统计，北京大学图书馆、北京图书馆（今国家图书馆）等八个单位共收藏四库底本 124 种[②]。由于当时文献查阅的不易，这个统计还是有很多缺漏的，例如《四库提要著录丛书》中收录的许多四库底本，如明章懋《枫山章先生文集》四卷（明嘉靖二十一年虞守愚刻本）、明周瑛《翠渠摘稿》八卷（明嘉靖七年林近龙刻清雍正十三年周成续刻本）、明潘希曾《竹涧先生文集》八卷《奏议》四卷《附录》一卷（明嘉靖二十年黄省曾刻本）等等，都未统计在内。但四库底本存世总数不会太多。这些图书收入《荟要》的更少，就刘小琴的书目看，经查也不过《周易玩辞》《周易辑闻》《淮南鸿烈解》《新刊诂训唐柳先生文集》《临川先生文集》《南史》《陈拾遗集》《汉上易集传》等七八种而已。

即使是四库底本，是否就是《荟要》据以抄录的本子，也还是个问题。例如《四库提要著录丛书》集部收录唐柳宗元撰、宋韩醇音释《新刊诂训唐柳先生文集》四十五卷《外集》二卷《新编外集》一卷，版本是清乾隆抄本，并注明是

---

① 刘蔷《清华园里读旧书》卷二《"翰林院印"与四库进呈本真伪之判定》三"翰林院典簿厅关防"印，岳麓书社，2010 年，第 136—138 页。

② 刘小琴《八十二种四库底本删改浅析》，硕士学位论文，北京大学，1982 年油印本，第 16 页。四库底本书目见论文附录一，第 49—68 页。

四库底本。但据《荟要总目》著录:“今依天禄琳琅所收醇刊本缮录。”可见《荟要》用的是韩醇刻本。《四库提要著录丛书》所收和《荟要》所用版本并不相同。所以这个“四库底本”是否即《荟要》据以抄录的本子,还值得探讨。

此外我们还要注意到还有另外两种情况。一种情况是四库馆在办理库本缮写时,遇到底本不敷使用的时候,会使用馆中的其他本子。乾隆四十七年八月二十日,永瑢等奏遵旨酌定雇觅书手缮写全书章程折中指出:“武英殿所有底本,现在赶办第三、四分,一时未能交出。今添写三分书,所需底本,应先尽官刻各书及《永乐大典》副本发写,其在馆贮有重本者,亦可陆续咨取发缮,约计可得十之四五。”(《纂修四库全书档案》九〇八)当时正在办理文源阁、文津阁本《四库全书》,又要同时缮写南三阁本,底本自然不敷使用。为保证进度,办理四库全书大臣于是提出用其他本子充作缮录底本。这些本子大约有三种类型,即官刻各书、《永乐大典》副本,还有“馆贮有重本者”。所谓“重本”即指当时送入翰林院四库全书处的复本图书。清廷为编纂《四库全书》,向各地征集图书,各地送到四库全书处的图书往往有重复之书。例如据《四库采进书目》记载,元许恕《北郭集》见于《两淮商人马裕家呈送书目》《浙江省第四次鲍士恭呈送书目》两家,明徐贲《北郭集》见于《江苏省第一次书目》《浙江省第四次汪启淑家呈送书目》《安徽省呈送书目》三家。就缮录这个角度看,这些本子也可以称作“底本”,不过这些本子和真正的底本也还有不同,一个基本的区别是上面一般不会有纂修官的批注,纂修大臣因称之为“非正项底本”。乾隆五十二年七月三十日,永瑢等奏折云:“其节次扣存本及重本,向存贮武英殿。此种书籍虽非正项底本,亦应饬令该提调全数移交翰林院一体收贮,以归画一。”(《纂修四库全书档案》一二三七)“重本”即属于这种情形。

另一种情况是四库馆因底本不敷或底本遗失时,会使用誊录“买捐”之书。所谓“买捐”之书即誊录监生自己出钱购买后“捐给”四库馆的图书。乾隆四十五年三月初九日,武英殿总裁王杰奏参提调陆费墀等遗失底本并请另选翰林充补折云:“臣又闻近来发写底本,多系誊录买捐,以致人言藉藉。询之该提调、少詹事陆费墀,据称底本不敷发缮,是以令其捐书。”(《纂修四库全书档案》六八一)而据王杰奏称,所谓底本不敷,实际是底本遗失。乾隆四十五年三月十六日内阁奉上谕道:“王杰参奏武英殿提调陆费墀遗失各书底本四五百种，令誊录捐书缮写，以为拖延掩饰之计。”（《纂修四库全书档案》六八四）后来查明底本遗失之书实际不多，但“买捐”一事确实存在。乾隆四十五年五月二十七日，大学士英廉等奏遵旨查审提调陆费墀遗失底本情形折云：“据陆费墀称：‘捐书一事，因底本不敷发缮，而各誊录意图课额盈余，可得优等议叙，自愿赶紧缮写。无如官书每经各处校阅，不能多领，所以乐于捐办，并非提调勒令。今各誊录具在，可以质对得的。求详察。’臣等查现在头分全书正本已经写全者三万余册，二分正本写得一万七千余册，三分、四分亦共写得一万三千余册，加之《荟要》二分共二万余册，通计写得正本已有八万余册，皆由准令誊录等捐书缮写所致。如必俟头分写毕，再将二、三、四分挨次续发，则千余名誊录必致旷功，而底本既不敷发缮，则正本写出之数亦不能多。是捐书一节实为赶写正本，并无借此弥补遗失底本情弊，似属可信。”（《纂修四库全书档案》六九三）英廉等说得很清楚，“买捐”实属不得已之举。就誊录监生来说，有加紧多抄，以能尽快从优议叙的因素在内。但无奈经纂修官校阅的图书不能多领，所以只好自己买了图书来抄写。就四库馆来说，“底本”只有一部，但几部《荟要》《全书》在同时抄写，如果一定要按照次序一部完成再依次抄写下一部，则誊录要旷功，抄写进度也要大受影响。誊录捐书是在这种情况下发生的。所以英廉说“捐书一节实为赶写正本”。

乾隆五十一年二月十六日，吏部尚书刘墉等奏遵旨清查四库全书字数书籍完竣缘由折，其中有大量有关《四库全书》的数据。奏折称，据翰林院查明付覆：收过各省采进及各家进呈各种书籍共计 13 501 种，送武英殿缮写书籍 3 098 种，重本 272 种。又称，武英殿所存翰林院移送各书，现交续办三分全书处缮写，其重本书 272 种，并各誊录捐书 589 种（《纂修四库全书档案》一一四〇）。这些是造成四库誊录底本来源不一的重要原因。

因为如此，所以我们讨论《荟要》本与底本的关系，有时不得不使用底本以外的本子。《荟要提要》在每部书下都著录本书缮录所依据的版本，如《京氏易传》著录道：“今依内府所藏明毛晋汲古阁刊本缮录。”陆贽撰《翰苑集》著录道：“今依前江苏巡抚臣萨载所上国朝年希尧刊本缮录。”我们这里所说的“底本以外的本子”即指与《荟要》底本版本相同的本子。这些本子不是严格意义上的“底本”，上面没有纂修官编辑记录，但其版本与“四库底本”是相同的。两者有区别也有联系。为了表述方便，本书在讨论《荟要》本与底本的关系时，所说的“底本”是一个宽泛的概念，既包括严格意义上的“底本”，也包括与这一“底本”版本相同的本子，而且更多的时候是指后者。也就是说，我们在作四库本与四库底本的比较研究时，所说的“底本”不一定就是当年纂修官和誊录监生所使用过的“那本书”，否则这一比较就无法进行了。因为这样的四库底本今天存世太少了。而且就我们所见的四库“底本”来看，上面纂修官的批语数量并不多，许多还是一些誊录格式上的问题，与内容关系不大。而就内容方面看，批改最多的也就是对一些所谓的“违碍”字句的改动，一般内容并没有什么改动。因此我们在比较、分析四库本与底本的关系时，使用严格意义上的“底本”以外的本子，并不会影响我们的结论。

库本缮录依据的是“底本”，而不是依据已缮录完成的库本。如上述永瑢奏折云：“至每一底本发出，即令书手全写三分，庶缮校尤得迅速。”又乾隆五十五年十一月二十五日军机大臣等奏遵旨查辽金元三史挖改情形片云：“臣等遵旨查辽、金、元三史应改之人地名对音，先经武英殿将板片挖改，刷有样本。嗣经校出错讹之处，付殿改刻后，于乾隆五十三、四等年陆续交馆，尚须将原办底本覆加校对，始行刷印。而底本只有一分，其时正当赶办四阁空函书籍及江浙三阁之书，均经移取此项底本校办。本年复带往盛京覆勘文溯阁全书。现又将底本覆校，摛藻堂《荟要》尚未完竣。臣等现在行催，一俟交回底本，即行赶紧核对板样，刷印颁发。”（《纂修四库全书档案》一三七八）乾隆五十六年九月二十九日，纪昀在奏文源阁书覆勘先完请将详校官等分别议处折中也说道：查出错字，“凡一字、半字之空白，悉皆检出，各调取底本补填。”（《纂修四库全书档案》一三九七）可见在办理四库全书时，无论缮录还是校对，处处地方离不开底本。在这种情况下，底本就显得尤为重要。缮录的底本如有差异，势必造成缮录四库本的差异。

誊录如果依据经过纂修官校阅、有四库纂修官编辑记录的底本抄写，则各四库本之间差异不会很大。但由于四库馆中还存在上面说到的使用“重本”与“他书”等的问题，而这些图书没有经过纂修官校阅，就会存在许多问题。武英殿总裁王杰看到了这个问题，他在乾隆四十五年三月初九日所上奏请令原总纂纪昀等复核底本及已写正本折中说道：“尚有无印书籍，约六七百种，重复之本居多，自系誊录所捐，若概置不收，无以补底本之缺。但其中卷目浩繁，多有名同而实异者。如都穆、朱有理俱有《铁网珊瑚》，从前曾经皇上指示分别；又如宋裘万顷、明王冕俱有《竹斋集》。且即一人之书，如赵汝楳《易序丛书》、赵希鹄《洞天清录》之类，各有真本、伪本；又如王定保《唐摭言》、王楙《野客丛书》之类，亦各有全本、删本。又其中字句增减，是否校正，金元人名，是否译改，既非原经校正底本，自不便遽令缮写。相应请旨令原总纂官纪昀等将此无印书籍及将来该提调赔缴之书，与原撰提要逐一核校，仍交翰林院钤印移送，以便发写。至已写正本，有照依捐本缮写者，俱系未经校正之书，亦应令原总纂、纂修并加覆看，如有舛错，并着落该提调陆费墀等赔写。”（《纂修四库全书档案》六八三）王杰这里所说的主要是“重本”的问题。就图书来说，有名同而实异者，也有真本、伪本，全本、删本之别；就书中文字来看，又有字句增减、金元人名译改等问题。王杰认为这些本子未经校正底本，不便遽令缮写。而已经缮写的正本，如果是依照捐本缮写的，则都是没有经过校正的，需有总纂、纂修加以覆看。王杰看到了底本来源的复杂性，特别强调要注意四库本的校勘问题。

二、底本的编辑记录与《荟要》本的改正

底本上的编辑记录，在库本中往往可以看到相应的反映。即使底本与缮录本版本不同，同样可以看到这一点。例如上面提到《四库提要著录丛书》集部收录《新刊诂训唐柳先生文集》是乾隆抄本，《荟要》本所用是韩醇刻本，版本不同。但抄本上的许多编辑记录在《荟要》本中多有体现。

四库底本上的编辑记录，有许多属于抄写格式方面的规范。如《新刊诂训唐柳先生文集》卷一《隋乱既极》一篇天头批语道：“此下十二章系小题，低三格，次行低四。”又《贞符》一篇天头批语道：“墨笔直处接写，不用空。”均属于这种情况。

一些纂修官的批语属于文字的校对。如《新刊诂训唐柳先生文集》卷三《封建论》“然而封建之始，郡邑居半，时则有叛国而无叛郡”下，韩醇注引晁错语云：“今削之亦反，不削亦反，削之其反亟祸小，不削其反迟祸大。”清乾隆抄本“其反迟”，原抄作“其反亟”，“亟”字旁有一三角形（△），天头校作“迟”。今查《荟要》，此句已改作“其反迟”，与底本校改同。文渊阁本也已改。又如此集卷十三《亡姊前京兆府参军裴君夫人墓志》，四库底本作“骨髓之疾，实鐘于身”，天头有批语云：“‘鐘’或作‘鍾’”。《荟要》本作“骨髓之疾，实鍾于身”，是

已改过。

一些批语属于书写规范的问题。古人著作的名称，常常有多种，《荟要》本与底本的书名也常常有差异。今见底本上常有书名改动的例子，与《荟要》本相合。如柳宗元《新刊诂训唐柳先生文集》，或因书名太长，故其卷八、卷九均有纂修官改题"柳河东集"。今《荟要》即作《柳河东集》，也是接受了纂修官的校改。

库本也有不遵从底本的批语的，无论《荟要》还是文渊阁本，都有这种情况。如《新刊诂训唐柳先生文集》卷十七，底本最后有《曹文洽韦道安传》，下注"元阙"，又有一段说明，云："传诸本皆阙，然集中有韦道安诗言其事甚详，观其诗则传之意可见矣。题云《曹文洽韦道安传》，则事必相关，岂诗所谓自言故刺史者耶？或与道安同救刺史之急者也。"底本将标题及说明加以括注，天头批云："不写"。然《荟要》本、四库本照录未删，并未遵从批注。又如此书卷一《隋乱既极》一篇天头批语道："此下十二章系小题，低三格，次行低四。"但《荟要》本、文渊阁本均是低二格，次行低三格。

对批语也有或遵从、或不遵从的。如《新刊诂训唐柳先生文集》卷二天头评语云："题下小注次行顶题，字不必留空。后仿此。"今查《荟要》本，题下小注已改从次行写，而文渊阁本小注并未改从次行抄写，只是将小注顶题抄写而已。

誊录人员执行纂修官批语的差异，是造成四库本差异的重要原因。

三、《荟要》对底本的删改

出于种种原因，《荟要》在缮写时并不是完全照录底本，而是作了许多删节或改动。

1.《荟要》对底本的删节

《荟要》对底本的删节，首先表现在对底本序跋的删节上。我们从现存的四库底本上，还可以看到纂修官有关删去序跋的批语。不过相当于《全书》本，《荟要》本对序跋还是有较多的保留的。《全书》本删节得更多。

四库本删削了许多底本有的序跋，这点众所周知。但四库本实际上对底本除序跋以外的内容也有删削，这点人们关注不多。例如宋许洞撰《虎钤经》二十卷，现存的四库本都到《衅鼓文第二百九》为止。《荟要总目》云："今依前浙江巡抚臣三宝所上范懋柱家藏明槧本缮录恭校。”今查《四库提要著录丛书》子部第46册影印《虎钤经》，卷端钤“天一阁”“四明范大冲子受氏印”二章，可知《荟要》本即据此本抄录。但此本在《衅鼓文第二百九》后面，还有“冲咸即灼烂”“国朝俞通海”“傅友德”“徐达”“马云”“沐英”等六篇，且卷末有“虎钤经卷二十终”一行。这卷末一行与前面各卷卷末“虎钤经卷×终”的行款一样，这说明明刊本在《衅鼓文第二百九》是还有内容的。但《荟要》本或认为这几篇与本卷前面的内容不相同所以删去了。这也说明《荟要》有时候会根据自己的想法随意处理底本。

2.《荟要》对底本的改动

《荟要》对底本有时候作有改动。如《荟要》收录明刘基撰《诚意伯文集》二十卷，据《荟要总目》所记，此用前浙江巡抚三宝所上明林富刊本缮录，据明戴用本、何镗本及基孙廌本校勘。林富刊本即明正德十四年刻本，国内多家图书馆有藏。此书二十卷，各卷顺序分别是：《翊运录》一卷，《郁离子》三卷，《覆瓿集》十卷，《写情集》二卷，《春秋明经》二卷，《犁眉公集》二卷。

《荟要》在誊录此书时，对全书顺序进行了调换。《荟要提要》有明确说明：“所著凡《覆瓿集》十卷，《写情集》二卷，《春秋明经》二卷，《犁眉公集》二卷，《郁离子》三卷。本各自单行。成化间，巡按浙江御史戴用等始合为一集，而冠以基孙廌等所编《翊运录》。盖以中载诏旨制敕，故列之卷首。然于文集义例有乖，令重加厘正，退之于后焉。”《荟要提要》认为《翊运录》是其孙刘廌辑录的有关洪武帝朱元璋所下有关刘基的诏旨制敕，并非刘基的著作，放在本书卷首，于体例不符，所以移到了卷末。这一点，文渊阁提要说得更为明白，其文云：此书“冠以基孙廌等所撰《翊运录》。盖以中载诏旨制敕，故列之卷首。然其书究属廌作，用以编入卷数，使此集标基之名而开卷乃他人之书，殊乖体例。今移缀是录于末简，以正其讹。”

这话自然有一定道理。不过刘廌身处明朝，岂能将开国皇帝的诏旨制敕等置于其书卷末？而且就一些明刻本来说，也都是将《翊运录》（有的版本未题“翊运录”字样）放置于卷首的。如明隆庆六年谢廷杰、陈烈刻本即是如此（《四部丛刊》据以影印）。明刻本实际也已经注意到了这个问题，所以正德十四年林富刻本卷端作“处州府知府林富重编”，隆庆六年刻本卷端作“后学丽水何镗编校”，并非简单地题作“刘基撰”。《荟要》以及《全书》对明刻本顺序的调整并无必要。同时《荟要》本自己也有所疏忽，其所录《诚意伯文集》二十卷，前十九卷收录刘基的著作均作“明刘基撰”，而卷二十即《翊运录》，也题作“明刘基撰”，是明显失误。文渊阁本卷二十题作“明刘廌撰”，是已经注意到这个问题并已改正。

因某种避忌需要而改动文本，从而也造成《荟要》本与据以誊录的版本的差异。如馆臣为在收录的图书中避开钱谦益其人，往往会不顾图书的本来面目，而作出许多修改。《明诗综》原康熙刻本中引用了大量钱谦益的评论，但因为乾隆帝下谕要禁止其著作，所以馆臣在遇到相关内容时不得不作删除。如康熙本卷十四顾禄小传后所录诸家评论，在解大绅、张汝弼后，原有钱谦益的评论，云：“钱受之云：大绅目无一世，顾盛称禄诗，岂其才情烂熳，不经师匠，略有相似者与？”《荟要》本仅录有解大绅、张汝弼之言，而将钱受之（即钱谦益）的评论全部删去了。《四库》本与《荟要》本相同，也删去了钱谦益之言。当然这种改动也有改而未尽的。如康熙本《明诗综》卷六十五吴梦旸条，朱彝尊《诗话》云：“虞山钱受之谥嘉定程孟阳曰：松圆诗老谓能照见古人心髓，若亲炙古人而得其指授，叹为古未有。”所引钱谦益语，《荟要》本、《全书》本均未删除。但这属于例外，通常情况下都将有关钱谦益的文字删除了。删除后的文本和原本有相当的差异。

3.《荟要》本对底本的校改

《荟要》本对底本的文字错误也都有纠正。康熙刻本《明诗综》卷八张翯小传云：“翯（或作翼）字翔南，建德人，徙居嘉兴。元至正乙巳举于乡，荐主角东书院山长，不就。”角东书院，《荟要》本作“甬东书院”，是也。甬东书院在浙江宁波，元至正《四明续志》卷八《学校·甬东书院》云：“书院在鄞县东三里许，宋绍定间郑忠定公创建，祠迂斋先生楼公昉。”明凌迪知《万姓统谱》卷四十记道：“张翼，字翔南，嘉兴人。笃学好古，博极群书。领元乡荐，补甬东书院山长，不就。”[①]此即《明诗综》之所本。这是《荟要》纠正了康熙刻本《明诗综》的讹误。文津阁本已作甬东书院，但文渊阁本仍作角东书院未改。

康熙本《明诗综》卷十四录管讷《春江捕鱼图》云：“大绳属网绝中流，东船才下西船起。须臾两船相向开，来往风波疾如驶。前船得鱼先上城，后船回

① 明凌迪知《万姓统谱》卷四十，明万历刻本，第9页。

篙刺沙嵴。”沙嵴,《荟要》本改作“沙觜”,是也。沙觜,即“沙嘴”,一端突出水中的带状沙滩。此写春天江上捕鱼的情景。其中写道有两艘渔船相向驰开。一艘船捕得鱼儿已先上城去卖,另一艘渔船正用船篙刺向沙滩,准备拢岸。嵴,即腐肉,显然与此诗意境不相符合。管讷《蚓窍集》卷五,及官修《御选明诗》卷三十八、《题画诗》卷六十七“渔樵类”等所引,均作“沙觜”,也可证康熙本《明诗综》作“沙嵴”为非。

《明文衡》卷四十八吴讷《书先圣先贤图赞后》,明嘉靖六年卢焕刻本云:“桧力主和议,攘斥众谋,尽指一时忠义之言为徂诈权谲之论。”嘉靖八年宗文堂刻本与卢刻本同。“徂诈”,《荟要》本、文渊阁本均作“狙诈”,是也。此谓狡猾奸诈之言,作“徂诈”则于义无解。

《明文衡》卷二十收录杨士奇《平胡诗》,《荟要》誊录所据卢焕刻本云:“永乐庚寅二月丁未,车驾发北京,既出塞,逾五云关,道压虏舟。”“虏舟”,《荟要》本作“虏川”。此即永乐八年明成祖朱棣亲征鞑靼本雅失里汗事,明代文献多记此事,如金幼孜《北征录》记道,永乐八年三月,二十日,“次压虏川。水多咸,炊饭色皆变黄,作气息,食不下咽。日暮,上召幼孜三人至帐殿前,指示塞北山川”。二十一日,“驻跸压虏川”①。胡广也有《过压虏川》诗,云:“征骑遥过压虏川,黄尘白草远连天。”②明嘉靖八年郑氏宗文堂刻本《明文衡》也作“虏川”,是卢刻本原有误,《荟要》作了校改。《平胡诗》也见于杨士奇《东里文集》,光绪三年杨覲光刻本也作“虏川”。

《明文衡》卷二十收录邹缉《清边颂并序》,卢焕刻本云:“皇止以为此叛命之臣不可以不讨之也。”《荟要》本“皇止”改作“皇上”,是也。嘉靖八年宗文堂刻本《皇明文衡》即作“皇上”。这也是《荟要》本纠正卢刻本之误。

《明文衡》卷九十一王祎《时斋先生俞公墓表》,卢焕刻本云:“宋之道俗销灭尽矣。”《荟要》本作“宋之遗俗销灭尽矣”。王祎《王忠文公集》卷二十四、薛熙编《明文在》卷七十五均作“遗俗”。道俗,通常指出家之人与世俗之人,此处谓宋代之社会风尚,当以“遗俗”为是。嘉靖八年宗文堂刻本也是作“遗俗”。《荟要》本所改甚是。文津阁、文澜阁本同卢焕刻本作“道俗”,是其疏忽。

① 金幼孜《北征录》,明嘉靖十二年刻明良集本,第 11 页。
② 胡广《胡文穆公文集》卷二十,清乾隆十五年刻本,第 26 页。

又卢焕刻本云："（俞）海生善转、善智，各有子四人，皆为儒。惟善子言昌，宋大观三年上舍释褐进士，知永丰、萧山二县。""善子"，嘉靖八年宗文堂刻本及文津阁、文澜阁《四库全书》同，文渊阁本未收录此篇。但这段文字有两个地方存在问题。其一作"善子"，是"善转"子、还是"善智"子，不明确。其二称善子"言昌"，名字有误。

王祎这篇墓表收入《王忠文公集》卷二十四，其文云："海生善转、善智，各有子四人，皆为儒。惟善智子昌言，宋大观三年上舍释褐进士，知永丰、萧山二县。"①其集卷五《金华俞氏家乘序》亦云："曾孙八人，有讳昌言者，宋大观三年上舍释褐进士，卒官左朝奉郎。知越之萧山县。"②雍正《浙江通志》卷一百二十四《选举二·宋进士》所记大观三年己丑贾安宅榜云："俞昌言，金华人。萧山令。"明张元忭等纂万历《绍兴府志》卷二十八《职官志四·县职》萧山县记道："俞昌言，金华人。大观三年。"③均与《王文忠公集》所记一致。由此可知，《明文衡》所说的"善子"应是"善智子"，其名为"昌言"。

此墓表亦收入薛熙《明文在》卷七十五，其文云："惟善智子言昌，宋大观三年上舍释进士，知永丰、萧山二县。"④此作"善智子"，亦可证。唯其名作"言昌"则有误。由此可见卢焕刻本"善子言昌"此文有误。嘉靖八年宗文堂刻本其误与卢刻本同，这可能是程敏政辑录《皇明文衡》时产生的错误。

《荟要》本中，"善子"已作"善智子"，可见对卢焕刻本作了校改。惟《荟要》校勘记未作说明，所以无从知晓其改动原因。同时《荟要》中其名仍作"言昌"未改，是其校改仍不彻底。文津阁、文澜阁本依旧作"善子言昌"，既未对誊录底本加以考核，也未注意到《荟要》的校改。这一方面说明誊录的粗疏，另一方面也说明四库馆中各库本之间很难相互照应。

《荟要》的校改也有未必准确的。如《明文衡》卷九十九收录明于谦《参不当与虏讲和奏议》，有"即目正当农种之时"一句。"即目"，《荟要》本作"即日"，误。即目，即眼前、目前的意思。苏轼《乞增修弓箭社条约状》之一云："据即目边防事势，三五年间，必无警急。"即是此意。"即目正当农种之时"，

---

① 王祎《王忠文集》卷二十四，明嘉靖元年张齐刻本，第 32 页。
② 王祎《王忠文集》卷五，明嘉靖元年张齐刻本，第 32 页。
③ 万历《绍兴府志》卷二十八，明万历刻本，第 6 页。
④ 薛熙《明文在》卷七十五《时斋先生俞公墓表》，清康熙三十二年古渌水园刻本，第 6 页。

意为眼前正当耕种季节。《荟要》本或以“即目”少见，遂改为“即日”。即日虽也有近日、近来的意思，与“即目”可通，但原文如此，不可轻易改动。嘉靖八年宗文堂刻本《皇明文衡》、明天启元年杭州府知府孙昌裔刻本《于忠肃公集》卷一、明黄训编《名臣经济录》卷三十七所录此篇，均作“即目”，足以证明“即目”二字不误。除《荟要》本外，文津阁本也作“即日”，因此我们认为这里的“即日”不是误抄，而是馆臣认为“目”字有误而特意加以改动的。不过文渊阁、文澜阁本作“即目”未改。

《荟要》本对缮录底本的纠错也是一种改动，如果四库本有的纠错、有的不改，就会造成各本的差异。另一方面如果《荟要》本校改错了，同样也会造各四库本的差异。

四、《荟要》与《全书》的文本差异与底本问题

《荟要》本与《四库全书》本存在许多文字差异，这里面有誊录不慎产生的讹误，包括漏字、误写等，也包括跳行等，当然不排除有意识的漏抄，尤其是在文溯阁等本子中。但也有一些差异与底本的改动或底本的选用有关。

1. 文本差异与底本改动

有一些文字差异是因为后来对缮录底本有所修改的缘故。如《铁崖古乐府》《复古诗集》《丽则遗音》三部书的作者，《荟要》本都作“杨维祯”。但乾隆帝为《铁崖古乐府》所作题词作“杨维桢”，于是《铁崖古乐府》各卷卷端作者署名均改作了“杨维桢”，但其余两部书的作者没有改。《四库全书》各本均抄录于乾隆帝题词之后，所以各书卷端署名就都作“杨维桢”了。显然这个差异是因乾隆帝的题词而产生的。

四库各本对缮录底本“违碍”文字改动的不一致，是造成《荟要》本与《全书》本文本差异的重要原因。这种情况非常多见，原底本的一些“违碍”字词如“夷狄”“虏”等，在不同的库本中往往改得不一样。我们认为凡是这类常见的需要改动的文字可能无需再加讨论，可由誊录监生凭藉自己的抄写经验直接改动。这样可以简化程序，减少工作量，但也因此使得一些改动产生了不统一的现象。

如以《明文衡》卷四十三收录梁潜《游长春宫遗址诗序》为例。长春宫在北京城西南十里金故城中，白云观之西，元全真龙门派祖师丘处机真人与其

信徒尝居于此。据梁潜所记，其地“皆昔者辽与金所尝经营其间者”，当是时“琳宫秘宇，似于王者”。后经战乱，宫观毁坏，独存遗址。梁潜，江西泰和人。永乐元年，召至京师，与修《太祖实录》。梁潜游长春宫遗址，当在永乐年间，正值永乐皇帝北征之时，“亲御六师于阴山大漠之北”。作者登览遗址，遥想近百年来所受“夷狄”之祸害，而因明帝荡平天下，其民方能“安养生息，熙然以乐”，自己亦得与二三人恬然嬉游于此。作者对此深为感激。这种感喟在文章中表露无遗，但也由此引起了馆臣的肆意删改。文章中涉及“问题”较多的是以下一段：

盖都城西北诸山，皆起自太行，绵亘属于居庸，出榆关、碣石，至辽以东而后止。岂天之所以限夷狄而安中夏者，固在此邪？然自五代至宋三四百年之间，皆夷狄窃据其中，故其祸害终宋世有不能免者。

这是明卢刻本原文。嘉靖八年宗文堂刻本与卢刻本同。《荟要》本这段文字改为：

盖都城西北诸山，皆起自太行，绵亘属于居庸，出榆关、碣石，至辽以东而后止。岂天之所以壮边塞而安中夏者，固在此耶？然自五代至宋三四百年之间，皆北部雄踞其中，故其祸害终宋世有不能免者。

文渊阁本作：

盖都城西北诸山，皆起自太行，绵亘属于居庸，出榆关、碣石，至辽以东而后止。岂天之所以限中外而壮伟观者，固在此邪？然自五代至宋三四百年之间，皆干戈扰攘其中，故其地势之险若有不足恃者。

文津阁本作：

盖都城西北诸山，皆起自太行，绵亘属于居庸，出榆关、碣石，至辽以东而后止。岂天之所以限内外而安中夏者，固在此邪？然自五代至宋三四百年之间，皆他族窃据其中，故其祸害终宋世有不能免者。

文澜阁本作：

盖都城西北诸山，皆起自太行，绵亘属于居庸，出榆关、碣石，至辽以东而后止。岂天之所以限外域而安中夏者，固在此邪？然自五代至宋三四百年之间，皆外域窃据其中，故其祸害终宋世有不能免者。

比较几篇文字，可见"夷狄""窃据"等词，都已作改换。另外同样是改换，也是《荟要》本、文津阁本相对较少，而以文渊阁本为最多。

梁潜《游长春宫遗址诗序》也见于其他文献，其见于文渊阁《四库全书》的，也都作了改动，不过程度有不同而已。今移录于此，以供比较：

梁潜《泊庵集》卷七作："盖都城西北诸山，皆起自太行，绵亘属于居庸，出榆关、碣石，至辽以东而后止。岂天之所以限封域而安中夏者，固在此耶？然自五代至宋三四百年之间，皆辽金雄据其中，故其祸害终宋世有不能免者。"

黄宗羲《明文海》卷二百五十七序四十八作："盖都城西北诸山，皆起自太行，绵亘属于居庸，出榆关、碣石，至辽以东而后止。岂天之所以限外裔而安中夏者，固在此耶？然自五代至宋三四百年之间，皆辽人割据其中，故其祸害终宋氏有不能免者。"

清孙承泽《春明梦余录》卷六十四作："盖都城西北诸山，皆起自太行，绵亘属于居庸，出榆关、碣石，至辽以东而后止。岂天之所以限封域而安中夏者，固在此耶？然自五代至宋三四百年之间，皆雄据其中，故其祸害终宋世有不能免者。"

清于敏中等纂《日下旧闻考》卷九十四（文渊阁《四库全书》本）引梁潜此文，删除了上述引文。

南京图书馆藏有清初刻本梁潜《泊庵集》，九行二十字，白口，左右双边。此书为十六卷附录一卷，南图藏本已不全，今存卷首序、卷一至卷十一，但一些重要的版本信息俱在。书衣有朱文木记，共四行。木记已不完整，所存文字为："乾隆三十""抚三宝送""泊菴"（此为朱笔书写）、"计书"。此当是浙江巡抚三宝进呈图书。不过《四库全书总目》著录的是"江西巡抚采进本"。今查四库进呈书目，梁潜《泊庵集》有两家进呈。一见于《浙江省第四次孙仰曾家呈送书目》，一见于《江西巡抚海第二次呈送书目》[①]。即由浙江巡抚三宝、江西巡抚海成分别呈送。因孙仰曾呈送书目只有十一卷，不全，所以最后采用了江西巡抚采进本。南图藏本卷首序页钤“翰林院印”满汉文大官印，序下钤“泉唐丁氏竹舟申松生丙辛酉以后所得”朱文长方印记。目录页钤“八千卷楼藏书之记”朱文方印。正文卷一卷端书名下钤“晋涵之印”“邵氏二云”二朱文方印，此页天头钤“四库箸录”白文印。可见这是四库进呈、后散出之书，先后经邵晋涵及杭州丁申、丁丙兄弟收藏。清丁仁《八千卷楼书目》卷十六集部著录：“《泊庵集》十六卷，明梁潜撰，明刊本。”后随八千卷楼藏书被整体收购，入藏今南京图书馆。因这个本子并非真正的四库底本，所以上面没有纂修官批校文字。但上述《游长春宫遗址诗序》的一段文字作：“盖都城西北诸山，皆起自太行，绵亘属于居庸，出榆关、碣石，至辽以东而后止。岂天之所以限夷狄而安中夏者，固在此耶？然自五代至宋三四百年之间，皆夷狄窃据其中，故其祸害终宋世有不能免者。”与卢刻本完全相同。

2. 文本差异与底本选用

四库文本差异的还有一种原因缘于誊录底本的不同。誊录底本的不同，即不同的四库本采用了不同的底本。

明沈继孙《墨法集要》，是一部叙说油烟墨制造技法的著作。《荟要总目》云：“今依武英殿聚珍版本缮录，据明《永乐大典》本恭校。”是《荟要》本缮写依据的是《武英殿聚珍版》本。《武英殿聚珍版》书前提要校上于乾隆四十年四月，《荟要提要》校上于乾隆四十三年二月，是《荟要》本缮写在后。今查《荟要》本，其书提要、正文内容都和《武英殿聚珍版》本相同。《武英殿聚珍版》本各篇依次为：浸油、水盆、油盏、烟碗、灯草、烧烟、筛烟、镕胶、用药、搜烟、蒸剂、杵捣、秤剂、锤炼、丸擀、样制、入灰、出灰、水池、研试、印脱。《荟要》本与此相同。不过这个顺序是已经经过了调整的。《武英殿聚珍版》提要说：“原本诸图皆以施功先后为序，惟‘样制图’后附以‘印脱’之式，未免参错不伦，其形制亦颇未合。今以二十图列于前，而以‘印脱’之式重加订正，退置卷末，庶端绪秩然而体例尤为尽善云。”提要这里说的“原本”，应该是指《永乐大典》

① 吴慰祖校订《四库采进书目》，第 81、160 页。

本。提要说"印脱"一篇原在"样制"篇之后,但提要认为原书是按照制墨的各道工序来安排各篇先后的,而"印脱"是说制墨的模具,并非具体的制墨方法,所以认为原书将其放在"样制"后是"参差不类"。《武英殿聚珍版》将这一篇调整到了全书的最后。《荟要》与《武英殿聚珍版》相同。

《总目》著录此书来源是《永乐大典》本,说明文渊阁本是依据《永乐大典》本缮写的。乾隆帝《题墨法集要图记》云:"其书向不传,昨检《永乐大典》得此,命儒臣录入《四库全书》。"(《御制诗四集》卷三十三)即说明此书自《永乐大典》中辑出。文渊阁本书中各篇名称及顺序、插图、说明文字,以及提要,都和《武英殿聚珍版》本及《荟要》本不同。如《武英殿聚珍版》本篇名"研试",文渊阁本作"试研"。"印脱"一篇文渊阁本在"样制"之后,《武英殿聚珍版》本则调整到了最后,并在提要中专门说明了理由。此书书中有图,并有文字说明,而说明文字也有不少差异。例如"印脱"图的说明,《武英殿聚珍版》有 146 字,文渊阁本只有 92 字。文渊阁提要云:"挎板长一尺一寸,阔三寸厚一寸,字板长一尺,捺板如其长,并要平正光滑,以枣木为之。以挎板推擀成形制,置字板上,以捺板平平下印之。若造脱子大墨,最难得剂子满脱,内又难得实,须用压面床坐木担压之,方得四围都到棱角美满。"两篇说明前后文相同,有差异的是中间的一段。文渊阁提要云:"字板长一尺,捺板如其长。"《武英殿聚珍版》提要作:"字板长广不一,随墨大小。中凸起二分许,刻如墨之制,雕字画成文。四周各余二寸许,以置模。捺板亦如其凸起者,而外无余木,以入墙内。墨之厚薄,视剂子多寡焉。板"这一部分是说"字板""捺板"的形制。最后的一个"板"字领起下文。可见《武英殿聚珍版》本说得更为具体。如从制造的角度看,也显得更为清楚。《武英殿聚珍版》本与文渊阁本的插图也有很大差异。至于提要,两篇也不尽相同,最大的差异是《武英殿聚珍版》增加了将"印脱"位置移后的原因这一段说明文字。这一点上文已经指出。

《武英殿聚珍版》提要校上于乾隆四十年四月,乾隆帝作《题墨法集要图记》诗并序在乾隆四十一年正月,是《武英殿聚珍版》书刊刻在前,所以未用《永乐大典》本。

文津阁本的情况则甚为特殊。其提要与文渊阁本完全相同,而其书内容则是按照《武英殿聚珍版》本缮写的,书中各篇名称及顺序、插图、说明文字都相同。是其书提要与正文内容分离。

我们有时也发现同一部书,《荟要》本与《全书》本文字有差异,但各自都没错,都可以说得通,而且看不出有改动的迹象。这种情况很可能是因为使用了不同底本的缘故。

如宋陈与义撰《简斋集》,据《荟要总目》,所用为两淮盐政李质颖所上马裕家藏抄本,而据《总目》所记,文渊阁本为浙江鲍士恭家藏本。所据底本不同,卷数、内容也都有不同。《荟要》本是十五卷。《荟要提要》称:“集本十四卷,第十五卷为附录《外集》。前后载赋及杂文仅九篇,余皆诗词。”文渊阁本作十六卷,提要云:“是集第一卷为赋及杂文九篇,第十六卷为诗余十八首,中十四卷皆古今体诗。”两种版本不仅卷数有差异,总体结构上也有差异。而书中诗篇编排也有差异。如《荟要》本卷一,诗题依次是:《次韵谢文骥主簿见寄兼示刘宣教》《题刘路宣义风月堂》《送吕钦问监酒受代归》《次韵周教授秋怀》《次韵张矩臣迪功见示建除体》。文渊阁本则为卷二,《题刘路宣义风月堂》以下直接《次韵张矩臣迪功见示建除体》,无《送吕钦问监酒受代归》《次韵周教授秋怀》二首。《送吕钦问监酒受代归》收录在卷九,《次韵周教授秋怀》收录在卷十。这是因为《荟要》本卷一至卷十三均只题作“诗”,未再细分诗体。文渊阁本则按照诗体分为五言古诗、七言古诗、五言律诗等,所以在内容上作了调整。

再如曾巩《元丰类稿》,据《荟要总目》所记,《荟要》依据江苏巡抚萨载所上元丁思敬刻本缮录,据明邵濂、杨参、陈克昌诸本及清顾崧龄校本参校。而据《总目》著录,文渊阁本所用是江西巡抚所上顾崧龄校本,选用的理由是顾本比明本完善。提要云:“今以顾本著录,而以何本所点勘者补正其讹脱。较诸明刻,差为完善焉。”

再如王维集,《荟要》所收为《王右丞诗集》十卷《文集》四卷《年谱》一卷《外编》一卷《附录》三卷,明无锡顾起经重编本,有顾起经注。文渊阁《全书》所收为清赵殿成撰《王右丞集笺注》二十八卷《附录》二卷。

有时感觉底本用字有问题,但又找不到合适的本子作校对,四库本被迫任意改动,也会造成各种本子的差异。如《明文衡》卷六十四苏伯衡《岐阳武靖王勋德碑》,记载了岐阳王李文忠一生中的重要事迹。卢刻本“乃由代郡逾雁,再至而至馒头岭”一句,文义难通,或有误字。嘉靖八年宗文堂刻本与卢刻本同。各本所录也均有差异。《荟要》本、文津阁本、文澜阁本作“乃由代郡踰雁，再进而至馒头岭”，文渊阁本作“乃由代郡逾雁门，至馒头岭”。清薛熙《明文在》卷七十一作“乃由代郡逾雁，再宿而至馒头岭”。各本均无法统一，也难以判断谁是谁非。

有时候图书版本有差异，可能与馆臣对版本的认识不同有关。从实际情况看，馆臣对相关的版本曾做过一定的比较，并进行过调整和更换，以选择最佳版本进行誊录。所以《荟要》本与四库本会出现使用不同版本的现象。如唐骆宾王撰《骆丞集》，《荟要》本用张燮刊本缮录，并用明颜文选注本校对。但正文未抄录明颜文选注文。文渊阁本则用明颜文选注，卷端题作唐骆宾王撰、明颜文选注。

由于《全书》各阁本书前提要以及《总目》多不标注版本，所以四库本誊录所依据的底本不是很清楚，相互之间也难以比较。但有一些四库录入图书的底本可以找到一些线索，《玉台新咏》就属于这种情况。《玉台新咏》是南朝陈徐陵编选的一部收录汉魏至南朝梁代诗歌的总集，这部书被收入《荟要》，也收入《全书》。《荟要》对此书很重视，提要有 644 字，属于《荟要提要》中比较少见的长篇，单从字数看已超过《荟要》中《文选》提要的 481 字。《荟要提要》对此书评价也很高，如谓“虽皆取绮罗脂粉之词，而去古未远，犹有讲于温柔敦厚之遗，未可概以淫艳斥之”。其言虽仍以“温柔敦厚”的儒家诗教作为评判标准，但肯定“艳诗”的价值，在当时算有独到眼光。同时《荟要提要》对本书篇目的真伪问题也作了许多考订，对本书的版本流传情况也有概括的说明，所以文渊阁提要与《荟要提要》基本相同，略有差异而已。后来的《总目》与文渊阁提要相同。《荟要提要》校上于乾隆四十一年十月，文渊阁提要校上于乾隆四十六年十二月，从时间上看，可以说是文渊阁提要据《荟要提要》抄录而略加增补而已。

但《荟要》正文与文渊阁本正文在文字上却有许多差异。以下试以卷一为例加以比较。

苏武诗：

《荟要》本：“行役在战场。”文渊阁本：“征役在战场。”

又，《荟要》本：“泪为别生滋。”文渊阁本：“泪为生别滋。”

辛延年《羽林郎诗》：

《荟要》本：“银鞍何煜爚。”文渊阁本：“银鞍何昱爚。”

张衡《同声歌》:

《荟要》本:"遇得充后房。"文渊阁本:"偶得充后房。"

古诗无名氏《为焦仲卿妻作》:

《荟要》本:"络绎如浮云。"文渊阁本:"骆驿如浮云。"

又,《荟要》本:"摧藏马悲哀。"文渊阁本:"催藏马悲哀。"

又,《荟要》本:"盘石方可厚。"文渊阁本:"盘石方且厚。"

又,《荟要》本:"寡妇赴徬徨。"文渊阁本:"寡妇起徬徨。"

以上仅是卷一的部分差异,数量已不少。这些差异说明《荟要》本与文渊阁本不是根据同一底本抄录的,也不是《荟要》本或文渊阁本自己作了改动或误录的问题。造成差异的原因我们认为可能是各自依据了不同底本的缘故。

据《四库采进书目》记载,当时四库馆中的《玉台新咏》起码有三个本子。一见《江苏省第一次书目》,这是江苏巡抚萨载采进本;一见《侍读纪交出书目》,这是纪昀呈送本;一见《武英殿第一次书目》,这是内府藏本[①]。《荟要总目》著录道:"今依前江苏巡抚臣萨载所上明赵宧光刊本缮录,据宋陈玉父、明茅元桢本恭校。"《总目》著录此书来源作"兵部侍郎纪昀家藏本"。可见《荟要》本来自江苏,文渊阁本来自纪昀家,而这两者来源在采进书目中恰好都能找到依据。

江苏巡抚采进本的版本很清楚,所谓"赵宧光刊本",即崇祯六年赵宧光子赵均小宛堂刻本。纪昀家藏本的版本,据傅刚《四库全书所收〈玉台新咏〉底本非宋本考》研究,是赵均覆宋本[②]。赵均小宛堂刻本也就是赵均覆宋本。但据今人研究,赵氏覆宋本自身存在着初刻初印和修板后印等几种不同印本行世的情况,这几种不同印本的字句不尽相同[③]。从以上比较的差异看,《荟要》本与文渊阁本应该是使用了赵均刻本的不同印本。我们认为正是这一原因,导致了依据不同底本抄写的《荟要》本与文渊阁本文字上的差异。

上面已经指出,进到四库全书馆的《玉台新咏》有三个本子,即所谓"馆贮有重本者"。馆臣取其中两本分别作为《荟要》本和文渊阁本的缮录底本,是完全可能的。如果这些本子内容没有差异,则各缮录本也不会有什么差异

① 吴慰祖校订《四库采进书目》,第14、184、189页。

② 傅刚《四库全书所收〈玉台新咏〉底本非宋本考》,《中国典籍与文化》2013年第2期,第88页。

③ 傅刚《〈玉台新咏〉赵氏覆宋本的刊印》,《文献》2013年第4期,第38页。

（笔误或特意改动的除外），如果这些本子之间有差异，馆臣又未能校正，则各缮录本就会有差异。《玉台新咏》四库本的差异应该属于这后一种情况。

《荟要》本与文渊阁本《家语》的差异，也与各自所用底本不同有关。据《荟要总目》所记，《家语》系据王际华所上宋刊本缮录。文渊阁、文津阁本《家语》为何本，书中无明言。从卷首所录乾隆帝御制诗来看，应是钱孙保影宋抄本。因为所用版本不同，致使两种本子有不少差异。

首先，卷首所录乾隆帝御制诗有几处不同。乾隆帝御制诗题，《荟要》本作《御制题宋版家语》，文渊阁本作《御题影宋钞家语》，文津阁本作《御制题影宋钞家语》。乾隆帝此诗亦见《御制诗四集》卷二十五和《天禄琳琅书目》。《御制诗四集》诗题同文渊阁本。《天禄琳琅书目》收入卷四影宋钞部，诗题作《肃旧本无疑影钞之为功讵浅鲜哉御题》。都说明乾隆帝所见此书为影宋钞本、非宋版甚明。诗中也说"明影宋刊世已稀"，亦已说明是影宋钞本。《荟要》本所用非影宋钞本，但所引既是乾隆帝诗，则不可擅改题目，以使与自己所用的本子相符。

乾隆帝御制诗，《荟要》本所录无注，文渊阁、文津阁本均有注。《御制诗四集》卷二十五有注，《天禄琳琅书目》无注。

乾隆帝御制诗诗句也有不同。文渊阁、文津阁本"天禄青藜信也非"，《荟要》本作"天禄青藜信也夫"。按：《御制诗四集》卷二十五和《天禄琳琅书目》诗句与文渊阁、文津阁本同。乾隆帝原注道："太乙、青藜之事，出《刘向别传》，事属神怪，子所不语。"故诗曰"信也非"。如作"信也夫"，则是信有其事，与乾隆帝之意完全相反了。又，文渊阁、文津阁本"祖传（原注：孔安国。）孙辨（原注：孔衍。）名因正"，《荟要》本作"孙传孙辨名因正"。《御制诗四集》卷二十五和《天禄琳琅书目》诗句与文渊阁、文津阁本同。按：上一句"何于《家语》却相违"下，乾隆帝原注道："孔安国撰次《孔子家语》毕，值巫蛊事起，遂阁废不行。刘向以为时所未施之，故不使名家。安国孙衍为博士，上书辨之。"故此句云"祖传孙辨名因正"。乾隆帝的原意是说祖上孔安国传《家语》，"孙辨"即安国孙孔衍为孔安国辩护。《钦定书经传说汇纂》卷首下引《家语》曰："孔衍上成帝书曰：臣祖安国，以经学见称前朝。"也是所谓"祖传孙辨"之意。《荟要》本作"孙传孙辨"，既无版本依据，于意也不通。

其次，内容多寡不同。文渊阁本卷末有后序二篇、毛晋识语。又有何孟春识语，作“时大明正德二年岁次丁卯仲春二月壬寅日识”。《荟要》本均无。按：《四库全书考证》云：“后序二篇不著撰人名，今以文义考之，上篇当是孔安国作，下篇当是孔衍作。其即编于十卷之末，盖毛晋所得旧本如是，今仍之。”《荟要》本系据宋刊本缮录，故无此后序等。文津阁有后序二篇，但无毛晋、何孟春识语。

其三，著录作者朝代不同。《荟要提要》及各卷卷端均作汉王肃注，文渊阁、文津阁本则作魏王肃注。按：王肃，《三国志·魏书》有传，文渊阁本据此作了调整，更符合事实。

其四，因所用版本不同，文字有异，故校勘记也不同。如卷十，《荟要》本卷后校勘记云：“第十九页前四行‘而后乃食之肉’。按：‘肉’字疑衍。”文渊阁、文津阁本正文作“而后乃食之”，无《荟要》本所说之“肉”字。今查《四库全书考证》，即无此校语。

此外，造成《荟要》与《全书》本文字差异的原因不仅有底本问题，还有校本的问题。纂修官翁方纲曾记其修书之事道：“自癸巳（乾隆三十八年）春入院修书……每日清晨入院，院设大厨，供给桌饭。午后归寓，以是日所校阅某书，应考某处，在宝善亭与同修程鱼门（晋芳）、姚姬川（鼐）、任幼植（大椿）诸人对案，详举所知，各开应考证之书目，是午携至琉璃厂书肆访查之。是时江浙书贾，亦皆踊跃遍征善本，足资考订者，悉聚于五柳居、文粹堂诸坊舍。每日检有应用者，辄载满车以归家中，请陆镇堂司其事。凡有足资考订者，价不甚昂，即留买之。力不能留者，或急写其需查数条，或暂借留数日，或又雇人抄写，以是日有所得。”[①]可见纂修官当年使用的图书要远远多于实际进到四库馆中的图书。纂修官用以校勘的图书并不仅限于四库馆中所藏，还大量使用了当时社会上的其他本子。使用的校本既不相同，加上校勘者的学养、观念、方法不尽相同，所作校勘记也不可能完全相同。这些最终也会造成四库文本的差异。

篇目抽换、文字改易这些事，是最初誊录时就做的，还是后来复校时做的，从现在的情况看，恐怕两种情况都存在。我们从现存四库底本上可以看到，有些所谓的违碍文字，在底本上已经标出，这些在誊录时自然基本就按照

① 翁方纲撰、英和校订《翁氏家事略記》，清嘉庆英和刻本，第 36 页。

所改抄录了[①]。

也有不少文字的改动在底本上是找不到校记的。因此有些文字或篇目，是抄好后在复校时改易、抽换的。如《明文衡》卷二十，文渊阁本《平安南诗》下接《驺虞诗》《瑞应甘露诗》《芝颂》。而卢刻本、《荟要》本，在《平安南诗》下，还有《平胡诗》《清边颂并序》两篇。查文渊阁本，可以看到《驺虞诗》《瑞应甘露诗》两篇文字，与上下文《平安南诗》与《芝颂》不同，而《平安南诗》与《芝颂》的字迹则相同。这表明在已经抄好的《明文衡》中，抽去了《平胡诗》《清边颂并序》两篇，为了使上下文衔接，重新誊抄了《驺虞诗》《瑞应甘露诗》两篇。

五、《荟要》本《经义考》与底本问题

善选底本，是保证图书编纂质量的基础。通常认为，《荟要》的各种典籍都是选择了当时所能收集到的最好的善本珍本。这些版本的图书，从总体上保证了《荟要》的质量。但是版本问题是个十分复杂的问题，即使《荟要》选用版本十分审慎，有时难免也会有不周之处。以下以朱彝尊《经义考》为例加以说明。

《经义考》是朱彝尊编著的一部通考历代诸儒说经著作的书目，同时也是一部重要的经学史史料学著作。该书初名《经义存亡考》，后改今名。所收各书先列撰人姓氏、书名、卷数，次列题注，曰存、曰阙、曰佚、曰未见，次列原书序跋，诸儒论断，及其人爵里。朱彝尊考正按语载于末，而附以逸经、毖纬、拟经诸目。

四库馆开，此书收入《四库全书》，也被收入《荟要》史部目录类。《荟要》史部目录类共收录图书三部，此为其中之一。乾隆帝称此书“自汉迄今说经诸书，存亡可考，文献足征。编辑之勤，考据之审，网罗之富，实有裨于经学”（《御制题朱彝尊〈经义考〉》自注），并题诗表彰：“存亡若彼均详注，文献于兹率可征。远绍旁搜今古会，焚膏继晷岁年增。考因晰理求其是，义在尊经靡不胜。枕葄宁惟资汲鉴，阐崇将以示孙曾。”（《御制题朱彝尊〈经义考〉》）可见皇帝和四库馆臣都非常看重此书。

《荟要》本《经义考》是根据乾隆二十年卢见曾写刻本缮录的。我们通过

① 所谓“基本”，是说有些底本上文字作了改动，但库本抄录时并没有完全照抄。

《荟要》本与卢见曾刻本的比较,可以看到《荟要》对底本的使用情况。

1. 序文录用

卢刻本《经义考》卷首有毛奇龄序,这篇序也见于毛奇龄《西河全集》本《序》卷二十九,有康熙刻本[1]。乾隆二十年,卢见曾刊刻《经义考》时,收录了毛奇龄的这篇序言。但卢见曾刻本的这篇序言与《西河全集》本的这篇序言文字并不相同。序言前半部分主要是文字删除的问题,后半部分主要是文字差异的问题。由于《荟要》本卷首所载毛奇龄序是按照卢见曾刻本誊录的,并没有按照康熙刻《西河全集》本誊录,这样《荟要》本同样与毛奇龄原序也有了差异。

毛奇龄序《西河全集》本共1 363字,卢刻本为1 028字。卢刻本删除了335字,即删除了将近四分之一的内容。文字删除最重要的是以下两处。

《西河全集》原本云:

> 考汉武倡制科,以经义为对策之首,而汉后说经之文皆称经义。今贡举家犹以经义名举文,可验也。独是予之为经,必以经解经,而不自为说。苟说经而坐与经忤,则虽合汉唐宋诸儒,并为其说,而予所不许。是必以此经质彼经而两无可解,夫然后旁及儒说。然且儒说之中,汉取十三,而宋取十一,此非左汉而右宋也。汉儒信经,必以经为义,凡所立说,惟恐其义之稍违乎经。而宋人不然。孟子曰:尽信书则不如无书。书可信乎?吾所信者,义而已。第先立一义,而使诸经之为说者,悉以就义,合则是,不合即非是。虽名为经义,而不以经为义。有疑文言非十翼文者。(下略)

卢刻本《经义考》删节本作:

> 汉儒信经,凡所立说,惟恐其说之稍违于经。而宋人不然。有疑文言非十翼文者。(下略)

① 毛奇龄序也收入《四库全书》本《西河集》卷五十二。

又,《西河全集》原本云:

……是无经也。无经焉得有义?予大声疾呼,以救经并救经义。而不谅者遂谓予遵汉而恶宋,岂不甚冤?然而儒不说经,不知书之有经也。经说不备,则并不知说之以经为义,不以经为义也。朱子竹垞知其然,先定其为经,从前人所增七经、十经、十三经外,而更广一《大戴礼》,曰:此皆经也。定其为经,而凡以经为义、不以经为义者,而既已有说,则并从而共胪之,曰:此亦义也。有说而义明,有非其义者而其义倍明。予方虑世之埽儒说者,驾言穷经,而故蔑其义,以图自便,而又何暇乎左右而取舍之。于是竭搜讨之力,出家所藏书八万余卷,辑其儒说之可据者,署其经名,而分系其下。(下略)

卢刻本《经义考》删节本作:

……是无经也。朱子竹垞为此惧,从前人所增七经、十经、十三经外,更广一《大戴礼》,曰:此皆经也。于是穷搜讨之力,出家所藏书八万余卷,辑其说之可据者,署其经名,而分系其下。(下略)

比较上述引文可以看到,除第二处引文的"朱子竹垞为此惧"一句系从"朱子竹垞知其然,先定其为经"一句演化而来外,其余卢刻本仅仅采用了《西河全集》本中的划线部分,凡未划线部分馆臣都已删去。两者之间的差异非常明显。卢刻本《经义考》为什么要对毛奇龄的序言作如此大的删节?只要比较一下《西河全集》本和卢刻本,就可以发现被大段删除的部分,正是毛奇龄大张旗鼓宣扬自己经学观点的部分,如"独是予之为经,必以经解经,而不自为说"云云,如"予大声疾呼,以救经并救经义。而不谅者遂谓予遵汉而恶宋,岂不甚冤"云云。毛奇龄此序本为朱彝尊《经义考》而作,但序却好像在标榜自己,在显扬自己的经学观点。毛奇龄谓"予大声疾呼,以救经并救经义",然后"朱子竹垞知其然,先定其为经",遂有此书之编辑,似乎朱彝尊辑录此书即为印证毛奇龄的观念。

这些说法是难以被人接受的。经过删节处理,序文中毛奇龄自己的经学观点已荡然无存，毛奇龄为捍卫经学所表现出来的激烈态度已不见踪影。在卢刻本《经义考》的这篇删节本序言中，毛奇龄说及自己的话语只剩下这么一句："予曰：嗟乎！少研经学，老未能就，不及见诸书，而年已七十九矣。"表现出来的是无奈，一种一无所成的感慨。

《西河全集》原本序与卢刻本《经义考》删节本序不仅有文字删除的问题，还有文字的差异问题。这个问题主要体现在序文的后半部分。

《西河全集》原本云：

> 乃其所分部，则《敕撰》一卷，尊王也。《十四经》为经义者共二百六十三卷，广经学也。《逸经》三卷，惟恐经之稍有遗，而一字一句必收之也。《毖纬》五卷，纬虽阙，说经者也，夫纬尚不废，而何况于经。《拟经》十二卷，此则不惟自为义并自为经者，然而见似可瞿也，其与经合耶？是象人而用之也，否则罔也。又有《师承》三卷，则录其经义之各有自者。《广誉》一卷，《立学》一卷，《刊石》五卷，《书壁》《镂版》《著录》各一卷，《通说》四卷，此皆与经学有微系者，然而非博极群籍，不能有此。《家学》一卷，《自序》一卷，《补遗》一卷，共三百五卷。

卢刻本《经义考》删节本作：

> 乃其所分部，则《御注》《敕撰》一卷，尊王也。《十四经》为经义者共二百五十八卷，广经学也。《逸经》三卷，惟恐经之稍有遗，而一字一句必收之也。《毖纬》五卷，纬虽毖，说经者也，夫纬尚不废，而何况于经。《拟经》十三卷，此则不惟自为义并自为经者，然而见似可瞿也，其与经合耶？则象人而用之也，否则罔也。又有《承师》五卷，则录其经义之各有自者，而《广誉》附焉。《宣讲》《立学》合一卷，《刊石》五卷，《书壁》《镂版》《著录》各一卷，《通说》四卷，此皆与经学有系者，然而非博极群籍，不能有此。《家学》一卷，《自叙》一卷，共三百卷。

可见两者的文字差异很大。就《经义考》总卷数而言，《西河全集》本所记为 305 卷（经我们根据序文统计实际为 304 卷），卢刻本所记为 300 卷。两者有 4 卷之差。

其次就各卷目而言，问题更多。包括：(1) 各卷名目有无的差异，《西河全集》原本有《补遗》一卷，卢刻本无；卢刻本有《御注》《宣讲》，《西河全集》原本无。(2) 各卷名称的差异，《西河全集》原本有《师承》，卢刻本作《承师》。(3) 各卷卷数的差异，《西河全集》原本著录《十四经》为 263 卷，卢刻本作 258 卷；《西河全集》原本著录《拟经》12 卷，卢刻本作 13 卷；《西河全集》原本著录《师承》3 卷，卢刻本作《承师》5 卷。(4) 篇卷分合的差异，《西河全集》原本《广誉》为独立 1 卷，卢刻本作为《承师》附录。

毛奇龄能在序中一一列出各卷的名目及卷数，可见即是当时看到的实书情形。虽然所记总卷数与序中列出的卷数有一卷之差，但不能否认其所列出的这些名目及其卷数的可靠性。毛奇龄不可能无中生有列出这些卷目名称。毛奇龄此序作于康熙四十年，这应该是《经义考》成书之初的情形。

毛奇龄的这个说法还可以找到其他佐证。清袁栋《书隐丛说》卷十一《经义考》云："秀水朱竹垞彝尊有《经义考》一书，汇辑汉唐宋元诸儒说经之书目，记其存佚，网罗旧说。《敕撰》一卷，《十三经》《大戴礼》共二百六十三卷，《逸经》三卷，《毖纬》五卷，《拟经》十二卷，《师承》三卷，《广誉》一卷，《立学》一卷，《刊石》五卷，《书壁》《镂板》《著录》各一卷，《通说》四卷，《家学》一卷，《自序》一卷，《补遗》一卷，共三百五卷。梓行者仅一百六十七卷，《易》《书》《诗》《礼》之外未能见其全书也。"[①]除了一作《十四经》，一分开作《十三经》《大戴礼》(实质也是《十四经》)之外，其余所说情形与《西河全集》原本毛奇龄序所说情形完全一致。此书为乾隆刻本，卷首有乾隆九年自序，并有乾隆十三年沈德潜、十四年陈祖范等序。袁栋所说的这个《经义考》的本子就是朱彝尊自己刊刻而未能完成的本子，也就是卢见曾刻本之前的本子。袁栋明确说到这个本子的卷数就是 305 卷。此外，咸丰年间沈兆澐辑录清朝名人著作，其《篷窗续录》卷上所辑毛奇龄《经义考序》，也是根据的《西河全集》原本[②]。所记《经义考》卷数也是 305 卷。

但令人困惑的是，就在毛奇龄作序前后，如康熙三十八年大学士陈廷敬

① 清袁栋《书隐丛说》卷十一，乾隆刻本，第 12 页。

② 清沈兆澐《篷窗续录》卷上，清咸丰九年刻本，第 21 页。

《经义考序》、王士祯《居易录》卷三十一所记等,《经义考》卷数都是 300 卷[①]。我们认为这里所说的 300 卷或许是举其成数而言,犹如《诗经》305 篇,但通常也称之为三百篇一样。

朱彝尊《经义考》在自己生前已经开始刊刻,据其孙朱稻孙后序所说,断断续续一共刻了 167 卷,卢见曾补刻了 130 卷。今天所见《经义考》卷首的毛奇龄序,究竟为朱彝尊所删节,还是为卢见曾所删节,史无明文,难以推测。毛奇龄在序中大力鼓吹自己的观点,反而湮没了朱彝尊的经学思想,喧宾夺主,自然不能原文照录。我们看删节后的序文,语气上无半点隔滞,如无原文对照,也看不出任何改动的痕迹,显然是经过精心组织的。

不过《荟要》使用的是卢见曾刻本。卢见曾刻本序根据《经义考》的实际情况,对一系列数据作了改正。《荟要》以及《全书》虽然十分重视校勘,制定了严格的制度,并在校勘方面作了很多工作,但也仅限于将誊录本与誊录所据底本加以比较而已,不可能去核对卢见曾刻本的毛奇龄序和《西河全集》本的毛奇龄序的差异情况,因此存在的问题就难以发现[②]。人们常批评四库本擅改或删节原文。这种情况当然是存在的,但有时候实际上并非是四库本的问题。所以我们强调《四库全书》的研究需要重视四库本与四库底本的比较研究。

1997—1999 年台湾"中研院"中国文哲研究所筹备处出版的许维萍等点校、林庆彰等编审的《点校补正经义考》,2010 年上海古籍出版社出版的林庆彰等点校的《经义考新校》,均未能利用《西河全集》本毛奇龄序加以校对,是个遗憾。

2. 文字校对

卢见曾在《经义考》目录后的跋文中说:"卷帙浩繁,校对不易。"这是事实,所以本书存在一些文字校对上的问题。对这些问题,《荟要》有的作了纠正,也有的依然承袭其误。

---

① 陈廷敬《经义考序》云:"朱竹垞先生归隐小长芦中,以缉学著书自娱,远屏声迹,独千里寓书于余,曰彝尊所辑《经义考》三百卷。"又云:"今竹垞所著《经义考》,至于三百卷之多。"(《午亭文编》卷三十五,《四库全书》本)王士祯《居易录》卷三十一:"朱检讨竹垞书来,寄所著《经义存亡考》十六卷。云:此书已成凡三百卷,今所寄者才《连山》《归藏》《周易》,止于北宋。则全书之浩博可知已。"(《四库全书》本)

② 文渊阁本、文津阁本《经义考》卷首均未收毛奇龄序。

如《经义考》卷一百十七,《荟要》本著录顾炎武《诗本旨》,提要云:"李因笃曰:亭林顾氏广引古人韵语,谓三百篇无叶韵,均是本旨,以辟吴才老《韵补》之谬。"[①]按:书名"诗本旨"及所引李因笃语中"本旨"之"旨"字,均为"音"之误。《皇朝文献通考》卷二百十八《经籍考》云:"《韵补正》自序曰:李因笃曰:亭林顾氏广引古人韵语,谓三百篇无叶韵,均是本音,以辟吴才老《韵补》之谬。"所言甚明。《荟要》致误原因,在于乾隆二十年卢见曾刻本《经义考》,此处也均作"旨"。四库馆臣未能细考,致使产生错误。文渊阁本《经义考》于此亦误。《诗本音》为顾炎武著名的《音学五书》之一,收入《四库全书》,应该为学者熟悉,未知何以一误再误。文津阁本作"诗本音",当是后来作了改正。

再如《经义考》卷一百二十七著录柯尚迁《周礼全经释原》,《荟要》引陆元辅语云:"晋安柯尚迁撰《周礼全经释原》,……末附《周礼通令续论》各一卷。"[②]《周礼通令续论》,文渊阁《全书》本作《周礼通今续论》是也。此书收入《四库全书》,附见于《周礼全经释原》。此是《荟要》本抄错。查乾隆二十年卢见曾刻本,即误作《周礼通令续论》。《荟要》本照录卢刻本而未改。文津阁本也误作"周礼通令续论"。

此处《荟要》本还有另一错误。《荟要》引陆元辅语云:"末附《周礼通令续论》各一卷。"此句有语病。这里只提到《周礼通令续论》一种,怎么可以说是"各一卷"呢?查卢见曾刻本,原文是作:"末附《周礼通论》《周礼通令续论》各一卷。"此说《周礼通令续论》虽有误(上文已指出,此处仍依原文),但指出附录还有《周礼通论》一种,则甚是,如此"各一卷"之说也可落实。文渊阁本、文津阁本此处引陆元辅语,也都有"《周礼通论》"一种,与卢见曾刻本同。由此可见《荟要》本此处是误抄。

《周礼全经释原》未收入《荟要》,可以不论。此书收入了《四库全书》,令人费解的是,文渊阁本与文津阁本并不相同。文渊阁本此书正文十三卷,附录一卷即《周礼通今续论》,附录并没有其在提要里所说的《周礼通论》一卷。文津阁本正文则作十二卷,十二卷之后附录二卷,一卷卷端作"周礼通论",一卷卷端作"周礼通今续论"。这与提要所说完全相同。而就内容来看,经比较,文渊阁本的卷十三,与文津阁本题作"周礼通论"的一卷完全相同,所以两

① 《四库全书荟要》第239册,第486页。

② 《四库全书荟要》第239册,第599页。

种本子实际内容没有出入。文渊阁本显然是抄录有误。《周礼全经释原》有明隆庆四年张大忠刻本,作《周礼全经释原》十二卷《周礼通论》一卷《周礼传叙论》一卷。文津阁本与之相同。

我们查《经义考》原文,作:"柯氏尚迁《周礼全经释原》十四卷。"注云:"内《源流叙论》一卷,《通论》一卷。"朱彝尊并未说此书是十三卷,所以文渊阁本正文抄作十三卷是错误的。需要说明的是,文渊阁提要说:"《周礼全经释原》十四卷。其书自天官至冬官凡十二卷,又附以《周礼通论》《周礼通今续论》各一卷。"其说不误,有误的是正文的抄录。这也就是通常所说的《四库全书》书前提要与抄录正文内容差异的问题。

《荟要》也有因避忌而改字的。卷六十四金铉《易说》,《荟要》本:"贺世寿曰……其学亦千古。李氏曰:金驾部铉于壬午七月晦日读邵子……""李氏",文渊阁本作"李清",是也。乾隆二十年卢见曾刻本即作"李清"。文津阁本删去了"李清"之名,又作了相应改动,总字数不变。

《荟要提要》说本书的缮录道:"今其书久已刊行,故缮录并仍其旧云。"从以上的例证看,《荟要》本实际上并没有做到"仍其旧"。其中有有意识的改动,也有无意中的误抄。

第二节 《荟要》本与《全书》本比较

这一节主要从文本的角度将《荟要》与《全书》作一比较。《荟要》是在文渊阁《全书》已经开始编纂之后乾隆帝决定另行编纂的一部丛书。《荟要》有自己的特点,也有乾隆年间编纂《四库全书》的共性,所以两部书具有可比性。

《荟要》与《全书》的文本差异包括书名、卷数、序跋、注释、篇目等方面的问题,也包括文字等方面的问题。除了誊录时无意形成的讹误外,《荟要》与《全书》文本差异原因主要有以下这些:因使用的底本不同(如宋陈与义撰《简斋集》),因"违碍"字句的删改(如《明文衡》),因所收录的图书后来作了修改(如《明史》)等。

一、书名、卷数、注释、绘图

1. 书名

书名即图书的名称。一部古籍图书往往在多处地方标示书名，如封面、扉页（牌记）、卷端、书口等。现代出版物一部书上各处地方出现的书名是一致的，不存在混淆之处。但古籍书上各处标示的书名往往会有差异，著录者在记录书名时，首先就遇到一个以何处书名为准的问题。现代图书馆的古籍编目，书名通常以卷端所题为准，但古代并没有如此严格，这样在不同的四库本中，同一部书的书名就会有许多差异。如：《荟要总目》作《周易本义附录纂注》，《荟要提要》作《易本义附录纂注》，文渊阁《全书》作《易附录纂注》，《总目》作《易本义附录纂疏》；《荟要》作《易学启蒙翼传》，文渊阁《全书》作《周易启蒙翼传》；《荟要总目》作《毛诗李黄集解》，文渊阁《全书》作《毛诗集解》；《荟要总目》作《春秋左氏传注疏》，文渊阁《全书》作《春秋左传注疏》，《总目》作《春秋左传正义》等。

又如《初目》著录《书传纂疏》，《总目》作《尚书集传纂疏》，但《总目》之《历朝通略》《勤有堂随录》《定宇集》提要均称："栎有《书传纂疏》，已著录。"是《总目》亦以《书传纂疏》为本书书名。文渊阁提要著录书名也作《尚书集传纂疏》，但其书封面题签及各卷卷端均作《书集传纂疏》。而《荟要提要》与文溯阁、文津阁提要书名均作《书集传纂疏》。

2. 卷数

《荟要》本与文渊阁本在卷数分合上也有差异。

卷数不同，有的是内容上有差异。如宋陈与义撰《简斋集》，《荟要》本是十五卷。《荟要提要》称："集本十四卷，第十五卷为附录《外集》。前后载赋及杂文仅九篇，余皆诗词。"文渊阁《全书》作十六卷，提要云："是集第一卷为赋及杂文九篇，第十六卷为诗余十八首，中十四卷皆古今体诗。"据《荟要总目》，《荟要》所用为两淮盐政李质颖所上马裕家藏抄本，《总目》所用为浙江鲍士恭家藏本。所据底本不同，导致卷数不同，并因此形成内容上的差异。

也有一些图书在内容上并无差异，提要著录的卷数差异纯粹是卷帙分合的问题。如宋胡瑗撰《周易口义》，《荟要》本作十五卷，文渊阁本作十二卷。上下经两本均同作十卷。然《荟要》本将《系辞上》《系辞下》《说卦》《序卦》《杂卦》分作五卷，所以总数就成了十五卷。文渊阁本《系辞上》《系辞下》合一卷，《说卦》《序卦》《杂卦》合一卷，总数就成了十二卷。其实两种本子内容上没有差异。

再如《皇清职贡图》卷数，《荟要》本作八卷，文渊阁本作九卷。之间的一卷差异，在两本的认定不同。《荟要提要》云："《职贡图》八卷，乾隆十六年诏大学士忠勇公臣傅恒等编绘。……告成于乾隆二十二年。其《续图》一卷，则自乾隆二十八年以来，爱乌罕、霍罕、启齐玉苏、乌尔根齐诸部，奉表入贡。及土尔扈特全部归顺，云南边外整欠、景海诸土目，抒诚内附后，次第增绘者也。"是《荟要》本作八卷，是就其原成书之卷数而言，续增一卷则另计，所以实际也是九卷。

文渊阁提要云："臣等谨案：《皇清职贡图》九卷，乾隆十六年奉敕撰。以朝鲜以下诸外藩为首……分图系说，共为七卷。告成于乾隆二十二年。迨乾隆二十八年以后，爱乌罕、霍罕、启齐玉苏、乌尔根齐诸部，咸奉表入觐。土尔扈特全部自俄罗斯来归，云南整欠、景海诸土目又相继内附，乃广为《续图》一卷。"文渊阁本作九卷，是就全书实际卷书而言。然其说"分图系说，共为七卷"，此是就其原书卷数而言，七卷为八卷之误。因"爱乌罕"以下内容，归隶为第九卷。

《御选宋金元明四朝诗》，其中金、元两朝诗，《荟要》本与文渊阁本不相同。金诗，《荟要》作《御选金诗》二十四卷附《姓名爵里》一卷，文渊阁《全书》作《御选金诗》二十五卷《姓名爵里》一卷。《荟要》与《全书》本卷数不同，但实际内容没有差异，所收作者均是 321 人。之所以有一卷之差，就在于《全书》卷一只收录帝制诗，卷二收录四言诗。《荟要》本则将这二卷合为一卷。其余各卷内容相同，不过卷次上有一卷之差。元诗，《荟要》作《御选元诗》八十卷《姓名爵里》二卷，文渊阁《全书》作《御选元诗》八十一卷《姓名爵里》二卷。《荟要》与《全书》本相差一卷的原因与《御选金诗》同，《荟要》也是将帝制诗与四言诗合为一卷，《全书》则分为二卷。《荟要》和《全书》所收作者均是 1 197 人，其余内容也相同。

《荟要》之所以将帝制诗与四言诗合为一卷，主要原因恐怕是考虑到这两部分诗作都很少。《御选金诗》帝制诗所收只有显宗、章宗二人诗 6 首，《御选元诗》帝制诗也只有世祖、文宗、顺帝诗 6 首。四言诗虽然是古代最早形成的一种诗歌体裁,但东汉以后逐渐衰落,到了金元时期更为少见。所以《荟要》将其与帝制诗合为一卷。然而这两部分诗作性质不同。"帝制"是根据作者身份来定的,"四言诗"则是根据诗歌体裁来定的。《荟要提要》说:"其次第则首以帝制、次四言诗、次乐府歌行、次古体诗、次律诗、次绝句、次六言、次杂体。"文渊阁提要与此基本相同,最后并加了"以体分编"一句。所以《全书》将四言诗独立成编,显得更为清楚。文溯阁本、文津阁本与文渊阁本同。

还有一些提要著录图书有遗漏,也造成卷数的差异。如《御批历代通鉴辑览》,文渊阁提要云:"臣等谨案:《御批历代通鉴辑览》一百十六卷,附《明唐桂二王本末》四卷,乾隆三十二年奉敕撰。"《荟要提要》无"附《明唐桂二王本末》四卷"一语。经查,《荟要》本《御批历代通鉴辑览》卷一百十六以后,确实附有《明唐桂二王本末》四卷,未知《荟要提要》何以没有提到。《荟要》本卷端"御批历代通鉴辑览卷一百十七"下,有小注:"按:《唐桂二王本末》四卷系续入之书,谨照附录之例,未入大卷。"《荟要提要》、文渊阁提要均题"乾隆四十九年十一月恭校上",即撰写于同一时间,未知在体例上何以有此差异。

3. 注释

《荟要》与《全书》在注释方面也有一些差异。

文渊阁本《元丰类稿》卷七最后有《水西亭书事》诗一首。诗下有注道:"按:此诗诸本皆缺,今依顾崧龄从宋槧校正本补入。"《荟要》本有此诗,但无诗下按语。

曾巩《元丰类稿》卷四十七《太子宾客致仕陈公神道碑铭》"乃谢而去"之下,《荟要》本正文有一条注释,云:"按:'日使家人''日'字下,旧本有'有腕'二字。'腕'盖'脱'字之讹。其下接'乃尚书省'句。自'使'字至'去'字,凡四百六十八字俱佚,今依顾松龄从宋槧校正本补入。"这条正文中的注释在文渊阁本中没有,由此也形成了两种本子的差异。

4. 绘图

《荟要》中收录有绘图的书籍不多,不过《墨法集要》《皇清职贡图》《武英殿聚珍版程式》《钱录》等几种。《荟要》中的绘图与《全书》中的有许多差异。由于图画均为手工绘制,所以难免会有参差。但也有些著作(如《墨法集要》)的图画差异与图书内容有关,这也是我们在使用这些图书时应该注意到的。

二、序跋、篇目

1. 序跋

古人著作书前，常常会有各种序跋，如果此书后来重刻或重印，也常常会有重刻或重印序跋。这样累世下来，有的书上会有好几篇、十多篇，甚至更多篇序跋。这些序跋，其中不少都是空话、套话，或是一般应酬性的语言，没有多少实际内容，而且其中往往有不少重复之词。但也有一些序跋对作品的成书经过、内容特点、艺术风格等都有概括的说明，对作者的生平事迹、交游等也会有概括的介绍。特别是一些著作的原序原跋，或年代较早的、图书编集者的、图书出版者的序跋，对理解原作有许多帮助。

关于原书的序跋，《荟要凡例》有一条专门的说明："诸书旧本所载序跋、题词及附录本传、志铭、像赞之属，繁简不齐。今择其于本书有所发明或可资考证者，酌为附钞。其揄扬过情、夸多失实者，并从删节。"凡例对序跋收录的原则作了概括的说明。这一条凡例原则上是对的，但在实际操作中很难把握，"有所发明""可资考证"的标准是什么，哪些属于"揄扬过情""夸多失实"，各人所见往往不尽相同。不过就总的情况看，"凡例"倾向于有选择地抄录序跋，而不是如同一般刻本那样将前人的序跋全部照录。

关于序跋的录用与否，在《荟要提要》中有时候也会有一些说明。如宋刘牧撰《易数钩隐图》提要云："南宋时刘敏士尝刻于浙右漕司，前有欧阳修《序》。吴澄曰：'修不信《河图》而有此《序》，殆他人所伪为，而牧之后人误信之者。'俞琰亦曰：'《序》文浅俚，决非欧作。'其言有见，今据而削之云。"这是认为此书卷首欧阳修序为后人假托，所以将其删除了。

图书序跋的抄录与否，是《荟要》与《四库》文本差异的一个方面。就我们比较《荟要》本与文渊阁本的情况看，序跋方面的差异主要有以下三种情况。

(1)《荟要》本有而文渊阁本没有

如宋项安世述《周易玩辞》，《荟要》本此书卷末有乐章后序，题"嘉定辛未岁闰二月中澣江陵后学乐章书"。文渊阁本无此后序。乐章后序见于朱彝尊《经义考》卷二十八。

宋俞琰撰《周易集说》卷首，文渊阁本仅有俞琰自序。《荟要》本则依次还有孟淳、王都中、张瑛、颜尧焕、杨载、黄溍、干文传(《经义考》作于文传)七篇序，总命之曰《俞氏易集说题辞》。此七篇序亦见于朱彝尊《经义考》卷四十，并另有李克宽序一篇，在王都中序后。《荟要》本卷末有俞琰后序，亦见《经义考》卷四十。文渊阁本亦无。

汉荀悦撰《前汉纪》，《荟要提要》后，有荀悦《汉纪原序》一篇，文渊阁本无。荀悦序见明梅鼎祚编《东汉文纪》卷二十五、张溥编《汉魏六朝百三家集》卷十七。

汉刘向撰《新序》，《荟要》本卷首有曾巩序，文渊阁本无。

汉班固撰《白虎通义》，《荟要》本卷首有汪士汉原序，文渊阁本无。

元胡炳文撰《周易本义通释》，《荟要提要》后有胡炳文《周易本义通释序》，文渊阁本无。此序见胡炳文《云峰集》卷三，亦见朱彝尊《经义考》卷四十三。

宋司马光撰《资治通鉴》，《荟要》本卷首有胡三省《音注资治通鉴原序》，文渊阁本无。此序亦见元苏天爵编《元文类》卷三十二。

唐杨炯撰《盈川集》，《荟要》本卷首有万历三年春既望童佩子鸣甫、万历丙子仲春既望赐进士尚书吏部司勋郎吴郡皇甫汸子循二篇序，文渊阁本无。

明李东阳撰《怀麓堂集》，《荟要》本卷首有《古乐府自序》，文渊阁本无此序。

(2) 文渊阁本有而《荟要》本无

清吕宫纂《资政要览》，文渊阁本卷末有蒋赫德、宋之绳、麻勒吉、方拱乾、成克巩、冯溥、党崇雅、张玄锡、金之俊、王永吉、胡兆龙、吕宫、李霨、傅以渐、陈之遴、折库讷、王熙等十七人序。《荟要》本少张玄锡、王永吉两人序。

明沈周撰《石田诗选》，文渊阁本卷末有《石田诗选跋》，弘治甲子十月慈溪后学张铁撰。《荟要》本无。

(3)《荟要》本与文渊阁本互为有无

如唐权德舆撰《权文公集》，文渊阁本卷首有杨嗣复、刘大谟两篇序，《荟要》本仅杨嗣复序。《荟要》本卷末有嘉靖辛丑秋七月朔日后学清江敖英后序，文渊阁本无。《荟要总目》云："今依前浙江巡抚臣三宝所上吴玉墀家藏明杨慎刊本缮录恭校。"《荟要提要》、文渊阁提要均云："此本乃明嘉靖二十年杨慎得之于滇南，仅存目录及诗赋十卷，刘大谟序而刻之。"现《荟要》本无刘大谟序，提要之语就无着落。而《荟要》本敖英后序所云："大中丞东阜新刘公……得唐相权文公集于升庵杨子，亲掞藻序之刻焉。"也同样无着落。

唐陈子昂撰《陈拾遗集》,《荟要》本卷首有黄门侍郎卢藏用序,文渊阁本无。文渊阁本卷首有邵廉序,题“隆庆五年岁辛未秋八月望日南丰邵廉书于建宁郡之莳蔬处”,《荟要》本无。

此外,《荟要》本、文渊阁本、文津阁本相互之间收录序跋的情况也不完全一致。如许有壬《圭塘小稿》,《荟要》本有许有孚《重编许先生圭塘小稿引》、张翥《圭塘小稿序》、许有孚《圭塘小稿序》。文渊阁本只有许有孚《重编许先生圭塘小稿引》,文津阁本只有许有孚《圭塘小稿序》。《圭塘小稿别集》卷下,文津阁本有黄质跋,《荟要》本、文渊阁本都没有。

可见无论是《荟要》还是《全书》,在誊录时都对原书序跋都作了不少删除,有的甚至全部删除了。不过相比较而言,《荟要》本保留的要比《全书》本多一点。即使如此,《荟要》本与所据缮录的原本相比较,也还有差异。例如《荟要总目》著录《圭塘小稿》缮录版本道:“今依前浙江巡抚臣三宝所上范懋柱家藏明许颙刊本缮录恭校。”许颙此本刻于成化六年,今收入《四库提要著录丛书》集部第60册。此本卷首还有成化丙戌(二年)六月叶盛序一篇,《荟要》未予收录。这不是说原书所有的序跋《荟要》都必须抄写,而是说我们在研究撰写著作时,必须注意到这些差异。

而即使是已经缮录的序跋,《荟要》本与誊录底本及《全书》本相比也有不少差异。

例如元李冶撰、明顾应祥释术之《测圆海镜分类释术》十卷,《荟要总目》云:“今依前浙江巡抚臣三宝所上范懋柱家藏明沐朝弼刊本缮录恭校。”《荟要》本卷首有沐朝弼、顾应祥序,均作于嘉靖二十九年夏五月。因此《荟要》所说明沐朝弼刊本,应该即是明嘉靖二十九年沐朝弼刻本。文津阁本也有这两篇序,与《荟要》同,而文渊阁本没有序。

不过《荟要》本和文津阁本虽然都有两篇序,但和誊录所依据的版本嘉靖本又有一些差异,同时《荟要》本和文津阁本之间也有差异。《荟要》本和文津阁本,是沐朝弼序在前,顾应祥序在后,而嘉靖原本恰好相反,是顾应祥序在前,沐朝弼序在后。《荟要》本和文津阁本为什么要调换两人顺序,已难以说明清楚。沐朝弼其时为镇守云南总兵官、征南将军右军都督府佥事,《荟要》本和文津阁本或以沐朝弼位尊,且为本书刊刻者,故列在前。

《荟要》本与文津阁本虽然都有沐朝弼与顾应祥序,但两篇文字略有差异。如沐朝弼序,《荟要》本云:“《测圆海镜》一书,乃元学士栾城李公治所著也。”“李公治”,文津阁本无“公”字。嘉靖本也无“公”字,但《原国立北平图书馆甲库善本丛书》收录有本书的清抄本(以下简称清抄本)有“公”字。又《荟要》本云:“愚承嗣滇镇。”文津阁本无“承”字。嘉靖本、清抄本都有“承”字。

再如沐朝弼序的结衔,《荟要》本署作“嘉靖庚戌夏五月朔日古濠沐朝弼谨序”,文津阁本作“嘉靖庚戌夏五月朔日镇守云南总兵官征南将军右军都督府佥事古濠沐朝弼谨序”,叙述了完整的职衔。嘉靖本及清抄本所署职衔与文津阁本相同。显然《荟要》本将沐朝弼职衔作了简省,文津阁本则依据了誊录底本的原来样子。

序跋有无的差异,有些可能是因为誊录问题,也有些可能另有原因。

唐元结《次山集》卷末,《荟要》本有李商隐《容州经略使元结文集后序》,文渊阁、文津阁本未收。“后序”云:“论者徒曰次山不师孔氏为非。呜呼!孔子于道德仁义外有何物?百千万年,圣贤相随于涂中耳。次山之书曰:三皇用真而耻圣,五帝用圣而耻明,三王用明而耻察。嗟嗟!此书可以无乎?孔氏固圣矣,次山安在其必师之邪?”此处明确提出可以不以孔子为师,自然不被视孔子为万世师表的清朝统治者所喜欢。

乾隆帝在《文庙碑文》中写道:“若夫同天地、亘今古,继往圣、开来世,特立为师之道于宇宙间者,则惟我先师孔子一人。”又写道:“孔子集群圣之大成,祖述宪章,垂教万世,使后之帝王,建极绥猷,得有所遵循。”(《御制文初集》卷十六)又在《阙里孔庙碑文》中写道:“朕惟至圣先师孔子,天纵圣仁,躬备至德,修明六籍,垂训万世。自古圣帝明王继天立极,觉世牖民,道法之精蕴,至孔子而集其大成。”(《御制文初集》卷十七)对孔子的颂扬无以复加。一向谨慎、对文渊阁《全书》的处理比对《荟要》的处理更为用心的四库馆臣,自然难以接受李商隐所说的“不师孔”之论。这或许是文渊阁本不收此文的原因。

当然,在李商隐的文集(如《李义山文集笺注》),或宋姚铉编《唐文粹》、明贺复征编《文章辨体汇选》等总集中,也收有李商隐这篇序。不过对于元结来说,附于自己文集后的、相对独立的文章,比夹在他人文集或总集中的文章,给人的印象会更深入,当然也更容易引起人们的注意。

这种内容的缺失,有时还造成提要与文渊阁《全书》的不一致。例如宋许洞撰《虎钤经》,《荟要提要》与文渊阁提要相差无几,均称“是书卷首有洞《进表》及《自序》，大意谓《孙子兵法》奥而精，学者难于晓用”云云。查《荟要》，此书卷首确有许洞《进表》及《自序》各一篇，但文渊阁《全书》卷首并无此《进表》及《自序》。可知文渊阁提要所说虽然不错，但与收录的图书实际不符，所以就文渊阁本来说其提要就无所着落了。《荟要提要》则与《荟要》完全一致。

因为《荟要》本与文渊阁本内容不同，导致提要的表述也有差异。如宋郑汝谐撰《易翼传》，《荟要》本仅有卷首郑汝谐自序；文渊阁本除卷首有郑汝谐自序外，卷末还有子如冈、曾孙陶孙题语二篇。所以文渊阁提要最后云：“是书前有自序，后有子如冈、曾孙陶孙题语。如冈称尝求得真德秀序，而此本不载，盖已佚之矣。”这一段话，就不见《荟要提要》。此因《荟要》本原无此题语，也不知旧本有此题语，故无从提及。

有时一些序跋《全书》本未收录，看起来文本固然比较洁净，但会影响提要内容的表达，造成对原书的理解障碍。例如元李冶撰、明顾应祥释术之《测圆海镜分类释术》十卷，《荟要》本、文津阁本卷首有沐朝弼、顾应祥序，文渊阁本无此序。《荟要总目》著录其版本道：“今依前浙江巡抚臣三宝所上范懋柱家藏明沐朝弼刊本缮录恭校。”对版本说得很清楚。《荟要》本、文津阁本卷首嘉靖庚戌（二十九年）沐朝弼序云：“因请于公，录一帙而刻之梓，播之四方，传之后世。”由此可见《荟要总目》作明沐朝弼刊本是有依据的。这篇序对研究本书的版本很有用。文渊阁《全书》少了这篇序，文渊阁提要也没有说到此书的刊刻问题，这样此书的版本情况就不清楚了。

《荟要》本、文津阁本所录顾应祥序云：“今夫世之论数者俱视为末艺，故高明者不屑为之，而执泥者遂以为占验之法，虽栾城公自序，亦以为九九贱伎。殊不知君子之学，自性命道德之外皆艺也，与其徒费精神于占毕之间，又不若留情于此。不惟可以取乐，亦足以为养心之助焉。后之有同此好者，当以余言为然否耶?”李冶的《测圆海镜》是一部用列方程的方法（天元术）来解决几何问题的数学著作。顾应祥对该书的基本原理作了解释，并列出了具体的演算方法。《荟要提要》对顾应祥此书评价很高，称之为“条分缕析，使纲目分明，秩然有序，于（李）冶书实有发明”。顾应祥在本书《序》中给予了李冶的这部数学著作很高评价，并对古代学子将毕生精力耗费在于世无用的八股讲章上的做法作了批判。其“与其徒费精神于占毕之间，又不若留情于此”之说，强调士人应多研究技艺，直击古代文人之流弊。顾应祥的《序》一定程度上有助于改变人们关于明人学术空疏的传统看法。可见顾应祥的这篇序对研究明人的思想观念是很重要的。文渊阁本未抄录这篇序言,在学术上是一个很大损失。

因为序跋的缺失,有时导致一些说法缺少依据。如宋方闻一编《大易粹言》,文渊阁本卷首有曾穜两篇序,一篇作淳熙二年九月,一篇未署日期,较简略。《荟要》本只有淳熙二年九月曾穜序一篇。

文渊阁本卷末有"嘉定癸酉五月望真宁张嗣古跋""陈造跋""淳熙四年正月日门生迪功郎舒州望江县主簿主管学事程九万谨跋""门人西秦李祐之谨跋"四篇跋。淳熙四年为公元 1177 年,嘉定六年癸酉为公元 1213 年。《荟要》本无陈造跋。文渊阁本所载陈造跋云:"《粹言》载诸公所得深者,参举而互备。此板在舒州已就漫漶,予修之,遂为佳本。"陈造跋亦见所著《江湖长翁集》卷三十一,作《题大易粹言》,文字较此稍详,大意则相同。其文云:"予学易始得东坡传,后有《沈丞相小传》,几足矣。今复得《粹言》,其间载诸公所得深者,参举而互备。此板在舒州已就漫漶,又迟之将不可读,予修之两月余,为佳本。是三书日在案,乐则鼓吹,富则封君,又师其严且温也,其思嗣吾志哉。"陈造跋虽然简短,却非常重要,因为这关系到本书的刊刻问题。从跋中可以看到,陈造亦曾为修板,故本书提要云:"穜初刊板置郡斋,后摹印漫漶。张嗣古、陈造先后修之。此本出苏州蒋曾莹家,即嗣古嘉定癸酉所补刻。"

《荟要》纂修官或许未看到陈造跋,或许未注意到陈造跋,故逸去此文。然则如此,提要所说"张嗣古、陈造先后修之"此语就无着落。更重要的是,由于《荟要》纂修官未能很好注意陈造,乃至将陈造本的刊刻时间也搞错了。《荟要总目》说到本书校勘依据的版本时说:"据宋曾穜本、明陈造本恭校。"此说"明陈造本",大误。陈造为宋淳熙二年进士,见《四库全书总目》卷一百六十一集部十四别集类十四《江湖长翁文集》提要。虽说陈造修板的具体时间不详,但其人无论如何不可能入明,所以"明陈造本"的说法也就不能成立。由此可见图书序跋的重要性。

再如《韩非子》。据《荟要总目》所记,此书依据明周孔教刻本缮录,并据元何犿、明赵用贤、吴勉学诸本校勘。《荟要》本有周孔教序,周孔教在序中专门说到了本书的价值以及刊刻本书的意义。文渊阁本没有收录周孔教序,然其提要云:"今世所传又有明周孔教所刊大字本,极为清楷。其序不著年月,未知在用贤本前后。考孔教举进士在用贤后十年，疑所见亦宋椠本，故其文均与用贤本同，无所疑阙。今即据以缮录，而校以用贤之本。”可见文渊阁本所用缮录底本也是周孔教刻本。但因为未收周许，其提要所说也就不够具体。

《荟要提要》与《总目》等，未能充分利用序跋，由此导致讹误。宋胡方平撰《易学启蒙通释》一书，《荟要提要》云：“据董真卿《周易会通》载，是书成于至元己丑，则入元已十四年矣。”这一句，文渊阁提要和《总目》作：“据董真卿《周易会通》载，是书有方平至元己丑《自序》，则入元已十四年矣。然考熊禾《跋》，称己丑春读书武夷山中，有新安胡君庭芳来访，出其父书一编，曰《易学启蒙通释》。又刘泾《跋》，亦称一日约退斋熊君访云谷遗迹，适新安胡君庭芳来访，出《易学启蒙通释》一编，谓其父玉斋平生精力尽在此书，辄为刻置书室云云。则己丑乃禾与泾刊书作跋之年，非方平自序之年，真卿误也。”《荟要提要》认为《易学启蒙通释》一书是胡方平成于至元己丑之书，《总目》根据书后熊禾与刘泾跋文，指出至元己丑是熊禾、刘泾为其书写跋的时间，而不是胡方平成书的时间。熊禾与刘泾跋，均载《荟要》本书，《荟要提要》未能细考，遂产生讹误。《总目》对此有所纠正。

不过《总目》曰“己丑乃禾与泾刊书作跋之年”，也不确切。刘泾《跋》署作“至元壬辰季夏刘泾楫之谨跋”，熊禾《跋》则云：“己丑春，余读书武夷山中，有新安胡君庭芳来访，出其父书一编，曰《易学启蒙通释》。……兹因刻梓告成，辄述所见，以识其后云。壬辰仲夏望日后学武夷熊禾跋。”是两跋均作于元至元二十九年壬辰，而不是二十六年己丑。至元己丑只是熊禾所记胡方平子庭芳到访的时间。可见《荟要提要》与《总目》都没有仔细阅读原书序跋，产生了错误。文溯阁、文津阁提要[①]与文渊阁提要及《总目》相同，包括错误也照样录入了。

（4）序跋位置不同

《荟要》本与文渊阁本序跋的差异除了以上三种情况外，还有一种甚为少见的情形，即序跋的位置前后有差别。如宋李心传撰《丙子学易编》，李心传撰序后，《荟要》本有《丙子学易编原目》，“原目”后有李心传撰识语。文渊阁本无《丙子学易编原目》，其后李心传撰识语也移至全书卷末，题作《丙子学易编后序》。《李太白集分类补注》卷首，文渊阁《全书》本有宋敏求、曾巩两篇后

① 《金毓黻手定本文溯阁四库全书提要》，第 31 页；《文津阁四库全书提要汇编》经部，第 57 页。

序,《荟要》本两篇后序在卷末。

再如宋陈师道《后山集》,《荟要》本和文渊阁本都有魏衍"记"一篇。但《荟要》本在全书前面,作《后山集原序》。文渊阁本在全书的最后,作《后山集记跋》。因为魏衍"记"的位置不同,影响到提要的表述也有差异。《荟要提要》作"前有衍记",《总目》与之同;文渊阁提要则作"后有衍记"。

2. 篇目

《荟要》本与《全书》本的篇目有不少差异。上个世纪90年代,北京图书馆的杨讷、李晓明比较了文津阁本与文渊阁本《四库全书》的集部书在篇、卷上的差异,在《北京图书馆馆刊》上发表了文津阁、文渊阁本集部"录异"的系列论文,并编成《文渊阁四库全书补遗——据文津阁四库全书补(集部)》一书。这些论著比较了文津阁本与文渊阁本《四库全书》集部的异同,使我们看到了两种库本篇目上的差异情况。实际上《荟要》本与《全书》本相比较,同样存在许多差异。

(1)《荟要》本与《全书》本的篇目差异

一种是《荟要》本有而文渊阁本无的。

《西域同文志》两本的差异也很大。《荟要》本卷首《御制西域同文志序》后,有傅恒等乾隆三十年十一月十八日上《进表》《职名》《御制西域地名考证叙概》《御制乌斯藏即卫藏说》《凡例》《目录》等内容。《目录》后为提要,然后下接正文。文渊阁本卷首《御制西域同文志序》后,即为提要,然后是正文。

徐幹撰《中论》,卷末《荟要》本有石邦哲识语、陆友友记两篇。文渊阁本只有陆友友记。石邦哲识语云:"绍兴二十八年戊寅清明日,假朱丞本校于博古堂。石邦哲识。"文虽简略,对了解该书流传经过,也有一定用处。未知文渊阁本何以略去。

宋苏洵《嘉祐集》,《荟要》本与文渊阁本篇目也有差异。卷一《几策》,《荟要》本有《审势》《审敌》二篇,文渊阁本仅有《审势》一篇。卷四《论衡上》,《荟要》本比文渊阁本多出《广士》一篇。苏洵长于策论。《审敌》一篇承接上文《审势》而作,论述"中外"问题,即应对北方少数民族的问题。这一论题自然少不了"华夷"之辨,故其文章开头即说:"中国,内也;四夷,外也。"其文又谓:"今之蛮夷,姑无望其臣与遁,求其志止于侵掠而不可得也。北胡骄恣,为日久矣。"指出如今的蛮夷,已不能够指望他们臣服或逃遁,即便是让他们只止于侵略抢掠之事也是不可能的了。北方胡人骄纵恣睢已经持续很久了。《广士》篇讲用人问题，其文有云："古之取士，取于盗贼，取于夷狄；古之人非以盗贼、夷狄之事可为也，以贤之所在而已矣。"这虽只是比喻之言，并非如《审敌》篇那样是直接讨论"华夷"之事，但将盗贼、夷狄并列，难免引起忌讳。这两篇内容都涉及"夷狄"问题，故文渊阁本均予以删除。其实苏洵自己也曾提到过这些篇目，同样是文渊阁本《嘉祐集》，卷十一《上田枢密书》云："作策二道，曰《审势》《审敌》。"然就在文渊阁本中已不见《审敌》一篇，作者之言前后无从照应。《荟要》本则保持了原貌没有删除。文津阁本也收录了《审敌》《广士》这两篇。

另一种是文渊阁本有而《荟要》本无的。

宋张载《横渠易说》卷三后，文渊阁本附吕大临《横渠先生行状》，《荟要》本无。宋张浚撰《紫岩易传》，文渊阁本卷十后有佚名撰《紫岩易传跋》，《荟要》本无。宋朱震撰《汉上易传》，文渊阁本卷首有朱震《汉上易传原序》、朱震《汉上易传表》，《荟要》本只有"序"，无"表"。宋王应麟辑、清惠栋考补《增补郑氏周易》卷下后，文渊阁本有"郑氏周易爻辰图"二幅，第一幅为"十二月爻辰图"，第二幅为"爻辰所值二十八宿图"，图各有说。《荟要》本无。

《李太白集分类补注》卷首，文渊阁《全书》本有宋敏求、曾巩两篇后序，《故翰林学士李公墓志》《唐翰林李君碣记》。《荟要》本宋敏求、曾巩两篇后序在卷末，无墓志、碣记。

这些内容的缺失，有时候对有关情况的了解会有一定影响。

如《山海经》一书，《荟要》卷首有郭璞序，也有刘秀校《山海经》上奏。文渊阁《四库全书》则只有郭璞序，无刘秀上奏。《荟要提要》云："旧本载刘秀奏所言一十八篇，与《汉志》称十三篇不合。《七略》即刘歆所定，不应自相抵牾。且歆于王莽时始更名秀，此亦不应题所改之名，疑其赝托。然璞《序》已引其文，相传既久，今仍并录焉。"可见《荟要提要》所说与《荟要》本是一致的。文渊阁提要云："旧本所载刘秀奏中，称其书凡十八篇，与《汉志》称十三篇者不合。《七略》即秀所定，不应自相抵牾，疑其赝托。然璞《序》已引其文，相传既久，今仍并录焉书中。"《荟要》本收录有刘秀上奏，所以可以说"今仍并录焉"。文渊阁本中并未收入刘秀上奏，提要说"今仍并录焉"，书前提要与四库本就脱节了。文渊阁提要照抄了《荟要提要》的这段话，但没有注意到文渊阁本与

《荟要》本的收录并不相同。文津阁本卷首也没有刘秀上奏，但其书前提要与《荟要提要》完全相同，也称刘秀上奏“今乃并录焉”（“乃”字当为“仍”字之误录）[①]；《总目》与文渊阁提要相同，也有“今仍并录焉”之语。是都没有注意到四库本篇目的差异。

再如宋林至撰《易裨传》，其书卷首林至撰《易裨传序》后，《荟要》本有识语。其文云：“林先生字德久，宋淳熙释褐魁，官至秘书，登晦庵朱先生之门。有骚及文集。松江府人。事载郡乘。是书乃庸田使康公出授士子，今太守刘公命锓梓于嘉兴郡学，传示学者云。康公名闵里不花，字溥修，康里人。刘公字廷幹，海岱人。至正十四年十月朔日识。”这段识语对该书的出版情况有很好的说明。文渊阁本林至撰《易裨传序》后没有收录此识语，是一欠缺。

不过《荟要》所录的这段识语也还有问题。《荟要》识语没有署名，而从识语自身看，这个至正十四年本似乎由刘公（字廷幹）所刻。《荟要总目》云：“今依内府所藏通志堂刊本缮录，据元陈泰本恭校。”这里提到的“陈泰本”与这个“刘公本”是什么关系？是一种本子，还是两种本子？读者并不清楚。朱彝尊《经义考》卷三十一著录林至《易裨传》下，也有陈泰语，云：“陈泰曰：林先生字德久，松江府人。宋淳熙释褐魁，官至秘书。登晦庵朱先生之门。是书乃庸田使康公出授士子，今太守刘公命锓于嘉兴郡学，传示学者云。”根据这段文字，仍有可能认为本书为刘公刊刻。

我们查《通志堂经解》本，在这段识语后面还有几行文字，作“嘉兴路儒学教授陈泰至正十五年刊置。提调官、亚中大夫嘉兴路总管兼管内劝农事知渠堰事刘贞”。这段文字清楚说明该书实际是由陈泰刊刻的，刊刻时间是至正十五年。刘贞在其中起了“提调”作用。所谓的“刘公本”实际就是陈泰本，也就是《荟要》校勘所依据的本子。这解决了许多疑问。

据《中国古籍总目》著录，林至《易裨传》最早的《通志堂经解》本[②]，当年四库馆臣所见元刻本已不存世。因此这段完整的识语为了解当年元刻本情况的最好说明。文渊阁本未录、《经义考》与《荟要》本著录不全，都有欠缺。

（2）《荟要》本与《全书》本二十四史篇目差异

以下以二十四史为例列表说明《荟要》本与《全书》本的差异。

① 《文津阁四库全书提要汇编》子部，第727页。

② 《中国古籍总目》经部，第200页。

书名	卷次	《荟要》本	文渊阁本	写作年份[1]
史记	卷首		御制读史汉书有感	乾隆十五年
			御制读史记随笔	乾隆十七年
			御制读史记文帝纪	乾隆二十二年
			御制读汉文帝赞率题	乾隆十六年
			御制读史（晏子为齐相）	乾隆十一年
			御制读平原君传	乾隆十九年
			御制咏史（范叔因王稽奔秦）	乾隆十六年
			御制咏史（范叔困说力）	乾隆十九年
			御制咏史（战国多说客）	乾隆十七年
			御制读季布传	乾隆二十年
			御制读史记大宛传	乾隆三十五年
			御制读伯夷列传	年份不详[2]
			御制读史记儒林传	年份不详
汉书	卷首		御制题宋版前汉书	乾隆四十年
			御制读汉书	乾隆四十一年
			御制读叔孙通传	乾隆十七年
			御制读前汉书汲黯传	乾隆三十三年
			御制读苏武传	乾隆二十一年
			御制读萧望之传	乾隆十七年
			御制读史丹传	乾隆二十年
			御制读翟方进传	乾隆十八年
			御制读龚遂传	乾隆三十三年
	卷末	前汉书考证职名[3]		
后汉书	卷首		御制读刘昆传（诗）	乾隆四十三年
			御制读后汉书明德马后传	年份不详
			御制读荀彧传	年份不详
			御制读刘昆传（文）	年份不详
			御制读严光传	年份不详

续表

书名	卷次	《荟要》本	文渊阁本	写作年份
三国志	卷首		御制读诸葛武侯传	乾隆十年
	蜀志卷六		乾隆四十一年七月二十六日上谕	
晋书	卷首		御制读王祥传率题	乾隆十一年
			御制读史(琅琊渡江表)	乾隆十六年
			御制读晋书郭璞传	乾隆三十三年
			御制读王徽之传偶题	乾隆二十四年
	卷末		晋书考证跋语(孙人龙撰)	
			晋书考证职名	
宋书	卷末		宋书考证跋语(万承苍撰)	
南齐书	卷末		南齐书考证跋语(王祖庚撰)	
魏书	卷末		魏书考证跋语(孙人龙撰)	
周书	卷末		周书考证跋语(文淳撰)	
隋书	卷末		隋书考证跋语(张映斗撰)	
旧唐书	卷首		御制读史效白居易体	乾隆十六年
			御制读王维传因成二绝句	乾隆三十四年
			御制偶读韩休传书事	乾隆十六年
	卷末	旧唐书考证跋语(沈德潜撰)		
旧五代史	卷首		御制题旧五代史八韵	乾隆四十一年
			校刻旧五代史诸臣进表(王际华等)	
			校刻旧五代史诸臣职名	
			奏为旧五代史编次成书恭呈御览事(永瑢等)	乾隆四十年七月初三日
			旧五代史编定凡例	

续表

书名	卷次	《荟要》本	文渊阁本	写作年份
五代史	卷首		五代史记序(建安陈师锡撰)	
	卷末		五代史考证跋语(孙人龙撰)	
宋史	卷首		御制读宋史	乾隆十六年
			御制读史(千秋纪载半真伪)	乾隆十九年
			御制读宋仁宗本纪赞	年份不详
			御制读宋史徐积传	年份不详
			御制读宋史河渠志	年份不详
	卷末		宋史考证跋语(林蒲封撰)	
辽史	卷首		御制改译辽金元三史序	
金史	卷首	进金史表(阿鲁图撰)	御制改译辽金元三史序	年份不详
		修金史官员	御制读金史	
元史	卷首		御制改译辽金元三史序	
明史	卷首		御制读明史	乾隆六年
			御制题明神宗本纪	年份不详
			御制读熊廷弼传	年份不详

说明：

[1]"写作年份"是指文渊阁本《四库全书》卷首所载乾隆帝御制诗文写作年份。御制诗写作年份据乾隆帝《御制诗集》著录。

[2]年份不详者，均为乾隆帝御制文，收录在《御制文集》中，原书无写作年份。

[3]《前汉书考证职名》在《前汉书考证跋语》下，文渊阁本有《考证跋语》，无《考证职名》。

以上列出了《荟要》本与文渊阁本二十四史中18部史书的篇目差异，凡篇目没有差异的如《梁书》《陈书》等未列出。《荟要》在一些篇卷后有"按语"，文渊阁本未收，这类情况表中也未列出。从表中可以看到，篇目的差异主要体现在三个方面：一是《考证跋语》，一是与体例有关的篇目，一是御制诗文。几乎都是文渊阁本作了增加。

另外我们还比较了文津阁本中这18部史书的篇目情况。就以上所说的三个方面的差异来看，《考证跋语》文津阁本只有《汉书》《隋书》两篇。与体例有关的篇目方面，文津阁本也只有《五代史记序》(建安陈师锡撰)、辽金元三史卷首各有一篇《御制改译辽金元三史序》共四篇而已。乾隆帝御制诗文则一篇也没有抄录。

清修《四库全书》，二十四史用的都是武英殿刻本。武英殿刻《旧唐书》《旧五代史》以外的“二十二史”时，除《金史》和《明史》以外，均撰有考证。《荟要》和《全书》在殿本《考证》的基础上补充了考证。《考证跋语》即是对有关情况的说明。所谓“与体例有关的序文”，即《御制改译辽金元三史序》等，这是对有关专门问题所作的说明。《全书》增加了这两部分内容，在体例上显得更完整。但就编纂者来说，乾隆帝御制诗文的收入影响更为重要。

乾隆帝御制诗文即乾隆帝在阅读二十四史时所作诗文。根据以上表格统计，乾隆帝御制诗文共 46 篇。乾隆帝御制诗文有两个特点值得注意。一是御制诗文涉及的史书包括《史记》《汉书》《后汉书》《三国志》《晋书》《旧唐书》《旧五代史》《宋史》《金史》《明史》这十部史书，尤其关注《史记》《汉书》《后汉书》《晋书》《宋史》这五部。南北朝的史书一部也没有撰写诗文。这也可以看到乾隆帝关注的重点。

其次撰写御制诗最早的是乾隆六年所作《读明史》，最迟的是乾隆四十三年所作收录在《后汉书》卷首的《读刘昆传》(诗)。四库馆开馆于乾隆三十八年，御制诗只有 4 篇是作于四库全书馆开馆以后的，其余 42 篇均作于四库馆开馆之前。作于四库馆开馆以后的 4 篇诗分别是：乾隆四十年作《题宋版前汉书》、乾隆四十一年作《读汉书》、乾隆四十三年作《读刘昆传》(诗)、乾隆四十一年作《题旧五代史八韵》。

乾隆帝《题旧五代史八韵》诗云：“四库搜罗今制创，群儒排纂故编偿。”原注“因校《四库全书》，词臣等于《永乐大典》各韵所引薛史甄录条系，得十之八九”云云，是《旧五代史》辑成于四库馆开馆以后，乾隆帝此诗又作于《旧五代史》辑录完成以后。但《旧五代史》抄入《荟要》与文渊阁本，则时间甚迟。《荟要提要》校上于乾隆四十九年十一月，文渊阁提要校上于四十九年十月。所以乾隆帝此诗是作于《荟要》与文渊阁本缮录之前。

《读汉书》也收入《御制诗四集》卷三十七，作于乾隆四十一年四月。文渊阁提要校上于乾隆四十九年六月，但很可能是后来改写的。《荟要提要》校上于乾隆四十一年二月。所以《汉书》卷首的两首御制诗，《题宋版前汉书》应该是撰写于四库本缮录之前，《读汉书》也有这种可能。

《后汉书》卷首的《读刘昆传》(诗)作于乾隆四十三年，而《荟要》本《后汉书》提要校上于乾隆四十一年四月，文渊阁提要校上于乾隆四十一年九月，是此诗撰写时间在《荟要》和《全书》缮录之后。

从以上分析可以看到二十四史卷首的46篇御制诗，有44篇可以明确肯定是作于《荟要》和文渊阁本缮录之前，《读汉书》1篇撰写于《荟要》缮录之后，但有可能是在文渊阁本缮录之前。只有《读刘昆传》(诗)是撰写在《荟要》与文渊阁本缮录之后的。

我们之所以作以上的分析，是想说明文渊阁本卷首收录的御制诗，几乎都是馆臣在缮录文渊阁本时从乾隆帝《御制诗集》中辑录出来的。这些诗大部分在四库馆开馆之前就已经写好，但《荟要》誊录时并没有收录。只是在后来缮录文渊阁本时，才刻意将其一一收集进来。这显示了馆臣对乾隆帝的逢迎，已不完全是因为文献整理的需要。

上面说过文渊阁本"二十四史"卷首所有的乾隆御制诗，文津阁本也一篇没有收录。这更充分说明这些御制诗就是四库馆臣特意为文渊阁本收录的。这一点颇值得注意。不知道这是否与北四阁中只有文渊阁本藏在宫中、因而与乾隆帝关系最为密切有关，但篇目的差异确实从一个方面显示了《荟要》本与文渊阁本之间，以及四库各本之间编纂观念上的差异。

从以上表中还可以看到，《荟要》有而文渊阁本没有的篇目仅有4篇，即《前汉书考证职名》《旧唐书考证跋语(沈德潜撰)》《进金史表(阿鲁图撰)》《修金史官员》。都是与体例有关的篇目。而且沈德潜撰《旧唐书考证跋语》，《荟要》本有而文渊阁本反而没有，这一点与其他正史不同。因此怀疑是否是误置，即本应放置在文渊阁本卷末的《旧唐书考证跋语》，误放到了《荟要》本卷末。

(3)《樊川集》四库本的篇目差异

一些《荟要》本与文渊阁本在卷数上有差异，而卷数的差异往往使得在篇目上也存在许多差异。这可以唐代文人杜牧撰《樊川集》为例。

《樊川集》(也作《樊川文集》)传世有二十卷本、十七卷本之别。二十卷本即《樊川文集》二十卷《外集》一卷《别集》一卷，明刻本；十七卷本即《杜樊川集》十七卷，明朱一是、吴玙评，明末吴氏西爽堂刻本。二十卷本为诗文合集，卷一赋、诗，卷二至卷五诗，卷六、卷七杂著，卷八序、记，卷九、卷十书，卷十一表、状，卷十二启，卷十三至十六制，卷十七祭文、行状，卷十八至二十志铭，《外集》诗93首，《别集》诗52首。十七卷本仅有文。孙星衍《平津馆鉴藏书籍记》卷二著录有二十卷本，云："《樊川文集》二十卷《外集》一卷《别集》一卷，题中书舍人杜牧字牧之。前有裴延翰序。《别集》前有熙宁八年田概序。集本廿卷，晁氏《读书志》有《外集》一卷，王渔洋《居易录》见宋雕本有《续别集》三卷。此本无《续别集》，而有《外集》《别集》各一卷。《外集》晁氏本所有，《别集》田概所益，与《居易录》所见别一本，每叶廿行，行十八字。"[①]孙星衍所见即明刻本，《四部丛刊》曾据以影印。庆桂《国朝宫史续编》卷八十著录的则是明版《杜樊川集》十七卷。

两种本子当年均有进呈。《江苏采辑遗书目录》著录《樊川文集》，按语作"共二十卷"，《浙江第四次鲍士恭呈送书目》著录《杜樊川集》十七卷。《荟要》用的是明刻二十卷本。《荟要总目》云："今依前浙江巡抚臣三宝所上范懋柱家藏明郑鄤刊本缮录恭校。"此刻本即明崇祯间昭质堂刻本，南京图书馆有藏。经过比较可知文津阁本也是按照这个版本誊录的。文渊阁本实际用的是十七卷本。但文渊阁提要与《荟要提要》著录本书的卷数却完全一样，都题作"樊川文集二十卷外集一卷别集一卷"，文渊阁提要只是在《荟要提要》等基础上补充了大量例证而成的，基本内容相同[②]。然而文渊阁提要丝毫没有提及本书的版本差异，也就是说，文渊阁提要著录的是二十卷本，而正文实际抄录的是十七卷本，提要与正文完全脱节。我们查原书，可以看到，提要与正文字迹有异，谋篇布局也不一样，是提要与正文出于不同的抄手。而在将提要放置于本书时，也没有人对此作一检核，遂出现了这种"题(书题)不对文(正文)"的情形。

乾隆四十七年八月二十日，永瑢等奏《遵旨酌定雇觅书手缮写全书章程折》云："武英殿所有底本，现在赶办第三、四分，一时未能交出。今添写三分书，所需底本，应先尽官刻各书及《永乐大典》副本发写，其在馆贮有重本者，亦可陆续咨取发缮，约计可得十之四五。"(《纂修四库全书档案》九〇八)也就是说在底本不敷使用的时候，可以使用四库馆中的重本。吴哲夫说："由于四库全书依以誊录之底本，或采自内府所藏，或取自各官员进呈本，或依据各省呈进之书，因而同一种书，往往有几种不同版本同时存储于四库馆中。修书当日，内廷四阁即同时进行抄缮，因而常有书名作者相同的一种书，取用了不

① 孙星衍《平津馆鉴藏书籍记》卷二，清道光刻本，第 33 页。
② 参见本书第九章第一节《分纂稿与四库提要》。

同版本作为誊缮底本，于是便发现各阁四库全书中，有少数图书出现版本不一致的现象。”①杜牧文集不同阁本使用了不同版本，即出于这一原因。

因为《荟要》与文渊阁本使用的是不同的版本，所以篇目也有不少差异。例如卷一，文渊阁本只有《阿房宫赋》《望故园赋》《晚晴赋》三篇赋，《荟要》在赋后面还有《感怀》《郡斋独酌》《张好好诗》《冬至日寄小侄阿宜》《李甘诗》《洛中送冀处士东游》《送沈处士赴蓟州李中丞招以诗赠行》《长安送友人游湖南》《雪中书怀》《雨中作》《偶游石盎僧舍》《赴京出入汴口晓景即事寄兵部李郎中》《独酌》《惜春》《题安州浮云寺楼寄湖州张郎中》等 15 首诗。文津阁本与《荟要》同。

因文渊阁本未收诗，故《荟要》本卷六杂著五首，文渊阁本作卷二。《荟要》本五篇分别是《罪言》《原十六卫》《燕将录》《三子言性辨》《题荀文若传后》，文渊阁本分别是《罪言》《原十六卫》《战论》《守论》《论相》。《荟要》本卷七为《战论》《守论》《论相》《张保皋郑年传》《窦烈女传》《书处州韩吏部孔子庙碑阴》《塞废井文》，文渊阁本作《燕将录》《张保皋郑年传》《窦烈女传》《书处州韩吏部孔子庙碑阴》《三子言性辨》《塞废井文》。可见篇目差异是很明显的，而《荟要》本是完整的。

三、《荟要》本与《全书》本乾隆帝题书诗文比较

《荟要》本与《全书》本篇目上的差异，也体现在乾隆帝题书诗文的收录方面。

《荟要》卷首收录了乾隆帝题书诗文 32 篇，在四库各本中，这些题书诗文收录的情况并不一致。根据收录的实际情况，可以分为两大类。一类是各本卷首都有收录乾隆帝题书诗文的，共 17 篇。一种是各本收录乾隆帝题书诗文情况互有出入，不完全一样的，共 15 篇。以下先看第一种情况。

《荟要》及文渊阁、文津阁本卷首均收录乾隆帝题书诗文的，有 17 篇。包括：汉郑玄注《易纬乾坤凿度》，宋毛晃撰《禹贡指南》，宋萧楚撰《春秋辨疑》，清朱彝尊撰《经义考》，清乾隆四十年敕撰《钦定天禄琳琅书目》，宋唐仲友撰《帝王经世图谱》，魏王肃注《家语》，汉扬雄撰、宋司马光集注《扬子法言》，清李

① 吴哲夫《四库全书纂修之研究》第五章《七阁四库全书之完成暨异同》第五节《七阁全书之异同》，台湾“故宫博物院”，1990 年，第 156 页。

光地等辑《御纂朱子全书》，宋苏颂撰《新仪象法要》，宋陆佃注《鹖冠子》，汉王充撰《论衡》，宋朱弁撰《曲洧旧闻》，宋王应麟撰《困学纪闻》，唐韩愈撰、宋魏仲举辑《五百家注昌黎文集》，唐杜牧撰《樊川集》，元杨维祯撰《铁崖古乐府》。

当然这些题书诗文题目、文句等会有一些差异。题目差异，如《五百家注昌黎文集》卷首题诗，《荟要》题作《御制题宋版五百家注韩昌黎集》，《全书》题作《御题五百家注昌黎文集》。

文句差异，如宋苏颂撰《新仪象法要》三卷，《荟要》《全书》卷首均有乾隆帝《御题新仪象法要》诗一首。《荟要》本乾隆帝题诗有句云"具说其图期后垂"，文渊阁、文津阁本均作"具说具图期后垂"，是也。此诗上说"有经有纬述前验"，下句"具说具图期后垂"正与之相对。"具说具图"，即有说有图、图说相互配合的意思。《天禄琳琅书目》卷四、《御制诗四集》卷二十五所录同《全书》本。《荟要》是误写了。

这一篇题诗还有一点值得注意的是，在文津阁本题诗后还有一篇400字的长跋，《荟要》及文渊阁本均无。《天禄琳琅书目》卷四著录本书，也是只录乾隆题诗而无诗后跋，今所见，仅《御制诗四集》卷二十五收录完整。在四库诸本中，文津阁本一般都是删减文字，很少有增加文字的，像这一篇皇帝题诗，多出400字的跋语，这种情况是很少见到的。

第二种情况是各本收录乾隆帝题书诗文情况不一样，即《荟要》与文渊阁、文津阁本收录的乾隆帝题书诗文有差异。这里面又有几种情况。

《荟要》收录了乾隆帝题书诗文，文渊阁、文津阁本没有收录。如唐李白撰、宋杨齐贤集注、元萧士赟《删补李太白集分类补注》，《荟要》卷首有《御制读李白诗》一首。此见《御制诗初集》卷十，为乾隆七年所作。文渊阁、文津阁本李白集有多部，但卷首都未录此诗。又如明归有光撰《震川文集》，《荟要》本卷首有乾隆帝《御制读归有光易图论》。此文见于《御制文二集》卷三十五，文渊阁、文津阁本均未收录。

《荟要》、文渊阁本收录了乾隆帝题书诗文，文津阁本没有收录。如清傅恒等撰《皇清职贡图》，《荟要》、文渊阁本卷首均有乾隆帝《御制题皇清职贡图诗》，并有诸臣恭和诗，作诗大臣有刘统勋、梁诗正、刘纶、裘曰修、于敏中、王际华等。文津阁本未收题诗，也未收诸臣和诗。再如宋范祖禹撰《帝学》，《荟要》、文渊阁本卷首均有乾隆帝《御制题宋版范祖禹帝学》诗一首，文渊阁本在乾隆帝题诗后还有皇四子永珹、皇六子永瑢、皇八子永璇、皇十一子永瑆、皇十二子永瑆、皇十五子永琰等所和诗。《荟要》未收。文津阁本卷首无乾隆帝题诗，但有皇子等所和诗。然无御制原诗，诸皇子和诗也就没有了依托。这也是文津阁本一个明显的疏漏。再如唐白居易撰《白氏长庆集》七十一卷，《荟要》《全书》卷首都有乾隆帝《御制读白居易诗》一首。文津阁本卷首未收此诗。

《荟要》、文津阁本收录了乾隆帝题书诗文，文渊阁本没有收录。如宋傅寅撰《禹贡说断》，后魏郦道元撰《水经注》，明沈继孙撰《墨法集要》，清金简撰《武英殿聚珍版程式》，元耶律楚材撰《湛然居士集》，明高启撰《大全集》，《荟要》、文津阁本卷首均有乾隆帝题辞，文渊阁本未收。

文渊阁本卷首没有收录乾隆帝题辞，使得书前提要与全书失去了照应。《荟要提要》云："盖聚珍版之制，实仿宋时毕升活板之法而益精之。始事于乾隆三十八年十月，皇上既锡以嘉名，复冠以藻咏。于是司其事者，罔敢不恪行之。""既锡以嘉名"，即乾隆帝谕武英殿将办理《四库全书》之活字版命名为武英殿聚珍版之事。"复冠以藻咏"，即乾隆帝为此书作《题武英殿聚珍版十韵》诗之事。书前提要与本书内容是完全吻合的。文渊阁提要说："乾隆三十八年，诏纂修《四库全书》。复命择其缮本，校正剞劂，以嘉惠艺林。金简实司其事。因枣梨繁重，乃奏请以活字排印。力省功多，得旨俞允，并锡以嘉名，纪以睿藻。""纪以睿藻"，即乾隆帝题诗之事。但因为文渊阁本未录乾隆帝题辞，就使得提要之说缺乏了依据。

《荟要》与文渊阁、文津阁本收录的乾隆帝题书诗文数量互有差异。宋袁枢撰《通鉴纪事本末》，《荟要》及文渊阁、文津阁本卷首均有乾隆帝《御制通鉴纪事本末题辞》二首。文渊阁、文津阁本在此诗之前，还有一首《御制题宋版通鉴纪事本末》。这首诗见于《御制诗四集》卷二十七，乾隆四十年作。此篇《荟要提要》校上于乾隆四十二年九月，未知何以未收。

再如宋朱熹撰《御批通鉴纲目》，《荟要》本卷首有乾隆帝《御制读资治通鉴纲目》《御制题宋版朱子资治通鉴纲目》诗二首。文渊阁本卷首御制诗有三首，顺序与《荟要》本也不同。三首依次是《御题宋版朱子资治通鉴纲目》(《荟要》作《御制题宋版朱子资治通鉴纲目》)、《御制读通鉴纲目》《御制读资治通鉴纲目》。文津阁本卷首仅有《御制题宋版朱子资治通鉴纲目》诗一首。

《荟要》与文渊阁、文津阁本收录的乾隆帝题书诗文内容互有差异。如唐杜甫撰、元高楚芳辑注《集千家注杜工部诗集》,《荟要》卷首有乾隆帝所作读杜甫诗四首,分别是《御制读杜子美集》《读杜诗率题》《读杜诗》《杜诗》。在最后一首诗后有注云:"右四首谨依《御制诗初集》恭录。"诗作于乾隆六年、十二年。文渊阁本收录杜甫集(包括后人注释本)共五部,《九家集注杜诗》卷首收录《御制题郭知达集九家注杜诗》《再题宋版九家注杜诗》;《集千家注杜工部诗集》卷首录《御制题宋版千家注杜工部诗史》《御制读杜甫北征诗因题》。均与《荟要》本收录不同。文津阁本收录杜甫集与文渊阁本同,但只有《九家集注杜诗》卷首收录《御制题郭知达集九家注杜诗》《再题宋版九家注杜诗》两首诗。

再如宋苏轼撰《东坡全集》,《荟要》卷首有乾隆帝《御制读东坡全集》诗一首。文渊阁本无此诗,录有乾隆帝《御制苏轼御书颂论》《御制读苏轼范增论》两篇。文津阁本有此诗,但未题所作时间,亦无诗后小注,与《荟要》略有差异。

现将以上第二种情况四库诸本收录乾隆帝题书诗文的情况列表如下。

书　名	荟要本	文渊阁本	文津阁本
李太白集分类补注	●		
震川文集	●		
皇清职贡图	●	●	
帝学	●	●	
白氏长庆集	●	●	
禹贡说断	●		●
水经注	●		●
墨法集要	●		●
武英殿聚珍版程式	●		●
湛然居士集	●		●
大全集	●		●
通鉴纪事本末	⊙诗二首	⊙诗三首	⊙诗三首
御批通鉴纲目	⊙诗二首	⊙诗三首	⊙诗一首
集千家注杜工部诗集	○	○	○
东坡全集	○	○	○

●表示收录有题辞,空缺表示未收录题辞。⊙表示题辞数量互有差异。○表示题辞内容互有差异。

在《四库全书》卷首收录乾隆帝题书诗文，是一件极为重要的事，但从实际情况看，里面也有很多差异。这些差异从一个角度反映了四库馆存在的问题。

元耶律楚材《湛然居士集》卷首所录乾隆帝《御制读耶律楚材扈从羽猎因有咏》诗一首，需要另外说一说。由于乾隆帝这首诗只是就耶律楚材扈从羽猎一事而写的，并不是对《湛然居士集》整部书的评判，所以和《荟要提要》没有什么关联。值得注意的倒是《荟要》本、文津阁本卷首收录了这首诗，而文渊阁本却没有收录此诗。

乾隆帝题诗原文如下："耶律本辽种，所事又元君。不可忘其初，未宜徒修文。况实君倚重，卓为开国臣。居然废弓矢，何以示同群。味其诗所称，俨欲似汉人。宽衣而博带，耻与武夫伦。设在赵子昂，固当如是云。匪徒薄耶律，戒后意良勤。"

乾隆帝对耶律楚材的严厉批评，实质上体现了清朝皇帝的一个重要担心，即害怕满族子弟"崇尚文教，怠于武事"①。乾隆帝的这种担心是一贯的。乾隆三十一年五月，乾隆帝见十五阿哥所执扇头有题画诗句，且落款题"兄镜泉"三字。他深为忧虑，遂有一段长达四百多字的训谕。五月十三日辛巳，乾隆帝训谕诸皇子说："我国家世敦淳朴之风，所重在乎习国书，学骑射。凡我子孙自当恪守前型，崇尚本务，以冀垂贻悠久。"乾隆帝要求皇子们崇尚"习国书，学骑射"这一"本务"。但流弊是这个满族社会正在相率"文化"，"咸以脱剑学书为风雅"，"相率而入于无用"。乾隆帝强调这是关系"国运人心"之大事，不可不知儆揭。乾隆帝因此直接指出："阿哥等此时即善辞章，工书法，不过儒生一艺之长，朕初不以为喜。若能熟谙国语，娴习弓马，乃国家创垂令绪，朕所嘉尚实在此而不在彼。"②

这可与清朝初期对宗室参加科举考试的态度相比较。先是康熙三十六年，康熙帝提出了八旗宗室子弟参加科举考试的问题。然仅隔三年，康熙就下令"停其考试"。雍正二年，雍正帝再次提到了宗室参加科举考试的问题，但也只是被提起，并没有实行。乾隆年间，乾隆帝准予宗室玉鼎柱等参加殿试，实际上是同意宗室参加科举考试。然而到了乾隆十七年，乾隆帝如同康

---

① 《皇朝文献通考》卷四十七《选举考》一"举士"，《四库全书》本，第633册，第218页。

② 《清实录》卷七六〇，中华书局，1987年，第18册，第366、367页。

熙帝一样，也下令“宗室等不应乡会试”，并谕令：“将宗室等乡会试及选庶吉士之例，永行停止，再不可条陈考试。”[①]宗室参加科举考试的问题，到嘉庆年间才正式得到解决。嘉庆四年清仁宗下谕宗室“自当仍准应试”，而到嘉庆六年宗室应乡、会试始“著为令”[②]。清朝皇帝之所以不准宗室参加科举考试，其原因在嘉庆四年所下谕旨说得很清楚：“宗室向有会试之例，后经停止。敬惟皇考圣意，原因宗室当娴习骑射，以存满洲旧俗，恐其专攻文艺，沾染汉人习气，转致弓马生疏。”[③]乾隆帝对耶律楚材的批评就是反映了清朝皇帝的这个担心。

不过清朝皇帝的这个态度与四库馆臣的情况实际又是存在着某种矛盾的。馆臣们不用说，都是从事文业，“专攻文艺”的。他们中间的许多人正是通过科举考试才找到自己的出身的。乾隆帝的这首诗不是如同《四库全书》卷首所录的其他大多数题诗一样是早年之作，而是在《四库全书》编纂过程中题写的。这篇文渊阁提要校上于乾隆四十六年十二月，也就是在乾隆帝题诗三年之后，馆臣不可能不知道乾隆帝的这首题诗，但为什么文渊阁本卷首会遗落这首诗呢？虽然《荟要》卷首抄录、文渊阁本没有抄录的乾隆帝题诗并不是只有这一首，然而考虑到这首诗的特殊内容，文渊阁本将其遗落，或是另有隐情。

四库本卷首御制题书诗文收录的差异，馆臣当年已经发现。乾隆五十六年十月初十日，军机大臣阿桂等奏折就指出：“御制题书各诗文应弁书首者，本年六月间，经臣等于文津阁抽查各书，竟有未经恭载者。今据纪昀覆勘文源阁书，亦与相同。查向来御制《永乐大典》诗文在翰林院尊藏，御制各省遗书诗系发交武英殿缮写，现据纪昀行文两处，恭录全本，应俟覆到之日，交纪昀恭录补入。其文渊、文津二阁书内，亦令纪昀覆勘时查明，应行补录者一律恭录装入。”(《纂修四库全书档案》一三九八)不过实际上纪昀等并未补录，或者没有补录完全。

---

① 《钦定大清会典则例》卷一《宗人府》一，《四库全书》本，第620册，第41页。

② 《清史稿》卷一百八《选举志》三，第12册，第3161页。

③ 嘉庆《钦定大清会典事例》卷二百六十四《贡举》“宗室乡会试”，《近代中国史料丛刊三编》本，第663册，第1575页。

四、《荟要》本优于文渊阁本例证

有些图书,《荟要》本比《全书》本更完整。如宋吴缜《新唐书纠谬》,文渊阁本卷十一"常山及薛谭字误"下注"原阙",以下空白17行。《四库全书补正》史部曾据明刊本作了校补①。而《荟要》本不缺。

如再以杜牧《樊川文集》为例。上文指出,《荟要》本与文渊阁本《樊川文集》的卷数、篇目都是有差异的,从比较看可知《荟要》本是完整的,《荟要》要优于文渊阁本。此外还可将《荟要》本与文津阁本作一比较。

就《文集》二十卷看,文渊阁本卷一只有《阿房宫赋》《望故园赋》《晚晴赋》三篇,《荟要》本还有诗15首。《荟要》本卷二至卷五收录杜牧诗篇255首,卷六《题荀文若传后》文一篇,都是文渊阁本未收录的。与此相比较的是,这些诗文均见于文津阁本,因此可以说《荟要》与文津阁本所誊录依据的《樊川文集》,是同一个本子。此外,《荟要》本《外集》有诗94首(包括《联句》一首),《别集》有诗52首,也都是文渊阁本没有收录的。文津阁本有《外集》《别集》,收录诗篇的数量与《荟要》不同。《外集》顺序《荟要》本与文津阁本略有差异,《别集》则《荟要》本与文津阁本相同。所以从卷数上看,《荟要》本与文津阁本一样,都是完整的,文渊阁本则缺漏较多。

其次,虽然从卷数上看,《荟要》本与文津阁本相同,但实际上两本也有差异。吴在庆、高玮《文津阁〈四库全书〉本〈樊川集〉版本优劣谈——以〈四部丛刊·樊川文集〉等版本为参照》一文(以下简称吴文),仔细比较了文津阁《四库全书》本《樊川集》的文献价值,也通过此本与《四部丛刊》影印明翻宋刊本的比勘,指出了文津阁本的种种问题②。为了更好地认识《荟要》本的价值,本文此处将《荟要》本与吴文所提到的问题作一比较。

吴文通过与《四部丛刊》本、光绪二十二年景苏园影刻本的比照,指出文渊阁、文津阁本《樊川文集》均缺少五篇制诰,即在《丛刊》本、景苏园本卷十八和卷二十的以下制文:《李文举除睦州制》《窦弘余加官依前台州刺史苏庄除邓州刺史等制》《朱能裕除景陵判官制》《刘全礼等七人并除内侍省内府局丞

---

① 《四库全书补正》史部,第37、38页。

② 吴在庆、高玮《文津阁〈四库全书〉本〈樊川集〉版本优劣谈——以〈四部丛刊·樊川文集〉等版本为参照》,《福建师范大学学报(哲学社会科学版)》2010年第1期,第105—110页。

置同正等制》《黔中道朝贺训州昆明等十三人授官制》。并说:“两阁本这些制文的缺失,确实令人惊讶,四库馆臣不知何故竟有如此缺漏!”

文渊阁、文津阁本缺五篇制文的原因自然已难知晓,但这五篇制文在《荟要》本中则被完整地收录着。不过由于《荟要》所据底本与《四部丛刊》本等不同,《李文举除睦州制》《窦弘余加官依前台州刺史苏庄除邓州刺史等制》两篇在卷十四,《朱能裕除景陵判官制》等三篇在卷十六而已。由此看到《荟要》本比文津阁本更完整。

吴文指出文津阁本有些文章不完整,这个问题《荟要》本也存在。如文津阁本卷八《宋州宁陵县记》,行文至“时大中二年十一月十八日”而止,文渊阁本、丛刊本此后皆有“将仕郎、守尚书司勋员外郎、史馆修撰杜某题”18 字。《荟要》本也缺。

也有文津阁本缺而《荟要》本完整的。如文津阁本卷十五《卢搏除庐州刺史制》一文在文末“无忝分寄”后缺“尔其勉之。可使持节庐州诸军事、守庐州刺史,散官勋赐如故”等字。此制文《荟要》本在卷十四,文津阁本所缺字《荟要》本不缺。

吴文指出文津阁本在某些诗文中存在缺漏、中断,乃致误植的现象,如卷一《大雨行》诗中原来有“四面崩腾玉京杖,万里横牙羽林枪。云缠风束乱敲磕,黄帝未胜蚩尤强。百川气势苦豪俊,坤关密锁愁开张”一段,而文津阁本中缺“四面崩腾玉京杖。万里横牙羽林枪。云缠俊坤关密锁愁开张”24 字,《荟要》本也缺。

但文津阁本《上宰相求杭州启》“子七年三郡,今始归”之后,漏缺“复,相国知子,必欲次第叙用”起至全文末的“不胜惶惧恳悃之至。谨启”等一大段文章,而莫名其妙地将此文后一篇的《为堂兄慥求澧州启》的“无不感涕……伏地待罪,谨启”一大段文字阑入,以此又造成后文的中断,使得后文至“伏蒙仁恩,频赐顾问,必许援拯,授以涔阳, 活于阖门”而中断,造成残篇。查《荟要》本,此处完整无缺。

吴文还指出了文津阁本文字错讹、缺漏的问题。如《黄州刺史谢上表》中“某自出身以来,任职使府,虽有功业,不亲治人”,“功业”应为“官业”之讹;“今者蒙恩权授刺史”,“权授”,应为“擢授”。这些在《荟要》本中均不误。

像这类例证不烦多举。可见就本书来说,尽管《荟要》本也有不少问题,但总体上可以看到，是优于文津阁本的，也是优于文渊阁本的。

如以《明诗综》为例。康熙本《明诗综》卷十四顾禄（字谨中）小传后，收录有朱彝尊《静志居诗话》，原文为："谨中《过鄱阳湖赋诗》云：'临行酾酒酹湖神，打鼓开船出要津。云雾气蒸迷日月，波涛声撼震乾坤。放歌今日容豪客，破敌当年想至尊。咫尺南昌城郭近，且将双足洗征尘。'孝陵闻之，命尽进所作，披之便殿。桂彦良所云'秀句新传凤榻前'是也。说者谓因'破敌'句受知。窃疑《正韵》书成，无有遵之作律诗者。谨中特合真、元韵并用，此其所以深契帝怀尔。"这一段在《荟要》本中（卷十五）照录，文津阁本同。但文渊阁本则没有收录。这一段文字不涉及忌讳，不知《全书》为何没有收录。

元许有壬撰文集也有这种情况。《荟要》本收录有《圭塘小稿》十三卷《别集》二卷《续集》一卷《附录》一卷，《全书》本无《附录》一卷。《荟要总目》著录本书缮录依据版本云："今依前浙江巡抚臣三宝所上范懋柱家藏明许颙刊本缮录恭校。"查许颙刻本，有《附录》一卷。《总目》卷一百六十七集部二十别集类二十、《简明目录》卷十七著录，也都有《附录》一卷。此书《附录》包括《杂著》《续录》两部分，辑录与作者有关的文集序言、杂记、传记等，如吴全节《中书参知政事许公文过集序》、欧阳玄《圭塘记》、张翥《景延堂记》等，对研究作者生平事迹、著述等都有帮助。文渊阁本或认为这些篇目均非作者自己所作而删去了。文溯阁、文津阁本也都没有《附录》一卷。

再看杜甫集。《荟要》本收《集千家注杜工部诗集》二十卷、《集千家注杜工部文集》二卷，并有《附录》，收元稹《唐杜工部墓志铭》、宋祁《唐文艺传》。文渊阁本未收《文集》二卷及附录。其提要也有差异。《荟要提要》云："《集千家注杜工部集》二十二卷，不著编辑人名氏。"文渊阁本改作："《集千家注杜工部诗集》二十卷，不著编辑人名氏。"书名多了一个"诗"字，卷数改作"二十"，以与正文相配。

再以宋许洞撰《虎钤经》为例。此书卷二十《衅鼓文第二百九》，《荟要》本作："年月日，某谨衅于鼓神：三军之威，职在震动鼓旗之用。灵为鬼神，涂血致诚。古之常典，以声为度。兵之令仪，进退周旋，实在于尔。今则五兵暴露，群丑维横（原注：以下阙）。"文渊阁本作："年月日，某谨衅于鼓神：三军之威，职在震动鼓旗之用。灵为鬼神，涂血致诚。古之常典，以声为度。兵之令仪，进退周旋，实在于尔。用诚致飨，神其鉴兹。"《荟要》本与文渊阁本前面没有区别，区别在最后几句，《荟要》本“今则五兵暴露，群丑维横（原注：以下阙）”几句，文渊阁本作“进退周旋，实在于尔”。《荟要》本作以下阙，文渊阁本显示已结束。文津阁本与文渊阁本同。

与上文相比，《衅鼓文第二百九》内容偏少，显然有缺文。如与《祭山川神文第一百九十八》相比即可知，其文云：“年月日具官某，谨以牲牢香酒之奠，祭于山川当境之神：始疏山浚川，所以应天文，裂地纪，限夷夏，宣风雨雷。惟神者必灵，有祈者必应。盖山川为之府，人为神之主也。祸淫福善，神其掌之。故圣人列于典礼，国家配于群望，所冀发善者之福神，歼不善之尸骨。惟神景天地之命，为山川之灵，监我悫诚，赞我兵力，使收功于须臾，馘元恶于顷刻。尚飨。”文字比《衅鼓文第二百九》要丰富得多。从形式上看，《虎钤经》卷二十共 16 篇，除开头结尾及有缺的一篇外，其余 13 篇均以“尚飨”作为结语，所以《衅鼓文第二百九》这一篇应该也有此语。《荟要》本注作“以下阙”，意识到这一篇并不完整。而文渊阁、文津阁本所谓“用诚致飨，神其鉴兹”之语，颇疑四库馆臣并无依据，不过是套用习语而已。

又此书目录，文渊阁本卷二十卷首所列只到《衅鼓文第二百九》，而《荟要》本卷首所列则多出《回兵第二百一十》一个题目。《荟要》本及文渊阁提要均云：“凡二百十篇，分二十卷，名曰《虎钤经》。”是其书本有二百一十篇。《荟要》本卷二十所列篇目是完整的，而文渊阁本所列篇目只到《衅鼓文第二百九》，缺一篇。《荟要总目》云：“今依前浙江巡抚臣三宝所上范懋柱家藏明椠本缮录恭校。”《总目》著录《虎钤经》作“安徽巡抚采进本”。《荟要》本与文渊阁本的差异，不知是否与所据底本不同有关。文津阁本卷二十卷首未列目录，提要也与《荟要》、文渊阁本不同，是其已意识到此书有阙。篇目既对不上，原文也无从补出，所以就在卷首提要中删去了有关本书篇目情况的记载，卷二十卷首的目录也不列出。

还可以注意的一点是，《荟要》本与文渊阁本对“违碍”字句的改动有一些区别。卷二十《祃马文第二百八》，明刻本云：“聚膻腥之党类。”“膻腥”，《荟要》本、文渊阁本、文津阁本都改成了“凶顽”。而如《祭山川神文第一百九十八》云“裂地纪，限夷夏”，“夷夏”之说正是清廷十分敏感的话题，文渊阁本改成了“中外”，但《荟要》本、文津阁本并未改。

有时《荟要》与《全书》收书的图书内容有差异，往往与各自所依据的版本有关。如明沈继孙撰《墨法集要》,《荟要》以武英殿聚珍版本为底本,据《永乐大典》本参校,《全书》则依《永乐大典》本缮录。检二书,《荟要提要》认为"原本诸图皆以施功先后为序,惟'样制图'后附以'印脱'之式,未免参错不伦,其形制亦颇未合"。因此,"今以二十图列于前,而以'印脱'之式重加订正,退置卷末,庶端绪秩然而体例尤为尽善云"。而文渊阁《全书》则并未分列二十一图,"印脱"在"样制"后。很显然《荟要》的分列更为合理,其所选底本更为精善。但在文渊阁本中,仍然按照原书的次序,未加变动,由此书前提要乃至《总目》就都删除了《荟要提要》所说的这段文字。

也有些图书因为是后来形成的,所以《全书》本更完整。例如乾隆帝御制诗文集,《荟要》只收录《御制文初集》三十卷,《御制诗初集》四十四卷、《二集》九十卷、《三集》一百卷。《全书》还有《御制文二集》四十四卷、《三集》十六卷、《余集》二卷,《御制诗四集》一百卷、《五集》一百卷、《余集》二十卷。《御制文二集》《御制诗四集》等都是《荟要》成书后编成的。《御制文二集》收录乾隆二十九年至五十年之文,《御制诗四集》收录乾隆三十七年至四十八年之诗,是在编纂《荟要》时尚未成书。《荟要》之《御制诗》提要校上于乾隆四十三年正月,其文云:"自壬辰以来之诗行且刊布《四集》,自是日新月盛,以次成编,方幸继续恭缮,靡有穷竟也。"壬辰即乾隆三十七年。《荟要》说《御制诗》要"继续恭缮",但实际上并没有补抄。《御制文》也同样如此。而《全书》则一一补全了。这是因客观因素造成的,与《荟要》编纂者的疏忽无关。

《荟要》本、文渊阁本、文津阁本等的优劣都是相对而言的,更准确的说是各有优点,不过有时《荟要》更突出而已。

第三节　图书的改动与四库本的差异

一、改字与四库本的差异

因某种特殊原因,如避忌需要而改动文本,从而也造成《荟要》本与其他四库本的差异。

《三国志·蜀志》卷六《关羽传》中关羽的谥号,《荟要》本与文渊阁本所书不一致。《荟要》本作“追谥羽曰壮缪侯”，文渊阁本则作“追谥羽曰忠义侯”。今见宋刻本、毛晋汲古阁本、百衲本影宋绍熙刻本等，均作“追谥羽曰壮缪侯”。文渊阁本则是后来改的。

但乾隆帝认为关羽在当时力扶炎汉，志节凛然，史书以壮缪为谥，“并非嘉名”，“隐寓讥评”，以此谥关羽，是陈寿出于私见，不是出于公心。《逸周书》卷六《谥法解》云：“武而不遂曰庄。”晋孔晁注：“武功不成。”庄，也作“壮”。或又以“武功不成曰缪”。故以“壮缪侯”为恶谥。程敏政《汉寿亭侯爵谥考》云：“关将军仕汉封汉寿亭侯，谥壮缪。而今之祠扁止题曰‘寿亭侯’，不书谥。意……以‘缪’为恶谥，故削之，为神讳也。”[①]有鉴于此，乾隆帝遂要求为关羽改谥，由“壮缪侯”改为“忠义侯”。乾隆四十一年七月二十六日谕内阁道：“关帝在当时，力扶炎汉，志节凛然。乃史书所谥，并非嘉名。陈寿于蜀汉有嫌，所撰《三国志》多存私见，遂不为之论定，岂得谓公？从前世祖章皇帝曾降谕旨，封为忠义神武大帝，以褒扬盛烈。朕复于乾隆三十二年降旨，加‘灵佑’二字，用示尊崇。夫以神之义烈忠诚，海内咸知敬祀。而正史犹存旧谥，隐寓讥评，非所以传信万世也。今当抄录《四库全书》，不可相沿陋习。所有志内关帝之谥，应改为忠义。第本传相沿已久，民间所行必广，难于更易，着交武英殿将此旨刊载传末，用垂久远。其官板及内府陈设书籍，并著改刊，此旨一体增入。”（《纂修四库全书档案》三三四）

这道谕旨讲得很清楚。乾隆帝通过对关羽谥号的改变，达到表彰关羽的目的。在历代帝王，特别是在清帝的褒奖下，关羽的地位被抬得越来越高。清代皇帝标榜关羽为“万世人极”，封之为“忠义神武仁勇威显护国保民精诚绥靖翊赞宣德关圣大帝”（《清史稿·礼乐志》）。关公信仰的核心，是一个“忠”，一个“义”，所谓“义不负心，忠不顾死”。所以乾隆皇帝要把前朝加封关羽的谥号，改为“忠义”，并要求抄录在《四库全书》里，以强调臣民的“忠”与“义”。

乾隆帝这道谕旨明令将《三国志·蜀志》卷六《关羽传》中关羽的谥号由原来的“壮缪侯”改为“忠义侯”。《荟要提要·三国志提要》校上于乾隆四十年十月，在乾隆帝上谕之前，所以《荟要》本《关羽传》所记关羽谥号，仍作“壮

① 转引自雍正《山西通志》卷一百六十七《祠庙四》，《四库全书》本，第548册，第9页。

缪侯”未改。而文渊阁提要校上于乾隆四十一年九月，已在乾隆帝上谕之后，所以《全书》本《关羽传》就改作了“忠义侯”。

如同二十四史其他各史一样，四库本《三国志》都是依据武英殿本《三国志》誊录的。《荟要总目》记道：“今依内府刊本缮录，据明南北雍本、毛晋汲古阁本恭校。”

武英殿本《三国志》刊于乾隆四年，其后在光绪年间有各种影印本。根据上面所书乾隆帝谕旨，可知殿本初印本《三国志》关羽谥号确实是和历史上刊刻的《三国志》一样作“壮缪侯”。但我们今天看到的武英殿本《三国志》，原刊本已有改作“忠义侯”的。如哈佛大学汉和图书馆藏《三国志》，书口作“乾隆四年校刊”，书中钤“许乃普印”“愚斋图书馆藏”“哈佛大学汉和图书馆珍藏印”。是此书本是许乃普藏武英殿本。书中可见关羽谥号已作“忠义侯”。仔细看，可以看到此书“忠义”二字是挖改过的，即将“壮缪”二字挖去，又在此处嵌入小木块，并补刻“忠义”二字。嵌入木块的痕迹很明显，而且“忠”字笔画明显比其他文字的笔画要粗。乾隆帝谕旨要改关羽谥号，武英殿自然不能不改，但就《三国志》这部书来说改动不多，不可能全部重新刊刻，于是就将已经刊刻的武英殿本局部作了挖改。许乃普生于乾隆五十二年，卒于同治五年。嘉庆二十五年进士。书上既钤有其印章，则此书刊刻当在同治之前，似是武英殿原刊修版本[①]。

因不可能将现存所有的武英殿本《三国志》一一核对，所以无法说明该书是否都像哈佛大学汉和图书馆那样作了挖改，但光绪年间影印本则都已作“忠义侯”。问题是光绪影印本书口也照印了“乾隆四年校刊”字样，这就会使人误认为武英殿本原来就是作“忠义侯”的。在笔者所见《三国志》清代各本中，只有《荟要》本作“追谥羽曰壮缪侯”，还保留了武英殿本的原貌，殊为可贵。杨家骆在《四库全书概述》中，说到《四库全书》对于收入各书原本多有笔削时说：“关帝之谥改为‘忠义’，钞本、刻本一律照改。”[②]这是因为未见《荟要》，所以不是完全准确。

然而文字校改是一件很复杂的事，同样是关羽谥号的改易问题，在《通志》里我们看到的却是另一种情形。乾隆四十二年七月初四日，军机大臣奏

① 此书未见原本，今据网上所示图书。网址：http://pan.baidu.com/share/link? uk=487779382。

② 杨家骆《四库全书概述》一《编纂·四库全书校理时之窜改》，第21页。

查明总裁程景伊等错误次数请交部察议片。据该片所记，四月起至六月止，四库馆进过《全书》散片及武英殿进过《荟要》各二次。军机大臣查核所进之书，总校侍朝于《通志》卷内，关帝谥号仍照旧书写，未经校出。奉旨非寻常错误可比，著记过三次（《纂修四库全书档案》三九九）。军机大臣所说见于《通志》卷一百十八上《蜀列传·关羽传》。今查，文渊阁本依然作"壮缪侯"未改，而《荟要》本已改作"忠义侯"。说明《荟要》已遵旨改过。

一般情况下，《荟要》相对而言更忠实于底本，有时即使遇到一些违碍文字，也能不避改。如元杨维祯《铁崖古乐府》，《荟要总目》云："今依前浙江巡抚臣三宝所上明毛晋汲古阁刊本缮录恭校。"指本书所用誊录底本为毛晋汲古阁本。《铁崖古乐府》卷二有《昭君曲》二首。昭君即王嫱，汉元帝时期宫女。出塞和亲，被南匈奴单于呼韩邪封为宁胡阏氏。杨维祯吟咏此事，自然无法回避胡汉问题。其诗首句即云："胡月生西弯，明妃西嫁几时还。"其第二首又云："胡雁向南飞，明妃西嫁几时归。胡酥入馔损汉食，胡风中人裂汉衣。胡音不通言语译，分死薄命穹庐域。"作者多用"胡"字，以表达异域、汉家在文化、习俗、语言等方面的差异。《荟要》本与誊录所用底本汲古阁本完全相同，几个忌讳字眼一个未改。《荟要》本未改，可能认为此诗所写为汉代之事，虽然"胡"字为忌讳字，但其事与清代统治者特别关注的元明时代相距甚远，所以未特别加意于此。同时乾隆四十二年十一月十四日上谕亦云，对以往典籍中的夷、狄等字可以不改，"又岂能改易，亦何必改易"。《荟要》本《铁崖古乐府》提要校上于乾隆四十三年四月，已在乾隆上述谕旨之后，纂修官或理解为这些词语也可以不改。

而文渊阁本、文津阁本则多作了改动。如将第一句"胡月生西弯"改成了"边月生西弯"。又第二首的前五句，文渊阁本分别改作"边雁向南飞，明妃西嫁几时归。酪酥入馔损汉食，酸风中人裂汉衣。声音不通言语译"，文津阁本这几句改作"边雁向南飞，明妃西嫁几时归。酪酥入馔损汉食，朔风中人裂汉衣。言语不通令沓译"。可见四库本将"胡"字完全改掉了。

二、从"按语"看《荟要》与《全书》的关系

这里所说的"按语"是指《荟要》和《全书》一些篇卷后面所附的纂修官撰写的校勘记。如《荟要》本宋王舆之撰《周礼订义》卷四十三后"按语"云："谨

案：第九页后七行‘梁曰芗萁’，刊本‘萁’讹‘箕’，据《礼记》改。”“第十八页前三行‘非《春秋》之祈报’，刊本‘祈’讹‘所’，今改。”通常各篇的第一条“按语”标“谨案”二字，第二条以下直接写校勘内容。“按语”主要是对文本作文字上的校勘，每条“按语”都标注正文的页数、行数，以便查找。《荟要》本文字大都据“按语”作了改正，部分文渊阁本中也作了相应改正。《全书》一些篇卷，也附有“按语”。如《南史》卷五“按语”云：“谨案：卷四第十页后七行‘公忠诚慷慨’，刊本‘诚’讹‘议’，据监本改。”《荟要》“按语”与《全书》“按语”有联系也有区别。

《荟要》与文渊阁本“按语”可以互为补充。

如宋朱鉴编《诗传遗说》，《荟要》与文渊阁本卷四后面都有“按语”。《荟要》“按语”有 8 条，文渊阁本“按语”有 2 条。这些“按语”内容互不重复，可互为补充。

《荟要》本卷四“按语”云：“第十页后一行，螽斯动股。考《豳风》作‘斯螽’，向无‘螽斯’之名。此说应是作者误记。因识于此，俟考。”今查《荟要》此句，作：“然《七月》诗乃云‘螽斯动股’，则恐‘螽斯’即便是名也。”文渊阁本作：“然《七月》诗乃云‘斯螽动股’，则恐‘螽斯’即便是名也。”这是回答学生“螽斯”之“斯”是否语辞即虚字的问题，朱熹因以《豳风·七月》中诗句“螽斯动股”以答，谓“螽斯”恐怕即是昆虫的名称，“斯”并非语辞。从所引文句看，《荟要》本已按照“按语”的内容作了改动，而文渊阁本没有改。然此处下文即说：“则恐‘螽斯’即便是名也。”上文自然不可能作“斯螽”。况且整个一段问答，均说“螽斯”，未说“斯螽”，所以如同《荟要》那样改动是完全可以的，文渊阁本未改，要么是疏忽，要么是过于拘泥了。

文渊阁本卷四“按语”只有两条，其中第一条“按语”云：“第十二页前二行，公侯好仇，原本‘仇’讹‘逑’，今改。”“仇”与“逑”意思相同，均有匹配之意。此处说到“公侯好仇”，以下又云“公侯腹心”，明显是解释《诗经·周南·兔罝》之句。《兔罝》之句未有作“公侯好逑”的，故“按语”谓是原本“仇”讹“逑”，正文并据此作了改正。《荟要》作“公侯好逑”，显然是与《关雎》诗句“君子好逑”相混淆了。文渊阁本这一条“按语”可以补正《荟要》本的错讹。

文渊阁本第二条“按语”云：“第三十页后三行，‘君固尽得以知之’，原本‘固’讹‘得’，今改。”而《荟要》本“按语”作：“第三十页后四行，‘君得尽得以知之'，上'得'字疑衍。"这说的是同一处文字，一说三行、一说四行，是因两个本子缮录行款略有差异。《荟要》本是根据《通志堂经解》缮录的，《通志堂经解》正作"君得尽得以知之"[①]。所以就《荟要》来说，照原本抄录，并没有错。然据宋黎靖德《朱子语类》第八十一（明成化九年陈炜刻本）、宋朱熹《朱子全书》卷三十五（清康熙五十三年武英殿刻本）、元刘瑾《诗传通释》卷八（《四库全书》本）、明胡广《诗传大全》卷八（《四库全书》本）、清程川《朱子五经语类》卷五十三（《四库全书》本）等，此句实作"君则尽得以知之"。是《荟要》本（实际即《通志堂经解》本）固然未必一定准确，而文渊阁本"按语"所校改也未必有根据。查《诗传遗说》版本，今存最早的就是《通志堂经解》本[②]，所以其书原文已不可见。就《荟要》本和《全书》本看，与《朱子语类》《朱子全书》所引都不相同，但《荟要》有《通志堂经解》本的依据，而《全书》校改则并无版本依据。文渊阁本"按语"往往会说明校改依据，如《隋书》卷七十八"按语"云："谨案：卷七十八第一页后二行，'其所由来久矣'，刊本'久'讹'者'，据毛本改。""第十二页前二行，'行吴兴郡事'，刊本'行吴'二字讹倒，据监本改。"而《诗传遗说》这条按语只是说"原本'固'讹'得'，今改"，馆臣未显示版本依据，是因为找不到版本依据，说明这是馆臣的臆改。"按语"对研究、评价《荟要》本和《全书》本的差异有一定意义。

《荟要》与《全书》收录的图书有些是相同的，这些图书的相互比较，也是四库学值得研究的课题。要比较图书之间的关系，则图书抄录时间的先后，是首先要判断的。我们现在看《荟要》本与文渊阁本图书的抄写时间先后，主要是根据书前提要的时间。其实《荟要》"按语"在《荟要》本、文渊阁本相同图书抄录时间先后的比较、判断方面，也能起到相应的作用。兹以"二十四史"誊录时间的判断为例。

在《四库全书》收录的历代正史中，我们根据书前提要校上的时间，认为《史记》《晋书》《宋书》《魏书》《北史》《唐书》《旧五代史》《元史》这八部是文渊阁本抄写在先，《荟要》本抄写在后。除了没有"按语"的两部史书外，其余六部经过我们抽样检查，发现《荟要》"按语"指出的讹误，在文渊阁本中没有得到改正。如：

① 宋朱鉴《诗传遗说》卷四，清康熙刻《通志堂经解》本，第 23 页。

② 《中国古籍总目》经部，第 327 页。

《荟要》本《史记》卷二十三《礼书》题解《正义》,“按语”云:“卷二十三第一页后二行,君臣朝廷尊卑贵贱有序,各本‘廷’讹‘仪’,据本书改。”文渊阁本作“君臣朝仪尊卑贵贱有序”,与《荟要》本不同。中华书局点校本作“朝廷”[①],是文渊阁本有误,并未依据“按语”作修改。

《荟要》本《史记》卷七十九《范雎传》“按语”云:“第十页后七行,宜阳二,刊本‘阳’下衍‘令’字,今删。”所说甚是,今中华书局点校本即无“令”字[②]。文渊阁本有此字,当是未作改正。

《荟要》本《晋书》卷五十二《郄诜传》“按语”云:“卷五十二第五页后八行,止戈为武,刊本‘为’讹‘而’,今改。”文渊阁本仍作“止戈而武”。

《荟要》本《宋书》卷十九《乐志》“按语”云:“此卷中凡‘歌’字,刊本皆作‘哥’,他卷则否。今并一体改作‘歌’字。”文渊阁本仍作“哥”未改。

《荟要》本《北史》卷八十三《文苑·王胄传》“按语”云:“第四十四页后四行,帝尝自东都还京师,刊本‘都’讹‘宫’,据毛本改。”这条校记也见《四库全书考证》,其书卷二十七史部《北史》云:“《王胄传》:帝尝自东都还京师,刊本‘都’讹‘宫’,今改。”文渊阁本仍作“帝尝自东宫还京师”。

《荟要》本《北史》卷八十九《艺术·张胄玄传》“按语”云:“第四十九页后七行,见诸星各有盈缩之数,刊本‘星’讹‘见’,据毛本改。”文渊阁本仍作“见诸见各有盈缩之数”。《隋书》卷七十八《艺术·张胄玄传》正作“见诸星各有盈缩之数”,是文渊阁本有误。文津阁本后一“见”字作“星”,但可以看到这个“星”字字迹与上下文都不同,显然是后来改的。

在《四库全书》收录的历代正史中,我们根据书前提要校上的时间,认为《前汉书》《后汉书》《三国志》《南齐书》《梁书》《陈书》《北齐书》《周书》《隋书》《南史》《旧唐书》《五代史》《宋史》这十三部是《荟要》本抄写在先,文渊阁本抄写在后。我们同样作了抽样检查,发现除了没有“按语”的《北齐书》外,其余凡《荟要》“按语”指出的讹误,在文渊阁本中已得到了改正。如:

《荟要》本《后汉书》卷五十四《马援列传》“按语”云:“卷五十四第二十页前一行,内王于不测之地,刊本‘内’讹‘囚’,据《战国策》改。”文渊阁本已改。

---

① 《史记》,第 1157 页。本文所引《二十四史》,除有说明外,均为中华书局 1997 年出版《二十四史》合订本。

② 《史记》,中华书局新修订本,2013 年,第 7 册,第 2911 页。

《荟要》本《陈书》卷三十六《始兴王叔陵传》“按语”云：“卷三十六《考证》第一页前三行：自小航渡欲趋新林，刊本‘小’讹‘有’，今改。”今查武英殿本（如光绪同文局石印本），正作“自有航渡欲趋新林”。文渊阁本不误，是已直接改正。从这一校记可以看到，“按语”不仅校勘正文，对四库馆臣的《考证》，也作校勘。

《荟要》本《周书》卷二十三《苏绰传》“按语”云：“第六页前四行，若此三时不务省事，刊本‘时’讹‘者’，据《北史》及毛本改。”文渊阁本已改。

《荟要》本《隋书》卷二十六《百官志》“按语”云：“卷二十六第四页后二行，糠秕文案，刊本‘秕’讹‘批’，据监本改。”文渊阁本已改。

《荟要》本《五代史》卷二十四《唐臣·郭崇韬传》“按语”云：“卷二十四第二页前六行，乃遣崇韬与毛璋，刊本‘璋’讹‘彰’。《毛璋传》见卷二十六，又互见二十五卷《符存审传》，今改。”文渊阁本已改。

《荟要》本《五代史》卷七十三《四夷附录第二》“按语”云：“卷七十三第七页后二行，草软如茸，刊本‘软’讹‘畝’，今改。”文渊阁本已改。

以上情况说明，我们通过比较《荟要》本与文渊阁本文字的差异，并对照《荟要》“按语”有没有在文渊阁本中得到体现这一点，来判断《荟要》本与文渊阁本抄写时间的先后，是有一定依据的。不过我们也发现抄写在先的史书与抄写在后的《荟要》“按语”文字一样。例如文渊阁本《史记》是正史中最早抄写完成的，里面确实有不少文字与《荟要》“按语”所说不一样，但是我们也发现有一些文字，和《荟要》“按语”完全相同。例如：

《荟要》本《史记》卷七十九《范雎传》“高平拔之”《正义》，“按语”云：“第十五页后七行，春秋时周桓王以与郑。案：‘秦时’，当作‘春秋时’。”今查文渊阁本，也作“春秋时”。再如《荟要》本《史记》卷一百十三《南越尉佗列传》“佗秦时用为南海龙川令”《正义》，“按语”云：“第一页后八行，即穴流泉，刊本‘流’下衍‘东’字，据《汉书》注删。”今查文渊阁本，与《荟要》本同，已无“东”字。

这种情况是否和我们上面所说的是否矛盾呢？我们认为不矛盾，先抄写的文渊阁本之所以会和后出现的《荟要》“按语”相同，是因为文渊阁本后来根据“按语”作了改动的缘故。如《范雎传》“高平拔之”一例，所在的双行小注文字如下：“县西北四十里俗谓之韩王城非也春秋时周桓王以与/郑纪年云郑侯使辰归晋阳向更名高平拔之则少曲。”下一行21字，是《四库全书》每行的标准字数，上一行为22字，因为将“秦时”改为“春秋时”，这一行遂多出一字。《南越尉佗列传》“佗秦时用为南海龙川令”这一例正好相反，因为删掉了一个字，所在的一行就变成了20个字。为保持匀称，这一行字距稍有加宽。可以比较的是，文津阁本《全书》，《范雎传》一例仍作“秦时”，《南越尉佗列传》一例也没有删去“东”字，所以涉及的两行文字都很整齐，没有增字、减字的问题。

《荟要》和文渊阁本后来都经过复校。《荟要》复校开始于乾隆五十五年，文渊阁本《四库全书》复校开始于乾隆五十二年，乾隆五十六年又再次进行了复校。《史记》等书的文字改动很可能是在复校时改的。

在文字有增删的情况下，如何判断是在抄写之前改动的，还是在抄写之后改动的，主要就是看每行的字数。文字有增删，每行字数还能保持一致，则肯定是在抄写之时就作了改动。因为在抄写时就已经根据“按语”，在相应位置上将缺漏或多出的文字直接补入或删除了，所以不会造成每行字数的参差。如《荟要》，《宋书》卷十六《礼志三》“按语”指出原书缺漏十四个字，《荟要》本将其一一补出，而并没有出现挤行现象，每行字数相等，就是因为在抄写时即根据校记作了改动。

如果文字有增删后，出现了每行字数不一样这种情形，则一定是在抄写完成后再作的改动。因为原本每行字数相等，如果有个别添字或减字，又不可能因此将整页撤换，就只能在所在行上进行处理，这就会引起字数参差不齐的问题。如《史记》，出现了有的行多字，有的行少字这种情况，就一定是抄写完成后根据《荟要》“按语”再作的改动。还可以举出另外一个例子作参照。《荟要》本卷七十九《范雎传》“按语”云：“第四页前一行，华阳君芊戎，刊本脱‘君’字，据史本文增。”此谓武英殿刻本脱去一“君”字。文渊阁本此处未补“君”字，所以双行小字左右相等。这也从另一方面说明，文渊阁本与《荟要》本文字不同的，就是未作改动的原样，凡与《荟要》“按语”所说相同的，则是后来改正的。了解这一点不仅有助于了解文渊阁本的改动问题，也可以更好地说明《荟要》本与文渊阁本抄写时间的先后问题。

三、四库本《明史》赞语的差异

乾隆年间纂修《荟要》与《四库全书》，史部正史类所收“二十四史”，都以武英殿刻本为底本。不过武英殿刻本二十四史在后来有修改，这样就造成了按照未修改本誊录的《荟要》本，与按照修改本誊录的文渊阁本之间的文字差异。此以《明史》本纪赞语的异同情况为例。

《明史》本纪二十四卷，为明朝16位皇帝传记。每朝皇帝本纪有赞语一篇，共15篇（光宗本纪附于神宗本纪后，赞语亦合为一篇）。15篇赞语中，前五朝皇帝太祖、惠帝、成祖、仁宗、宣宗，及后三朝皇帝神宗、熹宗、庄烈帝，其本纪赞语《荟要》本与《全书》本（这里指文渊阁本，也包括文津阁本）完全相同。中间七帝本纪赞语，《荟要》本与《全书》本有不少差异。差异情况见下表。

《明史》	《荟要》本赞语	文渊阁本、文津阁本赞语
景帝本纪	赞曰：景帝当倥偬之时，奉命居摄，旋正大位以系人心，事之权而得其正者也。笃任贤能，励精政治，强寇深入而宗社乂安，再造之绩良云伟矣。而乃汲汲易储，南内深锢，朝谒不许，恩谊恝然。终于舆疾斋宫，小人乘间窃发，事起仓猝，不克以令名终。惜夫！	赞曰：景帝奉命居摄宜也。当倥偬之际，大难怵心，任贤勤政，宗社再安，所谓"其亡其亡，系于苞桑"者欤。至其逾月即位，汲汲易储，南内深锢，恩谊恝然。终于舆疾斋宫，小人乘间邀利，事起仓猝，不克以令名终。惜夫！
英宗后纪	赞曰：英宗承仁、宣之业，海内富庶，朝野清晏。大臣如三杨、胡濙、张辅，皆累朝勋旧，受遗辅政，纲纪未弛。独以王振擅权开衅，遂至乘舆播迁。乃复辟而后，犹追念不已，抑何其惑溺之深也。前后在位二十四年，无甚秕政。至于上恭让后谥，释建庶人之系，罢宫妃殉葬，则盛德之事，可法后世者矣。	赞曰：英宗承仁、宣之业，海内富庶，朝野清晏。大臣如三杨、胡濙、张辅，皆累朝勳旧，受遗辅政，纲纪未弛。独以王振擅权开衅，遂至乘舆播迁。乃复辟而后，犹追念不置，何其惑也。前后在位二十四年，威福下移，刑赏僭滥，失亦多矣。乃或胪举盛德，以为无甚秕政，岂笃论哉。
宪宗本纪	赞曰：宪宗早正储位，中更多故，而践阼之后，上景帝尊号，恤于谦之冤，抑黎淳而召商辂，恢恢有人君之度矣。时际休明，朝多耆彦，帝能笃于任人，谨于天戒，蠲赋省刑，闾里日益充足，仁、宣之治，于斯复见。顾以任用汪直，西厂横恣，盗窃威柄，稔恶弄兵。夫明断如帝而为所蔽惑，久而后觉，妇寺之祸固可畏哉。	赞曰：宪宗践阼之初，朝多耆彦，蠲赋省刑，闾阎充足，迹其上景帝尊号，雪于谦之冤，抑黎淳召商辂，可以修明纲纪，奋发有为矣。顾乃举错混淆，杂流竞进，且不鉴土木之失，柄用汪直，威福下移，厂卫之祸，遂与有明终始。履霜坚冰，势成积重，可不慎哉，可不畏哉。

续表

《明史》	《荟要》本赞语	文渊阁本、文津阁本赞语
孝宗本纪	赞曰：明有天下，传世十六，太祖、成祖而外，可称者仁宗、宣宗、孝宗而已。仁、宣之际，国势初张，纲纪修立，淳朴未漓。至成化以来，号为太平无事，而晏安则易耽怠玩，富盛则渐启骄奢。孝宗独能恭俭有制，勤政爱民，兢兢于保泰持盈之道，用使朝序清宁，民物康阜。《易》曰："无平不陂，无往不复，艰贞无咎。"知此道者，其惟孝宗乎。	赞曰：明有天下，传世十六，太祖以来继体之君，可称者仁宗、宣宗、孝宗而已。仁、宣之际，国势初张，纲纪修立，淳朴未漓也。成化以后，号为太平，夫宴安则长佚怠，富盛则启骄奢。孝宗恭俭爱民，勤勤于持盈保泰，十八年间朝序清明，民物康阜，非偶然也。虽其时监军镇守，未革刑余，内批传奉，尚沿秕政，而乾纲是饬，大德不逾，信为一代令主矣。
武宗本纪	赞曰：明自正统以来，国势寖弱，毅皇手除逆瑾，躬御边寇，奋然欲以武功自雄。然耽乐嬉游，昵近群小，至自署官号，冠履之分荡然矣。犹幸用人之柄躬自操持，而秉钧诸臣补苴匡救，是以朝纲紊乱，而不底于危亡。假使承孝宗之遗泽，制节谨度，有中主之操，则国泰而名完，岂至重后人之訾议哉。	赞曰：毅皇承孝宗之遗泽，民庶乐康，朝多耆旧，使有中主之资，委裘端拱，亦可蒙业受成也。顾乃昵比小人，慢游淫戏，万几坐旷，大柄潜移。刘瑾煽祸于前，江彬肆毒于后，纪纲废坠，中外寒心矣。然且俘叛藩，靖群盗，卧薪厝火，危而不亡，将天心未厌，犹欲扶持而安全之耶。一伤于狎虎，再病于覆舟，身殒豹房，卒用不嗣。禽荒色荒之戒，有以夫。
世宗本纪	赞曰：世宗御极之初，力除一切弊政，天下翕然称治。顾迭议大礼，舆论沸腾，倖臣假托，寻兴大狱。夫天性至情，君亲大义，追尊立庙，礼亦宜之。然升祔太庙，而跻于武宗之上，不已过乎。若其时纷纭多故，将疲于边，贼讧于内，而崇尚道教，享祀弗经，营建繁兴，府藏告匮。百余年富庶治平之业，因以渐替。虽剪剔权奸，威柄在御，要亦中材之主也矣。	赞曰：世宗御极之初，力除一切弊政，天下翕然望治。顾迭议大礼，舆论沸腾，倖臣假托，寻兴大狱。夫天性至情，君亲大义，追尊立庙，礼亦宜之。然升祔太庙，而跻于武宗之上，不已过乎。若其时纷纭多故，将疲于边，贼讧于内，而崇尚斋醮，营建繁兴。百余年富庶治平之业，因之渐替矣。然且倚任权奸，果戮直臣，以快其志，亦独何哉。
穆宗本纪	赞曰：穆宗在位六载，端拱寡营，躬行俭约，尚食岁省巨万。许俺答封贡，减赋息民，边陲宁谧。继体守文，可称令主矣。第柄臣相轧，门户渐开，而帝未能振肃干纲，矫除积习。盖亦宽恕有余，而刚明不足者欤。	赞曰：穆宗在位六载，端拱寡营，躬行俭约，尚食岁省巨万。许谙达封贡，减赋息民，边陲宁谧。汔可小康矣。第柄臣相轧，门户渐开，而帝未能振肃干纲，矫除积习。盖亦宽恕有余，刚明不足者与。

《荟要》本与《全书》本之所以有如此多的差异，与《明史》纂修与修改的经过有关。

《荟要》本与《全书》本誊录依据的都是张廷玉纂修的《明史》。此书乾隆四年由武英殿刊刻。但此书刊印后，乾隆帝并不满意，谕令要求修改。乾隆年间《明史》的修改，包括有关蒙古人名地名的改译与内容修订两个过程。

先是乾隆四十年五月十八日，谕内阁查改《明史》对音讹舛之处（《纂修四库全书档案》二六七），乾隆四十二年三月二十九日并下旨派英廉、钱汝诚为总裁，专管《明史》改译事（《纂修四库全书档案》三七二）。

其后是对《明史》内容的修改。乾隆四十二年五月十三日，乾隆帝谕内阁，所有《明史本纪》着英廉等将原本逐一考核添修。谕旨略云："前因《明史》内于蒙古人、地名昔译未真，特命馆臣照《辽》《金》《元》，三史例查核改订，并就原板扣算字数刊正，其间增损成文不过数字而止，于原书体例无多更易。……《明史》修自本朝，屡淹岁月，直至朕御极以后，始克勒成一书。其时秉笔诸臣因时代既远，传闻异辞，惟恐涉冗滥之嫌，遂尔意存简括，于事迹要领不能胪纪精详，于史法尚未允协。前因《明纪纲目》所载本末，未为赅备，降旨另行改辑。所有《明史本纪》并著英廉、程景伊、梁国治、和珅、刘墉等将原本逐一考核添修，务令首尾详明，辞义精当。仍以次缮进，候朕亲阅鉴定，重刊颁行，用昭传信。"（《纂修四库全书档案》三八四）

按照谕旨所说，乾隆四十二年之前，主要是按照《辽》《金》《元》三史例查核改订《明史》中蒙古人、地名，其他内容没有多作改动，"其间增损成文不过数字而止"，"于原书体例无多更易"。乾隆四十二年之后，则重点对内容，包括本纪赞语，作了大量改动。乾隆帝对《明史》的这种修改非常重视，这从乾隆四十二年五月二十一日，四库全书馆总裁英廉等奏请派王太岳等编校《明史本纪》折中也可以看到。奏折云："窃臣等奉旨派办《明史本纪》，所有查对志传、详校《实录》，必须纂修专员协同办理，方免草率遗漏。"（《纂修四库全书档案》三八八）文渊阁本《明史》书前提要校上于乾隆五十四年正月，其时《明史》修订早已结束，所以无论是蒙古人名等，还是文本内容，都作了很多修改。这说明乾隆帝的旨意得到了执行。

正是由于乾隆年间的这次修改，使得乾隆四年的武英殿本《明史》与乾隆四十年以后在武英殿本基础上修改过的《明史》有了许多文字差异。馆臣将修改过的本子称之为“新定之本”。文渊阁、文津阁本就是按照这个本子抄录的。《四库全书简明目录》云:“《明史》三百三十六卷,国朝保和殿大学士张廷玉等奉敕撰。经始于康熙十八年,雍正二年诏诸臣续蒇其事,至乾隆四年告成。其中考究未详者,近又承命刊正。今谨以新定之本著于录。”

然而《荟要》本仍是照原武英殿本抄录的,这样《荟要》本与《全书》本就有了文字差异。我们查看《荟要》本,其文字与武英殿原本一致。就本纪赞语来看,除了上面已经列举的例证外,再举一个例子。《庄烈帝本纪》赞语,《荟要》本与《全书》本相同,但有一处略有区别。如文渊阁本作:“帝承神、禧之后,毅然有为。”《荟要》作:“帝承神、熹之后,慨然有为。”武英殿本与《荟要》本同。从中可以看到两者的关系。由此可以看到,《荟要》本与《全书》本的差异,实际上就是武英殿原本和修改后的武英殿本的差异。

由于《荟要》本《明史》没有书前提要,其他地方也没有明确的记载,所以《荟要》本《明史》誊录时间难以确定。但是我们从《荟要》本与武英殿本的比较中大致可以推测《荟要》本《明史》誊录的时间。

上文指出,乾隆年间《明史》的修改,包括有关蒙古人名、地名的改译与内容修订两个方面。这两个方面的修改不是同时进行的。先是在乾隆四十年五月十八日,谕内阁查改《明史》对音讹舛之处,后于乾隆四十二年五月十三日提出对内容的修改。

我们查《荟要》本《明史》,发现专名已作修改,而内容没有改动。由此可以大致推测《荟要》本《明史》誊录于乾隆四十年之后、四十二年之前。

例如据王颂蔚《明史考证捃逸》所记,人名如“火力赤”要改为“浩尔齐”,“把孙巴孙”要改为“博逊”,“拜泰古”要改为“巴勒唐古”等等;官名如“达鲁花赤”要改为“达噜噶齐”等等。今查百衲本影印武英殿本《明史》,确如王颂蔚所说,而《荟要》本已作改动,《全书》本也作了相应改动。就《荟要》本来说,我们不可能将需要改译的专名全部去一一核对。但就已经改译的情况看,《荟要》本确实是按照乾隆帝谕旨要求去做了。由此说明《荟要》本的誊录一定是在乾隆帝下谕之后。

当然由于改译的工作量太大,有未改的,这也难免。例如按照要求,“俺答”要改为“谙达”。今查文渊阁本“俺答”“谙达”都用,《荟要》本也是如此。如《荟要》本《明史》卷十七《世宗本纪》所记,嘉靖二年“三月乙巳俺答寇大同”。又，二十年“七月，丁酉谙达、阿布该遣使疑塞求贡”，二十一年“五月戊辰，谙达、阿布该遣使款大同塞”，“六月辛卯，谙达寇朔州”等等。“俺答”“谙达”均用。另外所谓改译主要是就《明史》以及辽金元史说的，《四库全书》收录的其他图书中用到的这些专名有改的，也有未改的。

再据段琼林撰《明史本纪原本补本异同录》所记，原本所记蒙古人名、官名等，如彻里不花、脱脱、蛮子海牙、定定、察罕帖木儿等等，《荟要》本、文渊阁本都作了改动，两者没有说明差异。但《荟要》本其他内容则与原本一致。《明史本纪原本补本异同录》以武英殿原刻本为“原本”，乾隆四十二年修订本为“补本”，比较两者的差异。兹以卷一《太祖本纪》所记为例。

如：“五月上元宁国句容献瑞麦。〇补本无此句。”按：此句原在“夏四月丁卯，自将攻宁国，取之。拜布哈降”“六月，赵继祖克江阴”之间[①]。“〇”前为原本，“〇”后为补本。《荟要》本有此句，文渊阁本无此句。

再如：“彼以偏师缀我，而全军趋金陵，顺流半日可达，吾步骑急难引还。〇补本作：彼知我出，以偏师缀我，而全军顺流趋金陵，半日可达，吾步骑亟还，已穷日矣。”[②]《荟要》本与原本同，文渊阁本则与补本同。

又如：“执大都督朱文正以归，数其罪，安置桐城。〇补本‘归’字下多‘文正，太祖从子，在镇骄淫肆虐，被责惭惧，谋叛附张士诚。群臣请置之法，太祖不忍加诛’三十四字，无‘数其罪’三字。”[③]《荟要》本与原本同，文渊阁本与补本同。

其余不烦一一举例。

《荟要》本对蒙古专名作了修改，但对内容未作改动，这说明《荟要》本《明史》誊录一定在乾隆四十二年五月十三日之前。否则在乾隆帝谕令也要修改内容的情况下，《荟要》自然不敢不改。

关于《全书》本与武英殿本《明史》的差异，已有许多论文指出过[④]。由于未能与《荟要》本核对，对四库馆臣的修改过程难以有很好的说明。

---

① 段琼林《明史本纪原本补本异同录》，1932 年故宫博物院影印本，第 1 页。《明史》，中华书局，1974 年，第 6 页。

② 段琼林《明史本纪原本补本异同录》，第 1 页。《明史》，第 8 页。

③ 段琼林《明史本纪原本补本异同录》，第 2 页。《明史》，第 13 页。

④ 如乔治忠、杨艳秋《〈四库全书〉本〈明史〉发覆》，《清史研究》1999 年第 4 期；苏循波《乾隆四十二年〈明史本纪〉补纂及其价值》，《历史教学》2013 年第 4 期。

清廷要求四库本改动的指示很多都得到了执行，在四库本中有反映。但由于情况比较复杂，也有疏忽遗漏，这也使得四库本会产生差异。例如乾隆五十七年七月十四日，军机大臣奏于《通鉴辑览》凡例增入小国年号后黏签进呈片云："查'附庸小国，岁首不载年号'一节，《通鉴辑览》凡例内未经叙入。臣等遵旨于凡例所载历代纪年一条下增入。谨黏贴黄签进呈，恭候钦定。发下后，再交武英殿改刻，并将四阁全书缮本一体添改。"(《纂修四库全书档案》一四四九)七月二十九日军机处上谕档"《御批通鉴辑览》小字板《凡例》遵旨添删式"说得更为具体，而且还增加了一条。其文云："《御批通鉴辑览》小字板凡例第八、第九条，遵旨添删式：一、《尚书》备称祀载，《春秋》首纪春王，统事表年，实史家大法。是书于历代纪年之际，大书分注，进退攸关，皆仰禀圣谟，权衡允协。其有未改岁而事涉两朝者，则并用一年两系之例，以存其统。至附庸小国，岁首不书年号，惟嗣位改元乃一书。一、正统偏安之辨，其界最严。前史每以兴代，而纪载前朝，因多偏徇。若续纲目于宋、元、明之际，更属不公，瀛国既执，而犹以宋纪年，顺帝未亡，而即标明国号，任意低昂，适足贻讥识者。今自景炎而后，至正以前，皆恪奉宸裁，统归元纪。至于明之崇祯十七年，明统尚存，亦用大书纪岁，而福王事迹并遵旨采辑，附书明纪。大公至正，旷古无伦。谨于卷内恭录御制文冠诸卷首，以昭定论。"此"添删式"还要求"《四库全书》照此增删改写"(《纂修四库全书档案》一四五三)。

此"添删式"包含添与删两个内容。"添"就是在《凡例》第八条最后加上"至附庸小国，岁首不书年号，惟嗣位改元乃一书"这一句。"删"就是将原刻本《凡例》第九条"谨于一百十六卷内"这句改成"谨于卷内"，删去"一百十六"四个字。

今查文渊阁本《全书》，《凡例》已完全和"添删式"所说相同，当是后来按照要求重改动的。但《荟要》本则一字未改，既未增添，也未删去。由此使得《荟要》本与其他四库本产生了差异。

同时需要说明的是，尽管上述《全书》本《明史》按照乾隆帝的旨意，在内容上作了很多修改，尤其是本纪赞语改动更为明显，但所有这些改动都仅仅是体现在《明史》中而已，《明史》以外的内容，基本没有改动。此处以与《明史》关系密切的《御定资治通鉴纲目三编》《御批历代通鉴辑览》为例加以比较。

《景帝本纪》,《御定资治通鉴纲目三编》卷十二、《御批历代通鉴辑览》卷一百五引《明史》赞语,除个别词语外,与武英殿本、《荟要》本完全相同,与文渊阁本不同。

《英宗后纪》,《御定资治通鉴纲目三编》卷十二、《御批历代通鉴辑览》卷一百五引《明史》赞语相同,其文云:"《明史》赞曰:英宗承仁宣之业,朝野清宴,大臣辅政,纲纪未弛。独以王振擅权开衅,遂至乘舆播迁。乃复辟而犹追念不已,抑何惑也。然而释建庶人之幽系,罢宫妃之殉葬,则盛德之事,可法后世者矣。"这一内容基本是武英殿本、《荟要》本《英宗后纪》赞语的压缩,文字与文渊阁本《英宗后纪》赞语相差很多。就观点看,也和武英殿本一致,而和文渊阁本的批判性结语很不相同。

《宪宗本纪》,《御定资治通鉴纲目三编》卷十五引《明史》赞语,与武英殿本、《荟要》本完全相同,与文渊阁本不同。《御批历代通鉴辑览》卷一百六引《明史》赞语云:"宪宗践阼之后,上景帝尊号,卹于谦之冤。时际休明,朝多耆彦,蠲赋省刑,闾里充足,仁、宣之治,庶几复见。顾以任用汪直,盗窃威柄,为所蔽惑。久而后觉,宦寺之祸,固可畏哉。"这段赞语就是武英殿本赞语的节略。

《孝宗本纪》,《御定资治通鉴纲目三编》卷十七引《明史》赞语,与武英殿本、《荟要》本完全相同,与文渊阁本不同。《御批历代通鉴辑览》卷一百七引《明史》赞语云:"明有天下,传世十六。孝宗独能恭俭有制,勤政爱民,兢兢于保泰持盈之道,用使朝序清明,民物康阜。《易》曰:'无平不陂,无往不复,艰贞无咎。'知此道者,其惟孝宗乎。"这段赞语就是武英殿本赞语的节略,它删去了对以往列朝皇帝称颂的语句,直接评述孝宗的功绩。

《武宗本纪》,《御定资治通鉴纲目三编》卷十九、《御批历代通鉴辑览》卷一百八引《明史》赞语云:"毅皇手除逆瑾,躬御边寇,奋然欲以武功自雄。然耽乐嬉游,昵近群小,至自署名号,冠履之分荡然矣。然幸用人之柄躬自操持,而秉钧诸臣补苴匡救,其不底于危亡者藉以此夫。"这段赞语就是武英殿本赞语的节略。

《世宗本纪》,《御定资治通鉴纲目三编》卷二十五引《明史》赞语,与武英殿本、《荟要》本完全相同,与文渊阁本不同。《御批历代通鉴辑览》卷一百十引《明史》赞语,与武英殿本、《荟要》本基本相同,略有差异,与文渊阁本则不同。

《穆宗本纪》,《御批历代通鉴辑览》卷一百十引《明史》赞语,与武英殿本、《荟要》本完全相同,与文渊阁本不同。《御批历代通鉴辑览》卷一百十所引,是武英殿本赞语的节略。

以上比较说明,《御定资治通鉴纲目三编》《御批历代通鉴辑览》所引《明史》本纪赞语,或是与武英殿本相同(亦即与《荟要》本相同),或只是在武英殿本的基础上略有删节,但都和《全书》本没有任何关联。这是值得关注的。

《御定资治通鉴纲目三编》原名《明纪纲目》,是乾隆四年纪传体《明史》编纂完成后,乾隆帝下谕编纂的与《明史》相配合的一部纲目体著作。此年八月初七,乾隆帝下谕道:“今武英殿刊刻《明史》将次告竣,应仿朱子义例,编纂《明纪纲目》,传示来兹。”[①]八月二十日,乾隆帝诏命以大学士鄂尔泰、张廷玉为总裁官[②]。乾隆十一年闰三月,《明纪纲目》书成,乾隆帝作序,并撰有《御制明史纲目书成有述》诗六首(《御制诗初集》三十一)。

但乾隆帝对这部书很不满意,乾隆四十年五月十五日下谕要求修改,谕旨道:“张廷玉等原办《纲目》,惟务书法谨严,而未暇考核精当,尚不足以昭传信。着交军机大臣即于方略馆将原书改纂,以次进呈,候朕亲阅鉴定。其原书着查缴。”(《纂修四库全书档案》二六四)《明纪纲目》于乾隆四十七年修改完毕,收入《四库全书》,同时改名为《御定资治通鉴纲目三编》。四库馆臣对修改后的此书颇为信任,书前提要说:“较张廷玉等初编之本实倍为精密。圣人制事以至善为期,义有未安,不以已成之局而惮于改作,此亦可仰窥万一矣。”

然而实际情况未必真如此,我们从以上的比较中可知好多内容其实并未加以改动,或者只是简单作了删节,而并非真正意义上的修改。既然《御定资治通鉴纲目三编》经过了重新修改,为什么此书保持了武英殿本、《荟要》本《明史》本纪赞语较多相同的内容,而未如文渊阁本《明史》本纪赞语那样作较多的改动呢?这里面可能有以下一些原因。一是《御定资治通鉴纲目三编》改定时间在《明史》之前,此书书前提要校上于乾隆五十年二月,而《明史》书前提要校上于乾隆五十四年正月。《御定资治通鉴纲目三编》修改完成时《明史》修改尚未完成。

---

① 《清高宗实录》卷九八,乾隆四年八月辛巳,第486页。

② 《清高宗实录》卷九九,乾隆四年八月甲午,第498页。

其次我们从《纂修四库全书档案》中也可以看到，馆臣对《御定资治通鉴纲目三编》的改动主要是在人名、地名等的改译上，很少涉及内容的改动。乾隆五十年四月二十六日云南巡抚刘秉恬的一道奏折就很说明问题。奏折道："臣敬阅《御撰通鉴纲目三编》并《明史》一书，所载元朝人名层见叠出，现俱仍循其旧，尚未一体更正。臣愚请敕下各省督抚，将各省所有《御撰通鉴纲目三编》及《明史》一书，无论流传之本，与夫坊间翻刻板片，凡有元朝人名均按照《纲目续编》改定字样，详加校对，分别更正，俾归画一，而示来兹。"(《纂修四库全书档案》一一〇〇)刘秉恬提到的动作很大，但也只是要改定元朝人名而已，丝毫没有提到内容的更改。所以《御定资治通鉴纲目三编》引用的《明史》赞语，基本与武英殿本相同。再次也可能与乾隆帝疏于检查有关。乾隆四十年五月十八日上谕云："因思《纲目三编》，虽亦曾经披览，但从前进呈之书，朕鉴阅尚不及近时之详审。"(《纂修四库全书档案》二六七)因为乾隆帝的不够"详审"，使得《御定资治通鉴纲目三编》在内容上没有多少改动。

《御批历代通鉴辑览》是大学士公傅恒等奉敕编撰的一部编年体史书，排辑起自太昊伏羲氏讫于明代的历朝事迹。乾隆三十三年告成进呈。乾隆帝对《御批历代通鉴辑览》颇为自信，乾隆四十年五月十八日谕旨云："若《通鉴辑览》一书，其中体制书法，皆朕亲加折衷，一本大公至正，可为法则。"乾隆帝还下谕令修改《御定资治通鉴纲目三编》也"自当仿照办理"(《纂修四库全书档案》二六七)。大臣对此书也极力吹捧，如乾隆四十九年八月大学士伍弥泰等奏遵议历代帝王祀典折云："伏读《御批通鉴辑览》一书，进退褒贬，酌理准情，毫厘不爽，实为千古史家绳准。"(《纂修四库全书档案》一〇四三)

《御批历代通鉴辑览》纂成后改动不是很大。例如后来引起极大关注的蒙古人名、地名、官名等改译问题，在《御批历代通鉴辑览》编纂时已经作了改动。其书《凡例》云："金、元二史出自后代儒臣之手，大抵音译失宜，乖舛滋甚。历蒙指示，以国语及蒙古语证合本音本义，无不确合。近又命喀尔喀亲王成衮札布进所藏《蒙古源流》一书，堪以互为考证。今并遵旨详加译改，仍于初见处注明旧作某某字样，俾开卷了然，足资考据。"在四库本中经常可以看到这种人名、地名改译的说明。如卷一百十一万历十八年"夏六月青海酋浩尔齐(原注：旧作火落赤，今改，后仿此。)犯边"一条云："至是套部章图哩(原注：旧作庄秃赖。)等据水塘，布色图(原注：旧作卜失土，今并改。)、浩尔齐等据莽拉(原注:旧作莽剌,今改。)、聂恭(原注:旧作捏工今改。)、两川。”

抄入四库本的《御批历代通鉴辑览》其内容也有改动。如《明史》卷四《恭闵帝本纪》,殿本记建文帝死事作:“燕王遣中使出帝后尸于火中。”《荟要》本《明史》同。文渊阁本《明史》作:“棣遣中使出后尸于火,诡云帝尸。”这是修改了殿本。今查《御批历代通鉴辑览》卷一百一,与文渊阁本修改同。不过从现有资料看,内容改动的并不多。同时《御批历代通鉴辑览》书前提要校上于乾隆四十九年十一月,时间也在《明史》书前提要校上之前。

从以上两书情况看,《御定资治通鉴纲目三编》主要改动的是蒙古专名的改译,《御批历代通鉴辑览》的文字改动很少,所以明帝本纪赞语基本和《荟要》相同,而与《全书》有较大差异。这个例子再次说明我们在本书《导论・四库学文献的基本类型》中提到的四库本中“同篇异文”的问题是很值得研究的。

可以补充说明的是,文津阁本因为抄写时间还在文渊阁本之后,所以上述本纪赞语也都已作了改动。

第四节 《明诗综》赵迪、张蒆条文与四库本的差异

在《全书》的誊录与《四库》提要的撰写过程中,经常会遇到一些忌讳的文字。如何处理这些忌讳文字,是《全书》编纂者经常会遇到的问题。研究这些忌讳文字的处理方式,可以更好地了解乾隆时期的文化生态,也有助于更好地使用文献。明赵迪《鸣秋集》的提要,为我们了解四库馆臣的有关处理方式,提供了很好的例证。

我们现在能看到的《四库》提要文献中,有关该书的提要,最早的是《四库全书初次进呈存目》。其全文如下:

鸣秋集二卷

明赵迪撰。迪,字景哲,怀安人,自号白湖小隐。朱彝尊《诗话》谓:余宪《百家诗》以迪为山人。徐庸《湖海耆英集》载《元夕应制诗》;徐泰

《皇明风雅》云:"迪,宜阳人,官吏部侍郎。"然《鸣秋集》有景泰五年迪仲子壮后序,中云:"先人值时多故,投老林泉。"而同时闽人均有挽鸣秋山人诗。则二徐所云,自是别一人矣。兹集即其仲子壮所编次,凡二卷。前载林志序,称其"古诗不下魏晋,而诸作则醇乎唐"。今考其诗,古体颇为薄弱,志说殊诬。律诗谐畅,差有唐音,盖亦晋安一派也。

这段提要中,余宪,为"俞宪"之误。俞宪《百家诗》,即俞宪辑《盛明百家诗》,其"后编"收有赵迪《赵鸣秋集》一卷。《总目》在著录这部书的提要时,全部照录了《初目》的这段文字,不过将《诗话》改成《静志居诗话》《皇明风雅》改成《明风雅》而已,连"俞宪"写作"余宪"这样明显的错误也未予纠正。

《初目》谓"俞宪《百家诗》以迪为山人"云云,出自朱彝尊《诗话》。此处所说"诗话",指朱彝尊编《明诗综》中朱彝尊有关各家作品的评论,也就是《静志居诗话》。《明诗综》是一部辑录明人诗歌作品的总集。《总目》谓其体例云:"每人皆略叙始末,里贯之下各备载诸家评论,而以所作《静志居诗话》分附于后。"也就是说,在所录诗歌前,还包括作者小传、各家评论、编者所作诗话三部分内容。

《明诗综》最早的版本是康熙四十四年刻白莲泾印本,其后除了《四库全书》抄本外,其他各种版本都是以白莲泾印本为基础、在板片上略作修改而印成的。康熙四十四年刻本是其后各本的祖本,保留着未经删改的《明诗综》的原始面貌,以下即以此本所收录的赵迪作品为例,说明其基本体例。赵迪见此本卷十九上,其文为:

赵迪

迪,字景哲,怀安人。自号白湖小隐,有《鸣秋集》。

顾玄言云:景哲兴洽情真,固是逸才。〇钱受之:俞宪《百家诗》以迪为山人。徐庸《湖海耆英集》载迪《元夕应制诗》;徐泰《皇明风雅》云:"宜阳人,官吏部侍郎。"未详孰是。然景哲非山人明矣。

《诗话》:景哲五古学唐人,而得其丰韵,二玄远逊之,不知当日何以不列十子之目。牧斋据二徐氏辩景哲非山人,其实不然。福州林孝廉佶获徐兴公所藏钞本《鸣秋集》,有景泰五年迪仲子壮后序,中云:"先人值时多故，投老林泉。”而同时闽人郑阁公望郑阁公启、郭厘敬夫均有挽鸣秋山人诗。则宜阳人官吏部侍郎、赋《元夕应制诗》者，自是别一人矣。壮，怀安人。中宣德十年乡试，官南海知县，具载闽省贤书。

上述文例中，“迪，字景哲”一节为作者小传，“顾玄言云”一节为各家评论，“诗话”一节即朱彝尊所作《静志居诗话》。按照《明诗综》体例，每卷的第一条全称为《静志居诗话》，以下各条即均简称《诗话》。

我们将康熙刻本《明诗综》的这段文字与《初目》作一比较，就会发现，《初目》谓“余宪《百家诗》以迪为山人。徐庸《湖海耆英集》载《元夕应制诗》；徐泰《皇明风雅》云：‘迪，宜阳人，官吏部侍郎。’”这段话出自朱彝尊《诗话》，此说有误。这段话并不是朱彝尊《诗话》中说的，而是朱彝尊在“各家评论”中引用的钱受之的话。钱受之，即钱谦益。朱彝尊《诗话》中并没有直接引用这段文字。因为在“各家评论”中已经列举了钱谦益的话，在有上下文这一语境下，朱彝尊在《诗话》中自然无需再重复。朱彝尊只是对钱谦益的这段话做了解释，回答了钱谦益的疑问。

《明诗综》的这几段文字意思很清楚。钱谦益说，俞宪辑《盛明百家诗》以赵迪为山人，即隐居在山中的士人；而据徐庸、徐泰的记载，赵迪既撰有《元夕应制诗》，又做过吏部侍郎，显然不是“山人”身份。二者不知何者为是。针对钱谦益的疑惑，朱彝尊在《诗话》中引用了赵迪之子赵壮的序言等资料，指出作为《鸣秋集》作者的赵迪确实是未出仕的山人，而身为吏部侍郎的赵迪则是另一个姓名相同的人。因此在《初目》中，只有“《鸣秋集》有景泰五年迪仲子壮后序，中云：‘先人值时多故，投老林泉。’而同时闽人均有《挽鸣秋山人》诗。则二徐所云，自是别一人矣”这一段文字，才是朱彝尊《静志居诗话》中所说的。《初目》将钱谦益的话与朱彝尊的话笼统称之为“朱彝尊《诗话》谓”，是错误的。

但问题是，从《明诗综》的体例看，两者之间区分得非常清楚，《初目》又怎么会把不是朱彝尊的话说成是朱彝尊《诗话》中的话呢？实际上《初目》这样做完全是出于避忌的需要。

乾隆帝下诏编纂《全书》时，曾明令要禁止钱谦益的著作。乾隆帝有谕旨，四库馆臣自然不敢不照办，所以在这种情况下，《初目》就“削去”了钱谦益之名，而含含糊糊地将两段原本不同的话语糅合到了一起，从而避开了难题。

问题还不仅在此，我们再进一步考察其他四库文献，还可以发现更多的问题。

上面我们详细列出了康熙刻本《明诗综》有关赵迪的记载。《明诗综》也收入了《荟要》和《全书》。我们将《荟要》本和《全书》本的赵迪一条（均在卷二十二）与康熙刻本《明诗综》作一比较，可以发现一些重要的差异。

兹将《荟要》本其文节录如下：

赵迪

迪，字景哲，怀安人。自号白湖小隐，有《鸣秋集》。

顾玄言云：景哲兴洽情真，固是逸才。

《诗话》：景哲五古学唐人，而得其丰韵，二玄远逊之，不知当日何以不列十子之目。愚山据二徐氏辩景哲非山人，其实不然。（下同康熙本《明诗综》，略去）

《全书》本与《荟要》本相同，惟将《诗话》中的“愚山”写作“牧斋”。

《荟要》本和《全书》本关于赵迪的记载也是分为三节。和康熙本《明诗综》相比，主要的区别在两处。第一处是“各家评论”，康熙本有顾玄言（即顾起纶）、钱受之（即钱谦益）两条，而《荟要》本和《全书》本都只有顾玄言一条，钱受之的一条完全删去了。

第二处是朱彝尊的《诗话》，康熙本说“牧斋据二徐氏辩景哲非山人，其实不然”，《全书》本与此相同，《荟要》本则作“愚山据二徐氏辩景哲非山人，其实不然”。牧斋即钱谦益，愚山当指施愚山，即施闰章。

删去钱谦益的条文，将牧斋改作愚山，当然也都是为了避忌。然而这样删改以后就出现了问题。首先，朱彝尊《诗话》谓“牧斋”云云，是就“各家评论”中钱谦益的疑问说的，有明确的针对性。现在删去了钱谦益的原文，《诗话》中的回应就变得没有着落了。也许正是出于这一原因，《初目》宁可将钱谦益之言冒用为朱彝尊之言，也不愿删去钱谦益的原文。

关于第二个问题，即将“牧斋”改为“愚山”，则离事实越来越远。因为尽管《全书》删除了钱谦益的原文，使得后面说“牧斋”如何如何，让人不太明白，但毕竟没有脱离事实。而《荟要》称“愚山”，则根本违背了事实。

稍后于《全书》编纂、而早于《全书》成书的《荟要》，由于系专供皇帝御览，故一向被认为考证精确、校勘精审、缮录认真。乾隆帝对此书的评价也明显要高于《全书》。但从上面的比较中可以看到，《荟要》的问题并不少，有时比《全书》还要严重。

在《明诗综》刊行以后，后人又将朱彝尊所作诗话单独辑出，编为《静志居诗话》行世。《静志居诗话》最通行的版本有清嘉庆二十四年扶荔山房姚祖恩刻本。赵迪收在该书卷六。赵迪名下共两条内容，其文如下，凡与上文相同的用“下略”表示。

赵迪

景哲五古学唐人，而得其丰韵，二元远逊之，不知当日何以不列十子之目。愚山据二徐氏辩景哲非山人，其实不然。（下略）

附录：愚山云：俞宪《百家诗》以迪为山人。（下略）

正文一条就是上面所引的《诗话》“景哲五古学唐人”这条，不过将其中所说的“牧斋”换成了“愚山”。另一条就是将康熙本“各家评论”中钱谦益所说的话变成了“附录”，附在《诗话》后面。为和《诗话》正文“愚山据二徐氏辩景哲非山人，其实不然”相呼应，遂将“钱受之：俞宪《百家诗》以迪为山人”云云，改成了“愚山云：俞宪《百家诗》以迪为山人”云云。这一改动与《荟要》本的改动一样，也是离开事实越来越远。

赵迪因是福建怀安人，所以其诗也收入了郑方坤辑《全闽诗话》卷六。《全闽诗话》有清乾隆诗话轩刻本，也有《全书》本。赵迪其下共有五条引文，其中第一条引自《明诗综》，第二条引自《静志居诗话》。

乾隆本《全闽诗话》第一条引自《明诗综》，作“钱受之：俞宪《百家诗》以迪为山人”云云，第二条引自《静志居诗话》，作“牧斋据二徐氏辩景哲非山人”云云，均与康熙本《明诗综》同。而《全书》本出于同样的原因，也作了相应的修改，分别改成“钱遵王”“遵王”云云。钱遵王即钱谦益的族曾孙、藏书家钱曾。乾隆诗话轩刻本《全闽诗话》卷首有乾隆十九年刘星炜序，是其成书在乾隆帝发布有关查禁钱谦益著作的谕旨之前，所以无需回避钱谦益。《全书》本的

《全闽诗话》则不得不作相应的修改，不过这次换成了钱谦益的族人，其结果也是离开事实越来越远。

我们还可以《明诗综》中张𥇦（亦作“翼”）条所引《静志居诗话》为例。这是一个与上面所说的赵迪《鸣秋集》相似的例子。

张𥇦见康熙刻本《明诗综》卷七，朱彝尊诗话写道：“《诗话》：辛丑夏留湖上昭庆僧舍，时钱受之、曹洁躬、周元亮、施尚白诸先生先后来游。杭人有持元《西湖竹枝》请钱先生甲乙者。先生谓曰：‘和者虽多，要不若老铁。’”诗话写钱谦益游览杭州西湖，并为杭人评定诗作优劣等事。

在《荟要》本《明诗综》中，张𥇦见卷八，相关诗话是这样的：“《诗话》：辛丑夏留湖上昭庆僧舍，时钱湘灵、曹洁躬、周元亮、施尚白诸先生先后来游。杭人有持元《西湖竹枝》请钱先生甲乙者。先生谓曰：‘和者虽多，要不若老铁。’”张𥇦亦收入文渊阁《全书》本《明诗综》卷八，诗话除将“钱受之”改作“钱陆灿”外，其余与《荟要》本同。

清嘉庆二十四年扶荔山房姚祖恩刻本《静志居诗话》卷三收录张𥇦，诗话与康熙刻本《明诗综》相同，“钱受之”三字未改。

除了《明诗综》和与《明诗综》有直接关系的《静志居诗话》外，收录或品评张𥇦诗作的还有以下文献：

清陶元藻《全浙诗话》卷二十七明（清嘉庆元年怡云阁刻本）引《静志居诗话》：“辛丑夏留湖上昭庆僧舍，时曹洁躬、周元亮、施尚白诸先生先后来游。杭人有持元《西湖竹枝》请曹先生甲乙者，先生谓曰：‘和者虽多，要不若老铁。’”

清冯金伯《词苑萃编》卷二十三（清嘉庆刻本）：“辛丑夏留湖上昭庆僧舍，时■■■、曹洁躬、周元亮、施尚白诸先生先后来游。杭人有持《西湖竹枝》请■先生甲乙者。先生谓曰：‘和者虽多，要不如老铁。’”（《静志居诗话》）刻本共有四个墨钉。

清张培仁《静娱亭笔记》卷十（清刻本，卷首有湘乡曾纪鸿序）“西湖竹枝词”条记道：“竹垞翁云：辛丑夏留湖上昭庆僧舍，时钱受之、曹洁躬、周元亮、施尚白诸先生先后来游。时有持元人《西湖竹枝》词请钱先生甲乙者。”

以上各例中可以看到，同一条引文，文字完全相同，不同的只是“钱谦益”这个人物的名字。所谓钱湘灵、钱陆灿，就是同一个人，钱陆灿，号湘灵，所以钱湘灵就是钱陆灿。钱陆灿为常熟人，与钱谦益同里，在《四库全书》中，为避忌，经常用钱陆灿来替换钱谦益。如以《荟要》本朱彝尊《经义考》卷六十三张次仲《周易玩辞困学记》，所引“钱陆灿曰”云云，据乾隆二十年卢见曾刻本《经义考》所记，实际都是钱谦益之语。所以此处用钱陆灿来代替钱谦益，并不奇怪。

陶元藻《全浙诗话》、冯金伯《词苑萃编》两条，则值得注意。前一条删去了钱谦益之人，后一条用墨钉来替代，随后出现的“钱先生”也同样作了相应的处理。《全浙诗话》刻于嘉庆元年，卷首有乾隆五十八年邵晋涵、五十九年毕沅序；《词苑萃编》有嘉庆十年自序。这两部书都刻于乾嘉之际，文人对文字狱大多仍心存疑虑，所以两部书对“钱谦益”之名都采取了回避的态度。

在上述各例中，只有清嘉庆扶荔山房刻本《静志居诗话》和清张培仁《静娱亭笔记》仍著录了“钱受之”之名，与康熙原刻本《明诗综》相同。

嘉庆本《静志居诗话》刻于嘉庆二十四年，距离乾隆年间已有一段时间，嘉庆年间文网渐宽，作者有时会疏忽于此，当然也存在有改动未尽的可能。这一条仍用“钱受之”之名，很可能就是出于这类原因。不用说在嘉庆年间，就是在编纂《全书》时，有时也会出现疏忽，如上述赵迪例中，《荟要》本改动了“牧斋”的名号，而《全书》本则依然保留着“牧斋”这一名号。但这并不表示嘉庆刻本《静志居诗话》没有注意到避忌的问题，例如在上述赵迪例中，就将“牧斋”改成了“愚山”。至于张培仁《静娱亭笔记》，则时代更晚了。此书无具体刊刻年代，但张培仁为道光二十七年进士。据《道光二十七年丁未科会试庚戌拔贡覆试齿录》所记，其生年为道光三年。其书卷首有湘乡曾纪鸿序，曾纪鸿为曾国藩次子，生于道光二十八年。由此可见，《静娱亭笔记》的刊刻可能已在同治、光绪年间。这一时期的图书，有不少已经恢复到删改之前的原始版本的样子。

《明诗综》中这类改动之处甚多。如再举一例。康熙本卷十四郑真小传后，《静志居诗话》记道：

> 钱氏《列朝诗集》，遂谓蕡中洪武三年进士。（康熙本）
>
> 沿至《列朝诗集》，遂谓蕡中洪武三年进士。（《荟要》本）
>
> 后人因之不察，遂谓蕡中洪武三年进士。（文渊阁本）

考之《列朝诗集》，遂谓蕡中洪武三年进士。（文津阁本）

明初士子举于乡者例称"乡贡进士"，南海孙蕡、番禺李德皆乡贡进士，而在地方志中却削去"乡贡"字，径称进士。钱谦益《列朝诗集小传》也有这种疏忽。朱彝尊因说："钱氏《列朝诗集》，遂谓蕡中洪武三年进士。"这里实际是对《列朝诗集小传》的批评。但在纂修《四库全书》之时，固然不能赞颂钱谦益，为尽量避免出现钱谦益之名，直接的批评之语也不好多说，于是就我们能看到的四库本来说，《荟要》本、文渊阁本、文津阁本各自都作了改动，有了三种不同的说法。其中又以文渊阁本改动最大，既不提钱谦益之人，也不提钱谦益之书。不过为了保证尽量不改变原书的篇幅结构，改动的字数一般是相同的。

以上实例使我们看到，四库馆臣为了规避"违碍"字句，是如何任意改动原文的。有时这种改动完全不顾事实，例如同一句话的主人，就有几种说法。

第十一章　《荟要总目提要》学术观念研究

四库馆臣在编纂《荟要》时，同时编纂有《荟要总目》与《荟要提要》。为说明方便，今统称为《荟要总目提要》。《荟要总目提要》通过凡例、部类序言及各书提要，介绍了各类图书的基本内容，描述了中国学术的基本面貌，对传统学术作出了自己的评判。同时《荟要总目提要》成书时间较早，因此较少遭到删削修改，较多地保留了四库馆臣自己的原始观点，较好地显现了提要纂修者的学术个性，并与经纪昀修改后的《总目》呈现出许多学术观念上的差异。《荟要总目提要》是我们研究《荟要》的编纂方式与编纂思想、考察图书内容的重要资料，也是《四库全书总目》研究的重要参照文献。因此，将《荟要总目提要》与《总目》结合起来比较研究，其结论将会更全面，也更客观。但由于种种原因，这部《荟要总目提要》所体现的学术思想没有得到应有的重视，即使是在研究《荟要》的文章中，也很少有人认真讨论该书的提要问题。

第一节　《荟要提要》的目录学成就

一、《荟要提要》概述

《荟要提要》，即《荟要》所收录各书前关于本书的内容介绍。如同《四库全书》收录各书均有一篇提要一样，《荟要》收录各书也各有一篇提要。《荟要提要》的写法参照了《总目》提要的写法，两者的基本要求是相同的。

《荟要》和《全书》相比较，是《荟要》既有"总目"，又有"提要"，我们将其分别称之为《荟要总目》与《荟要提要》。在《荟要》中这两部分内容是相互独立的，但又有一定的联系。《全书》只有收录各书前有一篇提要。另外还编有一部《四库全书总目》。不过《全书》的书前提要与《总目》的关系，和《荟要总目》与《荟要提要》的关系并不雷同。

从目录学的角度看，《荟要提要》主要有以下特点。

《荟要提要》说明图书的编次与版本情况。《荟要提要》对图书的编次与版本情况，有非常具体的说明。如别集三十四宋范仲淹撰《范文正集》提要云："所著诗文本名《丹阳集》，凡诗赋五卷，杂文十五卷。元祐四年苏轼为之序。淳熙丙午鄱阳从事綦焕校定旧刻，又得诗十七篇，为《遗集》附于后，即今《别集》。其《补编》五卷，则国朝康熙中裔孙能浚所搜辑也。"

别集三十九宋蔡襄撰《端明集》提要云："襄集自元代板已散佚，明人皆未睹全帙。闽谢在杭，尝从叶向高入秘阁检寻，亦仅有目而无书。万历中，莆田卢廷选始得抄本于豫章喻氏，于是御史陈一元刻于南昌，即此本也。"

这类例子甚多，这说明《荟要提要》的撰写者对图书的编辑过程与版本情况非常熟悉，同时也清楚认识到版本著录与版本考辨的重要性。这也为后来的版本研究提供了许多有用的资料。

《荟要提要》说明图书编纂、篇卷分合。明苏州沈继孙撰《墨法集要》一卷，《荟要提要》云："原本诸图皆以施功先后为序，惟'样制图'后附以印脱之式，未免参错不伦，其形制亦颇未合。今以二十图列于前，而以印脱之式重加订正，退置卷末，庶端绪秩然而体例尤为尽善云。"说明此书在收入《荟要》时，对内容作了调整。《总目》此条提要与《荟要提要》大体相同，但这一段文字完全被删去，就使得馆臣对原书的改动情况，无人了解了。

《钦定叶韵汇辑》，《荟要提要》云："原本上平下平上去入声，各分上下帙，兹以篇页颇多，谨依次分析，每遇叶韵处，辄别为卷，凡五十八卷。"《总目》于此未有说明。《总目凡例》云："每书……篇帙分合，皆详为订辨。"《荟要提要》实际上在这方面做得较好。

《荟要提要》考辨了古籍的真伪。前人流传下来的著作，往往真伪莫辨。《荟要提要》作了仔细考辨。如宋刘敞撰《春秋传》十五卷，一直以写本传抄，清康熙年间始以付梓，刻入《通志堂经解》，因此颇有疑其伪者。《荟要提要》认为本书"议论文笔与敞他书吻合"，所以认为此书"非后人赝作"。肯定了本书的真实性。

《荟要提要》考订了古籍的存佚。古书流传到后世，常有亡佚。《荟要提要》在图书的存佚考订方面，用力甚勤。

如刘敞撰《春秋传》提要云："学问渊博，尤长于《春秋》，作《春秋传》以解经。又作《权衡》以平三家得失，作《说例》以挈《传》之纲领，作《意林》以申《传》之余意。其弟攽作敞行状、欧阳修作敞墓志，俱称敞《春秋传》十五卷、《权衡》十七卷、《说例》二卷、《文权》二卷、《意林》五卷。王应麟《玉海》所记同，而《宋史·艺文志》、陈振孙《书录解题》、马端临《文献通考》所载，卷数互异，盖传讹也。《权衡》《意林》，宋时即有刊本，他皆未刻。今《文权》已佚，《说例》略见《永乐大典》。《传》则惟写本传抄，至近时刻《通志堂经解》，始以付梓，故颇有疑其伪者。然议论文笔与敞他书吻合，非后人赝作也。"对其书存佚情况有清楚的叙述。

宋沈该撰《易小传》六卷，陈振孙《书录解题》谓该又有《系辞补注》十余则，附于卷末。《荟要提要》考察本书后说："今本无之，盖已久佚矣。"

对著作内容作仔细考辨，其成果被《总目》等吸收。如陈徐陵撰、清吴兆宜笺注《徐孝穆集》，《荟要提要》云："今其著作什一尚存，往往可与史相证。如《资治通鉴》梁武帝太清二年，'遣建康令谢挺，散骑常侍徐陵等，聘于东魏'。胡三省注谓：'建康令秩千石，散骑常侍二千石，谢挺不当在徐陵之上。盖陵将命而使，挺特辅行耳。'今按：陵《在北齐与杨仆射书》有云：'谢常侍今年五十有一，吾今年四十有四。介已知命，宾又杖乡'云云。是谢挺实为正使，盖假散骑常侍以行。《通鉴》但书其本官，故胡三省不免曲为之说，可据此书以释其疑，是亦读史者之所宜参考矣。"这一段仔细考订了出使东魏时谢挺、徐陵的身份问题，指出了《通鉴》胡三省注的错误，理据充分。《总目》这一篇文字与《荟要提要》基本相同，《荟要提要》的考订也被《总目》全部吸收了。

对著作内容的分析与对著作价值的判断。作为一篇提要来说，不仅对图书形式上的问题要仔细加以分辨，更主要的还要对著作的内容作出深刻的分析，对著作的价值作出自己的判断。《荟要提要》在这方面也作了许多努力。

如对王勃著作，历史上有不同看法。《荟要提要》选择性地引用了杜甫、韩愈的评论，指出否定王勃著作艺术成就的议论都是未经自己思索，轻信他人所言的结果。《荟要提要》的观点被《总目》等接受，虽然两篇提要文字不同，但主旨相同。如《荟要提要》最后说："杜诗、韩笔皆弁冕有唐，而其持论如是，则耳食者亦可以息喙矣。"《总目》则云："杜甫、韩愈诗文亦冠绝古今，而其推勃如是。枵腹白战之徒，掇拾语录之糟粕，乃沾沾焉而动其喙，殆所谓蚍蜉撼树者欤。今录勃集，并录(段)成式及(洪)迈之所记，庶耳食者无轻诋焉。”看法是一致的。

《荟要提要》还注重作者的人品问题。其为宋韩琦撰《安阳集》所作提要云：“琦历相三朝，功在社稷，生平不以文章名世。而所作厚重剀切，有垂绅正笏气象。吕祖谦《宋文鉴》录其文十首，其中如《论减省冗费》《论西夏请和》《论时事》《论青苗》诸篇，皆闳议正论凛然，足觇其大节。诗句清新和雅，尤有风人之遗。”为宋赵抃撰《清献集》所作提要云：“此本诗文各五卷，所载多关时事。其所论陈执中、王拱辰疏，皆七八上，可以知其伉直，而宋庠、范镇亦皆见之弹章。古所称群而不党，抃庶几焉。其诗谐婉多姿，乃不类其为人。”虽然无论是韩琦还是赵抃，诗文都有可称道之处，但从文学史的角度看，两人的著作都难以跻身“菁华”(乾隆三十八年五月初一日谕旨)之列。《荟要》收录这两部书，其所关注的显然不是作品的艺术性问题，而是这些著作的内容都与军国大政、世道人心相关，这又与作者的人品问题相关。

二、《荟要提要》的崇实观念

《四库全书荟要联句》永贵诗云：“书汰卮言珍菽粟。”原注：“诸书皆取其有裨实学者。”这体现了《荟要》的一个非常重要的思想，即崇尚实学的思想。《荟要》将这一点作为选录图书的重要标准，在许多提要中强调了这一点。

“有裨实学”首先体现在著作内容的切实上。宋唐仲友撰《帝王经世图谱》提要云：“综而观之，其书缀图列谱，分类纂言，大要以《周礼》为经，而诸经史传以类附焉。贯串博衍，曲畅旁通，可谓详明切当。至其论郊社，以六天感生帝及神州之说为牵合谶纬；论明堂，以世室、重屋为异名同制，辟雍、清庙、路寝为同制异所；辨地贡之非一易、再易、三易，斥九赋之非口率出泉：若此之类，于注疏特多所驳正。其它亦皆有理有条，克裨实用。”宋范祖禹撰《帝学》提要云：“今观此书，言简义明，敷陈剀切，信有不愧史臣所言者。惜哲宗昧于省察，不知学古有获之义，终致更张初政，国是混淆。而祖禹忠爱之忱，惓惓以防微杜渐为念，其立论可谓深切著明，于帝王典学之旨实能有所裨益焉。”《荟要提要》之所以评这两部书“克裨实用”“有所裨益”，就是因为其书内容完整翔实，对清帝治理国家有许多帮助。乾隆帝特地为这两部书填写了诗文，赞扬两部书“有资君道”（《御制题帝王经世图谱》，《帝王经世图谱》卷首），可作“金鉴看”（《御制题宋版范祖禹帝学》，《帝学》卷首）。

著作内容“笃实”与否，与作者有重要关系。因此作者与否笃实，是其著作能否入选《荟要》的条件之一。宋宗室赵彦肃（字子钦）撰《复斋易说》，提要云：“宋人说《易》，义理与象数往往相争。彦肃是书，词意简易，随文说义，沉心静气，务求合于圣人之旨，而不务标新领异，可谓笃实之士矣。”《荟要》对此书评价很高，称赞其书不刻意标新立异，提要因此称作者为“笃实”之士。

因为作者是笃实之人，所以对他人的异议，《荟要》也能注意加以辩护。赵彦肃还著有《广杂学辨》等，均为朱熹所称道，唯独对其著《复斋易说》有不同看法。《晦庵集》卷五十六《答赵子钦》云：“《易说》用意甚精，然鄙见却有未安处，似是为说太精，取义太密，或伤简易之趣。”朱熹此说意思很明白。《荟要提要》对朱熹之言不好直接辩驳，于是采用了为赵彦肃解释的方式来表达自己的看法：“盖《易》教虽微，而理则简易，朱子恐学者流于穿凿，故责备贤者，以防其渐。殆与论吕祖谦之注《尚书》同一意旨，非谓是书竟可废也。”解释说朱熹并不是批评作者，而是为了防止后人流于弊端，所以提前予以警示。这就将朱熹的话语从作者身上很自然地转移到了读者身上。为了增加说服力，《荟要提要》还补充了一句：“至其中摘取经传，或数句，或一二句，分条立说，是则古人阙其所不知之义耳。”总之，《荟要提要》在处处为本书作者辩护。

《荟要提要》对笃实的作者极为重视，即使其著作有某种不足之处，也往往会获得某种谅解。例如《荟要提要》称颂元李简撰《学易记》道：“所采自卜商《易传》，以逮其同时张特立、刘肃之说，凡六十四家，一一标其姓氏。其集数人之说为一条者，亦注曰兼采某某，其不注曰乃所独见也。大抵取于先儒者多，出于新意者少，故体例颇为简洁，而所言亦淳实不支。”称赞宋胡士行撰《尚书详解》，谓：“虽皆根据旧说，要能会萃以成一家言，犹解经之笃实者也。”称赞宋陈深撰《读春秋编》道：“是书虽无新异之说，而独能考据事实，不为虚憍恃气之高论，可谓笃实君子矣，未可以平近忽之也。”

从提要中可以看到，这些著作多少都存在一些问题，但馆臣因人及书，对著作的缺点采取了极为宽容的态度，“未可以平近忽之也”。《荟要提要》的这一观念，与《四库全书》的整个理念是完全一致的。

此外“实用”也意味着内容笃实，能提供切实的文献资料。《荟要提要》称赞元好问《遗山集》道："晚年尝以史笔自任，构野史亭，采金源君臣遗言往行，裒辑纪录至百余万言。今《壬辰杂编》诸书虽已无传，而元人纂修《金史》多本所著，故于三史中独称完善，亦可知其著述之有裨实用矣。"这是说元好问的著作保留了真实的史料，能够为纂修史书服务，所以被称为"有裨实用"。《荟要提要》这一篇其前半部分来源于《初目》，两者基本相同，后半部分则是《荟要提要》补充的，所以"有裨实用"这个说法完全是《荟要提要》自己提出来的，可见对此的重视。后来《总目》也基本采用了《荟要提要》，说明同样重视这个问题。

从注重实用的角度出发，《荟要提要》对凡根据亲身经历或亲身经验著作的图书，特别看重。《农桑辑要》提要云："观其博采经史及诸子杂家，益以试验之法，考核详赡，而一一切于实用。当时绝贵重之，不虚也。"这部图书不仅引用文献充分，而且还经过了实际检测性操作，因而具有实际应用价值。社会对此书有很高评价，《荟要提要》对此书也作了充分肯定。《荟要提要》对明沈继孙撰《墨法集要》评价甚高，也是因为此书"缕析造法，切于实用"，不像世传《晁氏墨经》其说过于简略，而明代以来方氏、程氏诸谱又刻意于花纹模式等。《墨法集要》将造墨的过程叙说得十分清楚。

《荟要提要》中体现的这种"注重实用"的思想，与乾隆帝的思想有一定关系。乾隆三十七年正月初四日乾隆帝所下访书诏就说道："其历代流传旧书，内有阐明性学治法，关系世道人心者，自当首先购觅。至若发挥传注，考核典章，旁暨九流百家之言，有裨实用者，亦应备为甄择。"这里特别提到了搜访的图书要"有裨实用"的问题。这既是搜访图书的标准之一，也是评价图书的标准之一。

与崇实观念有关的，则是对虚妄夸诞之词的排斥。明刘基《诚意伯文集》，《荟要提要》有云："基被任明祖，参预帷幄，奇谋秘计，多所裨赞。世遂谓为前知，凡谶纬堪舆之说，一切归之于基，大抵附会不可信。"说得非常明确。《总目》云："基遭逢兴运，参预帷幄，秘计深谋，多所裨赞。世遂谬谓为前知，凡谶纬术数之说，一切附会于基，神怪谬妄，无所不至。方技家递相荧惑，百无一真。"文辞与《荟要提要》略有差异，但观点是一致的。

《荟要提要》也强调要根据图书的实际情况作分析。如《史通》卷五《采撰》第十五写道："晋世杂书，谅非一族。若《语林》《世说》《幽明录》《搜神记》

之徒，其所载或恢谐小辨，或神鬼怪物。其事非圣，扬雄所不观；其言乱神，宣尼所不语。”对《世说新语》等将怪诞传闻也写入书中，提出批评。而《荟要提要》小说家三《世说新语提要》说：“义庆所述，刘知几《史通》深以为讥。然义庆本小说家言，而知几绳之以史法，似不于伦，未为通论。”认为《世说新语》本是小说家言，不可用史家的标准来评判。《荟要提要》的这一观点颇为通达，以后文渊阁提要、《总目》也都接受了这个观点，未作改动。

《荟要提要》在评判图书时，力求显示公允的立场，不偏不倚。对前人的一些溢美之词或过于苛刻的评论，能够予以重新审视。如对宋赵顺孙撰《四书纂疏》的评价，就很突出地显示了这一点。提要云：“昔之论者，颇病此书之冗滥。然经师著述，体例各殊。注者辞尚简明，疏者义存曲证。顺孙书以《疏》为名，而《自序》云‘陪颖达、公彦后’，则固疏体也。繁而不杀，于理亦宜。略其芜杂，取其宗旨之正可矣。”《总目》文字与《荟要提要》虽略有差异，但这段文字基本照录了。

再如宋杨万里《诚斋集》提要云：“万里别有《易传》二十卷。元陈栎诋其因学文以求道，于经学终非本色。胡一桂作《易本义附录纂注》，博收诸家之说，独不采万里一字。然万里《易传》实本程子之说，而引申之以通于人事，未尝无可取者。诸儒以其门户之见排之，亦未为笃论矣。”杨万里为宋代重要文学家，著有《诚斋集》一百三十三卷。经学非其所长，是事实，但其所作《易传》本程子之说，也并非没有可取之处。陈栎为经学家，宋亡，隐居著书。《荟要》收录其《书集传纂疏》。胡一桂为宋元之际经学家，好读书，尤精于易学。《荟要》收录其《周易本义附录纂注》《周易启蒙翼传》。陈氏、胡氏均以经学家自居，颇为轻视以文学见长而作易学研究的杨万里。《荟要提要》认为所说并不符合实际，因有“门户之见”“未为笃论”之说。杨万里《易传》收入《四库全书》，《总目》卷三《诚斋易传》云：“陈栎极非之，以为足以耸文士之观瞻，而不足以服穷经士之心。”又谓：“胡一桂作《易本义附录纂疏》，博采诸家，独不录万里一字，所见盖与陈栎同。然其书究不可磨灭，至今犹在人间也。”对此书同样持肯定态度，可见《荟要提要》的意见是客观公允的。

再如元吴莱《渊颖集》提要云：“黄溍称‘其文崭绝雄深，类秦汉间人’，未免稍为溢量。胡助谓‘他人患其浅陋，而莱独患其宏博’，则笃论矣。王士祯《论诗绝句》有曰：‘铁崖乐府气淋漓，渊颖歌行格尽奇。耳食纷纷说开宝，几人眼见宋元诗。'实举以配杨维祯。而其所选七言古诗,乃录莱而不录维祯。盖维祯才人之诗,莱则学人之诗,恃气纵横,与覃思冶炼,门户固殊。士祯《论诗绝句》作于任扬州推官时,而《古诗选》一书则其后来所定,所见又别也。"这篇提要指出黄溍的评价过高(所谓"溢量"),认为胡助的说法比较公允,也还是主张实事求是。关于王士祯评论的前后不一致问题,《荟要提要》也指出这是因为王士祯所作评价的时间不同,后来改变了原来的一些看法。这些都说明《荟要提要》确实比较注意能从实际出发看问题。也正因为《荟要提要》的评价切合实际,所以《总目》这篇提要只是略为增加数语而已,基本内容未作变动。

力求公允,还表现在实事求是,对就是对,错就是错,即使对《荟要》所敬重的人,也坚持这一点。如宋张载撰《横渠易说》提要云:"是书较之程《传》尤简,往往经文数十句中一无所说,卷内遂不复全载经文,载其有说者而已。盖儒者之言,必真有得而记之,不以多寡计也。其说《乾·彖》用'迎之不见其首,随之不见其后'语,说《文言》用'谷神'语,说'鼓万物而不与圣人同忧''天地不仁,以万物为刍狗'语,皆借《老子》之言,而实异其义,非如魏、晋人合《老》《易》为一者也。"又说:"惟其解'后不省方',为继体守成之主,富庶优暇,不甚省事,则于义似乎未安。此又不得以载之故而曲为之词已。"前一部分指出董真卿对张载的指责不确,后一部分指出张载的解释未当。体现了《荟要提要》实事求是的态度。

《荟要提要》在评判作家作品时还注意力求客观全面。宋蔡襄著《端明集》四十卷,《荟要提要》对作者及其作品评价很高,称:"襄于仁宗朝危言谠论,持正不挠。一时号为名臣,不但以书法名一世。其诗文亦光明磊落,如其为人。"尽管如此,提要仍对其《四贤一不肖》诗作了批评。《四贤一不肖》诗共五首,写范仲淹等。据提要所说,范仲淹以言事去国,余靖论救之,尹洙上书请与同贬,欧阳修又移书责司谏高若讷,此三人均坐遣贬谪。为此,蔡襄写了此诗。"四贤"指范仲淹、余靖、尹洙、欧阳修,"一不肖"指高若讷。不仅如此,蔡襄还刊刻模印,后来并为辽使所购得。《荟要提要》对此极为不满,认为范仲淹一人遭贬,离开朝廷,引起许多人的争议,有上书朝廷的,也有作诗讽刺的。虽然都是出于公心,但"其迹已近于党",即其行为已近于结为朋党。而朋党问题是清廷极为警惕之事。提要又从宋代制度分析,指出宋代一般小臣也可以上书皇帝。蔡襄如认为朝廷赏罚不公,可以直接上书,以使君主醒悟。而其反而写诗,使其事被众人知晓,并且还流传到了领国,《荟要提要》称之“于事理尤为不宜”。最后提要郑重提出:“读是集者,固当分别观之,未可循声而和也。”就这篇提要看,馆臣既肯定了其成就,也指出了其问题。在馆臣看来有必要分别看待。其后文渊阁提要及《总目》与《荟要提要》虽然文字有较多出入,但这个基本观点没改变。《总目》最后说:“襄平生著作,确有可传。惟此五篇,不可为训。”“读是集者固当分别观之,未可循声而和也。”作了更明确的说明。

力求公允的态度,也是《荟要总目提要》崇实观念的体现。

三、《荟要提要》体现的“史”的观念

《荟要提要》在图书提要中,“史”的观念非常突出。这可以从以下几个方面加以考察。

1. 注意勾勒出历史发展的过程

《荟要提要》注意勾勒出历史发展的过程,叙述某一方面的历史,以期对历史发展过程作系统完整的叙述。如明李东阳《怀麓堂集》提要云:“东阳依阿刘瑾,人品事业均无足深论,其文章则究为明代一大宗。自李梦阳、何景明崛起弘正之间,倡复古学,于是文必秦汉,诗必盛唐,其才学足以笼罩一世,天下亦响然从之,茶陵之光焰几烬。逮北地、信阳之派转相摹拟,流弊渐深,论者乃稍稍复理东阳之传,以相撑拄。盖明自洪永以后,文以平正典雅为宗,其究渐流于庸肤;庸肤之极,不得不变而求新。正嘉以后,文以沉博伟丽为宗,其究渐流于虚憍;虚憍之极,不得不返而务实。二百余年,两派互相胜负,盖皆理势之必然。平心而论,何、李如齐桓、晋文,功烈震天下而霸气终存。东阳如衰周、弱鲁,力不足以御强横,而典章文物终有先王之遗风。殚后来雄伟奇杰之才,终不能挤而废之,亦有由矣。”李东阳为台阁大臣,主持文坛,时称茶陵派。当时影响极大,“弘治时,宰相李东阳主文柄,天下翕然宗之”[1]。其后弘治、正德年间,以李梦阳、何景明为代表的“前七子”以复古相号召,倡言“文必秦汉,诗必盛唐”成为文坛主力,茶陵派影响式微。待其后“前七子”流

① 《明史》卷二百八十六《李梦阳传》,第7348页。

弊渐深，文坛于是又思回复李东阳之旧。《荟要提要》将一二百年间文坛发展大势用极为简练的语言作了概括，读者对这一时期的文坛面貌有较为清楚的认识。

《荟要凡例》云："是书依历代史志著录之例，以经史子集为部，部各有类。一类之中又以撰人时代为先后。"《凡例》强调在各部类之下"以撰人时代为先后"，也就是这种方式可以更好地体现学术发展的历史面目。

《荟要提要》注重历史上的代表作。如宋许洞撰《虎钤经》提要云："凡'六壬、遁甲、星辰、日月、风云、气候、风角、鸟情'以及'宣文设奠、医药之用、人马相法，莫不具载'。积四年书成，凡二百十篇，分二十卷，名曰《虎钤经》。大都汇辑前人之法与其说而参以己意。……其间亦多迂阔诞渺之说，不足见诸施行。然考《汉书·艺文志》兵家者流，有兵权谋、兵形势、阴阳诸类，凡七百余篇。盖古来有此专门之学，今《汉志》所录者久已亡佚无存，而洞独能撰次成编，不可谓非一家之言。故录而存之，以备兵书之门目焉。"在《荟要提要》看来，此书有一定的代表性，并能体现出一定时期的风尚和著述水平，所以收录进了《荟要》。

不过将此书提要与《总目》相比较，可以发现因为《荟要》与《全书》选录图书的差异而造成的提要的差异。《荟要提要》云："故录而存之，以备兵书之门目焉。"《总目》则云："录而存之，亦足以备一说也。"《荟要》子部兵家类仅收这一种，如无此书，则这一类目将不复存在。《荟要总目》兵家类小序说："兵者，所以禁暴靖乱者也。《周官》大司马掌九法九伐，'以正邦国'，而'弧矢之利'著于《易传》。圣人岂讳言兵哉！后世鲰生饰褒衣博带之容，忽解纷应变之略，以儒雅自命而不知昧于文事武备之训者，实甚矣。"说明兵家著作的重要性，《荟要》对此类图书自然不能无所反映，所以说"录而存之，以备兵书之门目"。而《全书》收兵书有二十部，有无《虎钤经》，都不影响这一类目的存在，所以《总目》说收录此书是"以备一说"。

勾勒历史发展的过程，可以更好地说明学术的前后承继性。朱鹤龄注《李义山诗集》提要云："李商隐诗旧无注本，故元好问《论诗绝句》有'诗家总爱西昆好，只恨无人作郑笺'之语。明末释道源始为作注。王士正《论诗绝句》所谓'獭祭曾惊博奥殚，一篇《锦瑟》解人难。千秋毛郑功臣在，尚有弥天释道安'者，即为道源是注作也。然其书征引虽繁，实冗杂寡要，多不得古人之意。鹤龄删取其什一，补辑其什九，以成此注。一扫诸家穿凿附会之说，繁简颇为得当。故后来注商隐集者，如程梦星、姚培谦诸家，大抵以鹤龄为蓝本。"这一段文字将李商隐诗集的注释过程及各注本的优缺点，说得非常清楚。

《荟要提要》还注意从"史"的角度对事物的本质特点作出概括。对历史发展过程的完整、概括的叙述，还不难做到，《荟要提要》的突出之处是从"史"的角度对事物的本质特点作出高度概括。《荟要提要》善于用极为精练的语言提炼出具有高度概括力的字眼，来反映一定历史时期的典型特点。

如明蒋悌生撰《五经蠡测》一条，《荟要提要》在《初目》基础上作了增补。《初目》云：

> 明蒋悌生撰。悌生，字仁叔，福宁州人。洪武初举明经，任本州岛训导。尝以先儒训释经传有未洽于心之处，因推究本旨，旁通诸说，以证明之。其中虽不能尽无瑕疵，然词必稽古，语必自得，不为支离附和之说，亦可谓能卓然自立者也。

《荟要提要》云：

> 臣等谨案：《五经蠡测》六卷，明蒋悌生著。悌生字仁叔，福宁州人。洪武初举明经，任本州岛训导。尝以先儒训释经传有未洽于心之处，因推究本旨，旁通诸说，以证明之。<u>夫说经之家至宋而义理始密，亦至宋而学问始岐。其深者潜心圣贤之秘蕴，毫厘剖析，一扫拘泥训诂之习。其浅者盛气矜心，务为高论，遂征实少而空言多。其守师说者，坚持门户，尺寸不逾。其逞臆见者，至于窜改经典而不恤。悌生生于明初，独作此书，以与为平反。</u>虽所言不必尽无瑕疵，然词必稽古，不为支离，语必自得，不由附和，亦可谓卓然自立者矣。

所增补的内容(划线部分)正是从"史"的角度对宋代经学研究的特点作出的高度概括。

2. 注意把作家、作品放在"史"的过程中来认识

作家、作品的价值，体现在两个方面。一是自身的价值，一是在历史发展

过程中的价值。《荟要提要》非常注意从后一个角度来评价作家作品。

唐独孤及撰《毗陵集》提要云："唐自贞观以后，文士皆沿六朝之体。经开元、天宝，诗道大兴，而文则未能复古。及起于永泰、大历间，所为文乃力趋朴直，尽扫藻饰靡丽之习，其后韩柳继之，而唐之古文遂大盛。然推其始，斫雕为朴，则及最有功。"这一段表彰了独孤及在唐代文风转变过程中的地位。

历史上独孤及与萧颖士齐名，同为唐代古文运动先驱。《旧唐书·韩愈传》云："大历、贞元年间，文字多尚古学，效扬雄、董仲舒之述作，而独孤及和梁肃最称渊奥，儒林推重。"大历年间独孤及等的古文运动，为贞元年间的韩柳古文运动的发展打下了坚实的基础。《荟要提要》突出的正是这一点。《荟要提要》的评价被文渊阁提要与《总目》接受，相应的一段文字与《荟要提要》基本相同。而文溯阁、文津阁提要[1]则与《荟要提要》完全相同。

在中国文学史上，徐铉的影响并不大，但《荟要》还是收录了其《骑省集》。《荟要提要》云："铉博学多艺，诗以才调胜，文有六朝、初唐之体。五季之末，古文未行，以当时文格而言，亦岿然一巨手也。"这是将作者放到一定的时代背景下来认识其价值。

对宋王禹偁《小畜集》、梅尧臣《宛陵集》的价值，《荟要提要》同样将其放到文体改革的大背景下来认识。《小畜集》提要云："宋承五代之后，文体纤俪，禹偁始为古雅简淡之作。其奏疏尤极醇茂，《宋史》采入本传者，议论皆英伟可观。在词垣时所为应制骈偶之文，亦多闳丽典赡，洵一时作手，正不独史所称直躬行道为足重也。"《宛陵集》提要云："宋初诗文，尚沿唐末五代之习。柳开、穆修欲变文体，王禹偁欲变诗体，皆力有未逮。欧阳修崛起为雄，力复古格。其时曾巩、苏轼、苏辙、陈师道、黄庭坚等皆尚未显。其佐修以变文体者，尹洙；佐修以变诗体者，则尧臣也。"北宋中期，欧阳修倡导的诗文革新运动，吸收了在此之前的已有成果，同时得到了许多后进的支持。提要将王禹偁《小畜集》、梅尧臣《宛陵集》放到这个大背景下叙述，其价值自然显得格外厚重。提要很好地说明了两部著作在文学发展史上的地位。

在《荟要提要》中，馆臣常常喜欢将作者与同时代前后的其他作者作比较，由此更好地说明其成就与地位。如宋范成大《石湖诗集》提要即是如此。

① 《金毓黻手定本文溯阁四库全书提要》，第 677 页；《文津阁四库全书提要汇编》集部，第 47 页。

《荟要提要》云:“成大在南宋时与尤袤、杨万里、陆游齐名。袤集久佚,世所传者仅尤侗所辑之一卷,篇什寥寥,未足定其优劣。今以杨、陆二集相较,其才调之健不及万里,而亦无万里之粗豪;气象之阔不及游,而亦无游之窠臼。初年吟咏,实沿溯中唐以下。观第三卷《夜宴曲》下注曰:‘以下二首效李贺。’《乐神曲》下注曰:‘以下四首效王建。’已明明言之。其他如《西江有单鹄行》《河豚叹》,则杂长庆之体。《嘲里人新婚诗》《春晚三首》《隆师四图》诸作,则全为晚唐、五代之音。其门径皆可覆按。自官新安掾以后,骨力乃以渐而遒。盖追溯苏、黄遗法,而约以婉峭,自为一家。伯仲于杨、陆之间,固亦宜也。”这不是孤立地分析范成大的诗歌成就,而是将其放在一个广阔的场景中来观照。苏(轼)、黄(庭坚)、杨(万里)、陆(游),都是北宋时期最重要的诗人,在中国文学史上也有着重要地位,《荟要提要》将范成大置于这个系统中,可以更好地看到范成大在诗歌发展史上的地位。这实际上也是一种“史”的写法。

史的叙述和对本书内容的叙述是不矛盾的。提要中有关的“史”的叙述,有助于更好地看到本书的价值。元杨载《仲弘集》提要云:“元代诗人,世推虞、杨、范、揭,史称‘其文章一以气为主,而于诗尤有法度。自其诗出,一洗宋季之陋’云云。盖宋代诗派凡数变,西昆伤于雕琢,一变而为元祐之朴雅。元祐伤于平易,一变而为江西之生新。南渡以后,江西宗派盛极而衰,江湖诸人欲变之而力不胜。于是仄径旁行,相率而为琐屑寒陋,宋诗于是扫地矣。载生于诗道弊坏之后,势穷而变,乃复其始。风规雅赡,雍雍有元祐之遗音,史之所称,固非溢美。其清思不及范梈,秀韵不及揭傒斯,权奇飞动尤不及虞集,而四家并称,终无怍色,盖以此也。”提要将宋诗的发展分为西昆、元祐、江西、江湖四个“变”的阶段,愈变愈“陋”,于是有杨载的“再变”:“风规雅赡,雍雍有元祐之遗音。”所谓“风规雅赡”,也就是说诗歌有“雅正”之风。元欧阳玄说:“我元延祐以来,弥文日盛,京师诸名公咸宗魏、晋、唐,一去金、宋季世之弊,而趋于雅正,诗丕变而近于古。”[①]即说此事。雅正之风具有浓厚的理学色彩,这与《荟要总目》集部总叙所说的“文者,所以明言,亦所以载道”“词或不衷于理训者,则言之虽文,行亦不远”等观点是完全一致的。正因为如此,所以尽管杨载之诗有许多不足,但仍可跻身“元诗四大家”之列。

---

① 欧阳玄《圭斋文集》卷八《罗舜美诗序》,《四部丛刊初编》影印明成化刻本,第4页。

不仅是《荟要提要》，在《荟要总目》的部类序言中，同样非常注意梳理学术发展脉络，常常用简明扼要的语言，将一些学术发展的过程、特点概括出来。如诗类小序云："汉时传《诗》者四家：鲁人申公主训故，号曰《鲁诗》，受其学者，王臧、赵绾辈十余人。齐人辕固生作传，号曰《齐诗》，受其学者，夏侯始昌、后苍辈亦十余人。燕人韩婴推《诗》之意作内外传，号曰《韩诗》，受其学者尤盛。其曰《毛诗》者，出于河间人大毛公。其学盖本于子夏，四传而至毛公，为《诗故训传》，以授赵人小毛公。其后，郑康成本之以作笺，而三家遂废。"又如易类小序云："《易》之为书，代历三古，人更三圣。自商瞿受《易》于孔子，五传而至田何。虽不无同异，要以象数为宗，自王弼以理言《易》，而其说始变。……京房之学，虽传而流于占验，故弼注重焉。迄于宋儒，主理主象，始有参合。"梳理了《易》学研究的演化过程，概括总结了各自的学术特点。在简短的论述中，显示了学术发展大势。

《荟要提要》处处显示的"史"的观念，反映了作者深厚的学术涵养及广博的学术视野，也反映了四库馆臣对事物本质的深度把握。《荟要提要》通过"史"的观念的阐述，显示出"剖析条流，斟酌古今，辨章学术，高挹群言"（余嘉锡《四库提要辩证·序》）的盛大气象。周积明说："距于文化成熟的制高点，乾嘉学者往往有一种从总体上把握古典文化的意向。"①《荟要提要》也正具有这种倾向。《荟要提要》辨章学术，考镜源流，通过对历史文献的整理，对中国古代学术进行了总结。

四、《荟要提要》存在的问题

1.《荟要提要》在文献使用上有疏漏之处

《荟要提要》在使用文献时，常有疏漏之处。

如《晋书》提要云："何超有《晋书音义》，其书不传。"《荟要提要》与文渊阁《全书》目录后按语基本相同。文渊阁《全书》目录后按语校上于乾隆四十年九月，《荟要提要》校上于乾隆四十一年二月，由此可以看到《荟要提要》就是使用了按语。令人不解的是，按语明明说："何超有《晋书音义》，间附本书。"（这也是两篇提要唯一有差别的地方）也就是说，今本《晋书》附有何超《晋书

① 周积明《文化视野下的〈四库全书总目〉》，中国青年出版社，2001年，第85页。

音义》，自然是尚流传人世的，何以《荟要提要》要说不传。更令人费解的是，《荟要》本《晋书》即有《晋书音义》三卷附卷末，何以《荟要提要》未知？且《荟要总目》作“唐太宗御撰，东京何超音义”，是亦以何超音义存世，与《荟要提要》不同。《荟要提要》的说法与事实不符。《总目》说：“《音义》三卷，唐何超撰。其审音辨字，颇有发明。旧本所载，今仍附见于末焉。”这实际也是纠正了《荟要提要》的说法。文渊阁本《晋书》后附《晋书音义》三卷，可证。

《荟要提要》的这些疏漏有时还影响到《总目》等也产生相应的错误。宋秦观撰《淮海集》，《荟要提要》引吕本中《童蒙训》曰：“少游‘雨砌堕危芳，风棂纳飞絮’之类，李公择以为谢家兄弟不能过也。”秦观此诗见《淮海集》卷三《春日杂兴十首》，风棂，秦观诗作“风轩”。考宋人诗话所引亦作“风轩”，如阮阅《诗话总龟后集》卷二十四、胡仔《渔隐丛话后集》卷二、魏庆之《诗人玉屑》卷十八等。宋人诗话、杂记或有作“风轻”者（宋吕本中《紫薇诗话》），或有作“风檐”者（宋吴曾《能改斋漫录》卷十一），未有作“风棂”者，是《荟要提要》引用有误。《总目》亦作“风棂”，系从《荟要提要》误。

王应麟撰《四明文献集》，《荟要提要》云：“《宋史·度宗本纪》载贾似道罢都督、予祠在德祐元年二月，徙居婺州，又徙建宁，俱在七月。”《荟要提要》引《宋史》载贾似道罢职、徙居等事，俱归之于卷四十六《度宗本纪》。而《宋史》记其事实见于卷四十七《瀛国公本纪》。德祐亦为宋恭帝（即瀛国公）年号，不是度宗年号。文渊阁提要、《总目》与《荟要提要》所记同，亦有误。

又如唐张参撰《五经文字》，《荟要提要》云：“考《册府元龟》称，周显德二年，尚书左丞兼判国子监事田敏‘献印板书《五经文字》’。”显德二年，《总目》同，文渊阁《全书》提要作“显德三年”。查《册府元龟》，卷六百一作“广顺三年，（田敏）献印版《九经书》《五经文字》”，卷六百八作“广顺三年六月，（田）敏献印板书《五经文字》”。是田敏献印板书《五经文字》是在后周广顺三年。宋王应麟《玉海》卷四十三作“后周广顺三年六月，田敏进印板《九经书》《五经文字》样各二部，一百三十册”。亦可证。《荟要提要》既云所据为《册府元龟》，则所引自应与该书相同。且《册府元龟》所记确也有根据。这也是《荟要提要》在文献使用上不够谨严的表现，而《总目》等又因之而误。《荟要提要》这类错误甚多，不烦详举。

《荟要提要》有一些地方表述不够清楚。如宋范仲淹撰《文正集》提要云：

"《文正集》二十卷,《别集》四卷,《补编》一卷,《奏议》二卷,《尺牍》三卷。"下文又云:"其《补编》五卷,则国朝康熙中裔孙能浚所搜辑也。"《补编》一种,上文说一卷,下文又说五卷,容易使人产生疑问,是否著录有误。其实这里所说的《补编》概念并不相同。上文说的《补编》一卷,指的是范仲淹的遗文,下文说的《补编》五卷,其中第一卷是范仲淹遗文,其余四卷为相关资料的辑录,其中第二卷为制词,第三卷为题跋,如《跋文正公手书伯夷颂墨迹》等,题跋者从宋朝到清朝的都有,第四、五卷为碑记附祭文,如《苏州郡学范文正公祠记》等。可见作一卷是就范仲淹自己的文章说的,作五卷是就范仲淹自己的文章以及相关数据一起说的。《荟要总目》著录《补编》也是作一卷。但由于在《荟要提要》中并没有明白说明这一点,就产生了这种看起来前后卷数不符的现象。

2.《荟要提要》的引文问题

《荟要提要》的另一个问题是因引文问题而产生的。

人们在写文章时,常常会引用别人的文字来证明和解说自己的观点,这些被引用的文字,通常称之为"引文"。恰当的引文,可以充实文章的内容,增强文章的说服力。引文最基本的要求是要准确,即符合被引文的原意。现代人写文章,引文意识比较明确,大多严格、规范。但古人引文则较为随意,许多引文与原文无论文字还是意思,都有一定的差异。这种现象在《荟要提要》中也常常可以看到。

《荟要提要》有些文献是自他书转引的,未能核查原书,则往往会出现疏漏。如宋王当撰《春秋臣传》,《荟要提要》云:"其书所传凡一百九十一人,各以《赞》附于后。陈造称为:'多出新见,可与经传参赞。'"此见陈造《江湖长翁集》卷三十一《题春秋名臣传》,原文是这样说的:"此书成于贤良王当,不惟该备无遗,而复引《史记》《国语》等书补苴弥缝之,而终之以赞。多出新见,学者与经传参读,既足以见当时人才出处语默之大概,抑于著述体制所得将不赀。"可见原文是作"参读",而不是作"参赞",两者之间是有区别的。"参读"是互相参照阅读的意思,"参赞"则不具有这层意思,在此无法讲通。《荟要提要》之所以引用错误,在于这段引文并非是直接引自陈造原书,而是从朱彝尊《经义考》转引的,《经义考》正作"多出新见,学者与经传参赞"(卷一百八十一)。《经义考》之误,又在于误读了陈造"而终之以赞"一语。如《荟要提要》能直接使用原文,这类问题或可避免。

题宋郑樵撰《六经奥论》,《荟要提要》引朱彝尊《经义考》曰:“樵尝自言:‘十年为经旨之学,以其所得者作《书考》《书辨讹》《诗传》《诗辨妄》《春秋考》《诸经序》《刊谬正俗跋》。’‘五六年为天文地里、虫鱼草木之学,所得者作《春秋列国图》《尔雅注》《诸名物志》。’”此处所称郑樵著作,多与郑樵《夹漈遗稿》卷二《献皇帝书》所说不同。《诸经序》,郑樵作“《诸经略》”;《春秋列国图》,郑樵作“《春秋列传图》”;《诸名物志》,郑樵作“《诗名物志》”。《荟要提要》此处所引,见朱彝尊《经义考》卷二百四十五,《曝书亭集》卷四十二《六经奥论跋》同。然既云此为郑樵所言,自应与郑樵文章作一校对为是。否则不会出现如此疏失。

《荟要提要》有时对所引文献有删节,致使影响原文表述。如宋晁补之撰《鸡肋集》,《荟要提要》引张耒语云:“补之自少为文,即能追考屈、宋、班、杨,下逮韩、柳之作。促驾力鞭,务与之齐而后已。”考张耒撰《晁太史补之墓志铭》,原文作:“自少为文,即能追考《左氏》、《战国策》、太史公、班固、扬雄、刘向、屈原、宋玉、韩愈、柳宗元之作。促驾而力鞭之,务与之齐而后已。”(宋杜大珪编《名臣碑传琬琰集》中卷三十四)《荟要提要》所引,已大大简约,与张耒原文有一定距离。《荟要提要》所引,或来自马端临《文献通考》,其书卷二百三十六《经籍考》引张耒语,即作:“自少为文,即能追考屈、宋、班、扬,下逮韩愈、柳宗元之作。促驾而力鞭之,务与之齐而后已。”《荟要提要》与之基本相同。本来古人引用前人文字,并不严格,随意删节更是常见。但像这样的删节,已经影响到文意的忠实表达,实不可取。

引文问题不仅存在于《荟要提要》中,《总目》的引文问题还更多。

第二节 《荟要提要》与《总目》学术观念的差异

《荟要凡例》规定《荟要提要》的撰写,要比照《四库全书》提要的体例。由此两种提要存在某种相同性。不过由于各自的背景并不完全相同,再加上成稿时间的先后,《荟要提要》与《总目》也存在不小的差异。下面拟比较、分析这两部提要之间的异同现象。这有助于更好地研究、评价《荟要提要》,也有助于更好地从发展、演化的角度来研究《四库全书总目》。为了更好地说明问题，在《荟要提要》与《总目》之外，我们还将适当参照其他四库提要。

一、《荟要提要》与《总目》异同的总体比较

我们曾将《荟要提要》与文渊阁提要、《总目》提要的异同情况作过比较。在《荟要》全部464篇提要中，有4篇提要因遭水渍无法考辨或原无提要等原因，无法进行比较。实际可资比较的共460篇。

《荟要提要》与文渊阁提要比较的结果是：完全相同或略有少量差异的共159篇。

《荟要提要》与《总目》比较的结果是：完全相同（因体例关系形成的差异忽略不算）的有25篇，基本相同的有82篇，差异较大，只有部分文字相同的有155篇，完全不同或仅有极少量文字相同的有198篇。一、二两种情况可视为相同，共107篇，三、四两种情况可视为不同，共353篇。《荟要提要》与《总目》相同的不到三分之一，不同的在三分之二以上[①]。

这个结果表明，《荟要提要》与文渊阁提要更为接近，而与《总目》的差距较大。不过对这个结果，还需稍加说明。笔者在将文渊阁提要与《荟要提要》进行比较时，仅分为同、不同两类，并对“同”的篇目控制较严。如果像《荟要提要》与《总目》的比较那样，将两者的关系也分为完全相同、基本相同、部分文字相同、完全不同四类的话，那么《荟要提要》与文渊阁提要中一部分“不同”的提要，实际上也可以归之于“基本相同”一类。这样，文渊阁提要与《荟要提要》的相同率还要更高。

但我们没有选择将文渊阁提要与《荟要提要》作比较，是基于如下考虑：文渊阁提要与《荟要提要》一样，都是较早形成的文本，自身也是一个被修改的文本，还不能代表《四库全书》纂修者最终的意旨。同时这两种提要形成时间较为接近，其中有23篇是文渊阁提要校上时间在先，《荟要提要》校上时间在后，另有4篇文渊阁提要与《荟要提要》校上时间相同。它们或是互相移录，或是均源于同一分纂稿，不具备本文所要求的比较的典型性。而《总目》则是一个经过反复修改的文本。它和分纂稿的原始面貌愈来愈远，与《荟要提要》及文渊阁提要的差距也越来越大。因此《荟要提要》与《总目》的比较，

① 此处统计数据来自《四库全书荟要总目提要》附录三《〈荟要提要〉与文渊阁〈全书〉提要及〈总目〉同异比较表》，第469—485页。

更能看出问题。当然在必要的时候，本文也会将文渊阁提要作为参照系。

以下讨论《荟要提要》与《总目》的异同问题，尤其关注相异的问题。需要指出的是，我们虽然可以看到《总目》和《荟要提要》有许多的差异，而且有些差异还具有很强的针对性，但我们没有证据说明这一定是《总目》对《荟要提要》进行修改的结果。《四库全书》提要从最初的分纂稿到最后的《总目》定稿，其间形成多种文本。《总目》是在各种文本的基础上形成的，很难明确说《总目》是对哪一种文本的直接的继承或否定。所以本文主要分析其间的差异，而主要不讨论《总目》对《荟要提要》的修改问题。《荟要提要》和《总目》的差异，有些确实有正误好坏之别，有的则仅仅表明了立场或观念的不同。

二、《荟要提要》与《总目》基本观点相同性比较

《荟要提要》与《总目》有部分提要观点是相同或大致相同的。例如宋严粲撰《诗缉》，《荟要提要》云：

臣等谨案：《诗缉》三十六卷，宋严粲撰。粲字坦叔，邵武人。尝官清湘令。是书以吕祖谦《读诗记》为主，而杂采诸说以明之。旧说有未安者，则别以己意阐发。如论大小雅之别，特以其体不同，较《诗序》政有大小之说，于理为近。又如《邶》之《柏舟》，旧以为贤人自比，粲则以柏舟为喻国，以泛为喻无雄特之人。《干旄》之“良马四之”“五之”，旧以为良马之数，粲则以为乘良马者四五辈，见好善者之多。《中谷有蓷》，旧以蓷之暵干喻夫妇相弃，粲则以岁旱草枯，由此而致离散。凡若此类，皆深得诗人本意。至音训疑似，名物异同，考证尤为精核，非空谈解经者可比也。

《总目》云：

宋严粲撰。粲字坦叔，邵武人，官清湘令。是书以吕祖谦《读诗记》为主，而杂采诸说以发明之。旧说有未安者，则断以己意。如论大小雅之别，特以其体不同，较《诗序》政有大小之说，于理为近。又如《邶》之《柏舟》，旧谓贤人自比，粲则以柏舟为喻国，以泛泛为喻无维持之人。《干旄》之“良马四之”“良马五之”，旧以为良马之数，粲则以为乘良马者

四五辈，见好善者之多。《中谷有蓷》，旧以蓷之暵干喻夫妇相弃，粲则以水旱草枯，由此而致离散。凡若此类，皆深得诗人本意。至于音训疑似，名物异同，考证尤为精核。宋代说《诗》之家，与吕祖谦书并称善本，其余莫得而鼎立，良不诬矣。

可以看到，两篇提要除结束处略有区别外，主体内容差不多完全相同。

《荟要提要》与《总目》完全相同，这种情况比较少见，但《荟要提要》的部分论述与《总目》相同，则比较多见。例如《荟要提要》在宋梅尧臣撰《宛陵集》提要中写道："宋初诗文，尚沿唐末五代之习。柳开、穆修欲变文体，王禹偁欲变诗体，皆力有未逮。欧阳修崛起为雄，力复古格。其时曾巩、苏轼、苏辙、陈师道、黄庭坚等皆尚未显。其佐修以变文体者，尹洙；佐修以变诗体者，则尧臣也。"《荟要提要》概括了宋初诗文革新运动的实质，充分显示了欧阳修、梅尧臣等人所起的历史作用，并对各人的成就作了恰如其分的评价。这一段文字十分精到，《总目》与此一字不差。

宋蔡襄撰《端明集》一书，《荟要提要》云："襄于仁宗朝危言谠论，持正不挠。一时号为名臣，不但以书法名一世。其诗文亦光明磊落，如其为人。惟其为秘阁校勘时，以《四贤一不肖》诗得名。《宋史》载之本传，以为美谈。今考其时范仲淹以言事去国，余靖论救之，尹洙上书请与同贬，欧阳修又移书责司谏高若讷，均坐遣贬谪。襄时为秘阁校勘，因作是诗，至于刊刻模印，为辽使所鬻。夫一人去国，众人哗然而争之，章疏交于上，讽刺作于下。此其意虽出于公，而其迹已近于党。且宋代之制，虽小臣亦得上书。襄既以朝廷赏罚为不公，何难稽首青蒲，正言悟主？乃仅作为歌诗，使万口流传，贻侮邻国，于事理尤为不宜。"这一段充分肯定了蔡襄的为人和诗文成就，但同时又严厉批评了他的《四贤一不肖》诗。《荟要提要》之所以严厉批评，因为在当时，围绕着范仲淹的去职，朝臣多人想方设法救之，在《荟要提要》看来，"迹已近于党"。朋党问题一直是困扰封建统治的一个严峻问题，朋党问题严重破坏着国家的政治建设和社会的稳定，"朋党立，国不能一日靖矣"[①]。就清朝来说，从清世祖入关以来，朋党问题一直未能得到很好的解决。虽然清朝的朋党问

① 王夫之《读通鉴论》卷二十一，清刻《船山遗书》本，第11页。

题还没有发展到如明代末期那样严重，但对清王朝来说，依然时时感到威胁。尤其是刚刚过去的雍正朝，雍正皇帝极大一部分精力就是在和以胤祀、胤禟、胤禩等为核心的宗室朋党及以年羹尧、隆科多为代表的官僚朋党在斗争。其实朝臣，尤其是有威望的朝臣去职，朝廷官僚出面援救的例子并不少见，其中未必都有朋党背景。但《荟要提要》纂修者借题发挥，与清朝政治状况有相当关系。清朝皇帝对朋党问题都有论述。康熙帝《谕修明史诸臣》指出，明朝之亡不在宦官，而在朋党："明末朋党纷争在廷，诸臣匮封疆社稷于度外，惟以门户胜负为念。不待智者，知其必亡。"（《圣祖仁皇帝御制文第二集》卷十一）康熙帝认为朋党不仅亡国家，而且还坏人心，"若曲附朋党，灭天理，丧人心，无所不至矣"（《圣祖仁皇帝御制文第二集》卷三十九）。雍正帝曾专门写过一篇《朋党论》，指斥"朋党之罪可胜诛乎？"（《世宗宪皇帝御制文集》卷五）乾隆帝在御制诗文集中，也多次提及朋党问题。其《君子小人论》指出朋党的祸害说："汉唐宋明之祸，延及国家，沦胥以亡。"（《御制文二集》卷四）三朝皇帝的这些论述，对《荟要提要》纂修者有极大的影响，所以在合适的地方，就自然会刻意强调，以显示出与当今统治思想的一致性。《总目》中蔡襄《端明集》提要，与《荟要提要》有一定差异，特别是提要的前半部分，差异尤大。但《荟要提要》的上述论述，几乎原封不动收入了《总目》，显示了两部书目对这一问题看法的相同关注，也显示了《荟要提要》与《总目》的承继关系。

再如宋郑汝谐撰《郑东谷易翼传》，《荟要提要》具体分析了郑汝谐解《易》与程颐解《易》的异同，以此说明学术的继承与发展的关系问题，最后得出"固不必守一先生之言，徒为门户之见"的结论。既有具体分析，也有一般归纳，所以《总目》与之相比，几乎没有作什么特别的改动。

而且《郑东谷易翼传》一条，不仅《荟要提要》与《总目》两篇提要的主体部分完全相同，其中的错误也一样。如《荟要提要》称"郭忠恕得其说而守之，遂自号兼山"，《总目》亦同。郭忠恕为"郭忠孝"之误。《宋史》卷四百四十七《唐重传》附传云："郭忠孝，字立之，河南人。受《易》《中庸》于程颐。"卷四百五十九《郭雍传》云："郭雍，字子和，其先洛阳人。父忠孝，官至大中大夫。师事程颐，著《易说》，号兼山先生。"宋赵希弁撰《郡斋读书后志》卷一、《宋史》卷二百二《艺文志》著录《兼山易解》二卷，亦均作郭忠孝撰。《总目》卷三经部易类著录郭雍撰《郭氏传家易说》提要云："宋郭雍撰。雍字子和，洛阳人。父忠孝受业于程子，著《兼山易解》。”是为证。此或因郭忠恕撰有《汗简》《佩觿》诸书，人习知其名而误录。可以指出的是文渊阁提要此处也误作郭忠恕，由此也可以看到各提要之间的相承关系。

《郑东谷易翼传》一条分纂稿由姚鼐撰写，见《惜抱轩书录》卷一。但在姚鼐稿中，郭忠孝名字未错，因此提要稿中人名的错误是后来才产生的。《荟要提要》上于乾隆四十年二月，文渊阁提要上于乾隆四十一年十月，《总目》的形成时间应该还在其后，可见其误先由《荟要提要》产生。而从文渊阁提要、《总目》均从《荟要提要》之误，又可知文渊阁提要、《总目》并非直接来自姚鼐稿，而是来源于《荟要提要》。还可以说明这一点的是，《荟要提要》并非全用姚鼐稿，而是将姚鼐稿的最后一部分删去了，又加上了自己的说明。而文渊阁提要、《总目》的处理恰好同《荟要提要》（文字略有差异），这也是《总目》等和《荟要提要》相互联系的证明。

可以看到，凡是《荟要提要》的论述比较透彻的，在《总目》中大多未改动，有的连文字也完全相同。可见和《总目》相比，《荟要提要》有自己的特点。也正是由于有《荟要提要》等提要稿的良好基础，才有后来《总目》的更为完善、深刻。

也有一些提要，是《总目》在《荟要提要》的基础上作了生发或补充，虽然文字上有差异，但观点仍相一致。如宋吕祖谦撰《春秋左氏传说》，《荟要提要》与《总目》可以说基本相同，不同之处在于《总目》对《荟要提要》的一些说法进行了扩充。如《荟要提要》说：“朱子以为极为详博，然遣词命意，亦颇伤巧。”《总目》说：“《朱子语录》亦称其极为详博。然遣词命意，颇伤于巧。考祖谦所作《大事纪》，朱子亦谓有纤巧处，而称其‘指公孙宏、张汤奸狡处，皆说得羞愧杀人’云云。然则朱子所谓巧者，乃指其笔锋颖利，凡所指摘，皆刻露不留余地耳，非谓巧于驰辨，至或颠倒是非也。”《总目》增加的部分就是针对“伤巧”一词说的。《总目》提要显然是怕人们误解朱熹的意思，所以特别引用了其他例证来解释这一词语的意思，同时还特别提出不可从“伤巧”一词的一般意义上来理解朱熹的评论。这对人们理解词意，是有帮助的。

乾隆年间诸大臣奉敕编纂的《钱录》（《总目》作《钦定钱录》）是一部“体例略仿洪遵《泉志》”的著录、考释中国古代及域外钱币的著作。《荟要提要》比较两书的关系时说得比较简单：“按状成图……与洪《志》之间多臆度者迥别。”《总目》则对两书的编纂情况作了具体说明:“(洪《志》)大抵未睹其物,多据诸书所载想象图之,如聂崇义之图三礼。或诸书但有其名而不言其形模文字者,则概作外圆内方之轮郭,是又何贵于图耶?……是编(指《钦定钱录》)所录,皆以内府储藏,得于目睹者为据,故不特字迹花纹,一一酷肖,即围径之分寸毫厘,色泽之丹黄青绿,亦穷形尽相,摹绘逼真。”《总目》对敕编《钱录》与洪遵《泉志》两书的优劣说得非常清楚。更重要的是《总目》在这里表达了这样一个思想:即著书要严谨,要经目验,不可凭空臆测,或仅仅依据他人的著作作为自己的依据。《总目》称颂《钦定钱录》的写作“皆以内府储藏,得于目睹者为据”,也就是提倡凡事都要经过亲眼所见,方可作为依据。这样的著作才真实可靠,而且内容丰满。这也是四库馆臣“征实”思想的体现。

三、《荟要提要》与《总目》观念差异的一般分析

《荟要提要》与《总目》也有许多观点是不一致的。比较《荟要提要》与《总目》在学术观念方面的差异,最直接的方法就是将各自所撰写的关于同一部书的提要加以比较。

如以元郑玉撰《春秋阙疑》为例。《荟要提要》介绍作者事迹道:“明兵入徽州,守将要致之,玉不屈死。”这里的叙说非常简单,且“要致之”三字,意思也很含糊。《总目》则说得非常清楚:“明兵入徽州,守将迫之降,玉不屈死。与宋吕大圭及同时李廉均可谓能明大义,不愧于治《春秋》矣。明郎瑛《七修类稿》乃谓玉既不受元爵,自当仕明,谓之当生而不生。其说殊谬。伯夷、叔齐岂尝受殷爵哉?瑛所云云,所谓小人好议论,不乐成人之美者也。”“守将迫之降”与“守将要致之”,用词极有区分。要致之,似乎还存在合作的可能,或者说还存在合作的一丝幻想。迫之降,则完全排除了这一点,而代之以一种胁迫的手段,由此所显示的郑玉的态度显然是完全不一样的,所展现的人物形象也是完全不同的。这种气节正是乾隆帝提倡的。在乾隆帝关于纂修《四库全书》所下一系列谕旨中,特别强调过作者的人品气节问题。他曾以钱谦益等人为例,告诫说“均以不能死节,靦颜苟活”,“其人实不足齿,其书岂可复存?自应逐细查明,概行毁弃,以励臣节而正人心”。同时颂扬如刘宗周、黄道周等人,能“立朝守正,风节凛然”(《总目》卷首《圣谕》)。郑玉完全符合乾隆帝的这一需要,所以《总目》要对郎瑛《七修类稿》作义正词严的批驳。这是

关系个人出处的大问题，也是关系到《四库全书》选择图书的大问题。也正因为如此，所以《总目》又对郑玉其人其书作了很多发挥。按照《总目凡例》所说，“文章德行，自孔门既已分科，两擅厥长，代不一二”。《四库全书》所录者，有论人而不论其书者如杨继盛、黄道周等，也有论书而不论其人者如耿南仲、吴幵等。而郑玉及其所著《春秋阙疑》，则属于“两擅厥长”者。郑玉人品气节已如上说，而其书，《总目》则称“其论皆洞达光明，深得解《经》之要”。又说：“昔程端学作《春秋本义》等三书，至正中官为刊行，而日久论定，人终重玉此书。岂非以玉之著书主于明《经》以立教，端学之著书主于诋《传》以邀名，用心之公私迥不同哉?”也是极力表彰。《总目》还与程端学作《春秋本义》相比较，以更显示与郑玉人品、书品的差距。书品的差距，又是与人品有关的。还可以加以比较的是，《荟要提要》在赞颂此书“持论至为平允”的同时，还指出了此书的不足：“至于朱子《纲目》体例本仿《春秋经传》而作，序乃谓‘以《经》为纲，以《传》为目，仿朱子之体例’，则所言不免倒置耳。”《总目》则全然没有提及。《总目》或是认为这不足以成为此书的缺点，或者有意没有提及。总之在《总目》里看不到对此书缺陷的叙述。这种态度与《荟要提要》都是不同的。

据《荟要提要》所署，《春秋阙疑》这一篇提要校上于乾隆四十年五月，上述乾隆帝谕旨下于乾隆四十一年十一月。从时间上可以看到，《荟要提要》撰写于乾隆帝所下谕旨之前，故未受乾隆帝谕旨的影响。而《总目》最后完成时间在乾隆帝上述谕旨颁下之后，其基本思想完全受到了乾隆帝谕旨的影响。

兹再以《三国志》一书的提要为例。《荟要》关于《三国志》一书的提要，可以分为两部分。前论陈寿书，指出：“寿以晋承魏统，故不以统与蜀，其识逊于习凿齿。”后论裴松之注，指出：“裴松之注，向来与刘孝标《世说》注并重，为其引证多出本书之外，足补未备故也。然恢诡琐细，去小说家不远。伏诵御制诗有云：‘无识注之者，复值裴松之。’万古定论，足破群言矣。”可见《荟要提要》对两者都有否定。《总目》则对《荟要提要》的说法颇不以为然。关于第一个问题，即以何者为正统的问题，《总目》写道：“其书以魏为正统，至习凿齿作《汉晋春秋》，始立异议。自朱子以来，无不是凿齿而非寿。然以理而论，寿之谬万万无辞。以势而论，则凿齿帝汉顺而易，寿欲帝汉逆而难。盖凿齿时晋已南渡，其事有类乎蜀，为偏安者争正统，此孚于当代之论者也。寿则身为晋武之臣，而晋武承魏之统，伪魏是伪晋矣，其能行于当代哉?”关于《三国志》以魏为正统的问题,历来有争论。《总目》则从作者所处时代考虑,指出持这种立场有可以理解的原因。撇开以魏为正统还是以蜀为正统孰是孰非的问题不谈,单就作者生活在晋代这一点来看,要其在书中显示蜀为正统这一与主流思想完全相反的观点,就很难做到。而习凿齿生活时代要后于陈寿,所以不可简单比拟。所以《总目》进而说:"此皆当论其世,未可以一格绳也。"关于第二个问题,即对裴松之注评价的问题,《总目》确实指出了其嗜奇爱博、颇伤芜杂、为例不纯等缺陷,但又指出:"然网罗繁富,凡六朝旧籍今所不传者,尚一一见其厓略。又多首尾完具,不似郦道元《水经注》、李善《文选注》皆翦裁割裂之文。故考证之家取材不竭,转相引据者反多于陈寿本书焉。"可见是作了相当的肯定。其实《荟要提要》对裴松之《三国志注》还是相当肯定的,《世说新语》提要在说到刘孝标注时,称其"特为典赡","与裴松之《三国志注》、李善《文选注》同为考证家所引据焉"。而本篇提要之所以对裴注颇有微词,在于和乾隆帝《御制诗》有关。乾隆帝诗句见《御制诗三集》卷九十四《书蜀志诸葛亮永安受诏事》,其诗称"陈寿志诸葛,不以正以奇。无识注之者,复值裴松之"(乾隆帝《御制诗三集》)云云。其实只要读一下此诗,就可以知道乾隆帝此语是针对《蜀志》所记诸葛亮永安受诏事而言的,并不是对裴注的全部评价。《荟要提要》引用了这首诗,又将其认作是对整个裴注的批评,并称之为"万古定论",由此也决定了自己的评价。《荟要提要》引用了乾隆帝诗句,其结论自然只能与之相应。《总目》未引此诗,此或是有意避开,由此也就使自己的论述可以不受约束。就本篇来说,《荟要提要》也肯定了裴注的优点,但先扬后抑,与《总目》的前抑后扬,其最终的立场和实际的效果是不一样的。

对宋郑伯谦撰《太平经国之书》,《荟要提要》和《总目》的看法也很有分歧。《荟要提要》云:"伯谦是书,惟致意于设官分职,反复推详,以见创制之精意,可谓得其要矣。夫文质殊尚,今古异宜,居后世而欲复古制,此亦儒生之迂。然六曹分掌,经万世而不能易。因旧注而斟酌变通,师其意不师其迹,于经世之业,亦未必尽无补也。"

如从一般意义上来说,《荟要提要》所说颇为通达,既可为治学者参酌,也可为治世者参酌。不过也可以看到编者似乎未能深究本书具体内容,故所说只是泛泛之论。《总目》则不然,它对本书内容有具体的分析,指出:"然其间命意,间有不可解者。如《齐东野语》记韩侂胄之败,殿司夏震尚声喏于道旁。

《梅磵诗话》记绍定辛卯临安大火，九庙俱毁，独丞相史弥远赐第以殿司军救扑而存。其时武统于文，相权可谓重极。而此书《宰相》一篇，尚欲更重其权。又宋人南渡之余，湖山歌舞，不复措意中原，正宜进卧薪尝胆之戒，而此书《奉养》一篇，乃深斥汉文帝之节俭为非，所论皆不可为训。毋乃当理宗信任贾似道时，曲学阿世以干进与？"除末一句为推测之词，未可据以为信外，其余所说均切中本书要害。"六曹分掌，经万世而不能易"，固然为事实，但具体如何办事，却是因朝，甚至因人而异。作者推究审察"设官分职"之意，除了要还原历史的真实外，也还要求用来说明现时的状况。郑伯谦此书的问题在于对于现时不可行之事，却在论证其合理性，所以《总目》要说"不可为训"了。

《总目》有时对《荟要提要》的说法，有明确的否定。《荟要提要》和《总目》对《淮南子》一书书名的隶定可以说明这一问题。《荟要提要》引用此书注释者高诱《序》之言道：此书"其大较归之于道，号曰鸿烈"。《荟要提要》赞同这一说法，称："后世以《鸿烈》称《淮南子》，盖始于此。"并据此将本书书名定为《淮南鸿烈解》。《总目》则否定了这种说法，指出："高诱序言此书大较归之于道，号曰鸿烈。故《旧唐志》有何诱《淮南鸿烈音》一卷，言鸿烈之音也。《宋志》有《淮南鸿烈解》二十一卷，亦鸿烈之解也。而注其下曰淮南王安撰，似乎解亦安撰者。诸书引用，遂并《淮南子》之本文亦题曰《淮南鸿烈解》，误之甚矣。"《总目》认为高诱《自序》所说的"鸿烈"不过是说本书的内容是"大明道之言"的意思，故号曰鸿烈，并不是本书书名就叫"鸿烈"。但后人不解，遂以此作为本书书名，《总目》认为"误之甚矣"。因此《总目》将书名仍称为《淮南子》。

文渊阁提要与《总目》基本相同，而与《荟要提要》差距较大。但其书名也称之为《淮南鸿烈解》，从时间上来看，这显然是接受了《荟要提要》的影响。正是由于这一点，使得尽管其提要和《总目》基本相同，却缺少了上文所引《总目》批评此书书名不当叫《淮南鸿烈》的一段文字。这段文字是后来加上的，《总目》批评的指向性是非常明确的。

在汉赵晔撰《吴越春秋》提要中，《荟要提要》指出本书徐天祐（江按：当作徐天祜，下同）注："于事迹异同，多有驳正。然如季孙使越子期私与吴为市之类，犹未详辨也。"《总目》则说："天祐注于事迹异同，颇有考证。其中如季孙使越子期私与吴为市之类，虽犹有未及详辨者，而原书失实之处，能纠正者为多。其旁核众说，不徇本书，犹有刘孝标注《世说新语》之遗意焉。"《荟要提要》先扬后抑，对徐天祐（徐天祜）注否定较多。《总目》则相反，虽也指出了徐注的不足，但先抑后扬，对其肯定尤多。《总目》称"虽犹有未及详辨者"，可见这明确表示就是针对《荟要提要》所说"犹未详辨也"而言的。

有时对同一问题的看法，《总目》与《荟要提要》明显不同，《总目》又不好明白驳斥《荟要提要》，于是就辗转予以间接批驳。例如关于郭象、向秀《庄子注》的主名问题，历来有不同看法。刘义庆《世说新语·文学》篇认为是郭象窃取了向秀《庄子注》。《世说新语》的说法又被《晋书》郭象本传采用。后来的学者也大多接受这一说法。但《荟要提要》认为这种说法不可信。它通过对《经典释文》所引郭象、向秀注的分析，认为郭象注"是固非全据向书"，并由此得出结论说："义庆所云，亦未必遂为实录。考史称象受越亲委，权灼内外，素论去之。或当时既遭众恶，遂不欲使擅美兹书，故造斯言，义庆未核而采之，《晋书》又误因之耶？况所称补注三篇皆词旨精深，与全书毫无同异，实出一手，又安知非恶象者剽取象书，托名向本复出也？疑以传疑，固未可概以谭峭《化书》例矣。"

《总目》不认同《荟要提要》的结论，但又不便直接批驳。于是转而寻找另外的方法。恰好钱曾《读书敏求记》也认为《晋书·郭象传》的说法"恐未必信然也"（卷三之上《郭象注庄子》）。于是《总目》巧妙地把话题引到钱曾身上。在《总目》提要中，有这么一句："钱曾《读书敏求记》独谓世代辽远，传闻异词，《晋书》云云恐未必信。"我们如和《荟要提要》相比较的话，就可以看到，这一句是《总目》特意加上的。然后《总目》针对此进行批驳。耐人寻味的是，《总目》所用大量例证，恰好也都是出自《经典释文》，但得出的结论与《荟要提要》正好相反："是所谓（郭象）窃据向书，点定文句者，殆非无证。"更有意思的是，《荟要提要》和《总目》都引用了《秋水篇》"与道大蹇"句《释文》注"蹇，向纪辇反"，但看法却大相径庭。《荟要提要》说："使如《世说》所云，《秋水》《至乐》二篇未注，此句向注何自而来。义庆所云，亦未必遂为实录。"《总目》则说："则此篇向亦有注。并《世说》所云象自注《秋水》《至乐》二篇者，尚未必实录矣。"《荟要提要》据此注认为向秀也有《秋水篇》注，因而指出《世说新语》的说法未必都可信。而《总目》据此注则认为既然向秀也有《秋水篇》注，那么说《秋水篇》等注都是由郭象自撰的说法就不是事实。由于视角的不同，对同一例证就得出了截然相反的结论。《总目》根据自己的推论，仍回到对钱曾的批驳上："钱曾乃曲为之解，何哉？"我们通过上文的比较可以看到，这明是驳钱曾，实是驳《荟要提要》。但是由于一般人未能看到《荟要提要》，所以对《总目》的说法，都认为仅是针对钱曾所说的。例如章钰就说："四库提要即据《释文》证明郭窃向书，点定文句为有据。斥(钱)曾说谓曲为之解，其文极详。"①这是未能理解《总目》的真正蕴意。

以上例证已可以看到《荟要提要》与《总目》之间在观念上确实存在差异。而在许多差异的背后，都可以看到乾隆帝的影响。正因为《荟要提要》与《总目》关系紧密，所以我们不可将两者完全割裂开来进行研究。综合性的比较研究，其结论将会更全面，也更客观。

四、《荟要提要》与《初目》、文渊阁提要学术观念的比较

比较四库提要学术观念上的差异，除了可将《荟要提要》与《总目》作比较外，还可以将《荟要提要》放置于更广泛的提要系统中来看。

在四库提要文献中，《初目》《荟要提要》《总目》是三种相对来说自身学术特点较为突出的提要。分纂稿因为比较简略，而且总体上与《荟要提要》等相差较大，往往难以直接加以比较。其他提要大多不出这三种提要的范围。《总目》主要是以文渊阁提要为基础修改的，文溯阁、文津阁提要则没有自己独到的学术特点，它基本和《初目》等三种提要中的一种比较接近。以下可以具体事例加以说明。

如唐张九龄《曲江集》提要。《曲江集》这一部书的提要，《初目》较为简略，而《荟要提要》则甚详，但也明显可以看到《荟要提要》是在《初目》的基础上写成的，其相同之处如，《初目》云："徐坚尝论其文'如轻缣素练，实济时用，而窘边幅'，柳宗元则谓其'兼攻诗文，但不能究其极'。然九龄《感遇》诸什，可与陈子昂方驾。文笔典实，具有大雅之规。坚与宗元所言，盖文人抑扬之词，非定论也。"《荟要提要》云："徐坚尝论其文'如轻缣素练，实济时用，而窘边幅'，柳宗元则谓其'兼攻诗文，但不能究其极'。然九龄《感遇》诸什，神味超轶，可与陈子昂方驾。文笔博大典实，有垂绅正笏气象，亦具见大雅之遗。

① 钱曾著，管庭芬、章钰校证《读书敏求记校证》，第224页。

坚与宗元所言，乃文人抑扬之词，不足以为定论。”虽文字略有差异，但仍可以看到相互之间的联系，《荟要提要》就是根据《初目》写的。

文渊阁提要和《总目》，则不见了有关柳宗元的文字。《四库全书》书前提要云：“《新唐·文艺传》载徐坚之言，谓其‘文如轻缣素练，实济时用，而窘边幅’。今观其《感遇》诸作，神味超轶，可与陈子昂方驾。文笔宏博典实，有垂绅正笏气象，亦具见大雅之遗。坚局于当时风气，以富艳求之，不足以为定论。”可以看到，提要明显的差异是删去了柳宗元的评论。以下《初目》《荟要提要》所说“坚与宗元所言”，在文渊阁提要和《总目》中，也只提及徐坚，而不提柳宗元，可见此处有关柳宗元的文字，是有意删去。文渊阁提要与《总目》为什么要删去这些文字，我们推测可能是出于两方面的原因。其一是柳宗元之言见宋晁公武撰《郡斋读书志》卷四上《张九龄曲江集》提要，其后马端临《文献通考》卷二百三十一《经籍考》亦引此言，但不见于柳宗元文集。文渊阁提要等出于谨慎，未引用。其二是就这个评语来说，多少有些文人相轻的味道，恐有损柳宗元的形象，故文渊阁提要等未引用。由此可见在这些细节之处，《四库全书》提要的处理也是很认真的。不过文溯阁、文津阁提要①均与《荟要提要》相同，没有注意到文渊阁提要与《总目》的修改，或者未能理解这种修改的意思。

《古今韵会举要》，也是《荟要提要》在《初目》的基础上作了修改，文渊阁提要、《总目》也都有改动，但基本内容来自于《初目》。

元陈栎撰《书传纂疏》提要，《初目》与文渊阁提要、《总目》除个别字外，其余完全相同，而与《荟要提要》完全不同。文溯阁、文津阁提要②则与《荟要提要》相同。《初目》与《荟要提要》两者评价的角度也并不一样。《初目》(及《总目》等)从学术背景的角度来看此书，其文云：“自序称‘圣朝科举兴行，诸经四书一是以朱子为宗，《书》宗蔡《传》，固亦宜然’云云，盖延祐设科以后，功令如斯，故不敢有所出入也。”《荟要提要》则从注解体例的角度来看其书，云：“其书于蔡《传》有所增补，而无所驳正，亦犹孔氏《正义》于古注莫敢异同。盖专门之学，例如是也。”

---

① 《金毓黻手定本文溯阁四库全书提要》，第670页；《文津阁四库全书提要汇编》集部，第27页。

② 《金毓黻手定本文溯阁四库全书提要》，第67页；《文津阁四库全书提要汇编》经部，第166页。

以上比较了《荟要提要》与《初目》等的差异问题。差异的存在表明各提要对一些问题的看法并不一致。值得注意的是文溯阁、文津阁这两部提要，它们或与《荟要提要》相同，或与文渊阁提要相同。不过我们认为这未必是它们有意认同一种提要的观点而否定另一种提要的观点，只不过是它们直接依据一种提要抄录而忽略了，或未能注意到另一种提要的缘故。这说明文溯阁、文津阁提要基本没有自己独立的立场，没有自己独立的见解。其提要与哪一种提要相同（或近似），并没有一定的规律可寻。而且它们即使与其他提要有差异，主要也只是文字上有削减，而并非主旨方面有不同。

第三节　关于正统、汉宋、朱熹评判问题

一、宋辽金元“正统”问题

清人关于宋辽金元的关系问题，简单说就是“正统在宋”，还是宋辽金元“各与正统”的问题。这个问题，赵永春、张喜丰在《试论清人的辽金“正统观”——以辽宋金“三史分修”“各与正统”问题讨论为中心》一文中作了很仔细的分析，其结论是：乾隆皇帝在录存杨维祯《正统辨》以及《题〈大金德运图说〉》诗序时虽然说过“辽金未可当正统”的话，但在其他场合以及有关事件中，他又表达了许多与此不相一致的思想认识，其主流思想仍然承认辽宋金“各与正统”的地位①。我们认为这个结论是符合实际的。然而正由于乾隆帝在这个问题上的说法或认识不相一致，导致四库提要的有关论述也常常矛盾。

先看元王恽撰《秋涧集》提要，这是从姚鼐分纂稿到《总目》各种提要一应俱全的一篇提要。我们在此之前曾对相互之间的关系作过分析，大致是《初目》以姚稿为基础而加以增补，《荟要提要》又使用了《初目》而有改动。

《荟要提要》改动的地方，是这篇提要的最后几句。姚鼐分纂稿云：“其《玉堂嘉话》中论辽金不当为载记之说，尤为平允，当时所取以作《辽》《金》史

① 赵永春、张喜丰《试论清人的辽金“正统观”——以辽宋金“三史分修”“各与正统”问题讨论为中心》，《社会科学》2014 年第 1 期，第 158—166 页。

者也。”《初目》作:“(《玉堂嘉话》)所论辽金不当为载记之说,尤为平允,即当时所取以作《辽》《金史》者也。”两篇提要文字略有差异,意思一样。《荟要提要》作:“(《玉堂嘉话》)所论辽金不当为载记之说,尤为平允。后托克托等以《宋》《辽》《金》三史并修,实本其说。”与姚稿、《初目》相比,《荟要提要》增加了《宋史》一种。姚稿、《初目》肯定了《玉堂嘉话》所论《辽史》《金史》不当列于载记的说法,并认为这种说法对后来将《辽史》《金史》并列于正史之列起到了重要作用。而《荟要提要》还增加了一部《宋史》,对把《辽史》《金史》与《宋史》同列于正史之列给予了充分肯定。《荟要提要》之所以强调这一点,这关系到“正统”这个重要问题。载记是记载不属于正统王朝的割据政权的事迹的史书,这就是《总目》所说的“述偏方僭乱遗迹者”(《总目》卷六十六《史部·载记类》小序)。而以帝王本纪为纲的正史则代表着正统地位。

从为《辽史》《金史》争正统地位的角度出发,《荟要提要》又引出了对杨维祯的批判:“其明于史法,亦非杨维祯诸人固执偏见者所及也。”所谓杨维祯的固执偏见,也就是指杨维祯认为宋辽金元四朝,只有元继宋统,辽金不得列于正统之列。杨维祯写有《正统辨》一文,强调:“今日之修《宋》《辽》《金》三史者,宜莫严于正统与大一统之辨矣。”杨维祯又以道统相比:“然则道统不在辽金而在宋,在宋而后及于我朝(按:指元朝)。”杨维祯认为君子可以从道统观治统之所在。《荟要提要》批评了杨维祯的这个说法,认为辽宋金三朝各与正统。姚稿、《初目》虽然也隐含了这个意思,但《荟要提要》更为明确了。显然,这表明《荟要提要》是认可宋辽金元“各与正统”这一观念的。

不过杨维祯的这篇《正统辨》,最初并没有收在他自己的文集《东维子集》中,而是收载在与杨维祯没有直接关系的陶宗仪《辍耕录》中。后来还是乾隆帝要求收入杨维祯文集的。为此,乾隆四十六年孟春,乾隆帝下《命馆臣录存杨维桢〈正统辨〉谕》(《御制文二集》卷八)。谕旨道:“元杨维桢著宋辽金《正统辨》,大旨以元承宋统,而排斥辽金。其文不见本集,惟陶宗仪《辍耕录》载之。今馆臣编辑《四库全书》,谓其持论纰缪,并《辍耕录》内所载者亦与删除,且言隋先代周,继乃平陈,未闻唐宋诸儒谓隋承陈不承周也。此语似是而非。”乾隆帝强调说:“杨维桢撰三史《正统辨》凡二千六百余言,义本《春秋》,法宗《纲目》,其欲以元继南宋为正统,而不及辽金。持论颇正,不得谓之纰缪。”这就充分肯定了杨维祯的正统说。“元继南宋为正统,而不及辽金”,这句话是关键。乾隆帝之所以特别强调这一点，其实道理很简单，就是说清朝也无可非议地具有“中华正统”地位。因为宋代表着中华正统，元继宋统，明继元统，清继明统，这样就有一条非常清晰的线索，由此可见“承统绵延不绝”。当然明继元统以下，乾隆帝没有明说，但其意思是明确的。因此如承认辽金也为正统的话，清又继何统？“辽金皆自起北方，本无所承继，非若宋元之相承递及为中华之主也。”（《命馆臣录存杨维桢〈正统辨〉谕》）这才是乾隆帝的真正意图，也是他特别要求将《正统辨》收入杨维祯文集的目的。今此文已收入《四库全书》本《东维子集》，为了强调其重要性，特将其文列为卷首，而且是卷首唯一的一篇。正是乾隆帝的这席话，使得有学者因此认为“清朝统治者从北方民族王朝立场转向中国大一统王朝立场之后，最终也否定了辽金正统”①。就这道谕旨来看，得出这样的结论是可以理解的。

但乾隆帝的这道谕旨，与《荟要提要》中《秋涧集》提要的说法显然又是对立的。由于《荟要提要》校上于乾隆四十三年四月，早于乾隆帝谕旨下达的乾隆四十六年孟春，后来也没有抽改，所以其观点得以保留。而在乾隆帝谕旨下达以后，四库馆臣就不可能再维持原来的观点了。一个明显的情况就是在《总目》中，删掉了由《荟要提要》加上的“其明于史法，亦非杨维祯诸人固执偏见者所及也”这句话。《总目》这篇提要大致上与《初目》相同，略有文字差异，但基本意思不变。其最后是这样写的：“《玉堂嘉话》……其论辽金不当为载记尤为平允。即当时所取以作《辽》《金史》者也。”可见又回到了《初目》的文本上。

值得注意的是文渊阁提要。这篇提要与《荟要提要》完全相同，不同的只是校上时间。《荟要提要》是乾隆四十三年四月，文渊阁提要是乾隆四十六年十月。校上时间是指提要奉呈皇上审核的时间，并不一定就是撰写的时间。从两篇提要完全一致这一点看，文渊阁提要实际上就是用的《荟要提要》，也就是在乾隆帝上述谕旨之前所写的提要。由于这篇提要只是与后来的谕旨观点不一致，本身无“违碍”字句，且乾隆帝的谕旨收在另一部书中，与本书毕竟不在一起，所以这篇提要也没有改动，“非杨维桢诸人固执偏见所及”等语依然可见。

① 刘浦江《德运之争与辽金王朝的正统性问题》，《中国社会科学》2004 年第 2 期，第 189 页。

但在乾隆帝谕旨发布以后校上的《东维子集》书前提要中，四库馆臣的说法就变了。这篇校上于乾隆四十六年四月的提要说：杨维祯“其言可采”，收入《正统辨》可以“仰见圣人衮越之公，上超万古，非儒生浅见所能窥也”，就完全认同了乾隆帝的说法，也就是又转回到了“正统在宋”这个立场上。

另一方面，《荟要提要》似乎也认可“正统在宋”这个观念。我们可以《宋史纪事本末》提要为例。文渊阁提要云：

> （前略）其书虽亚于（袁）枢，其寻绎之功，乃视枢为倍矣。惟是书中纪事既兼及辽金两朝，当时南北分疆，不能统一，自当称《宋辽金三史纪事》方于体例无乖，乃专用宋史标名，殊涉偏见。至《元史纪事本末》，邦瞻已别有成书。此内如蒙古诸帝之立、蒙古立国之制诸篇，皆专纪元初事实，即应析归元纪之中，使其首尾相接。乃以临安未破，一概列在宋编，尤失于限断。此外因仍《宋史》之旧，舛讹疏漏，未及订正者，亦所不免。然于记载冗杂之内，实有披榛得路之功。（后略）

《荟要提要》云：

> （前略）其书虽亚于（袁）枢，其寻绎之功，乃视枢为倍矣。然于记载冗杂之内，实有披榛得路之功。（后略）

文渊阁提要校上于乾隆四十六年十一月，《荟要提要》校上于乾隆四十九年十一月。两篇提要的前面省略部分完全相同，一字不差。后面省略的部分意思有差异，但和我们这里要说的问题性质不同，可以置而勿论。这样再比较这两篇提要，就可以看到，《荟要提要》缺少了中间的一段，保留了提要中前后的划线部分。显然是《荟要提要》照抄了文渊阁提要，同时也删除了文渊阁提要的部分内容。被删除的恰好就是有关宋辽金元的“正统”问题的论述。这段论述长达 140 字，《荟要提要》删得干干净净，一字不留，而且这段论述删除后，上下文自然相接，看不出一点割断痕迹，可见这完全是有意识的。

至于删去的原因，也很清楚。文渊阁提要认为书中纪事既然涉及辽金两代，则书名不能仅题《宋史纪事本末》，而应该称作《宋辽金三史纪事》。专用宋史标名，这是一种偏见，提要强调的是辽金应与宋朝并列。这个问题归根结底也还是宋辽宋金"各与正统"的问题。这个观点与乾隆帝《命馆臣录存杨维桢〈正统辨〉谕》的说法是不一致的，反而和《荟要提要》在《秋涧集》提要中的看法一致，但不知为什么《荟要提要》要将这一段全部删除。但由此也看出四库提要在这个问题的看法上往往是游移不定的。而左右提要观点的又是乾隆帝的看法。乾隆帝《命皇子及军机大臣订正通鉴纲目续编谕》道："有关大一统之义者，均经朕亲加订正，颁示天下。"（《御制文二集》卷九）

四库提要在这个问题上的矛盾之处，在四库本文章的收录删削问题上也有体现。如明人方希古（即方孝孺）《释统》上、中、下三篇，其文收录在《明文衡》一书。在《明文衡》收入《四库全书》时，这三篇文章的遭遇就很不一致。《荟要》本、文澜阁本上、中、下三篇全收。文渊阁本只有上、下篇，其下篇实即原来的中篇，但因为文渊阁本只有两篇，所以将《释统中》相应改成了《释统下》。文渊阁本缺少了原本《释统下》这一篇。文津阁本则上、中、下三篇均未收录。之所以会有这一差异，显然与《释统》篇的内容有关。《释统》篇专门论说正统问题，而《释统下》主要讲述正统与变统的书写办法。再如《明文衡》卷十八，《荟要》本、文津阁本、文澜阁本均收录有杨荣《世直堂铭》并序，文渊阁本无此篇，也与"正统"问题有关。

二、汉学、宋学评判问题

对汉学与宋学的评价问题，是分析学术观念是否存在差异的重要标准。关于《四库全书总目》对汉学、宋学的态度，是四库学研究者一直非常关注的问题。一种看法认为，《总目》"攻驳程朱、讥诋理学"[①]。由于以前人们没有看到或没有关注到《初目》《荟要提要》，因此无法对《总目》的这种观念作出更多的分析，更看不到《总目》的这种演化过程。当我们仔细读过《初目》《荟要提要》后，就可以发现四库馆臣当初的学术观念，与人们在《总目》中看到的，并不完全一致。

在《总目》中，对汉学、宋学的评介很多，但《荟要提要》对汉学、宋学的问

① 周积明《文化视野下的〈四库全书总目〉》第二章，第 50 页。

题并未多作评介，这与《荟要提要》内容相对简单有关，但也说明汉宋之争在当时并不是重要的论题。

就文字的层面看，《荟要提要》中用到"汉学"二字的仅《学易记》一篇，其文略云："夫《易》本卜筮之书，而自晋以来，往往遗数而言理。故赵紫芝谓辅嗣《易》行无汉学也。然自北宋以后，起而矫为数学者，又往往遗弃龟蓍，盛谈《河》《洛》，方圆、奇耦、图象日增，使后人如读谶纬之文，而披律筭之谱。其说愈精而愈无益人事，是又别为一家，而非所谓汉儒之《易》者。"这篇提要中说到"汉学"问题，无非也只是指一种方法而已。虽然具有一定的时代特征，但并不具有学派观念。

《荟要》提及"宋学"二字是在《四库全书荟要联句》中，梁国治诗句云："宋学畦町竞汉京。"此下有注："《易》家言数一派，始于汉儒，至宋岐而为二，于互体、飞伏、纳甲、六日七分诸法外，又别为先天一派，推衍图书，如《易数钩隐图》《汉上易传》《大易象数钩深图》《易象图说》《易图通变》《易学启蒙通释》《翼传》《三易备遗》《周易集说》之类。言理一派，始于王弼，至宋岐而为三，程朱二家外，如《易小传》之类多言史事，《童溪易传》之类多言性天。今兼收以尽《易》之变。至其中别出新义、自成一家者，如《周易玩辞》《东谷翼传》之类，亦间采录。"这个"宋学"与"汉京"相对而言，具有了鲜明的学派特征。但联句诗作于乾隆四十五年，已是《荟要》抄录完成以后的事了。

而在比《荟要提要》更早形成的《初目》中，就现存部分看也仅有两处地方说到"汉学"的问题。宋王宗传撰《童溪易解》(《总目》作"童溪易传")提要云："(林)焞《序》述宗传之论性，有'性本无说，圣人本无言'之语，不免涉于异学。盖(王)弼《易》祖尚元虚以阐发义理，汉学至是而始变。宋儒扫除古法，实从是萌芽。然胡、程祖其义理，而归诸人事，故似近而醇，宗传祖其元虚，而索诸性道，故似高而幻。以说《易》本有此一家，故过而存之，以备经学之流则焉。"这一篇将"汉学"与"宋儒"相对而言，多少还带有学术流变的意味。而明董说撰《易发》提要云："其论《易》专主汉学，因京氏纳甲之法，而变通其间。"虽提及所谓的"汉学"，也不过就事论事，至多不过是说明一种研究方法而已，并未涉及学派之争。至于"宋学"，则在《初目》中一次没有提到。

这些都说明，在早期完成的四库提要中，汉宋之辨并不是馆臣特别关注的问题。只是到后来编纂《四库全书》，特别是编纂《总目》时，"汉宋之辨"这个问题才变得突出起来。《总目》卷一经部总叙云:"要其归宿,则不过汉学、宋学两家,互为胜负。夫汉学具有根柢,讲学者以浅陋轻之,不足服汉儒也;宋学具有精微,读书者以空疏薄之,亦不足服宋儒也。消融门户之见,而各取所长,则私心祛而公理出,公理出而经义明矣。"《总目》卷十五诗类小序云:"攻汉学者意不尽在于经义,务胜汉儒而已;伸汉学者意亦不尽在于经义,愤宋儒之诋汉儒而已。各挟一不相下之心,而又济以不平之气,激而过当,亦其势然欤。……并录存之,以消融数百年之门户。"这些虽然表明了四库馆臣试图调停汉宋之争的态度,但也充分显示了汉学、宋学之间的尖锐对立与激烈斗争的情形。四库总纂官不得不对这一问题作出明确的表态。这种情形在《荟要提要》里是不存在的。

如以魏何晏集解、宋邢昺疏《论语注疏》提要为例。现存最早的提要是《荟要提要》,其文云:"咸平二年,始置翰林侍讲学士,以(邢)昺为之。受诏与杜镐、舒雅等校定群经义疏。盖唐人止为五经疏,而不及《孝经》《论语》,至是始成之。(何)晏所采孔安国而下凡若干家,皆古训。昺复因皇侃所采诸儒之说为之疏,于章句训诂、名器事物之际详矣。朱子《集注》出,义理更为精深,亦实始基于此。"这篇提要只是客观地说明了本书的成立过程,扼要指出了本书的体例和特点,并从学术发展的角度概述了本书在《论语》研究史上的地位和作用。其后文渊阁提要与《荟要提要》完全相同。两篇提要一校上于乾隆四十年,一校上于次年,可见较早撰写的提要注意到了《论语》研究中汉学、宋学的差异,但都没有提到汉宋之辨的问题。只是到《总目》中增加了这一内容。

《总目》将本书书名改称《论语正义》,提要云:"……今观其书大抵剪皇氏之枝蔓,而稍傅以义理。汉学、宋学兹其转关。"这一说法显然是从《荟要提要》所说"朱子《集注》出,义理更为精深,亦实始基于此"引申出来的。但《荟要提要》只是指出了学术继承与学术发展的问题,并没有学术流派之争的概念。《总目》强调"汉学、宋学兹其转关",就是突出了这个观念。

元敖继公撰《仪礼集说》提要也可以作为一例。《初目》云:"其言轻诋汉儒,甚至谓子夏《丧服传》违悖《经》义,皆未免已甚。"提要对敖继公轻视、诋毁汉儒的言论不满,但也仅是就事论事,没有发挥。《荟要提要》说:"其言轻诋汉儒,未免过当,其王肃之流亚耶?"增加了对王肃的批评,但也仅限定在王肃自身，没有旁及其余。文渊阁提要则说："又疑《丧服传》违悖经义，非子夏作，皆未免南宋末年务诋汉儒之余习。"增加了对南宋学风的批评。这就从对某个作者的批评扩大到对一个时代的学风的批评。通过几篇提要的比较，可以清楚地看到提要稿的不断修改、补充的过程。而目前的一些研究，恰好忽略了这个过程。

再以元王天与《尚书纂传》提要为例，《荟要提要》和《总目》最重要的差异是以下一段。《荟要提要》云："或病其但阐义理，而训诂名物多所未解。夫训诂名物之不明，则先不知古人之言与古人之事，自无从得其义。然考据既明，而无以折衷其是非，抑亦末矣。是二途者，恒如左右佩剑之相笑，其实各明一义，无可偏废也。"《总目》云："所说于名物训诂多有阙略，而阐发义理则特详。"

可见《荟要提要》认为义理与训诂名物两者并重，不可偏废。义理、训诂名物并重的观点，从某种意义上来说实际也就是宋学、汉学不可偏废的观点。诚然《总目》的立场并非如一般人所说，对宋学持完全否定的态度。但比较而言，《总目》更注重汉学，这也是不可否认的事实。而就《尚书纂传》来看，《总目》提要恰好避开了《荟要提要》所论述的问题。由此也带来对《尚书纂传》这部书的评价问题。《荟要提要》多从正面评价，肯定较多，"其孔安国以下数百家之解，则取醇汰驳，务求精当，勒成一家之言"。而《总目》由于对治学方法有所保留，所以在提要中，看不到对本书的正面评价。"所说于名物训诂多有阙略，而阐发义理则特详，亦王元杰《春秋谳义》之流亚也"，贬斥之意自明。《总目》评王元杰《春秋谳义》云："以其谨守旧文，尚差胜无师瞽说，故仍录存之。"对此书评价很差，对此书收入四库显得非常勉强。

再看宋吕大圭《春秋或问》《春秋五论》。这部书的提要，《初目》《文渊阁提要》《总目》属于同一类，《荟要总目提要》《文溯阁提要》《文津阁提要》三篇属于另一类。两类提要相互之间有联系，但几处关键性文字表述不同，显示了相互间观点上的分歧。

先看《初目》《文渊阁提要》《总目》三篇提要。《初目》与《文渊阁提要》基本相同，不过《文渊阁提要》增加了"考三《传》之中，事迹莫备于《左氏》，义理莫精于《穀梁》，惟《公羊》杂出众师，时多偏驳。何休《解诂》牵合谶纬，穿凿尤多。大圭所论，于三家得失，实属不诬。视诸家之弃传从经，固迥然有别"一段文字。这是对《春秋》三《传》的整体评价，并评述了作者此书的价值。增加这一段文字使得本篇提要的学术性更为突出。《总目》与《文渊阁提要》相同，未再作补充。

《荟要提要》与《初目》相比，有一些明显的差异。

小传部分，《荟要提要》增加了作者师承关系的说明，其中特别提到了吕大圭与朱子学派的关系，说明了这个师承关系对其著作特点形成的影响。其文称："其学受之王昭，昭受之陈淳，淳受之朱子。故其书辩褒贬之例为非，而约以二端，曰有《春秋》之通例，有圣人之特笔。"这是《初目》没有提到的，也是后来的《文渊阁提要》《总目》没有提到的。可见"淳受之朱子"是《荟要提要》自行增加的。《初目》列出了吕大圭《春秋五论》的内容，《荟要提要》没有提及。

小传之外两篇提要的其他内容也各有详略，而这种详略正体现着《荟要提要》与《初目》的学术取向。《初目》评说此书说："今考《或问》之中，不合《经》意者亦多，大概长于持论而短于考实。"基本持否定态度。而《荟要提要》称"大概宋代诸儒长于持论而短于考实，然辨别理欲，使人知诚意正心以为应事之本，其大旨固无愧圣贤也"。虽然也认为此书存在《初目》所指出的问题，但又认为此书"然辨别理欲，使人知诚意正心以为应事之本，其大旨固无愧圣贤也"，对此书作了更为重要的肯定。所增加的这几句正体现出《荟要提要》纂修者对宋代学者学术观念、学术风尚十分宽容，甚至欣赏的态度。一般而言，《荟要提要》语言比较简洁，而这里不惜铺叙，可以看到作者鲜明的倾向性。我们还可以注意到，《荟要提要》增加了"宋代诸儒"四字，说明这不是作者吕大圭个人的问题，而是体现了一个时代的风尚。增加的这四个字使得从个人的学术研究迁想到对整个时代的学风，有为宋学张本之意。

末一部分对吕大圭遇害一事的述说，《初目》不惜笔墨，显示出纂修者对宋代学风的淡化处理和对特定个体的人格气节的强化处理。《荟要提要》则相对比较平淡。

与通常情况下《文渊阁提要》多与《荟要提要》相同不一样，本篇提要则是《文渊阁提要》与《初目》相同，虽内容有所增加(已见上述)，但基本观点没有变化。这显然与《初目》没有提及朱子，且最后对作者的表扬又极为充分有关。《总目》与《文渊阁提要》相同，也是肯定了《初目》的观点。文津阁、文溯阁提要[1]与《荟要提要》文字完全相同，可见都是根据《荟要提要》抄录的。

三、朱熹评判问题

朱熹是南宋著名思想家、教育家，是程朱理学的集大成者，是孔子之后影响最大的思想家。朱熹的学说在南宋以后被确立为官方的统治思想，朱熹的许多著作被列为官学教材，成为古代社会重要的经典读本。从元代开始，朱熹的《四书章句集注》成为科举考试的答题标准。朱熹对宋末以后至明清时期的社会思潮、文化教育、学术研究等都产生了很深的影响。清代官修《四库全书》，编写四库提要，自然都无法回避朱熹。

然而，犹如四库提要在汉宋之学评判上存在很大差异一样，《荟要提要》与《总目》在朱熹评判问题上同样有着非常明显的差异。以下从几个方面加以说明。

1.《荟要》的论述被《总目》刻意回避

康熙帝《御纂周易折中》，《荟要提要》明确指出此书与朱熹的关系。其文云："我圣祖仁皇帝别择群言，于数则纳甲、飞伏之谬必斥，于理则老、庄空虚之旨必破，触类引申，罔非精义。至二经、十翼次序悉还《本义》之旧。盖理数之说至朱子而合，朱子之《传》至是书而大备云。"《总目》说："其诸家训解，或不合于伊川、紫阳而实足发明《经》义者，皆兼收并采，不病异同。惟一切支离幻渺之说，咸斥不录，不使溷四圣之遗文。盖数百年分朋立异之见，至是而尽融；数千年画卦系辞之旨，乃至是而大彰矣。"可见《总目》所避开的恰好是《荟要提要》所说的康熙帝之书与朱熹著作的联系部分。其实康熙帝自己对朱熹评价就很高，康熙五十四年三月十八日作《御制周易折中序》云："有宋以来，周、邵、程、张阐发其奥，唯朱子兼象数天理，违众而定之。五百余年，无复同异。"也说明了这一点。

《总目》既不提及被《荟要提要》称为"集诸家之成"的朱熹《周易本义》，而在说到本书与相关著作的关系时，也有意识地避开了朱子，如谓："是编为讲幄敷陈，睿裁鉴定。其体例与宋以来奏进讲义大致略同，而于观象之中，深明经世之道。御制《序》文所谓以'经学为治法'者，实括是书之枢要，亦即括六

---

① 《金毓黻手定本文溯阁四库全书提要》，第134页；《文津阁四库全书提要汇编》经部，第375页。

十四卦三百八十四爻之枢要。信乎帝王之学，能见其大，非鲰生一知半解所能窥测高深也。"牛钮等《日讲易经解义进呈疏》云："抱蓍以求，在儒者学程朱之学；垂裳而治，惟吾君心尧舜之心。"是明言此书与程朱之学有紧密联系。《总目》用"宋以来"这种模糊语言替代了朱熹著作对康熙帝钦定此书的影响，也就是试图割断或屏蔽清初学术与程朱理学之间的联系。

再如圣祖仁皇帝钦定《日讲易经解义》，《荟要提要》特别提到了康熙帝钦定的此书与朱子的关系。提要云："《易》自汉以后，象数义理之说分，而谶纬空虚之弊起。朱子集诸家之成，作为《本义》，简而能该。我圣祖仁皇帝服膺朱子之书，而悦心研虑，订为斯编。仍诏讲幄诸臣日以进讲，盖心契三圣之微言，以阐造化之功用。《序》所云'以经学为治法'者，崇德广业，咸基于此矣。"仍然是对朱熹之书作了很高评价，并认为康熙帝对朱熹学术思想的认同。但在《总目》中，完全没有了这一层意思，提要对朱熹之书没有丝毫提及，更没有提到康熙帝与朱熹的任何联系。

再看《论语注疏》。《荟要提要》在述说魏何晏集解、宋邢昺疏之间的传承关系时指出："晏所采孔安国而下凡若干家，皆古训。昺复因皇侃所采诸儒之说为之疏，于章句训诂、名器事物之际详矣。朱子《集注》出，义理更为精深。"指出了从何晏、邢昺到朱熹之间的学术相承关系，并且对朱子《集注》有很高评价。《总目》云："是疏出而皇疏微，迨伊洛之说出而是疏又微。"也是完全抛开了朱熹。为了消除朱熹的印记，甚至不惜割断学术发展的脉络，使古代学术的发展，几与朱熹毫无关联。

《日讲易经解义》与《论语注疏》这两篇提要，《荟要提要》与文渊阁提要完全相同。前者文渊阁提要校上于乾隆四十年九月，《荟要提要》上于乾隆四十一年三月，后者《荟要提要》校上于乾隆四十年十月，文渊阁提要上于乾隆四十一年五月。两种提要形成的时间相差无几。这说明或是互相移用了对方的文稿，或是采自同一分纂稿。不管何种情况，都说明最初的提要稿确实是将康熙帝的思想与朱熹的思想联系在一起的，并对朱熹的著作及其观念作了完全的肯定，并且这个看法得到了四库馆中纂修官的认可。

宋刘敞撰《春秋刘氏传》，《荟要提要》与《总目》评价都很高，但仔细比较也有区别。《荟要提要》云："至其大致简核，得经意者较多。故朱子与叶适皆极推之，非无故也。其经之杂取三传，不主一家，又多与传相连，不复区画，盖亦用《大戴礼记·夏小正》例。"《总目》云:"论其大致,则得经意者为多。盖北宋以来,出新意解《春秋》者,自孙复与敞始。复沿啖、赵之余波,几于尽废三《传》。敞则不尽从《传》,亦不尽废《传》,故所训释为远胜于复焉。"两篇提要都称赞刘敞此书能解经,能将经、传结合。区别在于《总目》将《荟要提要》提到的朱熹与叶适都删除了。

由此可见《荟要提要》有关朱熹学说的概括性论述及有关学术源流的梳理,都被《总目》刻意回避了。

2.《荟要提要》与《总目》看法、评价的差异

也有时《总目》并无回避朱熹问题,但其看法及评价与《荟要提要》有很多差异。

试以乾隆帝《御纂诗义折中》为例。《荟要提要》云:

> 盖诗义自朱子斥去二序,独寻微旨,一扫傅会拘牵之说。我皇上鉴聚讼之失,标言志之准,融洽诸家,归于一是。分章间采康成,征事亦搜《小序》。至于讽劝之大,仍一以朱子为正。不待觇缕众说,而择善用中之旨,即寓于流连讽咏之中矣。

《总目》云:

> 盖我圣祖仁皇帝钦定《诗经汇纂》,于《集传》之外,多附录旧说,实昭千古之至公。我皇上几暇研经,洞周窔奥,于汉以来诸儒之论,无不衡量得失,镜别异同。伏读御制《七十二候诗》中《虹始见》一篇,有"晦翁旧解我疑生"句。句下御注,于《诗集传》所释蝃蝀之义,详为辨证。并于所释《郑风》诸篇概作淫诗者,亦根据毛、郑,订正其讹。反复一二百言,益足见圣圣相承,心源如一。是以诸臣恭承彝训,编校是书。分章多准康成,征事率从《小序》。使孔门大义,上溯渊源;卜氏旧传,远承端绪。因《钦定诗经》以树义,即因《御纂周易》以立名。作述之隆,后先辉耀。经术昌明,洵无过于昭代者矣。

可以十分清楚地看到两篇提要的差异。《荟要提要》高度评价了朱熹《诗集

传》在《诗经》学研究方面的贡献，完全肯定了朱熹解诗不从“诗序”而从诗歌自身寻找其意蕴所在，因而扫除了许多牵强附会之说的优点，称：“盖诗义自朱子斥去二序，独寻微旨，一扫傅会拘牵之说。”《荟要提要》虽然说此书是“我皇上鉴聚讼之失，标言志之准，融洽诸家，归于一是”，但也指出了此书与历代《诗经》学著作的关系，其文云：“分章间采康成，征事亦搜《小序》。至于讽劝之大，仍一以朱子为正。”这里特别提到了与朱熹著作的关系，其实质也是说明康熙帝此书对朱熹的解诗思想有某种继承。校上于乾隆四十年五月的文渊阁提要与《荟要提要》完全相同。

而《总目》不仅没有对朱熹的著作作任何的肯定，其所引用的反而是乾隆帝所作的对朱熹怀疑、否定的诗句，同时还指出朱熹在解读《郑风》“淫诗”方面存在着讹误。特别值得注意的是，《总目》说：“分章多准康成，征事率从《小序》。使孔门大义，上溯渊源；卜氏旧传，远承端绪。”比较《荟要提要》就可知，这里恰好避开了朱熹。《总目》称“圣圣相承”，即以乾隆帝直接先圣孔子，也就完全越过了朱熹，完全抛弃了《荟要提要》所说“一以朱子为正”的结论。《荟要提要》与《总目》毫无相同之处，对朱熹的评价大相径庭。

再以《朱子全书》为例。康熙中期，清廷以“御纂”名义汇编朱熹论学经义著作为《朱子全书》，理学名臣熊赐履、李光地先后主持纂修事宜。康熙五十二年全书告竣，刊布天下。康熙帝对朱熹著作非常看重，五十年四月甲戌，谕大学士等曰：“《朱子全书》凡天文、地理、乐律、历数俱非泛然空论，皆能确见其所以然之故。朕常细加寻绎，欲求毫厘之差，亦未可得。”（《圣祖仁皇帝圣训》卷五）这还只是就具体的知识性问题而言，在五十二年夏六月所作《御制朱子全书序》中，更对朱熹的历史地位作了高度的概括：“至于朱夫子，集大成而绪千百年绝传之学，开愚蒙而立亿万世一定之规。”可以加以比较的是，一般御撰书卷首序言，篇末通常就是题署一个时间，如康熙帝《御定孝经衍义》卷首序，即作“康熙二十九年四月二十四日”。而《御制朱子全书序》，篇末题署用了“敬书”二字（“康熙五十二年岁在癸巳夏六月敬书”）。可见康熙帝对此书的重视程度确实非同一般。《荟要提要》称：

> 是书则汇辑其全，自小学迄诗赋、杂著，凡十有九门，罔不根极理训，折衷群言。盖朱子集诸儒之大成，而是书又集朱子之大成也。

虽然简略，但对朱熹的评价却非常高。这与康熙帝的评价是完全一致的。而《总目》说：

> 《御纂朱子全书》六十六卷，康熙五十二年圣祖仁皇帝御定。南宋诸儒，好作语录，卷帙之繁，尤无过于朱子。咸淳中，黎靖德删除重复，编为一集，尚得一百四十卷。又南宋文集之富，无过周必大、杨万里、陆游，而《晦庵大全集》，卷帙亦与相埒。其记载杂出众手，编次亦不在一时。故或以私意润色，不免失真；或以臆说托名，全然无据。即确乎得自师说者，其中早年晚岁，持论各殊，先后异同，亦多相矛盾。儒者务博笃信朱子之名，遂不求其端，不讯其末，往往执其一语，奉若六经，而朱子之本旨转为尊朱子者所淆。考《朱子语录》，称孔门诸子留下《家语》，至今作病痛，憾其择之不精也。然则读朱子之书者，不问其真赝是非，随声附和，又岂朱子之意乎哉！圣祖仁皇帝表章朱子之学，而睿鉴高深，独洞烛语录、文集之得失，乃特诏大学士李光地等，汰其榛芜，存其精粹，以类排比，分为十有九门。金受炼而质纯，玉经琢而瑕去。读朱子之书者，奉此一编为指南，庶几可不惑于多岐矣。

《总目》可以说是一篇莫名其妙的提要。提要首先指出现存的朱熹著作存在着许多问题，不是“不免失真”，就是“全然无据”，或者是早年晚岁，持论各殊，先后异同，“亦多相矛盾”。其次批评历代读朱子书者，读的并不全是“真”的朱熹著作。文献是记录知识的载体，人们所接受的朱熹思想，主要是通过阅读朱熹的著作获得的。而现在《总目》指出，历来人们所阅读的朱熹著作里面有许多并非是朱熹自己的作品。既然传世的朱熹著作真赝混杂，那么人们接受的朱熹思想也就驳杂而不纯粹了。实际上这就从根本上否定了朱熹学说。《总目》最后用将近三分之一的篇幅，表彰康熙帝纂辑此书的功绩。然而即使就康熙帝御定此书而言，《总目》和《荟要提要》的认识也不完全一致。《总目》认为康熙帝重新编纂此书的目的在于“汰其榛芜，存其精粹”，主要是文献整理。《荟要提要》则认为此书的编纂在于“集朱子之大成”，在于形成一个完整的思想体系。

作为我国古代仅次于孔子的最具影响力的思想家，全篇提要没有一句对其作正面的评价。作为最能体现个人思想特征的著作《朱子全书》,全篇提要没有一句涉及对此书内容的正面的分析。提要不是在揭示该书的意蕴,却处处在提醒人们注意此书存在的问题。两篇提要的视角完全不同。

《小学集注》一篇提要,也是非常值得关注的。《荟要》及《全书》,书名均作《御定小学集注》,书前首先冠以雍正五年十二月初三日《御制小学集注序》(文渊阁本作《御制小学序》),称:"朕敬承皇考遗志,特命校对授梓,以资肄习。"正文各卷卷端也均题作"御定小学集注"。《荟要提要》云:"《御定小学集注》六卷,雍正五年世宗宪皇帝诏廷臣因明臣陈选《集注》而订正刊行之者。"文渊阁等《全书》书前提要与此同。可见此书的"御定"性质十分明确。《总目》删去了书名中的"御定"二字,径题《小学集注》。著录本书作者作:"宋朱子撰,明陈选注。"这就根本否定了此书的"御定"性质。此外,《荟要提要》与《全书》书前提要都说:"此注复得大圣人表章,家弦户诵,其食报亦荣且厚矣。""大圣人"即雍正帝,《总目》也都删除了。经过《总目》如此处理,《小学集注》一书已看不出和"御定"图书有任何关系。正是在这基础上,才使得《总目》和《荟要提要》等的内容有了根本的区别。

《荟要提要》等对此书评价甚高。提要首先对这部书总体上作了肯定:"盖儒者为学之始基实备于此。"提要接着对本书的编者朱熹和本书的注释者陈选作了表彰,如说:"朱子作《小学内外篇》以迪蒙幼,皆杂取经传中论幼仪者,分类条系,而以史事广之。宋儒所谓养正之功,立教之本,谅非溢美。"又说:"选为此注,随文衍义,务取明白晓畅,俾乡塾童蒙,皆可省览而得其意义,实为有功初训。"提要还对注释者陈选的事迹作了表彰,称:"选字士贤,临海人。天顺庚辰进士。官至广东布政使,追赠光禄寺卿,谥恭愍。其为御史时,救罗伦,劾倪谦、钱溥、马昂、汪直,风采可观。及官广东,又以争市舶忤宦官,卒至逮死。其立身本末,足以不愧所学。"注释既"明白晓畅",作者人品又伉直刚正,"其立身本末,足以不愧所学",这就达到了四库图书选录的最高标准。《总目凡例》说:"文章德行,自孔门既已分科,两擅厥长,代不一二。"不得已,则或"论人而不论其书",或"论书而不论其人"。陈选其人其书,固然够不上"代不一二"的标准,但按照《荟要提要》等的评价,其人、其学、其书大致不相背离则是无疑的。

与此相反,《总目》对此书没有一句正面的肯定之词,若硬要找出的话,也就“若选之所注，尤有裨于初学矣”一句。这与《荟要提要》等的评价完全不相等。《总目》的主要内容，一是著录了本书的篇目名称。二是根据朱熹《晦庵集》中癸卯与刘子澄书，考定此书编纂实出自子澄，并考定了本书的编纂时间。三是回答有关书中内容为何有遗漏的问题。四是对本书的评价。五是说明了此书归之于子部儒家类的理由。除第四点外，其余都是《荟要提要》等没有涉及的，而这些部分恰好都没有直接说到此书的内容。

《总目》的第四点虽然说到了本书的内容，其看法又恰与《荟要提要》等完全相反。其文云：“后人或援引古书，证其疏略，或误以一字一句皆朱子所手录，遂尊若六经，皆一偏之论也。选注为乡塾训课之计，随文衍义，务取易解，其说颇为浅近。然此书意取启蒙，本无深奥，又杂取文集子史，不尽圣言。注释者推衍支离，务为高论，反以晦其本旨。固不若选之所注，尤有裨于初学矣。”《总目》特别提醒不必认为凡朱熹所录就“尊若六经”，同时提醒选注不过是“乡塾训课”之作。可见无论是对朱熹还是对陈选，其评价和《荟要提要》等都是大相径庭。

我们还可以指出一点，《荟要提要》等对注释者陈选的事迹特别作了表彰，《总目》仅著录其籍贯、科名、仕历，对《荟要提要》等特别提到的救罗伦、劾倪谦、忤宦官等事迹一字未提。而这些事迹正是展示陈选“风采”的地方。《总目凡例》强调提要要显示作者“人品学术之醇疵”，《荟要提要》等著录陈选的事迹，正是为了说明这一点。在《总目》明知《小学集注》为先皇帝“御定”，且之前的提要也完全认定这一点的情况下，既否定此书的“御定”性质，又对此书内容加以否定，显然不是随意行为。

说到朱熹的《诗经集传》(《总目》作《诗集传》)，自然不可能回避“叶韵”问题，通常都认为这是朱熹不懂古音的缘故。《荟要提要》提出了辩解，称：“其叶韵则其孙承议郎鉴，取吴棫所著《毛诗补音》之说入之。后儒不察，以为亦朱子所采，又以为取诸《韵补》，皆非也。”《荟要提要》完全撇清了“叶韵”与朱熹的关系，将此事推到了朱熹的孙子朱鉴身上。

《总目》说：“其音叶朱子初用吴棫《诗补音》(案：棫《诗补音》与所作《韵补》为两书，《书录解题》所载甚明，《经义考》合为一书，误也)，其孙鉴又意为增损，颇多舛迕。史荣作《风雅遗音》已详辨之，兹不具论焉。”(文渊阁提要与《总目》同)将此事归到朱熹身上，当然朱鉴也有修改。这个看法与《荟要提要》也是完全不同的。

3.《初目》与《荟要提要》的朱熹评判比较

以上主要比较了《荟要提要》与《总目》在理学、汉宋学方面的异同情况，为了更好地说明《荟要提要》的观点，还需要将更早成立的《初目》的情况结合起来加以考察。《初目》与《荟要提要》的关系，我们在分析《荟要提要》的文献来源及《荟要提要》对四库提要的影响时，已经作过比较，这里主要就朱熹评判问题再作一比较。如同《荟要提要》与《初目》有着深切的渊源关系一样，在朱熹评判问题上，《荟要提要》也受到了《初目》的影响，同时也有着自己独到的见解。这种关系可以从以下三个方面加以说明。

第一，《初目》已开始关注朱熹的学术成就，并给予好评。《荟要提要》与《初目》相同。

如宋张栻撰《论语解》一书，《荟要提要》云："书成于乾道九年，朱子所谓《癸巳论语解》者也。栻因程子余论，推广以著是编。朱子为之句栉字比，抉摘瑕疵，集中所载多至百一十八条，又订其误字二条。今所行本仅改正二十三条，似乎断断不合者。然'父在观其志'一章，朱子谓旧有两说，当从前说为顺，反复辨论，至于二百余言。而今本《集注》乃竟用何晏所引孔安国义，与栻说同，岂前后自相矛盾耶？古人朋友切磋，苟一义未安，一疑未析，恒不惮极言辨难，久而是非论定，不复回护其前说。此大儒至公之心所为，异于门户之见也。然则此百一十八条者，特讲习商榷之言，未可以是为栻病。且二十三条之外，栻不复改，朱子亦不复争。则读是书者，更不必以朱子之说相难矣。"这篇提要多次提到了朱熹，说明朱熹与此书的深刻关系。《荟要提要》的这段文字与《初目》几乎完全相同，《总目》则全篇没有一处提到朱熹。

元吴师道撰《礼部集》提要，《初目》与《荟要提要》前半部分完全相同，后半部分有差异，但差异不大，可见两篇提要来源一致。这篇提要值得注意的是在小传里都提到了朱熹，其文云："少与许谦从金履祥游，讲明朱子之学，故其学问文章得有统绪。"而在《总目》中在吴师道的传记里从来没有提到过其学问和朱熹的关系。

题何异孙撰《十一经问答》提要，《初目》云："其解虽或与朱、程、蔡、陈诸家相出入，而《大学》分经传纲领条目，则一以朱子为准。盖亦传新安之学者也。"《荟要提要》与此相同，只有少数几字有出入。元王申子撰《大易缉说》一书，《荟要提要》多次引朱子之言，也与《初目》相同。

在朱熹评判方面，像这类文字完全相同的并不多见，更多的是文字不尽全同，但基本看法相同，或是《荟要提要》在《初目》基础上有更进一步的阐述。

如元胡炳文，婺源人，《新安文献志》以为是“笃志朱子之学者”。《初目》收录其所著《周易本义通释》十二卷。提要说明了其著作与朱熹的关系：“其言《易》兼通理数者，有《太极赋》《二爻反对论》《二体相易论》《二十四气论》等篇，以阐发朱子之旨。复取朱子《本义》，折衷是正，旁采诸家《易》解，互相发明，以成是书。”《荟要提要》对胡炳文此书评价甚高，并因此对朱熹的《易》学研究也给予很好评价。其文云：“羲、文先后天之《易》，邵子于先天明其画，程子于后天演其辞，然邵、程同时并地，其说绝不相谋。自朱子比而合之，理数始备。炳文复取朱子之书，折衷是正，参以诸家《易》解，以互相发明。”又说：“宋儒说《易》，其途至杂，言数者或失之巧，言理者或失之凿，求其平正通达显有门径可循者，终以朱子为得中，则炳文羽翼之功亦未可没矣。”可以看到《荟要提要》是在《初目》的基础上又作了发挥。而《总目》提及作者及此书与朱熹的关系，仅仅两句：“程敏政《新安文献志》所谓‘笃志朱子之学’者也。”又说：“是书据朱子《本义》折衷是正，复采诸家《易》解，互相发明。”其余将近500字，只是考订本书的版本及流传情况，对本书的价值没有作一句评价，更没有提到朱熹《易》学研究的成果。

元胡一桂为宋末元初易学家胡方平之子，胡方平为朱熹再传弟子。胡一桂撰《周易本义附录纂注》。《初目》称：“方平秉其师说，一以朱子为宗，尝作《启蒙通释》以阐明绪论。”又云：“一桂是编复取朱子《文集》《语录》之及于《易》者附之，谓之《附录》；取诸儒《易》说之合于《本义》者纂之，谓之《纂》[①]，务以阐明《本义》为主。《元史》独称其《易》学出于朱子，盖以此也。”

《荟要提要》云：“方平之学，渊源独正。”又云：“一桂承其家学，取朱子《文集》《语录》之及于《易》者附之，谓之《附录》；取诸儒《易》说之发明《本义》者纂之，谓之《纂注》。务以阐明《本义》未尽之旨。虽所守仅一先生之言，而州分部居，具有条理。言朱子之《易》者，其必于是问津矣。”可见文字虽有差异，但基本思想不变。都认为胡一桂此书阐发了朱熹的易学思想，并给予了很好

① “纂”下当缺一字。《荟要提要》、文渊阁提要作“纂注”，《总目》作“纂疏”。据《初目》题名，此处应作“纂疏”。

评价。

《总目》卷四著录此书，作《易本义附录纂疏》，提要将“务以阐明《本义》未尽之旨。虽所守仅一先生之言，而州分部居，具有条理。言朱子之《易》者，其必于是问津矣”这段说明胡一桂此书与朱熹《周易本义》关系的文字完全删去了。实际上也就是割断了宋元易学之间的学术联系，也消除了朱熹的学术影响。

再如元初佚名撰《四书辨疑》提要，《荟要提要》云：“齐、鲁、毛、韩四诗并存，《左氏》《公》《谷》三传兼列。古人说经虽各有专门授受，而通儒博考，正未尝暖暖姝姝守一先生之言。各尊其所闻，各行其所知，朱子亦尝言之矣，是编固不妨与《集注》并存也。”《总目》云：“说《春秋》者三《传》并存，说《诗》者四家互异，古来训诂，原不专主一人。各尊所闻，各行所知，固不妨存此一家之书，以资参考也。”两篇提要的意思其实无实质性区别，但具体表述则差异很大。《荟要提要》突出了朱熹，而《总目》则同样完全回避了。

《初目》正好也有此书提要，可以加以比较。其文云：“其书大意主于阙疑而不贵穿凿，故所列三十余条，皆平心剖析，实非有意立异，规规为门户之争者。各尊所闻，各行所知。朱子亦尝言之，是编固不妨与《集注》并存耳。”可见《初目》也是以朱熹作为衡量标准的。

《初目》有关朱子等的内容，实际上反映了早期四库提要的形态，也就是说最初的一些四库提要中对朱熹是非常看重的。《荟要提要》接受了这些内容，是后来的《总目》作了改动。所以《荟要提要》和《总目》的差异，不仅是这两部提要之间的差异问题，实际上反映了早期与晚期的四库馆观念的转化。

第二，《荟要提要》在《初目》基础上加以增补。这是指《初目》并未提到朱熹等内容而《荟要提要》自行增补了相关内容。

如宋吕大圭撰《春秋或问》，《荟要提要》记其师承关系道：“其学受之王昭，昭受之陈淳，淳受之朱子，故其书辩褒贬之例为非，而约以二端，曰有《春秋》之通例，有圣人之特笔。”《荟要提要》在介绍其师承关系时特别说明了这个师承关系对其著作特点形成的影响，但《总目》始终没有提到这一点。《初目》也没有提到和朱熹的师承关系，可见“淳受之朱子”是《荟要提要》自行增加的。

宋黄度撰《尚书说》，《初目》云：“晚年制阃江淮，著述不辍。时得新意，往往晨夜叩书塾，为友朋道之。其勤挚如此。"《荟要提要》云："陈振孙称度'晚年制阃江淮，著述不辍。时得新意，往往晨夜叩书塾，为友朋道之'。可见其学之勤矣。平日与朱子、叶适、陈傅良等相善，《周礼》《诗》《说》皆为适所称许。"《初目》记载了作者与友朋切磋的情形，但没有具体提到朱熹。《荟要提要》则提到了作者与朱熹等人的关系，以说明作者时时与友朋切磋学问的情形。《总目》与《初目》相同。

宋吕祖谦撰《增修东莱书说》，《荟要提要》云："朱子尝谓祖谦之书不欲阙疑，故微有尖巧之病。"《初目》《总目》都没有引用朱熹此说。

再如宋赵顺孙撰《四书纂疏》提要，《荟要提要》云："顺孙之学一本于朱子。是书备引朱子之说，以畅《章句集注》之旨。所旁引者黄榦、辅广、陈淳、陈孔硕、蔡渊、蔡沈、叶味道、胡泳、陈埴、潘柄、黄士毅、真德秀、蔡模，凡一十三家，皆为朱子之学者也，可谓笃守师说矣。"赵顺孙父赵雷尝师事朱熹门人滕璘，故提要称作者所学"一本于朱子"。其书所旁引十三家，也都为朱熹学说传人，故提要称"笃守师说"。《荟要提要》前后相呼应。

《初目》也称"顺孙之学一本朱子"，但没有"可谓笃守师说矣"一句。这一篇提要与上两篇提要比较，可以看到《荟要提要》接受了《初目》的观点，又在其基础上作了相应补充。《总目》则与《初目》《荟要提要》都有差异。《荟要提要》称赵顺孙"笃守师说"，《总目》则说"不旁涉也"。《荟要提要》强调了作者对朱熹学说的忠诚，自然也指出了朱熹学说对后世学者的影响力。《总目》则没有了这一层意思，朱熹的影响力与地位都大为降低。

元许谦撰《诗集传名物钞》提要，《荟要提要》与《初目》《总目》内容相差不多，但《荟要提要》记有许谦的师承关系："谦受学于同郡金履祥，履祥受之何基、王柏。基受之黄榦，榦则亲承朱子之传，其学具有本原，故所考音释名物，颇为详博。"这一段为《初目》所无。《总目》也无这一段。

也有些图书，仅《荟要提要》引用朱熹之言作为例证，《初目》或《总目》都未提及朱熹。如苏洵撰《嘉祐集》，《荟要提要》引朱熹之言道："朱子亦谓其'皆自小处起议论'，又谓'只就孟子学作文，不理会他道理。然其文亦实是好'。"称赞苏洵的文章作得好。宋曾巩撰《元丰类稿》提要，《荟要提要》云："巩为文章……朱子亦深所推服，以为'依傍道理'，'不为空言'。"分析曾巩文章的特色。这都是《荟要提要》才有的内容。

这些为《荟要提要》新增加的内容说明，《初目》等早期的四库提要尽管已经注意到了朱熹的学术地位，并对朱熹的学术成就给予了肯定，但《荟要提要》更突出了朱熹的影响。

第三，《初目》与《荟要提要》观点不一致。

也有《荟要提要》与《初目》观点不一致的。宋赵彦肃撰《复斋易说》提要，《初目》云："惟论《易》与朱子不合，故《朱子语录》谓其为说太精，取义太密，或伤简易之趣。然彦肃说《易》，在即象数以求义理，以六画为主，故其言曰：'先圣作《易》，有画而已。后圣系之，一言一字皆自画中来。譬如画师传神，非画烟云草木比也。'然则彦肃冥思力索，固皆研搜爻义，务求其所以然耳。其沉潜于《易》中，犹胜支离于《易》外矣。"

《荟要提要》云："朱子尝称其为人不易得，而至论是书，则曰为说太精、取义太密，岂以为不足存欤？盖《易》教虽微，而理则简易，朱子恐学者流于穿凿，故责备贤者，以防其渐。殆与论吕祖谦之注《尚书》同一意旨，非谓是书竟可废也。"

两篇提要都提到了朱熹所指出的赵彦肃《复斋易说》一书存在的问题，但对朱熹的说法两篇提要的看法则不相一致。《初目》对赵彦肃《复斋易说》的内容作了进一步的分析，并引用作者自己的话来说明其著作的基本观点。《荟要提要》则对朱熹的说法持肯定态度，并且作了进一步的分析，以说明朱熹的说法是有根据的。当然最后也指出朱熹的目的并不是要否定此书，而是希望读者能看到存在的问题，从而更好地使用此书。从用词上看，《初目》的"然"字是否定以上朱熹之言而说，《荟要提要》的"盖"字是承上朱熹之言而说。《初目》的论述与《荟要提要》是完全不同的。

再如朱熹孙子朱鉴编《朱文公易说》，将散见于朱熹《语录》中的有关朋友论难与及门之辨说汇编成一部书。《初目》云："当理宗以后，朱子之学大行，剩语残编，无不奉为球璧。不应手成巨帙，反至无传。殆以未定之说，自削其稿，故不复流布与。鉴是书全采《语录》之文，以补《本义》之阙。其中或门人记述未必尽合师说，或偶然问答未必勒为确论，安知无如《易传》之类为朱子所欲刊除者。然收拾放佚，以备考证，亦可云能世其家学矣。"《初目》认为汇编在这部书里的实际上都是没有多少价值的东西。按照《初目》的推理，朱熹《易》学研究的精华都在所著《易》学五书里面，《朱文公易说》里面收集的只是一些朱熹自认为未有定论、因而自己也不准备流布的东西，也有些是“未必尽合师说”或“未必勒为确论”的东西。尽管《初目》最后也说此书的编辑“能世其家学”，但实际上对这部书是否定的。

但《荟要提要》对此书评价很高，称：“朱子注《易》之书，为目有五：曰《易传》，曰《易本义》，曰《易学启蒙》，曰《古易音训》，曰《蓍卦考误》，皆有成书。其朋友之论难与及门之辨说，则散见于《语录》中。鉴荟粹之，以成是编，使读者参互考订，以与五书相发明，可谓能世其家学者矣。”按照这个说法，这部书代表了朱熹有关《易》学研究的成果，可与朱熹《易》学五书互相发明。两篇提要都指出“能世其家学”这一点，说明《荟要提要》与《初目》有一定联系。两者对朱熹此书评价的差异，说明《荟要提要》有意删去了《初目》中有损此书的说法。

我们在前面已经指出过，《总目》有不少提要与《荟要提要》相同，也有吸收了《荟要提要》的基本观点与具体表述的，但就此处比较的情况看，凡是《荟要提要》涉及到朱熹以及理学等问题的，《总目》往往都与《初目》相同。这说明在这个问题上，《总目》对《初目》与《荟要提要》的使用是有自觉的选择性的，并不是随机选取的。

此外还应注意到，《荟要提要》提到的有关朱熹问题，有许多是《初目》没有提起的，是《荟要提要》增加的。这说明《荟要提要》尤为注重朱熹思想的阐发，也最注重于朱熹思想的表彰，注意突出朱熹思想对古代学术的重要影响。这对研究《荟要提要》的学术倾向尤为重要。

四、四库提要关于理学、朱熹态度转变的分析

康熙帝一生积极提倡理学，并极为推崇朱熹。他曾写过《理学论》，对理学和朱熹给予很高评价。其文云：“自宋儒起而有理学之名，至于朱子能扩而充之，方为理明道备。后人虽杂出议论，总不能破万古之正理。”（《御制文四集》卷二十一）乾隆帝自幼读书，也是从研究义理开始的，在其早年所写文章中，对康熙帝提倡理学的用心深有体会，所作《恭跋性理精义》写道：“我圣祖仁皇帝造物育材之心，化民成俗之意，欲天下后世之共臻于理学之盛者不虚矣。”（《御制乐善堂全集定本》卷八）

乾隆帝早年熟读朱熹著作，自认为“《朱子全书》未尝释手”①，并对朱熹等给予很高评价。其《跋朱子大学章句》：“孔曾之道绝于汉唐，绍于周程张朱五子。孔曾之书亦幽而不显于汉唐之间，逮程朱表章然后赫然昭著而大行。盖道传斯学传。非程朱无以传孔子之道，故孔曾之书亦非程朱莫能尽发其精蕴也。”（《御制乐善堂全集定本》卷八）在《读董江都贤良三策》一文中又写道：“世之论者谓汉儒通晓经术，宋儒深于理学。夫穷经即所以明理，而理学未尝不衷之于经术。汉之董子，宋之程朱，又岂可以经术、理学限哉。”（《御制乐善堂全集定本》卷九）

大概在乾隆中期以后，乾隆帝即不再谈理学，不再阐发理学义蕴，相应地在许多地方明显表达了与朱熹不同的看法。如《御制文初集》卷二《自诚明谓之性自明诚谓之教》云：“朱子谓与天命谓‘性’，修道谓‘教’，二字不同。予以为政无不同耳。”乾隆帝这一态度的转换，在其所下访求藏书诏中也看得很清楚。

《四库全书》《四库全书荟要》都是在向全国征集图书的基础上编成的。康熙帝和乾隆帝都下过向全国征集图书的诏令。康熙二十五年康熙帝下访求遗书诏云：“自古经史书籍，所重发明心性，裨益政治，必精览详求，始成内圣外王之学。朕披阅载籍，研究义理，凡厥指归，务期于正。诸子百家，泛滥诡奇，有乖经术。今搜访藏书善本，惟以经学史乘，实有关系修齐治平、助成德化者，乃为有用，其他异端诐说，概不准收录。”（《圣祖仁皇帝圣训》卷十二）乾隆六年乾隆帝下访求遗书诏云：“从古右文之治，务访遗编。目今内府藏书，已称大备。但近世以来，著述日繁，如元明诸贤，以及国朝儒学，研究六经，阐明性理，潜心正学，醇粹无疵者，当不乏人。虽业在名山，而未登天府。着直省督抚学政，留心采访，不拘刻本钞本，随时进呈，以广石渠天禄之储。”②乾隆三十七年正月初四日，乾隆帝又下征书诏令，内云：“有阐明性学治法，关系世道人心者，自当首先购觅。至若发挥传注，考核典章，旁暨九流百家之言，有裨实用者，亦应备为甄择。”（《纂修四库全书档案》一）

显然，乾隆六年的诏令与康熙二十五年下访求藏书诏基本上是一致的，就征集图书的内容看，都指明必须是“阐明性理”者。所谓“性理”，是宋明理

---

① 《高宗实录》卷一四六，乾隆六年七月癸亥，《清实录》第10册，第1095页。

② 《高宗实录》卷一三四，乾隆六年正月庚午，《清实录》第10册，第941页。

学的重要范畴。康熙帝的"经学史乘，实有关系修齐治平、助成德化者"，与乾隆帝的"研究六经，阐明性礼，醇粹无疵者"，两者也基本相同。但在乾隆三十七年正月初四日所下诏书中，除了要求征集"阐明性学治法，关系世道人心"这类图书外，还要求征集"九流百家之言，有裨实用者"。这不仅仅是征书范围的扩大，实际也是统治观念的变化。统治观念的变化又直接影响到时代学术思潮的变化。这个变化对《四库全书》和《四库全书总目》的编纂，都具有重要影响。《荟要提要》和《总目》学术观念的差异，在一定程度上，体现了这种学术思潮的变化。当然这不是说《荟要提要》有意识的回归到康熙帝的立场上，而是说经过反复修改的《总目》，对当今皇上的旨意愈来愈清楚。

关于乾隆帝对理学、朱熹态度的转变时期，学者多有分析。陈祖武、朱彤窗著《乾嘉学派研究》指出，大致上说，乾隆帝初政，恪遵其父祖遗规，尊崇朱子，提倡理学。而在乾隆二十一年开始，在经筵讲论中开始对朱子提出质疑。自此以后，开始从提倡理学到崇奖经学[①]。乾隆帝立场的转变有一个过程，这个转变过程很难绝对地定在某一时间点上。但这个转变是很明显的。

就四库提要所看到的转变情况来说，夏长朴《乾隆皇帝与汉宋之学》一文分析最为切实。文章认为乾隆帝扬汉立场的转变发生在纂修《四库全书》前后。乾隆在下诏编书时还坚持以宋学为主，但在编书过程中，乾隆本人对于汉、宋学的看法有了变化，不再坚持宋学优先的立场，态度反而转向支持汉学，接受《四库全书总目》批判宋学、标榜汉学的作法[②]。

这和我们在《荟要提要》与《总目》中看到的情形完全符合。夏长朴文章提到，乾隆皇帝在乾隆三十八年下诏编辑《四库全书》时，其实关心的并非汉学而是宋学。这也可以解释为什么我们看到在较早时间完成的《荟要提要》会对理学、朱熹有如此多的肯定。乾隆帝后来态度转向汉学，因而完成时间在后的《总目》中有关理学、汉宋问题的态度，也和先前在《荟要提要》里看到的有了许多差异甚至相反等种种情形。四库提要学术立场的转换，归根结底和乾隆帝的立场相关。

"任何一个时代的统治思想始终都不过是统治阶级的思想。"[③]所谓"统治

① 陈祖武、朱彤窗《乾嘉学派研究》第一章《乾嘉时期清廷的文化政策》，第1—20页。

② 夏长朴《乾隆皇帝与汉宋之学》，载彭林编《清代经学与文化》，第156—192页。

③ 马克思、恩格斯《共产党宣言》，《马克思恩格斯选集》第一卷，人民出版社，1972年，第270页。

思想”即“处于统治地位的思想”,也就是被大多数人接受或奉行的思想。在古代中国,统治思想又表现为皇帝的思想,如乾隆帝所说:“我朝列圣相承,乾纲独揽。”“我国家世世子孙,能以朕心为心。”[①]四库提要充分说明了这一点。

与此相关,我们需要讨论的另一个问题是,乾隆帝为什么会有这个转变,或者说为什么需要这个转变。

这个问题学者也多有关注。夏长朴《乾隆皇帝与汉宋之学》一文认为原因有三:乾隆帝本人思想的自然发展使其逐步趋向汉学领域,理学一些如“君臣共治天下”等的言论激怒了乾隆皇帝,理学家讲学、结党的流弊影响到政治安定,这些都使得乾隆帝疏远理学。王法周在《乾隆皇帝及其王朝后三十年的政治文化生态》一文中认为原因主要有四个:第一,理学已为相当一部分士人所不喜,乾隆帝顺势为之有助于收天下士人之心;第二,理学思想发展空间不大;第三,乾隆帝终生以赶超圣祖康熙帝为目标,故要另辟蹊径;第四,建立一种可以与宋代理学并驾齐驱的、属于乾隆时代的一代学术[②]。

这些说法都有相当道理,我们认为还有一个重要原因,即这是出于乾隆帝追求治统、道统合一的需要。

王夫之在《读通鉴论》中说:“天下所极重而不可窃者二:天子之位也,是谓治统;圣人之教也,是谓道统。”[③]治统即治理国家的权力系统。道统即学术思想授受的统系,就古代中国来说,这个统系就是以儒家思想为代表的统系。如我们前面所说,乾隆帝亲自下令编纂《四库全书》,就是希望通过古代典籍的整合,构建“治统”“道统”合一的权威形象。“治统”“道统”合一也就是“治教”的合一,即所谓的“极作君作师之盛,兼治统道统之全”[④]。四库馆臣深刻理解这一点,所以《荟要总目》子部儒家类小序说:“兹于洙泗遗言而外,略取先秦、两汉以来数家,皆求其大醇者。而恭载列圣所以阐明理学治道之书,及我皇上《日知荟说》一编,以明夫通天地人之道,而合君师之统,诚足炳焕万祀云。”所谓“君师之统”,也即“治统”“道统”合一的问题。如果说“君”代表治统,“师”则代表道统。乾隆帝欲以一身而兼领两统。

---

① 《高宗实录》卷一一二九,乾隆四十六年四月辛酉,《清实录》第23册,第86页。

② 王法周《乾隆皇帝及其王朝后三十年的政治文化生态》,《史林》2013年第4期,第71页。

③ 王夫之《读通鉴论》卷十三,清同治四年湘乡曾氏金陵节署刻《船山遗书》本,第16页。

④ 允禄编《上谕旗务议覆》卷五,《四库全书》本,第413册,第2页。

乾隆中期，政权稳固，完成了几次重大的军事行动，天下相对太平，没有任何力量能构成对清帝“治统”的威胁。不过乾隆帝内心不是没有担忧。乾隆四十六年，尹嘉铨欲为其父尹会一请谥并从祀文庙，乾隆帝大怒，朱批：“竟大肆狂吠，不可恕矣！”[①]乾隆帝之所以震怒，原因之一在所下长篇谕旨中说得很清楚：“尹嘉铨所著各书，内称大学士、协办大学士为相国。夫宰相之名，自明洪武时已废而不设，其后置大学士，我朝亦相沿不改。然其职仅票拟承旨，非如古所谓秉钧执政之宰相也。况我朝列圣相承，乾纲独揽，百数十年以来，大学士中岂无一二行私者？然总未至擅权骫法，能移主柄也。”[②]乾隆帝害怕的是大臣“移主柄”，即实际夺取皇帝的权力。尹会一早已去世，尹嘉铨请谥及从祀文庙的目的无非也就是想借此引起皇帝的关注，乾隆帝自然知道并无“移主柄”之可能，明白大臣甚至也无此想象。但乾隆帝依然大怒，并给予严厉处罚，目的无非是显示自己的绝对权威，并为防微杜渐、警告他人。

而在“道统”方面，乾隆帝感觉到的最大的威胁是程朱理学。

宋真德秀撰《四书集编》，《荟要提要》所论朱熹之语，《总目》也多相同。如《荟要提要》云：“然《章句》多出新意，《集注》镕铸群书，其所以去取众说之意，则散见《或问》《辑略》《语类》《文集》中，不能一一载也。而数书所载又多一时未定之说与门人记录失真之语，故异同重复，读者往往病焉。是编博采朱子之说，以相发明。复间附以己见，以折衷其讹异。德秀自称有铨择刊润之功，非虚语也。”《总目》云：“其《章句》多出新意，其《集注》虽参取旧文，而亦多与先儒异。其所以去取之意，散见《或问》《语类》《文集》中，不能一一载也。而《或问》《语类》《文集》又多一时未定之说与门人记录失真之处，故先后异同，重复颠舛，读者往往病焉。是编博采朱子之说以相发明，复间附己见以折衷讹异。志道《序》述德秀之言，自称有铨择刊润之功，殆非虚语。”可以看到两者并无多少差异，对朱熹的《四书章句集注》都给了很高评价，也都肯定了真德秀《四书集编》与朱熹著作的关系。

但即使如此，两篇提要也还有差异之处，《荟要提要》云：“朱子《四书章句集注》以毕生之力为之，至精至密。数百年来，一字一句，儒者皆奉为指归。”这是对朱熹此书的最高评价，而正是这一句被《总目》删掉了。相应位置代之

① 上海书店出版社编《清代文字狱档》，上海书店出版社，2007年，第350页。

② 《高宗实录》卷一一二九，乾隆四十六年四月辛酉，《清实录》第23册，第85页。

以“朱子以《大学》《中庸》《论语》《孟子》合为《四书》”这样一句纯客观性的叙述。“儒者皆奉为指归”，不仅是对朱熹著作的评价，更重要的是还关系到“道统”问题。《荟要提要》之言说明朱熹思想在儒学界具有绝对的权威，并成为儒生行为的准则、思想的规范。这对清朝皇权无疑是一种挑战。

治统、道统是有联系的。乾隆王朝的后三十多年，乾隆帝逐渐转向一种以极权意识形态控制社会的政治取向[①]。陈祖武、朱彤窗著《乾嘉学派研究》说：“清高宗确立崇奖经学格局的过程，也正是他将专制皇权空前强化的过程。”[②]正说明了这一点。《荟要提要》所说“儒者皆奉为指归”一语只是无意中突出了朱熹思想在思想界的地位而已，是一种习惯性的语言表述，并无挑战乾隆帝权威的意思。所以我们看到的其他一些四库提要，如《初目》、文溯阁提要、文津阁提要都有这一句[③]。但这句客观上会造成负面效应，四库馆臣出于谨慎，特地在《总目》中将其删除了。乾隆二十三年八月十五日，协办大学士、户部尚书蒋溥等奏上乾隆帝《御制乐善堂全集》，称：“在我皇上制作，如日月经天……海内艺林宝购，必当奉为指归。”馆臣明白这才是乾隆帝需要的结果。

与对汉学、宋学态度相关的，还有对宋人“名理”问题的态度。

宋胡士行撰《尚书详解》，《荟要提要》云：“虽皆根据旧说，要能会萃以成一家言，犹解经之笃实者也。至所引汉晋人训诂间有异字……与注疏所载不同，亦可以备参考焉。”

校上于乾隆四十六年十月的文渊阁提要则云：“虽皆根据旧说，要能会萃以成一家言，犹解经之笃实者也。所引汉晋人训诂间有异字……凡斯之类，亦见其留心古义，不但空谈名理矣。”《总目》同。两者都对作者的考订成就作了高度评价，但《荟要提要》只是就书论书，肯定了作者考订的成绩，没有引申发挥。而文渊阁提要则归结到“名理”问题上。表面上是肯定胡氏此书“犹解经之笃实者”，而其重点则放在了最后对宋人学风的批评上。

总之，《荟要提要》对宋代理学及朱熹的学术思想和学术实践多有肯定，

---

① 王法周《乾隆皇帝及其王朝后三十年的政治文化生态》，《史林》2013年第4期，第67页。

② 陈祖武、朱彤窗《乾嘉学派研究》第一章《乾嘉时期清廷的文化政策》，第20页。

③ 《金毓黻手定本文溯阁四库全书提要》，第172页；《文津阁四库全书提要汇编》经部，第496页。

在《总目》中则多已被删除。现代学者多据《总目》来评价《四库全书》的纂修思想、学术观念，看不到同是“四库”系列图书纂修思想上的相异性，看不到观念的演化过程，是不准确的。在四库提要中程朱理学成为被批判的对象，这一现象是后来出现的，并不是四库馆臣一开始就形成的。乾嘉时期存在着一个崇尚宋儒义理之学的学术阶段与学术思潮。通过《荟要》的研究，可以更好地还原乾嘉学术的整体面貌。《总目》对汉学的过度颂扬及对宋学的相应贬抑，是逐步发展、强化起来的。《总目》尊汉排宋的门户之见不是一开始就形成的。乾嘉学术史不纯是“汉学家”的一统天下。梁启超说：“露骨地说，四库馆就是汉学的大本营，《四库提要》就是汉学思想的结晶体。就这一点论，也可以说是康熙中叶以来汉宋之争，到开四〔库〕馆而汉学派全占胜利。”[①]这种说法并无大错，但不能真实反映四库馆的实际情况，尤其是不能反映乾嘉时期学术演化的动态过程。《荟要提要》的撰写体现了乾嘉学术的多元化形态。

一个比较共同的看法是，因为掌握了《总目》最后修改权的总纂官纪昀，“自名汉学，深恶性理，遂峻词丑诋，攻击宋儒”[②]，才使得在学术观念上看上去更趋向于同一。而实际情况是在看待汉宋之学等问题上，纪昀自己也常常是矛盾的。《荟要提要》中汉宋之争并不突出，这固然与《荟要》编纂时间较早有关，但不可否认与纪昀应该也有一定关系。纪昀自己关于汉学、宋学的两段说法值得关注。

《周易义象合纂序》云：“余向纂《四库全书》，作经部诗类小序曰：攻汉学者意不尽在于经义，务胜汉儒而已；伸汉学者意亦不尽在于经义，愤宋儒之诋汉儒而已。出尔反尔，势于何极，安得如君者数十辈与校定四库之籍也。”[③]

纪昀在《阅微草堂笔记》中所说的一段内容更详赡，说得更明白，也更值得关注。其文云：“夫汉儒以训诂专门，宋儒以义理相尚，似汉学粗而宋学精。然不明训诂，义理何自而知？概用诋排，视犹土苴，未免既成大辂，追斥椎轮，得济迷川，遽焚宝筏。于是攻宋儒者又纷纷而起。故余撰《四库全书》诗部总叙有曰：宋儒之攻汉儒，非为说经起见也，特求胜于汉儒而已。后人之攻宋儒，亦非为说经起见也，特不平宋儒之诋汉儒而已。韦苏州诗曰：‘水性自云

① 梁启超《中国近三百年学术史》三《清代学术变迁与政治的影响（中）》，第23页。

② 余嘉锡《四库提要辨证·序录》，第51页。

③ 纪昀《纪文达公文集》卷八《周易义象合纂序》，第11页。

静，石中亦无声。如何两相激，雷转空山惊。'此之谓矣。平心而论，王弼始变旧说，为宋学之萌芽。宋儒不攻《孝经》，词义明显。宋儒所争，只今文古文字句，亦无关宏旨，均姑置弗议。至《尚书》《三礼》《三传》《毛诗》《尔雅》诸注流，皆根据古义，断非宋儒所能。《论语》《孟子》，宋儒积一生精力，字斟句酌，亦断非汉儒所及。盖汉儒重师传，渊源有自；宋儒尚心悟，研索易深。汉儒或执旧文，过于信传；宋儒或凭臆断，勇于改经。计其得失，亦复相当。惟汉儒之学，非读书稽古不能下一语，宋儒之学，则人人皆可以空谈。其间兰艾同生，诚有不尽餍人心者，是嗤点之所自来。"①

以上两段文字，都特别提到了"经部诗类小序"，可见纪昀对此非常看重。纪昀所说的"经部诗类小序"或"《四库全书》诗部总叙"，即《总目》卷十五经部诗类小序，其文句与此有差异，但意思相同。就以上两段文字及"经部诗类小序"看，纪昀认为汉学、宋学各有所长，而且各有不可替代之处，同时也各有短缺。纪昀的基本思想是汉学、宋学应该互相吸收对方的长处。这些看法与我们在具体比较《荟要提要》与《总目》时所看到的并不一样。这实际上体现了纪昀的矛盾。

纪昀思想上的矛盾，使得在《总目》中也存在着思想上的矛盾。这点已经有人注意到了。例如张传锋指出，对于宋学和理学问题，经史子集四部的观点并不完全统一得起来。提要的编纂者也时时表现出十分复杂和矛盾的学术心态。一般而言，在各部之总叙、各类之小序中，于汉宋学术采取的是比较持平的态度，对程、朱的理学著作多予肯定，而在各书之提要中则时时暴露出崇汉抑宋的学术倾向②。周积明也指出《总目》中的矛盾的文化现象充分表明了每一时代的意识领域都异常错综复杂③。不过不是《总目》这个文化系统内部才存在矛盾现象，实际上《荟要》系统和《总目》系统之间存在着更为突出的矛盾现象。我们以上指出的《荟要提要》与《总目》的差异，正是这种矛盾形态的反映。

正因为如此，所以在《荟要提要》与《总目》中也还仍然可以看到这类提要

---

① 纪昀《阅微草堂笔记》卷一，第 13 页。

② 张传锋《〈四库全书总目〉学术思想研究》第二章《纪昀与〈四库全书总目〉的学术思想》，学林出版社，2007 年，第 62 页。

③ 周积明《文化视野下的〈四库全书总目〉》第二章《攻驳程朱，讥诋道学》，第 55 页。

中有一些是意思相同或相近的。如宋蔡渊撰《易象意言》、宋郑汝谐撰《东谷易翼传》、宋董楷撰《周易传义附录》等，有关朱熹的内容基本相同，没有差异，《总目》对原提要也未多作改动。元张存中撰《四书通证》，《荟要提要》云："不知朱子之学在明圣道之正传，区区训诂之间，不足为之累，亦不必为之讳也。"《总目》差不多也同样有此语。

四库馆臣对朱熹思想及其著述的态度也是复杂、矛盾的。朱熹思想博大精深，馆臣不能不承认其在思想界、学术界的地位及在社会上的影响。但另一方面，朱熹思想又明显有着清朝皇帝不能接受的东西，馆臣也明了乾隆帝对朱熹思想的态度。这种矛盾情况表现在四库提要尤其是《总目》中，就是我们既可以看到对朱熹的称颂，也同样可以看到相应的贬抑。不过《总目》虽然深受统治者思想的影响，但毕竟是一部对古代文化典籍作学术总结的著作，参与撰写提要的大多是当时一流的学者，学者的身份使他们能更多地关注图书与学术的自身情况，因此对一些一般性的问题能作出比较客观的评价。如上面说到《总目·诗集传》提要批评朱熹"叶韵""颇多舛迕"，而在《总目》卷一百四十八《楚辞集注》提要中则说："然则是书大旨在以灵均放逐寓宗臣之贬，以宋玉招魂抒故旧之悲耳，固不必于笺释音叶之间规规争其得失矣。"不失为通达之论。

无论如何，如同我们上面已经显示的，《荟要提要》与《总目》的差异是客观存在的，而且不少被删弃的内容只有通过比较才能显现出来。

第四节　四库提要对清朝皇帝态度的差异

在《荟要提要》和其他四库提要中，都有大量称颂清朝帝王的言辞。作为一部由清朝皇帝主导编纂的大型图书，对本朝皇帝及收入其中的本朝皇帝的著作给予较多的褒奖是可以理解的。《总目》比《荟要提要》增加的内容中，有相当一部分是对清朝皇帝，尤其是对乾隆帝的颂扬之词。不过四库提要的情况是很复杂的，早期撰写的提要与晚期撰写的提要，清代历朝皇帝著作的提要与当今皇上即乾隆帝著作的提要，《荟要提要》、文渊阁提要及《总目》提要，其对皇帝的称颂之词是有区别的。这几种情况下的提要中与皇帝有关的文辞一般来说前者较为简略，而后者则有更多的夸饰。文溯阁提要、文津阁提要则更多地相同于《荟要提要》。

一、《荟要提要》、文渊阁提要与《总目》相异

在四库提要称颂清朝帝王的言辞中，有一部分《荟要提要》与文渊阁提要相同，而与《总目》有很大的差异。

如清世祖的《御定道德经注》，《荟要提要》将以往的注释家和本书作比较时说："见浅见深，随其识趣，而于老聃本旨未免在离合显晦之间。是注参取众说，简要明畅，真足以益心智、闳治理，非徒以究清净无为之说而已也。"《总目》则说："诸家旧注，多各以私见揣摩。或参以神怪之谈，或传以虚无之理，或岐而解以丹法，或引而参诸兵谋。群言淆乱，转无所折衷。惟我世祖章皇帝此注，皆即寻常日用，亲切阐明，使读者销争竞而还淳朴，为独超于诸解之上。盖圣人之道大，兼收并蓄，凡一家之书，皆不没所长。圣人之化神，因事制宜，凡一言之善，必旁资其用，固非拘墟之士所能仰窥涯涘矣。"从比较中不难看出，《总目》加大了对以往注释家的贬斥力度，同时增加了《荟要提要》对清世祖的颂扬文字。这和《荟要提要》平和、有分寸的态度形成鲜明的对比。文溯阁、文津阁提要[①]与《荟要提要》同。

再如《钦定书经传说汇纂》。《荟要提要》对康熙帝的评价只有一句话："是万古治世之大法，实备于此，固不仅为说经标准已也。"而《总目》则云："我国家经术昌明，竞研古义。圣祖仁皇帝聪明天纵，念典维勤，于唐虞三代之鸿规尤为加意。既敕编《日讲书经解义》，复指授儒臣，纂辑是编。虽仍以蔡《传》居前，众说列后，而参稽得失，辨别瑕瑜。于其可从者发明证佐，不似袁仁等之有意抨弹。于其不可从者辨订讹舛，亦不似陈栎等之违心回护。其义可两通者，皆别为附录，以明不专主一家。盖即一训诂之学，而圣人执两用中之道，大公至正之心，悉可以仰窥焉，又不仅为说《书》之准绳已也。"也明显可以看到，《荟要提要》与《总目》，对康熙帝的颂扬程度是不一样的。文溯阁、文津阁提要[②]与《荟要提要》同。

再以《御纂孝经集注》为例。《荟要提要》云："《孝经集注》一卷，世宗宪皇

① 《金毓黻手定本文溯阁四库全书提要》，第648页；《文津阁四库全书提要汇编》子部，第777页。

② 《金毓黻手定本文溯阁四库全书提要》，第71页；《文津阁四库全书提要汇编》经部，第180页。

帝御纂，雍正五年制《序》颁行。我朝列圣相承，宏敷孝理，故于是《经》阐发尤备。世祖章皇帝既为之注，复有《衍义》之辑。而圣祖仁皇帝缵成之，本末条贯，义无遗蕴。世宗宪皇帝虑其篇帙浩富，或未能家喻户晓，乃命约为此注，专释经文，以便诵习。而词旨显畅，俾读者贤愚共晓。其体例悉仿朱子《四书章句集注》为之，洵万古说《经》教孝之至极矣。"文渊阁提要与之全同。

《总目》云："雍正五年世宗宪皇帝御定。《孝经》书止一卷，而虞淳熙称作传注者自魏文侯以下至于唐宋，有名可纪者，凡九十九部，二百二卷，元明两代不预焉。其书虽岁久多佚，近时曹庭栋《孝经通释》所引，尚于唐得五家，宋得十七家，元得四家，明得二十六家，国朝得十家。然宋以前遗文绪论，传者寥寥。宋以后之所说，大抵执古文以攻今文，又执朱子《刊误》以攻古文，于孔、曾大义微言，反视为余事。注愈多，而去经愈远。世宗宪皇帝以诸注或病庸肤，或伤芜杂，不足阐天经地义之理，爰指授儒臣，精为简汰，刊其糟粕，存其菁华，仿朱子《论语孟子集注》之体，纂辑此编。凡斧藻群言，皆亲为鉴定，与世祖章皇帝《御注》并发明圣教，齐曜仪璘。盖我世祖章皇帝四海会同，道光缵绪。我世宗宪皇帝九重问视，礼备承颜。孝治覃敷，胪驩万国。以圣契圣，实深造至德要道之原。故能衡鉴众论，得所折衷，于以建皇极而立人纪，固非儒生义疏所能比拟万一矣。"

两者的区别是显而易见的，《总目》与《荟要提要》相比，突出的地方是大大加强了对皇帝的颂扬。文溯阁、文津阁提要[①]与《荟要提要》同。

再如乾隆帝《御制乐善堂全集定本》，文渊阁提要上于乾隆四十年九月，《荟要提要》上于第二年六月，两篇提要文字完全相同。《总目》采用了这两篇提要关于文集历次编纂情况的介绍，而对乾隆帝才情等的说明则作了很大的夸饰。可以对应比较的内容如：《荟要提要》云："我皇上诗文总萃，富有日新。"《总目》作："钦惟我皇上圣聪夙擅，道岸先登，学海词源，苞涵富有，昔当睿养，即擅生知。"《荟要提要》云："汇为《全集》，颁行宇内。"《总目》云："汇为《乐善堂文集》，颁示海内。词林艺圃，弦诵相闻。"《荟要提要》最后有一段总结性的说明："愈有以见日进无疆之学，与圣不自圣之心，并昭示无极矣。"《总目》则作："我皇上区分体裁，昭垂矩矱，俾共知古文、时文之分。睿鉴精深，逾

① 《金毓黻手定本文溯阁四库全书提要》，第155页；《文津阁四库全书提要汇编》经部，第445页。

(刘)安节、(吕)祖谦等之所见,不啻万倍。""我皇上奎章藻耀,笼括古今,逾(欧阳)修亦何啻万倍,而厘定旧制,必审必精,圣意之谨严乃与修相近。天怀冲挹,尤亘古之所无矣。《易》曰'日新之谓盛德',又曰'日进无疆'。臣等伏读斯编,仰见谦抑之渊衷,信圣寿弥高,而圣学弥进,良有由也。"由此也可以看到《总目》对乾隆帝的颂扬是何等的力度。这些文句,都是《荟要提要》和文渊阁提要没有的。前后的差异明显。校上于乾隆四十七年十月的文溯阁提要、四十九年闰三月的文津阁提要①都和文渊阁提要相同。

还可以康熙帝《御选唐诗》作比较。《荟要提要》全文不长,兹移录于此:"臣等谨案:《御选唐诗》三十二卷,圣祖仁皇帝选定,命儒臣纂辑注释,仍悉奉睿裁鉴订。故典核详尽,无纤悉之憾。其例别体分类,凡五言古六卷、七言古三卷、五言律七卷、七言律七卷、排律二卷、五言绝句二卷、七言绝句五卷。于作者姓氏略载其爵里、行历。于诗则逐句笺释,分注行间,悉引他书,旁推互证,不加疏解,并用李善注《文选》例也。乾隆四十一年四月恭校上。"文渊阁提要与此相同。这篇提要只是非常简单地说明了本书的分类、体例。对本书的评价,也就"典核详尽,无纤悉之憾"二语。

而《总目》则说:"自明以来,诗派屡变,论唐诗者亦屡变,大抵各持偏见,未协中声。惟我圣祖仁皇帝,学迈百王,理研四始,奎章宏富,足以陶铸三唐。故辨别瑕瑜,如居高视下,坐照纤微。既命编《全唐诗》九百卷,以穷其源流,复亲标甲乙,撰录此编,以正其轨范。博收约取,漉液镕精。譬诸古诗三千,本里闾谣唱,一经尼山之删定,遂列诸六籍,与日月齐悬矣。诗中注释,每名氏之下详其爵里,以为论世之资。每句之下各征所用故实,与其名物训诂,如李善注《文选》之例。至于作者之意,则使人涵泳而自得,尤足砭自宋以来说唐诗者穿凿附会之失焉。"对本书同样使用了最高规格的评价语言。校上于乾隆四十七年十一月的文溯阁提要、四十九年四月的文津阁提要②与《荟要提要》相同。

《荟要提要》称赞《武英殿聚珍版程序》云:"视《农桑辑要》所载寥寥数则,其详略巧拙固不侔矣。"述说非常简单。《总目》则说:"此亦足见圣朝制器利用,事事皆超前代也。"必欲归之于圣朝的伟大。

《西清古鉴》一书系乾隆十四年命内廷诸臣编辑。《荟要提要》云:"其精

① 《金毓黻手定本文溯阁四库全书提要》,第927页;《文津阁四库全书提要汇编》集部,第811页。
② 《金毓黻手定本文溯阁四库全书提要》,第981页;《文津阁四库全书提要汇编》集部,第973页。

博详核，洵非从来考古家所能窥及也。”这是对乾隆帝钦定此书的评价，还是较为一般的。而《总目》云：“尤从来考古者所未到。盖著述之中，考证为难；考证之中，图谱为难；图谱之中，惟钟鼎款识义通乎六书，制兼乎三礼，尤难之难。读是一编而三代法物恍然如睹。圣天子稽古右文，敦崇实学，昭昭乎有明验矣。”可见作了大量发挥，对这部书的评价达到无以复加的地步。而且有些话语也并没有实际针对性。如说此书的编纂体现“圣天子稽古右文”的思想，虽是陈词，但多少还说得过去，而将此书的编纂与“敦崇实学”相联系，就显得很勉强了。

这篇提要，文溯阁提要与《荟要提要》完全相同①，文津阁提要②系节录《荟要提要》而成，但这两篇提要对此书的评价话语，都和《荟要提要》一样。说明这确实是最初抄写的样子，并可以看到最初时候对皇帝虽有歌颂但还很有分寸，即使是对当今皇上也是如此。

就有关皇帝的文字来看，以上几篇提要，《荟要提要》与文渊阁提要的文字完全相同，和《总目》的区别是很明显的。以上的几篇《荟要提要》，最早的校上于乾隆三十九年九月，也有是乾隆四十一年校上的，最迟的一篇不过是乾隆四十二年八月。可见较早校上的《荟要提要》对清朝皇帝的称颂大多比较平实。《西清古鉴》虽然校上于乾隆四十三年正月，但依然继承了《荟要提要》一贯的风格，所以即使是对当今皇帝，也还只有简简单单一句话。《御制乐善堂全集定本》一篇比较特殊，文渊阁《全书》提要校上于乾隆四十年九月，《荟要提要》校上于乾隆四十一年六月，是文渊阁提要校上在先。这说明较早校上的提要对皇帝的颂扬大多比较简单，这并不仅是《荟要提要》才有的现象。由此也可以看到，《总目》在不停的修改中，增添了许多内容。

当然也有《荟要提要》与《总目》对皇帝的颂扬文字完全一致的。如《春秋繁露》《御批历代通鉴辑览》等。这是因为《荟要提要》对当今皇上的颂扬已经非常突出，《总目》无需再予以添加。不过这种情况比较少见。

二、《荟要提要》与文渊阁提要、《总目》相异

但在对待皇帝的态度上，也有相当一部分文渊阁提要与《总目》相同，而

① 《金毓黻手定本文溯阁四库全书提要》，第 523 页。

② 《文津阁四库全书提要汇编》子部，第 386 页。

与《荟要提要》有很大的差异。以下几篇提要，文渊阁提要对皇帝作了极力的颂扬，最后被《总目》全部引用。

如《荟要》和《全书》均收录了《太祖高皇帝圣训》《太宗文皇帝圣训》《世祖章皇帝圣训》《圣祖仁皇帝圣训》《世宗宪皇帝圣训》。《荟要》本五篇提要分别作：

> 《太祖高皇帝圣训》四卷，康熙二十五年，圣祖仁皇帝分类编辑。凡九十有二条，别为二十六门。乾隆四年，我皇上制序，宣付剞劂，昭示万方，永垂道法。兹敬谨缮录，用冠史部诏令之首焉。乾隆四十二年九月恭校上。
>
> 《太宗文皇帝圣训》六卷，世祖章皇帝初命修纂，圣祖仁皇帝详加编辑，告成于康熙二十六年。为类二十有三，为条百一十有一。乾隆四年，我皇上御制序文，刊布中外，彝训昭垂，比隆典诰矣。乾隆四十二年九月恭校上。
>
> 《世祖章皇帝圣训》六卷，康熙二十六年，圣祖仁皇帝编纂。条分类举，凡三十有二门，百一十有三则。乾隆四年，我皇上制序刊布。炳如球图，大一统之谟，基万年之道，宏括于兹矣。乾隆四十二年九月恭校上。
>
> 《圣祖仁皇帝圣训》六十卷，雍正九年，世宗宪皇帝分类纂辑。乾隆六年，我皇上制序刊布。凡三十二类，总一千九百余条。盖圣祖仁皇帝临御六十一年之久，实录成书，积盈千卷，为自古帝王所未有。圣训卷帙，亦视列圣为富。其于牖民觉世之道，包举无遗矣。乾隆四十二年九月恭校上。
>
> 《世宗宪皇帝圣训》三十六卷，皇上特命儒臣分类纂辑。凡三十类，九百十六条。告成于乾隆五年，制序刊布。举十三年中宏纲巨目宣为谟训者，靡不毕载。而我皇上缵懿前徽，善继善述之道，永隆万古矣。乾隆四十二年九月恭校上。

这五篇提要体例完全一致，都只是对各书的形式作了极为简单的说明，对内容没有作任何分析介绍，最后也只是对各书作了极为简要的评价。而文渊阁提要则对各部书的内容作了大量扩充。试以《圣祖仁皇帝圣训》为例：

《圣祖仁皇帝圣训》六十卷，雍正九年世宗宪皇帝恭编。乾隆六年皇上御制序文刊布。凡三十二类，总一千九百余则。篇帙视列圣为富。盖我圣祖仁皇帝道符帝綍，命自天申。景祚延洪，卜年久远。六甲五子，首末循环，与天运相始终。故神功圣德，史不胜书。实录数盈千卷，而贻留大训，亦纪载独繁。伏考《周易》有曰："日月得天而能久照，四时变化而能久行，圣人久于其道而天下化成。"宝祚绵长，故彝训最为详备。此诚帝王之盛轨也。然其故有不止于此者。昔虞舜鸣韶，凤仪兽舞，而皋陶飏拜，犹期以慎宪省成，虑其始勤而终惰也。使历年久远而暇豫之念或萌，则怠气所乘，又安能于天下之事一一为之衡量，于在廷之臣一一为之启导。今跽读圣谟所为保泰而持盈，谨小而慎微者，六十一年殆如一日。然则圣训之独多，固在享国之永，亦在莅政之勤矣。周公告诫成王，历举太戊、武丁、祖甲、文王之寿考而归本于无逸。圣人之心，固异世而同符也。乾隆四十八年八月恭校上。

文渊阁提要颂扬了康熙皇帝的历史功绩，所谓"神功圣德，史不胜书"。提要称颂康熙帝在位日久，"宝祚绵长"，故彝训最为详备。康熙帝之"圣训"不仅在数量多，还在于其内容精警，时时在告诫要"保泰持盈"，"谨小慎微"，乃至提要与历史上的"周公"相提并论。其他几篇提要大抵如此。由于文渊阁提要已经相当完备，所以《总目》也就未再作改动。不过令人感到意外的是，文溯阁、文津阁提要[①]均与《荟要提要》相同。前者校上于乾隆四十七年十一月，后者校上于乾隆四十九年十月，均在文渊阁提要校上之后，未知何以未能采用。

再如《钦定授时通考》，乾隆二年诏内廷翰林等编纂。这是一部汇辑前人关于农事方面论述的著作。《荟要提要》介绍了该书的内容，指出了该书在农事方面"必详必备"的价值，并期盼由此"岁皆顺成，室多宁阜"。校上于乾隆四十六年九月的文渊阁提要除了以上内容的介绍外，引人注目的是加上了颂扬乾隆帝的一段文字："我皇上御极之次年，即深维尧典授时之义，虞廷命稷之心，特诏删纂诸书，编为此帙。准今酌古，务期于实用有裨。又详考旧章，

① 《金毓黻手定本文溯阁四库全书提要》，第 270 页；《文津阁四库全书提要汇编》史部，第 151—153 页。

胪陈政典，不仅以自生自息听之闾阎，尤见轸念民依之至意，非徒农家言矣。”称颂了乾隆帝编纂此书的功绩，指出此书的价值不仅在农事方面，更推衍至对国家的治理，并将乾隆帝上比于唐尧虞舜。提要表彰的主旨已不仅在图书方面。《荟要提要》原来没有提到乾隆帝的，在文渊阁提要里会增加相关颂扬乾隆帝的文字。文溯阁、文津阁提要[①]与《荟要提要》同。

对乾隆帝的御撰书，《荟要提要》原来已有颂扬乾隆帝之语，文渊阁提要则作了更多的发挥。如于敏中等奉乾隆帝命编《天禄琳琅书目》，这是一部著录乾隆年间清宫昭仁殿所藏宋元以来精刻精钞善本图书的目录，其中一些图书卷首有乾隆帝题识。《荟要提要》介绍了有关天禄琳琅藏书的始末，并介绍了这部书目的体例和著录内容，对这部书目的直接评价，也就“盖自来藏书谱录，未有美富精详若斯之盛者也”这么简单一句。校上于乾隆四十六年十月的文渊阁提要除了对上述内容作了更为详尽的介绍外，更写下了如下一段文字：“至于每书之首，多有御制诗文题识，并恭录于旧跋之前。奎藻光华，增辉简册。旁稽旧典，自古帝王惟唐太宗有《赋尚书》一篇、《咏司马彪续汉志》一篇，宋徽宗有《题南唐旧本金楼子》一篇而已，未有乙览如是之博、宸章如是之富、鉴别如是之详明、品题如是之精确者。臣等缮录之下，益颂圣学高深，超轶乎三古也。”这段文字极力颂扬了乾隆帝的文才，提要以唐宋二帝相比，直有“文隆唐宋”、超轶三古之意。句式整饬、感情充沛。“臣等缮录之下”等语，显示了作者对当今皇上的感情，也拉近了相互之间的距离。文溯阁、文津阁提要[②]与《荟要提要》同。

再如乾隆帝御制《日知荟说》，《荟要提要》云：“乾隆元年，皇上取所制各体文，亲为删择成编。第一卷多论帝王治化之要，第二卷论天人性命之旨，第三卷论礼乐法度之用，第四卷论古今行事之迹。言之为典训者，行之即为谟法。而犹有取于子夏‘日知’之说，以之命名，益有以懋昭圣学矣。”就这一提要看，只是客观地介绍了本书的内容，对本书的意义并没有过多的宣扬。校上于乾隆四十一年五月的文渊阁提要则不同，其提要可分为三部分。首先介绍了本书的内容，这和《荟要提要》基本相同。其次批评了历代同类著作的不足，关键是第三部分，即着力对乾隆帝进行颂扬。其文写

① 《金毓黻手定本文溯阁四库全书提要》，第 440 页；《文津阁四库全书提要汇编》子部，第 128 页。
② 《金毓黻手定本文溯阁四库全书提要》，第 378 页；《文津阁四库全书提要汇编》史部，第 487 页。

道:“故必以圣人之德,居天子之位,而后吐词为经,足以垂万世之训也。我皇上亶聪首出,念典弥勤,䌷绎旧闻,发挥新得。所谓为天地立心,为生民立命,为往圣继绝学,为万世开太平者,具备于斯。迄今太和翔洽,久道化成,无逸作所之心,与天行同其不息。而百度修明,八纮砥属,天声赫濯,尤简册之所未闻。岂非内圣外王之道,文经武纬之原,一一早握其枢要欤?臣等校录鸿编,循环跪读,钦圣学之高深,益知圣功之有自也。”第二部分与第三部分都是《荟要提要》所没有的。而第二部分批评历代同类著作的不足,实际也是为了更加突出了乾隆帝“御制”此书的重要。文溯阁、文津阁提要[①]与《荟要提要》同。

《贞观政要》提要也是如此。《荟要》卷首未收乾隆帝题诗。《全书》卷首则收录有乾隆帝 5 首题诗。其《读贞观政要》一首据《乐善堂全集定本》抄录,此为乾隆帝早年所作诗。《读贞观政要》二首分别作于乾隆元年、乾隆十年,《题金版贞观政要》一首作于乾隆四十年,《题贞观政要魏征王珪请送葬二王事》一首作于乾隆十二年。文渊阁提要校上于乾隆四十一年十二月,可见这 5 首诗都是在缮写《贞观政要》时,馆臣特意从乾隆帝《御制诗集》中抄录出来并放置于本书的,并非是乾隆帝看了四库誊抄本后的题咏。之所以强调这一点,是因为这影响到提要内容。《荟要提要》只是客观地介绍了此书内容,没有说到乾隆帝与此书的关系。文渊阁提要则大力突出了乾隆帝题辞的意义,其文特别指出:“伏读皇上御制《乐善堂集》,开卷首篇即邀褒咏,千年旧籍,荣荷表章,则是书之有裨治道亦概可见矣。”这是为《贞观政要》写提要,却极力颂扬了乾隆皇帝。这也从一个角度说明,馆臣从乾隆帝《御制诗集》中辑出相关题诗,一个明显的意图是可以由此对乾隆帝加以颂扬。文溯阁、文津阁提要[②]与《荟要提要》同。

以上几篇提要,其基本特点都是文渊阁提要阐述已很充分,留有的发挥余地并不多,所以《总目》未再加以改动。

康熙帝诏编修汪灏等编纂的《御定广群芳谱》是在明人王象晋所著《群芳谱》的基础上增删修补而成的一部著作。《荟要提要》只是客观地说明了此书的改动情况,而文渊阁提要则大段颂扬了清王朝的地大与物博,以及本书的取材之广。其文云:“象晋生于明季,不及见太平王会之盛。今则流沙蟠木

① 《金毓黻手定本文溯阁四库全书提要》,第 426 页;《文津阁四库全书提要汇编》子部,第 83 页。
② 《金毓黻手定本文溯阁四库全书提要》,第 265 页;《文津阁四库全书提要汇编》史部,第 133 页。

水，尽入版图，航海梯山，咸通职贡。凡殊方绝域之产，古所未闻者，俱一一详载，以昭圣朝之隆轨。又象晋以田居闲适，偶尔著述，不能窥天禄石渠之秘，考证颇疏。其所载者又多稗贩于《花镜》《圃史》诸书。或迷其出处，或舛其姓名，讹漏不可殚数。今则䌷东观之藏，开西昆之府，并溯委穷源，详为补正，以成博物之鸿编。赐名《广群芳谱》，特圣人褒纤介之善，不没创始之功耳。"这段提要的大肆铺叙，意在强化国家意识。国家是一个时间概念上的存在，也是一个空间概念上的存在。时间概念体现为历史的意识，空间概念体现为版图的意识。"国家教育"不仅包括国家历史教育，也包括国家地理教育。"国家教育"不仅要以历史教育来培养国民对国家的认识，而且也要以地理教育来培养国民在空间维度上对国家的认识。提要强调大清王朝版图的辽阔，物产的富饶，图籍的丰富，以说明清朝的强盛。文渊阁提要校上于乾隆四十七年二月，从时间上看已在《总目》初稿完成之后。因此文渊阁提要的这段论述很可能是抄自《总目》。但即使如此，也说明《荟要提要》是完全认可这些说法的。

文溯阁、文津阁提要[1]与《荟要提要》相同，而且《荟要提要》的错误也一并抄录未改。如《荟要提要》云："《农书》则陈雱。"陈雱，《总目》卷一百二子部农家类《农书》提要作"陈旉"，是也。《农书》提要云："此书影宋抄本题曰陈旉撰，《宋史·艺文志》亦同。陈振孙《书录解题》作西山隐居全真子陈雱撰，未详何人。《永乐大典》所载则作陈敷。考汉《郊祀歌》'朱明''旉与'，颜师古注曰：'旉，古敷字。'《永乐大典》盖改古文从今文。陈氏作'雱'，则字形相似而误也。"在文渊阁《全书》本《直斋书录解题》中，《农书》三卷作者已经改为陈旉撰，并有按语："案《农书》系陈旉撰，原本误作雱，今改正。"《荟要提要》未能注意到《直斋书录解题》之讹误，文溯阁、文津阁提要也未注意到《荟要提要》的错误，更没有注意到《总目》已经明确作了改正。

也有先撰的文渊阁提要对皇帝的颂扬过度，后撰的《荟要提要》反而平实的。《世宗宪皇帝御制文集》提要就是一例。文渊阁提要云："《世宗宪皇帝御制文集》，凡文二十卷、诗十卷。文分十三体。诗则前七卷曰《雍邸集》，皆康熙壬寅以前作。后三卷曰《四宜堂集》，则御极以后作也。钦惟世宗宪皇帝神

① 《金毓黻手定本文溯阁四库全书提要》，第533页；《文津阁四库全书提要汇编》子部，第418页。

资天授，圣孝性成。当圣祖仁皇帝时，景命先归，九龄预与，承眷顾者独深。故问视宫闱，殆无虚日。而晨昏余暇，尚覃精图籍，研悦文章，汲古之勤，为儒生之所不及。迨乎握符合契，应运龙飞，宵旰励精，心营四海。紫宫之所规画，黼座之所咨询者，天下臣庶，虽不能一一悉窥。至于朱批谕旨至三百六十卷，上谕内阁至一百五十九卷，上谕八旗及上谕旗务议覆。谕行旗务议奏至四十八卷，则剞劂梨枣，共见共闻。仰计十三年中，固无日不亲御丹毫，畴咨庶政。而寄情翰墨，遂炳然与典诰雅颂辉映后先。盖体协健行，心怀无逸，精明强固之气，举措万化而有余。故旁涉词章，尤足以陶铸百氏，如元化运转，时行物生，而二曜、五纬、三垣列宿，自然成在天之文也。岂非摄提合雒以来，超轶三五之至圣哉?"提要对皇帝的颂扬已到了随心所欲的地步。《总目》与文渊阁提要同。

《荟要提要》则相当平实："《世宗宪皇帝御制文集》三十卷，首以敕谕，盖准圣祖仁皇帝文集例也。次诏，次册文，次论，次记，次序，次杂著，次题辞，次赞，次碑文，次祭文，次诔，次诗，凡十有三门。诗则《雍邸集》《四宜堂集》合载而编年分卷，各体具备。载道之言，直与《典谟》、风雅并重矣。"《荟要提要》将大段浮词完全删除，没有对皇帝直接的赞美之词，对书的评价也无太多言辞，主要只是述说本书的篇次。文渊阁提要校上于乾隆三十九年二月，也就是说四库馆臣最早撰写的这篇提要已经充满了夸饰之词。《荟要提要》校上于乾隆四十二年二月，在文渊阁提要校上之后。我们比较四库提要可知，一些《荟要提要》如果校上时间晚于文渊阁提要的话，通常会直接使用文渊阁提要或在此基础上稍加修改。这篇提要没有使用文渊阁提要，而且也看不出两篇提要之间有什么联系，说明《荟要提要》并不认可原来的这篇提要。校上于乾隆四十七年十一月的文溯阁提要、四十九年十一月的文津阁提要[1]与《荟要提要》相同，也说明《荟要提要》在四库馆中是有影响的。

不过较晚时期完成的《荟要提要》与先前的提要有了明显的区别。例如《御批历代通鉴辑览》一篇提要将近500字，其文云：

内府旧藏明正德中李东阳等所撰《通鉴纂要》一书，皇上几暇批寻，以

① 《金毓黻手定本文溯阁四库全书提要》，第927页；《文津阁四库全书提要汇编》集部，第815页。

其褒贬失宜，纪载芜漏，不足以备乙览，因命重加编订。发凡起例，咸禀睿裁。每一卷成，即缮稿进御。指示书法，悉准麟经。又亲洒丹毫，详加评断。微言大义，灿若日星。凡特笔昭垂，皆天理人情之极则。不独词臣载笔，不能窥见高深，即涑水、紫阳，亦莫能钻仰于万一。所谓原始要终，推见至隐者，文成数万，其指数千，不可一一缕陈。而尤于系统年表，著笔削之大旨。予夺进退，悉准至公。故大业冠号，则义等于存陈。至正书年，则旨同于在郓。知景炎、祥兴之不成为宋，而后遁荒弃国者始不能以滥窃虚名。知泰定、天顺之相继为君，而后乘衅夺宗者不得以冒干大统。凡向来怀铅握椠、聚讼而不决者，一经烛照，无不得所折衷。用以斥彼偏私，著为明训。仰见圣人之心体，如鉴空衡平。圣人之制作，如天施地设。惟循自然之理，而千古定案遂无复能抑昂高下于其间。诚圣训所谓此非一时之书，而万世之书也。至明季北都沦覆，大命已倾，福王窃号江东，仅及一载。皇上如天圣度，谓犹有疆域可凭，特命分注其年，从建炎南渡之例。大哉王言，量同天地，尤非臣等所能仰赞一辞矣。

这一段文字对乾隆帝此书作了极力颂扬。即使是对本书内容的介绍，也不是直接指出来，而都是在对乾隆帝的颂扬中带出来的。这与其他《荟要提要》的风格已经完全不同。文溯阁、文津阁提要①与《荟要提要》同。

《荟要提要》这一篇与文渊阁《四库全书》提要文字全同②，校上时间也都是乾隆四十九年十一月，因此我们认为这两篇提要实际出自一人之手。这篇提要特别值得注意的是其校上时间已经在乾隆四十九年。这个时间在四库提要纂修中是属于较晚的年份，其时《总目》已经纂办完成，一些基本观念亦已稳定，而且更重要的是，对乾隆帝御纂、御批图书的提要的撰写已形成基本的范式。所以在《荟要提要》中，才会出现与此前提要风格相异的提要。

以上分析说明，对皇帝的突出的颂扬之词，尤其是对乾隆帝的极为夸饰的颂扬之词，大都是在编纂《四库全书》较后时期出现的。这与这个《四库全书》纂修思想的演化过程是一致的。

---

① 《金毓黻手定本文溯阁四库全书提要》，第245页；《文津阁四库全书提要汇编》史部，第75页。

② 惟文渊阁《四库全书》本附《唐桂二王本末》三卷，故书前提要及《总目》对此均有介绍。《荟要》本因无此三卷，故提要亦未提及。这属于体例上的问题，与图书内容评价无关。

三、四库提要对清朝历代皇帝的差异性表述

所谓对清朝历代皇帝的差异性表述，是说提要对清朝历代皇帝的颂扬程度不相一致，具体说，就是突出乾隆帝的地位与乾隆帝的贡献。对清朝的几代皇帝，《荟要提要》的态度基本还是同样看待的，虽然可能也会有一些程度上的差异，但差异并不大。但从文渊阁提要开始，在对清朝皇帝的颂扬中即注意突出了对乾隆帝的颂扬，而《总目》则达到了顶峰。

如《皇清文颖》一百二十四卷，由康熙帝、雍正帝、乾隆帝三代皇帝命廷臣编成。《荟要提要》对此书介绍极为简单："圣祖仁皇帝命大学士陈廷敬编辑，世宗宪皇帝复诏廷臣随时增益，我皇上申命辑成。自乾隆甲子以前，悉为甄萃。首二十四卷恭载列圣宸章，皇上御制。其一百卷则凡臣工经进之作，散行、骈体、韵言，分门采辑，择其尤雅。以备一代裔皇之制，非若前人总集杂取小言徒夸博综者比也。"除却对此书编纂经过和内容的介绍，直接评说此书的不过寥寥二三十字。校上于乾隆四十三年二月的文渊阁提要则作了大量发挥，在指出了清代各朝文学之盛景后，转而说到编纂此书的几代皇帝："恭逢我世祖章皇帝、圣祖仁皇帝、世宗宪皇帝，聪明天亶，制作日新。我皇上复游心藻府，焕著尧文，足以陶铸群才，权衡多艺。譬诸伏羲端策而演卦，则谶纬小术不敢侈其谈；虞舜拊石而鸣韶，则弦管繁声不敢奏于侧。故司事之臣，其难其慎，几三十载而后能排纂奏御，上请睿裁。迄今披检鸿篇，仰见国家文治之盛，与皇上圣鉴之明，均轶千古。俯视令狐楚、吕祖谦书，不犹日月之于爝火哉。"很清楚地可以看到，这里虽然提到了与编纂这部图书有关的清代四个皇帝，但三朝皇帝并列，只是作为背景顺带而过，提要实际上颂说的只是乾隆帝，"几三十载而后能排纂奏御"是说乾隆朝臣编纂此书所费的时日。结合上下文并文渊阁提要原文书写样式可知，自"我皇上"以下，都是对乾隆帝的赞颂。文渊阁提要称颂乾隆帝卓异的文才，并且具有统驭群才、凌越百代的气度。"譬诸伏羲端策而演卦，则谶纬小术不敢侈其谈；虞舜拊石而鸣韶，则弦管繁声不敢奏于侧"，则显示了乾隆帝强势掌控文化话语权的事实。文溯阁、文津阁提要[①]与《荟要提要》同。

① 《金毓黻手定本文溯阁四库全书提要》，第 981 页；《文津阁四库全书提要汇编》集部，第 976 页。

再如《御批续资治通鉴纲目》，《荟要提要》文字虽长，仍全文录用之：

臣等谨案：《续资治通鉴纲目》二十七卷，明商辂等撰。始于宋太祖建隆元年庚申，讫于元顺帝至正二十七年丁未。大书分注，悉准朱子《纲目》之例。厥后周礼撰《发明》，张时泰撰《广义》，散系各条之下。其持议偏驳，纪事失实，名为续朱子之书，实无能为役也。明陈仁锡刊本取以附于《朱子纲目》之后，用备宋辽金元四朝事实。逮我圣祖仁皇帝御批《纲目》，遂因仁锡之旧并是书，亦予加批刊布。其中纰缪，间有驳斥，而未尝改正。我皇上稽古示训，一秉大公，洞烛是编之非。如金禁女真人学南人衣饰，乃敦俭由旧之美也。蒙古额呼布格僭号于和林，后自归上都。元世祖以其为太祖之裔，不忍加戮，止诛其党，乃敦族含容之度也。而是书曲加诋毁。又如巴拜以其子入见太子珍戬，珍戬谕之以学汉人文字，盖欲其兼通经史也。而是书删改其文曰，谕之以毋读蒙古书，则并其事实失之，此其背谬之最甚者。其它诬罔是非，颠倒黑白，不胜枚举。因命诸皇子及军机大臣详加考订，存其时事之可稽者，易其论议之偏谬者，更正板刻，曲直不淆，考验可据。卷首冠以敕谕及御制题辞。于是《春秋》笔削之旨，灿然具在，非独是书之幸，亦亿万世读史论古者之幸也。乾隆四十九年九月恭校上。

这一篇提要极为耐人寻味。御批这部书的是康熙帝，所以《荟要总目》说："我圣祖仁皇帝详加批论，授梓颁行。"并没有提及其他人。然而《荟要提要》提及康熙帝的仅有如下寥寥数语："逮我圣祖仁皇帝御批《纲目》，遂因仁锡之旧并是书，亦予加批刊布。其中纰缪，间有驳斥，而未尝改正。"简单的几句，只是陈述事实，并无评价。而且即使这简短数语，还指出了康熙帝批语的不足："间有驳斥，而未尝改正"。而对此书仅有敕谕及题辞的乾隆帝，《荟要提要》却花了大量的篇幅。不仅具体列出敕谕及题辞的内容，还作有评价，所谓"一秉大公，洞烛是非"，"亦亿万世读史论古者之幸"等等。其夸饰程度与上述《御批历代通鉴辑览》提要完全相同。我们注意到这篇提要与文渊阁《四库全书》提要相同，而且校上时间也是乾隆四十九年九月，因此可以说它也是反映了《四库全书》纂修较后期的思想的。所以特别突出了乾隆帝。

比较《荟要提要》与其他四库提要可以看到，最初的提要文本，对清朝皇帝包括当今皇帝虽有歌颂，但还是有分寸的。我们今天看见的四库提要中的一些内容，完全是后来修改时增加的。四库馆臣在经受一次次严厉的训斥、处罚后，在积累了更多的编纂经验、领会了更多的修书“规则”以后，会自然滋生两种态度：一方面是更加小心谨慎；另一方面是增加对清朝皇帝的颂扬力度，其中尤其突出了当今皇上，我们看到基本上都使用了最高规格的评价语言。馆臣的意图很明显，希望借此来减轻对自己可能会有的过错的处罚，避免种种不测。通过《荟要提要》与其他四库提要以及《总目》的比较，可以清楚地看到乾嘉学者在重大文化事件中立场的变化过程及对皇帝旨意的契合过程。

这里值得注意的是文溯阁、文渊阁提要。从以上比较中可以看到，这两种提要分别校上于乾隆四十七年、乾隆四十九年前后，都和《荟要提要》相同。

四库提要对清朝历代皇帝的差异性表述是有一定规律可循的，即较早产生的《初目》《荟要提要》基本是平实的，差异性是从文渊阁提要开始的，最后形成的《总目》或者接受了文渊阁提要的改动，或者直接作了改动。而分别校上于乾隆四十七年、乾隆四十九年前后的文溯阁、文津阁提要虽然时间在文渊阁提要之后，但基本没有受到文渊阁提要的影响，这说明这种改动主要还只是出现在文渊阁提要与《总目》身上。正是这两种提要和乾隆帝的关系最直接，所以馆臣的修改意图也更强烈。同时也说明，我们要研究四库提要的思想内容，必须将整个提要作综合分析，才能得出较为全面的结论。

第五节　《荟要总目提要》的经学观念

中国古代目录的分类及其排列顺序，是中国古代社会统治思想的体现。刘向《七略》以“六艺略”为第一。六艺略著录的是儒家的经典著作，及学习六经的基础读物。《七略》以“六艺”（即六经）为首，反映了汉武帝“罢黜百家，独尊儒术”的思想，也是“六艺”在社会生活中的地位愈来愈重要的反映。

《七略》以后，尽管“六艺略”这一名称有所改变，如改为“经典志”（王俭《七志》）、“经典录”（阮孝绪《七录》）、“甲部”（荀勖《晋中经簿》）等，但其作为首部的地位一直没有变动。自《隋志》正式命名为经部，则自此以后，不仅顺序、即名称也不再改变。这反映了儒家经典在中国社会生活中稳固的至高无上的地位。

清朝乾隆年间编纂《四库全书》，对这一思想又作了极度的发挥。乾隆帝亲自撰写的《文源阁记》，对经书与中国文化的关系作了简明而扼要的说明："文之时义大矣哉。以经世，以载道，以立言，以牖民。自开辟以至于今，所谓天之未丧斯文也。以水喻之，则经者文之源也，史者文之流也，子者文之支也，集者文之派也。派也、支也、流也，皆自源而分；集也、子也、史也，皆自经而出。故吾于贮四库之书，首重者经。"这不是乾隆帝或四库馆臣个人的喜尚问题，是由中国社会的特点决定的，是中国古代社会选择的结果。乾隆帝等不过是继承了中国传统思想而已。儒家思想是中华文化的主流思想，儒家文化也是中华文化的主流文化。而作为儒家思想、儒家文化载体的儒家经典，自然也格外为统治者注重。《四库全书》通过图书类目的设置、类目顺序的安排、具体图书的评说等，突出强化了这一思想。

《荟要》作为《四库全书》中的一个组成部分，也特别强调了这一点。《荟要总目》经部总叙云：

> 《博物志》曰："圣人制作曰经，贤人著述曰传。"于是有训诂之学，有章句之学。上以窥天人性命之大，下以考形名、度数、品物之详。自《录》《略》以来，首重经训，莫之能易焉。名儒传习，代不乏人，演绎涵泳，日益浩富。矧以我朝列圣修明，综群言而衷一是，使六籍奥旨，炳焕万古，以为经世致理之本，又非徒以诵说解诂而已也。皇上典学懋修，于诸经义训，既皆有所发明，布在海宇，乃者搜罗群籍，登之四库，复诏荟其精要，插架禁中。凡所编辑，慎之又慎。首曰经部，其类凡十有一。

这篇总叙说明了几个问题。一是说明了"经"的本质，所谓"圣人制作曰经"，即是对经学本原的概括说明。这与《总目》经部总叙所说"经禀圣裁，垂型万世"，是同一个意思。二是归纳了历代经学研究的方法，总叙将其归纳为训诂、章句两类。训诂之学以解释词义为主，总叙所说的章句之学指注重于分析文章大意，尤其注重抉发文章的微言大义。总叙对训诂、章句没有直接评论，而就其论述看，似乎更为看重后者，从其所说“使六籍奥旨，炳焕万古，以为经世致理之本，又非徒以诵说解诂而已也”可知。这也可以解释就整个《荟要》来说对注重于义理之学的宋儒著述态度更为友善的原因。《荟要》受《通志堂经解》影响很大，其经部图书的分类及选录都和《通志堂经解》有密切关系。《通志堂经解》图书采择持汉宋之平而偏向于宋人著作，《荟要》与其相通之处甚多，故其经部总叙也强调要“发明”“诸经义训”。三是说明了本朝对经学的重视，尤其指出了本朝经学研究的目的，在于“以为经世致理之本”，即学以致用，求真务实，同时明白经学蕴含的道理。最后说明了《荟要》经部图书的编纂与分类情况。

《荟要》选自于《四库全书》，故两者的许多论述是一致的。不过由于编纂背景各有一定的特点，同时时间上也有前后之分，所以《荟要》的一些看法与《全书》的一些看法也存在一定的差异。

就这篇经部总叙看，与《总目》经部总叙经部要旨相通，但也存在若干不同之处。《总目》论述历代经学，谓：“自汉京以后，垂二千年，儒者沿波，学凡六变。”讨论了从汉代到清初诸家经学研究的学术特点及其弊端。《总目》经部总叙不啻为一篇小型的经学发展史。《荟要总目》总叙没有对经学研究发展历史的叙述，但着重指出了清朝，尤其是本朝（乾隆朝）研究经学的特点。这正是《总目》所未提及的。

《总目》经部总叙将近两千年的经学研究归纳为汉、宋两家：“要其归宿，则不过汉学、宋学两家，互为胜负。”《荟要总目》总叙则说：“有训诂之学，有章句之学。”前者将其归纳为学术流派之争，后者则将其归之于研究方法的区别，说明《荟要提要》并未特别突出流派的观念。

《荟要》与《全书》的经学观念，更多地体现在图书提要的撰写上。这些观念有一致之处，也有不少相异的地方。

如对宋孙奭等撰的《孟子注疏》一书的真伪问题，历史上就有争论。《荟要提要》注意到了这些争论，说朱子尝曰“《孟子疏》乃邵武士人假作”，又说王应麟亦曰“《崇文总目》《馆阁书目》皆无之”。但又引晁公武、郑公晓的说法，认为此书为真。特别是郑公晓的说法：“（孙奭）因赵氏为《正义》，于是孟子有赵《注》、孙《疏》，并行于世。”对《荟要提要》影响很深，所以《荟要提要》最终还是没有否认孙奭作疏的问题。《总目》则对孙奭作《疏》的说法予以彻底的否定。《总目》举出许多例证，说明此《疏》决非孙奭所作。关于本书的作者，两种提要的写法也不一样。《荟要提要》径作“汉赵岐注，宋孙奭等疏”。《总目》则作“汉赵岐注，其《疏》则旧本题宋孙奭撰”。关于“题”字，《总目凡例》有专门的说明：“灼为赝造者，则题曰‘旧本题某代某人撰’。”

《荟要提要》和《总目》评价经书的角度不同。元陈栎《书集传纂疏》，《荟要提要》云：“其书于蔡传有所增补，而无所驳正，亦犹孔氏《正义》于古注莫敢异同。盖专门之学，例如是也。”《总目》云：“《自序》称‘圣朝科举兴行，诸经《四书》一是以朱子为宗，书宗蔡《传》，固亦宜然’云云，盖延祐设科以后，功令如斯，故不敢有所出入也。”两者评价的角度并不一样。《荟要提要》是从注解体例的角度来看的，而《总目》则从学术背景的角度来看的。

再如《钦定书经传说汇纂》，《荟要提要》云：“于制度、名物、道里、山川，益加详审，是万古治世之大法，实备于此，固不仅为说经标准已也。”认为此书于治理国家、社会大有裨益，所论注重于实。《总目》云：“即一训诂之学，而圣人执两用中之道，大公至正之心，悉可以仰窥焉，又不仅为说《书》之准绳已也。”认为此书可见方法论意义，偏重于哲学意义的阐释，所论注重于虚。

因为《荟要提要》和《总目》评价角度不同，所以对一些图书的评价或认识，也不一样。如元俞皋撰《春秋集传释义大成》提要，《总目》与《初目》相同，文渊阁提要与此仅个别地方略有不同。而《荟要提要》则与《初目》观点完全不同。

其论述《春秋集传释义大成》的学术来源，《初目》认为俞皋之学源于程子一家，其提要也反复申明这一点，如谓：“观皋《自序》，称所定十六例，悉以程子《传》为宗。又引程子所谓微词隐义，时措时宜，于义不同而词同、事同而词不同者，反复申明不可例拘之意。又称学者宜熟玩程《传》，均无一字及安国。盖其师之学本出于程子，特以程《传》未有成书，而胡《传》方为当代所传习，故取与三《传》并论之。”《荟要提要》则认为其学来源于程、朱二家，提要一再说：“今观其书虽兼采众说，衷以己意，而分别义例，一以程、朱二家为宗。”“皋能取裁程、朱以补其（指胡安国）所偏，不拘例亦不废例，不泥传亦不废传，庶几能持其平者。”《总目》则认为俞皋之学源于程子一家，其提要也反复申明这一点，如谓：“观皋《自序》，称所定十六例，悉以程子《传》为宗。又引程子所谓微词隐义，时措时宜，于义不同而词同、事同而词不同者，反复申明不可例拘之意。又称学者宜熟玩程《传》，均无一字及安国。盖其师之学本出于程子，特以程《传》未有成书，而胡《传》方为当代所传习，故取与三《传》并论之。”

今观其书，开首即列《程子朱子说春秋纲领》，引程子六条，朱子五条。书中也是常引程子在前，又引朱子在后。一些地方还将两人并提，如隐公元年春王正月下云：“程子、朱子之意至甚明白，而诸说之谬可不待辩而自明，学者宜详味之。”但从全书的情况来看，此书确实多宗程子。如所列“原序”，即包括春秋三传序及《程子传序》《胡氏传序》。其“凡例”后“按语”也说：“愚今遵程子说，以事同义同辞同者定而为例十六条。”又全书注释，引程子约二百三十多处，而引朱子不到四十处。由此可见，俞皋所取以程子为主，但也兼取朱子。如说程朱二人并重，固不是事实，但说仅宗一家，也不完全。如果结合前面所论《荟要提要》与《总目》对朱熹的不同态度，就可以更好地了解这篇提要的差异。《荟要提要》欲突出朱熹的影响，《总目》则在消弭这种影响。

文津阁提要[1]与《荟要提要》全同。文溯阁提要[2]与《荟要提要》也相同，只是少了《荟要提要》最后“视他家矜新立异之书，固迥不侔矣”一句。这一句的缺少并不影响这批提要的基本思想，不过程度比《荟要提要》略低而已。

一些提要，可以明显看到《荟要提要》和《总目》的评价是不一致的，往往《荟要提要》持肯定意见，《总目》则持批评意见。如宋孙复撰《春秋尊王发微》。孙复说经不依传注，好为独辟之学，当时毁誉相半。常秩、叶梦得两人，一则讥其如商鞅之法，失于过刻，一则讥其废传从经，又不尽达经例，每自抵牾。《初目》对此书有批评有赞赏，其文云：“复之论，上祖陆淳，而下开胡安国，谓《春秋》有贬褒，大旨以深刻为主。晁公武《读书志》载常秩之言曰：‘明复为《春秋》，犹商鞅之法，弃灰于道者有刑，步过六尺者有诛。’盖笃论也。然春秋之时，僭乱多而善行少，复所抉摘，于贼子、乱臣、暴君、稗政，亦往往能推见至隐，足为炯戒，故见长之处为多。盖屈《经》从《传》之弊，至复始尽破，而奋臆谈经之弊，亦自复而始成。其于《春秋》，固在功罪之间矣。”既肯定其敢于尽破“屈《经》从《传》之弊”、不拘泥于成法的长处，亦批评其“奋臆谈经之弊”。

《荟要提要》对此书则颇为赞赏，引朱熹语云：“朱子谓其虽未深于圣经，

① 《文津阁四库全书提要汇编》经部，第 378 页。

② 《金毓黻手定本文溯阁四库全书提要》，第 135 页。

然推言治道，凛凛足畏，终得圣人意思。”并说：“故春秋家至今重焉。”说明朱熹对孙复此书极为看重，认为孙复解经是“推言治道”，即通过解经来论说治理国家的方针、政策、措施等。《荟要提要》又自加评论道：“复之学遂开南宋诸儒之先，亦可谓毅然自立矣。”对孙复能持独立自见极为表彰，对其在开创南宋学术风气方面的贡献尤为推重。

但《总目》并不认可这个说法，其文写道：“复之论，上祖陆淳，而下开胡安国，谓《春秋》有贬无褒，大抵以深刻为主。晁公武《读书志》载常秩之言曰：‘明复为《春秋》，犹商鞅之法，弃灰于道者有刑，步过六尺者有诛。’盖笃论也。而宋代诸儒，喜为苛议。顾相与推之，沿波不返，遂使孔庭笔削变为罗织之经。”《总目》突出的是孙复解经“刻”的一面，即言辞过于刻薄、苛刻。然后《总目》反复推演这一“刻”字：“过于深求而反失《春秋》之本旨者，实自复始。虽其间辨名分，别嫌疑，于兴亡治乱之机亦时有所发明。统而核之，究所谓功不补患者也。以后来说《春秋》者，深文锻炼之学大抵用此书为根柢，故特录存之，以著履霜之渐，而具论其得失如右。”完全将孙复看作学术罪人，要对宋以后的苛刻之论等学术陋习负全部责任。这个观点与《荟要提要》的看法是不一致的。

事实上《荟要提要》引用时人对孙复的批评包括两个方面，即常秩所说的“失于过刻”和叶梦得所说的“废传从经”，《总目》的主要篇幅都放在了批评“过刻”这一方面，对叶梦得所批评的“废传从经”这一点，不仅没有认为这是个问题，反而得出来与之相反的结论。《总目》引李焘《续通鉴长编》之言曰：“中丞国子监直讲孙复，治《春秋》不惑《传》《注》。其言简易，得《经》之本义。”治《春秋》能不惑《传》《注》，得《经》之本义，这个观点与《荟要提要》所引叶梦得之说是完全相反的。所以就这两篇提要看，其观点完全不同。

这里三篇提要各自显示了不同的态度，这种情况是比较少见的。文溯阁、文津阁提要[①]与《荟要提要》全同。

宋朱震撰《汉上易传》，《初目》与《四库全书》书前提要、《总目》基本观点相同，与《荟要提要》有很大差异。《荟要提要》也批评此书有“不免于好异”的缺点，但总体上评价甚高，《总目》则对朱震此书颇多保留意见。如《荟要提

① 《金毓黻手定本文溯阁四库全书提要》，第123页；《文津阁四库全书提要汇编》经部，第344页。

要》称其书“救晋代清言之失，其功颇巨”。《总目》虽然也肯定其书“救庄老虚无之失”的作用，但除去了“其功颇巨”一语。又《荟要提要》称其所论图书授受源流，“颇为后儒所传述”，《总目》则指出“其说颇为后人所疑”。此外《总目》还引用了陈善《扪虱新话》、晁公武《郡斋读书志》、冯椅《厚斋易学》等宋人著作对朱震的批评。文溯阁、文津阁提要①与《总目》相同。

再如对宋朱鉴编《朱文公易说》的评价，也很不相同。朱熹孙子朱鉴从朱熹《语录》中，辑出朱熹有关《周易》的论述，编成《朱文公易说》一书。《荟要提要》对此评价较高，称“可谓能世其家学者矣”。而《总目》则持保留态度，提要云：“鉴是书全采《语录》之文，以补《本义》之阙。其中或门人记述，未必尽合师说，或偶然问答，未必勒为确论，安知无如《易传》之类为朱子所欲刊除者。然收拾放佚，以备考证，亦可云能世其家学矣。”《总目》虽然也肯定此书能世其家学，然对此书实多批评。

元程端学撰《春秋本义》，《荟要提要》称其“沈潜细绎者二十余年，会成而卒”，并说“其学有渊源，故立说具有本末”，评价极高。而《总目》则对此书批评很多，称其“体例颇为糅杂。其大旨仍主常事不书，有贬无褒之义。故所征引，大抵孙复以后之说。往往缴绕支离，横加推衍，事事求其所以贬”。又嘲讽道：“端学乃事事皆云未知信否，则天下无可据之古书矣。”在元郑玉撰《春秋阙疑》提要中，《总目》还将程端学此书与郑玉《春秋阙疑》一比高低：“昔程端学作《春秋本义》等三书，至正中官为刊行，而日久论定，人终重（郑）玉此书。岂非以玉之著书主于明《经》以立教，端学之著书主于诋《传》以邀名，用心之公私迥不同哉？”可见《总目》的立场是一贯的。

一些《荟要提要》持肯定意见，《总目》则持批评意见。如对元汪克宽撰《经礼补逸》，《荟要提要》虽然指出其书“缀集之功多，讨论之功少”的缺陷，但仍认为此书“寻求残缺，补苴成篇，使先王典制厘然尚见其梗概，要为异于空言说《经》者矣，亦治《礼》者所不可废也”。给予很多肯定，尤其“亦治《礼》者所不可废也”一句，几乎给予了此书在礼学研究中的经典地位。而《总目》则几乎通篇是否定意见。如说汪氏“于著书体例，亦不甚讲”，使得全篇“参差无绪”。又称“此书实考典文，非考故事”，即需详细推究上古典章制度，而不是

① 《金毓黻手定本文溯阁四库全书提要》，第20页；《文津阁四库全书提要汇编》经部，第22页。

引证历史事实。而此书“乃多载《春秋》失礼之事,杂列古制之中”,乃至仅仅“胪列其文,不置一语”。《总目》又多指出所说“不知何据”“亦殊疏漏”等等缺陷。最后甚至怀疑此书的真实性:“或后人别得改窜之本刻之欤?”《总目》无奈,只好以“其元人旧帙,议论尚不失醇正,姑存以备一家焉”,勉强作为选入《全书》的理由。

宋陈彭年等撰《重修广韵》提要,也可以看到《荟要提要》与《总目》评价的差异。《荟要提要》概括介绍了本书形成的过程及本书所收的字数,最后说:“注文凡一十九万一千六百九十二字,较旧本尤为详博云。”《总目》可分为前后两个部分。前半部分差不多与《荟要提要》完全相同,最后说:“注文凡一十九万一千六百九十二字,较旧本为详。”可以说,到此为止,与《荟要提要》并没有什么区别。但下面紧承此句,话锋一转,展开了对《广韵》的严厉批评:“而冗漫颇甚。如‘公’字之下载姓氏至千余言,殊乏翦裁。‘东’字之下称东宫得臣为齐大夫,亦多纰缪。考孙愐《唐韵序》,称异闻、奇怪、传说、姓氏、原由、土地、物产、山河、草木、禽兽、虫鱼,备载其间,已极蔓引。彭年等又从而益之,宜为丁度之所讥。潘耒《序》乃以注文繁复为可贵,是将以韵书为类书也。著书各有体例,岂可以便于剽剟,遂推为善本哉?”由对《广韵》的批评连及对潘耒《序》的批评,其要点是指出其书的繁杂枝蔓。《总目》这篇提要,不仅是从内容上,而且从结构上,都体现着对《荟要提要》的批评。这不是用偶然巧合可以解释的。

第六节 《荟要总目提要》的史学观念

要考察《荟要》的史学观念,通过《荟要总目》各部总叙、各类小序与《总目》各部总叙、各类小序的比较,可以看得更清楚。先看《荟要总目》与《总目》关于史部的整体论述。

《荟要总目》史部总叙不长,全文云:

臣谨案:《春秋》编年之史也,《尚书》纪事之史也,而皆尊之为经,录史乘者断自汉始。班、马而下,其体不一:或以纪传表志括一朝之典,或分年以纂录，或因天时以布令，或以详山川郡邑，或以纪朝廷诏令，或以载法制令式，或别体以系古事，或随事以综旧闻，而凡史家之论断，群籍之簿录，因而类之，以备参考，总而称之曰史。自四部以来，皆在乙部。承学之士衷于经，所以明义理，定指趣；博于史，所以扩见闻，充器识。善乎宋儒真德秀之言曰："学者本之以经，参之以史，所以明体而达诸用也。"

《总目》史部总叙文字较长，现节录如下。总叙开头云：

史之为道，撰述欲其简，考证则欲其详。莫简于《春秋》，莫详于《左传》。鲁史所录，具载一事之始末。圣人观其始末，得其是非，而后能定以一字之褒贬，此作史之资考证也。丘明录以为《传》，后人观其始末，得其是非，而后能知一字之所以褒贬，此读史之资考证也。苟无事迹，虽圣人不能作《春秋》；苟不知其事迹，虽以圣人读《春秋》，不知所以褒贬。儒者好为大言，动曰舍《传》以求《经》。此其说必不通。其或通者，则必私求诸《传》，诈称舍《传》云尔。

就这一段看，《总目》完全是把"史"看作是"经"的附庸，这与《荟要总目》将"史"与"经"相提并论完全不一样。在《荟要总目》看来，史与经的差别主要在于内容上。由此也体现在不同的功能上。当然受传统思想的影响，《荟要总目》引用真德秀之言，说明经、史也还有主次之分，所谓前者是"本"，后者是"参"，所以经、史有"体""用"之别。

《总目》史部总叙最后说：

然则史部诸书，自鄙倍冗杂，灼然无可采录外，其有裨于正史者，固均宜择而存之矣。

《总目》强调正史地位，"首曰《正史》，大纲也"，最后再一次强调各类史书对正史的依附性。而在《荟要总目》总叙中，史部各类体裁是平行的，区别在于内容的不同，因而功用也不同。

此外还需要说明一点的是,《荟要总目》史部总叙虽然简单,但说到了史学和经学的关系,并由此说明了史学著作的重要价值。而《总目》史部总叙虽然文字很长,但主要只是在形式上加以说明,未能说到史学的本质问题。

在正史类小序中,也有上述倾向。《荟要总目》正史类小序云:

臣谨案:汉司马迁作《史记》,班固因之作《汉书》,而纪传表志之体,千古莫能易也。《汉·艺文志》不立史部,附列于春秋家。迨《隋书·经籍志》首标正史一门,良以述作异体,未可因循前乘。故自有《隋志》,而累代以来,皆相遵法。昔人论史才之难见,于袁山松、刘知几之论者详矣。顾以时代迭运,文质异宜,虽作者如林,不无优劣,而流观运会,取古证今,苟可以考一代之兴衰,存百世之鉴戒者,金匮石室焉可也。必谓龙门以降无史才,岂笃论哉!谨依其世次叙录,以备正史。

《总目》正史类小序云:

正史之名,见于《隋志》。至宋而定著十有七。明刊监版,合宋、辽、金、元四《史》为二十有一。皇上钦定《明史》,又诏增《旧唐书》为二十有三。近搜罗四库,薛居正《旧五代史》得裒集成编。钦禀睿裁,与欧阳修书并列,共为二十有四。今并从官本校录。凡未经宸断者,则悉不滥登。盖正史体尊,义与经配,非悬诸令典,莫敢私增。所由与稗官野记异也。

其他训释音义者,如《史记索隐》之类;掇拾遗阙者,如《补后汉书年表》之类;辨正异同者,如《新唐书纠谬》之类;校正字句者,如《两汉刊误补遗》之类,若别为编次,寻检为繁,即各附本书,用资参证。至宋、辽、金、元四《史》译语,旧皆舛谬,今悉改正,以存其真。其《子部》《集部》亦均视此。以考校厘订自正史始,谨发其凡于此。

《总目》正史类小序包括两部分,第一部分主要讲述了“二十四史”的形成经过,并指出了正史的性质。第二部分讲述了部分与正史相关的著作也收录于正史类的原因。《荟要》因为没有收录这类相关著作,所以小序也没有涉及这个问题。但就正史这一问题本身来看,两篇小序视角确实不同。

《总目》小序完整地显示了“二十四史”形成的经过情况，这对正史的研究来说是非常重要的。对正史的性质，《总目》小序指出：“正史体尊，义与经配。”仍然是将历代正史当作经书的附庸。这表面看是提高了正史的地位，实际则是抹除了正史类著作的自身特点。就整篇小序看，提要实际上并没有过多地谈及正史自身的特点等问题。

《荟要总目》小序恰好相反，整篇提要都紧紧围绕正史问题展开。《荟要总目》首先肯定了司马迁、班固在历史著作中的创新，即创立了纪传体，从而在史学著作体裁上创设了全新的一体。以后刘知几《史通》对这一点作了更充分的阐述。其次说明了目录学著作中有关部类的演化情况。因为《荟要总目》也是一部分类目录，所以对目录的著录也是其所关心的。最后说到了“史才”的问题。作者充分肯定了我国历史上史学人才的兴盛景象。赵翼说：“江山代有才人出，各领风骚数百年。”是说人才的更迭，而《荟要总目》更看到的是史才的前后相继。

在论述史才问题时，《荟要总目》还说到了历史著作的作用，即“考一代之兴衰，存百世之鉴戒”。这也是我国古代史学的传统。中国古代的史学家，大多认为史学有补于人伦道德建设和政治借鉴，这是从司马迁、唐太宗等一贯传承的思想。司马迁作《史记》，提出修史的目的就是“究天人之际，通古今之变，成一家之言”。通古今之变就是说通过历史著作来反映古今的变化规律。唐朝大臣魏征，敢于直谏，唐太宗因有“以古为镜，可以知兴替”（唐吴兢撰《贞观政要》卷二）之感叹。司马迁、唐太宗的观点在我国古代具有广泛的影响。历史著作不仅是史实的客观记载，也是历史经验的总结。“二十四史”是中华文明的记忆，是民族灵魂的组成部分。我们固然不能牵强附会，将历史与现实随意加以牵连，但认为可以完全在与现实社会脱离的情境下研究历史，也是事实上做不到的。《荟要总目》的论述，显示了作者对现实的关怀。

这些内容在《总目》中都没有涉及。对《总目》来说，它更着意于“二十四史”的确立过程。正史是以帝王本纪为纲的纪传体史书。书目中正式设立正史类，始于《隋书》。不过《隋书》正史类所记，还有一些并非纪传体的历史著作，如谯周撰《古史考》、刘珍等撰《东观汉记》、张莹撰《后汉南记》等等。《旧唐书·经籍志》《新唐书·艺文志》史部正史类中，《东观汉记》《后汉南记》等非纪传体史书，依然在列，而且还将王隐、虞预、朱凤、谢灵运、臧荣绪、干宝、萧子云等家《晋书》，何法盛《晋中兴书》等收录其中。《宋史·艺文志》史部著录正史类57部，其中包括王珪《宋两朝国史》、王孝迪《哲宗正史》，以及佚名所撰《宋名臣录》《宋勋德传》《宋两朝名臣传》等。《明史·艺文志》史部正史类著录图书110部，内容也极为庞杂。历史上历代正史曾有三史、四史、十史、十三史、十七史等合称。将历代正史辑为一部独立性的丛书，始于宋代。南宋曾任四川转运使的井度将《宋书》《南齐书》《梁书》《陈书》《魏书》《北齐书》《周书》这七部纪传体史书辑为一书，这就是历史上著名的眉山《七史》。其后宋代刻有《十七史》，明代又刻有《二十一史》。

这些书目的著录与正史类丛书的刊刻，对正史类图书的确立、传布并被社会接受，扩大正史的社会影响，发挥了很大的作用。不过这些有的是出于个人之手，有的是出于机构之手，正史《艺文志》《经籍志》的著录虽带有官方色彩，但主要还是出于史官之手，并非出于皇帝旨意。而《总目》正史类小序突出的一点，就是明确指出“二十四史”由皇帝“宸断”，同时严厉禁止“私增”。这一做法在历史上从未有过。这表明“二十四史”的确立是皇权的一种显示，皇帝具有绝对的话语权，没有人可以挑战皇帝的权威。

正史之“正”，即标准与典范的意思。《四库全书》列为正史所代表的朝代，也就是清朝皇帝所承认的具有正统地位的皇朝。此外，乾隆帝钦定“二十四史”，还有争正统地位的意思。

《荟要总目》与《总目》都非常重视正史的作用，然看各自所说，论述的问题和关注的角度并不相同，依然还有区别。《荟要总目》正史案语云：“流观运会，取古证今，苟可以考一代之兴衰，存百世之鉴戒者，金匮石室焉可也。”这是就历史著作本书的特点说的。《荟要总目》对正史的性质、价值、形式等有实质性的说明，《总目》则多在形式上作说明。不过两者可以互为补充。“二十四史”的确立是清朝思想文化领域的一件大事，《荟要总目》《总目》等的论述是最早的将“二十四史”作为一个整体所作的评价，值得重视。

对“二十四史”中每一部史书的评价，则见于各书提要中。《荟要》正史提要共24篇，因《明史》原无提要，所以实存23篇。这23篇提要，19篇撰写在乾隆四十年、四十一年之间，大多十分简短。应该是早期撰写的。提要中《旧五代史》及《辽》《金》《元》三史这四篇提要篇幅甚长，《元史》提要校上于乾隆五十五年十二月，其余三篇提要都校上于乾隆四十九年十一月。

不过《荟要》正史提要文字虽然简略，其内容却往往很精到，能用极为简练的语言概括一部书的基本特点、价值所在，有的还说明了版本情况。如梁萧子显撰《南齐书》提要云："晁公武谓其天文但纪灾祥，州郡不列户口。（曾）巩谓其'喜自驰骋，更改破析'，'其文益下'。然子显弱冠即留心撰著，其文之刻雕藻缋，时代为之，未足多责也。"唐姚思廉撰《梁书》提要云："思廉此书虽与谈、迁、彪、固不可同日语，然闻见纪录本于家庭，又兼采诸家，综括会通，故其书实录为多，犹胜于众手之所为也。"这些简要的论述体现了《荟要总目》自己的理解，有些是《总目》没有说到的。

也有些提要，《荟要总目》与《总目》的评价并不相同。如《南史》，《荟要提要》对此书赞誉有加，说："其所采辑往往出本书之外，而叙事更为简径。司马光谓其可继陈氏《三国志》，信不诬也。"而《总目》对此书则多持批评意见。《总目》批评其体例不一，"书成一手，而例出两岐，尤以矛陷盾，万万无以自解者矣"。又指出其文词上的缺点，"因其旧文，排纂删润。故其减字节句，每失本意。间有所增益，又缘饰为多"。并进一步怀疑此书的价值："延寿采杂史为实录，又岂可尽信哉？"这虽是针对《路太后传》一篇而说的，但由此也不由不让人怀疑整部书的可靠性问题。

关于编年类，《荟要总目》小序云：

晁公武有言："论一人之事，编年不如纪传。论一时之事，纪传不如编年。"此史家著述二者所由并重也。荀悦、袁宏之作，一程《春秋》，编年之体于是乎始。洎乎涑水、紫阳，执义益闳，所谓统群哲之归趣，总百代之雄词者，洵乎无愧已。逮我皇上《辑览》之作，褒贬予夺一本大公，尤足以缵媲麟经，圭臬群史。综而纪之，彬彬乎大备矣。他若《稽古》《大事》《长编》《举要》诸书，或意存挈要，或务在博综，皆别著于《全书》之录，兹不具列云。

《总目》云：

司马迁改编年为纪传。荀悦又改纪传为编年。刘知几深通史法，而《史通》分叙六家，统归二体，则编年、纪传均正史也。其不列为正史者，以班、马旧裁，历朝继作，编年一体，则或有或无，不能使时代相续，故姑置焉，无他义也。今仍搜罗遗帙，次于正史，俾得相辅而行。《隋志·史部》有《起居注》一门，著录四十四部。《旧唐书》载二十九部，并《实录》为四十一部。《新唐书》载二十九部。存于今者，《穆天子传》六卷，温大雅《大唐创业起居注》三卷而已。《穆天子传》虽编次年月，类小说传记，不可以为信史。实惟存温大雅一书，不能自为门目。稽其体例，亦属编年。今并合为一，犹《旧唐书》以《实录》附《起居注》之意也。

这两篇小序所论，各有特点。《荟要总目》的特点在首先引用晁公武之言，概括指出了编年体史书和纪传体史书各自的性质、特点。以“论一人之事”“论一时之事”来分别概括纪传体、编年体史书的特点，自然是不完整的，但也确实抓住了各自的一些特点。《总目》主要在说明纪传、编年二体的分合过程，但对各自的特点则未有直接说明，通常这一点是需要特别说明的。就图书分类来说，人们最想知道的首先是这个类目的基本特点。

关于地理类，《荟要总目》小序云：

臣谨案：《周官》别山川，达道路，辨封域，条物产，要土会，六卿分掌之，而总于冢宰。周末迨汉，壤制更革，刘向始略言其分域。丞相张禹使属朱贡，条其风俗而宣究之。后世地志之书，斯其权舆乎？夫考山泽之夷险，胪关梁之津要，凭览古今，综核民物，使万里之远聚米运掌，此岂夸博鲜要者比哉？矧若同文覃于绝域，职贡环于万国，鸿谟巨制，炳耀畴曩，是又珥笔小臣所编摩而欣幸者已。

《荟要》史部地理类共收录《山海经》《水经注》《春明梦余录》《钦定西域同文志》《皇清职贡图》5 部图书。地理类小序就是为这 5 部书写的。《荟要总目》不仅说明了地理类文献的性质，还突出了地理类著作的政治意义。这类意义体现在两个方面。一是使国家政权通过地理著作，了解全国的山川形势、经济状况，并由此更好地管理整个国家，此即所谓“使万里之远聚米运掌”之意。这主要还是就经济方面而言的。另一方面，通过地理著作，可以更好地管理边疆地区（“同文覃于绝域”），并了解外国的情况（“职贡环于万国”）。

《荟要提要》在《皇清职贡图》提要中特别指出"阐圣模而资治镜者",即突出指明了编纂此书的两个目的。"圣模"即"圣谟","阐圣模"即颂扬君主圣人治天下的宏图大略,"资治镜",即作为治理国家的借鉴。

《总目》地理类小序主要还是着眼于这类图书的文献特点。《总目》首先说明了从古代地志到唐宋地志所记内容的变化过程。最早的地志专记方域、山川、风俗、物产,到了唐代开始增加有关古迹的记载,到宋代又增加了人物,偶尔还包括艺文。《总目》认为这成为后来州县志书的滥觞。《总目》特别批评元明以后,"列传侔乎家牒,艺文溢于总集","而舆图反若附录",认为这是本末倒置,抹杀了地志的最基本特点。《总目》批评地理类文献中的夸饰性,或与地理实际并无关系的内容,认为这是"踵事增华"的"芜滥之编"。《总目》还介绍了地理类的编类顺序,并对这一顺序作了解释,如谓"首宫殿疏,尊宸居也;次总志,大一统也"等等。

由此可见《荟要总目》小序与《总目》地理类小序的差异是非常明显的。《总目》在小序中对地理类这部分图书的功能并没有作阐述(有一些是在具体的图书提要中作了一些说明)。

《荟要总目》在史部设有诏令类,其小序云:

臣谨案:《易》曰:"君子以申命行事。"又曰:"涣汗其大号。"《书》曰:"文命敷于四海。"大矣哉诏令之为用也!夫端拱黼扆,响达四表,一言而天下应之,一令而万世守之,所谓志以成道,言以宣志,其重尤不与他文等。自来史家编录,并与法律同条,罔所区别。今依陈振孙《书录解题》例,专为一门,用以识列圣贻谟,比隆典诰,非独以彰法令而已也。

《总目》则将诏令、奏议合并为一类,其小序云:

记言记动,二史分司。起居注,右史事也,左史所录蔑闻焉。王言所敷,惟诏令耳。《唐志·史部》初立此门,黄虞稷《千顷堂书目》则移"制诰"于《集部》,次于《别集》。夫涣号明堂,义无虚发,治乱得失,于是可稽。此政事之枢机,非仅文章类也。抑居词赋,于理为亵。《尚书》誓诰,经有明征。今仍载《史部》,从古义也。《文献通考》始以"奏议"自为一门，亦居集末。考《汉志》载奏事十八篇，列《战国策》《史记》之间，附《春秋》末。则论事之文，当归《史部》，其证昭然。今亦并改隶，俾易与纪传互考焉。

比较以上两段文字，所论也还是有区别的。《荟要总目》小序主要阐述诏令的价值，所谓“夫端拱黼扆，响达四表，一言而天下应之，一令而万世守之”，突出了皇帝诏令的威权。小序同时指出设立这一类目的目的，在于“用以识列圣贻谟，比隆典诰，非独以彰法令而已”，强调了诏令所具有的至高无上的地位。《总目》主要在说明历史上这一类目的演化过程，并解释了从集部调整到史部的理由。《总目》虽也说“此政事之枢机”，但整个论述没有《荟要总目》深入，远没有《荟要总目》厚实。

从以上比较可知，虽然《荟要总目》各部总叙、各类小序比《总目》各部总叙、各类小序要简略，但有些论述的深度实际在《总目》之上。当然《总目》的论述也有自己的特点，特别是学术史的说明非常清楚。如果说《荟要总目》注重于命题内涵的说明，《总目》则更注重于学术传承的梳理。将《荟要总目》与《总目》结合起来考察，可以更好地看到四库提要的思想史、学术史价值。

除了部类序言的差异外，《荟要》本与《全书》本在一些历史人物的评价上也有一定的差异。

如以明帝为例。清政权是取代明政权而起的政权，因此清帝对明帝似乎有一种天然的敌意，由此对一些人物的评价就常常带有个人的因素。此以《明史》的评价为例。

《明史》的编纂经过多次反复，初刊于乾隆四年，由武英殿刊刻，但在收入《四库全书》时，其中一些文字又作了修改。《明史》卷十二《英宗后纪》赞语，武英殿本云：“赞曰：英宗承仁、宣之业，海内富庶，朝野清晏。大臣如三杨、胡濙、张辅，皆累朝勋旧，受遗辅政，纲纪未弛。独以王振擅权开衅，遂至乘舆播迁。乃复辟而后，犹追念不已，抑何其惑溺之深也。前后在位二十四年，无甚稗政。至于上恭让后谥，释建庶人之系，罢宫妃殉葬，则盛德之事，可法后世者矣。”从这段赞语看，武英殿本《明史》对英宗非常推崇，赞语称其在位二十四年总体上政治清明，没有“稗政”。赞语虽然批评了英宗任用王振擅权之事，但从总体上看，是肯定其政绩的。赞语还列举了诸如“上恭让后谥”等所谓的“盛德”之事，认为可以为后代所效法。《荟要》本赞语与武英殿本相同。

文渊阁本作：“英宗承仁、宣之业，海内富庶，朝野清晏。大臣如三杨、胡濙、张辅，皆累朝勋旧，受遗辅政，纲纪未弛。独以王振擅权开衅，遂至乘舆播迁。乃复辟而后，犹追念不置，何其惑也。前后在位二十四年，威福下移，刑赏僭滥，失亦多矣。乃或胪举盛德，以为无甚稗政，岂笃论哉。”这段赞语则指出英宗在位的诸多过失，而且细看赞语，直指“盛德”“稗政”之说，完全否定了武英殿本的赞语，从用语上看具有明确的针对性。

《荟要总目》记本书云“今依内府刊本缮录恭校”，说明所依据的就是武英殿本。《总目》著录此书来源于“内府刊本”，实际也就是武英殿本。这里所用底本相同，但赞语却不一样，说明这是在纂修文渊阁本时作了改动。

关于对英宗的评价，实际上在文渊阁本《明史》之前的其他史书中，基本是持肯定态度的。如清傅维鳞《明书》卷八《英宗睿皇帝本纪》赞语道：“史官赞曰：终帝之世，蠲租之诏屡闻，命官赈救，若焚溺切身，稽其数不下巨万，亦可谓留心民事，恺悌为怀者矣。正统初帝在冲年，权总太后。小人眈眈不敢逞，故政治称小康焉。及太后崩，而狐鸣虎噬，咆哮帝侧。土木之变，社稷几危。然原情揆势，盖为缵祖烈、振生民计，与游畋殊而不知非其时矣。及复辟之后，敬天勤民，进贤远佞。尝曰朕小心翼翼，未尝一日忘艰难时。以故明慎精核，号为治平。至于礼孝庄谥恭让，出建文后，以至止殉葬嫔妃，高出千古。夫帝以一人之身，前后不啻径庭。盖前以未谙世故，屡明彝之危，后以险阻备尝，成贤明之治。古云：殷忧启圣，多难兴邦，帝之谓矣。虽然，皇皇帝主，至于身陷毳庐，而卒获荣坦，岂非天哉，岂非天哉。”[①]

这段赞语通篇都是对英宗的赞颂之词，这反映了清代初年对英宗的看法。傅维鳞(1608—1667)，顺治三年进士。据《大清畿辅先哲传》所记，顺治九年，晋左春坊左中允，兼内翰林宏文院，分修《明史》。傅维鳞以所纂止二十余年类编实录，鲜及他书，乃搜求明兴以来行藏印抄诸本与家乘、文集、碑志，得三百余部九千余卷，参互考订，成《明书》一百七十一卷。后征其书入史馆[②]。四库馆臣很看重《明书》，在文渊阁本《四库全书考证》中，卷一百零六、一百五十二至一百五十六这六卷，即与傅维鳞《明书》对校。傅维鳞的《明书》

① 傅维鳞《明书》卷八，清康熙三十四年本诚堂刻本，第 23 页。

② 徐世昌《大清畿辅先哲传》卷二，民国天津徐氏刻本，第 19 页。

多少带有官方背景。武英殿本《明史》赞语与这篇赞语文字虽然不同，但意思并无差异。这篇赞语中如“礼孝庄谥恭让，出建文后，以至止殉葬嫔妃，高出千古”之语，更直接被武英殿本《明史》赞语所化用。更可以看到两者之间的联系。

傅维鳞《明书》以后的一些官修史书，也表达了与武英殿本《明史》相同的看法。如清傅恒《御批历代通鉴辑览》卷一百五写道：“《明史》赞曰：英宗承仁、宣之业，朝野清宴，大臣辅政，纲纪未弛。独以王振擅权开衅，遂至乘舆播迁。乃复辟而犹追念不已，抑何惑也。然如释建庶人之幽系，罢宫妃之殉葬，则盛德之事，可法后世者矣。”这段话就是武英殿本《明史》赞语的节录。《御批历代通鉴辑览》告成于乾隆三十三年，乾隆四十年奉敕撰《通鉴纲目三编》，英宗赞语收入卷十二，与《御批历代通鉴辑览》赞语一字不差。《御批历代通鉴辑览》《通鉴纲目三编》后来都收入了《荟要》和《全书》。这说明武英殿本《明史》的观点是被馆臣接受的。

在《荟要》本《明史》中，关于英宗的赞语与传统的观点是一致的，只有在文渊阁本《全书》中，才推翻了原来的观点，对英宗作了彻底的否定。尽管赞语开头也说英宗时期“朝野清晏”“纲纪未弛”，但在馆臣看来，这不过是承仁、宣之业，并得到累朝勋旧辅政的缘故，而英宗自己所为则无不昏庸。四库馆臣的目的是要诋毁前朝皇帝。

不过文渊阁本的观点并未被后人接受，光绪二十九年五洲同文书局石印本，以及民国年间上海商务印书馆影印出版的百衲本《明史》等，所依据的都是武英殿原刻本，其赞语与原本完全相同，是又完全回复了原样。

第七节　《荟要总目》子部序言与《总目》的比较

《荟要》与《全书》子部均分为 14 类，《荟要总目》子部总叙与《总目》子部总叙都充分肯定了子部文献的价值，如《荟要总目》云：“凡可以益神智、广流别者，譬若储珍罗秘，各有区宇，未可偏废也。”《总目》云：“儒家本六艺之支流，虽其间依草附木，不能免门户之私。而数大儒明道立言，炳然具在，要可与经史旁参。其余虽真伪相杂，醇疵互见，然凡能自名一家者，必有一节之足以自立，即其不合于圣人者，存之亦可为鉴戒。”但在《荟要总目》小序与《总目》小序中，仍有许多差异。两部书目论述角度不同，各有特点，可以互相补充。

《荟要总目》儒家类小序云：

臣谨案：史志子部并首儒家。《荀子·儒效篇》曰：“商德而定次，量能而授官，使贤不肖得其位，能不能得其官。万物得其宜，万事得其应，言必当理，事必当务。”是则文武周孔之道不越乎此矣，此岂小道曲学仅仅自名者所得托哉？兹于洙泗遗言而外，略取先秦、两汉以来数家，皆求其大醇者。而恭载列圣所以阐明理学治道之书，及我皇上《日知荟说》一编，以明夫通天地人之道，而合君师之统，诚足炳焕万祀云。

《总目》儒家类小序云：

古之儒者，立身行己，诵法先王，务以通经适用而已，无敢自命圣贤者。王通教授河汾，始摹拟尼山，递相标榜，此亦世变之渐矣。迨托克托等修《宋史》，以道学、儒林分为两传。而当时所谓道学者，又自分二派，笔舌交攻。自时厥后，天下惟朱、陆是争，门户别而朋党起，恩仇报复，蔓延者垂数百年。明之末叶，其祸遂及于宗社。惟好名好胜之私心不能自克，故相激而至是也。圣门设教之意，其果若是乎？今所录者，大旨以濂、洛、关、闽为宗。而依附门墙、藉词卫道者，则仅存其目。金溪、姚江之派，亦不废所长。惟显然以佛语解经者，则斥入杂家。凡以风示儒者无植党，无近名，无大言而不惭，无空谈而鲜用。则庶几孔、孟之正传矣。

儒家类在《荟要总目》与《总目》中都是子部第一类，但两者论述的重点不同。《荟要总目》小序着重于探究儒学本原问题。《总目》小序显然特别关注于儒学流派问题。

《荟要总目》法家类小序云：

臣谨案：法者，帝王所以纪纲人伦，齐壹不轨，而适于治者也。是以明罚饬法，著于《易》象，而《周官》一书，纤悉委曲，并归于法。自百家蜂起，率其私智，立说著书，以杂霸之用为救弊之术。哗世惑俗，而行之不远，篇帙多轶，史家著录者，不过五六焉。其间差不甚谬于理，而时或窃见古圣之绪余，则亦在节取而善用之，《管》《韩》是也。今以著于编。

小序首先指出，“法”对个体行为的指引作用，即规范人的伦理行为，杜绝犯罪，其作用在于治理社会。小序又引用文献指出，在早期经典中已明确提出了“法”的观念。小序指出后世的法学著作虽然很多，但哗众取宠、蛊惑世俗者也不少，最后指出法家类之所以只选取《管子》《韩非子》两家的原因，就在于这两部著作与法理不相违背，同时也可由此看到古代的法学观念。从整篇提要看，作者对“法”的作用是充分肯定的，对管、韩之书也给予了积极评价。

《总目》法家类小序的观点与《荟要总目》小序有所不同。《总目》小序包括两部分内容，前半部分论述“法”及法家著作的问题，后半部分以《疑狱集》《棠阴比事》为例论述折狱及勘验等问题。后半部分与此无关，这里看前半部分。《总目》云：“刑名之学起于周季，其术为圣世所不取。然流览遗篇，兼资法戒。观于管仲诸家，可以知近功小利之隘；观于商鞅、韩非诸家，可以知刻薄寡恩之非。鉴彼前车，即所以克端治本，曾巩所谓不灭其籍，乃善于放绝者欤。”《总目》所说“圣世”即清朝。就具体条文即“术”来说，“圣世”当然可以不取“周季”，但“法”的思想不可抛弃。《总目》所述不如《荟要总目》清晰。对管仲、商鞅、韩非几人著作，《荟要总目》与《总目》的看法也不同。《荟要总目》对管、韩多有肯定，《总目》则对其多有批评。《荟要总目》多从正面看，看到这些著作（《荟要总目》未收录商鞅著作）有可以为今世所用的地方。《总目》则从其负面着眼，认为之所以留存这些著作是为了作为历史教训，吸收前车之鉴。张舜徽批评《总目》这段文字道：“此儒家正统之见，未足以为定论也。”[①]这是就《总目》说的。而《荟要总目》则比较通达，相信要是能看到《荟要总目》的话，其结论会有所不同。

《荟要总目》兵家类小序云：

① 张舜徽《四库提要叙讲疏》“法家类叙”，第92页。

臣谨案：兵者，所以禁暴靖乱者也。《周官》大司马掌九法九伐，“以正邦国”，而“弧矢之利”著于《易传》。圣人岂讳言兵哉！后世鲰生饰褒衣博带之容，忽解纷应变之略，以儒雅自命而不知昧于文事武备之训者，实甚矣。《汉书·艺文志》兵家者流，有权谋、形势、阴阳诸类，而著录者间多亡佚。孙、吴诸子又止言机要而未备营阵器械之用。今独取《虎钤》一种，以备篇目。若夫运用在心，则神而明之，存乎其人，又不独纸上之谈已也。

小序仍然先说明“兵”的性质：“兵者，所以禁暴靖乱者也。”说出了兵事最重要的功能。其引用《周官》《易传》之言，意在找到经典的依据，批评后世浅薄愚陋之人鄙薄兵事的陋见。文事、武备相与配合，与《总目》子部总叙所说“有文事者有武备”相合。小序其后列出了兵家类的类别，既是对文献的归类，也是说明《荟要》选录《虎钤经》的原因。历代兵家类著作虽然总数不多，但其中也有不少重要著作，如《孙子兵法》《武经总要》等。《荟要》没有收录《孙子兵法》而收录了《虎钤经》，最重要的原因在于《荟要总目》认为孙、吴诸子“止言机要”，即只谈军事理论，而没有论及具体的营阵器械之用。完整的军事学既包括军事理论问题，也包括军事技术问题等。深受传统的重道轻艺思想影响的知识界，一贯重视“道”的探究，但往往忽略对具体的技术问题的研究。《荟要总目》认为这不过是“纸上之谈”而已。所以《荟要》选择录用了“凡六壬、遁甲、星辰、日月、风云、气候、风角、鸟情以及宣文设奠、医药之用、人马相法”“莫不具载”(《荟要提要》)的《虎钤经》一书。这也是《荟要》崇实观念的体现。

《总目》卷九十九子部兵家类小序主要只是考订了兵家类著作的源流演化情况，最后说明了这类著作选录的原则。文献梳理比《荟要总目》具体，但没有《荟要总目》的论述深度。

《荟要总目》医家类小序云：

医药之方，所以除疾疢、保性命之术也。《周官》医师掌聚诸药物，凡有疾者治之，“岁终，稽其医事，以制其食”，厥惟慎哉。夫在天有阴阳、风雨、寒燠之气，在人有喜怒、哀乐、好恶之情。苟失其调，则疾生焉。是以圣人原血脉之本，因针石之用，假药物之滋，随方制法，以反诸和平。斯其仁民寿世之心，岂浅浅哉。抑尝闻古谚有之“有疾不治，恒得中医”，斯又足为未精方药轻辄处剂者砭矣。

小序处处从医与人的关系着眼，强调医药对人的重要作用。开头“医药之方，所以除疾疢、保性命之术也”一句，即从与人的关系方面给医药下了定义。与法家类小序一样，医家类小序也特别重视“人”在整个学术体系中的地位。中医学是以中医药理论为指导，研究人的生命、健康及疾病的预防、诊断、治疗、康复的医学科学①。如果离开了医、人关系，中医药也就无存在的必要了。《荟要总目》小序不仅重视医术，还特别重视医德。前人有良医即为良相（范仲淹意）、活人即为治国（陆贽意）之说，小序所说“仁民寿世之心”，即深得中医精髓。

《总目》医家类小序则云：

儒之门户分于宋，医之门户分于金元。观元好问《伤寒会要序》，知河间之学与易水之学争；观戴良作《朱震亨传》，知丹溪之学与宣和局方之学争也。然儒有定理，而医无定法。病情万变，难守一宗。故今所叙录，兼众说焉。明制定医院十三科，颇为繁碎。而诸家所著，往往以一书兼数科，分隶为难。今通以时代为次。《汉志》医经、经方二家后，有房中、神仙二家，后人误读为一。故服饵导引，歧涂颇杂，今悉删除。《周礼》有兽医，《隋志》载《治马经》等九家，杂列医书间。今从其例，附录此门，而退置于末简，贵人贱物之义也。《太素脉法》不关治疗，今别收入术数家，兹不著录。

《总目》小序讲了医家的流派的由来，并说明了对医药流派的态度。其次说明了医药的分科及本书编次的方法。最后说明了房中、神仙及兽医与医药的关系。但小序恰好没有说到医与人的关系。《荟要总目》与《总目》可以补充。

① 李德新编著《中医基础理论讲稿》绪论，人民卫生出版社，2008 年，第 1 页。

《荟要总目》农家类小序云：

臣谨案：天下之本务，莫重于农桑。古者巡稼辨种，地官之属掌之，而三农生九谷，实总于冢宰。岂非以八政所先，致其详且慎哉？夫时而播之，时而敛之，人人所知也。至于别土宜，辨物性，察气候，审原隰燥湿之等，别刚柔迟速之种，则前民之所述，不可不讲矣。自经典而外，若《管子》《吕氏春秋》《淮南子》、董子《繁露》诸书，颇亦措论，皆已就其所重，分著于录。而特取专言农事者，编而叙之。家给人足之本，具于此也夫。

《总目》农家类小序云：

农家条目，至为芜杂，诸家著录，大抵辗转旁牵。因耕而及《相牛经》，因《相牛经》及《相马经》《相鹤经》《鹰经》《蟹录》，至于《相贝经》，而《香谱》《钱谱》相随入矣。因五谷而及《圃史》，因《圃史》而及《竹谱》《荔枝谱》《橘谱》，至于《梅谱》《菊谱》，而唐昌《玉蕊辨证》《扬州琼花谱》相随入矣。因蚕桑而及《茶经》，因《茶经》及《酒史》《糖霜谱》，至于《蔬食谱》，而《易牙遗意》《饮膳正要》相随入矣。触类蔓延，将因《四民月令》而及算术、天文，因《田家五行》而及风角、鸟占，因《救荒本草》而及《素问》《灵枢》乎？今逐类汰除，惟存本业，用以见重农贵粟，其道至大，其义至深，庶几不失《豳风》《无逸》之初旨。茶事一类，与农家稍近，然龙团凤饼之制，银匙玉盌之华，终非耕织者所事，今亦别入谱录类，明不以末先本也。

两篇提要的区别显而易见。《荟要总目》小序主要就农家自身的功用而言。“天下之本务，莫重于农桑”，重申了自古以来的农本思想。小序强调国家对农业管理的历史，突出了农业重要的社会地位。最后称“家给人足之本，具于此也夫”，和小序开头相呼应，也进一步突出了农家类著作的重要作用。整篇小序都紧紧围绕农家类著作的实质性内容而谈。《总目》小序则着重从图书分类学的角度而言，批评历代书目著录的枝蔓芜杂，同时说明了本书的采择标准，对农学自身内容没有多少涉及。

《荟要总目》道家类小序首先指出道家类著作内容的庞杂。原始道家即黄、老、庄、列之书，其内容并不复杂，主旨在于清净无为，尊其性、啬其内。其后变而言炼养、服食、符箓，“其说愈粗，其识愈陋”。小序认为《汉书·艺文志》《诸子略》中列“道家”、《方技略》中列“神仙”的做法很好，可以“使后世黄冠悠谬之谈，不与宁一冲虚之旨杂厕”。《荟要》也将有关炼养、服食、符箓等著作统统删除，仅仅收录与原始道家有关的著作，如《道德经》《庄子》《列子》《抱朴子》等八部著作。这一做法不仅使得《荟要》道家类收录的图书显得严整，也将道家类著作与后世道教类著作作了区分，使两类著作各不杂厕。

《总目》道家类小序也指出了道家和“神仙家”的合流现象，不过《总目》没有将两者分开，而是合在了一起，小序云：“彼教自不能别，今亦无事于区分。然观其遗书源流迁变之故，尚一一可稽也。”《全书》收录了不少后来出现的道教类著作，自然得关注这一部分图书的情况，不可能对这一部分图书过于贬抑。这是和《荟要总目》的区分。由于《荟要》收录图书有限，势必不可能面面俱到，其未收录有关神仙类著作，与这一点也有一定关系。但最主要的是，《荟要总目》认为道家与神仙家有严格的区别，学术观念不可混淆，因此有关文献也不可以“杂厕”一类。《总目》则认为两者之间是无需区别的。

再看杂家类。《荟要总目》小序云：

> 臣谨案：苞典常俶诡之说，兼宏巨琐屑之用者，前史谓之杂家。《说文解字》曰：“五采合曰‘杂’。”此亦《易传》杂物撰德之义乎？商羊、萍实征至圣之多识，实沈、台骀服名卿之博物。承学之士墨守老生之谈，罕通众家之论，几何而不贻讥弇陋哉？至若务为恢诡，不求其本，材少而夸言，蔓而诬是，又立言君子所当引以为戒者。今删取《淮南》以下若干家，是非疑信之间，亦贵衷于理要而已。

《荟要总目》首先解释了“杂家”的概念。在《荟要总目》看来，“杂家”只是一个“中性”之词，它的内容包罗万象，既有可为人们遵循的常道、常规之事，也有不少奇异之论，可用在“大事”上，也可用在一些琐屑的“小事”上。所以杂家类著作可以增长人的知识，使人多识、博物。要注意的是其中的这一句话：“承学之士墨守老生之谈，罕通众家之论，几何而不贻讥弇陋哉？”

本来，孔子就提倡过博闻广见。《论语》记孔子言道："益者三友。友直，友谅，友多闻。"邢昺疏云："多闻，谓博学。"孔子又说读《诗》可以"多识于鸟兽草木之名"。但中国社会始终存在着"重道轻艺"的倾向。中国古代的知识界一贯以"重道""弘道"为己任。《论语·泰伯》记道："曾子曰：士不可以不弘毅，任重而道远。仁以为己任，不亦重乎？死而后已，不亦远乎？"朱熹注道："仁者，人心之全德，而必欲以身体而力行之，可谓重矣。一息尚存，此志不容少懈，可谓远矣。"曾子认为，士的最基本的职责，是进行自我道德修养。清代的魏荔彤说："天地之道在人物，人为万物之灵，然后独膺弘道之任矣。"[①]可见这一思想在封建士人中，古今是完全一致的。

这种个人的自我觉悟，又提升为国家的政策。《总目》卷七十九《钦定国子监志》提要云："国家重道崇儒。"可见。"重道"的问题，成为国家的政策。《汇征录》是一部记载康熙十七年荐举博学鸿词名氏爵里及御试中选人数次第的著作，《总目》提要写道："我朝定鼎以来，崇儒重道，培养人才。"可见这也是清朝一贯的政策。国家的这一政策，对士人又是一种昭示，这使得中国的士人更多地关注个人的道德建设。

中国的士人特别关注社会问题，这也是从先秦诸子身上开创的传统。儒家、墨家不说，即以离社会现实最远的名家来说，也并没有完全与社会游离。惠施说："泛爱万物，天地一体也。"(《庄子·天下篇》)公孙龙子说："欲推是辩以正名实，而化天下焉。"(《公孙龙子·迹府》)可见二人显然认为自己的哲学都含有关怀、改造社会的内容，而不是纯抽象的概念和逻辑思辨。阴阳家的"五德终始"说，其目的也在为当时的社会变革进行论证。在《礼记·月令》里，阴阳五行理论被用来说明四季的变化，而邹衍则用来作为王朝更替的原因和理由，"五德终始"说的核心是"尚变"。阴阳家用自己的理论来为当时的社会变革进行论证。据《孟子·滕文公》所载，农家许行曾自楚至滕，踵门而告文公曰："远方之人，闻君行仁政，愿受一廛而为氓。"可见许行所关心的首先是国家的政治生态。《汉书·艺文志》说："农家者流，播百谷，劝耕桑，以足衣食，故八政一曰食，二曰货。孔子曰'所重民食'，此其所长也。及鄙者为之，以为无所事圣王，欲使君臣并耕，悖上下之序。"从班固的不满中间，也使

① 魏荔彤《大易通解》卷十三，《四库全书》本，第44册，第28页。

我们看到，农家也不仅仅关注农耕技术，更关心社会政治。再如先秦兵家，多数是军事家兼政治家，既持国又治军。其思考的问题以军事为主，但又不仅限于军事，还包括了经济、政治、法制、文化等各方面的内容。

这种对社会、人文的关怀，正是中国封建士人共同的特点。经世致用思想的提出，即强调要有远大理想抱负，志存高远，胸怀天下，要学用结合，强调理论要联系实际，注重实效，原是有历史根基的。这使得中国的士人更多地关注社会的改造和建设。

关注个人的道德建设和关注社会的改造及建设的结合，就形成了中国文人的“内圣外王”的思想，即内具有圣人的才德，对外施行王道。“内圣”是作者的人格理想，“外王”是作者的政治理想。儒家以修己为起点，以治人为终点，“修己以安百姓”(《论语·宪问》)，从而将“修齐治平”统一起来。这也是中国士人的共同看法。清人撰《江苏采拾遗书目录序》云：“艺林承学之士，生逢明盛，下帷发愤，庶几研性命之精，抉六经之奥。内以善其身心，而外施于家国政事。”[①]正是这种思想的体现。《总目》继承了这一历史传统，说：“儒者之学，明体达用，道德事业，本无二源。歧而两之，殊为偏见。”(《四库全书总目》卷六十一《守令懿范》提要)

这种观念并不是不好，正如黄爱平所说：“这种强调经世实学的价值取向，真切地反映了封建盛世时期一代知识精英以社会现实和国计民生为重的积极向上的文化心态。”[②]只是在这种观念支配下的士人，自然就相当忽略科学技术。

古代的科举考试，也束缚了很多人的思想，五经以外他书不窥，将经书以外的其他图书都看作“闲书”“杂书”。极端的例子如谓学者能于《大学》《论》《孟》《中庸》《小学》《近思录》等处“真知实践，他书不读无憾也”[③]。技术及百科知识往往被视为“奇技淫巧”，受到轻视。这使得儒者的知识面十分狭隘。《荟要总目》小序所谓“通众家之论”，就是要纠正这种偏向，广泛吸纳各家知识，以免“弇陋”之讥。当然小序也告诫读者要避免追求荒诞怪异、夸饰虚妄

---

① 《江苏采拾遗书目录序》，张升编《〈四库全书〉提要稿辑存》第4册，第81页。

② 黄爱平《〈四库全书总目〉与〈四库全书〉》，中华文史网 http://www.historychina.net/sy/sy_qsxswhyj/363538.shtml。

③ 明胡居仁《居业录》卷二，《四库全书》本，第714册，第8页。

等倾向。但就整篇小序来看，更强调的是士人应“多识”“博物”。

杂家类见于《总目》卷一百十七，和《荟要总目》相比，《总目》小序对这类图书基本持负面态度，如谓：“衰周之季，百氏争鸣，立说著书，各为流品。《汉志》所列备矣。或其学不传，后无所述，或其名不美，人不肯居，故绝续不同，不能一概。”完全不具有《荟要总目》小序所说的可接受的内容。正因为如此，所以《总目》小序也没有提到杂家类图书的利用问题。这和《总目》的基本思想是一致的，如《总目凡例》说：“圣朝编录遗文，以阐圣学、明王道者为主，不以百氏杂学为重也。”其实乾隆帝在三十七年正月初四日所下求书诏中已指出“旁暨九流百家之言，有裨实用者，亦应备为甄择”。但馆臣对此往往会忽略。《荟要总目》与《总目》的区别在这里特别明显。

《荟要总目》杂家类之后为小说家类，小序在简要说明了小说家的演化、著录情形后说：“古者街谈巷议，必有稗官主之，其用意盖与瞽献诗、工诵箴等。虽有丝麻，毋弃菅蒯，其言虽小，可以喻大者，固圣人所必察矣。”《荟要总目》对小说家类评价甚高，认为可与古代“瞽献诗、工诵箴”等同。所谓瞽献诗、工诵箴，指普通百姓对某事发表议论，对统治者提出劝诫。《荟要总目》认为小说家类著作也具有这一功能。这个说法并非《荟要总目》创见，实际与《汉书·艺文志》“小说家者流”的定义没有差异，与《隋书·经籍志》所说也相同。值得重视的倒是作者对小说家的态度。小序认为小说家的记载可以据以考察民情风俗，所以值得重视，充分肯定了小说家在政治生活中的重要作用。其观念与杂家类小序所说是一致的。

《总目》小说家类小序前半部分主要探讨了小说家的源流派别，其后一部分写道：“唐宋而后，作者弥繁。中间诬谩失真、妖妄荧听者固为不少，然寓劝戒、广见闻、资考证者亦错出其中。班固称‘小说家流盖出于稗官’，如淳注谓‘王者欲知闾巷风俗，故立稗官，使称说之’。然则博采旁搜，是亦古制，固不必以冗杂废矣。今甄录其近雅驯者，以广见闻，惟猥鄙荒诞、徒乱耳目者，则黜不载焉。”

将这段议论与《荟要总目》小序相比较，也还有一些区别。它们都肯定了小说家寓劝戒、广见闻、资考证，其言虽小、可以喻大的作用，但对《四库全书》收录小说家著作，《总目》小序主要肯定其“以广见闻”的目的，而《荟要总目》小序则更注重于将小说家著作看作为一种考察社会、了解民情的工具。如果说《总目》小序突出了知识性的话,《荟要总目》小序则突出了其功能性。《总目》的整个表述没有《荟要总目》明白清楚。

《荟要总目》考证类小序云:

臣谨案:郑樵撰《通志》二十略,其一曰《校雠》,斯考证之学所由重也。儒者综贯百家,上下千载,详识其同异得失之故,而断之于心、笔之于书,使心目昭然,不为前人所揜,则可谓善学者矣。明永乐中敕修《五经大全》,采取《困学纪闻》中说经诸条分载之为考异,而又不著其所出,掠美罔上,荒陋实甚。兹全取应麟书与吴缜《纠缪》之作为一类。或谓缜书有激而作,近于求疵索瘢,不若应麟之抒其心得,是在平心以读之耳。

小序首先以郑樵《通志》为证,说明"考证"之学的重要。其次说明儒者对考证的重视和慎重,也指出了考证所要达到的境界。再次批评明修《五经大全》的荒陋,实际也是批评明人考证的粗疏。最后对"考证类"所选录的两部图书作出评价,其说应以"平心"读吴缜《新唐书纠谬》,反映了《荟要总目》图书评价力求公允的一贯态度。

《总目》无"考证类"之设。其杂家类小序云:"杂之义广,无所不包,班固所谓合儒、墨,兼名、法也。变而得宜,于例为善。今从其说,以立说者谓之杂学,辨证者谓之杂考,议论而兼叙述者谓之杂说,旁究物理、胪陈纤琐者谓之杂品,类辑旧文、涂兼众轨者谓之杂纂,合刻诸书、不名一体者谓之杂编,凡六类。"《荟要总目》收录的两部图书,宋吴缜《新唐书纠谬》,《总目》见之于史部正史类,此处可以不论。宋王应麟《困学纪闻》见于《总目》卷一百十八,属于杂家类的第二类"杂考"。《总目》对这类图书的说明仅"辨证者谓之杂考"寥寥数字,其论述深度自然无法和《荟要总目》小序相比。

考证类之后,《荟要总目》为杂艺类,其小序云:

臣谨案:前史志艺术者条目猥繁,至于博弈杂戏,罔不备载,抑亦鲜所别择矣。孔子言"为之犹贤乎已",正为"无所用心"者极加针砭,岂徒使游戏之辈得所借口哉?惟夫涉略文艺,可以怡神悦目,涤除俗虑,为益良厚,故曰艺也而进乎道。兹谨录《御定书画谱》《钦定淳化阁帖释文》二书为艺材标准，而墨法类次之。至于《聚珍版程式》，广前人之法，以嘉惠学者，实为从古著录所未有云。

《总目》无杂艺类，与之相近的是艺术类，见《总目》卷一百十二，其小序云：

古言六书，后明八法，于是字学、书品为二事。左图右史，画亦古义，丹青金碧，渐别为赏鉴一途。衣裳制而纂组巧，饮食造而陆海陈，踵事增华，势有驯致。然均与文史相出入，要为艺事之首也①。

两篇提要的差异是很明显的，《荟要总目》这篇小序最值得重视的是其对"杂艺"功能的认识。

现代艺术学认为，艺术作为一种特殊的社会意识形态，具有多重社会功能，包括审美认知作用、审美娱乐作用等。审美认知作用，主要是指人们通过艺术鉴赏活动来认识自然、社会、历史、人生。审美娱乐活动，主要是指通过艺术欣赏活动，获得精神享受和审美愉悦、畅神益智，使身心得到愉快和休息②。二百多年前的古人所写的一条提要，对艺术功能的认识自然不可能如今天这么全面，其阐述也不可能如今天这么深入，但小序已清楚地认识到艺术能使人怡悦心神，使人心情愉快，消除烦恼，其"怡神悦目，涤除俗虑"之说，是对艺术功能的简明扼要的说明。《荟要总目》小序说"为益良厚"，则充分认识到"涉略文艺"的积极作用。"故曰艺也而进乎道"，小序希望通过艺术的鉴赏将精神境界提升到一个更高的层次。

由于《总目》艺术类小序涉及的内容较多，不能专门谈艺术问题，所以论述不如《荟要总目》小序明白清楚。

《荟要》子部的最后一类是类书类，《荟要总目》小序云：

臣谨案：《易》曰："方以类聚。"又曰："其称名也小，其取类也大。"是则俯仰天地，上下古今，综其名物，始终条理，盖亦开物成务之一端也。

---

① 《总目》以下论琴、摹印、博弈、歌舞等，与本论题无关，此略去。

② 彭吉象《艺术学概论》第三章第一节《艺术的社会功能》，北京大学出版社，2006年，第38—46页。

类书之作，岂小补哉？自郑樵《通志》始立类书一门，所著录者若何承天之《皇览》、刘孝标之《类苑》，不可复见矣。唐宋以来纂述滋多，务博者患其不精，简要者患其不备，欲求兼长，亦不数觏。恭逢文思缵绪，述作彬彬，或类以事，或类以字，或类以韵，莫不包含今古，纪纲群籍，所以导斯世以宏达之学者，亘古为昭矣。

《总目》类书类小序云：

类事之书，兼收四部。而非经非史，非子非集，四部之内，乃无类可归。《皇览》始于魏文，晋荀勖《中经部》分隶何门，今无所考。《隋志》载入子部，当有所受之。历代相承，莫之或易。明胡应麟作《笔丛》，始议改入集部。然无所取义，徒事纷更，则不如仍旧贯矣。此体一兴，而操觚者易于检寻，注书者利于剽窃，辗转稗贩，实学颇荒。然古籍散亡，十不存一。遗文旧事，往往托以得存。《艺文类聚》《初学记》《太平御览》诸编，残玑断璧，至捃拾不穷，要不可谓之无补也。其专考一事，如《同姓名录》之类者，别无可附。旧皆入之类书，今亦仍其例。

两篇提要都简要说明了类书类设立的经过，差异在对类书作用的认识和价值的评判上。

《荟要总目》着重于说明类书序列知识的功能，认为类书将天地古今，人类自然的一切事物进行了系统整理，使得人们可以通晓万物的道理并按相应的规律行事，从而取得相应的成功。这就是所谓“开物成务之一端也”的意思。小序因此反问道：“类书之作，岂小补哉？”《荟要总目》对类书评价极高。

《总目》指出类书价值的两个方面，一是便于检索文献，二是保存文献，突出了类书的文献功能，所谓“遗文旧事，往往托以得存”。但《总目》更指出类书的问题，认为类书的存在使得许多人往往只是从类书中查检特定的资料，难以系统地阅读图书。所谓“实学颇荒”，就是说读者不再在研读原著中进行深入的思考，去发现问题。《总目》对类书评价不高，其《南北史识小录》提要说：“存以备考，愈于冗杂之类书多矣。”所以类书类小序虽然也肯定了类书的价值，但总体上偏于对类书的批评。

《总目》指出的这些问题确实是存在的。类书的使用在大大减少了人们查找资料时间的同时，也使更多的人失去了阅读原著的机会，并使得知识具有碎片化倾向。不过另一方面，类书作为一种著作形式，也有其独特的功能，就是对已有知识的序列。类书通过分类等形式，对已有的知识作了高度的概括总结，它通过篇题的提炼、类目的设置等，将人们已经了解、掌握的知识作了系统的归纳，并相应形成某个体系。如宋代所编类书《太平御览》，全书以天、地、人、事、物为序，按照《周易》"凡天地之数五十有五"的说法，分成天部、时序部、地部、州郡部、礼仪部、乐部、文部、学部、舟部、奉使部、四夷部、百谷部、饮食部等55部，表明内容包罗天地万象的意思。各部下又分若干类，如"时序部"分为律、历、五行、四时、闰、岁除、春、立春、春分、夏、立夏、夏至、秋、立秋、秋分、冬、立冬、冬至、元日、人日、正月十五日、晦日、中和节、社、寒食、三月三日、五月五日、伏日、七月七日、七月十五日、九月九日、腊、膢、热、寒、丰稔、凶荒、旱等类。由此可见，整部类书构成一个非常完整的知识体系。

人们通常将我国古代的类书看作是古代的百科全书。百科全书除了为读者查找知识提供方便外，它也是知识的总汇。我国古代类书也具有这方面的功能。因此《总目》对类书的批评过于片面。

我们在比较《荟要总目》小序与《总目》小序的差异时，不能不考虑《荟要》和《全书》收录类书的实际情况。《荟要》收录类书共七种，分别是《御定渊鉴类函》《御定骈字类编》《御定分类字锦》《御定子史精华》《御定佩文韵府》《御定韵府拾遗》《钦定叶韵汇辑》。都是御纂书，前六种均由康熙帝御定，末一种由乾隆帝御定。我们注意到《荟要总目》小序最后的一段话："恭逢文思缵绪，述作彬彬，或类以事，或类以字，或类以韵，莫不包含今古，纪纲群籍，所以导斯世以宏达之学者，亘古为昭矣。"这段话就是根据《荟要》收录的类书都是御纂书这一点说的。因此《荟要总目》对类书的高度评价，尽管也符合一定的实际，但不可否认也还有其中所收都为御纂书这一因素。

值得注意的是，收录在《荟要》类书类中的乾隆帝《钦定叶韵汇辑》，在《全书》中调整到了经部小学类"韵书"中。这一调整提升了乾隆帝《钦定叶韵汇辑》的地位，也使图书内容与图书类别更相契合，但更重要的是，由此在《全书》类书类中不再有收录乾隆帝御纂书。《总目》类书类小序对类书的尖锐批评，是否有这一因素在内，后人不好推测，但可以想象得到的是如果乾隆帝御纂书仍收录该一类中的话，四库馆臣的批评肯定会有所顾忌的。

由于《总目》未设纵横家类，所以《荟要总目》纵横家类小序无法直接与《总目》作比较，但《总目》卷五十一史部杂史类著录《战国策》提要附有一条“按语”，与纵横家类目的设立有关系，可以和《荟要总目》小序相比较。

《荟要总目》小序云：“臣谨案：《左氏传》曰：‘辞之不可以已也如是夫。子产有辞，诸侯赖之。’此纵横家所以得列于诸子也。战国之时，士以游说为务，以给辩为能。苏、张之徒，自以为其术尤至，而卒皆自召其败，果何益哉？《战国策》一书间亦可考见当时之事，故录之。其书或曰《国事》，或曰《短长》，或曰《事语》，或曰《长书》，前志列之史家。晁公武谓其纪事非尽实录，附于纵横者，近是，兹从其例云。”

《总目》卷五十一史部七杂史类著录《战国策》提要附“按语”云：“案：《汉艺文志》《战国策》与《史记》为一类，历代史志因之。晁公武《读书志》始改入子部纵横家，《文献通考》因之。按：班固称司马迁作《史记》，据《左氏》《国语》，采《世本》《战国策》，述楚汉春秋，接其后事，迄于天汉。则《战国策》当为史类，更无疑义。且子之为名，本以称人，因以称其所著，必为一家之言，乃当此目。《战国策》乃刘向裒合诸记，并为一编，作者既非一人，又均不得其主名，所谓子者安指乎？公武改隶子部，是以记事之书为立言之书，以杂编之书为一家之书，殊为未允。今仍归之史部中。”

《总目》这条“按语”批评《郡斋读书志》将《战国策》由史部改入子部的不当。不清楚《总目》当时有没有批评《荟要总目》的意思，但《荟要总目》确实认可《郡斋读书志》的意见，称“晁公武谓其纪事非尽实录，附于纵横者，近是，兹从其例云”。

考《荟要总目》将《战国策》列为子部纵横家的理由，一是认为此书所记均为游士之说辞，其引《左氏传》为说；一是认为所记“非尽实录”，即不是历史事实，其引《郡斋读书志》为说。《总目》批评其书列入子部不当，其理由实际也是两点。一是认为此书所记与《史记》一样，都是历史事实；一是认为此非士子一家之言，故不得称为“子”。可以明显看到《总目》述说的理由具有一定的针对性。

《总目》提到的《郡斋读书志·战国策》提要原文如下：“《战国策》三十三卷。右汉刘向校定三十三篇。东西周各一，秦五，齐六，楚、赵、魏各四，韩、燕各三，宋卫、中山各一。旧有五号，向以为皆战国时游士策谋，改定今名。其事则上继春秋，下讫楚、汉之起，凡二百四十五年。《崇文总目》多阙，至皇朝曾巩校书，访之士大夫家，其书始复完。汉高诱注，今止十篇，余逸。历代以其记诸国事，载于史类。予谓其纪事不皆实录，难尽信，盖出学纵横者所著，当附于纵横家云。"①

和《总目》的批评所提到的两点看，《郡斋读书志》这篇提要所说的主要是《战国策》一书的纪事问题，所谓"子书"的问题并没有多说，所以《总目》指出的两点很可能并不是完全针对《郡斋读书志》说的。因此我们认为《总目》对《郡斋读书志》的批评很可能隐含着对《荟要总目》的批评。

《总目》未设墨家类，所以《荟要总目》墨家类小序也无法直接与《总目》作比较，但《总目》卷一百十七子部杂家类小序，与墨家类类目的设立有一定关系，可以和《荟要总目》小序相比较。《总目》云："衰周之季，百氏争鸣，立说著书，各为流品。《汉志》所列备矣。或其学不传，后无所述，或其名不美，人不肯居，故绝续不同，不能一概。后人著录，株守旧文，于是墨家仅《墨子》《晏子》二书，名家仅《公孙龙子》《尹文子》《人物志》三书，纵横家仅《鬼谷子》一书，亦别立标题，自为支派，此拘泥门目之过也。"这是明确表示反对在《四库全书》中将墨家、纵横家等单独设为类目。虽然在此之前，《崇文总目》《郡斋读书志》《直斋书录解题》等也都设有这些类目，但作为四库文献来说，在此之前的《荟要》即设有墨家、纵横家二类，而更早的《四库全书初次进呈存目》墨家、名家、纵横家这三个类目都有。所以人们还是首先会想到这是对《荟要》等的否定。

《荟要总目》墨家类小序云："《晏子春秋》旧列儒家，然其尚同兼爱之旨，无一不出于墨氏。柳宗元以为墨子之徒尊著其事以增高为己术者，非无见也，今并列于编。"可见其书设立墨家类及选录图书，都是经过认真思考的。正因为如此，所以《总目》之语也就更具有针对性。

以上比较了《荟要总目》子部小序与《总目》子部类序的差异。从总体情况看，《荟要总目》更多地关注于类目的本质方面，而《总目》则较多地关注于文献的著录问题。我们无意贬抑《总目》，而且作为一部书目著作它的文献功

① 晁公武《郡斋读书志》卷三上，《四库全书》本，第674册，第24页。

能也是非常重要的。但从比较的情况看，两者之间确实有这些差异。因此《荟要总目》虽然较为简略，但在《荟要》研究和《全书》研究中的价值，仍很值得关注。如能将《荟要总目》与《总目》结合起来考察，对四库提要的编纂思想当可有更全面的了解。

第八节 《荟要总目提要》的文学观念

一、《荟要总目》集部序言的文学观念

《荟要总目》《荟要提要》对中国古代的文学现象、文学样式、作家作品等，发表了许多看法，提出了许多独到的观念，值得人们关注。

《荟要》集部分为别集、总集、奏议、诗文评、歌词五大类。由于体例所限，《荟要总目》集部总叙中对各类图书的性质没有一一具体说明，而是在各类小序中作了解释。《荟要总目》集部总叙只是对集部文献作了一个总的说明。其文云："文者，所以明言，亦所以载道。唐歌、虞咏、商颂、周雅以来，文质递迁，互相师述。其著作根乎理，极其盛衰，关乎运会，固非徒流连景物、雕刻词藻而已也。"这一段论述的基本思想不出"文以载道"这一传统的观念，突出个人著作的教化作用。《荟要总目》同时强调个人的著作要反映时运际会，关注时势大事，不可成为流连光景、雕刻词藻之作。就这一段文字看，《荟要总目》的思想并没有突破传统的框架，而且与《总目》相比也有一定差距。《荟要总目》诗文评类小序云："诗文，艺事也，而通于道。"体现的是同一个观念。

《荟要总目》的别集类小序中，几乎重复了这一观点。其文云："词或不衷于理训者，则言之虽文，行亦不远。盖立言为不朽之一，原本深而后支条盛，理固然已。"强调文辞要表达一定的义理。这个说法与集部总叙的说法是一致的。

不过值得注意的是，《荟要总目》别集类小序还说道："抒一人之性情，总诸体之流别，合而成书者，前史谓之'别集'。"对"别集"的性质作了概括的说明。《荟要总目》小序强调了别集具有抒写作者性情的这一特点，可以说是注意到了别集的内容特点。

作为一个图书类目名称，别集之名始见于《隋书·经籍志》。其文云：“别集之名，盖汉东京之所创也。自灵均已降，属文之士众矣。然其志尚不同，风流殊别，后之君子欲观其体势而见其心灵，故别聚焉，名之为集。”《隋书·经籍志》也特别注意到了别集有“见其心灵”的这个特点。也就是说别集不仅从形式上看是个人诗文著作的合集，还具有体现个人心志、情兴的特点。别集不仅具有形式上的特点，还应包括内容特点，而这一点往往被忽略。现在的文献学著作，在定义“别集”时，通常会作简化表述，如称别集是指一个人的诗文集。这一点本也没错，但似乎过于简单了。

而就《荟要》来说，正因为在《荟要总目》小序中说到了别集即有“抒一人之性情”这一特点，才会有在《荟要提要》中的进一步分析。

《总目》集部分为楚辞、别集、总集、诗文评、词曲五大类。《总目》集部总叙对每一类图书的性质都有概括的说明，其说别集类图书道：“四部之书，别集最杂……然典册高文，清词丽句，亦未尝不高标独秀，挺出邓林。此在剪刈卮言，别裁伪体，不必以猥滥病也。”所谓“清词丽句”，“高标独秀”云云，多少肯定了个人著作的艺术表现力，并不是从著作的教化功能等着眼的。这一点显然比《荟要总目》序言说得明白。

不过《总目》别集类小序对“别集”的性质没有任何说明。小序只是介绍了别集产生、发展的过程以及《总目》选录的标准，对别集的性质没有加任何说明。就这一点来说没有《荟要总目》小序说得明白。

《荟要总目》总集类小序与《总目》总集类小序相比，《总目》对总集产生的原因、发展过程、总集的类别、对总集的批评等情况述说更为清楚。不过《荟要总目》总集小序所说有一点值得注意，其文云：“要必持择谨严，评论精审，乃足为艺林重。”这是说总集的评价标准。虽然对《荟要总目》来说，此语可能更是为《荟要》总集所收录的清朝历代皇帝“敕定”的总集而说的（“兹故亦以皇朝敕定诸选为冠”），但实际上也可以看作是四库馆臣对总集评价的一般标准。这个评价标准是《总目》没有说到的。

《荟要总目》设有“奏议类”，这一类在《总目》中与“诏令类”合并为“诏令奏议类”，入史部。虽然《总目》集部无这一类，但仍可加以比较。

《荟要总目》奏议类收录大学士蒋溥等奉乾隆帝敕编《御览经史讲义》、唐陆贽撰《翰苑集》两种，小序云：“谟猷入告，蔚为国华，不綦重哉？圣朝兼听博采，凡臣下章奏，有合于事理者，悉见诸施行，固已备于有司之掌矣。独《经史讲义》一书，广揽众说，裒然成编，实足以征大圣人察迩之盛。谨录之为奏议门。而唐臣陆贽集，则前人所称'论深切于事情，言不离于道德'者，因亦类及之云。"《荟要总目》认为奏议类文章都与经国治世有关，这一点并没有错。问题在于如果是这样来认识奏议类文献的话，那这类文献收录在集部并不合适。而且这与《荟要总目》集部小序所说的文者"亦所以载道"的观念也不相一致。所以《总目》将其调整到史部，与诏令类合为一编是恰当的。

不过《总目》所说归并的理由似乎并不充分。诏令奏议类小序称："《文献通考》始以'奏议'自为一门，亦居集末。考《汉志》载《奏事》十八篇，列《战国策》《史记》之间，附《春秋》末。则论事之文当归史部，其证昭然。今亦并改隶，俾易与纪传互考焉。"《总目》以《汉书·艺文志》将《奏事》排列在《战国策》与《史记》之间，因而指出这类文章也应归属于史部，说法很勉强。且《总目》对"奏议类"的内容没有作任何说明。

《荟要总目》集部的第四类是诗文评类。《荟要总目》小序说明了诗文评产生的原因，并考察了诗文评这一类目在书目中设置的情况，最后考察了诗文评的几种类型。《总目》诗文评类小序着重分析了诗文评的五种类型，分析了这类著作的作用，同时也注意到了在历代书目中的设置情况。虽然《总目》小序内容比《荟要总目》小序要丰富，但两者也可以相互补充。例如《荟要总目》小序说："《宋史·志》、陈振孙《书录解题》及马端临《经籍考》并标'文史'一目，所录皆论文之说。焦竑正名之曰'诗文评'，附于集部，今用其例焉。"《总目》小序说："《隋志》附总集之内，《唐书》以下则并于集部之末别立此门。"这是说诗文评作为图书分类中的一个类目在历代书目中设置的情况。《荟要总目》说得很具体，《总目》只说了一个大概情况。不过这很可能并不是《总目》的疏忽，而是"互见"。这从《文心雕龙》一书提要的比较中可知。《荟要》诗文评类收录了刘勰《文心雕龙》一部著作，《总目》提要与《荟要提要》基本相同，说明就是以《荟要提要》为依据的。由此可知《总目》应该了解《荟要总目》小序的内容，从而在小序中适当避免内容的重复。

《荟要总目》集部的最后一类是歌词类，收录词谱、词选类图书。《总目》将这一类目名之为词曲类。这一类目《荟要总目》小序的观点与《总目》差异极大。

《荟要总目》小序云："于以羽翼乐府，涵泳性情，良足畅辞人之极致矣。"对词作涵养性情的功能作了充分肯定。《总目》则谓："词、曲二体在文章、技艺之间。厥品颇卑，作者弗贵。"又谓："其于文苑，尚属附庸，亦未可全斥为俳优也。"既认为词作、词作者品位都不高，又认为词不过是文学附庸。可见两者观念全然不同。

有人在研究《总目》的词学思想时指出："词体观念即《总目》编撰者对词体的认识。从集部总序、词曲类小序和词籍书目《提要》来看，反映出编撰者较为一致的词学观念。"其结论是"《总目》的词卑体轻的观念是非常明显的"。文章还进一步说，词卑的思想观念由来已久，"由于《总目》成于众名家之手，所以《总目》这种词卑体轻的观点在清代就非常有代表性"[①]。称《总目》有"词卑体轻"观念，此说诚然，但谓这是"四库编撰者较为一致的词学观念"，则有以偏概全之嫌。我们看到《荟要提要》对词的评价就很高，而且切合实际。因此就《总目》而研究《总目》，往往难以得出准确的结论。

《荟要》《总目》对词曲的看法不同，可能有文学观念差异的原因，但还有一点值得注意，即《荟要》中收录了康熙帝御定的《词谱》四十卷，《全书》中虽然也收录了康熙帝御定的《词谱》，但并没有收录乾隆帝御定的这类图书。因为《全书》词曲类中没有乾隆帝的敕撰书，所以《总目》在评说这一类目时就会少了许多顾虑，而且尽量从消极一面叙说。这种情况其实和《总目》类书类小序的情况很相似。

《荟要提要》对他人的看法敢于否定，提出自己独立的观点。

如以宋杨亿撰《武夷新集》为例，比较翁方纲分纂稿与《荟要提要》的差异。之所以选择这一篇是因为这一篇提要文字较多，翁稿有 410 字，《荟要提要》有 555 字，两者之间的异同情况可以看得更清楚。这两篇提要，基本内容相同，许多文字并无大的差异，可以看到《荟要提要》就是在翁稿基础上修改而成的。其中有些改动无关宏旨，如记《武夷新集》作者杨亿的仕历等，翁稿略详于《荟要提要》。也有些记述《荟要提要》要详于翁稿，但不影响对此书的评价，例如《荟要提要》提及《宋史》本传对杨亿著作的著录情况，翁稿未提及。

两者的重要区别在提要最后部分。翁稿云："近人吴之振抄宋诗，遂置宋

① 刘贵华《论〈四库全书总目〉中的词学思想》，《洛阳师范学院学报》2005 年第 3 期，第 62 页。

初杨、刘诸集概不之录。新城王士祯跋斯集，则谓其诗在钱惟演、刘筠之上，而全集警策绝少。自是平允之论。然宋初文章当欧、苏未起之时，亦必于此问涂焉。且是书传本甚少，拟刊刻之，以见由唐入宋，流别所自。"《荟要提要》则作："近时吴之振选钞宋诗，遂置杨、刘诸集概不之录，未免失之过当。惟新城王士祯跋是集，谓其诗在钱惟演、刘筠之上，而全集警策绝少。持论较为平允。盖宋初文章，当欧、苏未起之时，相习以排偶为工，其流别原各有所自。而亿等以赡博之学，发为闳丽之词，其才实不易及，固未可执鞶帨为文之说，概加诋斥也。"

对吴之振编《宋诗钞》于杨、刘诸集概不收录一事，翁稿未作直接评论，《荟要提要》则明确指出这一做法不妥，直接批评其做法"未免失之过当"。其实这一层意思在翁稿中已经存在，但《荟要提要》显得更为明确了。此外翁稿提要最后，也肯定了杨亿此集在宋初文学发展史上的重要地位，并对出现杨亿等文章"变体"这一现象表示理解。但对杨亿作品及以杨亿为代表的"西昆体"本身并未作正面评价。《荟要提要》则根据宋初文坛的实际情况，指出杨亿等人文章"以排偶为工"的习气，原有各自的渊源。后人评价西昆体，称其注重雕琢用典，铺陈词藻，讲究声律，崇尚纤巧，更谓"近世士大夫文章华靡者，莫如杨亿"[①]。而《荟要提要》则高度评价了杨亿的才情，而对杨亿文章，也认为具有一种广博宏伟之气。杨亿及其西昆体，在其身前身后一直争论不断。时代稍后于杨亿的石介，就对杨亿进行了猛烈抨击，称："今杨亿穷研极态，缀风月，弄花草，淫巧侈丽，浮华纂组，刓锼圣人之经，破碎圣人之言，离析圣人之意，蠹伤圣人之道。"[②]这种观念在宋代以后有长期影响。直到最近，学术界对杨亿的成就才多有肯定。有人称上个世纪 30 年代以来，对杨亿的评价如同坐了趟过山车：从最初的被重视、被部分肯定到被完全否定，再到被肯定[③]。而我们看到，在《荟要提要》中，已经对杨亿作了极为充分的肯定。但可惜这种肯定多未被人注意到。

文渊阁提要云："近时吴之振作《宋诗钞》，遂置亿集不录，未免随声附和。观苏轼深以介说为谬，至形之于奏牍，知文章之不可以一格限矣。"《总目》与

① 苏轼《东坡全集》卷五十一《议学校贡举状》，《四库全书》本，第 1107 册，第 3 页。
② 石介《徂徕集》卷五《怪说中》，《四库全书》本，第 1090 册，第 3 页。
③ 朱长英《二十世纪以来杨亿研究综述》，《船山学刊》2012 年第 1 期，第 174 页。

之同。虽对吴之振《宋诗钞》等表示不满，也肯定了文章风格的多样性，但终究未如《荟要提要》那样予以充分肯定，尤其未能对杨亿作正面分析，这是从《荟要提要》的立场上倒退了。

再以明李东阳撰《怀麓堂集》提要为例，《荟要提要》与翁方纲分纂稿对作者李东阳的评价大相径庭。翁稿云：

> 以诗文论之，则明之中叶成化、弘治间，正当李梦阳、何景明将出而谈复古之时，东阳天资颖异，自有力追正始之功，有何、李诸人之长，而无何、李诸人之弊，不可谓非关于有明文章气运之盛衰矣①。

翁方纲认为就文章而论，李东阳实在李梦阳、何景明之上。《荟要提要》谓：

> 其文章则究为明代一大宗。自李梦阳、何景明崛起弘正之间，倡复古学，于是文必秦汉，诗必盛唐，其才学足以笼罩一世，天下亦响然从之，茶陵之光焰几烬。逮北地、信阳之派，转相摹拟，流弊渐深，论者乃稍稍复理东阳之传，以相撑拄。盖明自洪永以后，文以平正典雅为宗，其究渐流于庸肤；庸肤之极，不得不变而求新。正嘉以后，文以沉博伟丽为宗，其究渐流于虚憍；虚憍之极，不得不返而务实。二百余年，两派互相胜负，盖皆理势之必然。平心而论，何、李如齐桓、晋文，功烈震天下而霸气终存。东阳如衰周、弱鲁，力不足以御强横，而典章文物终有先王之遗风。殚后来雄伟奇杰之才，终不能挤而废之，亦有由矣。

《荟要提要》虽然也充分肯定了李东阳的文学成就，但又认为其才力仍在李梦阳、何景明之下。李梦阳、何景明为明代流派“前七子”的首领，李东阳则为“茶陵诗派”的代表人物。

翁稿与《荟要提要》对李东阳的不同评价，反映了两者之间对明代诗派的不同看法。翁方纲贬抑何、李，与其诗学主张有关。翁方纲论诗主张肌理说，

① 吴格整理《翁方纲纂四库提要稿》，第 841 页。

批评沈德潜的格调说。因翁方纲又认为格调说源自于明“前后七子”。他因此批评说:“诗之坏于格调也,自明李、何辈误之也。李、何、王、李之徒,泥于格调而伪体出焉。非格调之病也,泥格调者病之也。”(《格调论上》)[①]《荟要提要》这一篇不知出自何人之手,但因纪昀为总纂官,因此说这篇出自纪昀之手,或说经纪昀润色修改因而体现了纪昀的观念,也未尝不可。纪昀尝从“质文递变”的角度来分析历史上文学流变、演化发展的现象。他在《阅微草堂笔记》卷十四《槐西杂志》卷四中,借周永年之口评价明代前后七子道:“质文递变,原不一途。宋末文格猥琐,元末文格纤秾,故宋景濂诸公力追韩、欧,救以春容大雅。三杨以后,流为台阁之体,日就肤廓,故李崆峒诸公,又力追秦、汉,救以奇伟博丽。隆、万以后,流为伪体,故长沙一派又反唇焉。大抵能挺然自为宗派者,其初必各有根底,是以能传;其后亦必各有流弊,是以互诋。”[②]纪昀从“质文递变”的历史发展观出发,肯定了李、何等“前七子”力追秦、汉,以救明初“台阁体”之弊的功绩,并承认了其在明代文学史上的地位。

纪昀在《冶亭诗介序》一文中,又再一次颂扬了李、何等“前七子”在“变”明初文章之弊方面的功绩。其文云:“三杨以后,台阁体兴,沿及正、嘉,善学者为李茶陵,不善学者遂千篇一律,尘饭土羹。北地、信阳挺然崛起,倡为复古之说,文必宗秦、汉,诗必宗汉、魏、盛唐,踔厉纵横,铿锵震耀,风气为之一变,未始非一代文章之盛也。久而至于后七子,剿袭摹拟,渐成窠臼。其间横轶而出者,公安变以纤巧,竟陵变以冷峭,云间变以繁缛,如涂涂附,无以相胜也。”[③]就这段文字看,纪昀是认为明代文章之盛在李、何等“前七子”。而自李、何之后,文章每下愈况,所谓后七子、公安、竟陵、云间等,都无法与李、何等相抗衡,以致纪昀认为李、何等代表着明代文学的正统,“七子之诗,虽不免浮声,而终为正轨”。值得注意的是,纪昀在这篇序中,还批评了李东阳,认为李茶陵充其量不过是学“台阁体”之“善”者。善学者自然不能在文坛独树一帜,由此也判明了李、何与李东阳在明代文坛的地位,所以《荟要提要》认为东阳如衰周、弱鲁,始终无法与作为齐桓、晋文的李、何相抗衡。《荟要提要》的这一观点与纪昀之文是完全一致的。所以我们上面说《荟要提要》体现了纪

---

① 翁方纲《复初斋文集》卷八,清李彦章校刻本,第2页。

② 纪昀《阅微草堂笔记》卷十四,第5页。

③ 纪昀《纪文达公文集》卷九,第12页。

昀的观念。也许正因为如此，所以这篇提要在收入文渊阁提要及《总目》中，便与《荟要提要》上述这段文字相同，未再改动。

不过《怀麓堂集》这篇提要，虽然翁稿与《荟要提要》文字差异甚大，但介绍其文集篇卷一段文字大致相同，由此仍可以看到两者之间的某种联系。

二、《荟要提要》对文学演化过程的分析

《荟要提要》集部提要常好用一“变”字，来反映文学发展、演化的过程。《荟要》在其他部类中也用这个“变”字，来说明学术演化过程。如《荟要总目》易类小序云：“《易》之为书，代历三古，人更三圣。自商瞿受《易》于孔子，五传而至田何。虽不无同异，要以象数为宗。自王弼以理言《易》，而其说始变。然两汉诸儒若丁宽、服光、杨何、田王孙、施雠、孟喜、梁丘贺、张禹、彭宣、马融、郑众、康成、费直、虞翻之属，无虑数十家，其说皆不传。京房之学，虽传而流于占验，故弼注重焉。迄于宋儒，主理主象，始有参合。后儒依据阐发，寻条溯源，著录之家，视他经尤盛。”不过短短 140 多个字，将易学研究主象、主理、理象相参几个阶段交代得清清楚楚。再如明朱善《诗解颐》，《荟要提要》云：“盖自经疑作而揣摩问答之例兴，经义行而敷衍文句之体盛。明人口义讲章，汗牛充栋，先儒说经之法至是而一变，是编其嚆矢矣乎。”朱善此书不载经文，每篇各为总论，主要在于借诗立训，阐述兴观群怨之意义，关注于治乱兴亡，多切于人心世事。《荟要提要》认为前人解经多用问答之例、敷衍文句之体，是朱善的《诗解颐》一书开始了解经方式的重要改变。

不过就整部《荟要提要》看，多从“变”的角度来显现历史过程的，主要还是在集部提要中。如：

宋杨亿《武夷新集》提要云：“田况《儒林公议》称，亿在两禁，变文章之体，刘筠、钱惟演辈皆从而敩之，时号‘杨刘’。三人以诗更相属和，极一时之丽。”

宋梅尧臣《宛陵集》云：“宋初诗文，尚沿唐末五代之习。柳开、穆修欲变文体，王禹偁欲变诗体，皆力有未逮。欧阳修崛起为雄，力复古格。其时曾巩、苏轼、苏辙、陈师道、黄庭坚等皆尚未显。其佐修以变文体者，尹洙；佐修以变诗体者，则尧臣也。”

元杨载《仲弘集》提要云：“元代诗人，世推虞、杨、范、揭，史称‘其文章一以气为主，而于诗尤有法度。自其诗出，一洗宋季之陋’云云。盖宋代诗派凡

数变，西昆伤于雕琢，一变而为元祐之朴雅。元祐伤于平易，一变而为江西之生新。南渡以后，江西宗派盛极而衰，江湖诸人欲变之而力不胜。于是仄径旁行，相率而为琐屑寒陋，宋诗于是扫地矣。载生于诗道弊坏之后，势穷而变，乃复其始。”

明李东阳《怀麓堂集》提要云：“自李梦阳、何景明崛起弘正之间，倡复古学，于是文必秦汉，诗必盛唐，其才学足以笼罩一世，天下亦响然从之，茶陵之光焰几烬。逮北地、信阳之派，转相摹拟，流弊渐深，论者乃稍稍复理东阳之传，以相撑拄。盖明自洪永以后，文以平正典雅为宗，其究渐流于庸肤；庸肤之极，不得不变而求新。正嘉以后，文以沉博伟丽为宗，其究渐流于虚憍；虚憍之极，不得不返而务实。二百余年，两派互相胜负，盖皆理势之必然。”

明李梦阳《空同集》提要云：“倡言复古，使天下毋读唐以后书，持论甚高，足以竦当代之耳目。故学者翕然从之，文体一变。厥后摹拟剽贼，日就窠臼。论者追原本始，归狱梦阳，其受诟厉亦最深。考明自洪武以来，运当开国，多昌明博大之音。成化以后，安享太平，多台阁雍容之作。愈久愈敝，陈陈相因，遂至啴缓冗沓，千篇一律。梦阳振起痿痹，使天下复知有古书，不可谓之无功。”

明何景明《大复集》提要云：“正嘉之间，景明与李梦阳俱倡为复古之学，天下翕然从之，文体一变。”

康熙帝御选《宋金元明四朝诗》提要云：“诗莫盛于唐，而中晚以来，非流于率易，即入于佻纤。逮宋，欧、苏诸大家力起而振之。自余西昆、西江流派不一，互有短长。南渡以还，愈趋薄弱。中原学者风气既厚，宗法亦醇，故金诗为盛，若赵秉文、元好问可以追唐跻宋矣。元既混一，文学日兴，而诗亦蒨雅密丽，无粗矿滑易之习。明诗凡数变，或高言汉魏，或远袭三唐。入主出奴，断断相胜，于文艺之中，亦持门户之见。论诗虽不乏专家，而世道之替，因可识矣。兹选总萃八百余年之风雅于中，盛衰升降之故，源流同异之概，可考而睹。学者潜心涵泳，岂徒为学诗津逮已哉？”

清吴之振编《宋诗钞》提要云：“明季诗派最为芜杂，其初厌太仓、历下之剽袭，一变而趋清新；其继又厌公安、竟陵之佻巧，一变而趋真朴。故国初诸家，颇以出入宋诗矫钩棘涂饰之弊。之振是选即成于是时。”

清朱彝尊编《明诗综》提要云：“是编乃所选有明一代之诗也。明之诗派，始终三变。洪武开国之初，人心浑朴，作者各抒所长，无门户异同之见。永乐以迄弘治，沿三杨台阁之体，务以春容和雅歌咏太平。其弊也冗沓肤廓，万喙一音，形模徒具，兴象不存。是以正德、嘉靖、隆庆之间，李梦阳、何景明等崛起于前，李攀龙、王世贞等奋发于后，以复古之说，递相倡和，导天下无读唐以后书。天下响应，文体一新。七子之名，遂竞夺长沙之坛坫。渐久而摹拟剽窃，百弊俱生，厌故趋新，别开蹊径。万历以后，公安倡纤诡之音，竟陵标幽冷之趣。么弦侧调，嘈囋争鸣，佻巧荡乎人心，哀思关乎国运，而明社亦于是乎屋矣。"

所谓"变"，也就是新的观念对旧的观念的更新，一部文学发展史就是不断"变"的过程。《荟要提要》重视这个过程。《荟要提要》对文学演化过程的重视，也是其"史"的观念的体现。

三、《荟要提要》对作品的文学性分析

《荟要提要》对收入集部的图书，特别注重于对其文学性的分析。如宋陈与义《简斋集》提要，其全文如下：

> 臣等谨案：《简斋集》十五卷，宋陈与义撰。与义字去非，洛阳人，简斋其号也。官至参知政事。事迹具《宋史》本传。集本十四卷，第十五卷为附录《外集》。前后载赋及杂文仅九篇，余皆诗词。当靖康以后，北宋诗人如苏轼、黄庭坚、陈师道等皆凋零已尽。惟与义为文章宿老，岿然独存。其诗风格遒上，时见劖削刻露之致，当代罕能过之。方回《瀛奎律髓》以杜甫为一祖，而以黄庭坚、陈师道及与义为三宗。虽门户之见，主持太过，要亦非尽构虚词也。初，与义作《墨梅》诗，见知于徽宗。其后有"客子光阴诗卷里，杏花消息雨声中"句，亦为高宗所赏。绍兴中，遂至执政，在南宋诗人之中最为显达。然皆非其杰构。至于湖南流落之余，汴京板荡以后，感时抚事，慷慨激越，而寄托遥深，乃往往突过古人。故刘克庄谓第其品格，当在诸家之上。其表侄张嵲为作墓志云："公诗体物寓兴，清邃超特。纡余闳肆，高举横厉。"可谓善于形容。至以陶、谢、韦、柳拟之，则殊不甚似。溯其源流，终自江西而来。特天分绝高，善于变化，故卓然自成一家耳。乾隆四十三年正月恭校上。

这一篇提要，除开头部分简单介绍作者小传及其文集情况外，其余均是从文学角度所作的分析。提要概述了北宋时期诗歌发展的历史，剖析了作者陈与义的诗歌风格，介绍了作者在北宋诗歌发展史上的地位，介绍了后人的评价，并对这种评价提出了自己的看法，还介绍了作者不同时期不同作品的风格特点。这是一篇具有一定典型性的提要。

宋陈师道《后山集》，《荟要提要》云："其五言古诗出入郊、岛之间，意所孤诣，殆不可攀，而生硬之处，则未脱江西之习。七言古诗颇学韩愈，亦间似黄庭坚，而颇伤謇直。篇什不多，自知非所长也。五言律诗佳处往往逼杜甫，而间失之僻涩。七言律诗风骨磊落，而间失之太快太尽。五七言绝句纯为杜甫《遣兴》之格，未合中声。长短句亦自为别调，不甚当行。大抵词不如诗，诗绝句不如古诗，古诗不如律诗，律诗则七言不如五言。方回诸人一祖三宗之说，未免太过。冯班诸人肆意诋排，要亦非笃论也。其古文在当日殊不擅名，然简严密栗，实不在李翱、孙樵之下。殆为欧、苏、曾、王盛名所掩，故世不甚推。弃短取长，固不失为北宋巨手也。"这一段文字非常具体地分析了陈师道的诗歌特点，对各种体裁的诗作的长短优劣都有中肯的评价。陈师道诗历来有争议，《荟要提要》采用了折中的态度，不偏不倚，既不同意过分的吹捧，也不同意肆意诋毁。提要最后还评论了陈师道的文章。四库提要中，《后山集》提要最早见于姚鼐分纂稿[①]，书名作《陈无己文集》，但姚稿对其作品的艺术特点没有作分析。从现存提要稿看，《荟要提要》是最早对陈师道作品作认真分析的。后来的文渊阁提要、《总目》等，都使用了《荟要提要》的内容。

当然对不同的文集，《荟要提要》会区别对待。如对于司马光的《传家集》，提要就说："光大儒名臣，固不以文重。然即以文论，亦所谓辞有体要者。邵伯温《闻见录》记王安石推其文类西汉，不诬也。伯温又称'光除知制诰，自言不善为四六，神宗许其用古文体'。今按集中制诏，亦有俪体者，但语自质实，不以骈丽为工耳。"其评价标准与苏洵文集就不一样。大儒名臣，不以文重，《荟要提要》根据不同的情况，使用了另一个评价标准。因为这个标准比较切实，所以《总目》也采用了这段文字。

《荟要提要》较为注意对作家的艺术成就的分析，这些分析有的是以分纂

① 吴格、乐怡标校整理《四库提要分纂稿》，第 426 页。

稿、《初目》等为基础，但《荟要提要》作了大量的扩充。

《总目》有些提要也注意对作品的艺术成就分析，但仔细比较可知，其中有些提要实际上即抄自《荟要提要》，而《荟要提要》又来自更早成立的《初目》。如元好问撰《遗山集》，即是一例。

《初目》云：

> 好问才高而学赡（江按：学赡，《初目》原作"学瞻"，形近而讹），金元之介，屹然为文章大宗。所撰《中州集》，意在以诗存史，去取尚未尽精。至所自作，则兴象深远，风格遒上，无宋南渡末江湖诸人之习，亦无江西流派生拗粗犷之失。有元一代诗人，虽虞、杨、范、揭，未能凌跨其上也。

《荟要提要》云：

> 好问才雄学赡，高古沉郁，金元之介，屹然为文章大宗。所撰《中州集》，意在以诗存史，去取尚未尽精。至所自作，则兴象深远，风格遒上，无宋南渡末江湖诸人之习，亦无江西流派生拗粗犷之失。后来虽虞、杨、范、揭名重一代，皆未能凌跨其上。至古人绳尺严密，众体悉备，而碑版志铭诸作尤具有法度。

《总目》云：

> 好问才雄学赡，金元之际，屹然为文章大宗。所撰《中州集》，意在以诗存史，去取尚不尽精。至所自作，则兴象深邃，风格遒上，无宋南渡末江湖诸人之习，亦无江西流派生拗粗犷之失。至古文绳尺严密，众体悉备，而碑版志铭诸作尤为具有法度。

仔细比较这三篇提要，可以看到交叉相似的现象。《荟要提要》"高古沉郁"一语，《初目》《总目》均无。《初目》"兴象深远"一语，《荟要提要》相同，《总目》则作"兴象深邃"。《初目》"有元一代诗人，虽虞、杨、范、揭，未能凌跨其上也"一句，《荟要提要》基本相同，而《总目》无此句。《荟要提要》"至古人绳尺严密，众体悉备，而碑版志铭诸作尤具有法度”一句为《初目》所无，乃《荟要提要》所补，《总目》亦有此句，唯“古人”作“古文”。

“兴象深邃”“兴象深远”没有本质上的差别，文渊阁提要作“兴寄深远”，与《荟要提要》等都不同。“古文”“古人”，则显然是《荟要提要》有误，此论元好问文章之成就。若作“古人”，则于义无解。文渊阁提要也作“古文”。“虞、杨、范、揭”一句则显然是《总目》有意删除。此四人即虞集、杨载、范梈、揭傒斯，除范梈外，其余三人文集均入选《荟要提要》。《荟要提要》常四人并提，且评价很高，如杨载《仲弘集》提要云：“元代诗人，世推虞、杨、范、揭，史称‘其文章一以气为主，而于诗尤有法度。自其诗出，一洗宋季之陋’云云。”又说杨载道：“清思不及范梈，秀韵不及揭傒斯，权奇飞动尤不及虞集，而四家并称，终无怍色。”又如揭傒斯《文安集》提要云：“傒斯与虞集、范梈、杨载齐名。其文章叙事严整，语简而当，凡朝廷大典册及碑版之文，多出其手，一时推为巨制。”《荟要提要》说虞集等四人“皆未能凌跨”元好问之上，恐怕言过其实，也与自己对虞集等人的评价相冲突。查《总目》提要，也都以虞、杨、范、揭四家并提。显然也是考虑到文学史地位问题，《总目》将《遗山集》提要这一句删除了。不过这一句文渊阁提要未作改动，由此亦可以看到和《荟要提要》的密切关系。这篇提要可以看到四库提要之间的相互关系。

四、《荟要提要》与《总目》文学观念比较

《荟要提要》在文学观念、作品分析等方面，与《总目》存在不少差异。以下择要分析。

1.《荟要提要》与《总目》的观点差异

对宋郭茂倩编《乐府诗集》，《荟要提要》与《总目》评价都非常高，但对一些具体问题，两篇提要也还有一些不同。例如同是“采诗入乐”的问题，《荟要提要》引明梅鼎祚对此书的批评，而指出：“梅鼎祚因是书作《古乐苑》，徒诋茂倩意务博览，以诗溷入，不知古人采诗入乐，原不甚分。”梅鼎祚指斥郭茂倩编《乐府诗集》，意在贪多，有将诗歌混入其中的。《荟要提要》认为古人原有采诗入乐，诗乐区分并不十分严格，对梅鼎祚颇不以为然。而《总目》则说：“明梅鼎祚《古乐苑》曰：郭氏意务博揽，间有诗题，混列乐府。”以下列举大量例证来说明，最后说：“其说亦颇中理。”可见完全同意梅鼎祚的意见。两者看法不同。

作家评论方面，如评元杨维祯《铁崖古乐府》，《荟要提要》云："元季风气日变，诗家竞以奇丽新颖相尚，而维祯实为之雄长。其所作乐府才力横轶，震荡凌厉，自以为前无古人，直欲笼罩一世。""观其笔力豪健，思致窈眇，洵纵横不羁之才，足以自成一格。虽意主标新领异，正后来流弊所自出，而一种俊迈之气，终非学步邯郸者所能企及，固无庸概以'铁体'相讥矣。"《总目》则云："其高者或突过古人，其下者亦多堕入魔趣。""其才务驰骋，意务新异，不免滋末流之弊，是其一短耳。"可见《荟要》多作表彰，《总目》则多为批评。

由此可见，对《荟要提要》的研究，有助于更全面地开展对中国文学史、中国文学批评史的研究。

2.《总目》忽略《荟要提要》的文学分析

《荟要提要》集部提要非常注意对作品作文学性分析，这些分析有的被《总目》吸收，《总目》基本与之无异。但也有些分析往往被《总目》等忽略。如宋苏洵《嘉祐集》，《荟要提要》开头介绍了本书的版本情况，这一大段文字《总目》基本与之相同（文渊阁提要与《总目》相同）。这说明文渊阁提要与《总目》都是接受了《荟要提要》的内容。但自此以下《荟要提要》与《总目》完全相异。《荟要提要》云：

> 《宋史》称洵之文大抵兵谋、权利、机变之言，朱子亦谓其"皆自小处起议论"，又谓"只就孟子学作文，不理会他道理。然其文亦实是好"。盖洵本深于战国纵横之说，故文章慷慨兀奡，指事类情，极雄奇俊伟之观，一起北宋衰冗之习。渊源所启，轼、辙相继，遂为一代宗工。有开必先良，亦非偶然也。

《荟要提要》概括说明了苏洵文章的特点，也说明了其文章的渊源，同时还高度评价了苏洵在文学发展史上的地位。从明代开始，唐宋散文大家的地位便固定下来，苏洵父子三人同时列为唐宋八大家，绝非偶然。四库提要作为一部具有历史总结性的书目提要，对这一问题不应回避。然而文渊阁提要与《总目》都只是述说苏洵《嘉祐集》的版本（这部分内容与《荟要提要》基本相同），同时考订了文集的篇目（这部分是文渊阁提要与《总目》增加的），而对此书内容没有作任何分析。苏洵作为一代散文名家，《嘉祐集》作为一部在文学史上有一定地位的著作，提要对其文学成就一字不提，显然是一个疏失。

再如宋曾巩撰《元丰类稿》，《荟要提要》对其文章特色也有一定的分析，云："巩为文章，上下驰骋，愈出愈工，本原六经，斟酌于司马迁、韩愈。一时工文词者，鲜能过之。朱子亦深所推服，以为'依傍道理'，'不为空言'。史称其'立言于欧阳修、王安石间，纡徐而不烦，简奥而不晦，卓然自成一家'，诚为确论。"《总目》只是记其篇卷分合及佚存情况等，对艺术特点没有作任何分析。

一般来说《总目》文字要远远详于《荟要提要》，也有个别例外，如宋杨亿《武夷新集》，《荟要提要》要多出《总目》一百六七十字。多出部分主要是对杨亿作品艺术风格的分析以及对此的评价等，如谓："宋初文章，当欧苏未起之时，相习以排偶为工，其流别原各有所自。""亿等以赡博之学，发为闳丽之词，其才实不易及，固未可执拏悦为文之说，概加诋斥也。"《总目》于此都已删去。

3.《总目》对《荟要提要》的内容有删除

《荟要提要》有些看法比较通达，但《全书》提要及《总目》等直接删除了。如杨维祯《复古诗集》，《荟要提要》最后对作者的"香奁"之作评价很高，称之为："至《香奁》诸作为他本所无，独附见于是集，其清丽俊逸，尤维祯所擅长云。"可以看到提要对此是持欣赏态度的。杨维祯《复古诗集》卷五为《香奁集》，卷六为《续奁集》。实际上卷四《宫词》也属于这类作品，其序云："宫词，诗家之大香奁也。"作者自己对这类作品看得很通脱，其《续奁集》序云："陶元亮赋《闲情》，出赀御之辞，不害其为处士节也。余赋韩偓《续奁》，亦作娟丽语，又何损吾铁石心肠也哉。"杨维祯诗有俊迈之气，被称为"铁体"。而作者自认为所作"香奁体"与"铁体"可以相容并存。其卷六《续奁集·相思》一诗写道："深情长是暗相随，月白风清苦苦思。不似东姑痴醉酒，幕天席地了无知。"虽说不上"俊逸"，但"清丽"可诵。《荟要》在提要中写上这段话，即表示对杨维祯这类作品的肯定。

文渊阁提要与《荟要提要》基本内容相同，但少了有关"香奁"的一段文字。《总目》与文渊阁提要相同，也少了这段文字。显然这是有意删去的。

"香奁体"指一种专写闺房生活的诗歌。宋严羽《沧浪诗话·诗体》："香奁体，韩偓之诗，皆裾裙脂粉之语。"因诗作词采富丽，多绮罗脂粉之语，也称为艳体。在古代社会，"香奁体"多被视作所谓的"靡靡之音"(《总目》卷一百九十四《唐诗叩弹集》提要)，为正统学者所不齿。纪昀在其文集中多次对其批评。如《书韩致尧香奁集后三则》云:"《香奁》一集,词皆淫艳,可谓百劝而并无一讽矣。"又云:"香奁之词,亦云亵矣。"[①]纪昀在为伊朝栋《云林诗钞》所作序中又说:"扬雄有言:诗人之赋丽以则,辞人之赋丽以淫。为赋言也,其义则该乎诗矣。""余反复雒诵,觉先生之学问性情,如相对语。盖不惟《香奁》《玉台》之辞万万不以入翰墨,即他所吟咏,亦皆以温柔敦厚之旨,而出以一唱三叹之雅音。"[②]在《诗教堂诗集序》中又指出:"夫两汉以后百代争鸣,多不知诗之有教,亦多不知诗可立教。故晋宋歧而元谈,歧而山水,此教外别传者也。大抵与教无裨,亦无所损。齐梁以下变而绮丽,遂多绮罗脂粉之篇,滥觞于《玉台新咏》,而弊极于《香奁集》。风流相尚,诗教之决裂久矣。"[③]由此可见,纪昀对所谓的"香奁体"是持激烈批评态度的。

《荟要提要》中的《复古诗集》提要有总纂官纪昀等署名,尽管这篇提要并非纪昀所撰[④],但从形式上看纪昀应该是知道并认可这篇提要的。纪昀自然也应该知道提要中有关于"《香奁》诸作"那一段话的。但为什么这段话到了文渊阁提要及《总目》中却不见了呢?我们认为这和乾隆帝谕旨有关。

乾隆四十六年十一月初六日,内阁奉上谕,称昨阅四库馆进呈书,有朱存孝编辑《回文类聚补遗》一种,内载《美人八咏诗》,"词意媟狎,有乖雅正"。乾隆帝指斥说:"自《玉台新咏》以后,唐人韩偓辈务作绮丽之词,号为香奁体,渐入浮靡。尤而效之者,诗格更为卑下。"乾隆帝强调自己编纂《四库全书》的意义道:"朕辑《四库全书》,当采诗文之有关世道人心者。若此等诗句,岂可以体近香奁,概行采录?"为此乾隆帝要求四库馆总裁督同总校、分校等,详细检查,一并撤出,"以示朕厘正诗体,崇尚雅醇之至意"(《总目》卷首一《圣谕》)。皇帝有此谕旨,馆臣自然得照办。乾隆四十七年七月,多罗质郡王永瑢等为奉敕编纂《四库全书》告成进表云:"小山艳曲,削香奁脂盝之篇;金谷新词,刊酒肆歌楼之句。"(《总目》卷首二《进表》)

《荟要提要》校上于乾隆四十三年四月,在乾隆帝所下上述谕旨之前,这反映了馆臣早期的看法。后来尽管有乾隆帝谕旨,按照一般通例,其提要所

① 纪昀《纪文达公文集》卷十一,第7页。
② 纪昀《纪文达公文集》卷九《云林诗钞序》,第24页。
③ 纪昀《纪文达公文集》卷九《诗教堂诗集序》,第36页。
④ 今存四库提要分纂稿中无此篇,提要原稿为何人所撰已无从查考。

说有关《香奁》诸作的文句仍保留未删。文渊阁提要校上于乾隆四十六年十月，与乾隆帝谕旨中专门提到的《回文类聚》提要是同一个时间校上的。乾隆帝上述这道谕旨虽然是专门为《回文类聚补遗》所录“美人八咏诗”等写的，但谕旨中也批评了“香奁体”，所谓“渐入浮靡”，将两者等而视之。将提要中有关对“香奁诗”表示好感的文句删除，是明智之举。我们认为文渊阁提要中有关内容正是在这一情况下删除的。《总目》自然也不例外。

上面说到纪昀在其文集中多次对香奁诗作了批评。其中《书韩致尧香奁集后三则》写作年代不详，其余两篇大致年代可知。为伊朝栋《云林诗钞》所作序作于伊氏去世之后，伊朝栋卒于嘉庆十二年；《诗教堂诗集序》有“嘉庆丙辰，余典会试，得武陵赵子慎畛”之语，嘉庆丙辰即嘉庆元年。可见都写于嘉庆年间。纪昀在文中指斥香奁诗，是可以理解的。

还可注意的是，校上于乾隆四十七年十月的文溯阁提要、乾隆四十九年三月的文津阁提要[①]与文渊阁提要相同，也都删除了《荟要提要》中有关“香奁”的语句。

《香奁集》即收录在《复古诗集》后。如果没有《荟要提要》相参照，我们不会知道馆臣曾对香奁之作也曾经有过很好的评价。

4.《荟要提要》前后条目有失去照应之处，《总目》注意相互参照比较

《荟要提要》有时论述会失去照应，或对同一个作者、同一部著作的评价，前后出现不一致的地方。例如明文征明撰《甫田集》，《荟要提要》云：“征明与唐寅、沈周皆以书画掩其文，然寅诗纤巧，周诗颓唐，而征明较为雅饬，故其诗稍显于二人。”这里出现了两个问题。首先唐寅的诗集，不仅没有收入《荟要》，而且没有收入《全书》，这至少说明唐寅的诗歌作品没有引起四库馆臣的关注。因此在四库本范围内文征明与唐寅诗难以比较。《荟要提要》将其作比根据并不充分。其次，《荟要提要》说沈周诗歌风格“颓唐”，与《荟要提要》在沈周《石田诗选》中的评价完全相反，在那篇提要里，《荟要提要》说：“周以画名一代，诗非其所甚留意。然栖心林壑，名利两忘，风月往还，烟云供养。其胸次本无尘累，故所作亦不雕不琢，自然拔俗。”评价极高。两篇提要分开看，都可成立，但放在一起作比较，就出现了问题。《总目》在这方面做得较

① 《金毓黻手定本文溯阁四库全书提要》，第864页；《文津阁四库全书提要汇编》集部，第616页。

好，它能注意到提要与全书的照应问题，也还注意到提要与提要之间的照应，使各处的说法不致产生冲突。仍以文征明撰《甫田集》提要为例，其文云："征明与沈周皆以书画名，亦并能诗。周诗挥洒淋漓，但自写其天趣，如云容水态，不可限以方圆。征明诗则雅饬之中时饶逸韵。"又云："周天怀坦易，其画雄深而苍莽，诗格如之。征明秉志雅洁，其画细润而潇洒，诗格亦如之。"和《荟要提要》相比，同样有两处地方值得注意。首先它只将文征明和沈周比，删去了唐寅其人，其原因应如上说。《全书》未收唐寅著作，所以可以不必提及。其次对沈周的评价持肯定态度，虽然具体的评价与《荟要提要》并不完全一致，但对其的肯定态度是明显的。这不仅与《荟要提要》在沈周《石田诗选》中的态度一致，而且和《总目》自己在沈周《石田诗选》中的评价也一致。在那篇提要里，《总目》称沈周诗"挥洒淋漓，自写天趣，盖不以字句取工，徒以栖心邱壑，名利两忘，风月往还，烟云供养，其胸次本无尘累，故所作亦不雕不琢，自然拔俗"云云。可见各条提要之间注意了照应，基本观点是一致的，并无冲突。

第十二章　《荟要》的文字校勘

一部著作的质量取决于多个方面，其中文字的准确与否，是一个重要的衡量标准。本章主要从文字校勘的角度进行考察。

第一节　《荟要》文字校勘的基本情况

一、有关《荟要》本校勘的基本规条

校订是《四库全书》编纂过程中的最后关键环节，《四库全书》的校订质量在相当程度上决定着《四库全书》的质量。然而荟要处面临的校订问题不仅有一个质量问题，还有一个进度问题。乾隆四十年四月十五日，总裁官永瑢等上奏指出校对与缮录进度不统一的问题："现在办书大局，非缮写之难，而校对之为难。约计每日所收书篇，可得六十余万字，其各名下盈余之字，又可得十万余。今分校、覆校各员，多至百余人，按股详校，几于日不暇给。臣等上紧董促，尚觉所校之书，不及缮写之数。"又说："今应缮之书，共有四分，《荟要》又有两分，为数浩繁，若写书日渐加增，而校书日多尘积，是缮写虽不限年而成书仍难计日，亦属有名无实。"（《纂修四库全书档案》二五七）为保证校勘进度和质量，荟要处一方面制订了具体规条，对校勘作了许多规定，另一方面制订了严厉的处分条例。

早在《荟要》及《四库全书》誊录之初，总裁、总纂官们即预见到校勘任务的繁重，提出了议添派覆校官的要求。乾隆三十八年十月十八日，多罗质郡王永瑢等奏议添派覆校官折。事情起因在于"此次恭进缮写《荟要》各种书内，经我皇上几余偶阅，即指出错字二处"（《纂修四库全书档案》一二五）。承

办《荟要》之总裁及分校、誊录等"实深感悚"，大为紧张，于是上了这道奏折。

永瑢等遵照乾隆帝要求"议定章程"的旨意，经过仔细核议，提出了如下意见。一是已经缮得各书，仍交原办之誊录、分校人员，令其各自覆加详勘，总裁官等另行留心查核。二是要求添派覆校官。对这第二点，永瑢等特别作了说明。根据抄写进度，《荟要》每日可得二十余万字，设有分校官 12 员，于每册缮成校毕后，汇交武英殿查检装潢，以备随时呈览。该处虽设有总校之翰林一员，专司收发督催，稽考字体、课程及款式、篇页诸事，而于每日所得之六十余万字(包括《四库全书》每日可得的四十余万字)，非但磨校势难遍及，即抽查亦力有未遑。永瑢等说，如果不添设覆校一层，则分校、誊录之是否尽心，无从稽核，仍恐因循贻误。永瑢等因要求嗣后《四库全书》缮本添派覆校官十六员，《荟要》缮本添派覆校官六员，均在现在分校各员内择其校书精确者充当。分校员的缺额，另外选补。这样在分校交书后，覆校人员再细加覆勘，可以保证校勘质量。奏折由多罗质郡王永瑢，大学士舒赫德、刘统勋、于敏中，尚书福隆安、王际华、蔡新、英廉，左都御史张若溎，侍郎曹秀先、李友棠等联名，可见其郑重。奏折得到了批准，乾隆帝批道："所议甚好。依议。"(《纂修四库全书档案》一二五)

为了保证校勘质量，总裁官等还制定了非常细致的《功过处分条例》，附录在上述永瑢等奏折中。"条例"共三条。

第一条是："严核功过，以示劝惩也。查誊录各员缮写之书，陆续交分校官校对，如校出错字，即饬随时补改。并查所错之字，如系照原本讹误者，免其记过；若原本无讹，该誊录粗率误写者，每错一次，记过一次。倘有能将原本讹字看出，签请酌改得当者，每一处记功一次。至分校各员，除校改誊录错误，分所应为，毋庸记功外，若能将原本讹舛应改之处，校正签出，精确得当者，每一处记功一次。校毕后交覆校官校勘，如誊录有错，分校官未得看出，经覆校之员查改者，将原办之分校、誊录各记过一次。若覆校人员能于原本错误处签改切当者，将覆校官记功一次。至校毕送武英殿后，经臣等随意抽查，如见有誊录错字，未经各员校改者，将承办疏忽之覆校、分校、誊录人员，各记过一次。若进呈后，经皇上指出错误，即将覆校、分校、誊录人员加倍记过，并将臣等总裁交部察议。其各书款式、卷篇、次叙，如有舛误，责在总校。若总校官未能看出，经臣等抽查发改及蒙皇上指出查改者，总校之员，过亦如之。若总校官果能查勘无误，每月记功一次。”

第二条是：“添设功过簿，以专责成也。查办理缮写四库全书，向只设有稽核字数考勤簿。今既定以功过，应将覆校、分校、誊录人员，各设功过簿二本。每交书一次，臣等查核填注，一贴武英殿备查，一交本员收执，俾各触目警心，咸知儆勉。至五年期满后，将功过簿详加核对，其应行议叙之誊录人员，除按字数多〔寡〕工拙酌定等次外，仍将功多过少者，列为上等，功过相抵者，次之，过多功少者，又次之。由臣等公同核定，移咨吏部，分别班次铨用。其有过无功者，除字画潦草之员，臣等随时甄别沙汰外，如字画尚属端楷，惟错字不能尽免者，尚可留供抄录。但究系有过无功，不得因系出资自效，稍为姑宽，致与有功录叙之人漫无区别。应就其错字多者再留誊写二年，错字较少者再留一年。仍核其留办后，果能尽心奋勉，方准咨部议叙。至覆校、分校各员，与别馆支给公费者不同，似应略示鼓励。如五年后，核其功多过少者为上等，功过相抵者为次等，分别班次，带领引见，恭候皇上酌量加恩。其过多功少者，止须交部，分别加级纪录。若有过无功之员，五次以上〔者〕，留之无益，即行汰回本衙门，另行拣员补换。”

第三条是：“校出原本错讹更正之处，应附载卷末也。伏见钦定经史刊本，每卷后俱有考证。今缮写四库全书，似应仿照其例。查旧有刊本及进到之抄本，其中错误皆所不免。一经分校、覆校各员校出，自应另载卷末。如仅系笔画之讹，仅载某字讹，某今校改。如有关文义考订者，并略附按语于下。如此，则校办全书，更为精当。臣等亦得就其签改之多少，随时抽查，以便无误。”（《纂修四库全书档案》一二五）

这第三条实际和功过处分没有多大关系，但和《荟要》及《全书》的校勘体例有很大关系。所谓“钦定经史刊本，每卷后俱有考证”，是说武英殿在刊刻十三经、二十四史时，由当时的经办官员撰写了《考证》，附在相应卷次后面。永瑢等提出，现今纂修《四库全书》，也应该效仿其例。我们看到在《荟要》中，有不少“按语”，对文本的讹误作了校勘，应该就是效仿其例的结果。

这些措施的目的是为了保证《荟要》缮录和校勘的质量。

按照永瑢等乾隆三十八年十月十八日所上奏折，《荟要》的校对除了誊录的自校外，另分为分校、覆校、总校三个层次。其中《荟要》分校官 12 人，增设覆校官 6 人。一般认为这样的安排可以补正《荟要》的校勘质量。乾隆帝也这样认为，其《味腴书室叠去岁韵》"三校虽云葳其役"一句下注释道："当缮写《四库全书》之始，既设分校、覆校、总校人员，意谓经此三次详校，庶几可称善本。"①

但这样的安排很快出现了问题，主要是：第一，校对跟不上誊录；第二，分校、覆校互相依赖、推诿。当时《荟要》誊录有 200 人，按每人每天额定 1 000 字计，每天可以抄得 20 万字。荟要处额设分校官为 22 员，平均分摊每人每天需校阅将近万字。覆校官 12 员，每人每天得看 1 万 6 千多字。而且当时还有已经抄好的一万册图书没有校阅。《荟要》总裁于敏中、王际华认为校勘速度太慢。其次就工作程序看，原先以分校收校誊录之书，以覆校稽核分校之书，这样层层相互督责，本希望毫无舛误。但于敏中认为这样多了一层转折，不仅时间上会延迟，更使得分校、覆校彼此互相倚恃，反而导致更多挂漏。

为此，乾隆四十年十二月初九日，于敏中等上请将《荟要》覆校改为分校并添设总校二员折。于敏中等提出取消覆校，将覆校也改为分校。原来的分校、覆校合为一体，仍以每天誊录 20 万字计，校勘每人平均管 6 人，每人每天只要看 6 000 字，这样就可以比较从容。为了既保证质量，也保证进度，于敏中等又提出增设总校二人，提名由候补国子监监丞侍朝、候选内阁中书张能照充任。

在这道奏折中，于敏中等还具体指出了已誊录图书的交转过程："凡各分校已校之书，汇交提调登册，由提调分发两总校，细加磨勘，分别功过，改正舛误，登列黄签并各书衔于上，以专责成。俟积得数百册，仍汇交提调呈送，臣等再加详核，然后进呈御览。"(《纂修四库全书档案》三一三）于敏中等的奏折得到了乾隆帝的同意，批示"依议"。

经过这样反复的调整，《荟要》的编纂得以较为顺利地进行。

因为《荟要》是专供御览的，缮写人员不敢掉以轻心，再加总裁官等制定了相应的规条，所以比较而言，《荟要》在缮录校订方面比较审慎周密，文字错误较少，这也是通常认为的《荟要》版本较为优良的重要原因之一。

乾隆帝对《荟要》的校勘质量很重视。早在《荟要》纂修初期，乾隆帝就对《荟要》作过检查。据乾隆三十八年十月初九日上谕，乾隆帝曾将缮写完成进

① 乾隆帝《御制诗五集》卷七十。

呈皇帝审订的图书“信手翻阅”，即发现“有错字二处”。乾隆帝因想到“其余书写舛误者，谅复不少”，遂要求总裁大臣“妥立章程”，保证《荟要》成为“善本”(《纂修四库全书档案》一二一)。

乾隆帝比较过《荟要》和《全书》的校对质量。比较的结果，使乾隆帝对《全书》的校对质量大为恼火，对各总裁严厉训斥，而对《荟要》的质量，则较为满意。乾隆三十九年十月十八日，乾隆帝下谕道：“四库全书处进呈钞录书本，朕连日偶加翻阅，检出舛漏处，不一而足。其中实系错误者，过失固不待言，即原文传写旧讹或文义不顺，既有加签改识之例，何不逐条举出，概以轻心掉之耶。朕未尝有意苛求，实亦无暇通身细阅，乃数日内信手翻披，而疵谬迭出。该总裁等所司何事？……各总裁内，王际华于校勘《荟要》诸书，加签标识者甚多。前此呈览时，朕详加批阅，并未见有字画错误之处，办理尚属尽心。”(《纂修四库全书档案》一九七)这是对王际华办事的肯定，也是对《荟要》校勘质量的肯定。

也正是这次检查，使乾隆帝对王际华印象很深，以致王际华去世，乾隆帝深为痛惜。乾隆四十一年三月二十日谕旨曰：“户部尚书王际华，才品端谨，学问优长，久直内廷，简任部务，懋著勤劳。迩年承办《四库全书》及《荟要》事，尤为殚心经理，且年甫六旬，正资倚畀。今闻其因痰涌暴厥，医治无及，遽尔溘逝，深为悼惜。”(《纂修四库全书档案》三二二)

乾隆四十一年九月三十日，乾隆帝又在一道谕旨中称赞《荟要》校勘的认真：“昨四库全书荟要处呈进抄录各种书籍。朕于几余披阅，见黏签考订之处，颇为详细。”(《纂修四库全书档案》三四三)乾隆五十七年二月二十一日，军机大臣奏遵旨询问纪昀二分《荟要》详校情形片也说：“查《荟要》书二分，业经详校各员覆勘完竣，臣等奉旨抽阅，舛误之处尚少。”(《纂修四库全书档案》一四三七)

不过校对问题并非轻易就能解决，这既有校对者的责任心问题，也有校勘自身的特点问题。乾隆四十二年三月二十四日，乾隆帝针对四库全书的校勘问题，又发布了一道谕旨，说：“今日据刘墉奏，昨进四库全书内《少阳集》誊写错字，伊未经看出，请交部议处一折。四库全书誊写，屡有错误，经朕指出更正者不少，若不定以处分，将来鲁鱼亥豕，累牍连篇，成何事体！但若将奏请处分之人交部，其未经奏请者转得置身局外，何以得情理之平？着自今年正月起，所有进过书籍讹错之处，交军机大臣通行查核。经朕看出错讹者，其分校、覆校名下错至两次，总裁名下所校错至三次者，均着查明，奏请交部议处。此议处处分原轻，不过示以知愧。既已分阅，可不悉心乎？此后着交军机大臣照此每三月一次，查办奏闻。其总纂官纪昀、陆锡熊，总校官陆费墀，所办书籍既多，竟应免其处分，而伊等应更详慎办理，期于无误。如或因此稍有懈弛，则非朕体恤伊等之意矣。将此谕令四库馆总裁等知之。”(《纂修四库全书档案》三七〇)乾隆帝的目的是要各校对人员切实负起责任。

尽管采取了一系列措施，四库本的校勘依然堪忧。就是一直被乾隆帝称赞的《荟要》，后来还是发现了不少问题。乾隆四十二年军机大臣奏遵旨将总裁等错误次数查核并交部察议片中，就说：“至荟要处本年进过二次，亦有错讹之处。”(《纂修四库全书档案》三七三)乾隆四十三年五月二十六日，乾隆帝下了一道措辞严厉的谕旨：“朕博搜载籍，特命诸臣纂辑《四库全书》，弆藏三阁。又择其尤精者为《荟要》，分储大内及御园，用昭美备。所以多选誊录，宽予限期，以期校成善本，嘉惠艺林。昨办书期届五年，将校对、誊录诸人，优予议叙，用示劝扬。惟是进呈各书，朕信手抽阅，即有讹舛。其未经指出者，尚不知凡几。既有校对专员，复有总校、总裁，重重复勘，一书经数人手眼，不为不详。何竟漫不经意，必待朕之遍览乎？若朕不加检阅，将听其讹误乎？朕因《四库全书》应缮写者，统计十六万八千册，卷帙浩繁，既成大事，不妨略其小节。自开馆以来，无不曲予加恩，多方鼓舞，所以体恤之者倍至。若如此任意疏忽，屡训不改，长此安穷？……乃各总裁，仅请每部抽看十之一二，以图卸责。身为大臣，即不宜如此存心。乃既经抽看，而仍听其鲁鱼亥豕，累牍连篇，其又何辞以自解饰耶？嗣后务宜痛加猛省，悉心校勘。”(《纂修四库全书档案》五〇六)这道谕旨专谈校对问题，说明《全书》《荟要》的问题均很严重。

乾隆五十二年，《荟要》又经过了覆校。经过如此反复，《荟要》的文本状况在原有的良好基础上，确实又得到了进一步的改善。事实上我们也可以看到，《荟要》的文字确实有优于其他四库本的地方。文字是文本的基础，一个权威的、值得信赖的文本，首先是一个文字无讹误的文本。但是校勘是一项很细致的学术活动，文本的准确性，需要依靠多方面的条件。就四库图书的校勘情况看，《荟要》本有优于其他四库本的地方，但《荟要》自身依然存在不少问题，有些问题还是非常严重的。人们在讨论四库本时，多少会有突出某一本的倾向，即认为某某本最好。如有人在论及文津阁本的文献价值时说："该书曾经乾隆亲校，纪昀亲自三校，错讹少于其他诸本。就版本而言，因文津阁本成书晚于文渊阁本和文溯阁本，因此利用的版本更为可靠，保存的文献资料更为丰富。"[①]实际上就我们分析比较的结果看，各本都有各本的优点，也都有各自的缺点，具体到其中某一部著作，情况是很不一样的，因此很难简单的说某一种四库本特别可靠。四库各本的优缺点都是相对的。

在研究《荟要》的校勘问题时，还需要注意"代校"的问题。张升在《四库全书馆研究》一书中专门说到《四库》编修中的"助校"现象[②]。助校就是代人校勘。办理《荟要》人员自己有这样的记载。

《荟要》校对官许兆椿《南章先生以所著藕湖渔唱见示以诗缀之》云："东观同缮未见书，灯花挑落四更余。"其下有注道："予校四库书时，先生为我代校《摛藻堂四库全书荟要》者二年。"[③]许兆椿，字秋岩，湖北云梦人。乾隆三十七年进士，改庶吉士。乾隆三十八年闰三月十一日，办理四库全书处奏请，添派翰林郑爔、许兆椿等八员，代办武英殿纂修之事，兼司校勘(《纂修四库全书档案》四九)。乾隆四十年四月二十八日，散馆之庶吉士许兆椿与茅元铭、周厚辕等同授为编修(《纂修四库全书档案》二六〇)。此年十二月十二日，武英殿修书处总裁王嵩奏折云："查武英殿纂修翰林员缺例由臣等楝选，奏请充补。兹纂修兼《荟要》分校、编修许兆椿、郭寅先后丁忧出缺，谨拟以庶吉士翟槐、何思钧充补，仍各兼《荟要》分校事务。"(《纂修四库全书档案》三一四)可见许兆椿一直充任《荟要》纂修兼分校。帮助许兆椿代校《荟要》的南章先生，姓屠，可惜不知其名。

今从《纂修四库全书档案》所记来看，许兆椿的校勘似乎存在许多问题，因此有不少记过等处分的记载。如：乾隆四十七年二月二十日，记过十四次。乾隆四十七年二月，因《杜诗详注》内"傅玄诗"句"傅"讹"传"，又"兰亭序"句"序"讹"记"，又"江淹诗""淹"字讹"掩"，分校官许兆椿记过六次。《东坡诗集注》内"明皇召李白作宫词"句"白"讹"孛"，又"区区赋病梨"句，又"作《病梨

① 周秀芳《文津阁〈四库全书〉影印本MARC著录问题的一些探讨》，《科学大众》2012年第9期，第162页。

② 张升《四库全书馆研究》第七章《〈四库〉编修中的助校现象》，第258—279页。

③ 许兆椿《秋水阁诗文集》卷七，清道光二十五年刻本，第10页。

赋》以自悲"句,"梨"俱讹"黎",许兆椿记过六次。乾隆四十七年二月,《棣埜集》卷九内"璧"讹"壁",许兆椿记过二次。乾隆四十七年四月二十四日,许兆椿记过十二次。乾隆四十七年十一月初一日,许兆椿记过三十二次。乾隆四十八年二月二十八日,许兆椿记过三十次。乾隆四十八年五月十一日,许兆椿记过十二次。乾隆四十八年八月初二日,许兆椿记过四十次。乾隆四十八年十一月二十九日,许兆椿记过二十八次。乾隆四十九年闰三月二十二日,许兆椿记过十次。乾隆四十九年八月十四日,许兆椿记过二十六次。乾隆四十九年十一月十五日,许兆椿记过四十六次。从这些记载中,可见校勘问题不少。

当然这里面的问题不全和《荟要》校勘有关,但应该也不是全无关系。只是哪些是许兆椿自己的问题,哪些是"代校"屠南章的问题,已经无法分辨。但不管是哪个人的问题,都是《荟要》校勘中的问题。

许兆椿后任漕运总督,但两人似乎一直有交往。屠南章曾寓居江苏淮安,许兆椿作《题屠南章先生观钓图》诗,有句云"行到淮阴每叩门"①。上述许兆椿所写的这首诗,即排在《观钓图》诗之后,是南章先生将自己所写的《藕湖渔唱》送给许兆椿后,许兆椿的回复之作。诗题下有小序,云:"予以筑唐湾坝工毕,自砀山登舟返淮浦,日已长至,而多东风,河流如镜,绝不似夏秋涨盛可骇可异之状。偶读先生是诗,因缀句于篇首,以志岁月。先生盛德和平,无一忤人语。兹于读诗之际而黄河之安流适与时会,殆先生之诗有以召之耶?"诗序赞赏了南章先生的人品,也表示不忘当年校勘四库图书的往事。

二、《荟要》的校改形式

《荟要》是抄本,在誊录过程中难免会产生各种错误。

《荟要》正文抄写每行 21 字,但有时我们会看到一行中有字多字少之处。如《荟要》本卷九十九于谦《参不当与敌讲和奏议》中,"和议为词即是奸臣就乞诛之勿留误国等因节该"一行,即为 20 字,少了一字。可以看到此行文字明显比其他行稀疏。

再如《玉台新咏》卷一《古诗八首》之二,第一、三、四、五行均抄写 20 字,第二行只抄写 19 字。这首诗共 100 字,《全书》抄写了 5 行,《荟要》则抄写了

① 许兆椿《秋水阁诗文集》卷七,清道光二十五年刻本,第 10 页。

6 行，第六行只有 1 个字。《玉台新咏》其他各篇抄写都正常，可见《古诗八首》之二属于误抄。

曾巩《元丰类稿》卷二十二《吴居厚京东转运副使吕孝廉转运判官制》一篇，全文 111 字。文渊阁本按照正常抄写，抄写为 6 行。《荟要》本则作 5 行抄，第 4 行抄 23 字，其余各行抄 22 字，均超出每行的 21 字。

这些抄错了的地方有的没有改动(可能是没有发现)，也有的后来发现作了改正。改正的形式主要根据需要或方便来定。如果改动内容不多，《荟要》通常会采用描改、涂改、挖改、添字或减字等局部改动的方式。

如曾巩《元丰类稿》卷四《戏呈休文屯田》为七言诗，每行正好抄三句。其第三行本应抄作："乌靴况已踏台省，黑绶未得辞州县。落落逢人愈难合"。《荟要》本此行只抄了 20 字，最后一个"合"字就只好转入了下一行。而第四行也只抄了 20 字，这样就多出了两个字。于是第六行抄了 23 个字。这样不影响整个版面。

再如《荟要》本将《铁崖古乐府》的作者杨维祯的"祯"字改作"桢"字，即是描改的一个典型的例子。

《荟要》本《元史》书前提要，原文作："遂使无传之人所著皆不考考。"上一"考"字下部误写作了"与"字。誊录遂将其字圈去，重写了一个正确的"考"字。

挖改也是《荟要》抄写遇错时常用的方法。乾隆帝曾谕令说："校出一二错字即随时挖改。"(《纂修四库全书档案》一二〇三)因为我们看到的《荟要》是影印本，原书挖改的痕迹已不容易看出。笔者曾查看过文澜阁《四库全书》原本，挖改的痕迹就非常清楚。

如《明文衡》卷十八所录杨荣《世直堂铭》，原文作："莫紊帝统，夷先华书。戎势方昌，自尊其徒。""夷"字，文澜阁本改作"裔"。从本子中可以看到，这个"裔"字是挖改的，纸张背面可以看到黏贴一个小方块。补改的纸张和原抄本的纸张颜色不一样，补改的颜色较深。

遇到一二字漏写或多抄的情形，《荟要》通常采用添字或减字等方式。如朱鉴编《诗传遗说》卷一，《荟要》本"按语"云："第二十二页后一行，太皞皋陶之祀，刊本阙'皋'字，又讹'陶'字于上而空其下，今增改。"这里原刊本缺了一个"皋"字，《荟要》本补上了，因为增加了一个字，所以这一行作"礼之所寓矣太皞皋陶之祀一旦废绝固足以见世衰道”，变成了 22 个字，比正常每行 21 个字多了一个字。

再明朱善《诗解颐》卷一，《荟要》本“按语”云：“第二页前三行，盖能敬则能静存动察，刊本重衍‘静’字，今删。”今《荟要》所在这行作“曰淑而已盖能敬则能静存动察而无一时之或怠”，共 20 字，比正常行数少了一字。文渊阁本也是 20 字。

有些誊抄格式的差异是因为“违碍”文字的改动造成的。如程敏政《明文衡》卷九十九所收于谦《参不当与敌讲和奏议》一篇，文津阁本作“举放炮火人心惊恐自不安生况今日聚集人马众”，共 20 字，少了一字。“今日聚集”四字，《四部丛刊》影印明刻本《皇明文衡》本作“今达贼聚集”、《荟要》本作“今北蕃聚集”，均为五字。文津阁本将“达贼”或“北蕃”这类忌讳词语改为一个字的“日”，意思可通，但此行文字上就少了一字。从文津阁本原书上也可以看到，这行文字特别稀疏，或是后来所改。

如果涉及校改内容较多，仍采用上述方法，会很难处理，即使勉强处理了也会使版面很难看。乾隆四十六年十月二十六日，军机大臣和珅等奏辽金元三史办理全竣折云：“查三史内改译字样，或一篇仅有数字者，仍交武英殿挖改。其累牍连篇，原板难以挖改者，请交武英殿查明，另行刊刻。”（《纂修四库全书档案》八一八）乾隆四十九年十二月二十四日，署理两江总督闵鹗元奏折也说到过这种情形：“窃见每页挖改自数字至百十字不等，其间字体之大小、笔画之参差，不能尽行匀称合式，且坊间原刷书本纸张甚薄，零星黏补，既不平正，又易脱落，兼之书数既多，办理不能迅速，校对亦易讹漏。臣同督臣萨载暨司道等公同筹议，似应将第七、第八两函改正之本，照原板式样一律刊刻。”（《纂修四库全书档案》一〇七七）改动字数少，即用“挖改”的方式，改动字数多，就需要原版抽换。和珅、闵鹗元这里说的是刻本，《荟要》及《全书》抄本的处理也与此相同。这种整页的撤换，如果还由原誊录人员抄写，一般看不出来。如果由其他人抄写，则会明显出现字迹不一致这种情形。乾隆五十七年四月初十日，纪昀在奏前赴热河覆勘文津阁书籍情形折中说：“空函书内，并无天文算法，所有罚来之钦天监贾德辅，无书可勘。看其字画，尚颇端楷，臣现酌令缮写换页之书。”（《纂修四库全书档案》一四四一）这是整页书由其他人抄写的证据。《荟要》中有时会出现其后字迹不一这种情形，就是因为由他人抄补的缘故。

校勘是一项很精细的工作，所以常常会有一些细小笔误可能没有发现或没有意识到有问题，所以未改。如《御定小学集注》提要云："《御定小学集注》六卷，雍正五年世宗宪皇帝诏廷臣因明臣陈选《集注》而订正刊行之者。"明臣陈选之"臣"字，《荟要提要》写成了小字。陈选为明人，故此"臣"字不当作小字。文渊阁《全书》提要未作小字可证。这显然是誊录误写，而校对官也没有发现。

《荟要总目》个别地方还保持着后来被认作"违碍"的字样。如《滏水集》条下说："今依前浙江巡抚臣三宝所上范懋柱家藏国朝李清抄本缮录恭校。"乾隆五十二年，因在收入《四库全书》的李清著作中查出有"妄诞不经"之处，乾隆帝"阅之殊堪骇异"，遂将李清著作从《四库全书》中全部撤出。乾隆帝对李清著作的查处非常严厉，下令将"所有四阁陈设之本及续办三分书内俱着掣出销毁，其总目提要亦着一体查删"(《纂修四库全书档案》一一九一)。纪昀自己也说要对"底本内所引李清、钱谦益诸说，详检删削"(乾隆五十二年六月十一日礼部尚书纪昀奏沥陈愧悔并恳恩准重校赔缮文源阁明神宗后诸书折，《纂修四库全书档案》一二一四)，在如此严密的查处下，《荟要总目》仍能保留李清之名，实属侥幸。这当与校勘疏忽有关。

与此相类似的还有周亮工。乾隆五十三年二月初十日，热河总管董椿等奏，纪昀又拣出应毁书七部，其中周亮工的著作就有《读画录》《书影》《闽小记》《同书》《印人传》五部(《纂修四库全书档案》一二九四)。乾隆五十三年十月二十四日，军机大臣奏查四库书内应行撤出销毁各书情形片也说，要将周亮工所撰各书一概查毁(《纂修四库全书档案》一三一九)。然而在《荟要提要》中，还可以看到有关周亮工的记载。《家语》提要云："周亮工《书影》曰：'闽徐兴公家有王肃注《家语》，中缺二十余页。毛子晋家亦有宋刻王肃注者，与兴公藏本稍异，憾不能合毛徐二本对校刊行。'""周亮工《书影》曰"几字，文渊阁提要同，《总目》等已删去此语。旧本题晋张华撰《博物志》，《荟要提要》云："周亮工《书影》载欧阳询所引'子贡说社树'一条，谓今本不载，疑非完书。今检此文，实在第八卷中，亮工盖偶失考也。"明李梦阳撰《空同集》，《荟要提要》云："周亮工《书影》载其'黄河水绕汉宫墙'一诗，以落句有'郭汾阳'字，涉用唐事，恐贻口实，遂删其稿，不入集中。其坚立门户，至于如是。""周亮工

《书影》”，文渊阁《全书》提要同，殿本《总目》无此五字，浙本《总目》改作“《因树屋书影》”。

以上几例看到，尽管馆臣认真查处了有关周亮工的记载，但终究还是难以完全消除有关印记。

三、《荟要》本“按语”与校勘

《荟要》也有些校勘内容未能在正文中得到体现，而是体现在具有校勘记性质的“按语”中。《荟要》本一些著作后面，附有“按语”。如《荀子》卷一“按语”云：

> 谨案：卷一第三页前四行、五行：“彊自取柱”，刊本“彊”讹“疆”，据《大戴礼》改。又按：《大戴礼》“柱”作“折”，与此异。
>
> 第四页前二行：“蟹六跪而二螯”，按：《大戴礼》《世说新语》《晋书·蔡谟传》并作“八足二螯”，与《荀子》及许氏《说文》异。附识于此。

所谓“按语”实际上就是校勘记，是四库馆臣在校理《荟要》时所作的校勘和考证成果。乾隆四十一年九月三十日，乾隆帝谕内阁，专门说到《荟要》的校勘和考证问题。谕旨云：“昨四库全书荟要处呈进抄录各种书籍。朕于几余披阅，见黏签考订之处，颇为详细。所有各签，向曾令其附录于每卷之末，即官板诸事，亦可附刊卷尾。”（《纂修四库全书档案》三四三）《荟要》的这些校勘成果有的在正文中已得到改正，但可惜也有一些只是记录在“按语”中，正文没有加以改动。

如曾巩《元丰类稿》卷二十二有“按语”云：“卷二十二第十四页前六行，‘张知均州制’，‘张’下脱名。按：张颉知桂州转运使，马默劾其经理失宜，罢知均州，观下文义近是。谨识于此。”此谓本卷“张知均州制”这一篇的题目，“张”下缺其人名字。“按语”认为应该是“颉”字，因此写了这一条按语。《荟要总目》云：“今依前江苏巡抚臣萨载所上明丁思敬刊本（江按：‘明丁思敬刊本’当为‘元丁思敬刊本’）缮录，据明邵濂、杨参、陈克昌诸本及国朝顾嵩龄（江按：‘顾嵩龄’应为‘顾崧龄’）校本恭校。”元大德八年丁思敬刻本等均作“张知均州制”，唯有顾崧龄刻《南丰先生元丰类稿》有此“颉”字。《荟要》“按语”此字或即据顾刻本补。但《荟要》本正文并没有补上人名“颉”字，这可能是《荟要》本的谨慎，不轻易直接改动原文，而在校记中加以说明。然而文渊阁提要已明确说：“今以顾本著录，而以何本所点勘者补正其讹脱，较诸明刻差为完善。”即据顾崧龄刻本缮录。所说“何本”即何焯《义门读书记》，其书卷四十一至卷四十四为《元丰类稿文》读书记。卷四十三云：“《张知均州制》，‘张’字下增‘颉’字。”文渊阁所据缮录底本有“颉”字，且所据校本还特别指出这一点，而正文仍缺此字，则难以理解。文津阁本也无人名“颉”字。陈杏珍等点校《曾巩集》，用顾崧龄刻《南丰先生元丰类稿》为底本，此处即作“张颉知均州制”①。

不过“按语”入不入正文，《荟要》自己也不统一。上述曾巩《元丰类稿》的一条，“按语”即没有入正文，“按语”的校勘成果也没有被正文接受。但《荟要》也有些“按语”是直接写入正文的。如《贞观政要》卷一记贞观十年太宗对侍臣说道：“今草创之难，既已往矣，守成之难者，当思与公等慎之。”其下戈直注云：“按《通鉴》系十二年。又云：玄龄等拜曰：陛下及此言，四海之福也。今按《纲目》系十三年。”明成化元年刻本《贞观政要》，并无“今按《纲目》系十三年”一句，文渊阁、文津阁《四库全书》也无此句。查《荟要》原书，见这一句与上文之间空了一格，是此句系《荟要》编者自己加上的按语。

《荟要》加上了这个“按语”，表明了在校勘上的严谨，但就体例上来说，就和上面提到的《元丰类稿》一例不一样了。《荟要》中体例不统一的情况并不少见。这种体例的不统一，有时也影响到文本的校勘质量。

四、荟要处对图书校勘情况的处理

如前所说，抄写好的图书要分批进送军机处，并由皇帝审核。其起因是已经抄写的图书中，讹误甚多。乾隆帝遂有要求将已经抄写好的图书进送军机处的谕旨，其目的是为了处罚未发现抄写讹误的相关官员。

1. 荟要处的校改清单

荟要处对此事抓得很实，确实也发现了一些错误。荟要处对此并开列有清单。

① 陈杏珍等点校《曾巩集》卷二十二，中华书局，1984年，第358页。

乾隆四十四年七月，荟要处汇核当年四至六月缮写讹错奉旨记过之总裁总校等清单记载道："荟要处遵将乾隆四十四年四月初起至六月底止，呈进过《荟要》五次。缮写讹错，奉旨记过，应行汇核之总校、分校，逐次开具于后。"以下具体记道：

一、《汉魏六朝百三家集》内，"或白体而雪明"句，"白体"误写作"体白"；又"柏叶泛三元之酒"句，"元"讹"光"；又"名播云间"句，"名"讹"各"；又"吞罗含之彩凤"句，"彩"讹"衫"；又"火云烧桂林之上"句，"烧"讹"绕"；又"梨翻叶于大谷之中"句，"梨"讹"黎"；又"映危楼而迭迥"句，"迥"讹"回"；又"徒劳斩斫"句，"斫"讹"砍"。

一、《武夷新集》内，"宸游乃复"句，"宸"讹"震"。（《纂修四库全书档案》六三三）

乾隆四十四年十月，荟要处汇核当年七至九月缮写讹错奉旨记过之总裁等清单记道："荟要处遵将乾隆四十四年七月初起至九月底止，呈进过《荟要》二次。所有缮写讹错，奉旨记过之处，除总纂官陆锡熊奉旨免其议处毋庸开送外，今将应行汇核之总校、分校逐次开具于后。"以下具体记道：

一、《唐鉴》内，"新总万几"句，"几"讹"机"；又"范履冰"等句，"冰"讹"水"；又"时维鹰扬"句，"维"讹"惟"。总校官胡荣、分校官程琰各记过三次。

一、《帝范》内，"擢自维城之居"句，注诗云"怀德维宁，宗子维城"句，"维"并讹"惟"。总校官吴绍澯、分校官莫瞻菉各记过二次。

一、《中州集》内，"饥饱终因寓一尘"句，"因"讹"同"；又"老夫风味也堪怜"句，"怜"讹"伶"。总校官张能照、分校官汪镛各记过二次。

一、《中州集》内，"更无公案者番新"句，"者"讹"遮"。总校官张能照、分校官汪学金各记过一次。

一、《陵阳集》内，"掺袪中岁情良苦，秉耒平生分所甘"二句，"掺袪"讹"操怯"，"秉耒"讹"兼来"。总校官张能照、分校官马启泰各记过二次。

一、《唐摭言》内，"惟仆尚存"句，"惟"讹"唯"。总校官胡荣、分校官曹锡龄各记过一次。

一、《家语》内，“孝思维则”句，“维”讹“惟”。总校官吴绍澯、分校官罗修源各记过一次。(《纂修四库全书档案》六五〇)

据《荟要提要》所记，《汉魏六朝百三家集》《武夷新集》提要分别校上于乾隆四十二年十一月、乾隆四十一年三月，荟要处至乾隆四十四年四月后才查核。再如《唐鉴》提要校上于乾隆四十年四月，《帝范》提要校上于乾隆四十二年十一月等，荟要处也迟至乾隆四十四年七月后才查核。可见查核进度之缓慢，也说明工作量之大。

这些查出来的错误，有些在今本《荟要》中，已经得到改正。如荟要处指出：“《汉魏六朝百三家集》内，‘或白体而雪明’句，‘白体’误写作‘体白’。”此为明张溥辑《汉魏六朝百三家集》卷八十一《梁萧统集·鹦鹉赋》中文句，今查《荟要》本，已作“白体”。又如荟要处指出：“‘柏叶泛三元之酒’句，‘元’讹‘光’。”今查《荟要》本，也已改作“三元”。

不过也有不少查出来的错误，并未得到改正。如荟要处指出宋范祖禹《唐鉴》内，“范履冰”等句，“冰”讹“水”。此范履冰为范仲淹远祖。唐朝宰相。武后垂拱中历鸾台、天官二侍郎，寻迁春官尚书，同凤阁鸾台平章事，兼修国史。今查《荟要》，依然作范履水，未作改正。当然这是说《荟要》中《唐鉴》这一处地方误作“范履水”，其他地方如新旧《唐书》等所记并不误。这也反过来说明《唐鉴》这一处抄错了。“冰”字也写作“氷”，容易误认作“水”字。又如荟要处指出元牟巘撰《陵阳集》内，“掺袪中岁情良苦，秉耒平生分所甘”二句，“掺袪”讹“操怯”，“秉耒”讹“兼来”。今查《荟要》本，仍作“操怯中岁情良苦，兼来平生分所甘”，未作改正。又如荟要处指出的《中州集》中“饥饱终因寓一尘”句，“因”讹“同”。今查《荟要》本，依然作“因”字。《荟要总目·中州集》云：“今依前山西巡抚臣巴延三所上明毛晋汲古阁刊本缮录。”查汲古阁本，此处即作“同”。再查现存元刻本，也作“同”。此句见《中州集》卷一，为高士谈之诗，题目作《集东坡诗赠程大本》。既是集句，查苏轼原诗句，也作“同”。《荟要》确实抄错而未改。

然而也有不少荟要处指出的问题未必尽然。如上说：“《汉魏六朝百三家集》内，‘或白体而雪明’句，‘白体’误写作‘体白’。”荟要处或因为上句作“乍青质而翠暎”，所以下句应作“或白体而雪明”，与之对应。但实际上梁萧统《昭明太子集》卷一、《艺文类聚》卷九十一、康熙帝《御定历代赋汇逸句》卷二等，此句均作“体白”。

2. 校改清单的问题

我国古代文字的使用情况是很复杂的，文献中使用了不同的文字，未必就是错字。而在荟要处开具的清单中，所指出的文字讹误其实并非误字，或没有必要指出。

如荟要处云：“《唐摭言》内，‘惟仆尚存’句，‘惟’讹‘唯’。”此见《唐摭言》卷十一“怨怒”。查《荟要》本，确实作“唯仆尚存”。然南京图书馆藏清初抄本及乾隆二十一年雅雨堂刻本、《学津讨源》本等，也都作“唯仆尚存”。

荟要处又指出《中州集》内“更无公案者番新”一句，《荟要》抄作“遮番”有误。其实《荟要》作“遮番”是有根据的。查《荟要》缮录底本汲古阁本，此处正作“遮番”。元“乙卯新刊本”(蒙古宪宗五年，1255)①、元至大三年(1310)曹氏进德斋刻递修本②这里也均作“遮番”。这两种元刻本为今存《中州集》最早版本。“遮番”与“者番”同，即“这一回”“这次”的意思。张相《诗词曲语词汇释》“遮”字条云：“‘遮’，与‘这’同。‘这’本音‘彦’，迎也，系借用之字，本字应从‘遮’或‘者’。”又“者(一)”字条云：“‘者’，与‘这’同。”③文渊阁《全书》本收录宋张镃《南湖集》卷九《玉照堂观梅二十首》：“亲见主人来买地，遮番添得白髭须。”“遮番”也就是“者番”，即“这番”的意思。可见《中州集》此处作“遮番”并没有错，有其版本依据，字义也说得通。荟要处说其有误缺乏依据。文渊阁、文津阁《全书》，此处也都作“遮番”。

再如荟要处指出《中州集》“老夫风味也堪憐”句，“憐”讹“怜”。按照荟要处查核意见，这里应该写作“憐”。“憐”字音“落贤切”，亦可作“怜”。但“怜”另有“郎丁切”一音，即“怜牙悧齿”“怜悧”之“怜”。荟要处或以为两字易混淆，所以特地予以指出。其实“憐”“怜”二字，前人常通用。“憐”有哀怜、怜悯之意，也有怜爱、喜爱之意，但无论哪种意思，文献中“憐”“怜”常不加区分。

---

① 《中州集》卷九，《日本宫内厅书陵部藏宋元版汉籍选刊》第151册，上海古籍出版社影印本，2012年，第577页。

② 《中州集》卷九，《中华再造善本》本，北京图书馆出版社，2005年，第23页。

③ 张相《诗词曲语词汇释》卷一，中华书局，1953年，第141页。

如《四部丛刊》影印日本翻宋大字本白居易《白氏长庆集》卷十三《县西郊秋寄赠马造》诗云:"我厌宦游君失意,可怜秋思两心同。"《四部丛刊三编》影印宋本《太平御览》卷九百五引旧题晋陶潜《续搜神记》:"晋太和中广陵人杨生养狗,甚怜爱之,行止与俱。"均写作"怜"不作"憐"。在《荟要》本里,也并未区分得很严格。如元王恽《秋涧集》卷六十三《故吏部尚书高公祭文》云:"不以契阔,憐我椎鲁。"作"憐"不作"怜",而卷六十八《授翰林学士同知制诰兼充国史院编修官谢中书省启》云:"顾影自怜。"则又作"怜"不作"憐"。再如元耶律楚材《湛然居士集》卷十二《怀古一百韵寄张敏之》云:"自笑蓬垂鬓,谁怜雪满髭。""怜"字也未作"憐"。

查《荟要》缮录所据汲古阁本,此处正作"怜"字,可见《荟要》也是据实抄写。元"乙卯新刊本"此处有缺,未知作何字,元至大三年曹氏进德斋刻递修本确实是作"憐"①。但正如上面所说,"憐""怜"文献中常通用,且《荟要》也有缮录底本的依据,所以也就不能轻易认定此处缮录有误,并因此让总校官记过。

从以上几例可以看到,荟要处所谓的校对往往只是指出手边所见的问题了事,随机性很强。荟要处不可能对全书作统一改动。此外,荟要处指出的有些问题,如"憐"讹"怜"、"惟"讹"唯"、"维"讹"惟"等例,实质古籍使用往往相乱,古人并非刻意去区分相互的差别。这些都没有特别指出的必要。荟要处指出这方面的问题,很多时候无非只是为了要显示自己查核的成绩而已。

这里还有一点应该注意的是,荟要处指出的这些文字讹误,是在给皇帝的奏折上说的,并且所指出的这些文字讹误最终导致了大批相关人员的被处罚。文字校勘问题本来只是一个语文问题,但四库馆臣的处理使得这个问题已经不是一个简单的语文问题了。不可否认,这里面荟要处官员多少存在着一种邀功心理,客观上也呈现出对参加汇核的总校、分校人员的打压状态。同时这也显示了乾隆帝对《四库全书》纂修的无处不在的影响。

3. 校改清单与缮录底本

荟要处或全书处开具的校改清单一个大的问题是往往只根据缮录本文字来判断是非,而未能考虑到缮录底本的问题。试以金元好问《遗山集》为例。

① 《中州集》卷一,《中华再造善本》本,北京图书馆出版社,2005年,第21页。

乾隆四十五年七月，全书处开具四至六月缮写全书讹错及总裁等记过清单（《纂修四库全书档案》七〇六）。全书处清单列举元好问《遗山集》缮写错误多处。如云："《遗山集》内'乾坤多事泣秋蛩'句，'蛩'讹'虫'。"此见《遗山集》卷九《寄杨飞卿》，全书处清单认为诗句应作"蛩"，《全书》本误写作了"虫"字。今查《荟要》本、文津阁本作"乾坤多事泣秋虫"，文渊阁本作"乾坤多事泣秋蛩"。

按《荟要总目》云："今依前山西巡抚臣巴延三所上明李翰刊本缮录。"此即明弘治年间李翰刻本，《四部丛刊》据以影印。查刊本，此处正作"虫"。南京图书馆藏原丁丙八千卷楼旧藏明抄本、清康熙四十六年锡山华希闵刻本《元遗山先生文集》以及清施国祁《元遗山诗集笺注》也均作"虫"。不仅如此，明曹学佺《石仓历代诗选》卷二百三十一《元诗》一、明李蓘《元艺圃集》卷一、明宋绪《元诗体要》卷十二、清陈焯《宋元诗会》卷六十七、清顾嗣立《元诗选》初集卷三、清郭元釪《全金诗》卷六十五、清曾国藩《十八家诗钞》卷二十五等，收录元好问此诗，也均作"虫"字。由此可见，《荟要》本、文津阁本作"虫"，既有缮录底本依据，也有其他文献依据。

全书处清单又云："'则一苇所杭'句，'杭'讹'航'。"《荟要》作"则一苇所航"，文渊阁本作"则一苇所杭"。此见《遗山集》卷二十六《顺天万户张公勋德第二碑》，原文云："朝议以杞为上流，不以大将镇守之，则'一苇所杭，河不能广'矣。"这是化用《诗经·卫风·河广》"谁谓河广？一苇杭之"之诗句，意为谁说黄河宽广？一支苇筏便可渡航。"杭"通"航"。但全书处认为《诗经》原诗作"杭"，此处也应作"杭"，故全书处将写作"航"字作为一个讹错。

今查，明弘治年间李翰刻本作"航"，丁丙八千卷楼旧藏明抄本、清康熙四十六年锡山华希闵刻本、清张金吾《金文最》卷五十一《顺天万户张公勋德第二碑》也都作"航"①。

全书处清单又云："《遗山集》内'而王天下不与存焉'句，'而王'二字讹作'有'字。"此见《遗山集》卷三十三《致乐堂记》。《荟要》本、文津阁本作："有天下不与存焉。"文渊阁本作："而王天下不与存焉。"按：此为《孟子·尽心上》之

① 文津阁本缺《顺天万户张公勋德第二碑》一篇，故无法加以比较。《遗山文集》卷二十六原有23页（左右两面算一页）。文津阁本只抄到第11页，即只抄到《东平行台严公祠堂碑铭》结束，以下未抄。但第11页最后一行有"遗山文集卷二十六"字样，这是本卷结束的标志，说明本卷还有的《顺天万户张公勋德第二碑》《龙虎卫上将军耶律公墓志铭》两篇，文津阁本是有意缺抄的。

言，原文作："君子有三乐，而王天下不与存焉。"与《荟要》本、文津阁本有差异，故全书处清单根据《孟子》原文指出四库本缮录有误。今见文渊阁本与全书处清单校正同，是已经按照全书处清单所说作了改正。

但明弘治刻本《遗山先生文集》作："君子有三乐，有天下不与存焉。"清康熙四十六年锡山华希闵刻本与此同。是《荟要》本、文津阁本所录虽与《孟子》原文有异，但与底本并无差异。张金吾《金文最》卷十六《致乐堂记》所录，也作"君子有三乐，有天下不与存焉"，与《荟要》本同。是《荟要》依据底本缮写也没错。丁丙八千卷楼旧藏明抄本《遗山先生文集》作："君子有三乐，王天下不与存焉。"细看原文，"王"字是描改在原文的"有"字上的。

就这一条来说，有异议的还有"君子有三乐，有天下不与存焉"这句话的作者。明弘治刻本、南京图书馆藏原丁丙八千卷楼旧藏明抄本、张金吾《金文最》均作"子曾子曰"，文津阁本同。《荟要》本作"子孟子曰"，是根据实际情况作了改动。所改虽是，但就版本来说并无根据。《荟要》此处比较稳妥的做法是应该出用"按语"的形式加以说明。

全书处根据以上卷九、卷二十六的错误，再加上这部书中的其他缮写讹错，处分结果是："总校官仓圣脉记过七次，分校官叶兰记过十四次。"查《荟要》，总校官是张能照，校对官是闵惇大；文渊阁本总校官为仓圣脉，校对官为叶兰；文津阁本《遗山文集》卷九总校官是朱钤，校对官是胡予襄；卷二十六总校官也是朱钤，校对官是陈墉。故全书处的处分是对文渊阁本说的。

全书处根据卷三十三的错误，处分结果是："总校官仓圣脉记过一次，分校官吴锡龄记过二次。"今查《荟要》本，总校官是张能照，校对官是龚大万；文渊阁本总校官为仓圣脉；文津阁本校官不详，应该也是朱钤、陈墉等。所以全书处清单的处分也是对文渊阁本所说的。但全书处清单说"分校官吴锡龄记过二次"有误。文渊阁本《遗山集》，吴锡龄是卷三十、三十一这一册的分校官，卷三十二至三十四这一册校对官是沈清藻。所以记过二次应该是沈清藻，而不是吴锡龄。

因为全书处的处分清单是就文渊阁本说的，今查文渊阁本，几处地方均已和全书处的清单完全一致，说明后来作了改动。问题是以上例证已经显示《荟要》本与《荟要总目》所说缮录底本文字相同，说明《荟要》并无缮写错误。其他相关文献也可以说明《荟要》所用底本即明李翰刊本并无错误。全书处所开清单不知依据所在，单就本书而言，清单所列并不准确。

文渊阁提要按照全书处清单作了校改，似乎接受了全书处的校改意见，其实也存在问题。《荟要总目》已经指出此书是依据明李翰刊本缮录，《荟要提要》也再次作了说明："是集赋诗十四卷、文二十六卷，为明御史李瀚所刊本。"《荟要》的缮录底本是很明确的，上面提到的几处文字也都和底本相符合。问题是文渊阁提要也说"为明御史李瀚所刊本"，与《荟要提要》同。所以文渊阁本也是以李翰刊本为底本缮录的。现在按照全书处意见校改以后，已经不全是底本的原样了。

以上全书处的处分意见都是对文渊阁本说的。虽然和《荟要》无直接关系，但也不是完全无关。因为如果文渊阁本是对的，那就是《荟要》本抄错了；反之，如果《荟要》本是正确的，那就是文渊阁本改错了。

我们将四库本的错误多归之于缮写者的粗心，而以上事例说明有些错误并不是缮写者自己造成的，是后来全书处的处理的结果。荟要处与全书处的处理意见又直接导致了校对官的处分。从我们的分析比较来看，有些处分可能是错的。

高启《大全集》的情况也与此类似。乾隆四十四年七月，全书处将缮写讹错开具了一份清单。其中提到高启《大全集》内，"苔文渍壁青"句，"青"讹"清"（《纂修四库全书档案》六三二）。此见《大全集》卷十三《石井泉》，文渊阁本已改作"青"，而《荟要》本、文津阁本作"苔文渍壁清"。《荟要总目》云："今依前江苏巡抚臣萨载所上周厚堉家藏明徐庸刊本缮录，据启侄立本恭校。"徐庸刊本即《四部丛刊》影印明景泰元年庚午徐庸刊本。查该书，下句正作"苔文渍壁清"。是《荟要》本、文津阁本并无抄错。

第二节　《荟要》本的文字优点

一、《荟要提要》的文字优点

以下从文字校勘的角度，看一下《荟要提要》的优点。

如明高叔嗣撰《苏门集》，《荟要提要》谓其诗冲澹清腴，实有不可名言之妙。然后引王世贞《艺苑卮言》评叔嗣诗“高山鼓琴，沈思忽往，木叶尽脱，石气自青”之语为证。“高山鼓琴”，文渊阁提要同，《初目》《总目》《四库全书简明目录》作“空山鼓琴”。王世贞此语见《弇州四部稿》卷一百四十八《艺苑卮言》五，原文作“高山鼓琴”。是《荟要提要》等不误。

然这一条引人注意的是有关四库文献的记载。《四库全书》中，《文章辨体汇选》卷四百三十八收录王世贞《国朝诗评》、《明诗综》卷四十四“高叔嗣”条“各家评论”、《明史》卷二百八十七《文苑・高叔嗣传》，都作“高山鼓琴”。

《总目》卷一百八十五集部三十八别集类存目十二著录清李锴撰《睫巢集》提要，谓李锴之诗云：“刻意求高，务思摆脱，亦往往有劖削骨立，斧凿留痕，较王世贞所谓高叔嗣诗如‘空山鼓琴，沉思忽往，木叶尽脱，石气自青’者，则犹有一间之未达。”《钦定八旗通志》卷一百二十《艺文志》著录李锴撰《睫巢集》，其提要同《总目》，所以也作“空山鼓琴”。

《四库全书》之外，明郭良翰《问奇类林》卷十八文学下（明万历三十七年黄吉士等刻增修本）、明周子文《艺薮谈宗》卷五（明刻本）、清陈田《明诗纪事》戊签卷二（清陈氏听诗斋刻本）、清顾有孝《明文英华》卷八（清康熙传万堂刻本）、清彭孙贻《明诗钞》明诗五言古（四部丛刊本）、清钱谦益《列朝诗集》丁集卷一（清顺治九年毛氏汲古阁刻本）、清沈德潜《明诗别裁集》卷七（清乾隆刻本）、清张岱《石匮书》卷二百六（稿本补配清钞本）等，与高叔嗣诗有关的条目，所引王世贞评语，也都作“高山鼓琴”。

作“空山鼓琴”的，除了上述《四库全书》有关目录外，只有纪昀《纪文达公遗集》书中的两条。其集文集卷九《田侯松岩诗序》云：“昔人称高苏门诗如‘空山鼓琴，沈思忽往，木叶尽脱，石气自青。’”[①]文集卷十三《琴砚铭》写道：“空山鼓琴，沈思忽往，含毫邈然，作如是想。”[②]前一条中的“昔人”显然是指王世贞。这里明确引用王世贞评论高叔嗣的文词，使用的就是“空山鼓琴”一语。据贺治起、吴庆荣编《纪晓岚年谱》嘉庆三年记载，此年五月，纪昀扈从避暑山庄，撰《田侯松岩诗序》[③]。因此《田侯松岩诗序》将“高山鼓琴”写作“空

① 纪昀《纪文达公文集》卷九《田侯松岩诗序》，第 27 页。

② 纪昀《纪文达公文集》卷十三《琴砚铭》，第 5 页。

③ 贺治起、吴庆荣编《纪晓岚年谱》嘉庆三年记载，此年五月，纪昀扈从避暑山庄，撰《田侯松岩诗序》，书目文献出版社，1993 年，第 153 页。

山鼓琴”，如不是出于疏忽，那就是或是纪昀受了《总目》的影响，或是纪昀可能认为“高山”主要体现“知音相赏”之意，而“空山”更注重于体现诗作的空灵、悠远，与下文所说的“沈思”“木叶尽脱，石气自青”的意蕴更为切合。后一条《琴砚铭》与王世贞无直接关系，但文句显然受到了王世贞文句的影响，所以仍习惯性地使用了“空山鼓琴”一语。

以上例证表明，凡是将“高山鼓琴”写作“空山鼓琴”的，多少都是和纪昀有直接关系的著作（如《总目》《纪文达公遗集》），或直接引用《四库全书总目》的著作（如《钦定八旗通志》）。就文献使用来看，《荟要提要》无疑是准确的。

在同一篇提要中，对于一些明显的前后失去照应的文字，《荟要提要》能注意予以改正的。如宋秦观撰《淮海集》四十卷《后集》六卷《长短句》三卷，《初目》、《荟要提要》、文渊阁提要三篇提要基本相同。《初目》云：“《苕溪渔隐丛话》载苏轼荐观于王安石，安石答书，述叶致远之言，以为清新婉丽，有似鲍、谢。敖陶孙《诗评》则谓其诗如时女步春，终伤婉弱。元好问《论诗绝句》因有‘女郎诗’之讥。”《初目》作者不同意这种看法，引吕本中《童蒙训》语，指出秦观“游岭以后诗，高古严重，自成一家，与旧作不同”，又称秦观《雷州诗》八首，“后人误编之《东坡集》中，不能辨别”，因而谓：“安得概目以小石调乎？”这是《初目》对他人认为秦观作品过于柔弱的响应。但上文并没有出现“小石调”一词，因此此处说“安得概目以小石调乎”，就让人有文不对题之感。文渊阁提要与《初目》同，可能于此有所疏忽。《荟要提要》则改作“安得尽目以‘女郎诗’乎？”这就与上文元好问所批评的“女郎诗”呼应起来了。可见《荟要提要》注意到了这一细节，所以作了相应的改动。由此可见，《荟要提要》尽管与《初目》相同，但也不是完全照抄。

四库提要文字的正讹，许多时候光从提要自身还看不出来，还往往需要结合四库本来看。

例如《荟要提要》中王通撰《中说》提要云：“卷首有阮逸序，末有福畤贞观二十三年序。”《总目》作：“卷末有阮逸序，又有福畤贞观二十三年序。”按：《荟要》本与文渊阁《全书》本，阮逸序都在卷首。《荟要》本题《阮逸注中说原序》，文渊阁本题《中说序》，内容完全相同。是《荟要提要》不误，《总目》有误。

元陈旅撰《安雅堂集》，文渊阁提要云：“有张翥、林思生二序，一作于至正九年，一作于十一年。”林思生，《荟要提要》作“林泉生”，是也，正文作“林泉生”。《初目》《总目》也均作“林泉生”。

凡此之类，可以看到《荟要提要》的文字优点是很明显的。

不过也有原本文献的讹误，《荟要提要》未能发现，因而未能予以改正的。仍以《淮海集》提要为例。《初目》引吕本中《童蒙训》曰：“少游‘雨砌堕危芳，风棂纳飞絮’之类，李公择以为谢家兄弟不能过也。”秦观此诗见《淮海集》卷三《春日杂兴十首》，风棂，《淮海集》作“风轩”。宋人诗话如胡仔《苕溪渔隐丛话》、魏庆之《诗人玉屑》、阮阅《诗话总龟》等所引，亦多作“风轩”。此说见吕本中《童蒙训》云云，为宋胡仔《苕溪渔隐丛话前集》卷五十所引，《四库全书》本所收吕本中《童蒙训》无此语。《苕溪渔隐丛话前集》也作“风轩”。由此可见《初目》有误引，《荟要提要》、文渊阁提要均没有改正。这是三篇提要之间有联系的标志，也反映了《荟要提要》等的疏忽。

从上面的例子来看，“小石调”一例作了改动，“风棂”之误没有纠正，说明《荟要提要》对《初目》讹误的纠正主要还是在明显的问题上。“风棂”的问题不查原书不容易发现，“小石调”的问题则是直接从提要中就可以看出来的。

二、《荟要》本文字优点简述

如上所说，《荟要》在缮录校订方面总体上比较审慎周密，文字错误较少。这也可以从《荟要》与其他四库本的比较中看出。以下略举数例。

宋苏轼撰《东坡全集》，《荟要提要》云：“陈鹄《耆旧续闻》则称姑胥居世英刊《东坡全集》。”下文又云：“其一为分类合编者，疑即始于居世英本。”此说《东坡全集》宋代有苏州居世英刻本。《总目》、文溯阁提要[①]同。文渊阁提要作“姑胥居英”，又云“始于居世英本”。文津阁提要作“始于李世英本”[②]。同一个人，有三种写法。考方志、宋人诗话、书画录、《东坡集》注及陈鹄《耆旧续闻》等文献所载，多作居世英。居世英为宣和六年沈晦榜进士，见宋范成大纂《吴郡志》卷二十八《进士题名》。明赵琦美编《铁网珊瑚》、明张丑撰《清河书画舫》、清倪涛撰《六艺之一录》等书画文献，多著录有居世英题词。宋胡仔撰《渔隐丛话后集》、宋魏庆之撰《诗人玉屑》、清查慎行撰《苏诗补注》，亦多次提及居世英家所刻《东坡全集》。是其人作居世英应无疑义。“姑胥”，即“姑

① 《金毓黻手定本文溯阁四库全书提要》，第 719 页。

② 《文津阁四库全书提要汇编》集部，第 174 页。

苏”，苏州的别称。所以《总目》说：“陈鹄《耆旧续闻》则称姑胥居世英刊《东坡全集》殊有序，又少舛谬，极可赏。”又说：“是当时以苏州本为最善。”作居英者为名字掉去一字，作李世英者为误抄，均非是。可见《荟要提要》是准确的。

朱彝尊编《词综》卷一李白《菩萨蛮》“平林漠漠烟如织”，注云：“《湘山野录》云：此词不知何人写在鼎州沧水驿楼，复不知何人所撰。”“复”，《荟要》本、文渊阁本同，文津阁本作“后”。查《词综》最早的刻本康熙三十年裘杼楼刻本，正作“复”字，是《荟要》本、文渊阁本不误，文津阁本有误。此注既谓鼎州沧水驿楼所题此词不知何人所书，又谓此词不知何人所撰，故用“复”字连接上下文。如作“后”则文义不通。此当是“复(復)”与“后(後)”字形相近而讹。

《词综》卷一王建，康熙三十年裘杼楼刻本小传云：“王建，字仲初，颍州人。大历十年进士。太和中为陕州司马。”《荟要》本、文渊阁本同。文津阁本仅作：“王建，字仲初，进士。”是文津阁本有缺。

陆游《老学庵笔记》卷一记靖康二年浙西路勤王兵人数，《荟要》本云：“镇江府六百人。一路共六千七百五十四人。”文渊阁本同。文津阁本作“镇江府一百人”，误。三本均列出总人数为 6 754 人，前文又记各地勤王兵人数道，杭州 2 000 人，湖州 915 人，秀州 716 人，平江府 1 738 人，常州 785 人。由此可以推算出镇江府应有 600 人，文津阁本作 100 系误抄。《荟要总目》谓本书据内府所藏明毛晋汲古阁刻本缮录。毛晋汲古阁本即所刻《津逮秘书》本，毛本正作 600 人。

卷二《荟要》本又云：“而天下州郡又皆添差，归明官一州至百余员。”文渊阁本同。文津阁本作：“而天下州郡又皆添差归，归明宫一州至百余员。”“添差”后多“归”字，误。添差，宋朝于差遣员额外增添的差遣。宋人均以此为滥员，如叶绍翁《四朝闻见录·卫魁廷尉》云：“策中力陈添差赘员之弊。”宋高宗时中书舍人胡安国上《时政论》亦曰：“渡江之后，北地衣冠接袂而南，矧值军旅之兴，赏典超越，滥冒滋众。江左吴楚例经残破，而诸司州县添差不已。兵官旧系两员者，或至于七员八员而未止也。”(明杨士奇等编《历代名臣奏议》卷四十七)归明官，即宋代西南少数民族首领到宋朝廷之补官。宋赵升《朝野类要》卷三《入仕·归附等》云：“归明，谓元系西南蕃蛮溪峒，久纳土，出来本朝补官，或给田养济。”陆游这一条意在说明朝廷财政支出负担之重，其中官员数量的不断膨胀是原因之一。《津逮秘书》本无“归”字，文津阁本于“添差”

之后之“归”字为衍文。又文津阁本作“归明宫”,“宫”字为“官”字形近而误。

康熙年间编《御定历代赋汇》卷首康熙帝《御制历代赋汇序》,所署时间,《荟要》本作“康熙四十五年三月二十日”,文渊阁《全书》本作“康熙四十五年三月二十二日”。此序亦见《圣祖仁皇帝御制文第三集》卷二十一,正作康熙四十五年三月二十日。由此可见文渊阁本抄写有误。

宋朱鉴编《朱文公易说》,《荟要提要》作二十三卷。文渊阁提要云:“臣等谨案:《朱文公易说》二十二卷,宋朱鉴编。”查文渊阁《全书》正文实作二十三卷,是书前提要有误。浙本《总目》提要作二十三卷不误。文渊阁书前提要与浙本《总目》提要文字时有出入,这也是一例。

提要是根据图书内容来写的。有时图书内容上的问题,会影响到提要的表达是否准确的问题。例如元詹道传撰《四书纂笺》,《荟要提要》曾批评其杜撰文献,提要道:“道传既引《明堂位》‘夏后氏之四琏,殷之六瑚’,辨其异同,而复谓‘夏曰瑚,商曰琏’,本于《尔雅・释器》。今考《尔雅》,初无其文,则道传杜撰附会也。”这段文字《总目》完全相同。但考文渊阁本《四书纂笺》卷三詹道传此书所引《明堂位》,作“夏后氏之琏,殷之六瑚”,“琏”上无“四”字。这样书和提要就完全脱节了。《荟要》本正作“夏后氏之四琏”。惟“四”字可以看到是后来所补,因“四琏”二字只占一个字的位置。虽然如此,毕竟提要内容与正文内容一致了。这不仅可以准确理解提要所述,而且可以纠正文渊阁本之疏漏。

《荟要》文字较为精审,因而可作为校勘依据,用以订补其他本子的讹误。

赵晔《吴越春秋》卷一《吴太伯传》,《荟要》本作:“尧聘弃,使教民山居,随地造区,妍(原注:穷也)营种之术。”文渊阁、文津阁本同。今人苗麓校点本《吴越春秋》“校记”云:“‘研’,万历本作‘妍’,误。”[①]按:此说非是。《说文》:“妍,技也。”段玉裁注:“技者,巧也。《释名》曰:‘妍,研也。研精于事宜则无蚩谬也。’”盖“研”“妍”古时可通。清李锴撰《尚史》卷二十三引,也作“妍营种之术”。此可据订今人之误。

萧东海《〈诚斋集〉勘误三题》指出文渊阁本《四库全书》所收杨万里《诚斋集》之讹误云:四库本卷五十九有《回赣州守新除广帅鼓子山郎中启》,明汲古

① 汉赵晔撰,苗麓校点《吴越春秋》卷一,江苏古籍出版社,1999年,第6页。

阁本卷五十九同题亦作"鼓子山"。"鼓子山",《四部丛刊》本卷五十九作"彭子山"。本文作者考订指出:"彭子山"即彭演。四库本、汲古阁本作"鼓",皆误,应依丛刊本作"彭"①。其考订可从。查《荟要》本,正作"彭子山"。

近年也有一些论文注意到了《荟要》本的文字优点。如裴亚兵《〈嵩山文集〉校勘札记》对宋人晁说之《嵩山文集》作了校勘。文章用《荟要》本、《全书》本晁说之《景迂生集》,校《四部丛刊续编》影印曹溶藏本晁说之《嵩山文集》,发现《嵩山文集》讹误之处 34 条。如其举例说:《四部丛刊续编》本《嵩山文集》卷十七《仁王护国般若经疏序》:"幸二僧死于日本。""幸",《荟要》本作"不幸",四库本、今人整理《全宋文》作"而"。《全宋文》校勘记云:"'而',原作'幸',据四库本改。"②依上文文义,何以有庆幸二僧死于日本之理? 故"而"当作"不幸"。《四部丛刊续编》本脱一"不"字,四库本、《全宋文》"幸"讹为"而",均非是,当以《荟要》本为是。作者认为《荟要》本抄写较早,校勘更精,每卷后附有校勘记,其价值更高于《全书》本③。

以上举了若干例证,以说明《荟要》本文字的精审。下面再以《荟要提要》与二十四史"按语"为例,看一下《荟要》在校勘方面的成绩。

三、《荟要》与"二十四史"的校勘

《荟要》本"二十四史"和《四库全书》一样,都是依据武英殿本"二十四史"④抄录的。武英殿在刊刻二十四史时,曾为每部史书重新作了校勘,其校勘成果附在各卷后面,题名《考证》。《荟要》和《四库全书》在抄录正史时,都同时抄录了《考证》。此外《荟要》还另外撰写了新的校记,这部分校勘内容通常称之为"按语"。在《荟要》本二十四史中,北齐、旧五代史、辽、金、元、明史没有"按语",其余各史都有"按语"。

武英殿本《考证》与《荟要》"按语"在内容与形式上都有不少区别。以下各举一例。

武英殿本《考证》:

---

① 萧东海《〈诚斋集〉勘误三题》,《井冈山学院学报》(哲学社会科学)2007 年第 7 期,第 10 页。

② 曾枣庄、刘琳主编《全宋文》第一百三十册,上海辞书出版社、安徽教育出版社,2006 年,第 68 页。

③ 裴亚兵《〈嵩山文集〉校勘札记》,《琼州学院学报》2014 年第 6 期,第 60—64 页。

④ 此处为说明简便,使用了"武英殿本二十四史"这个习惯性说法。

《元史卷二百六考证》:《李璮传》:太祖十六年,全叛宋,举山东州郡归附。〇按传误以是年宋安抚使张琳来降为李全事。全之降在元太祖二十一年围益都以后,传内宪宗七年调兵赴行在,《本纪》作八年。

《荟要》"按语":

《宋史》卷一百八十《食货志》云:卷一百八十第二页后八行、三页前一行:平广南、江南,亦听权用旧钱。按:上言平蜀,权仍用旧钱,今平广南、江南,亦听用旧钱如蜀也。刊本"亦听权用"误作"赤德雄州",文义遂不可解,据《通考》改。

从内容上看,《考证》偶尔也涉及文字的校订,如《宋书卷七考证》云:"《前废帝纪》:二月丁丑,减州郡县田租之半。〇'租',监本讹'禄',今改正。"但其主要是史实考订。《荟要》"按语"则主要是文字上的校勘,纠正的都是"刊本"的文字讹误。此"刊本"即武英殿刻本。《荟要》本文字大都据"按语"作了改正,部分文渊阁本也作了相应改正。

从形式上看,《考证》部分在卷端题"××(书名)卷×考证"字样,如《史记卷一考证》。卷末、书口有同样的标示。《荟要》"按语"卷端、卷末、书口均未另作标示。各篇首行第一条均用"谨案"字样,以下标明卷次、行次,并写出校勘内容。"按语"不与《考证》连排,而是另起一页写。一般在各卷《考证》之后,也有几卷合在一起的。

《荟要》"按语"由纂修官签出,誊录据以改动正文。如《后汉书》卷五十九《鲍永传》有"按语"云:"卷五十九第十二页后一行注:'三年乃有成功。'考石经《论语》及宋本、监本并作'三年有成',或李贤所见古本不同。此书注内所引类此者颇多,今并仍其旧,后不复签。"就说得很清楚。

由于《考证》附录在殿本二十四中,当年中华书局点校时,有许多使用了殿本,所以《考证》的成果有些已被吸收,有些内容也已经反映在校勘记中。《荟要》的校勘成果都在"按语"中,由《荟要》馆臣撰写。《荟要》当年抄写了两份,圆明园味腴书室本毁于咸丰十年英法联军进攻北京时,宫中摛藻堂本则一直尘封深宫不为人知,直到1924年清点故宫文物才发现此书。1949年后藏台湾“故宫博物院”。所以直到 1985 年台湾世界书局影印《摛藻堂四库全书荟要》之前，很少有人知道这部书的存在。当年点校二十四史时，无法看到《荟要》，《荟要》的校勘成果既不为人所知，更不可能被吸收。即使是在《荟要》已经影印出版的今天，一些研究《四库全书》与二十四史关系的论文也不提及或极少提及《荟要》，更不用说使用《荟要》“按语”的校勘成果了。其实《荟要》“按语”在二十四史校勘方面有一定价值，可以为点校本“二十四史”的修订提供参考。

《荟要》“按语”的一些校勘成果往往与中华书局本相符合。如《荟要》本《晋书》卷八十三“史臣曰”，“按语”云：“第二十二页后七行，殷顗，刊本‘顗’讹‘觊’，据本传改。”中华书局本校勘记云：“‘顗’，各本误作‘觊’，今据说本传改。”[①]校勘根据相同。

有些《荟要》“按语”可与中华书局点校本的“校勘记”相比较。如《隋书》卷四《炀帝纪下》，《荟要》“按语”云：“卷四第三页前二行，三令五申，刊本‘三’讹‘先’，据监本改。”中华书局点校本这一条说：“‘三’原作‘先’，据《三国史记》二〇及《北史·隋本纪》下改。”[②]中华书局本根据书证校改，《荟要》“按语”根据版本校改，可互为补充。

《荟要》“按语”的一些校勘成果比中华书局点校本引用的前人校勘成果时间更早。如《宋书》卷三十五《州郡志》“盖令”下，中华书局点校本校勘记云：“‘盖’各本并作‘菴’，据《续汉书郡国志》《魏书地形志》改。成孺《宋书州郡志校勘记》云：‘历代无庵县，李兆洛云‘庵’乃‘菴’之讹，案李说是也。’”[③]实际上《荟要》“按语”已指出了“菴”字疑是“盖”字之讹这一点，其文云：“第三十页前八行，庵令，前汉属琅邪，后汉属泰山。据前、后《汉书》，琅邪、泰山郡俱无庵县。此‘菴’字疑是‘盖’字之讹。”中华书局点校本校勘记提到的李兆洛生于乾隆三十四年，成孺生于嘉庆二十一年，都在《荟要》之后。

《荟要》“按语”还有一些校勘成果是“二十四史”整理者以前没有注意到的。以下试举数例。

《荟要》本《晋书》卷六十八《纪瞻传》“按语”云：“第十一页前四行，内静柔

---

① 《晋书》，第 2182 页。

② 《隋书》，第 96 页。

③ 《宋书》，第 1067 页。

弱以含容为质，刊本'静'讹'性'，今改。"《荟要》本正文已改，文渊阁本仍作"内性柔弱以含容为质"。此为纪瞻答尚书郎陆机策问之词。陆机问："今有'温泉'而无'寒火'，其故何也？"纪瞻因有是答。原文略云："若夫水润下，火炎上，刚柔燥湿，自然之性，故阳动而外，阴静而内。内静柔弱，以含容为质；外动刚直，以外接为用。""内静柔弱，以含容为质"两句，承接上文"阴静而内"而言；"外动刚直，以外接为用"两句，承接上文"阳动而外"而说。一动一静，相互配合。若下句作"内性"，虽从道理上可以说得通，但上下文缺少了承接关系。中华书局标点本未改，仍作"内性柔弱，以含容为质"[①]。"按语"之说，似可考虑。

《荟要》本《魏书》卷一百十四《释老志》"按语"云："第十二页后六行，又为窟室，刊本'窟'讹'屈'，今改。"《荟要》本所改可从。此记北魏世祖拓跋焘灭佛事。因盖吴在杏城聚众反魏，拓跋焘亲自率兵前去征讨。在一寺院中发现大量弓矢矛楯，拓跋焘大怒，下令搜查，结果除发现大量酿酒器具及州郡牧守富人所寄藏的财物外，还发现有密室："又为窟室，与贵室女私行淫乱。"窟室，即欢娱淫乱之所。拓跋焘乃"诛长安沙门，焚破佛像"。文渊阁本作"屈室"，不词。文津阁本已改作"窟室"。中华书局点校本作"屈室"[②]，似可校改。《旧唐书》卷五十三《李密传》云："甘嗜声伎，常居窟室。"[③]《新唐书》卷二百四《方技·明崇俨传》云："试为窟室，使宫人奏乐其中。"[④]《金史》卷一百四《移剌福僧传》云："部内世袭猛安木吞掠民妇女，藏之窟室，人颇闻之，无敢发其罪者。"[⑤]均以"窟室"为隐秘行乐场所。

《荟要》本《宋书》卷十六《礼志三》"按语"云："第八页后五、六行，时高堂隆等以为礼祭天不以地配，刊本沿各本之误，缺此十四字。今据《晋书·礼志》增。"按武英殿本原文为："魏承汉后，正月祭天，以地配，而称周礼，三王之郊，一用夏正。"《荟要》"按语"认为在"以地配"与"而称周礼"之间缺漏了"时高堂隆等以为礼祭天不以地配"十四个字。其根据是《晋书·礼志》有此十四字。"按语"所说有一定道理，这是引太常顾和上表中语。《晋书》有此文，《宋

---

① 《晋书》，第 1818 页。

② 《魏书》，第 3034 页。

③ 《旧唐书》，第 2213 页。

④ 《新唐书》，第 5806 页。

⑤ 《金史》，第 2296 页。

书》自然也应有。这里上下文正好都有“以地配”三字，可能是当初跳行了。但“按语”在没有《宋书》版本依据的情况下，随意增加文字，虽有一定的文献依据，但终究不合规范。比较妥善的办法是，正文不作改动，而另出校记说明。今查文津阁本，已补出这十四个字，而文渊阁本、中华书局点校本[1]，都缺此十四字，丁福林《宋书校议》于此也未有校记[2]。实际上这里虽然不必如同《荟要》本那样径自补上所缺文字，但应该出一条校记加以说明。

《南史》卷四十《鲁爽传》，《荟要》本作：“官至南郡太守。”文渊阁本作：“官至南阳太守。”《荟要》本“按语”云：“卷四十第一页前八行，官至南阳太守。案《宋书·鲁爽传》：祖宗之，晋孝武太元末年历官至南郡太守。此云南阳，盖因其封南阳郡公而误也。今改正。”“封南阳郡公”，此谓鲁宗之早年封爵。《南史》云：“祖宗之……义熙元年起义，以功为雍州刺史。宋武帝讨刘毅，与宗之因会江陵，封南阳郡公。”“官至南郡太守”，此谓鲁宗之晚年授官。荟要馆臣认为《南史》将两者混淆，因据《宋书》本传作了改正。文渊阁本未改。中华书局本正文仍作“南阳太守”，但出了一条校记，云：“‘南阳’《宋书》作‘南郡’。”[3]列出异同，未作判断。《荟要》本这条“按语”可供参考。

《荟要》本《宋史》卷三十三《孝宗本纪一》“按语”云：“第三页后三行，太子不宜将兵。按：此时孝宗未立为太子，此‘太’字应作‘皇’。”宋绍兴三十年二月，高宗立赵伯琮为皇子，更名玮。三十二年五月立为皇太子，改名昚。所谓“太子不宜将兵”之语，乃直讲史浩对皇帝所说，事在绍兴三十一年。其时赵玮尚未立为太子，所以《荟要》“按语”认为称“太子”不妥，应改正。《荟要》本、文渊阁本均已改作“皇子不宜将兵”。《荟要》所说不无道理。查明冯琦《宋史纪事本末》卷十九、乾隆帝敕撰《御批历代通鉴辑览》卷八十七，亦均作“皇子不宜将兵”。中华书局本作“太子不宜将兵”[4]，点校本在此宜加校记说明。

《荟要》本《宋史》卷二百五十二《王景传》“按语”云：“第十八页后六行，景趋利改图，乃至灭族。按《王景传》：景以寿终，封王赐谥。三子皆服官，无改

① 《宋书》，第 424 页。
② 丁福林《宋书校议》，上海古籍出版社，2002 年，第 56 页。
③ 《南史》，第 1034 页。
④ 《宋史》，第 617 页。

图灭族之事。论似误。""景趋利改图，乃至灭族"是《王景传》论赞之语，而《王景传》谓王景"卒年七十五，赠太傅，追封岐王，谥元靖"。王景有廷义、廷睿、廷训三子。廷训至骁卫大将军致仕。廷义战死，传谓："太祖甚惜之，优诏赠建雄军节度。"可见并无"灭族"之事。《荟要》"按语"因"论""传"不合，谓"论似误"。凡此，也可供点校者参考。

《荟要》本《宋史》卷二百七十三《李汉超传》附其子《李守恩传》"按语"云："第十五页前八行，特赐守恩洪州观察使次。按'次'字疑衍。"《李守恩传》此处原文作"特赐守恩洪州观察使次子祐之顺之用之润之庆之成之藏之"。中华书局点校本或认为"观察使次"不可解，遂将"次"字从下读，将其标点作："特赐守恩洪州观察使。次子祐之、顺之、用之、润之、庆之、成之、藏之。"[①]然次子是指第二个儿子，中华书局如此标点，用"次子"领下祐之、顺之、用之、润之等人，意思更难让人明了。或许因为如此，所以《荟要》"按语"有"'次'字疑衍"之说。中华书局点校本纵使不能照用《荟要》"按语"的校勘意见，但也可出一条校记加以说明。

《荟要》本《宋史》卷四百九十一《外国传》"按语"云："第十三页前四行，赐木吉治装钱遣还，刊本'治'讹'时'，据监本改。"这条校记也见《四库全书考证》卷二十八《史部·宋史》，原文云："卷四百九十二《日本国传》：赐木吉治装钱遣还。刊本'治'讹'时'，据监本改。"文渊阁本无校记，但已作"赐木吉治装钱遣还"。文津阁本也作"治装"。宋真宗咸平五年，建州海贾周世昌遭风飘至日本，七年后与日本国人滕木吉至。真宗召见之，赐木吉治装钱遣还。治装钱，即准备行装的费用，若作"时装钱"，似与此处文意不合。查中华书局点校本，仍作"赐木吉时装钱遣还"[②]。《荟要》的这一校勘成果值得重视。

限于篇幅，无法举出过多例证。但就以上几例也说明，《荟要》"按语"虽然总体上比较简单，但其中也有可取之处，有些意见有一定的合理性，点校本似可吸收。

---

① 《宋史》，第 9334 页。

② 《宋史》，第 14136 页。

第三节 《荟要》本的文字错误

虽说《荟要》文字誊录审慎，但实际上在抄写过程中，还是存在不少错讹，本节对此作一简单分析。

一、《荟要总目》的错字

《荟要总目》由于内容较少，在文字誊录上的错讹之处相对较少，不过也还是有一些问题。例如“卷六百至六百三十四”，依例“六百三十四”其上脱一“卷”字。又如“卷五千四百一至卷五千五百五百五十一”，应是“卷五千五百五十一”，误衍“五百”二字。数术二《周易参同契通真义》著录其进呈者云“今依前浙江巡抚三宝所上明椠本缮录恭校”，依例“三宝”前应有一“臣”字，作“前浙江巡抚臣三宝”。子部道家八《抱朴子》云：“《汉书·经籍志》即于‘道家’外别出‘神仙’家，使后世黄冠悠谬之谈，不与宁一冲虚之旨杂厕，其意良是。”《汉书》只有《艺文志》，无《经籍志》。此谓《汉书·艺文志》之《诸子略》中有“道家”，《方技略》中有“神仙”。子部九杂家《淮南鸿烈解》一书，著录其进呈者云“今依前江苏巡抚臣萨载所上周厚焴家藏明茅一桂刊本缮录”。周厚焴，当作“周厚堉”。著录《明诗综》作者作“国朝翰林院校讨秀水朱彝尊编”，校讨，当作“检讨”。《清史稿》卷四八四《文苑传》一《朱彝尊传》：“康熙十八年，试鸿博，除检讨。”凡此种种，虽不影响阅读，但究属瑕疵。

二、《荟要提要》的错字

《荟要提要》的错讹有人名误，如“叶适”写作“叶通”之类；书名误，如《易外别传》作《易外传》之类；特定名词有误，如“本府”误作“两府”之类等等，还有不少是因字形相近而缮写有误，也有相当一部分是引用文献有误。

1. 字形相近而误

因字形相近而抄录错误，这是文献中常见的错误现象，《荟要提要》也是如此。

宋蔡沈撰《书经集传》，提要云：“其子奉议郎杭表进于朝，元时颁之学宫。”学宫，为“学官”之误。《总目》云：“元与古注疏并立学官（原注：见《元史·选举志》）。”又云：“明与夏僎《解》并立学官（原注：见杨慎《丹铅录》）。”均可证。

宋王应麟撰《诗地理考》，提要云：“《二子乘舟》，引《左传》‘盗待于莘’之说；秦穆‘三良’，引《括地志》‘家在雍县’之说。”“盗待于莘”，《总目》作“盗待于莘”，是也。《左传》桓公十六年云：“使盗待诸莘，将杀之。”杜氏注：“莘，卫地。阳平县西北有莘亭。”即指此。《诗地理考》卷一“二子乘舟”条下引《左传》，正作“莘”字。又“家在雍县”，《总目》作“冢在雍县”，是也。《诗地理考》卷二“三良”条下引《括地志》云：“秦穆公冢在岐州雍县东南二里，三良冢在雍县一里故城内。”注：“东坡苏氏《秦穆公墓》诗：‘橐泉在城东，墓在城西无百步。’”此均是说墓地。《诗地理考》谓秦穆三良之坟墓在雍县，非谓三良之家乡在雍县，故其字应作“冢”。《诗地理考》原文也正作“冢”字。“莘”“莘”、“家”“冢”，均为形近字。

2. 使用文献时有疏误

《荟要提要》的撰写使用了不少已有的文献，但在使用过程中因种种疏忽，常常会出现各种问题。

宋蔡沈撰《书经集传》提要云：“《自序》谓‘二《典》、《禹谟》，先生盖尝是正’。”二《典》、《禹谟》，《总目》作“二《典》、三《谟》”。《总目》是也。三《谟》，指《尚书》中之《大禹谟》《皋陶谟》《益稷》。二《典》、三《谟》，古人常连用，用来代表治理天下之要道，如《明史·宋濂传》云：“《尚书》二《典》、三《谟》，帝王大经大法毕具。”《四库全书》本宋夏僎撰《尚书详解》卷首所录乾隆帝《御制题宋版尚书详解》云：“士行胡编诚足伟，九峰蔡传实相同。设如切己举其要，二典三谟用不穷。”《总目》卷十二《尚书辑录纂注》提要也云：“蔡沈《书集传序》惟称二《典》、三《谟》，尝经先生点定。”本书卷首蔡沈《自序》云：“二《典》、三《谟》，先生盖尝是正。”提要既云此见《自序》，自应以《自序》文字为准。《书经集传》卷三《说命下》云：“说曰：王，人求多闻，时惟建事，学于古训，乃有获。”注云：“古训者，古先圣王之训，载修身治天下之道，二典三谟之类是也。”也可为证。

宋李樗、黄櫄《毛诗李黄集解》提要云：“櫄，字实夫，著《诗解》二十一卷。”又云：“陈振孙称《诗解》，‘博采诸家训释名物文义，末用己意为论断’。”《荟要提要》以陈振孙所称为黄櫄《诗解》之解题，误。陈振孙所称，乃李樗《毛诗详解》之解题，见《直斋书录解题》卷二。其文云："《毛诗详解》三十六卷，长乐李樗迂仲撰。博取诸家说，训释名物文意，末用己意为论以断之。樗，闽之名儒，于林少颖为外兄。"《直斋书录解题》并未著录黄櫄《诗解》一书。这是《荟要提要》误用。

宋严粲撰《诗缉》提要云："《邶》之《柏舟》，旧以为贤人自比，粲则以柏舟为喻国，以泛为喻无雄特之人。"这里既有错字，引用文献亦有误。"以泛为喻无雄特之人"，《总目》作"以泛泛为喻无维持之人"，是也。《诗缉》原文云："今浮舟于水而无其人以维楫之，则亦浮泛而流去耳，其将何所止泊乎。所谓渡江河亡维楫，中流而遇风波，船必覆矣。喻卫国无贤人以维持之，则亦听其自为败坏耳。"是其原意是作无维持之人，《荟要提要》作"雄特"有误。又《荟要提要》"以泛为喻"，查《诗缉》原文，作："仁人忧在于国，不谓己之不用。今以柏舟自喻其材美，以泛泛喻己之不见用。"《总目》作"以泛泛为喻"，甚是。

元许谦撰《诗集传名物钞》提要云："至柏所删三十五篇，谦疑未敢遽从，则犹有先儒详慎之遗焉。""所删三十五篇"，《总目》作"所删《国风》三十二篇"。这是说王柏在《诗疑》一书中认为《诗经》中有淫秽之诗要求删去。《诗疑》卷一说："若男女自相悦之词，如《桑中》《溱洧》之类，悉削之，以遵圣人之至戒，无可疑者。所去者，亦不过三十有二篇。"随后又说："愚敢记其目，以俟有力者请于朝而再放黜之，一洗千古之芜秽云。"以下列出了要删去的三十一篇篇目。尽管删除的篇数有三十一篇、三十二篇两种说法，但这都是王柏自己所说，因此《总目》所说是有文献依据的，而《荟要提要》所说的三十五篇却找不到依据。

宋王当撰《春秋臣传》提要云："《宋史・艺文志》载是书作五十一卷，与此本不合，然于当列传则亦云三十卷，盖《志》为误矣。""于当列传则亦云三十卷"，《总目》作"本传则作五十卷"。《总目》所记卷数是也，《宋史》卷四百三十二《王当传》正作五十卷。

《易纬辨终备》提要云："《后汉书・樊宏传》注，《易》纬凡六，为《稽览图》《乾凿度》《坤灵图》《通卦验》《是类谋》，而终以此篇。"按：《后汉书》无《樊宏传》，《荟要提要》所引见于《后汉书・樊英传》注，这是抄写有误。

《荟要提要》使用文献的疏误，有一些我们在前面讨论"《荟要提要》的引文问题"时已经指出。

3. 誊录漏字而误

有时《荟要提要》一字漏缺往往会造成意思的相反。如《总目》卷一百五十三著录苏洵《嘉祐集》提要写道:“今以徐本为主,以邵本互相参订,正其讹脱,亦有此存而彼逸者,并为补入。又《附录》二卷,为奏议郎充婺州学教授沈斐所辑。较邵本少《国史本传》一篇,而多挽词十余首,亦并录以备考焉。”此处所说“徐本”即徐乾学家传是楼所藏宋刻本。“邵本”即清康熙年间苏州邵仁泓刻本。此谓《四库全书》本收录的苏洵《嘉祐集》以徐乾学家传是楼所藏宋刻本为底本,以邵仁泓刻本为参校本。另外又有宋沈斐辑《附录》二卷。

《总目》这段文字全抄的是《荟要提要》。《荟要提要》原文作:“又《附录》二卷,为奉议郎充婺州学教授沈斐所辑。邵本少《国史传》一篇,而多挽词十余首。”从比较可知,两篇提要相同,但有两处差异。一是一作《国史本传》,一作《国史传》。这个差异没有实质性的区别,但《荟要》本和《全书》本收录均作《国史本传》。

另一个差异却使得所要表达的意思完全相反了。《总目》说“较邵本少《国史本传》一篇,而多挽词十余首”,按照上下文接续关系看,这是说沈斐辑《附录》二卷较邵本少《国史本传》一篇,但比邵本多了挽词十余首。而《荟要提要》说“邵本少《国史本传》一篇,而多挽词十余首”,则是说邵本比沈斐辑《附录》二卷少了《国史本传》一篇,但比沈斐辑《附录》二卷多了挽词十余首。这里“较”字一字之差,但意思却完全相反了。

今查南京图书馆藏清康熙三十七年安乐居刻本《苏老泉先生全集》二十卷,所附宋沈斐《附录》二卷,卷上依次为欧阳修《老苏先生墓志铭》、司马光《武阳县君程氏墓志铭》,其下为曾巩《老苏先生哀词》。与《荟要》《全书》本相比,《武阳县君程氏墓志铭》下缺《国史老苏本传》。《附录》卷下则有韩琦、曾公亮、欧阳修等撰《老苏先生挽词一十五首》。也就是说沈斐所辑缺《国史老苏本传》,但有《老苏先生挽词一十五首》。图书收录的情况与《总目》所说正相同。所以这个“较”字不能少,《荟要提要》缺“较”字有误,《总目》所说是准确的。

4. 照录《初目》而误

《荟要提要》有些文字讹误,源于《四库全书初次进呈存目》。《荟要提要》有不少篇目与《初目》基本相同,或是在《初目》基础上增补删改而成的。《初目》的一些文字讹误往往也影响到了《荟要提要》。

如唐杜牧撰《樊川集》提要云："是集为其甥裴廷翰所编。"裴廷翰，《总目》作"裴延翰"，是也。《樊川文集》卷首有裴延翰原序。裴延翰亦见陈振孙《直斋书录解题》等。《荟要提要》之误，实源自《初目》。《初目》云："其甥裴廷翰所编。"是其已误。这篇提要，《荟要提要》与《初目》文字几乎完全相同，所以也沿袭了《初目》的文字错误。

元雷思齐撰《易图通变》云："是书《自序》谓《河图》之本数四十，以当八卦，而五十为用，以会通于中。"五十，《总目》作"十五"，是也。雷思齐《自序》作："图之数以八卦成列，相荡相错，参天两地，参伍以变，皆自然而然。后世不本其数实惟四十，而以其十五会通于中。"所言甚明。这篇提要，《荟要提要》与《初目》文字大部分相同，《初目》即误作"五十"。这是作者雷思齐《自序》之言，《荟要提要》如是直接引用原文，当不至于有此讹误。所以这也是沿袭了《初目》的文字错误。

梁顾野王撰《重修玉篇》提要云："凡五百四十部。"文渊阁《全书》提要、殿本《总目》同，浙本《总目》作"凡五百四十二部"。顾野王撰《玉篇序》云："凡五百四十二部。"宋王应麟撰《玉海》卷四十五、清倪涛撰《六艺之一录》卷一百七十等引，均同此数。今据本书卷首总目著录各卷部数统计，亦为五百四十二部。《总目》卷四十三小学类存目一著录《四声篇海》提要"是编以《玉篇》五百四十二部，依三十六字母次之"云云，亦可证。《荟要提要》此误，即与《初目》有关，《初目》此处也作"凡五百四十部"。

又《荟要提要》云："其《敕牒》后所列字数称：'旧一十五万六百四十一言，新五万一千一百二十九言，新、旧总二十万九千七百七十言，注四十万七千五百有三十字。'""一十五万六百四十一言"，浙本《总目》作"一十五万八千六百四十一言"，多"八千"二字，是也。据新、旧本总数计算，正好是二十万九千七百七十言，如缺"八千"二字，则总字数有误。《玉篇序》有此"八千"二字。《荟要提要》这一讹误，也来自《初目》。这篇提要长达 500 多字，《荟要提要》与《初目》除一处地方可能因漏字而略有差异外[①]，其余一字不差，可见《荟要提要》的讹误就是因为照抄《初目》而未加考订造成的。

---

① 《初目》"而不收野王书旧本遂不可考"句，《荟要提要》作"而不收野王书梁代旧本遂不可考"。《初目》可能有漏字。

唐张参撰《五经文字》提要云："《册府元龟》称，周显德二年，尚书左丞兼判国子监事田敏'献印板书《五经文字》'。"此为《荟要提要》引《册府元龟》文。查该书卷六百一作"广顺三年，献印版《九经》书、《五经文字》"，卷六百八作"广顺三年六月，敏献印板书《五经文字》"。宋王应麟《玉海》卷四十三作"后周广顺三年六月，田敏进印板《九经》书、《五经文字》样各二部，一百三十册"。是田敏献印板书《五经文字》在广顺三年，《荟要提要》作显德二年有误，这也是沿袭了《初目》之误。

汉淮南王刘安撰、高诱注《淮南子》提要记高诱仕历云："建安中，辟司宫椽，历官东郡濮阳令，迁河东监。皆见《自序》中。"司宫掾，《总目》作"司空掾"，是也。《后汉书・百官志》无司宫掾之职。《荟要提要》称高诱"其仕履皆见《自序》中"，查高诱《自序》，云："建安十年，辟司空掾。"可证《荟要提要》有误。这一错误也与《初目》有关。

梁刘勰撰《文心雕龙》提要云："据《序志篇》称，上篇以下，下篇以上，本止二卷。"考《文心雕龙・序志》篇，其原文云："上篇以上，纲领明矣。"又云："下篇以下，毛目显矣。"所谓上篇，指《文心雕龙・原道》以下二十五篇，即通常所说的"总论"与"文体论"，此论"文之枢纽"，并"论文序笔"。所谓下篇，指《文心雕龙・神思》以下二十四篇，即通常所说的"创作论"和"批评论"，"剖情析采""摛神性，图风势，苞会通，阅声字"等等。作"上篇以下，下篇以上"，则不知所云。《荟要提要》又云："又据《程材篇》所言，此书实成于齐代。"按：《文心雕龙》有《程器》篇，无《程材》篇。所称此书成于齐代，乃《时序》篇所言。这两处错误也是因《初目》有误。

这些错误其实并不复杂，只要稍微留意一点，或查一下原书，都很容易发现，不一定会抄错。但《荟要提要》只是照录《初目》，所以出现了错误。

三、《荟要》本的错字

《荟要总目》《荟要提要》之外，《荟要》本也有不少文字错误。

1. 因字形相近抄写有误

文本错讹的原因很多，就《荟要》抄本来看，有许多是因为字形相近而出错。

试以赵晔《吴越春秋》为例。《荟要》依据前户部尚书王际华所上元留圣刻本《吴越春秋》缮录，又据明冯念祖本、国朝汪士汉本、何允中本参校。其讹误之处举其大者，如：

卷一《王僚使公子光传》："季札曰：'苟前君无废，社稷以奉，君也，吾谁怨乎？哀死待生，以俟天命。非我所乱，立者从之，是前人之遗。'""前人之遗"，元大德十年丙午刻本、明弘治邝璠刻本均作"前人之道"。《春秋战国异辞》卷三十五、《吴郡志》卷五十同。《荟要》本当是误抄。文渊阁、文津阁本不误。

卷二《阖闾内传》，《荟要》作："六年，欲用兵。"文渊阁、文津阁本同。"六年"，元大德十年丙午刻本、明弘治邝璠刻本均作"六月"。按：此记阖闾元年事，以下记二年事，故此处不可能为六年，"年"当作"月"。清马骕《绎史》卷八十九、清高士奇《左传纪事本末》卷五十所引，均作"六月"，是也。《荟要》、文渊阁、文津阁《全书》均误。

又卷二《阖闾内传》，《荟要》本作："子胥深知王之不足。"元大德十年丙午刻本、明弘治邝璠刻本均作"子胥深知王之不定"，清马骕撰《绎史》卷八十九、清高士奇撰《左传纪事本末》卷五十所引同，是也。按：上文云"三年，吴将欲伐楚，未行。……吴王内计二子皆怨楚，深恐以兵往，破灭而已。登台向南风而啸，有顷而叹，群臣莫有晓王意者。"知吴王伐楚尚踌躇不定，故子胥荐孙子于王。《荟要》本作"不足"，于义无解。文渊阁、文津阁本作"不足"亦误。

又卷二《阖闾内传》，《荟要》作："秦使公子子蒲、子虎率军五百乘，救楚击吴。""率军五百乘"，元大德十年丙午刻本、明弘治邝璠刻本均作"率车五百乘"，是也。《册府元龟》卷七百三十九、清陈厚耀《春秋战国异辞》卷三十六引，均作"率车五百乘"，可证。《左传》定公五年云："申包胥以秦师至，秦子蒲、子虎率车五百乘以救楚。"即指此事。春秋时兵车以一车四马为一乘，作"军""五百乘"则无解。文渊阁、文津阁本不误。

卷四《越王无余外传》，《荟要》本徐天祜注作："少康元年壬午至周敬王元年壬午，凡一千五百六十一年。吴之伐越，见《春秋》昭公三十二年，敬王十年也，至是二千五百七十年矣。""二千五百七十年"，元大德十年丙午刻本、明弘治邝璠刻本均作"一千五百七十年"，是也。据夏商周断代工程专家组研究成果，夏朝年代为公元前 2070—1600 年[①]。而周敬王元年壬午为公元前 519

① 夏商周断代工程专家组编著《夏商周断代工程 1996—2000 年阶段成果报告·简本》，世界图书出版公司，2000 年，第 86 页。

年。敬王元年至敬王十年，不过十年时间。姑不论“少康元年壬午至周敬王元年壬午，凡一千五百六十一年”这一说法是否准确，加上敬王的十年，其间绝不可能有二千五百七十年之多，则是肯定的。故《荟要》本作“二千五百七十年”，应该是“一千五百七十年”之误。文渊阁、文津阁本《吴越春秋》及《史记》卷四十一附《考证》，亦作“二千五百七十年”，均非是。

卷五《勾践归国外传》记道，吴王增越王封地，“南至于姑末”。《荟要》本徐天祜注云：“鲁国下县南有姑蔑城。”姑蔑，地名，有二地，此处徐天祜注所说为鲁地。“下县”，元大德十年丙午刻本、明弘治邝璠刻本均作“卞县”。按：卞，春秋鲁卞邑。卞庄子食邑于此。在今山东泗水县东四十二里卞桥。《左传·襄公二十九年》云“季武子取卞”，即此地。西汉置卞县。鲁国卞县多见于史传，如《史记·孔子世家》《册府元龟》卷二百四十六等所引，即是。清江永撰《春秋地理考实》卷一云：“蔑：杜注：姑蔑、鲁地，鲁国卞县南有姑蔑城。”江永所说杜注，见《春秋左传注疏》卷一隐公元年三月，作：“鲁国卞县南有姑城。”文字虽略有出入，但作“卞县”则无疑。故《荟要》本误。文渊阁、文津阁《全书》本作“下县”，亦误。

可见《荟要》文字讹误之处，也非常多。而从错误来看，如遗、道，军、车，足、定，等，均为形近致误。

又如陈子昂《陈拾遗集》卷二，《荟要》本诗题作《江上暂别萧四刘一旋欣接遇》。“刘一”，《文苑英华》卷二百十八、明高棅编《唐诗品汇》卷七十二、《全唐诗》卷八十四等，均作“刘三”。《四部丛刊》影印秀水王氏二十八宿研斋藏明弘治杨澄刻本《陈伯玉文集》也作“刘三”[①]。岑仲勉《唐人行第录》云：“刘三，名未详。”[②]是《荟要》有误。文渊阁本作“刘三”不误。

像这些讹误，都是《荟要》誊录时因粗心而产生的错误。这类问题在分校、覆校时，如果没有底本对照，往往不容易发现。

《荟要》有些文字缺讹因未能查核他本。如宋朱鉴编《诗传遗说》卷四云：“问：跻彼公堂，称彼兕觥，民何以得升君之堂？曰：周初国小，君民相亲，其礼乐法制未必尽备，而民事之艰难，君得尽得以知之。”“君得尽得以知之”一句在此无法读通，《荟要》在这一卷后所附“按语”云：“君得尽得以知之，上‘得’

① 陈子昂《陈伯玉文集前集》卷二，《四部丛刊》本，第9页。

② 岑仲勉《唐人行第录》，上海古籍出版社，1982年，第153页。

字疑衍。”“按语”所说此句是朱熹之语，《荟要》认为无法讲通，但又苦于没有其他证据，只好以衍文说之。其实朱熹此言在文献中多见引用，如《朱子语类》卷八十一、元刘瑾《诗传通释》卷八、明胡广等撰《诗传大全》卷八、李光地等奉敕编《朱子全书》卷三十五、清程川编《朱子五经语类》卷五十三，乃至《钦定诗经传说汇纂》卷九等所引，均作“君则尽得以知之”。《荟要》因无法一一查核众本，遂有衍文之说。文渊阁本此处作“君固尽得以知之”，“按语”云：“君固尽得以知之，原本‘固’讹‘得’今改。”所改虽文意通畅，但并无文献依据，属于臆改。

2. 因底本问题产生的错误

《荟要》或其他四库本都是依据一定的底本抄写的，因此底本的使用与抄本准确或讹误，有很大的关系。从我们比较的情况看，大约有这么几种情况。

底本准确，《荟要》本误，文津阁本准确。元好问《中州集原序》，《荟要》本作：“亦念百余年以来，诗人为多，苦心之士，积日力之久，故其诗往往可传。兵戈散亡，计所存者，才什一耳。”“兵戈”，元至大三年平水曹氏进德斋刻递修本、光绪七年读书山房刻本均作“兵火”。“兵戈”“兵火”义可同。但诸本及汲古阁本均作“兵火”，则《荟要》本作“兵戈”当为误抄，并无版本依据。文渊阁本未收录原序，文津阁本有此序，作“兵火”。

有些讹误，是由于《荟要》据以誊录的本子本身有误。

《齐民要术》卷九“胡芹小蒜菹法”，《荟要》本与文渊阁、文津阁本均作：“并暂经小沸汤出，下令冷水中出之。胡芹细切，小蒜寸切。”“下令冷水中出之”，《四部丛刊》影印明抄本作“下冷水中出之”，是也。本书“竹菜菹法”云：“净洗，暂经沸汤，速出，下冷水中，即搦去水，细切。”“木耳菹”云：“煮五沸，去腥汁，出置冷水中，净洮。”均可证。是《荟要》本、文渊阁本衍“令”字。《荟要总目》云：“今依前浙江巡抚臣三宝所上明沈士龙刊本缮录，据明马直卿本恭校。”所谓沈士龙刻本，即明万历胡震亨、沈士龙刻《秘册汇函》本，今查北京大学图书馆藏此本，即作“下令冷水中出之”[①]。此处衍文，与所据以誊录的本子有关。毛晋刻《津逮秘书》本与《秘册汇函》本同，此处也衍一“令”字。

《吴越春秋》卷十《勾践伐吴外传》，二十七年冬勾践寝疾将卒，谓太子兴

① 贾思勰《齐民要术》卷九，明刻本，第 32 页。

夷曰："吾……功德巍巍，自致于斯，其可不诫乎？""诫"，文渊阁本同。元大德十年丙午刻本、明弘治邝璠刻本均作"诫"。按：下文有"夫霸者之后，难以久立，其慎之哉！"此是勾践临终对太子兴夷之言，含有劝诫之意，作"诫"更妥切。清陈厚耀撰《春秋战国异辞》卷五十三，正作"诫"。

又《吴越春秋》卷十《勾践伐吴外传》，《荟要》本徐天祜注作："此书载越世次，自勾践五传至王无强。以《世家》考之，则十世矣。"文渊阁本同。"十世"，元大德十年丙午刻本、明弘治邝璠刻本均作"七世"。按：《史记·越王勾践世家》："勾践卒，子王鼫与立。王鼫与卒，子王不寿立。王不寿卒，子王翁立。王翁卒，子王翳立。王翳卒，子王之侯立。王之侯卒，子王无强立。"是勾践至于无强，当为七世。元大德十年丙午刻本、明弘治邝璠刻本均作"七世"。《荟要》、文渊阁本均非是。

但《荟要》本、文渊阁本作"诫"、作"十世"也有依据，明吴琯刻《古今逸史》本即作"诫""十世"。马骕《绎史》卷九十六《吴灭越下》也作"功德巍巍，自致于斯，其可不诫乎"。

从以上情况看，如果仅是《荟要》本或文渊阁本一种本子错，则笔误的可能性较大。但如果是《荟要》本与文渊阁、文津阁本一同出错的话，笔误的可能就很小了，因为不太可能恰好在同一个字上写错。出现这种情况的最大可能是四库本缮录依据的底本相同。

《荟要》本的一些讹误，可能与底本选用有关。如元王恽撰《秋涧集》卷一《中统神武颂并序》，明弘治十一年马龙金舜臣刻本作："维三年春王正月，逆璮悖负天恩，扞我大刑，裒奸株顽，啸凶东土，于是命将致讨。天戈一麾，不五月而克清大憝。兹盖皇帝陛下寅奉天心布昭神武睿智足临有征无战故也。""三年"，《荟要》《全书》均作"二年"。

按：此指元世祖中统三年二月，江淮大都督李璮举兵反叛事。《元史》卷五《世祖本纪》云：中统三年二月"己丑，李璮反，以涟海三城献于宋，尽杀蒙古戍军。"元世祖迅速调兵平叛，七月，李璮即兵败被擒，"甲戌，李璮穷蹙，投大明湖水中，不即死，获之，并蒙古军囊嘉特伏诛"。王恽词颂即为此而作，其赋云："皇帝践阼，粤维三年。万灵清跸，乃狩于燕。"又谓"时维逆璮，祸心久缠。再世鸱张，颛征擅权"云云。是作"二年"有误。据《荟要总目》所说，《秋涧集》"今依前两淮盐政臣李质颖所上马裕家藏抄本缮录恭校"，《总目》谓此书来源于两淮马裕家藏本，是《荟要》《全书》均用两淮马裕家藏抄本，未用明弘治十一年马龙金舜臣刻本。《荟要》《全书》的讹误，或与所用底本有误相关。

《荟要》诗篇有重复者，也与所用底本有关。《御选明诗》卷二十六《五言古诗》十一有袁褧《田家》一诗："谁言田家乐，所乐亦岂常。畊敛稍不给，丰歉复相当。五月了蚕事，十月登稻粱。所入不偿用，闲少实多忙。营营事公私，劳苦过即忘。岁功已告毕，蜡社聚一方。酌酒宰鸡豚，鼓腹坐山阳。宁知朱门内，昼夜罗酒浆。贫富在所遭，苦乐难较量。"卷二十九《五言古诗》十四又有袁褧《田家》一诗，作者、篇名、诗句完全相同，是诗篇重复。《四库全书》此诗也重复。查《御选明诗》原来就重复，《荟要》照录未作改动。

由于校勘的问题比较复杂，而且在当时的背景下，也很难做到会合众本，细心比对，所以我们认为，《荟要》（当然也包括《全书》本）的校勘首先是保证抄写文字的准确，在抄写时发现明显的讹误才用他本或其他资料加以比较并加以改正。这就为文本的校勘带来很多问题。此再以唐元结撰《次山集》为例。

唐元结撰《次山集》，《荟要》本卷末有李商隐《容州经略使元结文集后序》，文渊阁、文津阁本无。李商隐《后序》，亦见宋姚铉编《唐文粹》卷九十三、明贺复征编《文章辨体汇选》卷三百四、清徐树谷等《李义山文集笺注》卷九，惟诸家文字略有不同。《次山集》原本并无李商隐《后序》，如《四部丛刊》影印明正德十二年郭勋刻本即是，这是现存最早的元结文集。《荟要总目》云："今依前山东巡抚臣徐绩所上明吴震元刊本缮录恭校。"明吴震元刻本，即明崇祯年间吴震元、王时敏刻本，此本后有李商隐"后序"，但我们认为这篇"后序"并非从李商隐文集中录出，很有可能是从《文章辨体汇选》抄出的。理由是：

《荟要》本《后序》云："次山有《文编》、有《后集》、有《元子》，三书皆自为之序。"《文章辨体汇选》同。《唐文粹》《李义山文集笺注》作："次山有《文编》、有《诗集》、有《元子》，三书皆自为之序。"疑《荟要》本作"后集"者非是，当从《唐文粹》等作"诗集"。史志著录元结著作，未提及其有《后集》。又元结虽有诗作，但未独立成编，从"三书"一语来看，"后集"也应是一部独立的著作，因怀疑《唐文粹》等说《诗集》是指元结所编的《箧中集》。《直斋书录解题》卷十五著录元结编此书，云："录沈千运、赵微明、孟云卿、张彪、元季川、于逖、王季友七人诗二十四首。"此或是诗集之意。

又，《荟要》本《后序》云："次山见誉于公弱夫苏氏，始有名。"《文章辨体汇选》同。《李义山文集笺注》作："次山见誉于弱夫苏氏，始有名。"《荟要》本衍一"公"字。《唐文粹》原亦有此字，收入《四库全书》时被删去。《四库全书考证》卷八十九《唐文粹》卷九十三云："李商隐《唐容州经略使元结文集后序》'次山见誉于弱夫'，刊本'于'上衍'公'字，据义山文集删。"但《荟要》本未删此字。《新唐书》本传云："国子司业苏源明见肃宗，问天下士，荐结可用。"苏源明，初名预，字弱夫。是元结因苏源明之荐而被肃宗召见。《荟要》本衍一"公"字。

《荟要》本《后序》云："断章摘句，如娠始生。"《唐文粹》《文章辨体汇选》同。《李义山文集笺注》作："断章摘句，如娠如生。"

《荟要》本《后序》云："狼子豹孙，竞于跳走。"《文章辨体汇选》同。《唐文粹》《李义山文集笺注》作："狼子豻孙，竞于跳走。"

《荟要》本《后序》云："剪余斩残，程露血脉。"《唐文粹》同。《文章辨体汇选》作"剪余斩残，裎露血脉"。《李义山文集笺注》作："剪除斩残，程露血脉。""程露"有呈现、显示之义，"裎露"无此意。"裎""程"形近，《文章辨体汇选》或为误抄，但"剪余斩残"四字仍与《荟要》本相同，而与《李义山文集笺注》之"剪除斩残"有差异。

《荟要》本《后序》云："如在危处，如出梦中。"《唐文粹》《文章辨体汇选》同。《李义山文集笺注》作："如在危处，如在梦中。"

《荟要》本《后序》云："若国大治，若年大熟。"《唐文粹》《文章辨体汇选》同。《李义山文集笺注》："若治大国，若年大熟。"

从以上比较可知，《容州经略使元结文集后序》或系从《文章辨体汇选》抄出而放置于《次山集》卷末。正因为如此，所以这篇《后序》在文字上就和现存的李商隐文集有了许多差异，而《荟要》本有些文字也未必准确。

《荟要》本也有些讹误，很难准确说明原因。如陈子昂《陈拾遗集》卷九《谏政理书》，《荟要》本作："遂为糟丘、酒池、炮烙之刑，一鼓牛饮者三千人。""一鼓牛饮"，文渊阁本作"一朝牛饮"。这里有一字之差。"一鼓牛饮"事，见汉刘向《古列女传》。其书卷七《孽嬖传·夏桀末喜》记载道："桀……为酒池，可以运舟，一鼓而牛饮者三千人。"刘向《新序》卷六、卷七两处言及此事，也均做"一鼓而牛饮"。宋金履祥编《资治通鉴前编》卷三、郑樵《通志》

卷三上《三王纪》等所引同。作“一朝牛饮”的，有《文苑英华》卷六百七十五、明杨士奇等编《历代名臣奏议》卷二十七等引。秀水王氏二十八宿研斋藏明刻本《陈拾遗集》及《全唐文》，也均同。

如果我们再仔细考察一下的话，可以看到，凡作“一鼓牛饮”的，均引用《古列女传》《新序》或《帝王世纪》等，没有用陈子昂之文的。而且所引文是作“一鼓而牛饮”，而非如《荟要》本作“一鼓牛饮”。而凡作“一朝牛饮”的，如《文苑英华》《历代名臣奏议》等，则都注明是陈子昂之文。因此可以肯定，陈子昂原文即是作“一朝牛饮”，而不是作“一鼓牛饮”。事实上，陈子昂文章是杂用夏桀、商纣故事，已非简单等同《古列女传》等原文。在《古列女传》《韩诗外传》等书中，只提及糟丘、酒池、运舟事，而无炮烙事。据历史记载，糟丘、酒池事虽与夏桀、商纣都有关，但炮烙事则只属纣王。《韩诗外传》卷四记道“纣作炮烙之刑”，即是。陈子昂这里是综合利用历史上两个昏暴帝王桀、纣之事，以说明“夏德衰亡，殷政微丧”，希望因此引起当政者要吸取历史教训。《荟要》本作“一鼓牛饮”，可能是误抄或误改。

《荟要》本也有些文句改动未必需要。如好问编《中州集》卷一马定国《雪霁》诗句，元至大递修本作：“独往南塘探春色，琵琶花下竹鸡鸣。”《荟要》本作：“独往南塘探春色，枇杷花下竹鸡鸣。”将“琵琶”改作“枇杷”。

琵琶，弹拨乐器。初名枇杷，见《释名》卷七《释乐器》：“枇杷，本出于胡中，马上所鼓也。推手前曰枇，引手却曰杷，象其鼓时，因以为名也。”后改称琵琶。枇杷，果木名，因“琵琶”而得名，《本草纲目》卷三十“枇杷”注云：“《释名》：宗奭曰：其叶形似琵琶，故名。”琵琶花，即枇杷花。《万首唐人绝句》卷五十八录王建《寄薛涛校书》诗云：“万里桥边女校书，琵琶花里寄闲居。”《御定全唐诗录》卷九十九薛涛小传作胡曾诗，曰：“万里楼台女校书，琵琶花下闭门居。”《明诗综》卷二十四录郭登《楸子树》诗云：“已闻桂蠹化胡蝶，忍听鹦鹉呼琵琶。花虽可爱不忍折，无人插向两髻丫。”此处“琵琶花”均指“枇杷花”。吴景旭《历代诗话》卷七十八“枇杷”条自注云：“观胡曾《赠薛涛》诗：‘万里楼台女校书，琵琶花下闭门居。’金人马定国《雪霁》诗：‘独往南塘探春色，琵琶花下竹鸡鸣。’则‘枇杷’二字又作‘琵琶’，岂古字可互通邪？书之以为博雅者谈助云。”马定国诗中所言当为琵琶树之花。枇杷树在冬天开花，马定国本诗题为《雪霁》，上文又着意一“探春色”，可见本诗作于暮冬初春，故而竹鸡能在盛开的枇杷花下鸣叫。据《荟要总目》所记,《中州集》是依据毛晋汲古阁刻本缮录的。汲古阁本此处作“琵琶”,可见《荟要》本是擅改。《荟要》等或以“琵琶花”易误解,故改作“枇杷花”。文渊阁、文津阁本也作“枇杷”,其实都无必要。而光绪七年读书山房刻本作“独往南塘探春色,琵琶花下竹鸡鸣”[①],仍恢复了原样。

文字的错误与否,和缮写者有密切关系。如元王恽《秋涧集》卷一《中统神武颂并序》云“逆璮悖负天恩”,“时维逆璮,祸心久纆”,“皇帝曰嘻,璮不时下,我民是恫”,“如璮之诛,万死何容”,几个“璮”字,《荟要》均写作“氊”。此则明显是誊录监生误认“璮”为“氊”字而错写。《全书》本不误。但《荟要》卷四十八《开府仪同三司中书左丞相忠武史公家传》中云“三年春,璮贼阴结宋人,以益都叛”一段,连续出现五个“璮”字,均未写错。从字迹看,卷一与卷四十八有差异,不是同一人抄写。据各卷后题名,卷一誊录监生为缪濂,卷四十八誊录监生为张同履。这说明文字的正误,很大程度上与具体的抄写者有关。

《荟要》本有文字错误,与字形相近有关,也可能与底本有关。试以陈子昂《陈拾遗集》为例。《荟要总目》云:“今依前两淮盐政臣李质颖所上江广达家藏本抄本缮录,据明杨澄、邵濂、杨沂诸本恭校。”江广达家藏抄本今未见,明杨澄刻本有《四部丛刊》影印本。今即以此本与《荟要》本作一比较。

陈子昂《陈拾遗集》卷六《堂弟孜墓志铭》,《荟要》本云:“始以今甲午岁献春二月己酉朔二十五日癸酉,定于石溪山之北冈,陪秀坟也。”这一段文字错误甚多。

“二月”,明杨澄刻本作“一月”,是也。此前有“献春”一词。献春,即孟春、新春,指农历正月。《初学记》卷三《岁时部》引南朝梁元帝《纂要》:“正月孟春,亦曰……献春。”“献春”非“二月”,故《荟要》有误。文渊阁本也作“二月”。

“己酉朔”,明杨澄刻本、文渊阁本同,均误。此“甲午岁”,为武则天长寿三年。查陈垣《二十史朔闰表》,正月朔日为乙酉[②]。“己酉朔”为形近而误。《文苑英华》卷九百六十一作“献春一月乙酉朔”,甚是。《全唐文》卷二百十六

① 《中州集》卷一,光绪七年读书山房刻本,第45页。

② 陈垣《二十史朔闰表》,古籍出版社,1956年,第91页。

作"献春一月己酉朔",月份不误,日期干支有误。

"二十五日癸酉",明杨澄刻本、文渊阁本作"二十五日己酉",是也。初一朔日为乙酉,此月二十五日是己酉,不是"癸酉"。《文苑英华》《全唐文》所载均作"己酉"不误。

"定于",文渊阁本作"窆于",是也。窆,指将棺木葬入圹穴。《墓志铭》云,有周天授二年七月,"卜兆不吉,权殡于真谛寺之北园"。至长寿三年甲午岁始下葬。作"定于"不词。此因"定"也写作"㝎",与"窆"形近而误。明杨澄刻本即刻作"㝎"字。文渊阁本、《文苑英华》作"窆"不误,但《全唐文》作"定"有误。

"秀坟",文渊阁本作"考坟",是也。考坟,即父亲的坟墓。宋刘宰《漫塘文集》卷二十七有《祭先考坟破土祝文》。《墓志铭》此下云:"君家世坟茔在武东山,昭穆崇封,松柏列盛。至君考遗令,独爱石溪之冈,故君从先志,祔葬于此。"此即"陪考坟"之意。作"秀坟"则于意无解。此亦因"秀""考"形近而讹。《文苑英华》《全唐文》均作"考坟"。

从以上比较中可以看到,《荟要》的文字错误和所要缮录的文字字形相近以及底本可能有误均有关系。同时尽管《荟要总目》说据明杨澄等诸本恭校,但实际上可能并未用他本作校对,否则有些错误不会产生。就这段文字看,文津阁本与《荟要》本完全一样,《荟要》本的错误文津阁本也都同样错了,说明两种本子之间有联系。南京图书馆藏清初抄本《陈伯玉文集》十卷,这一段文字作:"始以今甲午岁献春一月己酉朔二十五日己酉,定于石溪山之北冈,陪秀坟也。"除"一月""二十五日己酉"外,其余均与《荟要》本之误同。说明当时流传的本子错误已很多。四库馆臣如果不注意校对,这些错误就得不到改正。就这一段文字看,月份、干支的讹误如无他本对校很难看出来,但如"定于""秀坟"这样的错误是应该可以看出来的。《荟要》、文津阁誊录于此过于草率。

今人有校点本《陈子昂集》,以上例文作:"始以今甲午岁献春一月,己酉朔,二十五日己酉,定于石溪山之北冈,陪考坟也。"[①]"己酉朔""定于"等错误均未校出。据该书《凡例》说,校点本以《四部丛刊》影印明杨澄校正本为底

① 陈子昂著,徐鹏校点《陈子昂集》,中华书局上海编辑所,1960年,第131页。

本，校以《全唐诗》《全唐文》及清道光丁酉蜀州刊本《陈子昂先生全集》等。从实际情况看，这个校点也是存在不少问题的。

第四节 《荟要》的阙文问题

我们在查看、阅读《荟要》时，有时会在字里行间看到一个写作小字的“阙”字（也写作“缺”，其意相同），这就是“阙文”标识。阙文，这里指的是有脱漏的字词或文句。无论是在《荟要》中，还是在《全书》中，都会看到这个“阙”字，表示这里字词或文句有缺。当然也有不标“阙”字而用空格或墨钉（■）表示的。

一、《荟要》的“阙文”现象

《荟要》本中的阙文，有些是因所用原本就有缺，《荟要》本无法补出而造成的。如康熙本《明诗综》卷十四林赐小传云：“赐字■■，莆田人，洪武癸酉乡试第一。官溧阳训导。”[①]“赐字”下原缺二字，用墨钉替代，所缺为林赐之表字。《荟要》本因在“赐字”下标注了一个“缺”字。文渊阁本、文津阁本此处标注作“阙二字”。

再如《明文衡》卷四十七董纶《跋戴元礼仁义卷》，最后说“吉凶祸福之报，宁”。显然语气未完，所以《荟要》在“宁”字下注一“阙”字。查此书现存的几种明刻本，这篇文章“宁”字下也都没有内容，说明当时就已残缺了。

这些阙文，有的已经无法看到原文（如董纶《跋戴元礼仁义卷》）。但有些阙文是可以补出的，如《明诗综》卷十五所缺“林赐”表字。查明张弘道《皇明三元考》卷一“洪武二十六年癸酉科解元”记道：“福建林赐，长乐人。字伯予，授乐平教谕。师范端庄博学善属文，为士人所仰。得其题咏甚宝之。子侨，正统戊午解元。”[②]是林赐字伯予。“赐”有“予之”之义，人名与表字命意相同。至于籍贯有莆田、长乐之别，授职有溧阳、乐平之分，则因古人著录籍贯有原籍、寄籍的差异，而授职也有先后不同的缘故。这段记载不仅可以补出林赐

① 朱彝尊《明诗综》卷十四，康熙间刻六峰阁印本，第31页。

② 明张弘道《皇明三元考》卷一，明刻本，第16页。

表字，也可以补充其小传。乾隆《福建通志》卷三十七《选举·明举人》"洪武二十六年癸酉林赐榜"著录道："长乐县林赐，第一名，乐平教谕。学问该博，持守端严。"《皇明三元考》卷四"正统三年戊午科解元"记道："福建林侨，长乐人。洪武癸酉解元林赐子也。字叔惠，任无锡教谕。按《福州府志》云：父子榜首，闽中仅见。"[①]这些都可以为证。朱彝尊当年编纂《明诗综》时或未及见到《皇明三元考》此书，故记林赐小传有缺。《荟要》本等也就照录，未及加以补正，遂使阙文依旧。当然从文献整理的角度看，《荟要》依据原书缮写，照录阙文，并无不当。但无论是《荟要》还是《四库全书》，都有"考证""按语"，即一些篇卷后面所附的纂修官撰写的校勘记。像这种情况是可以在"考证"中加以说明的。

也有些阙文具有一定的偶然性。如《明文衡》卷二十四收录贝琼《土偶对》，《荟要》本、文渊阁本、文津阁本均至"昭昭者或愚，皎皎者或污，安知其才足有为而"而止，下注一"阙"字，表示以下有缺。查卢刻本，其下还有一段文字："时不可为乎？介者又曰：胡广历六帝而无称于时，一卢怀慎耳。张华、裴頠祸至而不图，一曹爽兄弟耳。人物不同而同为土木已。余无以诘觉，而识其语，将献诸上。惧执政者之不悦也，故尼。"从卢刻本看，"时不可为乎"以下正好在另一页上，而且是在另一个筒子页的正面。所以这不是《明文衡》本身有缺漏，而是可能进呈四库馆中的《明文衡》正好缺了这一页。《荟要》本等在依据卢刻本缮录时，看到看到其文未完，遂注上"阙"字，这是不恰当的。贝琼《土偶对》是一篇著名的寓言小品，流传很广，不难看到。就文渊阁《四库全书》本所录看，贝琼《清江文集》卷一、贺复征编《文章辨体汇选》卷七百七十二、黄宗羲编《明文海》卷一百三十四，都完整抄录有本文。像这种情况，正确的做法是另找完全本《明文衡》补上，或至少据贝琼文集等补录。然而无论是《荟要》纂修者，还是文渊阁本、文津阁本纂修者，都仅注一"阙"字了事。以后各校对官及复校者等，亦都未提出疑问。由此亦可见办理人员的马虎、随意。

以上说到卢刻本《土偶对》是完整的，是《荟要》所据抄录的卢刻本《土偶对》后面有缺页，故脱去了最后一段文字。不过实际上卢刻本也还是有阙漏的。今见卢刻本《土偶对》之后，尚有林志《易范答》一篇篇题，但无文字，篇名

① 明张弘道《皇明三元考》卷四，明刻本，第3页。

下注云:"此篇刻本皆缺。"《荟要》本、文渊阁本、文津阁本中,均无此篇篇名,也无小注。查嘉靖八年宗文堂刻本,《易范答》一篇完整无缺。卢焕刻本刻于明嘉靖六年,早于宗文堂刻本,是未见到《易范答》一篇。《荟要》在缮录时,仅据卢刻本抄录,未能核对宗文堂刻本,所以有阙漏。今查四库本中,只有文澜阁本《土偶对》是完整的,并有《易范答》一篇。

四库本《土偶对》一篇的完整与否,也为我们评价文澜阁本提供了依据。文澜阁本因为经过多次补抄,一般评价不高,认为补抄的内容未必是四库本原来的面目。《明文衡》也是有补抄的,据《浙江图书馆古籍善本书目》附录《文澜阁四库全书版况一览表》记载,《明文衡》原抄卷1—56、60—68、72—100,补丁抄卷57—59、69—71。"丁抄"即清光绪八年至十年间丁申、丁丙补抄本。《土偶对》一篇在卷二十四,说明这篇是四库原抄即有,并非后来补抄时补上的。

经查吴慰祖《四库采进书目》,《明文衡》只有《两江第一次书目》著录[①],说明当时只有一家进呈了此书。文澜阁《四库全书》在抄写时,是根据什么补上《荟要》和文渊阁、文津阁《四库全书》所缺内容的,已不可知道,但《土偶对》《易范答》的完整存在,也说明文澜阁本有优于其他四库本的地方。

二、《荟要》对"阙文"的处理

那么具体就《荟要》来看,阙文问题又是怎样处理的呢?

《荟要》对阙文的处理往往很随意,有时即对原刻本文字作任意增补。如以《明诗综》卷三刘基小传后各家评论为例。

> (荟要本)陈卧子云:"文成雅辞隽旨,微伤婉弱,令人思留侯之貌。"
> (文渊阁本)陈卧子云:"文成雅辞微伤缺　婉弱,令人思留侯之貌。"

刘基小传后各家评论所引陈卧子(即陈子龙)之语,《荟要》本与文渊阁本、文津阁本均不相同。查《明诗综》康熙刻本,原文如此:

① 吴慰祖校订《四库采进书目》,第47页。

陈卧子云："文成雅辞微伤　　婉弱，令人思留侯之貌。"

康熙本"微伤"以下空缺二字，下接"婉弱"。《荟要》本"微伤"以下无空缺，下直接"婉弱"。但"微伤"之上增加了"隽旨"二字。文渊阁本未增字，但在"微伤"以下用小字注一"缺"字，其下又空一格，表示"伤"字后面空缺两个字。文津阁本则删除了陈卧子这段评语。

各四库本均非是。康熙本"微伤"以下空缺二字，当是康熙本误刻后又将所刻之字挖去的缘故。此处当读作："文成雅辞微伤婉弱，令人思留侯之貌。"《史记·留侯世家》太史公曰："余以为其人计魁梧奇伟，至见其图状，貌如妇人好女。"陈子龙认为刘基与张良两者有相同之处，故有此相比之论。

李雯、陈子龙、宋征舆评选《皇明诗选》卷之二"五言古诗一"刘基条下评语，引卧子曰："文成雅词微伤婉弱，令人思留侯之貌。"是《明诗综》各家诗话引陈子龙（卧子）语，即见于《皇明诗选》。天津图书馆藏清乾隆四年江湑抄本《明诗综诗话》亦作："文成雅辞微伤婉弱，令人思留侯之貌。"[①]"微伤"以下即未空缺，直接"婉弱"。此抄本中钱谦益（钱受之）之语均未删去，说明此本还保留了原书面貌。由此亦可见康熙本《明诗综》"微伤"以下空格确实为误刻后挖去之字，并非真有缺字。

《荟要》本作将"微伤婉弱"连读，甚是，但在其上补"隽旨"二字，则显然是误读了康熙本原文。《荟要》本或见"微伤婉弱"可连读，遂想当然地补了"隽旨"二字。

文渊阁本凡见原书有缺之处，均会用小字注"缺"字，并空出相应字数。此处亦是见康熙本有空格，故注了"缺"字，并在其下再空出一个。

康熙本《明诗综》中，陈卧子之上所录为钱受之（即钱谦益）之言，其下空一格再录陈卧子之言。四库誊录在将《明诗综》抄入《四库全书》时，将有关钱谦益的文字全部删除了。文津阁本此处无陈卧子之言，疑因把陈卧子的话误认作是钱受之之语而一并删去。

《荟要》遇到阙文，像这类"臆补"情形并不少见。有些是最初缮录时就补上的，也有后来校对时补上的。如朱鉴编《诗传遗说》卷五"诗人只见他"一条

① 《明诗综诗话》，江湑抄本，《天津图书馆孤本秘籍丛书》第16册，第395页。

下，《荟要》本有句云："一字不肯乱下。"卷末"按语"云："'一字不肯乱下'，刊本缺'字''肯'二字，今增。"查文渊阁本，此处作"一阙不阙乱下"，两个"阙"字都是小字，表示这里有阙文。《荟要》将这两个阙字补上了，但《荟要》"按语"并没有指出补正的依据。今查《朱子语类》卷八十、程川《朱子五经语类》卷五十，均作"一句不胡乱下"。据《荟要总目》所记，《荟要》本《诗传遗说》是依据《通志堂经解》本缮录的（即"按语"所说的"刊本"），而《通志堂经解》本在"一""不"二字下各空缺一个字的位置，并无《荟要》所补文字。所以《荟要》的增补实际上并没有版本依据，是馆臣根据文意推测的，属于臆补。查文津阁《四库全书》本，此处也有"字""肯"二字，但可以明显看出这两个字与其他字形不一致，显然是后来补上的。实际上仔细看《荟要》本，可以看出这两个字也是后来补的。

由此我们可以这样说，《通志堂经解》在"一""肯"二字下各有一空格，表示有缺字。《荟要》本在依据《通志堂经解》本缮写时，最初也空了两个字的位置，文津阁本也是如此；文渊阁《四库全书》本则在空白之处各写上了一个"阙"字。后来校对时，《荟要》本、文津阁本都发现了这个空格问题，于是根据臆测补上了"字""肯"两个字。

馆臣为什么执意要在空格处填上文字？原因在于清初刊刻的书籍往往会在原书忌讳之处用空格的方式处理。乾隆帝对空格问题有过专门谕旨①。未能发现空格的馆臣也会遭到处分。如乾隆四十五年十月十六日，军机大臣阿桂等奏道："昨发下《四库全书》沈炼《青霞集》八本，内蒙皇上指出空格未填者共数十签。臣等逐一检阅，内总裁曹文埴未经看出者一处、总校仓圣脉未经看出者共一百四十二处。查从前此等字样，曾于乾隆四十二年奉有谕旨，令该管酌改呈进。此次何得漫不经心，空格至百余处之多，非寻常错误可比，相应请旨，将未经看出一处之总裁曹文埴交部议处，未经看出至一百四十二处之总校仓圣脉交部严加议处。至分校之员阅看书篇既少，更不应疏玩若此，应请一并交部分别议处。"当日乾隆帝批道："着交部。"（《纂修四库全书档案》七一七）

《诗传遗说》这里的两个空格与文字忌讳无关，但胆战心惊的馆臣在当时

① 参见《纂修四库全书档案》四五二《谕内阁〈宗泽集〉等书内'夷''狄'二字毋庸改易并将其总裁等交部分别议处》。

这种情况下，不可能认真加以考究，也不可能去查找相关文献资料，所以就只能根据上下文的意思大致填上相应的文字而已。此处补上的两个字并没有版本依据，馆臣需要的只是将空格填满而已。馆臣的工作态度由此可见一斑。

有时馆臣臆补是因为原文确实无法核对。如《明文衡》卷三十八宋濂《太古正音序》，卢焕刻本作："时按谱■■，涤堙郁而畅滞愤。""按谱"下为一长墨钉，表示缺二字。《荟要》本作"作弄"，文渊阁、文澜阁本作"成曲"，文津阁本作"而弹"。此当是《明文衡》本身有缺，故各本凭臆想而补。

查其他各本，明宋濂《宋学士文集》卷七十三（《四部丛刊》景明正德本）、明贺复征编《文章辨体汇选》卷三百十五（《四库全书》本）作"按书布爪"，嘉靖八年宗文堂刻本《明文衡》作"时按谱系"，清薛熙《明文在》卷四十七（清康熙三十二年古渌水园刻本）作"按谱求声"。是各本所录也不一致。在这种情况下，四库本应仍将墨钉保留，而不应轻易补字。

有些《荟要》本的阙文标注说明馆臣未能仔细比较版本。元许有壬撰《圭塘小稿续集》，《荟要总目》云："今依前浙江巡抚臣三宝所上范懋柱家藏明许颙刊本缮录恭校。"我们将许颙刻本与《荟要》本相比较，发现《荟要》标注的几处阙文都有问题。以《瑞莲歌》为例。这首诗共三首。其一，许颙刻本最后作："莲房有子风味好，不待食藕沉痾痊。愿言七泽均此瑞，主人福寿方如川。"《全书》本同。《荟要》本只抄到"不待食藕沉痾痊"，"痊"下注一"阙"字。"愿言七泽均此瑞，主人福寿方如川"两句《荟要》未抄。此外许颙刻本、《全书》本"莲房"二字，《荟要》本作"芳莲"，也无版本根据。

其二，《荟要》本最后作："欲为表颂非饰美，奈此嫩痼谁能痊。予心真乐更多有，傍花随柳在前川。""川"下仍注一"阙"字。实际上这首诗已经完整，并没有阙文。

其三，许颙刻本、《全书》本最后作："幽人到此自怡悦，膏肓泉石尤难痊。要须纪录入郡乘，千年增重吾山川。"《荟要》本也只抄到"膏肓泉石尤难痊"一句，"痊"下注一"阙"字，无最后"要须纪录入郡乘，千年增重吾山川"两句。

从这三首诗的情况看，许颙刻本、《全书》本都以"川"为结韵，可见都是完整的。《荟要》本则在其一、其三都标注了"阙"字，这说明《荟要》本当时有可能看到的是一个不全本。《总目》著录此书来源为"浙江鲍士恭家藏本"。查

《四库采进书目》，此书见于《浙江省第四次鲍士恭呈送书目》《编修朱交出书目》，可见《总目》的著录是有依据的。《荟要》作范懋柱家本，就现存进呈书目来看，缺乏依据。但由此也说明《荟要》本誊录依据的本子可能与《全书》本有差异，因此才会在旧籍并没有阙漏的情况下在两处地方均未抄录完全，并补上阙文标记。《荟要》本《瑞莲歌》其二是完整的，没有阙漏，《荟要》本之所以也标注“阙”字，可能是受其一、其三影响无意中标上的。

由此可见，《荟要》本这一篇无论是版本、还是誊录都是有问题的。

再如《明文衡》卷九十四收录周叙撰《祝先生墓表》，这是括苍祝金墓表。《荟要》本其文云：“己卯郡守刘仲廉、邑令周又玄屡造谒其门，强先生分教丽水邑庠。不获已，乃就。至则周令特为构楼一区处之，环楼植竹万竿，乃更其号曰万竹山人。端居讲堂，严矩度，勤诲训，解惑析疑，隆冬盛暑弗懈。由是人才辈出，盛于昔时。久之改江浦教谕。”此谓祝金先分教丽水邑庠，后任江浦教谕。从《荟要》这段文字看，并无问题。然而我们和其他四库本相校，就会发现“久之改江浦教谕”这一句各不相同，文渊阁本作“数年调江浦教谕”，文津阁本作“甲午调江浦教谕”。不同之处在“江浦教谕”前面的三个字。查四库本《明文衡》据以誊录的底本明嘉靖六年卢焕刻本《皇明文衡》，此处作：“由是人才辈出，盛于昔时。■■■江浦教谕。”“江浦教谕”上为三个墨钉，即表示此处空缺三字。而比嘉靖本更早的明正德五年张鹏刻本，也是《皇明文衡》的第一次刊刻本，此处也已空缺三字。嘉靖八年宗文堂刻本亦缺三字。显然明刻本都有阙字，都未任意补缺。《荟要》本及文渊阁、文津阁本的三个字都是馆臣自己加上的。文澜阁本此处也阙三字，但未补出，显得比较谨慎。

我们再查作者周叙自己的文集。周叙文集有成化六年周蒙刻《石溪集》十一卷，又有明万历二十三年周承超等重刻《石溪周先生文集》八卷。《祝先生墓表》见于成化本卷六，万历本卷五。查此处原文，成化本作“秩满升江浦教谕”；万历本则不知何故无“秩满升”三字，“由是人才辈出，盛于昔时”下直接说“江浦教谕”，上下文之间并无空缺。显然成化本的意思非常清楚，万历本则上下文无法承续。《皇明文衡》编者程敏政卒于弘治十二年，其编辑时如依据周叙文集的话，只能是成化本。然亦未知何故“秩满升”三字未能录出，而代之以三个墨钉。清代流传的周叙文集应该即是万历本，这从《四库全书总目》卷一百七十五别集类存目著录的是八卷本而非十一卷本可知。《荟要》

本誊录《明文衡》时，遇到“江浦教谕”上面的三个墨钉，未能考订其他版本，尤其是未能细加考察成化本周叙《石溪集》，遂根据自己的理解想当然地补上“久之改”三字。文渊阁、文津阁本同样也是随意补上的。《荟要》本等所补虽可使上下文意贯通，且也大致不差，但显然并无版本依据，属于臆补。

当四库本的阙文都未能核对他本，而又随意补上文字的话，就会出现几种本子有差异这种情形。

也有一些阙文，现在还难以理解。如元好问辑集《中州乐府》所收赵秉文《梅花引》(过天门关作)二首，《荟要》本第二首开头标注有一“阙”字，阙去上阕二十八字。文渊阁本同，不过开头标注“原阙”二字。然而文津阁本这首诗上下阕都是完整的，其文为：“树声乾，山容瘦，日暖南檐春意透。神煦煦，骨珊珊，闲寻野径，邈尔隔尘寰。　　杖头倒挂一壶酒，为问人家何处有。捋冰髯，暖朝寒。何人画我，霜天晓过关。”“树声”至“尘寰”二十八字是《荟要》本、文渊阁本所阙的。

令人困惑的是，就我们查寻到的《中州乐府》版本看，此处均为阙文。据《荟要总目》所记，《荟要》是依据前山西巡抚巴延三所上明毛晋汲古阁刻本缮录的。我们查过汲古阁本，此处用方框替代阙文。另外《日本宫内厅书陵部藏宋元版汉籍选刊》影印元乙卯新刊本、《中华再造善本》影印元至大三年曹氏进德斋刻递修本，此处也都是阙文。这两种元刻本是本书最早的刻本，后世翻印多据于此。而此处恰好也都是阙文。此外赵秉文《滏水集》中，也没有收录此词。唐圭璋《全金元词》收录赵秉文词，所缺也未补①。因此文津阁本所补阙字未见有其他文献收录，该本是根据什么补出的，尚不得而知。

宋许洞撰《虎钤经》的情况与此有些类似。现在看到的《荟要》本《虎钤经》只到卷二十《衅鼓文第二百九》，其文作：“年月日，某谨衅于鼓神：三军之威，职在震动鼓旗之用。灵为鬼神，涂血致诚。古之常典，以声为度。兵之令仪，进退周旋，实在于尔。今则五兵暴露，群丑维横。”最后一个“横”字下标注了一个“阙”字。《荟要总目》云，此书“今依前浙江巡抚臣三宝所上范懋柱家藏明椠本缮录恭校”。范氏藏书今存，《四库提要著录丛书》影印此本即用范氏藏书，卷端钤“天一阁”“四明范大冲子受氏印”二章。经查此本，亦到《衅鼓

① 唐圭璋《全金元词》，中华书局，1979年，第47页。

文第二百九》"群丑维横"①,《荟要》本即据此本抄录。

《荟要》在卷首目录在《舺鼓文第二百九》一篇之后中还列有《回兵第二百一十》一篇题目。因范氏藏本无此篇,故《荟要》也没有抄录。但这一篇《回兵第二百一十》在后来刊刻的《虎钤经》中却可以看到。如《粤雅堂丛书》本(咸丰二年壬子跋)即有其文,云:"回兵,建五方旗,依色配方位。中央土位不动,故大将军以黄旗为四旗之主,常使诸军准望,知大将军所在处回兵。南方有贼,大将军举赤旗以应之;东方有贼,举青旗应之;西方有贼,举白旗应之;北方有贼,则举黑旗应之。无贼常偃之。举旗者令诸军知贼所来也,旗却偃即回。"南京图书馆藏清刻本(刊刻时间不详,据我们判断属于晚清坊刻本)也有这一篇。

《荟要提要》云:"凡二百十篇,分二十卷,名曰《虎钤经》。"其书各卷卷首都列有本卷篇目名称,卷二十所列篇目也有"回兵第二百一十"这个篇目,而且是最后一篇。是馆臣知道本书应该是二百一十篇。从内容看《回兵》这一篇并无忌讳,《荟要》缺此篇,并不是有意删除。《荟要》的阙文是因为据以誊录的底本有缺文。文渊阁、文津阁本也缺这一篇,说明当时四库馆中无其他可参校的本子。《荟要总目》云此书依"明椠本缮录恭校",说明当时依据的就是一明刻本,并没有其他参校本可利用。问题是,《粤雅堂丛书》本等补出的《回兵》一篇,其根据在哪里呢?这个问题暂时也还无法回答。

三、四库本"阙文"的人为因素

《荟要》本中的阙文除了有所据底本自身残缺这个文献性的原因外,还有人为的因素。

据《纂修四库全书档案》记载,有不少阙文是四库誊录人为造成的。这一现象是纪昀偶然发现的。乾隆五十六年九月二十九日,纪昀奏道:"至空白之中,有原注'阙文'一项,详校官因已声明,遂不查核。臣偶觉数处可疑,调取底本查对。中有实系原阙者;亦竟有底本不阙而惮于书写,或已经挖补而懒于查填,竟自捏注阙文字者。实系有心弊混,与偶然舛漏不同。"(《纂修四库全书档案》一三九七)

① 许洞《虎钤经》,《四库提要著录丛书》子部第46册,第110页。

这个性质很严重，它破坏了文献的本来面目，人为形成了新的版本错误。纪昀所说的这个问题，立即引起了四库馆的重视。十月初十日，军机大臣、四库全书馆正总裁阿桂等即回应了纪昀提出的问题，并在给乾隆帝的奏折中初步提出了处理意见："应如所奏，交武英殿查明，单开捏注阙文之各书尾页上誊录姓名，交部议处。"（《纂修四库全书档案》一三九八）乾隆帝当即批示"依议"。

十二月初九日，纪昀上奏道："所有续勘出遗失底本一种、遗失正本一种及捏注阙文各条，亦均于单内声明，伏乞敕下军机大臣核议，分别办理。"（《纂修四库全书档案》一四二三）

乾隆五十七年七月十八日，户部在为知照查议周兴岱等人事致典籍厅移会中公布了处理意见："其前充四库馆誊录，缮写书籍捏注阙文之开封府通判叶大奇、文水县知县金国宝、安县知县张仲芳，俱着照部议降一级调用。"在所附黏单中详细开列了查处人员名单，其文云："除誊录冯士灏、张同履、蒋传馨、王藻、施华、沈安邦、徐天骏俱经病胡（故），均毋庸议。王元恺、左颙若、舒秀岐三员，臣部查节次议叙册内并无该员等姓名，业经行文原办四库全书处查核，俟查覆到日再议外；应将四库馆誊录议叙主事任嘉春，议叙通判周瑛，议叙知县叶大奇、金国宝、张仲芳，议叙布政使理问袁继升，议叙州同郭洽怡、李士炤，议叙盐大使张裕田，议叙县丞葛瀛三、刘家瑛、邓以伊、左询、沈立铭，议叙主簿赵廷璋、汪缘，议叙吏目王锡寿，议叙教谕薛炳文、闻益，议叙训导刘映璧、何照邻、田琦绅，领办供事张珩、童正宗，均照捏词朦混降一级调用例，降一级调用，毋庸查级议抵。"（《纂修四库全书档案》一四五一）这份罚单虽然开列于《荟要》基本完成十多年后，且针对的也是文渊阁、文源阁办理人员，但名单中所开列的一些人实际上也是《荟要》的誊录人员。如：叶大奇、蒋传馨、王藻、左颙若、郭洽怡、左询、王锡寿、沈立铭、薛炳文、何照邻、任嘉春等，都是当年《荟要》的誊录监生[1]。

从上述档案资料中可见当年对阙文问题的处理意见，也可见阙文问题的严重性。这个问题虽然是纪昀后来提到的，但实际上是原来就存在的。纪昀注意到这个问题已在乾隆五十六年，四库各本都已抄录完毕，阙文问题事实

① 参见吴哲夫《四库全书荟要纂修考》第二章《参与荟要工作的人员》第一节《荟要工作人员题名录》，第 10—19 页。

上已很难补救。

此外四库馆中处理问题的方式也可能导致阙文的出现。例如乾隆四十二年十一月十四日，军机大臣奏查《宗泽集》等改写情形片云："臣等查《宗泽集》内'夷'字改'彝'，'狄'字改'敌'。《杨继盛集》内则有改写者，又有不改者，不解其故。因提取原刻本细校，则改写者俱系刊本妄改，其不改者刊本空格加圈。因查该馆抄书之例，凡有空格，誊录俱不写入，留与分校之员查核填写。"(《纂修四库全书档案》四五一)撇开责任问题不谈，但就工作程序看就有问题。抄书时遇到空格，誊录监生不写入，留给分校之员查核填写。这说明誊录与分校人员在空格的处理上并没有很好沟通。这里提到的问题虽不是直接针对阙文说的，但按这种方式这样处理问题，很可能使誊录、分校双方都有遗漏。

主要参考文献

一、四库学文献

1. 四库文本文献

摛藻堂《四库全书荟要》,台湾世界书局影印本,1985—1988 年

文渊阁《四库全书》,上海古籍出版社重印台湾"商务印书馆"影印本,1986—1990 年

文津阁《四库全书》,商务印书馆影印本,2011 年

文澜阁《四库全书》,乾隆年间抄本,浙江图书馆藏

《武英殿聚珍版》丛书,故宫出版社影印清武英殿本,2012 年

《四库全书存目丛书》,齐鲁书社影印本,1994—1997 年

《四库全书存目丛书补编》,齐鲁书社影印本,2000—2002 年

《文渊阁四库全书补遗——据文津阁四库全书补》(集部),杨讷、李晓明编,北京图书馆出版社影印本,1997 年

《四库全书补正》,台北"故宫博物院"主编,吴哲夫总主编,台湾"商务印书馆"(经部 1995 年、史部 1998 年、子部 1999 年)

《四库提要著录丛书》,本书编纂委员会编,北京出版社影印本,2010 年

2. 四库书目档案文献

《四库馆进呈书籍底簿》,乾隆间四库全书馆原钞本,台湾"中央研究院"傅斯年图书馆藏

《各省进呈书目》,商务印书馆《涵芬楼秘笈》本(第十集),1925 年

《四库采进书目》,吴慰祖校订,商务印书馆,1960 年

《四库全书考证》,清王太岳等纂辑,书目文献出版社,1991 年

《四库存目标注》，杜泽逊著，上海古籍出版社，2007 年

《纂修四库全书档案》，中国第一历史档案馆编，上海古籍出版社，1997 年

《浙江图书馆古籍善本书目》附录三《文澜阁四库全书版况一览表》，浙江图书馆编，浙江教育出版社，2002 年

3. 四库提要文献

《翁方纲纂四库提要稿》，翁方纲著，上海科学技术文献出版社影印本，2000 年

《翁方纲纂四库提要稿》，翁方纲著，吴格整理，上海科学技术出版社，2005 年

《四库提要分纂稿》，翁方纲等撰，吴格、乐怡标校整理，上海书店出版社，2006 年

《〈四库全书〉提要稿辑存》，张升编，北京图书馆出版社影印本，2006 年

《四库全书初次进呈存目》，台湾“商务印书馆”影印本，2012 年

《四库全书初次进呈存目》，江庆柏等整理，人民文学出版社，2015 年

《四库全书荟要总目提要》，江庆柏等整理，人民文学出版社，2009 年

《文渊阁四库全书提要》，上海古籍出版社影印本，2003 年

《文溯阁四库全书提要》，中华书局影印本，2014 年

《文津阁四库全书提要汇编》，商务印书馆影印本，2014 年第 2 版

《四库全书卷前提要四种》，李国庆辑，大象出版社影印本，2015 年

《文澜阁四库全书提要》，杭州出版社影印本，2015 年

《四库全书总目》（浙本），中华书局影印浙本，1965 年

《四库全书总目》（殿本），上海古籍出版社影印《文渊阁四库全书》本，1986—1990 年

《纪晓岚删定四库全书总目稿本》，国家图书馆出版社影印天津图书馆藏稿本，2011 年

《钦定四库全书总目提要》二百卷，清纪昀等撰，上海图书馆藏稿本，存 123 卷

《四库全书简明目录》，上海古籍出版社点校本，1985 年

4.《四库全书》主要纂修人员著作(包括相关研究)

《御制乐善堂文集定本》三十卷,爱新觉罗·弘历撰,《四库全书》本

《御制文初集》三十卷《二集》四十四卷《三集》十六卷《余集》二卷,爱新觉罗·弘历撰,《四库全书》本

《御制诗初集》四十八卷《二集》一百卷《三集》一百十二卷《四集》一百十二卷《五集》一百十二卷《余集》二十三卷,爱新觉罗·弘历撰,《四库全书》本

《素余堂集》三十四卷,于敏中著,清嘉庆十一年刻本

《于文襄手札》,于敏中著,北平图书馆1933年影印本,《近代中国史料丛刊初编》本

《〈于文襄手札〉考释——并论于敏中与〈四库全书〉纂修》,徐庆丰著,硕士学位论文,北京师范大学,2005年

《纪文达公文集》十六卷《诗集》十六卷,清纪昀著,清嘉庆十七年纪树馨刻本

《纪晓岚年谱》,贺治起、吴庆荣编,书目文献出版社,1993年

《纪昀评传》,周积明著,南京大学出版社,1994年

《惜抱轩文集》十六卷,姚鼐撰,清嘉庆三年刻本

《惜抱轩书录》四卷,姚鼐撰,清光绪五年徐宗亮刻本

《南江文钞》十二卷,邵晋涵撰,清道光十二年刻本

《秋室学古录》六卷,余集撰,清道光刻本

《复初斋文集》三十五卷,翁方纲撰,清李彦章校刻本

《复初斋文稿》,翁方纲撰,手稿本,1974年台北文海出版社影印本

《汉宋之间:翁方纲学术思想研究》,刘仲华著,中国人民大学出版社,2010年

《四库全书辨正通俗文字》,陆费墀撰,王朝梧增补,清乾隆六十年重刻本

5. 四库学订补类著作

《四库全书总目提要补正》,胡玉缙撰,王欣夫辑,中华书局,1964年

《四库提要辨证》,余嘉锡著,中华书局,1980年

《四库提要补正》,崔富章著,杭州大学出版社,1990年

《四库提要订误》(增订本),李裕民著,中华书局,2005年

《四库全书总目辨误》，杨武泉著，上海古籍出版社，2001 年

《四库全书总目汇订》，魏小虎编撰，上海古籍出版社，2012 年

6. 四库学研究类著作

《陈垣四库学论著》，陈垣著，商务印书馆，2012 年

《四库全书概述》，杨家骆著，台北中国学典馆复馆筹备处铅印本，1975 年

《四库全书纂修考》，郭伯恭著，国立北平研究院史学研究会，1936 年

《四库全书纂修考》，郭伯恭著，岳麓书社，2010 年

《四库提要叙讲疏》，张舜徽著，云南人民出版社，2005 年

《四库全书纂修研究》，黄爱平著，中国人民大学出版社，2001 年

《文化视野下的〈四库全书总目〉》，周积明著，中国青年出版社，2001 年

《〈四库全书总目〉研究》，司马朝军著，社会科学文献出版社，2004 年

《〈四库全书总目〉编纂考》，司马朝军著，武汉大学出版社，2005 年

《〈四库全书总目〉学术思想研究》，张传锋著，学林出版社，2007 年

《“四库总目学”史研究》，陈晓华著，商务印书馆，2008 年

《〈四库全书〉出版研究》，李常庆著，中州古籍出版社，2008 年

《〈四库全书〉与十八世纪的中国知识份子》，陈晓华著，社会科学文献出版社，2009 年

《四库唐人文集研究》，刘玉珺著，巴蜀书社，2010 年

《四库全书馆研究》，张升著，北京师范大学出版社，2012 年

《清儒整理唐代文献研究》，王雪玲著，中国社会科学出版社，2013 年

《四库全书总目集部研究》，柳燕著，湖北人民出版社，2013 年

《十八世纪中西互动——学术交流与传承》，陈晓华著，中国社会科学出版社，2015 年

《四库全书荟要纂修考》，吴哲夫著，台湾“故宫博物院”，1976 年

《四库全书纂修之研究》，吴哲夫著，台湾“故宫博物院”，1990 年

《〈四库全书总目〉之文学批评研究》，龚诗尧著，潘美月、杜洁祥主编《古典文献研究辑刊》1 编第 1 册，台湾花木兰文化工作坊，2005 年

《〈四库全书总目经部〉研究》，庄清辉著，潘美月、杜洁祥主编《古典文献研究辑刊》1 编第 2 册，台湾花木兰文化工作坊，2005 年

《〈四库全书〉之纂修与清初崇实思潮之关系研究——以经史二部为主的观察》,曾纪刚著,潘美月、杜洁祥主编《古典文献研究辑刊》1 编第 3 册,台湾花木兰文化工作坊,2005 年

《〈四库全书〉的〈诗经〉学观点研究》,林怡芬著,潘美月、杜洁祥主编《古典文献研究辑刊》12 编第 3 册,台湾花木兰文化工作坊,2011 年

《两岸四库学——第一届中国文献学学术研讨会论文集》,淡江大学中国文学系主编,台湾学生书局,1998 年

《民国期刊资料分类汇编·四库全书研究》,孙彦等选编,国家图书馆出版社,2010 年

《四库全书研究——中国首届〈四库全书〉学术研讨会论文集》,王克荣主编,海南大学出版社,1994 年

《四库全书研究文集》,甘肃省图书馆编,敦煌文艺出版社,2005 年

《四库全书研究文集——2005 年四库全书研讨会文选》,甘肃省图书馆、甘肃四库全书研究会编,敦煌文艺出版社,2006 年

7. 四库学工具书类著作

《四库全书答问》,任松如著,天津市古籍书店影印本,1991 年

《四库全书研究论文篇目索引(1908—2010)》,李芬林主编,国家图书馆出版社,2013 年

《“四库学”论著辑目》,周明初编,杭州大学古籍研究所《古文献研究》,《北方论丛》编辑部铅印本,1989 年

《“四库学”论著辑目续补》,周明初编,杭州大学古籍研究所《古文献研究》第二辑,浙江古籍出版社,1995 年

《乾嘉学术研究论著目录》,林庆彰主编,台湾“中央研究院”中国文哲研究所筹备处铅印本,1995 年

二、其他重要参考文献

《续修四库全书》,上海古籍出版社影印本,1994—2001 年

《通志堂经解》,清纳兰成德辑,清康熙十九年纳兰成德通志堂刻乾隆五十年补修本

《十三经注疏》,中华书局影印本,1980 年

《二十四史》,中华书局合订点校本,1997 年

《诸子集成》,世界书局,1935 年

《经学历史》,皮锡瑞著,中华书局,1959 年

《中国经学思想史》,姜广辉主编,中国社会科学出版社,2003—2010 年

《清代经学与文化》,彭林编,北京大学出版社,2005 年

《中国通史》,白寿彝主编,上海人民出版社,1989 年

《中国文学史》,袁行霈主编,高等教育出版社,2005 年

《清实录》,中华书局,1985—1986 年

《清史稿》,赵尔巽等撰,中华书局,1976 年

《乾隆帝》,〔美〕欧立德(Mark C. Elliott)著,青石译,社会科学文献出版社,2014 年

《汉学师承记》,江藩著,中华书局,1985 年

《清代学术概论》,梁启超著,上海古籍出版社,1998 年

《中国近三百年学术史》,梁启超著,东方出版社,2003 年

《经义考》,朱彝尊著,《四库全书》本

《〈经义考〉研究》,张宗友著,中华书局,2008 年

《乾嘉考据学研究》,漆永祥著,中国社会科学出版社,1998 年

《乾嘉学派研究》,陈祖武、朱彤窗著,河北人民出版社,2005 年

《鲁迅全集》,鲁迅著,人民文学出版社,2005 年

《文献家通考》,郑伟章著,中华书局,1999 年

《读书敏求记校证》,钱曾著,管庭芬、章钰校证,上海古籍出版社,2007 年

《越缦堂读书记》,李慈铭著,中华书局,2006 年

《校雠广义》,程千帆、徐有富著,齐鲁书社,1998 年

《版本通义》,钱基博著,古籍出版社,1957 年

《中国目录学史》,姚名达著,上海古籍出版社,2005 年

《目录学发微》,余嘉锡著,巴蜀书社,1991 年

《中国目录学史论丛》,王重民著,中华书局,1984 年

《目录学与学术史》,徐有富著,中华书局,2008 年

《唐集叙录》,万曼著,中华书局,1980 年

《宋版书叙录》，李致忠著，国家图书馆出版社，1997年

《宋人别集叙录》，祝尚书著，中华书局，1999年

《清华园里读旧书》，刘蔷著，岳麓书社，2010年

《天禄琳琅研究》，刘蔷著，北京大学出版社，2012年

《书林丛考》（修订本），郑伟章著，岳麓书社，2008年

《索引式的禁书总录》，陈乃乾著，北平富晋书社，1932年

《清代禁毁书目四种》，姚觐元编，清光绪刻《咫进斋丛书》本

《清代禁毁书目、清代禁书知见录》，姚觐元编，孙殿起辑著，商务印书馆，1957年

《清代文字狱档》，上海书店出版社编，上海书店出版社，2007年

《中国古籍善本书目》，本书编委会编，上海古籍出版社，1989—1998年

《中国古籍总目》，本书编委会编，中华书局、上海古籍出版社，2009—2012年

《中国丛书综录》，上海图书馆编，上海古籍出版社，1986年

三、常用古籍数据库及古籍检索系统

四库全书总目提要资料库 http://kanji.zinbun.kyoto-u.ac.jp/db-machine/ShikoTeiyo/

甘肃省图书馆四库馆“四库全书研究资源数据库”http://dbase3.gslib.com.cn/tpi_40/sysasp/cnki/mainframe.asp? dbid=130

大学数字图书馆国际合作计划网 http://www.cadal.zju.edu.cn/index

搜韵——诗词门户网站 http://www.sou-yun.com/

东京大学东洋文化研究所所藏汉籍善本全文影像数据库 http://shanben.ioc.u-tokyo.ac.jp/

高校古文献资源库读者检索系统（学苑汲古）http://rbsc.calis.edu.cn:8086/aopac/jsp/indexXyjg.jsp

陕西师范大学历史文化学院制作《汉籍全文检索数据库》4.0版

北京爱如生数字化技术研究中心制作《中国基本古籍库》

读秀学术搜索引擎 http://www.duxiu.com/login.jsp

国学大师 http://www.guoxuedashi.net/

中国知网 http://www.cnki.net/

万方数字资源 http://www.wanfangdata.com.cn/

维普中文科技期刊数据库 http://202.106.125.34/index.aspx

国家哲学社会科学学术期刊数据库 http://www.nssd.org/

后 记

2009年，人民文学出版社出版了我们整理的《四库全书荟要总目提要》一书，书前有本人撰写的《〈四库全书荟要总目提要〉概述》一文。限于体例，《概述》讨论的都是与"荟要提要"有关的问题，包括《四库全书荟要总目》的基本内容、《荟要总目》的文献价值、《荟要提要》的文献来源、《荟要提要》与其他提要稿之关系、《荟要提要》和《总目》之文字比较、《荟要提要》和《总目》内容异同性比较等。《荟要》的其他问题，尤其是《荟要》收录各书的问题则未能涉及。

2012年，本人在《四库全书荟要总目提要》整理的基础上，申报了国家社科基金项目，获准立项。同时本书也有幸列入南京师范大学文学院的江苏高校优势学科建设工程资助项目、2018年度国家出版基金资助项目。在此，对国家社科规划办、南京师范大学文学院、国家出版基金管理委员会表示衷心的感谢。

感谢本课题预结项审核专家南京大学文学院徐有富教授、徐雁平教授对本书提出的许多建设性修改意见。也感谢诸位匿名评审专家的评审。还要感谢科学出版社宋开金先生等对本书的关切。

在此还要特别感谢南京图书馆。南图藏有丰富的古代典籍，同时又及时购置了大量新印古籍，其中许多都是开架阅览。这一切都方便了本人的使用。尤其需要提出的是，南图在已有一套台湾商务印书馆影印出版的文渊阁《四库全书》的基础上，又入藏了一套商务印书馆2011年影印出版的文津阁《四库全书》。两套《四库全书》均为开架阅览，极大地方便了四库本之间的比较研究。

此外还要感谢浙江图书馆。在文澜阁《四库全书》影印出版之前，该馆曾同意本人阅读了所藏文澜阁《四库全书》的若干种图书，用以与《荟要》本及文渊阁本、文津阁本作比较，很有收获。遗憾的是文澜阁本虽然已于2015年由杭州出版社全部影印出版，但因图书馆多未能购置，阅读还是很不方便，限制了课题对此书的进一步使用。

课题组成员王婷参加了本书导论部分第二节《〈荟要〉研究概述及本书的写作思路》中“概述”部分的写作，吴婷参加了第五章《〈荟要〉的图书选录》第一节《〈荟要〉图书选录的基本标准》、第二节《〈荟要〉与〈通志堂经解〉》的写作，鲁秀梅参加了第八章《〈荟要提要〉研究（上）》第一节《四库提要研究概述》二《四库提要比较研究》的写作。这在书中均已标注。课题组另一位成员张春国博士撰写的内容因考虑到有相对的独立性，为不影响其单独出版，所以未收录到本书中。

感谢凤凰出版社和姜小青社长接受本书的出版。感谢常宁文主任和崔广洲编辑为本书的编辑所做的大量工作。

对本书存在的问题，还请读者批评指正。

江庆柏

2016年9月